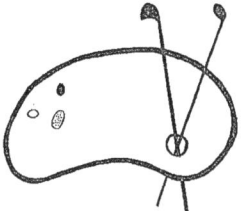

COUVERTURE SUPERIEURE ET INFERIEURE
EN COULEUR

К.² 1416

HISTOIRE
GÉNÉRALE
DE PROVENCE.

TOME QUATRIÈME ET DERNIER.

On trouve aussi chez MOUTARD, *le Voyage de Provence*, par le même Auteur.

HISTOIRE
GÉNÉRALE
DE PROVENCE.

TOME QUATRIÈME.

Par M. l'Abbé PAPON, de l'Académie de Marseille.

Opus agredior plenum variis casibus, atrox præliis, discors seditionibus, ipsâ etiam pace sævum.   TACIT. *Histor.* L. 1.

A PARIS,

DE L'IMPRIMERIE DE PH.-D. PIERRES,
Premier Imprimeur Ordinaire du Roi, & des États de Provence.

Et se vend

Chez MOUTARD, Libraire-Imprimeur de la Reine,
rue des Mathurins, hôtel de Cluni.

M. DCC. LXXXVI.
AVEC APPROBATION, ET PRIVILÉGE DU ROI.

PRÉFACE.

Nous ne parlerons pas des événemens contenus dans ce quatrième & dernier volume de notre Ouvrage : ils ont à-peu-près tout l'intérêt que peut avoir l'hiftoire d'un Peuple, qui, par la vivacité de fon caractère, anime la fcène fur laquelle fes paffions ou les circonftances le forcent de paroître. Si cette vivacité l'a fouvent fait fortir des bornes de la modération, lorfqu'il a combattu pour la Religion ou pour les Priviléges de la Province, elle a merveilleufement fervi fon zèle & fon patriotifme, toutes les fois qu'il a fallu défendre le Pays contre les entreprifes des Puiffances étrangères. Le Connétable de Bourbon & Charles-Quint virent échouer leurs entreprifes fur la Provence, par les obftacles toujours renaiffans que leur opposèrent les habitans. Philippe II, Roi d'Efpagne, & le Duc de Savoie, ne furent pas plus heureux quand ils voulurent arracher cette Province à la France. Ils eurent à combattre, malgré les divifions inteftines, un patriotifme qui triompha de leur politique & du courage de leurs foldats.

Il eut été à fouhaiter que cette ardeur de caractère, qui fait faire de grandes chofes, quand elle eft réglée par la prudence & animée par l'amour du bien public, eut moins éclaté dans les guerres de Religion : mais que ne doit-on

PRÉFACE.

pas craindre du fanatifme, lorfqu'il échauffe des tempéramens d'une certaine trempe? Le crime eft commis avec un emportement qui fait frémir. L'horreur qu'il infpire n'eft point adoucie par l'image des vertus qu'on découvre dans quelques ames privilégiées, ni par le fouvenir des belles actions que la Nation a faites dans des circonftances plus heureufes.

Après la Religion & leur Pays, ce que les Provençaux ont défendu avec le plus de courage, ce font leurs priviléges. Les Gouverneurs qui ont cherché à les affoiblir; les Miniftres qui ont effayé de les détruire, ont éprouvé combien il eft dangereux de porter atteinte à des franchifes, qui, dans une Nation libre, font aimer la Patrie & refpecter le Souverain. Les diffentions que ces entreprifes ont fait naître, ne font pas le morceau le moins intéreffant de notre Hiftoire : elles font éclater dans le caractère une énergie que des mœurs nouvelles ont affoiblie, & dont l'Etat tire les plus grands avantages, quand elle eft dirigée vers le bien public.

Il eft rare que l'hiftoire des diffentions civiles ou religieufes foit traitée par les Auteurs contemporains, avec l'impartialité qui la rend eftimable. Les Mémoires que nous avons de ces tems-là ont prefque tous été faits par des hommes, qui, jouant un rôle principal dans un parti, ont porté des jugemens altérés par l'ignorance, la haine ou la jaloufie : on peut dire que le flambeau de l'Hiftoire ne brille que foiblement dans leurs mains, à travers les nuages que les paſſions ont élevés. Si l'on peut découvrir la vérité, c'eſt non-ſeulement en comparant enſemble les témoignages de ces Auteurs; mais en les rapprochant des Monumens publics dans leſquels les faits ont été conſignés par le ſuffrage unanime des Citoyens, ou par le Corps entier de la Magiſtrature.

Nous avons en Provence de ces Monumens qui ſont, pour la critique, une eſpèce de feu ſacré, auquel elle purifie la vérité altérée par le menſonge. Ce ſont les Regiſtres des Etats, ceux du Parlement & les Lettres Royaux, dépôts précieux où ſe trouvent les principaux faits de notre Hiſtoire, auxquels viennent naturellement ſe joindre & ceux qui y ont quelque rapport, & les circonſtances qu'on lit dans les Mémoires du tems. Afin qu'on puiſſe juger du degré de confiance qu'on doit accorder à notre Ouvrage, nous allons faire connoître les ſources dans leſquelles nous avons puiſé. Nous ne parlerons pas des Auteurs imprimés; en les citant à la marge, quand nous invoquons leur témoignage, nous ſommes diſpenſés de les nommer ici, parce qu'ils ſont connus. Ainſi nous nous contenterons de donner la liſte des manuſcrits que nous avons conſultés, & qui ont été preſque tous ignorés de nos Prédéceſſeurs. Ces manuſcrits ſont les Mémoires,

D'Antoine-Honoré de Caſtellane, Seigneur de Bezaudun, contenant tout ce qui s'eſt paſſé de plus remarquable en Provence depuis l'année 1589 juſqu'au 30 Mars 1592. | I.

2. De Gaspard de Forbin, Seigneur de Souliers & de Saint Canat, depuis le mois de Mai 1588 jusqu'en 1596.

3. Deux porte-feuilles de pièces détachées, relatives aux troubles de la Ligue, sur-tout dans la ville d'Arles.

4. L'Histoire des Troubles arrivés dans la même Ville, depuis l'an 1588 jusqu'en 1596, par M. Antoine de Chiavari.

5. Mémoires d'Antoine de Puget, Seigneur de Saint-Marc, depuis 1562 jusqu'en 1598. Les mêmes se trouvent dans les manuscrits de Dupui, n° 655.

6. De du Bourg, 1578-1688.

7. De Caïus du Viraïl, 1585, 1596. Ils sont presqu'entiérement imprimés dans l'Histoire des Troubles, par Louvet.

8. L'Histoire journalière d'Honoré de Valbelle, en Provençal 1423, 1540.

9. Deux Recueils de Pièces pour les Troubles de la Fronde.

10. Divers Mémoires de Jacques de l'Estang, 1629, 1674.

11. De J. de Sabathier, 1650, 1658 & 1672, 1680.

12. De Robert de Briançon, 1669, 1696.

13. D'Antoine de Valbelle, contenant tout ce qui s'est passé à Marseille depuis l'an 1639 jusqu'en 1653 : ce Gentilhomme, étant à la tête du parti opposé au Comte d'Alais, n'a point écrit ses Mémoires sans préventions; mais ils contiennent des détails curieux pour l'histoire de cette Ville, & pour celle de Provence en général.

Tous ces Mémoires nous ont été communiqués par

PRÉFACE.

M. de Nicolaï, d'Arles, de l'Académie des Inscriptions & Belles-Lettres. Nous avons déja eu occasion de rendre justice à ses lumières & à sa politesse.

Les suivants se trouvent à Aix dans le Cabinet de M. le Président de Saint-Vincent; ils nous ont été infiniment utiles, & la Notice que nous en allons donner a été faite par M. le Président de Noyers, son fils, qui, au commencement de sa carrière, jouit d'une considération qu'on n'acquiert ordinairement qu'après de longs services.

Histoire manuscrite du Parlement de Provence, par M. Esmivivi de Moissac, Conseiller, contenant tout ce qui s'est passé depuis l'établissement de cette Cour en 1502, jusqu'à la mort de Louis XIV. On doit aux soins & au zèle du même Magistrat les Ouvrages suivants que nous avons lus aussi. 14.

1°. Le Cérémonial du Parlement. 2°. L'Histoire des contestations que le Parlement a eues avec plusieurs Corps de la Province. 3°. Une Analyse des Mercuriales. On trouve une copie de cet Ouvrage dans le Cabinet de M. le Marquis de Galliffet, à Paris. 15.

Analyse raisonnée des Délibérations du Parlement, depuis 1548 jusqu'en 1720. Elle a été faite par M. de Thomassin-Mazaugues, Conseiller au Parlement, & par son fils, Président aux Enquêtes; l'un & l'autre estimés par leur savoir, & par leur zèle pour les Lettres. 16.

Un manuscrit de Peyresc, contenant tout ce qui s'est passé en Provence durant les troubles de la Ligue. Ce 17.

Recueil a été fait d'après les Lettres & les Mémoires consignés au Greffe du Parlement, qui avoit alors le Gouvernement de la Province : ces deux derniers manuscrits sont au pouvoir de M. de Trimond, héritier de M. de Mazaugues.

18. Mémoires de MM. de Forbin, Marquis de la Roque, pere & fils, Présidents à Mortier, hommes de mérite & de beaucoup d'esprit, qui ont joué les principaux rôles dans les Troubles du Semestre & du *Sabre* (1), & qui ont souvent été députés en Cour par leur Compagnie. Le premier mourut à Paris, en 1650, & l'autre à Aix, en 1696. Leurs Mémoires contiennent ce qui s'est passé de plus intéressant depuis 1640 jusqu'en 1674.

19. Histoire des Troubles arrivés à Marseille au sujet de l'Election Consulaire, pendant les années 1658, 59 & 60. C'est un morceau où l'on voit l'origine & les progrès des mouvemens qui furent cause que Louis XIV, vint dans cette Ville, & lui ôta une partie de ses priviléges. Il y a plusieurs feuilles de ce manuscrit imprimées, & il en manque plusieurs pages. Nous les croyons du Président la Roque, le fils, qui nous a laissé quelques morceaux curieux sur les principaux événemens dont il fut

―――――――――――――――――――――――――――――

(1) Les Troubles du *Sabre*, furent ainsi nommés, parce que Henri de Puget, Baron de Saint-Marc, qui étoit Chef d'un Parti, portoit un sabre au lieu d'épée, & qu'il disoit, quand quelqu'un lui résistoit, je le *sabrerai & le mettrai à la raison*.

témoin. M. de Nicolaï, & M. le Marquis de Mejanes en ont des copies.

Abrégé de l'Histoire du Parlement de Provence, depuis son établissement jusqu'à la mort d'Henri de Forbin d'Oppède, Premier Président, arrivée en 1671, par Dominique de Guidi, Conseiller en cette Cour. Ce Magistrat qui avoit travaillé avec le Président d'Oppède à fixer les limites du Comtat & de la Provence, fut commis avec M. Rouillé, pour rétablir l'ordre dans le pays, & faire des Réglemens sur la municipalité & le commerce de Marseille. Il est mort en 1679. 20.

Mémoires de Jacques Gaufridi, Président aux Requêtes, & ensuite au Sémestre. C'est une Histoire fort bien détaillée des Troubles qu'excitèrent en Provence l'établissement de la Chambre des Requêtes, celui du Sémestre, & le Gouvernement du Comte d'Alais. Ce Magistrat y joua le principal rôle, étant l'ame & le conseil du parti du Gouverneur : aussi ses Mémoires, quoique bienfaits d'ailleurs, ne sont pas exempts de partialité. Il mourut dans la retraite, près des Chartreux d'Aix, en 1686. 21.

Mémoires sur la Vie des Comtes de Carces, écrits par un de leurs Secrétaires. Ils commencent aux Troubles de la Ligue, & finissent à la mort du dernier Comte de Carces, en 1657. 22.

Analyse raisonnée des Édits, Déclarations, Ordonnances, Lettres-Patentes enregistrées au Parlement, suivant l'ordre observé dans le Registre des Lettres 23.

Royaux, par MM. l'Abbé de Monvallon & Pazeri-Thorame, Conseillers en la Cour.

24. Regiſtres des Délibérations du Parlement, depuis l'an 1575 juſqu'à nos jours.

25. Recueil de pluſieurs Pièces concernant l'affaire de Cabrieres & de Mérindol; parmi leſquelles ſe trouve le Procès-verbal, en original, de cette expédition. Il a été découvert en 1784, au Château de la Garde.

26. Le Plaidoyer de l'Avocat Robert, pour le Préſident d'Oppède : c'eſt un morceau intéreſſant par le jour qu'il répand ſur cette affaire ; mais il n'eſt pas entier.

27. Recueil de pluſieurs Pièces manuſcrites & imprimées concernant les Troubles du Sémeſtre, depuis 1648 juſqu'en 1653. On y a joint la plupart des pamphlets & Pièces fugitives qui parurent dans ces temps-là.

28. Délibérations de la Chambre du Parlement établie à Pertuis pendant la Peſte de 1629.

29. Mémoires manuſcrits d'Honoré d'Agut, Conſeiller au Parlement. Ce Magiſtrat décrit avec beaucoup de détails les Troubles de la Ligue, & ſur-tout la manière dont la ville d'Aix rentra ſous l'obéiſſance d'Henri IV. Ces Mémoires finiſſent à l'établiſſement de la Chambre des Requêtes, en 1641.

30. Mémoires du Préſident de Grimaldi Reguſſe, écrits par lui-même dans ſa terre de Reguſſe, en 1665, contenant les événemens qui ſe ſont paſſés en Provence, depuis

PRÉFACE.

depuis 1631 jusqu'en 1664. L'Auteur laisse souvent percer son humeur contre le Président d'Oppède, avec lequel il étoit brouillé. Il y a une copie de ces Mémoires dans le Cabinet de M. de Nicolaï, & l'autre dans celui de M. l'Abbé Bonnemant, à Arles.

31. Mémoires de Nicolas de Bausset, contenant une Relation fort détaillée & fort bien faite de tout ce qui s'est passé à Marseille sous le Gouvernement despotique de Charles Cazaulx & de Louis Daix, depuis l'an 1591 jusqu'en 1596, que la Ville se soumit à Henri IV. Nicolas de Bausset, contribua beaucoup à la faire passer sous la domination de ce Prince. L'original de ces Mémoires est à la Bibliothèque du Roi.

32. Histoire du Gouvernement du Comte d'Alais, par de Haitze. Elle comprend les tems orageux qui troublèrent le Gouvernement du Comte d'Alais, depuis l'an 1637 jusqu'en 1652. L'Auteur dit avoir écrit cette Histoire pour M. de Colbert, qui la lui avoit demandée; mais il est souvent partial, n'ayant pu se défendre des impressions que lui avoient données, son père Gentilhomme du Comte, & sa mère, sœur du Président Gaufridi, lequel étoit, comme nous l'avons dit, l'ame du parti du Gouverneur.

33. Histoire des Troubles du Séméstre, &c. depuis l'an 1638 jusqu'en 1659, que Louis XIV arriva en Provence. L'Auteur, que nous croyons être le Président Gaufridi,

est fort partial : mais il donne aux faits un développement qui rend son Ouvrage intéressant.

Ces deux manuscrits nous ont été communiqués par M. du Breuil, Avocat au Parlement.

34. Mémoires de Gaspard Alpheran, Citoyen d'Aix. Cet Auteur commence son Histoire au Déluge, & la finit en 1601 : il ne peut servir que pour les événemens dont il a été témoin sous les régnes d'Henri III & d'Henri IV. Ces Mémoires se trouvent parmi les manuscrits de Dupui, n° 655.

35. Lettres de M. le Maréchal de Tessé au Roi & à M. de Chamillard. M. de Tessé y rend compte de la conduite & des mouvemens de Victor-Amedée & du Prince Eugène, depuis leur entrée en Provence au mois de Juillet 1707, jusqu'à leur retour en Piémont. Elles contiennent par conséquent des choses fort curieuses sur cette Campagne, & particulièrement sur le Siége de Toulon. Nous devons à l'honnêteté de M. le Comte de Tessé, le plaisir que nous avons eu de les lire, & d'en tirer des détails propres à répandre un nouveau jour sur cette partie de notre Ouvrage.

36. Journal Historique de ce qui s'est passé à Toulon durant le Siége de cette ville en 1707, par M. Ferrand, qui étoit alors Consul : l'original est aux Archives de Toulon.

37. Délibérations des Etats de Provence. Nous ne parlons

PRÉFACE.

ici que de celles qui font reftées manufcrites. Elles font aux Archives de la Province, à Aix. Les premières qu'on ait fait imprimer font de l'an 1610.

Plufieurs manufcrits de la Bibliothèque du Roi, parmi ceux de Dupui. Le défaut de la plupart de ces manufcrits, c'eft que les chofes qui regardent la même Province, fe trouvent raffemblées avec d'autres qui n'y ont aucun rapport : de manière qu'il faut parcourir vingt volumes pour lire ce qui auroit pu être raffemblé dans cinq ou fix (1).

Tels font les manufcrits d'où nous avons tiré prefque tous les matériaux de ce dernier Volume. L'Hiftoire en eft devenue plus exacte & plus riche, puifqu'elle contient une infinité de faits, qui avoient échappé à nos prédéceffeurs; les autres font mis dans un nouveau jour. C'eft en remontant aux originaux, qu'on donne à l'Hiftoire le premier de tous les mérites, qui eft celui de l'exactitude. Cette voie eft longue, difficile, pénible : mais comment fe difpenfer de la fuivre, quand on s'adonne à un travail tel que le nôtre ? Ce feroit ici le lieu de parler des difpofitions, & fur-tout du courage

---

(1) Nous avions fait également la note des manufcrits de la Bibliothèque de Carpentras ; mais au moment où nous comptions en faire ufage, nous ne l'avons pas retrouvée. Nous obferverons feulement que ces manufcrits ne nous ont été d'aucune utilité, ne contenant que des chofes, qui nous étoient déja connues, ou qui ne méritoient pas notre confiance, n'ayant pas l'autenticité que l'Hiftoire demande.

b 2

qu'il faut y apporter, pour vaincre les difficultés, & notamment les dégoûts que mille caufes fecrettes font naître fous les pas d'un Hiftorien de Province : mais nos réflexions ne ferviroient peut-être qu'à dégoûter ceux qui voudroient entrer dans la même carrière. Arrivés à la fin de la nôtre, nous ne jettons les yeux fur le paffé, que pour les arrêter fur les encouragemens que nous avons reçus.

Nous n'oublierons jamais l'intérêt conftant & foutenu que nous a témoigné M. le Maréchal Prince de Beauvau, Gouverneur de Provence. La manière dont il encourage les travaux utiles, fait défirer que les talens aient toujours des Protecteurs qui lui reffemblent ; car on trouve à fe louer tout à la fois de la bonté de fon cœur, de la fineffe de fon goût, & de la nobleffe de fes procédés.

Il nous refte à faire un aveu en finiffant. C'eft que nous croyons avoir concilié la plus fcrupuleufe exactitude avec le défir que nous avions de faire connoître les Familles, qui ont bien mérité de la Patrie. Cependant nous n'en difons pas tout ce qui pourroit les flatter. Parce que, fouvent reléguées dans leurs terres, elles ont paru rarement fur le théâtre où l'Hiftoire choifit les faits & les perfonnages : tout ce que nous pouvions nous permettre, c'étoit d'entrer, comme nous avons fait, dans des détails qu'un goût févère auroit peut-être retranchés, pour rendre le récit plus rapide & plus foutenu : mais notre Ouvrage auroit eu un intétêt de moins

PRÉFACE.

pour la Provence, & pour les personnes curieuses de connoître la Noblesse du Pays.

Au reste, c'est ici la partie de notre Histoire que nous cherchons le moins à faire valoir. Si elle nous a donné de la peine, à cause des manuscrits & des pièces originales qu'il a fallu lire, nous en sommes amplement dédommagés, par le plaisir que nous avons eu de relever le lustre des anciennes Familles. Il n'en est pas de même des autres recherches : il faut s'être long-tems adonné à ce genre de travail, pour juger des sacrifices sans nombre qu'il exige. Cependant quelque considérables qu'ils soient, un Auteur ne regrette pas de les avoir faits, quand il les voit appréciés, comme ils doivent l'être, par la Province qui les a demandés. Comment ne le seroient-ils pas lorsque des vues utiles, une façon de penser noble & sage, telles que nous les avons reconnues dans M. le Marquis d'Autric, réglent l'esprit de l'Administration ; & que Messieurs ses Collégues, Procureurs du Pays, animés, comme lui, de l'amour de la justice & du bien public, concourent au même but (1).

---

(1) M. Louis-Augustin, Marquis d'Autric, Seigneur de Baumettes, Villevieille, Chevalier de l'Ordre Royal & Militaire de Saint-Louis, ancien Officier aux Gardes-Françaises.

M. Joseph Dubreuil, Avocat au Parlement.

M. Augustin-François de l'Evêque.

M. Pierre Mollet de Barbebelle, Ecuyer.

Consuls & Assesseur d'Aix, Procureurs des Gens des trois Etats du Pays de Provence.

Les avantages qui naissent d'une Histoire Nationale, quand elle est traitée dans toute son étendue, sont lents à la vérité, mais infaillibles. Les Villes sont éclairées sur leurs priviléges; l'Administration sur ses prérogatives; la Noblesse sur son origine & son éclat; le Peuple sur ses ressources; & tous les Citoyens sur les succès qu'ils peuvent se promettre, quand ils voient que dans les Lettres, dans les Armes & dans les différens genres d'Industrie, leurs ancêtres ont égalé, & quelquefois surpassé les Nations célèbres. Delà résulte la considération chez l'Etranger, & dans le Pays, cette opinion de soi-même, qui, bien dirigée, élève l'ame, nourrit le patriotisme & anime les talens.

HISTOIRE

HISTOIRE GÉNÉRALE DE PROVENCE.

LIVRE DIXIÉME.

La réunion de la Provence à la Couronne ne fut point marquée par ces longues divisions intestines, qui, dans ce tems-là, déchiroient presque toujours un petit Etat, lorsqu'il passoit sous une domination étrangere. La faction des Ducs de Lorraine ayant été réprimée dans sa naissance, se vit accablée sous le poids de l'autorité Royale; & après ces mouvemens passagers, qui ne troublèrent qu'un instant la Provence, elle se dissipa avec plus de facilité encore qu'elle ne s'étoit formée, pour ne plus reparoître sous le régne de Louis XI.

LIVRE X.
An. 1482.

Fouch. Nostrad.
& Ruffi.

I.
DÉBATS ENTRE
LA NOBLESSE ET
LE GOUVERNEUR.

Ce qui restoit de chaleur dans les esprits se dirigea contre Palamades de Forbin, que son mérite & ses services avoient élevé au Gouvernement de Provence. Cet heureux favori avoit besoin d'une grande sagesse pour déployer l'autorité presqu'absolue, dont il étoit revêtu, sans blesser les intérêts ou les prétentions de ses Compatriotes. Tout fut assez paisible dans les premiers mois de son Administration. Les Etats assemblés à Aix en 1482, le supplierent de confirmer les Priviléges, Statuts & Coutumes du pays, l'usage du droit écrit & la liberté de s'opposer à l'exécution des Lettres-Patentes du Souverain, si auparavant elles n'avoient été visées & enregistrées par son Conseil, établi à Aix. Forbin accorda tous ces articles, & Louis XI les confirma (1). Cependant la cabale agissoit sourdement pour le perdre; & Louis, qui étoit naturellement soupçonneux, qui aimoit à voir tout par lui-même, qui d'ailleurs dans cette occasion étoit peut-être excité par les plaintes des Provençaux, parut moins disposé en faveur du Gouverneur. Il demanda à la Chambre des Comptes de Provence des éclaircissemens sur la conduite que Forbin tenoit dans son Gouvernement; un état des aliénations qu'il avoit faites du Domaine, le nom & la qualité des personnes qui en avoient profité, les services qu'elles avoient rendus, & un tableau des revenus que

_____

(1) Ces privilèges étoient fondés sur une possession immémoriale, & non-seulement on doit regarder comme une Loi fondamentale de la constitution de la province les Statuts faits par les Etats & avoués par les anciens Comtes de Provence; mais encore ceux accordés par Charles III, le dernier de ces Princes de la Maison d'Anjou, dans les Etats tenus en 1480; son Testament, les Lettres-Patentes données par Louis XI en 1482, la Déliberation des Etats du mois d'Août 1486, les Lettres-Patentes de Charles VIII de la même année, & celles du 10 Juillet 1498, données par Louis XII, & celles du mois d'Avril 1515 accordées par François I. Toutes ces Loix confirment expressément les Statuts de 1480, dans lesquels se concilient ensemble les droits d'un Peuple qui obéit par devoir & par inclination, & l'autorité d'un Souverain qui sait qu'il ne commande point à des Esclaves.

la Couronne avoit dans cette Province. Forbin sentit que ces recherches pouvoient fournir à ses ennemis des armes pour le perdre, & qu'il étoit de son intérêt de prévenir les coups qu'on se disposoit à lui porter. Il demanda au Roi la permission d'aller aux piés du Trône, & l'ayant obtenue, il laissa le gouvernement du pays à Raymond de Glandevès son gendre, Grand-Sénéchal du pays; il parut à la Cour avec le Mémoire de la Chambre des Comptes dont il avoit peut-être indirectement dirigé les opérations. Cette démarche eut tout le succès qu'il s'en étoit promis: Louis XI ou reconnut son innocence, ou supposé qu'il le trouvât coupable de quelque faute, se contenta de lui donner en secret des avis sur la maniere dont il devoit se conduire, & le renvoya dans son Gouvernement, avec ordre aux Prélats, aux Gentilshommes & aux Communautés de lui obéir comme à lui-même, & en son absence d'avoir les mêmes égards & la même déférence pour le Grand-Sénéchal. Il ordonna spécialement au Clergé, de n'élire aux Bénéfices Consistoriaux que les personnes nommées par le Pape à la priere de Forbin, & de ne conférer les autres Bénéfices qu'à des Ecclésiastiques nés dans le pays.

Cependant sous un Prince tel que Louis XI, il étoit difficile de jouir d'une faveur constante. Le précipice étoit toujours ouvert à côté des plus hauts rangs: de toutes parts il s'éleva des plaintes contre Forbin, & Louis qui vouloit ménager les esprits, qui peut-être n'étoit pas fâché de contenir, par la crainte, ce Favori qu'une trop haute fortune pouvoit aveugler, le priva des fonctions de sa place, & en attendant qu'il se fut justifié des nouvelles accusations dont on le chargeoit, il donna le commandement de la province à Glandevès, & envoya sur les lieux Jean de Baudricourt, Chevalier de l'Ordre de Saint Michel, Gouverneur de Bourgogne, pour examiner la conduite

Débats entre la Noblesse et le Gouverneur

An. 1485.

de l'accusé. L'issue de cette affaire fut telle qu'on devoit l'attendre. Forbin étoit trop sage pour fournir des armes à la jalousie & à la méchanceté, Louis XI trop politique pour le sacrifier entiérement au ressentiment de ses ennemis, à cause de quelques fautes qu'il pouvoit avoir commises. Ainsi il le rétablit dans les honneurs de sa charge, croyant avoir satisfait par cette feinte procédure, à ce que la gloire du Trône & les intérêts de la Provence exigeoient de lui. C'est la derniere action de sa vie qui ait rapport à notre Histoire (1). Ce Prince ayant eu, sur la fin de ses jours, à lutter contre les remords & les douleurs, fut réduit à une situation au prix de laquelle aucun de ses Sujets n'auroit voulu acquérir le Trône. Il mourut le 30 Août 1483, laissant la Couronne à Charles VIII, trop jeune encore pour régner; & éloigné pour long-tems, par ses infirmités & par une éducation trop négligée, des avantages attachés à l'expérience & à la maturité de l'âge.

II. PRÉTENTIONS DU DUC DE LORRAINE SUR LA PROVENCE.

An. 1483.

Les mêmes & Hist. de Lorr.

Au commencement de son règne Forbin & Glandevès perdirent leur charge. Il n'y a pas d'apparence que la conduite de ces deux Gentilshommes eût donné lieu à leur disgrace; il est plus vraisemblable que l'affaire de René Duc de Lorraine en fut la principale cause. Ce Prince célèbre par ses victoires & par son mérite, venoit de demander pendant la tenue des Etats de Tours, la Provence & l'héritage de la Maison d'Anjou, dont il descendoit par sa mere, fille de René le Bon Comte de

---

(1) Louis XI devant marier son fils Charles VIII avec Marguerite d'Autriche, fille de l'Empereur Maximilien & de Marie de Bourgogne, écrivit en Provence qu'on lui envoyât des Deputés pour assister à la célébration des nôces, & prêter à son fils le serment de fidelité. Les Etats assemblés à Toulon, deputèrent d'Agoult, Seigneur de Entrevenes; Castillon, Seigneur de Beynes; & Jarente, Seigneur de Senas, le Deputé de Marseille fut Jacques de Candolle, auditeur.

Historiens de Prov. & Ruffi.

Provence. Il prétendoit qu'il n'y avoit aucune Loi qui exclût les filles de la succession à cette Province ; en effet Beatrix, fille de Raymond Bérenger IV, avoit porté la Provence à Charles I d'Anjou ; Jeanne I & Jeanne II y avoient régné en toute souveraineté. De tous ces exemples le Duc inféroit que sa mere Yoland d'Anjou devoit hériter des Etats de son pere, & non pas Charles III Comte de Maine, qui n'étoit qu'un parent collatéral. Il alléguoit aussi le Testament de Louis II qui, dans le cas où son fils Louis III mourroit sans postérité, appelloit à la succession René d'Anjou son second fils (1), & ses enfans sans distinction de mâles & de femelles. La Régente, sœur de Charles VIII, avoit trop de raisons de ménager le Duc de Lorraine pour se décider précipitamment sur une affaire de cette importance. Elle chargea de discuter les droits respectifs des deux parties, les Seigneurs de Comminges & du Lau, & Philippe de Comines : en attendant la sentence définitive, qui devoit être rendue avant quatre ans, le Roi s'obligea à donner au Duc, par forme d'indemnité, cent lances entretenues & une pension de 36 mille livres. Ce fut peut-être alors que Forbin & son gendre perdirent leur Charge : la Régente qui n'ignoroit pas que la Noblesse de Provence en

PRÉTENTION DU DUC DE LORRAINE SUR PROVINCE.

Dup. droits Roi.
Pr. de Phil. Comin.
Degl. t. 3, 328.

***

(1) Nous avons découvert au sujet du Roi René, depuis l'impression du 3e volume, un fait qui merite d'être rapporté à cause de sa singularité : ce sont des Lettres de tonsure pour Nicolas Portier Clerc, fils de Gilles Portier & de sa femme, & demourans à Bar, itels & semblables privileges qu'ont accoutumés avoir les autres Clercs tonsurés au pays de Barrois, donné à Aix le XIX jour de Mars l'CCCC LXXVI avant Pâques. Nous n'avons pas trouvé les Lettres, mais c'est ainsi qu'elles sont enoncées dans le Reg. 7 Comes Provi civ, num. C, aux Arch. du Roi à Aix. Nous croyons que ce n'est autre chose, que des Lettres declaratoires pour faire jouir un Clerc tonsuré des privileges attachés à la Clericature : nous ne voyons pas d'autre explication à donner ; car il n'est pas à présumer que ce Prince s'arrogeât le droit de donner la tonsure, ou des dimissoires pour la recevoir.

général étoit affectionnée à la Maison de Lorraine, ne voulut pas laisser à deux de ses membres les deux premières Charges du Pays : elle les réunit & en disposa en faveur d'Aimar de Poitiers, Seigneur de Saint-Vallier, qui gouverna seul sous le titre de Grand-Sénéchal, jusqu'en 1491, que François de Luxembourg fut fait Gouverneur. Cette élection blessoit les priviléges du pays, suivant lesquels les premières Charges tant civiles que militaires, devoient être occupées par des Provençaux. On ne vit point sans murmure attaquer ces fondemens antiques de la liberté nationale : Les partisans du Duc de Lorraine furent ceux qui firent éclater avec plus de franchise leur mécontentement : peut-être auroient-ils allumé les flambeaux de la guerre civile, si la Cour, sur les représentations des Evêques & des Gentilshommes attachés à la Maison de France, n'avoit déclaré que le Roi vouloit à quelque prix que ce fût, maintenir cette Province dans son obéissance. Cette déclaration faite de maniere à ne laisser aucun doute sur les intentions du Roi, intimida le parti contraire, & arrêta la fermentation dans sa naissance.

Sur ces entrefaites l'ancienne Noblesse du Royaume de Naples, lasse de la tirannie du Roi Ferdinand s'étoit unie au Pape Innocent VIII qui, mécontent de ce Prince, ne songeoit à rien moins qu'à le détrôner. Les troupes du Pontife & celles des Barons n'étoient pas suffisantes, pour opérer cette révolution : on fit consentir Charles VIII à permettre que René de Lorraine, Prince guerrier & plein d'ardeur, entreprît la conquête d'un Royaume, qu'il regardoit comme le patrimoine de ses aïeux. Le Monarque Français n'étoit pas fâché d'éloigner ce Prince, que ses prétentions & son ambition pouvoient rendre dangereux pour la France. Il consentit à la conquête, luy fournit de l'argent, & lui donna la permission d'emmener avec lui la Compagnie d'Ordonnance dont il étoit Capitaine & tous les

Volontaires Français qui voudroient le suivre. Le Roi ne sentit point qu'en autorisant ce Prince à tenter la conquête d'un pays, que ses ancêtres maternels avoient possédé, sembloit reconnoître la légitimité des prétentions qu'ils formoient sur leur ancien patrimoine, dont la Provence n'étoit pas la partie la moins intéressante. En effet ce consentement de Charles VIII fut une des raisons, dont le Duc se prévalut ensuite, quand il renouvella ses demandes.

Prétentions du Duc de Lorraine sur la Provence.

Ces préparatifs & ceux que faisoient les Alliés allarmèrent le Roi Ferdinand : ce Prince craignant de succomber s'il ne se réconcilioit pas avec le Pape & les Barons Napolitains, leur fit des promesses qu'il viola ensuite, quand il crut pouvoir se livrer impunément à sa vengeance. La paix fut donc signée le 11 d'Août 1485. Le Duc de Lorraine qui s'étoit déja avancé jusqu'à Lyon, n'en apprit la nouvelle qu'avec la plus vive douleur : déchu de ses espérances par cet événement inattendu, il ne voulut point perdre les dépenses immenses qu'il avoit faites : & ce fut alors que son ambition réveillée par tout cet appareil de guerre, lui fit croire que le Monarque Français, en lui abandonnant le Royaume de Naples avoit tacitement décidé le procès sur la Provence, dont, suivant lui, ce Royaume n'étoit qu'une annexe. Peut-être même s'imaginoit-il que s'étant déterminé à vendre quelques-unes de ses terres pour entreprendre son expédition, sur l'espérance que ce Monarque lui avoit donnée qu'il le soutiendroit jusqu'à ce qu'elle fut achevée, la Cour lui devoit un dédommagement. Quoi qu'il en soit de ses motifs, ayant pris les armes pour augmenter son Domaine, il ne vouloit point les quitter sans l'avoir au moins tenté.

An. 1485.

Les circonstances étoient propres à flatter ses projets ambitieux. Il y avoit en Provence, comme nous l'avons dit, un grand nombre de ses partisans déterminés à sacrifier leur vie pour lui mettre entre les mains l'autorité souveraine. Ces hommes

III.
Mouvemens qu'elles occasionnent.

accoutumés à voir dans cette Province une Cour où leur ambition & leur vanité trouvoient un aliment facile, & les plaintes des particuliers un libre accès, sentoient que dorénavant leurs représentations parviendroient difficilement au Trône, & que les bienfaits du Monarque n'arriveroient pas jusqu'à eux, s'ils en étoient séparés par un intervalle de deux cents lieues, & par ce grand nombre de Courtisans Français qu'une longue habitude & d'anciens services attachoient à la Maison régnante. Pleins de ces idées ils luttoient secrétement contre la domination Française, en attendant de pouvoir employer la force ouverte, lorsqu'ils auroient reçu du Prince Lorrain des secours assez puissants. Cet esprit de parti avoit fait des progrès si rapides, qu'en bien des endroits les Officiers Royaux n'étoient plus obéis. Les Etats assemblés à Aix au mois de Mars 1486, avoient cru assoupir ces divisions, en obtenant du Roi qu'il envoyât dans le pays des Commissaires, qui déclareroient en son nom, comme on l'avoit déja fait l'année précédente, que son intention étoit de maintenir son autorité par la force des armes.

Ces menaces n'avoient servi qu'à aigrir les esprits : enfin les trois Ordres, fatigués de ces dissentions, s'assemblèrent de nouveau au mois d'Août de la même année, & décidèrent à la pluralité des voix d'envoyer en Cour Jean-Baptiste de Pontevès & Roollin Barthelemi pour supplier le Roi de les prendre sous sa protection, de leur confirmer leurs Statuts, Franchises & Priviléges, & de leur promettre qu'ils ne seroient jamais séparés de la Couronne : en effet la Provence, par Lettres-Patentes du 24 Octobre 1486, fut irrévocablement unie à la France, non comme une dépendance ; mais comme une annexe, qui auroit sa constitution particuliere, conformément aux dernieres dispositions de Charles du Maine. Le Duc de Lorraine fut privé de ses pensions & de ses compagnies, & ses Partisans perdirent tout espoir de réaliser leurs espérances chimériques ; la ville de Marseille ;

DE PROVENCE. LIV. X.

feille, fi recommandable par les fervices qu'elle avoit rendus dans tous les tems aux Comtes de Provence, obtint fur les repréfentations d'Honoré de Forbin fon Député, la confirmation de fes Priviléges, & plufieurs marques diftinguées de la bonté du Souverain.

LA PROVENCE DÉCLARÉE IRRÉVOCABLEMENT UNIE A LA COURONNE.

La joie que cet Edit caufa en Provence, éclata fur-tout dans l'affemblée des Etats convoqués à Aix le 9 Avril 1487 (1).

---

(1) Les Députés à ces Etats étoient les Evêques; *item magnificis ac potentibus egregiis quoque ac generofis viris;* Foûques d'Agout, Palamede de Forbin; J. B. & Honor. de Pontevès; Georg. de Caftellane; Honoré de Pontevès, Seigneur de Bargeme; George de Caftellane ou de Forcalquier, Baron Ceirefte; Jacques de Graffe; Laurens le Faur, pour François de Luxembourg; Guillaume de Monclar pour le Vicomte de Valerne; Honore de Berre; Guigonet Jarente; Helion de Villeneuve; Jean de Glandevès; Honore de Caftellane; Charles de Caftellane; Jean de Pontevès; Antoine de Blaccas; Gaucher de Quiqueran; Phil. de Caftellane; Bertrand de Marfeille, (Vintimille); Pons de Villeneuve; Elzear Amalric; Louis Rodulphe, Seigneur de Limans; Ant. de Pontevès; Foulques de la Tour, Seigneur de Roumoles; Hugues du Puget; Bernard Foiffard; Jean de Brignolle; Jean de Forbin; Jacques du Puget; Giraud de Villeneuve; Guiran de Simiane; Pierre de Graffe; Geoffr. de Caftellane; Balthaz. d'Agout; Elzear, Seigneur d'Alluis; Jean de Caftellane; Balthafar de Sade; Helion de Sabran; Franc. d'Arcuffia; Pons Flotte; Pierre Ifouard; Louis de Pontevès; Louis du Puget; Antoine de Villemus; Durand de Pontevès; Elzear Rodulphe; Pierre de Sabran; Etienne Robin; Fouques de Caftillon; Jacques Targue; Jean de Acucio, Seigneur des Tours; Louis Gerente; Alexis de Villeneuve; Antoine, Marquis de Séve; Antoine de Mataron; Jean de Roccas; Jacques de Fos; *atque pariter egregiis nobilibus & honorabilibus viris,* Jacques de Candole, Affeffeur de Marfeille, & Pierre Imberti, Depute d'Arles; Pierre de Pontevès; André Guiran; Raymond l'Evêque; Rollin Barthelemi, Députés de la ville d'Aix; Pierre Salette, & Pierre Margotti, Députés de Tarafcon; Antoine de Codect, Député de Forcalquier; Jean Fulques & Antoine Bermond, Députés de Sifteron; Pierre Ainefi & Albin Bourdet, Députés de Graffe; Jean de Canet & Jean de Brignolle, Deputes d'Hieres; Victor Duranti & Jacques Giraud, Députés de Draguignan; Guill. Jaffaud, Député du Luc; Cofme Clement, de Frejus, & Honoré Alazar, Médecin de Fayence, l'un & l'autre Députés pour la ville de Draguignan; Gabriel Gajan, & Jean Signier, Députés de Toulon; Jean Guerin, de Brignolle, & Arnaud Spinaffi, Deputés de Brignole; Antoine de Sparron, Député de Saint Maximin; Antoine de Mataron, & Jean Rochas, Députés de Digne; Jean d'Ortigue, Depute d'Apt; Ifuard de Seguiran de Bar-

Reg. pellic. f. 113.

Tome IV. B

l'Archevêque de cette Ville fit un discours sur les avantages que la Province retireroit de sa réunion à la Couronne. L'éxemple du passé ne lui fournissoit que trop de preuves de cette vérité ; la Provence étant bornée dans des limites fort étroites, n'auroit eu que des Souverains qui auroient toujours été occupés à s'aggrandir ou à se défendre, & qui même en l'épuisant auroient été forcés de vivre sans faste & sans puissance. Le commerce, l'industrie & les arts auroient langui ou dans les entraves d'une cupidité oppressive, ou sous le poids d'une misere décourageante. Ainsi la Provence pour jouir du calme & de l'abondance, avoit besoin de participer à ce mouvement général, qui donne aux talents & aux vertus tout le ressort & l'éclat qu'ils peuvent avoir dans un grand Empire (1).

Ces avantages étoient inappréciables sans doute : mais les Provençaux s'imaginoient que l'intention du Gouvernement étoit de les mettre sous la même Loi que les autres sujets, & de

---

jols ; Guillaume d'Arbaud, d'Aups, Députés de Barjols ; Antoine Berter, Syndic de Moustiers, & George Richelmi de Riez, Députés de Moustiers ; Thomas Fossi, Député de Castellane ; Honoré Molin, & Antoine Bonafous, Députés de Seyne ; Jean de Frison, Député de Colmars ; Jean Barcillon, & Jean Sivate, Députés de Saint Paul ; Etienne Rodier, Depute de Pertuis ; Barthelemi Dominici, Deputé de Guillaume ; Pierre André, Député d'Anot ; Honoré de Besaudun, Député de Tretz.

(1) Le 20 Mars 1492, les Etats s'assemblèrent à Aix ; mais il ne s'y passa rien d'intéressant. Les Gentilshommes qui s'y trouvèrent, étoient Louis de Villeneuve, Seigneur de Seranon, Procureur de son pere, Armand de Villeneuve, Seigneur de Trans ; Louis d'Agout ; Honoré de Berre ; Durand de Pontevès ; Palamedes de Forbin ; Honoré de Castellane, Seigneur d'Entrecasteaux ; Louis de Villeneuve ; Honoré de Castellane, Seigneur d'Andaon ; Jacques de Forbin ; Helion de Villeneuve ; Reforsiat de Castellane ; Jean de Pontevès ; Antoine de Pontevès ; Pierre de Salvain ; Jean de Glandevès ; Jean de Grasse ; George de Grasse, fils & Procureur du Seigneur de Bormes ; George de Castellane ; Boniface de Castellane ; Honoré de Glandevès ; Elzéar d'Amalric ; & les Egréges & Nobles Jacques de Candole, Assesseur ; Jacques de Forbin, Consul, & Jacques de la Ceppede, Docteur ès droits, Député de Marseille.

détruire ces privileges qu'ils regardoient comme les fondemens de la félicité publique. Cette crainte toujours inquiete chez un peuple naturellement sensible, a été pendant long-tems la cause ou le prétexte de grands troubles, & fut sur le point en 1493 d'allumer un incendie. Aimar de Poitiers, des Comtes de Valentinois, Grand-Sénéchal de la Province, voulut cette année là porter à 72 le nombre des Conseillers de Marseille, que Jean de Cossa avoit fixé à 48, dix-huit ans auparavant. François de Luxembourg, Gouverneur, crut que c'étoit à lui à faire cet acte d'autorité, & pour humilier le Sénéchal plutôt que pour faire le bien, il cassa l'élection & voulut qu'il n'y eût que 36 Conseillers, ayant peut-être aussi peu de raison de les réduire, que le Grand-Sénéchal en avoit eu de les augmenter ; ceux d'entre les habitans que cette réforme excluoit du Gouvernement de la Ville, en furent vivement offensés. Leur mécontentement se communiqua de proche en proche jusqu'à la derniere classe des citoyens ; le ressentiment du Gouverneur se tourna bientôt en despotisme : on craignit pour les privileges & les franchises de la Ville ; & il y eut une émeute fort vive, qui auroit gagné toute la Provence, si le Roi, pour l'étouffer dans son principe, n'eût confirmé le nombre de 72 Conseillers, rappellé le Gouverneur & le Grand-Sénéchal (1), & réuni ces deux grands Offices dans la personne de Philippe, Marquis de Hocbert, Seigneur de Rothelin & Maréchal de Bourgogne.

Il fut plus difficile d'éteindre un autre feu allumé pour un

V. Zéle des Marseillois pour leurs Privileges.

Les Hist. de Prov. & Ruffi.

---

(1) Le Grand-Sénéchal fut d'abord mandé en Cour au mois de Mai 1493, pour y rendre compte de sa conduite ; mais n'ayant pû y aller à cause des nouveaux troubles arrivés à Marseille, il y envoya son frere Guillaume, Seigneur de Cleriac, & Charles Raoux, Seigneur de Limans, Maître-d'Hôtel du Roi, pour informer Sa Majesté de tout ce qui s'etoit passé. *Not. Darnetti, à Marseille.* Le Grand-Sénéchal quitta la Provence quelques mois après.

LIVRE X.

VI.
Reliques
de S. Antoine.
An. 1493.

sujet d'une nature bien différente. Les Religieux de Montmajour se vantoient d'avoir les vraies reliques de Saint Antoine. Au fond il étoit assez indifférent pour la religion & pour le culte que l'on doit rendre à ce Saint, qu'on eût ou qu'on n'eût pas quelques morceaux de sa dépouille mortelle ; mais c'étoit de l'opinion que dépendoit l'affluence des pelerins, & de celle-ci le nombre & la richesse des offrandes : les Religieux qui fondoient là-dessus une partie de leurs revenus, n'avoient peut-être pas pour la vénération des reliques une piété aussi désintéressée que la religion l'exigeoit. L'Abbaye de Saint Antoine en Dauphiné, prétendit qu'elle avoit les véritables ; elle allégua pour le prouver, plusieurs témoignages d'après lesquels il y eut un Arrêt du Conseil, qui défendoit aux Religieux de Montmajour, aux Consuls & aux habitans de la Ville d'Arles, de faire accroire au peuple qu'ils avoient & possédoient les vraies reliques du grand Saint Antoine, Anachorette : l'Arrêt du Conseil ajoutoit qu'elles étoient conservées dans l'Abbaye de ce Saint, fondée en Dauphiné. Il n'en falloit pas tant pour indisposer les habitans d'Arles & les Religieux de Montmajour : les habitans honteux de se voir accuser d'être tout à la fois le jouet & les apôtres d'une fausse opinion ; les Religieux intéressés à conserver l'objet d'une dévotion qui ne laissoit pas de leur être utile, humiliés d'ailleurs les uns & les autres de se voir obligés de renoncer à un culte auquel ils étoient attachés de bonne foi, parce qu'une tradition déja ancienne l'avoit accrédité parmi eux, soutinrent leurs prétentions avec toute la chaleur qu'on mettoit alors à ces sortes de disputes. Le zéle dégénéra en fureur ; on outragea & mit en pièces quelques-uns des Commissaires qui vinrent sur les lieux pour faire exécuter l'Arrêt du Conseil. Cet esprit de vertige passa dans tout le Diocèse, & même dans le reste de la Provence, où l'opinion touchant les reliques de Saint Antoine avoit acquis cette force qu'elle ne pouvoit manquer d'avoir fur des imaginations vives. On voulut même faire intervenir les Etats dans le procès, & leur demander des fecours pour le foutenir. Les Etats fe contentèrent de renvoyer les Religieux de Montmajour à la générofité des Villes auxquelles ils écrivirent pour leur recommander cette affaire ; on trouve même qu'il y en eut plufieurs qui donnèrent en cette occafion des preuves de leur zèle : mais l'iffue de ce procès nous eft inconnue, & deux fiecles plus tard il n'auroit été porté qu'au tribunal de la critique.

On confervoit alors pour les Reliques prefque toute la dévotion qu'on leur avoit vouée dans le XIIe fiécle. Celles de Saint Victor de Marfeille n'avoient encore rien perdu de cette vénération que le tems, la Religion, & la piété de nos peres leur avoient conciliée. Le jour de la fête du Saint, on les portoit en Proceffion avec une pompe qui attiroit des Provinces voifines des Evêques, des Abbés, des Prêtres, des Moines, & un concours prodigieux de monde dans cette cérémonie, que les Hiftoriens de Provence ont négligé de décrire; on remarquoit un Cavalier armé de toutes pièces, qui repréfentoit Saint Victor protégeant la Ville de Marfeille, & combattant l'Idolâtrie. Ce Cavalier devoit être originaire de la Ville & choifi parmi les Gentilshommes les plus qualifiés. Il paroiffoit d'abord en public fous le nom de Capitaine de Saint Victor la veille de la fête, à la tête d'une magnifique cavalcade, qui commençant un peu après le coucher du Soleil, fe prolongeoit bien avant dans la nuit à la lueur des flambeaux. Les quatre Capitaines de quartier ouvroient la marche à la tête de leurs Compagnies ; le Cavalier tenant d'une main l'étendard du Saint ; & monté fur un fuperbe cheval fuivoit immédiatement après, ayant à fes côtés douze Pages qui portoient chacun un flambeau de cire blanche allumé : on voyoit enfuite une Nobleffe nombreufe, divifée en plufieurs quadrilles qui fe diftinguoient

An. 1493.

VII.
PROCESSION
DE ST. VICTOR.

Merc. de Franc
mois d'Avril 17..

par différentes couleurs, & chaque Gentilhomme marchoit entre deux Pages, munis ainsi que ceux du Cavalier, d'un flambeau pour éclairer la marche. C'étoit dans cet ordre & avec cette pompe que le Cavalier de Saint Victor traversoit les rues : l'éclat d'une illumination extraordinaire faisoit revivre la clarté du jour, & découvroit aux yeux les riches tapisseries, les festons & les guirlandes dont les façades des maisons étoient ornées. Les Dames & les Personnes de distinction qui ne pouvoient pas suivre la procession, se tenoient aux fenêtres, & lorsque le Capitaine de Saint Victor, les Chefs de Brigade, & les Capitaines de quartier arrivoient, ils s'arrêtoient pour les saluer, faisant des caracoles & tous les exercices les plus propres à relever leur parure & leur adresse. Cette cavalcade s'appelloit le Guet de Saint Lazare ; elle avoit été originairement instituée pour la sûreté de la Ville, à cause du concours prodigieux que la fête attiroit ; mais alors c'étoit un acte de police & non pas un spectacle.

Le lendemain jour de la fête, le Cavalier alloit faire ses dévotions à l'Abbaye, & après avoir reçu la bénédiction de l'Abbé, il remontoit à cheval à 7 heures du matin, armé de toutes pièces comme la veille, & portant l'étendard du Saint. C'étoit alors qu'il commençoit ses courses : il en faisoit quatre ; la première depuis la Chapelle de St. Ferreol, jusqu'à celle de Ste. Catherine; la seconde dans la rue des Nobles, la troisième dans la grand-rue, & la quatrième dans la rue de la Loge, où est l'Hôtel-de-Ville : après les avoir finies, il se rendoit devant l'Eglise de la Commanderie de S. Jean, sur l'emplacement de laquelle on a bâti le fort du même nom à l'entrée du port; il traversoit un large pont de bateaux que l'on construisoit ce jour-là sur la mer, pour passer d'un quai à l'autre, & se rendoit à l'Abbaye de Saint Victor, où après avoir fait sa prière, il attendoit que la procession se mît en marche.

Elle commençoit à 10 heures du matin : douze Diacres revêtus d'aubes & de dalmatiques portoient la Châsse du saint Martyr, une des plus belles & des plus riches qu'il y eût en France. Ils étoient immédiatement précédés par le Cavalier, devant lequel marchoient deux files de Religieux ; les Consuls en robe rouge, accompagnés des Capitaines de quartier, & de tout le Corps de Ville, & d'un peuple nombreux que la dévotion & la curiosité avoient attirés, suivoient la Châsse.

PROCESSION DE ST. VICTOR. An. 1493.

Comme l'Abbaye de Saint-Victor est située sur un endroit élevé, & qu'on la voit de loin, la Châsse étoit à peine sortie de l'Église, qu'elle étoit exposée aux yeux d'une multitude infinie de spectateurs. Dans ce moment il partoit de mille endroits des cris de joye mêlés au son confus des cloches, des trompettes & des hautbois, au bruit des tambours, & à celui de toute l'artillerie de terre & de mer : c'étoit au milieu de ce brillant fracas que la procession arrivoit sur les bords du quai Saint Nicolas, où les Prud'hommes, qui sont les chefs & les Juges des pêcheurs, saluoient la Châsse avec leurs larges & longues épées ; la procession passoit sur le pont, & trouvoit au milieu un riche reposoir placé sous un dais superbe, dans un endroit où l'on pouvoit être vu de toutes les personnes que la dévotion ou la curiosité avoit attirées sur les bâtimens, sur les bateaux, sur le quai ou aux fenêtres des maisons qui bordent le port. On y reposoit les Reliques, & tandis qu'on chantoit en musique des hymnes & des antiennes en l'honneur du Saint, les tours de la Ville, les galères du Roi, & les vaisseaux ornés de leurs pavillons faisoient une décharge générale de toute l'artillerie. La procession continuoit ensuite sa marche dans la Ville, & arrivoit à Saint Victor avec toute la pompe que la dévotion des fideles pouvoit y ajouter. L'Abbé & en son absence le Grand-Prieur & les Religieux de cette Abbaye donnoient ce jour-là un magnifique dîné aux Consuls, au Capitaine de l'étendard & aux personnes de distinction qui avoient assisté à cette cérémonie, une des plus belles qu'il y eût en Provence.

L'usage de faire représenter Saint Victor à cheval par une personne qualifiée, armée de toutes pièces & suivie d'une Noblesse nombreuse, a subsisté jusqu'au commencement du dernier siécle : Frédéric d'Espinassi, Gentilhomme Marseillois fut le dernier, qui en 1609 fit les courses de cheval, de la manière que nous l'avons dit ci-dessus : mais comme il n'y a que le tems & le progrès des lumières qui puissent détruire entiérement des usages fondés sur un préjugé populaire, sur-tout lorsque ces usages ont quelque chose d'imposant, on substitua à ce spectacle religieux, un phantôme de Cavalier, c'est-à-dire un valet de Ville travesti en Gendarme, qui, tous les ans, la veille de la fête, faisoit quelques courses pour amuser le peuple : mais comme une institution quelconque touche à sa fin, lorsqu'elle commence à devenir ridicule ou méprisable, celle-ci, quoiqu'elle fût encore soutenue de la faveur de la populace, n'a pu passer le milieu de ce siécle.

VIII.
EXPÉDITION DE NAPLES PAR CHARLES VIII.
Corio Hist. de Mil. & alii.

Tandis que les esprits s'échauffoient pour revendiquer la possession des Reliques de Saint Antoine, la Guerre de Naples arrêta les progrès de cette effervescence, en fournissant un aliment plus solide à la vivacité de la nation. Quoique désormais les guerres d'Italie paroissent hors de notre sujet, cependant comme elles ont formé successivement les deux orages qui, sous le règne de Charles-Quint, sont venus fondre sur la Provence, il n'est pas étranger à notre Histoire de rappeller de tems en tems les premières causes de ces deux événemens mémorables.

Ludovic Sforze, surnommé le Maure, fut le premier qui projetta d'attirer les troupes Françaises en Italie, pour satisfaire tout à la fois son ambition & sa vengeance. Ludovic étoit Régent du Duché de Milan ; mais son neveu Jean Galeas, qui avoit atteint l'âge de majorité, vouloit prendre les rênes du Gouvernement.

ment. Il avoit épousé Isabelle d'Arragon, petite-fille de Ferdinand, Roi de Naples : comme il n'étoit point en état de s'élever contre son oncle par la force, il mit dans ses intérêts le Monarque Napolitain, avec le secours duquel il se flattoit de rentrer en possession des états de ses peres. Ludovic sentit tout ce qu'il avoit à craindre de cette intrigue, & résolut de susciter à Ferdinand assez d'affaires dans son Royaume, pour l'empêcher de s'occuper de celles d'autrui. Ce fut donc alors qu'il écrivit à Charles VIII pour l'engager à tenter la conquête de Naples. Ce Prince parut d'abord vouloir agir avec circonspection dans cette affaire importante. Il chargea Perraton de Baschi (1), Jean de Matharon, & Evrard d'Aubigni d'aller sonder les dispositions des Cours d'Italie : mais son impatience ne s'accommoda point de ces lenteurs. Trop jeune encore pour prévoir les dangers d'une entreprise que la jalousie inquiete des Princes Italiens devoit faire échouer, il passa les Alpes au mois d'Août 1494, contre l'avis des plus sages de son Conseil. Il avoit avec lui, outre plusieurs Princes du Sang, Louis de Luxembourg, Louis de la Trimouille, François de Beauvau, le Vicomte de Narbonne, les Seigneurs de Silli, Mauléon, Carmin, Prié, Paulmi, d'Allègre, Chaumont, Chatillon, Vergi, l'Hôpital, Beaumont, Crussol, Tournon, Clermont Montoison, Genlis, Daguerre, La Chapelle, Roquebertin & plusieurs autres, dont le nom n'est pas venu jusqu'à nous (2).

EXPÉDITION DE NAPLES PAR CHARLES VIII.

An. 1494.

Degl. tom. III. pag. 369 & 427.

---

(1) Guichardin l'appelle de la Basche. C'etoit vraisemblablement quelque Gentilhomme de la Maison de Baschi, venue d'Italie en Provence dans le XVe siecle. Nous avons parlé dans le Tom. 3. pag. 244, de Guischard de Baschi, & nous trouvons, que le 15 Octobre 1443, Berthold de Baschi, etoit Seigneur du Castellar, Diocese d'Embrun, & de Cujes, Diocese de Marseille. *Not. Guill. Ariétis. de Mars.* fol. 40. Perraton, dont il est ici question devoit être un de ses parens.

(2) Lorsque Charles VIII, etoit sur le point de partir, pour l'expédition de Naples, il nomma des Commissaires pour choisir en Provence des Ca-

Tome IV.

LIVRE X.

Le Roi Ferdinand étoit mort le 25 Janvier de la même année. Son fils Alphonse II, avec autant de courage que lui & de talent pour la guerre, avoit hérité de sa politique artificieuse : il eut l'art de détacher de la France presque toutes les Puissances d'Italie. Le Pape Alexandre VI, dont les talens furent dénaturés par les plus grands vices, & sur-tout par l'ambition qu'il eut d'élever ses enfans au faîte des grandeurs, entra dans la confédération ; mais l'arrivée des Français la fit évanouir. La terreur qui les précédoit faisoit tomber à leurs pieds toutes les Puissances d'Italie à mesure qu'ils approchoient : le Roi Alphonse lui-même sentant qu'à cet orage, qui grondoit déja vers les frontières de son Royaume, alloit se joindre celui que la haine de ses sujets formoit sur sa tête, abdiqua la Couronne en faveur de Ferdinand son fils, & alla cacher sa honte & son désespoir dans le fond d'un cloître en Sicile.

An. 1495.

L'armée Françaife entra dans Naples le 24 Février 1495 avec tout l'éclat que lui donnoit une longue marche marquée par des triomphes. Il sembloit en effet que tout avoit concouru au succès de cette entreprise. L'hiver fut si doux que les soldats partis de France pendant l'été, crurent en arrivant à Naples, au mois de Janvier, n'avoir pas changé de saison. Ils n'auroient pas eu le même avantage deux ans auparavant, c'est-à-dire en 1493 : car le froid fut si violent le jour de Noël & le lendemain, que la mer fut glacée dans le port de Genes. Les Provençaux mal-

---

pitaines capables de servir sur l'escadre. Honoré de Forbin étoit un de ces Commissaires : le Roi lui écrivit au mois de Mai 1494 de donner le commandement d'une galere à Simeon d'Albertas, qui avoit été lui offrir à Lyon de le servir avec son gallion, & avec soixante & dix hommes munis de tout ce qui étoit nécessaire pour une campagne, moyennant 801 liv. par mois. *Not. Darneti à Marseille.* Le même Forbin s'embarqua sur la flotte en qualité de Capitaine avec Pierre d'Imbert & Reinaud Altovitus.

gré l'ardeur qu'ils devoient avoir pour conquérir un Royaume, auquel la valeur de leurs ancêtres avoit donné des Souverains, ne fournirent que peu de lances à Charles VIII. Leurs forces furent particuliérement employées fur mer, fous les ordres du Duc d'Orléans, qui battit près de Gênes l'efcadre Napolitaine. On connoît le fuccès de cette expédition dont les Français ne recueillirent aucun fruit : elle ne fut point auſſi fatale aux Provençaux que l'avoient été les guerres précédentes, dont ils avoient porté feuls tout le poids. Depuis qu'ils étoient devenus fujets d'une grande Monarchie, & que leurs intérêts s'étoient confondus avec ceux de la France, ils ne pouvoient avoir que rarement de ces événements heureux ou malheureux qui les fiſſent remarquer dans la foule des peuples foumis à la domination Françaife : quelques faits plus dépendants des loix de la nature, que des écarts des paſſions, arrivés fous le Regne de Charles VIII & de fon fucceſſeur, méritent tout au plus que nous les rappellions ; parce qu'ils entrent dans le tableau des biens & des maux qui partagent la vie humaine.

On a vu ci-deſſus que durant l'hiver de 1495 on avoit prefque joui en Provence & en Italie de la température du printemps. Les pluies furent fi abondantes pendant l'été, que la moiſſon & les vendanges trompèrent en Italie les efpérances du Laboureur ; & les Génois furent obligés de demander au Roi la permiſſion de tirer de Provence du vin & du bled. La Cour Royale y mit oppofition ; parce que les innondations & les orages avoient enlevé au cultivateur le fruit de fes travaux. En 1502 cette Province aujourd'hui fi ſtérile en grains, leur fournit quatre mille charges de bled : fi l'on fait attention que les vignobles étoient alors moins communs en Provence qu'ils ne le font aujourd'hui, qu'il y avoit peu d'habitans entierement livrés au commerce, & que les autres ne dédaignoient pas de cultiver de leurs propres mains le champ de leur peres ; fi l'on confidere qu'on ne con-

Expédition de Naples par Charles VIII.

An. 1495.

Giuftin. Hiſt. di Genoa.

noiſſoit pas encore cette claſſe nombreuſe d'hommes inutiles, que le luxe a multipliés pour ſervir dans l'oiſiveté les caprices d'un maître, & pour conſommer les productions de la terre qu'ils n'ont point arroſée de leur ſueur; que la ville de Marſeille, où viennent s'engloutir tant de proviſions de toute eſpèce, étoit infiniment moins peuplée qu'elle ne l'eſt de nos jours; qu'enfin on ne voyoit point dans ſon port, cette quantité innombrable de vaiſſeaux, dont il faut alimenter les équipages pendant leur ſéjour & durant leur traverſée, on conviendra qu'il n'eſt pas ſurprenant que la Provence ait pu fournir aux étrangers du bled & du vin, & que relativement à l'agriculture, il y a une grande différence entre l'état actuel de cette Province & celui où elle ſe trouvoit dans le XV ſiécle.

Après la mort de Charles VIII arrivée à Amboiſe le 7 Avril 1498, la Provence parut un objet aſſez intéreſſant pour réveiller l'ambition de deux concurrents qui la diſputerent à Louis XII. L'un étoit le Duc de Lorraine, l'autre Anne de Beaujeu, fille de Louis XI, qui avoit long-temps gouverné le Royaume en qualité de Régente : elle prétendit que la Provence n'avoit pas été réunie à la Couronne; mais qu'elle avoit été donnée au Roi ſon pere, & après lui à ſon frere Charles VIII, dont elle étoit héritiere : heureuſement elle n'avoit point d'armée pour faire valoir des raiſons qui, malgré leur frivolité, auroient ſervi de prétexte à ſon ambition. Elle fut donc obligée, ainſi que le Duc de Lorraine, d'avoir recours au tribunal des foibles, qui eſt celui de la Juſtice : on choiſit des arbitres preſque tous Magiſtrats, & le jugement fut tel qu'on devoit l'attendre dans une cauſe, où Anne de Beaujeu avoit à combattre l'évidence de la Loi, & où le Duc de Lorraine avoit contre lui la force des traités & celle des armes : l'un & l'autre furent exclus de la ſucceſſion à la Provence, à laquelle on décida qu'ils n'avoient aucun droit.

Nous ne ſuivrons pas Louis XII dans la conquête du Milanois, ni dans son entreprise sur Naples : nous verrions ce que nous avons déja vu dans les siécles précédents, que l'Italie, qui est presque toujours pour les Français un théatre de gloire au commencement d'une campagne, devient ensuite leur tombeau. Assujettis par les Loix de l'Histoire à nous renfermer dans celle de notre Province, nous nous bornerons à rassembler les faits qui lui sont propres ; & dont un des plus remarquables, arrivé au commencement du XVI siécle, est l'érection du Parlement.

Nous avons dit ailleurs que sous la seconde Maison d'Anjou les affaires étoient d'abord jugées par le Magistrat du lieu ; qu'ensuite elles alloient successivement par appel au Juge des premières appellations (1) & au Juge des secondes, autrement dit Juge Mage, qui résidoit à Aix, & avoit toute la Provence dans son district. Si le Jugement successif de ces trois Magistrats étoit conforme, il étoit exécuté ; si au contraire il différoit, l'affaire étoit portée au tribunal du Grand-Sénéchal, parce que c'étoit un droit qu'avoient les Provençaux d'être jugés dans leur propre pays, lors même que les Souverains résidoient à Naples. Louis II ayant ensuite établi un Parlement par Lettres-Patentes du 14 Août 1415, lui attribua la Justice en dernier ressort, sauf toutefois la révision des Jugemens, à laquelle ce Parlement devoit procéder en y appellant des gens de Loi.

Par cet établissement le Juge Mage étant devenu inutile fut supprimé, & il ne resta comme auparavant que trois degrés de jurisdiction, savoir le Juge royal ou Banneret, le Juge des secondes appellations, qui tenoit lieu de nos Sénéchauffées, & le Parlement ; encore celui-ci dans tous les cas ne jugeoit-il pas en

X.
ERECTION DU PARLEMENT.
Tom. III. pag. 317 & 411.
Bibl. du Roi manuf. de Dup. n°. 155.
Regist. Sclap. fol. 2.
Pergam. fol. 83.
Livid. fol. 306.
Cruc. Sive nov. fol. 171.

---

(1) C'est avec ces restrictions qu'il faut lire ce que nous disons dans le Tom. 5. pag. 317. Note. Chaque Ville, Chef de Viguerie avoit un Juge des secondes Appellations.

HISTOIRE GÉNÉRALE

LIVRE X.

dernier ressort. Louis III supprima ce Parlement par ses Lettres-Patentes du mois de Septembre 1424, le créa ensuite de nouveau sous le titre de Conseil éminent le 20 Novembre de la même année, & rétablit en même tems le Juge Mage, auquel il n'attribua que la Jurisdiction du Juge des secondes appellations. Le Président & les deux Maîtres rationaux de la Cour des Comptes avoient séance au Conseil éminent. Ce tribunal n'étoit pas incompatible avec les pouvoirs du Grand-Sénéchal ; mais il devoit souvent naître entre ce premier Officier de Justice, & les nouveaux Magistrats un conflict de Jurisdiction, dont le peuple étoit la victime. Il y avoit même à craindre, quand la Provence eût été réunie à la Couronne, qu'on ne fût contraint d'aller plaider devant quelque tribunal étranger, ce qui étoit visiblement contraire aux Privileges du pays ; car Charles du Maine par son testament, & les Etats, par leurs délibérations, avoient demandé au Roi de France que la justice fût rendue en dernier ressort en Provence. Charles VIII avoit bien résolu d'y établir un Parlement ; mais la conquête de Naples lui ayant fait perdre de vue cet utile projet, il en laissa l'exécution à Louis XII son successeur, qui allant joindre l'année d'après son armée en Italie passa par Gap, où il trouva le Comte de Sault, & le Baron de Trans qui venoient lui demander, au nom des

An. 1501.

Etats, la réformation de la Justice : il chargea quelques personnes de considération, d'aller prendre sur les lieux les informations convenables : & à son retour en France il donna l'édit d'érection du Parlement daté de Lyon au mois de Juillet 1501. Ce tribunal fut composé d'un Président, d'onze Conseillers, dont quatre Clercs (2), d'un Avocat & de deux Procu-

Reg. Griff. fol. 82. voyez Hist. du Parlement.

---

(2) Voici les noms de ces Magistrats : Michel Riccio, Président ; Emeric de Andréa, premier Conseiller laïc & Garde des Sceaux (il etoit auparavant Chancelier de Provence) Jean Decuers, Prevôt de Marseille, Guillaume de Puget, Pré-

reurs Généraux Fiscaux ; d'un Avocat & d'un Procureur des Pauvres, de quatre Notaires, & Secrétaires de la Cour, d'un premier Huissier & de deux autres Huissiers, pour former tous ensemble la Cour du Parlement de Provence, qui seroit à l'instar de celui de Paris, & auroit les mêmes privilèges & prérogatives que les autres Parlemens du Royaume. Louis XII conserva dans le nouveau Tribunal les mêmes Officiers qui servoient dans le Conseil éminent, d'où il arriva qu'il y eut deux Procureurs Généraux,

ÉRECTION DU PARLEMENT.

---

vôt d'Aix ; Raymond Ricard, Prieur de Trabain, & Pierre de Brandis, Conseillers Clercs ; Bertrand Durand, Melchior Seguiran, Pierre Mathei, Simon de Tributiis, Michel Audibert, & Gaspard du Perrier, Conseillers Laïcs, Antoine Mutty, Avocat Général & Fiscal, Jacques de Angelo, Aime Curaty, Procureurs Generaux & Fiscaux.

La garde du Sceau comme nous l'avons dit, fut commise au premier Conseiller Laïc, Eméric de *Andréa* qui ayant permuté l'année suivante son Office de Conseiller au Parlement avec celui de Président de la Chambre des Comptes, possedé par Louis de Forbin, Seigneur du Luc, se reserva l'Office de Garde des Sceaux, & l'exerça jusqu'à sa mort arrivée en 1515. Louise de Savoie, mere de François I, en pourvut Otrobon Spinola, Tresorier & Receveur en Provence ; le Roi lui ôta les Sceaux la même année, & les donna à Pierre Fillioli, Archer d'Aix, premier Conseiller Clerc du Parlement. Après lui Guillaume Garçonet, Avocat General, les posseda depuis l'année 1536, jusqu'en 1541, qu'il fut fait Président ; & les remit au Roi qui les confia à Balthasar Gerente, Evêque de Vence, Grand Président de la Cour des Comptes. Celui-ci les garda jusqu'en 1548, que le Roi le deposseda, & en pourvut Honoré d'Arbaud, Maître Rational. La Charge de Garde des Sceaux fut unie en 1553 au Parlement : cependant elle fut rendue par Lettres-Patentes du 31 Mars 1554 à Balthasar de Gerente avec compatibilité & droit de resignation, dont il usa après avoir finance 1000 ecus en faveur de Louis de Sade, Seigneur de Mazan. Elle fut unie en 1584 à l'Office de Grand Président de la Cour des Comptes, & le sieur de Mazan l'exerça jusqu'à sa mort arrivée le 19 Decembre 1599. Enfin Henri IV en pourvut le Président du Vair en 1600, & en 1608 il ordonna que l'Edit de 1553 portant union de l'Office de Garde des Sceaux au Parlement seroit executé ; il en laissa la resignation au Président du Vair, qui le vendit à Jean-Baptiste de Couvet, Conseiller au Parlement ; celui-ci, fut reçu le 16 Janvier 1609 ; & dans la suite les fonctions de cet Office ont été réunies à celui de Doyen. *Manuscrit du Président la Roque.*

contre l'usage des autres Parlements du Royaume. Le Grand-Sénéchal fut maintenu dans ses prérogatives, comme Chef de la Justice : les expéditions se faisoient en son nom, & en son absence au nom de son Lieutenant ; mais on s'apperçut bientôt qu'un homme destiné par état à la profession des armes, n'étoit guere propre à se concilier le respect & la confiance du peuple dans les fonctions sacrées de Juge.

« Nous ordonnons, dit le Roi dans ses Lettres-Patentes,
» premierement, que le Grand-Sénéchal dudit pays présent &
» futur, soit & demeure toujours le chef & principal dudit Par-
» lement ; & que sous son nom & titres tous Arrêts & appoin-
» temens donnés, & qui se donneront audit Parlement soient
» expédiés, & que le Président de notre dite Cour de Par-
» lement préside sous ledit Grand-Sénéchal, ou sous son Lieute-
» nant en son absence, en la forme & maniere que fait le Prési-
» dent de notre Cour de Parlement du Dauphiné, sous le
Gouvernement dudit pays ». Suivant un article des conventions faites en 1513 entre le Grand-Sénéchal & le Parlement, ce premier Officier de la Justice avoit dans toutes les séances une place d'honneur, & le Président debout, le bonnet à la main, lui demandoit, & son Lieutenant en son absence, la permission de commencer l'audience.

Mais François I quand il réforma la Justice au mois de Septembre 1535 supprima ces conventions, & ayant exclus le Sénéchal du Parlement, il le mit à la tête des Jurisdictions subalternes. Ainsi le Gouverneur réduit aux fonctions militaires, ne fut plus distingué des Gouverneurs des autres Provinces par aucunes prérogatives particulières.

L'érection du Parlement, que les trois Ordres de la Province avoient demandée avec tant d'instances, fut à peine ordonnée, que les Etats s'y opposèrent. La Noblesse intéressée à ce que la Justice fût en quelque sorte arbitraire, avoit excité ces reclamations :

clamations: elle craignoit que ce Tribunal dont elle ne pourroit décliner la Jurisdiction, n'en fût plus ferme à résister aux sollicitations, & à rendre la justice plus invariable. Peut-être aussi croyoit-elle que le Roi s'en serviroit pour détruire les Priviléges du pays par lesquels l'autorité se trouvoit gênée dans ses opérations. Quoi qu'il en soit des motifs qui faisoient agir la Noblesse, Louis XII fut d'autant plus surpris de l'opposition des Etats, que deux ans auparavant ils lui avoient témoigné des sentimens tout contraires: il envoya de nouveau des Commissaires en Provence, & sur leur rapport, il fit procéder à l'établissement du Parlement par un nouvel édit du 26 Juillet 1502. Les Magistrats furent installés à Brignoles le 24 Décembre, à cause des ravages que la peste faisoit dans la Ville d'Aix: revenus dans cette Capitale au mois d'Octobre 1503, ils jurerent entre les mains des Consuls qu'ils respecteroient & maintiendroient les Priviléges de la Ville & de la Provence. Les Villes d'Arles & de Marseille, reçurent le même serment avec les sentimens de joie que leur inspiroit le maintien de ces Priviléges, dont elles étoient si jalouses.

L'établissement du Parlement faisoit espérer qu'on verroit enfin réformer une infinité d'abus que les désordres précédens avoient fait naître. On envoya des Commissaires dans les différentes parties de la Province pour surveiller la conduite des Juges subalternes; mais il n'étoit pas aisé de détruire des abus que l'ignorance & les passions avoient fomentés pendant plusieurs siécles; on éprouva les mêmes difficultés à rétablir la discipline & la décence dans les cloîtres de l'un & de l'autre sexe. Le Monastere de Marseille & celui de Lérins, où beaucoup de gens de condition prenoient l'habit Religieux, montrèrent plus d'opposition que les autres à subir le joug de la réforme. Les malheurs dont on fut affligé dans le même tems, furent cause aussi qu'on ne put employer cette surveillance assidue, sans laquelle les Loix les plus sages n'ont aucun effet. La peste renouvella ses fureurs en

Erection du Parlement

An. 1502.

Hist. de Marseille, pag. 296.

XI. Malheurs dont la Provence est affligée.

Livre X.
An. 1504.

l'année 1504, & ne cessa de faire pendant trois ans les ravages que l'impéritie des Médecins & la négligence des Magistrats favorisoient. Les Consuls de Marseille, indignes de la place qu'ils occupoient, abandonnerent la Ville ; & par une modération aussi étonnante que la lâcheté de ces Magistrats, on ne punit pas leur coupable désertion.

Nostrad. Bouch. & Ruffi.
An. 1507.

Le dérangement des saisons se joignit à la peste pour varier le tableau des événemens remarquables. L'hiver de l'année 1506 fut si doux, que l'on vit éclore en Janvier la rose & les autres fleurs dont la campagne a coutume de se parer au mois de Mai. L'orge monta en épis, & le froment acquit un développement proportionné à cette extrême température; mais l'hiver suivant fut des plus rigoureux. On auroit dit que la nature avoit réservé le froid de l'hiver précédent, pour donner encore plus d'intensité à celui qu'elle déploya en 1507. Il périt un grand nombre d'hommes & de bestiaux; le port de Marseille se couvrit de glace dans toute son étendue, & si quelque chose put garantir les arbres & les semences, ce fut la grande quantité de neige qui couvrit la terre; car à Marseille il en tomba trois pieds le jour de l'Epiphanie; phénomene peut-être unique, ou du moins extrêmement rare dans cette grande ville. La sécheresse qu'on éprouva deux ans après est un événement bien plus commun dans cette Province. Elle fut si grande que presque toutes les sources tarirent. Ces accidents effrayerent bien moins que le tremblement de terre arrivé à Manosque le 13 Décembre 1509 : il renversa le Château, une grande partie des murailles de la ville & des maisons : enfin la peste déploya aussi ses rigueurs, & auroit mis le comble à tous les maux, si la Providence n'eût arrêté les progrès de ce fléau, peu de tems après qu'il eut commencé de se faire sentir. Un autre événement remarquable mais bien plus intéressant pour cette Province, fut la sévérité que le Roi

Mss. Hôt. de V.

Registre du Parlement 20 Juillet 1508.

déploya contre les vagabonds, les gens sans aveu, & ces joueurs impudens qui faisoient de l'art de tromper au jeu, leur unique ressource. Le Roi ordonna au Parlement de les faire arrêter, & de les envoyer sur les galeres pour y servir avec les malfaiteurs.

Les ravages de la peste firent suspendre les démêlés qu'il y avoit entre le Parlement & la Cour de Rome sur un objet assez important pour mériter que nous en parlions avec quelques détails.

C'étoit l'usage sous les Comtes de Provence de la seconde Maison d'Anjou, que les bulles & les brefs émanés de la Cour de Rome, ou de la Légation d'Avignon, touchant les dispenses & les bénéfices, n'étoient exécutés qu'après avoir été vérifiés & enregistrés par le Conseil Souverain : ce droit étant devenu une des loix fondamentales de la constitution politique du pays, le Parlement le conserva, & les Souverains Pontifes le reconnurent en plusieurs occasions. En vain Jules II essaya de l'anéantir lorsqu'on refusa l'annexe à un Ecclésiastique qu'il avoit nommé à la Prévôté d'Arles; ses efforts furent inutiles, & il fut contraint de reconnoître ce droit par deux concordats que Louis de Rochechouart, Vice-Légat d'Avignon, & Louis de Lestang son successeur, passerent en différens tems avec les Députés du Parlement.

Ces concordats ne firent qu'assoupir la querelle, parce qu'on négligea d'en détruire le sujet. Elle se réveilla bientôt après, lorsque Jules II, après la mort du Cardinal d'Amboise, donna la Légation d'Avignon à l'Evêque de Tivoly; le Roi défendit au Parlement de le reconnoître : ce Pontife mourut avant que l'opposition fût levée; & Leon X, son successeur, crut que toutes les difficultés qu'on faisoit s'évanouiroient, s'il nommoit à cette place importante un sujet du Roi, qui réunit en sa faveur assez de titres pour intéresser le cœur du Monarque;

XII.
Du droit d'annexe.

Hist. manusc. du Parlement & Mém. de la Roq. & Let. roy.

Reg. du Parlement.

il jetta les yeux fur le Cardinal de Clermont, neveu du Cardinal d'Amboife, & écrivit au Parlement de Provence en fa faveur. Le Parlement refufa de déférer à la priere du Pape, jufqu'à ce qu'on eût été informé des intentions du Roi. Ce retard irrita le Pontife déja peu difpofé en faveur de la France: le Concile de Latran étoit alors affemblé; le Saint Pere ordonna à Marius de Peruffis, Promoteur de cette augufte Affemblée, de préfenter une requête contre le Parlement au fujet de l'annexe: Peruffis obéit, & dépeignit les Magiftrats de Provence, comme autant de tyrans toujours révoltés contre le S. Siége, & qui s'arrogeoient fur les perfonnes & les biens des Eccléfiaftiques, une autorité que les loix de l'Eglife leur refufoient : le Concile, irrité d'une conduite qu'on peignoit avec des couleurs fi noires, fulmina un Monitoire (1) & décréta d'ajournement perfonel le Préfident de Beaumont, Bertrand Duranti, Simon Tributiis & plufieurs autres Officiers du Parlement, pour les obliger de comparoître en perfonne dans trois mois, fous peine, pour les Clercs, d'une amende de trois mille ducats, & d'être déclarés inhabiles à poffèder des bénéfices ; les Laïques condamnés à la même peine pécuniaire étoient de plus déclarés incapables de poffèder des biens

(1) La requête du Promoteur & la bulle du Pape, qui font énoncées dans la 8e Seffion du Concile tenu en 1513, font vifiblement antidatées. Car fi cette bulle étoit effectivement de l'an 1513, le Pape auroit-il écrit au Parlement en 1514 pour luy demander l'annexe des bulles du Cardinal de Clermont? D'ailleurs dans la bulle d'abfolution donnée en 1516, il eft parlé des cenfures comme ayant été fulminées quelques mois auparavant. *Superioribus menfibus*: on ne s'exprime pas de la forte quand on veut parler d'un terme écoulé depuis plus de deux ans. Nous dirons pour derniere preuve que les pourfuites du Parlement au fujet du Monitoire & du decret du Concile, s'etant faites fous le Roi François I.er, qui ne parvint à la Couronne qu'au mois de Janvier 1515, il faut que les cenfures foient de la fin de l'année 1514; car le Parlement n'auroit pas attendu deux ans fans fe plaindre.

& de faire aucuns actes civils, soit contrats de mariage, soit testaments, eux & leurs enfants jusqu'à la troisieme géné- ration. Ces Magistrats étoient appellés enfants d'iniquité, de même que les Evêques de Grasse & de Sénez, qui avoient des Offices de Conseillers extraordinaires. Le Monitoire fut publié à Vintimille, à Nice & à Avignon; car personne n'eut la hardiesse d'en faire la publication en Provence: le Concile accorda trois mois pour comparoître, passé lequel tems tous ces enfants d'iniquité devoient être séparés de la Communion de l'Eglise.

Le Roi ayant été informé de ces démêlés, par le Député du Parlement & par le Conseiller Louis de Forbin, Seigneur de Souliers, son Ambassadeur au Concile, en parla au Nonce, qui fit suspendre l'exécution du Monitoire: le Parlement aussi tranquille après ces menaces, qu'il l'étoit auparavant, refusa une nouvelle annexe qu'on lui demanda, durant cette négociation. Le Pape ne s'accoutumoit pas à ces refus. Il excommunia le Président de Beaumont, & les Conseillers de Brandis & de Coriolis, qu'il soupçonnoit d'être les principaux moteurs de cette résistance. La chaleur qu'on mettoit de part & d'autre dans la dispute, alloit devenir encore plus vive, lorsque François I, qui avoit besoin du Pape pour la conquête du Milanois, résolut d'éteindre ce feu, de peur d'allumer un incendie, qui bientôt gagneroit tout le Royaume. Il écrivit au Parlement de terminer cette affaire par voie de négociation: & il fut conclu qu'on donneroit publiquement au Pape la satisfaction qu'il demandoit; mais qu'on dresseroit sécrétement, avec lui, quelques articles, par lesquels il approuveroit l'annexe. Après cet accord, la Cour chargea le Conseiller de Forbin-Souliers, Ambassadeur de France au Concile, de demander en son nom l'absolution des censures, & de rétracter tout ce qu'elle avoit fait au sujet de l'annexe.

Du Droit d'Annexe.

Conc. Labbe. tom. 4. pag. 185.

An. 1513.

Forbin, en vertu des pouvoirs dont il étoit revêtu, se rétracta en plein Concile au nom du Parlement, le 15 Novembre 1515, & promit que les Officiers de la Cour obéiroient à tout ce qui étoit contenu dans le Monitoire, & qu'à l'avenir ils ne porteroient aucune atteinte aux Priviléges & Libertés de l'Eglise. Le Pape satisfait de cette soumission, leva les censures, & réconcilia les Excommuniés, à condition que les Magistrats de Provence ratifieroient, dans quatre mois, tout ce que l'Ambassadeur venoit de promettre en leur nom.

Le Pape ensuite, par des articles secrets, dressés entre lui & Forbin, promit d'observer le Concordat passé entre le Parlement & les Vices-Légats d'Avignon; mais pour les rendre inutiles, il ne rougit pas, à ce qu'on assure, de défendre à Forbin de les publier, sous peine d'excommunication. Celui-ci de retour en France, crut avec raison, qu'il n'étoit pas lié par les défenses du Pape, & il fit enregistrer à l'Officialité de Toulon, les conventions secrettes qu'il avoit passées avec le Souverain Pontife. On conserve aux Archives du Parlement, *le Vidimus* de l'Officialité, daté du 10 Décembre 1516. Depuis cette époque, la Cour a joui du droit d'annexe que les Vice-Légats d'Avignon n'ont pas cessé de reconnoître, puisqu'ils ont toujours eu soin de faire enregistrer leurs pouvoirs.

François I. crut devoir user de cette condescendance en faveur de la Cour de Rome, dont il avoit besoin pour la conquête du Milanois. Jules II avoit fait perdre à Louis XII le fruit de ses victoires en Italie. Ce Pape, en qui la Religion trouve si peu à louer, avoit pour la guerre & la politique, des talens qu'on eût à peine admirés dans un homme du monde, à cause de l'abus qu'il en fit. Ses intrigues plongerent la France & l'Italie dans des malheurs, dont on a long-tems déploré les suites. Ardent persécuteur des Vénitiens, tant que leur puissance fut redoutable, il souleva contr'eux la France, l'Allemagne, & tous les Princes d'Italie, qu'il auroit voulu animer de tout le feu de sa jalousie & de sa haine; mais quand il les vit abattus à ses pieds, il leur tendit les mains pour les relever, sans leur laisser prendre leur premier essor, & tourna contre la France l'énergie de son ame, lui suscitant, pour ennemis, outre les Vénitiens, l'Empereur Maximilien en Italie & en Flandres; le Roi d'Arragon dans la Navarre; le Roi d'Angleterre en Picardie, & les Suisses en Bourgogne. Ce Pontife implacable n'eut de plaisir & de repos qu'au moment où il vit les François dépouillés de presque toute la Lombardie.

LA COUR DE ROME SUSCITE DES GUERRES A LA FRANCE.

An. 1515.

Tel étoit l'état de l'Europe, lorsque le Cardinal Julien de Médicis monta sur la chaire de S. Pierre, le 12 Mars 1513, sous le nom de Léon X. Il suivit dans la conduite des affaires politiques, les traces de son prédécesseur. Animé des mêmes sentimens, sans y mettre autant de vivacité, il favorisoit les ennemis de la France, mais avec cette circonspection qui se ménage des prétextes pour changer de parti, quand la fortune change de face.

François I. qui avoit succédé à Louis XII le premier Janvier 1515, étoit incapable d'employer ces ruses, avec lesquelles il auroit plus sûrement triomphé des Puissances d'Italie, que par la force des armes. Son caractère franc & noble, exalté par cet esprit de Chevalerie dont il étoit imbu, l'incitoit sans cesse à emporter par son courage, ce qu'avec plus de tems il auroit obtenu par la voie des négociations. Jaloux de réparer les revers sous lesquels la Cour de Rome avoit accablé la France par ses intrigues, il passe en Italie, remporte à Marignan une victoire célèbre sur les Suisses, le 14 Septembre 1515, fait rentrer le Milanois sous ses loix, déconcerte les projets de ses ennemis & du Pape lui-même, qui recherche son alliance, & conclut avec lui, au mois de Décembre, le fameux Concordat.

LIVRE X.

XIV.
FRANÇOIS I
ARRIVE EN PROVENCE.

An. 1516.

Manuesca. pag. 106.

Après avoir rétabli ses affaires en Italie, le Roi revint en deçà des Monts par la haute Provence, où le bruit de son arrivée attira un peuple immense dans tous les lieux de son passage : l'éclat que sa derniere victoire répandoit sur sa personne, fut tempéré par des traits de vertu qui lui gagnerent l'amour de ses sujets. Arrivé à Manosque, il alla loger chez un habitant, dont la fille lui présenta les clefs de la ville ; elle étoit belle, & dans cet âge où la nature donne à la phisionomie, avec des graces naïves, cette vivacité d'expression qui touche & qui pénétre : la parure que la Demoiselle avoit ce jour-là, ajoutoit encore à sa beauté. François I, qui étoit dans le feu de sa jeunesse, & doué de cette sensibilité sur laquelle il n'eut pas assez d'empire, fixa sur cette jeune personne, un regard qui trahit les mouvemens de son cœur ; elle s'en apperçut, & frappée des suites d'une foiblesse, que le rang & les qualités du Vainqueur ne pourroient pas même justifier, elle se retira dans sa chambre, & eut le courage de se défigurer le visage à une fumée brûlante. Le Roi touché d'un trait de vertu si rare, dans un âge où le desir de plaire, déja si naturel, étoit encore animé par la vanité de subjuguer un jeune Souverain, fit donner à la Demoiselle une somme qui lui servit, tout à la fois, de dot & de gage de son estime.

XV.
LA COUR
Y VIENT AUSSI.

Il alla ensuite à Marseille le 22 Janvier 1516 : Louise de Savoie sa mere, la Reine son épouse, & sa sœur la Duchesse d'Alençon, suivies d'une Cour nombreuse, l'y attendoient, pour jouir avec lui de l'allégresse publique, & des applaudissemens que méritoient ses triomphes : il fut reçu au bruit de l'artillerie, & avec toute la magnificence dont on étoit capable dans ce tems-là. Tous les Ordres & tous les Corps sortirent au-devant de lui, précédés par les Reliques de Saint-Victor & de Saint Lazare : comme on s'étoit laissé enlever, près de cent ans auparavant, celles de S. Louis, Evêque de Toulouse ;

Touloufe; on imagina d'y suppléer, en faifant repréfenter, dans tous les Carrefours, fes actions les plus remarquables. Le fpectacle qu'on donna au Roi, & qui étoit plus conforme à fes goûts, fut un combat naval fimulé dans lequel, au lieu de traits & de boulets, on fe jettoit des oranges. Ce Prince, accoutumé à figurer dans des combats meurtriers, voulut prendre part à celui-ci, où la victoire n'étoit point enfanglantée. Il fe fit remarquer par fon ardeur, & fur-tout par l'enjouement qu'il témoigna dans ce jeu innocent, où il rendoit avec beaucoup d'adreffe les coups d'orange qu'il recevoit; car il n'avoit pris d'autre précaution, que celle de mettre un mafque, de peur d'être bleffé au vifage. Le lendemain il alla voir au Château d'If, fur un vaiffeau Portugais, le préfent magnifique que le Roi de Portugal envoyoit au Pape Léon X. Il y avoit plufieurs animaux rares, entr'autres une panthere dreffée pour la chaffe, & un fuperbe éléphant qui dut exciter l'admiration du Roi, pour qui cet animal étoit un fpectacle tout-à-fait nouveau, comme il le fut pour les Romains. Le Pape, quand on le lui préfenta, fe tenoit à une fenêtre de fon Palais, avec plufieurs Cardinaux. Comme l'éléphant eft docile, & qu'il prend facilement les impreffions qu'on lui donne, il s'abattit trois fois fur fes genoux, & puis rempliffant fa trompe d'eau, dans une cuve qu'on avoit préparée exprès, il en jetta à la fenêtre où étoit le Saint-Pere, & aux fenêtres voifines, occupées par des Perfonnes de confidération; enfuite il en répandit fur cette foule de peuple, que la nouveauté de l'objet avoit attirée, & qui s'amufa beaucoup de l'innocente malice de cet animal (1), qu'il ne connoiffoit que

La Cour y vient aussi.

Les Hift. de Prov. & de Marf.

An. 1516.

Annal. d'It tom. X. part. I. p. 143.

___

(1) Les Hiftoriens de Provence difent que le Vaiffeau Portugais étoit aux Ifles de Marfeille le 23 Janvier 1516, & qu'il portoit au Pape un Rhinoceros. Mu-

par les merveilles qu'en publioit l'histoire de l'ancienne Rome.

Le Roi partit de Marseille le 26 du même mois avec toute sa Cour, après avoir confirmé les priviléges de cette Ville (1). Il se rendit à Aix, ayant parmi les Seigneurs de sa suite, Charles Duc d'Alençon, Philippe Comte de Geneve, Antoine Duprat, son Chancelier, René bâtard de Savoie, Grand-Sénéchal & Gouverneur de Provence, le Marquis de Mantoue, & presque toute la haute Noblesse du pays. Il tint un jour l'Audience du Parlement, pendant laquelle on prétend qu'il eut occasion de connoître plusieurs abus qu'il réforma ensuite par l'Edit dont nous parlerons plus bas. On ne dit point qu'il ait fait le voyage de la Sainte-Baume, objet de dévotion que les personnes pieuses faisoient ordinairement entrer dans leurs exercices de piété. Sa mere, sa sœur la Duchesse d'Alençon, & la Reine son épouse, n'avoient point craint de gravir sur cette montagne fameuse, pour aller visiter la grotte que sainte Magdeleine, comme on le croyoit alors, avoit consacrée par sa pénitence.

La Duchesse de Mantoue passant en France, l'année d'après, avec une suite très nombreuse, fit le même voyage; & enfin Eléonore d'Autriche, seconde femme de François I, le

---

ratoit dit que les presents du Roi de Portugal furent offerts au Saint Pere le 12 Mars 1514 : il parle d'une Panthere & d'un Elephant, & les Historiens de Provence d'un Rhinoceros. Ceux ci se seroient ils mepris sur le nom de l'animal, & Muratori sur la date ? ou bien y eut il des presens envoyes en differens tems?

(1) Cette confirmation des Privileges se fit le 24 dans le chœur des Accoules, en presence de Charles Duc d'Alençon, de Philippe Comte de Geneve; du Chancelier du Prat, d'Adam Fumée, Seigneur des Roches, de Charles de Forbin, & de Pierre de Vento &c. *Not. Pierre Moulan de Marseille.* Ce Pierre de Vento, étoit le 13 Octobre 1479 sous la tutelle de Simon de Grille, habitant d'Arles, lorsqu'il fit avec ses freres le partage des biens de Perceval de Vento, son pere. *Not. Darneti.*

Dauphin, les Ducs d'Orléans & d'Angoulême, voulurent aussi gagner en 1533 les Indulgences attachées à ce pélerinage, aujourd'hui abandonné à la dévotion des gens de la campagne. C'est une suite de l'inconstance de l'opinion, qui après avoir régné impérieusement sur les premieres têtes de l'Etat, s'en éloigne par degrés, pour tomber dans la derniere classe des citoyens, où elle exerce obscurément son empire.

François I ne tarda pas de quitter la Provence, ne prévoyant pas qu'elle seroit bientôt le théâtre de la guerre. Léon X, jaloux de la supériorité que les armes françaises avoient en Italie, résolut de la leur faire perdre, en se liguant le 8 Mai 1521 avec les ennemis de la France, & notamment avec l'Empereur Charles V, le Prince de son siécle qui sut le mieux combiner le courage & la politique, pour les faire servir à ses desseins ambitieux. En effet nos troupes vaincues par le nombre, furent obligées d'abandonner presque toutes les Villes qu'elles occupoient dans la Lombardie, parmi lesquelles se trouvoient Parme, Plaisance & Milan. Léon X en eut une joie si vive, qu'il la fit éclater avec la plus grande ostentation, par des réjouissances publiques : mais il mourut au milieu de ces fêtes le 1. Décembre 1521, après avoir déployé sur la Chaire de S. Pierre les qualités brillantes, & les talens qui peuvent illustrer un trône, & peu de ces vertus qui font révérer le Vicaire de J. C. C'étoit lui qui avoit allumé ou pour mieux dire attisé la discorde entre Charles V & François I. L'armée de celui-ci, dépourvue de subsidés & de secours, déja considérablement affoiblie par les pertes précédentes, abandonna la ville de Gênes, & ce qui lui restoit dans la Lombardie, aux troupes Impériales. Ces troupes, sous la conduite du Connétable de Bourbon, devenu l'ennemi de la France, dont il auroit dû être l'ornement & l'appui, vinrent porter en Provence la désolation & la terreur. L'Empereur avoit promis

XVII. Charles V se prépare à porter la guerre en Provence.

An. 1521.

cette Province au Connétable (1), avec le titre de Roi d'Arles, pour le dédommager des biens qu'il avoit perdus en France par son évasion.

La guerre étoit un fléau terrible pour la Provence, après les ravages que la peste y avoit faits trois ans auparavant : les principales Villes avoient perdu une grande partie de leurs habitans. Celle d'Aix avoit été si maltraitée, que le Parlement s'étoit retiré à Manosque, où le fléau ne pénétra point. Cependant ce malheur n'avoit pas abattu le cœur des Provençaux : François I instruit de leur fidélité inébranlable, & des préparatifs qu'ils faisoient pour s'opposer à l'invasion des ennemis, leur écrivit en ces termes pour leur témoigner sa satisfaction :

« Chers & bien amés : Nous avons été avertis du bon vou-
» loir & ouverte démonstration que vous faites pour résister à
» la descente & entreprise que nos ennemis & adversaires, &
» même Charles de Bourbon, s'efforcent de faire du côté de
» l'Italie, en notre Pays & Comté de Provence : Nous vous
» en remercions de très-bon cœur ; vous priant tant & si affec-
» tueusement que faire nous pouvons, qu'en ce bon & ferme

---

(1) L'Empereur avoit si fort à cœur de faire le Connétable, Roi de Provence, que n'ayant pu la conquerir en cette occasion, il voulut se la faire ceder ensuite, quand il traita pour la delivrance de François I son prisonnier. Car dans les premieres demandes qu'il forma, il comprit la cession pure & simple de cette Province & celle du Dauphiné, qu'il vouloit faire ériger en Royaume independant en faveur du Connetable de Bourbon. On sait que François I confisqua les terres du Connetable, lorsque celui-ci passa au service de l'Empereur. Parmi ces terres il y avoit celles de Marignane & de Gignac que le Connetable avoit eues d'Antoine de Varcy le 26 Septembre 1517, en echange d'autres terres qu'ils possedoit dans le Forés. François I les donna à Louise de Savoie sa mere ; celle-ci en fit don à Anne de Lascaris femme de Rene bâtard de Savoie, Comte de Tende, dont les heritiers les possederent jusqu'au 26 Février 1603, qu'elles furent mises à l'enchere, & delivrées à Jean-Baptiste de Covet Baron de Tretz.

» propos vous veuilliez toujours continuer & persévérer, & au
» demeurant vous employer pour la défense & conservation de
» notredit Pays, comme nos bons, vrais & loyaux sujets,
» auxquels nous avons parfaite sûreté & confiance, en atten-
» dant que l'armée que nous faisons présentement mettre sur
» pied, soit prête, & que nous puissions marcher avec elle
» par-delà; ce qui sera dans peu de jours; vous avisant que
» pour la conservation dudit Pays, nous sommes délibérés d'em-
» ployer non-seulement toutes nos forces, mais encore notre
» propre Personne, tout ainsi que s'il étoit question entière-
» ment de tout notre Royaume : en ce faisant vous nous don-
» nerez de plus en plus à connoître l'amour & l'affection que
» vous portez tant à Nous, qu'au bien de nos affaires. Ce que
» Nous ne mettrons jamais en oubly. Donné à Amboise le XXIX
» jour de Juin 1524 ».

PRÉPARATIFS POUR LA DÉFENSE DU PAYS.

Le Roi envoya pour la défense du pays la Fayette, Amiral des mers du Levant, qui devoit commander une flotte dans la Méditerranée, & le Maréchal de Chabanes, Seigneur de la Palisse, Renzo des Ursins, Baron de Ceres, Gentilhomme Romain, & Philippe de Chabot, Seigneur de Brion, le même qui fut ensuite envoyé en Espagne avec le Cardinal de Tournon, pour traiter de la délivrance du Roi. Ils entrerent à Marseille avec environ quatre mille fantassins & deux cents hommes d'armes. Cette Ville, qui devoit voir tomber sur elle les efforts réunis des Espagnols & des Allemands, n'étoit pas, il s'en faut bien, aussi grande qu'elle l'est à présent. Réduite à près d'un tiers de sa nouvelle enceinte, bornée au midi par le port, & au couchant par la mer, elle pouvoit, aux endroits accessibles, se défendre par sa situation. L'Ingénieur, chargé de la fortifier, fit raser les Eglises extérieures & les fauxbourgs, où l'ennemi auroit pu se loger avec avantage, répara les murailles, creusa des fossés tout autour, & mit en usage tout ce

Lettre de Ribiers.

Ruff. Hist. de Marf. p. 305, &c. De Thou.

que le tems & l'art des fortifications lui permirent d'employer. On vit alors de quoi les hommes font capables, quand il s'agit d'éloigner le danger qui menace leurs biens & leur liberté. Les femmes, fans diftinction d'âge ni de rang, portoient la hotte & des fafcines, ne trouvant rien de bas ni de pénible dans ce qui pouvoit affurer le falut de la patrie.

Cependant la flotte compofée de trente-trois bâtimens de différente grandeur, mit à la voile fous les ordres de la Fayette. Parmi les Officiers généraux on comptoit André Doria, Bernardin de Baux, Commandeur de l'Ordre de S. Jean de Jérufalem, & le Chevalier de Pontevès : parmi les Capitaines, Jean de la Ceppede, Michel de Pontevès, Léonard de Vento, & Ogier Bouquin. Il y eut à la hauteur de Nice un combat naval, dans lequel les ennemis perdirent trois galeres. Malgré cet échec, l'armée paffa le Var au commencement de Juillet, & arriva aux portes d'Aix le 6 Août, fans avoir éprouvé aucune réfiftance ; il n'y eut que le fort de Breganfon & Brignoles qui firent mine de vouloir fe défendre : la crainte de fe voir traités avec toute la rigueur de la guerre, leur fit enfuite prendre le parti de la foumiffion.

L'armée ennemie, forte de dix-huit mille hommes & de deux cents lances, arriva devant Marfeille le 19 Août 1524. Cette Ville étoit défendue du côté de la mer par deux tours bâties à l'entrée du port, & par les galeres ; du côté de terre on l'avoit fortifiée de tous les ouvrages dont nous avons parlé ci-deffus : mais ce qui fervit véritablement à fa défenfe, ce fut la montagne (1) des Moulins, fur laquelle les Marfeillois placerent de longues couleuvrines, qui plongeant fur le camp des affiégeans, leur tuoient beaucoup de monde. La garnifon étoit de fix mille hommes de troupes réglées, tant Français

---

(1) On appelle ainfi l'endroit le plus elevé de la Ville.

qu'Italiens, commandés les uns par Philippe de Chabot, & les autres par Renzo de Cerès ; on avoit d'ailleurs armé neuf mille habitans, qu'on avoit divifés en quatre Corps pour la garde des portes & des murailles, & pour le fervice de l'artillerie ; mais on ne les employoit jamais dans les forties, où il falloit des gens plus aguérris & plus exercés dans l'art militaire.

Les ennemis en arrivant commencèrent par ouvrir la tranchée, malgré les obftacles prefqu'infurmontables qu'ils rencontrèrent ; la terre ne leur préfentoit à deux pieds de profondeur, que des rochers fur lefquels les travailleurs n'avoient prefque point de prife. Les difficultés qu'ils rencontrèrent pour former des parapets, n'étoient pas moins grandes. Ils ne pouvoient les faire qu'avec des cailloux & des morceaux de pierre vive, entaffés fans ciment, & que le canon de la place faifoit enfuite voler en éclats fur les perfonnes employées au fervice de l'artillerie. Les foldats qui en étoient atteints, ou tomboient morts fur le carreau, ou étoient dangereufement bleffés. Telle étoit la pofition des ennemis pour établir les batteries, quand la garnifon toujours prête à profiter des occafions de fe fignaler, fit une fortie fur les travailleurs ; elle en tua une partie, en prit quelques-uns, & mit en fuite les autres, qui n'eurent pas le tems d'emporter leurs habits ni leurs outils. Les ravages que le canon de la place faifoit dans le camp, n'incommodoient pas moins les ennemis. Un boulet étant entré dans la tente du Marquis de Pefcaire, au moment que ce Général entendoit la Meffe, tua le Prêtre & deux Gentilshommes. Le Connétable de Bourbon accourut au bruit ; le Marquis de Pefcaire, qui n'aimoit pas ce Prince, dit avec un ton d'ironie : *Voilà les clefs de la Ville que les timides Marfeillois vous envoient ;* faifant allufion à ce qu'avoit dit le Connétable, lorfqu'on forma en Italie le projet de venir attaquer Marfeille, favoir que *trois coups de canon ameneroient les timides habi-*

Siège de Marseille par les Impériaux.

Paul. Jov. ibid.

An. 1524.

Belc. l. 18 n°. 9.
Guill. Hift. de
Franc. I.

tans à ses pieds, les clefs à la main & la corde au col.

Les assiégés encouragés par le succès qu'ils avoient eu dans leur premiere sortie, en firent une autre le lendemain : il s'en faut bien qu'elle fût aussi heureuse. Quelques détachemens que le Marquis de Pescaire avoit placés en embuscade près de la Ville, prirent les assaillans au dos, tandis que d'autres les attaquoient de front ; & après un combat fort vif, où les Chefs des deux partis périrent avec beaucoup de monde, les Marseillois rentrerent dans la place.

Cependant les assiégeans continuoient leurs travaux avec une constance qui ne se démentit point ; ils firent depuis le camp jusqu'à la mer un retranchement qui ne laissoit aux assiégés aucun passage pour venir les prendre par derrière, & pousserent la tranchée assez près de la Ville, pour pratiquer du côté de l'Évêché une mine dont les effets étoient à craindre. Les Marseillois, qui en sentirent tout le danger, la rendirent inutile, en lui opposant une contre-mine, & firent élever en même tems une muraille derriere celle qui étoit exposée au feu des ennemis, pour les arrêter en cas d'assaut. Les Dames sentant leur courage s'accroître avec le péril, voulurent partager l'honneur de l'entreprise, & pour consacrer le souvenir de leur zèle, on appella cet ouvrage *la tranchée des Dames*. Tels étoient les soins importans dont s'occupoient les assiégeans & les assiégés, quand la petite ville de Cassis fut emportée d'assaut & livrée au pillage. La tour de Toulon subit le même sort. Les ennemis y trouverent trois canons & neuf autres pieces d'artilerie, qu'ils conduisirent au camp devant Marseille : parmi les canons se trouva cette fameuse couleuvrine nommée *la Lézarde*, qui fit tant de mal aux Français à la célebre journée de Pavie, & qui décida en partie de la victoire. Malgré le courage & l'ardeur que témoignoient les combattans, les uns pour emporter, les autres pour défendre

la

la place, rien n'étoit plus mal fervi que les batteries, foit de la ville, foit du camp. Il paroît par le rapport des Hiſtoriens, que c'étoit beaucoup lorſque dix pieces de canon tiroient quatre cents coups dans un jour. La nuit même le feu ceſſoit, & les habitans, toujours infatigables, employoient ces momens de relâche à réparer le mal que le canon avoit fait pendant le jour. A ces travaux utiles ils joignoient toutes les précautions qu'une guerre offenſive exige; pluſieurs fois ils eurent l'art de rendre inutiles les ruſes & les ſtratagêmes de l'ennemi. Auſſi le Roi, qui connoiſſoit leur courage & leur fidélité, qui ſavoit de quelle importance il étoit qu'ils défendiſſent leur patrie, dont la priſe auroit eu des ſuites fâcheuſes pour le Royaume, leur avoit-il écrit au commencement du ſiege: « Nous vous prions d'être de bonne volonté, & de continuer » à faire votre devoir, comme très-bien & loyalement vous » avez fait juſqu'ici, de quoi nous vous ſçavons très-bon gré: » & croyez que nous reconnoîtrons ci-après les ſervices que » vous nous aurez fait; de ſorte que de votre loyale ſervi- » tude & fidélité ſera mémoire perpétuelle, & exemple aux » autres de faire leur devoir comme vous ».

La choſe qu'ils avoient le plus à craindre, c'étoit de manquer d'eau. Les ennemis avoient eu ſoin de détruire tous les conduits: & ce moyen de réduire la ville eût été infaillible, ſi la population eût été auſſi nombreuſe qu'elle l'eſt à préſent, mais comme elle n'excédoit peut-être pas alors cinquante mille ames, les puits, qui ſont très-multipliés, ſuffirent pour fournir aux beſoins ordinaires de la vie. Préſervés de ce danger, les aſſiégés n'avoient plus à ſe précautionner que contre une ſurpriſe à laquelle ils devoient s'attendre; car les ennemis avoient élevé un cavalier, d'où ils battoient la ville avec tant d'avantage, qu'ils firent une bréche de ſept toiſes de largeur à fleur de terre. Le Connétable de Bourbon, & les principaux Offi-

SIÈGE DE MARSEILLE PAR LES IMPÉRIAUX.
Bouch. tem. II. p. 548. Mém. de Valbel.

An. 1524.

ciers de l'armée, furent d'avis de monter à l'assaut. Le Marquis de Pescaire, qui voyoit à travers la bréche, derriere le mur extérieur, un autre mur, haut d'environ dix pieds, tout hériffé de canons, fentit que la tentative feroit périlleufe : dans le cas même où l'on s'empareroit de la ville, il craignoit que l'armée du Roi, qui étoit campée fur les bords de la Durance, ne vint les afliéger dans la place, avant qu'ils euffent le tems d'en réparer les fortifications : alors le théâtre de leur gloire auroit pu devenir pour eux un lieu de défaftre.

Les Marfeillois avoient mis fur la muraille intérieure dont nous parlons, des pots-à-feu & des fagots enduits de goudron, pour les lancer tout enflammés fur l'ennemi dans le moment de l'attaque : leurs meilleures troupes avoient la défenfe de cet endroit ; & tel étoit le défir de fe fignaler, que celles d'entre les femmes qui fe fentirent animées de plus de zèle pour la patrie, fe préfentèrent armées *à la tranchée des Dames*, réfolues de cimenter de leur fang l'ouvrage qu'elles avoient élevé de leurs propres mains. En un mot, le feu du courage, dans ce moment d'effervefcence, brilloit dans les yeux des combattans, & paffoit fucceffivement dans toutes les claffes de citoyens avec la haine qu'on portoit aux Efpagnols. Vaincre ou mourir, telle étoit la difpofition des afliégés, lorfque le Connétable ordonna les préparatifs de l'affaut. Le Marquis de Pefcaire, qui voyoit dans cette tentative plus de danger que de fuccès ; *Puifque votre réfolution eft prife*, dit-il au Connétable, *& que nous fommes tous fous vos ordres, envoyez avant de rien entreprendre, quelques volontaires déterminés qui aillent jufqu'à la brêche, examiner quels font les ouvrages que les afliéges ont faits en-dedans, & comment on peut s'y prendre pour affurer le fuccès de l'attaque.* Cet avis paffa, & il fe préfenta fept Efpagnols qui offrirent d'aller à cette découverte périlleufe. Arrivés près des murailles, ils effuyèrent une grêle de coups qui en tua quatre; les autres ayant poussé jusqu'à l'ouverture du mur, furent assez heureux pour ne recevoir que des blessures, & retournèrent précipitamment dans la tente du Connétable, auquel ils rendirent compte de ce qu'un coup d'œil rapide leur avoit permis d'appercevoir. Ils rapportèrent qu'à l'endroit où le rempart étoit abattu, les assiégés avoient jetté beaucoup de poutres, pour embarrasser le passage; qu'ensuite venoit un fossé rempli de poudre & de matieres combustibles, & enfin un retranchement tout hérissé de canons, derriere lequel l'Infanterie & la Cavalerie étoient rangées en bataille; & qu'avant de parvenir jusques-là, il falloit s'attendre à perdre beaucoup de monde. Ce tableau, tout effrayant qu'il étoit, n'ébranla point le Connétable. Il donna le signal de l'assaut le 24 Septembre, & ses troupes, que l'espoir du butin rendoit impatientes de vaincre, s'avancèrent, malgré le feu de l'artillerie, aux pieds des remparts, où elles furent assaillies par une grêle de pierres & de pots-à-feu; mais dans un instant la muraille fut couverte de soldats, qui, gravissant les uns après les autres, parvinrent jusqu'aux créneaux, où ils trouvèrent une mort inévitable: ceux qui les suivoient, se succédant rapidement sur ce théâtre de carnage, disparoissoient comme l'éclair, tantôt foudroyés par l'artillerie, & tantôt renversés à coups de lance, sur des monceaux de morts, de mourans & de blessés. Enfin, las de se battre, & découragés par la vigoureuse résistance qu'ils éprouvèrent, ils reprirent la route du camp, & dans leur retraite ils perdirent beaucoup de monde & six pieces de canon.

Le Marquis de Pescaire étant allé voir le Connétable dans sa tente, y trouva les principaux Officiers de l'armée, tous aussi affligés que lui de l'échec qu'ils venoient de recevoir. Avant l'ouverture de la campagne, il avoit désapprouvé l'expédition de Provence, & charmé de voir justifier la justesse

SIÈGE DE MARSEILLE PAR LES IMPÉRIAUX.

An. 1524.

XX.
LEVÉE DU SIÈGE.

de fes vues par l'événement, il dit à fes Officiers : *Vous voyez, Messieurs, de quelle maniere les Marseillois se sont preparés à nous recevoir ; ceux qui sont las de vivre, peuvent encore les attaquer : pour moi, à qui la vie n'est point à charge, je pars. Croyez-moi, retournons en Italie : nous avons laissé ce pays depourvu de soldats, & l'on pourroit bien y prévenir notre retour.* Ce propos si peu convenable dans la bouche d'un aussi grand Général que l'étoit le Marquis de Pescaire, étoit une satyre insultante & maligne de la conduite du Connétable, contre lequel il n'avoit pu se défendre d'une jalousie secrete. Il sortit de la tente, suivi des Officiers qui y étoient avec lui, & résolut de reprendre le chemin d'Italie ; tandis que Bourbon, resté seul & accablé de douleur, fut obligé de dissimuler son ressentiment, & ne pensa plus qu'à sauver le reste de son armée. Le départ de Pescaire, en affoiblissant les troupes du Connétable, rendoit leur position infiniment désavantageuse. D'un autre côté, l'espoir presque certain de les détruire, leur suscitoit des ennemis de toutes parts. Les Gentilshommes de la Province, réunis sous les ordres du Comte de Carces, formoient un camp volant, redoutable par la bravoure & l'activité de ces généreux Guerriers, toujours prêts ou à couper les vivres, ou à harceler les détachemens. Le Maréchal de Chabanes, maître de la ville d'Avignon, où il avoit établi les magasins de son armée, s'étoit déja avancé jusqu'à Salon, & le Roi assembloit du côté de Lyon de nouvelles troupes, qui donnèrent au Connétable les plus vives inquiétudes : car il craignit qu'avec des forces si supérieures on ne vînt lui couper la retraite, en s'emparant des défilés du côté de Fréjus, tandis qu'il auroit à dos le Maréchal de Chabanes & le Comte de Carces. Ces craintes si bien fondées le déterminèrent à précipiter son départ. Ayant donc fait embarquer secrétement sa grosse artillerie, afin de dérober aux assiégés la connoissance de fa retraite, il fit allumer devant fes lignes, la nuit du 29 Septembre 1524, de grands feux, dont la fumée fe portoit fur la ville, & fortit de fon camp. La Cavalerie légere défila la premiere avec les bandes Italiennes; enfuite venoient les bagages & les petits canons, efcortés par les Allemands: les Efpagnols & quelques détachemens Italiens formoient l'arriere-garde, parce qu'étant plus agiles au combat, on les regardoit comme plus propres à diffiper les partis qui viendroient les harceler. Ces précautions n'empêchèrent pas qu'ils ne perdiffent beaucoup de monde. Ayant été apperçus des Marfeillois, quand ils défilèrent fous les remparts de la Ville, ils effuyèrent tout le feu de l'artillerie; enfuite dans leur route ils furent attaqués par les Gendarmes du Comte de Carces, par les troupes du Maréchal de Chabanes, & par les payfans même qui tombèrent fur eux, & les pourfuivirent jufqu'au Var, où ils arrivèrent fans artillerie, & confidérablement affoiblis par les pertes qu'ils avoient faites.

C'eft ainfi que fe termina ce fiége, qui dura quarante jours. Il n'y avoit que quarante trois ans que les Marfeillois appartenoient à la France, & déja leur fidélité avoit le mérite d'une vertu héréditaire, éprouvée par le tems & les révolutions. L'Hiftoire n'a point confervé le nom de ces braves Héroïnes qui, prenant, fuivant le befoin, la hotte & les armes, étoient prefque toujours fur les remparts, ou pour les réparer ou pour les défendre: elle ne parle que de quelques Citoyens que leur zèle & leur valeur firent remarquer d'une maniere plus particulière. Tels étoient Louis de Graffe, Seigneur du Mas, Lieutenant-de-Roi en Provence; Antoine de Glandevès, Viguier de la Ville; Pierre de Vento; Pierre Comte, & Matthieu Laafe, Confuls; Honoré de Valbelle, Gafpard d'Efcalis, Gras de Gerente, Seigneur de Senas; Charles de Forbin, Antoine d'Albertas, Thomas de Montolieu, Bertrand de Candole, &c.

LEVÉE DU SIÈGE.

An. 1524.

An. 1524.

Thieri, dans la Relation manuscrite qu'il nous a laissée de ce siége, nomme un grand nombre d'autres habitans avec honneur; mais les loix de l'Histoire ne nous permettent pas de citer tous ces noms, parmi lesquels il y en a plusieurs qui n'existent plus.

Le Connétable n'avoit pas encore repassé le Var, lorsque François I arriva devant la ville d'Aix, peu satisfait de l'obéissance que les habitans avoient témoignée aux ennemis de l'État (1). Ce Prince fit trancher la tête à Honoré de Puget, Seigneur de Prats, parce qu'étant Viguier quand le Connétable somma la Ville de se rendre, il fut regardé comme l'auteur de cette prompte soumission. Mais quelle résistance pouvoient faire des citoyens qui n'ayant ni troupes ni remparts pour se défendre, se seroient exposés à une perte inévitable, sans retarder la marche des ennemis ? On lit dans un ancien manuscrit, que de Prats fut puni pour avoir fait pendre un paysan qui refusa de crier *vive Bourbon*. Si le fait est vrai, le supplice de ce Gentilhomme honore la mémoire du Prince, qui eut le courage de venger ainsi la mort injuste d'un citoyen, & d'apprendre, par cet exemple, que la vie de ses sujets, de quelque état qu'ils soient, doit être respectée des personnes en place. Cependant il est plus vraisemblable que sa mort fut la peine de sa trop prompte soumission : ce qui a fait dire à un Auteur contemporain, qu'*il fut décolé sans cause, par grande rigueur*.

Les Députés de Marseille furent reçus du Roi avec la distinction que méritoit leur zèle. « *Messieurs*, leur dit ce Prince, » *soyez les très-bien venus ; vous m'avez été toujours bons & » fideles sujets, & votre loyauté a été cause que j'ai recouvré*

---

(1) Les Procureurs du pays étoient cette année-là Jean de l'Evêque, Hugues Bonpar, & Jean-Baptiste de Laudo, Assesseur.

» *tout mon pays de Provence :* de quoi je vous remercie & vous
» demeure votre obligé ; mais pour le préſent je ne vous puis
» viſiter pour effacer cette obligation, à cauſe qu'il faut que
» j'aille delà les monts en hâte ; & s'il plaît à mon Dieu, au
» retour vous viſiterai, & connoîtrez qu'avez en moi un bon
» Prince ».

Il partit, en effet, tout de ſuite pour la conquête du Milanois, où la fortune lui préparoit une chûte éclatante (1) : la plus grande partie de ſon armée l'avoit déja précédé, en prenant la route du Mont-Cénis. Les troupes étrangeres, qui étoient reſtées à la défenſe de Marſeille, le ſuivirent bientôt après, faiſant le dégât preſque dans tous les lieux de leur paſſage, & notamment dans la ville d'Aix, qu'ils livrèrent au pillage, ſous prétexte de la punir de ſon attachement au parti du Connétable : car alors ces ſoldats qui pour de l'argent bravoient la mort ſur une brêche, ne connoiſſoient ni diſcipline ni frein, lorſque le butin préſentoit un appas à leur cupidité. Les troupes Italiennes, qui reſtèrent en Provence pour le ſer-

FRANÇOIS I
PASSE EN ITALIE.

Septembre
1524.

---

(1) Lorſque François I étoit au camp de Pavie, Pierre de Sabran, Seigneur de Beaudinar, qui regardoit apparemment la conquête de l'Italie comme inévitable, lui préſenta une requête pour le ſuplier de lui faire rendre les Duchés, Comtés & Baronies, au nombre de trente Seigneuries, tant villes que terres & châteaux, que ſes ancêtres avoient poſſédés dans le Royaume de Naples, ſoit en récompenſe de leurs ſervices, ſoit en paiement des ſommes qu'ils avoient prêtées aux Comtes de Provence, Rois de Sicile : le ſupliant repréſentoit au Roi que ſes ancêtres n'avoient été dépouillés de toutes ces poſſeſſions par la Maiſon d'Arragon qui s'empara du Royaume de Naples, qu'à cauſe de leur attachement à la Maiſon de France & d'Anjou pour laquelle ils avoient toujours combattu. François I touché de la juſtice de ces demandes fit droit à la requête, & écrivit le 21 Janvier 1525 au Duc d'Albone qu'il deſtinoit à être Vice-Roi de Naples, de mettre en poſſeſſion des ſuſdites terres *ſon couſin le Duc d'Arian* ; c'eſt ainſi qu'il appelloit Pierre de Sabran. Mais la défaite memorable de ce Prince a la journée de Pavie ruina pour toujours ſes affaires en Italie, & renverſa entièrement les eſpérances du ſupliant. *Pap. de la M. de Sabr.*

vice des Galeres, se livrèrent à de plus grands excès encore. La vertu du sexe & la sainteté des Temples n'étoient pas plus respectées que les biens des riches particuliers, & la vie de ceux qui les vouloient défendre.

XXII. *Il est pris à la bataille de Pavie.* An. 1525.

Pour surcroît de malheur la peste se déclara dans Marseille; & cette Ville devint un désert par la mort ou par la fuite des habitans. La famine, suite nécessaire de la dévastation que les ennemis avoient fait dans le pays, joignit ses rigueurs à celles de ce fléau, & poursuivit dans leurs retraites champêtres les citoyens pâles & défigurés, que la peste avoit chassés de la Ville. Le plus grand des maux pour des sujets fideles étoit réservé à ce tems malheureux. François I, rejettant les conseils de la sagesse & de l'expérience, s'obstina à vouloir donner la bataille de Pavie, & fut fait prisonnier dans cette journée à jamais mémorable le 24 Février 1525. Quelques Seigneurs que leurs emplois attachoient à la Provence, & qui l'avoient suivi dans ses expéditions, furent tués ou pris. Le Maréchal de Chabanes fut du nombre des premiers. Étant tombé avec son cheval qu'un coup de feu avoit abattu, un Capitaine Espagnol lui appuya son arquebuse sur la tête, & la fit voler en éclats. René bâtard de Savoie, Comte de Tende & Gouverneur de Provence; Claude son fils, Sénéchal de la même Province, & le Baron de Trans, tous attachés à la personne & au sort du Roi, tombèrent au pouvoir des ennemis. Ce n'est pas ici le lieu de parler des suites de cette défaite, un des plus grands événemens dont l'Histoire de France fasse mention; ces détails, répétés dans presque tous les Ouvrages où il est parlé des guerres de Charles V & de François I, sont étrangers à notre sujet. Il suffira de dire que la Reine mere, Régente du Royaume, voulant négocier la liberté de son fils, résolut d'envoyer en Espagne sa fille la Duchesse d'Alençon, Princesse ornée de toutes les grâces de la nature, élevée

vée dans les intrigues de la Cour, & d'un génie aussi souple qu'elle avoit eu besoin d'aller à la fortune par ses manéges & ses intrigues. La Reine sachant aussi que le Grand-Maître de Malte, Villiers de l'Isle-Adam, avoit une affection particuliere pour le service & la personne du Roi son fils, & qu'il étoit fort considéré de l'Empereur Charles V, le pria de conduire en Espagne, sur les galeres de la Religion, la Duchesse sa fille, & de l'aider de ses conseils. Ce vénérable vieillard, aussi célébre par le courage avec lequel il avoit défendu l'île de Rhodes contre les Turcs, que par la fermeté qu'il avoit montrée dans ses malheurs, étoit alors à Rome : il fit part au Pape des dépêches de la Régente ; le Pontife approuva ce voyage. Il commençoit à sentir le poids du joug que l'Empereur vouloit imposer à l'Italie ; & il se flattoit que François I, quand il auroit rompu ses chaînes, n'oublieroit rien pour se venger de son ambitieux rival, & pour lui faire perdre cet empire qu'il avoit pris sur tous les Potentats de l'Europe, & principalement sur les Princes d'Italie. L'Isle-Adam se rendit donc avec ses vaisseaux à Marseille, où il trouva la Régente, avec laquelle il eut plusieurs conférences, en attendant que la Duchesse d'Alençon arrivât. Indépendamment du désir que le Grand-Maître avoit de se rendre utile au Roi par son zèle, il se proposoit encore, en faisant le voyage d'Espagne, d'obtenir de l'Empereur un établissement fixe & stable pour son Ordre.

A peine François I eut obtenu sa liberté, que presque toutes les Puissances de l'Europe, & sur-tout celles d'Italie, laissèrent éclater contre l'Empereur cette haine jalouse que la crainte les avoit obligés de réprimer. Elles formèrent avec la France une confédération qui fut connue sous le nom de *sainte ligue*. Le Pape, au lieu de faire le rôle respectable de médiateur, se mit à la tête des confédérés, & s'attira sur les bras l'armée

---

PRISE DE FRANÇOIS I, A LA BATAILLE DE PAVIE.

25 Juin 1625.

Hist. de M. le, tom. III, p. 48.

XXIII.
DEVENU LIBRE, IL SUSCITE EN ITALIE DE NOUVELLES GUERRES A L'EMPEREUR.
Dumont. Corp. Diplom.

de l'Empereur. Le Connétable de Bourbon qui la commandoit, & qui n'avoit pas de quoi fournir à la paie, promit à ses soldats, pour appaiser leurs plaintes, le pillage d'une des plus riches Villes d'Italie, sans la leur désigner plus ouvertement. Les troupes l'aimoient singuliérement : il avoit gagné leur affection par sa rare valeur, par sa capacité dans le métier de la guerre, & par des manieres familieres qui ne lui faisoient rien perdre de sa dignité ; aussi quand il promit le pillage dont nous venons de parler, les soldats, dit Brantôme, jurèrent de le suivre par-tout où il voudroit aller, *fût-ce*, s'écrioient-ils, *à tous les diables*. Ce fut au siége de Rome qu'il les mena ; un coup de feu qu'il y reçut en montant à l'assaut, & qui le priva de la vie le 6 Mai 1527, ne lui permit pas d'être témoin de la prise de cette grande Ville, ni de celle du Pape, qui, après avoir tenu près d'un mois dans le Château Saint-Ange, fut obligé de se rendre prisonnier. Ainsi l'heureux Charles V, sans avoir combattu en personne, vit successivement dans ses fers ses deux plus grands ennemis, & les deux Potentats de l'Europe les plus redoutables, l'un par sa puissance, l'autre par le crédit que lui donnoit sa qualité de Chef des Fideles. Après cet événement, ses ennemis se réunirent pour le chasser de l'Italie. André Doria, le plus grand homme de mer de son siecle ; la Rochefoucault, Seigneur de Barbesieux, & Saint-Blancard, sortis de Marseille & de Toulon, allèrent bloquer Gênes par mer, & la forcèrent de se rendre : Lautrec, après avoir soumis presque toute la partie de la Lombardie qui obéissoit à Charles V, porta ses armes jusques dans le Royaume de Naples, où tout, excepté la Capitale & deux autres Villes, se soumit à ses loix. C'est-là que devoit se borner le cours de ses victoires ; André Doria fut un des instrumens dont la Providence se servit pour abaisser la puissance Française. Ce célébre Génois, qui méditoit peut-être alors de rendre à sa patrie son ancien lustre & sa premiere liberté ; qui sentoit que pour opérer cette heureuse révolution, il avoit besoin de l'appui de l'Empereur, abandonna la France sous prétexte de quelques mécontentemens, dans le tems où il savoit que sa défection entraîneroit la perte de l'armée Françaife. Pour surcroît de malheur, la contagion se mit dans cette armée; Lautrec, le Général de la France qui avoit le moins de défauts & le plus de vertus, paya le tribut à la nature, & sa mort acheva de mettre le découragement dans les troupes, qui, dépourvues de vivres & d'argent, se rendirent prisonnieres de guerre au Prince d'Orange, Philibert de Challon, dernier mâle de sa Race : quoique sa Principauté fût enclavée dans le Royaume, il avoit abandonné les intérêts de François I pour se jetter dans le parti de l'Empereur, où par sa valeur & ses talens militaires, il se fit un nom parmi les Généraux les plus distingués. Il s'étoit détaché de la France, par un de ces ressentimens que l'amour-propre des Courtisans ne rend que trop communs, & que les Rois devroient prévenir. Ayant paru dans un équipage brillant à la cérémonie du Baptême du Dauphin, il fut froidement accueilli, & privé de l'appartement qu'on lui avoit d'abord donné à la Cour. Vivement blessé de cet outrage, il quitta la France pour aller se jetter dans le parti de Charles V.

XXIV. Le Prince d'Orange sert contre la France.
An. 1529.

Sa haine contre les Français étoit si violente, qu'il la faisoit éclater en satyres & en injures, quand il ne pouvoit l'assouvir dans une bataille. Il avoit été pris par André Doria au combat naval de Villefranche en 1524 : on rapporte qu'ayant été renfermé au Château de Lusignan en Poitou, il s'amusoit à couvrir les murailles de sa chambre d'inscriptions les plus injurieuses contre la France. Remis en liberté par le traité de Madrid, il continua de servir dans les armées de Charles V, & il étoit au siége de Rome, lorsque Bourbon fut tué. Devenu Chef de l'armée par cet accident, il cacha aux soldats la mort du Général, jusqu'à ce qu'ils fussent parvenus au haut des remparts ; alors il la leur annonça pour les rendre inexorables : en effet ils ne respirèrent plus que fureur & vengeance, & l'on entendoit de toutes parts ces mots terribles : *Carné, carné ; sangué, sangué ; Bourbon, Bourbon.* Il fut tué au siége de Florence, à l'âge de vingt-neuf ans, en 1529, sans laisser de postérité. La Principauté d'Orange & les autres biens de sa Maison passèrent à René de Nassau, fils de sa sœur, qui prit le nom d'Orange-Challon.

La défaite des Français dans le Royaume de Naples, & ensuite dans la Lombardie, rendit l'Empereur arbitre de tout le pays situé au-delà des monts : sur la mer Méditerranée, on ne respectoit que son pavillon & celui des Génois. Le pavillon Français, insulté par Doria jusques sous le canon de Marseille & de Toulon, n'en imposoit pas même aux Africains, qui, enhardis par nos défaites, couroient les côtes de Provence, & livroient aux flammes les villages. Le terroir d'Hieres & de Toulon, dont ils emmenèrent en captivité les hommes, les femmes & les enfans, fut le principal théâtre de leur fureur. Au milieu de ces révolutions, qui agitoient l'Italie, le Pape Clément VII, homme souple & rusé, parce qu'il étoit ambitieux & foible, régloit sa conduite sur les événemens, & se déclaroit tantôt l'allié de l'Empereur, & tantôt le zèlé partisan de la France. Les intérêts du Saint-Siège n'étoient pas ce qui l'occupoit le plus : l'agrandissement de la Maison de Médicis, dont il étoit, fixoit presque toute son attention. Enfin en 1533, par un bonheur auquel il ne devoit pas s'attendre, il eut le plaisir de satisfaire tout-à-la-fois son ambition & sa vanité. François I lui avoit fait demander pour Henri Duc d'Orléans, son second fils, la fameuse Catherine de Médicis, seul enfant légitime de la branche aînée, & qui, en cette qualité, pouvoit apporter à son mari des prétentions sur Florence & sur plusieurs autres villes d'Italie.

Le Pape qui vouloit réconcilier le Duc de Savoie avec François I, avoit envie que la cérémonie du mariage se fît à Nice : les guerres d'Italie avoient brouillé ces deux Princes, que les liens du sang auroient dû tenir dans une parfaite union. Mais le Duc, trop politique pour ne pas sentir qu'il auroit été dans une dépendance absolue de la France, si déja maîtresse de la Provence & du Dauphiné, elle alloit encore s'emparer de Gênes & du Milanois, n'oublia rien pour éloigner de l'Italie ce voisin incommode. Il favorisa donc Charles V, tantôt secrétement, & tantôt ouvertement, suivant que la fortune abaissoit ou relevoit les armes françaises, qu'il eût été dangereux de s'attirer sur les bras, lorsque la victoire se déclaroit pour elles. François I consentoit bien à se rendre à Nice avec le Pape ; mais il vouloit qu'on lui remît la Ville & le Château pour tout le tems que dureroit l'entrevue. Le Duc, au contraire, n'avoit garde de l'accorder, de peur que le Monarque ne profitât de cette occasion pour faire valoir les droits qu'il prétendoit avoir sur cette Place, comme héritier de la seconde Maison d'Anjou. Il fallut donc choisir une autre ville, & l'on convint de se rendre à Marseille : le Pape sentit qu'en y venant, il se mettoit en quelque maniere au pouvoir du Roi, & que s'il faisoit quelque traité pendant l'entrevue, ou s'il accordoit quelque grace, on les regarderoit comme des actes de foiblesse. Il mit donc pour condition à cette entrevue, que tant qu'elle dureroit, il ne feroit avec le Roi aucun traité sur les affaires politiques, & que ce Prince ne lui demanderoit aucun Chapeau de Cardinal. A ces conditions le Pape partit de Pise pour se rendre à Marseille par mer : il amenoit avec lui sa niece Catherine de Médicis, qui devoit épouser le Duc d'Orléans, une partie du Sacré College, & tout ce qui for-

---

FRANÇOIS I POUR RÉPARER SES REVERS EN ITALIE S'ALLIE AVEC LE PAPE.

Du Belley, Mém. l. 4. Belcar. l. 20, c. 43. Gaillard. Hist. de Franç. I, tom. III, pag. 199

An. 1533.

XXVI. LE PAPE ET LE ROI SE RENDENT A MARSEILLE.

moit la Cour Romaine. Il y avoit pour les conduire dix huit galeres & six vaisseaux commandés par le Duc d'Albanie, oncle, par sa femme, de la jeune Princesse.

A-peu-près dans le même tems le Roi partit de Paris avec ses trois fils, ses deux filles, la Reine son épouse, le Duc & la Duchesse de Vendôme, & un cortege brillant, très-propre à donner aux Italiens une haute idée de la grandeur & de la magnificence françaises. Le Roi après avoir parcouru une partie du Languedoc & de la Provence, arriva à Aubagne, où la Reine & ses enfans l'attendoient. Il se rendit le 8 Octobre 1533 à Marseille, où une partie de sa Cour l'avoit déja précédé. Le 11 on apperçut la flotte du Pape : dès qu'elle parut, la Noblesse française monta sur des frégates & des brigantins qu'on tenoit tout prêts, & alla au-devant du S. Pere, qui entra dans le port au bruit d'une nombreuse artillerie, & de tous les instrumens de musique alors usités pour faire éclater la joie publique. Il alla loger au Palais qu'Anne de Montmorency, Grand-Maître de France, lui avoit préparé du côté de S. Victor. Il y trouva le Vice-Légat d'Avignon, les Cardinaux de Bourbon, de Lorraine, d'Aigremont, & un grand nombre de Prélats que la cérémonie avoit attirés de France & d'Italie : les Consuls vinrent ensuite lui présenter les clefs de la ville par ordre du Roi.

Le lendemain 12, voulant faire son entrée solemnelle, il partit du Palais de Montmorency, où les deux fils de France, les Ducs d'Orléans & d'Angoulême avoient été le voir, & traversant le port avec eux, il descendit sur le quai, où tous les Corps Ecclésiastiques, tant Séculiers que les Réguliers, précédés des Reliques qu'ils avoient dans leurs Eglises, étoient venus l'attendre.

Les Chanoines de la Major portoient le S. Sacrement : le Pape, après l'avoir adoré, se mit en marche pour aller processionnellement à la Cathédrale. Il étoit porté, revêtu de ses habits pontificaux, par deux hommes richement habillés, sur une chaire couverte de velours rouge, ayant à ses côtés les Ducs d'Orléans & d'Angoulême, & devant lui quatorze Cardinaux montés sur des mules; environ soixante, tant Archevêques qu'Evêques; beaucoup d'Abbés, & un grand nombre de Gentilshommes de marque, tant Français que Provençaux. Le S. Sacrement étoit porté dans une espece de Reposoir par une haquenée blanche, autour de laquelle étoient rangés les Gardes du Roi, qui tenoient chacun un flambeau à la main, Le S. Pere, après avoir entendu Vêpres & donné la Bénédiction, se retira au Palais qu'on lui avoit préparé dans la ville.

Le Roi, sur ces entrefaites, étoit sorti du sien pour aller prendre le logement que le Pape venoit de quitter de l'autre côté du port : & le lendemain matin il reçut la visite des Cardinaux, parmi lesquels on nomme Duprat, Aigremont, Lorraine, Bourbon, Médicis, Tournon, Trivulce, Sainte-Croix, Salviati, & Cornaro : le même jour il fit son entrée dans la ville, ayant avec lui ses deux fils, le Duc de Vendôme, les Comtes de Saint-Pol, de Monpensier & de la Roche-sur-Yon, tous Princes du Sang : le Comte de Genève, Duc de Nemours, qui mourut quelque tems après à Marseille, & qui étoit frere du Duc de Savoie; les Ducs d'Albanie, de Nevers, & de Lorraine, le Marquis de Saluces, le Grand-Maître de Montmorency, & beaucoup d'autres Gentilshommes. Il alla avec ce brillant cortege faire une visite au Pape, qu'il trouva sur son trône revêtu de ses habits pontificaux, & la thiare en tête, toute brillante d'or & de pierreries, ainsi que les habits. Les Cardinaux étoient assis à ses côtés sur des gradins, & les Evêques à terre sur des tapis. Les Cardinaux baiserent l'un après l'autre le bord de la chape du S. Pere, avant que le Monarque Français arrivât. Ce Prince en entrant dans la salle, fit une révé-

An. 1533.

LXVIII.
Le Roi et la Reine font une visite au Pape.

Od. Reynaud
Eccles. Mart. t.
Bell l. 4.

Mém. de Va-
belle.

rence; il en fit une autre au milieu, & enfin une troifieme quand il fut auprès du trône. Il eut la modeftie de baifer les pieds du Pontife, malgré la réfiftance qu'il éprouva de fa part, enfuite il lui baifa la main, puis la chape, & enfin la joue. Les Ducs d'Orléans & d'Angoulême firent la même cérémonie : les Princes du Sang & les Chevaliers de l'Ordre ne lui baisèrent que les pieds.

La Reine fit fon entrée le 14 avec le Dauphin : elle étoit fuivie du Duc & de la Duchefle de Vendôme, du Comte de Saint-Pol, de Claude de Savoie, Comte de Tende, de fix Cardinaux, des Seigneurs de la Cour les plus qualifiés, des Dames les plus diftinguées, & de deux cents Gentilshommes d'un rang inférieur, qui avoient à leur tête les Confuls, & tenoient chacun à la main une hache d'armes. La Reine étoit dans fa litiere avec Magdelaine de France, fille aînée du Roi, qui fut depuis Reine d'Ecofle : la cadette, nommée Marguerite, qui époufa enfuite le Duc de Savoie, fuivoit dans une autre litiere avec la Duchefle de Vendôme; plus de trente Demoifelles, richement habillées, & montées fur des haquenées, formoient leur cortege. Le Dauphin étoit à cheval, ainfi que tous les Seigneurs de fa fuite : la Reine & lui furent conduits par quatre Cardinaux chez le Pape, qui les reçut de la même maniere qu'il avoit reçu le Roi : il les fit affeoir fur des fieges préparés à côté de fon trône ; & quand la Reine fe retira, il la conduifit jufqu'à la porte de la falle, ayant ainfi fait plier les premiers Souverains de l'Europe fous le joug de l'opinion, qui depuis ce tems-là a bien perdu de cet empire qu'elle exerçoit fur les têtes couronnées.

Ce Pape, s'il comparoit les premieres années de fa jeuneffe, avec fon état actuel, devoit être bien étonné de fa deftinée. Il y avoit trente-trois ans qu'il avoit paffé à Marfeille, n'étant encore que Chevalier de Rhodes, avec fon coufin

Julien

Julien de Médicis, déja Cardinal, & enfuite Pape, & dix jeunes Cavaliers de leurs parens ou de leurs amis : ils couroient le monde fous un habit d'uniforme, cherchant à fe dérober, du moins le Cardinal de Médicis, aux perfécutions de l'implacable Alexandre VI. Arrivés à Marfeille ils frétèrent un bâtiment fur lequel ils s'embarquèrent, & relâchèrent à Savone, où ils trouvèrent le Cardinal Julien de la Rouvere, mécontent comme eux du Souverain Pontife, & exilé à caufe des débats qu'il avoit eus avec lui. Leur commune difgrace les unit d'une étroite amitié; mais ces trois perfonnages, difgraciés & bannis, ne fe doutoient pas alors qu'ils occuperoient fucceffivement ce trône Pontifical, fur lequel fiégeoit alors leur plus cruel ennemi : le jeune Chevalier de Rhodes, qui fut enfuite Pape fous le nom de Clément VII, ne prévoyoit pas affurément qu'il reviendroit un jour à Marfeille avec toute la majefté qui accompagnoit alors un Souverain Pontife, & qu'il verroit à fes pieds François I & toute la Cour.

{LE ROI ET LA REINE FONT UNE VISITE AU PAPE. An. 1533.}

{Paul Jov. vit. Léon X.}

{XXIX. MARIAGE DU DAUPHIN AVEC CATHERINE DE MÉDICIS. An. 1533.}

Le Duchesse d'Urbin, que les galeres de France avoient débarquée à Nice, vint par terre jufqu'à Marfeille, où elle fit fon entrée à cheval le 23 Octobre, accompagnée de douze Demoifelles. Tout ce que la magnificence, le goût & la galanterie pouvoient imaginer de plus propre à embellir des fêtes, fut étalé dans cette occafion. Le Pape fit la cérémonie du mariage le 28, bien étonné fans doute de l'éclat inefpéré que recevoit fa Maifon : la dot de la Ducheffe fut de cent mille écus; les Tréforiers en la recevant, témoignèrent que c'étoit bien peu de chofe pour une fi noble alliance. *Vous ne confidérez pas*, leur dit Strozzi, *que Catherine apporte trois bagues d'un prix ineftimable ; favoir, la Seigneurie de Gênes, le Duché de Milan & le Royaume de Naples ;* c'eft-à-dire, quelques raifons de plus pour la France, de s'engager dans des guerres ruineufes, dont fes malheurs paffés auroient dû la dégoûter. Le

Palais du Pape, & celui du Roi, n'étoient séparés que par une galerie qui leur donnoit la facilité de passer en secret dans l'appartement l'un de l'autre : ils ne parlèrent que des affaires de l'Eglise, & des moyens d'arrêter les progrès de l'héréfie. Il fut question d'assembler un Concile, mais ils n'en parlèrent que pour la forme ; car le Pape qui redoutoit le pouvoir qu'ont les Evêques légitimement assemblés, grossissoit les difficultés & les inconvéniens qu'il y auroit à les réunir : il fut moins difficile sur la demande que le Roi lui fit de quatre Chapeaux, quoiqu'il eût été convenu qu'il n'en seroit point question. Il créa Cardinaux, à la priere de ce Prince, Jean le Veneur, Evêque de Lisieux, Grand-Aumônier de France ; Philippe de la Chambre, frere utérin du Duc d'Albanie, qu'on nomma le Cardinal de Boulogne ; Claude de Givri, dont la niece avoit épousé l'Amiral Chabot, Seigneur de Brion ; & Odet de Châtillon, neveu du Maréchal de Montmorency, frere du fameux Amiral de Coligny, & fameux lui-même par son apostasie, par son mariage, & par la hardiesse qu'il eut de faire appeller sa femme Comtesse de Beauvais, du nom de son Evêché, dont il conserva le titre en se séparant de l'Eglise.

François I, qui n'oublioit dans aucune occasion les intérêts d'Henri VIII, Roi d'Angleterre son Allié, s'étoit proposé de lui rendre service dans cette entrevue : on sait que ce Prince n'ayant pu obtenir de la Cour de Rome son divorce avec sa femme Catherine d'Arragon, avoit fait casser le mariage par l'Archevêque de Cantorbéry pour épouser Anne de Boulen, dont il étoit amoureux. Cet acte d'autorité mit entre la Cour de Rome & la sienne une mésintelligence, qui finit bientôt après par une rupture ouverte. Ce fut dans ce moment de fermentation que François I entreprit de réconcilier le Monarque Anglais avec le S. Siége : il obtint de Sa Sainteté une audience pour les Ambaſſadeurs d'Angleterre, qu'il avoit fait venir à Marſeille. Mais ils traitèrent le Pape avec tant de hauteur; ils lui parlèrent avec ſi peu de ménagement, que le Roi ſe repentit du zèle qu'il avoit montré pour les intérêts de leur Maître : il les trouva un jour qu'ils ſignifioient au Souverain Pontife un appel au futur Concile. C'en fut aſſez pour faire comprendre qu'il n'y avoit peut-être déja plus de remède pour arrêter le ſchiſme qu'il eût été aiſé de prévoir, & même de prévenir, ſi dans les commencemens on eût voulu de part & d'autre ſe relâcher de ces prétentions, que l'amour-propre ſuggère, & qu'une prudence éclairée déſavoue.

L'entrevue de Marſeille, qui avoit commencé le 4 Octobre, finit le 20 Novembre : elle donna occaſion au célèbre Préſident Poyet, qui fut enſuite Chancelier de France, de prouver qu'il n'y a point de connoiſſances qu'un homme en place doive négliger, lorſqu'il a le loiſir & les moyens de les acquérir. Il paſſoit avec raiſon pour un des hommes les plus éloquents du Royaume; & en cette qualité, il fut chargé de complimenter le S. Pere en Latin. Comme il ne ſavoit que très-imparfaitement cette Langue, il avoit fait traduire ſa harangue; mais le jour même que la cérémonie devoit ſe faire, le Pape qui ne vouloit pas que dans un Diſcours qui devoit lui être publiquement adreſſé, il y eût rien dont les autres Puiſſances euſſent à ſe plaindre, fixa les objets ſur leſquels il déſiroit être harangué. Il reſtoit trop peu de tems pour changer le diſcours; & Poyet déconcerté par un incident qui déceloit ſon ignorance, fut obligé de ſe décharger du ſoin de porter la parole ſur Jean du Bélay, Évêque de Paris. Ce Prélat, obligé de parler, preſque ſans préparation, s'en acquitta avec un ſuccès dont les Hiſtoriens du tems ont cru devoir conſerver le ſouvenir. Le Roi fit la cérémonie de toucher les écrouelles à plus de cinq cens malades.

Mariage du Dauphin avec Catherine de Médicis.

An. 1533.

Hon. Valbelle.

LIVRE X.

XXX.
RÉFORME DANS L'ADMINISTRATION DE LA JUSTICE.

An. 1534.

Bouche, tom. II. pag. 572.

An. 1535 & 1536.

La Provence respiroit encore la joie que la présence de tant de Têtes illustres, & les fêtes célébrées à l'occasion du mariage, avoient fait naître dans tous les cœurs, lorsque le Roi s'occupa de la réformation de la Justice : avant de rien statuer sur cet objet important, il décida en son Conseil la question qui s'étoit élevée entre les Parlements de Provence & de Dauphiné, sur le ressort des Diocèses de Gap, d'Embrun, de la Vicomté de Talard & de quelques autres Terres. Nous avons dit ailleurs que ces Districts avoient été détachés de la Provence, à condition qu'ils ne cesseroient point d'en relever. L'Évêque de Gap & les Dauphins avoient prêté l'hommage, toutes les fois qu'on les en avoit requis, & l'on étoit étonné de voir le Parlement de Dauphiné reclamer contre un droit fondé sur les Loix féodales, & confirmé par la possession de plusieurs siècles. Aussi le Roi décida-t-il, par Arrêt du 10 Octobre 1534, que l'hommage & souveraineté du Diocèse & Comté de Gap lui appartenoit comme Comte de Provence & de Forcalquier, & non pas comme Dauphin de Viennois, & que les habitans de ce Comté devoient ressortir du Parlement d'Aix, & non pas de celui de Grenoble. Ces habitans y formèrent opposition ; mais le Conseil du Roi, ferme dans ses principes, après avoir entendu les raisons des Députés, confirma le précédent Arrêt au mois d'Août 1535. Le Monarque tournant ensuite ses vues sur les abus qui s'étoient introduits dans l'administration de la Justice, nomma quatre Présidens, tirés des Parlements de Paris, de Bordeaux, de Toulouse & de Grenoble, pour venir connoître sur les lieux les abus & les moyens d'y remédier. Sur leur rapport, le Prince priva le grand Sénéchal du droit qu'il avoit de siéger au Parlement, & l'établit seulement Chef de la Justice subalterne de la Province. Il supprima les Offices de Juge Mage & de Juges d'Appeaux, ceux de Viguier, Clavaire & Sous-Viguier. A leur place, il érigea cinq Tribunaux subalternes, pour juger les appels des Juges ordinaires des lieux : savoir, à Aix, Draguignan, Digne, Forcalquier & Arles ; celui de Marseille ne fut établi que quelques mois après : on les appella Siéges, parce que le Sénéchal devoit y siéger.

Par le même Edit, Sa Majesté régla les fonctions du Parlement & du Gouverneur : elle ordonna que celui-ci n'auroit en Provence que la même autorité & administration dont jouissoient les Gouverneurs des autres Provinces du Royaume : il lui défendit expressément de donner aucunes Lettres de grace, ni aucune permission de faire sortir le bled de la Province, & ordonna que les Arrêts seroient rendus par un Président & six Conseillers, ou par huit Conseillers en l'absence du Président, auquel cas, le plus ancien préfideroit, tant au Conseil qu'à l'Audience (1).

Par le même Edit, Sa Majesté supprima tous les Offices de Conseillers extraordinaires, créés en faveur des Evêques, afin qu'ils pussent vaquer aux fonctions de leur ministère, & que la Cour jugeât avec plus de liberté les affaires de leurs Diocèses (2). Cet Edit fut porté aux Etats assemblés, & y fut

Réforme dans l'administration de la Justice.

Hist. manusc. du Parl.

---

(1) Chassanée étoit à la tête du Parlement de Provence, & avoit été Conseiller à celui de Paris : ce fut au mois d'Août qu'il reçut la commission de premier Président. Surquoi il dit dans son livre sur la coutume de Bourgogne, que le mois d'Août avoit été heureux pour lui ; que dans ce mois-là il étoit né ; il avoit pris le bonnet de Docteur ; reçu la tonsure, & avoit été nommé successivement aux Charges d'Avocat du Roi à Autun, de Conseiller au Parlement de Paris, & de premier Président à celui de Provence.

(2) Jean Feu, Sieur de Monceaux, Président du Parlement de Rouen, fut envoyé en Provence pour faire exécuter l'Edit qui fut enregistré le 13 Decembre 1536, qu'il avoit rédigé lui-même. Il y avoit au Parlement le jour qu'il y entra Barthelemy Chassanée, Président ; Pierre Filloli, Archevêque d'Aix ; Claude Ja rente, Doyen ; Antoine de Albis ; Jean Meinier ; George Durand, François Sommati ; Louis Martins ; Jean de Sade ; Fouquet Fabri ; Honoré de Tributiis ; Antoine Rolland, & Nicolas Emenjaud ; Conseillers.

reçu avec applaudiffement : il n'y eut que l'article par lequel Sa Majefté unifloit la Procuration du Pays au Confulat de la ville d'Aix, qui fouffrit quelque oppofition de la part de la Nobleffe. Pour l'en faire départir, il fut convenu que le premier Conful feroit choifi parmi les Gentils-hommes poffédants fief ; & le fecond, parmi ceux de la Ville.

Le Préfident fit plufieurs autres réglements utiles : il ftatua qu'il n'y auroit qu'un Procureur-général, fupprima les quatre Secrétaires de la Cour, & établit à leur place deux Greffiers en titre d'Office, l'un Civil & l'autre Criminel.

L'établiffement des Grands-Jours fuivit de près celui des Siéges : la tenue des Grands-Jours rappelle ces tems anciens de la Monarchie, où les Envoyés du Prince alloient dans les différentes parties du Royaume rendre la Juftice au nom du Souverain. Une Chambre du Parlement qu'on pouvoit appeler la Chambre ambulante, fe tranfportoit, fur-tout dans le tems des vacations, en différentes Villes de la Province, pour y adminiftrer la Juftice & recevoir les plaintes contre les Officiers fubalternes. La ville de Marfeille fut traitée d'une manière un peu différente des autres. On fait que quand elle fe donna à Charles d'Anjou, elle mit pour condition, que le Viguier, affifté de trois Juges, rendroit la juftice en première inftance, & qu'on pourroit appeler de fa Sentence au Juge-d'Appeaux, autrement appellé Juge-Mage, lequel, avec le confeil d'Avocats, jugeroit en derniere inftance. Tous ces Juges devoient réfider à Marfeille : car un des privilèges de cette Ville étoit que les habitans ne puffent être traduits devant un Tribunal étranger, à moins que ce ne fût pour des crimes commis hors du territoire, ou pour des caufes dont l'objet étoit dans un autre reffort. Le Roi ne voulant point attaquer directement ce privilége, ordonna, quand il érigea le Siége de Marfeille, que tous les ans, au mois de Mars, le Parlement enverroit dans cette Ville un Préfident, fix Confeillers, & un des Gens du Roi, pour y expédier les procès Civils & Criminels, pendant vingt jours, & qu'on y porteroit les fceaux pour y fceller les expéditions. Cette tenue des Grands-Jours n'eut enfuite lieu que de trois en trois ans, ce qui dura jufqu'en 1640. Alors les troubles qui agitèrent la Provence firent oublier un ufage dont on fentoit l'utilité.

Pendant que l'adminiftration de la Juftice effuyoit cette réforme, on étoit à la veille de fe voir encore fouler par l'armée Impériale. Cette invafion fi fatale à la Provence & aux ennemis, fut une fuite des projets que le Roi forma fur le Milanois. Il commença par s'emparer des Etats du Duc de Savoie, dont la conquête lui ouvroit celle de Milan, & la lui affuroit : les Hiftoriens ont beaucoup raifonné fur les prétextes dont il colora cette ufurpation, comme fi l'ambition, pour agir avoit befoin d'autres motifs que du defir de fe fatisfaire ; la vraie raifon de cette conduite, fut que Charles III, Duc de Savoie, connoiffant de bonne-heure combien il avoit à craindre pour fes Etats, fi la France, qui les refferroit déja du côté de la Provence & du Dauphiné, les bornoit encore dans le Montferrat, par la poffeffion du Milanois, vouloit éloigner de l'Italie cette Puiffance, dont le voifinage lui étoit déja fi incommode. Cependant il fe conduifit avec cette timide circonfpection, qui voit le précipice & qui craint d'y tomber. Il ne fe déclara pas ouvertement pour l'Empereur, dont il étoit beau-frere. Mais il le favorifoit fecretement dans fes entreprifes contre la France, ou du moins il lui montroit un intérêt que la crainte feule l'empêchoit de faire éclater. François I ne pouvoit point fe diffimuler ces difpofitions du Duc (1) : mais les foupçons n'étoient pas

XXXI. Causes d'une nouvelle guerre qui menaçoit la Province.

An. 1536.

___

(1) François I s'empara cette année-là de la Vallée de Barcelonette, qui avoit paffé fous la domination de la Savoie en 1388, comme nous l'avons

LIVRE X.

Guich. Hist. de Sav. tom. I. p. 632.

XXXII.
LES ARMÉES DE FRANCE ET DE L'EMPIRE S'AVANCENT VERS LA PROVENCE.

un titre suffisant pour justifier la guerre qu'il vouloit lui faire. Comme il étoit bien aisé de se ménager un prétexte plausible, il demanda la restitution du Comté de Nice, les droits que Louise de Savoie sa mere, Duchesse d'Angoulême, avoit sur les Etats de Savoie, & les places que le Duc avoit prises au Marquis de Saluces, Allié de la France. François I envoya à Turin Guillaume Poyet, alors Président du Parlement de Paris, pour faire les demandes en son nom, sachant bien qu'il auroit un refus comme il le desiroit. Aussi lorsque Jean-François Purpurat, Président de Piémont, offrit de montrer les titres sur lesquels étoient fondées les raisons du Duc, Poyet répartit avec vivacité, il n'en faut plus parler, *le Roi le veut ainsi* ; à quoi Purpurat répliqua sur le champ : *je ne trouve point cette Loi dans mes livres*, & l'on rompit la Conférence.

La Bresse & la Savoie furent envahies en peu de tems : presque tout le Piémont céda aux armes victorieuses de l'Amiral Chabot ; & le Duc Charles III, fut obligé d'aller se renfermer dans Verceil avec tout ce qu'il avoit de plus précieux. L'Empereur vit bien que cette entreprise étoit particuliérement dirigée contre le Milanois : ne voulant pas d'ailleurs souffrir que le Duc son beau-frere & son Allié, fût la victime de son zèle, il leva une armée formidable, traversa le Piémont, s'avança vers la Provence, à la tête de dix mille chevaux & de quarante mille hommes d'infanterie, auxquelles s'étoient jointes les troupes du Duc de Savoie. Dans le même tems, André Doria parti de Gênes avec une flotte formidable, faisoit voile vers Antibes. Le Roi effrayé à l'approche de cet orage qui menaçoit

dit dans le Tom. 3. pag. 275 & suiv. La France la garda jusqu'en 1559 : alors cette Vallée retourna à la Maison de Savoie par le mariage de Marguerite sœur d'Henri II avec Emmanuel Philibert. La paix d'Utrecht la rendit à la France en 1713, pour n'en être plus separée, suivant les apparences.

de fondre sur ses Etats, envoya le Comte de Noailles en Piémont pour ramener quelques troupes en-deçà des Alpes, & en même tems il en fit défiler d'autres vers la Provence, sous les ordres du Grand-Maître Montmorenci. Celui-ci fut à peine arrivé sur les bords du Rhône, qu'il résolut de s'emparer d'Avignon ; cette Ville étoit très-propre à devenir une place d'armes, & le magasin général de l'armée ; sa situation sur les bords du Rhône, & les fortes murailles dont elle étoit entourée, la mettoient en état de recevoir les provisions dont on avoit besoin, & de faire une vigoureuse résistance. Il est vrai qu'elle étoit comprise dans la neutralité par le traité qu'on avoit signé avec le Pape ; mais le Vice-Légat étant Italien & très-lié avec les principaux Chefs de l'armée ennemie, sur-tout avec Ferdinand de Gonzague, on avoit tout lieu de ne pas trop compter sur sa fidélité. Il fut donc résolu de se rendre maître de la Ville : on préféra de s'en emparer par la ruse, pour ne pas s'exposer au danger d'un siége qui auroit pu être long & meurtrier ; & l'état des affaires demandoit qu'on gagnât du tems & qu'on épargnât les hommes. La Vielleville, tout jeune encore, & qui se rendit ensuite si fameux par des actions qui l'élevèrent aux premiers honneurs de la guerre, fut chargé de cette commission : il mit en embuscade pendant la nuit environ douze cens soldats dans un lieu couvert, voisin de la Ville ; & à la pointe du jour il demanda à parler au Vice-Légat & aux principaux Habitans, n'étant accompagné que de six hommes déterminés, qu'il avoit fait déguiser en laquais. La conférence fut à peine entamée au pied des murailles, que le jeune Guerrier renverse le Vice-Légat par terre d'un coup de rondache, met l'épée à la main ; & aussitôt ses compagnons, tirant leurs armes de dessous leurs habits, tombent avec lui sur les citoyens & sur les soldats qu'ils mettent en fuite. Les cris & les coups de fusil, tirés par la garde du Vice-Légat, eurent bientôt averti du danger le reste des troupes, &

LES ARMÉES DE FRANCE ET DE L'EMPIRE S'AVANCENT VERS LA PROVENCE.
Guill. du Bell. l. 6.
An. 1536.

'La Vielleville. l. 1. ch. 16.

quelques habitants qui accoururent en armes ; mais les Français fortant brufquement de leur embufcade, les repouſsèrent, & entrèrent pêle-mêle avec eux dans la Ville, dont ils s'emparèrent. Le Roi étoit au Camp de Valence avec pluſieurs Seigneurs, quand il apprit le fuccès de cette entreprife : il leur demanda ce qu'ils penfoient de la Vieilleville : *Pour moi*, dit-il, *je penſe que s'il fait ces coups, il nous montrera à tous, foi de Gentilhomme, notre leçon : car voilà un auſſi brave trait, & une Ville autant accortement dérobée & furpriſe qu'il eſt poſſible.* La Vielleville, qui n'avoit pas cru que la tentative dût manquer, avoit fait dire au refte de fes troupes, qui s'étoient arrêtées au-deſſous d'Orange, de fe mettre en marche à l'heure qu'il leur indiqua ; en effet, elles arrivèrent peu de tems après qu'il fut entré dans la Ville ; le Grand-Maître Montmorenci, qui avoit été dépêché par le Roi, pour tirer parti de la poſition avantageuſe d'Avignon, les fuivit de près. Les Français, maîtres de cette Place, l'étoient en même tems du cours du Rhône, & pouvoient facilement approviſionner le Camp qu'ils alloient établir fur la rive gauche de la Durance ; ils fentirent de quelle importance il étoit de difputer à l'armée Impériale, le paſſage de cette rivière, puifqu'ils n'avoient pas cru devoir l'aller attendre fur les bords du Var, où il eût été difficile de réſiſter, & dangereux de céder à des troupes fraîches, qui n'avoient point encore été attaquées par la faim, ni par la maladie, deux fléaux qui les attendoient en Provence.

Tandis qu'on travailloit à fortifier le camp de la Durance, Montmorenci alla viſiter les fortifications de Marſeille. Le falut de la France dépendoit en partie de la réſiſtance que feroit cette Ville : auſſi Antoine de la Rochefoucaut, Seigneur de Barbezieux, & Antoine de Rochechouard, Seigneur de Chandonnier, n'avoient-ils rien oublié pour la mettre en état de foutenir un ſiége.

Montmorenci fe contenta de renforcer la garnifon, en y faifant entrer les Gens-d'armes de Montpezat, de Villebonne & de la Roche-Dumaine, Officiers de mérite qui ayant perdu leurs chevaux à la bataille de Foſſan, ne pouvoient plus tenir la campagne : enſuite il rengea ſous le canon de la Place quelques galères pour défendre l'entrée du port, & en fit partir treize ſous le commandement du Baron de Saint-Blancard, qui eut ordre d'aller joindre l'eſcadre de Barberouſſe pour attaquer André Doria, ou pour porter la déſolation ſur les côtes de la Sicile : malgré ces précautions ſi propres à raſſurer les habitans, il y eut pluſieurs femmes qui ſe réfugièrent à Avignon. La ville d'Aix, Capitale de la Provence, parut, après Marſeille, mériter une attention particuliere. Les Commiſſaires qu'on avoit envoyés pour l'examiner avoient jugé qu'il falloit l'abandonner ; mais Montejean qui brûloit d'envie de ſe ſignaler, & qui, témoin de l'ardeur des habitants, crut qu'en leur donnant des troupes pour les ſoutenir, ils pourroient faire une vigoureuſe réſiſtance, avoit entrepris de fortifier la Ville ; & déja un grand nombre de familles du voiſinage s'y étoient réfugiées avec leurs effets les plus précieux : on avoit même abattu des maiſons & des Egliſes, bâties hors de l'enceinte, pour ôter à l'ennemi les moyens de s'y retrancher. Montmorenci, après avoir examiné les travaux, ordonna de les diſcontinuer, & de démolir les murailles, jugeant que la Ville devoit être abandonnée. Par cette conduite, il fit ſentir toute l'injuſtice de l'Arrêt de mort prononcé, douze ans auparavant, contre le Seigneur de Prats, qui perdit la tête ſur l'échafaud, pour avoir porté les clefs de la Ville au Connétable de Bourbon, quoiqu'elle n'eût alors ni fortifications, ni troupes, ni vivres pour ſe défendre. Les habitans & ceux du reſte de la Province, eurent ordre de quitter leurs maiſons dans l'eſpace de ſix jours ; d'emporter avec eux leurs effets les plus précieux & leurs poviſions, & de gâter,

PRÉPARATIFS POUR LA DÉFENSE DU PAYS.

An. 1536.

XXXIV. LES HABITAN RAVAGENT LE PAYS POUR AFFAMER LES IMPÉRIAUX.

dévaster ou brûler tout ce qu'ils ne pourroient emporter, & principalement les moulins, les moissons & les jardins.

Le Comte de Carces, les Seigneurs du Mas & de Calians furent les premiers à donner l'exemple du sacrifice que le Roi exigeoit : ils mirent le feu à leurs granges & répandirent l'huile & le vin qu'ils avoient dans leurs caves. Leur exemple fut suivi par les autres Gentilshommes, & par la plupart des Paysans : ce qu'on ne brûloit point on le cachoit dans la terre ou dans les cavernes ; cependant il y eut des Villages qui refusèrent d'exécuter ces ordres rigoureux : mais les troupes qui formoient un cordon sur les confins de la Provence, se repliant vers l'intérieur à mesure que l'ennemi approchoit, dévastoient tout ce que les possesseurs n'avoient pu se résoudre à détruire, & poussoient devant elles, vers la Durance, ceux d'entre les habitants qui ne s'étoient point réfugiés dans les bois ou sur les montagnes. Ces malheureux traînoient tout le long des chemins les tristes dépouilles de leur fortune : les plus riches étoient sur des charrettes au milieu de leurs effets, d'autres à cheval; mais le plus grand nombre étoit à pied. On voyoit des hommes faits qui, ayant plus consulté leurs besoins que leurs forces, s'étoient chargés d'un fardeau sous lequel ils succomboient ; des vieillards courbés sous le poids des années, traînoient avec effort un reste de provisions ; des femmes grosses & des enfants les suivoient en versant des larmes ; ainsi cette guerre fut une des plus funestes qu'on ait essuyée, sans qu'il y eût de sang répandu. L'Empereur entra en Provence le 25 Juillet 1536, jour où l'on célèbre en Espagne la Fête de S. Jacques, Patron du Royaume, & singuliérement révéré parmi les Allemans. L'année d'auparavant, il avoit fait une descente en Afrique à pareil jour avec le plus grand succès.

Il n'est pas douteux que ce Prince, qui tiroit parti de tout,

& sur-tout de la superstition du peuple, quand il pouvoit la faire servir à ses desseins, n'eût combiné sa marche de maniere à faire concourir le jour où il passa le Var, avec celui où il avoit abordé sur les côtes d'Afrique. Ces deux circonstances lui parurent très-propres à allumer le courage de ses troupes; aussi, les ayant assemblées, leur fit-il remarquer que c'étoit sans doute par une volonté particuliere de Dieu, qu'à pareil jour qu'il entroit en Provence, il avoit fait une descente en Afrique; que les Français & les Africains étant également ennemis de la Religion, quoique sous des rapports différens, il y avoit toute apparence que Dieu avoit voulu qu'il fît son entrée dans leurs États sous les auspices du même Saint, pour lui annoncer que les mêmes succès qu'il avoit eus en Afrique, l'attendoient en France, étant juste que deux Peuples ennemis de son saint Nom fussent successivement humiliés par le même Vainqueur. En effet « Compagnons, lui fait dire
» Guillaume du Bellai, croyez-vous que si les Français
» n'étoient tombés, en punition de leurs péchés, dans un aveu-
» glement inconcevable, ils oseroient avec des troupes levées
» à la hâte, & non encore disciplinées, vous attendre, vous
» qui, vieillis dans les exploits militaires, avez remporté sur
» eux autant de victoires que vous leur avez livré de batailles,
» quoiqu'alors ils comptassent parmi leurs bataillons des Alle-
» mands & des Suisses ? Non, non, ils n'auroient jamais cette
» audace, si l'énormité de leurs crimes ne les empêchoit de
» voir qu'ils courent à leur perte; ils n'auroient même jamais
» osé rien entreprendre sur la Savoie & le Piémont, s'ils n'a-
» voient cru que notre armée, qui combattoit en Afrique pour
» la gloire de Dieu, seroit entiérement détruite par les Infi-
» dèles. Aussi la nouvelle de notre retour en Europe jetta-
» t-elle la terreur parmi les troupes répandues dans ces deux
» Provinces; & déja, graces à la valeur de mes braves sol-

XXXV.
L'EMPEREUR ARRIVÉ SUR LES BORDS DU VAR HARANGUE SES TROUPES.

An. 1536.
Guill. du Bell. ibi.
Gaill. Hist. de Franç. I.

» dats, la fortune y a bien changé de face : Fossan nous a
» ouvert ses portes ; la principale forteresse de Turin est en
» notre pouvoir ; & les garnisons répandues dans les Villes,
» sachant que si nous avons négligé de les forcer, ç'a été par
» le désir impatient que nous avions de porter les armes en
» France, attendent en tremblant que nous revenions de
» notre expédition pour se soumettre, s'estimant heureuses si
» nous leur laissons la vie & la liberté de repasser les monts.
» Si ce sont-là, comme vous n'en devez pas douter, les dis-
» positions des vieilles Bandes, quelle résistance croyez-vous
» éprouver de la part de ces milices que vous allez attaquer,
» & qui ayant été ramassées dans les campagnes, ne connois-
» sent encore ni camp, ni discipline ? »

Les principaux Chefs de l'armée, échauffés du même courage que l'Empereur, séduits par l'idée où ils étoient qu'on ne leur opposeroit aucune résistance, se livrèrent, ou du moins parurent se livrer aux plus flatteuses espérances ; & dans cette espèce de délire, ils demandèrent à l'Empereur, les uns les grandes Charges de l'Etat, les autres le Gouvernement de quelques Provinces, & tous des Terres considérables.

L'Empereur passa le Var le 25 Juillet, & vint asseoir son camp aux villages de Saint-Laurent & de Villeneuve. André Doria s'étoit déja rendu maître de la ville d'Antibes ; il avoit pillé & saccagé tous les lieux maritimes jusqu'à l'embouchure du Rhône, excepté Hieres, qu'il épargna par une affection particuliere pour cette Ville. Après cette expédition, dont il dut rapporter peu d'avantages, parce que les habitans avoient fait le dégât par tout, avant d'abandonner leurs demeures, l'Amiral fit voile vers l'Espagne, où il avoit ordre d'aller prendre de l'argent & des vivres. L'armée demeura campée pendant huit jours à Saint-Laurent, consumant dans l'inaction un tems précieux qu'elle auroit pu employer à sou-

---

LIVRE X.

An. 1536.

XXXVI.
IL ENTRE EN PROVENCE.

mettre la Provence. Dans un pays où l'on avoit à lutter contre la famine, il falloit ou brusquer la conquête, ou ne pas l'entreprendre. Une autre faute que fit l'Empereur, ce fut de n'avoir pas fait à Gênes, à Pise & dans les autres ports d'Italie, des provisions de vivres, que des vaisseaux de transport auroient continuellement apportées en Provence pour la subsistance de l'armée : André Doria avec sa flotte les auroit protégés contre les galeres de Marseille, trop foibles pour se mesurer avec un ennemi supérieur en forces, & si redoutable par ses talens. Pour n'avoir pas pris ces sages précautions, Charles V échoua honteusement dans une entreprise qui auroit pu devenir fatale à la France.

En partant de Saint-Laurent, il s'avança vers Grasse, où il ne trouva que des monceaux de débris; car le Comte de Tende avoit fait mettre le feu à la Ville, après avoir ordonné qu'on en démolît les remparts. Honoré de Grasse, Sieur de Briançon, qui commandoit cinq cents Légionnaires, n'osa attendre l'ennemi ; il se replia vers les montagnes, ou pour donner du secours aux lieux qui par leur situation pourroient se défendre, ou pour dévaster les campagnes que les habitans avoient épargnées, supposé qu'il y en eût encore où le feu & le fer n'avoient pas passé : il y trouva d'autres Légionnaires, qui, réunis aux siens, formèrent un Corps de deux mille hommes, & forcèrent de retourner sur leurs pas quatre mille Impériaux que Ferdinand de Gonzague & Alphonse de Saint-Severin, Prince de Salerne, conduisoient dans cette partie de la Provence. Le reste de l'armée alla se réunir à Fréjus, où étoit le rendez-vous général ; mais dans la marche, elle fut souvent harcelée par les troupes du Roi, ou par les paysans. Ceux-ci qui connoissoient mieux le pays, se cachoient dans un défilé, derrière des rochers, ou dans des broussailles, & attaquoient toujours avec avantage : il n'y avoit point de stratagême qu'ils

XXXVII.
Il laisse dévaster le Pays.
An. 1536.
Nostrad.
Bouch.
Et manusc. du tems.

Arn. ferr. 161.
Gall. l. 8.
Belcar. l. 21.

n'imaginaffent pour l'affoiblir. L'ennemi furieux de fe voir continuellement harcelé par des gens qu'il avoit pouffés au défefpoir, ne leur fit point de quartier. En ayant découvert un grand nombre qui s'étoient réfugiés au milieu d'un bois fur le haut d'une montagne, avec leurs femmes, leurs enfans & leurs beftiaux, on envoya un détachement qui les inveftit dans leur afyle, mit le feu au bois, & repouffoit dans les flammes ou tuoit à coups de fufil les malheureux qui cherchoient à fe fauver. C'en étoit affez pour allumer dans le cœur des habitans le feu de la vengeance. Cinq Gentilshommes, favoir, Albode, Châteauneuf, Balbe, Efcragnole & Boniface ; quinze Légionnaires, & environ trente payfans, fe dévouèrent à une mort inévitable, pour avoir la cruelle fatisfaction d'immoler l'Empereur à leur reffentiment. Il y avoit au Mui, près de la grande route, une tour dont les Impériaux négligèrent de s'emparer : l'armée devoit défiler tout auprès ; les cinq Gentilshommes s'y cachèrent avec leurs foldats & leurs armes dans le deffein de tirer fur l'Empereur. Ils cherchoient à le reconnoître parmi les bataillons, lorfqu'ils apperçurent un Seigneur que la richeffe de fes habits, la beauté de fon cheval, & la contenance refpectueufe de fa troupe, faifoient diftinguer des autres. Ils le prirent pour le Prince, & ils firent fur lui une décharge qui l'étendit fur le carreau. Dans l'inftant ils furent affaillis avec la rage que devoit infpirer une action fi noire : les uns moururent les armes à la main, après s'être défendus en défefpérés ; les autres furent pris & pendus. Ce danger que Charles venoit de courir, le rendit plus circonfpect. L'avant-garde de l'armée, attentive à fe faifir des défilés & des lieux les plus propres à fervir d'afyle aux troupes du Roi, battoit les bois & la campagne, & chaffoit devant elle tous les habitans qui par leur âge auroient été en état de faire quelque réfiftance, ou les forçoit à fe réfugier dans les montagnes.

Cette

Cette avant-garde étoit commandée par Ferdinand de Gonzague: Montejan, qui brûloit de se signaler, demanda au Connétable de Montmorency la permission de l'aller attaquer; il associa à son projet quelques Capitaines des plus hardis, savoir, Claude de Gouffier, Seigneur de Boisy; Varti, Capitaine Gascon; Sanpetre, Corse; & la Mole, Provençal: ils prirent avec eux cent cinquante lances & trois cents fantassins, tous hommes déterminés; & allèrent, contre l'avis du sieur de Bonneval, se mettre en embuscade aux environs du Luc. Ils furent découverts & obligés de se retirer précipitamment, pendant la nuit, dans la ville de Brignoles, où il fallut se séparer pour laisser prendre quelque repos aux hommes & aux chevaux. Le Général ennemi les suivit de près. S'étant fait instruire du local par un homme du pays, qui étoit au service de l'Empereur, il envoya par un chemin détourné un détachement considérable de cavalerie légère se saisir d'un défilé par où les Français devoient passer; il arriva lui-même à la pointe du jour devant Brignoles. Ceux-ci, surpris par cette marche précipitée, se battirent en retraite avec beaucoup de courage jusqu'au lieu de l'embuscade, où ils se trouvèrent entre deux feux: alors pressés de tous côtés, & ne pouvant ni avancer ni reculer, ils mirent bas les armes, après avoir perdu beaucoup de monde pour s'être acharnés à vouloir se faire jour à travers les ennemis; quoiqu'ils fussent un contre dix, ils firent encore plus de mal qu'ils n'en reçurent. L'Empereur, qui tiroit parti des moindres circonstances pour entretenir cette opinion de supériorité à laquelle il devoit le respect de l'Europe & l'attachement de ses Alliés, annonça cet avantage avec une sorte d'emphase, le regardant sans doute comme l'avant-coureur de succès plus brillans.

XXXVIII.
Il bat un détachement.

An. 1536.

L'événement ne répondit point à son attente: son expédition fut marquée par des ravages: Brignoles, Tourves, Saint-Maximin & tous les autres villages jusqu'à Aix furent livrés au pillage,

XXXIX.
Il arrive à Aix.

Tome IV. K

sans que les soldats y trouvassent dequoi satisfaire leur avidité : la ville d'Aix ne lui offrit rien qui pût relever l'éclat de son triomphe : les murailles avoient été abattues ; la Noblesse, le Parlement (1), tous les Officiers de Justice, & les principaux Bourgeois avoient pris la fuite ; il ne restoit qu'une populace plus propre à exciter la pitié, qu'à flatter la vanité du vainqueur. Ainsi l'Empereur eut la douleur de voir que les sujets de son Royaume d'Arles, au lieu de venir se mettre sous son obéissance, ainsi qu'il s'en étoit vanté, fuyoient devant lui comme devant leur plus cruel ennemi.

XL. Il Y FAIT DES ACTES DE SOUVERAINETÉ.

An. 1536.

Paul Jov. t. II, p. 175.

Cependant quelqu'affligeant qu'eût été ce spectacle pour un cœur plus sensible que n'étoit celui de Charles V, ce Prince n'en parut point emu. Jaloux de donner de l'éclat à une conquête qu'il avoit annoncée à toute l'Europe, & pour laquelle il avoit fait de si grands préparatifs, il fit son entrée triomphante dans la ville d'Aix le 9 Août 1536, ayant à sa suite, outre les Officiers Généraux dont nous avons déja parlé, Charles-Auguste Spinola, Jean-Marie de Rossi & Jérôme de Saint-Vital. Le lendemain il se fit couronner Roi d'Arles & de Provence. Il auroit manqué quelque chose à cette scène peu digne de l'acteur & du haut rang qu'il occupoit, s'il n'avoit fait usage des prérogatives attachées aux nouveaux titres qu'il venoit de prendre ; il crut qu'il étoit de l'intérêt de sa puissance de tenir un Lit de Justice dans lequel il déployeroit toute l'autorité souveraine : il le tint en effet, & après avoir cassé le Parlement, les autres Tribunaux & les Consuls d'Aix, il érigea un Sénat composé de cinq Sénateurs & de cinq Avocats, qu'il avoit amenés d'Italie dans ce dessein ; il mit à leur tête Jean Carles, Marseillois, qui ayant abandonné sa patrie pour s'attacher au Connétable de Bourbon, lorsque ce Général vint faire le siége de cette Ville,

Hist. du Parl.

---

(1) Le Roi avoit par Lettres-Patentes transféré le Parlement à Mondragon.

avoit eu pour prix de fa trahifon le titre de Sénateur à Milan : il étoit mis à la fuite de Charles V, dans cette derniere expédition, afin de le fervir plus utilement par les inftructions qu'il fe propofoit de lui donner fur l'état du pays. A la place du Viguier & des Confuls d'Aix, l'Empereur établit un Vicomte & trois Tribuns. Le Bâtard de Barras fut fait Vicomte, & en même-tems Baron de l'Empire. Les places de Tribuns furent données, la première à un Gentilhomme nommé Brignolle, homme décrié pour fa conduite ; & les deux autres à deux citoyens obfcurs, qu'on tira des prifons pour leur faire remplir ces nouvelles Magiftratures. Il étoit à craindre que la baffeffe de leur naiffance, jointe à l'opprobre dont ils s'étoient couverts, ne leur fît perdre, ainfi qu'on devoit s'y attendre, le refpect du peuple : on les ennoblit, comme fi la Nobleffe n'étoit pas plus propre à donner de l'éclat aux vices qu'à les couvrir. Brignolle par la même raifon fut fait Chevalier du Saint Empire.

XLI. IL CRÉE DES CHARGES ET DE GRANDS FIEFS.

La diftribution des grands Fiefs & des premières Charges du Royaume d'Arles étoit réfervée, pour terminer cette fcène vraiment théatrale. Antoine de Leve fut nommé Vicaire de l'Empire en France ; le Duc d'Albe Vicomte d'Arles ; André Doria Amiral des mers ; Grandvelle Chancelier, & Cande Surintendant des Finances. Le Gouvernement de Marfeille fut donné au Marquis du Guaft ; celui de Provence fut partagé par le cours de la Durance entre le Prince de Gonzagues & le Marquis de Horn ; & afin que ces Seigneurs euffent dans le Royaume d'Arles des titres & des terres proportionnés à leurs fervices & à leur haute naiffance, l'Empereur érigea quatre Duchés en leur faveur. Celui des îles d'Hières fous le nom d'îles d'Autriche, fut pour Doria ; Fréjus, qui prit le nom de Charles-ville, pour le Marquis du Guaft ; Forcalquier pour Gonzagues ; & Brignolle qui devoit changer fon nom en celui de Nicopolis, pour le Marquis de Horn. Il y eut auffi quatre Principautés, les Baux, Montelimar, Sault, & le Martigues : quatre Marquifats ; fçavoir, le Muy, le Luc, Tourves, & Tretz.

On croiroit que cette cérémonie a été imaginée pour être mife fur la fcène, afin de donner un ridicule à l'Empereur, fi nous n'avions des preuves incontestables de la vérité du fait.

Ce Prince fuivi d'un nombreux cortege, à la tête duquel étoient les Seigneurs qu'il venoit de créer Princes ou Ducs & grands Officiers du nouveau Royaume, alla rendre fes actions de graces à Dieu dans l'Eglife de Saint Sauveur, où il fut couronné Roi d'Arles par l'Evêque de Nice ; & après la meffe il entendit fon panégyrique, qui fut prononcé par un Prêtre Napolitain. L'Empereur pour lui témoigner fa fatisfaction le nomma à l'Archevêché d'Aix, quoiqu'il ne fût point vacant, récompenfant ainfi par un titre imaginaire des éloges chimériques.

Tandis qu'il donnoit à fes Officiers, & l'on peut dire à toute l'Europe ce fpectacle fi peu digne de la majefté du Trône, la maladie & la famine faifoient des ravages affreux dans l'armée campée au Plan d'Aillane près de la Ville. Il craignit, s'il demeuroit plus long-tems en cet endroit, de n'être bientôt plus en état de s'emparer de Marfeille, où il comptoit trouver des vivres & des munitions de guerre, & où d'ailleurs il auroit la facilité d'en recevoir par la flotte que commandoit André Doria : il réfolut donc d'aller foumettre cette Ville où fa préfomption ne lui faifoit envifager aucune réfiftance. Mais les Marfeillois qui connoiffoient également & leurs propres forces & fa foibleffe, fe difposèrent à le recevoir en hommes déterminés à périr, plutôt que de fe rendre : la garnifon forte de plus de fix mille hommes contribuoit beaucoup à relever leur courage.

L'Empereur partit d'Aix le 15 Août pendant la nuit, à la tête de quinze mille hommes d'infanterie & de la fleur de fa cavalerie ; il arriva, après le lever du foleil, à très-peu de diftance de la Ville, derriere un côteau, où il fit cacher son armée, & s'avança accompagné feulement du Marquis du Guaft & de quelques Arquebufiers, jufqu'à la portée du canon, fans être apperçu; il y avoit en cet endroit un monceau de ruines, triftes reftes de quelques maifons qu'on avoit abattues pour ôter un afyle à l'ennemi; il s'y arrêta, & envoya le Marquis avec les Arquebufiers reconnoître un endroit de la Ville, qu'on lui avoit dit ne pouvoir réfifter à une première attaque. Le Marquis remplit fa commiffion, & vit que par les fortifications qu'on y avoit faites, cet endroit étoit devenu un des plus forts. Sur ces entrefaites les chevaux ayant pouffé un henniffement que l'écho répéta, le bruit en parvint jufqu'aux fentinelles, qui ayant jetté du haut des remparts un regard plus attentif fur ce qui fe paffoit à la campagne, apperçurent le Marquis, lequel fe voyant découvert, revint joindre l'Empereur pour lui rendre compte de ce qu'il avoit vu.

XLII.
Il s'avance vers Marseille
An. 1536.

L'allarme fut bientôt générale dans la Ville; la garnifon & les bourgeois accoururent en foule au fignal, firent une fortie, & pointèrent fi à propos le canon contre le monceau de ruines, que des pierres pouffées avec force par l'effet du boulet, tuèrent quelques foldats Impériaux, en bleffèrent d'autres, & l'Empereur même courut rifque d'y perdre la vie. Il alla rejoindre fes troupes, dont il détacha douze cents chevaux & plufieurs Compagnies de Gens-d'armes, pour aller tenter une entreprife fur Arles, fous les ordres du Marquis du Guaft & du Capitaine Paul Saxe. Cette Ville avoit été mife en état de défenfe peu de tems auparavant, & l'on avoit vu, en cette occafion, ce que peut l'honneur dans le cœur des citoyens quand il eft animé par l'amour de la patrie; les femmes, parmi lefquelles on cite les Dames de Reinaud-d'Alen, de Caftellane-Laval & de Quiqueran-Beaujeu s'étoient fignalées par leur zèle, quand il fallut relever les fortifications; car on les vit fe mêler

XLIII.
Etat de la ville d'Arles où ses troupes échouent.

parmi les ouvriers, & les exciter au travail par leur exemple..
Le Grand-Maître de Montmorency y envoya douze canons &
environ quatre cent Arquebusiers Italiens, sous la conduite
d'Etienne Colonne, & de Jean Caraccioli, Prince de Mel-
phe; mille Champenois, commandés par Jean d'Anglure, &
mille Gascons sous les ordres du Comte de Carmain, de la
Maison de Foix. En séparant ainsi par provinces les divers
corps nationaux, on avoit l'avantage d'exciter l'emulation;
mais souvent on faisoit naître des querelles, comme il arriva
parmi ces soldats indisciplinés, aussi différens entr'eux de
mœurs que de langage.

Guill. du Bell. l. 7.

La division commença d'éclater entre les Italiens & les
Champenois; ils en vinrent aux mains, & il resta près de quatre-
vingt hommes sur la place. Les Italiens battus se réfugièrent dans
la maison d'Etienne Colonne leur Commandant; où ils furent
assiégés. Colonne voyant les esprits échauffés prit sagement le
parti de se retirer avec sa troupe, & remit le commandement
de la place à Bonneval, homme intelligent & ferme, qui
étant Français pouvoit en imposer plus facilement à cette
soldatesque effrénée. Bonneval se fit livrer deux des principaux mutins, les fit pendre devant l'Hôtel-de-ville, & renvoya
les autres au camp, où on leur ôta leurs enseignes pour marque d'ignominie, & on les déclara incapables de servir. Cet
exemple de sévérité n'en imposa point aux Gascons qui étoient
restés dans la Ville; deux d'entr'eux quittèrent leurs postes,
lorsqu'ils étoient en sentinelle, pour voler quelques moutons
que des vivandiers conduisoient au camp de la Durance. Toutes
les circonstances rendoient le crime irrémissible. Bonneval
voulut le punir: les soldats de la même nation s'ameutèrent;
& d'Arsac leur Capitaine favorisoit la révolte par sa coupable
foiblesse; ils poussèrent l'insolence jusqu'à menacer le Comte
de Carmain leur Colonel, de le tuer; allèrent à l'Hôtel-de-

ville, en brisèrent les portes, brûlèrent les regiſtres & mirent les priſonniers en liberté. Bonneval joignant l'adreſſe à la force eut encore le bonheur de diſſiper cet orage. Il punit de mort deux mutins qu'on lui livra : mais comme cet exemple ne ſuffiſoit pas pour intimider les autres, il ordonna à d'Arſac de préſenter de nouveaux coupables ; *ils le ſont tous*, répondit celui-ci ; *& ſi vous êtes ſi avide de ſupplices, faites dreſſer des gibets pour la troupe entiere* : cette réponſe parut ſéditieuſe : on crut que le ſervice du Roi exigeoit que le Capitaine fût puni avec les ſoldats, & on lui enjoignit de les conduire au camp d'Avignon, pour y recevoir les ordres du Maréchal de Montmorency. Il ſemble qu'on vouloit ſeulement ſe débarraſſer de lui & de ſes ſoldats, ſans les punir, puiſqu'on les envoyoit ſans eſcorte ; auſſi profita-t-il de l'occaſion pour prendre la fuite, & ſa troupe ſe débanda.

An. 1536.

Tels étoient les mouvements dont la ville d'Arles étoit agitée, quand le Marquis du Guaſt arriva pour tenter une attaque : mais après l'avoir reconnue, il retourna au camp ſans avoir oſé rien entreprendre. Les habitants de Marſeille, jaloux de ſe ſignaler une ſeconde fois par leur courage, délibéroient ſur le plan de défenſe qu'ils devoient ſuivre. Les uns plus impétueux qu'expérimentés dans l'art de la guerre, vouloient qu'on fît une ſortie pour ne pas laiſſer à l'ennemi le tems de ſe retrancher ; les autres, convaincus par une longue expérience, du danger qu'il y a d'attaquer une armée, dont on ne connoît ni la force ni la poſition, prétendirent qu'une ſortie étoit dangereuſe, qu'on courroit riſque de tomber dans quelque embuſcade, ou d'être forcés de ſe retirer dans un tel déſordre, que l'ennemi entrant pêle & mêle avec les Officiers, ſe rendroit maître de la Ville ; enfin le troiſième avis concilioit les deux autres, & l'emporta. Il fut réſolu de mettre les galeres en ordre de bataille dans quelqu'endroit voiſin de la

XLIV.
Dispositions des Marseillois pour leur défense.

Hiſt. de Marſ. p. 427 & ſuiv.

Ville, où elles ne pouvoient être apperçues, & d'envoyer en même-tems des bateaux remplis de gens armés qui feroient une descente vers la plage d'Aren, où ils se mettroient en embuscade, tandis qu'un détachement s'avanceroit jusqu'à l'ennemi pour l'attaquer, & l'attirer en quelqu'endroit où il fût exposé à toute l'artillerie des galeres. Ce stratagême réussit, comme ils l'avoient prévu; ils taillèrent en pieces un bataillon, dont à peine il échapa quelques hommes. Le Comte de Horn & un cousin du Duc d'Albe perdirent la vie dans cette affaire.

XLV.
L'EMPEREUR REÇOIT DEUX ÉCHECS ET SE RETIRE.
Mém. de Tavan. & de Monl.
Ruff. Hist, de Marf.

Cet échec eut pour l'Empereur des suites bien moins fâcheuses, qu'un autre qu'il reçut dans le même tems. Tavanes & le jeune Monluc, à la tête de cent cinquante hommes, lui enlevèrent le moulin d'Auriol, dont il tiroit en partie la subsistance de ses troupes. Mais ce qui déconcerta principalement ses projets, ce fut la découverte que les Marseillois firent de quelques traîtres avec lesquels le Duc d'Albe entretenoit des intelligences. Il paroît que l'Empereur comptoit sur un parti qu'ils avoient formé pour l'introduire dans la Ville, & qu'il s'étoit avancé pour appuyer la révolte.

Outre ce projet qui ne réussit pas, il en avoit deux autres qu'il remplit heureusement; c'étoit de recevoir les vivres, que son escadre apportoit pour l'armée, & de faire embarquer son artillerie, si le complot de Marseille venoit à manquer. Cette escadre arriva devant la Ville, presqu'en même-tems que lui. Elle étoit commandée par André Doria & Charles de Cordoua, & composée de douze frégates, trente-six galeres, & de dix-neuf vaisseaux de transport chargés de toutes sortes de provisions. L'Empereur, après en avoir retiré les vivres dont son armée avoit besoin, fit embarquer la grosse artillerie, qui lui devenoit déformais inutile, puisque ses desseins avoient échoué; & il alla joindre à Aix le camp général, sans avoir seulement

fait

fait mine d'aſſiéger Marſeille; il auroit fallu trop de tems pour faire le ſiége, & dans cet intervalle, il auroit riſqué d'être incommodé par la famine, ou d'être attaqué par l'armée françaiſe, qui étant campée ſur la Durance, pouvoit d'un jour à l'autre venir tomber ſur les aſſiégeans, & leur couper toute communication avec le reſte de la Provence. Ainſi, il eſt certain, quoiqu'en diſent les Hiſtoriens, que Charles V n'aſſiégea point la ville de Marſeille (1), & l'on remarque que les portes furent ouvertes tous les jours, & qu'on ne diſcontinua pas, dans certains quartiers du terroir, les travaux ordinaires de la campagne.

L'Empereur fut d'autant plus ſurpris de rencontrer tant d'obſtacles, qu'il ne s'y attendoit pas quand il entra en Provence. Il ne paroiſſoit pas d'abord vouloir ſe borner à la conquête de cette Province: ſon ambition lui faiſoit voir à ſes pieds une partie du Royaume, & il n'avoit pas tenu au Roi que ſes eſpérances ne ſe réaliſaſſent. Ce Prince, au lieu de reſter à Valence, comme il faiſoit, avec un corps d'armée, que ſon inaction rendoit inutile, auroit fait finir de bonne heure la campagne des Imperiaux, s'il fut venu s'emparer des paſſages qui conduiſent en Italie. Les proviſions qu'ils tiroient de la

L'Empereur reçoit deux échecs et se retire.

An. 1536.

---

(1) Ce fait réſulte d'une enquête faite au ſujet que voici. Deux particuliers de Marſeille avoient parié, l'un que l'Empereur feroit le ſiege de cette ville, & l'autre qu'il ne le feroit pas. On entendit huit témoins ; il y en eut ſept, parmi leſquels ſe trouvoient deux Militaires, qui ſoutinrent que ce Prince n'avoit point fait le ſiege, attendu qu'il n'y avoit point eu de tranchée ouverte, aucune batterie dreſſée contre la ville, aucun camp formé ; & que tous les jours les citoyens avoient eu la liberté de ſortir de la ville, & d'y faire entrer les fruits de la campagne ſans avoir été incommodés par les ennemis. *Protoc. des Notaires Greff. du Tribun. Saint Louis.*

Cette enquête nous a été fournie par M. Eſmieux, qui a fait une notice ſuccinte & fort bien faite des actes contenus dans les regiſtres d'un très-grand nombre d'anciens Notaires, & ſur-tout des anciens Notaires de Marſeille, & qui nous a communiqué fort honnêtement tout ſon travail.

basse-Provence leur auroient bientôt manqué; & ils auroient été forcés de chercher leur salut dans la fuite, si l'armée retranchée sur la Durance avoit fait quelques mouvements du côté d'Aix. Le courage des habitants & la fortune supléérent à ce qu'on avoit lieu de se promettre de l'intelligence & de l'activité du Roi. Les paysans, plus ardens que les troupes à se défaire des ennemis, tomboient sur les fourrageurs, enlevoient les convois, favorisoient la désertion, & par tous ces moyens ils les mirent dans l'impossibilité de se maintenir dans le pays. La mort d'Antoine de Léve, arrivée le 10 Septembre 1536, vint ensuite mettre le comble aux disgraces des Impériaux.

XLVI.
Il reprend la route d'Italie.

Ce guerrier, que ses talens faisoient ranger parmi les plus grands Capitaines de son siècle, étant au lit de la mort, reçut la visite de l'Empereur: dans ce moment, où la vérité triomphe de toutes les considérations frivoles, qui la retiennent captive, tant qu'il reste quelque chose à faire pour l'ambition, il lui conseilla de quitter la Provence, où il ne feroit jamais rien pour sa grandeur ni pour sa gloire. Le mérite & la situation du malade donnoient un nouveau poids à ce conseil si sage. Aussi fit-il sur l'Empereur une impression, que le spectacle de ses troupes ravagées par les maladies & la famine rendoit encore plus vive. Il ordonna donc le onze du même mois de faire partir les bagages, & reprit lui-même bientôt après le chemin de Nice, pour repasser en Italie. Sa retraite avoit l'air d'une déroute; elle en eût aussi tous les désavantages: les paysans témoins, & en partie auteurs du délabrement de l'armée, ne cessèrent de la harceler dans sa marche jusqu'au Var, tandis que le Comte de Tende & Ceres de la Maison des Ursins, tomboient de tems en tems sur l'arriere-garde. Dans un siècle où l'on ne savoit pas encore concilier les droits de la guerre avec ceux de l'humanité, où le préjugé, & l'on peut dire, la haine contre les Impériaux, étoit si forte; où enfin les ravages faits dans la campagne excitoient la vengeance du Cultivateur, il est à présumer que l'on commit des horreurs sur les soldats, que la maladie, la fatigue ou la surprise retardoient dans leur marche, ou faisoit tomber entre les mains des paysans : on voyoit par-tout des hommes morts, couverts de blessures ou portant sur leurs corps les tristes marques de la faim & de la maladie ; des mourants accablés de douleur ou épuisés de fatigue, attendant de la cruauté de l'ennemi le coup fatal qui devoit terminer leurs maux avec la vie : des chevaux abandonnés, d'autres morts, confusément entassés avec des armes, des harnois & des bagages, & l'Empereur fuyant au milieu de ce triste spectacle, & à travers les périls qui le menaçoient. On prétend qu'il perdit près de vingt mille hommes dans cette expédition, la plus honteuse qu'il eut entreprise, & la plus malheureuse après celle d'Alger.

<small>Il reprend la route d'Italie.</small>

Avant de sortir de la ville d'Aix, il fit mettre le feu aux Archives du Palais : on assure qu'il y fut poussé par le Duc de Savoie, qui croyoit anéantir par-là tous les titres que la France pourroit lui opposer, quand elle voudroit réclamer le Comté de Nice. Mais ne lui eût-il pas été plus facile de s'en saisir, s'il savoit qu'ils y étoient ? Par ce moyen il se seroit procuré plus sûrement les avantages qu'il désiroit, sans imprimer à sa réputation la honte ineffaçable dont se couvrent les incendiaires. S'il savoit au contraire, comme il est aisé de le présumer, que les Archives avoient été portées dans le château des Baux, pourquoi supposer qu'il ait conseillé une action infâme, dont il étoit assuré de n'en retirer aucun profit ? Nous sommes donc persuadés que cet incendie fut occasionné par quelque accident, ou qu'il fut l'ouvrage d'une soldatesque effrénée, qui se voyant trompée dans ses espérances, déchargeoit sa fureur sur tout ce qui pouvoit servir sa vengeance.

<small>An. 1535.</small>

LIVRE X.

XLVII.
MAUX DONT
LA PROVENCE
EST AFFLIGÉE.

Mem. de Valb.

An. 1536.

Les cadavres infectoient la ville d'Aix, quand l'armée se retira. Ce fut une des raisons qui empêcha le Parlement de reprendre ses fonctions. Il fallut attendre que la maladie contagieuse, occasionnée par cette corruption, eût cessé, & qu'on eût réparé les ruines du Palais. D'ailleurs la famine déployoit ses horreurs dans cette Ville & dans toute la partie de la Provence qui avoit été exposée aux ravages de l'ennemi. Le Roi qui connoissoit l'état déplorable de cette Capitale, n'eut pas le courage de s'y montrer ; cependant il eût été bien plus grand & plus digne de lui, de consoler les habitans par sa présence & ses libéralités. Il se contenta de faire réparer le Palais, & d'accorder quelques priviléges aux Magistrats, en dédommagement des pertes qu'ils avoient essuyées. Les villes d'Arles & de Marseille furent les seules où il alla recevoir les témoignages d'amour & de zèle que lui donnèrent les habitans.

Enfin les élémens joignant leur fureur à celle des hommes, mirent le comble à la désolation. Plus de vingt-quatre vaisseaux périrent sur les côtes ; au mois de Septembre, les arbres & les vignes en certains endroits furent arrachés par la violence du vent, les toits des maisons emportés : la pluie, tombant à verse, dévastoit les lieux sur lesquels le vent n'avoit point de prise, & le tonnerre ajoutant ses ravages à ceux de l'eau & du vent, achevoit de porter l'épouvante dans tous les cœurs. Marseille, Aix, Nice, & Villefranche, furent les Villes les plus maltraitées. Cet orage, quant aux débordemens, ne peut être comparé qu'à celui qu'il y avoit eu au mois de Septembre 1518. Les eaux du Veaune sortant de leur lit, firent écrouler plusieurs maisons à Roquevaire & à Aubagne, se répandirent avec impétuosité dans la partie du terroir la plus voisine, & portant la dévastation dans celui de Marseille, elles couvrirent de fable les vignes, les prairies, & les jardins que leur situation exposoit au débordement (1).

Tant de malheurs auroient dû exciter l'attention du Gouvernement; mais la triste situation où se trouvoit le Royaume, ne permettoit guère au Roi de diminuer les charges de ses sujets. Lorsque les États de Provence (2) lui demandèrent, au mois de Juillet 1537, une diminution d'impôts à cause de la misère affreuse où l'armée Impériale avoit réduit les habitans, il leur répondit : *Combien que notre intention soit d'avoir égard aux pertes & ruines que vous avez souffertes ; toutefois au moyen des grandes & urgentes affaires que nous avons pour la défense & conservation de notre Royaume, il n'est possible pour cette heure satisfaire à notre dit vouloir & intention, à notre grand regret : mais après qu'il aura plu à Dieu nous mettre hors desdites affaires, ce qui sera bientôt comme nous espérons, nous vous donnerons à connoître le désir que nous avons de vous soulager*, &c.

Ce qu'il y avoit de plus affligeant pour la Provence, c'est

An. 1538.
Reg. du Pays.

XLVIII.
CÉLÈBRE EN-
TREVUE A NICE.

---

(1) Honoré de Valbelle, qui a fait des Memoires sur ce qui se passoit alors de plus remarquable en Provence, & sur-tout à Marseille où il vivoit, raporte que le 2 Juin 1537 on fit une pêche de sardines si abondante, qu'en un jour la Gabelle vendit six cents minots de sel pour les saler. Le minot pesoit cent livres poids de marc. Il remarque aussi qu'en 1536 il mourut trois Centenaires.

(2) Les Gentils-hommes qui se trouvèrent à cette Assemblée des Etats, etoient Antoine d'Oraison, Vicomte de Cadenet ; Quentin Lascaris, Seigneur de Château-Neuf de Grasse ; Jean de Melan, Seigneur de Melan ; le Sieur de Chateau-Fort, Guillaume Amalric, Seigneur d'Entragues ; Antoine Gaillard, Gouverneur de Valerne ; Bertrand de Sade, Seigneur d'Aiguières, Hugues Bompar, Seigneur de Maignan ; Balthasar Roux, Seigneur de Château-Neuf ; Pontevès, Seigneur de Carces, Grimaldi, Seigneur d'Antibes ; Castillon, Seigneur de Beures ; le Seigneur de Rogne ; Malaspine, Seigneur de Monjustin, le Seigneur de Gaubert, Glandevès, Seigneur de Cujes ; les Seigneurs de Monmeillan, de Barbantane, & de Buoux. *Registres du pays.*

qu'elle ne voyoit aucun terme à fes malheurs, tant que la guerre feroit allumée entre les deux Princes rivaux. Il étoit réfervé au Pape Paul III, finon d'étouffer, du moins de fufpendre les diffentions cruelles dont toute l'Europe fe reffentoit ; il propofa aux deux Monarques en 1538 d'avoir une conférence, à laquelle il affifteroit, pour mettre fin à leurs querelles. La ville de Nice, fituée à l'extrêmité de la France & de l'Italie, lui parut très-propre à prévenir les difficultés qu'on pourroit faire fur le lieu du Congrès, & il la demanda au Duc de Savoie : c'étoit la feule place forte de fes États dont il fut encore le maître ; le Prince fon fils s'étoit renfermé dans le Château, comme dans le dernier afyle qui reftât à fa Maifon. Le Duc avoit d'abord promis au Pape de lui en confier les clefs ; mais de nouvelles confidérations fur le mauvais état de fes affaires, & fur la facilité avec laquelle on pouvoit abufer de fa foibleffe, l'obligèrent de retirer fa parole. Le peuple de Nice, qui déteftoit la Nation Efpagnole, qui craignoit auffi l'ambition des Français, prit les armes, quand il fut que le Duc avoit promis le Château au Pape, s'empara des portes de cette forterreffe & de celles de la ville, établit des Corps-de-garde dans tous les quartiers, étant difpofé à s'enfevelir fous les ruines de la Ville & de la Citadelle, plutôt que de recevoir des troupes étrangères. Le Pape prit donc le parti de fe loger dans un Couvent de Francifcains, fitué hors des murs : il y arriva le 17 Mai 1538, accompagné de prefque tout le facré Collége. L'Empereur débarqua à Villefranche le 19 du même mois ; & le Roi, qui confentit à regret à cette entrevue, arriva le même jour à Villeneuve-lès-Vence fuivi de quelques troupes.

L'Empereur alla voir une fois le Pape, accompagné d'une fuite nombreufe de gens armés. Cette timide démarche fut blâmée ; mais ce fut la feule qu'il fit : car ayant eu trois conférences avec le Pontife, ils choisirent pour le lieu du rendez-vous un endroit également distant de Nice & de Villefranche. Le Roi au contraire n'alla jamais visiter le Pape dans son logement ; ils firent l'un & l'autre à-peu-près la moitié du chemin pour se voir. La première entrevue eut lieu à trois milles de Nice. Le Roi s'y rendit accompagné de ses fils, d'une nombreuse Cavalerie légère, & de plus de six mille hommes d'Infanterie. La seconde fut plus près du Var encore, & annonçoit comme la précédente, par les précautions que le Roi prenoit pour s'y rendre, une défiance bien contraire aux dispositions qu'il falloit avoir pour conclure une paix solide. Cette défiance étoit fondée sur des Lettres écrites par l'Evêque de Lavaur, Ambassadeur de Sa Majesté Très-Chrétienne, & par les Cardinaux de Tournon & de Trivulce : elles avoient été cause que le Roi s'étoit rendu si tard à Villeneuve, ayant même cherché des prétextes pour se dispenser d'y venir. Le Pape entreprit de dissiper ces nuages ; mais il étoit bien difficile de faire renaître la confiance dans deux cœurs rivaux, que la haine & la jalousie avoient depuis long-temps aigris. La négociation fut entamée & conduite même avec beaucoup de prudence & d'activité de la part du Saint-Père. On doit se rappeller que l'Empereur avoit offert de faire épouser sa niéce, fille de son frère Roi des Romains, au Duc d'Orléans, second fils du Roi. Il offrit de donner à ce jeune Prince le Duché de Milan, à condition qu'il en recevroit l'investiture de Sa Majesté Impériale ; qu'il n'entreroit en possession de cet État, qu'après le mariage qui se célébreroit dans trois ans ; que le Duché jusqu'à cette époque seroit mis en dépôt entre les mains du Roi des Romains, père de la jeune épouse ; lequel après avoir déduit toutes les dépenses nécessaires pour l'entretien des places & des troupes, donneroit le surplus du revenu au Duc d'Orléans : que le Roi s'obligeroit à fournir, sans différer, son contingent dans

CÉLÉBRE EN-
TREVUE A NICE.
An. 1538.

toutes les guerres offensives & défensives qui s'éléveroient entre la Maison d'Autriche & les Turcs ; qu'il renonceroit à toutes les ligues & confédérations qu'il avoit en Allemagne & en Angleterre ; qu'il interviendroit à la célébration du Concile général ; qu'il garroit les États du Duc de Savoie & la ville d'Hesdin, dont il s'étoit emparé, jusqu'à ce que son fils entrât en possession du Milanois, afin que ces places lui servissent tout-à-la-fois de garantie & de dédommagement. L'Empereur offroit pour garans de ses promesses, le Roi de Portugal, plusieurs autres Princes, & quelques riches Banquiers. Il proposoit encore de mettre la Princesse entre les mains de la Duchesse de Ferrare, belle-sœur du Roi Très-Chrétien, & d'envoyer le second fils du Roi des Romains en ôtage à Venise, car cette République offroit sa garantie ; ou bien, si on aimoit mieux, on enverroit ce jeune Prince & sa sœur à la Cour du Duc de Lorraine, vassal de la France, pour y répondre de la fidélité de ces promesses.

Le Roi, plus obstiné que jamais à vouloir entrer en possession de Milan, dit qu'il n'accepteroit aucune de ces conditions, à moins qu'on ne lui cédât ce Duché avant que les conférences fussent finies, ou dans six mois pour le plus tard. Le Saint-Père ne s'attendoit pas à cette réponse. Il en fit part au sacré Collége, avec lequel il avoit évité de conférer sur ces matières. Tous les Cardinaux convinrent que les propositions de l'Empereur étoient raisonnables : ils ne désapprouvèrent que le choix qu'il faisoit de la personne de son frère, le Roi des Romains, pour lui confier en dépôt le Duché de Milan ; on offrit de lui substituer un Cardinal qui seroit nommé par le Pape : mais cette proposition fut aussi peu agréable que l'autre, & il fallut renoncer au dessein qu'avoit eu le Saint-Père d'établir une paix solide entre deux Souverains, qui ne la désiroient que par l'impuissance où ils étoient de faire plus longtems la guerre. Ils consentirent à une trève de dix ans, terme
bien

bien long pour le Duc de Savoie, puifque le Roi de France, pendant tout ce tems-là, devoit demeurer maître des conquêtes qu'il avoit faites en Piémont & en Savoie.

La défiance mutuelle des deux Monarques fut le plus grand obftacle à la paix : l'Empereur craignit que le Roi, s'il avoit une fois le pied en Italie, ne fit la guerre à Gênes, à Florence, au Duc d'Urbin, & qu'enfin il ne portât fes armes jufques dans le Royaume de Naples. Le Prince André Doria, & le Marquis du Guaft entretenoient ces craintes, & menaçoient de fe retirer en Efpagne, fi le Roi de France devenoit maître de Milan. Voilà pourquoi l'Empereur, pour prévenir ces inconvéniens qu'on avoit foin d'exagérer, vouloit que le Roi entrât dans la Ligue contre les Turcs, & qu'il renonçât à l'alliance avec l'Angleterre & avec les Princes d'Allemagne : par-là, il s'engageoit dans une guerre, qui l'occuperoit en l'affoibliffant, & lui ôteroit des alliances qui faifoient un contre-poids confidérable dans la balance de l'Europe.

Mais quelle certitude le Roi de France avoit-il que l'Empereur, quand il l'auroit engagé dans une guerre ruineufe contre les Turcs, quand il lui auroit fait perdre fes anciens Alliés, & qu'il l'auroit mis hors d'état de fe faire refpecter comme auparavant, fe défaifiroit du Duché de Milan ? A toutes ces raifons, qui s'oppofoient à la Paix, on peut ajouter la haine réciproque dont ils étoient animés, haine fi forte, qu'ils la laiffoient éclater en termes peu ménagés, quand ils parloient l'un de l'autre. Auffi refusèrent-ils conftamment de fe voir pendant tout le tems que dura la négociation : fur la fin cependant, la confiance parut renaître : ils s'envoyèrent de riches préfents, & le Roi permit deux fois à la Reine fon époufe, fœur de l'Empereur, de l'aller vifiter. La feconde fois, elle coucha à Villefranche avec une de fes filles. Ainfi finit cette fameufe entrevue, dont on attendoit de plus grands avantages, & dont les Hiftoriens

XLIX.
TRÊVE DE DIX ANS.
An. 1538.

L.
FIN DE LA CONFÉRENCE.

ont défiguré la plupart des détails. Nous avons tiré ceux qu'on vient de lire, d'une Relation manuscrite de Nicolas Thiépolo, Ambassadeur de Venise. Cette Relation est d'autant plus authentique, que l'Auteur étant présent à la négociation, avec Marc-Antoine Cornaro son collègue, écrivoit jour par jour tout ce qui se passoit, afin d'en instruire la République.

>LIVRE X.
>Bib. du Vat.
>manusc. Ottob. n°
>852. p. 28.

La trève n'ayant fait que suspendre les actes d'hostilité, les Alliés des deux Monarques se virent frustrés des avantages qu'ils s'étoient promis d'un traité de paix. Le Duc de Savoie resta privé de la plus grande partie de ses Etats; & René de Châlon, Prince d'Orange, fut exposé comme auparavant, à toute la vengeance de François I. René, depuis long-tems, jouoit dans les armées de l'Empereur un rôle aussi odieux, par sa qualité de vassal du Roi de France, que brillant par les talens militaires qu'il montra : sa Principauté depuis 1520, avoit été confisquée & rendue quatre fois par la France; un Arrêt du Parlement la déclara encore réunie au Domaine en 1543 : mais la Paix de l'an 1544, la rendit au légitime Souverain. Un autre Arrêt plus fameux par ses dangereuses conséquences, est celui que le Parlement d'Aix rendit contre les Habitans de Mérindol en 1540.

>Mém. du Pr.
>la R.

>An. 1540.

Cet événement est trop célèbre pour ne pas mériter que nous remontions aux causes qui le préparèrent. La secte des Albigeois, n'étoit point entièrement détruite, malgré les efforts que la puissance séculiere & la puissance ecclésiastique avoient faits pour en effacer jusqu'aux moindres traces. Elle respiroit encore dans le Languedoc & dans le Dauphiné, & sur-tout dans le Val d'Engraunes & le Val d'Asture en Piémont, où les Partisans de l'erreur se déguisoient moins qu'en France. Le Baron de Cental, originaire de cette contrée, en fit venir un certain nombre de Paysans, auxquels il abandonna, moyennant un cens annuel, des terres en friche qu'il possédoit en Provence. Ces gens

>LI.
>LES VAUDOIS
>S'ÉTABLISSENT
>EN PROVENCE.

simples, imbus de préjugés contre l'Eglise Romaine, amenèrent avec eux des Ministres pour s'entretenir, par leurs instructions, dans la croyance de leurs peres. Ils appelloient ces Ministres *Barbes*, mot qui dans la langue Piémontoise, signifie oncle, & qu'on donne par respect aux personnes que l'âge & le mérite rendent vénérables ; ils vécurent d'abord assez tranquilles dans les terres du seigneur de Cental, n'étant occupés qu'à les défricher : tel fut le succès de leurs peines, qu'en peu d'années ils formèrent un village, & augmentèrent considérablement les revenus du Seigneur.

Cependant leurs fausses opinions percèrent au-delà du cercle étroit, où ils se tenoient renfermés. Le bruit de ce qui se passoit en Allemagne, où la réforme avoit fait des progrès étonnans, leur inspira un courage qu'on ne devoit pas attendre d'une poignée de gens élevés aux travaux de la campagne. Ils se reconnurent freres de ceux qu'on appella Protestants, & leur demandèrent des Docteurs pour se faire instruire. Animés par ces nouveaux Ministres, & par l'exemple des Luthériens d'Allemagne, ils commencèrent à professer ouvertement l'Hérésie, & même à la prêcher. Les Catholiques souffrant impatiemment qu'on osât attaquer la Religion dans leur propre pays, s'ameutèrent ; les Ecclésiastiques sur-tout éclatèrent par des censures, & crurent qu'en employant des peines corporelles, ils pourroient arrêter les progrès de l'erreur. Les Hérétiques ne virent dans cette sévérité que le projet de leur destruction ; ils prirent les armes, & maltraitèrent les Officiers & les soldats qui venoient les arracher à leurs familles, pour les traduire dans les prisons.

Telle étoit la chaleur des esprits, lorsque le Parlement de Provence fit le procès à quelques habitants de Mérindol, qui avoient été pris les armes à la main, & qui refusèrent d'abjurer leurs erreurs. Il les condamna au dernier supplice, & enjoignit

LII.
ILS INDISPOSENT LE CLERGÉ.
De Thou. l. 5.

Fleur Hist. ecclés. l. 141. ch. 61.

Ar. du 18 Novembre 1540.
Plaid. de Rob. pr. M. d'Opp.

LIII.
LE PARLEMENT LES PUNIT.

aux Seigneurs de défarmer les Vaudois, & de les chaffer de leurs terres, fous peine d'être privés de leurs fiefs. Le bruit de cette guerre inteftine parvint jufqu'à la Cour. Le Roi, dans la crife où fe trouvoit le Royaume, craignoit d'allumer une guerre de religion, dans une Province où l'Empereur avoit des intelligences fecretes. Il accorda un pardon général aux Hérétiques accufés & détenus prifonniers, à condition qu'ils feroient abjuration dans fix mois.

Il eft rare, dans des fiécles ignorants & groffiers, qu'en fait de religion, les hommes prennent le parti de la modération, lorfque l'autorité s'en mêle : les Hérétiques en devinrent plus obftinés, & les Catholiques plus ardens à les perfécuter : les premiers, pour fe rendre puiffans, cherchèrent par-tout à faire des profélites ; le libertinage les fervit encore mieux que leur éloquence : on vit des Moines apoftats fe ranger fous leurs enfeignes, & entraîner dans leur apoftafie beaucoup de gens du peuple de l'un & de l'autre fexe, parce que dans cette claffe d'hommes, l'exemple des Pafteurs eft prefque la feule règle qu'on ait pour diriger fa foi. Les Hérétiques voulurent enfuite fe maintenir dans le pays par la force des armes. Ils s'emparèrent de quelques forts, & fe retirèrent dans des lieux avantageufement fitués, d'où ils faifoient de tems en tems des incurfions fur les terres des Catholiques, foit qu'ils y fuffent provoqués, foit que le fanatifme les rendît agreffeurs. Le Roi, juftement allarmé, ordonna au Parlement le 2 Mars 1538, d'agir contr'eux & leurs fauteurs dans toute la rigueur de la Juftice, de confifquer les biens de ceux dont ils ne pourroient fe faifir, & de détruire les fortereffes & les autres afyles dont ils faifoient leur place d'armes. Malgré la févérité de ces Ordonnances, l'héréfie fit des progrès rapides ; car on fut par les dépofitions de quelques prifonniers, que dans les Diocèfes d'Aix, d'Apt, de Sifteron, d'Avignon & de Cavaillon, elle avoit infecté des Villages entiers ; & que dans ces Villes elle avoit altéré la foi de plusieurs familles. Le Parlement voyant que ces procédures contre quelques habitants de Mérindol en particulier, ne produisoient aucun effet, & que les délais accordés pour les faire rentrer dans leur devoir, étoient expirés, sans que personne fût venu demander grace ; que même ils avoient pris les armes au nombre de cent vingt, ravagé le terroir d'Apt, & commis d'autres excès ; ayant d'ailleurs reçu, ainsi que le Comte de Tende, des ordres du Roi pour sévir contre eux, il donna le 18 Novembre 1540, cet Arrêt célebre, par lequel il fut ordonné, que les lieux de Mérindol & autres, qui jusqu'alors avoient été le foyer de l'Hérésie, seroient démolis, les maisons rasées jusqu'aux fondemens ; que les forts, les cavernes & autres lieux souterreins, dans lesquels les Vaudois se cachoient, seroient détruits, & les forêts coupées ; que dix-neuf personnes, nommées dans l'Arrêt, expireroient dans les flammes ; que les femmes, les enfans, les domestiques mêmes de ces infortunés habitans, & leurs biens, seroient acquis & confisqués au Seigneur Roi ; & que personne, soit noble ou roturier, ne pourroit leur donner asyle ni secours. Il est étonnant que tous ces malheureux, sans distinction d'âge ni de sexe, ayent été enveloppés dans la proscription : il y en avoit beaucoup parmi eux qui n'avoient point été ouïs en Justice ni convaincus du crime d'Hérésie ; & quand même ce crime auroit été aussi réel, qu'il étoit imaginaire dans plusieurs personnes, & sur-tout dans les enfans, on ne peut que déplorer l'aveuglement du siécle, qui, par un reste de barbarie, outrageoit une religion de paix & de charité, en la vengeant par le fer & le feu.

Le Président Chassanée, homme sage & modéré, ne vit point sans frémir, les suites que devoit avoir cet Arrêt : il en différa l'exécution sous divers prétextes, malgré les instances réitérées des Archevêques d'Arles & d'Aix, qui offroient d'en faire les frais aux dépens du Clergé. Le Président disoit que

Hist. du Parlement & Mém. du pr. la R.
Procès orig. de Merind.

LIV.
FAMEUX ARRÊT DE L'AN 1540.

LV.
CHASSANÉE SUSPEND L'EXÉCUTION.

l'Arrêt n'étoit que comminatoire, fait uniquement pour contenir les Luthériens ; & que suivant les Loix & Ordonnances du Royaume, on ne pouvoit point l'exécuter sans d'autres procédures préalables : on assure que ce Magistrat fut sur tout retenu par les remontrances de Raynaud, Seigneur d'Alen, homme de mérite, en qui il avoit beaucoup de confiance. D'Alen étoit versé dans le Droit, & avoit lu l'ouvrage de Chassanée, intitulé : *Catalogus gloriæ Mundi*, dans lequel ce Magistrat rend compte d'une procédure faite contre les Rats, par les Officiers de la Cour & Jurisdiction de l'Evêque d'Autun. Ces animaux ravageoient les bleds, & l'on demanda qu'ils fussent excommuniés : mais le Procureur Fiscal requit, qu'avant de procéder à l'excommunication, on fit une monition suivant l'ordre judiciaire ; l'Official, en conséquence, ordonna que les Rats fussent cités dans tous les carrefours de la Ville, pour comparoître dans trois jours, & pour être ouïs ; à défaut de quoi l'on procéderoit contre eux suivant la rigueur des Ordonnances. Les trois jours passés, le Procureur Fiscal se présenta, & demanda qu'on procédât contre eux par défaut : comme il étoit question de leur totale destruction, il fut décidé qu'en pareil cas la loi accordoit aux absens un Avocat pour les défendre : « Et vous, dit d'Allen en adressant la parole à Chassa-
» née : & vous, M. le Président, qui étiez alors Avocat du Roi
» à Authun, ayant été chargé de plaider leur cause, vous
» prouvâtes que la citation étoit nulle, qu'il falloit la réitérer
» au Prône des Paroisses qui se plaignoient de leurs dégâts.
» On les cita donc de nouveau, & après le terme expiré, le Pro-
» cureur Fiscal requit, comme il avoit déja fait, qu'ils fussent
» condamnés par défaut ; mais vous y mîtes opposition, par la
» raison que les délais n'étoient pas assez longs, & que les Rats
» avoient un juste motif de ne point comparoître, à cause du
» grand nombre de Chats qu'il y avoit dans les Villages : vous

» fîtes valoir ces moyens avec tant de force, vous rapportâtes si
» à propos quelques paffages de l'Ecriture, que dans un fujet fi
» peu férieux, & qui fembloit ne devoir prêter qu'à rire, vous
» vous fîtes un honneur infini, par la maniere claire & précife avec
» laquelle vous établîtes les règles de la procédure criminelle. *Or,*
» *maintenant que vous avez enfeigné les autres, ne voulez-vous point*
» *prendre doctrine par votre livre même, qui vous condamnera ma-*
» *nifeftement, fi vous procédez plus avant à la deftruction de ces*
» *pauvres gens de Mérindol. Et ne font-ils pas hommes Chrétiens ?*
» *Ne valent-ils pas bien qu'on leur garde autant de droit & d'é-*
» *quité, que vous avez fait garder à vos Rats* »?

CHASSANÉE EN SUSPEND L'EXÉCUTION.

Quelque bien intentionné que fût le Préfident Chaffanée, il n'étoit pas en fon pouvoir d'arrêter le glaive de la Juftice. Il y avoit des ordres précis du Roi, de réduire les Hérétiques par la force des armes, s'ils refufoient de faire volontairement leur abjuration. On fit donc marcher contre eux la Compagnie du Comte de Tende, & un petit nombre de Fantaffins : mais les habitans de Mérindol, au nombre de huit cens hommes, intimidèrent cette troupe, qui n'ofa pas les attaquer, pillèrent un Couvent de Carmes, coururent la campagne, & annonçoient affez hautement la réfolution qu'ils avoient prife de mourir plutôt que de laiffer mettre le feu à leurs maifons.

Le Parlement comprit qu'il falloit des forces plus confidérables pour les réduire ; mais le Comte de Tende ne voulut pas allumer une guerre qui feroit couler des flots de fang, & deshonoreroit la Provence. Il fit tant de difficultés, qu'on eut le tems de réfléchir fur les fuites dangereufes qu'il y avoit à employer la force. On fut d'avis de continuer la procédure contre les Hérétiques, & d'inftruire en même-tems le Roi de tout ce qui fe paffoit. François I, que fes malheurs & une longue expérience avoient rendu circonfpect, cherchoit à concilier les intérêts de l'Etat avec ceux de la Religion ; il accorda, par fes Lettres-Patentes du 8 Février 1541, un pardon général aux Vau-

LVI.
ON VEUT RAMENER LES VAUDOIS PAR LA DOUCEUR.

An. 1541.

dois ou Luthériens, comme on les appelloit, à condition que dans l'espace de trois mois, ils abjureroient leurs erreurs; & dans le cas où ils refuseroient de se soumettre, il ordonnoit au Parlement de sévir contre eux. La Lettre qu'il écrivit un mois après au Comte de Tende, étoit dictée dans le même esprit. Il lui enjoignoit sur-tout de veiller à ce que les Vaudois ne fussent jamais plus de vingt ensemble.

Ceux-ci reçurent la nouvelle de cette amnistie avec une joie très-vive, & envoyèrent à Aix, le 5 Avril 1541, des Députés pour déclarer à la Cour, au nom de tous les habitans de Mérindol, qu'ils vouloient vivre en bons serviteurs du Roi & de la Cour, & qu'ils détestoient la doctrine des Vaudois & de Luther. Mais ils demandoient qu'on leur prouvât qu'ils étoient dans l'erreur. L'entreprise étoit difficile : comment faire entendre à des hommes ignorans & grossiers, dont le plus grand nombre ne savoit pas lire, que leurs peres étoient tombés dans des erreurs inconnues avant le XIIe siècle ? Que leurs Ministres les égaroient ? Que les Princes d'Allemagne, partisans de la nouvelle Secte, tant de Villes, de Prêtres & de Religieux qui l'avoient embrassée, s'étoient laissé séduire, les uns par intérêt, les autres par l'amour de la nouveauté, & les derniers par esprit d'indépendance & de libertinage ? Ces habitans étoient si persuadés de la pureté de leur doctrine, qu'ils envoyèrent, suivant un auteur Protestant, leur profession de foi aux Evêques de Cavaillon & de Carpentras, & au Roi lui-même, qui se la fit lire : elle contient plus de vingt-cinq articles, parmi lesquels ceux qui regardent la présence réelle, l'Eglise, la tradition, l'ordre hiérarchique, & le pouvoir de l'homme sont manifestement erronés. On affecte de ne rien dire des Commandemens de l'Eglise, & des Sacremens, dont on ne nomme que le Baptême. L'Auteur assure que les habitans de Mérindol envoyèrent cette profession de foi au Cardinal de Sadolet, Evêque

Evêque de Carpentras, l'un des hommes les plus inſtruits du ſacré Collége, en lui déclarant qu'ils s'en rapportoient à ſa déciſion, & qu'ils ſe rétracteroient, s'il leur prouvoit qu'ils fuſſent dans l'erreur. En cas d'obſtination de leur part, ils conſentoient à être punis, même par la privation de leurs biens. L'Auteur ajoute qu'il leur fit une réponſe à-peu-près conçue en ces termes :

> « J'ai lu votre Requête & les articles de votre Confeſſion. Il y a beaucoup de matière, & n'ai pas entendu que ſoyés accuſés d'autre doctrine, que de celle même que vous conſeſſés. Il eſt vrai qu'aucuns ont fait du bruit, & vous impoſoient des choſes qui étoient grandement à reprendre ; mais quand on en a fait diligente inquiſition, on a trouvé que c'étoit toutes calomnies & faux rapports. Au reſte de vos articles, il me ſemble y avoir quelques mots qu'on pourroit bien changer, ſans préjudice de votre Confeſſion, & ſemblablement il me paroît qu'il n'étoit pas beſoin de parler ſi manifeſtement contre les Paſteurs de l'Egliſe. Quant à moi je deſire votre bien, & ſerai marri ſi l'on vous détruit, comme on l'a entrepris ; & afin que vous entendiez mieux l'amitié que je vous porte, je me trouverai un tel jour en ma maiſon, près de Cabrières, & là vous pourrez venir, & vous en retourner ſûrement en petit ou grand nombre, ſans que nul vous faſſe déplaiſir ; & là je vous avertirai de ce qui me ſemble être à votre ſalut & profit ».

Il n'eſt pas vraiſemblable que Sadolet ait écrit qu'il y avoit dans la profeſſion de foi *quelques mots qu'on pourroit changer ſans préjudice de leur confeſſion.* Il ne ſongeoit ſûrement pas à ſacrifier la doctrine de l'Egliſe à l'amour de la paix : mais puiſqu'ils paroiſſoient diſpoſés à ſe ſoumettre, peut-être ſe flattoit-il de les convaincre ; & il ne vouloit pas les ef-

ILS PERSISTENT DANS LEUR CROYANCE.

An. 1541.

LVIII.
ILS FONT LEUR PROFESSION DE FOI.

frayer, en leur faisant entendre qu'ils auroient beaucoup de choses à rétracter.

Le Parlement vit mieux l'erreur dans la Requête qu'on mit sous ses yeux : quoique les points de doctrine n'y soient pas exposés tout au long, comme dans celle dont nous avons parlé ci-dessus, il y en a assez pour y reconnoître la croyance des Vaudois. Nous la rapporterons en entier, parce qu'indépendamment du mérite qu'elle a d'être autentique, leurs sujets de plainte y sont exposés avec une naïveté & une simplicité qui la rendent intéressante : voici comment s'expriment leurs Députés.

« Supplient humblement André Meynard, &c : Que votre
» bon plaisir soit pour l'honneur de Dieu bénignement écou-
» ter notre humble & chrétienne Requête....

» Premierement pourtant que toutes les molestes & persé-
» cutions qu'on a faites à l'encontre de nous, viennent à cause
» de la Religion, nous confessons devant Dieu & devant vous,
» & tous Princes Chrétiens, en quelle foi & doctrine nous
» sommes & voulons vivre ; & premierement en la sentence
» & opinion de la Religion & Eglise chrétienne nous nous
» accordons totalement ; car pour la regle seule de notre Foi
» nous avons le vieil & nouveau Testament, & nous accordons
» à la générale confession de foi, avec tous les articles con-
» tenus au Symbole des Apôtres. Nous ne sommes point en-
» veloppés, ne voudrions être d'aucunes erreurs ou hérésies
» condamnées par l'ancienne Eglise, & tenons tous les enseigne-
» mens qui ont été approuvés par la vraie foi.

» Nous nous réputons être corrompus & perdus par le
» péché originel, & que de nous-mêmes nous ne pouvons faire
» aucune chose que péché ; à quoi nous vous disons & con-
» fessons que le premier & principal fondement de tout bien

» en l'homme est régénération d'esprit, laquelle Dieu par sa
» bonté & grace baille à ses élus, & à cause que tous les
» hommes de leur nature sont totalement pécheurs, nous les
» estimons être en damnation ou ire de Dieu; sinon ceux que
» par sa miséricorde a réservés. Or la maniere de la dé-
» livrance est telle. Il faut recevoir J. C. en la façon qui nous
» est prêchée en l'Evangile; c'est-à-dire qu'il est notre Ré-
» dempteur, justice & sanctification, par quoi nous croyons
» que par la seule foi, ouvrande par charité, nous sommes
» justifiés, nous défians de nos propres œuvres, nous rendans
» du tout à la justice de Christ.

» Nous tenons que l'homme dès sa nativité est aveugle d'in-
» telligence, dépravé en volonté, & afin qu'il puisse avoir
» vraie & salutaire connoissance de Dieu & de son fils J. C.,
» il est illuminé du S. Esprit, & en après est sanctifié en bonnes
» œuvres, afin que lui ayant la loi de Dieu écrite dans son cœur,
» il renonce à tous desirs charnels; à cause dequoi rémission
» des péchés nous est toujours nécessaire, sans laquelle nul
» ne peut avoir Dieu propice.

» Au nom seul de J. C., seul médiateur, nous invoquons
» Dieu le Pere, & n'usons d'autres Oraisons que de celles
» qui sont en Écriture-Sainte, ou à icelle concordantes en
» sentence. Nous ne retenons aucune doctrine humaine, con-
» trovenante à la parole de Dieu, comme satisfaction de pé-
» ché par nos œuvres, les constitutions commandées sans
» icelle parole de Dieu, avec une mauvaise opinion
» d'obligation & mérite, & toutes coutumes superstitieuses,
» comme adorations d'images, pellerinages & telles cho-
» ses semblables. Nous avons les Sacremens en honneur,
» & croyons qu'ils sont témoignages & signes par lesquels
» la grace de Dieu est confirmée & assurée en nos consʾ-
» ciences, à cause de quoi nous croyons que le Baptême

ILS FONT LEUR PROFESSION DE FOI.

An. 1541.

» est signe par lequel la purgation qu'obtenons par le
» Sang de J. C. est en nous corroborée de telle fa-
» çon, que c'est le vrai lavement de régénération & de
» rénovation.

» La Cène du Seigneur Jesus est le signe sous lequel la
» vraie communion nous est baillée.

» Touchant le Magistrat, comme les Princes & Seigneurs,
» & tous gens de Justice, nous les tenons ordonnés de Dieu,
» & voulons obéir à leurs loix & constitutions qui concernent
» les biens & corps auxquels loyaument voulons payer tribut
» & impots, dixmes, taxes, & toute chose qui leur ap-
» partiendra, en leur portant honneur & obéissance en tout
» ce qui n'est pas contre Dieu.

» Très-honorés Seigneurs, nous vous avons touché fidelle-
» ment en somme la foi & doctrine, laquelle nous tenons,
» qui n'a d'autre fondement que la sainte Parole de Dieu,
» qui est la seule regle de toute vraie conscience chrétienne,
» & néanmoins nous avons été inhumainement affligés en tous
» moyens, ce qui nous semble être bien âpre entre des hommes
» qui se nomment chrétiens.

» Premierement vous savez que Frere Jean de Roma, Ja-
» cobin & Inquisiteur vint en Provence, lequel disant avoir
» autorité & puissance du Roi & de vous, fit tant par sa
» malice, qu'il eut gros support & aide; & ressemblant à un
» Capitaine, menoit des garnemens portes-armes, & alloit par
» les maisons & villages où ils rompoient coffres, emportoient
» or & argent, & toutes autres choses qu'ils pouvoient ravir.
» Bref, de Roma pilla tellement les pauvres & orphelins de
» Provence, tant par amendes, condamnations, compositions
» secrettes, tant lui & les siens, que plusieurs encore aujour-
» d'hui en sont en grande misere & pauvreté. Mais Dieu
» qui découvre la méchanceté des méchans, le fit connoître

» tel qu'il étoit devant vos Excellences, par le moyen d'un
» Commissaire envoyé de par le Roi. Il fut démis de son
» Office, & toutes ses procédures annullées, & ce qui s'en-
» suit, & mourut misérablement en Avignon, destitué de
» toute aide humaine, par le juste jugement de Dieu.

Ils font leur profession de foi.

An. 1541.

» A l'exemple d'icelui les Officiaux & autres Inquisiteurs, Fer-
» miers de bénéfices, & autres Officiers des Evêques, n'ont cessé
» depuis ce tems-là de nous tourmenter, & piller sous ombre &
» titre de s'enquérir de la foi, ce qu'ils n'ont pas fait, mais seule-
» ment de notre argent & de nos biens, nous diffamant pour
» colorer les grandes pilleries & tortures qu'ils ont exercées
» sur nous, nous nottans d'être Vaudois & Luthériens, ce que
» ne sommes; car nous ne savons rien de Valdo ni de Luther,
» ni de la doctrine qui procede d'eux; nous contentans de
» celle seule qui est de J. C. notre Sauveur. Or Dieu a voulu
» que la connoissance & jugement de l'Inquisition de la foi ne
» soit plus en la puissance des Ecclésiastiques, ainsi que le Roi
» en a baillé Lettres; mais que telles causes fussent mises par-
» devant vos Excellences: par lequel moyen nous avons grande
» espérance que notre innocence & bon droit seront connus
» & entendus.

» Mais à ce que nous voyons, nous ne savons plus à qui
» recourir, sinon nous soumettre totalement sous la protection
» & sauve-garde de Dieu, pour qu'il prenne la cause à lui,
» ce que nous espérons qu'il fera. Nous sommes nottés d'être
» séditieux, ce que nous ne sommes point, & ne nous pou-
» vons assez émerveiller que M. le Chancelier de France, &
» vous, Messieurs, ayez refusé bailler Commissaires à nos dé-
» pens, qui vinssent prendre information sur le lieu, tant de
» notre vie & mœurs que de notre foi, à celle fin que fussiez
» avertis & bien informés de la vérité, & soyez certains que
» eussiez trouvé que nous sommes chrétiens & fidelles, & qu'il

» n'y a rien en ce monde que tant haïssions que sédition.

» On nous accuse aussi que nous sommes désobéissans à la
» Justice pour autant que ne voulons comparoître personnel-
» lement, quand sommes ajournés. Certes nous voudrions
» obéir à la Justice, quand on nous garderoit tel droit qu'on
» fait aux Turcs à Venise, ou aux Juifs à Avignon, ou à bri-
» gands & larrons, auxquels est permis de se défendre par
» voie de droit : mais à nous tout est fermé ; personne n'ose
» parler pour nous, sinon qu'il veuille être nommé fauteur
» d'hérésie. Un chacun est bien venu qui parle contre nous,
» quelque méchant qu'il soit. Aucuns d'entre nous ont com-
» paru, lesquels sont demeurés en prison ; les autres ont été
» brûlés, les autres marqués au front, & brûlés d'une fleur-de-lys
» ardente ; les autres bannis, & confisqués tous leurs biens,
» sans en vouloir départir aux pauvres femmes & enfans une
» seule maille. Toutes ces choses considérées, nous avons été
» tellement épouvantés, que ne sommes osés comparoître
» pardevant vous, voiant le traitement qu'on a fait aux
» autres.

» Vous savez, très-honorés Seigneurs, que quand M. le
» Président, & ceux qui ont été envoyés de votre part, sont
» venus en nos maisons & villages, n'ont eu ne rebellion,
» ne répugnance. Il est vrai que voyant qu'on menoit des
» gens d'armes, un prevôt, un bourreau & des cordes,
» nous avons été effrayés, abandonnant les maisons ; nous
» retirans aux bois, cavernes & rochers, pour sauver nos pau-
» vres vies ; là où nous avons enduré plusieurs nécessités, &
» nous semble bien étrange qu'on nous appelle séditieux à cette
» cause ; car nous voyons qu'il n'y a si petite bête, qui ne
» cherche lieu pour se sauver de celui qui lui veut faire mal.
» Nous avons laissé prendre à tous ceux qui se sont dits en-
» voyés de votre part, bled, vin, menage, betail, & tout

» ce qu'ils ont voulu sans résistence, tellement qu'il sembloit
» que ce fût un pays de conquête & baillé en proie.

ILS FONT LEUR PROFESSION DE FOI.

» Pareillement on nous charge d'avoir ôté des prisoniers
» des Officiers de la Cour, ce que n'avons fait ; & ce à cause
» qu'auprès de la colle aucunes gens portant armes, tant à
» pied qu'à cheval, avoient pris des prisoniers par maisons &
» par champs; entre lesquels ils emmenoient prisonieres deux
» jeunes filles, ce que voyant leurs parents, ainsi qu'on nous
» a dit, craignant que deshonneur ne se fît à leurs filles,
» comme autrefois a été fait par telle maniere de gens, vin-
» rent au-devant de ceux qui les emmenoient, lesquels les
» laisserent aller sans coup frapper, & avant qu'ils en fussent
» requis.

An. 1541.

» Il n'y a personne qui de notre su & consentement ait en-
» trepris ne fait chose contre le Roi notre Souverain Prince,
» ni contre ses Officiers; mais nous sommes & voulons être
» loyaux & obéissants sujets au Roi notre Sire; & quand Sa
» Majesté nous voudra benignement bailler audience, il con-
» noîtra que quelques pauvres que nous soyons, nous sommes
» chrétiens & obéissants sujets à S. M. & espérons que notre
» Seigneur donnera à connoître notre innocence, par les
» grands torts qu'on nous a faits jusqu'à présent.

» Touchant ce qu'on nous charge que nous nous sommes
» retirés aux villes & châteaux, nous en prenons Dieu à té-
» moin, & tous ceux du pays qui savent que nous ne nous
» sommes retirés ni en villes, ni en châteaux, même n'osions
» pas demeurer dans nos maisons; mais comme pauvres oise-
» lets qui fuient devant l'épervier, nous sommes retirés au
» mieux qu'avons pu aux bois, cavernes & roches pour don-
» ner lieu à l'ire des hommes, craignant la fureur du peuple
» qui étoit tellement enflamée contre nous, qu'il sembloit
» qu'ils nous dussent du tout abimer; ce qu'ils eussent fait sans

» la grace de Dieu, sous la protection duquel nous étions
» humblement soumis : & par cela, honorés Seigneurs, ne de-
» vons être nommés séditieux, voyants que n'avons point fait
» autre chose, sinon fuir ; & pensons qu'il n'y a Prince ni Sei-
» gneur, ni aucunes gens qui soient de bon jugement, qu'en
» ce justement nous puissions blâmer ; vu qu'on a fait mourir
» plusieurs des nôtres, tant par prisons que par feu, & qu'on
» en a banni plusieurs avec confiscation de tous leurs biens, &
» que Arrêt a été donné de nous brûler tout vifs, nos fem-
» mes & enfans bannis, sans qu'ils puissent emporter aucuns
» biens meubles ; que notre village fût rasé jusqu'au fonds, &
» que le lieu fût rendu inhabitable. Toutes lesquelles choses
» assemblées nous ont tellement épouvantés, & effrayés, avec
» les souffrances qu'avons endurées, que c'est merveille que
» de peur ne soyons morts : mais Dieu qui est le pere des
» désolés, nous a consolés, & nous semble par la fuite qu'a-
» vons faite, sans porter dommage à aucuns, étant pressés en
» la maniere susdite, que personne ne nous peut en juste cause
» accuser de sédition.

» Quant à ce qu'on nous a chargés, qu'il y a entre nous gens
» d'armes, lansquenets & Piémontois, ainsi qu'on nous a ré-
» cité, nous ne savons ce que c'est ; & n'y a homme qui puisse
» dire qu'en vérité hommes de guerre, ni Piémontois, ni lans-
» quenets soient venus à nous ; mais ceux qui ont informé le
» Roi notre Sire, & vos Magnificences de telles faussetés &
» mensonges, tâchent par ce moyen nous faire ruiner. Certes,
» très-honorés Seigneurs, on peut bien dire tout ce qu'on
» veut à l'encontre de nous ; car nous n'avons à ce nul moyen
» de nous purger ni devant le Roi, ni devant vos Magnifi-
» cences, à cause qu'il n'y a persone qui ose parler pour nous ;
» car il n'est question de plaider avec nous qu'avec le couteau
» & le feu ; mais nous avons notre totale fiance en notre
» bon

» bon Dieu, qui voit nos afflictions & les injures qu'on nous
» fait; qu'il nous suscitera quelque bonne Roine Esther, la-
» quelle déclarera au Roi notre innocence, & que les traîtres
» & faux témoins qui pourchassent notre ruine, tomberont en
» la fosse qu'ils nous ont préparée, ainsi qu'il advint au
» traître Aman, qui vouloit faire mourir en un jour le peuple
» de Dieu, lequel fut pendu avec les siens au haut gibet
» qu'il avoit préparé au bon Mardochée. Véritablement tous
» d'un accord & union desirerions que les présentes vous fus-
» sent présentées, non-seulement à vous, mais au Roi notre
» Sire : mais il n'y a eu homme d'entre nous, qui les ait osé
» présenter, craignant d'être brûlé; & ne doutons que si eus-
» sions moyen de les vous faire représenter, ou qu'il vous eût
» plu bénignement les lire, & attendre qu'émus de pitié hu-
» maine ou de charité chrétienne, vous eussiez fait vous-
» même la remontrance au Roi, notre Souverain Prince, de
» nous remettre en liberté, avec défenses à tous d'ainsi plus
» nous molester; & par ce moyen eussions pu labourer & cul-
» tiver la terre, laquelle demeure vuide pour nourrir nos pau-
» vres femmes & enfans, qui sont en grand souffrance & di-
» sette : ce que nous avons espérance de faire le tems à venir,
» attendu le vouloir du Roi notre Sire, lequel a envoyé,
» selon qu'avons entendu, certaines Lettres-Patentes de pardon
» & rémission, & par icelles il veut que soyons traités amia-
» blement par paroles douces & bonnes remontrances.

» Ce consideré plaise à vos bénignes graces, faire exprès
» commandement à tous gens de quelque qualité qu'ils soient,
» de ne nous plus molester, tant en nos personnes que biens,
» attendu que voulons vivre selon la foi de Dieu & de l'Eglise :
» ce que le Roi notre Sire desire seulement de nous, vous
» supliant qu'il vous plaise avoir égard à notre pauvreté, au
» moyen de laquelle nous n'avons puissance de poursuivre par

ILS FONT LEUR PROFESSION DE FOI.

» ticuliérement, pour obtenir de vous le fruit defdites Lettres;
» car nous avons été avertis que déja aucuns fe font préfen-
» tés, qui ont fait grands frais & dépens, & à aucuns autres,
» qui font detenus aux prifons par feintes paroles, on leur a
» fait dépenfer, fans que cela leur ait encore rien profité; par
» quoi pouvons dire que les Lettres reviennent plus au profit
» des Avocats, Procureurs, Greffiers & autres gens, que non
» point pour ceux pour lefquels elles font données. A quoi fi
» l'on vouloit continuer, nous tâcherons par tous moyens que
» le Roi & vous, & tous bons chrétiens foient avertis de
» notre affaire, afin qu'ils prient Dieu qu'il nous donne bonne
» patience, & aux pauvres prifonniers, qui n'ont mangé que
» du pain & bu de l'eau, & ne demeurent que pour les dé-
» pens. A ce prierons très-humblement le Pere de Miféri-
» corde, qu'il faffe que la vérité foit connue, & qu'il change
» le cœur de nos ennemis, & nous veuille tous unir par une
» foi & une loi, & en un baptême, & à reconnoître & con-
» feffer un Dieu & un Sauveur J. C. auquel foit honneur &
» gloire éternellement ».

On fent bien, après ce que nous avons dit ci-deffus, que ces plaintes étoient exagérées: il eft vrai que les Catholiques perfécutoient ces malheureux, & que les Juges Eccléfiaftiques & Laïques les traitoient, en bien des occafions, avec une rigueur puniffable. Mais auffi l'on doit convenir qu'ils provoquoient la févérité des loix par leurs affemblées clandeftines, par leurs attroupemens, leur attachement à une doctrine contraire à la Religion de l'Etat; par leur défobéiffance aux ordres réitérés du Souverain, & par cette haine qu'ils avoient vouée aux Eccléfiaftiques & aux Religieux.

Après la lecture de la Requête, le Parlement, fur la réquifition des Gens du Roi, permit aux Suppliants de venir en la ville d'Aix, & d'y féjourner jufqu'au nombre de dix, pour déclarer s'ils vouloient profiter des Lettres de grace accordées par le Roi, leur promettant toutes les sûretés nécessaires, avec défense de les inquiéter dans leurs personnes ou dans leurs biens : mais en fait de croyance religieuse, on ne passe pas rapidement d'une opinion à l'autre. Les habitans de Merindol, dans une assemblée publique, tenue le 10 Avril 1541, délibérèrent d'envoyer à Aix un Député, pour supplier la Cour de les faire jouir de la grace du Roi, sans exiger d'eux aucune abjuration, & de se contenter de la déclaration qu'ils avoient envoyée.

LIX.
ON VEUT METTRE L'AFFAIRE IN JUSTICE RÉGLÉE.

An. 1541.

Le Parlement regarda cette démarche comme une désobéissance formelle. De-là naquit entre les deux partis une défiance qui dégénera bientôt en hostilités. Les Vaudois, troublés par la crainte, ou égarés par le fanatisme, attaquèrent les habitans d'Apt, & ravagèrent leurs terres. Les Catholiques déja animés par la haine, furent encore plus aigris par ces insultes ; & comme le Parlement différoit d'exécuter l'Arrêt du 18 Novembre, & les ordres réitérés du Roi, l'Avocat-Général Guerin écrivit à Sa Majesté & au Chancelier, pour se plaindre de la lenteur des Magistrats. Il fit un tableau si vif & si chargé des emportemens des hérétiques, qu'il y eut ordre de les exterminer.

LX.
NOUVELLES MENACES CONTRE LES HÉRÉTIQUES.

Sur ces entrefaites le Vice-Légat d'Avignon assembloit des troupes dans le même dessein : le Cardinal Sadolet eut la gloire de désarmer sa colere, & d'obtenir de lui qu'il retirât son armée, qui étoit déja à une lieue de Cabrieres. Il promit aux habitans sa protection en Cour de Rome ; mais ses représentations ne furent pas écoutées. Jean Meynier, Seigneur d'Oppede, venoit d'être nommé à la Charge de second Président. Retenu hors de la Provence, depuis près de deux ans, pour les affaires du Roi, il n'avoit eu aucune part au fameux Arrêt de Merindol, ni aux procédures qu'on avoit faites. Ayant appris

LIVRE X.

à Avignon, lorsqu'il s'en retournoit à Aix, l'état de crise où se trouvoit sa Patrie, il engagea l'Evêque de Cavaillon, dans le Diocèse duquel Merindol est situé, à faire un dernier effort pour ramener les hérétiques au sein de l'Eglise par la persuasion.

LXI.
ON REPREND LES VOIES DE MODÉRATION.
Plaid. de Rob.

Arrivé à Aix, il rendit compte au Parlement de la démarche qu'il avoit faite auprès de l'Evêque de Cavaillon. Sur cet avis la Cour arrêta le 6 Mars 1542, qu'on enverroit ce Prélat à Merindol, avec un Conseiller & un Docteur en Théologie, pour assembler les habitants, leur lire les Lettres de Grace, & leur faire connoître les erreurs contenues dans leur profession de foi, & les engager à les rétracter pour désarmer la justice du Souverain. Ces Députés se rendirent à Merindol dans le courant du mois d'Avril 1542; mais ils ne firent aucun prosélite. Cependant les habitants obtinrent encore deux fois,

An. 1542.
An. 1543.

c'est-à-dire, au mois de Mai 1542, & dans le même mois 1543, de nouvelles Lettres de Grace, qui leur promettoient un pardon général, si dans l'espace de trois mois, ils revenoient au sein de l'Eglise; après lequel terme, le Roi les menaçoit de toute la rigueur de sa justice. Ce nouvel acte de clémence de la part du Souverain, suspendit durant quelque tems l'orage qui grondoit sur les habitants de Merindol & de Cabrieres.

LXII.
LA VILLE DE NICE MENACÉE PAR LES FRANÇAIS ET PAR LES TURCS.

Tandis que le feu des guerres civiles couvoit secrètement, l'armée navale des Turcs, composée de cent dix galères, s'avançoit vers la Provence sous les ordres du fameux Barberousse. François I l'avoit attirée pour faire diversion à l'armée Impériale, qui remportoit tous les jours quelqu'avantage en Piémont sur les troupes Françaises. Il s'étoit heureusement servi du Capitaine Antoine Paulin (1), Baron de la Garde,

---

(1) Son nom étoit Antoine Escalin. Louis Adhemar, Comte de Grignan, lui donna le 28 Juillet 1543, son nom, ses armes, & la Baronnie de la Garde, Diocèse

pour faire entrer dans son alliance Soliman II, qui régnoit alors à Constantinople. Paulin étoit un de ces hommes extraordinaires, que la nature se plaît quelquefois à cacher dans la dernière classe des citoyens, au-dessus de laquelle ils s'élèvent ensuite, pour étonner leurs contemporains par la supériorité de leurs talens. Né de parens pauvres, dans le village de la Garde, dont il porta ensuite le nom, il vivoit dans l'obscurité, lorsqu'un Caporal, qui l'apperçut au milieu de plusieurs jeunes gens de son âge, fut frappé de sa physionomie. Après l'avoir bien considéré, & s'être entretenu quelque tems avec lui, il lui demanda s'il vouloit prendre le parti des armes. Paulin enflammé d'ardeur au tableau que ce Caporal lui fit du service militaire, ne balança pas à le suivre, malgré les instances que son père lui fit pour le retenir. Il servit deux ans en qualité de goujat, devint Arquebusier, ensuite Enseigne, puis Lieutenant, & enfin Capitaine, se distinguant dans tous ces emplois par son courage & par ses talens militaires.

Ceux qu'il avoit pour les négociations éclatèrent, lorsqu'il fallut faire entrer Soliman dans l'alliance de la France. Le fruit de son ambassade fut le départ de Barberousse pour les mers de Provence. Ce fameux Amiral vint joindre la flotte Française, composée de quarante galères & d'environ vingt brigantins, qui l'attendoient pour aller faire le siége de la ville & du château de Nice. La flotte Française étoit commandée par le Comte d'Enguien : ce Prince, impatient de se signaler, avoit fait sur la ville de Nice, avant la jonction des deux armées, une ten-

LA VILLE DE NICE MENACÉE PAR LES FRANÇAIS ET PAR LES TURCS.
Belcar. l. 23 n° 220.

Brant. v. Paulin.

---

de Saint Paul-Trois-Châteaux, où Paulin mourut le 30 Mai 1578, étant Capitaine Général des Galères. Dans un acte du 6 Octobre 1553 il est qualifié haut & puissant Seigneur, le Seigneur Escalin des Eimars, Seigneur, Baron de la Garde, Gentilhomme ordinaire de la chambre du Roi, & Capitaine General en son armée des mers du Levant. Il avoit un homme de condition pour son maître d'hôtel. *Not. Emm. Borgal à Marseille.*

tative dans laquelle peu s'en fallut qu'il ne perdît la vie ou la liberté (1).

Trois sujets du Duc de Savoie étoient venus proposer à Louis Adhemar, Comte de Grignan, Commandant en Provence & Gouverneur de Marseille, de lui livrer le château de Nice, s'il vouloit seconder leur dessein. Adhemar, plus inconsidéré qu'il n'auroit dû l'être en cette occasion, accepta l'offre, & en parla au Comte d'Enguien, qui, jeune encore & sans expérience, ne vit aucune difficulté dans l'exécution. On résolut de tenter l'entreprise avec quinze galères. Il y en eut quatre qui furent détachées pour aller en avant s'assurer des moyens de réussir, tandis que les onze autres, refugiées au cap Roux, près de Lerins, devoient aller à leur secours avec des troupes de débarquement, lorsque le signal convenu seroit donné.

Les quatre galères s'avancèrent à la faveur de la nuit sous le château de Nice. Aussi-tôt celles de Gênes, au nombre de vingt-une, commandées par André Doria & par Jannetin son neveu, leur donnent la chasse, & les serrent de si près, qu'elles s'en emparent à l'entrée du port d'Antibes; ensuite elles tournent la proue vers le cap Roux pour aller surprendre le Comte d'Enguien.

Ce Prince averti du danger, fit force de rames, & fut assez heureux pour se dérober, avec beaucoup de peine, à la poursuite de ses ennemis. Les trois soldats Piémontois s'étoient sauvés à la nage, car on n'avoit pas seulement eu la précaution de s'assurer de leurs personnes.

Le Comte de Grignan fut pénétré de douleur en apprenant cette déroute. Il crut que le Comte d'Enguien l'en rendroit

---

(1) Parmi les Seigneurs Français qui accompagnoient le Comte d'Enguien, on nomme Bourdillon, Tavanes, la Roche des Aubiers, d'Humières, Baquincourt, Contay, la Tour-du-Maine, la Roche-Pozé, Buzanchès & la Rochechouart.

responsable, & que peut-être il l'accuseroit d'avoir voulu le trahir. Il en tomba malade de chagrin; le Marquis de Vieille-ville (1) alla le voir. Grignan le voyant entrer dans sa chambre, lui tend les bras & lui dit : *Ah ! Monsieur, le Prince ne croit-il pas que j'ai voulu le livrer à l'ennemi ? En conscience*, répondit Vieilleville, *ne lui avez-vous pas donné occasion de le présumer ? mais il est bon, & il ne voit dans vos conseils que votre zèle extrême pour le service du Roi. Si vous n'avez d'autre maladie que la crainte de lui avoir déplu, je me flatte de vous guérir.* Le Comte de Grignan jettant alors ses bras hors du lit, l'embrasse plusieurs fois, en le priant instamment de lui ménager sa réconciliation avec le Prince, & sur-tout de ne point le perdre dans l'esprit du Roi. Vieilleville s'en alla aussi-tôt chez le Comte d'Enguien, auquel il peignit avec des couleurs fort vives l'affliction de Grignan. Quoique ce Prince ne pût se rappeller, sans quelque dépit, le danger auquel il avoit été exposé, il ne consulta dans cette occasion que la noblesse de ses sentimens. Il alla chez le Comte l'assurer de ses bontés; & pour ne pas perdre ce Militaire respectable par son âge, sa naissance & ses services, il eut la générosité d'écrire en sa présence une Lettre au Roi, dans laquelle l'affaire d'Antibes étoit présentée comme un de ces revers de fortune, que le sort des armes ne rend que trop fréquens.

LE COMTE D'EN-GUIEN RISQUE D'ÊTRE PRIS.

L'armée navale de Barberousse arriva peu de tems après cet événement. Elle eut à peine joint la flotte Françaife, que cet Amiral & le Comte d'Enguien, impatiens de venger l'affront reçu devant Nice, résolurent d'aller assiéger cette place. La Provence fournit trois mille hommes de troupes, commandés par Grimaldi, Castellane-Entrecasteaux, & Pontevès-Giens. La ville

LXIV.
SIÈGE DU CHATEAU DE NICE.

An. 1543.

---

(1) François Scepeaux, Seigneur de Vieilleville & Maréchal de France.

LIVRE X.

se rendit deux jours après que la tranchée eût été ouverte, à condition qu'elle ne seroit point livrée au pillage. Mais cet avantage devenoit inutile, tant que le château restoit au pouvoir des ennemis. Bâti sur un roc inaccessible, dominant sur la mer & sur les lieux circonvoisins, il ne pouvoit être attaqué par la mine, & il étoit difficilement battu par l'artillerie. Le Commandant étoit un vieux Militaire, qui ayant blanchi dans les combats, & ayant mérité la confiance de son Maître par ses talens & son expérience, étoit résolu de se défendre jusqu'au dernier soupir. Lorsque le Comte d'Enguien & Barberousse le sommèrent de se rendre, il leur répondit : *Je me nomme Montfort ; mes armes sont des pals, & ma devise,* IL ME FAUT TENIR. Il soutint cette fierté par le courage avec lequel il se défendit. Barberousse avoit fait élever, avec des sacs de sable, un Cavalier sur lequel il avoit établi quatre grandes coulevrines pour battre le fort (1). Le canon de la place eût bientôt crevé les sacs ; & le sable, porté par le vent, entroit dans les yeux des soldats, & les empêchoit de faire le service. Il fallut donc abandonner cet ouvrage, renoncer même à en

Bouch. tom. II, p. 503.

---

(1) Les grandes coulevrines, qu'on appelloit aussi *bombardes*, étoient alors fort en usage. On les faisoit même beaucoup plus grandes dans le siècle precédent. Le 7 Fevrier 1431, Jacques Jacob, campanier & bombardier de Lorgues, s'engagea envers les Syndics de la Communauté de Marseille, en présence de plusieurs Députes pour le fait de la guerre, & de noble Siron Duport Lieutenant de Bermond de Someire, Chevalier, Seigneur du Cailar, de faire une bombarde de bronze, qui devoit jetter une pierre du poids de 225 livres au moins, de la Ville à l'île appellee d'Olmes, où les Arragonois avoient placé en 1423 la bombarde qui avoit fait tant de mal à Marseille. On fit l'épreuve de ce canon le 11 Juillet 1432, & il reussit comme on le désiroit. *Not. Aventuron rodetti à Marseille.*

Cet acte nous apprend que ce ne fut point au château d'If que les Arragonois avoient placé leur bombarde comme nous l'avions conjecturé dans le Tom. 3 pag. 336 à la note : mais à l'île d'Olmes connue aujourd'hui sous le nom de *l'île des pendus* à un mille de Marseille, au levant de la ville. Ainsi l'effet que fit cette machine devient très-vraisemblable.

faire

DE PROVENCE. *Liv. X.* 113

faire d'autres, à cause des obstacles que le local opposoit ; & enfin on fut forcé de lever le siége, parce qu'on apprit que le Duc de Savoie & le Marquis du Guast s'avançoient avec un Corps d'armée considérable, pour secourir la place. Barberousse prit la route de Constantinople, & laissa à Nice les Français, qui, pour se venger du peu de succès qu'ils avoient eu, mirent le feu à la ville, après l'avoir livrée au pillage, ajoutant à la honte de leur défaite, la honte encore plus grande de violer le droit des gens & la foi des traités ; car ils avoient promis aux habitans, quand ils se rendirent, de respecter leurs biens & leur liberté. Ainsi finit ce siége, qui coûta à la France des sommes énormes. On lit dans les Mémoires de Vieilleville qu'il y avoit à Toulon trente-deux trésoriers occupés, pendant trois jours, à faire des sacs de mille, de deux mille & de trois mille écus pour l'armée de Barberousse, qui fit payer fort cher une alliance infructueuse (1).

SIÈGE DU CHATEAU DE NICE.

Tom. I. ch. 35

---

(1) Le 15 Mai 1543 fut donnée procuration générale pour suivre les intérêts de la Noblesse auprès du Roi en faveur d'Antoine Honoré d'Oraison, Vicomte de Cadenet, Bertrand Reybaud de Simiane, Seigneur & Baron de Caseneuve ; Gaspard de Grimaud, Seigneur d'Antibes ; Charles Ardoin, sieur de la Motte ; Balthasar de Simiane, Seigneur de la Coste ; Alexis de Castellane, Seigneur de Sallernes, & Jean de Villeneuve, Seigneur de Torenc ; par nobles personnes, Pierre de Glandevès, Seigneur de Faucon ; Melchior de Castellane, Baron d'Allemagne ; Gaspard de Marseille, des Comtes de Vintimille, Seigneur d'Ollioules ; Antoine de Vallavoire, Seigneur dudit lieu ; Antoine d'Allagone, Seigneur de Beaucaire ; Reforciat de Pontevès, Seigneur dudit lieu ; Antoine de Glandevès, Seigneur de Pepin ; Gaspard de Vintimille, Seigneur de Turriès ; Gabriel de Varadier, Seigneur de Saint Andiol ; Antoine de Demandes, Seigneur de la Palun ; Louis de Baschi, Seigneur de Saint Esteve ; Jean-Baptiste de Forbin, Seigneur de... Auzias d'Autric, Seigneur de Baumettes ; Tanegui des Porcellets, frere de Monsieur de Mailhano ; Jean de Ruffan, Seigneur de Torenc ; Antoine de Baras, Co-Seigneur d'Agout, Henri de Grasse, Seigneur du Mas ; Jean de Villeneuve, Seigneur de Tourrettes ; François Aufloault, sieur de Mus ; Gaspard de Castellane, Seigneur d'Entrecasteaux ; Jean d'Eoulx, Seigneur dudit lieu ; Pierre de Rochas, Coseigneur de Gaubert ; Louis de Forbin, Seigneur de Dorbes ; Garsias Amalric,

Tome IV. P

> LIVRE X.
> Bibl. du Roi
> manusc. de Lom.
> n° 204.

LXV.
SUITE DE L'AF-
FAIRE DE MERIN-
DOL.

Cette expédition ralentit un peu l'ardeur avec laquelle on pourſuivoit l'affaire de Merindol. Cette affaire éprouva tant d'alternatives & de lenteur, qu'on ne peut douter qu'il n'y eût dans le Miniſtère des partiſans ſecrets de l'erreur, & de zélés Catholiques. Tantôt il y avoit des ordres ſévères pour exterminer les Vaudois, & tantôt des Lettres de grace qui arrêtoient le glaive levé pour les frapper. Cependant l'eſprit de parti fermentoit en ſecret dans toutes les têtes : la crainte, la défiance & la haine agitoient tous les cœurs. De part & d'autre on prenoit des meſures pour attaquer, ou pour ne pas ſe laiſſer ſurprendre. Dans cet état de criſe, il étoit difficile qu'on ſe renfermât long-tems dans les bornes de la modération ; chacun des deux partis devoit néceſſairement être ſuſpect à l'autre par l'excès des précautions qu'il prenoit pour ſe défendre. Les

> Plaid. de Rob.

habitans de Cabrières commencèrent les hoſtilités ; ils ſecouèrent le joug du Pape, leur ſouverain, chaſsèrent le Seigneur du lieu, & ſes Officiers, & après avoir fortifié le village autant que les circonſtances pouvoient le permettre, ils firent un amas de munitions de guerre pour ſe mettre en état de défenſe.

LXVI.
EXCÈS AUX-
QUELS SE LI-
VRENT LES
HÉRÉTIQUES.

Le Vice-Légat d'Avignon fit marcher des troupes pour les châtier : mais ils les repouſsèrent ; & ces premiers ſuccès étant un crime de plus qu'on avoit intérêt de punir, ils réſolurent de les rendre utiles, en affoibliſſant ou en intimidant leurs ennemis, & en ſe donnant des complices. Alors ils commencèrent de nouveaux actes d'hoſtilités : les villages voiſins furent aſſaillis, quelques Egliſes profanées, les Vaudois de Merindol

---

Seigneur d'Eſclandon ; Loys Matheron fils d'Auruz, Seigneur de la Peyruſſe ; Antoine Saphalin, & Jacques de Quanton, Seigneur de Vachières ; Auguſtin Gruſel, Coſeigneur de la Baſtide ; Honorat de Graſſe, fils du Seigneur de Brianſon ; Jean l'Evêque, Seigneur de Rougiers. *Legier Vincens Not. à Marſeille,* ann. 1542 & 1543. f. 263.

ameutés, l'Abbaye de Sinanque pillée, & les Religieux maltraités ; on prétend même que les hérétiques taillèrent en pièces une Compagnie de deux cents hommes envoyés au siége de Nice par le Capitaine Saint-Remy. Suivant les informations prises par les Juges, ces hommes n'avoient commis aucun délit envers les agresseurs. Un autre crime dont quelques fanatiques se rendirent coupables au village de Lioux, près d'Apt, fut d'avoir parodié d'une manière scandaleuse la procession, par laquelle on rend un hommage solemnel au plus auguste de nos Mystères. Le Crucifix, les images & les statues des Saints furent mutilés & foulés aux pieds. Les Vaudois sentirent qu'ils alloient tomber sous le glaive de la Justice, s'ils ne prévenoient le coup qui les menaçoit. Ils présentèrent au Roi, à la fin d'Avril 1544, une Requête, par laquelle ils imploroient sa protection, protestant qu'ils étoient Chrétiens, qu'ils vouloient vivre sous la loi de l'Evangile, obéir à l'Eglise, observer ses Commandemens, remplir les devoirs des Fidèles, & respecter l'autorité des Magistrats, tant séculiers qu'ecclésiastiques. Mais ils se plaignoient que depuis environ treize ans, des personnes mal-intentionnées, dans l'espérance de s'enrichir de leurs dépouilles, les avoient accusés d'hérésie, & calomniés ; qu'on avoit employé contre eux la flétrissure, le pillage & les tourmens ; qu'intimidés par cette sévérité, au lieu de se présenter devant les Magistrats pour se justifier, ils avoient été contraints de prendre la fuite : qu'ensuite, quand le Roi leur eut accordé un pardon général, à condition qu'ils feroient abjuration, ils n'avoient pu profiter de la grace, parce que parmi les habitans qui s'étoient présentés devant les Tribunaux, les uns avoient été condamnés aux galères, les autres renvoyés aux Officiers des Evêques, qui étoient leurs ennemis capitaux ; & que ceux qui avoient été traités avec plus de modération, avoient long-tems gémi dans les prisons. Ils

EXCÈS AUXQUELS SE LIVRENT LES HÉRÉTIQUES.

Avril 1544.
Ibid.

LXVII.
ILS IMPLORENT LA PROTECTION DU ROI ET L'OBTIENNENT.

se plaignoient sur-tout des Magistrats, & disoient qu'ayant parmi leurs vassaux de prétendus hérétiques, ils se flattoient, en les faisant condamner à mort, ou aux galères, de réunir à leurs domaines les biens de ces malheureux proscrits. L'avidité des Magistrats & celle des Evêques, étoient un des points sur lesquels ils insistoient davantage ; par-là ils rendoient au moins suspecte la protestation qu'ils faisoient de les respecter, & de vouloir leur être soumis : au surplus cette accusation étoit d'autant moins fondée, qu'en Provence il n'y avoit encore personne, dans l'ordre Ecclésiastique, ni dans la Magistrature, qui eût profité des confiscations faites sur les hérétiques, excepté peut-être l'Avocat-Général Guerin, & le Procureur-Général, les deux hommes du Parlement qui montroient le plus d'animosité contre les Vaudois.

Ces griefs & plusieurs autres, contenus dans la Requête, sont amplement réfutés, & quelques-uns fort solidement, dans le Plaidoyer de Robert. Cependant il y en avoit auxquels il étoit difficile de répondre d'une manière satisfaisante. Le Roi, soit qu'il les crût fondés, soit qu'il se laissât gagner par les promesses que faisoient les supplians, de vivre en bons & fidèles sujets, & sous la loi de l'Eglise, évoqua l'affaire à son Conseil, & nomma, le 14 de Juin 1544, un Maître des Requêtes, & un Docteur en Théologie, pour informer sur la Religion & la manière de vivre des habitans de Merindol, & sur la conduite que les Magistrats avoient tenue à leur égard. Il ordonna, par les mêmes Lettres, de surseoir à l'exécution des précédens Arrêts, & de mettre hors de prison tous ceux qui étoient détenus pour cause d'hérésie ; enfin il défendit expressément aux Juges, tant ecclésiastiques que laïques, d'inquiéter les supplians sur leur doctrine.

Le Roi, par ses Lettres, rendoit inutiles toutes les mesures qu'on avoit prises jusqu'alors pour détruire les nouvelles opinions; son indulgence produisit un effet tout contraire à celui qu'il s'étoit proposé. Beaucoup de Vaudois qu'on avoit mis en prison pour cause de vol & d'assassinat, furent élargis, sous prétexte qu'étant hérétiques, ils n'avoient perdu la liberté que pour le fait de la Religion; les autres, ceux à qui l'on ne pouvoit reprocher que leurs erreurs, abusant de la protection que le Roi leur accordoit, forcèrent, pendant la nuit, la ville de Cavaillon, dont ils brisèrent les prisons, firent des tentatives sur quelques lieux fortifiés du Comtat, & mirent les Catholiques à contribution. Ils menoient avec eux leurs Ministres, qu'ils faisoient prêcher publiquement dans les villages où l'erreur n'avoit point encore pénétré. Enfin il fut prouvé, par des informations juridiques, qu'au village de la Motte, ils faisoient de la fausse monnoie. La licence fut portée à un point, que les Etats assemblés à Aix le 15 Décembre 1544, supplièrent Sa Majesté de révoquer les Lettres accordées au mois de Juin précédent.

Le Pape avoit déja fait porter ses plaintes en Cour par son Nonce; & le Roi, avant que les Etats fussent instruits de l'effet qu'avoit produit la démarche du Souverain Pontife, avoit fait expédier, le 7 Décembre, de nouvelles Lettres-Patentes, par lesquelles il enjoignoit au Comte de Grignan d'assembler les milices & les troupes, pour exterminer les Vaudois en Provence & dans le Comtat Venaissin, & notamment pour faire main-basse sur les habitans de Cabrières & de Merindol; il défendit en même temps, sous peine du dernier supplice, de leur donner aucune espèce de secours. Le Comte de Grignan étoit alors en route pour se rendre à la diète de Vorms, où les intérêts de l'État l'appelloient. En son absence c'étoit au Président d'Oppede à faire les fonctions de Commandant.

Le Vice-Légat d'Avignon le pressoit d'exécuter les ordres

LXVIII.
ILS IN ABYSSINI.

An. 1544.

LXIX.
LI ROI ORDONNE DE LES PUNIR.

de la Cour, qu'il savoit lui avoir été envoyés par le Comte de Grignan; mais le Président différa, sous divers prétextes, de se rendre à ses sollicitations, parce que dans le même temps il écrivit en Cour pour faire modérer la peine prononcée contre les Vaudois. Quels que soient les torts qu'ait eu ce Magistrat dans cette affaire, il est certain que jusqu'au moment dont nous parlons, sa conduite paroissoit avoir pour but de ne pas répandre le sang des hérétiques. L'ordre en vertu duquel devoit se donner la scène tragique dont toutes les Histoires font mention, arriva à Aix le 29 Janvier 1545. C'étoit le dixième qu'on avoit reçu depuis le commencement de cette affaire; cependant on ne se hâta pas de faire tomber les Vaudois sous le glaive, depuis long temps suspendu sur leurs têtes : on se flattoit toujours que la sévérité du Roi feroit place à sa clémence. Mais quand le Comte de Grignan eut écrit, le 10 Mars, que le Roi demeuroit ferme dans sa résolution, & qu'il vouloit enfin mettre un terme à sa patience & aux désordres dont les Catholiques, & sur-tout les Catholiques du Comtat se plaignoient, on ne recula plus le moment de la vengeance. Sur ces entrefaites on sut que les Vaudois, toujours tremblans pour leurs personnes & leurs biens, cherchoient à se mettre en état de défense, pour opposer la force à la force, & qu'ils songeoient à s'emparer de Menerbe, d'Agout, de Roussillon, & de quelques autres places, dont il eût été difficile de les chasser. Mais ce qui hâta leur perte, ce furent les plaintes continuelles que l'Avocat-Général Guerin, & le Procureur-Général ne cessoient de porter aux pieds du Trône. Aussi vit-on arriver, au commencement d'Avril, des Lettres adressées au Capitaine Paulin & au Président d'Oppede, par lesquelles il leur étoit enjoint d'agir de concert contre les hérétiques. Le Capitaine Paulin étoit en Provence depuis plus d'un mois; il avoit eu ordre de s'y rendre avec les vieilles

Bandes qu'il commandoit en Piémont, & de les employer contre les ennemis domestiques, avant de les mener en Catalogne, où elles devoient ensuite se rendre.

 Pendant que les esprits s'échauffoient de part & d'autre, l'Avocat-Général Guérin fit, en l'absence du Procureur-Général, un dernier effort pour recueillir le fruit de son zèle fanatique : il demanda la convocation des Chambres le 12 Avril 1545, & requit l'exécution du fameux Arrêt de Merindol. La Cour nomma pour le faire exécuter le Président Lafond, & les Conseillers Badet & Tributiis, auxquels elle enjoignit de procéder à la destruction totale des hérétiques & de leurs adhérens; d'envoyer aux galères ceux qui seroient pris, en attendant qu'on leur fît leur procès ; & d'employer contre eux les troupes de la Province. L'Avocat-Général Guerin voulut être de cette Commission, qui avoit plutôt l'air d'une expédition militaire, que d'une procédure. Etant partis d'Aix le 13 pour aller à Pertuis, ils rencontrèrent Gaspard de Forbin-Janson, qui les avertit que ses vassaux de la Roque & de Villelaure avoient pris les armes, avec les habitans de Cabrières, de Lourmarin & de Merindol, tous disposés à vendre chérement leur vie, si l'on vouloit leur faire violence. Ce bruit parvint bientôt à Aix, où le Président d'Oppede étoit encore.

LXX.
EXÉCUTION DE L'ARRÊT DE MERINDOL.
An. 1545.
Procéd. oiig. de Merindol.

 Les Procureurs du pays le prièrent de se mettre à la tête des milices de la Province, & d'aller appuyer de ces forces l'autorité des Commissaires. En effet il partit le 15, & se rendit à Cadenet, où il trouva les trois Députés du Parlement, le Baron de la Garde, & plusieurs Gentilshommes, que l'intérêt commun avoit réunis en ce lieu. Avant de procéder à l'exécution de l'Arrêt, on voulut encore employer les voies de douceur. La Dame de Lourmarin fut chargée par les Commissaires, lorsqu'ils étoient à Cadenet, de faire ses derniers efforts pour ramener ses vassaux à l'obéissance du Roi. Mais ses remontrances furent inutiles : Gaspard de Janson représenta qu'il n'avoit pas été plus heureux dans ses terres de la Roque & de Villelaure ; que les habitans, avec ceux de quelques autres villages, s'étoient retirés, au nombre de deux mille, avec leurs femmes & leurs enfans dans les bois, jusqu'à ce que les troupes qui venoient du Piémont pour aller s'embarquer à Marseille, eussent passé, & qu'alors ils se proposoient de venir reprendre leur manière de vivre. L'Avocat-Général Guerin, qu'on pouvoit regarder comme le moteur de cette espèce de croisade, fit des représentations fort vives sur cette obstination des Vaudois, & sur les mouvemens qu'ils faisoient pour se défendre : car il étoit à craindre qu'étant maîtres de presque tous les passages, il ne fût impossible de les réduire, si on leur laissoit plus de tems pour se fortifier. Il fut donc résolu de porter le ravage dans les terres du Baron de Cental, & d'étendre le fléau sans miséricorde dans tous les lieux infectés de l'hérésie. Ils s'avancèrent d'abord vers le village de Villelaure, qu'ils trouvèrent abandonné, & qu'ils livrèrent aux flammes : & défendirent à Gaspard de Forbin, qui en étoit Seigneur, d'y laisser revenir jamais aucun Luthérien, sous peine de voir ses terres confisquées. Le Viguier d'Aix, qu'on avoit détaché avec trois cents hommes pour surprendre Lourmarin, fut repoussé, & il eut besoin d'être soutenu par les troupes des Commissaires pour s'emparer de ce village. Merindol, ce lieu fameux qu'on regardoit comme le repaire & le boulevard des hérétiques, subit ensuite le même sort, étant sans défense. La terreur avoit chassé dans les montagnes les habitans, que le désespoir ramenoit de tems en tems contre les troupes du Roi (1).

---

(1) Le village de Merindol, diocèse de Cavaillon, est moderne. Ogier d'Anglure, Evêque de Marseille, & Abbé de St. Victor, Seigneur du lieu, consi-

Un

Un seul fut pris les armes à la main, & condamné à perdre la vie ; c'étoit un jeune homme de vingt-cinq à trente ans, qui ayant confessé qu'il persistoit dans sa croyance, eut la tête cassée au pied d'un arbre, près de la montagne sur laquelle les habitans s'étoient refugiés, & d'où ils pouvoient voir l'exécution. C'est le dernier fait rapporté dans le Plaidoyer de Robert, dont il nous reste à peine la moitié. Nous devons d'autant plus regretter cette perte, que cet Avocat ayant à détruire les préjugés qu'on avoit contre le Président d'Oppede, & les accusations graves qu'on intentoit contre lui, il étoit obligé de le justifier par des preuves authentiques. Nous sommes donc réduits à n'avoir pour la suite de cette Histoire, d'autres guides que les Auteurs Protestans : comme ils écrivoient dans un tems de persécution, & qu'il étoit important pour eux d'intéresser à leur cause les Princes d'Allemagne, ils ont écrit cette Histoire avec les préventions qu'on doit attendre de l'esprit de parti, n'étant que trop ordinaire aux sectes naissantes de vouloir faire passer leurs fondateurs pour des hommes irreprochables, & leurs ennemis pour des persécuteurs inhumains. M. de Thou, cet Historien judicieux, ne s'est pas même assez défié des Mémoires que lui fournissoit un homme, que son attachement à l'hérésie auroit dû lui rendre suspect. Cet

LXXI.
CRUAUTÉS COMMISES CONTRE LES PROTESTANS.

---

derant que le terroir étoit couvert d'une épaisse forêt, à travers laquelle passoit le grand chemin, & que les Voyageurs étoient continuellement attaqués par des voleurs & des assassins, résolut au commencement du XVIe siècle, d'y établir un village pour la sûreté publique ; en consequence il donna le terroir à des conditions qu'il est inutile de rapporter, aux habitants, qui voudroient s'y établir. *Hon. Antelmi not. à Marf.*

Ogier d'Anglure, né en Lorraine, avoit des alliances dans le Comté à Nice ; car Isabeau d'Anglure y avoit épousé Jean-Antoine de Vintimille, Comte du Comté de Tende, dont la fille, Anne de Vintimille, épousa le 10 Février 1498 Louis de Clermont, Seigneur de Neboussot, fils de Tristan & de Catherine d'Amboise. *Mém. not.*

homme étoit Joffré de Calignon, Chancelier de Navarre, & Préfident du Parlement de Grenoble : aufli l'Hiftorien des troubles de la France a-t-il, en parlant de l'affaire de Cabrières & de Merindol, extrêmement chargé la conduite des Catholiques.

Suivant ces Auteurs, il fe paffa dans cette expédition des horreurs de plus d'une efpèce. L'amour du pillage, s'il faut les en croire, avoit attiré à la fuite des troupes, des payfans de divers endroits de la Province, & ils ne manquoient pas de rufes pour fatisfaire leur avidité ; les foldats, plus hardis, ne fe bornoient pas au pillage ; fuivant ces Auteurs, ils maffacroient les habitans des villages profcrits, & lorfqu'ils éprouvoient quelque réfiftance, hommes, femmes, enfans, vieillards, tous en ce moment de fureur étoient paffés au fil de l'épée : s'ils en épargnoient quelques-uns, ajoutent ces Auteurs, c'étoit pour les vendre à des Capitaines de vaiffeau, qui venoient de Marfeille pour les acheter. Ce fait, que l'Avocat Robert nie formellement dans fon Plaidoyer, eft d'autant moins croyable, que des Capitaines Marchands auroient été fort embarraffés de ces efclaves, plus propres aux travaux de la campagne, qu'aux fatigues de la mer : & d'ailleurs les Commiffaires auroient-ils autorifé une vente contraire aux Loix & aux ufages reçus dans le Royaume ? L'intérêt du Gouvernement, s'il vouloit détruire l'héréfie, n'étoit-il pas de s'affurer de ceux qui la profeffoient, au lieu de les livrer à la merci d'une claffe d'hommes qui, pour de l'argent, leur auroit enfuite rendu la liberté ?

Les perfonnes du fexe, d'un âge à faire naître encore des défirs, n'étoient livrées à la mort, qu'après avoir fervi à la brutalité des raviffeurs, & quelquefois après avoit fubi les outrages les plus fanglans. Heureufement pour l'humanité ces horreurs ne paroiffent point avoir fouillé la mémoire des Catholiques, avant l'expédition de Cabrières.

Ce fut en ce village qu'on y mit le comble : les troupes du Roi & celles du Pape en formèrent le siége le 19 Avril, qui étoit un Dimanche. Les habitans se défendirent assez vigoureusement ; le Président d'Oppede même courut risque de perdre la vie, & sur l'avis des principaux Officiers, il se retira à Cavaillon, pour attendre l'événement. Le lendemain, lorsqu'il étoit en marche à la tête de quelques troupes pour aller au camp, il apprit que les habitans s'étoient rendus. La manière dont ils se soumirent est diversement racontée par les Auteurs. Les Protestans prétendent que ce fut à condition qu'ils auroient les biens & la vie sauve, & qu'il n'entreroit dans le village que le sieur Président, l'Evêque de Cavaillon, le Capitaine Paulin, & une partie des vieilles Bandes pour garder les portes. Un Gentilhomme Provençal, qui étoit présent, assure au contraire, dans une déposition faite juridiquement le 2 Août 1547, que le village se rendit à discrétion, quand la brêche eût été faite. Les témoignages de ces Auteurs sont si opposés, qu'il est difficile, pour ne pas dire impossible, de connoître la vérité. Voici ce qui nous a paru de plus certain sur une matière si obscure. Le Lieutenant du Vice-Légat & le Baron de la Garde mirent dans l'Eglise les femmes & les enfans, & enfermèrent les hommes dans les chambres du Château ; ensuite ils défendirent de piller les maisons & d'attenter à la vie d'aucun particulier : mais ils firent arrêter six d'entre les habitans, que l'on croyoit être les plus séditieux, & les envoyèrent à Avignon pour être jugés suivant la rigueur des Loix. Ce fait, qu'on ne peut révoquer en doute, semble prouver qu'on n'exerça pas contre ce malheureux village les cruautés dont on se plaint, puisque les plus mutins auroient été les premières victimes du fanatisme ; d'un autre côté on ne peut douter que quelques soldats étant entrés par force dans le village, ne voulussent le livrer au pillage, & mettre tout à feu

CRUAUTÉS COMMISES CONTRE LES PROTESTANS An. 1545.

Bouch. ibid. p. 616.

Hist. Ios. d'Aub. p. 121 & suiv.

& à fang. Le fieur d'Oppede, aidé du Baron de la Garde & du Lieutenant du Vice-Légat, réprima cette foldatefque effrénée. Cependant on fait auffi qu'il fut réfolu de donner un exemple de févérité pour intimider les efprits, & que dans ce deffein on fit mourir vingt-cinq à trente habitans, tant hommes que femmes; ce font les mêmes dont parle Aubery dans fon Plaidoyer. On conduifit dix-huit hommes, les mains liées derrière le dos, dans un pré hors de la ville, où ils furent égorgés; enfuite on retira de l'Eglife fept à huit femmes des plus vieilles, & on les conduifit dans un grenier à foin auquel on mit le feu. Mais ces malheureufes, quand elles fentirent approcher les flammes, fautèrent par une fenêtre, & tombèrent fur la pointe des hallebardes que les foldats tenoient levées pour les recevoir. D'Oppede s'oppofa à cette barbarie, s'il faut en croire le fieur de Vaucher qui étoit préfent, & qui accufe de cette fanglante exécution le Lieutenant du Vice-Légat: d'Aubery met tous ces meurtres fur le compte du Préfident. Si ce Magiftrat, que nous avons vu dans plufieurs occafions empreffé à modérer la févérité des ordres du Roi, fe porta à ces cruautés, c'eft un crime qui doit le rendre odieux à toutes les ames fenfibles.

Il eft malheureux pour lui d'avoir été préfent à l'exécution, tandis qu'à la rigueur il pouvoit l'empêcher. Deux Chefs de Bandes coururent enfuite dans les caves & les falles du Château où les hommes étoient enfermés, & les firent tous mourir (1) à coups d'épée ou d'arquebufe : enfin on en vint aux

---

(1) L'Auteur de l'Hiftoire de Mérindol & de Cabriere qui étoit Proteftant accufe de ces deux horribles boucheries, deux Capitaines de Bandes, & le Chef des troupes du Pape, fans dire un mot de d'Oppede : dans une lettre inferée dans la même hiftoire, & écrite par un témoin, on le charge pourtant de ces faits, & l'on dit comme l'Auteur, qu'on brûla 30 femmes.

femmes, aux filles & aux enfans qui étoient dans l'Église; les foldats violèrent publiquement plusieurs perfonnes du fexe; il y en eut une qui, après avoir été forcée, fut précipitée du haut du clocher, les autres furent paffées au fil de l'épée, excepté un petit nombre de filles que les Gendarmes gardèrent pour les faire fervir à leurs plaifirs, & quelques enfans qu'ils vendirent. Le nombre des morts fut d'environ neuf cents. Les rues, les places, les maifons de ce petit village furent teintes du fang de toutes ces victimes du fanatifme.

C'étoit dans le terroir de Murs que devoit fe commettre une cruauté d'une autre efpèce. Vingt-cinq perfonnes, tant femmes qu'enfans, frappées de terreur, s'étoient réfugiées dans une caverne, où elles croyoient pouvoir vivre loin des regards de leurs meurtriers. Un Capitaine du Vice-Légat, conduit dans cet endroit par un efpion, y fit tirer plufieurs coups d'arquebufe, pour forcer les femmes d'en fortir; mais voyant que fa barbarie ne produifoit aucun effet, il ordonna qu'on remplît de bois l'entrée de la caverne, & y ayant fait mettre le feu, il fit étouffer dans la fumée ces vingt-cinq perfonnes, dont on voyoit encore, plufieurs mois après, les cadavres defféchés & à demi-brûlés. La fcène d'horreur qui fe paffa à la Cofte, n'eft pas moins révoltante. Les femmes & les filles de ce village furent emmenées par force dans un verger, derrière le Château, pour y affouvir la paffion des raviffeurs; mais une certaine pudeur, & fur-tout la honte de fe voir immolées aux défirs impudiques des meurtriers de leurs pères & de leurs mères, leur donnèrent un courage bien naturel dans ces circonftances. Les mères, tenant leurs filles étroitement ferrées entre les bras, les difputoient aux foldats, qui de leur côté faifoient des efforts pour les leur enlever; & lorfqu'elles étoient forcées de les abandonner, elles leur jettoient un couteau, & les exhortoient à fe percer

Cruautés commises contre les Protestans

le fein, plutôt que de subir le déshonneur qui les attendoit : ces malheureuses, animées par le désespoir & par les cris de leurs mères, demandoient qu'on les perçât de coups, préférant la mort à la honte d'être les victimes de l'impudicité. On assure même qu'il y eut deux femmes qui se pendirent de désespoir, parce qu'on fit violence à leurs filles sous leurs yeux.

Ceux d'entre ces malheureux proscrits qui échappèrent aux flammes ou au fer des fanatiques, errèrent dans les bois ou dans les campagnes, manquant de tout ; car il étoit défendu de leur donner des vivres & un asyle. Aussi une femme que la faim avoit réduite dans un état de langueur voisin de la mort, s'écrioit-elle en demandant un morceau de pain : *Si les hommes vous défendent de me le donner, Dieu vous le commande.* Devenus le rebut & l'horreur des autres hommes, ces infortunés disputoient leur nourriture aux animaux, & souvent ils la cherchoient dans les choses les moins faites pour les substanter. On trouva un vieillard mort dans un pré, où il avoit brouté l'herbe autour de lui, tant qu'il avoit pu se traîner. La plupart d'entre eux succombèrent à la faim, & aux maladies qui en furent la suite ; & l'on assure qu'à la Tour d'Aigues, l'infection des cadavres, qu'on refusoit d'enterrer, fut telle, que plus de cent habitans en périrent. Tandis que la faim & la maladie faisoient des ravages affreux parmi les personnes soupçonnées d'hérésie, les Commissaires du Roi envoyoient aux prisons ou aux galères, ceux que le hasard, ou des embûches tendues à propos, faisoient tomber entre leurs mains. On les voyoit passer par troupes, depuis trente jusqu'à deux cents, tous enchaînés, & se traînant à peine, à cause de l'accablement où la misère & la crainte les avoit réduits. On assure pourtant que le Président d'Oppede donna des ordres pour qu'ils fussent traités avec humanité sur les galères. Le Parlement, touché de tant d'horreurs, crut les arrêter, en ordonnant de procéder juridiquement contre les hérétiques, au lieu de les livrer à la fureur des soldats; & en même tems il prit des mesures pour que les malheureux que la faim poursuivoit dans leurs retraites, eussent de quoi se nourrir.

_{CRUAUTÉS COMMISES CONTRE LES PROTESTANS}
Bouch. tom. II. p. 620.

Le Parlement effrayé des suites que cette affaire pouvoit avoir, envoya en Cour le Président Lafonds, pour détruire les accusations dont on chargeoit les Commissaires. La dame de Cental étoit leur plus dangereuse ennemie. Ses vassaux étant presque tous infectés du poison de l'erreur, avoient été plus exposés que les autres au glaive du fanatisme. Ainsi témoins des horreurs dont ses terres avoient été le théâtre, aigrie d'ailleurs par les pertes qu'elle avoit faites, elle poursuivit la vengeance de ces malheureux avec un zèle que ces motifs joints à un sentiment d'humanité, rendoient très-ardent. Le Président Lafonds, aidé du Cardinal de Tournon, fut assez heureux pour rendre inutiles les efforts de la dame de Cental, & les plaintes des habitans opprimés. Le 18 Août 1545, il obtint au grand étonnement des personnes sages, une Déclaration du Roi, par laquelle Sa Majesté approuvoit la conduite du Parlement & des Commissaires.

LIVRE ONZIÈME.

<small>LIVRE XI.
I.
INONDATIONS.</small>

Tandis que le fanatisme exerçoit ces ravages, on auroit dit que le Ciel irrité se plaisoit à les punir : il tomba pendant huit jours de suite au mois de Novembre 1544, une si grande quantité de pluie, que l'on crut voir renouveller le déluge ; toutes les rivières sortirent de leur lit avec une furie extraordinaire ; la Durance couvrit de ses eaux les plaines du voisinage ; & le Rhône se débordant du côté d'Avignon, abattit environ deux cens toises du rempart, se répandit dans la ville, submergea la plus grande partie des maisons & sur-tout des Eglises, où l'eau soulevant par son poids les portes de bois qui <small>Nostrad. p. 770.</small> fermoient les caveaux, faisoit surnager les cadavres, & les entraînoit jusques dans les rues, où ils flottoient pêle-mêle, avec des meubles, des enfans au berceau, des vieillards, des malades, & d'autres malheureux que l'inondation avoit surpris. Ce spectacle effrayant & le danger de voir les maisons s'écrouler, glaçoient d'effroi la partie des habitants qui étoient montés sur les toits ; ceux qui s'étoient retirés au quartier de Dons, qui est le plus élevé de la ville, ne voyoient qu'avec la plus grande consternation toute la campagne submergée, les eaux faire d'heure en heure de nouveaux progrès, & les menacer d'aller les surpendre dans ce dernier asyle, où le peu de provisions qu'ils avoient emporté, étoit gâté par l'humidité. Les mêmes ravages se renouvelloient dans tous les lieux de la Provence, voisins des rivières & des torrens ; les endroits même qui en étoient éloignés, furent inondés, & éprouvèrent des dégâts dont on se ressentit durant un grand nombre d'années.

<small>An. 1546.</small>

Après ce fléau on en éprouva un autre d'autant plus terrible,
que

que ses ravages furent beaucoup plus longs. La peste se manifesta avec tant de vivacité, que très-peu de tems après elle moissonna une grande partie des habitans. Les secours manquoient aux malades, & l'on assure que la plupart de ceux qui étoient attaqués de ce fléau, regardant la mort comme inévitable, & prévoyant à-peu-près le tems de leur dernier terme, se couvroient eux-mêmes d'un drap, sur-tout les femmes, pour ne pas laisser leur cadavre exposé dans toute sa nudité aux yeux des gens préposés à la sépulture : mais quel autre effet que celui de l'horreur pouvoient faire sur l'imagination, des cadavres livides ? Le Parlement d'Aix, environné de tant de victimes, se retira à Pertuis, où il ne forma qu'une Chambre, à cause du petit nombre de Magistrats qui avoient échapé à la mort : les autres Officiers de Justice se dispersèrent en différents endroits, ainsi que beaucoup de personnes de l'un & de l'autre sexe : il ne resta dans cette Ville, & dans les autres où la contagion avoit pénétré, que ceux d'entre les habitans qui étoient retenus ou par le desir de soigner leurs parents, ou par la crainte de ne pouvoir subsister hors de leur patrie.

Ce fléau duroit encore lorsque François I fut enlevé à la France le 31 Mars 1547. Claude de Savoie, Comte de Tende, Grand-Sénéchal & Gouverneur de Provence, jouit d'un crédit sans bornes sous le règne d'Henri II son successeur : il se fit attribuer, par un Arrêt du Conseil, la haute Police, & la surintendance de l'administration des Villes : quand il y avoit quelque affaire à juger sur cette matière, il étoit obligé d'appeller à son tribunal un certain nombre de Présidents & de Conseillers ; mais il n'en étoit pas moins une espèce de Vice-Roi ; & son autorité dura jusqu'en 1560, que la haute Police fut rendue au Parlement. Chaque Ville eut alors le droit de l'exercer dans son district avec les modifications que l'ordre judiciaire y a fait mettre.

Tome IV.   R

II.
RAVAGES DE LA PESTE.

An. 1546.

III.
POUVOIR DU GOUVERNEUR ET DE L'INQUISITEUR.
Hist. manusc. du Parlement.

An. 1547.

L'Inquisition avoit en même-tems élevé son tribunal au milieu des flots de sang que le fanatisme avoit fait répandre. Tant que les Comtes régnèrent, on ne la vit point franchir les bornes du Languedoc pour s'établir en Provence, ou du moins, si quelques fanatiques tentèrent de l'y introduire du tems des Albigeois, si sous les Rois de Naples, on l'employa quelquefois contre les Juifs, elle fut bientôt étouffée par la vigilance des Souverains : mais sous les Rois de France, lorsque la Religion réformée excita l'orage qui fondit sur Cabrieres & Mérindol, on eut à redouter les Jugements d'un Inquisiteur sevère. Le Religieux qui en faisoit les fonctions, ne fut d'abord qu'une espèce de Commissaire révocable à volonté : mais le Vice-Légat d'Avignon ayant voulu ériger en 1571 cette place en Office d'Inquisiteur de la Foi, le Parlement refusa d'enregistrer ses provisions, & sur les représentations qu'il fit au Roi en 1574, l'Inquisiteur & son odieux tribunal furent supprimés, de maniere qu'il n'en resta plus de traces.

Quelqu'affoibli que fût le pouvoir Pontifical, les Papes ne laissoient pas de faire de tems en tems des efforts pour lui rendre son ancienne influence. Léon X l'avoit retiré des entraves de la Pragmatique-Sanction, par le fameux Concordat qu'il avoit passé avec François I.

Cependant il s'en falloit bien qu'il eût rendu au S. Siége les anciennes prérogatives qu'il avoit en France ; mais il lui avoit fait restituer, sous une autre forme, une partie des avantages dont la Pragmatique-Sanction l'avoit privée : les autres passèrent dans les mains du Roi ; le peuple & le Clergé n'ayant rien gagné à une négociation où tout fut au profit de l'autorité.

Cependant la Cour de Rome, regardant comme perdus pour elle les droits qu'elle n'avoit pu acquérir, voulut se dédommager sur la Provence, qu'elle prétendoit être immédiatement soumise à l'autorité du S. Siége. Le Parlement fut à peine rétabli, qu'il s'éleva avec force contre ces prétentions injustes : il ne pouvoit concevoir comment cette Province, en passant sous la domination Françaife, n'avoit pas acquis le droit de particiter aux privilèges dont jouiffoient les autres Provinces du Royaume ; & pour quelle raifon il falloit reconnoître deux Souverains, dont l'un auroit une autorité entière fur les biens & les perfonnes des Eccléfiaftiques & des Religieux ; & l'autre, exerceroit fur le refte de fes fujets, cette portion de pouvoir que la puiffance Eccléfiaftique voudroit bien lui abandonner : dès que le Concordat avoit été paffé, après la réunion de la Provence à la Couronne, il étoit tout naturel qu'il s'exécutât dans cette Province, puifque le Roi avoit contracté pour tous les pays foumis à fon obéiffance : auffi avoit-il ordonné le 19 Février 1538, que les caufes dépendantes de la Jurifdiction du S. Siége, ou de la Légation d'Avignon, feroient dorénavant renvoyées par-devant des Juges *in partibus*, pour y être décidées en dernier reffort ; il ordonna auffi le 7 Mars 1543, que dans les matières bénéficiales, tant de recréance, que de pleine poffeffion & maintenue, le Parlement d'Aix fuivroit l'ufage de celui de Paris ; enfin, par de nouvelles Lettres des 17 Août & 17 Septembre de la même année, il avoit décidé, à la requifition du Procureur-Général au Grand-Confeil, que les Décrets du Concile de Conftance, fur les unions des Bénéfices, & les règles de *verifimili noticiâ* feroient inviolablement obfervés en Provence. Tels étoient les principes fur lefquels fe conduifoit le Parlement de cette Province, pour empêcher les Officiers du Pape de percevoir les droits qu'ils percevoient fous les anciens Comtes. La Cour de Rome, forcée de céder, enduroit avec peine cette réfiftance. La mort de François I lui parut une occafion favorable pour faire valoir fes prétentions ; elle foutint que le Concordat étoit un contrat perfonnel, qui n'avoit plus lieu après

DÉMÊLÉS TOUCHANT LE CONCORDAT.

An. 1547.

Libert. de l'Egl. Gallic.

la mort des parties contractantes : avec cette maxime, tout-à-fait nouvelle, il n'y auroit plus de traité capable de lier les Souverains ; & comme les principes dont l'ambition ou l'avidité peut abuser, gagnent de proche en proche tous les Ordres de l'Etat, lorsqu'ils sont appuyés de grands exemples ; cette même maxime, appliquée aux cas particuliers, auroit porté le trouble dans les familles.

Cependant Henri II, Prince foible, parut approuver les raisons qu'alléguoit la Cour de Rome, toute frivoles qu'elles étoient, & accepta un Indult, par lequel Sa Sainteté prorogeoit le Concordat en sa faveur, à condition qu'il n'auroit point lieu en Provence, ni en Bretagne. Quant à ces deux Provinces, Paul III, qui occupoit la Chaire de Saint-Pierre, promit au Roi de lui accorder la nomination aux Bénéfices qui viendroient à vaquer ; à ce prix, Sa Majesté s'obligea de déclarer qu'elles étoient pays d'obédience : c'est ce qu'elle fit par Lettres-Patentes du 14 Juin 1549 ; mais elles ne furent point enregistrées, parce que la mort enleva le Pape dans ces entrefaites : Jules III, son successeur, marchant sur ses traces, demanda une nouvelle Déclaration, qui fut envoyée au Parlement de Provence : la Chambre des Vacations l'enregistra le 6 Septembre 1550, & déclara que c'étoit par l'exprès commandement du Roi, & pour certaines considérations importantes ; mais que du reste c'étoit sans préjudice des droits du Roi, de ceux des Collateurs ordinaires, sans préjudice aussi des priviléges du pays, & sans qu'il fût permis de traduire les sujets de Sa Majesté hors de la Province, pour y être jugés, jusqu'à ce qu'il en eût été autrement ordonné.

Comme ces modifications rendoient la Déclaration inutile, le Pape en porta ses plaintes au Roi. Ce Prince ordonna à la Cour, par de nouvelles Lettres de jussion du 20 Avril 1553, d'enregistrer purement & simplement. Cependant on ne trouve pas que ces Lettres ayent eu leur effet. Cette affaire eut le fort de celles qui font agitées entre deux Souverains, qui se conduisent par des principes tout-à-fait opposés. Elle ne fit que s'embrouiller au milieu des débats ; & en attendant que le tems & les lumières eussent dégagé la raison des anciens préjugés, Charles IX & Henri III, imitant la conduite de leur pere, obtinrent un Indult pour nommer aux Bénéfices vacants, en Provence & en Bretagne, déclarant que ces deux Provinces étoient pays d'obédience. Enfin, le Cardinal d'Est, à la sollicitation du fameux d'Ossat, qui fut ensuite Cardinal, obtint un indult, en vertu duquel le Roi, sans avoir déclaré que ces deux Provinces étoient pays d'obédience, nommeroit aux Bénéfices qui viendroient à vaquer. Depuis cette époque, on ne doute plus que le Concordat n'ait lieu en Provence & en Bretagne, comme dans le reste du Royaume. d'Ossat, lettr. 301.

Le règne de Henri II fut marqué par une époque mémorable, savoir, par le Jugement qui termina l'affaire de Mérindol. Un Historien célèbre prétend que François I, rongé de remords de n'avoir point puni les cruautés commises contre les Hérétiques, avoit en mourant recommandé à son fils de faire informer contre le Parlement d'Aix, touchant cette affaire. S'il est vrai que le Roi ait eu ces regrets, on a lieu d'être surpris qu'il les ait manifestés si tard, puisqu'il se passa près de deux ans, depuis l'exécution de Mérindol jusqu'à sa mort, & que durant ce tems-là, il avoit eu le loisir de s'instruire de la vérité, & de déployer toute la sévérité de la Justice contre ceux qui avoient surpris sa religion, ou qui avoient mal exécuté ses ordres. Le Jugement de cette affaire paroît être un effet naturel de la haine, de l'intrigue, & de l'esprit de parti.

V.
JUGEMENT DE L'AFFAIRE DE MÉRINDOL.

An. 1549.

Le Connétable de Montmorency, étant rentré en faveur, sous le règne d'Henri II, fit éclater son ressentiment contre les personnes de la Cour, dont il croyoit avoir à se plaindre. Le Cardinal de Tournon, & le Comte de Grignan, qui avoit épousé une nièce de ce Prélat, furent sacrifiés à sa vengeance : Grignan fut dépeint comme le principal auteur du massacre de Mérindol : la cabale qui le menaçoit étoit d'autant plus puissante, qu'elle avoit à sa tête le Duc de Guise, dont il crut devoir acheter la faveur en lui faisant donation de tous ses biens.

La disgrace du Cardinal & du Comte, & les changements arrivés dans le Ministère, firent espérer aux ennemis du Président d'Oppède, & aux malheureux Habitants échappés au massacre de Mérindol, qu'ils pourroient enfin tirer vengeance de tant d'assassinats. Le premier Président n'avoit pas de plus grands ennemis que dans le sein de sa compagnie, entre lesquels l'Avocat-Général Guerin se faisoit remarquer par une animosité, dont il est inutile de rapporter les motifs. Parmi ses puissants adversaires, on nommoit encore le Comte de Tende, devenu peut-être son ennemi, parce qu'il l'étoit du Parlement : ce Seigneur fit tant par son crédit, que le Roi dépouilla d'Oppède du Commandement de la Provence, & lui ordonna de venir en Cour rendre compte de sa conduite.

Arrivé à Paris, ce Magistrat fut arrêté & conduit à Vincennes, où, pendant dix mois, il fut gardé très-étroitement, sans pouvoir parler à personne : de-là il fut transféré à Melun, où il eut aussi peu de liberté. Ayant su pendant ce tems-là, qu'on prenoit en Provence des informations contre lui, il récusa plusieurs Membres du Parlement, par la raison qu'ils étoient ses ennemis, & entr'autres l'Avocat-Général Guerin : mais on n'en continua pas moins la procédure, & l'on prétend que la plupart des témoins, qui déposèrent, étoient ou gagnés à force d'argent, ou intimidés par des menaces, ou suspects d'Hérésie ; imputations qui mériteroient d'être appuyées sur des preuves solides, pour être crues.

Il y avoit dix mois que ce Magistrat étoit détenu dans le

Château de Melun, lorsqu'il fut conduit à Paris, pour y attendre encore, pendant six mois, dans les horreurs d'une prison, l'Arrêt qui devoit le condamner ou l'absoudre. L'affaire fut d'abord portée à une Commission, qu'on appella la Chambre de la Reine : cette Commission décréta de prise-de-corps le Président Lafonds, les Conseillers de Tributiis & Badet, & l'Avocat-Général Guerin ; mais avant qu'on eût prononcé le Jugement définitif, le Procureur du Roi de la Chambre, appella comme d'abus de deux Arrêts du Grand-Conseil, & de quatre Arrêts du Parlement d'Aix, qui avoient été rendus contre les Vaudois. Peu de tems après, le Président Lafonds & les Conseillers Badet & Tributiis sortirent de Prison ; & le Roi, par une Déclaration du 17 Mars 1550, se réserva la connoissance de cette affaire. Mais comme il s'agissoit de savoir quelle force & quelle autorité devoient avoir les Arrêts rendus par le Parlement d'Aix, Sa Majesté commit ensuite la Grand'Chambre du Parlement de Paris, pour juger l'affaire au fonds, avec les appels qui avoient été interjettés. Jamais cause ne fut plus célèbre, soit par son importance, soit par la qualité des Parties. Car, outre le premier Président d'Oppede, & les autres Magistrats dont nous venons de parler, le Parlement de Provence, les Etats, le Vice-Légat d'Avignon, la Chambre Apostolique, & le Baron de la Garde, furent obligés d'avoir chacun leur Avocat. La Dame de Cental parut aussi comme Partie : elle demandoit une indemnité pour les ravages qui avoient été faits dans les terres de son fils. La Cour ne reçut point l'intervention de ceux de Mérindol ; elle l'a jugea inutile à cause que les Gens du Roi avoient appellé de tout ce qui avoit été fait contre eux. En effet, Aubery, leur Substitut, plaida moins comme Homme du Roi, que comme Défenseur des malheureux habitans de Mérindol : il demanda un an pour se préparer.

JUGEMENT DE L'AFFAIRE DE MIRINDOL,

De Thou. L 4.

An. 1550.

Hist. du Parlem.

Le Roi ayant permis qu'on jugeât pendant les vacations, les Plaidoiries commencerent le 18 Septembre, & tinrent cinquante Audiences consécutives : Laporte plaida pour le Parlement, & fut obligé de passer la barre, bien qu'il parlât pour une Compagnie Souveraine ; Dumesnil plaida pour les Etats de Provence, Robert pour le Président d'Oppede (1), qui parla lui-même pendant deux Audiences avec beaucoup de force.

L'Avocat Renaud intervint pour le Vice-Légat & pour la Chambre Apostolique ; Rochefort, pour le Président Lafonds ; Christophe de Thou & Cousin, pour les Conseillers Badet & Tributiis ; Milet, pour l'Avocat-Général Guerin, qui fut le plus malheureux de tous, puisqu'il lui en coûta la vie ; d'Arquechin, pour le Baron de la Garde ; Jacquelot, pour la dame Douairiere de Cental : & enfin, le Lieutenant-Civil Aubery, pour les Gens du Roi. Ce dernier, n'étant encore qu'Avocat, fut commis à la place de Marillac & de Seguin, Avocats-Généraux, qui avoient été recusés, pour avoir assisté au Conseil des Parties. Pendant le cours de l'année qu'Aubery demanda pour se préparer à plaider, il fut reçu dans la Charge de Lieutenant-Civil, & Riants dans celle de Marillac. Mais le Roi ordonna, par ses Lettres-Patentes, que le premier acheveroit la Commission, parce qu'il étoit prêt à plaider. Il parla pendant sept Audiences. Son Plaidoyer rempli d'une érudition fastueuse, telle qu'on avoit soin d'en hérisser un discours en ce tems-là, distribué avec beaucoup d'ordre, & plein de force en certains endroits,

---

(1) M. De Thou se trompe quand il dit que Robert plaida pour le Parlement de Provence. Nous ne connoissons point d'histoire, point de memoires, soit imprimés, soit manuscrits qui disent que l'Avocat-General Guerin accusoit le Comte de Grignan, Lieutenant de Roi en Provence & Gouverneur de Marseille, le Président d'Oppede, Antoine Pellicot, Maître aux Comptes, & quelques autres d'avoir voulu livrer la ville de Marseille au Duc de Savoie. Cependant ce fait se trouve dans des papiers de famille de MM. Pellicot.

n'est

n'est pas mal écrit pour le siécle où il fut fait. Mais l'Auteur justement indigné des atrocités qu'on avoit commises à Mérindol, à Cabrieres, & en plusieurs autres lieux, rassembla peut-être avec trop d'affectation tout ce qui put rendre odieux & coupable le premier Président d'Oppede, & les Magistrats employés dans cette sanglante exécution. On désireroit qu'il eût rapporté avec plus de développement les témoignages & les faits qui tendoient à diminuer l'horreur de leurs crimes, & que par une discussion claire & impartiale, il eût balancé les raisons pour & contre, ou que du moins il n'eût pas écarté de son tableau, les traits qui pouvoient en adoucir la teinte. Son Pladoyer étant le seul qui soit resté, & ne contenant que les cruautés commises contre les Hérétiques, sans aucunes des actions par lesquelles ces infortunés pouvoient avoir en certains cas mérité la sévérité des loix, il en est resté, touchant l'affaire de Mérindol & de Cabrieres, un souvenir mêlé d'horreur, & une tache pour d'Oppede, & pour les Commissaires exécuteurs de l'Arrêt du Parlement.

<small>JUGEMENT DE L'AFFAIRE DE MÉRINDOL.</small>

Les principaux chefs d'accusation, intentés contre le premier Président, se réduisoient à cinq : on lui reprochoit d'avoir souvent écrit au Roi pour l'indisposer contre les Vaudois, en haine de ce qu'il avoit fait évoquer leur affaire : d'avoir retenu les troupes en Provence, tandis qu'elles étoient nécessaires ailleurs pour le service de Sa Majesté : d'avoir excédé les ordres du Roi, dans l'exécution de Mérindol & de Cabrieres : de n'avoir pas empêché les désordres qui avoient été commis dans le lieu de la Coste : d'avoir fait défenses de fournir des vivres & de donner des secours aux fugitifs ; ce qui avoit été cause qu'ils avoient presque tous péri de faim.

D'Oppede ne voulant point confier à l'éloquence seule de son Avocat, la défense de sa vie & de son honneur, voulut parler lui-même, ainsi que nous l'avons dit ci-dessus : il commença par ces paroles remarquables: *Judica me, Deus, & difcerne caufam meam de gente non fanctâ*; & reprenant les différens chefs d'accufation, l'un après l'autre, il dit, qu'il n'avoit rien fait qu'en vertu des délibérations du Parlement ; & qu'étant à la tête de cette Compagnie, il n'avoit pu fe difpenfer de veiller fur tout ce qui fe paffoit dans la Province, & d'en donner avis au Roi, dans un tems fur-tout où les Hérétiques excitoient des troubles, & avoient appellé des troupes étrangeres dans le pays : qu'à l'égard des Bandes du Piémont, il ne s'étoit déterminé à les retenir que fur les ordres de Sa Majefté, qui lui avoit expreffément ordonné, en qualité de Lieutenant du Gouverneur en Provence, de faire exécuter l'Arrêt rendu contre les habitans de Mérindol, & de prêter mainforte à la Juftice ; qu'au refte, il avoit eu foin de s'en tenir aux termes de l'Arrêt, lors même qu'il le faifoit exécuter, par les ordres très-exprès & fouvent réitérés de Sa Majefté, qui avoit bien voulu approuver fa conduite par des Lettres-Patentes. Quant à la dame de Cental, il prétendoit qu'elle ne pouvoit être reçue à fe plaindre du dégât fait dans fes terres ; qu'elle y avoit donné lieu par fon obftination à ne pas obéir aux Arrêts de la Cour, qui enjoignoient à tous les Seigneurs de chaffer les Hérétiques de leurs terres ; qu'en cela elle méritoit une punition févère, puifque malgré ces défenfes, non-feulement elle avoit continué de les fouffrir & de les protéger, mais encore permis qu'ils fiffent publiquement la Cêne, & tous les autres exercices de leur religion ; qu'enfin le feu Roi ayant rejetté fes plaintes, elle n'étoit point recevable à en former de nouvelles pour le même fujet, fuivant la maxime: *Non bis in idem.*

L'accufation qu'on faifoit à d'Oppede d'avoir été l'auteur des horreurs commifes à Cabrieres & à la Cofte, ne l'embarraffa pas. « Cabrieres, dit-il, étant dans les Etats du Pape,

» les Officiers de Sa Sainteté ont eu droit d'y commander. Ce » font eux, par conféquent, & non pas moi, qui font refpon- » fables des ordres qu'ils ont donnés pour punir des fujets re- » belles : on fe plaint des violences dont le lieu de la Cofte a » été le théâtre : eft-ce moi, qui les ai ordonnées ? moi, qui » étois alors à Cavaillon ! ne font-ce pas les Habitants eux- » mêmes qui les ont provoquées, en attaquant les troupes du » Roi ? Telle a été leur infolence, que le foldat furieux a mé- » connu la voix des Officiers, qui vouloient réprimer fa » vengeance. »

JUGEMENT DE L'AFFAIRE DE MÉRINDOL.

Pour détruire le dernier chef d'accufation qui regardoit la défenfe de fournir des vivres, il allégua les Loix du Royaume, qui défendent de donner des fecours aux ennemis de l'Etat ; & les Loix divines qui, fuivant lui, interdifent toute communication avec les méchans : il ajouta enfin qu'on ne devoit avoir aucun regret d'exterminer une race auffi perverfe & auffi impie que l'étoit celle des Vaudois, dont la funefte doctrine infecteroit bientôt toute la France. Ce font ces dangereufes maximes qui firent répandre dans le Royaume tant de flots de fang, & avec lefquelles il n'y auroit point de liens dans la fociété, puifqu'il feroit facile, quand on auroit des querelles particuliè- res à venger, d'accufer fes ennemis ou fes adverfaires d'Héréfie & de perverfité.

An. 1550.

Les crimes énormes imputés de part & d'autre faifoient atten- dre avec une extrême impatience la décifion de ce fameux pro- cès : le Jugement ne répondit point à l'attente générale du public. Le feul Guerin, Avocat-Général, fut condamné à mort, & encore le fût-il pour crime de fauffeté, calomnie, abus d'autorité, prévarication dans fon Office, malverfation dans l'emploi des deniers du Roi, & autres crimes, tous étrangers à l'affaire de Mérindol & de Cabrieres. Le Préfident d'Oppède fut renvoyé dans l'exercice de fa Charge, avec Lafonds & les

VI.
LE PRÉSIDENT D'OPPEDE EST RENVOYÉ AB- SOUS.

deux Conseillers accusés. Ainsi les incendies, les meurtres, les viols, les horreurs de toute espèce commises dans les lieux qui avoient été le théâtre du fanatisme, ne trouvèrent point de vengeurs. De Thou croit qu'il faut attribuer cette impunité à la protection que le Duc de Guise accorda au Président d'Oppede ; mais il est inutile d'en chercher la cause ailleurs que dans les précautions que ce Magistrat & ses collègues avoient prises de se faire donner des ordres du Roi, qui les autorisoient à extirper l'Hérésie en Provence, & employer même, s'il étoit nécessaire, la force des armes. Cette voie de rigueur une fois approuvée par la Cour, il étoit aisé de rejetter sur l'indiscipline des troupes, sur l'incapacité des Officiers subalternes, sur la résistance vraie ou fausse des Habitans, la manière dont les ordres du Roi avoient été exécutés : d'ailleurs, ces ordres ayant été le principe d'où découlèrent tous les crimes commis, ceux qui les avoient donnés étoient les premiers coupables ; il auroit fallu les livrer à la sévérité des Loix, & la chûte du Président d'Oppede auroit entraîné celle de plusieurs personnes de considération. Ainsi il arriva dans cette affaire, ce qui arrivera toujours dans celles qui intéressent des hommes distingués dans l'Etat par leur naissance, ou par leur place & leur crédit. On ne veut point les sacrifier pour venger l'innocence opprimée, sur-tout quand elle est obscure & trop foible pour se faire entendre : on croit que leur mort ne serviroit ni à réparer les maux qu'ils ont faits, ni à rappeller à la vie les malheureux qui ont été les victimes ou de leur imprudence ou de leur barbarie ; que tout ce qu'on feroit en les sacrifiant, ce seroit de faire partager au Gouvernement, qui les emploie, l'ignominie dont on les couvriroit, & décourager les Ministres des volontés du Roi, si on les rendoit responsables du succès des Commissions, pour l'exécution desquelles ils sont obligés d'employer des agens subalternes. Voilà sans doute les considérations qui empêchèrent les Juges de prononcer une Sentence de mort contre le Préſident d'Oppede : nous avons dit que le Roi le rétablit dans les honneurs de ſa Charge ; cela prouveroit peut-être qu'il n'eut pas autant de part qu'on le croit aux atrocités commiſes dans cette guerre de religion, s'il n'étoit pas ordinaire ſous les Gouvernements foibles de voir le crédit triompher de la juſtice & de l'humanité : quoiqu'il en ſoit du jugement que l'on doit porter de ce Magiſtrat, voici la lettre que le Roi, quand il le renvoya en Provence, écrivit au Parlement d'Aix :

<small>Le Président d'Oppele est renvoyé absous.

An. 1550.</small>

« Nos amés & féaux, nous avons eu pluſieurs plaintes & doléances de notre Parlement de Provence, à quoi nous deſirons ſinguliérement être pourvu à l'avenir ; & pour faire ceſſer leſdites plaintes, & obſerver l'ordre de la diſcipline requiſe, ſelon nos Ordonnances & celles de nos prédéceſſeurs, Nous avons fait ſçavoir notre volonté & intention à notre amé & féal Conſeiller & Premier Préſident en notredite Cour, M. Jean Meinier, préſent porteur, que nous envoyons par-delà pour continuer notre ſervice en ſondit État & Office de Premier Préſident, auquel nous avons donné charge de vous faire entendre, & tenir la main à ce que notre vouloir ſoit accompli, & de nous avertir de ce fait, dont nous vous prions, & néanmoins mandons le croire & ajouter foi à tout ce que ſur ce il vous dira de notre part, tout ainſi que nous ferions nous-mêmes ; vous conduiſant tellement en l'adminiſtration de notre Juſtice, & obſervation de noſdites Ordonnances, que nous n'ayons occaſion d'autrement y pourvoir. Donné à Villers-Cotterets le deuxieme jour de Novembre 1553 ».

<small>Plumitif des act. du Parl. de Paris.</small>

La Lettre du Garde des Sceaux diſoit quelque choſe de plus, en faveur du Préſident d'Oppede : voici comment elle étoit conçue.

LIVRE XI.

MESSIEURS,

« Après que le Roi a entendu le fait & mérite du procès
» de M. le Président d'Oppede, il a ordonné qu'il iroit exer-
» cer sondit Office, comme il avoit fait auparavant, ainsi que
» vous verrez par les Provisions que sur ce lui sont expédiées,
» & s'en allant présentement, l'ai bien voulu accompagner de
» la présente, & vous prie MM. avoir les affaires du Roi &
» de la Justice à telle recommandation, qu'est requis sur le dû
» & devoir de vos consciences, & que requiert la confiance
» que ledit Seigneur a en vous : sur quoy, sur la justifica-
» tion suffisante dudit sieur Président, je ne vous en ferai
» autre discours, que de vous prier de croire ce qu'il vous
» en dira de ma part ; & sur ce, M^{rs}. Je prieray le Créateur
» de vous tenir en sa sainte garde. De Fontainebleau le 18
» Décembre 1553, votre bon frere & amy Jean Brulard ».

An. 1553.

D'Oppede arriva à Aix au commencement de Février ; &
le 4 les Chambres du Parlement étant assemblées, il alla
prendre séance. Comme il croyoit avoir à se plaindre de la
Compagnie, il ne fut pas fâché d'avoir été chargé par le Roi
de faire des reproches, sur la maniere dont on rendoit la Justice. Ces reproches, dans cette circonstance, avoient le double
mérite de le faire regarder comme l'homme de confiance du
Souverain, & de l'établir Censeur de ses Collégues. Il dit
donc que Sa Majesté recevoit tous les jours des plaintes sur le
peu de diligence & d'intégrité qu'on apportoit dans l'administration de la Justice ; que plusieurs d'entre les Magistrats
étoient livrés à la faveur, formant des cabales pour satisfaire
leur avidité ou leur vengeance, vendant leurs suffrages, & assurant l'impunité des crimes, quand il s'agissoit de favoriser des
parents & des amis, ou de se faire des partisans : qu'il y en
avoit parmi eux, qui étant infectés du poison de l'erreur, ne man-

quoient jamais de prévariquer dans les affaires qui regardoient les Hérétiques. Il se plaignit aussi des droits exorbitans que l'on mettoit sur les plaideurs ; & après avoir exhorté le Parlement à faire cesser des abus nés au milieu des guerres qui avoient désolé le Royaume, & sur-tout la Provence, il protesta qu'il y apporteroit lui-même tout le zèle & toute la vigilance dont il étoit capable ; mais que s'il n'étoit pas assez heureux pour les détruire, il imploreroit le secours de l'autorité Royale, sous la protection de laquelle il espéroit remplir son ministere.

C'étoit peut-être dans l'espoir d'exciter une plus grande émulation dans le Parlement, que S. M. créa une Chambre des Enquêtes, composée de deux Présidents à mortier, de douze Conseillers, d'un Avocat-Général & de trois Huissiers. Les Procureurs du pays n'envisagèrent pas cet établissement sous le même point de vue que la Cour ; ils sentirent qu'en multipliant le nombre des Magistrats, on multiplieroit les occasions d'évoquer les procès aux autres Parlements ; que de-là il en résulteroit des frais énormes pour les habitans qui voudroient poursuivre les Magistrats en Justice ; ou un abandon de leurs droits, par l'impuissance de les disputer. Ils croyoient enfin que les procès de la Province n'étant pas suffisans pour occuper les deux Chambres du Parlement, attendu la pauvreté du pays & son peu d'étendue, la Chambre des Enquêtes seroit au moins inutile. Ce fut sur ces deux objets que roulèrent les représentations de la Province : les Gens du Roi les accompagnèrent de leurs Remontrances ; mais elles ne firent point changer le plan de la Cour. La Chambre des Enquêtes fut établie, & ensuite supprimée en 1561 par Charles IX. Ce Prince ordonna la suppression des Offices qui viendroient à vâquer, jusqu'à ce qu'ils fussent réduits à l'ancien nombre de vingt-quatre.

Le Roi Henri II parut occupé à faire prendre une forme stable

VII.
CHANGEMENS DANS LES COURS SOUVERAINES.

1553.

LIVRE XI.
Reg. Phile.n.

aux Cours Souveraines de Provence ; car ayant réglé les droits de la Jurifdiction de la Chambre des Comptes, par un Edit du mois d'Août 1555, dans lequel il rappelle les différentes matieres dont elle prenoit connoiffance, il déclara que celle des Aides, qui lui étoit plus anciennement attribuée, lui étoit réunie, & permit aux Officiers de porter la robbe rouge, ou celle de fatin noir, à leur choix.

VIII.
ÉDIT EN FAVEUR DES PROTES-TANS.

De tous les Édits émanés du Trône, il n'y en eut point de plus funefte, eu égard aux troubles qu'il excita, que celui par lequel François II accorda aux Proteftans une amniftie prefqu'entiere du paffé, & le libre exercice de leur Religion, en attendant la convocation du Concile général qu'on fe propofoit d'affembler inceffamment : ceux qui tenoient fecrettement aux nouvelles opinions, fans avoir encore ofé fe montrer à découvert, ne gardèrent plus de ménagements ; les Catholiques, de leur côté, n'en eurent que plus d'ardeur pour foutenir la foi de leurs peres, & de ce choc d'opinions naquirent les divifions les plus cruelles. Ce grand incendie avoit été préparé par quelques événements arrivés la derniere année du regne de Henri II; & voici ce que l'Hiftoire nous en apprend.

An. 1559.

Deux habitans de Caftellane, nommés Antoine & Paul de Richieu, Seigneur de Mauvans, donnèrent le premier fignal de la difcorde : employés dans les guerres de Piémont, où ils s'étoient diftingués par leur courage, ils avoient, au milieu des combats, nourri, pour la nouvelle doctrine, ce zèle ardent, qui fe trouve plus communément chez des Miffionnaires que chez des Guerriers ; & de retour dans leur patrie, ils firent venir de Genève un Miniftre qui prêchoit la nuit dans leurs maifons, où l'on fe rendoit de toutes parts, même dans le fort de l'hiver.

De Thou, l. 24.

Dans le même tems un Cordelier prêchoit le Carême à Caftellane,

Castellane, & n'épargnoit pas les partisans de la nouvelle Secte. Ces deux Ministres, rivaux par état, disputèrent sur les matieres contestées, avec toute la chaleur de l'esprit de parti. Le Religieux, plus versé dans la morale qu'exercé dans la dispute, fut souvent embarrassé par les sophismes de son adversaire, qui faisant de la controverse son unique étude, se présentoit au combat avec des armes préparées de longue main. Bientôt on oublia de part & d'autre les intérêts de la Religion, pour ne s'occuper que de ceux de l'amour-propre. La haine à peine assoupie se réveilla avec toutes ses fureurs; on courut aux armes, & la maison des freres Richieud fut assiégée; mais ils échappèrent au fanatisme de ces zélés Catholiques. Paul alla porter ses plaintes au Parlement d'Aix : les habitans de Castellane l'y suivirent. Le Parlement qui avoit à se reprocher de n'avoir pas étouffé cette dispute dans sa naissance, agit avec cette lenteur, qui n'est que trop ordinaire dans les Corps où régnent deux partis. Cependant après beaucoup d'oppositions, il décida qu'on informeroit contre les Mauvans, comme Sectaires. Paul se pourvut en cassation de l'Arrêt. Le Roi qui vouloit ménager les esprits, qui craignoit sur-tout de s'expliquer par un Jugement solemnel dans une affaire de cette importance, crut que pour ôter aux Protestans tout sujet de plainte contre lui, s'ils étoient condamnés, il devoit la renvoyer au Parlement de Grenoble, comme il fit en effet. M. de Thou prétend que les Juges du Conseil retinrent, par ordre du Cardinal de Lorraine, les pieces de Mauvans, pour l'empêcher de suivre le procès : mais est-il vraisemblable qu'un homme qui eut assez de crédit pour faire évoquer l'affaire, quoiqu'on pût le lui refuser, n'en eût point assez pour se faire rendre des papiers qu'il pouvoit redemander en Justice. Quoi qu'il en soit, Mauvans ne se rebuta point, & après avoir fait entendre plusieurs témoins, & recueilli des pieces & des preuves,

An. 1559.
Hist. Manusc. du Parlement.

IX.
EMEUTE A CASTELLANE CONTRE LES FRERES RICHIEUD.

Tome IV.   T

il accusa les Juges du Parlement d'Aix de concussion & de brigandage : tous les Protestans de Provence se cottisèrent pour fournir aux frais du procès.

Dans ces entrefaites, Antoine de Richieud, frere de Paul, ayant assemblé une troupe de mutins, infectés des mêmes erreurs que lui, porta le fer & le feu dans plusieurs lieux de la haute Provence. Les efforts de Louis de Baschi, Seigneur de Saint-Esteve, ne purent arrêter ses progrès. Le Palais Episcopal de Senès fut livré au pillage ; l'Eglise Cathédrale, celle du lieu de Saint-Jacques, actuellement abandonnée, de Trevans, possédée par les Carmes, & de Barjols, devinrent la proie des flammes, après avoir été dépouillées des vases sacrés, & de tout ce qu'elles avoient de plus propre à exciter l'avidité du soldat. A Barjols les séditieux massacrèrent sept Chanoines, qui voulurent s'opposer à leurs fureurs. Enfin on étoit au moment de voir allumer une guerre intestine des plus sanglantes, lorsqu'Antoine, leur chef, fut arrêté à Draguignan, où on l'avoit attiré pour traiter d'un armistice. Envain il réclama la protection du Juge sous la sauve-garde duquel il s'étoit mis : le peuple furieux l'arracha des mains du Magistrat, & le tua sans pitié : son corps fut mis en pieces ; ses entrailles traînées par les rues, & jettées dans un cloaque près des murs de la ville, servirent à repaître la curiosité barbare des habitans. Le fanatisme fut poussé à un tel point, qu'on porta en triomphe par la ville, son cœur & son foie attachés au bout d'une pique ; on les jetta ensuite aux chiens ; mais ces animaux n'ayant pas voulu en manger, la populace effrénée les battit, en les appellant Luthériens. Paul de Mauvans, irrité de cette barbarie exercée sur le corps de son frere, en demanda vengeance au Parlement d'Aix, qui envoya deux de ses Membres à Draguignan, pour informer contre les coupables : mais que pouvoit-on attendre de Commissaires prévenus par l'esprit de parti ;

trop foibles pour résister aux clameurs d'une populace emportée; & qui sentoient, peut-être, qu'ils compromettroient le Parlement, en le mettant dans le cas de punir des personnes, qui, par un soulévement, sauroient bien se soustraire à son autorité. Ainsi, au lieu d'informer sur le meurtre commis en la personne d'Antoine, ils entendirent des témoins sur ses mœurs & sa religion. Le corps de ce malheureux fut salé, porté à Aix, & pendu à un gibet.

Cette impunité fut une espèce de triomphe pour les fanatiques. Aussi se portèrent-ils à toutes sortes d'insultes contre les amis & les parens de Paul de Mauvans. Henri II vivoit encore, quand tout ceci se passoit. Personne n'ignore que sous François II, son successeur, un certain nombre de conjurés mécontens du Gouvernement, à cause de l'ascendant que les Guises avoient pris, formèrent à Nantes le projet de se défaire de ces Seigneurs. Comme il falloit une armée pour l'exécuter, les principaux Conjurés se dispersèrent dans les différentes Provinces, afin d'y lever des troupes. La Renaudie vint en Provence, & se rendit à Mérindol, où l'on tint une assemblée générale des Eglises réformées du pays, qui étoient déja au nombre de soixante. Paul, en qualité de zèlé Protestant, ne manqua pas de s'y trouver : il fut choisi d'un consentement unanime, pour être chef de la Milice qu'on alloit mettre sur pied. Jamais Commission ne fut remplie avec plus de zèle : il assembla jusqu'au nombre de deux mille hommes, leur donna des Officiers, & fit toutes les provisions nécessaires à la guerre. Ces forces lui parurent plus que suffisantes pour venger la mort de son frere, dont le cadavre, privé des honneurs de la sépulture, étoit encore au gibet : il se flatta même qu'avec l'aide des Protestans répandus dans Aix, il pourroit se rendre maître de cette ville : mais Claude de Savoie, Comte de Tende, Gouverneur de Provence, ayant

An. 1559.

XI.
PAUL DE RICHIEUD SE MET A LA TÊTE DES PROTESTANS.

An. 1560.

pénétré ses desseins, accourut au secours de la Capitale avec le Capitaine Paulin, sur les instances du Parlement, doubla la garde, & prit de si justes mesures, que les ennemis n'osèrent rien entreprendre sur cette ville. Ceux-ci se répandirent au nombre de cinq cents dans la basse Provence, sous les ordres de Mauvans, renversant les autels, & foulant aux pieds les images: quant aux vases sacrés, ils les faisoient fondre; mais auparavant ils avoient l'attention de les faire peser, & estimer en présence des Consuls de l'endroit. Du reste il régnoit une discipline si exacte parmi les soldats de Mauvans; ils avoient pour lui tant d'amour & de respect, que malgré leur avidité il n'y en eut aucun qui osât forcer les maisons des habitans.

Le Comte de Tende leva une armée d'environ six mille hommes, & s'avança pour donner la chasse à Mauvans. Celui-ci avoit résolu de s'approcher de Sisteron pour y faire recevoir les Protestans qu'on en avoit chassés : mais il n'osa pas se commettre avec des forces trop supérieures, & se retira dans le Couvent de S. André, près de Trévens. La situation avantageuse du lieu lui fit espérer qu'il pourroit s'y maintenir, & il y fit transporter des provisions des villages voisins, résolu de se défendre jusqu'à l'extrémité, & d'attendre les ordres de la Renaudie.

Le Comte de Tende envoya le Capitaine Paulin pour reconnoître ce lieu. La commission étoit périlleuse. Paulin risqua d'y perdre la vie : de retour dans le camp, il dit qu'à juger de l'événement par la situation du lieu, & par les préparatifs que les assiégés avoient faits, on devoit croire que le siége seroit long & meurtrier. Le Comte qui vouloit épargner le sang de ses soldats, qui d'ailleurs avoit peu d'éloignement pour les opinions nouvelles, proposa une entrevue à Mauvans, dans laquelle il lui demanda pour quelles raisons il excitoit des troubles dans la Province. « C'est, répondit Mau-

» vans, c'est pour venger la mort barbare de mon frere : j'en ai
» demandé vengeance au Parlement, qui n'a point écouté mes
» plaintes. Irrité de ce déni de juftice, trop fenfible d'ailleurs
» pour laiffer un pareil meurtre impuni, j'ai eu recours à la
» feule voie qui me reftoit, qui eft celle des armes, & je me
» fuis mis à la tête de ces troupes, qui verferont leur fang
» pour venger celui de mon frere, & pour me défendre. Ce-
» pendant fi les Magiftrats veulent punir les cruels auteurs de
» cet affaffinat, & réprimer l'infolence des habitans de Caf-
» tellane, qui me tendent tous les jours des pieges pour m'ôter
» la vie, je fuis prêt à mettre bas les armes, pourvu toute-
» fois qu'on m'accorde, & à mes Partifans, le libre exercice
» d'une Religion que je crois être la véritable. Du refte, je puis vous
» protefter que j'ai toujours été, & que je ferai toute ma vie
» fidele au Roi, & foumis à fes ordres ». Il ajouta ces dernieres paroles, pour faire croire qu'il n'étoit point entré dans la
confpiration d'Amboife, quoiqu'il en fût véritablement complice.

IL COMPOSE AVEC LE COMTE DE TENDE.

Le réfultat de cette conférence fut que Mauvans congédieroit fes foldats, & qu'il n'en garderoit que le nombre néceffaire
pour la fûreté de fa perfonne. Le Comte de Tende lui promit une
amniftie générale pour les troupes qui avoient fervi fous lui,
le libre exercice de fa religion, & la punition de ceux qui
avoient trempé dans la mort de fon frere : à ces conditions les
troubles fembloient devoir ceffer en Provence, d'autant mieux
que le Roi & la Reine mere avoient écrit au Gouverneur des
lettres remplies de témoignages flatteurs pour Mauvans : mais
en même tems les Miniftres avoient envoyé au Parlement des
ordres fecrets pour le condamner au dernier fupplice, lui &
Château-Neuf, s'ils fe laiffoient prendre. Ces contradictions
entre le Roi & les Miniftres, font d'autant plus remarquables,
qu'elles n'arrivent que fous un Gouvernement où il n'y a plus
d'autorité.

An. 1561.

LIVRE XI.

XIII.
Le peuple d'Aix se soulève contre les Protestans.

De Thou, Mém. de Condé. Tom. 3. pag. 638.

Hist. manusc. du Parlement.

Au reste, il étoit impossible de rendre la paix à la Provence, tant qu'il resteroit deux partis également puissants. Le Conseiller de Genas, fauteur zèlé de l'héréfie, tenoit à Aix, dans sa maison, des assemblées secretes, où se rendoient tous les Protestants de la ville & des environs. Quand la Religion prétendue réformée eut acquis dans le Royaume & à la Cour un certain crédit, il transféra les assemblées dans un jardin, où les Réformés tenoient leur prêche, & chantoient les Pseaumes de Marot, à l'ombre d'un pin, que le fanatisme rendit ensuite trop fameux. Les Consuls d'Aix voulurent prévenir les malheurs qui pouvoient naître de ces associations nocturnes. Ils demandèrent au Parlement que tous les gens sans aveu eussent à sortir de la ville. On s'étoit déja plaint, quelques jours auparavant, que des hommes & des enfans s'attroupoient pendant la nuit & couroient les rues en frappant les portes des maisons, jettant des pierres aux fenêtres, & criant qu'il falloit tuer les Luthériens, & commencer par les Officiers de la Cour, qu'ils désignoient par leur nom. Le Conseiller Salomon pria la Chambre d'insérer dans son Arrêt, une défense de se porter à de pareils désordres, & voulut être nommé pour tenir la main à l'exécution. La populace n'en fut que plus irritée : elle s'assembla pendant la nuit autour de la maison de ce Magistrat, sur laquelle on fit pleuvoir une grêle de pierres, tandis que l'air retentissoit de toutes sortes d'injures. Le tumulte fut plus fort autour de la maison où logeoit un Ministre Luthérien, arrivé depuis peu de Sisteron. C'est-là que le peuple furieux crioit de toutes ses forces, & en jettant des pierres, *fouero Lutherien, hors d'ici Luthérien ;* le désordre duroit encore le matin, lorsque le Parlement s'assembla ; & de la salle d'Audience on entendoit les cris du fanatisme. La Cour ne vit pas d'autre moyen, pour calmer les séditieux, que de donner un décret de prise-de-corps contre le Ministre, contre l'habitant chez lequel il étoit logé, & fur-tout contre ceux qui chanteroient à l'avenir les Pfeaumes de Marot, ou qui tiendroient le prêche dans la ville.

LE PEUPLE D'AIX SE SOULEVE CONTRE LES PROTESTANS.
Les Hift. de Provence.

Cependant, comme c'eût été manifefter un efprit de parti trop décidé, que de fe borner à prononcer des peines contre les hérétiques, la Cour défendit le 17 Décembre 1561, fous peine de mort, les injures, les chanfons diffamatoires, les mafques, le port d'armes pendant le jour, & les attroupemens des enfans pendant la nuit. Elle défendit auffi de frapper aux portes des maifons, & de jetter des pierres aux fenêtres; on menaça même de la prifon ou de l'eftrapade, ceux qui feroient furpris dans les rues, après huit heures du foir. Ces Réglements furent rendus inutiles par le crédit des perfonnes intéreffées à les violer.

Il n'appartenoit qu'à la Puiffance fouveraine, finon de réconcilier les deux partis, du moins de les réprimer par l'autorité, après leur avoir marqué les limites dans lefquelles ils devoient fe contenir. Ce fut dans cette vue que le Roi donna le célèbre Edit du mois de Janvier 1562, dont voici les principaux articles. Les Proteftans, eft-il dit, rendront aux Eccléfiaftiques les Eglifes, les maifons, & généralement tous les biens dont ils fe font emparés, de quelque nature qu'ils foient: ils refpecteront à l'avenir les objets de notre culte, & pourront s'affembler hors des villes, fans armes, pour l'exercice de leur religion : mais ils ne tiendront des Confiftoires & des Synodes qu'en préfence du Magiftrat, qui confirmera leurs réglements de difcipline, s'il le juge néceffaire. Leurs Miniftres n'iront point, nouveaux Apôtres, prêcher de lieu en lieu, de village en village; mais ils s'attacheront à une Eglife, fans pouvoir la quitter à volonté. Obligés de vivre tranquilles, fous la protection du Roi, ils ne feront ni levées de troupes, ni traités, ni ligues offenfives ou défenfives, pour attaquer ou pour fe défendre;

An. 1562.

XIV.
ÉDIT DU ROI POUR PACIFIER LES TROUBLES.
De Thou. *Ibid.*

& ne mettront aucuns impôts, ayant tout au plus la liberté de recevoir l'argent qui sera donné volontairement & en forme d'aumône. Ils observeront les loix du Royaume, & particuliérement celles qui concernent les jours de fêtes, & les empêchements de mariage provenants de parenté : leurs Ministres ou Pasteurs s'engageront par serment à l'exécution du présent Edit, & promettront de n'enseigner aux peuples que la parole de Dieu, purement & simplement : ils n'avanceront rien de contraire au Concile de Nicée, au Symbole, & aux Livres de l'ancien & du nouveau Testament. Les Catholiques & les Protestans s'abstiendront d'invectiver réciproquement les uns contre les autres : personne ne pourra vendre ou faire vendre & distribuer aucuns libelles diffamatoires contre qui que ce soit : enfin les Magistrats résideront chacun dans leurs Départemens ; & s'il arrive quelque sédition, ils informeront avec soin contre les coupables ; & après avoir instruit leur procès, ils condamneront à mort ceux qui auront été convaincus de l'avoir excitée, & la Sentence sera exécutée sans appel.

XV.
LES HABITANS D'AIX S'OPPOSENT A L'EDIT, ET MALTRAITENT LES PROTESTANS.

Les Hist. de Provence.
De Thou, Hist. du Parlement, & Reg. du Parlement.

Cet Edit fut envoyé au Parlement de Provence, ainsi qu'à tous les autres Parlemens du Royaume ; les Consuls d'Aix, à la tête desquels étoit Durand de Pontevès, Seigneur de Flassans, & frere du Comte de Carces, s'opposèrent à l'enregistrement ; Flassans étoit un homme naturellement dur & violent. Il se mit à la tête d'une troupe composée de gens tous propres à seconder ses vues. C'étoient, outre quelques Gentilshommes fanatiques, des Bouchers, des Moines libertins, & des hommes de la lie du peuple, que l'amour du pillage rassembloit sous ses drapeaux. Ils portoient à leur chapeau une croix blanche & des plumes de coq, pour se reconnoître, couroient la ville pour soulever le peuple contre les hérétiques & contre les personnes soupçonnées d'hérésie, & s'ils en rencontroient quelques-uns dans les rues, ils alloient les pendre,

sans

fans aucune forme de procès, aux branches du pin, fous lequel les Réformés tenoient leur prêche. Tous les matins on voyoit fufpendues à cet arbre funefte, quelques nouvelles victimes du fanatifme ; de-là vient qu'on fit cette plaifanterie barbare, que *tous les jours il portoit de nouveaux fruits.* Le Confeiller Salomon, devenu fufpect aux Catholiques, pour avoir cédé aux Proteftants le jardin où étoit ce fameux pin, fut inhumainement maffacré par les Bouchers, *plus pour fon argent que pour fon Evangile*, dit un Auteur du tems ; & l'on jetta fon cadavre dans le ruiffeau. Le Baron de Tretz, Premier Préfident, ayant vu ce fpectacle, lorfqu'il alloit au Palais, en fut faifi d'une telle frayeur, qu'il n'ofa plus paroître en public ; car les féditieux dans leur fureur, ne diftinguoient ni la différence des rangs, ni celle des partis. Le même efprit de vertige agiffoit en plufieurs autres villes de la Province : il fuffifoit qu'il y eût des Proteftants, pour que la difcorde allumât fes flambeaux.

LES HABITANS D'AIX S'OPPOSENT A L'ÉDIT, ET MALTRAITENT LES PROTESTANS.

Mém. de Cermi.

An. 1562.

Telles étoient les difpofitions des efprits en Provence, lorfque le Comte de Cruffol y arriva, avec Antoine Fumée, Confeiller au Grand-Confeil, & Antoine Ponat, Confeiller au Parlement de Grenoble. Le Roi les envoyoit pour faire exécuter l'Edit de Janvier, & juger fouverainement toutes les affaires qui regardoient les nouveaux Réformés, en appellant dix Confeillers de la Cour, ou des Avocats en pareil nombre. Les Commiffaires fe rendirent à Salon, où étoit le Comte de Tende, Grand-Sénéchal, & Gouverneur de Provence. On l'accufoit de favorifer fecrettement les Proteftants ; mais fa tolérance venoit peut-être de ce que voyant les affaires en homme d'Etat, il puniffoit les féditieux dans quelque parti qu'ils fe trouvaffent. Il ne falloit donc point s'attendre à lui voir approuver les excès inouis qui fe commettoient à Aix. Cependant comme il fentit qu'il feroit dangereux de les punir par

XVI. ILS REFUSENT D'EXÉCUTER LES ORDRES DU ROI. De Thou. Mem. de Cond', Tom 3. pag. 630. Reg. du Parlement. Noftr. & Bouch.

la force, il préféra d'employer des voies pacifiques, plutôt que de faire des coups d'autorité ; il manda les Consuls d'Aix, & leur proposa de recevoir le Vicomte de Cadenet avec une garnison de cinq cents hommes, & de consentir à l'établissement d'un prêche dans la ville, ou tout au moins dans les fauxbourgs. Les Consuls le refusèrent, quoiqu'ils sussent qu'en l'accordant, ils exécutoient les volontés du Roi. Le Vicomte se présenta devant la ville avec une partie de ses troupes, comptant intimider les habitants par sa présence. Il ne put y entrer que quelques jours après, quand le Parlement eut ordonné qu'on lui ouvrît les portes : il y trouva du canon, des soldats, quelques postes fortifiés, & tout ce qu'il falloit pour soutenir un siege. Il s'empara de l'artillerie, fit congédier les troupes, & fut nommé premier Consul & Gouverneur de la ville, à la place de Flassans, que son obstination fit priver du chaperon.

Le Comte de Crussol arriva le 5 Février avec le reste des troupes, & alla au Parlement avec les deux Conseillers, qu'il avoit amenés : le Procureur Général de Piolenc avoit présenté à la Cour, deux jours avant leur arrivée, une lettre du Roi & une de la Reine Régente, par lesquelles leurs Majestés déclaroient qu'elles avoient permis à ceux de la Religion Prétendue Réformée, de construire des Prêches. Ces lettres furent enregistrées, ainsi que l'Edit de Janvier ; & l'on assigna aux Protestans, hors de la ville, deux endroits pour y tenir leurs assemblées. Cependant comme il falloit ôter aux deux Partis les occasions de renouveller leurs divisions intestines, le Comte de Crussol fit porter toutes les armes à l'Hôtel-de-ville, cassa le Conseil & les Consuls, & mit à la tête de l'administration des hommes aussi modérés que les circonstances pouvoient permettre de l'être. Antoine de March, surnommé de Tripoli, citoyen de Salon, estimé pour son courage & sa prudence, eut le commandement de la Ville avec cinq cents hommes sous ses ordres.

Flassans, outré de dépit, résolut de laver dans le sang de ses ennemis l'affront fait à ses partisans & à la Religion. Les Comtes de Crussol & de Tende virent avec douleur que les hostilités alloient recommencer avec plus de fureur qu'auparavant. Ils envoyèrent un gentilhomme à Flassans, pour lui représenter les maux dont il alloit être cause, & l'engager à mettre bas les armes. La tentative fut inutile : cependant ils n'osèrent prendre sur eux d'allumer une guerre, dont ils prevoyoient les suites funestes, & ils voulurent avoir l'avis du Parlement. La Cour répondit que si le service du Roi exigeoit qu'elle s'expliquât, elle le feroit volontiers; mais que la matiere n'étant pas de sa compétence, elle s'en rapportoit à leur prudence, bien persuadée qu'ils ne feroient rien que d'avantageux pour le bien de l'Etat : après cette réponse, ils résolurent d'entrer en campagne avec leurs troupes, qui montoient à près de dix mille hommes, & qui étoient en grande partie composées de Protestants.

Celles de Flassans s'étoient avancées du côté de Brignolles ayant à leur tête un Cordelier, qui portoit un grand Crucifix de bois, comme on fait aux Processions; les enseignes étoient aux armes du Saint Siege. Chaque soldat avoit autour du cou un chapelet, en guise de collier. Cette troupe grossit dans sa marche de plus de cinq cents hommes, qui accouroient de tous côtés, dans l'espérance du butin, & tailla en pieces une Compagnie qu'on venoit de lever pour le service du Roi. Fiere de ce premier succès, & aveuglée par une sorte de délire, elle se répandit dans les environs de Brignolles, où elle fit un horrible dégât, & sur-tout à Tourvès qui étoit peuplé en partie d'Huguenots. Les maisons furent livrées au pillage, après avoir été teintes du sang des habitants. Dans ces entrefaites le Par-

XVIII.
Les Hostilités recommencent.

An. 1562.

Mem. de Condé.
Ibid.

lement procédoit contre Flassans, qui bravoit ses arrêts & ses menaces. Après trois sommations, auxquelles il ne répondit point, il fut déclaré contumace, rebelle & coupable de lèse-majesté.

Les choses étant en cet état, il n'y avoit point de malheur auquel on ne dût s'attendre. Le Gouverneur & le Comte de Crussol (1) détachèrent Gerente-Senas & Mauvans avec quelques Compagnies d'Arquebusiers à cheval, pour s'emparer de Barjols. Ils furent repoussés par les habitants, & allèrent s'enfermer à Varages, où Flassans vint bientôt les assiéger. Leur résistance fit honneur à leur courage ; quand ils n'eurent plus ni poudre ni plomb, ils se battirent à coups de pierres, & se retirèrent ensuite à Saint-Maximin, place plus forte, & plus sûre. Flassans avec quinze cents hommes qu'il avoit sous ses ordres, se replia sur Barjols, dont les habitants lui ouvrirent les portes. Ce fut contre cette Ville, que les Royalistes commandés par Saint-Auban, tournèrent tous leurs efforts. Le Baron des Adrets, Général de l'infanterie, y alla en poste pour partager l'honneur de détruire ce boulevard des révoltés.

La ville de Barjols est située sur le penchant d'un côteau, au pied d'une montagne escarpée & d'un accès très-difficile ; elle avoit dans ce tems-là de fortes murailles, défendues par un ruisseau & une citadelle, qui la dominoit. On crut d'abord qu'il seroit d'autant plus difficile de la forcer, que les assiégeans n'avoient que quatre canons. Ils attaquèrent le fauxbourg qu'on n'avoit pas eu le tems de fortifier. Après quatre jours de siége, ils l'emportèrent d'assaut le 6 Mars 1562. Ils chassèrent les assiégés de leurs différents postes, & enfin de la

---

(1) C'étoit Jacques de Crussol, qui par la mort de son frere Antoine, décédé sans enfans, devint Duc d'Usez, & ensuite Lieutenant Général pour le Roi en Languedoc.

Ville, où ils firent passer au fil de l'épée près de six cents personnes, au nombre desquelles fut ce malheureux Cordelier, dont nous avons parlé ci-dessus, & qui présentoit aux vainqueurs le Crucifix qu'il portoit, croyant désarmer leur fureur par ce signe de notre rédemption : les Protestants qui servoient dans cette armée jettèrent les Prêtres dans les puits, pillèrent les Eglises & brûlèrent au milieu de la place les reliques de Saint Marcel pour lesquelles on avoit une dévotion particulière : ils firent constater cette impiété par quatre Notaires, afin, disoient-ils, que les peuples, bien persuadés que cet objet de leur culte ne subsiste plus, renoncent à leur idolâtrie. Le Comte de Tende averti de cette scène d'horreur par les cris dont les mourans & les assassins faisoient retentir l'air, envoya son gendre Jacques Cardé, de la Maison de Saluces, pour faire cesser le carnage. Cardé trouva au bas de la Ville les deux meilleures Compagnies de l'armée, composées des habitants de Merindol & de Lourmarin, qui prioient Dieu à genoux pour l'heureux succès de l'entreprise, tandis que les autres couroient au pillage. Il crut, avec raison, que des fanatiques assez peu touchés des biens de la terre, pour ne voir dans la prise d'une Ville que le triomphe de la Religion, étoient capables du plus grand héroïsme ; il conseilla donc à son beau-pere de se servir d'eux pour attaquer la citadelle ; c'est ce qu'il fit, & ils l'emportèrent sans coup férir.

PRISE DE BARJOLS PAR LES PROTESTANS.

Hist. du Parlement.

Quelque déplorable que fût cette journée, où les citoyens armés les uns contre les autres s'égorgeoient avec une sorte de barbarie, le Comte de Tende & Crussol s'en glorifièrent, comme d'une grande victoire : ils en donnèrent avis au Parlement, afin que l'on fît rendre à Dieu les actions de graces accoutumées. Mais la Cour affligée de voir le Protestantisme s'élever au milieu des cadavres & des ruines, ne fit point de réponse. Le Viguier & les Consuls de Barjols ne survécurent

An. 1562.

HISTOIRE GÉNÉRALE

à la dévastation de leur patrie que pour finir malheureusement leurs jours; on les conduisit à Aix, chargés de fers, & les deux Commissaires du Roi les condamnèrent à être pendus: cependant on n'eut peut-être point d'autre crime à leur reprocher, que d'avoir reçu dans la Ville les troupes de Flassans, qu'ils regardoient comme le défenseur de la foi. Guillerame, Laidet, & d'Entragues, qui devoient amener des secours, eurent le même sort; ils furent conduits à Aix, & condamnés à perdre la tête sur un échaffaud. Ce fut par ces événements tragiques que se termina cette fatale expédition. Le Comte de Tende satisfait de la vengeance qu'il venoit de tirer des habitants de Barjols, congédia ses milices à la prière du Parlement: il ne retint que cent cavaliers, dont il donna le commandement à Mauvans, afin qu'il pût s'en servir quand l'occasion l'exigeroit.

Cependant la nouvelle de tant d'horreurs fut portée à la Cour, grossie ou altérée par toutes les circonstances que la renommée a coutume d'ajouter aux événements. La Reine en fut alarmée, & dans la crainte que les Huguenots ne se rendissent trop puissants en Provence, elle résolut d'y envoyer un homme capable de leur résister. Elle jetta les yeux sur Sommerive, fils aîné du Comte de Tende. Ce jeune Seigneur, âgé pour lors d'environ vingt-deux ans, avoit autant de zèle pour la vraie Religion, que son pere paroissoit en avoir pour le Protestantisme. Outre l'éloignement que cette différence d'opinions devoit mettre entr'eux, ils étoient brouillés à cause de la prédilection que le Comte avoit pour Cipieres, son fils du second lit (1). Le Comte de Carces, frère de Flassans,

---

XX.
LA REINE ASSOCIE LE COMTE DE SOMMERIVE AU GOUVERNEMENT DE PROVENCE.

Les mêmes, & Reg. du Parlement.
An. 1562.

---

(1) Claude de Tende, Gouverneur & Grand-Sénéchal de Provence, fut marié deux fois, la première avec Marie de Chabanes fille du Maréchal & de Marie de Melun. Il en eut Honoré, Comte de Sommerive, & Renée, femme de Jacques d'Urfé, Gouverneur & Bailli du Forés. De son second mariage avec Françoise de Foix, il eut René, Baron de Cipieres, mort sans lignée; & Anne mariée à Jacques de Saluces, Seigneur de Carde.

attentif à profiter des événements, s'étoit déclaré pour les Guises, quand il vit que leur crédit l'emportoit à la Cour; & fit de leur part au Comte de Sommerive les propositions les plus avantageuses, s'il vouloit abandonner son père, que son zèle pour les Protestants commençoit à rendre suspect. Rusé comme il étoit, il n'eut pas de peine à persuader un jeune ambitieux, & à le faire entrer peu à peu dans ses vues. Sommerive reçut donc le gouvernement général de la Province avec pouvoir de commander, même lorsque son père seroit dans le pays.

An. 1562.

Il étoit tems d'avoir à la tête de la Province un homme qui réprimât l'insolence des soldats Protestants, que leurs succès avoient rendus intraitables. Il n'y avoit point d'insultes que ne se permissent de faire ceux qui étoient en garnison à Aix, & qui avoient leur corps-de-garde à la place des Jacobins. Ils batroient le tambour pendant l'Office divin, & tiroient des coups de mousquet aux fenêtres de l'Eglise pour troubler les Ministres des Autels dans leurs fonctions, & les Fideles dans leurs prières : ils pouffoient même l'audace jusqu'à fouiller indécemment les femmes, sous prétexte de voir si elles avoient des chapelets. Ceux qui gardoient les portes de la Ville ne se comportoient pas d'une manière moins répréhensible : ils maltraitoient les paysans, lorsqu'ils alloient au travail, ou qu'ils en revenoient ; enfin il n'y avoit point de Catholique qui fut à l'abri de leurs insultes. Mais ce qui révolta le peuple, ce fut une méchanceté que les Huguenots firent le jour de Saint Marc, & qui fut cause qu'on appella ce jour là, *la Journée des Epinards*.

XXI. LES CATHOLIQUES SONT OUTRAGÉS A AIX.

C'étoit une coutume religieusement observée dans la ville d'Aix que le jour de la fête de ce Saint, on alloit en pelerinage à sa Chapelle, située à une petite lieue de la ville sur le chemin de Toulon. Les dévots Pélerins marchoient nuds

XXII. JOURNÉE DES EPINARDS.

pieds & fans bâtons pour pratiquer ce qui eft dit dans l'Evangile du jour : vous n'aurez point *de souliers à vos pieds, ni de bâton en vos mains*. Les foldats Huguenots, pour infulter à la dévotion de ces pieux Catholiques femèrent, pendant la nuit, des graines d'épinards le long du chemin, deforte que ceux qui étoient partis de grand matin, pour accomplir leur pélerinage, eurent les pieds fi fort écorchés par ces graines pointues, qu'ils furent obligés de revenir fans avoir fatisfait à leur dévotion. Il n'en fallut pas davantage, pour les expofer à la rifée des foldats : mais leur reffentiment n'en fut que plus vif & plus implacable. Ils choifirent, pour l'affouvir, le 3 de Mai, jour où les Pénitents Noirs avoient coutume d'aller en proceffion à un hermitage, bâti hors du fauxbourg. Il y avoit alors dans leur Chapelle un grand amas de petites pierres que le Recteur avoit fait apporter pour la réparer. Le nombre des Pénitents fut ce jour-là plus nombreux qu'à l'ordinaire : mais ce n'étoit pas, comme on peut le croire, un zèle pieux qui les animoit : ils cachèrent fous leurs habits des armes & des carniers remplis de pierres; & dans cet équipage, fi peu conforme à l'efprit de la cérémonie qui les raffembloit, ils fortirent en proceffion de fort grand matin par la porte des Cordeliers. Ceux qui défiloient les premiers firent volte-face avant que toute la proceffion fut hors de la Ville, & tombèrent fur le corps-de-garde qui fe trouvant attaqué par deux corps à la fois, fut ou maffacré ou difperfé; delà ils allèrent forcer l'autre corps-de-garde qui étoit à la place des Fontêtes, & pénétrèrent jufqu'à l'Hôtel-de-Ville dont ils fe rendirent maîtres. Le Capitaine Tripoli, qui commandoit la garnifon, y accourut à la tête de fes Compagnies; mais ayant été repouffé après avoir perdu beaucoup de monde, il fortit par la porte de Saint Jean, dont les fiens n'avoient point encore été chaffés; s'eftimant heureux fans doute d'avoir pu échapper à la fureur d'un peuple,

qu'on

qu'on avoit outragé jusques dans son culte. C'est ainsi que le courage déterminé des Pénitens délivra la ville d'Aix des vexations & des insultes des Huguenots.

Il n'en fallut pas davantage pour donner un nouveau degré de chaleur au zèle fanatique des habitans; & ce qui prouve combien on devoit peu se flatter de les ramener à des sentimens plus modérés, c'est que dans le fort de la persécution, ils conservoient encore assez de sang froid pour se permettre des plaisanteries. Leur propos le plus ordinaire étoit qu'en *dépit des Huguenots la Messe ne seroit jamais abandonnée* (1). Ils le disoient en provençal & le mot *laïssado*, dont ils se servoient pour dire *abandonnée*, signifiant en même-tems une *bêche*, ils imaginèrent une espèce d'écusson dans lequel étoit représenté cet instrument du labourage, & tout autour, il y avoit en mots provençaux la *Messe ne sera jamais*. La figure de la bêche annonçoit le reste, c'est-à-dire, qu'elle *ne seroit jamais abandonnée*.

XXIII.
Rupture entre les Comtes de Tende et de Sommerive.

Cet instrument après avoir été le sujet d'un calambour, devint le signal du carnage : car toutes les fois qu'on frappoit dessus, les Catholiques couroient aux armes, & tomboient sur les Huguenots comme des furieux.

Le Comte de Sommerive, témoin de ces événemens, & livré aux conseils du Comte de Carces, résolut alors de faire usage de l'autorité que le Roi lui avoit confiée. Il rassembla les Compagnies qu'on avoit congédiées, & commença de poursuivre les Protestans. Ceux-ci abandonnèrent insensiblement les divers endroits où ils étoient dispersés, pour se retirer les uns à Mérindol & à Cadenet, les autres à Cabrieres, la plupart à Sisteron & à Riez. Le Comte de Tende ne tarda pas de lever des troupes, pour s'opposer aux progrès de Somme-

An. 1562.

(1) *En Despiech deis huganaous, la messo sera giammaï laïssado.*

Tome IV.

rive ; & l'on vit renaître ces tems malheureux où les perfonnes du même fang combattoient les unes contre les autres. Il donna le commandement de la cavalerie à Cipieres fon fils cadet, & celui de l'infanterie à Cardé fon gendre, & alla à la tête de fon armée ravager le pays fitué de l'autre côté de la Durance. Il prit le château de Lauris, un des plus beaux & des plus richement meublés de la Province, & le livra au pillage; de-là il alla mettre le fiege devant Pertuis, où le Capitaine Mauvans vint le joindre avec les forces de la haute Provence: alors fon armée fe trouva forte de quatre mille hommes de pied & de cinq cent chevaux: Sommerive étoit maître de Pertuis; le Comte fon père y mit le fiege, qui dura dix-huit jours, parce qu'il n'avoit point de canon. Au bout de ce terme il fit fauter, par l'effet d'une mine, une partie confidérable de la muraille; & il ne dépendit que de lui d'emporter la place d'affaut. Mais l'image des horreurs qui alloient fe commettre entre des hommes alliés par le fang, divifés par l'opinion, le retint ; & ne s'imaginant pas que fon fils fut affez dénaturé pour le pourfuivre, il fit lever le fiege. Ce fentiment d'humanité auroit été apprécié par des ennemis plus généreux que ceux qu'il avoit à combattre. Des reffentimens particuliers, l'efprit de parti, un zèle trop ardent pour le Religion, aveugloient fon fils, qui regardant peut-être fa retraite comme un aveu de foibleffe, fe mit à le pourfuivre, réfolu de le traiter en ennemi. Le Comte changea alors fon plan de campagne, & fe tint fur la défenfive. Il mit à Manofque beaucoup de provifions de guerre & de bouche, avec une forte garnifon, fous les ordres du Capitaine Coloux, & marcha vers Sifteron qui paffoit pour la plus forte place du pays: fon fils Cipieres & Mauvans allèrent de fa part demander du fecours au Baron des Adretz.

La ville d'Orange étoit alors menacée d'un orage, qui fe

formoit secretement, & qui ne tarda pas de crever. Fabrice de Serbellon, Commandant général des troupes dans le Vénaissin, & le Comte de Sommerive y entretenoient des intelligences, à la faveur desquelles ils étoient assurés de s'en emparer. Parmi les Gentilshommes, qui servoient sous leurs ordres on comptoit François de la Beaume, Comte de Suze; Pontevès, Comte de Carces; Flassans son frère, Gouverneur d'Aix; Gabriel de Bouliers, Seigneur de Cental; Guillaume de Ventabren; Gaspard de Glandevès, Seigneur de Faucon; Philibert de Castellane, Seigneur de la Verdiere; Castellane Saint-Juers; Forbin; Crillon; Galien, Seigneur des Issarts; Quiqueran de Beaujeu, & plusieurs autres. La Ville, qu'on n'avoit pas eu le tems de fortifier, ne fit qu'une foible résistance. On y exerça des cruautés dont l'Histoire fournit peu d'exemples, & qui feroient croire que de tous les êtres l'homme est peut-être le plus barbare. Les vainqueurs se répandirent dans les rues, en criant comme des forcenés pour s'exciter au carnage, *paguo Barjols; paye Barjols*, c'est-à-dire, porte la peine des excès commis à la prise de Barjols. Ils ne se contentoient pas de massacrer, dans le premier feu de la colère, ceux qui leur tomboient sous la main, ils étendoient leur inhumanité jusques sur les malheureux que la frayeur avoit chassés dans leurs asyles. Ils faisoient mourir les uns lentement à petits coups de poignards, pour leur faire sentir long-tems les horreurs de la mort, & précipitoient les autres de quelque lieu élevé sur des piques, des hallebardes, & des épées nues. Il y en avoit qu'ils suspendirent tout vivants par le menton à des cremaillères, pour les brûler à petit feu. On eut même la barbarie d'en couper quelques-uns en morceaux : les vieillards, malgré les rides vénérables de la vieillesse; les enfants, malgré les graces touchantes de leur âge, les pauvres, & les malades, si propres à inspirer la pitié, furent immolés comme les autres; & la rage s'éten-

XXIV.
PRISE DE LA VILLE D'ORANGE PAR LES CATHOLIQUES.

Le 6 de Juin, an. 1562.

Hist. d'Orange.
De Thou, Liv. 31.

XXV.
BARBARIES QU'ON Y COMMET.

dit jufques fur une troupe timide de cent neuf Montagnards qui étoient venus faire la moiffon, & qui ayant été furpris par le fiége s'étoient réfugiés dans la cuifine du château. Ils fe jettèrent, faifis de frayeur, aux pieds des foldats pour leur demander la vie ; mais ils furent tous maffacrés impitoyablement, & le fang ruiffela à grands flots dans la rue, par le canal qui fervoit à faire écouler les immondices. Il y avoit des malheureux auxquels on fe contentoit de fendre la bouche jufqu'aux oreilles, & on leur laiffoit la vie. Les femmes ne furent point épargnées dans ce maffacre général : les plus jeunes & les plus belles eurent la douleur avant de mourir, d'effuyer tous les affronts qu'une foldatefque effrénée & brutale peut fe permettre. Leurs cadavres furent expofés nuds dans les rues, avec des fignes d'opprobre d'autant plus affreux qu'on fembloit avoir deffein d'outrager la fécondité de la nature. Les cadavres des hommes, meurtris ou mutilés portoient dans les endroits les plus fecrets, des marques fanglantes du tourment qu'ils avoient enduré ; par-tout on voyoit l'empreinte du délire le plus barbare : on pouffa la frénéfie jufqu'à mettre entre les bras de ces corps morts, des cochons nouvellement tués ; d'autres avoient dans leur bouche ou dans de larges bleffures, faites exprès, des feuillets des Pfeaumes, ou du Nouveau Teftament traduits à l'ufage des Proteftants, & les feuillets de quelqu'autre Ouvrage fait en faveur de la nouvelle Religion ; les foldats crioient en les apoftrophant d'un air moqueur : *puifque vous avez tant aimé ces livres, mangez-en à préfent tout votre faoul ; dites à votre Dieu le fort de venir à votre fecours, il n'a pas été affez fort pour vous fecourir ;* enfuite ils crioient, en branlant leurs épées fanglantes, *où eft maintenant votre poltron de Dieu qui ne peut vous aider.* La plume fe refufe à décrire ces horreurs & ces impiétés monftrueufes ; l'on feroit tenté de croire que ce font tout autant d'inventions d'un Écrivain fombre

& mélancolique; mais le témoignage de l'Historien d'Orange & de M. de Thou, ne permet pas de les révoquer en doute; & quand même trompés par des relations suspectes, ils auroient chargé le tableau, il est impossible de croire que les excès qu'ils racontent soient entièrement controuvés : n'y en eût-il que la moitié, on n'en sera pas moins surpris du fond de méchanceté qu'il y a dans l'espece humaine, & du pouvoir qu'a le fanatisme de lui donner une nouvelle énergie.

Parmi beaucoup de faits que l'Historien d'Orange rapporte, & que nous avons supprimés, il y en a un qui peint d'une manière frappante, l'avidité d'un fils dénaturé : l'amour du pillage avoit attiré à ce siége une foule de gens de toute espece, parmi lesquels étoit un jeune homme d'Orange, que ses mauvaises actions avoient forcé de quitter la Ville. Avide de carnage & de butin, il égorge plusieurs personnes de sa connoissance, & court ensuite à la maison paternelle pour la piller : sa mere, qu'il haïssoit, avoit caché tout son argent, & se trouvoit avec plusieurs autres femmes que la crainte avoit rassemblées en un même lieu. Il fait tous ses efforts pour se faire livrer le trésor quelque peu considérable qu'il dût être : ayant été repoussé avec toute la véhémence, que l'indignation & la honte devoient inspirer à une mère outragée, il exagère à ses camarades les richesses qu'elle avoit cachées, & les enflamme du desir de les avoir : *Suivez-moi, leur dit-il, saisissez-vous de la femme que j'embrasserai, c'est ma mère ; & n'épargnez ni menaces ni tourments pour vous faire dire son secret.* Cette scène d'horreur fut exécutée comme il l'avoit conçue. La malheureuse mère se vit enlever son argent, après avoir éprouvé tous les outrages que sa confiance put provoquer. On peut juger par ce trait de l'ardeur avec laquelle les vainqueurs se livrèrent au pillage : lorsque leur avidité ne trouva plus d'aliment, ils mirent le feu à la Ville ; heureusement il tomba

BARBARIES QU'ON Y COMMET.

An. 1562.

une pluie abondante mélée de tonnerre & d'éclairs qui arrêta les progrès des flammes, avant que toute la Ville fut confumée : il n'y eut que le Château, le Palais, l'Evêché, & trois cents maifons qui furent réduites en cendres. Les vainqueurs, effrayés par la pluie & le tonnerre, fe fauvèrent dans le camp, ou fous des abris ; alors ceux des habitants qui avoient échappé au fer de ces barbares, & au feu, fortirent de leurs caches pour fe fauver hors de la Ville ; les uns s'évadèrent par la brêche, les autres defcendirent des remparts, par le moyen d'une corde, en portant avec eux le peu d'effets qu'ils avoient cachés ; mais la plupart ne trouvèrent pas même leur falut dans cette fuite précipitée ; ils furent rencontrés & dépouillés : quelques-uns même mis à mort : dans ce défordre général où l'identité d'habits & de langage faifoit confondre les afliégans & les afliégés ; lorfque quelques-uns de ceux-ci étoient pris, s'ils rencontroient dans le camp ou en rafe-campagne leur fils, leur père, leurs frères, leurs amis ou leurs voifins, ils faifoient femblant de ne pas les connoître, de peur de leur faire partager leur fort.

Les Catholiques qui avoient lâchement trahi leurs concitoyens, & qui avoient contribué à la prife de la Ville, en ouvrant les portes à l'ennemi, n'échapèrent pas à fa fureur. S'étant affemblés en armes, dans la Place avec leurs femmes & leurs enfans ; les vainqueurs s'imaginèrent qu'ils vouloient faire quelque réfiftance, & les firent tous paffer au fil de l'épée : delà ils marchèrent droit au Château, & promirent à la garnifon, qui étoit de cent neuf hommes, la vie fauve, fi elle vouloit fe rendre ; mais quand les foldats, qui la compofoient, eurent mis bas les armes, ils les précipitèrent du haut du rocher, ou les maffacrèrent inhumainement, terminant ainfi par un trait de noire perfidie, un tiffu d'horreurs, dont l'Hiftoire n'offre point d'autre exemple. Il y eut trois Gentilshommes, qui furent conduits prisonniers à Avignon ; savoir, Lacoste, Commandant du Château ; Caritat & Labays. Le tombeau de Louis de Vincent, Seigneur de Causans, Gouverneur de la ville, avoit été démoli par les Protestans, deux jours avant le siége.

Il semble que ces cruautés, qui auroient dû faire ouvrir les yeux aux deux Partis sur les maux inouis dont ils étoient cause, ne servoient qu'à échauffer leur fanatisme. Le Baron des Adretz, homme dur & barbare, & partisan outré des nouvelles opinions, voulut tirer vengeance du sang qu'on avoit répandu à Orange ; il s'en acquitta avec tout l'emportement d'un homme colère & fanatique. Grand Capitaine d'ailleurs, il avoit tout ce qu'il falloit pour conduire une expédition, du courage, de la vigilance & une activité infatigable dans le travail. Il partit de Grenoble avec quatre Enseignes, pour se rendre à Montelimar, où il arriva le 7 Juillet. Sa troupe grossissoit tous les jours, par les renforts qui lui venoient de toutes parts : en peu de tems il fut en état d'aller assiéger Pierre-Late, place située dans une plaine, & éloignée de plus d'une lieue des montagnes ; l'attaquer & s'en rendre maître, fut l'affaire de peu de tems. La garnison, étonnée d'une attaque si imprévue, se retira précipitamment dans le Château bâti sur un rocher escarpé, où l'on monte par un chemin très-étroit & très-rude. Des Adretz après avoir passé au fil de l'épée tous les habitants qu'il trouve armés, suit la garnison pour ne pas lui donner le tems de revenir de sa frayeur. Cette résolution hardie lui réussit comme il l'avoit prévu : la garnison aveuglée par une terreur, qui n'avoit fait qu'augmenter, court sans ordre, ne sachant quel parti prendre, & demande à capituler ; mais tandis qu'on dresse les articles, ceux d'Orange que la perte de leurs concitoyens rendoit furieux, & qui ne respiroient que vengeance, enfoncent la porte, entrent dans le Château, fondent sur les soldats qui le défendent, & ne font aucun quartier, en criant :

XXVI. Les Protestants vengent en d'autres lieux le sang de leurs freres.

Mém. de Perus. & de Thou.

An. 1562.

pague Ourange , paye Orange. Les uns font précipités du haut du rocher , & les autres tombent fous le glaive. Bourg & le Pont-Saint-Efprit, ouvrent leurs portes au vainqueur, qui marche auffitôt vers Boulene , dont les rues font teintes du fang des foldats deftinés à fa défenfe : de là , fon projet étoit de pouffer jufqu'à Avignon ; mais un accident arrivé à Grenoble , l'obligea de revenir fur fes pas. Il n'eft pas douteux que dans la confternation où fa marche rapide & fanglante avoit jetté le pays , il ne fe fut rendu maître de la place.

Montbrun, auquel il remit le commandement des troupes, fut profiter du vent favorable de la fortune : il mit le fiége devant la ville de Mornas, qu'il emporta d'emblée. Lacombe, qui y commandoit, fe retira dans le Château avec cent foldats, & quelques habitans déterminés à vendre chérement leur vie. Le Château étoit heureufement fitué fur un rocher de difficile abord ; mais comme Lacombe n'avoit point affez de monde pour en garder les avenues, & que les vivres commençoient à lui manquer , il écouta les propofitions qu'on lui fit de le laiffer fortir vie & bagues fauves. Il s'étoit trouvé avec fa troupe à la journée d'Orange. Les vainqueurs en les voyant ne purent contenir leur fureur ; ils s'écrièrent , comme pour s'exciter au carnage : *maffacre d'Orange* ; dans l'inftant cette malheureufe garnifon tomba fous le tranchant de l'épée. On jetta les cadavres dans le Rhône, afin qu'ils fuffent portés à Avignon , où commandoit Serbellon, l'ame & le moteur du fiége d'Orange ; & par une de ces barbaries qui deshonorent l'humanité , parce qu'elles annoncent le fang-froid avec lequel l'homme répand quelquefois le fang de fon femblable, on mit fur chacun des cadavres, ces mots : *laiffez-le paffer en liberté , il a payé les droits à Mornas*.

Il y en eut plufieurs, qui , au lieu d'être paffés au fil de l'épée , furent précipités du haut d'un rocher. Parmi ceux-là , un

feul

seul échappa par une espèce de miracle : il s'accrocha, en tombant, à un figuier sauvage, qui avoit crû sur le rocher ; les féroces soldats lui tirèrent plusieurs coups d'arquebuse sans l'attraper. Montbrun fit cesser les coups, croyant qu'il falloit pardonner à un malheureux, sur qui la Providence veilloit d'une maniere si visible.

Le Comte de Sommerive venoit d'emporter le Château de Lurs, quoiqu'il fût défendu par une forte garnison, & faisoit le siége de Sisteron, qui, par sa situation & par les ouvrages de l'art, étoit devenu le boulevard des Protestants. Cette ville est située sur le penchant d'une colline, entre deux montagnes fort élevées, le Molard & la Beaume, au milieu desquelles la Durance prend son cours : la Citadelle est bâtie au sommet de la colline, & cependant elle se trouve enfermée dans les murs de la ville : on peut l'attaquer de plusieurs endroits ; mais l'attaque la plus sûre, c'est d'établir les batteries sur deux éminences, qui sont au pied du Molard, & qui ont pris leurs noms des deux Eglises de Saint Jean & de Saint Brancon. De-là on bat aisément les murailles avec succès (1).

XXVII. Siege de Sisteron

De Thou.

Le village de la Beaume, situé de l'autre côté de la Durance, étoit alors remarquable, par une vieille tour, à laquelle aboutissoit, après un long circuit, un chemin rude, difficile & inaccessible au canon. Le Comte de Sommerive, au lieu d'attaquer d'abord ce village, pour entrer dans la ville par le pont qui l'en sépare, mit son camp dans la plaine, qui s'étend vers Puypin & la Basse-Provence.

---

(1) Il est parlé dans le cinquième Tome des Memoires de Vieilleville, du siège de Sisteron, que l'Editeur met sous l'année 1570. Les faits qu'il rapporte ne s'accordent point avec ce qu'on lit dans M. de Thou, & avec ce que rapporte dans ses Memoires Perussis qui écrivoit jour par jour ce qui se passoit. Nous avons regardé comme apochriphe tout ce qui est dans Vieilleville. D'ailleurs comment concilier la date de 1570, avec celle du Siege, qui est incontestablement de l'an 1562.

Tome IV.

Plusieurs raisons sembloient concourir à lui assurer le succès de son entreprise : la foiblesse de la Ville ; il n'y avoit point d'autres fortifications que quelques petites tours & une tour quarrée, qui servoit de clocher à l'Eglise, & sur laquelle on ne pouvoit placer que de petits canons : le manque d'artillerie; elle consistoit toute en quelques pièces d'un petit calibre ; la disette de vivres ; à peine en avoit-on pour nourrir durant quelques jours le grand nombre de personnes que la crainte avoit rassemblées, femmes, enfants, & autres gens incapables de porter les armes, & qui avoient choisi Sisteron comme un asyle contre la persécution.

D'un autre côté, les assiégés avoient bien des motifs de se défendre jusqu'à la derniere extrémité : ils n'avoient point de quartier à attendre de la part de leurs ennemis. Le Gouverneur de la Province leur avoit fait espérer du secours ; & déja Rambaud de Furmeyer, grand Capitaine, étoit entré dans la place avec un détachement de trois cent hommes.

Le Comte de Sommerive commença par faire nétoyer & réparer les chemins, que les assiégés avoient embarrassés & rompus ; ensuite il sortit de Castel-Arnoux, le 10 Juillet 1562, & arriva à l'heure de midi, sur les ruines de l'Eglise des Cordeliers, qui n'est qu'à une portée de mousquet de la Ville ; il plaça en cet endroit une batterie de deux couleuvrines & de deux canons de moyenne grandeur, en fit dresser une autre de deux pièces d'artillerie dans le chemin qui est au pied de la montagne du Molard, & sur la montagne il mit un Corps-de-garde pour observer les mouvements des assiégés.

Beaujeu commandoit dans la Ville ; il n'oublia rien pour se mettre en état de défense : soit piété, soit politique, afin d'inspirer aux soldats & aux habitants une confiance entiere dans la protection du Ciel, il ordonna des prieres publiques ; ensuite, après avoir assigné à chaque Commandant le quartier, dont il leur confioit la garde, il fit mettre fur la tour quarrée deux canons pour incommoder le camp des afliégeants. Ceux-ci la foudroyèrent avec une batterie qui fit beaucoup de mal pendant tout un jour. Le lendemain ils dirigèrent leur feu contre la partie de la Ville que la Durance baigne, & dont les murailles tomboient en ruine. Après les premieres décharges, le Comte de Sommerive fit fommer la garnifon de fe rendre : *votre Pere, lui répondit Beaujeu, m'a confié la garde de cette Ville, je la défendrai jufqu'à mon dernier foupir ; au refte, vous favez que ce n'eft pas l'ufage de fommer une Place, lorfqu'à peine on a commencé de la battre.*

Les afliégeants continuèrent donc de l'attaquer, & bientôt une brêche de plus de cent pas, leur donna occafion de tenter un affaut. Les afliégés étoient rangés pour les recevoir ; un moment avant l'action, les femmes & les enfants fe mirent en prieres, pendant que les afliégeants, ne proférant que des injures & des obfcénités, leur reprochoient les outrages qu'ils avoient faits à la plupart d'entr'eux, dans la perfonne de leurs femmes, & leur crioient de préparer des lits, comme s'ils devoient ce jour-là même couronner leurs fuccès par des plaifirs illicites. En effet, prenant leurs havrefacs, avant d'avoir vifité la brêche, & tout enivrés de l'efpoir d'une victoire affurée, ils montent deux fois à l'affaut, & deux fois ils font repouffés : ils reviennent à la charge une troifième fois avec auffi peu de fuccès ; Beaujeu, Furmeyer, Dubar, Malijay, Seguiran, fe furpaffent ce jour-là ; les femmes mêmes, les enfants, & tous ceux qui font hors d'état de porter les armes, contribuent à la défenfe, à leur maniere, & montrent un zèle égal au danger qui les menace. Cependant la nuit rappella les afliégeants à leurs logements : les femmes des afliégés employèrent ce tems-là à réparer la brêche : les travaux furent pouffés avec tant d'activité, que le lendemain les murailles fe trouvèrent en bon état,

SIÈGE
DE SISTERON.

An. 1562.

& le Comte de Sommerive perdit tout espoir d'emporter la Place d'assaut. Alors substituant la ruse à la force, il tenta d'attirer les assiégés dans un combat : ses artifices ne lui réussirent pas mieux que ses autres tentatives ; & il sentit qu'il ne devoit plus rien attendre que du découragement des assiégés, s'ils ne recevoient point de secours. Voilà pourquoi, ayant su que Soreze & Mauvans s'avançoient avec deux mille hommes de pied, pour renforcer la garnison, il fit passer le Buech à une partie de ses troupes, dans le dessein de leur fermer le passage : mais soit que les ennemis le gagnassent de vîtesse, soit qu'ils le trompassent par quelque fausse marche, il fut obligé de revenir sur ses pas le 18 Juillet, après avoir laissé entrer Soreze dans la Ville avec un renfort considérable.

Les assiégés, pleins de toute l'ardeur que cet événement devoit leur inspirer, firent la nuit suivante une sortie, au nombre de trois cens hommes, & s'avancèrent jusqu'à la batterie : mais n'ayant pu enclouer les canons, comme ils se l'étoient proposé, ils rentrèrent dans la Ville, après avoir défait le Corps-de-garde, qui étoit placé sur la montagne du Molard. Le lendemain & les jours suivans, il ne se passa rien de considérable, si ce n'est quelques escarmouches, dans lesquelles on se battit avec tant de fureur, que de part & d'autre on ne fit aucun quartier aux prisonniers.

Le même acharnement se renouvelloit dans le Comtat Venaissin : la terreur que Montbrun y répandoit, chassoit devant lui les habitans des Places peu fortifiées. Le Comte de Suze alla l'attaquer dans Boulene, & fut repoussé avec perte. Guillaume Bouvard, Seigneur de Roussieu, l'un de ses principaux Officiers, y perdit la vie ; & le Capitaine Gaucher de Ventabren y fut blessé, durant l'assaut, lorsqu'avec une témérité, naturelle à la jeunesse Françaife, il écrivoit sur un des créneaux de la muraille le nom de sa maîtresse.

Le Comte de Suze se replia sur Vauréas, dont il se rendit maître, & qu'il livra au pillage, la nuit du 23 au 24 Juillet 1562 ; il alla ensuite asseoir son camp sur une colline voisine de la Ville : le Baron des Adretz étoit venu joindre Montbrun avec un détachement Français, & une Compagnie de Suisses : ces deux Généraux campèrent sur une colline distante de l'autre d'une portée de canon ; mais elles étoient séparées par des tranchées, & des fossés, capables d'arrêter celle des deux armées qui voudroit attaquer l'autre. Le Baron des Adretz, à la tête de la sienne, résolut de forcer le Comte de Suze dans son camp. Les forces ne répondirent point au courage, les soldats furent bientôt épuisés de fatigue. L'Enseigne de la Compagnie des Suisses, énervé par la chaleur, & accablé sous le poids de sa cuirasse, perd la respiration & meurt. Le Baron des Adretz, craignant alors avec raison que la chaleur excessive du jour ne fasse périr ses troupes, déja fatiguées par la grande vivacité qu'elles mettent dans leurs attaques, les rappelle ; & après leur avoir laissé reprendre haleine, il les conduit jusqu'au haut de la colline, par un chemin plus long, mais beaucoup plus aisé. Dès qu'il est à portée de l'ennemi, le soldat plein de confiance, crie : *victoire, des Adretz* : le nom de ce Général répand la terreur dans le camp : on se bat cependant ; mais du côté des Catholiques, c'est avec une confusion qui présage une déroute certaine. Le Comte de Suze fit dans cette occasion tout ce qu'on devoit attendre d'un grand Capitaine. Ses troupes ayant été enfoncées & taillées en pièces, il ne dut son salut qu'à la bonté de son cheval ; son artillerie tomba entre les mains des ennemis, & les Gentilshommes, tant Français qu'Italiens, qui l'accompagnoient, furent tués ou blessés, ou faits prisonniers : les ennemis y perdirent aussi beaucoup de monde.

Le lendemain, le Baron de Adretz prit la route d'Avignon ; & en s'avançant, il chassa devant lui les garnisons de Cade-

LES DEUX PARTIS RAVAGENT LE COMTAT.

Mém. de Per.

rouffe, de Bédarides, de Courtaifon, d'Orange, de Sarrian, de Piolenc & de Château-neuf; le Pont de Sorgues fe rendit ainfi que le Fort. Les habitants d'Avignon, pleins d'ardeur pour la défenfe de leur Patrie, prirent les armes au nombre d'environ fept mille hommes, parmi lefquels on diftinguoit Crillon, Capitaine de la cité, Louis Gabrielly, le Chevalier de Cambis, de Farret, d'Orfan, d'Anfelme, la Beaume, Maîtres de l'Artillerie, & Saluffio de Péruffis. Le Baron fentit qu'il étoit dangereux de vouloir les forcer dans leurs foyers; & pour ne pas compromettre l'honneur de fes armes, il fe replia fur la ville de Carpentras, qu'il croyoit emporter d'affaut. Les habitants, animés du même efprit & du même feu que ceux d'Avignon, étoient difpofés à périr fur la brêche, plutôt que de fe rendre: Seguin, Allemand, Gérentous, Fortia, Rhaphelis, Claude de Bedoin, Jean de Mourmoiron, & plufieurs autres foutenoient, par leur exemple, le courage de leurs concitoyens. Des Adretz voyant encore fes efpérances trompées, leva le camp & reprit la route de Courtaizon, la nuit du 2 Août 1562. Son extrême activité fembloit le reproduire; en peu de tems, on le voyoit reparoître en plufieurs endroits. Les avantages qu'il remporta ne font pas affez confidérables, pour mériter d'être décrits: ce font des villages ouverts de toutes parts, qui fe foumettent, & quelques habitants paffés au fil de l'épée: l'événement le plus confidérable fut la reprife du Château de Sorgues, dont les Catholiques s'étoient emparés depuis peu de tems. Ce Château étoit un des plus beaux édifices du pays: il n'étoit défendu que par une garnifon de vingt-cinq hommes, lorfque le Baron des Adretz l'attaqua le 29 Août, avec quatre pieces d'artillerie & une armée, que les Mémoires de Péruffis font monter à trois mille hommes d'infanterie, & à quatre cent chevaux. Il l'emporta d'affaut, après une défenfe telle qu'on pouvoit l'attendre d'une garnifon auffi peu nombreufe, & le livra aux flammes, qui, à la faveur du vent, le confumèrent en peu d'heures : Serbellon étoit venu avec Crillon, d'Aubaïs, Cambis Velleron, Raymond Modène, Suarès, François Perruffis, le Chevalier de Puget, & Jean de Roux, Seigneur de Lamanon, pour le fecourir ; mais il fut mis en fuite, & l'ennemi feroit entré pêle-mêle avec les fuyards dans Avignon, s'il avoit fu profiter de leur confternation ; il aima mieux aller faire le dégât dans la ville de Cavaillon, dont il brûla l'Eglife Catthédrale.

En examinant la conduite de ces troupes, on s'apperçoit que ce n'eft pas le courage qui leur manquoit : la haine, l'amour de la vengeance & le fanatifme étoient plus que fuffifants pour en faire des foldats déterminés ; mais ce qu'on ne remarque pas dans les Chefs, c'eft le talent qui fait prévenir les fautes, & profiter de celles des adverfaires.

Sommerive étoit toujours occupé au fiége de Sifteron : il crut que les ennemis viendroient tomber fur lui avec toutes leurs forces, & qu'il feroit vaincu s'il les attendoit. Ayant donc laiffé peu de troupes devant la Ville, il alla camper avec le refte de fon armée, entre l'Efcale & les Mées, qui eft un bourg confidérable. Cette fituation étoit fort avantageufe ; il avoit d'un côté la Durance ; de l'autre, une petite riviere ; & au midi, une chaîne de montagnes inacceffibles. Il n'étoit à découvert que du côté où s'étend une plaine fertile, par laquelle il pouvoit aifément tirer de la Baffe-Provence les vivres & les munitions de guerre dont il avoit befoin. Il fit ouvrir de ce côté-là trois foffés fort profonds, pour fe mettre à l'abri de toute infulte de la part des ennemis. Ceux-ci, commandés par Cardé & Ponat, fous les ordres du Comte de Tende, effayèrent en vain de l'attirer à une bataille ; il fe tint renfermé dans fon camp, jufqu'à ce que la difette de vivres les obligeât de fe retirer. Alors, ayant raffemblé toutes fes troupes, il alla reprendre le fiége de Sifteron : il plaça fur chacune des deux collines, dont nous avons

XXIX. Continuation du Siége de Sistron.

De Thou.
Les Hift. de Prov. & Mém. de Coulis, t. III. p. 645.

parlé ci-dessus, une coulevrine & un gros canon qui firent un feu si vif, qu'en très-peu de tems il y eut une brêche de cent quarante pas de large. La grandeur du péril ne fit que donner plus d'activité au courage des habitants : les femmes sur-tout se distinguèrent, comme elles avoient déja fait dans les occasions précédentes : elles portoient à la brêche, de la terre, des matelas, des fascines, du fumier ; en un mot, tout ce qui leur paroissoit propre à mettre les murailles en état de défense : rien ne pouvoit rallentir leur ardeur, ni les risques qu'elles couroient, ni les cris des mourans, ni l'horreur que devoient leur inspirer les cadavres sur lesquels elles étoient obligées de marcher, pour aller à la brêche.

Trente-deux Compagnies montèrent à l'assaut : l'attaque dura sept heures. Les assiégés animés par Gerente-Senas & Mauvans soutinrent avec un courage intrépide les efforts des ennemis. Après plusieurs heures de combat, la poudre ayant manqué de part & d'autre, la mêlée fut des plus vives : on combattit corps-à-corps, l'épée à la main, avec des pierres, & même à coups de poings. La garnison accablée par le nombre, épuisée de fatigue, affoiblie par les pertes qu'elle avoit faites, lâcha le pied, & se replia derriere un retranchement, voisin des remparts, où elle passa la nuit. La situation où se trouvoit la Place, ne faisoit point espérer aux Chefs de pouvoir la garder ; ils résolurent donc de l'abandonner : cependant, comment se flatter de se sauver à travers l'ennemi, qui gardoit tous les passages, excepté un seul qu'on ne pouvoit s'exposer à franchir sans péril, à cause des obstacles que le local présentoit de toutes parts. Que faire, d'ailleurs, de ce grand nombre de femmes & d'enfants qui étoient dans la Ville ? Il y auroit eu de l'inhumanité à les livrer à la fureur de l'ennemi ; & d'un autre côté, on ne pouvoit les emmener sans beaucoup d'inconvéniens, & même sans danger. La délibération des Commandans ne fut pas tenue si secrete, que les assiégeans n'en fussent instruits : mais ils ne voulurent pas croire que la Place fût dans une situation aussi fâcheuse qu'on le disoit. Gabriel de Bouliers soutint que c'étoit une ruse des assiégés, qui faisoient courir de faux bruits pour engager une nouvelle attaque, durant laquelle ils feroient une sortie par un autre endroit, & enclouroient ou démonteroient les canons. Ces réflexions furent cause, que dans le camp, on n'osa rien entreprendre de toute la matinée : cependant la garnison étoit sortie durant la nuit, traînant avec elle, dans un chemin raboteux & pénible, une longue & triste suite de femmes grosses, de mères qui portoient leurs enfants à la mamelle, ou qui menoient par la main ceux qui étoient en état de marcher ; les assiégeants n'apprirent cette évasion que sur la fin du jour, & lorsque cette troupe infortunée étoit déja loin de Sisteron. Ils entrèrent dans la Ville, après un siège de trois mois, & envoyèrent à la poursuite des fuyards quelques gros détachements, qui firent main-basse sur plus de deux cent personnes, que la fatigue avoit forcées de rester en arriere. Les autres, au nombre de quatre mille, marchèrent nuit & jour sous l'escorte de quelques Compagnies d'Arquebusiers ; & après avoir erré pendant long-tems dans les vallées du Piémont, & sur les montagnes de Provence & du Dauphiné, toujours exposés ou à mourir de faim ou à être surpris par les ennemis, ils arrivèrent enfin à Grenoble, le 27 Septembre, après plus de vingt jours de marche. Deux mois après, le Baron des Adretz parut devant la ville d'Apt, qu'il fut sur le point de prendre par trahison : le complot fut découvert ; alors il donna plusieurs assauts, qui ne servirent qu'à faire éclater le courage des habitans par la résistance qu'ils lui opposèrent. Ces mauvais succès lui firent prendre la résolution de bloquer la ville, dans l'espérance qu'il la réduiroit par famine. En effet, elle auroit été forcée de se rendre, si Jacques Seignoret, député par

LA GARNISON SORT SECRETEMENT DE LA VILLE.

Hist. manusc. de la ville d'Apt.

Tome IV.   Z

les habitants vers le Comte de Sommerive, pour lui demander du secours, n'eût engagé ce Seigneur à venir à la défense de la Place. Le Baron des Adretz, ne jugeant pas à propos de l'attendre, leva précipitamment le blocus ; mais avant de partir, il déchargea sa vengeance sur le Couvent des Cordeliers, qu'il livra au pillage & aux flammes.

Parmi les Gentilshommes Provençaux qui se distinguèrent au siége de Sisteron, on peut nommer les deux Pontevès, l'un Seigneur de Carces, & l'autre de Flassans ; Brancas, Vintimille, Villeneuve, d'Agoult-Ollières, Castellane-la-Verdiere, qui perdit la vie dans un combat singulier. On rapporte que plusieurs Dames, parmi lesquelles étoit sa femme, les Dames de Sommerive & de Carces, vinrent voir le camp ; & que la Verdiere, voulant leur donner une preuve de son adresse & de son courage, monte à cheval, & va défier Mauvans, qui étoit un des Chefs du camp ennemi. Mauvans entre dans la lice, suivi du Comte de Grasse du-Bar ; & à peine ces trois champions sont en présence, qu'ils font le coup de pistolet. Mauvans blessa la Verdiere ; & le Comte du Bar s'étant ensuite jetté sur lui, l'acheva d'un coup d'épée.

M. de Condé t. III. p. 646.

Les autres Gentilshommes, qui se firent remarquer au siége de Sisteron, étoient le Commandeur de Glandevès Cujes, Blaccas-d'Aups, le Commandeur du Castellane-Salernes, Porcellet, Grimaldi, Forbin, Quiqueran-Ventabren ; Castillon, Seigneur de Castellet ; Puget-Saint-Marc, Raimond-d'Eoulx, Grasse-Briançon, la Tour-Romoles, Lamanon & Simiane-la-Coste. Mazin, de Grasse commandoit une Compagnie, ainsi que Taillades, de Lambesc ; Damian-Vernegues, la Roquette, & le Capitaine Icard, d'Arles.

M. des Comtes de Carces, & M. de Teruss.

Hist. de Mars. p. 340.

Les Compagnies de Marseille, commandées par Nicolas de Bausset, Paul Imperialis & Guillaume Olive, se signalèrent dans plus d'une rencontre : car dans cette Ville le fanatisme avoit auffi fes partifans. La populace furieufe contre les Proteftans, en pendit plufieurs dans une émeute ; les autres ne durent leur falut qu'à la prudence & à la fermeté du premier Conful Jean de Riqueti, Seigneur de Mirabeau.

Le tems feul & les lumieres pouvoient procurer ce calme dont tant d'horreurs commifes, au nom de la Religion, faifoient fentir la néceffité. Cependant le Roi procura une tranquillité momentanée, par l'Édit de Pacification, donné à Amboife le 19 Mars 1563. Par cet Acte célèbre, il permettoit aux Seigneurs Hauts-Jufticiers l'exercice libre & public de leur religion, dans l'étendue de leurs Seigneuries, & accordoit à tous les Nobles la même liberté pour leur maifon feulement, pourvu qu'ils ne demeuraffent pas dans des bourgs ou villes, dont la Jurifdiction appartînt à quelque Seigneur particulier ; il ordonnoit en même tems, que dans tous les Bailliages immédiatement foumis aux Cours fouveraines, on affigneroit aux Proteftants une ville pour y établir le nouveau culte, & leur confirmoit la liberté de tenir leurs Prêches dans celles dont ils étoient maîtres avant le 7 Mars. L'article de cet Édit, qui faifoit le plus d'honneur à la fageffe du Souverain, eft celui par lequel il accordoit une amniftie générale de tout le paffé, & difpenfoit le Prince de Condé de rendre compte des deniers royaux, qu'il avoit employés pour les frais de la guerre. Il finiffoit en déclarant que ce Prince n'avoit pas ceffé d'être fon fidèle Coufin, & bien affectionné pour le Royaume ; & que les Seigneurs, les Gentilshommes, & tous ceux qui avoient fuivi fon parti par zèle de religion, n'avoient rien fait, foit à la guerre, foit dans l'adminiftration de la Juftice, qui ne pût être juftifié, par la droiture de leurs intentions, & par leur zèle pour le fervice de Sa Majefté. Ces fentimens étoient les feuls qu'il convint d'avoir dans les circonftances préfentes ; ils honoroient le Souverain, & pouvoient lui gagner la confiance de fes fujets. Mais pouvoit-on fe flatter

XXXI.
Edit de Pacification.
An. 1563.

que les Catholiques zélés verroient élever à côté de leur Eglises, des temples, où des Ministres sans mission viendroient déclamer contre la hiérarchie Ecclésiastique, attaqueroient plusieurs points importants de notre dogme, & établiroient un culte inconnu dans les siècles précédens? D'un autre côté, comment se persuader que des hommes enthousiastes d'une nouvelle doctrine pour laquelle ils avoient pris les armes; qui tenoient à leurs opinions; les uns, par persuasion; les autres, par libertinage; plusieurs par ambition, afin d'avoir un prétexte honnête de se rendre nécessaires dans l'État, ou formidables au Souverain? Comment se persuader que des hommes conduits par ces différents motifs mettroient bas les armes, sans avoir obtenu des conditions favorables? De cette opposition d'intérêts, nâquit l'Édit de Pacification, qui ne devoit contenter personne. Un grand nombre de Catholiques se souleva contre la tolérence de religion; & le Roi fut au moment de voir rallumer un feu qu'il s'étoit proposé d'éteindre. Jaloux de prévenir ce malheur funeste, il donna une interprétation de son Edit, & déclara qu'en accordant la liberté de tenir des assemblées dans tous les lieux où il s'en tenoit le 7 Mars; il n'avoit voulu parler que des Villes de guerre, dans lesquelles on avoit publiquement professé la nouvelle religion. Les personnes de l'un & de l'autre sexe, qui, après s'être consacrées à la vie religieuse, avoient quitté leur Couvent, pour vivre dans le siècle, sous l'étendard de la Réforme, eurent ordre de rentrer dans leur premier état, sans aucun égard pour les mariages qu'ils pouvoient avoir contractés, & que le Roi déclaroit nuls. Son intention étoit de maintenir la paix & la tranquillité des familles, qui auroient été obligées d'admettre au partage de leurs biens, des gens qu'on n'avoit point comptés au nombre des héritiers, à cause des liens qu'ils avoient contractés dans le Cloître Un autre article de la nouvelle Déclaration, déplut beaucoup aux Protestants ; c'est celui par lequel le Roi déclaroit, que les lieux appartenans à l'Eglise, seroient désormais exceptés du nombre de ceux où ils pourroient faire leurs Prêches. Ce dernier article fut particuliérement fait contre le Cardinal de Châtillon & contre Saint Roman, Archevêque d'Aix, qui, professant publiquement la nouvelle religion, s'efforçoient de l'établir dans leurs Diocèses, & vouloient en introduire l'exercice public jusques dans les lieux saints.

XXXII. LES ÉTATS Y METTENT OPPOSITION.

Cette Déclaration déplut encore aux deux partis : les Protestans s'imaginèrent qu'on vouloit leur ôter cette liberté de conscience qu'on leur avoit d'abord accordée, & pour laquelle ils avoient pris les armes. Les Catholiques, au contraire, craignirent que l'Hérésie ne triomphât, si l'on cessoit de la combattre : le Parlement de Provence témoigna à ce sujet des inquiétudes que la Cour tâcha de calmer, lorsqu'elle lui écrivit pour l'engager à vérifier l'Edit. Les Etats étoient alors assemblés ; le Parlement leur communiqua la lettre du Roi, qui ne les empêcha pas de s'opposer au rétablissement des Prêches, sous prétexte que ces sortes d'assemblées avoient été cause de tous les désordres passés. On les défendit donc, sans porter cependant l'inquisition dans l'intérieur des ménages, où chacun eut la liberté de vivre suivant les lumières de sa conscience.

Lettr. Roy.

La mort tragique de Benigna Ornano (1) vint faire un moment diversion aux affaires importantes de la religion. Cette Dame, fille unique & héritiere de François Ornano, un des plus riches Seigneurs de la Corse, avoit épousé Sanpietro, soldat de fortune, né à Basilica, petite ville de cette Isle. Sanpietro par sa naissance ne pouvoit pas aspirer à une alliance aussi illustre ; mais il répara le défaut de noblesse par des actions & des

XXXIII. MORT TRAGIQUE DE BENIGNA ORNANO.
An. 1563.
De Thou.l. 41.
D'Aubigné,l.p. l. 4.

---

(1) M. de Thou l'appelle Vannina, nous croyons que le Parlement d'Aix étoit mieux instruit sur le véritable nom de cette femme ; voilà pourquoi nous l'appellons Benigna conformément aux Registres de cette Cour.

qualités militaires, qui l'élevèrent au grade de Colonel, en combattant pour la France contre les Gênois, ses légitimes Souverains. Son ambition étoit de souftraire la Corse à leur domination; & pour en venir à bout, il fit des prodiges de valeur, pendant tout le tems que la République fut en guerre avec la France. La paix entre ces deux Puissances ayant mis un terme à ses exploits, n'en mit point à son zèle, ni à la haine qu'il avoit contre les Gênois : il chercha d'abord à soulever contr'eux le grand Duc de Toscane, qui refusa d'entrer dans ses projets, ensuite les Turcs, dont la puissance navale étoit formidable dans la Méditerranée. Les Gênois n'oublièrent rien pour rendre inutiles les intrigues de ce dangereux ennemi : ils résolurent même d'attirer à Gênes sa femme & ses enfans, bien persuadés que quand ils les auroient en leur pouvoir, ils forceroient Sanpietro à demeurer tranquille, par la crainte qu'il auroit de les voir immoler à leur vengeance. Benigna & ses enfans, qui avoient été bannis de Corse avec lui, par un Arrêt du Sénat, étoient alors à Marseille. Dans cette vue, les Gênois cherchèrent à gagner les domestiques de cette malheureuse fugitive, entr'autres un Prêtre, nommé Michel, à qui Sanpietro en partant avoit confié l'éducation de ses deux fils Alphonse & Etienne-François. Ce Prêtre & les domestiques, persuadèrent à Benigna qu'il étoit de son intérêt de se rendre à Gênes ; que là, il ne lui seroit pas difficile, soit par elle-même, soit par le crédit de ses parens, d'obtenir la grace de son mari & la restitution des biens que sa révolte lui avoit fait perdre. Benigna étoit attachée à sa famille, dégoûtée de l'esclavage où la tenoit l'humeur sombre & farouche de son mari, & désiroit passionnément de rendre à ses enfans leur patrie & les biens de ses peres. Ainsi elle n'eut pas de peine à se décider à partir. En effet, elle envoie devant elle ses meubles & ses bijoux, s'embarque avec Antoine-François son fils, & le Prêtre Michel, qui étoit chargé de la conduire. Mais à peine elle a mis à la voile, qu'Antoine de Saint-Florent, l'ami & le confident de Sanpietro, monte fur un brigantin, & fait tant de diligence qu'il la joint près d'Antibes, & la met entre les mains du Comte de Grimaldi, Seigneur du lieu : celui-ci n'ofant ni la garder dans fon Château, ni la mettre en liberté, l'envoya au Parlement de Provence, Juge & protecteur naturel de ces fugitifs.

<small>MORT TRAGIQUE DE BENIGNA ORNANO.</small>

Sanpietro arrive peu de tems après à Marfeille ; inftruit de ce qui venoit de fe paffer, il vole à Aix, va dans la maifon où eft fon époufe, & demande à la ramener chez lui. Le Parlement, avant de la lui rendre, envoya des Commiffaires à Benigna pour favoir fi elle confentoit à retourner vers fon mari. Benigna avoit un courage au-deffus de fon fexe ; & dans cette occafion, outre qu'elle bravoit le danger dont elle étoit menacée, elle crut qu'il étoit de fon devoir & de fon honneur de reprendre les liens qui l'attachoient à fon mari. Elle répondit donc affirmativement, quoiqu'elle fe doutât du funefte fort qui l'attendoit. En conféquence, la Cour la remit à Sanpietro le 15 Juillet 1563, après avoir atteflé l'innocence de cette femme, & enjoignit au mari de la traiter avec tous les égards qu'elle méritoit.

<small>Reg. du Parl.</small>

Arrivé à Marfeille, Sanpietro fentit rallumer fa colère, quand il vit fa maifon dépouillée de tous les meubles. Ce dénuement lui rapella la fuite de fa femme vers fes ennemis déclarés : alors n'étant plus maître de fon reffentiment, il réfolut de lui ôter la vie : mais comme il ne perdoit jamais pour elle ce refpect, dont il s'étoit fait une longue habitude, à caufe de la différence que la naiffance illuftre de fa femme mettoit entr'elle & lui, il lui parla encore cette fois tête nue, & dans une contenance refpectueufe, qui ne l'empêcha pourtant pas de lui reprocher fa perfidie, & de lui dire que fa faute ne pouvoit s'expier que par la mort. Auffitôt il ordonne à deux efclaves d'exécuter cet arrêt barbare.

Benigna, qui l'avoit prévu, qui connoissoit d'ailleurs le caractère dur & inflexible de son mari, ne lui demanda pas la vie ; elle le pria seulement avec instance, puisqu'elle devoit mourir, que ce fût au moins par la main de l'homme qu'elle avoit choisi pour son époux à cause de sa valeur & de son courage, au lieu d'expirer par le ministere de vils esclaves. Sanpietro, sans être ému de ce discours, fait retirer les bourreaux, se jette aux pieds de son épouse, lui demande pardon en termes respectueux & soumis, passe à son col le cordon fatal, & l'étrangle avec deux filles qu'il avoit eues d'elle.

Une chose qui ne paroîtra pas moins inconcevable, c'est qu'il eut la barbarie de se vanter publiquement à Marseille de ces cruels assassinats. Le Procureur-Général du Parlement en porta plainte le 19 Août de la même année. Sanpietro effrayé, courut à Paris pour justifier son crime : il y trouva tous les esprits saisis d'horreur. Les femmes sur-tout qui craignoient les suites d'un si dangereux exemple, firent éclater toute leur indignation. On dit même que la Reine refusa de le voir, & que Sanpietro ayant un jour découvert sa poitrine cicatrisée par les blessures qu'il avoit reçues au service de l'Etat. *Qu'importe au Roi*, dit-il, *qu'importe à la France que Sanpietro ait bien ou mal vécu avec sa femme*. Ces paroles prononcées d'un ton ferme par un homme féroce, mais qui avoit rendu de très-grands services à la Couronne, firent impression, & il obtint sa grace dans un siècle où le courage tenoit lieu, pour ainsi dire, de toutes les vertus.

L'arrêté que le Parlement de Provence avoit fait pour s'opposer au rétablissement des Prêches, irrita fort le Roi, qui avoit promis aux Huguenots de faire exécuter l'Edit de Pacification dans son Royaume. Ce Prince envoya dans cette Province le Maréchal de Vieilleville, avec le premier Président du Parlement de Grenoble, pour ramener les Magistrats

à

à des voies plus modérées. Arrivé à Aix, le Maréchal assembla le 8 Août 1563, quelques Gentilshommes des plus distingués parmi la Noblesse, avec Augustin Foresta, Baron de Tretz; François de Pérussis, Baron de Lauris, Présidents; & les Conseillers Ermenjaud, Rascas, Geoffroi, Saint-Marc, Dedons, & plusieurs autres.

Il leur fit part des ordres du Roi, & de l'intention où il étoit de les faire exécuter dans toute leur étendue, pour donner au Royaume & à la Provence en particulier la paix & la tranquillité que les malheurs passés rendoient nécessaires. En conséquence, il fut arrêté que ceux de la Religion prétendue réformée, se retireroient dans leurs maisons, & seroient rétablis & réintégrés dans leurs biens, offices & états, suivant l'Edit du Roi.

XXXIV.
L'Édit : publication est reçu avec des modifications
Bouch. t. II. p 643, & Nostrad.

Qu'ils vivroient dans leurs maisons en toute sûreté & liberté de conscience, sans pouvoir être aucunement recherchés, ni inquiétés par personne, sous quelque prétexte que ce fût.

Qu'ils seroient conduits dans leurs maisons en petites troupes, par gens notables à ce commis & députés. Il leur fut défendu, & à toutes personnes, de quelqu'état & qualité qu'elles fussent, de porter les armes, excepté à ceux qui avoient ci-devant ce droit, & encore ne pouvoient-ils porter que l'épée & la dague.

Comme la Provence est pays frontière, il étoit permis à chaque habitant d'avoir des armes en sa maison, pour les porter & en user quand le service de l'Etat l'exigeroit, & qu'ils en seroient requis par le Gouverneur.

Les chansons, les paroles injurieuses, tendantes à exciter quelque sédition, furent également défendues, sous les peines les plus grièves; ainsi que les prêches & l'exercice public du nouveau culte, jusqu'à ce que le Roi en eût autrement ordonné.

Tome IV.   A a

Tous ces articles furent reçus & approuvés: mais il n'étoit pas aisé de changer l'opinion; & c'est l'opinion qui produit & qui regle les mouvemens de la Société. Lorsque les Magistrats attachés à la nouvelle Religion, voulurent reprendre leurs Charges, on leur demanda leur profession de foi: ils la refusèrent, par la raison que les Edits leur accordoient une entiere liberté de conscience, & présentèrent des Lettres-Patentes, par lesquelles Sa Majesté les dispensoit de prêter serment, & de s'expliquer sur les vérités contestées. Ces Lettres avoient été vraisemblablement fabriquées par des Commis gagnés à force d'argent, ou partisans outrés de la réforme. Car peu de tems après, les Consuls d'Aix en reçurent d'autres, par lesquelles Sa Majesté supprimoit les Offices des Magistrats imbus des nouvelles opinions. Cette incertitude dans les principes du Gouvernement, ne laissoit aucune base à la paix qu'on vouloit établir. Le parti vaincu conservoit, dans son abaissement, ses prétentions & son audace; & les vainqueurs, toujours dans la défiance, vouloient s'assurer par la force, de ce qu'ils n'étoient pas certains de conserver par la protection du Souverain: ainsi les esprits éprouvoient toutes les agitations de la haine, lorsqu'ils sembloient être réunis sous un calme apparent.

Le Maréchal de Vieilleville étoit encore en Provence, lorsque ces contestations s'élevèrent dans le Parlement. Il eut le bonheur de les terminer. Les Magistrats Catholiques exigèrent seulement des autres, qu'ils s'engageassent par serment à rendre la justice avec toute l'exactitude & l'impartialité qu'on doit attendre de Magistrats intègres.

Cet acte de modération auroit dû rassurer les nouveaux Evangélistes, sur les dispositions de leurs adversaires: mais envenimés par ces soupçons & ces craintes, dont il est difficile de se dégager, lorsque les deux partis ont fait éclater leur haine par les guerres civiles, ils crurent qu'il n'y auroit jamais de sûreté pour eux, tant qu'il resteroit au Parlement quelques Membres, dont ils avoient eu à se plaindre. Ils mirent donc sous les yeux du Roi le tableau des violences que les Catholiques avoient commises dans la ville d'Aix, & la coupable indulgence des premiers Juges, qui sembloit les encourager par l'impunité. Ces plaintes appuyées du crédit de l'Amiral de Coligny, de celui de la Reine d'Angleterre, & des Princes Protestans d'Allemagne, firent impression sur l'esprit du Roi. Ce Prince, pour ne laisser aucun prétexte à la discorde, & peut-être aussi pour se débarrasser des importunités des hommes puissants, qui favorisoient la nouvelle Religion, suspendit de leurs fonctions les anciens Magistrats (1), & établit une Commission composée d'un Président & de douze Conseillers tirés du Parlement de Paris & du Grand-Conseil, pour rendre la justice en Provence. Boniface (2) Pellicot, que son mérite faisoit distinguer à Marseille dans l'Ordre des Avocats, fut le seul Provençal reçu dans ce nouveau Tribunal, où il fit les fonctions de Procureur-Général. Le Roi crut, sans doute, que des Juges

XXXVI.
ILS SONT SUPPRIVÉS.
Reg. du Parl.
An. 1564.

---

(1) Ces Magistrats étoient : Jean-Augustin de Foresta, Premier Président, Louis de Puget ; François de Perussis, & Gaspard Garde, sieur de Vins, tous trois Présidents ; Honoré de Tributiis ; Nicolas Ermenjaud ; François Rascas ; André Ardillon ; Honoré Laugier ; François de Genas ; Antoine Geoffroy, d'Aix ; Antoine de Leon, d'Orgon ; Claude de Panisses, d'Avignon ; Pierre Bompar ; Antoine de Saint Marc, de Saint Maximin ; Nicolas Fabri ; Guillaume Duchaine, de Brignolles ; Honoré Sommati ; Honoré de Dons, d'Istres ; Charles de Château-Neuf ; Louis Antelmi ; Jean Giraud ; Louis Coriolis ; Guillaume Aymar ; Claude Michaëlis ; B. Romani ; Barthelemi Thomas ; Antoine Pena, de Moustiers ; Claude Durand ; Jean Ferrier ; Jean d'Arcussia ; Jean Griffon, Conseillers. Jean de Puget, Avocat Général ; Raimond de Piolenc, Procureur-Général ; Jacques de Rabasse Procureur-Général.

(2) Ce Boniface Pellicot est vraisemblablement le même qui fut nommé Procureur du pays, Assesseur en 1556. Il est le premier Assesseur qui ait occupé le second rang dans la liste des Procureurs du pays.

qui n'auroient, dans le Pays, ni parens, ni connoiſſances, mettroient dans leur conduite cette impartialité, qui faiſant reſpecter la Magiſtrature, devient le fondement le plus aſſuré de la tranquillité publique. Le Comte de Tende fit ſignifier ces ordres aux anciens Magiſtrats le 12 Avril 1564, & le 14 les nouveaux entrèrent en exercice.

La ſuſpenſion du Parlement ne dura que huit mois. Des Juges étrangers, peu verſés dans les loix & les uſages du pays, aſſervis aux volontés de la Cour & du Gouverneur, en bute aux familles qui venoient d'être dépouillées de leurs Charges, ne pouvoient faire aucun bien. D'ailleurs le Roi fut informé que ſur pluſieurs chefs on avoit calomnié les anciens Magiſtrats; que ſi le fanatiſme & la haine les avoient quelquefois égarés, leurs ennemis avoient exagéré leurs fautes, & ſouvent les avoient occaſionnées par leur propre conduite. Ils furent donc rappellés le 4 Décembre 1564, à condition que les nouveaux Officiers reſteroient dans leurs Charges, qu'ils ſiégeroient avant eux, & que Morſan garderoit la place de Premier Préſident, le Baron de Trecz & les autres Préſidents ne devant prendre leur rang qu'après lui; mais tous les Conſeillers-Commiſſaires retournèrent bientôt après à la Capitale.

Charles IX étoit alors en Provence avec la Reine ſa mere, ſon frere le Duc d'Anjou, le jeune Roi de Navarre, le Prince de la Roche-ſur-Yon, les Cardinaux de Bourbon & de Guiſe, Anne de Montmorency, Connétable de France, & pluſieurs autres Seigneurs. Il avoit vu en paſſant à Lyon, & enſuite à Avignon, le Duc & la Ducheſſe de Savoie, que la voix du ſang & de l'amitié, & peut-être auſſi des intérêts politiques, avoient appellés en-deçà des Monts.

La préſence du Souverain réveilla dans le cœur des peuples, ces ſentimens d'amour & de fidélité que les troubles de religion avoient altérés. On ſe ſentit plus diſpoſé à le ſervir, quand on vit qu'il s'affligeoit des miseres publiques. Ce fut en effet alors qu'il rétablit les anciens Officiers de la Cour, & qu'il supprima les droits qu'on levoit à Marseille sur les marchandises du Levant. Le commerce de cette ville n'avoit point encore reçu les encouragements dont il avoit besoin, pour prendre un certain essor. Aussi ne pouvoit-il pas soutenir la concurrence avec celui que faisoient les Républiques d'Italie, parce que l'industrie foible & languissante, n'avoit encore pu enrichir les Particuliers qui s'y livroient. Les Nobles à qui appartenoit presque toute la richesse territoriale, ne dédaignoient pas, à la vérité, d'être compris dans la classe des Négocians : mais il étoit à craindre que le préjugé, plus fort que l'intérêt, en cette occasion, ne les arrêtât, malgré les exemples contraires que l'Italie leur fournissoit : car en Italie c'étoit dans les mains des Nobles que le commerce avoit pris toute sa force & sa splendeur (1). Charles IX ayant senti cet obstacle pendant son séjour en Provence, & voulant donner au commerce de Marseille toute l'activité dont il étoit susceptible, déclara le 10 Janvier 1566, que les Gentilshommes pourroient négocier en gros, sans déroger à la Noblesse, pourvu qu'ils ne tinssent point boutique ouverte, & qu'ils ne vendissent point de marchandises en détail. Cette Déclaration étoit d'autant plus nécessaire, que les Provençaux étant voisins de l'Italie, ayant vécu pendant long-tems sous la même domination que les Napolitains & les Florentins, ayant eu des liaisons intimes avec Gênes & Pise, avoient pris les mœurs & les usages des Italiens, & avoient même vu des familles nobles se transporter en Provence, & y faire le commerce, comme elles l'avoient fait dans leur propre pays.

CHARLES IX EN PROVENCE.
Hist. de Marseil. p. 346.

An. 1564.

Lettr. Royaux, &c. fol. 199 aux Reg. du Parl.

---

(1) En effet il resulte des actes des anciens Notaires qu'à cette époque, excepté un tres-petit nombre de familles Nobles de Provence, toutes les autres qui faisoient le commerce etoient Italiennes, & nous pourrions citer parmi celles-ci les plus grands noms.

La ville de Marseille, pendant le séjour qu'y fit Charles IX, se signala par les fêtes brillantes qu'elle donna à ce Prince. Ce furent des joûtes, des combats simulés entre deux escadres, & d'autres divertissemnets relatifs au génie des Marseillois, & à leur goût pour les cérémonies d'éclat, & pour les plaisirs bruyans. Les autres villes par où il passa, se distinguèrent aussi par des démonstrations de joie, qu'elles étoient accoutumées de donner dans les événements heureux. A Brignolles, il eut, dit l'Auteur de son voyage, *grand plaisir de danses*. Des jeunes gens de l'un & de l'autre sexe, élégamment parés, se firent remarquer par leur bonne grace. Les Demoiselles qu'on avoit choisies parmi les plus belles, étoient habillées de taffetas ; les unes le portoient verd, les autres changeant, & quelques-unes blanc. Elles dansèrent la *Volte* & la *Martingale*, deux sortes de danses qui amusèrent beaucoup la Cour, depuis onze heures du matin, jusqu'à cinq heures du soir. A Souliers on admira le Château & la Galerie, où le Roi dîna avec toute sa suite : il alla coucher le même jour à Hieres, dont les jardins lui offrirent un spectacle d'autant plus frappant, qu'il étoit nouveau pour lui ; une forêt d'orangers, de citroniers, de grenadiers, & de tous les autres arbres qui font l'ornement de la nature au printems, & sa richesse en automne, charma long-tems ses regards. L'Auteur remarque qu'il y avoit des palmiers, dont il reste encore un petit nombre, & l'arbre qui porte le coton ; mais il ajoute qu'il y avoit des poivriers : la ressemblance des graines lui a fait sans doute prendre *l'agnus castus* pour cet arbrisseau, que les Indes Orientales voient croître. A Arles les danses, les courses de chevaux & les combats de taureaux remplirent ses moments de loisir ; les innondations du Rhône le forcèrent de séjourner vingt-un jours dans cette ville ; à Aix il n'avoit vu que le tableau des malheurs produits par les divisions des Magistrats & des Cytoyens ; il fit abattre, comme un monument de honte, ce pin fameux, auquel on avoit pendu tant de victimes du fanatisme.

Le Roi avoit à peine quitté la Provence, qu'on y éprouva un froid très-rigoureux. C'étoit aux fêtes de Noël qu'il se fit sentir avec plus de force. Le Rhône, du côté d'Arles, fut pris dans toute sa largeur; les orangers, les oliviers périrent, & les moissons furent étouffées dans leur germe. La peste venoit alors de ravager cette Province, & emportoit beaucoup de monde à Sallon, quand Charles IX y arriva. Si des Auteurs contemporains ne parloient pas des ravages que ce fléau faisoit alors dans cette Province; s'il n'en étoit pas fait mention dans les registres du Parlement, nous croirions que les Historiens ont pris pour la peste, quelque maladie épidémique, occasionnée par l'intempérie de l'air, ou par la mauvaise qualité des aliments. Comment se figurer, en effet, que les premieres têtes de l'Etat se soient exposées aux fureurs d'un fléau, dont les progrès sont si rapides, & souvent si inopinés ? Quand même la maladie n'auroit point été contagieuse, elle devoit être infiniment dangereuse, puisqu'on la confondoit avec la peste ; ainsi l'on n'en sera pas moins étonné que toute la Cour se soit exposée à respirer le poison mortel, dont tant de personnes furent les victimes. Peut-être le Roi & les Seigneurs de sa suite, portoient-ils de ces amuletos, que la superstition du siécle faisoit regarder comme un préservatif assuré contre les accidents.

Quoique les Lettres, sous François I, eussent commencé de jetter un certain éclat, elles n'avoient encore pu détruire les préjugés barbares que l'ignorance avoit accrédités. On croyoit encore que les insectes & les reptiles, qui ravagent la terre, pouvoient être soumis à une procédure judiciaire, & subir le même jugement que les créatures raisonnables. La ville d'Arles nous en fournit plusieurs exemples, depuis l'an 1545 jusqu'en

XXXIX.
Froid et mortalité extraordinaires
Peruss. guerre du Comt. Ven.

An. 1564.

XL.
Procédure contre les Insectes.
Archev. d'Arles
Regist. Officialité.

1576. On y voit des procédures contre les fauterelles, les charançons, les vers & les fangfues. Avant de vouer ces infectes à la malédiction, & de leur enjoindre de quitter la terre qu'ils dévaftoient, on leur nommoit un Procureur pour les défendre. Le peuple d'Arles ayant demandé en 1565, que les fauterelles fuffent chaffées du terroir, l'Official leur donna Me Marin pour défenfeur. Celui-ci, après avoir prêté ferment, comparut devant le Tribunal de l'Officialité, & dit que l'intention du Créateur, quand il créa les animaux, étoit qu'ils fe nourriffent des productions de la terre. « Il fe fert quelque-
» fois d'eux, ajouta-t-il, pour punir les hommes, & fur-tout
» quand ils refufent de payer la dixme à l'Eglife. Les faute-
» relles dont on fe plaint, font entre les mains de Dieu, des
» inftruments dont il fe fert pour retirer les hommes de leurs
» égarements, & les ramener dans les voies du falut par la
» contrition & la pénitence, comme il eft expreffément marqué
» dans l'ancien & le nouveau Teftament. Ainfi on ne doit
» pas les maudire, mais on doit fupporter leurs dégâts juf-
» qu'à ce qu'il plaife à Dieu d'en ordonner autrement ».

La replique du Procureur adverfe étoit fondée fur des raifons auffi folides : « Il eft certain, dit-il, que Dieu a créé
» les animaux pour l'utilité des hommes, & ils iroient contre
» les deffeins de la divine Providence, s'ils nuifoient à l'efpece
» humaine, pour laquelle ils ont été tirés du néant : la terre ne
» porte des fruits que pour être employés au culte de la reli-
» gion, à la nourriture de l'homme, & au foulagement des pau-
» vres, qui font les membres de J. C. Si les fauterelles dévorent
» les fruits, il faut donc les maudire, à l'exemple de Dieu,
» qui maudit le ferpent, lorfqu'il eut entraîné notre premier
» pere dans le péché. D'ailleurs ne lit-on pas, dans plufieurs
» endroits de l'ancien Teftament, que Dieu, par la bouche
» de Moife & de fes faints Prophètes, a maudit plufieurs ani-
» maux

» maux qui ravageoient la terre? J. C. lui-même, n'a-t-il pas
» maudit le figuier stérile? Ces raisons, ajouta-t-il, sont plus
» que suffisantes pour faire sentir la nécessité de maudire les
» sauterelles.

Nous n'avons pas la Sentence de l'Officialité; mais nous pouvons juger de la maniere dont elle étoit conçue, par celle qui suit, & qui fut prononcée le 2 Mai 1567, dans une affaire à peu-près semblable, contre les vers, les charançons, les sauterelles & autres animaux de cette espece, qui rongeoient les bleds & dévastoient les productions de la terre, soit à la Camargue, soit dans les autres parties du terroir d'Arles.

« Il est certain, dit l'Official dans cette Sentence, il est
» certain par le vu des piéces, & par le rapport qui nous a
» été fait, que ces animaux causent des dommages considéra-
» bles. Mais c'est Dieu qui, par un effet de sa justice & de sa
» bonté, permet qu'ils se répandent dans nos champs, & qu'ils
» y portent la stérilité, pour punir les Chrétiens de leur orgueil,
» de leur ingratitude, de leur désobéissance & de leur malice,
» puisqu'ils refusent d'obéir à ses Commandemens & à ceux de
» l'Eglise. En effet, il leur dit dans la Sainte-Ecriture, si
» vous ne voulez point entendre la voix du Seigneur votre
» Dieu, pour observer ce qu'il vous commande, voici les ma-
» lédictions qui vous attendent; vous serez maudits à la ville
» & aux champs, & maudits seront vos greniers : il dit ail-
» leurs, par la bouche du Prophete Malachie : je vous ai
» comblé de biens, & vous ne m'avez donné ni décimes ni
» prémices; c'est pourtant pour vous mettre en état de rem-
» plir ces deux devoirs, que vos champs étoient devenus fer-
» tiles. Je vous en ai puni en vous privant du fruit de vos
» travaux; afin que vous sachiez que c'est moi qui, dans ma
» colere, ai opéré ce changement, puisque vous m'avez privé
» de la portion qui m'étoit due. Je vous exhorte donc à

Procédure contre les insectes.

An. 1564.

Tome IV.   B b

» payer les décimes ; à porter vos offrandes au Temple, pour
» fournir à la subsistance des Prêtres & des Lévites ; autre-
» ment je livrerai les fruits de la terre, que vous aurez cul-
» tivés, aux sauterelles, aux vers, aux sangsues & aux frimats ;
» car c'est moi qui leur commande, & qui les fait servir à
» l'exécution de mes desseins. Cependant J. C. qui a racheté le
» monde au prix de son sang, exauce les pécheurs qui viennent
» sincérement à lui, les délivre des calamités dont ils sont af-
» fligés, & il a établi des Prêtres pour être ses Vicaires sur
» la terre, pour commander aux montagnes & aux animaux,
» confirmant dans les Cieux ce qu'ils feront en son nom sur
» la terre.

» Ainsi, après avoir imploré son saint Nom, nous enjoignons
» aux Curés d'exhorter les fideles, & nous les exhortons nous-
» mêmes, par l'amour que nous leur portons, à reconnoître
» qu'ils sont coupables devant Dieu, & qu'ils ont mérité par
» leurs péchés le fléau dont ils se plaignent. Ils doivent se
» souvenir que Dieu, dans sa colere, a plusieurs fois puni
» d'une maniere semblable, les peuples qui l'avoient offensé.
» Cependant ce seroit une chose horrible, qu'il y eut des per-
» sonnes assez endurcies dans le mal, pour perdre toute con-
» fiance dans sa bonté divine ; car il est certain qu'il veut
» pardonner au pécheur qui se convertit. Ainsi nous vous
» exhortons à mettre votre confiance dans sa miséricorde, à
» effacer vos péchés par vos larmes, à lui adresser des prieres
» ferventes, à invoquer par des processions & des jeûnes, le
» secours de la glorieuse Vierge Marie, celui de saint Tro-
» phime & de saint Antoine, Patrons de cette Ville, des saintes
» Maries, & enfin de tous les Saints & Saintes du Paradis.
» Croyez que si vous rempliffez avec fidélité ce que nous vous
» commandons, vous éprouverez bientôt les effets de la misé-
» ricorde de Dieu, & que non-seulement les animaux, mais

» encore les êtres insensibles, frappés de malédiction, cesseront
» de nuire aux fideles.

» A ces causes & autres, nous osons, par l'assistance de Dieu,
» & par la vertu des clefs confiées à notre sainte Mere l'Eglise,
» exercer notre autorité contre les sauterelles, les vers, les
» charançons & autres insectes de cette espece, & nous les
» chassons, autant qu'il est en notre pouvoir, des terres des
» Chrétiens. Nous savons bien qu'à la rigueur, on ne doit
» ni maudire, ni anathématiser les êtres qui ne sont susceptibles
» par eux-mêmes, ni de bien, ni de mal moral. Cependant,
» suivant les saints Docteurs de l'Eglise, les animaux irraison-
» nables peuvent être maudits, considérés dans les rapports
» qu'ils ont avec l'homme, pour lequel ils ont été faits. C'est
» pourquoi, en vertu de la très-sainte Trinité, & du pouvoir
» dont nous sommes revêtus, nous les anathématisons & mau-
» dissons; & nous vous enjoignons, quand vous aurez reçu
» le double de cette Sentence, d'anathématiser les susdits ani-
» maux, en vertu des mêmes pouvoirs, pendant la célébra-
» tion du saint Office, & de leur défendre de ravager plus
» long-tems les bleds, les vignes & les fruits, leur ôtant la
» faculté de faire désormais de pareils dégâts; que si par l'ins-
» tigation du démon, l'ennemi naturel du genre humain, ils
» refusent d'obéir à ce commandement que vous leur faites au
» nom de Dieu & de l'Eglise, nous les anathématisons & mau-
» dissons de rechef dans cet écrit, que nous vous envoyons,
» signé de notre main. Vous le publierez autant de fois que
» vous le jugerez nécessaire, & jusqu'à ce que vous éprou-
» viez les effets de la miséricorde de Dieu. Tel est notre avis.
» Donné dans les formes accoutumées, en présence des Pro-
» cureurs des Parties, signé Saunier, Official de l'Eglise d'Arles ».
Le Procureur des sauterelles appella comme d'abus; mais
ensuite il se désista, & acquiesça au Jugement, comme s'il

PROCÉDURE
CONTRE LES
INSECTES.

An. 1564.

eût été à craindre que son appel ne rendît les anathêmes de l'Eglise inutiles.

Le tableau de la Société offroit donc les petitesses de la superstition, à côté des désordres affreux du fanatisme. La Religion prétendue réformée venoit de faire une perte par la mort de Claude de Savoie, Comte de Tende, arrivée à Cadarache le 23 Avril 1566. Ce Prince auroit rendu bien plus utiles les talents & les qualités qu'il avoit reçus de la nature, s'il étoit venu au monde dans un siecle moins orageux. Il *étoit bon*, dit un Auteur contemporain, *droiturier, aimant justice & raison; ennemi d'oppression & de tyrannie, fidele serviteur du Roi, & ami du pauvre peuple*. En effet, s'élevant au-dessus des préjugés, par la supériorité de ses lumieres, & par la force de son caractère, il considéroit en homme d'État les troubles dont la Provence étoit agitée. Il en voyoit la source dans l'ambition, la cupidité, la haine & la vengeance : il plaignoit ces hommes simples que le zèle de la Religion, ou les illusions de l'erreur entraînoient au carnage ; mais il réprimoit & punissoit, autant qu'il étoit en son pouvoir, ces chefs fanatiques ou ambitieux qui soufloient la discorde. Il en vit de tels sous les étendards de la Religion, & ils furent cause que souvent il protégea les hérétiques sans adopter leurs erreurs. Car *il ne fut jamais Protestant*, dit le même Auteur, *au contraire il s'opposa aux Huguenots séditieux & rebelles, & puis aux faux Catholiques*. Avec ces dispositions il auroit par sa prudence & son courage empêché l'esprit de parti de troubler la Provence, si la Cour ne l'eut entretenu par sa foiblesse. Honoré de Savoie, Comte de Sommerive, lui succéda à tous ses titres, & fut comme lui Gouverneur, Amiral des Mers du Levant, & Grand-Sénéchal, trois Charges qu'on étoit dans l'usage de réunir pour éviter ces funestes rivalités dont il y avoit eu quelques exemples.

Après la mort du Comte de Tende les Protestants crurent se

voir livrés sans ressource à la haine de leurs ennemis. Ils ne se dissimuloient pas qu'ayant occasionné la disgrace de l'ancienne Magistrature, ils seroient exposés à tout ce qu'un zèle aveugle de Religion peut inspirer à des cœurs aigris par le ressentiment ; ils demandèrent que toutes les affaires qui auroient rapport à l'Edit de pacification, tous les procès qu'ils auroient entr'eux ou avec les Catholiques fussent jugés par une Chambre neutre, dont ils obtinrent l'établissement en 1567. Elle fut composée d'un Président & d'onze Conseillers, dont six étoient de la Religion réformée ; mais elle trouva si peu de contraventions à l'Edit, qu'elle fut sans exercice, & ne subsista que onze mois.

C'étoit un triomphe pour les Protestants que de l'avoir obtenue. Il étoit dangereux de leur accorder des succès qui élevoient leur courage & aigrissoient les Catholiques en les humiliant : mais l'autorité toujours flottante entre les deux partis étoit tellement énervée, qu'elle n'en pouvoit réprimer aucun. Les Protestants étant les plus foibles étoient aussi les plus méfiants. Ils formèrent secrettement des ligues avec les autres Protestants du Royaume : leurs mouvements ne furent pas si secrets qu'ils ne fussent apperçus par le Comte de Sommerive, que nous appellerons désormais le Comte de Tende. Il en conçut des inquiétudes qu'une lettre de Charles IX datée du 28 Septembre 1567 vint encore augmenter «. Cousin, lui disoit ce Prince, la présente dépêche
» sera pour vous avertir d'une malheureuse conspiration, & en-
» treprise qu'aucuns de mes sujets ont dressée contre moi &
» mon Etat, s'étant élevés en armes & assemblés en plusieurs
» endroits de mon Royaume, & s'étant saisis d'aucunes de
» mes villes, de sorte que continuant en tels & si malheureux
» déportemens, il est certain qu'en plusieurs endroits de mon
» Royaume, où ils n'ont pas faute de moyens & d'intelli-
» gences, ce feu courra incontinent, d'autant que j'ai assez
» connu par expérience, durant les derniers troubles, com-

XLI.
NOUVELLES DÉFIANCES ENTRE LES PROTESTANS ET LES CATHOLIQUES.

An. 1567.
Reg. du Parl.

Lettre originale.

» bien la prise de beaucoup de mes bonnes villes m'a porté
» de dommage. A cette cause, & pour éviter qu'à cette seconde
» fois le même n'avienne, je vous prie bien fort, mon Cousin,
» qu'incontinent la présente reçue, vous donniez des ordres,
» & pourvoyez au mieux qu'il vous sera possible, à la sûreté
» & conservation des places de votre Gouvernement, de sorte
» qu'il ne puisse avenir aucuns inconvéniens..... Au demeu-
» rant, afin de rompre tout d'un coup les susdits desseins, &
» que je puisse, comme la raison le veut, être le plus fort par-
» tout, je vous prie qu'au même instant, vous fassiez, par-tout
» les lieux de votre Gouvernement, assembler les arriere-bans,
» & tous mes bons & loyaux sujets, Gentilshommes, & autres
» pour vous assister & être auprès de vous ; afin que vous puis-
» siez, rompre avec eux, tous ceux que vous saurez être armés
» & élevés de leur autorité, sans avoir eu commandement de
» moi, ou de vous, & qui seront participans de ladite cons-
» piration ; pourvoyant par vous, tant à la conservation des
» dites villes, qu'à celle de la campagne ; de sorte que vous
» demeuriez le maître, & que je puisse être, par-tout votre
» Gouvernement, reconnu & obéi comme je dois ».

Ces ordres furent bientôt exécutés : le Comte de Tende eut en peu de tems une armée de quatre mille hommes, & de deux cent chevaux, sans compter sa compagnie d'hommes d'armes, & celle du Comte de Carces, qui étoit de cinquante lances. Le Gouverneur du Comtat Venaissin leva aussi des troupes de son coté : mais il ne se passa rien de considérable : ces milices, peu accoutumées à la discipline militaire, conduites par l'amour de butin plutôt que par l'amour de la gloire, ne connoissoient de la guerre que la licence : leurs succès aboutirent à surprendre & piller quelques villages. Les Huguenots animés du même esprit, bien que guidés par des motifs différens, n'entendoient pas mieux que leurs ennemis l'art militaire, & respectoient aussi peu le droit des gens.

Ils se réfugièrent une seconde fois dans la ville de Sisteron, que sa situation leur faisoit regarder comme un boulevard imprenable. René de Savoie, Comte de Cipières, alla s'y enfermer avec eux ; car du vivant même de Claude de Savoie son pere, il s'étoit déclaré de leur parti : le Comte de Tende son frere vint y mettre le siége, & fut obligé de le lever : cet événement n'eut de remarquable que le courage & l'habileté que montra le Comte de Carces pour sauver l'artillerie. Souvent attaqué, jamais surpris ni battu, il se montra digne de commander. Ce fut en cette occasion que voyant fuir un Gentilhomme, qui devoit être nommé Chevalier des Ordres du Roi, il lui cria : *Monsieur, c'est ici qu'on reçoit l'Ordre.* Parmi les Gentilshommes qui combattoient avec lui, on nomme Flassans son frere ; Louis Adhemar de Monteil, Comte de Grignan ; Claude de Villeneuve, Baron de Trans ; Castellane la Verdiere, ses gendres ; & Brancas, Baron d'Oise, son beau-frère.

Dans toute cette guerre on ne vit de la part des deux partis que des escarmouches, le pillage & la violence ; & il seroit aussi difficile qu'ennuyeux de décrire les faits isolés & dénués de circonstances qu'on trouve dans quelques Mémoires du tems. Les mouvemens qu'on faisoit alors en Provence ressembloient aux mouvemens convulsifs d'un malade qui perd ses forces en s'agitant, sans pouvoir se délivrer du mal qui le consume. Au milieu de cette agitation le fanatisme n'en prenoit que plus de vigueur : le Comte de Cipières en fit une triste expérience. Il revenoit de Nice, avec une escorte de quarante Cavaliers, & avoit déja passé la ville de Fréjus, lorsqu'il apprit qu'un Gentilhomme qualifié de la Province l'attendoit sur la route avec trois cents hommes pour l'enlever. Il rentra dans la ville, où son ennemi arriva presqu'aussitôt que lui : celui-ci fit sonner le tocsin ; le peuple se souleva, courut à la maison où Cipières s'étoit enfermé avec ses quarante Cavaliers, qui mirent bas les armes sur la parole qu'on leur donna qu'ils auroient la vie sauve. Dans un tems où l'on croyoit servir la Religion en versant le sang des hérétiques, il n'y avoit rien de sacré, quand il falloit les exterminer : on tomba sur ces malheureux qu'on fit passer au fil de l'épée : le corps de Cipières ne se trouva point parmi les morts : les Consuls effrayés du danger que couroit ce jeune Seigneur, l'avoient fait cacher avant le massacre, dont ils avoient de tristes pressentimens. Son barbare ennemi témoigna quelqu'inquiétude, comme s'il prenoit un vif intérêt à la conservation de ses jours. Les Consuls trompés par ces fausses apparences, & craignant que Cipières ne pût échapper aux recherches des soldats & de la populace, le mirent entre les mains du Gentilhomme, comme sous une sauvegarde assurée ; & ils eurent la douleur de le voir percer de plus de cent coups de poignard : les assassins poussèrent la cruauté jusqu'à défigurer son cadavre.

XLIII.
LA COUR PERSÉCUTE ENCORE LES PROTESTANS

Ces traits de perfidie, trop fréquens & toujours impunis fomentoient entre les deux partis une haine irréconciliable. Les Protestants n'osoient plus se fier aux promesses, ni aux sermens les plus solemnels des Catholiques ; ceux-ci de leur côté craignoient avec raison d'être traités par leur adversaires avec la même noirceur : des actions commises de part & d'autre, contre toutes les loix, justifioient cette défiance réciproque, & l'on peut dire qu'on n'avoit point d'autre garant de sa vie & de sa liberté que la force. Malheureusement la Cour, par les variations continuelles qu'elle mettoit dans ses opérations, entretenoit cet esprit de discorde : tantôt elle assuroit aux Protestants la liberté de conscience & toutes les prérogatives des Citoyens, tantôt elle les en privoit avec une rigueur révoltante : deux Edits leur enlevèrent en 1568 tout ce que les Edits précédents leur avoient accordé. C'étoient les Etats de Provence qui avoient sollicité par leurs plaintes ces ordres sévères ; ils avoient supplié le Roi, le 24 Septembre de la même année, de priver de leurs Offices les Officiers du Parlement,

Parlement, & les Magistrats subalternes; de leurs bénéfices, les Ecléfiastiques & les Religieux, qui s'étant jettés dans le parti des Huguenots, avoient pris les armes contre le Roi & leur Patrie. Dans les Vigueries de Sisteron & de Forcalquier, toutes les personnes employées au ministere de la Justice, depuis les Juges jusqu'aux Sergens, étoient infectées du poison de l'erreur. Aussi les Catholiques ne pouvoient-ils, qu'avec grand peine, obtenir un jugement. Ces maux ne seroient point arrivés si dans les commencements la Cour s'étoit fait un plan uniforme de conduite; si elle avoit eu le courage de résister aux instigations des Protestants avant qu'ils fussent en état d'employer la force ouverte: mais le Gouvernement, affoibli par les malheurs, sous le règne de François I; intimidé par les Grands sous celui de Henri II & de ses successeurs, ne pouvoit pas déployer cette vigueur que lui donne une longue suite de prospérités. Les passions s'étant élevées par son inertie, formèrent un orage que le tems seul & les lumières de la raison purent dissiper.

<small>LA COUR PERSÉCUTE ENCORE LES PROTESTANS. Regist. du Pays.</small>

<small>An. 1568.</small>

La révocation des Edits fut cause que les Calvinistes coururent s'enrôler sous les enseignes du Prince de Condé. Tout ce qui tenoit à la Religion Romaine éprouva leur fureur: les Catholiques, insultés de toutes parts, prirent les armes avec cette ardeur de la vengeance que tant de cruautés devoient naturellement inspirer. Les Etats de Provence fournirent trois mille hommes, qui partirent au mois de Novembre 1568, sous les ordres du Comte de Tende, pour aller joindre le Duc d'Anjou.

Il ne falloit rien moins qu'un puissant motif de religion pour leur faire commencer la campagne dans une saison extrêmement rigoureuse. Le froid fut très-vif cette année-là: le 11 Décembre le Rhône, du côté d'Avignon & de Tarascon, fut couvert de glace d'un bord à l'autre, & la Durance en charrioit des masses considérables: *le pain, le vin, les œufs, les oranges &*

<small>XLIV. FROID EXTRAORDINAIRE. Hist. des Guerres du Venaissin.</small>

l'encre, tout fut gelé, dit l'Auteur qui nous fournit ces détails. Ce grand froid dura jusqu'au vingt, & se fit sentir avec la même violence le 1 Janvier 1570, & le dix du même mois 1571: aussi l'Assemblée des Etats tenue le 12 Octobre 1571, remarqua-t-elle, dans les remontrances qu'elle fit au Roi sur la misère du Pays, que la violence du froid avoit, pendant trois ou quatre ans, fait périr les orangers & les oliviers, & que la récolte en tout genre avoit été extrêmement modique.

L'Histoire ne fournit, pendant deux ou trois ans, aucun fait qui mérite d'être rapporté. C'est un bonheur pour cette Province que les deux partis ne se soient point livrés, pendant tout ce tems, à la haine dont ils étoient animés : en plusieurs autres lieux du Royaume, ils faisoient couler des flots de sang. Peut-être fut-on redevable de ce calme à la prudence du Comte de Carces, qui commandoit en l'absence du Comte de Tende : on a prétendu qu'ayant reçu l'ordre de donner en Provence la même scène d'horreur dont la ville de Paris fut le théâtre le jour de la Saint Barthélemy 1572, il eut le courage de répondre : *j'ai toujours servi le Roi en soldat, je serois fâché de faire en cette occasion l'office de bourreau*. En parlant de la sorte, il prévenoit les intentions du Souverain ; car peu de jours après, on vit arriver Villeneuve-Vauclause, chargé par Sa Majesté, d'empêcher l'exécution de ces ordres. M. de Thou attribue au Comte de Tende la gloire d'avoir épargné aux Provençaux la honte ineffaçable d'un pareil massacre : il raconte que Joseph Boniface, Seigneur de la Mole, ayant apporté un ordre de la Cour pour faire exécuter en Provence les mêmes cruautés qu'on avoit commises à Paris ; le Comte lui dit : « Ce n'est point le
» Roi qui a donné ces ordres ; j'en ai reçu de contraires, il
» n'y a pas long-tems ; ils viennent sans doute des ennemis
» de l'État, qui, sous le voile de l'autorité royale, veulent
» satisfaire leurs passions. Je m'en tiens donc aux premieres

» inſtructions que j'ai reçues, parce qu'elles ſont plus conformes
» à la juſtice & à la clémence de Sa Majeſté ». Cette conduite
ſage lui attira la haine des factieux, & on les ſoupçonna
de l'avoir fait empoiſonner à Avignon, où il mourut preſque ſubitement, le 2 Octobre 1572. Il paroît par les Mémoires
de Cormis, Auteur contemporain, que le même ordre fut
adreſſé aux Comtes de Carces & de Tende, & qu'ils firent la
réponſe que nous venons de rapporter.

La mort de ce Gouverneur fit eſpérer aux Proteſtans qu'ils
pourroient enfin venger le ſang de leurs freres. Ceux du Comtat,
ayant à leur tête Scipion de la Valavoire, & Baſchi, Seigneur
de Stoublon, s'emparèrent de Menerbe par artifice, & battirent les Catholiques qui venoient les attaquer, ſous les ordres
de Crillon. La maladie de Charles IX, & les intrigues dont
la Cour étoit occupée, au ſujet de la Lieutenance-générale
du Royaume, relevoient les eſpérances des factieux. Ils ſe flattoient enfin de voir changer la face des affaires, quand ce Prince
ſous le règne duquel leurs deſtinées avoient toujours été incer-
taines ou malheureuſes, termina ſa carrière le 30 Mai 1574.
Le Duc d'Anjou, ſon frere, étoit alors en Pologne, dont on
lui avoit déféré la couronne. En attendant qu'il vint prendre
en France les rênes du Gouvernement, la Régence fut dé-
volue à Catherine de Médicis ſa mere, Princeſſe qui auroit
peut-être illuſtré le trône, ſi elle étoit venue au monde dans
un ſiècle plus éclairé, & où l'éducation eût perfectionné les talents & les qualités qu'elle avoit reçues de la nature. Mais née
dans un ſiècle groſſier, chez une Nation ſuperſtitieuſe & ruſée;
élevée dans une Cour où la politique & l'intrigue avoient été
dans tous les tems les reſſorts les plus puiſſants du Souverain,
elle avoit pris du génie de ſa Nation, de l'eſprit de ſon ſiècle
& de ſon éducation, des défauts, qui développèrent en elle
des vices, dont peut-être elle auroit été exempte dans des cir-

XLVI. MOUVEMENS DES PROTES-TANS.

An. 1574.

XLVII. CATHERINE DE MÉDICIS.

conftances plus heureufes. La pofition où elle fe trouvoit étoit infiniment délicate : il falloit contenir les deux partis fans en mécontenter aucun ; elle fut affez heureufe pour y réuffir, jufqu'au retour d'Henri III.

Cependant, fous fa régence même, les Calviniftes de Provence ne laifsèrent pas de remuer. Bafchi-Stoublon, à la tête de cinq cent hommes, s'empara de la ville de Riez, où commandoit Claude de Caftellane, Seigneur de Tournon. Graffe-Taneron, & quelques autres Gentils-hommes prirent avec la même facilité Digne, Seine, & plufieurs autres lieux ; mais un revers de fortune fit payer cher à quelques-uns des Capitaines leurs fuccès & les violences qu'ils fe permirent. Le Chevalier de Saint-Efteve, connu par fon courage & fon activité, perdit la tête fur un échaffaud ; Louis de Bafchi fon frere, Seigneur d'Auzet, fut tué d'un coup de piftolet; l'un & l'autre furent plutôt immolés à des reffentimens particuliers, qu'au zèle de la religion, puifqu'il n'eft pas certain qu'ils euffent abandonné celle de leurs peres. On pendit ceux d'entre les prifonniers qui n'étoient pas nobles : Honoré de Graffe, Seigneur de Taneron, & quatre de fes complices, détenus dans les prifons d'Aix, ne durent la vie qu'à la clémence de Henri III.

Ce Prince revint de Pologne à la fin de l'année 1574 ; il paffa par Avignon où il trouva fon frere le Duc d'Alençon, la Reine fa mere, le Roi & la Reine de Navarre, les Cardinaux de Bourbon, d'Armagnac, de Lorraine & de Guife; plufieurs Archevêques, & les principaux Seigneurs de la Cour. Pendant fon féjour en cette Ville, les Pénitens blancs allèrent en Proceffion, au nombre d'environ cinq cents, vifiter fept Eglifes, dans lefquelles on avoit expofé le S. Sacrement. Le Roi voulut y affifter en habit de Pénitent, accompagné des Princes, des Cardinaux, des Prélats, & des Seigneurs qui fe trouvoient à fa fuite, & dont quelques-uns firent les fonctions de bâtonniers:

il porta quelque tems la croix, qui paſſa ſucceſſivement dans les mains de pluſieurs Courtiſans. La Reine mere, & la Reine de Navarre virent défiler la Proceſſion dans l'Egliſe des Jacobins, où elles cherchèrent inutilement à reconnoître le Roi, parce qu'il n'avoit aucune marque diſtinctive. On ne ſait pas l'impreſſion que ce ſpectacle fit ſur l'eſprit de la Reine : mais un politique ne dut pas avoir beaucoup de peine à prévoir qu'un Prince qui ſe cachoit ainſi ſous l'habit de Pénitent, ne pouvoit pas ſoutenir avec honneur le caractère de Souverain. Peut-être dans le nombre des Courtiſans qui le ſuivoient, parmi leſquels étoient les Guiſes, y en eût-il qui meſurèrent alors la portée de ſon eſprit, & la foibleſſe de ſon ame, & qui réſolurent de lui arracher un ſceptre qu'il aviliſſoit, en lui aſſociant le bâton de Pénitent.

Le Maréchal de Retz, Albert de Gondi, qui venoit de ſuccéder au Maréchal de Tavanes dans la place de Gouveneur, & de grand Amiral des Mers du Levant, ſe trouvoit en Provence avec trois mille Suiſſes, pour ſoutenir les Catholiques. Ceux-ci avoient à leur tête Jean de Pontevès, Comte de Carces, grand Sénéchal, & Hubert Garde, Seigneur de Vins, ſon neveu, l'un & l'autre connus par leur expérience dans l'art militaire, & par leur bravoure. De Vins ſur-tout, homme fier & ambitieux, avoit des talens rares pour la guerre : la rapidité avec laquelle il enleva aux ennemis, Oraiſon, Majaſtre & Tartone, ſans leur donner le tems de ſe reconnoître, lui acquit le ſurnom de *Matinier*, ſurnom qui le rendit formidable au peuple. Ce Gentilhomme fut le principal appui de ſon oncle le Comte de Carces, lorſque celui-ci fut devenu chef de parti.

Le Maréchal de Retz alla mettre le ſiége devant Riez, qui ſe rendit avant qu'on eût commencé l'attaque. Les autres Villes que les Religionaires gardoient, ouvrirent auſſi leurs portes,

PROCESSION D'AVIGNON A LAQUELLE HENRI III ASSISTE.
Louv. Hiſt. tr. Oud.

XLIX.
LES CATHOLIQUES REPRENNENT LES ARMES.
An. 1575.
Lettr. Roy.

excepté Seine & l'Escale, de maniere que presque toute la Provence fut soumise au Roi.

Les délibérations qu'on prit aux Etats de Tarascon, sembloient devoir mettre les Religionnaires hors d'état de remuer : car il fut résolu de lever cinq cens chevaux, & douze cens Arquebusiers, & de fournir trente mille livres par mois pour leur entretien. Le Comte de Carces qu'on voyoit toujours occupé à soutenir le zèle & le courage de ses partisans, conduisit sur les bords du Rhône son régiment de Provence & les Arquebusiers, pour garder les frontières du côté du Languedoc. Mais les Protestants de la haute Provence, profitant de la faute qu'on faisoit, en portant toutes leurs forces vers Arles & Tarascon, prirent le village de Joccas, dont ils tuèrent le Seigneur, & celui de Gargas, où ils trouvèrent un amas considérable de bled, & taillèrent en pièces un détachement d'environ quatre cens hommes, que d'Autric, Seigneur de Beumettes, avoit levés à la hâte, dans la ville d'Apt, pour s'opposer à leur brigandage. Baschi-Stoublon, qui commandoit la Cavalerie des Religionnaires, & Castellane, Baron d'Allemagne, portèrent au mois de Février 1575, le feu dans le terroir de Bonioux, de la Coste & d'Agout, massacrèrent les vieilles femmes & les bestiaux qu'ils ne pouvoient emmener, & pénétrèrent dans la basse Provence par les plaines d'Orgon & d'Eigalières, marquant leur passage par des meurtres, & traînant les habitans à Mérindol & à Menerbe, qui continuoient d'être le repaire des Hérétiques. Les Comtes de Carces & de Sault, & le Baron de Vins ayant ensuite rassemblé leurs troupes, parmi lesquelles il y avoit mille Corses, s'opposèrent à ces ravages ; le reste de l'année se passa à dévaster & à piller, plutôt qu'à combattre; car en général dans ces guerres de Religion il y avoit plus de brigands que de guerriers.

Pour entendre ce que nous avons avons à dire, il est bon de

se rappeller que le Conseil du Roi, voulant enfin rétablir la paix dans le Royaume, donna le 27 Avril 1576, un cinquieme Edit, contenant soixante-trois articles. Sa Majesté accordoit aux Protestants le libre exercice de leur Religion dans toute l'étendu Royaume, sans exception de tems ni de lieu, & sans aucune restriction, pourvu que ces lieux leur appartinssent, ou que les Seigneurs particuliers y consentissent ; elle leur permettoit d'administrer les Sacrements, de célébrer des Mariages, de tenir des Ecoles publiques, des Consistoires & des Synodes, à condition pourtant qu'il y assisteroit un Commissaire du Roi. Elle défendoit en même-tems d'inquiéter les Prêtres & les Moines qui s'étoient mariés, & vouloit qu'on regardât les enfans sortis de ces mariages comme légitimes, capables d'hériter des biens meubles & acquêts de leurs peres, sans pourtant pouvoir prétendre à aucune autre succession directe ou collatérale. Par un autre article de cet Edit, les Protestants pouvoient être admis à toutes les charges & dignités de l'Etat ; & on leur accordoit des Chambres mi-parties dans les huit Parlements du Royaume. C'étoit entretenir dans l'Etat un germe de discorde que d'accorder aux Protestants tous ces avantages : dès qu'on vouloit détruire leur secte, sans avoir encore l'inhumanité d'employer la force des armes, il suffisoit de leur accorder la liberté de conscience, & le libre exercice de leur Religion, en certains lieux qu'on leur auroit assignés dans chaque Province ; mais en même tems il falloit les exclure de toutes les charges & emplois, tant civils que militaires. Bientôt on auroit vu ces apôtres de l'hérésie, ennuyés de ne jouer aucun rôle dans la Société, se dégoûter peu-à-peu d'une secte qui ne leur donnoit ni crédit, ni honneurs. L'intérêt auroit ramené à la Religion de leurs peres ceux que l'intérêt en avoit éloignés. Au lieu de prendre dans les commencements ce parti, que les circonstances rendoient nécessaire, on irrita l'ambition des Protestants par des préro-

L.
FAUTES QUE FAIT LA COUR POUR PACIFIER LES TROUBLES.

An. 1576.

Lettr. Roy. aux R. d. P.

gatives ; & par là même, on excita le mécontentement des Catholiques. Les Calvinistes de Provence se plaignoient continuellement des atteintes qu'on portoit à leurs privilèges ; la Cour, fatiguée de leurs clameurs, & désirant les faire cesser, envoya le Maréchal de Retz, qui étoit retourné depuis quelque tems à la Capitale, fit partir avec lui, en qualité de sur-Intendant de la Justice, Jean-François de Mesme, Président au Grand-Conseil, appellé le Président des Arches, & renouvella dix-huit mois après le même Edit, avec quelques modifications.

Le Comte de Carces vit avec peine, que, par l'arrivée du Maréchal, son autorité alloit expirer : il y fut d'autant plus sensible, que depuis peu de tems cent Gentilshommes s'étoient engagés par écrit à obéir au Roi, sous ses ordres ; il voulut du moins prouver au Gouverneur qu'il avoit dans le Pays un crédit indépendant de sa place, & dont il n'étoit redevable qu'à la considération qu'il s'étoit acquise. En effet, il l'alla voir à Tarascon le 10 Septembre 1576, à la tête de cinq cent Gentilshommes. Le Maréchal sentit l'orgueilleuse ostentation du Commandant ; mais il dissimula son dépit, & refusa l'offre que lui firent les Huguenots de l'accompagner avec une noblesse aussi nombreuse, & avec mille Arquebusiers. Cependant, sensible à leurs offres, il conçut pour eux un intérêt d'autant plus vif, qu'il sçavoit qu'en les favorisant, il mortifioit le Comte de Carces. De-là nâquit entre les deux Chefs de la Province une froideur qui dégénéra bientôt en haine, & qui, se communiquant de proche en proche à toutes les classes des Citoyens, divisa les Provençaux en deux partis, dont l'un fut celui des *Carcistes*, ainsi nommés, parce que le Comte de Carces en étoit le Chef ; l'autre, fut connu sous le nom de *Razats* (1), parce

---

(1) On donne une autre étimologie de ce nom qu'on fait venir du Maréchal de Retz, comme si l'on disoit les *Retats* : cette étimologie paroît plus vraisemblable à cause de l'opposition des deux Chefs.

que tous ceux qui en étoient, portoient, dit un Auteur, *des barbes à la Turquesque*. Dans ce dernier parti, il y avoit tous les Huguenots, les Communes de Draguignan, de Fréjus, d'Hieres de Toulon, de Brignole, & de plusieurs autres. Ces mêmes Villes avoient pourtant des habitans du parti contraire; car l'esprit de faction divisoit jusqu'aux familles, & peu s'en fallut qu'il ne causât la perte de la ville d'Arles. Les Religionnaires du Languedoc y entretenoient des intelligences, au moyen desquelles ils comptoient de s'en emparer. Ils étoient déja maîtres de l'île de la Camargue, lorsque le Comte de Carces les obligea de se retirer. Alphonse d'Ornano, Commandant des Corses, Quiqueran-Beaujeu, Jean de Sade, & Robert de Chavary donnèrent dans cette rencontre des preuves de leur zèle & de leur courage. Le Maréchal de Retz, frappé d'une paralysie dans la moitié du corps, étoit alors en route pour aller prendre les bains de Luques.

Le Duc d'Angoulême, frere naturel de Charles IX, Grand-Prieur de France, fut envoyé pour commander en son absence; il mit plus de suite dans le plan qu'il s'étoit formé d'abattre la faction des Protestants, & d'éteindre les divisions qui depuis long-tems déchiroient la Provence; étant arrivé dans le Comtat, au commencement de Septembre, il assembla une armée d'environ six mille hommes, tant Nationaux qu'Italiens, & alla mettre le siége devant Menerbe, une des plus fortes Places qu'eussent les Religionnaires. C'étoit un bourg d'environ cent cinquante maisons, bâti sur une montagne escarpée, & d'un difficile accès. Il l'assiégea pendant près d'un mois, avec environ seize pièces d'artillerie : après ce terme, & quand la brêche parut assez grande pour qu'on pût tenter un assaut, les assiégeants, ayant à leur tête deux Capucins, qui tenoient dans la main un Crucifix, essayèrent à plusieurs reprises de monter à l'escalade; ils furent toujours repoussés avec perte : leur obstination ne fit qu'aug-

COMMENCEMENS DES CARCISTES ET DES RAZATS.
Mém. de Peruss.

An. 1577.
G. if. id. p. 566 & suiv. &c.

LII.
SIÉGE DE MENERBE.

Manusc. de S. Marc & autres.

menter par les difficultés de l'entreprise ; & s'ils eussent emporté la Place, ils l'auroient inondée du sang des assiégés. Ceux-ci ne se dissimuloient pas le danger qui les menaçoit : ils crurent voir de l'impossibilité à faire lever le siége, & ils résolurent de se rendre, à condition qu'il leur seroit permis de se retirer par-tout où ils voudroient, après avoir vendu le bled, le vin, les étoffes, & les autres marchandises qu'ils avoient enlevées dans leurs courses. Le Grand-Prieur leur accorda ces demandes, & fit cesser les hostilités. Les Marchands des Villes voisines, étoient déja dans la Place pour faire leurs achats, lorsque Jacques Pape, Seigneur de Saint-Auban, vint donner un exemple de ce que peut dans les grands périls un homme ferme & d'une imagination impérieuse : il fit conduire en prison le Capitaine Ferriere, qui commandoit la garnison ; & s'étant mis à la tête des assiégés, il leur représenta avec tant d'éloquence le tort qu'ils faisoient aux Religionnaires, & la honte dont ils se couvroient par la capitulation, qu'ils reprirent les armes, résolus de périr sur la brêche, plutôt que de se rendre. Cette résolution subite déconcerta le Grand-Prieur : il sentit qu'il sacrifieroit inutilement beaucoup de monde, s'il vouloit s'obstiner à se rendre maître de la Place par force ; il prit donc le parti de changer le siége en blocus ; on ouvrit, tout-au-tour de la Ville, une tranchée de mille huit cens six toises de long, de sept pieds & demi de large, de quatre & demi de profondeur, soutenue de douze petits forts, bâtis de distance en distance. La garnison n'étoit dans le commencement que d'environ cent cinquante hommes : elle eut la gloire de résister aux principales forces des Catholiques, pendant quinze mois & demi, puisqu'elle ne se rendit que le 9 Décembre 1578, avec tous les honneurs de la guerre. Les assiégés, au nombre de cent vingt hommes, & de cent dix tant femmes que filles & petits enfans, voulurent que les Lettres de grace fussent enregistrées au Parlement d'Aix. Quand tout fut convenu de part & d'autre, on fournit des montures pour ceux qui en avoient besoin ; des charriots & des bêtes de somme pour transporter où ils voudroient leurs provisions & leurs effets : ils sortirent avec les armes & toute l'artillerie, tambour battant & enseignes déployées, ayant même reçu un dédommagement des pertes qu'ils avoient faites. Telle fut la fin de ce siége qui coûta des sommes immenses à la Provence, & au Comtat Venaissin. Aujourd'hui cette Place, entourée de murailles, comme elle l'étoit dans le XVIe siécle, ne tiendroit pas un jour contre une armée de six mille hommes : dans ce tems-là, elle fit une résistance de quinze mois, parce que l'art des siéges n'avoit point encore appris à rendre inutile la bravoure des assiégés. Il n'y a pas d'apparence qu'on y perdit beaucoup de monde ; on ne compte parmi les morts que deux Capitaines ; savoir, Gerente, Baron de Senas, & Seguiran. Le village de Buoux fit aussi une résistance opiniâtre sur laquelle nous n'avons aucun détail. Riez, Puimoisson, & quelques autres lieux, cédèrent aux forces supérieures des Catholiques.

Le fanatisme n'étoit pas la seule chose qu'on eût à craindre : on devoit redouter encore plus les projets ambitieux de quelques Gentilshommes qui couvroient du voile de la Religion leur ambition & leurs haines particulieres. Les plus dangereux étoient le Comte de Carces & de Vins, tous deux recommandables par leurs talens pour la guerre, & par l'art qu'ils avoient de manier les esprits. Le Comte de Carces accoutumé à commander, ne pouvoit se résoudre à rentrer dans la vie privée. Il devoit à sa place la plus grande partie de son crédit ; s'il la perdoit, il couroit risque de se voir accablé sous la vengeance de ses ennemis : tout ce qu'il pouvoit souhaiter de plus avantageux, c'étoit de voir le Gouvernement entre les mains d'un homme dont il pût faire l'instrument de ses desseins ; car le Grand-Prieur n'avoit fait les fonctions de Gouverneur que pen-

Siége de Ménerbe.

An. 1578.

LIII.
Intrigues de Carcistes.

dant l'absence du Maréchal de Retz. Celui-ci, soit que sa santé ne lui permît pas de rentrer dans la carrière, soit qu'il fût dégoûté de la lutte dans laquelle il étoit entré forcément contre une grande partie de la Noblesse, se démit de sa Charge, avec l'agrément du Roi, en faveur de François de la Beaume, Comte de Suze, le 1 Juin 1578.

Il ne manqua pas de lui faire connoître le caractère des personnes dont il devoit le plus se défier; il lui peignit sur-tout avec des couleurs assez noires le Comte de Carces & son neveu de Vins; c'étoient les deux hommes dont il avoit le plus à se plaindre, & qui par leurs intrigues & leur crédit ne cesseroient de donner au Gouverneur des désagrémens de toute espèce. Le Comte de Carces s'en douta, & plein de cette idée, instruit peut-être que le Comte de Suze venoit en Provence avec des préventions peu favorables, il fit tous ses efforts pour le perdre.

Cependant il étoit trop habile pour soulever ouvertement les esprits contre l'autorité Royale. Il se retira au Château de Salon, prévoyant bien que sa retraite feroit éclater le mécontement de ses partisans, & releveroit le courage de leurs ennemis. En effet, les Etats s'étant assemblés à Marseille au mois de Février 1578, Glandevès, Seigneur de Pourrieres, fit un discours fort pathétique sur les maux que les divisions intestines causoient dans le Pays, & sur la nécessité de rétablir l'union parmi la Noblesse.

Pour parvenir à ce but, il falloit, suivant lui, prier le Comte de Carces de venir se mettre encore à la tête des affaires. L'ardeur qu'il avoit toujours montrée pour le service du Roi, le zèle dont il étoit enflammé pour la gloire & le bonheur de la Patrie, donnoient lieu d'espérer qu'il sacrifieroit à l'utilité publique ses ressentimens particuliers, si l'on vouloit faire auprès de lui quelques démarches que les circonstances rendoient nécessaires. Ces raisons firent impreffion fur la plus grande partie de l'Affemblée, qui étoit dans les intérêts du Comte ; & l'on délibéra de lui envoyer une députation. Le lendemain le Seigneur du Caftelet parla au nom de la Nobleffe & des Communautés qui compofoient le parti contraire ; il protefta contre la délibération qu'on avoit prife la veille, & la fit regarder comme un effet des intrigues & des cabales dont les amis & les parens du Comte de Carces avoient toujours fait leur principale reffource. Il ajouta que le Roi ayant pris connoiffance de leurs différents, ce feroit lui manquer de refpect que de traiter d'un accommodement avec le Comte, avant d'avoir reçu les ordres de Sa Majefté. Ces repréfentations détruifirent l'effet qu'avoit produit le difcours du Comte de Pourierres.

LVI. Conduite du Grand-Prieur.

Le Grand-Prieur, mécontent au fond du cœur de ce que la Cour lui avoit préféré le Comte de Suze, étoit témoin de ces débats fans montrer aucune prédilection pour un parti ni pour l'autre. Content d'avoir rempli fa commiffion avec honneur, il n'afpiroit, en la quittant, qu'à mériter les regrets du public. Les Etats, dont il avoit gagné l'affection, réfolurent de lui faire préfent de douze mille livres, pour le dédommager des dépenfes qu'il avoit faites au fiége de Menerbe : il les refufa, en difant que les bienfaits du Roi & la bienveillance de fes fujets étoient la récompenfe la plus flatteufe de fes fervices. « Je m'ef» time trop heurex, ajouta-t-il, de pouvoir contribuer à la » gloire de l'un & au bonheur des autres. Dans un tems où l'ar» gent eft rare, je me garderois bien de recevoir celui que vous » m'offrez, puifque vous ne pouvez le prendre que fur les be» foins d'un peuple dont je défire diminuer les malheurs & » les charges ». Le Préfident des Arches refufa auffi à-peu-près dans les mêmes termes, trois mille livres qu'on lui porta : *Je me croirois bien payé de mes fervices, dit-il, fi je voyois régner parmi vous cette union, qui a été l'unique objet de mes foins & de mes vœux.*

La nomination du Comte de Suze au Gouvernement n'avoit

pas laissé d'occuper le Parlement & les Etats. Ces deux Corps envoyèrent en Cour une députation, pour représenter au Roi que le Gouvernement ne devoit être donné qu'à un Prince du Sang. C'étoit une maniere honnête de se débarrasser du Comte de Suze ; car du reste, leur prétention n'avoit aucun fondement, & l'Histoire fournit beaucoup de preuves du contraire. Les Députés supplièrent donc Sa Majesté de laisser à la tête de la Province le Grand-Prieur de France, qui, pendant l'absence du Maréchal de Retz, avoit rempli sa commission à la satisfaction de tous les Ordres.

Le Comte de Carces, quoiqu'il ne se montrât point, dirigeoit vraisemblablement du fond de sa retraite toutes ces démarches. Il étoit encore à Salon, où s'étoient rendus trois cent Gentishommes de son parti, & cinq cens Cavaliers : ces Gentilshommes soutenoient qu'il étoit par sa place de Lieutenant de Roi, Gouverneur en l'absence du Maréchal de Retz ; que s'il en avoit laissé faire les fonctions au Grand-Prieur de France, c'étoit un hommage qu'il avoit rendu à son rang & à sa vertu; mais qu'il n'avoit pas les mêmes raisons d'obéir au Comte de Suze. Ce délire gagna même les Etats qui s'engagèrent par serment, le 22 Avril 1578, à suivre la fortune du Comte de Carces, & à le soutenir, non contre le Roi, mais contre le Gouverneur qui viendroit lui disputer une place qui lui étoit due.

Ainsi le calme devenoit toujours plus difficile à rétablir ; parce que, outre la cause de la Religion, toujours assez puissante pour diviser les hommes, on se disputoit encore pour les intérêts de l'orgueil. La Cour, jalouse de faire respecter son autorité, ne vouloit point céder aux sollicitations des Etats, qui sembloient vouloir la forcer dans le choix d'un Gouverneur. Les Etats, de leur côté, prévenus contre le Comte de Suze, qu'ils regardoient comme la créature du Maréchal de Retz, poussés aussi par l'ambition du Comte de Carces, & vraisemblablement par les intrigues secrètes du Grand-Prieur, ne vouloient pas dépendre d'un homme qui tromperoit les espérances de la Province. Quoiqu'il en soit, les partisans du Comte n'en devinrent que plus ardens à le soutenir. Le plus animé & le plus puissant de tous étoit son neveu de Vins : ce Gentilhomme, sous prétexte qu'on avoit voulu l'assassiner dans sa maison, levoit des troupes dans les endroits de la Province où son parti dominoit : on distinguoit parmi les Chefs Louis-Honoré de Castellane-Bezaudun, Balthazar de Castellane-Ampus, & la Verdiere leur frere ; Villeneuve, Marquis de Trans : Brancas, Seigneur d'Oise, & Villars son frere ; Glandevès, Seigneur de Beaudiment ; Forbin, Seigneur de Souliers, & Antoine de Puget, Seigneur de Saint-Marc, qui a laissé des Mémoires sur ces divisions intestines. Les Razats, de leur côté, déployèrent *leurs enseignes sous la conduite des Barons d'Allemagne & des Arcs*. Ainsi l'on fut au moment de voir recommencer les horreurs de la guerre civile. Le Grand-Prieur de France, mécontent de n'avoir pas été choisi pour succéder au Maréchal de Retz, se retira à Marseille où il devint Général des Galeres, le 10 Juin 1578, par la mort du même Baron de la Garde, dont nous avons parlé dans l'histoire de Cabrieres & de Mérindol : avant sa retraite, il déposa ses pouvoirs dans les mains du Parlement, qui, en l'absence du Gouverneur, & du Lieutenant de Roi, avoit le gouvernement de la Province, & qui, dans cette occasion, pouvoit tenir les deux partis dans une égale dépendance de l'autorité Royale. Le Parlement se vit entre deux écueils également difficiles à éviter. Il ne vouloit ni irriter la révolte par une injuste sévérité, ni l'enhardir par une témérité pusillanime ; mais il crut qu'il falloit contenir les deux partis par la crainte ; il fit donc venir les quatre cent Corses qu'Alphonse

LVIII.
MOUVEMENS
A CE SUJET.

An. 1578.

Lettres Royaux.
Reg. du pays.

d'Ornano avoit déja conduits au siége de Menerbe, & leur confia la défense de la ville d'Aix.

Après cette premiere démarche, que le malheur des circonstances rendoit nécessaire, il envoya une députation en Cour pour supplier Sa Majesté de confier au Duc d'Angoulême le gouvernement du pays. C'étoit peut-être ce que la Cour pouvoit faire de plus sage, pour étouffer les divisions. Le Duc, pendant qu'il avoit rempli les fonctions de Gouverneur, s'étoit fait aimer & respecter par son amour pour le bien public, par son zèle pour la justice, & sur-tout par son noble désintéressement : d'ailleurs, sa naissance & son titre de Grand-Prieur ne laissoient pas d'en imposer à une Noblesse fiere, qui comptoit pour beaucoup l'éclat d'une origine illustre. Le Roi, soit qu'il craignît le crédit que le Duc d'Angoulême pouvoit acquérir dans une Province frontiere, où l'esprit de faction régnoit depuis long-tems, soit qu'il voulût intimider les factieux par un acte de fermeté, persista dans le choix qu'il avoit fait du Comte de Suze. Celui-ci étoit arrivé à Avignon le 9 Septembre 1578 : le Cardinal d'Armagnac, Vice-Légat, désiroit sincérement établir l'harmonie entre le Gouverneur & la Province; déja il avoit envoyé à Salon, au Comte de Carces, un homme de confiance pour le faire désister de ses prétentions. Il écrivit aussi au Parlement, pour le prier de députer au Comte de Suze quelques Magistrats, afin de se concerter avec eux sur les moyens d'appaiser les troubles : le Cardinal vouloit prévenir les suites affreuses d'une guerre civile, durant laquelle les Huguenots du Comtat ne manqueroient pas de remuer quand ils verroient que les Provençaux, divisés entr'eux, ne pourroient venir au secours des Catholiques : quelque zèle qu'il mît dans cette affaire, il ne put venir à bout de reconcilier des esprits aigris & prévenus. Le Parlement & les Etats, toujours
butés

butés contre le Comte de Suze, lui envoyèrent des Députés à Avignon, pour lui dire qu'ils avoient fait au Roi des représentations sur les affaires & les besoins de la Province, & qu'ils le prioient de ne point prendre possession de son Gouvernement, jusqu'à ce qu'ils eussent reçu la réponse de Sa Majesté. Le Comte de Suze ne se dissimula pas qu'on ne pensoit à rien moins qu'à lui faire perdre sa place. Il dit qu'il accordoit huit jours à ceux qui avoient pris les armes, pour se retirer dans leurs maisons, après lequel tems il iroit faire exécuter les ordres du Roi. Cependant quelqu'irrité qu'il fut, il ne jugea pas à propos de braver des hommes déterminés à lui désobéir : il crut qu'il étoit plus sage d'attendre de nouveaux ordres du Souverain ; & en effet, les Députés qu'on avoit envoyés en Cour, arrivèrent à Avignon le dix du mois d'Octobre, & rapportèrent que l'intention du Roi étoit que le Comte de Suze commandât en Provence. Alors on ne pensa plus qu'à se concerter avec ce Gouverneur sur les moyens d'appaiser les troubles, dût-on faire marcher des troupes contre celui des deux partis qui refuseroit de quitter les armes.

Les Razats & les Carcistes, toujours animés les uns contre les autres, remplissoient la Province de meurtres & de ravages. De Vins étoit à la tête des Carcistes, dont le nombre montoit à quatre cent chevaux, & à quatre mille hommes de pied. Quelque brave qu'il fût, quelques talents qu'il eût pour la guerre, sa campagne & celle de ses adversaires ne furent marquées que par des brigandages. Commandant une troupe ramassée à la hâte, indisciplinée & mal armée, il n'auroit pu l'assujettir à des marches & à des évolutions combinées, quand même il auroit connu l'art des campements, l'attaque & la défense des places ; aussi ses plus belles actions & celles de ses Capitaines se réduisent-elles à des coups de main, là où il ne falloit que de la hardiesse & du courage. Tout ce que l'His-

Tome IV.   E e

toire nous a conservé de cette guerre, ce sont des détachemens enlevés ou massacrés, des bourgs surpris, des campagnes ravagées, & des maisons brûlées. Ce n'étoit que par des traits pareils que les deux partis s'étoient fait connoître, lorsque le Comte de Suze arriva à Aix le 8 Novembre.

Le Parlement l'avoit appellé pour l'opposer aux Carcistes, & il menoit avec lui des troupes, dont il comptoit se servir contre les ennemis de l'autorité. Le discours qu'il fit aux Etats lui auroit gagné la confiance des Députés, si l'esprit de sédition n'eût alors aveuglé la plus grande partie de la Province. Voici dans quels termes un de nos Historiens le fait parler.

« Ne croyez pas, Messieurs, que je doive à mes sollicita-
» tions, ni à mes intrigues l'honneur que j'ai d'être aujourd'hui à
» la tête de la Province. J'en suis uniquement redevable à la
» bonté du Roi : & si le choix qu'il a fait de moi, peut satis-
» faire mon ambition, c'est en ce qu'il me procure l'occasion
» de le servir & de vous être utile. Je ne vous cacherai pas que
» je vois avec la plus vive douleur les divisions qui vous dé-
» chirent : elles ont étouffé dans la plupart d'entre vous ce zèle
» ardent que vous aviez pour le service du Roi, & ternissent
» l'éclat des belles actions qui vous rendoient recommandables.
» Vous savez, Messieurs, tout ce que j'ai fait pour rétablir
» la subordination & la concorde : j'ai employé la médiation du
» Cardinal d'Armagnac, celle du Grand-Prieur de France, &
» des Maréchaux de Damville & de Bellegarde : j'ai mis en
» usage la prudente activité du Parlement & des Procureurs
» du pays ; j'ai même offert à ceux qui craignoient d'être
» recherchés par leur désobéissance, de leur donner mes en-
» fants en ôtage, pour être garants de leur vie & de leur liberté.
» Ces soins ont été inutiles, & ces offres rejettées : alors
» j'ai pris le parti de me rendre dans cette Capitale, où j'ai
» renouvellé tout ce qu'ont pu m'inspirer mon zèle & le desir

» de vous rendre heureux. Le fuccès n'a point répondu à mon
» attente. J'ai cru qu'après avoir épuifé tous les moyens de
» conciliation les plus conformes aux fentimens pacifiques dont
» je fuis animé, il ne me reftoit plus qu'à vous affembler, pour
» vous rendre compte de ma conduite, & vous déclarer com-
» bien je fuis affligé de me voir forcé de lever des troupes, pour
» faire exécuter les ordres du Roi. Leur entretien vous paroîtra
» fans doute une charge trop forte pour la Province : mais
» Sa Majefté veut qu'on prenne fur les biens des rebelles de
» quoi les faire fubfifter : cependant fi ces hommes, que l'ef-
» prit de faction a précipités dans la révolte, veulent rentrer
» dans leur devoir, je leur déclare que le Roi les maintiendra
» en poffeffion de leurs biens & de leurs charges, & qu'on leur
» donnera toutes les fûretés qu'ils jugeront néceffaires ; mais
» s'ils perfiftent dans leur défobéiffance, j'ai ordre de mettre
» tout en ufage pour les faire rentrer fous le joug d'une autorité
» qu'ils ont trop long-tems méconnue ».

Les Etats, frappés de ces raifons, réfolurent de fe joindre au Gouverneur pour engager les chefs des deux partis, & furtout les chefs des Carciftes à mettre bas les armes. La Province, jaloufe de leur donner une preuve de fon affection, promettoit de s'employer auprès du Souverain, pour leur faire accorder une amniftie générale, & des marques de fa protection : mais s'ils refufoient de fe foumettre, elle menaçoit de les abandonner à toute la févérité qu'on voudroit employer contr'eux. Le Comte de Suze crut qu'on touchoit enfin au moment de voir finir les troubles ; un événement imprévu vint encore détruire fes efpérances. Caftellane-la-Verdiere furprit par efcalade le Château du Puech, place forte, fituée à deux lieues d'Aix, d'où il faifoit des courfes jufques aux portes de cette Capitale, demandant qu'on lui livrât le Gouverneur. Celui-ci craignit alors pour fa vie ; & fes craintes étoient d'au-

LX.
IL MET LES
ETATS DANS
SES INTÉRÊTS.

An. 1579.

tant plus fondées, qu'on ameutoit secrettement le peuple contre lui. D'ailleurs, le Parlement, sur lequel il comptoit, étoit sans pouvoir ; & les Corses, devenus l'objet de la haine publique, s'étoient renfermés dans le quartier des Augustins, d'où ils n'osoient sortir. Enfin, pour surcroît de malheur, les Razats & les autres troupes qui devoient se réunir sous ses drapeaux, ou ne purent le joindre, parce que de Vins leur fermoit le passage, ou furent si mal pourvues de tout ce qui étoit nécessaire pour leur subsistance, qu'elles se débandèrent. Ce qui acheva de ruiner le parti du Gouverneur, ce furent les courses & les ravages que la Verdiere, Saint Andiol, & de Crozes faisoient aux environs de la ville : les habitants entrèrent dans une telle fureur, que le Gouverneur ne put échapper à leur ressentiment, que par la fuite. Il partit d'Aix le 14 Janvier 1579, non sans danger d'être pris, n'ayant avec lui que sa Compagnie d'hommes d'armes.

Sa retraite parut aux personnes les plus modérées un événement avantageux pour rétablir la paix. Dans cette vue, le Parlement qui se trouvoit nanti de l'autorité du Gouverneur, assembla les Etats à Lambesc le 22 Février 1579, les faisant présider par les Présidens de Coriolis & Pelicot, & par les Conseillers Somat & d'Arcussia, & le Procureur-Général Piolenc. Le Président de Coriolis, chargé de porter la parole, fit un discours, dont voici la substance.

Messieurs,

« La Cour de Parlement, sur la requête de Messieurs les
» Procureurs du Pays, a jugé à propos de vous convoquer :
» vous connoissez son zèle pour le bien public & pour le ser-
» vice du Roi : son unique soin est de rétablir dans cette
» Province l'union & la tranquillité, d'y faire régner la justice
» & de maintenir tous les sujets dans l'obéissance du Souverain;

» mais que peut le zèle de la Cour, si les différents Ordres ne
» concourent à remplir des vues si utiles ? C'est sur-tout à vous,
» Messieurs, qu'il appartient de les seconder : les désordres
» qui régnent dans cette Province, le pillage, les meurtres,
» les incendies, dont elle est depuis si long-tems le théâtre, mé-
» ritent de votre part la plus grande attention, & la Cour se
» flatte, que, pour remédier à tant de maux, vous déployerez
» ce courage & cette sagesse dont vous avez déja donné tant
» de preuves éclatantes. »

An. 1579.

Joannis, Seigneur de Châteauneuf, l'un des Procureurs du Pays, ayant ensuite pris la parole, représenta que depuis le départ du Comte de Suze, la licence étoit portée à son comble ; que les gens de guerre ne mettoient plus de bornes à leurs excès : que parmi les villes, les unes étoient emportées de force & pillées, & les autres, soumises à de fortes contributions ; que par-tout l'autorité du Roi étoit méconnue ou méprisée ; que le Parlement étant, en l'absence du Gouverneur, revêtu de ses pouvoirs, les Procureurs du Pays l'avoient supplié d'employer son crédit & son zèle à ramener la paix dans le Pays ; que cette Compagnie, animée de l'amour du bien public, avoit convoqué les Etats pour s'occuper d'un objet si important ; mais que les brigands, qui infestoient les grands chemins, avoient tellement répandu l'épouvante dans tous les lieux, que la plupart des Gentilshommes & des Députés des Villes n'avoient pu se rendre à l'assemblée, dans la crainte de perdre la vie.

LXII.
DÉBATS QUE SA RETRAITE OCCASIONNE DANS LES ETATS.

Parmi les Villes il y en avoit plusieurs qui s'étoient jettées dans le parti des Razats : telles étoient Draguignan, Brignoles, Lorgues, Fréjus & plusieurs autres de cette partie de la basse Provence. Elles avoient écrit au Parlement qu'elles ne vouloient reconnoître ni son autorité, ni celle du Roi.

L'obstination du sieur de Vins à ne pas vouloir quitter les

armes, étoit ce qui embarrassoit le plus les Etats. D'Agoult essaya de le justifier, en mettant le sujet de sa révolte sur le compte du Baron d'Allemagne, qui animé contre de Vins d'une haine irréconciliable, avoit attaqué deux fois, sans avoir pu l'emporter, le château de ce Gentilhomme, dans la résolution de livrer sa femme à la brutalité des soldats, & de mettre son fils au bout d'une pique, pour le porter dans les Villes des Razats. De Vins avoit demandé justice de ces actes d'hostilité, sans avoir pu l'obtenir. « Le Baron d'Allemagne, ajouta
» d'Agoult, s'est vanté qu'il arriveroit bientôt un grand Seigneur,
» sur l'appui duquel il pouvoit compter ; & de quel grand
» Seigneur vouloit-il parler, si ce n'est du Comte de Suze,
» si connu dans les deux partis par sa prédilection pour le
» Baron d'Allemagne, & par la haine qu'il a vouée à de Vins
» & à ses partisans : ceux-ci ont été forcés de prendre les
» armes pour mettre leurs vies & leurs biens en sûreté :
» dans l'état où sont les choses, ils ne pourroient licencier
» leurs troupes sans se mettre à la discrétion de leur ennemi.
» Ils prient donc l'Assemblée de demander au Roi la révoca-
» tion du Gouverneur, ou de leur permettre de vendre leurs
» biens pour sortir du Royaume & aller vivre chez l'Etranger ».

Cette affaire importante, de laquelle dépendoit la tranquillité du pays, devoit nécessairement exciter des débats dans l'Assemblée. D'Agoult eut à peine fini de parler que le Président de Coriolis se leva, & dit que de Vins ayant pris les armes contre l'intention de S. M., il en avoit mérité la colère : que s'il persistoit dans sa révolte, le Parlement seroit obligé de déployer contre lui la sévérité des loix; que cependant on étoit disposé à entrer en accommodement avec lui, s'il vouloit prendre les sentimens pacifiques, qu'on est en droit d'exiger d'un citoyen, quand il s'agit du bien public. L'Assesseur ayant ensuite parlé à son tour, insista particulièrement sur la nécessité d'obéir au Prince, & de reconnoître le Gouverneur qu'il lui plaisoit d'envoyer. « Depuis quand, dit-il, les Rois sont-ils » obligés de rendre compte de leur conduite ? indépendants » par le haut rang qu'ils occupent, ils sont les maîtres de » confier à qui bon leur semble le pouvoir qu'ils ont sur les » peuples, & ce n'est point à nous à diriger leur choix. Notre » devoir & notre intérêt exigent également que nous obéis- » sions au Gouverneur, destiné par sa place, à gagner au Roi » le cœur des habitants. Ne croyez pas qu'il veuille les oppri- » mer; il a levé, j'en conviens, des troupes considérables, » mais nous sçavons tous qu'il n'a encore fait aucune entre- » prise contre les rébelles; au contraire il a employé des voies » de douceur pour pacifier les troubles. Que gagnerons-nous » à ne pas le reconnoître? croyons-nous forcer le Gouver- » nement à le rappeller? ne nous en flattons point, Mes- » sieurs, & craignons que le Roi indigné de notre résistance, » n'envoie pour nous soumettre un si grand nombre de gens » de guerre, que le pays en soit ruiné. Je vous conjure donc » par l'amour de la Patrie, de vous dépouiller des préventions » que vous avez contre le Gouverneur, & de donner au Roi » une preuve de l'obéissance que vous lui avez jurée; ou » bien, je proteste au nom de la Province, contre tous les » désordres que votre opiniâtreté pourra faire naître ».

DÉBATS QUE SA RETRAITE OCCA-SIONNE DANS LES ÉTATS.

An. 1579.

C'étoit un tems où l'on croyoit pouvoir discuter dans une assemblée des Etats jusqu'à quel point il étoit permis d'obéir à l'autorité souveraine. D'Agoult continua de soutenir les intérêts de Vins, & fit beaucoup valoir les sentiments pacifiques de ce Gentilhomme & son attachement pour le Roi & la Patrie. Il protesta qu'ayant pris les armes uniquement pour se défendre contre ses ennemis, il les quitteroit, si le Roi vouloit rappeller le Comte de Suze, & les troupes étrangères, & s'il lui donnoit, ainsi qu'à ses partisans, des sûretés pour leur vie & leur liberté: c'est-à-dire, qu'on promettoit d'obéir au Souverain, si le Souverain vouloit recevoir des conditions.

Le Comte de Carces, chef du parti Catholique, pouvoit faire par son autorité, ce qu'on ne devoit point attendre des ordres de la Cour: il dépendoit de lui de faire cesser les troubles en modérant le zèle aveugle de ses partisans. Aussi les Etats lui envoyèrent-ils à Sallon, le 25 du mois de Février 1579, une Députation (1) pour le supplier de procurer à la Province le repos & la tranquillité dont elle avoit besoin. Le Comte protesta d'une manière générale de ses dispositions pacifiques, sans rien dire de précis sur les moyens qu'il vouloit employer pour rétablir la paix : enfin les Etats incertains sur le parti qu'ils devoient prendre, flottans au milieu de ces agitations, résolurent de s'adresser directement au Roi pour le supplier d'ôter le gouvernement au Comte de Suze, & de nommer à sa place quelqu'un qui fût plus propre que lui à gagner la bienveillance des habitants, & de rappeller les troupes étrangères. Dans une autre séance il fut arrêté qu'on engageroit les deux partis à suspendre les actes d'hostilité jusqu'à l'arrivée des Députés en Cour; mais les Carcistes rejettèrent ces propositions; car sous prétexte de vouloir purger la Province du levain de l'hérésie, ils l'infestoient par leurs ravages: plusieurs villages dans la haute Provence furent la proie de leur avidité & de leur fureur sanguinaire. Ils en vouloient sur-tout aux Corses, & ils demandoient qu'on les fît sortir

---

(1) Les Deputés au Comte de Carces etoient les Présidents Coriolis & Pelicot, Somat & d'Arcussia Conseillers, & Piolene, Procureur-General; Varadier, Seigneur de Saint Andiol; Forbin, Seigneur de la Fare; d'Autric-Beaumettes, & Simiane la Coste.

Les Deputés en Cour, Benaut, Seigneur de Lubieres, & Taillades; les registres font aussi mention du Baron de Vence, de l'Estang de Parades, Consul d'Arles; de Louis & de Jean l'Evêque, Seigneur de Rougiers; des sieurs de Vermegues, de Bonneval & de Rognes.

de

de la ville d'Aix. L'intention des Carciftes étoit de fe rendre maîtres de la Capitale, pour afservir le Parlement à leurs volontés, & pour dominer, par fon moyen, & par la force des armes, dans le refte de la Province : mais le Parlement outré de voir que par leur défobéïffance obftinée, ils rendoient inutiles les mefures qu'il prenoit pour rétablir la tranquillité, les déclara, par Arrêt du 20 Mai, rebelles, factieux, perturbateurs du repos public, & permit aux villes & villages de prendre les armes pour leur donner la chaffe.

An. 1579.

La Cour de fon côté cherchoit comment elle pourroit mettre fin à ces défordres. Elle crut que le Maréchal de Retz termineroit plus facilement qu'un autre cette grande affaire, & en attendant qu'il fût de retour dans fon Gouvernement, elle chargea le Cardinal d'Armagnac de commander en fon abfence. Ce n'étoit point en envoyant des médiateurs qu'on pouvoit fe flatter de rétablir la paix. Les efprits étoient trop aigris, la plupart même des féditieux de l'un & de l'autre parti s'étoient rendus coupables de trop de crimes, pour n'avoir pas intérêt à s'en affurer l'impunité, en perpétuant les troubles : il auroit fallu envoyer des troupes pour forcer les rebelles à mettre bas les armes ; mais la guerre civile étant en même-tems allumée dans plufieurs Provinces, le Roi ne pouvoit point employer la force par-tout avec un égal fuccès. Les chofes en étoient à un point qu'il ne pouvoit conferver fon autorité, que par les négociations, & la rufe, & par tous les autres moyens que la foibleffe rend néceffaires.

LXIV.
LE CARDINAL D'ARMAGNAC EST ENVOYÉ EN PROVENCE.

Bouch. & Noftr. Lettr. Roy.

Parmi les flots de cette tempête civile, les habitants d'Arles, au nombre de cinquante, prirent la réfolution de conferver la ville fous la dépendance du Roi. Leur déliberation portoit en fubftance ce qui fuit : « Nous fouffignés, originaires, habi-
» tants de la ville & cité d'Arles en Provence, promettons
» & jurons par la foi que nous avons à Dieu & par le fer-

LXV.
ARLES SE MAINTIENT SOUS L'OBÉISSANCE DU ROI.

Archiv. d'Arles.

» ment que nous prêtons fur les Saintes Ecritures, de garder
» & défendre ladite ville & cité d'Arles envers & contre
» tous, fous l'obéiffance & commandement de notre très-Chré-
» tien, très-cher & très-honoré Roi de France, & à cet effet
» d'expofer même nos biens, nos vies, nos femmes & enfans:
» & comme il pourroit fe trouver en ladite ville des hom-
» mes qui voudroient foulever & troubler le peuple pour la
» fubjuguer & la foumettre à quelque Puiffance étrangère,
» nous nous promettons mutuellement & réciproquement les
» uns aux autres, fous la foi du ferment, de nous maintenir &
» défendre envers les factieux & tous autres qui entrepren-
» dront de ruiner ou de porter atteinte à notre liberté; de
» les accufer, pourfuivre & faire déclarer ennemis de Sa Ma-
» jefté & perturbateurs du repos public, jufqu'à ce qu'ils ayent
» fubi la peine de mort due à leur crime. Fait à Arles le
» 10 Avril 1579 ».

Cette Délibération fut prife dans un Confeil de Ville & fignée par cinquante Confeillers, à la tête defquels on trouve Valentin de Grille, Seigneur de Roubiac, Viguier; les quatre Confuls, dont le premier étoit Antoine d'Arlatan; le Commandeur de Barras, Quiqueran Beaujeu, Louis-Honoré de Porcelier, & Ardoin de l'Eftang-Parades. Les Razats n'étoient pas les feuls ennemis des Carciftes (1). Les habitants des lieux

---

(1) Les Gentilshommes du parti de Carces, étoient Ponrevès fon frere; Brancas, Baron d'Oife, Adhemar-Monteil; Villeneuve-Trans; Caftellane-la-Verdiere; Glandevès-Pourrières; Boniface-la-Molle; Caftellane-Saint-Juers; Gafpard-de-Villeneuve; Vintimille-Ollioules; Vintimille-Tourves; Glandevès-Cuers; Glandevès-Baudiment; Pontevès-Sillans; Forbin-Janfon; Forbin-la-Barben; Glandevès-Faucon; Barras-Mirabeau; Barras-Fontenilles; Puget-Saint-Marc; Simiane-la-Cofte; Grimaldi, Seigneur d'Antibes; Allagonia-Meyrargues; Pontevès-Pontevès; Quiqueran-Beaujeu; Villeneuve-Vauclaufe; Agout-d'Ollières; **Forbin-la-Fare**; Forbin-Gardane; Caftellane Salerne; Caftellane-Monmeyan; Pontevès-Buoux; Glandevès-Cujes; Quiqueran-Ventabren; Blaccas-d'Aups; **Damian**, Seigneur du Vernégues, tout parens ou alliés du Comte de Carces.

où ceux-ci avoient étendu leurs courses, le Bailliage de Guillaumes, les Vigueries de Grasse & de Saint-Paul de Vence, les chasèrent de leur territoire. A Cuers, où s'étoient retirés la plupart des Gentilshommes du parti de Carces, ils reçurent un échec, dont ils eurent de la peine à se relever. Les Communes d'Hieres, de Toulon, de Souliers, d'Ollioules & de la Vallette commandées par les Capitaines Boyer, & Lauzet, les attaquèrent avec tant d'avantage le 10 Avril, qu'il y en eut un grand nombre de tués: les autres s'enfuirent précipitamment, laissant leurs chevaux & leur bagage à la discrétion des ennemis. Le vainqueur, encouragé par la victoire, alla reprendre presque sans coup férir, Pierrefeu, le Canet, Breganson & Cogolin, où les Carcistes perdirent Glandevès-Baudiment, un de leurs meilleurs Capitaines. Les Razats furent moins heureux à l'attaque du Puech: car étant sortis d'Aix au nombre de neuf cents hommes, y compris les Corses, pour surprendre ce fort, ils furent repoussés avec perte. Baschi-Stoublon répara cette défaite par les avantages qu'il remporta dans le Diocèse de Fréjus, si l'on peut appeler avantages des succès marqués par la mort d'une infinité de personnes qui tomboient sous les coups de leurs concitoyens, & souvent de leurs parens ou alliés. Ce Capitaine, que sa bravoure rendoit redoutable, passa au fil de l'épée environ quatre cents hommes au village de Cabasse, & en étendit autant sur le carreau devant Lorgues.

LXVI.
Succès des Carcistes.

An. 1579.

Ces actes d'hostilité firent sentir de plus en plus la nécessité d'en arrêter le cours. Le Cardinal d'Armagnac, chargé de tenter cette entreprise difficile, eut à Orgon le 9 de Mai une conférence, avec le Comte de Carces, des dispositions duquel il falloit s'assurer avant de proposer aucun accommodement. Ensuite il se rendit à Aix, où on lui fit une réception convenable à son rang, & à l'importance de sa commission. Le Parlement sur-

LXVII.
Soins inutiles du Cardinal d'Armagnac pour la Paix.

tout se distingua par les témoignages qu'il donna de son zèle. Il arrêta avec ce Prélat, que l'on publieroit une amnistie en faveur de ceux qui mettroient bas les armes, mais on ne se dissimuloit pas qu'on n'auroit jamais de paix, tant que les Carcistes seroient maîtres du Puech, & de Saint-Paul de la Durance; on entama donc de nouvelles négociations, avec le Comte de Carces, qui se tenoit toujours à Sallon, & qui désiroit la paix, s'il falloit l'en croire ; mais qui ne vouloit pas mettre bas les armes le premier. Ce Comte faisoit un personnage bien étonnant ! Enfermé depuis deux ans dans Sallon, loin des combats & du péril, il souffloit la discorde dans la Province, sans gloire pour lui, sans utilité pour son pays, & uniquement par le motif de se rendre important & nécessaire. Combien n'eut-il pas été plus honorable, d'aller à la tête des troupes forcer les Religionnaires à la soumission ? ou bien de se servir de l'ascendant qu'il avoit sur ses partisans, pour les ramener à des sentimens pacifiques ?

Il eut à Saint Canat une seconde conférence avec le Cardinal. Le résultat fut qu'il remettroit en dépôt, entre les mains de deux Gentilshommes choisis, le Puech & Saint-Paul : on ignore les autres conditions arrêtées entre lui & le Cardinal ; on sait seulement que le peuple d'Aix en fut mécontent, & que ce Prélat, rebuté par toutes les contradictions qu'il éprouva, reprit la route d'Avignon le 18 Mai 1579, avec le Président des Arches que le Roi avoit envoyé une seconde fois en Provence, pour lui servir de conseil.

LXVIII.
LES HOSTILITÉS RECOMMENCENT.

Les hostilités recommencèrent donc avec la même fureur qu'auparavant. Stoublon suivant le cours de la fortune, qui lui étoit devenue favorable, alla mettre le siége devant le château de Trans, où il défit de Vins, qui étoit accouru pour le défendre : la place fit pendant deux jours, une vigoureuse résistance, par l'intrépidité de la Dame du lieu, fille du Comte de Carces. Cette femme courageuse donnoit aux assiégés, l'exemple du dévouement à la mort, elle alloit par-tout où le péril étoit pressant. Son mari, Claude de Villeneuve, animé du même esprit, montroit le même courage & la même activité : mais il fut tué d'un coup d'arquebuse le 23 Mai durant l'assaut, qui décida du sort de la place : sa femme se sauva sous un habit d'homme, que'lui donna le Baron des Arcs, & eut la douleur de ne pouvoir emporter dans sa fuite un de ses fils, qui étoit encore au berceau. Un soldat de Stoublon l'ayant trouvé, le vendit pour le prix de sept sols & demi, à un Muletier. Celui-ci eut l'ame assez sensible, pour en faire prendre soin par sa femme, jusqu'à ce qu'il pût le rendre à la mere désolée, qui avoit été forcée de l'abandonner à la discrétion du vainqueur. Cet enfant entra ensuite dans l'Ordre de Malte, & parvint à un âge fort avancé.

Stoublon reçut à ce siége une blessure, dont il mourut sept jours après. C'étoit un homme brave, actif, entreprenant, qui avoit eu des intelligences avec tous les Chefs du parti, & notamment avec le Prince de Condé & le Maréchal de Montmorency, Gouverneur du Languedoc. Le Roi lui donna le Gouvernement de Seyne & de la grande Tour, lorsqu'il accorda aux Religionnaires cette place de sûreté, après l'Edit de pacification.

On ne sçauroit croire combien ces scènes sanglantes augmentoient la haine des deux partis. Le Parlement, que la retraite du Cardinal d'Armagnac faisoit rentrer dans les fonctions de Gouverneur, n'avoit aucuns moyens de remédier à ces maux. L'expérience du passé lui avoit appris que la voix de la justice étoit trop foible pour contenir le peuple dans le devoir. Il n'y avoit que l'autorité souveraine qui pût se faire entendre au milieu de ces désordres. La Reine-mere traversoit alors le Languedoc pour s'en retourner à Paris, ayant terminé à Nérac avec le Roi de Navarre les affaires qui l'avoient appellée en Guyenne. Le Parlement d'Aix crut que c'étoit une occasion pour intéresser le

---

LES HOSTILITÉS RECOMMENCENT.

An. 1579.

Lettr. origin.

LXIX.
ON IMPLORE LA PROTECTION DE LA REINE QUI VIENT EN PROVENCE.

cœur de cette Princesse, lorsqu'elle passeroit sur les frontières de la Provence. Il lui députa les Conseillers Raynaud, & Château-Neuf : le Seigneur de Soleillas fut député de la Noblesse. Ils allèrent attendre la Reine à Beaucaire pour lui faire leurs représentations sur le malheureux état de la Province, & sur-tout pour se plaindre de la conduite du sieur de Vins. La crise où se trouvoit le Royaume ne permettoit point à cette Princesse d'employer la force ouverte. Elle se contenta d'ordonner aux deux partis de mettre bas les armes dans l'espace de dix jours, & d'évacuer les places dont ils s'étoient emparés.

La Reine partit ensuite pour Marseille, où elle arriva le cinq de Juin, accompagnée du Cardinal de Bourbon, Légat d'Avignon, des Princes de Condé & de Conti, des Princesses de Condé & de Lorraine, du Grand-Prieur de France, du Maréchal de Montmorency, Damville, & de plusieurs autres grands Seigneurs. Les principaux chefs des partis Razats & Carcistes se rendirent dans cette ville, pour justifier leur conduite, & porter réciproquement leurs plaintes. Cependant, malgré l'animosité dont ils étoient animés, on eut lieu de s'appercevoir que les uns & les autres, fatigués des maux dont ils étoient les auteurs, ne demandoient que d'avoir un prétexte honnête de quitter les armes, sans compromettre leur honneur; que s'ils avoient un Gouverneur, qui par l'éclat de sa naissance & ses qualités personnelles, méritât le respect & l'amour du peuple, tout le monde seroit empressé de lui obéir & de vivre en paix sous son Gouvernement.

La Reine jetta les yeux sur le Grand-Prieur, qui avoit déja commandé en Provence, en l'absence du Maréchal de Retz. Le Comte de Carces & ses adhérants ne pouvoient point alléguer contre lui ces raisons frivoles que l'orgueil leur avoit suggérées, pour se dispenser d'obéir au Comte de Suze.

D'ailleurs la maniere dont ce Prince s'étoit comporté pendant tout le tems qu'avoit duré son commandement, lui avoit gagné l'affection des Provençaux. Ainsi la Reine en le nommant Gouverneur, étoit assurée que les deux partis se réuniroient sous son obéissance. Ils ne pouvoient refuser de le reconnoître, sans afficher un esprit d'indépendance, qui les rendroit coupables de rebellion. Ses provisions furent vérifiées au Parlement le 12 Juin 1579, & le 25 il fit son entrée à Aix, accompagné des principaux Seigneurs de la Province.

An. 1579.

Ce choix fit d'autant plus de plaisir aux Carcistes, qu'indépendamment de l'avantage qu'ils avoient de voir à la tête de la Province un Prince du Sang, comme ils l'avoient demandé, ils avoient encore la gloire de l'avoir emporté sur le Maréchal de Retz, & sur le Comte de Suze, qui aspiroient au Gouvernement. Après cette espece de triomphe, ils n'eurent pas de peine à entrer dans les vues pacifiques de la Cour. Ils allèrent trouver la Reine dans une maison de campagne, voisine d'Aix, où elle leur avoit donné rendez-vous, plutôt que dans la ville, de peur que leur présence n'excitât une émeute parmi le peuple de cette Capitale. Le Comte de Carces y parut, accompagné de Castellane-la-Verdiere, son gendre, de Vins, & de près de cinq cents Gentilshommes, qu'une espece de délire avoit attachés à sa fortune. Les Razats s'y rendirent aussi, mais en moindre nombre. Les uns & les autres essayèrent, par toutes sortes de raisons, de justifier leur conduite : mais quelles raisons des sujets peuvent-ils avoir de se révolter contre l'autorité, sur-tout quand elle leur défend de s'égorger les uns les autres ? La Reine, sans entrer dans des discussions où l'on n'avoit pour but que de déguiser la vérité des faits, leur reprocha leur désobéissance, les suites affreuses de leurs divisions, & leur fit sentir que la Noblesse étant plus rapprochée du Trône que les autres ordres de Citoyens, elle

LXXI.
LA PAIX
EST RÉTABLIE.

empruntoit de l'autorité Royale sa force & son éclat; & que par conséquent il étoit de leur intérêt d'être inséparablement unis au Souverain; enfin après les avoir exhortés à rétablir parmi eux cette union de laquelle dépendoit la tranquillité publique, elle leur fit promettre, avec serment, qu'ils observeroient tous les articles contenus dans la déclaration suivante.

« Nous soussignés promettons & jurons, sur notre vie &
» honneur, par l'obéissance que nous devons au Roi notre
» souverain Seigneur, que dorénavant nous ne ferons aucun
» port d'armes ni assemblées illicites, pour quelque cause &
» occasion que ce soit, & qui puisse être ; & pour éviter
» aussi que sous prétexte de querelles particulières, qui pou-
» roient survenir entre nous, on ne puisse contrevenir au pré-
» sent engagement, nous promettons & jurons sur notre vie
» & honneur, & par l'obéissance que nous devons au Roi
» notre souverain Seigneur, que nous nous adresserons à Mon-
» seigneur le Grand-Prieur de France, Lieutenant-Général du
» Roi en ce pays, pour le mettre au fait desdites querelles,
» afin que s'il y a moyen, il les termine ; & dans le cas où
» il ne pourroit ménager une réconciliation, personne ne
» pourra prendre parti pour les plaignans : nous suplions très
» humblement la Reine, mere de Sa Majesté, puisqu'elle a
» bien voulu assurer le Roi son fils que nous vivrons doréna-
» vant en paix & union les uns avec les autres, d'être assu-
» rée qu'il ne nous arrivera jamais de prendre les armes, pour
» quelque cause que ce soit, si ce n'est par son exprès com-
» mandement, ou de Monseigneur le Grand-Prieur de France,
» Gouverneur & son Lieutenant-Général en ce pays. En foi
» de quoi nous avons signé ces présentes, le premier Juillet
» 1579 (1). Les Gentilshommes qui signèrent étoient au nom-

(1) Jean de Pontevès, Seigneur de Carces; Antoine d'Oraison, Vicomte de Cadenet; Hubert de Vins; Brancas, Seigneur d'Oise; Vallavoire, Sade-Eiguiere; du
» bre

» bre de trente. Après leurs noms on lisoit ce qui suit. Ce présent
» acte a été fait par les sieurs dessusdits, lesquels se sont em-
» brassés, & ont promis amitié les uns aux autres en présence
» de la Reine, mere du Roi, assistée des Princes; & Sieurs
» du Conseil privé de Sa Majesté étant près elle, à la Bastide
» de Beauvoisin ».

An. 1579.

Ce n'étoit pas assez d'avoir établi la paix; il falloit encore la cimenter, & prévenir les sujets de discorde : la chose n'étoit pas aisée : on avoit tout lieu de croire que l'intérêt ou la différence de Religion diviseroit bientôt des hommes, qui avoient poussé la haine jusqu'à se faire une guerre ouverte : le Parlement n'étoit pas capable d'inspirer de la confiance dans la sagesse & l'équité de ses jugemens. Parmi ses membres il y en avoit qui s'étoient hautement déclarés, les uns pour les Razats, les autres pour les Carcistes. Cependant il s'en trouvoit encore, qui s'étoient rendus recommandables par leurs lumieres & leur modération : on en choisit onze & un Président, dont on composa le 28 Juillet 1579 une Chambre neutre, qui eut pour chef Jean de Believre, Président du Parlement du Dauphiné. Cette Chambre devoit connoître des différends survenus au sujet des derniers troubles, & juger les procès des Religionnaires : mais sur les représentations du Parlement elle fut supprimée le 13 Avril 1580.

LXXIII.
NOUVELLES DISPOSITIONS POUR LE MAINTIEN DE LA PAIX.

Reg. du Parl.

On eut bientôt lieu de s'appercevoir que les besoins de la Province, la rendoient nécessaire, & quelques mois après, elle fut établie de nouveau sous le nom de *Chambre extraite*, par

---

Castelet; François de Pontevès; Reynaud-Dalen; Cabries; Calas; de l'Aigue ou de Aqua, Marquis d'Oraison; Mistral-Croze; Quiqueran-Ventabren; Castellane-Salernes; Pontevès-Muy; Baudiment; Monts; Varadier-Saint-Andiol; Villeneuve-les-Arcs, Castellane-La-Verdiere; Grasse Taneron; Blaccas d'Aups; la Bollière; la Forêt; Saint Janet; Brancas-Cereiste; Glandevès-Faucon; Boniface-la Molle; Bioux Pontevès; Saint-Marc; Villeneuve-Tourrétes; Mousteiret.

ce qu'elle étoit tirée du corps du Parlement, & subsista jusqu'au mois de Juillet 1585.

Au milieu des dispositions qu'on faisoit pour assurer la tranquillité, le peuple d'Aix voyoit avec peine les Corses toujours maîtres d'un quartier de la Ville. Il avoit conçu pour eux une haine que leur grossiéreté avoit fait naître, & que leur conduite avoit entretenue. D'ailleurs il s'imaginoit qu'on les gardoit pour les faire servir à quelque entreprise contre la liberté publique, & ces soupçons excitèrent des plaintes; on en vint ensuite à des insultes, & l'on finit par se battre : le Grand-Prieur, qui étoit à Marseille, accourut au bruit de l'émeute, & craignant de voir rallumer les feux mal éteints de la guerre civile, il paya aux Corses, de ses propres deniers, la solde qu'ils n'avoient pas touchée depuis quelque tems, & les fit sortir de la ville : ce fut pour les envoyer dans la haute Provence, où le Seigneur de Gouvernet, à la tête des troupes qu'il avoit amenées du Dauphiné, s'étoit emparé du village de Saint Vincent, d'où il faisoit des courses dans tout le voisinage, & levoit de fortes contributions. Cet orage ne fut que passager; il se dissipa de lui-même, & fournit au Grand-Prieur une nouvelle occasion de faire éclater le zèle dont il étoit animé pour le service du Roi & l'utilité de la Province.

Ce zèle parut dans le différent qui s'éleva entre le Parlement & la Chambre des Comptes, au sujet des exemptions que ces Magistrats prétendoient avoir. Il faut se rappeler que dans les Provinces où la taille est personnelle, les Officiers des Cours Souveraines sont dispensés de la payer, par la raison que la Noblesse est attachée à leurs Charges. Comme ce privilège ne peut point avoir lieu en Provence, où la taille se leve sur les biens fonds, les Comtes, & notamment Louis II par des Lettres-Patentes du 5 Février 1414, avoient exempté de la taille tant réelle que personnelle ou mixte, & généralement de toutes charges & impositions, les Officiers des Cours Souveraines. Charles III en cédant la Provence à Louis XI y mit pour condition qu'il feroit jouir les habitants des franchises & privilèges qu'ils avoient eus sous les Comtes ses prédécesseurs. Les Officiers du Parlement crurent qu'ayant succédé aux droits du Conseil éminent, ils devoient jouir des mêmes exemptions ; & en effet Louis XII les leur confirma par ses Lettres-Patentes de l'an 1510, dans lesquelles il rappelle celle de Louis II, Roi de Naples & Comte de Provence. Cette grace ne fut point vue de bon œil par les trois Ordres de la Province ; ils obtinrent en 1549 un Arrêt du Conseil qui condamnoit le Clergé & la Noblesse à payer la taille des biens, qu'ils avoient acquis depuis l'an 1471. L'on fit comprendre dans ce réglement les Officiers des Cours Souveraines ; cependant on ne travailla sérieusement à le faire exécuter que vingt ans après. Une des raisons que les Etats faisoient le plus valoir, étoit que les Officiers de la Cour étant de beaucoup augmentés depuis son institution, il étoit contre l'intention du Souverain, qu'ils jouissent tous d'une exemption qu'il n'avoit vraisemblablement accordée qu'à cause du petit nombre de personnes, auquel elle étoit restrainte. C'eut été écraser le tiers Etat que de donner à ce privilège plus d'extension qu'il n'en avoit dans l'origine. Le Grand-Prieur voulant concilier tous les intérêts, proposa de fixer par une transaction le nombre de ceux qui devoient jouir de l'exemption : il fut décidé que trois Présidens à Mortier, les douze plus anciens Conseillers, un Avocat Général, le Procureur-Général, & le Greffier-Civil, ne payeroient aucune imposition territoriale ; que les douze Conseillers moins anciens n'en paieroient que la moitié ; & que les autres seroient soumis aux charges. Quant à la Chambre des Comptes, l'exemption totale fut accordée à deux Présidens & trois Conseillers, & la moitié seulement au Procureur-Général, & à deux Auditeurs. La raison pour laquelle on ne comprit dans l'exemp-

EXEMPTIONS ACCORDÉES AUX COURS SOUVERAINES.

An. 1530.

tion du Parlement que ce nombre de Magistrats, c'est que par l'article 220 de l'Ordonnance de Blois, il ne devoit pas y en avoir davantage dans les Cours Souveraines ; car le Parlement de Provence étoit alors composé de cinq Présidens, de quarante trois Conseillers, & de quatre Gens du Roi. Le Concordat avec la Chambre des Comptes fut rédigé dans le même esprit : cette transaction fut homologuée au Parlement le vingt-six Avril, autorisée par Lettres-Patentes le vingt-cinq Mai, & enfin ratifiée par les Etats au mois d'Octobre 1581.

On s'apperçut bientôt que ce Réglement n'assuroit pas, comme on se l'étoit proposé, les intérêts du tiers-Etat. Dès que le Roi continuoit de lever sur la Province les mêmes impôts, ceux que les Magistrats devoient payer, tomboient sur les roturiers ; il arrivoit de-là que les uns avoient un motif puissant de faire de nouvelles acquisitions, & les autres de vendre ou d'abandonner le patrimoine de leurs peres, puisque par l'augmentation des charges, il leur devenoit plus onéreux qu'utile. Les Etats, à la suggestion d'Huraut de l'Hôpital, Archevêque d'Aix, se pourvurent en Cour en 1600, pour être relevés de la transaction. Cette affaire fut long-tems débattue : Sa Majesté voulant enfin la terminer définitivement, ordonna, par Arrêt du Conseil le 3 Juin 1606, qu'à l'avenir les Officiers de ses deux Cours souveraines de Provence payeroient la taille des biens roturiers dont ils étoient propriétaires, & que les Etats mettroient un fonds de quarante-huit mille livres pour le Parlement, & un de douze mille pour la Chambre des Comptes, dont le revenu seroit réparti dans une juste proportion à ceux des Membres, qui, par la transaction de mille cinq cent quatre-vingt, devoient jouir des exemptions. En attendant que la répartition fût faite, Sa Majesté, par cette transaction, accorda à ceux qui ne devoient payer aucune taille, un affranchissement de cent cinquante livres par an, & un de soixante-quinze à ceux qui n'étoient exempts que de la moitié : c'est dans cet état que les choses en sont restées.

Cette affaire fut terminée dans le tems où se manifesta la peste cruelle, qu'on désigna par l'épithète de *Grande*, soit à cause de l'étendue du pays qu'elle ravagea, soit à cause de sa durée, qui fut de treize mois à Aix ; soit enfin, parce qu'elle emporta presque tous ceux qui en furent atteints. Elle fut apportée à Cannes, village situé vis-à-vis l'île de Lerins, par un bâtiment venant du Levant, au mois de Février 1580. De-là, elle se répandit dans tout le reste de la Provence. Il avoit régné, quelques mois auparavant, des rhumes violents, qui faisoient découler des narines une humeur épaisse & visqueuse, dans laquelle il s'engendroit des vers. Comme il y eut, durant le printems, de grandes pluies, auxquelles il succéda des chaleurs excessives, les Médecins ne doutèrent pas que l'intempérie de l'air n'eût occasionné cette nouvelle maladie ; & malgré les ravages qu'elle faisoit, ce ne fut qu'au mois de Juillet, qu'ils s'apperçurent qu'elle étoit contagieuse. Le Parlement étoit alors en vacances ; la Chambre des Vacations fit quelques Réglemens ; mais on n'avoit point encore assez de lumières pour étouffer, par de sages précautions, le mal dans sa naissance : elle défendit les processions, toujours dangereuses quand la contagion est dans une ville, permit l'usage de la viande tous les jours de la semaine, & établit une Garde de cent hommes, sous les ordres du Viguier Bourdon, pour maintenir la sûreté & la tranquillité publiques ; ensuite elle se retira à Cucuron, où l'on fit transporter les prisonniers. La Chambre des Comptes se réfugia à Brignoles, & la Sénéchaussée à Ansoüis.

La retraite de ces Tribunaux fut comme le signal d'une fuite générale : toutes les personnes que leur fortune ou des liens indissolubles n'attachoient point à leurs foyers, se retirèrent dans les endroits, que leur situation paroissoit devoir rendre

An. 1580.
LXXV.
RAVAGES TERRIBLES DE LA PESTE.

Les Hist. de Provence, & de Marseille.

LIVRE XI.

innaccessibles au fléau. Les Consuls mêmes, oubliant les devoirs de leurs Charges, prirent la fuite : il ne resta qu'Honoré de Guiran, Assesseur, qui eut la générosité d'exposer sa vie pour secourir ses concitoyens. Cependant ses collègues ne jouirent pas du fruit de leur lâcheté : le Parlement les obligea d'aller reprendre leurs fonctions ; mais il auroit acquis bien plus de droits à la reconnoissance publique, s'il avoit laissé quelques-uns de ses Membres, pour travailler avec eux au maintient du bon ordre & au soulagement des pauvres ; par là, il auroit eu le double honneur de remplir les devoirs de la Magistrature & ceux de l'humanité. Il répara en quelque maniere cette faute par le soin qu'il prit de rendre sa fuite utile au reste de la Province, en formant trois Chambres, & en divisant son ressort en autant de départemens. La premiere alla tenir ses séances à Saint-Maximin avec le Baron Tretz, Premier Président ; la seconde à Pertuits, avec le Président de Pérussis ; & la troisieme à Sallon, avec le Président de Coriolis. La Haute-Police en étoit mieux faite dans toute la Province ; la Justice y étoit rendue avec plus de célérité, & la contagion avoit moins de moyens de se répandre, puisque les habitans de chaque ressort pouvoient se tenir renfermés dans les limites de leur District, sans être obligés de communiquer avec ceux du ressort voisin. Ces précautions insuffisantes & tardives n'arrêtèrent point les progrès du mal : à Marseille, le nombre des morts fut de plus de trente mille, parmi lesquels l'Histoire nomme Jean d'Ollieres, second Consul ; Jean Doria, Assesseur, & les deux Capitaines de quartier. Ces généreux citoyens moururent victimes de leur amour pour la Patrie. Au milieu de la frayeur dont on étoit saisi, personne n'avoit pris de précautions contre la disette ; les Villes se disputoient entre elles le peu de provisions qui restoient encore. Les pluies fréquentes avoient empêché d'ensemencer les terres : celles qui furent ensemencées ou ne produifirent rien, ou ne donnèrent qu'une récolte fort modique ; & encore cette récolte germa-t-elle dans les champs avant qu'on eût fait la moiffon ; ou dans l'aire avant qu'on eût battu le grain ; ces pluies ayant continué jufqu'au tems des vendanges, firent pourrir les raifins dans la vigne, & occafionnèrent des inondations dont les ravages portèrent la défolation dans toute la Province, & fur-tout dans le territoire d'Arles. Ainfi dans plufieurs lieux les horreurs de la faim fe joignant à celles de la pefte, glaçoient d'effroi les malheureux habitans, toujours menacés de mourir victimes de l'un ou de l'autre de ces deux fléaux. La pefte dura fept ans, quoiqu'elle cefsât par intervalles, tantôt dans un endroit, tantôt dans un autre.

RAVAGES TERRIBLES DE LA PESTE.

A Marfeille, on crut enfin en être délivré après huit mois de ravages ; mais elle recommença le 26 Mars 1582, avec la même vivacité qu'auparavant. La frayeur fut fi grande dans les premiers momens où la nouvelle s'en répandit, que les habitans, l'imagination encore remplie des fcènes affreufes dont ils avoient été témoins, fe précipitèrent en foule hors des portes, pour s'éloigner d'une ville qui étoit devenue le féjour de la mort. On affure qu'il n'y refta qu'environ trois mille ames, dont il périt la plus grande partie. Le fpectacle qu'offroit la ville d'Aix n'étoit pas moins effrayant : le nombre des morts étoit au commencement d'Octobre de douze à quinze perfonnes par jour ; le 10, il fut de vingt-neuf, & de foixante-dix le 3 Novembre : on n'avoit alors ni provifions ni argent pour en acheter ; la plupart des Prêtres de S. Sauveur étoient morts ou avoient pris la fuite. Il n'en refta que quelques-uns, parmi lefquels le Théogal Matal fe rendit utile par les vertus qui honorent le miniftre de l'Evangile & le citoyen. Ces Prêtres ne pouvant point fuffire au fervice de l'Eglife, envoyoient à la Magdeleine les enfans nouveaux-nés pour y recevoir le Baptême.

An. 1582.

* Arch. du Chap. d'Aix.

Parmi les malades, les uns mouroient faute de foins, car la

Livre XI.
An. 1582.
Manuscr. de Soboli.

Arch. du Chap. d'Aix.

LXXVI.
Imposture et punition d'un Hermite.

peste avoit emporté les Médecins & les Apothicaires : les autres expiroient dans les rues en allant chercher quelques secours. Un Auteur, témoin oculaire, dit avoir vu des femmes mourir presque subitement du poison mortel qu'elles avoient respiré en soignant leurs maris ; que ne se trouvant plus personne qui voulût enterrer les morts, les cadavres restoient dans les rues, ou pourrissoient dans les maisons, à moins que les enfans n'eussent le courage d'inhumer leurs pere & mere, ou ceux-ci leurs enfants. Le même Auteur rapporte qu'il fut obligé de faire une bierre pour y enfermer deux de ses filles que la mort lui enleva. Dans l'espace de dix mois il mourut, dans la seule ville d'Aix, huit mille cinq cent personnes.

Le peuple, frappé de terreur, s'imagina qu'un si grand fléau devoit avoir une cause extraordinaire : il l'attribua à la malice d'un Hermite, dont les Historiens de Provence racontent des faits que l'ignorance seule de ce tems-là pouvoit accréditer. Cet homme, natif de Sainte-Colombe, Diocèse de Lodi, cachoit suivant eux, l'ame d'un scélérat, sous l'extérieur d'un pénitent : il s'appelloit Frere Valere des-Champs, & avoit été condamné, ajoutent-ils, à être pendu, à cause de ses crimes ; mais il avoit obtenu sa grace, à condition qu'il serviroit d'espion au Roi d'Espagne : il étoit vêtu d'un gros habit de bure sans manche, ceint d'une corde, de laquelle pendoit un Crucifix & des chapelets ; il marchoit nud-pieds. On croyoit qu'en voyant un malade, il distinguoit, au premier aspect, le genre de maladie dont il étoit atteint, & s'il en mourroit, ou s'il en échapperoit : on s'imagina même, parmi le peuple, qu'il étoit en son pouvoir de donner la vie ou la mort. Cette opinion lui attira des présents d'une infinité de personnes ; il se fit une si grande réputation de sainteté, qu'on grava son portrait avec cette inscription : *le Saint Hermite* ; on le vendit publiquement ; & c'eût été rendre sa foi suspecte, que de n'avoir pas à côté de son lit, cette

image

image devenue l'objet de la vénération publique. Cette espèce de culte s'introduisit sous les yeux des Magistrats, des Curés & des Evêques, sur lesquels il avoit acquis le plus grand empire, autant par l'austérité de ses mœurs que par la véhémence de ses discours ; car on assure qu'il avoit une éloquence naturelle, quoiqu'il ne sût ni lire ni écrire. L'ascendant qu'il exerçoit sur les esprits, étoit tel, qu'un jour il arracha des mains du bourreau, sans que personne osât s'y opposer, un criminel qu'on menoit au supplice. L'engoûment n'étoit pas seulement parmi le peuple ; il avoit gagné toutes les classes de citoyens : les Procureurs du pays offrirent à cet Hermite cinquante écus d'or au soleil pour sa dépense, lorsqu'il feignit de vouloir faire un voyage à Rome : il n'en accepta que douze, & les Etats ratifièrent ce don au mois de Février 1583, comme un hommage rendu à la vertu (1). Cependant il étoit difficile de soutenir le personnage de Saint, pénible même pour ceux qui n'ont que des inclinations honnêtes : les passions de l'hypocrite percèrent à travers le voile mystérieux dont il les couvroit ; on s'apperçut qu'il entretenoit une femme de mauvaise vie, & que pour soutenir la réputation de Prophète, qu'il s'étoit acquise, il empoisonnoit ceux dont il avoit prédit la mort. Ces crimes, quelques grands qu'ils soient, n'ont rien qui doive surprendre, quand on connoît la corruption du cœur humain ; mais de dire, comme ont fait les Historiens de Provence, que l'Hermite portoit la peste, & qu'il la faisoit porter par ses disciples, dans les endroits qu'il vouloit affliger ; qu'il la communiquoit aux maisons dont il vouloit faire mourir les propriétaires, en graissant le marteau des portes avec un ingrédient contagieux, c'est montrer une

IMPOSTURE ET PUNITION D'UN HERMITE.

An. 1582.

Hist. Manus. du Parlement.

---

(1) Marol, Chanoine de l'Eglise d'Aix, attesta par un certificat qu'il lui donna le 7 Août 1581 qu'il avoit pris un soin particulier de beaucoup de personnes attaquées de la peste, qu'il en avoit guéri plusieurs, qu'il avoit enterré les autres après leur mort, & n'avoit jamais reçu aucun salaire, Arch. du Chapitre.

crédulité dont un Historien ne devroit pas être capable. Comment concevoir qu'un homme peut communiquer la peste de la maniere, & autant de fois qu'il veut, sans la prendre lui-même ? Ce n'est point un de ces poisons qui ne sont dangereux qu'autant qu'on les prend dans une boisson ; c'est un feu dont est consumé le malheureux qui a le funeste pouvoir de le communiquer aux autres.

L'Hermite se trahit d'abord par le relâchement qu'il mit dans sa maniere de vivre. Il quitta ses habits grossiers pour prendre celui de Cordelier à la grande manche; mit des bas, des souliers, & s'écarta de cette austere frugalité, sur laquelle étoit principalement fondée sa réputation de sainteté. Pour justifier ce changement de conduite, il disoit qu'il n'avoit embrassé son premier genre de vie, que pour accomplir un vœu; mais que le tems de sa pénitence étant passé, il croyoit pouvoir user des mêmes douceurs, que se permettoit le reste de fidèles. Parmi ces douceurs, il faisoit entrer le privilège infâme d'avoir une concubine. Le Parlement, convaincu que cette idole du peuple n'étoit qu'un imposteur, résolut de le faire arrêter ; mais il avoit encore des partisans, & l'on vouloit prévenir une sédition, parce que le prestige n'étoit pas entiérement dissipé : il fallut faire secrètement cet acte de justice ; on ordonna donc au Geolier de l'arrêter, quand il viendroit visiter les prisons, ce qu'il faisoit avec une ostentation ridicule. L'ordre ne tarda pas d'être exécuté: alors ceux que la crainte ou une pusillanime superstition avoit retenus, éclatèrent ; on découvrit des crimes secrets que personne n'avoit eu le courage de révéler ; & le coupable fut condamné le 23 Décembre 1588, à être brûlé vif : on prétend qu'en allant au supplice, il ne dit que ces mots : *à peccato vechio penitenza nova* ; on n'infligea que la peine du fouet, pendant trois jours, à la femme qui le suivoit. Telle fut la fin de ce personnage, qui ne dut la facilité qu'il eut de commettre des crimes, qu'à l'ignorance superstitieuse du siècle; car dans un tems plus éclairé, ou il n'auroit pas conçu le projet d'une semblable imposture, ou il n'auroit pas trouvé les moyens de la soutenir.

An. 1582.

C'étoit alors le tems des crimes, parce que c'étoit celui des malheurs. Les méchans profitoient du désordre & de la consternation que répandoient les calamités publiques, pour satisfaire leurs passions. Les Procureurs du Pays avoient demandé à la Cour une Chambre ambulante, qui allât faire des tournées dans la Province : les dépenses qu'elle auroit entraînées firent abandonner ce projet, & l'on se réduisit à nommer des Commissaires, qui allèrent avec le Grand-Prieur, parcourir le Pays, pour recevoir les plaintes & prendre des informations : ils avoient le pouvoir de décréter les coupables ; & à leur retour, le Parlement envoya à tous les Seigneurs Hauts-Justiciers & aux Consuls des Villes, la liste de ceux qui avoient été décrétés, afin qu'ils les fissent arrêter, avec défense expresse aux habitants de leur donner asyle ni secours.

LXXVII. Désordres et misère de la Province.

Hist. du Parl.

Si quelque chose avoit pu justifier les crimes, & sur-tout les larcins, c'eût été l'impuissance où se trouvoient la plupart des habitants de vivre de leurs revenus & de leur industrie. Le dérangement des saisons, & les malheurs d'une guerre civile, les dépenses qu'on avoit été obligé de faire, avoient plongé le pays dans une misere affreuse. Dans ces circonstances malheureuses, le Roi demanda à la Province un don gratuit de vingt mille six cent écus. Les Etats assemblés à Aix, au mois de Février 1583, n'eurent pas de peine à lui démontrer l'impossibilité où ils étoient de payer cette somme : leurs objets de dépense avoient été sans nombre ; c'étoient des garnisons entretenues aux frais du Pays ; des troupes mises douze fois sur pied, & qui n'avoient jamais été au-dessous de dix-huit mille hommes ; trois mille fantassins & cinq cent chevaux, envoyés au secours des Royalistes, à la bataille de Moncontour; plus de quinze mille hommes, fournis pour le siége de Menerbe, & pour l'entretien desquels on devoit encore cinquante mille écus; six fois plus d'impôts qu'auparavant : le sel, qui, sous le règne précédent, ne rendoit au Roi que vingt mille livres, porté alors à cent trente-quatre mille deux cents, & les droits Royaux multipliés à l'infini; les Officiers de Justice considérablement augmentés; de nouveaux Tribunaux établis; ajoutons à tout cela, disoient les Etats dans leurs représentations: « Les » fléaux dont nous avons été affligés, la famine, la guerre, la » peste, & l'on verra s'il est possible d'être plus malheureux que » ne le sont les habitans de cette Province. Le produit de nos » terres, en dix ans, ne suffiroit pas pour acquitter nos dettes : » les Communautés sont forcées de demander des Lettres de » répit, pour arrêter les Créanciers : du moins, si l'on trouvoit » à vendre les biens fonds, on pourroit se ménager une ressource, » se dérober à leurs poursuites & à celle des Officiers du Fisc ; » mais ces biens-fonds sont tellement chargés d'impôts, que » personne ne se présente pour les acheter ; & c'est un pro- » dige que nos villes & la campagne ne soient pas entière- » ment désertes ; mais ce malheur arrivera bientôt, si le Roi » exige la somme que les besoins de l'Etat l'obligent de nous » demander. Tout ce que nous pouvons faire, dans les circons- » tances présentes, c'est de lui offrir le peu de biens qui nous » reste, nos personnes, notre vie ; nous en ferons volontiers le sa- » crifice, si par-là nous pouvons procurer la tranquillité de son » règne, & celle de cette Province en particulier. »

Il semble, après tant de maux, qu'on auroit dû sentir la nécessité de les réparer par une paix durable ; cependant l'esprit de faction continua de diviser les malheureux habitants. Les Protestants & les Catholiques se croyoient, chacun de leur côté, les défenseurs de la Religion, & ils regardoient les fléaux, dont le pays étoit affligé, comme des traits de la colere céleste, s'imaginant que Dieu les punissoit de ce qu'ils abandonnoient lâchement ses intérêts. Ainsi chaque parti n'en devint que plus ardent à défendre ce qu'il appelloit la cause du Ciel ; mais sous ce voile respectable, une infinité de personnes cherchoient à satisfaire leur haine ou leur ambition. Les Catholiques, jaloux des avantages que la Cour avoit accordés aux Protestants, n'oublioient rien pour les rendre inutiles : les Protestants, de leur côté, mécontens de n'avoir pas obtenu tout ce qu'ils désiroient, vouloient du moins s'assurer la jouissance de leurs privileges, d'autant mieux qu'ils les regardoient comme établis sur une base ruineuse, toujours prête à s'écrouler sous les efforts des Catholiques.

De ce choc d'intérêts & d'actions naquit ce feu qui, sous le nom d'union, embrâsa tout le Royaume. Le projet de la Ligue, conçu à Paris, dans le délire du fanatisme, par un Marchand Parfumeur, nommé la Bruyere, en 1576, fomenté dans les ordures du libertinage par une troupe de débauchés; adopté ensuite par des Bourgeois & des Ecclésiastiques plus imprudens que religieux, fut suivi & exécuté par des fanatiques & des ambitieux. Ces hommes animèrent de leur génie la plus grande partie du Royaume, tandis que l'esprit de révolte & de sédition agitoit les Protestants. La Provence fut infectée de cette nouvelle contagion : on a vu les maux que la peste y avoit faits, ceux de la Ligue, quoique d'un autre genre, ne furent pas moins terribles.

Cependant la mort venoit d'enlever le Comte de Carces, l'homme le plus fait pour se mettre à la tête de la Confédération ; ce n'est pas qu'il eut des talents extraordinaires pour la guerre : son mérite militaire, quelqu'éloge que lui ayent donné les Historiens de Provence, n'eut rien de remarquable. Jamais on ne vit ce Gentilhomme dans les expéditions

COMMENCEMENS DE LA LIGUE.

An. 1583.

LXXIX. MORT DU COMTE DE CARCES, SES QUALITÉS ET SES DÉFAUTS.

importantes : confiné pendant plus de deux ans dans la ville de Sallon, tandis que ses partisans faisoient la guerre à ses ennemis, il se contentoit d'entretenir la division dans la Province par ses intrigues, sacrifiant les intérêts de la Patrie à ceux de sa vanité, & aimant mieux faire le rôle imposant de chef de parti, que de revêtir le caractère modeste de pacificateur. Du reste, comme il est difficile d'en imposer à la moitié d'une Province & à la partie la plus brillante de la Noblesse, il faut, puisqu'il conserva le plus grand empire sur les personnes de son parti, & qu'il en fut toujours considéré, il faut qu'il eût un talent rare pour manier les esprits, & qu'il eût sur-tout celui qui, dans les négociations, fait distinguer l'homme de mérite de l'homme ordinaire.

LXXX. De Vins lui succéde.

Son neveu de Vins se mit à la tête des Ligueurs. C'étoit un homme courageux, actif, entreprenant, & plus dévoré d'ambition que passionné pour la gloire. Destiné dès sa plus tendre jeunesse à la profession des armes, il s'étoit attaché de bonne-heure au Duc d'Anjou, qui régna ensuite sous le nom d'Henri III. Il étoit auprès de lui au siége de la Rochelle, lorsqu'il s'apperçut qu'un Arquebusier visoit à ce Prince pour le tuer ; de Vins, aussi prompt que l'éclair, se mit au-devant de lui, & reçut le coup dont il fut dangereusement blessé. Le Duc d'Anjou sentit, comme il le devoit, tout le prix de ce généreux dévouement ; & pour lui en témoigner sa reconnoissance, il lui fit épouser la sœur du Comte de Sault, qui étoit la plus riche héritiere de Provence ; mais dès qu'il fut parvenu au trône de Pologne, par une ingratitude trop ordinaire à ses pareils, il oublia le service que lui avoit rendu ce jeune Militaire, & ne fit rien pour lui quand il fut à la tête du Royaume de France. De Vins, désespérant de faire son chemin par la protection du Monarque, s'en retourna en Provence où son humeur turbulente &

guerriere lui fit embrasser avec ardeur toutes les occasions de remuer. Devenu chef de parti, sous les ordres du Comte de Carces, il fut après sa mort, Général de la Ligue, & porta dans cette place tous les talents nécessaires pour la remplir avec éclat : il étoit vaillant soldat, bon Capitaine, sage pour le conseil, & d'une promptitude pour l'exécution, qui lui fit donner le surnom de *Matinier*.

Avec tous ces talents, il n'auroit jamais pu devenir un personnage considérable dans sa Province, s'il n'avoit été soutenu par les principaux Ligueurs du Royaume ; l'adresse qu'il eut de lier leurs intérêts aux siens lui donna des partisans & une considération qui fut le nerf principal de sa puissance. Les négociations qu'il entama d'abord avec eux, ne furent pas tenues si secretes, qu'il n'en transpirât quelque chose dans le public. La ville d'Aix, allarmée au premier bruit de cette nouvelle, lui envoya, au mois de Mars 1585, Ermenjaud, Seigneur de Barras, & l'Évêque, Seigneur de Rougiers, pour le pressentir sur ses dispositions : il les rassura de maniere à ne leur laisser aucun doute sur son amour pour la paix : mais peu de tems après les mêmes bruits s'accréditèrent ; alors voyant qu'il lui étoit impossible de cacher plus long-tems ses desseins, il écrivit au Grand-Prieur dans le mois d'Avril suivant, qu'il prenoit les armes, non pour son propre & particulier intérêt ; mais au nom du Duc de Guise, pour les Princes Catholiques, & pour le soutien de la religion, que les prétendus-Réformés vouloient renverser. Le Grand-Prieur averti par cette déclaration, qu'il n'y avoit plus de ménagement à garder, leva six mille hommes de Milice, qu'il incorpora avec les Compagnies Françaises & les Corses, qui étoient dans le Pays, & donna ordre à tous les Gentilshommes & aux principaux habitants des Communautés, de venir à Aix prêter serment de fidélité au Roi. Les uns obéirent, les autres embrafsèrent le parti de la Ligue.

LXXXI.
Il souléve les Ligueurs.

An. 1585.

De Vins n'eut rien de mieux à faire pour ses intérêts, que de s'abandonner à son courage & à sa fortune. Les villages de Puimoisson & de Saint-Paul sur la Durance, furent sa première conquête. Pertuis résista aux armes des Ligueurs ; mais Ansouis, la Tour d'Aigues, la Motte, & quelques autres Places se rendirent.

LXXXII. *Ses Complices veulent soumettre Marseille.*

An. 1585.

Marseille fut sur le point de tomber en leur pouvoir, par les intelligences qu'ils y entretenoient avec plusieurs habitans. Le plus notable étoit le second Consul, Louis de la Motte, surnommé Dariez, qui, en l'absence d'Antoine d'Arêne son collègue, avoit la principale autorité dans la Ville. C'étoit un emporté, plus fait pour décrier un parti que pour en soutenir les intérêts avec prudence. Il ordonna que tous ceux qui professoient la religion Catholique eussent à porter sur leur chapeau une croix blanche, pour se distinguer des Calvinistes, qu'il faisoit rechercher & punir avec une sévérité extrême. Beaucoup de personnes sages, qu'on ne pouvoit pas même soupçonner de Calvinisme, ne se croyant pas en sûreté dans une ville où la volonté capricieuse d'un particulier décidoit de leur vie, se réfugièrent à Saint-Victor ; les autres, moins timides, prièrent ce nouveau Tribun de convoquer une assemblée générale à l'Hôtel-de-Ville ; & là, ils lui demandèrent en vertu de quel pouvoir il exerçoit une autorité si rigide ? Nicolas de Bausset fut celui qui parla avec le plus de force ; mais le Consul, soutenant son rôle avec une hardiesse imposante, répondit qu'il avoit des ordres supérieurs, & qu'il les montreroit quand il en seroit tems. On prétend qu'il avoit aposté des assassins pour faire main-basse sur l'assemblée, presque toute composée de Royalistes ; mais qu'il fut contenu, parce que la plupart d'entr'eux, craignant pour leur vie, étoient venus armés à l'Hôtel-de-Ville. Cet homme qu'une folle ambition conduisoit à sa ruine, avoit formé le projet de soumettre Marseille

Hist. de Marf.

seille aux Ligueurs, & de s'en faire déclarer chef. Comme il ne pouvoit y exercer paisiblement sa tyrannie, que sous la protection d'une Puissance étrangère, il avoit attiré dans la rade les galères de Toscane. Son indiscrétion & la méchanceté connue de son caractère, laissèrent aisément pénétrer ses desseins, & l'on résolut de les prévenir. François de Bouquier se chargea de cette entreprise : au désir de venger sa Patrie, se joignoit celui de punir le traître d'avoir voulu attenter à sa vie. Ce zèlé citoyen ayant trouvé un jour un grand nombre d'habitants, fidèles sujets du Roi, que le mécontentement avoit réunis dans la Place neuve, se plaignit avec eux de leur sort commun ; & dans cet entretien, où chacun exhaloit ses plaintes sans ménagement, les malheurs ayant été exagérés, ces habitants jurèrent, dans les mains de Bouquier, de verser jusqu'à la derniere goutte de leur sang, s'il vouloit seconder leur courage, l'assurant qu'au premier signal il verroit se ranger sous ses enseignes une foule de citoyens, qui n'attendoient que l'occasion de faire éclater leur zèle. Encouragé par ces promesses, Bouquier distribua du monde dans les différents quartiers de Marseille, & sur-tout près du Corps-degarde où Dariès avoit le plus de partisans. Ces mouvements jettèrent l'allarme dans la Ville : Dariès s'imagina que sa présence suffiroit pour les dissiper : il parut ; mais par-tout il éprouva de la résistance, & sentit qu'il ne trouveroit de sûreté que sur les galères de Florence ; mais au moment où il alloit entrer dans le bateau, il fut arrêté avec le Capitaine Boniface, complice & principal instrument de ses violences, & ils furent conduits à l'Hôtel-de-Ville, où tout ce qu'il y avoit de bons citoyens à Marseille s'étoit assemblé ; ainsi finit leur empire chimérique, qui ne dura que trois jours.

Le Grand-Prieur fut bientôt instruit à Aix de cette révo-

Ses Complices veulent soumettre Marseille.

An. 1585.

LIVRE XI.

LXXXIII.
Ils sont punis.

lution. Il partit sur le champ pour Marseille accompagné de Gaspard de Pontevès, Grand Sénéchal de Provence, & d'une nombreuse Noblesse. Il arriva à minuit, & alla descendre à l'Hôtel-de-Ville, où tous les Notables étoient encore assemblés. La satisfaction qu'il leur témoigna étoit égale au service qu'ils venoient de rendre à la Couronne. Il dit à Bouquier en l'embrassant: *Mon ami, vous avez gagné une bataille au Roi.* Dariès & le Capitaine Boniface furent pendus, le jour même à minuit, 13 Avril 1585. Dariès, quand il eut entendu son arrêt de mort, demanda à voir le Grand-Prieur, & le supplia en considération de quelques services qu'il lui avoit rendus, de lui sauver la vie. Le crime n'étoit pas de nature à être pardonné: ainsi ce Magistrat rebelle fut livré à l'Exécuteur de la Haute-Justice. Il parut soutenir les approches de la mort avec beaucoup de courage & de constance: étant arrivé sur l'échaffaud, il dit d'un ton ferme & résolu qu'il mouroit pour avoir refusé d'aller voir le Grand-Prieur à Aix, parce qu'il sçavoit qu'on avoit aposté des gens sur la route pour l'assassiner. *Obéissez à Monseigneur*, dit-il aux assistants, *c'est un Prince débonnaire, magnanime, & frere du Roi: servez-le mieux que je n'ai fait.* Il déclara qu'il n'avoit jamais eu dessein de conspirer contre sa patrie, ni de la livrer aux Ligueurs. Il prit Dieu à témoin de la vérité de ses discours, donna de nouveaux éloges au Grand-Prieur, qui étant à une fenêtre voisine, pouvoit l'entendre. Mais quand il vit que ses protestations & ses louanges ne le fléchissoient point, il se livra à un violent transport de colère, & ajouta: *Je me dedis, Messieurs, de tout ce que je viens de dire: prenez garde à vous; il y a dans la ville des personnes qui ont formé le projet de la livrer au Roi de Navarre, & qui cherchent à vous trahir. Tout ce que j'ai fait ne vient que d'un grand zèle pour la Foi Catholique: empêchez tant que vous pourrez que les Religionnaires ne soient les maîtres.* Ensuite se tournant vers le bourreau: *as-tu peur*, lui dit-il, *ce seroit a moi de trembler.* Il se mit à genoux pour faire une courte prière, après laquelle il dit à l'Exécuteur, *est-tu prêt; allons; il faut mourir*, moment qu'il redoutoit sans doute, puisqu'il ne l'envisageoit pas avec ce sang froid qui fait le caractère du vrai courage.

Ils sont punis.

Dariès avoit une taille avantageuse, une belle figure, une éloquence naturelle, & beaucoup de graces. S'il avoit fait assassiner Bouquier sur les premiers soupçons qu'il eut de son projet, il auroit contenu par ce coup hardi tous ceux qui avoient quelqu'envie de remuer, auroit intimidé les autres, & si parmi ceux qui lui étoient les plus suspects, il avoit fait punir les plus mutins, il seroit devenu maître absolu de Marseille avec d'autant plus de facilité, que les Ligueurs & les Toscans avoient un intérêt particulier à le soutenir; mais par un effet de cet aveuglement qui accompagne le crime, il manqua de résolution & de prudence, & tomba dans le piége qu'il avoit tendu à ses concitoyens.

An. 1585.

Le Roi fut si satisfait en apprenant cette nouvelle, qu'il ne put s'empêcher de dire à Darenes & Spinassi, Députés de Marseille, quand il les apperçut dans la salle du Louvre: *mes amis, je vous accorde ce que vous m'avez demandé, & d'avantage, s'il est besoin: ma libéralité ne suffira jamais pour reconnoître votre fidelité.*

Le péril qui avoit menacé la ville de Marseille répandit la consternation & la défiance dans les autres villes; elles croyoient toutes receller dans leur sein quelqu'ennemi secret. Le Parlement qui craignoit toujours une nouvelle révolution, & qui vouloit la prévenir, déclara par Arrêt, le 17 Avril, que tous ceux qui, sans une commission particulière, & sans en avoir obtenu la permission expresse du Roi, prendroient les armes, seroient regardés & traités comme perturbateurs du

LXXXIV.
Le Parlement veut prévenir les troubles.

repos public. Il enjoignit aux Communautés de les pourfuivre comme rebelles & féditieux. Les troupes que de Vins avoit affemblées prirent l'alarme & fe débandèrent. De Vins lui même fe voyant abandonné des fiens & pourfuivi par le Grand-Prieur, s'enfuit en Dauphiné, d'où il revint quelque tems après, & fe retira dans une de fes terres pour y attendre une occafion plus favorable de reprendre le cours de fa fortune.

Le Roi, par fon imprudence, ne tarda pas de la lui fournir; les Ligueurs, affemblés à Châlons le 9 Juin 1585, préfentèrent à ce Prince une requête au nom du Cardinal de Bourbon & du Duc de Guife, par laquelle ils le fupplièrent de défendre dans toute l'étendue de fon Royaume l'exercice de toute autre Religion que de la Catholique, Apoftolique & Romaine; de déclarer les Hérétiques privés des charges & dignités dont ils pouvoient être en poffeffion, & incapables d'en exercer aucune à l'avenir. Henri III ne vit pas qu'en entrant dans les vues des Ligueurs, il fourniffoit un nouvel aliment au feu qui commençoit de ravager quelques-unes de fes Provinces. Il fe perfuada que l'héréfie étant depuis vingt-cinq ans le foyer de la fermentation, il falloit la détruire, fi l'on vouloit enfin jouir d'une paix tranquille & durable; mais malheureufement cette héréfie avoit pris trop de forces pour pouvoir être facilement terraffée: en l'attaquant on ébranloit toutes les parties du Royaume où elle avoit jetté de profondes racines; mais le Roi n'avoit point affez de lumières pour prévoir tous les malheurs, ni affez de courage pour réfifter aux follicitations des Ligueurs, quand même il les auroit prévus: en conféquence il défendit au mois de Juillet, dans toute l'étendue de fes Etats, l'exercice de toute autre Religion que de la Catholique, fous peine de mort, & de confifcation des biens, révoquant & annullant les précédents Édits, qui accordoient aux Calviniftes le libre exercice de leur culte. Ces Héretiques eurent ordre de sortir du Royaume dans un mois, à compter du jour de la publication de l'Edit; tous les sujets de faire profession de la Religion Catholique, ou de passer chez l'Etranger dans six mois, avec permission cependant de disposer de leurs biens meubles & immeubles, & d'en percevoir les revenus; les Hérétiques possédans quelque charge ou emplois publics, furent déclarés indignes de les exercer, les Chambres mi-parties & tri-parties, établies dans quelques Parlemens du Royaume en faveur des Protestants, furent supprimées; les places de sûreté qu'on leur avoit accordées, remises dans les mains du Roi, & les garnisons Protestantes congédiées. S. M. pardonnoit aux Ligueurs, en faveur du zèle qu'ils avoient montré pour la Religion Catholique, tout ce qu'ils avoient fait pendant ces troubles, tant au-dedans qu'au dehors du Royaume, attendu qu'ils n'avoient agi que par ce seul motif.

Cet Edit mit toute la France en mouvement. Les Protestans & les Ligueurs coururent aux armes avec la résolution de ne les quitter qu'après que l'un des deux partis auroit exterminé l'autre. Cette ardeur fut plus forte encore dans les Provinces méridionales, où la vivacité du caractère donne plus d'énergie aux passions: les Protestans du Dauphiné se répandirent comme un torrent dans cette Province, & portèrent leurs ravages jusques dans la Provence, où les Ligueurs donnèrent un libre essor à l'effervescence de leur zèle.

Le Grand-Prieur tout occupé à réprimer les deux partis, également dangereux par leurs violences, assembla sept à huit fois les Communautés du pays (1); parce que de nouveaux événemens rendoient inutiles à chaque fois les moyens qu'il avoit pris pour faire respecter l'autorité Royale. Il leva les

---

(1) Parmi les Capitaines qui commandoient les milices, Pierre Alphéran montra beaucoup de courage & de zèle pour le Grand-Prieur.

milices, & l'on vit trois armées dans une Province où une seule auroit suffi pour la ruiner. C'étoit sur de Vins que le Grand-Prieur vouloit particulièrement faire tomber le glaive de la justice, parce qu'il le regardoit, avec raison, comme l'ame de la Ligue en Provence. Il crut donc pouvoir le déférer au Parlement; mais le Roi par son dernier Edit ayant accordé une amnistie du passé, on n'avoit aucune raison de le rechercher sur ce qu'il avoit fait précédemment, & il répondit que depuis l'Edit il ne s'étoit rendu coupable d'aucun crime.

Cette démarche du Grand-Prieur fut donc au moins inutile, supposé même qu'elle ne lui fit pas quelques ennemis de plus; car dans la place qu'il occupoit, & dans un tems de divisions, il étoit impossible qu'il réunît tous les suffrages. Soit que sa conduite ne fût point à l'abri de la censure, soit que la calomnie cherchât à le perdre, on fit contre lui des plaintes qui parvinrent jusqu'au Trône: les plus vives furent celles de Philippe Altovitis, Capitaine de galères. Ce Gentilhomme, originaire de Florence, (1) étoit mari de Renée de Rieux, surnommée la Belle de Châteauneuf, qui avoit été maîtresse du Roi, & qui n'avoit consenti à cette alliance que parce qu'elle n'en avoit point trouvé de plus brillante. Elle étoit alors à la Cour, où elle conservoit par sa beauté encore plus que par sa naissance le crédit qu'elle y avoit acquis par ses criminelles complaisances.

---

(1) Les premiers de cette famille qui vinrent en Provence furent, Reinaud & Ange Altovitis, que le commerce attira à Marseille. Reinaud étoit marié le 17 Avril 1473 avec constance de Paffis, fille de Jacques, Maître d'Hôtel du Roi René, & sœur de Magdelaine, femme de Gaspard de Forbin. Ange Altovitis est connu par une obligation que firent en sa faveur, le 26 Janvier 1474, Bertrand de Thomas, Capitaine de son navire armé en guerre, & ses enfans. *Not. Darneti. à Marseille.* Philippe Altovitis, qui a donné occasion à cette note, eut de son mariage avec Renée de Rieux, dame d'honneur de la Reine, Clarice Altovitis qui épousa le premier Février 1510 Pierre le Maître, de Marseille, sieur des Brosses. *Not. Guillaume Taxil.*

Elle voyoit souvent la Reine qui n'aimoit pas le Grand-Prieur, parce qu'il étoit ennemi de la faction qu'elle protégeoit: Altovitis écrivant un jour à sa femme, lui marquoit que ce Prince fouloit le pays, par ses exactions, & que pour se rendre nécessaire, il faisoit durer une guerre qu'il étoit en son pouvoir de terminer. Ceci se passoit dans le tems que les Etats étoient assemblés à Aix; Altovitis s'y trouvoit. La lettre tomba entre les mains du Roi ou du Ministre, & fut renvoyée au Grand-Prieur, qui après l'avoir lue entra dans une colère qu'il ne put contenir. Dans les premiers transports, oubliant ce qu'il devoit à son rang & à sa naissance, il courut à l'auberge où logeoit Altovitis & lui dit, en lui montrant la lettre: *as-tu écrit cela*; & en disant ces mots, il lui donna deux coups d'épée. Altovitis aussi effrayé que surpris lui demanda la vie; le Grand-Prieur redoubla; alors Altovitis rassembla le peu de forces qui lui restoient, & poussé par le désespoir, il donna au Grand-Prieur un coup de poignard dans le ventre. Celui-ci se sentant grièvement blessé; s'écria: *je suis mort*; *Altovitis me tue*. A ces cris quelques Gentilshommes de sa suite qui étoient à portée de l'entendre, accoururent, & voyant qu'il nageoit dans son sang, se précipitèrent, transportés de colère, sur Altovitis qui perdoit le sien par ses blessures, l'achevèrent, & jettèrent son corps par les fenêtres. Le Grand-Prieur expira le lendemain 2 de Juin 1586, ternissant par une indigne assassinat, une vie qu'il auroit pu illustrer par des qualités brillantes. Il étoit humain, affable, homme d'esprit, savant pour son siècle, & ami des Lettres. C'étoit lui qui avoit mené Malherbe en Provence (1).

Conduite et mort du Grand Prieur.

An. 1586.

Arch. du Chap. d'Aix.

---

(1) Le Grand Prieur faisoit des vers, sur lesquels Malherbe avoit la liberté de dire son avis sans craindre de l'offenser. Un jour ce Prince voulant l'éprouver, en fit qu'il donna à apprendre par cœur à Duperrier, avec ordre de les

LIVRE DOUZIÈME.

LIVRE XII.

I.
LA GUERRE RECOMMENCE ENTRE LES PROTESTANTS ET LES LIGUEURS.

La mort du Gouverneur laissa une libre carrière aux entreprises des Protestants. Ceux du Languedoc & du Dauphiné firent des incursions en Provence; tandis que ceux du pays, animés par l'espoir de faire triompher leur cause coururent aux armes. Les Etats n'ayant ni troupes ni chef à leur opposer, acceptèrent l'offre que de Vins leur fit faire par quelques-uns de ses amis de marcher avec (1) deux mille hommes d'infanterie & 200 chevaux légers, si la Province vouloit le nommer Généralissime de ses troupes. Ce choix déplut à ses ennemis, à la tête desquels étoient d'Oraison, Vicomte de Cadenet, & Castellane, Baron d'Allemagne, qui divisés dans leur croyance se réunissoient dans leur haine. Ponteves-Muy, zélé Catholique, se rangea sous leurs drapeaux avec une troupe de mécontens, dont il étoit le chef. L'on vit donc renaître les partis des Razats & des Carcistes, animés de tout le feu qui avoit embrâsé la

---

reciter après dîné, comme s'il en étoit l'Auteur. Le Grand-Prieur après les avoir entendus les loua beaucoup, & demanda à Malherbe comment il les trouvoit; *mauvais*, répondit le Poëte, & *c'est vous, Monseigneur, qui les avez faits*. Le Prince ne fit que rire de sa franchise, d'autant mieux qu'il avoit trop d'esprit pour mettre quelqu'importance à ces sortes de jeux. Malherbe épousa à Aix, la fille du Président Louis de Coriolis, veuve & déja âgée; comme ses amis le badinoient sur ce mariage, il répondit que *c'étoit une licence poétique*. *Lettres Manuscrites de Saurin*.

(1) Ces Gentilshommes étoient Castellane-Bezaudun; Quiqueran-Ventabren; Forbin-Saint-Canat; Saint Marc; Castellane d'Ampus; Glandevès-Gréoulx, & la Molle; Louis de Coriolis, Président, d'Aimar, & d'Antelmi, Conseillers; & de Piolenc, Procureur-Général, assistèrent aux Etats pour le Parlement. Les Procureurs du pays de cette année-là, étoient Pierre d'Arbaud, sieur de Bargemon & de Peynier, & Honoré de Rabasse, &c.

Province,

Province, quelques années auparavant. Toutes les Vigueries furent bientôt sous les armes : mais une guerre entreprise & soutenue par des Paysans, des Bourgeois, des Gentilshommes mal disciplinés, & mal armés, ne différoit pas d'un brigandage. Timides dans le danger, hardis dans le vol, agiles dans la fuite, les deux partis s'évitoient avec un soin extrême, lorsqu'ils étoient à peu près égaux en nombre, & que la victoire auroit pu être disputée avec un égal avantage : ainsi chacun cherchoit à affoiblir l'ennemi en ravageant son territoire, & à s'emparer ensuite de quelque lieu avantageusement situé, d'où il pût faire des courses. Les Protestants occupèrent Boulbon, le Canet, & Ongles, trois places qui par leur situation pouvoient faire une longue résistance. De Vins résolu de les attaquer toutes les trois à la fois, divisa son armée en trois corps & marcha à la tête du plus considérable pour aller mettre le siége devant Boulbon. Il avoit avec lui le Conseiller Somat ; car le Parlement qui avoit le commandement de la Province, en attendant que le Roi eut nommé un Gouverneur, députa trois de ses Membres, un pour chaque corps d'armée, afin de montrer que c'étoit de son aveu, & sous son autorité qu'on faisoit ces expéditions militaires. De Vins fut obligé de lever le siége ; le Capitaine Boyer & le Conseiller Bremond furent chargés de l'attaque du Canet, & eurent un succès complet : Pontevès-Buoux & le Conseiller Espagnet emportèrent Ongles. De-là il se replièrent sur la Tour-d'Aigues d'où ils chassèrent les soldats du Vicomte de Cadenet ; & enfin on purgea le château d'Allamanon d'une soixantaine de brigands qui s'y étoient réfugiés sous les ordres d'un nommé Cartier, fameux par son talent pour conduire un siége, & qui fut écartelé en punition de ses crimes.

LA GUERRE RECOMMENCE ENTRE LES PROTESTANTS ET LES LIGUEURS.

An. 1586.

Le siége d'Allemagne attira ensuite tous les efforts des Ligueurs. C'est un village très-avantageusement situé dans le voisinage de Riez. Il dépendoit du Baron de ce nom, de la Maison de Castel-

II. VICTOIRE DE LESDIGUIERES PRÈS D'ALLEMAGNE.

lane ; de Vins alla l'affiéger avec toutes fes forces ; il avoit avec lui Saint-André-de-Sault fon beau frère ; Forbin-Saint-Canat ; Caftellane-d'Ampus ; Quiqueran ; Lagaude ; Roux-Saint Janet ; la Molle ; Château-Fort ; Fontanilles ; Sainte-Colombe ; &c. Le Baron d'Allemagne au lieu de s'enfermer dans le Château, en confia la défenfe à d'Efpinoufe, & alla demander du fecours à Lefdiguières, que fes talents avoient rendu le génie tutelaire des Proteftants du Dauphiné. Lefdiguieres étoit fon parent, du côté de Françoife de Caftellane fa mere : il faifit avec empreffement cette occafion de lui donner une preuve de fon attachement, & de relever en Provence le parti des Religionnaires. Il fe mit en marche avec fes troupes, qui groffirent en chemin par les renforts que lui menèrent d'Oraifon, Gérente-Senas, Vintimille-Tourves, Graffe-du-Bar, Forbin-Janfon, Pontevès ; Brancas-Ceirefte, la Goy, la Javie, la Tour, & plufieurs autres Gentilshommes, tous ennemis de Vins, & la plupart jaloux du grade auquel il s'étoit élevé. Etant arrivés aux environs d'Allemagne, ils s'emparèrent des hauteurs & de prefque tous les paffages : de Vins alors abandonna la tranchée, & alla fe ranger en bataille fur le côteau de Saint-Marc. Le Baron d'Allemagne animé du défir de faire lever le fiége d'une Place, où étoit enfermé tout ce qu'il avoit de plus cher, fe mit à la tête des Volontaires, & commença l'action. Son ardeur ne l'empêcha pas de prévoir le danger auquel il s'expofoit ; car s'étant tourné vers ceux qui l'accompagnoient, il leur dit : *Meffieurs, c'eft aujourd'hui que je me perdrai, ou que je perdrai mes ennemis* ; auffitôt il donna tête baiffée fur les premiers rangs, qu'il enfonça. L'extrême fatigue dont il fut bientôt accablé l'obligea d'ôter fon cafque, pour être plus en état de pourfuivre la victoire. Saint-Martin, qui combattoit à fes côtés, l'exhorta de le reprendre : *je ne le puis*, répondit le Baron ; venez, *allons attaquer les Arquebufiers, qui tiennent encore ferme* ; en difant ces mots, il reçut à la tête un coup d'arquebuse, dont il mourut une heure après. Lesdiguieres acheva la déroute : elle fut complette; car de Vins perdit dans cette journée onze Gentilshommes, quarante Officiers, tant Capitaines que Lieutenans ou Enseignes, six cents soldats, & dix-huit drapeaux, de vingt-deux qu'il en avoit : il y eut de plus cent prisonniers & deux cents blessés.

V. de Lesdig.

On prétend que du côté de l'armée ennemie, il ne périt parmi les Officiers que le Baron d'Allemagne. Cette victoire fut complette, prompte & remportée avec tant de facilité que Lesdiguieres l'annonçant le jour même à sa femme, voulut imiter le laconisme de César, dont il avoit l'activité. *Ma mie,* lui dit-il, *j'arrivai hier ici ; j'en pars aujourd'hui ; les Provençaux ont été défaits : adieu.* Cette défaite abattit tellement le parti de la Ligue, que pendant quelque tems il ne fut pas en état de reparoître.

An. 1586.

L'arrivée de Jean-Louis de Nogaret, Duc d'Epernon, nommé Gouverneur de Provence & Amiral des Mers du Levant, le 14 Juin 1586, força l'esprit de révolte à rentrer en apparence dans le calme. Ce Seigneur est le même qui partageant avec Anne de Joyeuse la confiance de Henri III, obtenoit de ce Prince tout ce qui pouvoit flatter son ambition & sa vanité. Il arriva dans son Gouvernement le 21 Septembre 1586, accompagné de quinze mille hommes d'infanterie, & de deux mille chevaux, qu'il avoit demandés au Roi pour contenir les séditieux. Les Comtes de Guiche & de Thermes, qui devoient commander sous ses ordres, étoient avec lui. On lui rendit dans les villes où il passa, les mêmes honneurs à peu près, qu'on auroit rendues au Souverain. Le peuple d'Aix transporté de joye faisoit retentir l'air de ces cris, *vive la Messe, le Roi, & le Duc.* On ne prévoyoit pas encore, que ce Duc seroit la cause de beaucoup de malheurs : cependant il n'étoit pas difficile de le prévoir dans ce tems là même. Sa conduite ne tendoit à rien moins qu'à soumettre tout à ses volontés ; & il faut convenir que le

III.
LE DUC D'EPERNON EST NOMMÉ GOUVERNEUR.

LIVRE XII.

Les Hist. de Prov. & d'Aix, &c.

IV.
CE QU'IL FAIT POUR ÉTABLIR L'AUTORITÉ DU ROI.

Roi autorisoit ce Despotisme, par les pouvoirs extraordinaires qu'il lui avoit donnés ; car il lui permettoit de suspendre de leurs fonctions, les Magistrats des Cours Souveraines, & de nommer à leur place s'il le jugeoit nécessaire.

Il se plaignit en arrivant, que le Parlement eut permis à de Vins de se mettre à la tête des troupes ; ensuite il voulut qu'Augustin de Foresta, Baron de Tretz, se démit de la charge de premier Président, en faveur d'Antoine Seguier, Conseiller d'Etat, que le Roi lui avoit donné pour lui servir de Conseil en Provence ; enfin ne voulant avoir dans les premières places de la Province que des personnes qui lui fussent dévouées, il ordonna au Conseil de Ville d'Aix de lui présenter quatre sujets de chaque ordre, parmi lesquels il choisit les Procureurs du pays pour l'année 1587. Le premier étoit Gauthier, Seigneur de Grambois, dont le Duc disoit en écrivant au Roi : *Il est en bonne estime parmi les gens de bien, & j'ai reconnu depuis que je suis en ce pays, qu'il a fort bonne connoissance des affaires & humeurs d'icelui, & qu'il est fort affectionné à votre service.* Les circonstances paroissoient justifier la conduite du Duc d'Epernon : car il est certain que les mouvemens qui avoient agité la Province, étoient venus de ce que les autres Gouverneurs ne s'étoient point assurés des personnes qui par leur rang & leur crédit avoient le plus d'influence dans le pays : il ne vouloit donc mettre dans les emplois les plus importans, que des hommes qui fussent en quelque manière les exécuteurs de ses volontés. Ce plan qu'on n'auroit pas approuvé sous un règne moins orageux, fut regardé comme devant être la base d'une domination impérieuse ; & c'en fut assez pour prévenir contre lui & même pour irriter tous ceux qui redoutoient jusqu'aux apparences du Despotisme.

La terreur qu'il imprimoit, sur-tout aux Religionnaires, fut bien plus grande, quand on vit avec quelle sévérité il les poursuivoit dans les montagnes, où ils avoient quelques places fortes. La ville de Seyne se rendit à discrétion le 4 Novembre 1586, avant qu'on eut commencé de la battre en brêche. Il choisit parmi les hommes de la garnison treize des principaux qu'il fit pendre, & renvoya les autres, après les avoir dépouillés de leurs armes & bagages, dans les terres du Duc de Savoye, d'où il paroît que la plupart étoient sortis. Les villages voisins subirent la loi du vainqueur: celui de la Bréoule se rendit après une résistance de plusieurs jours, & la garnison sortit vie & bagues sauves. Après cette expédition que la difficulté des chemins rendoit infiniment pénible, puisque l'artillerie ne faisoit tout au plus qu'une lieue par jour, d'Epernon revint dans la basse Provence, où il fit des fortifications dans les lieux & dans les villes avantageusement situées, déposa les Commandants qui lui étoient suspects, & mit ses créatures à leur place. Les partisans de Vins intimidés par ces précautions, se lièrent plus particulièrement entr'eux, par la crainte du danger commun: le Baron de Tretz, premier Président, ne sépara plus ses intérêts de ceux de ce chef de parti; & tous ensemble ils résolurent la perte du Gouverneur.

CE QU'IL FAIT POUR ÉTABLIR L'AUTORITÉ DU ROI.

Bouch. addit.

An. 1587.

La contagion qui avoit cessé par intervalles, mais qui n'avoit jamais été extirpée depuis plusieurs années, reprenoit alors à Aix une nouvelle force. le Parlement fut obligé d'en sortir & de former deux Chambres, dont l'une alla tenir ses séances à Sallon, & l'autre à Saint-Maximin, laissant à Aix le Président de Coriolis, & quelques Conseillers pour veiller à la sûreté publique. La désolation fut bien plus grande à Marseille, où la mort quelque tems auparavant, avoit frappé tant de victimes. Les habitans, l'imagination encore remplie des horreurs dont ils avoient été témoins, abandonnèrent leurs maisons; la peste eut alors moins d'aliment, & fit peu de ravages; cependant elle ne cessa entièrement qu'au mois d'Août 1587. Au lieu qu'à Aix le

V.
LA PESTE RECOMMENCE.

Parlement fut en état de venir reprendre ses fonctions au mois de Février.

Le Duc d'Epernon après avoir réduit les Protestants de la Haute-Provence, & mis dans les places fortes des personnes dont la fidélité ne lui fût point suspecte, partit pour la Cour, laissant le commandement de la Province à Bernard de Nogaret, Seigneur de la Valette, son frere aîné. Celui-ci étoit arrivé à Aix le 14 Mars 1587. Mais cette année-là, il ne fit rien que l'Histoire ait jugé digne d'être conservé; car parler d'une nouvelle amnistie que le Roi accorda aux Protestants, avec promesse de les rétablir dans tous leurs droits, c'est après les guerres qu'on leur avoit faites, vouloir prouver une vérité reconnue, savoir, que les Souverains, malgré leur puissance ne peuvent rien sur l'opinion: cet Edit ne produisit pas plus d'effet que les précédents.

L'année suivante fut plus fertile en événemens. Une sédition arrivée du côté de Toulon obligea la Valette de s'y transporter: ce Seigneur avant de sortir de la ville d'Aix exigea des Consuls une promesse solemnelle, qu'ils ne laisseroient entrer aucuns Gentilshommes de la Province dans la ville, & voulut que le Parlement donnât un Arrêt en conséquence. A peine il fut parti que le Baron de Tretz, premier Président, écrivit à de Vins de s'y rendre, ayant des affaires de la plus grande importance, à lui communiquer; de Vins arriva, mais le Parlement, qui craignoit de s'attirer le courroux de la Vallette, voulut l'obliger de sortir de la Ville. Soit que le peuple fût excité sous main, soit qu'il s'interessât de lui même au sort de ce chef des Ligueurs, il prit les armes, & l'obligea de rester. Cette étincelle, qui s'étoit allumée dans la lie du peuple, étant fomentée par les intrigues de la Comtesse de Sault & du premier Président, embrasa peu à peu les autres classes de citoyens; de façon que presque tous les habitans furent animés du même esprit; il n'y en eut qu'un petit nombre à la tête desquels étoient le Président de Coriolis, l'Avocat-Général Monnier, & quelques Conseillers qui sortirent de la ville avec la dame de la Vallette, pour aller à Pertuis, où le Gouverneur ne tarda pas de se rendre. C'est de-là qu'il fit tous ses efforts pour empêcher que le soulevement ne devint général. Presque toutes les villes situées au nord de la Durance demeurèrent fideles au Roi. Dans le reste de la Province il y en eut environ vingt des principales (1) qui suivirent leur exemple : Arles & Marseille flottèrent longtemps entre les deux partis, & se déclarèrent ensuite pour la ligue. La même division régna parmi les Gentilshommes (2), car il ne fut point permis d'être neutre, on n'avoit que la liberté de choisir l'enseigne sous laquelle on vouloit combattre.

On étoit encore à s'observer de part & d'autre, & à se faire des partisans, quand le Roi donna au mois de Juillet 1588 un nouvel Edit très-propre à relever le courage des ligueurs :

VII.
LA VALETTE ET QUELQUES MAGISTRATS SE RETIRENT A PERTUIS.
Mém. de Meyn.
Reg. du Parl.

VIII.
NOUVEL ÉDIT CONTRE LES HÉRÉTIQUES.
Lettr. Roy.

---

(1) Sçavoir, Aups, Brignoles, Draguignan, Moustiers, Castellane, Fréjus, Grasse, Pignans, Saint-Maximin, Digne, Riez, Tarascon, Toulon, Hyères, Lorgues, Colmars, Seyne, Berre, Salon.

(2) Les Gentilshommes qui suivirent le parti du Roi, étoient François, Marquis d'Oraison, Vicomte de Cadenet; les Barons de Vence, & des Arcs; (Villeneuve); Monclar & Senas; (Gérente); Saint André; Regnaud-d'Allen; Sade-Aiguieres; d'Auribeau; Séguiran; d'Autrais; Pontevès-Buoux, & son frère; Glandevès-Beaudiment; Beauvezer; d'Autric-Baumettes; Barras; Forbin Saint Canat; Saint Cesari; Callian; Gucuron; Chenerilles; Canaux; Châteauvieux; d'Espinouse; Saint-Etienne; Grambois; Graulières; la Goy; Castellane-Saint-Juers; Forbin-Janson; Isoard-d'Istres; Montauroux; Riquety-Mirabeau; Notante; Puymichel; Pontevès; Rosset; Ragusses, Vincent-d'Agout, Seigneur de Rognes; du Revest; la Robine; la Tour-Romoles; Sillon; Seillans; Sigonces; Vintimille-Tourves; Villeneuve-Touretes; Grasse-Tanaron; Vallavoire; Villeneuve-Vaucloze; Damian-Vernegues; Verdaches; Buysson & Boyer. Dans le même parti étoient les anciens Razats & les Religionnaires de Provence. On les appelloit Bigarats. Dans le parti contraire, qui étoit celui de la Ligue, on voyoit la Comtesse de Sault, Castellane-la-Verdiere, qui étoit son conseil; Ampus & Bezaudun, egalement de la Maison de Castellane : Bouliers; Forbin la Barben; Honoré Guiran, Seigneur de la Brillane; de Chasteuil; le Chevalier de Montmeyan. Voyez les Regîtres du pays, & Bouch. tome 2, page 204.

Voy. les Regist. du Pays.

il s'obligeoit par ferment à extirper les schismes & les héréfies condamnés par les Conciles, & en particulier par le Concile de Trente; à ne point quitter les armes qu'il n'eût absolument détruit les Hérétiques, voulant que tous les Princes, Seigneurs, & Etats du Royaume; que toutes les villes, Communautés & Univerfités priffent avec lui les mêmes engagemens, & juraffent que dans le cas où il mourroit fans enfans mâles, elles ne reconnoîtroient pour Roi qu'un Prince Catholique. Il déclaroit enfuite que perfonne ne pourroit avoir aucun emploi civil ou militaire, fans être muni d'un certificat de Religion, figné de l'Evêque ou de fon Grand-Vicaire, ou du moins du Curé de la Paroiffe, & de dix témoins non fufpects.

Cette nouvelle confterna les Proteftants. La Valette s'imagina que l'Edit avoit été rédigé dans la vue de les perdre lui & fon frere, dont le crédit faifoit ombrage aux Guifes & aux principaux Seigneurs du Royaume. Frappé des malheurs qui le menaçoient, & que la crainte lui groffiffoit, il fe ligua avec Lesdiguieres, Général des Calviniftes du Dauphiné. Lefdiguieres étoit, comme nous l'avons dit, un des hommes de fon fiécle qui avoit le plus de talens pour la guerre. Ils promirent de s'aider & de fe défendre mutuellement contre leurs ennemis communs, & de ne pas fouffrir qu'on attaquât aucune des places qui étoient fous leur dépendance. Tous les Gentilshommes de leur parti prirent le même engagement : ainfi ces deux hommes, fous prétexte de vouloir fervir le Souverain, s'arrogeoient dans leur Gouvernement une autorité rivale de la fienne; de-là naquirent en Provence les troubles que nous allons décrire.

Les ennemis de la Valette profitèrent de cette occafion pour préparer de loin fa perte : la calomnie fut l'inftrument dont ils fe fervirent avec le plus de fuccès. Ils firent d'abord courir le bruit que le Roi lui avoit ôté fon Gouvernement. Le peuple n'eut garde de révoquer en doute une nouvelle qui flattoit

ses

ses désirs ; il se souleva dans la plus grande partie de la Province, & ne vit dans le Gouverneur qu'un perturbateur du repos public, dont il falloit se défaire. L'emeute à Aix fut fort vive : tout ce qu'il y avoit de gens sages sortirent de la Ville pour ne pas se laisser entraîner dans la faction des Ligueurs, la seule qui dominât dans cette Capitale. Alors on vit germer ces semences de divisions qui devoient produire les plus grands maux. Le parti de la Valette tint une assemblée à Pertuis au mois de Septembre, tandis que celui des Ligueurs s'assembla dans la ville d'Aix, pour procéder à l'élection des Procureurs du pays, & traiter d'autres affaires importantes. Comme chacun des deux partis croyoit former essentiellement les Etats de la Province, l'un annulloit les délibérations de l'autre, & ils fomentoient par des récriminations réciproques les feux d'une guerre civile. L'assemblée d'Aix convoquée le premier Septembre 1588, sous les yeux du Parlement presque tout Ligueur, en présence des Procureurs du pays & du Comte de Carces, Grand-Sénéchal, délibéra d'envoyer aux Etats de Blois une députation (1) pour supplier Sa Majesté de faire exécuter les Ordonnances touchant la Religion ; de chasser de Provence les Huguenots, de ne conférer les bénéfices qu'aux gens du pays ; d'exclure des Charges de Magistrature les Protestants nouvellement convertis, attendu que ces sortes de conversions sont rarement sincères, & qu'il étoit dangereux de laisser à cet égard la moindre défiance dans le cœur des Catholiques ; de faire vendre, pour fournir aux frais de la guerre, les biens de ceux qui refusoient de se conformer à l'Edit du mois de Juillet, & de supprimer la vénalité des Offices,

ANIMOSITÉ DES DEUX PARTIS.
An. 1588.

Reg. du Parl. Regist. du Pays, & Gaufr. p. 639.

---

(1) La deputation étoit composée de l'Archevêque d'Aix ; de Castellane, Seigneur de Bezaudun, premier Procureur du pays ; d'Honoré Guiran, Seigneur de la Brillane, Assesseur, & des Députés de Castellane & de Forcalquier. Elle étoit accompagnée des Députés de Marseille, qui étoient Antoine Nicolas d'Albertas, Seigneur de Gemenos ; & Honoré de Montolieu.

la différence de Religion dans les mêmes Tribunaux, & les impôts nouvellement établis ; enfin d'ordonner aux Evêques de faire exactement la visite de leurs Diocèses, ce qu'ils ne faisoient pas depuis long-temps : on demandoit aussi que le Roi diminuât les frais de justice ; qu'il fît démolir les nouvelles fortifications ; qu'il révoquât les Gouverneurs des villes, ainsi que les garnisons des places, excepté des places frontières, & qu'il licenciât les troupes étrangères pour ne confier qu'à la fidélité des habitans, la garde de la Province.

La Valette cherchoit alors à raffermir, avec le secours de l'assemblée de Pertuis, son autorité chancelante ; mais il sentoit qu'elle s'affoiblissoit de jour en jour au milieu des dissentions. Si le Parlement avoit voulu révoquer tous les Arrêts qu'il avoit donnés contre lui ; déclarer nulle l'assemblée tenue à Aix sans son ordre, & promettre de ne rien entreprendre contre son autorité ; si enfin le sieur de Vins avoit voulu se retirer dans ses terres, la Valette, devenu moins imperieux à cause des désagrémens que sa conduite passée lui avoit attirés, offroit de faire des sacrifices pour rétablir le calme en Provence. Mais sur quels garants pouvoit-on compter qu'il tiendroit parole, quand il seroit plus maître de faire ses volontés. Quand même ses offres auroient été sincères devoit-il se flatter que dans un tems, où tous les esprits étoient aigris, défiants, & prévenus, il les désarmeroit sur de simples promesses ? Le Parlement, qu'une longue expérience avoit éclairé sur l'inutilité de ces sortes de négociations, répondit que ne voulant rien faire que de conforme aux intentions du Roi, il attendoit que le sieur Reynaud d'Alen, qu'on avoit député en Cour, apportât les ordres de S. M. Cette réponse étoit sage & auroit dû suspendre l'animosité de la Valette.

Au contraire elle ne servit qu'à l'irriter & à justifier la défiance de ses adversaires. Ainsi n'écoutant plus que les conseils de la vengeance, il passe la Durance à la tête de ses troupes, presque toutes étrangères, emporte d'emblée Valensole, Riez, Peyroles & plusieurs autres places, & fait approcher de la ville d'Aix qu'il croyoit surprendre, Ramefort & Montaud Gentilshommes Gascons, avec quatre cents chevaux & trois cents hommes de pied. De Vins fit une sortie & les chargea si à propos, qu'ils prirent la fuite, emportant avec eux un riche butin.

XII.
ON LE REFUSE, ET IL SE MET EN CAMPAGNE.

Après cette expédition, la haine des deux partis n'en devint que plus vive. La Valette, dans une assemblée qu'il tint à Pertuis au mois d'Octobre, créa des Procureurs du pays de sa faction, pour les opposer à ceux qu'on avoit élus à Aix (1), nomma un grand Sénéchal, & fit arrêter des remontrances pour demander au Roi l'établissement d'un Parlement qui rendroit la justice aux villes de son parti. L'on vit donc, pour ainsi dire, deux Provinces dans la même, non-seulement rivales; mais encore ennemies. La Valette se fit assigner des fonds pour l'entretien de six mille hommes d'Infanterie, de six cents Chevaux-légers, & de deux cents Arquebusiers. La faction contraire, assemblée à Marseille, ordonnoit dans le même tems la levée d'un égal nombre de troupes sous les ordres du sieur de Vins, du Comte de Carces, du Marquis de Trans & de plusieurs autres Gentilshommes (2). Le Marquis de Trans surprit Fréjus; Castellane d'Ampus emporta Jouques d'assaut, & fit passer au

XIII.
LES DEUX PARTIS ASSEMBLENT LES ETATS.
An. 1588.

Bouch. Hist. de Prov. tom. II. Et Reg. du pays.

---

(1) Les Procureurs du pays étoient Jean de Castellane, Seigneur de la Verdicte; Jean Chartras, Avocat au Parlement; Jacques de Beaumont, & Jean Villars; Cristophe de Meinier, sieur de Lambert; & Gaspard de Leydet, sieur de l'onbeton, Syndics de la Noblesse.

(2) Qui etoient les sieurs de Forbin Souliers, Castellane d'Ampus, Meyrargues, Castellane-Salerne, Raymond-d'Eoulx, Demandols, Boniface-la-Molle, de Saint Jame, Puget Saint-Marc; Forbin-la-Barben, de Cordes, d'Antragues, de Foz, l'Evêque-Rogiers, de Chasteuil; de Roquefeuil, de Négréaulx, Beccaris, Bastin, Cazaulx, Mourre, & la Riviere, &c.

Ll 2

fil de l'épée cinquante hommes de la garnison. Le Seigneur du Muy fut assassiné dans son Château : sa femme, que la frayeur avoit chassée jusques sur le toit de la maison voisine, se trouva accrochée par sa jupe, & suspendue au tuyau d'une cheminée où demi-heure après elle fut trouvée dans cet état par les assassins de son mari, qui, touchés de pitié, eurent la générosité de lui laisser la vie. Le Commandeur de Roquebrune de la Maison d'Aube-Roque-Martine, ayant été pris dans cette émeute, armé de sa cuirasse, de son épée & d'une arquebuse, n'eut que le tems de se confesser à un Prêtre qu'on lui amena, & aux pieds duquel il fut égorgé.

De Vins fit une tentative sur la ville de Pertuis ; mais la Dame de la Valette animant les soldats du feu de son courage, par son exemple & ses discours, soutint l'attaque avec tant d'intrépidité, qu'elle le força de se retirer avec perte. Ces actes d'hostilités se commettoient sans être avoués ni par le Roi ni par la Patrie. C'étoit l'amour-propre & le ressentiment particulier des chefs, la haine & le fanatisme des subalternes qui commandoient ces crimes.

La renommée en porta la nouvelle aux pieds du Trône ; & le Roi voulant les faire cesser, envoya en Provence Pontcarré, Maître des Requêtes, & Sainte-Marie, Gentilhomme du Dauphiné, pour enjoindre aux deux partis de mettre bas les armes, & à la Valette de remettre au Parlement le commandement de la Province, & de se retirer dans une ville neutre, jusqu'à l'arrivée de la Reine-mère. Cette Princesse, après la tenue des Etats de Blois, devoit venir en Provence, pour pacifier les troubles. La Valette se tenoit à Brignolles, où les Commissaires allèrent le voir pour l'engager à donner sa démission : il n'étoit pas aisé de déterminer à cette démarche un homme puissant, soutenu en Cour, jaloux de sa réputation, trop fier pour céder à ses ennemis, trop brave pour les craindre. Il réfolut de fe maintenir dans fon Gouvernement, même par la force des armes. En effet, il commença par faire fortifier les places de fa dépendance, & demanda du fecours aux Commandans du Languedoc & du Dauphiné. Les Procureurs du pays effrayés de ces préparatifs, en portèrent leurs plaintes aux Etats de Blois, par une lettre du 18 Décembre. Ils les fupplièrent de s'intéreffer pour la Provence auprès du Roi, & d'engager S. M. à faire exécuter les ordres qu'elle avoit envoyés.

Il refufe d'obéir.

La Province avoit levé pour trois mois feulement, à caufe de l'épuifement de fes finances, fix mille hommes de pied, quatre cents Chevaux-légers, & trois Compagnies de Gens-d'armes de cinquante chevaux chacune; mais toute l'artillerie fe trouvoit au pouvoir du Gouverneur : fur le refus qu'il fit de donner fa démiffion, les Commiffaires portèrent au Parlement les lettres par lefquelles S. M. donnoit à la Cour le gouvernement de la Province. De Laurens, Avocat-Général, ayant pris la parole, fit éclater en cette occafion fes préventions contre la Valette, pour lequel le Préfident Coriolis & l'Avocat-Général Monnier avoient montré dans d'autres rencontres un zèle au moins indifcret (1).

XV.
LE PARLEMENT A LE GOUVERNEMENT.

Reg. du Parl.

Les Procureurs du pays, regardant la deftitution de la Valette comme un bienfait pour la Province, écrivirent au Roi le 24 Décembre 1588 la lettre fuivante, pour lui en faire leurs remercimens.

XVI.
LES ETATS DEMANDENT AU ROI UN GOUVERNEUR.
An. 1588.

SIRE,

« Puifqu'il a plu à V. M. de tenir quitte cette Province de

---

(1) Les autres Confeillers de fon parti étoient Jean d'Arcucia, Marc-Antoine Defcalis, Jean Louis Leidet, Balthafar de Perrier, Guillaume de Cadenet, François de Forefta, Louis d'Anthelmy, Boniface de Bremont, Alexandre de Guerin, Antoine de Reillane, Antoine de Suffren, Jean Pierre d'Olivier, Antoine de Seguiran, & Pierre de Dons.

» l'obeissance au pouvoir du sieur de la Valette, votredit
» pays en général & tous vos obéissans sujets d'icelui en parti-
» culier, vous en remercient très-humblement, s'assurant que
» Votredite Majesté ne recevra pas moins de satisfaction de
» l'exécution de votre volonté, que cette Province ne reçoit
» de bien & de soulagement des sieurs de Pontcarré & de Sainte-
» Marie : ils pourront témoigner, comme ils ont trouvé vos
» sujets Catholiques très-affectionnés & très-disposés à la con-
» tinuation du service, que naturellement ils vous doivent,
» & pour lequel ils sont résolus d'employer leurs propres
» vies, & ne désirent rien mieux que d'avoir autant de moyens,
» comme ils ont bonne volonté de le faire. Mais les grands
» efforts qu'ils ont faits jusques ici, pour se conserver en l'o-
» béissance de V. M. & s'opposer aux entreprises de ceux qui
» avoient projetté de les en distraire, les ont tellement affoi-
» blis, qu'ils sont contraints encore de recourir à votre royale
» clémence, & la supplier très-humblement pour le bien de
» votre service, & le repos de votredit pays, de bailler le
» gouvernement d'icelui à quelque Seigneur dont la grandeur
» & l'autorité puissent contenir vos ennemis, & arrêter les
» divisions qui facilement s'engendrent parmi vosdits sujets,
» par les menées de ceux qui ne désirent que le trouble : il
» vous plaira, Sire, accompagner ledit sieur Gouverneur de
» telles forces & de tels moyens, que les entreprises tant des
» Hérétiques, leurs fauteurs, & adhérens, que de tous autres
» qui voudroient altérer votredit service, & repos de vos
» sujets, demeurent vaines, & vosdits sujets par le soulage-
» ment qu'ils recevront de Votre Majesté, puissent respirer après
» tant de pertes qu'ils ont souffertes, espérant en Dieu, comme
» toujours ils le prient, voir augmenter la félicité de votre
» Etat & leur fidélité reconnue ».

La Valette, qui connoissoit le caractère du Roi, attendoit

que quelqu'un de ces événemens si ordinaires à la Cour, lui fit rendre l'autorité que l'inconstance de la faveur venoit de lui faire perdre : la mort tragique du Duc de Guise & du Cardinal son frère, releva ses espérances & celles de son parti. Mais en même tems elle excita une indignation si vive dans le cœur des Ligueurs, qu'ils résolurent de la venger par des flots de sang. Les Ligueurs de Provence, jugeant du sort qui les attendoit par celui que venoient d'éprouver les deux principaux Chefs de la Ligue, entreprirent de mettre leurs adversaires dans l'impossibilité de nuire. La ville de Brignolles passoit pour être une des plus fortes places dépendantes de la Valette. De Vins essaya de la surprendre la nuit du 31 Décembre 1588 à la tête de quatre cents hommes : ayant été repoussé, il se retira précipitamment vers le lieu de Bras, faisant semblant de renoncer à son entreprise ; mais après avoir laissé reposer sa troupe pendant deux heures, il revint par une marche forcée sous les murs de la Ville & monta à l'escalade sans éprouver la moindre résistance : car les habitants qui ne s'attendoient point à cette attaque imprévue, s'étoient livrés aux douceurs du sommeil, n'ayant pas même pris les précautions que la prudence suggère en pareilles circonstances. Les vainqueurs coururent au pillage, & l'on prétend que malgré les désordres & la confusion qui régnoient dans ce moment de tumulte, il n'y eut point de sang répandu. De Vins eut même la générosité de faire épargner Pontevès qui commandoit dans la Ville & ses frères, quoiqu'il eut des raisons particulières de les haïr. Il exigea ensuite des habitants une contribution de trente mille écus, somme exorbitante, qu'ils eurent d'autant plus de peine à payer, que leurs maisons venoient d'être livrées au pillage. On prétend que ce Général ne traita ainsi la ville de Brignolles que pour se venger des dégâts que les habitants avoient faits dans ses terres de propos délibéré. A peu près dans le même

XVII.
LES LIGUEURS REPRENNENT PLUSIEURS PLACES.

An. 1588.

Meyn.
Bezaud.
De Virail.
Forb. S. Canat.

tems le château de Bormes fut pris, & Pompée de Grasse, qui en étoit Seigneur, y perdit la vie. Castellane d'Ampus emporta par escalade le lieu de Beaumont; les Chevaliers de Biofc & de Saint-Julien reprirent le château de S. Julien, dans le tems que de Vins faisoit passer au fil de l'épée la garnison de Peyrolles: Forbin-Janson se vit forcé dans le lieu de Mane, & obligé de se sauver par les fenêtres de son château, pour ne pas tomber entre les mains des ennemis.

Cependant la Valette étoit tout occupé des moyens d'affermir son autorité chancelante. Voyant qu'il n'avoit pu l'établir par la force, il employa les négociations, cachant ses desseins sous le voile du respect pour le Roi, & de l'obéissance à ses ordres. C'est du moins ce qui paroît par la lettre suivante qu'il écrivit de Pertuis à Pontcarré le 31 Janvier 1589.

« J'ai reçu, Monsieur, une dépêche du Roi, par laquelle
» Sa Majesté me marque bien particulièrement sa volonté, &
» notamment le désir qu'Elle a de voir ses sujets en cette Pro-
» vince jouir d'un repos assuré. Elle désire sur-tout qu'on mette
» bas les armes, & qu'on laisse aux habitants la garde des Places;
» j'aurois déja exécuté ses ordres, si je ne voyois les armes
» dans une partie de la Province ès mains de gens qui me sont
» suspects. Ainsi pour parvenir à une si sainte intention, &
» exécuter les commandemens de Sa Majesté, il me semble
» nécessaire de tenir une assemblée en un lieu libre, où nous
» puissions, avec Messieurs de la Cour de Parlement & tels
» autres gens d'honneur que vous aviserez, conférer aux moyens
» nécessaires pour accomplir ce dessein. Je m'y trouverai, ou
» j'y ferai trouver des gens d'honneur, instruits de ce qui me
» semblera être convenable pour le bien du service du Roi, &
» le repos de ses sujets : on ne peut traiter cette affaire par un
» Trompette, étant question de choses plus importantes que la
» liberté

» liberté d'un prisonnier. J'attendrai donc de vos nouvelles,
» & prierai le Créateur, Monsieur, qu'il vous ait en sa sainte
» garde. »

Les Etats se prévalurent de ces dispositions de la Valette pour le presser de congédier ses troupes, & de remettre la garde des Villes entre les mains des habitants, conformément aux ordres du Roi. A ces conditions, ils offroient de licencier les Milices ; mais s'il persistoit à vouloir se maintenir dans le Pays par la force des armes, ils le menaçoient d'employer contre lui tous les moyens qu'une vengeance légitime pourroit leur permettre.

Ces menaces n'intimidèrent point la Valette : toujours ferme dans sa résolution, il refusa de donner la démission de son Gouvernement. Les États, assemblés à Aix le 17 Février, écrivirent encore au Roi, pour le supplier de lui ôter, ainsi qu'à son frere le Duc d'Epernon, l'autorité qu'il leur avoit confiée dans le Pays : mais le Roi avoit besoin de ménager les Grands du Royaume, sur-tout depuis l'assassinat du Duc de Guise ; & craignoit que le Duc d'Epernon ne se liguât avec le Roi de Navarre : ainsi il ne prit conseil que de sa timidité naturelle ; & au mois de Mars il confirma la Valette dans son Gouvernement. Comme Sa Majesté prévit que le Parlement refuseroit de vérifier les Lettres-Patentes, elle les adressa au Lieutenant du Sénéchal, avec ordre aux Gentilshommes & aux Consuls des principales Villes de reconnoître la Valette pour Gouverneur. Le Parlement instruit d'avance des précautions que la Cour prenoit pour éluder l'enregistrement, défendit au Lieutenant de la Sénéchaussée de publier aucunes Lettres qu'elles n'eussent été vérifiées, les Chambres assemblées. Ce défaut de formalité n'empêcha pas que le Gouverneur ne fut reconnu dans la plus grande partie de la Province ; & bientôt

An. 1589.

XIX.
Il refuse de se démettre de sa Charge.

XX.
Il soutient la confirmation.

Regist. du Parl.

274 HISTOIRE GÉNÉRALE

LIVRE XII.
An. 1589.

après, il fut en état d'en imposer à ses ennemis, par les secours qu'il reçut du Languedoc & du Dauphiné.

Dans ces entrefaites, la Ligue prenoit à Paris, sous les auspices du Duc de Mayenne, une activité qui devoit la porter à son dernier période. Le Roi, par cette raison, se trouvoit dans un embarras, dont il étoit difficile de prévoir l'issue : c'est ce que le Duc de Savoie écrivit au Roi d'Espagne le 18 Mars 1589 : « Je viens de recevoir, dit-il, une lettre en chif-
» fre de mon Ambassadeur de Saluces, dont la substance est
» que le Roi de France ne sait où aller, ni de quel côté se
» tourner ; il désire de venir à Moulins, pour de-là passer à
» Lyon, voulant y faire le corps de son armée, & engager la-
» dite Ville aux Suisses hérétiques, jusqu'à ce qu'il leur ait
» payé ce qu'il leur devoit de leurs soldes & pensions, &
» afin d'avoir l'argent qu'il faut pour l'entretien de sa Maison ».

Regist. du pays.

XXI.
LES LIGUEURS DE PARIS ÉCRIVENT A CEUX DE PROVENCE.

Les Ligueurs de la Capitale ne s'endormirent pas dans des circonstances aussi favorables à leurs desseins. Le Parlement même, composé de factieux ou de gens timides, les servit aveuglément, n'étant pas le maître de les réprimer, & chercha à faire une confédération dans le Royaume, pour l'opposer aux Royalistes. Ce fut dans cet esprit qu'il écrivit au Parlement d'Aix la lettre suivante :

Reg. du Parl. de Prov.

MESSIEURS,

« Les dangers qui nous environnent de toutes parts, nous
» avertissent assez de celui que court notre Religion Catholique,
» Apostolique & Romaine, par les desseins de ceux qui tendent
» à l'opprimer & la subvertir, soit ouvertement, soit secrete-
» ment : ils favorisent & fomentent en ce Royaume l'hérésie,
» peste capitale de tout Etat, à quoi il est besoin de s'opposer
» vertueusement, pour ne laisser pulluler le mal & jetter de

» plus profondes racines. Quoique nous ne doutions point
» de votre zèle, & que nous fachions combien vous avez
» toujours eu l'honneur & le service de Dieu en singulière
» recommandation, nous avons pourtant cru, pour l'exemple
» qui doit sortir de nous, comme du premier Corps souverain
» de la Justice, qu'il étoit de notre devoir de vous semoncer
» & convier d'entrer avec nous dans la sainte union que nous
» avons jurée, & de vous y obliger par même religion de
» serment, afin de conjoindre tous nos moyens & autorité,
» tant pour la manutention de notredite Religion, que pour
» la conservation de l'Etat Royal ; nous assurant qu'à votre
» imitation, les Magistrats inférieurs & tout le reste du peu-
» ple se rangeront aisément à la même résolution, & que par
» une bonne & fraternelle intelligence & correspondance des
» Parlemens, Dieu nous fera la grace de nous préserver des
» orages & tempêtes, dont nous sommes menacés : embrassez
» donc avec nous la défense d'une si juste & sainte cause,
» afin qu'unis de corps & d'esprit, nous symbolisions non-
» seulement en volonté, mais en effet & en action ; & à ces
» fins, nous vous envoyons tant le formulaire du serment que
» nous avons prêté, que l'extrait des registres de nos délibé-
» rations, afin que vous voyiez l'ordre que nous avons tenu
» dans les occurrences particulières. Nous vous ferons part de
» nos délibérations, pour entretenir un fraternel accord entre
» nous, en ce qui dépend de nos Charges. Sur ce, nous
» prions le Créateur de vouloir vous donner, Messieurs, très-
» heureuse & longue vie. A Paris, le 6 Avril 1589,
» vos bons amis & freres, le Gens tenants la Cour du
» Parlement. »

LES LIGUEURS DE PARIS ÉCRIVENT A CEUX DE PROVENCE.

An. 1589.

Ce serment, dont le Parlement de Paris envoyoit la for-
mule au Parlement de Provence, étoit vraisemblablement le
même qu'avoient prêté les Conseillers, les Avocats & les

De Thou.

Procureurs de la Capitale, le 30 Janvier précédent. Il consistoit à promettre à Dieu, en prenant à témoin la Vierge, les Anges & tous les Saints, de vivre & mourir dans la Religion Catholique, Apostolique & Romaine ; de verser jusqu'à la derniere goutte de son sang, pour la défendre, & pour confondre les desseins de ceux qui l'attaquoient à force ouverte, ou par des menées secretes, & qui fomentoient l'héréfie dans le Royaume ; de travailler de tout son pouvoir au soulagement du peuple, à la sûreté de la Ville de Paris, & à la conservation des autres Villes confédérées ; de défendre contre toutes sortes de personnes sans distinction, les Princes, les Seigneurs & les Prélats, & tous ceux qui entreroient dans la sainte Union ; de maintenir les droits & libertés de la Nation ; de repousser la violence de ceux qui, au mépris de la foi publique & de la liberté des Etats, avoient fait mourir des Princes & des Seigneurs Catholiques ; de faire tomber la peine due à un si grand crime sur ceux qui en étoient les auteurs, les complices & les fauteurs ; & de ne point se départir de la confédération, ni entendre à aucun accord que du consentement des Princes, des Seigneurs, des Prélats & des Villes de la sainte Union.

La lettre du Parlement de Paris éprouva d'abord des contradictions dans le Parlement de Provence, où les Ligueurs ne formoient pas le plus grand nombre ; mais la crainte opéra ce que la persuasion n'avoit pu produire. De Vins, toujours actif & infatigable, quand il s'agissoit des intérêts de son parti, assembla, dans l'Hôtel-de-Ville d'Aix, tous les Chefs de famille, & leur proposa de signer l'Union qui venoit d'être arrêtée dans la Capitale du Royaume. Le Conseiller de Castellar, esprit vif & brouillon, fit éclater en cette occasion son attachement pour la Ligue. Engagé, plusieurs années auparavant, dans le parti des Protestants, il devint, quand il fut rentré dans le sein de l'Eglise, aussi zèlé Ligueur qu'il avoit été ardent Calviniste. Il présida à cette assemblée, où les esprits prévenus & gagnés par ses manœuvres & par celles des amis de Vins, surpassèrent ses espérances; car la sainte Union y fut solemnellement jurée; tous les assistants signèrent dans un livre blanc, qu'on porta ensuite dans toutes les maisons pour faire signer ceux que leurs affaires ou quelque maladie avoient empêché de se trouver à l'assemblée. Il fut délibéré en même tems, que tous les chefs de famille, qui refuseroient d'adhérer à l'association, dans l'espace de trois mois, seroient déclarés partisans de la Valette, fauteurs des hérétiques, ennemis de la Patrie. Jamais on ne vit l'esprit de faction si remuant & si exalté.

De Vins, suivi d'une foule de séditieux, qui avoient à leur tête un Carme, nommé Frere André, alla dans la salle du Palais, où les Magistrats étoient assemblés; il leur signifia, d'un ton impérieux, qu'il falloit ou signer l'Union, ou sortir sur le champ de la Ville: les Magistrats demandèrent du tems pour délibérer à loisir; les séditieux, qui s'étoient emparés des portes & des avenues du Palais, s'écrièrent avec des menaces horribles, que s'ils n'approuvoient pas sur le champ ce qui s'étoit fait à l'Hôtel-de-Ville, ils les feroient tous passer au fil de l'épée. Ces menaces achevèrent de décider ceux qu'une prudente circonspection avoit empêché de se déclarer hautement: il fut donc permis de publier la délibération de l'Hôtel-de-Ville. Tous les Conseillers, qui étoient présents signèrent l'Union, & prêtèrent serment de fidélité au Duc de Mayenne, en qualité de Lieutenant-Général de la Couronne (1). Le lendemain,

L'UNION EST JURÉE A AIX.
Les Hist. de Prov. & manusc. du tems.
Hist. du Parl. & délib. du Chap. d'Aix.

---

(1) Ceux qui restèrent à Aix étoient le Président de Piolenc, les Conseillers de Castellar, St. Marc, Puget, Flotte, Thomassin, Rascas, Agut, Vento, Arnaud, Fabry, Tulles, Espagnet, Croze, Honoré de St. Marc & Joannis, avec l'Avocat-Général de Laurens, Etienne & Maliverni, Greffiers

LIVRE XII.

Reg. du Parl.
Arch. du Chap.

An. 1589.

qui étoit le 27 Mai, le Chapitre de Saint-Sauveur, suivit l'exemple du Parlement ; & eut ensuite le courage de protester le 7 Juin contre toute signature qui lui seroit arrachée au préjudice de l'autorité Royale. Plusieurs Magistrats, qui ne s'étoient pas trouvés au Palais la veille, refusèrent d'adhérer à cet acte de désobéissance : d'autres sortirent de la Ville, pour ne pas se laisser entraîner dans le parti des Ligueurs ; le plus grand nombre se rendit à Pertuis, où la Valette paroissoit avoir fixé sa résidence : quelques-uns ne voulant se déclarer pour aucun parti, allèrent attendre patiemment à Avignon, ou dans leurs maisons de campagne, que la paix vînt mettre fin à tous ces troubles.

XXIII.
CHAMBRE DU PARLEMENT ET DE LA COUR DES COMPTES A PERTUIS.

Reg. & Hist. du Parl.
De Thou, &c.

Les Magistrats refugiés à Pertuis, formèrent une Chambre qu'on appella le Parlement Royal, & tinrent leur premiere séance le 26 de Juillet. La Valette y fit publier des Lettres-Patentes, données à Blois au mois de Février précédent, par lesquelles Sa Majesté déclaroit rebelles les villes de Paris, d'Amiens, d'Orléans, d'Abbeville, d'Aix, & toutes celles qui suivoient le parti de la Ligue ; les privoit de leurs droits & privilèges, & ordonnoit à tous les Officiers d'en sortir, & d'aller tenir leurs séances dans les Villes de son obéissance. Parmi les Magistrats de la Chambre des Comptes, il y en eut fort peu qui allèrent à Pertuis, n'étant point en état, à cause de leur petit nombre, d'exercer leurs fonctions ; le Gouverneur leur donna pour adjoints, quatre Officiers du Parlement, savoir, Antelmi, Suffren, Seguiran & l'Avocat-Général Monnier.

Civils & Criminels, & Poulard, Procureur des Pauvres ; le Président de Piolenc quitta le Parlement Ligueur en 1590, avant l'arrivée du Duc de Savoie.

Les Présidents Duchaine & d'Etienne, sieur de St. Jean, les Conseillers d'Aymar & de Simiane, qui étoient du parti de l'opposition, n'ayant pu ou n'ayant pas voulu se sauver furent arrêtés & conduits à l'Archevêché d'Aix, où ils restèrent deux ans. On pretend que de Vins fit arrêter le Président Duchaine pour se venger d'un soufflet qu'il en avoit reçu un an auparavant.

Dans le même tems que l'esprit de faction divisoit la Magistrature, il armoit ailleurs les deux partis l'un contre l'autre. La Valette, soit pour satisfaire la haine qu'il avoit contre les Ligueurs, soit pour contenir par la crainte ses partisans dans le devoir, ou pour y faire rentrer les Villes, encore chancelantes dans leurs résolutions, avoit assemblé le 6 Juin les Communautés de son parti aux lieux de Reillane, & de Ceireste; & après s'être fait donner des fonds pour l'entretien des troupes, il alla mettre le siège devant Monjustin : c'étoit un village avantageusement situé, défendu par des habitans que le désespoir, encore plus que le fanatisme, rendoit intrépides : ils soutinrent trois assauts avec beaucoup de courage ; mais lorsque leurs murailles, renversées par le feu de l'artillerie, eurent laissé à l'ennemi une entrée libre, ils combattirent en désespérés sur la brèche, & furent tous passés au fil de l'épée ou pendus, sans distinction d'âge ni de sexe. Apt, Saignon & Digne, intimidés par cet exemple de rigueur, rentrèrent sous l'obéissance du Roi : Fréjus fut reprise par le Baron de Montaut, sur le Marquis de Trans. Le lieu de Beaumont, que Gouvernet tenoit assiégé avec deux mille hommes, se rendit, fut livré au pillage, & plusieurs habitans périrent sur l'échaffaut : de-là, le Gouverneur fit mine d'aller attaquer la ville d'Aix, avec un égal nombre de troupes, & six cents chevaux ; de Vins, qui étoit dans la Ville, sortit pour le combattre : l'action commença à midi & ne finit qu'à cinq heures du soir. Durant cet espace de tems, assez long pour que deux armées nombreuses, qui se seroient choquées, suivant les règles de l'art, eussent arrosé la terre de flots de sang, il ne périt que quelques hommes : le combat recommença le lendemain 26 Juin, & dura six heures, avec perte d'aussi peu de monde : d'où l'on doit conclure que l'on ne combattoit pas en bataille rangée, mais par pelotons épars, & que plus souvent on tiroit avant d'être à la portée du fusil :

XXIV.
LA VALETTE ASSIÈGE ET PREND PLUSIEURS PLACES.

Louv. Hist. de Provence.

cependant, quelques jours après, le Gouverneur ayant eu deſſein de faire le ſiége de la Ville, fit approcher cinq pièces de canon. Ces menaces & ces préparatifs de guerre n'aboutirent qu'à mettre le feu aux moiſſons, aux vignes, & aux maiſons de campagne, que les payſans éplorés abandonnoient à la fureur du ſoldat.

Au milieu de ces ravages, on parla d'une ſuſpenſion d'armes. Le Marquis d'Oraiſon, & Gouvernet, Députés de la Valette; Caſtellane-Bezaudun & Forbin-Souliers, Députés de la Ligue, entamèrent cette négociation, que la défiance & la haine réciproques rendirent inutile. Cette haine étoit ſi forte, parmi le peuple d'Aix, qu'une femme ayant vendu des fruits aux ennemis, lorſqu'ils faiſoient des incurſions juſqu'aux portes de la Ville, les autres femmes la maltraitèrent au point qu'elle en mourut.

La Valette, fruſtré dans l'attente qu'il avoit eue de conclure une trève, alla tomber avec toutes ſes forces ſur la ville de Lambeſc, & l'emporta, ne faiſant grace de la vie aux habitants qu'à condition qu'ils abandonneroient leurs maiſons au pillage : de-là, il ſe replia ſur Peliſſanne, dont il ſe rendit maître, & força les places les plus importantes du Diocèſe, ainſi que celles du Diocèſe de Toulon, à rentrer ſous l'obéiſſance du Roi. Le Chateau d'Hieres, défendu par ſa ſituation avantageuſe & par le Baron de Mévouillon (1), ne put même réſiſter à l'effort de ſes armes.

Ces avantages de la Vallette, en mettant au grand jour la foibleſſe des Ligueurs, les convainquirent encore plus du beſoin qu'ils avoient de ſecours étrangers : le Baron de Vins le ſentoit, & depuis long-tems il entretenoit des intelligences ſecretes avec le Duc de Savoie pour l'attirer en Provence. Il en reçut alors

---

(1) Son nom étoit Bon.

cent lances & deux Compagnies d'Albanois qu'il fit entrer dans la ville d'Aix. Encouragé par ce secours, & encore plus par les promesses que le Duc lui faisoit, il reprit sur le Gouverneur presque toutes les places qu'il avoit perdues, & en remit sous son obéissance plusieurs, qui jusqu'alors n'avoient arboré que l'étendart Royal. Du nombre de ces dernieres étoit le Château de Bouc, bâti sur un roc, près du chemin d'Aix à Marseille, à une égale distance de ces deux Villes : il n'étoit défendu que par trente-trois soldats ; mais ils avoient à leur tête un de ces hommes déterminés que la mort n'effraie point : il s'appelloit Vautrin. Quand la brêche fut faite, le Baron de Vins lui fit proposer de se rendre. *Mon pere*, répondit Vautrin, *me feroit pendre si je me rendois, & c'est ici que je dois mourir pour son honneur & pour le mien.* En effet, il étoit toujours sur la brêche, renversant à coups de pique & d'arquebuse les ennemis qui paroissoient. Il s'avançoit de tems en tems pour regarder en quel état & en quel nombre étoient les assiégeans. L'un d'eux s'en étant apperçu, lui lâcha un coup de pistolet si à propos, qu'il le tua, & la Place se rendit.

LES LIGUEURS REPRENNENT LE DESSUS.

Louv. troubl. de Prov.

Parmi les Villes que les Ligueurs avoient dans leur parti, Marseille & Arles tenoient le premier rang. Marseille sur-tout se distingua par son zèle, lorsque le Comte de Carces y accourut, après la mort du Duc de Guise, pour y souffler l'esprit de révolte. Il fit faire une procession générale, dans laquelle il figura comme chef de parti, & dont il rendit compte au Parlement en ces termes : « Les Consuls & moi avons accompagné Messieurs
» du Clergé, suivis de vingt-cinq ou trente mille personnes en
» procession à la porte Royale, sur laquelle avons mis un cruci-
» fix, & avons chanté le *Te Deum*, avec autant de dévotion qu'il
» s'en peut desirer à un peuple bien zèlé au service de Dieu :
» je mettrai peine de leur conserver cette bonne volonté. »
De Vins y alla ensuite, & se montra dans les rues, suivi de la

XXVI.
MARSEILLE ET ARLES SE DÉCLARENT POUR EUX.
Reg. du Parl.

populace, qui crioit : *vivo Mouffu de Vins , & fouero Bigarras.* Ainfi l'union fut jurée avec un accord prefque général : il n'y eut que peu de perfonnes qui préférèrent un exil volontaire, à la honte de rompre le ferment qui les lioit au Souverain.

Pleins de leurs idées d'indépendance, les Marfeillois, avec douze cents hommes d'infanterie & trois cents chevaux, allèrent enfuite attaquer la ville d'Aubagne, qui tenoit pour la Valette : celui-ci vint au fecours avec neuf cents chevaux, & obligea les Marfeillois de fe tenir fur la défenfive. Il entra dans la ville; mais voyant l'impoffibilité qu'il y avoit de la garder, il fit enlever les munitions de guerre & de bouche, & les meubles les plus précieux , & fe retira vers Saint-Maximin , accompagné de ceux des habitants qui, par la foibleffe de l'âge ou du fexe, n'étoient point en état de fupporter les horreurs d'un fiége. A peine il fe fut retiré, que les Marfeillois entrèrent dans la Ville, & dépouillèrent les maifons des miférables reftes, que le tems ou leur peu de valeur n'avoit pas permis d'emporter.

On fçavoit alors la mort d'Henri III, affaffiné le premier du mois d'Août 1589. Le parti de la Ligue, maître de la ville de Paris, déclara Roi de France le Cardinal Charles de Bourbon, fous le nom de Charles X, & en attendant qu'il fortît de prifon, on défera l'exercice de l'autorité fouveraine au Duc de Mayenne, nommé Lieutenant-Général de la Couronne. Ce Duc, occupé des moyens de foutenir l'édifice, dont fon frere avoit jetté les fondemens, écrivit dans toutes les Provinces du Royaume, pour faire reconnoître fon autorité, & défendit en Provence d'obéir à la Valette ; en effet, la Chambre des Vacations, qui fiégeoit à Aix, enjoignit en conféquence aux partifans du Gouverneur, de l'abandonner, fous peine d'être pourfuivis comme rebelles ; mais fes partifans, animés d'un efprit bien différent, n'oublioient rien pour le foutenir contre les efforts de fes ennemis. Ayant tenu dans la ville de Pertuis une affemblée générale des Communautés, ils reconnurent Henri IV pour légitime successeur à la Couronne, & lui prêtèrent serment de fidélité entre les mains du Parlement Royal. Ce Parlement & les autres Cours, que les troubles avoient forcé de se réfugier à Pertuis, avoient été confirmés par Lettres-Patentes du 28 Juin; & regardoient le Parlement d'Aix comme un amas de séditieux, plutôt faits pour tromper le peuple, que pour l'éclairer sur ses devoirs, & sur ses véritables intérêts. Cette opposition entre les deux Tribunaux, fut un des plus grands obstacles à la réunion des deux partis. Celui de la Ligue, toujours plus hardi & plus entreprenant, nomma pour Procureurs du Pays, Balthasar de Castellane, Seigneur d'Ampus; Honoré de Guiran, Seigneur de la Brillane; Claude de Séguiran, & Jean Delachau, tous ennemis déclarés du Gouverneur.

Celui-ci ne se dissimuloit pas que les Ligueurs avoient une supériorité de forces à laquelle il seroit difficile de résister. Il transféra à Manosque le Parlement Royal, qu'il ne croyoit point en sûreté à Pertuis, & écrivit au Duc de Montmorency, Gouverneur du Languedoc, pour lui demander du secours. Montmorency lui envoya douze cents hommes, sous les ordres de Lussan; mais Pontevès-Carces & Castellane-d'Ampus, ayant été les attendre au passage du Rhône, tombèrent sur eux à l'improviste, en tuèrent plusieurs, en précipitèrent un plus grand grand nombre dans le fleuve, & forcèrent les autres de retourner sur leurs pas. Bientôt après on vit paroître un autre corps d'environ quinze cents hommes, qui, sous la conduite de Fosseuse & d'Allen, Gentilhomme Provençal, pénétrèrent jusqu'au terroir de Malemort: d'Ampus, qui étoit venu les attendre en cet endroit, accompagné de Bezaudun son frère, de Meyrargues, de Forbin-la-Barben, de Panisses, & de plusieurs autres Gentilshommes, avec des forces supérieures, remporta sur eux une victoire si complette, après un combat de cinq heures, qu'à peine il se sauva un petit nombre de cavaliers & & de fantassins.

La joie que cette victoire causa fut troublée par la nouvelle qu'on eut de la mort du Baron de Vins. Ce Général reçut le 20 Novembre 1589, au siége de Grasse, un coup d'arquebuse dont il mourut deux heures après, laissant après lui la réputation d'avoir été un grand homme de guerre ; mais quand on considère sa conduite & ses actions dépouillées du faux éclat que leur prêta le fanatisme, on ne voit qu'un chef de parti, vigilant, actif, brave, quand il falloit faire un coup de main ; mais qui n'avoit aucuns de ces talens qui constituent le grand Général, tels que la prudence dans la combinaison des mesures pour déconcerter les projets de l'ennemi & lui ôter les moyens de subsister, la capacité dans la conduite d'une grande armée ; l'intelligence dans l'art des campemens ; l'esprit de ressource dans une bataille où la victoire est incertaine ; l'étendue & la justesse des vues dans le plan d'une campagne : du reste, il devoit avoir l'art de manier les cœurs pour avoir gagné la confiance d'une Noblesse naturellement fiere ; une certaine supériorité d'esprit pour l'avoir toujours conservée, & une fermeté peu commune pour avoir contenu des soldats, ramassés dans la campagne, & qui ne connoissoient ni discipline ni chefs. Il ternit ces qualités par une inquiétude de caractère, qui ne se plaisoit que dans le trouble ; par une ambition qui ne savoit point se contenter du second rang, & par un amour de la vengeance qui ne respectoit rien quand il falloit se satisfaire. Ainsi en jugeant sans prévention du mérite de ce fameux chef des Ligueurs, on voit qu'il ne dut qu'aux circonstances & au fanatisme de ses partisans les éloges extraordinaires qu'on lui donna, & le mausolée qu'on lui éleva dans le chœur de l'Eglise Métropolitaine d'Aix.

Le Capitaine Beaumont & le Conseiller d'Agar eurent, après sa mort, la conduite du siége, & le commandement des troupes sous l'autorité, & l'obéissance de Charles X & du Parlement. Le Baron de Vence soutint l'attaque, durant plusieurs jours, avec beaucoup de valeur, étant heureusement secondé par Grasse-Cabris, Seigneur de Callians, par Prunieres, Gentilhomme Dauphinois, par Graulieres, le Capitaine Audibert, & Taulane, premier Consul ; mais le mauvais état des murailles & le défaut de vivres l'obligèrent de se rendre à composition, le 24 Novembre, après un siége de dix jours, pour ne pas exposer la garnison & les citoyens à être traités suivant les loix de la guerre. Il y avoit à ce siége neuf cents chevaux, & deux mille hommes de pied, que le Duc de Savoie avoit fournis, en attendant qu'il pût venir lui-même en Provence, à la tête d'une armée. Le Comte de Carces, avec une partie de ses troupes, déconcerta les projets de la Valette, qui vouloit s'emparer de Digne, & alla ensuite échouer devant Sallon, dont il fut obligé de lever le siége, après avoir livré quatre assauts.

Les Ligueurs, malgré tous leurs efforts, sentoient qu'ils succomberoient sous les armes des Royalistes, s'ils n'avoient l'appui de quelque Puissance étrangère. Le Duc de Mayenne, éloigné de la Provence, & occupé au Nord de la France, ne pouvoit que leur envoyer des conseils & faire des vœux impuissants : le Pape, auquel ils s'adressèrent, ne les servoit que par ses intrigues ; il n'y avoit que le Duc de Savoie, dont l'alliance pût leur être véritablement utile. Cependant tous les Ligueurs n'étoient pas également disposés à se mettre sous sa protection. Gaspar d'Albertas, Seigneur de Villecrose, premier Consul de Marseille, avoit été inhumainement massacré le 29 Octobre, par des séditieux, pour avoir été soupçonné d'entretenir des intelligences avec ce Prince : & au mois de Janvier 1590, Vento-des-Pennes, César de Villages, & son frere, d'Arene, Pierre & François de Vias, tous Gentilshommes Marseillois, soulevèrent une partie du peuple, à la tête duquel ils couroient les rues, en criant :

XXIX.
PRISE DE GRASSE

An. 1589.

XXX.
LES LIGUEURS TRAITENT AVEC LE DUC DE SAVOIE.

Mém. de Bausset.
& Hist. de Mart.

An. 1590.

fouero Savoyards; mais le parti du Prince, appuyé de l'autorité du Parlement & des intrigues de la Comtesse de Sault, ne tarda pas de prendre le dessus.

Cette Dame étoit Christine d'Aguere, qui avoit épousé en premieres noces Antoine de Blanchefort-Créqui : elle se trouvoit alors veuve de Louis de Montauban, Seigneur de Sault, & de la Tour-d'Aigues. C'étoit une femme de beaucoup d'esprit, & d'une ambition démesurée : elle joignoit à une imagination vive, une éloquence naturelle, un courage mâle & des graces qui tenoient plus de l'art que des charmes déja flétris par le tems. Elle mit tout en œuvre pour établir & ensuite pour conserver dans la Province un empire, dont elle fut excessivement jalouse. Devenue toute puissante, durant la vie de de Vins son beau-frere, elle sentit que pour maintenir dans le pays cette autorité, qu'elle y avoit acquise, il lui falloit l'appui d'un Prince étranger. C'étoit à son instigation autant qu'à celle de Vins, que les Ligueurs avec l'agrément du Duc de Mayenne, avoient envoyé, quelques mois auparavant, une députation au Duc de Savoie, pour se mettre sous sa protection. Ils croyoient faussement qu'Henri IV, ayant été déclaré par le Pape & la Sorbonne déchu de la Couronne de France, ils étoient les maîtres de se donner un Souverain, & que l'intérêt de la religion devoit l'emporter sur les liens qui les attachoient à l'héritier légitime du trône, parce qu'il étoit hérétique. D'après ces faux principes, ils s'assemblèrent à Aix le 25 Janvier 1590, & députèrent à la Cour de Savoie Elzéar de Rastellis, Evêque de Riez; Brancas, Baron d'Oise ; Castellane-d'Ampus, & Louis Fabri, Seigneur de Fabregue, Avocat, pour supplier Charles-Emmanuel, qui régnoit alors en Piémont, de venir en personne défendre la Provence, contre les attaques du Gouverneur & les armes des Religionnaires. Ils lui faisoient espérer qu'il pourroit facilement réunir cette Province à son domaine. L'occafion parut favorable à Charles : c'étoient les Etats du Pays qui l'appelloient, dans une circonstance où les Français, déliés par le Pape du serment de fidélité, sembloient rentrer dans le droit de se choisir un Maître. Le prétexte qu'ils alléguoient étoit d'ailleurs spécieux ; il s'agissoit de défendre la religion, ne se doutant peut-être pas qu'elle condamnoit les criminelles entreprises des Ligueurs. La Ville d'Arles prit un parti beaucoup plus sage en apparence : elle délibéra le 10 Février 1590, de se mettre sous la protection & puissance du Pape, en attendant que le trône de France fût occupé par un Roi Catholique. Elle ne vouloit point reconnoître l'autorité de la Valette, parce qu'on le regardoit comme Chef des hérétiques, ni se soumettre au Duc de Savoie, parce qu'il étoit étranger ; mais en établissant cette espèce d'indépendance, elle provoquoit les armes de l'un & de l'autre, & s'exposoit à tous les dangers de l'anarchie.

Les Ligueurs traitent avec le Duc de Savoie.

An. 1590.

Conf. de Vill. d'Arles.

Les Magistrats résidents à Aix, étoient en quelque manière l'ame de la Ligue. Ils firent brûler un Edit, par lequel le Roi accordoit une amnistie à ceux qui, dans l'espace de six mois, mettroient bas les armes, & rentreroient sous son obéissance. Ils ordonnèrent qu'on vendît les biens des Royalistes, appellés aussi Bigarras (1), pour fournir aux frais de la guerre : cet ordre fut reçu avec des transports de joie incroyables. Le Conseil de Ville chargea des Commissaires de faire une liste de ceux qu'on devoit regarder comme *Bigarras* ; & le Théologal, sur la Requête de l'Avocat-Général de Laurens, décerna un monitoire, pour enjoindre aux fidèles de dénoncer, sous peine d'excommunication, les effets appartenants à ces malheureux proscrits. Cet Avocat-Général, que l'on voit si zélé

XXXI
Ils confisquent les biens des Royalistes.

Reg. du Parl.

_____
(1) On appelloit *Bigarras*, les Catholiques qui servoient dans le parti du Roi, on croyoit qu'ils n'étoient pas francs Catholiques, puisqu'ils combattoient pour un Prince Huguenot, & qu'il y avoit de la *bigarrure* dans leurs sentimens.

pour le foutien & la propagation de la Ligue, étoit un homme fort fçavant dans le Droit, verfé dans l'étude de la Théologie, auftère dans fes mœurs, rigide dans la pratique des devoirs qu'il s'impofoit ; mais parmi fes devoirs, il ne faifoit point entrer l'obligation d'épargner les biens & la vie des hérétiques. Son imagination ardente ne favoit point s'arrêter dans ce qu'il avoit une fois conçu. Il fe fit députer à Rome, pour intéreffer le Pape au fort de la Provence. Le fouverain Pontife entra dans toutes fes vues, & de concert avec la Cour d'Efpagne, il n'oublioit rien pour affermir les Ligueurs dans leurs réfolutions.

Malheureufement la divifion s'étoit mife parmi eux. Le Comte de Carces jaloux de l'autorité que la Comteffe de Sault avoit acquife, vouloit la détruire, & s'oppofoit à ce que le Duc de Savoie vint en Provence. Il vouloit fur-tout que cette Dame fortît de la ville d'Aix, où elle avoit trop d'influence. Le Parlement Ligueur étoit également divifé en deux partis, l'un tenoit pour la Comteffe & pour le Duc de Savoie, & l'autre pour le Comte de Carces. Quatre Confeillers de cette dernière faction, fçavoir Agar, Joannis, Puget & Deydier firent cacher la nuit du 14 au 15 Mars trois cents hommes dans le Palais, & approcher deux pièces de canon pour forcer la Cour à fe déclarer contre la Comteffe; ils fe flattoient que le peuple excité par cet acte de vigueur fe fouleveroit en leur faveur. En effet, la chofe arriva comme ils l'avoient prévu; le peuple s'ameuta, & la Comteffe de Sault ne fe croyant point en fûreté dans fa maifon, entra en négociation, afin de donner à fes amis le tems de fe reconnoître. Comme chaque parti fondoit fon pouvoir fur la faveur inconftante du peuple, les fuccès étoient journaliers, & la fortune abattoit le lendemain les drapeaux qu'elle avoit élevés la veille. On en vit dans cette occafion une preuve bien faite pour défabufer de l'engouement de la populace; car les Confuls d'Aix

&

LIVRE XII.

XXXII.
LA DIVISION
SE MET PARMI
EUX.
Mém. de Bez.

Reg. du Parl.

& le Conseiller de Castellar, partisans zélés de la Comtesse, ayant paru en public, neuf cents hommes se mettent à leur suite, criant dans les rues : *Vive la Messe & son Altesse* ; aussitôt ceux qui s'étoient emparés des avenues du Palais, prirent la fuite, & les autres y entrèrent voyant fuir devant eux les Magistrats effrayés, qui, ignorant la cause de ces mouvemens, couroient se cacher par-tout où ils croyoient pouvoir trouver un asyle. Les quatre Conseillers, auteurs du premier soulevement, furent trouvés derrière une tapisserie, & traînés honteusement en prison. Cette émeute, quelque vive qu'elle fut, ne coûta la vie qu'au jeune Beaumont, & au Capitaine Bastin; elle se consuma toute en pillage.

<small>LA DIVISION SE MET PARMI EUX.</small>

Tandis que la Comtesse de Sault affermissoit dans Aix l'autorité qu'on avoit essayé de lui enlever, elle cherchoit à prendre le même ascendant à Arles & à Marseille; mais le crédit du Comte de Carces y balança le sien, & leurs efforts contraires ne servirent, pendant quelque tems, qu'à entretenir l'esprit de sédition & de discorde dans ces deux Villes. Ce n'étoit point dans la vue de servir l'Etat que ces deux Chefs de parti faisoient tant de cabales; le Comte de Carces, ambitieux & fier, auroit voulu s'emparer de toute l'autorité qu'il disputoit au Souverain: son orgueil sur-tout ne pouvoit s'abaisser à dépendre d'une femme; celle-ci naturellement impérieuse, & peu accoutumée à éprouver tant de résistance, mettoit sa gloire à humilier son rival. A ce motif si puissant dans le cœur d'une femme, se joignoit un desir très-vif de se venger de la Valette & du Duc d'Epernon son frère, dont elle croyoit avoir à se plaindre.

<small>Les Hist. de Prov.</small>

Le Comte de Carces ne se dissimuloit pas que le crédit de la Comtesse de Sault augmenteroit considérablement, si le Duc de Savoie portoit ses armes en Provence. Il s'appliqua donc entièrement à traverser la négociation. Les raisons dont il s'appuyoit étoient extrêmement spécieuses; il prétendoit que ce Prince mettroit la Province sous sa domination; qu'il étoit inutile de changer de maître, s'il falloit continuer d'en avoir un: qu'il falloit défendre la Religion, puisqu'on avoit pris les armes pour elle; mais qu'il seroit infiniment plus glorieux de la défendre avec les seules forces du pays, sous la protection du Saint Siége, que de faire recueillir à un Prince étranger tout le fruit de leur zèle.

Ces représentations firent peu d'effet: alors il demanda le commandement des troupes, sachant bien que le Duc de Savoie ne voudroit point servir sous ses ordres. En effet, quand ce Prince fut instruit de ses prétentions, il écrivit au Parlement qu'on ne devoit plus compter sur les secours qu'il avoit promis: cette menace fit impression; ainsi le Duc ayant été déclaré Généralissime sous l'assistance du Parlement, se détermina à entrer en Provence.

« J'y entrerai du côté de Barcelone, écrivoit-il aux Magistrats Ligueurs le 22 Mars 1590; j'espère emporter cette Ville à mon arrivée & delà pénétrer dans la Province. Je désire que vous fassiez marcher une armée vers Riez, & qu'elle s'y trouve le 12 du mois de Mai prochain; afin que nos forces étant voisines, nous les puissions joindre plus aisément, & employer où il sera nécessaire. Mais je ne veux rien entreprendre sans vous, Messieurs, qui avez l'autorité du Roi. Je veux la conserver & soutenir, toujours accompagné de vos bons & prudents avis & conseils. Je vous prie donc de faire une députation d'un ou de plusieurs d'entre vous, pour venir avec l'armée, afin que tous ensemble nous prenions une bonne & salutaire résolution; j'espère après les fêtes de Pâques m'acheminer à Barcelone ».

Tandis que ce Prince se disposoit à se mettre en marche, pour venir en Provence, Chambaud, Gentilhomme du Vivarais, cherchoit à pénétrer dans cette Province par Sainte-Tulle, avec un régiment de Religionnaires; Castellane-d'Ampus alla l'attendre au passage de la Durance le 5 Avril 1590, & remporta sur lui une victoire complette.

Ce qui releva véritablement la confiance des Ligueurs, ce fut l'offre que leur fit le Duc de Lorraine d'envoyer à leur secours une armée sous les ordres du Comte de Vaudemont: d'un autre côté le Roi d'Espagne & le Duc de Savoie les encourageoient par leurs promesses & par les libéralités qu'ils faisoient répandre. Ainsi tout sembloit concourir à leur promettre des succès éclatans. Castellane-d'Ampus, dont rien ne pouvoit modérer le zèle pour la Ligue, fut un des premiers à se signaler. Il assiégea & prit dans l'Eglise de Sylvacane trente brigands (1) qui répandoient la terreur dans le voisinage, & sans donner à ses soldats le tems de se reposer, il alla mettre le siége devant Barjols. La Ville, près d'être forcée, se rendit à composition moyennant une somme de trente mille écus; mais quelques jours après, des soldats ayant eu une querelle avec des habitants, plus de cinq cents d'entre ces derniers furent inhumainement égorgés: de-là les vainqueurs allèrent au Luc. Le bruit de leurs cruautés avoit forcé les habitants de ce village à se réfugier dans l'Eglise, comme dans une asyle que la fureur du soldat respecteroit. Ils furent tous passés au fil de l'épée. Lorgues, Aups, Pignans & Draguignan, pour éviter un pareil sort, embrasèrent le parti de la Ligue. Depuis le mois de Mai jusqu'au mois d'Août, il ne se passa rien de considérable; il y eut seulement quelques rencontres entre les détachements des deux partis, dans lesquels Brancas, Baron d'Oise & Panisses, se signalèrent; mais elles ne méritent pas qu'on s'y arrête ni

LEUR POSITION DEVIENT PLUS AVANTAGEUSE.
Mém. de Bez. & de Vir. &c.

(1) Ce fait prouve que nous nous sommes trompés quand nous avons dit, t. 1. p. 204, que les debordemens de la Durance avoient détruit vers l'an 1445 les batimens de cette Abbaye.

par le nombre des combattants, ni par celui des morts. Le siége de Saint-Maximin fixa ensuite l'attention de toute la Province.

Il fut fait par le Comte de Martinengue, que le Duc de Savoie avoit envoyé en Provence avec quatre cents lances, & huit cents hommes de pied. Les Historiens du tems parlent de ce siége comme d'un événement mémorable, sans entrer dans aucun détail; ils disent seulement que la Ville fut vaillamment défendue par Valavoire & par le Capitaine Chambaud, dont nous avons parlé ci-dessus; que le siége dura quinze jours, pendant lesquels on tira huit cents coups de canon: c'est une nouvelle preuve qu'on n'avoit alors ni artillerie ni connoissances dans l'art d'assiéger les places. Il suffisoit à une Ville d'être entourée de murailles, d'avoir une bonne garnison & des vivres, pour faire une longue défense; quelle connoissance en effet pouvoient avoir de la tactique, des milices rassemblées au hazard? des hommes nés dans un siècle ignorant, élevés dans le tumulte d'une guerre civile, formés au pillage & au brigandage? les troupes d'ordonnance que le Duc de Savoie conduisit lui-même, quoique mieux disciplinées, étoient à-peu-près nourries dans le même esprit.

Ce Prince arriva à Nice au mois d'Octobre 1590, avec quatre mille hommes d'infanterie & deux mille de cavalerie. Il y trouva le Comte de Martinengue avec les détachemens qu'il commandoit; les milices du parti des Ligueurs, les Députés de la Province & ceux de Marseille (1). L'Aumônier de

(1) Les Deputés étoient Elzear Rastellis, Evêque de Riez; Jacques d'Ollieres, Aumônier de St. Victor; Jean de Forbin, Seigneur de la Fare; Jean Barcillon, Seigneur de Mauvans, l'un premier Procureur du pays, & l'autre Assesseur, élus pour l'année 1590, avec Jean de Fabri, & François Auzur; les autres Deputés etoient Henri Rabasse, Avocat, Syndic du Tiers-Etats; Guiran de la Ballane, & Seguiran, l'un Assesseur, & l'autre Consul d'Aix, actuellement en exercice. Le Parlement envoya aussi des Deputés qui étoient les Conseillers Soliar, Espagnet & Seguiran.

Saint-Victor étoit parmi ces derniers. Le Duc lui dit qu'il regardoit cette grande Ville comme méritant une distinction particulière, tant à cause de son ancienneté, que par sa situation avantageuse entre l'Espagne & l'Italie; qu'il désiroit de la voir, mais qu'il n'y songeroit pas, s'il croyoit que les habitants ne le verroient point avec plaisir. Ce Prince prit la route d'Aix, & détacha quelques Compagnies pour s'emparer de Graulieres & de Mons. Ces deux villages, quoiqu'avantageusement situés & défendus par des soldats d'élite, ne firent qu'une foible résistance; la garnison de Mons se rendit à composition, & les habitants à discrétion. Leur Seigneur demanda qu'on en fît pendre vingt pour les punir d'une insulte qu'ils avoient faite à sa femme & à ses enfans. Il eut la cruelle satisfaction de voir le lendemain matin douze victimes de sa vengeance suspendues à une poutre qu'on avoit mise d'une fenêtre à l'autre, en travers d'une rue; quatre aux barreaux d'une grille de fer, & quatre autres à un alisier planté au milieu d'une place. Tandis qu'on donnoit dans le village de Mons cette scène tragique, le Duc de Savoie arriva à Aix avec cet abandon qui flatte le peuple, parce que, de la part d'un Prince, il annonce une entière confiance dans sa fidélité: il n'avoit avec lui que Blanchefort-Crequi, Brancas, Castellane-d'Ampus, Meyrargues & le Comte de Martinengue: il alla descendre à la maison de la Comtesse de Sault, aux talents & aux intrigues de laquelle il devoit son entrée en Provence. Le lendemain il sortit dans un carrosse fermé, pour aller entendre la Messe hors de la Ville, dans l'Eglise des Capucins; delà il alla se mettre à la tête de sa cavalerie, consistant en deux mille hommes, & fit son entrée monté sur un cheval superbe, accompagné de ses Pages, des Gentilshommes de sa suite, au nombre de deux cents, de cent Suisses, de sa Garde, & des principaux Seigneurs de la Province.

LE DUC DE SAVOIE REÇOIT A NICE LES DÉPUTÉS DE PROVENCE.

Les mêmes, & les Mém. de Nicol. de Beausset.

An. 1590.

XXXV.
IL ARRIVE A AIX.
Les Hist. de Prov. & Mém. manusc. des Com. de Carces & de Vitali, &c.

Les Procureurs du pays, suivis d'un nombreux cortége & la Chambre des Comptes, allèrent le recevoir avec tous les honneurs dus à son rang, & aux services qu'ils attendoient de son alliance. Ils étoient suivis d'environ cinq cents enfants, vêtus de taffetas jaune, & portant une banderolle sur laquelle étoient peintes les armes de Savoie. L'air retentissoit de ces cris répétés par un peuple nombreux, *Vive son Altesse qui maintient la Messe*. L'enthousiasme étoit si grand qu'on se portoit pour le voir, & pour lui baiser les pieds ou du-moins pour toucher le bas de son habit ou son cheval, si l'on ne pouvoit pas avoir le bonheur de l'approcher d'assez près, pour lui donner des marques plus expressives de l'amour & de la joie dont on étoit enivré. Au reste, ce Prince avoit tout ce qu'il faut pour gagner les cœurs ; car, suivant l'expression d'un de ses ennemis, ses propos pleins de douceur respiroient la gaieté française : il étoit courtois, libéral, familier avec la Noblesse, affable avec le peuple, traitant gracieusement avec toutes sortes de personnes & de toutes sortes d'affaires. Les Procureurs du pays dans une Assemblée extraordinaire de la Province, lui donnèrent le commandement des Armées & de la Police. Le Parlement à leur réquisition & sur le rapport de l'Avocat-Général de Laurens, confirma la Délibération, & envoya des Députés au Duc pour lui en faire part. Ce Prince répondit que le commandement lui étoit offert de si bonne grace, qu'il ne pouvoit le refuser ; mais qu'il ne s'en chargeoit qu'en apparence, & que la Cour seroit toujours la maîtresse. Le lendemain il alla siéger au Parlement, & refusa modestement, malgré les instances qu'on lui fit, de prendre la place du Roi : il ne voulut avoir que celle du Doyen. Après un discours fait à sa louange par l'Avocat-Général, on lut l'Arrêt qui avoit été délibéré la veille, & qui étoit conçu en ces termes. « La Cour a ordonné que son Altesse aura tout pouvoir, autorité & com-

» mandement fur les Armées, Etat & Police de cette Pro-
» vince, pour la conferver dans l'union de la Religion Ca-
» tholique, Apoftolique & Romaine fous l'Etat & Couronne
» de France ».

ON LUI DIFFERE LE COMMANDE- MENT.

Le Duc ne tarda pas de juftifier la confiance qu'on venoit de lui donner. Il rétablit dans les troupes la difcipline militaire, défendit de blafphémer le nom de Dieu & des Saints, & de parler mal de la Religion : par une autre Ordonnance, il décerna les peines les plus févères contre les larcins, & la défertion, & contre ce brigandage de mœurs, dont le foldat fe glorifie. Il nomma le Comte Martinengue, Général de l'Armée; Caftellane-Bezaudun, Meftre de Camp; d'Ampus fon frere, Colonel de l'Infanterie, & Meyrargues, Grand-Maître de l'Artillerie. Enfuite il divifa la Provence en deux Gouvernements; l'un comprenoit la partie fituée fur la rive gauche de la Durance, & l'autre les Diocèfes de Fréjus, de Graffe, de Vence, de Digne, Glandeves & Senez. Brancas, Baron d'Oife, eut le premier, & Villeneuve Vauclaufe le fecond.

Mém. de Vir. De Foib. St. Can. & autres.

La préfence de ce Prince, celle de fon armée & tous les préparatifs de guerre qu'on faifoit, jettèrent l'allarme dans le parti des Royaliftes. Le Commandant de Rognes mit cette place fous l'obéiffance des Ligueurs; Villelaure, Janfon, la Tour-d'Aigues, Apt, & la Baftide des Jourdans, fe rendirent à la première fommation. Le Capitaine Chambaud fit dans Grambois une foible réfiftance, & la ville de Salon, malgré le courage de la garnifon & des habitants, fut obligée de capituler le 4 Décembre. Ces rapides fuccès augmentèrent les allarmes de la Valette. Il fit faire au Duc des propofitions d'accommodement ; mais la Comteffe de Sault les fit échouer, bien perfuadée que devant aux divifions l'autorité dont elle jouiffoit dans le pays, elle rentreroit dans la claffe des autres femmes. fi la paix laiffoit prendre aux deux partis l'ufage de la raifon & de la li-

An. 1590. Mém. de Caftel Bezaud.

berté. Le Duc alors alla faire le siége de Pertuis : mais l'intelligence & la bravoure de Reynaud d'Allen, Commandant de la Place, l'obligèrent de se retirer : il ne fut pas plus heureux au mois de Janvier suivant, lorsqu'il parut avec de nouvelles forces devant ce boulevard des Royalistes. Le froid fut si vif qu'il ne put continuer les opérations du siége. Le dix du même mois Castellane d'Ampus tenta de se rendre maître de Tarascon par surprise : quelques Religieux, avec lesquels il avoit des intelligences secretes, lui avoient promis de lui ouvrir une des portes, & ils étoient convenus de certains signaux, pour sçavoir le jour & l'heure de l'éxécution : la trahison ayant été découverte, les habitants tournèrent leurs forces & leur artillerie vers la porte par laquelle les ennemis devoient entrer, & firent les signaux convenus : alors d'Ampus, animé de l'espoir d'un succès assuré, se présenta à la tête de ses troupes ; mais il essuia tout le feu des assiégés, & y reçut une blessure, dont il mourut quelques heures après, ayant mérité les éloges de ses amis & de ses ennemis par une prudence & un courage, qui l'auroient rendu bien plus estimable, s'il avoit eu un zèle moins ardent pour la Ligue.

La Ville de Marseille, où le Comte de Carces avoit un parti considérable, refusoit de reconnoître le Duc de Savoye, quoique le plus grand-nombre des habitans se fût déclaré pour la Ligue. La Comtesse de Sault & Bezaudun y allèrent, suivis de quelques Gentilshommes pour faire entrer le peuple dans leurs vues ambitieuses. La prévention étoit si forte, que dans un Conseil assemblé secrettement par les Consuls, on délibera de se défaire dans une nuit de la Comtesse, de Bezaudun, & de Charles Cazaulx, le partisan le plus zélé de cette femme impérieuse. Le complot manqua, parceque dans ces sortes de conjurations, il y a toujours des ames honnêtes ou timides que le remords ou leur foiblesse désarme, au moment où il faut commettre le crime.

crime. La Comtesse repartit de Marseille, ignorant le danger qu'elle avoit couru, & fort satisfaite de son voyage : en effet on n'avoit point encore vu dans cette ville un aussi grand-nombre de personnes demander hautement la présence du Duc de Savoye : les Consuls, excités sous main par les Emissaires du Comte de Carces, s'y opposoient, & il se forma deux factions aussi animées qu'elles pouvoient l'être sur un sujet de cette nature. L'une avoit à sa tête les Magistrats, & l'autre Charles Casaux : elles remplirent la ville de confusion & de tumulte ; mais la premiere s'affoiblit insensiblement, & laissa prendre à sa rivale une supériorité dont Casaux sut profiter. Il s'empara de l'Hôtel-de-Ville & de tous les quartiers les mieux situés, à la faveur desquels il fut en état de donner la loi à ses adversaires. Sur ces entrefaites les villes de Fréjus, d'Hières, de Saint Tropès & de Toulon refusèrent aussi de se soumettre au Duc de Savoye.

MARSEILLE ET D'AUTRES VILLES REFUSENT DE RECONNOITRE CE PRINCE.

Elles craignoient qu'il ne songeât à démembrer cette Province de la Couronne de France, pour la réunir à ses Etats, & tentèrent de former avec les Marseillois une confédération indépendante des deux autres. Charles Casaux fit échouer ce projet & en instruisit le Parlement ; il osa même faire afficher à l'Hôtel-de-Ville les noms des habitants, qui avoient porté les armes pour la Valette, & il leur défendit l'entrée de la ville. Ainsi cet homme hardi se disposoit à renouveller dans Marseille les mêmes scènes qu'on avoit vues autrefois dans Rome, lorsque des Citoyens ambitieux désoloient leur patrie par des proscriptions.

An. 1591.

Le Duc de Savoye convoqua alors les Etats à Aix, & prit des mesures pour obtenir les secours dont il avoit besoin. Il avoit prévenu d'avance par une lettre circulaire les Gentilshommes qui devoient s'y trouver, ainsi qu'on le voit par celle

XXXVIII. LE DUC DE SAVOIE ASSEMBLE LES ETATS A AIX.

qu'il avoit écrite à Graffe-Briançon, du mois de Décembre paffé, lorfqu'il étoit encore devant Sallon.

« Monfieur de Briançon ayant été ci-devant appellé par
» l'avis de MM. de la Cour & Procureurs du pays, à la dé-
» fenfe de cette Province, contre la tyrannie des Hérétiques,
» leurs fauteurs & adhérans ; reconoiffant affez que tombant
» en leur domination, la Religion Catholique y feroit de tout
» abolie, & l'honneur de Dieu mis à mépris, je m'y fuis volon-
» tairement acheminé, défirant à mon arrivée, prendre une
» bonne réfolution par l'état auquel j'ai trouvé les affaires.
» Il me femble très-à-propos de faire convoquer une Affem-
» blée Générale, par forme d'Etats, compofée de MM. du
» Clergé, de la Nobleffe & des Communautés du Tiers-Etat,
» pour tous enfemble avifer à ce qui fera néceffaire pour le
» bien, repos & foulagement du pays, dont pour l'éxécu-
» tion de ce, j'ai réfolu d'expofer tous mes moyens, voire
» ma perfonne propre, efpérant que Dieu, par fa bonté, fa-
» vorifera mes deffeins, qui ne tendent à d'autre but qu'à la
» manutention de notre Religion Catholique & confervation
» de ce pays en l'obéiffance de l'Etat & Couronne de France.
» Puifqu'il a plu à mefdits fieurs du Parlement & du pays
» m'en donner le commandement, & fçachant combien vous
» vous êtes montré affectionné à l'avancement de cette caufe,
» défirant y être affifté de votre bon avis, je vous prie de
» vous trouver à ladite Affemblée qui fe tiendra à ladite ville
» d'Aix le vingtieme jour de Janvier, comme je me promets
» que vous ferez, & que par le commun avis de tous il en
» réfultera beaucoup de contentement à tous les gens de bien:
» fur ce, je finirai en priant Dieu, M. de Briançon, de vous
» avoir en fa fainte & digne garde. Du camp de Sallon le 2
» Décembre 1590. Votre bon ami Emmanuel ».

Ces Etats furent affemblés le 22 Janvier 1591. Il n'y eut

pour le Clergé que deux Evêques, celui de Ricz & celui de Sisteron : cependant leurs villes Episcopales obéissoient à la Valette; l'Archevêché d'Aix, les Evêchés de Marseille, de Grasse, de Digne & de Senez eurent des Députés du second Ordre ; mais Louis de Beuil, ci-devant Evêque de Vence, y assista en personne : du Corps de la Noblesse on n'y voyoit que de Mandols la Palu ; Raymond d'Eoulx ; Saint Martin de Moustiers ; Duranty de Fuveau ; Leydet-Fombeton, & Thoramenc. Les Députés du Tiers-Etat y furent en assez grand-nombre, quoique beaucoup de villes eussent persisté dans l'obéissance du Roi.

LE DUC DE SAVOIE ASSEMBLE LES ETATS A AIX.

Nostr. Bouch. Piton. & Regist. du pays.

Le Duc de Savoye ne manqua pas de se trouver à l'Assemblée, dans laquelle il exposa les raisons qu'il avoit eu de venir en Provence, & la conduite qu'il avoit tenue ; il dit que son intention n'étoit pas de mettre cette Province sous ses loix, qu'il vouloit la conserver à la Couronne de France, & qu'il n'y étoit venu que pour en défendre les Privilèges, & sur-tout pour faire triompher la Religion des atteintes que lui portoient les Religionnaires. Il parla des avantages qu'il avoit eus ; des villes qu'il avoit soumises, des ressources qu'il trouvoit dans les forces & le courage des confédérés, pour couronner l'entreprise qu'il avoit si heureusement commencée : mais il ajouta que plus on avoit lieu de compter sur des succès certains, plus on devoit faire d'efforts pour fournir aux frais d'une guerre qu'une campagne devoit terminer. En conséquence, il fut délibéré que la Province entretiendroit à ses dépens une armée de dix mille hommes d'Infanterie, & que le Duc de Savoye se chargeroit de l'entretien de la Cavalerie & de l'Artillerie. Une partie de la Provence étant sous l'obéissance du Roi, il étoit difficile de trouver dans l'autre, après tous les ravages & les malheurs qu'on avoit essuyés, des fonds suffisants pour faire subsister une armée de quatorze à quinze mille hommes d'Infanterie ;

An. 1591.

car c'eſt à ce nombre qu'elle fut portée : on crut qu'il falloit demander des ſecours aux Etats Généraux, qui devoient ſe tenir à Orléans pour l'Election d'un Roi Catholique, au Roi d'Eſpagne qu'on regardoit comme l'appui de la Religion par ſon zèle, & au Pape qui en étoit le Protecteur par ſon rang (1).

La Valette avoit en même-tems aſſemblé à Riez les Communautés de ſon parti. Parmi ces Communautés il y en avoit pluſieurs qui avoient des Députés (2) à l'une & à l'autre aſ-

---

(1) Les Députés aux Etats d'Orléans étoient l'Evêque de Siſteron, Nicolas Flotte, Conſeiller au Parlement, & du Caſtelet. Marſeille y envoya Pierre Caradet, premier Conſul, & Corneille de Ramezan; les Députés au Roi d'Eſpagne étoient l'Evêque de Riez, Forbin, Seigneur de la Fare, & Louis Fabry, Seigneur de Fabregues; au Pape, Canegiani, Archevêque d'Aix; & Honoré de Laurens, Avocat-Général au Parlement de Provence. Ils avoient avec eux le Chanoine de Paulo, & l'Avocat Salomon, Députés de Marſeille.

(2) *AUX ETATS TENUS A AIX.*

Procureurs du pays, MM. Jean de Forbin, Seigneur de la Fare; J. Barcillon, Seigneur de Mauvans, Aſſeſſeur; J. de Fabry & François Auzar. MM. de Demandols la Palu; Raymond Deoulx; Saint-Martin, de Mouſtiers, Duranty de Fuveau; Leydet, Fombeton & Toramenes.

Les Députés de Graſſe, Draguignan, Digne, Saint-Paul de Vence, Caſtellane, Apt, Barjols, Guillaume, Anot, Colmars, Lorgues, Aulps, Saint-Remy, Reillane, les Mées, Calas, les Vigueries de Draguignan, de Digne, de Caſtellane, d'Apt, de Barjols, d'Anot, de Colmars, de Taraſcon.

AUX ETATS DE RIEZ POUR LA NOBLESSE.

Claude de Villeneuve, Baron de Vence; Claude de Caſtellane, Seigneur de Tournon; Nicolas de Forbin, Seigneur de Saint-Canat; Nicolas Emenjaud, Seigneur de Barras; Claude de Graſſe, Seigneur de Montaurous; David de Villeneuve, Baron de Tourettes; Honoré de la Tour, Seigneur de Remoules; Reguanel de Fabry, Seigneur de Calas, Iſoard, Seigneur de Chenerailles; Marc Antoine de Caſtellane, Seigneur de Saint Juers, & Gombert, Seigneur de Dromon.

Pour le Tiers-Etat, les Députés de Forcalquier; Siſteron, Draguignan, Frejus, Brignolles; Mouſtiers, Saint-Maximin, Seyne, Pertuis, Riez, Manoſque, Caſtellane, les Mées, les Vigueries de Forcalquier, de Siſteron, de Brignolles, de Mouſtiers, de Saint-Maximin, de Seyne & la Vallée de Tretz.

semblée ; car la discorde armoit les Citoyens les uns contre les autres, & même l'on voyoit les familles divisées se partager entre les deux camps. Le Gouverneur parla avec beaucoup de force contre les Ligueurs ; il les dépeignit comme des rebelles, puisqu'ils avoient attiré en Provence les armes d'un Prince Etranger. Son discours fit impression ; car les Députés promirent de faire leurs derniers efforts pour rétablir l'autorité du Roi dans le pays. Mais ruinés par de longues calamités, il leur étoit impossible de lever des troupes suffisantes, & de les entretenir : ils résolurent donc de détruire le parti de la Ligue en lui enlevant ses principaux appuis, sçavoir, le Comte de Carces, le Parlement, & les autres Officiers de Justice résidans à Aix ; tel étoit du moins l'objet des représentations qu'ils firent au Roi, à peu près dans les termes suivans :

XXXIX.
LA VALETTE ASSEMBLE A RIEZ CEUX DE SON PARTI.

An. 1591.

SIRE,

« Convaincus par une longue & triste expérience que presque tous les malheurs dont la Provence a été affligée depuis environ un siécle, viennent de la mésintelligence qui a regné entre le Sénéchal & le Gouverneur, nous supplions Votre Majesté de réunir ces deux places, comme elles l'ont été durant l'espace de cinq cents ans ; de supprimer l'Office de Lieutenant de Gouverneur érigé en faveur du Comte de Carces, & devenu dans ses mains, comme il l'a été dans celles de son pere, la cause des troubles dont la Province ressent encore les funestes effets. Nous attendons, Sire, cette grace avec d'autant plus de confiance, que V. M. par un Edit donné à Gisors au mois d'Octobre dernier, a déclaré tous les Offices de Judicature & de Finance, ceux de Notaire & Secrétaire du Roi, possédés par les rebelles, éteints & supprimés. En conséquence, nous supplions aussi Votre Majesté de réduire le Parlement de Provence au nombre de 24 Con-

» feillers, trois Préfidens, deux Avocats Généraux, & un Pro-
» cureur Général ; de lui défendre de se mêler des affaires du
» Gouvernement, soit directement, soit indirectement, sous quel-
» que prétexte que ce soit, nonobstant les pouvoirs qu'il peut
» avoir ci-devant obtenus, & dont nous vous demandons la
» révocation ; attendu que le Parlement n'a que trop fomenté
» les divisions, pour avoir voulu s'arroger en certains cas,
» les fonctions & l'autorité du Gouverneur.

» A ces graces, nous osons espérer, Sire, que V. M. vou-
» dra bien en ajouter d'autres non moins importantes pour le
» bien de cette Province ; sçavoir, que la Cour des Aides &
» Chambre des Comptes soit seulement composée, comme
» elle l'étoit anciennement, de quatre Maîtres Rationaux,
» d'un Président, de quatre Archivaires & Auditeurs des Comp-
» tes, & d'un Procureur du Roi ; qu'il n'y ait au Bureau des
» Finances que trois Tréforiers, que les personnes, soit de la
» Cour des Comptes, soit du Bureau des Finances, qui ont quitté
» leurs Offices plutôt que de s'engager dans le parti de la
» Ligue, soient choisies de préférence par V. M. pour
» remplir les fonctions de Juges dans ces nouveaux Tribu-
» naux (1) ; que le Parlement de Provence (2) soit autorisé par
» de nouvelles Lettres-Patentes à juger les procès-criminels,
» intentés contre les Ecclésiastiques, les Gentilshommes &
» autres personnes de quelque condition qu'elles soient, qui
» sont accusés du crime de rebellion & de Leze-Majesté ; que
» sur la confiscation de leurs biens il soit adjugé au pays une
» somme de trois ou quatre cent mille écus, afin de l'indem-

---

(1) Pour la Chambre des Comptes on indiquoit Raynaud Fabri, Seigneur de Calas ; Marc-Antoine Garnier, Seigneur de Monfuron, & François Albi, Seigneur de Brefc ; pour le Bureau des Tréforiers de France ; Henri de Serres, Président, & M. Antoine son frere.

(2) On appelloit ainsi le Parlement qui s'étoit déclaré pour le Gouverneur.

» niser des dépenses qu'il a été obligé de faire depuis trois
» ans, pour soutenir la guerre contre les ennemis de V. M. ».

Comme le Parlement, depuis dix-huit mois qu'il avoit quitté la Capitale, étoit toujours resté de l'autre côté de la Durance, résidant tantôt à Pertuis, tantôt à Manosque, & tantôt à Sisteron, il fut arrêté qu'on supplieroit la Cour de venir en deçà de cette rivière, tenir ses séances à Riez & à Brignoles, afin que les habitants de la basse Provence, qui seroient obligés de plaider, ne fussent point grevés par les dépenses & la perte de tems qu'entraîneroient des voyages longs & dispendieux.

Ces délibérations qu'on prenoit dans les deux Assemblées pour soutenir la guerre, ne servoient qu'à mettre dans un plus grand jour l'impuissance des moyens qu'on avoit pour la continuer.

XL.
DESSEINS DU DUC DE SAVOIE SUR MARSEILLE.

Les sommes immenses que le Duc de Savoye avoit répandues en Provence, étoient épuisées ; il n'avoit d'espoir que dans les secours du Roi d'Espagne son beau frere, & il résolut de l'aller voir. Avant que d'entreprendre ce voyage, il fut bien-aise de s'assurer de la fidélité des Marseillois, sans l'alliance desquels les secours du Roi d'Espagne n'auroient pu remplir entièrement ses vues. Il fut reçu à Marseille avec de grandes démonstrations de joie : mais soit que les habitants, jaloux de l'avoir pour allié, ne fussent pas bien-aises de l'avoir pour maître ; soit que le Président Jeannin, qui se trouvoit par hazard dans cette ville, leur fit entendre qu'ils se brouilleroient avec le Roi d'Espagne & le Duc de Mayenne, s'ils se donnoient à un Prince étranger ; soit enfin que le Duc lui-même craignît de faire ombrage aux Puissances alliées, s'il s'assuroit de Marseille, & qu'avant d'exécuter cette entreprise, il voulût se concerter avec le Roi d'Espagne, afin d'en tirer tous les secours dont il avoit besoin pour se maintenir en Provence, il se contenta de se faire des partisans parmi les principaux habitans, & de gagner le cœur des autres. Il n'est pas douteux

An. 1591.

Mém. de N. de Beauffet.

qu'il avoit des vues sur cette grande ville. Peut-être s'en expliquoit-il dans une lettre qu'il écrivit à Villeneuve Vauclaufe, le 7 Mars 1591. Mais comme elle est presque toute écrite en chiffres, il est impossible d'en sçavoir le contenu. Le lendemain 8 Mars il fit voile pour la côte d'Espagne, accompagné du Président Jeannin, de l'Envoyé de Lorraine, l'un & l'autre chargés des dépêches du Duc de Mayenne, de l'Evêque de Riez, de Forbin la Fare, de Fabri, Sieur de Fabregues, Procureurs du pays, de l'Asseseur de Marseille, & de François Casaux, Notaire, frere du fameux Charles Casaux, que nous verrons bientôt exercer dans sa patrie le despotisme, dont il jettoit alors les fondemens. Aussi rapporte-t-on que le Duc de Savoye lui dit en montant dans sa Galère: *adieu Capitaine Casaux, je vous recommande les Bigarras.*

Lesdiguières se disposoit alors à venir au secours de la Valette: il pénétra en Provence par la Vallée de Sault avec du Poët, Blaccons, Morges, la Beaume, & plusieurs autres Gentilshommes, prit & livra au pillage Aurons & quelques autres lieux, s'avança vers les Mées, & alla faire sa jonction avec la Valette à Vinon, mauvais village qui tomba en leur pouvoir, & devint la proie des flammes, après que le soldat eut dépouillé les malheureux habitants de tous leurs effets. L'intention des deux Généraux étoit d'aller jetter des secours dans la Ville de Berre, que les Ligueurs menaçoient d'assiéger. L'Armée de ceux-ci étoit composée de mille hommes de Cavalerie, armés de toutes pièces, presque tous Gentilshommes ; de quinze-cents Arquebusiers Provençaux, Savoyards, Espagnols.

L'avant-garde étoit à Esparron, le Corps de bataille à Rians, & l'arrière-garde à Saint-Martin de Pallières, postes éloignés d'une demi-lieue l'un de l'autre. Lesdiguières résolu de les attaquer, s'avança à la tête de huit-cents hommes de Cavalerie, bien armés & bien montés, presque tous Gentilshommes,

&

& de deux mille Arquebufiers, avec lefquels il tomba fur les ennemis qui lui difputèrent long-tems la victoire ; mais il montra tant de courage & d'habileté, & fut fi bien fecondé par la valeur des fiens, qu'il chaffa les Ligueurs de la plaine, où l'action s'engagea, & enfuite d'une hauteur où ils s'étoient logés. En fe retirant ils laifsèrent dans Efparon une partie de leur Infanterie, avec environ 300 Cavaliers. Cette action fut à peine finie, que Lefdiguieres fe vit engagé dans une autre ; car en pourfuivant les fuyards, il fut attaqué tout à coup par des troupes toutes fraîches, qui venoient à leur fecours. Le combat fut vif ; mais les Royaliftes demeurèrent une feconde fois vainqueurs, & le lendemain ils reçurent à compofition ceux d'entre les Ligueurs qui s'étoient réfugiés dans le Bourg de Rians. Blain du Poët, Valavoire, Varadier-Saint-Andiol fe diftinguèrent fous les drapeaux de Lefdiguieres.

<small>Succès de la Valette et de Lesdiguieres.</small>

<small>An. 1591.</small>

Dans ces entrefaites la Valette & Pontevès Buoux faifoient tous leurs efforts pour fe rendre maîtres d'Efparon ; attaquant plufieurs fois, & toujours repouffés, ils montrèrent un acharnement, que la nuit feule fit ceffer ; enfin les affiégés, preffés par la foif & par la faim, infectés par la puanteur des cadavres, dénués de tout efpoir de fecours, fe rendirent fans autre condition que la vie fauve, au nombre de trois cents hommes de Cavalerie & de mille hommes d'Infanterie. Ils perdirent en tout, dans cette journée, quatre cent Cavaliers tant tués que prifonniers, quinze cents Arquebufiers, & 14 drapeaux, ainfi que la Valette l'écrivit à Baratte, Commandant de Manofque.

« M. de Baratte, lui dit-il, je fais réponfe à ma femme :
» je vous prie de la lui faire tenir. Quant à ce qui s'eft paffé,
» je vous dirai que Dieu nous a fait la grace de joindre l'en-
» nemi, & l'avons fi bien étrillé, qu'il a perdu plus de trois
» à quatre cent chevaux, & mille hommes de pied ; il peut
» avoir de morts environ cinq cents : le refte eft prifonnier.

<small>V. de Lefdig.</small>

» Nous avons Saint Romain, Vitelly, Cucuron, le Castellet,
» Brunet de la Ciotat, Pousac, Pichat, & sept à huit autres
» Capitaines, quatorze drapeaux & trois cornettes de Cava-
» lerie. Voilà tout, mon ami ; faites-en part à tout ce quar-
» tier là ».

Lesdiguieres & la Valette, après avoir laissé rafraîchir leur armée, allèrent à Marignane, qu'ils reçurent à composition le 24 Avril 1591 ; de-là à Grans, dont ils trouvèrent les portes fermées, & qu'ils emportèrent par escalade. Ils passèrent au fil de l'épée tout ce qui se trouva sur leur passage, & firent pendre le reste : enfin ils arrivèrent à Berre, où ils jettèrent des provisions & des secours : les troupes alors se séparèrent ; celles de Lesdiguieres reprirent le chemin du Dauphiné.

XLIII. CONTINUATION DE LA GUERRE.

La Valette, content d'avoir mis les ennemis hors d'état de nuire, assembla le quatorze de Mai les Communautés de son parti dans la ville de Sisteron : il y fut arrêté qu'on leveroit de nouveaux subsides pour continuer la guerre ; mais qu'on feroit un traité particulier avec les Ligueurs, pour s'engager de part & d'autre à ne point toucher au bétail, lorsqu'ils s'empareroient de quelque terre ; du reste on recommença les hostilités avec la même fureur qu'auparavant ; le Baron de Montaud, qui servoit dans l'armée du Gouverneur, surprit la ville de Pignans, où il fit un horrible carnage, & livra aux flammes la Maison Capitulaire avec tous les titres que la vigilance du Chapitre avoit pu rassembler. Les efforts du Comte Martinengue se portèrent vers la ville de Berre, que les Royalistes regardoient avec raison, comme la plus importante de leurs places: maître de tous les dehors, il y faisoit les travaux les plus nécessaires, pour l'attaquer avec succès, lorsque le Duc de Savoye

XLIV. RETOUR DU DUC DE SAVOIE.

seroit de retour en Provence. Ce Prince entra dans la rade de Marseille le 6 de Juillet 1591 avec quinze Galères, sur lesquelles il avoit embarqué mille hommes d'Infanterie, cinquante mille ecus,

& des vivres. Les Consuls effrayés de ces forces maritimes, craignirent que le Duc ne pensât à les subjuguer : ils lui envoyèrent une députation pour le complimenter, & en même-tems pour le supplier de n'entrer dans le Port qu'avec sa Galère. *J'y entrerai seul*, leur dit-il, *si cela vous fait plaisir* ; & en même-tems sa Galère se détachant des autres, fait force de rames vers la Ville ; tandis que les habitants font éclater leur joie par le bruit de l'Artillerie & par les applaudissements. Mais à peine elle est entrée dans le Port, que les autres Galères la suivent, au grand étonnement des Consuls & des Royalistes. Cependant sur les représentations du Conseil de Ville, il les renvoya le lendemain à la Ciotat.

RETOUR DU DUC DE SAVOIE.
Mém. de Bausse.

Ce Prince, malgré les pertes que son armée avoit faites durant son absence, ne pouvoit arriver dans des circonstances plus favorables à ses desseins. L'Avocat-Général de Laurens étoit de retour de son voyage de Rome, & apportoit une bulle par laquelle Grégoire XIV, successeur d'Urbin VII, ordonnoit à tous les Ecclésiastiques, aux Princes, Gentilshommes, Villes & Communautés, de quitter & d'abandonner dans 15 jours, à dater de la publication de la bulle, le parti du Roi de Navarre, sous peine d'excommunication pour les Laïques, & de privation de bénéfice pour les autres.

An. 1591.

Hist. du Parl.

Un évènement imprévu empoisonna la joie que cette nouvelle avoit donnée aux Ligueurs. Il y avoit trois jours que le Duc étoit de retour d'Espagne, quand on vit arriver au Château d'If deux Galères du Grand-Duc de Toscane, chargées de troupes & de munitions de guerre. Le Duc de Savoye ne douta pas que l'intention du Grand-Duc ne fût de traverser les desseins qu'il avoit sur la ville de Marseille. Le Prince Toscan voyoit avec peine l'agrandissement de la Maison de Savoye, & craignoit qu'à la faveur des guerres Civiles, elle ne réunît la Provence à ses anciens Domaines : s'il ne pouvoit empêcher que la ville

XLV.
LES ILES DE MARSEILLE SE METTENT SOUS LA DOMINATION DE LA TOSCANE.

de Marseille subît le même sort que le reste de cette Province, il vouloit du moins se mettre en état de l'incommoder, en s'emparant des îles d'If & de Pomegues. Nicolas de Bausset, Seigneur de Roquefort, commandoit dans l'une & dans l'autre, & pensoit à peu-près comme le Grand-Duc : mais il sentit l'impossibilité qu'il y avoit de se maintenir dans ces îles, faute de vivres, & que pour cette raison il seroit bientôt forcé de les mettre sous la puissance de Casaulx, ou de la Ligue; ainsi il aima mieux les confier à un Prince étranger, qui ne seroit point assez puissant pour oser rien entreprendre contre la Provence, quoique maître de ces deux places. Il mit d'ailleurs pour condition que le Grand-Duc les rendroit à la France, lorsque le trône seroit occupé par un Roi Catholique ; mais quels garants pouvoit-il avoir de cette condition, si ce n'est la foiblesse du Prince Toscan, & la puissance du Monarque Français ?

XLVI.
LA VILLE DE BERRE PRISE PAR LES LIGUEURS.

Le Duc de Savoye fit sommer Bausset de venir rendre compte de sa conduite. Il n'y avoit pas d'apparence que celui-ci obéît : il fut déclaré rebelle, & l'on défendit à toutes sortes de personnes, sous peine de la vie, de lui donner des munitions de guerre.

Les Ligueurs, encouragés par les secours que le Duc leur avoit amenés, & fiers de l'appui du Pape, allèrent, au nombre de huit cents chevaux & de deux mille huit cents hommes de pied, mettre le siége devant la ville de Berre, qui commençoit à manquer de vivres. Il fut impossible à la Valette d'y jetter aucun secours : elle se rendit le 20 du mois d'Août, après un siége d'environ un mois, pendant lequel les Historiens remarquent, comme une chose extraordinaire, qu'on tira mille trente-sept coups de canon : la garnison sortit avec les honneurs de la guerre : le Duc de Savoye voulant témoigner au Commandant, nommé Mesples, Gentilhomme du Béarn, le cas qu'il faisoit de fa valeur, lui fit préfent d'un cheval barbe, & d'une bourfe de velours, qui contenoit quatre mille écus d'or.

Le Gouvernement de cette Ville attira l'attention de tout le parti : le Duc de Savoie l'avoit promis à Caftellane-Bezaudun ; on prétend même qu'il le lui avoit promis quelques jours avant que la garnifon capitulât ; mais il avoit mis pour condition que ce Gentilhomme lui prêteroit ferment de fidélité, qu'il auroit pour Lieutenant un Officier Piémontois, & que les Provençaux ne compoferoient, tout au plus, que la moitié de la garnifon. Par cet arrangement, le Duc devenoit maître de cette Place importante, & Bezaudun ne crut pas qu'il fût avantageux aux intérêts du Pays d'en accepter le Gouvernement à ces conditions : mais en le refufant, il donnoit une carrière bien plus libre aux entreprifes du Duc. En effet, ce Prince le donna à Vitelly, Gentilhomme Romain, & confia la garde de la Ville à des foldats, prefque tous Efpagnols & Piémontois.

Bezaudun & la Comteffe de Sault, regardant cette conduite du Prince comme une preuve du peu de confiance qu'il avoit en eux, & dans les Provençaux en général, en conçurent un vif reffentiment. Les Procureurs du Pays lui en écrivirent pour fe plaindre : Cafaux, que fes intérêts lioient plus étroitement avec Bezaudun & la Comteffe, crut auffi devoir faire fes repréfentations au Prince, & lui marqua que ce qu'il venoit de faire avoit été généralement défapprouvé à Marfeille ; que même ce mécontentement retomboit fur lui, à caufe de fes liaifons avec Son Alteffe. Le Duc lui répondit qu'il n'avoit pas cru devoir agir autrement pour les intérêts de fon parti ; il donna de grands éloges à Bezaudun, & témoigna fur-tout beaucoup d'affection pour le fieur Cafaux, qu'il invitoit à fe rendre auprès de lui, s'il ne croyoit pas être en sûreté à Marfeille ; car il avoit envie de lui faire quitter cette Ville, pour

XLVII.
LE DUC DE SAVOIE MÉCONTENTE LEURS PRINCIPAUX CHEFS.
Mém. de Bez. & Louv.

An. 1591.

Mém. de Baux.

y dominer plus sûrement : on prétend même qu'en lui répondant, il dit à quelqu'un qui étoit auprès de lui : *si nous pouvions tirer cet homme de Marseille, nous ferions un grand coup ; mais il est tant enivré de la fureur du Chaperon, qu'il n'en fera rien.* Quelle apparence, en effet, qu'ayant déjà commencé d'élever l'édifice de sa puissance, il l'abandonnât, lorsqu'il avoit besoin de l'achever, & de l'affermir par sa présence.

XLVIII. LESDIGUIERES ET MONTMORENCY ENTRENT EN PROVENCE.

Dans le tems qu'on faisoit le siége de Berre, Lesdiguieres entroit en Provence par le Diocèse de Sisteron : il mit au pouvoir des Royalistes Lurs, Courbons & Chantercier, & reprit la route du Dauphiné, quand il apprit que le Duc de Savoie s'avançoit du côté de Digne. Le Connétable de Montmorenci, Gouverneur du Languedoc, Alphonse d'Ornano, & Hector de Blacons, avoient fait aussi quelques tentatives pour venir au secours de Berre : leurs efforts furent inutiles, & ils tombèrent avec toutes leurs forces sur le lieu de Gravezons, qui se rendit à discrétion : de-là, ils s'avancèrent vers la ville d'Arles, dont ils comptoient s'emparer. Le Duc de Savoie, que son activité sembloit multiplier, les devança, & parut devant la Ville avec deux mille chevaux : les ennemis trompés dans leurs espérances, se repliècrent sur Fourques, le Baron & Trinquetailles, firent un dégât horrible dans la Camargue, & repassèrent le Rhône, emmenant avec eux une quantité prodigieuse de bétail.

Septembre 1591.

XLIX. TROUBLES DANS LA VILLE D'ARLES.

La ville d'Arles gémissoit alors sous le pouvoir despotique d'un seul homme. Lorsque les Guises & leurs partisans se furent déclarés contre Henri III, cette Ville secoua le joug, non sans opposition de la part de quelques habitants des plus notables : les uns vouloient se ranger sous les étendarts du Gouverneur, les autres sous ceux de la Ligue ; plusieurs étoient d'avis qu'on se tînt dans l'indépendance des deux partis, jusqu'à ce que l'expérience leur eût montré celui pour lequel ils devoient se décider. Dans ce choc d'opinions on se disputa avec toute la chaleur qui naît de l'opposition d'intérêts, de la diversité de passions, & de l'esprit de parti. Les jalousies & les animosités secrettes éclatèrent sous le voile respectable de la religion, & sous le prétexte du bien public. La division se mit entre les différens ordres de citoyens ; elle se glissa parmi les individus de la même classe, troubla la paix des familles, & répandit tant d'aigreur dans les esprits, qu'on voyoit la fermentation d'une guerre civile sans en éprouver encore les effets. Au milieu de ce désordre, il s'éleva un homme d'un caractère hardi, d'une imagination vive, d'une ambition démesurée, qui, joignant le manège au talent de la parole, maîtrisa les esprits de la populace, & fut accusé de n'avoir pas épargné le sang de quelques particuliers, pour s'emparer d'une autorité absolue. Cet homme étoit Pierre Biord, Lieutenant du siége. Parmi les différentes vexations qu'il exerça, celle dont il eut le plus à se repentir, fut l'emprisonnement de plusieurs Gentilshommes, parmi lesquels on nomme Quiquéran-Beaujeu, Aube, Parades, Bouchon, & Chavari : il les soupçonnoit d'entretenir des intelligences avec les Royalistes ; beaucoup de Bourgeois eurent le même sort : l'arrivée du Duc de Savoie fut le terme de leur captivité, & peut-être lui furent ils redevables de la vie. Les femmes de ces Gentilshommes allèrent au nombre de douze se jetter aux pieds de Son Altesse, & la supplièrent, les larmes aux yeux, de rendre la liberté à leurs maris, ou du moins de les faire conduire à Aix, pour y être jugés, suivant les loix, par la Cour de Parlement.

Les amis du Lieutenant conseillèrent à ce Magistrat de rendre les prisonniers à leurs familles ; & l'on prétend même que le Duc de Savoie, qui vouloit ménager tous les partis, le lui fit suggérer ; mais le Lieutenant, qui craignoit que ses ennemis ne regardassent comme foiblesse ce qui ne seroit au

TROUBLES DANS LA VILLE D'ARLES.
Ann. d'Arles, & Hist. manusc. de cette Ville.

L.
LE DUC DE SAVOIE S'EN REND MAITRE.

Octobre 1591.

fond qu'un acte de juſtice, refuſa de ſe rendre à ces invitations; il prit même la réſolution hardie de fermer les portes de la Ville au Duc de Savoie, lorſque ce Prince ſortiroit pour aller voir ſes troupes qu'il avoit laiſſées en dehors; mais le Duc, trop habile pour ne pas ſe douter du projet, fit arrêter le Lieutenant & ſes amis les plus zélés, & les fit conduire tous garrotés au Château de Sallon, d'où, trois ſemaines après, ils furent traduits à Aix, pour y être jugés par le Parlement. Ce Prince ne manqua pas de faire valoir, dans une aſſemblée des plus notables, cet acte de fermeté comme une preuve de ſon attachement pour la ville d'Arles, & de l'averſion qu'il avoit pour la tyrannie. Ce fut ſous ce prétexte qu'il établit une garniſon compoſée de Piémontois, d'Eſpagnols, & de Soldats du Pays: il en donna le commandement à des perſonnes ſur le zèle deſquelles il pouvoit compter; car ſon deſſein étoit de mettre cette Ville ſous ſa dépendance, en attendant qu'il pût y ranger celle de Marſeille. Le Château du Baron, Fourques, Trinquetaille & l'île de la Camargue, où les troupes de la Valette avoient commis des ravages affreux, reconnurent auſſi ſon autorité.

Tant de ſuccès, & l'empire qu'il avoit acquis en Provence par ſon mérite & ſes libéralités, firent craindre qu'il ne s'en rendît entièrement le maître. La Comteſſe de Sault, furieuſe de voir qu'au lieu de ſervir ſes deſſeins ambitieux, il ménageoit beaucoup le Parlement & le Comte de Carces, dont elle avoit à ſe plaindre, fit un dernier effort pour retenir ce Prince dans ſes intérêts. Elle alla le voir, & donnant un libre eſſor à ſon éloquence naturelle, elle employa tour-à-tour les plaintes & les proteſtations de zèle. Le Prince l'écouta ſans s'émouvoir, & lui répondit avec cette froide politeſſe, qui, dans certaines occaſions, eſt plus à redouter que la colère. La Comteſſe, irritée du peu de ſuccès qu'avoit eu cette entrevue,

réſolut

LIVRE XII.

LI.
LES PRINCIPAUX LIGUEURS VEULENT LE FAIRE RETOURNER DANS SES ETATS.

résolut d'abattre une puissance qu'elle avoit, pour ainsi dire, élevée; elle fit courir le bruit que ce Prince cherchoit à établir son autorité sous le voile de la religion; que, sous prétexte de conserver la Provence à la Couronne, il ne tendoit à rien moins qu'à la réunir à ses Etats; que dans cette vue, il avoit donné le Gouvernement & la garde des places conquises à ses sujets ou à des Espagnols, sans respect pour les promesses qu'il avoit faites de ne mettre dans les garnisons, que des Soldats Provençaux. Ces bruits, semés avec adresse, firent beaucoup d'ennemis au Duc. L'animosité éclata sur-tout à Marseille, par les intrigues de Bezaudun, de Casaulx & de Louis d'Aix : ces trois hommes, réunis par l'intérêt & par la haine qu'ils portoient à ce Prince, résolurent de ne lui laisser dans cette Ville aucune espèce d'influence, & en firent prendre la résolution dans un Conseil général. On cherchoit en mêmetems à Aix comment on pourroit le forcer à s'en retourner dans ses Etats.

Les habitants imaginèrent d'élire, pour l'année 1592, quatre Procureurs du Pays, qu'on sçavoit n'être pas dans ses intérêts, & d'en députer deux avec un ancien Consul, & l'Avocat Bernardi, pour aller inviter ce Prince, qui n'avoit pas encore quitté la ville d'Arles, à venir faire le siège du Puech. Le Puech étoit un Château situé aux environs d'Aix : les Royalistes, qui en étoient les maîtres, ruinoient les habitants de cette Capitale, par les courses continuelles qu'ils faisoient dans le terroir : malgré cela, le siège n'étoit qu'un prétexte pour se débarrasser plus sûrement du Duc de Savoie ; car les Députés, instruments aveugles de l'ambition & des caprices de la Comtesse de Sault, avoient ordre de se concerter avec les partisans du Lieutenant Biord, sur les moyens de délivrer la ville d'Arles de la domination Piémontoise, tandis que les troupes seroient occupées au siége du Puech.

Les principaux Ligueurs veulent le faire retourner dans ses Etats.

Hist. de Marf.

An. 1591.

Les Hist. de Prov.

Tome IV.

LIVRE XII.

LII.
Il triomphe
de leurs intri-
gues et fait
arrêter la
Comtesse de
Sault.
Louv. troubl.
Tresor. IHR.
d. Prov.

Le Duc n'eut pas de peine à pénétrer leurs intentions, & il résolut de tourner contr'eux le piége qu'ils vouloient lui tendre. Étant donc allé mettre le siége devant le Puech, il fit couler secretement des Soldats dans la ville d'Aix, d'accord avec le Parlement, & quand il y en eut un assez grand nombre, pour en imposer, il y entra avec cinq cents Cavaliers, au moment que ses ennemis s'y attendoient le moins; & en entrant, il entendit le peuple, qui crioit: *vive Soun Altesso, & fouero la Comtesso;* c'est-à-dire, *vive Son Altesse, & hors d'ici la Comtesse.* Il ne douta plus que les menées sourdes de ses ennemis n'eussent transpiré dans le public, & il les déféra au Parlement. La Cour, frappée des suites fâcheuses que cette affaire pouvoit avoir, retint la Comtesse prisonniere dans sa maison, & fit arrêter ses plus intimes confidens. Les nouveaux Consuls, craignant d'être enveloppés dans la même disgrace, prirent la fuite: on leur donna des successeurs plus zélés en apparence pour la foi Catholique (1), & dans le fond plus attachés au Duc de Savoie qui s'en disoit le défenseur. Ce Prince alla reprendre ensuite le siége du Puech, le boulevard des Royalistes, & la terreur du peuple d'Aix. Forbin-Saint-Canat commandoit dans la Place: il la défendit pendant trente-cinq jours avec tant de courage, que les ennemis, après avoir tiré deux mille cinq cents coups de canon, & livré inutilement plusieurs assauts, furent obligés de se retirer: Montmorency, dans le même-tems, menaçoit la ville d'Arles; Lesdiguieres, déja maître du village de Gaubert, étoit campé devant la ville de Digne, qu'il força de se rendre, & dont il exigea une contribution de cinq mille écus, & les frais de la campagne. Pendant qu'on faisoit le siége du Puech, la Comtesse éprouvoit toutes les rigueurs d'une dure prison. Ses ennemis étant entrés un jour dans sa chambre,

(1) Ces nouveaux Procureurs du Pays étoient Honoré de Lamanon; Nicolas Audibert, Assesseur; Antoine Duranti, & Denis Brueys.

accompagnés de quelques Conseillers, pour s'assurer de sa personne : « Est-il possible, s'écria-t-elle en les voyant, que je me trouve assaillie par des gens à qui j'ai sauvé la vie ? Son Altesse, pour exercer ses rigueurs, n'avoit-elle point d'autres instrumens que mes ennemis & les siens ? Et ne méritois-je, par mes soins, point d'autre récompense que de me voir livrée par lui entre leurs mains ? » L'un d'eux piqué de ce discours, ayant dit tout transporté de colere : *que ne faisons-nous ce qui nous a été commandé*. Faites, faites, répondit-elle hardiment, vous ne me trouverez pas assez lâche pour vous demander la vie, à vous, ni à celui qui vous envoie. J'ai des amis & des parens qui vous la feront payer cher, & à lui aussi : on se trompe, si l'on croit me forcer par des menaces. Et vous, dit-elle aux Conseillers, n'avez-vous pas honte, étant Officiers du Roi, & dépositaires de son autorité, n'avez-vous pas honte de servir l'ambition d'un Prince étranger ? » Ce ton de fermeté leur en imposa, & ils se retirèrent, emmenant avec eux Guiran, qui étoit un des amis de la Comtesse. Peu de tems après, le Chevalier de Chasteuil entra, & la constitua prisonniere avec son fils, sous la garde de quelques Soldats Piémontois.

Le Duc de Savoie écrivit aux Consuls de Marseille, pour justifier cet acte de sévérité : cette précaution n'empêcha pas qu'on ne fit éclater la plus vive indignation. Casaulx, déja prévenu contre ce Prince, l'accusa dans un Conseil général d'avoir formé le projet de s'emparer de la Provence : il exhorta les habitans à résister de toutes leurs forces à ses entreprises, & à conserver la Ville sous la domination de la France. En effet, on prit une délibération conforme à ses représentations, & il fut arrêté qu'on ne recevroit des ordres que du Duc de Mayenne, jusqu'à ce qu'on eût un Roi Catholique

Cependant la Comtesse étoit toujours veillée de près, & menacée d'être conduite au Château de Nice. Heureusement

IL TRIOMPHE DE LEURS INTRIGUES ET FAIT ARRÊTER LA COMTESSE DE SAULT.

An. 1591.

LIII.
IL INDISPOSE CONTRE LUI CHARLES CASAULX ET LES MARSEILLOIS.

elle imagina pour se sauver un expédient qui lui réussit : ayant feint d'être malade, elle fit mettre dans son lit une de ses Femmes-de-chambre, prit un habit de Suisse avec une fausse barbe, & sous ce déguisement elle sortit de la maison, à l'entrée de la nuit, le 2 Octobre 1591, avec Charles de Crequi, son fils unique, fort jeune encore, qu'elle fit habiller en Jardinier : elle trouva à la porte de la Ville des chevaux qu'elle monta, & se rendit tout de suite à Marseille, où elle fut reçue par ses Partisans avec les marques de la joie la plus vive.

Le Duc, en se brouillant avec la Comtesse, n'ignoroit pas qu'il s'exposoit à toutes les fureurs de la vengeance ; mais dans ce moment son crédit en Provence étoit supérieur aux efforts de cette femme. Réconcilié avec le Comte de Carces, le rival, ou pour mieux dire l'ennemi de la Comtesse, il avoit encore mis le Parlement bien avant dans ses intérêts. Cette Cour la décréta d'ajournement personnel, & décréta en même-tems de prise de corps Guiran, Rabasse, Fabregues, & quelques autres.

La Comtesse de son côté souleva dans Marseille tous les esprits contre ce Prince : elle faisoit entendre qu'il visoit à la Souveraineté, & qu'il n'avoit point eu d'autre but, quand il étoit allé chercher en Espagne des secours d'hommes & d'argent. Charles Casaulx qu'on avoit fait Consul, ne manqua pas d'accréditer ces bruits : il aspiroit à se rendre maître absolu à Marseille ; & sous prétexte de conserver cette Ville dans l'indépendance, jusqu'à ce que les Etats généraux eussent élu un Roi, il ne vouloit y souffrir aucune Puissance rivale de la sienne. Ainsi il refusa de livrer la Comtesse de Sault & Castellane-Bezaudun, parent & ami de cette Dame, lorsque le Parlement les fit demander.

Ces trois personnes réunies d'intérêt cherchèrent à fortifier leur parti en y attirant Bausset, Commandant du Château d'If ; celui-ci entra dans cette alliance, quand il vit qu'elle ne détruisoit point l'indépendance dans laquelle il vouloit se maintenir, jusqu'à ce qu'il pût mettre la place sous l'obéissance du Roi. Le Baron de Mevoillon, fidèle partisan du Duc de Savoie, voyoit avec peine que le pouvoir de ce Prince expiroit dans Marseille ; & il essaya de le relever par un effort digne de son zèle : étant maître de Notre-Dame de la Garde, dont il avoit le Gouvernement, il crut qu'en s'emparant de Saint-Victor, il pourroit à la faveur de ces deux endroits avantageusement situés, décider du sort de la Ville : en effet avec le secours de quelques Religieux, ses amis, il s'introduisit dans le Monastère, le 8 Novembre, avec une troupe de gens armés.

An. 1591.
Mém. de Pauff.
& Hist. de Marf.

Bezaudun & Casaulx en conçurent les plus vives inquiétudes : celui-ci, accompagné de ses satellites, courut les rues pour voir s'il se faisoit quelques mouvemens parmi le Peuple : plaça des Corps-de-Garde, & fit enlever les rames des bateaux, pour empêcher les partisans du Duc de passer de l'autre côté du Port, où est située l'Abbaye : mais il eut la satisfaction de ne trouver par-tout que des gens déterminés comme lui à se soustraire à la domination Piémontoise. Le Duc de Savoie fut bientôt instruit de l'action hardie de Mevoillon : il fit avancer des Troupes & quelques Gentilshommes, qui devoient tâcher de s'introduire dans la Ville par force ou par adresse : la Comtesse, Bezaudun & Casaulx, tout occupés à prévenir une surprise, ou à se précautionner contre une attaque en règle, écrivirent à Montmorenci & à la Valette qu'ils mettoient la Ville sous leur protection, si le Duc venoit l'assiéger. Les habitants étoient pleins d'ardeur pour se défendre ; ils dressèrent une batterie à la Tour de Saint-Jean, vis-à-vis le Monastère, & une autre dans un endroit plus avantageusement situé encore : en un mot, on étoit au moment de voir allumer une guerre civile, lorsque la présence du danger fit ouvrir les yeux sur les intérêts des deux partis. Mevoillon se retira, & remit le Monas-

LVI.
DANGERS OÙ SE TROUVA LA VILLE DE MARSEILLE.

tre entre les mains des Religieux qui demandèrent, pour le défendre, une Compagnie de cent hommes, sous les ordres de Fabio, fils aîné de Casaulx : celui-ci profita de cet évènement en homme qui ne perdoit aucune occasion d'affermir son autorité : il se fit donner une Garde de six Mousquetaires, sous prétexte d'en avoir besoin pour se mettre en défense contre ses ennemis ; en augmenta ensuite le nombre, & s'empara du Gouvernement de la Porte-Royale, qu'il déféra, ainsi que le Vigueriat, à Louis d'Aix, l'instrument & le complice de sa tyrannie, comme nous le dirons plus bas.

LVII.
LE DUC DE SAVOIE EST BATTU A VINON.
An. 1591.

La vigueur avec laquelle la ville de Marseille venoit de tenir tête aux Partisans du Duc de Savoie, fut fatale à ce Prince. Ses ennemis, devenus plus hardis à l'attaquer, remportèrent sur lui une victoire complette à Vinon, le 15 Décembre 1591. Le Marquis d'Oraison, le Baron de Vence, Montaud, Forbin-Souliers, Saint-Canat son fils, Pontevès Buoux, le Chevalier son frere, Verdache, Riqueti-Mirabeau, & Boyer se distinguèrent dans cette journée parmi les Royalistes. La mort de la Valette, arrivée quelque tems après, leur fit perdre les avantages qu'ils auroient pu retirer de ce succès. Il reçut au siége de Roquebrune, le 11 Février 1592, une blessure, dont il mourut à Fréjus, fort regretté pour ses talents militaires & ses vertus. Sa conduite fut celle d'un Général habile, qui sait combiner ses forces avec celles des ennemis : il cédoit à propos au tems & aux circonstances ; mais il étoit entreprenant & hardi, quand il y avoit un coup-de-main à faire. Jamais l'envie de se signaler ne l'engagea dans une action où ses ennemis auroient eu trop d'avantage : il se tenoit sur la défensive avec cette sage circonspection, qui est également éloignée de la foiblesse & de la témérité ; ou bien il attaquoit avec cette audace qu'inspire la connoissance de ses propres forces ; aussi eut-il la gloire de conserver, avec de petits moyens, sous l'obéissance du Roi, une

Mém. de Meyn. de Pez. &c. Et Hist. de Prov.

LVIII.
MORT DE LA VALETTE.
An. 1592.

partie de la Provence, & de préparer les voies pour y faire rentrer l'autre. Il est vrai qu'il fut heureusement secondé par Lesdiguieres ; c'est un mérite de plus, dont on doit le louer, puisqu'il fut redevable de cette alliance à sa sagesse & à sa politique. Il avoit un défaut, qui dans les commencements lui aliéna les cœurs ; c'étoit de paroître trop fin, & par cette raison d'inspirer de la défiance. Du reste, il étoit inébranlable dans le péril, ferme dans l'adversité, modeste dans la bonne fortune, libéral, poli, habile dans le maniment des affaires ; mais en général il étoit mieux à la tête de l'armée ou dans un Conseil, que dans l'état privé (1).

<small>De Thou.</small>

<small>An. 1592.</small>

<small>LIX.
Le Duc d'Epernon revient en Provence.</small>

Après sa mort les Gascons, qui servoient sous lui, refusèrent de continuer leur service ; & menacèrent même de passer dans le camp ennemi, si le Duc d'Epernon ne venoit prendre le commandement des troupes. Il n'étoit pas prudent de rappeller un homme, qui avoit plus d'une offense personnelle à venger : on avoit même tout lieu de croire que sa présence seroit un obstacle à la réconciliation des deux partis. Ces raisons paroissoient assez puissantes ; cependant les Royalistes, qui craignoient que la division ne se mît dans l'armée, s'assemblèrent à Cuers, & firent une députation au Roi, pour le supplier de donner le Gouvernement de la Province au Duc d'Epernon : il étoit à craindre que cette demande ne parût pas assez respectueuse, & ils envoyèrent secrettement en cour Vintimille, Seigneur de Tourves, pour assurer Sa Majesté qu'ils étoient dans la dispo-

<small>Mém. de Saint-Canat.</small>

---

(1) On lui fit deux épitaphes, dont voici la meilleure :
    Ci gît un brave Champion
    Plus diligent qu'un Scipion,
    Plus hardi qu'un Grand Alexandre ;
    Plus Guerrier qu'un César Romain,
    Et plus Clément qu'aucun Humain ;
    Passant, honorez-en la cendre.

sition d'accepter pour Gouverneur celui qu'il lui plairoit d'envoyer : le Roi ne se trouvoit pas dans une position à paroître offensé des représentations des Provençaux : il nomma le Duc d'Epernon Commandant Général des Troupes, sans lui donner le titre de Gouverneur. En attendant qu'il arrivât, le Parlement Royaliste déféra le commandement à Lesdiguieres, avec pouvoir de disposer des Milices comme il le jugeroit à propos (1).

Les Ligueurs ne montroient pas le même attachement pour le Duc de Savoie ; ils commençoient à croire que ses intentions n'étoient pas aussi désintéressées qu'ils se l'étoient d'abord imaginés. Les habitans d'Arles donnèrent le premier signal du mécontentement en chassant la garnison Piémontoise; c'étoit dans le tems que le Lieutenant Biord venoit de plaider sa cause ; il avoit parlé avec tant de force & d'éloquence, que les Magistrats tout prévenus qu'ils étoient contre lui, furent frappés de la solidité de ses raisons, & nommèrent un Commissaire pour aller prendre des informations sur les lieux : en attendant, ils donnèrent aux prisonniers une plus grande liberté : le Duc de Savoie ne pouvoit souffrir patiemment que les habitants d'Arles se fussent révoltés contre la garnison, & vouloit rétablir son autorité dans la Ville, sans employer la force ouverte : il crut que Biord pourroit le servir utilement, & il lui fit proposer de le prendre sous sa protection, s'il vouloit seconder ses desseins. Le Lieutenant ravi d'avoir une si belle occasion d'humilier ses ennemis, & de paroître en quelque manière triomphant dans une Ville, d'où on l'avoit vu sortir chargé de fers, donna au Duc les plus flatteuses espérances ; & plein de l'idée de sa gran-

---

(1) Ce Parlement avoit pour Chef Artus de Prunieres, Seigneur de Saint-André, Président au Parlement de Grenoble. Il fut reçu à Sisteron le 26 Juin 1590, & rappellé en Dauphiné par Henri IV en 1592. Les Etats Royalistes assemblés à Pertuis, à la fin de l'année 1589, avoient supplié le Roi de mettre à la tête de leur Parlement Louis de Coriolis.

deur

deur future, il reprend le chemin de sa Patrie, accompagné d'Allamanon que le Duc de Savoie lui avoit donné, comme un homme très-capable de seconder ses opérations. Arrivé à la Crau, il s'arrête à sa maison de campagne, & envoie Allamanon à Arles, pour pressentir les dispositions des Consuls, & les préparer à le recevoir. Ses ennemis furent à peine instruits de ce qui se passoit, qu'ils craignirent de devenir les victimes de sa vengeance, & résolurent de la prévenir en se défaisant de lui : en effet ceux d'entr'eux que la crainte & la haîne aveugloient davantage, s'en allèrent à cheval & en équipage de chasse à la maison de campagne du Lieutenant, qui, les voyant venir, prit la fuite ; mais il fut arrêté & criblé de coups le 16 Mars 1592.

An. 1592.

Sa mort ne rétablit pas la tranquillité dans la ville : l'esprit de faction infectoit tous les cœurs, & sous prétexte de soutenir les intérêts de la patrie & de la Religion, la plupart ne faisoient qu'assouvir leurs haînes particulières. Les passions étoient d'autant plus hardies, qu'à la faveur de l'anarchie elles n'avoient point à craindre la sévérité des Juges. Tel homme, qui, dans des tems plus heureux, auroit craint d'attaquer la réputation & l'honneur d'un autre, d'attenter à sa vie ou à ses biens, calomnioit, tuoit, & voloit pour défendre en apparence un parti, que souvent il n'auroit point embrassé, s'il avoit fallu sacrifier ses intérêts particuliers à la cause publique. Ainsi il n'y avoit pas de jour qui ne fût marqué par des manœuvres criminelles, par des menées sourdes, des querelles, des soulevements, des insultes, souvent par toutes ces indignités réunies, & quelquefois par des meurtres. Ces désordres durèrent jusqu'au mois de Mars 1594, comme on le verra plus bas.

LXI.
Troubles dans cette Ville.

La même défiance, qui avoit gagné les habitants d'Arles, s'empara de ceux d'Aix, & fit craindre une semblable révolution. Charles Emmanuel, trop éclairé pour ne pas s'appercevoir

LXII.
Ce Prince retourne dans ses Etats.

Tome IV.   S s

de cette fermentation sourde, & des suites qu'elle entraîneroit, comprit qu'il étoit tems de retourner dans ses Etats : il n'avoit en Provence qu'une place forte, qui étoit celle de Berre. La révolte de Marseille le privoit de la seule ville qui auroit pu assurer sa conquête, soit par les communications qu'elle lui auroit données avec ses alliés, soit par la résistance qu'elle auroit faite en cas d'attaque. La Provence, du côté du Rhône, étoit ouverte aux invasions des Royalistes par la défection de la ville d'Arles ; du côté du Dauphiné on avoit tout à craindre, parce que la partie des montagnes étant soumise à Lesdiguieres, ce Général trouvoit les passages libres pour venir tomber sur les Ligueurs avec toutes ses forces : ainsi les Royalistes pouvoient entrer de tous côtés dans la Province, sans qu'il y eût ni assez de places fortes pour les arrêter, ni assez de troupes pour les combattre. Le Duc de Savoie sentoit d'ailleurs que si l'attachement à la Religion avoit pu altérer, pour un moment, la fidélité des Français, ils se rangeroient tous avec une sorte d'enthousiasme sous l'obéissance du Roi, dès qu'il retourneroit à la foi de ses peres. Entraîné par toutes ces considérations, Charles Emmanuel reprit la route de Nice le 30 Mars 1592, après avoir perdu beaucoup de monde, & fait des dépenses considérables pour soumettre une Province qu'il auroit au moins réunie, pour un tems, à ses Etats, s'il avoit été secondé par la ville de Marseille, & par le Roi d'Espagne, comme il avoit eu lieu de s'en flatter.

LXIII.
LES ROYALISTES REPRENNENT LE DESSUS.

Le Comte de Carces, après le départ de ce Prince, fut nommé Commandant Général des Ligueurs, par la Chambre du Parlement résidant à Aix (1). Lesdiguières, à la tête de quinze cents hommes de pied, & de mille hommes de Cavale-

(1) Le Duc de Mayenne le nomma ensuite Gouverneur & Vice-Amiral des Mers du Levant avec les mêmes pouvoirs qu'avoient eus les Gouverneurs ses predecesseurs, par Lettres du 26 Juillet 1592, enregistrées le 7 Janvier 1593.

rie, avoit déja soumis plusieurs châteaux, avant que Carces eut le tems de se mettre en campagne. Le Chevalier de Puget-Moriers rendit Beines; Castellane-Albiosc, Saint-Paul de Durance; le Capitaine Signoret ouvrit les portes de Barjols au Marquis de Cadenet; Villeneuve-Vauclause abandonna Draguignan & Barjemon; plusieurs autres Commandans firent aussi peu de résistance : enfin Vintimille-Tourves & Castillon taillèrent en pièces, du côté de Pignans, un Corps de mille Arquebusiers commandés par le Chevalier d'Aiglun, & par Château-Neuf de Brignoles. Les Ligueurs consternés de tant de pertes, firent proposer par Castillon-Cucuron & par Allamanon, une suspension d'armes : ils vouloient gagner du tems pour se procurer des secours, & laisser mettre, s'il étoit possible, la désertion dans l'Armée ennemie, qui s'ennuyeroit de ne faire aucun butin : mais soit que Lesdiguieres & le Parlement Royaliste se doutassent du piége qu'on leur tendoit, soit que leurs succès & le départ du Duc de Savoie leur eussent inspiré la plus grande confiance, ils répondirent qu'ils n'écouteroient aucun accommodement, à moins qu'au préalable les Ligueurs de Provence ne reconnussent Henri de Bourbon pour Roi de France, & qu'ils n'eussent plus aucune liaison avec ses ennemis. Henri IV fut charmé de cette marque d'attachement & de fidélité que lui donnèrent les Royalistes : il écrivit à Artus de Prunières, Seigneur de Saint-André, premier Président, pour lui en témoigner sa satisfaction.

LES ROYALISTES REPRENNENT LE DESSUS.

An. 1592.

Les Ligueurs dirent tout haut qu'ils aimoient mieux mourir que de reconnoître un Roi Hérétique : en effet ils ne montrèrent jamais tant de résolution à continuer la guerre : ils envoyèrent à Nice une députation au Duc de Savoie, pour implorer de nouveau son secours ; écrivirent au Roi d'Espagne, au Pape, au Duc de Mayenne, cherchant par-tout des vengeurs & des protecteurs, lorsqu'ils auroient dû s'éclairer sur leurs véritables inté-

LXIV. LES LIGUEURS N'EN DEVIENNENT QUE PLUS ARDENS.

rêts, & fur ce qu'exigeoit cette Religion pour laquelle ils croyoient combattre. Ils pouſsèrent l'aveuglement juſqu'à défendre, ſous peine de mort, de propoſer aucun accommodement avec leurs ennemis, & notamment avec le Roi de Navarre; & pour faire voir que ces menaces étoient ſincères, ils firent dreſſer des potences en differens quartiers de la ville d'Aix.

Cependant Leſdiguieres avec trois canons de campagne, qu'il traînoit après lui, forçoit la plupart des lieux de la baſſe Provence à rentrer ſous l'obéiſſance du Roi. Tels furent Antibes, dont le Comte du Bar eut le commandement, & la ville de Vence; car le Château ne put être emporté: celle de Graſſe ſubit enſuite la Loi, ainſi que le Muy, dont la garniſon ſortit avec les honneurs de la guerre, après un ſiége de huit jours. Les habitants de la Cadiere, obligés de céder à la force, malgré leur vigoureuſe réſiſtance, ſe rachetèrent du pillage, moyennant quinze mille écus d'or; ceux du Caſtellet en donnèrent trois mille, & les Marſeillois vingt mille, pour empêcher que Signe, la Ciotat, Ceireſte & Roquefort fuſſent traités ſuivant les Loix de la guerre. Le Château d'Evenos, perché ſur un rocher inacceſſible, & défendu par le Capitaine Iſnard d'Ollioules, brava tous les efforts de Leſdiguieres qui, ne pouvant le prendre, après quatre jours de ſiége, ſe replia ſur le village de Rians, dans l'eſpérance d'achever la conquête de la baſſe Provence; mais il fut obligé de ſuſpendre le cours de ſes victoires, pour aller s'oppoſer au Duc de Nemours, qui venoit de faire une invaſion dans le Dauphiné.

Après ſon départ, les troupes du Comte de Carces, commandées par le Comte de Suze ſon beau-frere, par Saint Romans & Allamanon, reprirent Fuveau, Peynier, Poûrrieres, & ayant reçu un nouveau renfort, conduit par le Marquis de Trans, elles formèrent le projet d'aller délivrer la ville de Marſeille de la tyrannie de Caſaulx. L'exécution de cette entrepriſe fut fixée la nuit du cinq au six Août 1592; l'armée partit de Gardane vers les dix heures du soir, ayant été précédée par deux cents Arquebusiers, qui s'étoient allés mettre en embuscade à cinq cent pas de la Ville, pour faire une attaque au signal que devoient leur donner quelques habitants : au moment où on leur distribuoit les poudres, un d'entr'eux s'étant approché de trop près des barrils, y laissa tomber, de la mêche de son arquebuse, une étincelle qui mit le feu : l'explosion fut si forte, que trente ou quarante soldats tombèrent sur la place, ayant le visage & presque tout le corps brûlés : le Consul Casaulx, averti du danger par le bruit de l'explosion, doubla aussi tôt la garde, mit des troupes sur les remparts pour soutenir un assaut en cas d'attaque, & avec un détachement considérable il alla à la découverte de l'ennemi, qui, voyant son projet éventé, prit la fuite : les Marseillois emmenèrent prisonniers les malheureux que le feu avoit blessés, & nommèrent cette journée, *la journée des Brûlés.*

Cette entreprise, qu'un accident imprévu avoit fait manquer, rendit le Consul Casaulx beaucoup plus attentif sur les intelligences que les habitants pouvoient entretenir avec les ennemis du dehors ; il devint soupçonneux, défiant, dur, & eut tous les vices avec lesquels la tyrannie élève son empire. La Comtesse de Sault, que l'ambition rendoit active & intriguante, étoit allée conférer à Montpellier avec les Ducs de Montmorency & d'Epernon, sur les moyens d'abattre le parti des Ligueurs, & sur-tout d'humilier le Comte de Carces, qu'elle haïssoit. Après leur avoir fait part de ses vues, elle retourna à Marseille sur une galère, que Montmorency avoit fait équiper pour la conduire. Casaulx la reçut avec tous les honneurs dûs à son zèle & à sa naissance : mais au fond du cœur, il étoit fâché qu'elle se mêlât si fort des affaires de la Ville. Ses partisans moins dissimulés disoient tout haut que l'intention de la Comtesse étoit de mettre Marseille au

Ils entreprennent de réduire Marseille.

An. 1592.

Mém. de Bauff.
Mém. de Bez.
Le Hist. de Marseille.

pouvoir des Huguenots & de Montmorency. Quelques discours qu'elle tint imprudemment sur le mérite du Duc d'Epernon, & sur la valeur de ses troupes, accréditèrent ces bruits, & le peuple mécontent cria tout haut qu'il falloit la chasser avec Castellane-Bezaudun. Casaulx lui devoit son élévation, & il ne vouloit pas faire éclater une ingratitude, que ses ennemis pourroient faire remarquer pour le rendre odieux : d'un autre côté cette Dame déplaisoit à ses partisans, & il craignoit de les mécontenter en s'obstinant à la retenir : il étoit dans cette perplexité, quand Louis d'Aix, Lieutenant du Viguier, vint l'en tirer, en lui disant que le moment étoit arrivé, où ils devoient se rendre maîtres de la Ville. Cet intérêt étouffa tous les autres, & l'on fit entendre à la Comtesse & à Castellane-Bezaudun, qu'il falloit sortir de Marseille ; ce qui fut exécuté.

Cependant les Royalistes étoient trop occupés ailleurs pour penser à soumettre une ville qui leur auroit fait faire une diversion désavantageuse. Le Duc de Savoie leur donnoit de l'inquiétude du côté du Var. Ce Prince résolu d'avoir en Provence quelques places fortes, à l'aide desquelles il pût se conserver une entrée libre dans le pays, passa le fleuve avec deux mille hommes d'Infanterie, dont il donna le commandement au Colonel Aimo Scalengo, Piémontois, avec trois cents chevaux de troupes Milanoises, commandées par François Comte de Villa, par Joseph Martinelli, & par le Comte Troïlo Sansecondo. Le Château de Cagne, malgré l'avantage de sa situation, subit la loi du Vainqueur après une foible résistance : de-là l'ennemi vint mettre le siége devant la ville d'Antibes, & pour empêcher les secours des Royalistes, il mit une garnison au Château de Canes, & fit investir la ville de Grasse par une Compagnie de Cavalerie, & cinq d'Infanterie : après ces précautions, le siége d'Antibes devint son objet le plus important.

Il y avoit dans ce tems-là, hors de la ville, un fauxbourg

bâti du côté opposé à la mer : les affiégeans l'emportèrent d'affaut le 31 Juillet, & pafsèrent au fil de l'épée la garnifon & les Bourgeois fans diftinction. Ils n'épargnèrent que les femmes & les enfants qui s'étoient fauvés dans une Eglife : après cet avantage, le Duc de Savoie tourna toutes fes forces contre la citadelle, la battit avec trois canons, & livra un premier affaut dans lequel il fut repouffé avec perte ; peu s'en fallut même qu'il ne fût emporté par un boulet de canon, lorfqu'il couroit inconfidérément de rang en rang pour animer fes foldats à l'attaque. Cet échec ne ralentit point l'ardeur de fes troupes ; celle des affiégés augmentoit avec le péril : envain la brêche en devenant tous les jours plus grande, leur laiffoit entrevoir une mort inévitable ; ils n'en étoient que plus intrépides, & fans la défaite entière de trois cents hommes, qui venoient à leur fecours, ils n'auroient jamais penfé à capituler ; mais alors ayant perdu l'efpoir de faire une plus longue réfiftance, ils fe rendirent, vie & bagues fauves, abandonnant aux affiégeans leurs armes & leurs drapeaux. Il reftoit encore à forcer un baftion où le frere du Comte du Bar commandoit : ce Gentilhomme, dénué de forces fuffifantes pour réfifter, fe rendit à des conditions honorables le 7 Août 1592. Les ennemis trouvèrent dans la place deux gros canons de bronze, feize de fer, un de moindre groffeur, & dans le Port deux galères fur lefquelles plufieurs affiégés s'étoient retirés. On prétend que le butin qu'ils firent fut eftimé deux cent mille écus ; ce qu'on aura de la peine à croire, quand on fera réflexion à la mifere affreufe où la guerre avoit réduit le pays depuis plus de quarante ans qu'elle duroit. Ce qu'on fait de plus pofitif, c'eft que les habitants n'eurent la permiffion de rentrer dans leurs maifons, qu'à condition qu'ils payeroient trente mille écus.

Lefdiguieres eut encore la gloire, en cette occafion, de fauver la Provence : maître des vallées du Piémont, il faifoit tout

LXVIII.
IL PREND
ANTIBES.

An. 1592.

LIVRE XII.

LXIX.
IL RETOURNE DANS SES ETATS; ARRIVÉE DU DUC D'EPERNON.

plier fous l'effort de fon bras, & força le Duc de Savoie de s'arracher à fa conquête pour voler au fecours de fes Etats. Dans ces entrefaites, le Duc d'Epernon entroit en Provence avec dix mille hommes de pied & s'avançoit vers Draguignan après avoir fait lever le fiége de Fayence ; il prit Montauroux, & convoqua l'Affemblée des Etats à Brignolle le 25 Septembre 1592. Plufieurs Gentilshommes du parti contraire étoient déja venus fe ranger fous fes drapeaux, tels que la Comteffe de Sault, Crequi fon fils, Graffe, Comte du Bar, Villeneuve-Vauclaufe, Caftellane-Bezaudun, le Chevalier de Caftellane-Biofc, le Baron de Tretz, Alagonia, Seigneur de Meirargues, & plufieurs autres. Le Duc d'Epernon n'étoit encore que Commandant Général: les Etats fupplièrent Sa Majefté de lui donner la place de Gouverneur comme il l'avoit eue fous Henri III, & de transférer à Brignolle le Parlement & la Chambre des Comptes ; ils affignèrent même des fonds pour l'entretien de huit cents chevaux & de huit mille hommes de pied. Ces mouvemens annonçoient un orage dont la ville d'Aix fut effrayée: elle eut encore recours aux armes du Duc de Savoie ; mais ce Prince défabufé d'une conquête dont il avoit fenti les difficultés; trop occupé contre Lefdiguieres, pour dégarnir fes Etats de troupes, fe contenta d'envoyer quelqu'argent aux Ligueurs, & de leur donner des efpérances vagues, pour les empêcher de fe détacher de fon parti, fe flattant fans doute de revenir en Provence dans des circonftances plus heureufes. Ces marques d'intérêt, quelque foibles qu'elles fuffent, ne laifsèrent pas d'échauffer des efprits déja aigris par plufieurs années de guerre & de fanatifme. Lauris-Taillades, Gentilhomme de Lambefc, fut tué, pour avoir dit qu'il falloit faire un accommodement avec le Duc d'Epernon.

Cependant celui-ci s'emparoit toujours de quelques places aux environs de la Capitale, & renforçoit la garnifon de celles

qui

qui s'étoient maintenues sous l'obéissance du Roi. Parmi les Ligueurs tous n'étoient pas fanatiques; il y en avoit qui s'étant laissé entraîner dans le parti par cet enchaînement de circonstances & d'intérêts, qui décident quelquefois, malgré nous, de notre destinée, avoient conservé tout le sang froid de la raison, dans l'effervescence de la Ligue; & prévoyoient les nouveaux malheurs dans lesquels les discordes civiles alloient encore plonger le pays. Ils se communiquèrent les uns aux autres leurs réflexions sur la nécessité de faire une trève: ces réflexions percèrent peu-à-peu, & trouvèrent insensiblement les esprits moins prévenus; enfin elles firent une impression à laquelle le plus grand nombre se rendit.

Le Vice-Légat & le Général d'Avignon furent les premiers à pressentir les dispositions du Duc d'Epernon sur la paix: les ayant trouvées favorables, ils envoyèrent à Aix Blonac, Gentilhomme de Carpentras, pour en instruire le Parlement & le Comte de Carces. On convint d'entamer une négociation & enfin on nomma des Députés de part & d'autre pour traiter cette grande affaire (1). Dans le tems qu'on parloit de la manière dont on devoit tenir l'Assemblée, le Duc d'Epernon entreprit de chasser la garnison d'Antibes; il ne crut pas que les propositions qu'on lui avoit faites d'une trève, avec les sujets du

LXX.
ON PROPOSE UN ACCOMMODEMENT.
Mém. de Saint Canat. & de Virail.
Louv. & autres Hist. de Prov.

An. 1592.

LXXI.
REPRISE D'ANTIBES.

---

(1) Ces Députés étoient du côté des Royalistes Pompée Perille, Evêque d'Apt; d'Arcussia & de Suffren, Conseillers au Parlement Royaliste; Trichaud, Seigneur de Saint Martin, Procureur-Général au même Parlement; Garron, Conseiller à la Chambre des Comptes; le Chevalier de Buoux, & Castillon, Gentilhomme Gascon; Eimini, Prieur de Manosque; Ermenjaud, Seigneur de Barras. Le Parlement & la ville d'Aix deputèrent l'Evêque de Sisteron; le Docteur de Vervins, Arnaud & Thoron, Conseillers au Parlement; de Galice, Conseiller aux Comptes; Mistral, Seigneur de Crofes; Glandevès Gréoux, Saint Romans, Allamanon, Barthelemi Sainte-Croix, le Consul du Perier, & l'Assesseur Gibert. Outre ces Députés on nomma d'Aubres, Venasque & Blonac, pour être arbitres des differens qui s'éleveroient dans l'Assemblée.

Tome IV. Tt

Roi, dussent l'empêcher de faire la guerre aux ennemis du dehors : il s'approcha de la place avec huit canons & quatre coulevrines, & le 6 Décembre la garnison, composée de mille hommes, sortit avec les honneurs de la guerre. La forteresse ne voulut point capituler ; il fallut l'emporter d'assaut le 23 du même mois, après un siége de dix-sept jours. Le Duc d'Epernon fit pendre vingt-trois de ces braves soldats, & envoya les autres aux galères pour les punir d'avoir fait une résistance qui ne méritoit que des éloges ; le fort de Cannes tomba de lui-même après la prise d'Antibes. La saison étant trop avancée pour permettre aux troupes du Roi d'enlever aux ennemis Grasse, Cagnes & Saint-Paul de Vence, on prit ses quartiers d'hiver.

On touchoit enfin au moment où une paix, du moins simulée, devoit faire cesser tous les actes d'hostilité. Les Commissaires des deux partis s'assemblèrent à Saint-Maximin le 22 Janvier 1593 ; mais ce ne fut pas sans de grands débats, qu'ils parvinrent à s'accorder sur certains articles : les Députés de la Ligue auroient voulu concilier leurs intérêts avec ceux de la Province, arrêter les malheurs de la guerre, & ne pas se départir de l'alliance des Ducs de Mayenne & de Savoie, dont la protection leur étoit encore nécessaire. Ils opinoient à ce qu'on s'en tînt seulement à une trève : les Députés du Duc d'Epernon étoient plus décidés dans leurs demandes : ils vouloient ou la paix ou la guerre : la condition qu'ils mettoient à la paix étoit que leurs adversaires reconnussent Henri IV pour légitime successeur à la Couronne : le Conseiller de Suffren, qui portoit la parole, n'eut pas de peine à prouver qu'on ne devoit point s'attendre à voir finir les malheurs dont la Province étoit affligée, tant que les esprits ne seroient point réunis sous l'autorité du même Souverain. Le Conseiller Arnaud, Député des Ligueurs, s'éleva avec force contre les raisons de ce Magistrat : ainsi les esprits s'échauffèrent, & dans cette effervescence, il fut difficile de trouver le moyen de les réunir. Les Ligueurs proposèrent les articles suivants ; sçavoir, que la ville d'Aix, son Parlement & le Comte de Carces promettroient de reconnoître le Duc d'Epernon pour Gouverneur de Provence, non pas en vertu du dernier pouvoir à lui donné par le Roi de Navarre, mais de celui qu'il avoit reçu d'Henri III, & qui avoit été verifié au Parlement; de se départir de toute alliance avec les Puissances Etrangères, & de s'opposer à leur entrée dans le pays, si elles tentoient d'y faire quelqu'invasion. En se soumettant à ces conditions, les Ligueurs exigeoient qu'il permît l'exercice de la Religion Catholique, sans souffrir qu'on y fît aucun changement; qu'il n'entrât point dans la ville d'Aix, ni dans aucune place de son union, jusqu'à ce que Dieu eût donné au Royaume un Roi généralement reconnu par tous ses sujets, & qu'en attendant cet heureux événement, le Comte de Carces eût le gouvernement des places confédérées, & le commandement de leurs troupes.

Le Duc d'Epernon ne croyant pas pouvoir accepter ces conditions, sans se déshonorer, en proposa d'autres qui paroissoient plus raisonnables. En consentant à tout ce qu'on exigeoit de lui, touchant la Religion Catholique, il vouloit être reconnu Gouverneur Général de toute la Province, & cependant il promettoit de ne point entrer dans la ville d'Aix durant un tems dont on fixeroit le terme; mais il exigeoit que cette Ville & ses partisans renonçassent à toutes les alliances qu'ils avoient, sans en excepter aucune, voulant par ces mots exclure celle du Duc de Savoie. Les trois Arbitres nommés pour trouver des moyens de conciliation, dans le cas où les deux partis ne seroient pas d'accord, proposèrent de nouveaux articles qu'il est inutile de rapporter, puisqu'ils ne serviroient qu'à mettre dans un plus grand jour l'entêtement & la vanité des Chefs.

Ainsi les deux partis se séparèrent aussi ennemis qu'ils l'étoient

Les Députés s'assemblent pour traiter de la Paix.

An. 1593.

LXXIII.
Ils se séparent et les deux partis se disposent à la guerre.

avant l'Assemblée : cependant Blonac ne désespéra point de les réunir, & pendant tout le mois de Février, il travailla inutilement à élever les esprits à ce point de raison, où l'on est capable de sacrifier au bien public les animosités personnelles & les intérêts particuliers ; on se prépara donc de part & d'autre à replonger la Province dans les malheurs que nous aurons bientôt occasion de décrire.

An. 1593.

Les habitants d'Aix tinrent une Assemblée générale, dans laquelle le Comte de Carces insista beaucoup sur l'ambition du Duc d'Epernon, & sur les moyens qu'il prenoit pour établir son despotisme, & pour faire sentir à ses ennemis tout le poids de sa vengeance. On avoit tout lieu de croire qu'il tourneroit ses forces contre la ville d'Aix ; ainsi l'on résolut de la mettre en état de défense & d'augmenter la garnison de deux cents hommes de cavalerie, & de douze cents d'infanterie ; on mit un nouvel impôt dont personne ne fut exempt, & l'on pria la ville de Marseille de prêter dans une circonstance aussi délicate, trente mille écus pour lesquels on offrit toutes les sûretés nécessaires.

LXXIV.
Le Duc d'Epernon entre en campagne, et tente de réduire Marseille.

Hist. de Marf.
Et Mém. de Bauff.

L'Assemblée générale des Royalistes, convoquée à Brignoles le 9 Mars 1593, accorda au Duc d'Epernon huit cents chevaux, & quinze cents hommes de pied aux frais du pays. Cette armée ne tarda pas de se mettre en campagne, & de ranger sous ses loix Gardane & Auriol ; ce dernier village étoit défendu par le Capitaine-Blanc qui fut forcé de se rendre à discrétion après avoir soutenu un siége de plusieurs jours ; le Duc d'Epernon eut la cruauté de le faire pendre avec les autres Officiers, les Sergens & les Caporaux de la garnison, & envoya les soldats aux galères. La terreur de son nom ébranla la constance des habitants d'Arles, déjà intimidés par les menaces que faisoit le Connétable de Montmorency de ravager le terroir. Ils promirent au Duc de le reconnoître pour Gouverneur, &

de n'entrer dans aucune confédération contre lui. La ville de Marseille étoit encore un des appuis qu'il falloit enlever à la ville d'Aix: le Duc accompagné de deux mille fantassins & de douze cents cuirassiers, alla renverser deux des principales portes, par le moyen des petards, la nuit du 12 Avril 1593. Il ne lui restoit plus qu'à abattre le pont-levis, quand il se vit assailli de toutes parts. Obligé de se retirer, il alla se jetter sur le bourg de Roquevaire, qu'il emporta d'assaut, fit pendre le Capitaine Bourdon, le Consul & trente habitants, & livra les maisons à la brutalité & à l'avidité du soldat, imprimant la haine avec des caractères de sang dans tous les cœurs des Ligueurs, lorsqu'il croyoit les intimider par ces actes de barbarie.

Les Duumvirs de Marseille, délivrés de ce péril, résistèrent à une attaque d'un autre genre, & qui, par sa singularité, mérite d'être rapportée. L'Empereur des Turcs, Amurat III, les exhorta à se soumettre à Henri IV. L'Ambassadeur de France à Constantinople avoit sans doute imaginé ce moyen de les ramener à l'obéissance du Roi; & il faut convenir que la puissance d'Amurat, alors Maître des Mers & redoutable par ses Armées nombreuses, pouvoit en imposer à une Ville, qui, par sa situation, avoit besoin de ménager la protection de ce Monarque. Amurat écrivit donc aux habitants la lettre suivante.

« Notre impérial & sublime seing vous apprendra que l'Em-
» pereur de France étant mort depuis peu, le Roi de Na-
» varre, qui étoit le plus proche de la Couronne, lui a succédé;
» & cependant non-seulement vous avez refusé de lui obéir,
» mais encore vous vous êtes unis avec ses ennemis & les
» nôtres: voilà pourquoi les Levantins & d'autres Corsaires
» ont pris vos vaisseaux par-tout où ils les trouvoient, &
» fait esclaves ceux qui les montoient. Ayant appris que vous

An. 1593.

Louvet.
Et autr. Hist.
de Prov.

LXXV.
L'Empereur des Turcs écrit aux Marseillois de se soumettre a Henri IV.
Hist. de Marf.

» persistez dans vos mauvais desseins, que vous refusez à votre
» Maître l'obéissance & l'hommage qui lui sont dûs, que même
» vous êtes en guerre avec ses troupes, nous vous invitons,
» ou plutôt nous vous enjoignons, quand les valeureux entre
» leurs semblables, Méhémet & Mustapha, Capigis de notre
» sublime Porte, seront arrivés, d'incliner vos Chefs, & de
» rendre obéissance au magnanime, entre les grands, & très-
» puissant Seigneur Henri Roi de Navarre, à présent Empereur
» de France, comme vous avez fait aux autres Empereurs
» ses prédécesseurs, & si vous persistez dans votre sinistre
» obstination, nous vous déclarons que vos vaisseaux & leurs
» cargaisons seront confisqués, & les hommes faits esclaves
» dans tous nos Etats, & sur mer. Cependant votre très-heu-
» reux Empereur cherchant à vous attirer notre bienveillance,
» nous a souvent écrit en votre faveur, nous demandant qu'il
» ne vous fût fait ni donné aucun trouble, ni empêchement
» à votre commerce, & que nous vous fissions jouir paisible-
» ment de notre protection. Si toutefois vous refusez plus
» long-tems de lui obéir, & de lui être fideles, sachez que
» nous ne mettrons aucune différence entre vous & nos plus
» grands ennemis, & que vous ne pourrez éviter un terrible
» châtiment: c'est à la prière de l'Ambassadeur de France, rési-
» dant près de nous, que nous avons donné à nos Capigis
» nos très-hauts & très-sublimes commandements, en vertu
» desquels, si vous vous soumettez à votre très-heureux Em-
» pereur, ils feront mettre en liberté vos esclaves, & vous
» feront rendre vos biens sur toute la côte de Barbarie &
» dans les autres lieux de notre Empire; vous accordant de plus
» la liberté de trafiquer librement, comme vous avez toujours
» fait dans tous les pays de notre dépendance, sans qu'il vous
» soit fait ni donné aucun trouble, ni empêchement; & au
» contraire nous voulons que vous alliez, veniez & séjourniez

» en toute sûreté sur la bonne foi des traités & conventions :
» n'ayez aucun doute sur ce que nous vous disons, & à notre
» sacré seing ajoutez une entiere foi. Donné en notre Cité
» Impériale de Constantinople, au premier jour de la Lune
» sainte du Ramazan, l'an mil & unième ; » ce qui revient au
commencement du mois de Mai, de l'an 1593.

<small>L'Empereur des Turcs écrit aux Marseillois de se soumettre a Henri IV.</small>

Les Duumvirs n'eurent garde de sacrifier leur ambition à la crainte de déplaire à un despote éloigné : après la lecture de cette lettre, ils ne sentirent que mieux la nécessité de se munir contre les attaques de l'autorité souveraine ; ils tinrent à Marseille une Assemblée, dans laquelle se trouva tout ce qu'il y avoit en Provence de partisans zèlés pour la Ligue : parmi les Chefs on voyoit Genebrard, Archevêque d'Aix ; le Comte de Suze ; Saint-Roman ; Alexandre Vitelly ; les Consuls d'Arles, du Martigues, de Sallon & de Berre : tous ces Députés s'obligèrent pour eux & pour les personnes dont ils avoient les pouvoirs, à ne point se départir de l'union qu'ils formèrent sous la foi du serment.

<small>An. 1593.</small>

Les habitans d'Aix, trop foibles pour résister aux armes victorieuses du Gouverneur, envoyèrent des Députés au Roi d'Espagne, & au Duc de Savoie, pour leur demander un secours d'hommes & d'argent contre l'ennemi de cette religion, dont ils se disoient les défenseurs. Charles Casaux & Louis d'Aix avoient déja fait la même demande au Roi d'Espagne : le Duc d'Épernon n'en étoit que plus ardent à poursuivre le dessein qu'il avoit formé de se venger de ses ennemis, sous prétexte de vouloir les faire plier sous l'obéissance du Roi. Il crut que s'il se rendoit maître de la ville d'Aix, les autres tomberoient ensuite d'elles-mêmes ; dans cette persuasion, il alla faire le dégât dans le terroir, le premier jour du mois de Mai 1593. Il y avoit à l'entrée du Pont de l'Arc un moulin défendu par une Compagnie de Marseillois : il l'emporta par force, & fit pendre huit soldats

<small>An. 1593.</small>

<small>LXXVI. Le Duc d'Épernon assiége la ville d'Aix.</small>

contre toutes les loix de la guerre : le Comte de Carces, furieux de cette barbarie, fit subir le même sort à huit malheureux prisonniers, à la vue de l'ennemi, autant pour l'insulter peut-être que pour le contenir. Cette conduite de part & d'autre mettoit le désespoir dans le cœur des troupes. Le Duc prit ensuite la route de Lambesc, où les Consuls de Pelissane, d'Alenson, de Malemort & d'Alen ; & Robert de Porcelet, Seigneur de Foz, subjugués par la terreur de ses armes, vinrent lui prêter serment de fidélité. Ces succès étoient trop peu considérables pour satisfaire son ambition ; elle ne pouvoit l'être que par la prise de la Capitale : il s'en approcha le 17 Juin, & s'empara de la Tour d'Entremond, située sur une montagne voisine de la Ville. Le 22 il fit attaquer le Couvent des Capucins & l'Hôpital, deux postes d'où il étoit facile d'incommoder les assiégés ; les soldats qui les défendoient, firent d'abord une vigoureuse résistance, ensuite une sortie, dans laquelle l'action fut des plus vives. Les femmes du peuple, animées du même esprit que les plus zélés Ligueurs, sortirent de la Ville pour donner des rafraîchissemens aux combattants ; elles en donnèrent quelquefois par méprise aux soldats ennemis ; car on ne se commit point en bataille rangée, mais par pelotons, par intervalles ; & l'on peut dire que cette journée se passa toute en escarmouches legères. Le 25 les ennemis allèrent mettre leur camp sur la colline de Saint-Eutrope, d'où ils commencèrent à battre la Ville avec sept grosses pieces d'artillerie ; mais le plus grand mal se fit à la campagne, où les deux partis n'épargnèrent ni les fruits, ni les hommes, ni les animaux.

Cette désolation fit naître l'envie de reprendre les négociations sur la paix. La ville d'Aix demanda qu'avant de régler les conditions, le Duc d'Epernon discontinuât les travaux qu'il avoit commencés pour le siége, & qu'il fît retirer son armée. Le Duc, au contraire, exigeoit qu'on le reconnût, dans l'espace

pace de trois mois, pour Gouverneur-Général de Provence ; qu'à cette époque, on le reçut dans la Ville, & qu'on lui remit, pour sûreté des engagements, la Tour de Bouc, le Château de Noves & les Villes de Sallon & de Saint-Remy. Ces propositions furent rejettées, & l'on recommença les hostilités avec cette négligence qui devoit alors régner dans un siége, quand les troupes des deux partis n'étoient composées que de milices sans expérience & sans discipline.

LE DUC D'EPERNON ASSIÉGE LA VILLE D'AIX.

An. 1593.

L'artillerie fit peu de ravages, & la mousqueterie en fit encore moins dans les différentes rencontres qu'il y eut pendant les dix premiers jours du mois de Juillet. Le Duc d'Epernon étoit dans l'usage d'aller se délasser au jeu, dans un pavillon voisin de sa tente : les assiégés, qui en furent instruits, pointèrent le canon si juste, que le boulet tua deux hommes, & fit voler en éclats la table & d'autres meubles ; le Duc fut grièvement blessé, & on le crut mort pendant plusieurs jours.

Cet accident releva le courage des assiégés, déja pleins de confiance en eux-mêmes, par les secours que Saint-Romans & Crozes leur avoient amenés. Brancas, Baron d'Oyse, les renforça ensuite de deux Compagnies de Gens d'armes, & la garnison se trouva forte alors d'environ mille arquebusiers, & de trois cents cavaliers, sans compter les habitants. Le Comte de Carces, avec ces forces, crut pouvoir attaquer le Fort, que les ennemis avoient bâti sur la montagne de Saint Eutrope ; mais cette tentative, quoiqu'exécutée avec beaucoup de résolution & de courage, fut sans succès : on revint à la charge deux jours après avec aussi peu d'avantage ; ainsi tout le mois de Juillet se passa à tirer de part & d'autre, avec beaucoup de mal-adresse & de négligence, quelques coups de canon, qui firent peu de mal. Les ennemis étoient peu versés dans l'art de la guerre ; si, au lieu de se tenir renfermés dans leur camp, ils avoient bloqué la ville, ils l'auroient prise par famine, &

auroient peut-être terminé la guerre. Les deux partis qui en étoient depuis long-tems fatigués, pensèrent encore à négocier pour une trève. Les incommodités inséparables d'un long siège, les pertes qu'on faisoit de part & d'autre, soit par la désertion, soit par les maladies, lassoient le courage des plus déterminés. Les habitants d'Aix firent les premieres démarches, & établirent une commission composée de deux Eccléfiastiques, de quatre Magistrats, dont deux choisis dans le Parlement, & les deux autres dans la Chambre des Comptes; des cinq Capitanies de quartier, de trois Gentilshommes & de plusieurs notables qui avoient passé par le Consulat. Ils leur donnèrent des pleins pouvoirs pour traiter de la paix, à la charge pourtant que les Commissaires, avant de rien conclure, feroient part des conditions aux habitants assemblés dans un Conseil général : la ville d'Aix en cette occasion avoit l'air d'une République, où l'autorité Souveraine réside essentiellement dans le peuple.

Le 8 du mois d'Août, les Députés des deux partis (1) se rendirent à Aiguilles, où ils convinrent d'un armistice, durant lequel les Ligueurs & les Royalistes demeureroient maîtres des places dont ils étoient en possession : suivant ces conventions, le Duc d'Epernon devoit être reconnu Gouverneur ; mais il ne pouvoit entrer dans la ville d'Aix qu'après l'expiration de la trève : à cette époque, il devoit démolir le fort Saint-Eutrope, & promettre de ne faire aucun changement dans la religion, ni dans l'ordre civil. Le Duc approuva ces articles ; mais les habitants d'Aix ne furent pas si prompts à donner leur consente-

---

(1) Ces Députés étoient de la part de la ville d'Aix, le Chanoine Cadenet; Arnaud & Thoron, Conseillers au Parlement ; Galice, Conseiller aux Comptes; du Perier, Consul ; Forbin la Fare ; Allamanon ; Château-Redon, & Fabri, sieur de Fabregues. Les Députés du Duc étoient Passage, Peraud, Forbin-Saint-Canat, les Secretaires, Moniot & Tabaret.

ment. Le Parlement avoit convoqué le Conseil général, sans prévenir le Comte de Carces : celui-ci en fut vivement piqué, & dans le moment où le salut de la patrie dépendoit de la célérité des opérations, on se disputoit sur de vaines prétentions de l'amour-propre : le Parlement fit une démarche qui satisfit le Comte, & l'on assembla le Conseil. La confusion y fut si grande, & l'anarchie portée à un tel point que l'on ne pût rien conclure : on délibéra de nommer vingt-quatre Députés pour terminer l'affaire de la trève : il fut impossible de réunir les esprits sur le choix des Députés : enfin, on étoit au moment de voir éclater dans la ville, de funestes divisions, lorsque le Secrétaire du Comte de Carces apporta la nouvelle, que le Roi avoit publiquement abjuré l'hérésie le 23 Juillet 1593.

Il étoit en même tems chargé par le Duc de Mayenne d'annoncer au Parlement & au Comte de Carces, la conclusion d'une trève de trois mois entre les deux partis. Il est difficile de peindre les transports de joie que le peuple d'Aix fit éclater en cette occasion : il courut en foule à l'Audience le jour que le Parlement publia la trève ; car la plupart des citoyens désiroient avec ardeur la fin d'une guerre, dans laquelle ils se trouvoient engagés malgré eux. Le même jour, qui étoit le 23 Août, le Comte de Carces fit demander au Duc d'Epernon s'il n'étoit pas dans la disposition de faire cesser tout acte d'hostilité. Le Duc répondit qu'il ne recevoit des ordres que du Roi : il les reçut cinq jours après ; & alors, il consentit à une suspension d'armes, qui fut publiée dans le camp & au Parlement de Manosque. Les habitans d'Aix, & les Provençaux qui servoient dans le parti contraire, se livrèrent sans réserve aux mouvements de leur cœur. Ils sortirent les uns du camp, les autres de la ville, malgré la défense expresse des Commandans ; & dans leurs tendres embrassements, la larme à l'œil, ils déplo-

LXXVIII.
ON CONVIENT D'UNE TRÊVE SUR LA NOUVELLE QUE LE ROI AVOIT FAIT ABJURATION.

An. 1593.

roient leur fort, de ce qu'étant nés dans le même Pays, & unis par les liens du sang & de l'éducation, ils s'étoient vus forcés de prendre les armes les uns contre les autres. Le Duc d'Epernon défira d'avoir une conférence avec le Comte de Carces : elle eut lieu le 6 de Septembre, dans un endroit également éloigné du camp & de la ville : les deux Commandants étoient accompagnés d'un certain nombre de personnes ; après s'être entretenus tête-à-tête, pendant quelque tems, ils jugèrent à propos de parler de leurs prétentions devant l'Évêque de Sisteron, le Préfident Duchaine, Paffage, Pulvinet & le Conful du Perrier. Le Duc d'Epernon vouloit continuer les fortifications qu'il avoit commencées dans son camp ; le Comte de Carces, au contraire, demandoit qu'elles fuffent démolies : il étoit difficile qu'ils s'accordaffent fur un point auffi important : ils convinrent que chaque parti enverroit un Député à fon Chef ; fçavoir, le Duc d'Épernon au Roi, & le Comte de Carces au Duc de Mayenne, afin qu'on réglât à Paris la conduite que les deux Commandants devoient tenir en Provence. En attendant la réponfe, on convint que la trève feroit obfervée à la rigueur, & que Vitelli, Commandant de Berre pour le Duc de Savoie, y feroit compris.

Lorfque le calme paroiffoit enfin devoir fuccéder à l'orage, Gilbert Genebrard, que fon zèle ardent pour la Ligue avoit fait nommer à l'Archevêché d'Aix, vint prendre poffeffion de fon Eglife le 19 Septembre 1593, l'efprit féditieux qui l'avoit animé jufqu'alors, éclata avec une nouvelle indécence. Ce Prélat au lieu d'employer fon éloquence à infpirer aux deux partis les fentiments de paix & de modération, dont les gens fages fentoient la néceffité, monta en chaire revêtu de fes habits pontificaux, & fit lecture des Lettres, par lefquelles le Duc de Mayenne, & une affemblée illégalement convoquée à Paris, ordonnoient la publication pure & fimple du Concile de Trente, qu'on n'avoit reçu peu de tems auparavant que sous certaines conditions. Quelques jours après, il parut encore en chaire, & eut la hardiesse de déclamer contre le Roi, disant tout ce qu'un zèle aveugle lui suggéroit pour empêcher le Clergé & la Noblesse de lui obéir. On verra plus bas de quelle maniere il fut puni de sa coupable témérité.

On fut obligé, dans ce tems-là, de réprimer un abus qui ruinoit la Provence, & minoit les fortunes des particuliers. On avoit fabriqué, lorsque les Piémontois vinrent dans cette Province, une monnoie de billon, nommée pinatelles, qui avoit beaucoup d'alliage ; on crut suppléer à ce défaut en donnant un plus grand nombre de pinatelles pour l'écu d'or, qui, n'ayant d'abord été évalué, par l'Édit de Charles IX, que soixante sols, fut porté par cette fausse spéculation, jusqu'à deux cents quarante. Il arriva de-là que les débiteurs, avec beaucoup moins d'argent, payoient leurs dettes, lorsqu'elles n'étoient pas spécifiées en écus ; ce qui fut cause que beaucoup de particuliers éprouvèrent des pertes considérables. Le prix des denrées augmenta dans la même proportion ; le commerce fut interrompu avec les Provinces voisines qui n'eurent de communication avec la Provence, que pour y envoyer des écus d'or quand elles avoient quelque paiement à faire. Le Parlement touché de ces maux, crut les arrêter, en réduisant l'écu à sa valeur ordinaire de soixante sols : mais en rétablissant l'ordre, il ruina beaucoup de particuliers, qui tout-à-coup se trouvèrent trois fois moins riches qu'auparavant : cela même fut une source de procès entre les débiteurs & leurs créanciers: car ceux-ci demandoient le même nombre de sols auquel étoit évalué l'écu d'or, lorsqu'ils placèrent leurs fonds. La trève dont nous avons parlé ci-dessus, n'empêcha pas le Duc d'Epernon de montrer dans son Gouvernement la même hauteur & la même dureté qu'auparavant. Aussi fit-il beaucoup de mécontents, même parmi les personnes de son parti. Ce qu'on lui pardonnoit le moins, c'étoient les exactions énormes qu'il

LXXX.
Opération des monnoies ruineuse.

Bouch. Hist. de Prov.

LXXXI.
Le Duc d'Epernon fait beaucoup de mécontents.

faifoit dans le pays. » Quels tréfors & quels ruiffeaux de richeffes
» faudroit-il, difoit Caftellane-Bezaudun dans fon manifefte, pour
» défaltérer cette foif inextinguible, que la fubftance & le
» fang du peuple, tant de fois fucé par cette fangfue, n'a jamais
» pu étancher ? Si nos prédéceffeurs avoient écrit ce que nous
» avons vu, par les effets de fes débordements, ou par fes dé-
» penfes inappréciables, nous en réputerions le difcours fabuleux;
» & ce que nous en laiffons à la poftérité, ne fera peut-être
» pas reçu pour véritable ; car d'affirmer qu'un pays auffi ftérile
» & auffi petit que la Provence, après les ravages de cinq ans
» de la guerre la plus cruelle & la plus débordée qui fe vit jamais,
» ait, fur fes derniers abois, pu payer environ trois ou quatre
» millions d'écus en fubfides & impofitions au fieur d'Epernon;
» & qu'outre cela les foldats aient vécu à difcrétion, & pillé
» indifféremment amis & ennemis avec toute forte de licence,
» & que ces ravages aient prefqu'égalé les fommes en argent,
» fi l'on n'avoit en main dequoi le montrer, il vaudroit mieux s'en
» taire que d'avancer une chofe fi exceffive & fi incroyable. »

Le Roi fut touché de ces plaintes. Il avoit peut-être déja
quelque fujet de fe défier du Gouverneur, & il crut devoir
le rappeller d'une Province frontiere, où il étoit dangereux
de fournir des prétextes à la révolte. Cependant comme le Duc
n'étoit pas fans crédit, le Roi mit de l'adreffe dans la maniere
dont il s'y prit pour lui ôter fon Gouvernement : il remit en apparence au Connétable de Montmorency le jugement des différends
entre le Duc & les Provençaux, & en même-tems, il donna ordre
fous-main à Lefdiguieres & au Colonel Ornano de foutenir
ces derniers de toutes leurs forces, s'ils étoient vivement preffés
par le Duc. Il écrivit auffi au Marquis d'Oraifon, à Forbin
Saint-Canat, à Pontevès Buoux, à Valavoire, & à Defcrotes,
Gentilhomme du Dauphiné, qui commandoient dans les Places
les plus importantes des Royaliftes, de fe conformer exactement
aux ordres de Lefdiguieres. *Faites*, leur écrivoit-il, *ce que M. de*

Lefdiguieres vous dira ou vous enverra dire, & croyez que je ne perdrai point le souvenir de ce service, mais vous le reconnoîtrai.

Ces lettres avoient été adressées à Lesdiguieres: il les fit remettre aux Gentilshommes que nous venons de nommer, par Forbin-Janson, qu'il mit dans le secret de la négociation, & leur écrivit à chacun en particulier dans les termes suivants, le 12 Octobre 1593 : *Je vous envoie la lettre que Sa Majesté vous écrit par le sieur de Janson, auquel j'ai commis la créance. Croyez, par lui, l'intention de Sa Majesté, & employez-moi, qui serai tout appareillé, quand le besoin m'y appellera.* Pontevès Buoux fut le seul qui ne voulut pas lire la sienne : les autres Gentilshommes lurent celle qui leur étoit adressée, & furent fort embarrassés sur le parti qu'ils avoient à prendre : ils vouloient bien obéir au Roi, mais les forces que le Duc avoit en Provence, l'appui qu'il avoit dans le Connétable de Montmorenci son parent, Gouverneur du Languedoc ; l'incertitude où ils étoient, si les autres Gentilshommes de Provence se rangeroient de leur parti ; la crainte que le Duc ne tirât de leur défection une vengeance éclatante, s'il en avoit quelque soupçon, & qu'il ne se jettât même dans le parti de la Ligue pour se ménager un abri contre l'autorité du Roi ; enfin la honte dont ils se couvriroient, si, après avoir tenté ce qu'on exigeoit d'eux, ils n'avoient pas un succès complet : toutes ces considérations les jettèrent pendant longtems dans une irrésolution, dont ils ne sortirent que le 20 Novembre. Le Duc alla faire alors un voyage en Languedoc, & Lesdiguieres ayant envoyé en Provence deux cents cavaliers, sous les ordres de Vintimille Tourvez, on résolut d'abandonner le Gouverneur.

Forbin Saint-Canat fut chargé de pressentir les dispositions des Ligueurs : il avoit été choisi par le Duc d'Epernon & le Comte de Carces, pour faire observer la trève entre la ville d'Aix & le camp. Un jour il entra dans la ville, sous prétexte de se plaindre d'une contravention ; mais au fond, c'étoit

LE ROI USE D'ADRESSE POUR LE RETIRER DE SON GOUVERNEMENT.

An. 1593.

LIVRE XII.

Mém. de Saint Canat.

LXXXIII.
D'EPERNON EST ABANDONNÉ DE SES PARTISANS.
An. 1593.

pour informer le Comte de Carces des intentions de Sa Majesté, & pour savoir s'il seconderoit l'entreprise des Gentilshommes, ou s'il se déclareroit pour le Duc, dans le cas où ce Gouverneur, prévoyant qu'on méditoit sa ruine, voulut se jetter dans le parti de la Ligue. Il lui promit en mêmetems que s'il entroit dans les vues de la Cour, on agiroit pour lui faire donner le Gouvernement de la Province, aux mêmes conditions que son pere l'avoit eu, sous le règne d'Henri III. Le Comte de Carces haïssoit le Duc; à ce motif se joignoit le desir de satisfaire son ambition : ainsi il ne balança point à souscrire à tout ce que Forbin exigeoit de lui. Forbin, Seigneur de Souliers; Castellane-Bezaudun; Allagonia, Seigneur de Meyrargues; Escarabagues, Gentilhomme du Béarn, Gouverneur de Toulon, & gendre de Souliers, & quelques autres Gentilshommes du parti du Duc, s'engagèrent aussi par écrit à l'abandonner.

Le complot s'exécuta le 20 Novembre, comme nous l'avons dit ci-dessus, dans le tems que d'Epernon étoit allé voir le Connétable de Montmorency. Saint-Canat donna le signal de la défection : il congédia la garnison de Pertuis sans éprouver aucune résistance, & fit crier par le peuple : *vive le Roi & la liberté*. Le Marquis d'Oraison, Valavoire & Descrotes firent aussi évacuer Manosque, Saint-Maximin & Digne, dont ils avoient le commandement : il ne leur en coûta que de faire mettre en prison quelques habitants trop affectionnés au parti contraire : la ville de Toulon se déclara contre le Gouverneur; mais la Citadelle, que la Valette avoit fait bâtir, pour tenir les habitants en respect, soutint un siège de trois jours, au bout desquels elle fut emportée & rasée, au grand regret de Boyer, qui s'avançoit pour la défendre : enfin, dans moins de quinze jours, presque toutes les Places qui tenoient pour le Duc d'Epernon, l'abandonnèrent. Ce Duc, à la première nouvelle qu'il

eut

eut de la révolution, leva dans le Languedoc environ quatre cents cavaliers, à la tête desquels il revint joindre son camp, près de la ville d'Aix : ses ennemis ne s'avisèrent seulement pas d'aller lui disputer le passage du Rhône, pour l'empêcher de venir relever, par sa présence, le courage de son armée, qui se seroit bientôt dissipée d'elle-même, si elle avoit été privée de son Chef.

LXXXIV.
IL FAIT DES EF-
FORTS INUTILES
POUR REPREN-
DRE LA SUPÉRIO-
RITÉ.

Les Ligueurs tâchèrent de réparer cette faute, en s'unissant plus étroitement contre l'ennemi commun : le Comte de Carces, le Marquis de Villeneuve, Forbin-Soulliers, Saint-Canat, & douze autres Gentilshommes, des principaux entre la Noblesse, se rendirent à Pertuis, où ils trouvèrent le Marquis d'Oraison, la Comtesse de Sault & plusieurs autres personnes de leur faction, avec lesquelles ils concertèrent les moyens de chasser le Duc de la Province. Saint-Romans, Gouverneur de Sallon, lui enleva Pelissane le 13 Décembre; peu de jours après, la Tour de Bouc & la ville du Martigue, reçurent les troupes du Comte de Carces : ce fut-là tout ce qui se passa de plus considérable dans le courant de Décembre 1593; car ce n'est pas la peine de parler de la petite émeute populaire, que deux Consuls, tirés de la Bourgeoisie, excitèrent, dans la ville d'Arles, contre leurs collègues, Balthazar de Quiqueran & Charles de Piquet, tous deux Gentilshommes : ce sont-là de ces faits obscurs que l'Histoire doit négliger, parce qu'ils ne servent ni à l'instruction de la postérité, ni à la gloire d'aucune famille.

An. 1594.

Quant on eut ainsi miné, par la base, la puissance du Duc d'Epernon, on l'attaqua plus directement dans une assemblée tenue à Aix, au mois de Janvier 1594. Le Parlement fut prié d'ordonner que dans tous les Tribunaux, la Justice seroit dorénavant rendue, au nom d'Henri IV, Roi de France & de Navarre : on délibéra aussi d'engager les Procureurs du Pays à faire à ce

LXXXV.
LES ÉTATS
DEMANDENT SON
RAPPEL AU ROI.
Regist. du Pays.

Tome IV.   X x

Prince les remontrances suivantes, dans lesquelles on demandoit entr'autres choses le rappel du Gouverneur.

SIRE,

« Vos très-humbles & très-obéissants serviteurs, les gens
» des trois Etats de votre Pays de Provence, protestent &
» déclarent qu'ils vous reconnoissent pour leur naturel Roi
» & souverain Seigneur ; & vous supplient en toute humilité
» d'avoir pour agréable leur obéissance & fidélité ; ils désirent
» vous la continuer, & employer pour votre service jusqu'à la
» derniere goutte de leur sang : si durant ces troubles & remue-
» ments, ils ne vous ont pas rendu l'obéissance due à votre
» Majesté ; ils la supplient bien humblement de croire, qu'ils
» n'y ont été poussés par aucun esprit de rebellion ; mais par le
» seul zèle de la vraie religion ; ayant toujours été leur inten-
» tion de vous rendre les devoirs d'obéissance, aussi-tôt qu'ils ont
» vu Votre Majesté remise au giron de l'Eglise ; & d'autant que
» sur cette créance vos prédécesseurs se sont acquis le nom
» de très-Chrétiens, & qu'ils ont établi, accrû & conservé ce
» Royaume en l'état qu'il vous a été transmis, par la grace
» du Tout-Puissant ; ils supplient très-humblement Votre Ma-
» jesté de les maintenir & conserver dans cette créance, sans
» permettre qu'il y soit rien altéré ou innové, ni qu'en cette
» Province il y soit fait autre exercice que celui de la religion
» Catholique.

» Que si pour raison des actions & déportements passés,
» Votre Majesté s'en estime offensée, il fera son bon plaisir d'en
» éteindre & abolir la mémoire, même pour raison de l'union
» & adhérence avec les Princes & les Villes de la Ligue ;
» pour la levée & la conduite des gens de guerre ; pour impo-
» sitions de deniers, fabrications de monnoie ; prise de fortifi-

» cations, démentellemens & démolitions de Villes, Châteaux,
» Bourgs & Bourgades ; voyages & négociations faites avec les
» Princes étrangers ; introduction de ces étrangers dans les
» Villes de la Province, & généralement de tout ce qui a été fait,
» géré, négocié durant les troubles, & à l'occasion d'iceux,
» depuis le jour des barricades de Paris, sans permettre que par
» vos Officiers ni autres en soient faites aucunes poursuites,
» ni recherches, civilement ni criminellement, en façon que
» ce soit.

LES ÉTATS DEMANDENT SON RAPPEL AU ROI.

» Et en conséquence, de confirmer tout ce qui a été fait
» en vertu des ordres émanés du Duc de Mayenne, durant les
» troubles ; comme aussi de confirmer les Arrêts & Jugements
» rendus par les Tribunaux résidents en la ville d'Aix, en ma-
» tiere civile, excepté ceux qui ont été donnés à l'occasion des
» troubles, tant par le Parlement d'Aix que par celui de Ma-
» nosque, suppliant Votre Majesté de casser les procédures
» faites à ce sujet.

» D'ordonner à ceux qui ont quitté la Capitale de venir re-
» prendre leurs séances à Aix ; de révoquer les Lettres-Pa-
» tentes, par lesquelles le Duc de Mayenne établissoit dans la
» ville de Marseille une Cour Souveraine.

» De faire cesser les ravages & les désordres de la Province,
» qui sont tels & si étranges, que si *Votre Majesté n'y pourvoit*
» *promptement, on ne peut attendre qu'une prochaine ruine &*
» *totale désolation de la Province, à laquelle il ne reste plus que*
» *la voix casse & débile pour vous en faire ses doléances.*

» Et d'autant que ces désordres viennent en partie de ce que le
» Duc d'Epernon est Gouverneur, contre le gré de la Noblesse &
» de toute la Province, plaise à Votre Majesté de pourvoir audit
» Gouvernement, tel autre qu'elle avisera, qui soit Catholique, &
» qui ait l'autorité de conserver le Pays en votre obéissance, &
» y rétablir le repos tant désiré de tous les gens de bien.

An. 1594.

» De faire détruire les Forts & Citadelles bâtis par les sieurs
» d'Epernon & de la Valette, & spécialement ceux bâtis devant
» la ville d'Aix, attendu qu'ils altèrent la fidélité du peuple par
» la méfiance qu'ils inspirent.

» De défendre aux gens de guerre d'inquiéter les Laboureurs,
» & de leur enlever leur bétail, sous prétexte de contribution, ce
» qui nuit à l'agriculture.

» Et sur ce que la justice est l'ornement & le soutien des Rois,
» sur ce que c'est-elle qui maintien la prospérité de la Monarchie,
» quand elle est sincérement administrée, ce qui ne peut se faire
» lorsque le nombre des Officiers est excessif, & les Offices
» de Judicature rendus vénaux, & qu'on acquiert par argent
» ce qui se doit obtenir par vertu : Vous plaise conformément
» aux Ordonnances de vos prédécesseurs, & notamment à celle
» de Blois, déclarer tous Offices de Judicature, qui ont vâqué
» par mort, ou qui vâqueront, supprimés jusqu'à ce que la ré-
» daction en soit faite aux termes de l'Ordonnance, & qu'il y
» sera pourvu gratuitement de personnes capables, &c.

Reg. du Parl. Le Parlement approuva ces différens articles, & ordonna que la Justice seroit désormais rendue au nom & sous l'autorité d'Henri IV; il enjoignit en même tems à tous les Barons, Gentilshommes, Capitaines & autres gens de guerre attachés au Duc d'Epernon de l'abandonner, & de se retirer en leurs maisons, pour y vivre sous l'obéissance du Roi, & sous l'autorité du Parlement, sous peine d'être punis comme infracteurs de ses Edits, perturbateurs du repos public & coupables de rebellion.

En même tems il supplia Sa Majesté d'accorder une amnistie, de protéger spécialement la religion, de confirmer les Arrêts de la Cour & les provisions que le Duc de Mayenne avoit données aux Officiers des différens Tribunaux; enfin de n'accorder que rarement des évocations, à cause des dépenses considérables qu'elles entraînoient.

Genebrard, Archevêque d'Aix, toujours animé de l'esprit de la Ligue, s'éleva avec force contre ces délibérations des Gentilshommes & du Parlement, quoique le Roi eut fait profession de la foi Catholique. Ce Prélat croyoit qu'on n'étoit point obligé de lui obéir, jusqu'à ce que le Saint-Siége eut approuvé sa conversion, & qu'il eût ordonné de le reconnoître. Il croyoit aussi qu'avant de se ranger sous ses loix, il falloit être assuré qu'il protégeroit la religion Catholique. Rempli de ces fausses idées, il monte en chaire, le jour des Rois, revêtu de ses habits pontificaux, & tâche de prouver qu'en matière de religion, on ne pouvoit point tenir d'assemblée, qu'elle ne fût convoquée & présidée par le premier Pasteur, à qui il appartenoit de décider, si l'on devoit reconnoître Henri IV pour légitime Souverain ; que sur un sujet de cette importance, on ne doit point se décider avant d'avoir reçu l'avis du S. Pere. Avec la connoissance que Genebrard avoit de l'Ecriture-Sainte, il ne lui fut pas difficile d'abuser de quelques passages, pour appuyer un paradoxe aussi contraire à la religion qu'à la saine politique. Cependant ce discours ne laissa pas de faire impression sur un certain nombre de séditieux ; mais le lendemain, le Parlement arrêta l'émeute par un Arrêt fulminant, qu'il lança contre tous ceux qui refuseroient de reconnoître Henri IV pour légitime Roi de France, & notamment contre l'Archevêque, qui fut condamné à un bannissement perpétuel hors du Royaume, comme criminel de lèze Majesté. Cet Arrêt fut reçu avec des transports de joie, par tout ce qu'il y avoit de citoyens éclairés & attachés à la patrie. Ce Prélat, pour se soustraire à la haine qu'il avoit justement méritée, alla s'enfermer dans Marseille (1), avec un Maître

LXXXVI.
Genebrard déclame contre l'autorité du Roi, et s'enfuit à Marseille.
An. 1594.

Reg. du Parl.

Regist. du pays.

---

(1) Le premier établissement d'une Imprimerie à Marseille, est du 5 Novembre de cette année là 1594 ; il fut fait sous le consulat de Charles Casaux, & confié à la direction de Pierre Mascarron, Libraire. *Arch. de l'Hôtel-de-Ville. Reg.* 1594.

des Requêtes, nommé Mafparaut, que le Duc de Mayenne avoit envoyé dans cette Ville, pour y exercer la juftice au nom des Régens du Royaume, c'eft-à-dire, au nom des Ligueurs. Ce retour de la ville d'Aix, & de tant de Gentilshommes, fous l'obéïffance du Roi, ôtoit au Duc d'Epernon tout prétexte de continuer la guerre. Il écrivit au Parlement, au Comte de Carces & aux Procureurs du Pays, pour leur témoigner la fatisfaction qu'il avoit eu d'apprendre leur derniere réfolution : il leur difoit, que, n'ayant affemblé des troupes que pour mettre la Province fous l'obéïffance du Roi, il ne lui reftoit plus qu'à les prier de lui envoyer des Députés, avec lefquels il pût jetter les fondemens du repos public & d'une paix folide. Le Parlement lui fit, le 4 Février 1594, une réponfe qui mérite d'être rapportée.

LXXXVII. D'EPERNON VEUT SE RECONCILIER AVEC LES PROVENÇAUX.

An. 1594.

Reg. du Parl.

« Monfieur, lui difoit-il, il ne faut plus que vous, ni aucun
» autre, doutiez du zèle & de l'affection que nous avons au
» fervice du Roi, & au repos de cette Province, en ayant
» fait d'affez bonnes & fortes preuves. Nous défirerions que
» tous ceux qui fe difent tels, rendiffent leurs témoignages conformes
» à leurs paroles & écrits ; car nous verrions par ce
» moyen cette ville d'Aix & autres du Pays délivrées des oppreffions
» qu'elles reçoivent, par le moyen des troupes que vous
» entretenez inutilement, pour la ruine de cette Province. Vous
» ne pouvez vous excufer fur la volonté du Roi, étant très-
» affuré que Sa Majefté ne defire rien tant que la liberté & le
» foulagement de fes fujets ; à quoi vos actions & déportemens
» femblent totalement contraires ; car au lieu de réferver les
» munitions de guerre, & les canonades que vous faites tirer con-
» tre cette Ville, pour les employer contre les villes & lieux
» ennemis de Sa Majefté, vous attaqués celles qui font à fon
» fervice & obéïffance ; & maffacrés fes bons & fidelles fu-
» jets ; comme a été fait depuis deux jours au village d'Ai-

» guilles, où vous n'avez pas épargné la vie des habitants,
» ni, à ce qu'on dit, l'honneur des femmes. Ce n'est pas le
» moyen de convier les autres Villes à se remettre sous l'o-
» béissance de Sa Majesté. Nous avons député vers elle, &
» nous espérons que nos justes regrets, plaintes & remon-
» trances seront reçues, & que nos actions lui seront si agréa-
» bles, qu'Elle approuvera la continuation de notre zèle. Puis-
» que vous refusez tous les expédiens propres & nécessaires
» au service de Sa Majesté, il n'y a plus entre nous aucun
» sujet de conférence, & en attendant la volonté du Roi tous
» actes d'hostilité doivent cesser : c'est donc à nous à protes-
» ter comme nous faisons contre vous, M., du retardement
» du service du Roi ; de l'oppression de ses sujets, & des
» désordres qui en sont arrivés & qui pourront s'en suivre ».

Le Duc mécontent de cette réponse résolut de continuer la guerre ; mais avant de se mettre en campagne il voulut prévenir le Roi sur la justice de son entreprise ; il lui réprésenta que dans son Royaume il n'y avoit point de peuple aussi indocile & aussi inconstant que les Provençaux ; qu'ils s'étoient toujours opposés à tout ce que les Gouverneurs & les Commandants avoient voulu faire dans le pays ; que tout récemment ne pouvant forcer le Duc de la Valette à se départir des intérêts de Sa Majesté, ils avoient appellé le Duc de Savoye ; que M. le Grand-Prieur, son Prédécesseur, avoit vu tout le pays soulevé contre lui, par les intrigues de MM. de Vins & de Carces ; & qu'il avoit été tué de la main d'un Provençal ; qu'avant M. le Grand-Prieur, M. de Suze avoit été chassé de son Gouvernement, par les mêmes chefs de parti ; qu'en remontant plus haut on voyoit le Duc de Retz en butte à la haine, à la méchanceté & à l'esprit de révolte, contraint de se retirer, n'ayant pas eu la force de triompher des cabales, & d'assoupir les troubles ; qu'enfin MM. les Comtes de Tende

LXXXVIII.
Il écrit contre eux au Roi.

Bibl. du Roi manusc. de Dup. n° 153.

An. 1594.

pere & fils n'avoient pas été heureux dans leur Gouvernement, comme chacun favoit : d'où il concluoit que la réfiftance qu'il éprouvoit venoit moins de fa conduite, que du génie inquiet & remuant des Provençaux, parmi lefquels, ajoutoit-il, je ne veux comprendre un bon nombre de Gentilshommes & autres honnêtes perfonnes, qui fe font maintenues fermes, comme elles font encore, au fervice de Votre Majefté.

LXXXIX. IL RECOMMENCE LES HOSTILITÉS.

Nous ignorons quel fut en Cour l'effet de ces repréfentations : d'Epernon pourfuivoit toujours le deffein qu'il avoit de faire plier fes ennemis fous fon autorité, & il reparut à la fin du mois de Janvier 1594 devant la ville d'Aix, à la tête de quelques milices, qu'il avoit levées à la hâte : mais il ne fit fur cette Capitale que de vaines tentatives. Il eut plus de fuccès au village d'Aiguille qu'il emporta prefque fans coup férir. Tous ceux qui furent pris les armes à la main furent ou pendus ou paffés au fil de l'épée : à Saint-Canat la garnifon fortit avec les honneurs de la guerre ; Lambefc, Marignagne, Tretz, Saint-Maximin & Rians ouvrirent leurs portes ; & de-là le Duc revint au Fort de Saint-Eutrope, pour faire un dernier effort contre la ville d'Aix : il périt beaucoup de monde dans une action fort vive, fans qu'aucun des deux partis eut un avantage décidé.

XC. LES ROYALISTES TIENNENT UNE ASSEMBLÉE.

Cependant de part & d'autre on s'occupoit férieufement des moyens d'écrafer fon ennemi. Les Royaliftes s'affemblèrent à Aix le 8 Mars 1594, à l'invitation du Comte de Carces & du Marquis d'Oraifon, Commandants pour le Roi en Provence (1).

---

(1) Les Députés à ces Etats, étoient Rafcas, Confeiller au Parlement, Commiffaire Deputé par le Comte de Carces, & le Marquis d'Oraifon, les Procureurs du pays, Paul de Myftral, Baron de Crozes ; Chriftophe Meynier, Seigneur de Saint Lambert, Afeffeur ; Jean-Paul de Mas, Ecuyer ; Jean Ifoard, Seigneur de Toramenes.

Pour la Nobleffe, Forbin Souliers; Sabran, Baron d'Anfouis; Brancas, Baron d'Oife ; Caftellane-Bezaudun ; Valavoire ; Vintimille - Tourves ; Forbin la Fare;

Il s'y trouva peu de Gentilshommes & encore moins de Députés du Tiers-Etat. Le Marquis d'Oraison fit valoir, avec beaucoup d'éloquence, la justice de la cause qu'il défendoit, & les avantages qu'on devoit se promettre de l'accord & de la bonne intelligence : on délibéra la levée de douze cent chevaux, de cent Arquebusiers & de huit mille hommes de pied, dont trois mille pour tenir la campagne, & cinq mille pour la garde des Places. Il fut arrêté en même-temps qu'on supplieroit Lesdiguieres d'amener en Provence les secours qu'il avoit promis ; qu'on bâtiroit deux Forts sur les bords de la Durance ; qu'on rappelleroit les Députés envoyés aux Ducs de Savoie & de Mayenne, & qu'on mettroit un impôt en argent & en denrées pour fournir à l'entretien des troupes.

An. 1594.

Le Duc d'Epernon tenoit en même-temps à Riez l'assemblée des Communautés de son parti. Il ne manqua pas de faire l'apologie de sa conduite & de condamner celle de ses adversaires. Il les représenta comme des traîtres, également ennemis du Roi & de la Province, parce qu'ils avoient tenté de la mettre sous la domination des Espagnols & des Piémontois. Ces déclamations ne produisirent qu'un effet momentané ; car le tems étoit enfin arrivé où la raison & l'autorité devoient reprendre leurs droits. La soumission de la ville de Paris le 22 Mars 1594, porta le dernier coup à la Ligue : les ennemis d'Henri IV comprirent qu'ils seroient des efforts inutiles pour soutenir une faction expirante, & les plus ardens commencèrent à se détacher des intérêts du Duc de Mayenne. Le Parlement d'Aix ne fut pas des derniers à signaler son zèle ; il enjoignit le 28 du même

XCI.
D'Epernon assemble les Communautés de son parti.

Reg. du Parl.

Clandevès Greoux ; Villeneuve Tourretes ; Montauroux ; Castillon, sieur de Cucuron ; du Revest ; Sainte-Croix ; Gautier Grambois ; Colongue ; Allamanon, la Garde, de Fuvel ; d'Antragues ; Sillans-Pontevès ; Foissard d'Istres ; de Mandols la Palu ; Leydet Fombeton ; Seguiran, Seigneur de Bouc ; d'Honorat, Seigneur de Pourcioulx ; Taloire, la Gremuse & Montravail.

mois à tous les Prélats & Ecclésiastiques de faire mention du Roi dans les prieres publiques, sous peine de saisie du temporel ou d'u e amende.

XCII.
LES DEUX PARTIS SE METTENT EN CAMPAGNE.
Mém. de Foib. S. Canat.

Les choses étoient en cet état, quand Lesdiguieres parut devant la petite ville de Pertuis, le 2 Avril, à la tête de quinze cents hommes & de cinq cent chevaux : il devoit se joindre au Comte de Carces, afin de s'opposer, avec leurs forces réunies, au Duc d'Epernon : deux jours après on vit arriver Jean de Lafin, chargé par le Roi de pacifier les troubles de la Province. Il devoit, au rapport d'un Historien bien instruit, affermir le Comte de Carces & les autres Gentilshommes de son parti, dans la résolution où ils étoient de s'opposer ouvertement à toutes les entreprises du Duc d'Epernon : mais s'il s'appercevoit qu'ils fussent trop foibles pour résister aux armes du Duc, après s'être déclarés contre lui, *il avoit ordre de les désavouer, & même de leur faire leur Procès.* Heureusement pour Lafin, il ne fut pas dans le cas de faire ce dernier rôle, si peu digne du caractère & de la majesté du Souverain, qui le lui imposoit : le parti du Comte de Carces étoit en état de se soutenir avec avantage. Cependant le Duc d'Epernon se trouvoit à la tête d'environ onze mille hommes, bien résolu de faire respecter son autorité dans le pays. Lesdiguieres & le Comte de Carces ayant réuni leurs forces, vinrent l'attendre du côté du Senas ; tandis que les deux armées étoient à s'observer, les Chefs de l'une & de l'autre envoyèrent des partis avancés pour reconnoître respectivement leur position.

Bezaudun se trouvoit un jour dans l'un de ces partis avec trente autres Gentilshommes : ils furent rencontrés par un détachement ennemi, beaucoup plus nombreux, qui leur donna la chasse. Le cavalier qui poursuivoit Bezaudun, & qui le serroit de près, lui porta un coup de sabre, & le manqua ; mais le fer meurtrier tomba sur la croupière du cheval, la coupa ; la selle tourna, & Bezaudun jetté par terre fut fait prisonnier p

Boyer. Celui-ci alla demander fa grace au Duc d'Epernon, & l'obtint. Mais il évita de le nommer; car il faut favoir que Bezaudun avoit parlé avec beaucoup de force contre les vexations du Gouverneur, dans un manifefte qu'il avoit publié pour juftifier le parti de la Ligue. D'ailleurs la mort de d'Etampes, Gentilhomme Gafcon, & allié du Duc n'étoit point encore vengée. Ce Gentilhomme avoit été fait prifonnier au paffage du Rhône, au mois d'Octobre 1589, par d'Ampus, frère de Bezaudun; & au mois de Mai fuivant, il fut tué à Aix dans la place des Prêcheurs, par la main de Cafaux, que l'on crut avoir été pouffé à cet affaffinat par d'Ampus lui-même: ce foupçon, dont on ne connoît pas trop le fondement, coûta la mort à Bezaudun. Le Duc d'Epernon, comme nous venons de le dire, lui avoit accordé la vie, fans le connoître. Boyer crut devoir le lui préfenter, pour lui faire fes remerciments: Bezaudun parut devant lui, la vifiere baiffée: mais le Duc, curieux de favoir quel étoit cet homme qui lui avoit obligation, & qui craignoit de fe laiffer voir, demanda à le connoître. Quand on le lui eût nommé, fa colère s'enflamma, & n'écoutant que fon reffentiment, il lui fit tirer un coup de piftolet en fa préfence. Bezaudun tomba fur le carreau fort regretté de tous ceux qui l'avoient connu, car c'étoit un homme recommandable par des qualités rares. Un reproche qu'on peut lui faire, c'eft qu'ayant tout ce qu'il falloit pour être à la tête d'un parti, il fe fût condamné à ne jouer que le fecond rôle fous la Comteffe de Sault, dont il étoit l'égal par fa naiffance, & le rival par fes talents. Il montra trop de foibleffe, en fervant l'ambition & la vanité de cette femme, & trop d'ardeur en combattant pour la Ligue. Ainfi il ne fut qu'un partifan intrépide & courageux, tandis qu'il auroit pu être un héros eftimable. Il joignoit aux talens du Guerrier, ceux de l'Écrivain; & fit contre le Duc d'Epernon un manifefte, écrit avec une nobleffe & une fierté, qui

Les deux partis se mettent en campagne.

An. 1591.

Ger. vie du Duc d'Epern. Louv. & autres. Hift. de Prov.

sied bien à un Gentilhomme, nourri dans la profession des armes. Il a aussi laissé des Mémoires sur les guerres, dans lesquelles il fut un des principaux acteurs.

Les deux armées n'en vinrent point aux mains. Le sieur Lafin suspendit tous les actes d'hostilités par une trêve, le premier jour de Mai 1594, en attendant que le Roi trouvât le moyen de réunir les esprits par une paix solide.

L'article préliminaire le plus difficile à régler, étoit de savoir ce qu'on feroit du Fort Saint-Eutrope. Ce Fort élevé auprès d'Aix, sur une hauteur, avoit pendant long-temps extrêmement incommodé la Ville : il s'agissoit de savoir si on le laisseroit à la disposition du Duc d'Epernon, qui en étoit alors le maître, ou bien si on le démoliroit : on crut qu'il étoit plus convenable de le mettre en dépôt entre les mains du sieur Lafin, qui, par sa qualité de médiateur, ne devoit être suspect à aucun des deux partis ; c'est ce qui fut exécuté au commencement de Mai. Le 7 du même mois le Duc d'Epernon entra dans la Ville avec la résolution de donner une fête aux personnes les plus qualifiées ; mais les hostilités qu'il avoit commises étoient trop récentes, & la haine qu'il avoit témoignée trop vive, pour que ces démonstrations de bienveillance fussent sinceres : ainsi l'on refusa l'entrée de la Ville à ses Gendarmes : on en fit sortir les personnes de sa suite qui l'avoient accompagné, & l'on défendit de loger des étrangers sans une ordre exprès des Consuls, de manière qu'il n'y eut aucune communication entre les habitans & les troupes du Duc.

Il n'en fut pas de même, quand Lesdiguières arriva deux jours après avec sa garde & sa compagnie d'ordonnance : il reçut presque les mêmes honneurs qu'on auroit rendus au Souverain ; sa présence y excita la joie la plus vive. On vit aussi arriver le Marquis d'Oraison & sa femme ; la Comtesse de Sault, qui faisoit sa premiere entrée dans cette Capitale depuis qu'elle en étoit sortie en habit de Suisse ; & un grand nombre de personnes de considération, que les divisions intestines avoient entraînées dans les camps. Toutes ces personnes animées du désir de voir enfin renaître la paix, oublièrent dans les transports de la joie publique leurs querelles & leur ressentiment.

Après que les premiers momens d'ivresse furent passés, on sentit que pour assurer la durée du calme, il ne falloit laisser aucun prétexte aux factieux d'allumer encore le flambeau de la discorde. Cependant ces factieux pouvoient trouver l'occasion de remuer, tant que le Fort Saint-Eutrope subsisteroit, & qu'il y auroit à Manosque une Chambre du Parlement. Il fut donc résolu de demander au Roi l'abolition du Fort, & le rappel de la Chambre. On députa en Cour pour cet effet les Conseillers de Perrier, & Boniface la Molle, vers le Connétable, à qui le Roi avoit donné ses pleins pouvoirs touchant les affaires de Provence. A leur retour les mêmes Conseillers accompagnés du Conseiller d'Escalis, se transportèrent à Manosque, pour engager la Chambre à revenir à Aix. La réunion du Parlement se fit au commencement du mois de Juin, à la satisfaction de tous les vrais Citoyens. Lesdiguières, le Comte de Carces, le Marquis d'Oraison, les Procureurs du pays, & un grand nombre de Gentilhommes allèrent recevoir hors de la Ville les Magistrats (1) qui avoient abandonné leurs

XCIV. DÉMOLITION DU FORT DE SAINT-EUTROPE.

XCV. RETOUR DE LA CHAMBRE DU PARLEMENT.

---

(1) Ces Magistrats étoient Louis d'Antelmi ; Antoine de Suffren ; Boniface Beimond, Seigneur de Penaford; Guillaume de Cadenet, de Sallon ; Jean d'Arcucia, Seigneur de Gardane; Antoine de Reillane ; Pierre Dedons ; François de Foresta, Seigneur de Rogiers; Jean-Pierre Olivier ; Jean de Leydet, Seigneur de Sigoyer; Antoine de Seguiran, dont le fils eut une charge de Président à Mortier en pur don, & ensuite la première Présidence à la Cour des Comptes, place que le Roi rendit hereditaire dans sa famille ; Marc-Antoine d'Escalis, Seigneur de Bras; Balthasar de Perrier, à la famille duquel le Roi donna, en recompense de son zèle, une fleur de-lys dans ses armes; Alexandre Guétin, & l'Avocat-General

femmes & leurs enfans pour demeurer fideles au Souverain; le Fort de Saint-Eutrope fut enlevé aux foldats qui en avoient la garde, & démoli.

Le Roi fatisfait de la foumiffion de la Province, avoit déja confirmé par un Edit que le Parlement vérifia le 27 de Juin 1594, les franchifes & les privilèges du pays; les prérogatives de la ville d'Aix, telles que d'avoir les cours de Juftice & un Hôtel des Monnoies. Il avoit auffi confirmé l'union de la procuration du pays au Confulat; & enfin les Arrêts du Parlement, excepté ceux que les Chambres divifées avoient donnés l'une contre l'autre ou contre les Membres engagés dans le parti oppofé. Par le même Edit il avoit accordé un pardon général pour tous les crimes commis dans le feu des guerres civiles; maintenu Gafpard de Pontevès, Comte de Carces, dans la Charge de Grand-Sénéchal, & donné au Parlement des éloges d'autant plus flatteurs qu'ils étoient mérités. *Nous déclarons*, dit-il, *être fatisfaits de notre Cour de Parlement de Provence, que nous reconnoiffons avoir été le principal inftrument de la ré-*

Monnier, qui eut par la même raifon que de Perrier, la permiffion de réfigner fon office à fon fils, & une charge de Confeiller en pur don. On ne fait pas pourquoi les autres Officiers que nous avons nommés, n'obtinrent aucune récompenfe, quoiqu'ils euffent les mêmes droits à la reconnoiffance & à la juftice de Sa Majefté; le Prefident Dechaine, le Confeiller de Boyer, qui s'etoient facrifies pour les intérêts du Roi, obtinrent, le premier l'Evêché de Senès pour un de fes fils, & le fecond une fleur-de-lys dans fes armes. Bientôt après on vit venir les Prefidents de Coriolis & de Piolenc; le Confeiller d'Aimar & fon fils, & le Procureur-General Rabaffe, qui tous avoient fuivi le parti du Roi; Laurens de Coriolis, fils du Prefident, fut recompenfé du zèle, que fon pere avoit montré, par le don que Sa Majefté lui fit de la charge de Préfident, avec difpenfe d'âge & de fervice; Raynaud-Fabri, Seigneur de Calas; d'Albi, Seigneur de Brefc; Garnier, Seigneur de Monfuron, Confeillers de la Chambre des Comptes, & que leur attachement au parti Royalifte avoit fait fortir de la ville d'Aix, y rentrèrent le même jour avec les Magiftrats du Parlement Royalifte.

duction de toutes les villes de notre Royaume en notre obéissance, ayant véritablement témoigné en cette rencontre une entiere reconnoissance de notre autorité, & montré une constance & fidélité exemplaire à toute la France.

Cependant on ne pouvoit pas se flatter de voir rétablir entièrement le calme tant que le Duc d'Epernon demeureroit en Provence : on a vu ci-dessus avec quelle ardeur les Provençaux demandoient son rappel : le Duc, au contraire, mettoit sa gloire à se maintenir dans son Gouvernement. De Belloy, Gentilhomme Picard, Maître-d'Hôtel du Roi, vint en Provence pour le ramener à l'obéissance par la persuasion : mais il ne put vaincre son opiniâtreté. Ce fut lui qui apporta le premier le *Catholicon*, ouvrage fameux dans lequel on dévoiloit tous les artifices de la Ligue. Le Duc d'Epernon le lisoit avec un plaisir singulier, & souvent tout haut après le repas, afin de rendre odieux, sans doute, ses ennemis qui avoient presque tous combattu sous les étendarts de la Ligue. Les Procureurs du pays, sachant que le Connétable de Montmorency avoit été chargé par le Roi de faire exécuter au Duc son rappel, lui écrivirent en ces termes :

MONSEIGNEUR,

« La Province a été tellement foulée par les troupes, que
» les lieux & les bourgs sont deshabités, les terres sans cul-
» ture, & les villes dans une si grande désolation que des riches
» particuliers sont réduits à la mendicité. Lorsque la soumis-
» sion de la ville d'Aix à l'obéissance du Roi, sembloit devoir
» nous faire espérer quelque soulagement à nos maux, nous
» les avons vu s'accroître par les incursions que les troupes
» du Duc d'Epernon n'ont cessé de faire, sous prétexte d'ar-
» rérages de contribution. Sa Majesté instruite que ces troubles
» venoient de ce que M. le Duc d'Epernon s'obstine à vou-
» loir conserver le Gouvernement, a trouvé bon de le rap-

An. 1594.

Bouch. tom. II.

XCVI.
LA PROVINCE DEMANDE LE RAPPEL DU DUC D'EPERNON.

Reg. du Parl.
Louvet.

Regist. du Pays.

» peller & de lui donner pour fucceffeur M. d'Amville votre
» frere : nous vous prions, Monfeigneur, d'ufer de toute votre
» autorité, pour faire exécuter les ordres du Roi fur un point
» de cette importance, & d'ordonner que les habitans des
» lieux foumis au Duc d'Epernon, reconnoiffent l'autorité du
» Parlement & des autres Tribunaux féant à Aix ».

An. 1594.

Le Connétable, malgré les difficultés qu'il voyoit à concilier tous les intérêts, tint une affemblée à Beaucaire le 12 du mois d'Août 1594. Les Députés du Parlement & de la Province (1) s'y trouvèrent, ainfi que le Duc & quelques Gentilshommes de fon parti, fçavoir, Villeneuve, Seigneur des Arcs; Pontevès-Buoux; Raphaelis, Seigneur de Saint-Martin; Barras; Vintimille, Seigneur d'Ollioules; Château-neuf, & les Syndics de plufieurs Communautés. Le Connétable fit des efforts inutiles pour les ramener à un plan de conciliation : défefpérant d'y réuffir, il voulut au moins fufpendre le cours des hoftilités, en attendant que quelque événement heureux fît une révolution qu'on n'ofoit pas fe promettre de la feule prudence : en conféquence il ordonna, le 19 Août, une trève de trois mois, pendant laquelle, dit le Connétable, chaque parti reftera maître de fes places, fans que de l'un elles puiffent paffer fous la domination de l'autre. Les troupes de Cavalerie & d'Infanterie feront en garnifon dans les villes, & ne pourront courir la campagne; on furfeoira à la levée des contributions; il fera libre aux laboureurs de vacquer à leurs travaux, fans qu'on puiffe leur enlever leur bétail; les troupes du Dauphiné, conduites au fecours de la Province, & qui fe font faifies de quelques villages, vuide-

XCVII.
LE CONNÉTABLE DE MONTMORENCI FAIT UN ACCOMODEMENT ENTRE LES DEUX PARTIS.

---

(1) Les Députés du parti oppofé étoient, pour le Parlement, le Préfident Coriolis; le Confeiller Bremond, Seigneur de Penaford; Monnier, Avocat-General, Seigneur de Melan; le Comte de Carces, Grand-Senechal de Provence; Valavoire; Gautier Grambois; Crozes, premier Conful d'Aix, & Meynier, Seigneur de Lambert.

ront

ront le pays ; les villes & les villages qui ont tenu le parti du Duc, ne feront point obligés de reconnoître le Parlement d'Aix, pour y aller plaider ; elles ne reconnoîtront pas non plus les Procureurs du pays de la même ville, pour le fait des impofitions ; mais fi l'on fe trouve dans le cas d'en mettre de nouvelles, les Confuls d'Aix, Procureurs du pays pour les villes de l'union d'Aix, s'affembleront avec les Procureurs du pays, créés par le Duc pour les villes de fon parti, afin de convenir enfemble des contributions qui doivent être mifes fur la totalité de la Province.

Cette ordonnance eft du 29 Août 1594 ; le Duc & les Députés qui l'avoient accompagné, promirent de s'y conformer ; mais les Députés du Parlement & les Procureurs du pays refuſèrent de figner les articles, qui mettoient des bornes à leur Jurifdiction, prétendant que c'étoit divifer les intérêts de la Province, que de ne pas la foumettre au pouvoir des mêmes Magiſtrats. L'ordonnance fut portée aux Etats affemblés au mois de Septembre. On fut d'abord fort embarraffé fur le parti qu'on devoit prendre ; car les feux de la Ligue échauffoient un grand nombre de factieux, réunis fous les enfeignes de Saint Romans, Gouverneur de Sallon. Le Duc de Savoye, Maître de Berre, de Graffe, & de Saint Paul de Vence, pouvoit encore fe faire craindre ; mais l'ennemi le plus redoutable étoit le Duc d'Epernon, qui, ayant fon reffentiment à fatisfaire, & des troupes pour le fervir, menaçoit la Provence des plus grands malheurs : ces confidérations furent préfentées avec beaucoup d'éloquence par le Préfident de Coriolis, & enfin après de longs débats, on délibéra d'accepter l'ordonnance, excepté les articles qui concernoient la Jurifdiction du Parlement, & les pouvoirs des Procureurs du pays. Les Etats (1) en conféquence

XCVIII.
DIFFICULTÉS QU'IL ÉPROUVE.

An. 1594.

(1) Ces Etats étoient affemblés à Aix : on comptoit parmi les Députés de la Nobleffe le Marquis d'Oraifon ; Palamede de Forbin Souliers ; Brancas, Baron

Tome IV. Z z

écrivirent au Duc d'Epernon la lettre suivante, le 10 Septembre de la même année.

MONSIEUR,

Regist. du Pays.

« Ayant lu l'ordonnance de Monseigneur le Connétable, faite à l'Assemblée de Beaucaire le 20 du passé, nous avons pris la résolution qui nous a paru la plus conforme à l'Edit du Roi, & tendre au bien de son service & à la tranquillité de la Province. Nous vous supplions, Monsieur, au nom de Dieu, d'avoir compassion de ce peuple désolé, & de ne pas nous traiter avec plus de rigueur, que vous n'avez traité ceux de la Ligue & du parti de M. le Duc de Savoie, avec lesquels vous avez fait une trève. Nous désirons, Monsieur, d'y être compris, & de satisfaire à l'ordonnance de Monseigneur le Connétable, excepté sur quelques chefs auxquels nous ne pouvons acquiescer. Si vous préfériez la guerre à la paix, vous nous forceriez de recourir au Roi, & à nos bons amis, & nous avons la juste confiance qu'ils ne nous abandonneront pas; mais nous espérons de votre zèle pour le service de S. M. que vous nous laisserez en paix, jusqu'à ce qu'il lui ait plû décider nos différends. En attendant votre réponse, nous prierons le Créateur de vous donner en santé, Monsieur, longue & heureuse vie ».

XCIX.
ILS ACCEPTENT UNE TREVE QUI EST MAL OBSERVÉE.

On ne se contenta pas d'écrire au Duc d'Epernon; on envoya des Députés au Roi : mais ce Prince obligé d'user de ménagemens, dans un tems où il n'étoit pas encore bien affermi sur le Trône, ne se hâta point de donner une décision. En attendant qu'il pût faire respecter son autorité, les

---

d'Oise, Monclar; P. E. Gerente; Forbin Janson; Valavoire; Forbin la Farc; Glandevès Gréoux; de Revest; Roollin Barthelmi, Seigneur de Quolongue; Giambois; Saint Martin; Malijai; Leydet Fonbeton; Châteauneuf, Villosc; la Roquette.

Etats acceptèrent purement & simplement la trève de trois mois, à condition que les villes de Marseille, de Sallon & de Berre y seroient comprises ; qu'en un mot il y auroit une suspension d'armes dans toute l'étendue de la Province. Cette précaution fut une digue trop foible contre la haine & le brigandage. Les Ligueurs, les Royalistes, les Partisans du Duc d'Epernon, ceux du Duc de Savoie, les Marseillois même reparurent tour à tour sur le théâtre, & se disputèrent le triste avantage de ravager la campagne, (1) & de soumettre quelques villages. Riqueti-Mirabeau, qui combattoit sous les Enseignes du Duc d'Epernon, reprit le Château d'Entrevaux qu'on fut sur le point de voir passer sous une domination étrangère. De Cordes en étoit Comman-

<small>ILS ACCEPTENT UNE TREVE QUI EST MAL OBSERVÉE.

Louv. Tr. de Prov.</small>

---

(1) Les ravages de ces guerres civiles s'étendirent jusques sur la ville d'Anot, qui, sous les Comtes de Provence, tenoit dans la contrée, où elle est située, un rang plus considérable qu'à présent. Elle avoit obtenu de la liberalité de ces Princes, en reconnoissance de sa fidelité & des services qu'elle leur avoit rendus, plusieurs priviléges honorables, tels que l'exemption des droits de Latte, de Peage & de Pulverage ; & attribution aux Consuls, de Jugement en matière civile, jusqu'à 50 livres, & en matière criminelle jusqu'à effusion de sang, avec connoissance exclusive des Tutelles, Curatelles & Inventaires. Cette ville étoit chef de Bailliage, & obtint de Marie de Blois, Reine de Naples & Comtesse de Provence, le 15 Decembre 1388, l'établissement d'une Foire le jour de Saint Andre, avec exemption de droit de Leyde, un marché tous les mois, & le privilége de ne pouvoir être aliénée du Domaine, avec permission, le cas arrivant, de s'y opposer à main armée, sans que cette résistance pût être taxée d'infidelité. La dureté des Seigneurs envers leurs Vassaux, étoit cause alors que les Villes sollicitoient vivement ce privilége, afin de ne pas tomber dans l'oppression où gémissoient la plupart des lieux, dépendants d'un Seigneur particulier.

Au reste, il étoit de l'interêt du Souverain de conserver la Jurisdiction de la ville d'Anot, qui, par sa situation avantageuse & le zéle des Habitans, avoit souvent résisté aux ennemis durant les guerres civiles. Elle seroit susceptible de fortifications, si le système politique de l'Europe, & la manière de faire la guerre, ne rendoient ces précautions inutiles. Une chose bien plus utile pour le pays, c'est d'y encourager l'industrie par l'etablissement de quelques Fabriques, comme a fait la Province pour la ville d'Anot en 1782. *Note faite d'après les titres fournis par M. Verdollin Avocat.*

dant, ainsi que de la ville ; mais le désir de se rendre utile lui faisoit suivre l'Armée Royaliste dans la basse-Provence. Son Lieutenant, en son absence, vendit la ville & le Château à Grimaldi, Comte de Beuil, qu'il introduisit dans la ville, mais il garda le château, où plusieurs habitans, fideles sujets du Roi, se réfugièrent : il les logea dans les fortifications extérieures, sans leur permettre d'entrer dans le donjon où il se tenoit avec six hommes, aussi peu délicats que lui sur les loix de l'honneur & du devoir. Ces hommes écrivirent secretement à Mirabeau, qui étoit du côté de Colmars, de venir avec des troupes, & qu'ils lui livreroient le traître. Celui-ci ayant eu quelque pressentiment du sort qui l'attendoit, sortit secretement du donjon, & se sauva dans la ville, où il se croyoit en sûreté sous la protection du Comte de Beuil. Mais le Comte le fit pendre, *par la raison*, disoit-il, que *pour son argent il n'avoit reçu que la moitié de la marchandise ;* voulant dire que le Lieutenant ne l'avoit mis en possession que de la ville, quoiqu'il lui eût promis de lui livrer aussi le château.

Tandis que ces Acteurs occupoient la scène d'une manière si affligeante pour la Province, on vit paroître deux personnages d'un autre genre ; mais qui par le poids qu'ils avoient acquis dans l'opinion publique, ne pouvoient manquer de faire un moment diversion. Ces deux personnages étoient le Comte de Carces & la Comtesse de Sault : ils se brouillèrent, & le choc de leurs inimitiés retentit dans toute la Province. Il y avoit alors deux bannières, celle du Roi, & celle du Duc d'Epernon ; comme le Parlement craignit qu'il ne s'en levât deux autres, qui auroient été les signaux de nouvelles factions ; il n'oublia rien pendant près de deux mois, pour réconcilier le Comte & la Comtesse. Les Procureurs du pays s'en mélèrent aussi, & traitèrent cette affaire avec une sollicitude qui en prouve l'importance. Le Parlement enjoignit plusieurs fois aux deux rivaux de fe réconcilier, & de *s'embraſſer*, comme il eſt dit dans les Regiſtres de la Cour. Ils proteſtèrent toujours n'avoir aucun reſſentiment l'un contre l'autre ; mais enfin il fallut obéir, & l'on vit ces deux perſonnes étouffer en apparence une animoſité, dont nous n'aurions pas fait mention, ſi cette anecdote ne ſervoit à nous faire juger de l'Etat de la Province : la brouillerie de deux particuliers, conſidérables à la vérité par leur rang, & leurs partiſans, l'auroit de nouveau miſe toute en feu ; tant eſt redoutable le pouvoir de l'opinion, quand on a ſçu la captiver.

Genebrard donnoit une nouvelle preuve de ce pouvoir dans la ville de Marſeille, où il tâchoit de relever la Ligue expirante. Les Députés d'Arles, de Sallon, de Berre & du Martigues, villes encore dévouées à ce parti, s'y étoient rendus ; mais leurs efforts impuiſſants ne ſervirent qu'à mettre leur foibleſſe dans tout ſon jour ; d'ailleurs une prolongation de la trève, ordonnée par le Roi, calma cette effervefcence paſſagère. La nouvelle en fut portée à Aix le 5 Janvier 1595, par Lafin & Mauroi. Le Duc d'Epernon refuſa de s'y conformer, & profitant de la ſupériorité qu'il avoit acquiſe, il alla tomber ſur le château des Souliers, dont il haïſſoit le Seigneur, parce que, dans toutes les occaſions, la maiſon de Forbin s'étoit oppoſée à ſes deſſeins ; delà il fit porter le ravage au terroir de Toulon, de la Garde & de la Valette, & enfin à celui d'Aix, où il ne trouva aucune réſiſtance. Le Parlement, étonné de ces actes d'hoſtilité, lui en fit des plaintes, & demanda l'obſervation de la trève. Ce n'étoit pas une choſe facile à obtenir : il falloit pour avoir la paix avec lui le reconnoître pour Gouverneur ; ériger à S. Maximin une Chambre de Juſtice, & avoir auprès de ſa perſonne un des Procureurs du pays, qui, au nom de la Province, mit ſon attache aux contributions qu'il feroit obligé de lever. A ces conditions il promettoit de quitter les armes, ou bien

C.
LES DIVISIONS
RECOMMENCENT
ENTRE
LES CHEFS.
Hiſt. de Marſ.
&c.
An. 1595.

Reg. du Parl.

il menaçoit de faire une guerre cruelle, ſi l'on refuſoit de les accepter. Cette réponſe excita dans le Parlement & dans la Ville un murmure général ; on prit le parti de reclamer la protection de Sa Majeſté, & de l'informer de tout ce qui ſe paſſoit dans le pays. Le Duc d'Epernon, toujours ferme dans ſes projets, ne voulut ni ſe dépouiller de ſon Gouvernement, ni accorder une trêve à la ville d'Aix ; il fit même délarer ſes intentions par l'Aſſemblée des Gentilshommes & des Communautés de ſon parti, qu'il aſſembla à Riez au mois de Février 1595.

Cependant il n'en ſentit pas moins que l'orage ſe formoit ſur ſa tête, & qu'il en feroit accablé, s'il avoit plus long-tems ſur les bras les Royaliſtes & les Ligueurs. L'expérience & ſes réflexions lui avoient prouvé que ſon pouvoir crouleroit de lui-même, s'il n'étoit appuyé que ſur les forces qu'il avoit dans le pays ; il prit donc la réſolution de ſe ranger du parti des Ligueurs, & fit un traité particulier avec le Duc de Mayenne. Les conditions étoient, qu'il ſe départiroit de l'obéïſſance du Roi, ſe déclareroit ouvertement pour la Ligue dans l'eſpace d'un mois, & reconnoîtroit Mayenne pour Lieutenant Général de l'Etat Royal & Couronne de France ; qu'il mettroit en ſon pouvoir les provinces, villes & fortereſſes dans leſquelles il avoit quelque crédit, ainſi que celles qui dépendoient de lui comme Gouverneur ; qu'il prendroit du Duc de Mayenne ſes lettres de proviſion, pour le Gouvernement de Provence, & les feroit vérifier au Parlement qui feroit établi à Brignolles, puiſque celui d'Aix avoit reconnu le Roi ; que ce tribunal feroit compoſé de deux Préſidents, de douze Conſeillers, d'un Avocat & d'un Procureur Généraux, d'un Greffier civil & criminel, ſauf d'en augmenter le nombre, & qu'on recevroit ceux des Officiers d'Aix qui voudroient y entrer.

Le Duc de Mayenne, de ſon côté, s'obligeoit à faire reconnoître le Duc d'Epernon par les Villes & les Gentilshommes du parti de la Ligue, & notamment par les villes d'Arles, de Marseille, du Martigues & de Sallon. Les Marseillois n'eurent pas de peine à donner au Duc de Mayenne une preuve de leur condescendance. Ils promirent de reconnoître le Duc d'Epernon pour Gouverneur de Provence, & de lui obéir en cette qualité ; mais seulement dans tout ce qui intéresseroit le bien général de la Province : du reste, ils ne voulurent pas qu'il se mêlât de leurs affaires particulières, à moins qu'on ne l'en priât; & de peur qu'il ne fût tenté de s'ingérer dans l'administration, ils exigèrent qu'il fît son séjour ordinaire loin du terroir, & promirent quand il viendroit à Marseille, de le recevoir avec trois personnes de sa suite seulement : quant à l'établissement d'un Parlement; ils consentirent à ce qu'il y en eût un à Brignolles, à condition que la Chambre de Justice, érigée à Marseille pour juger les procès en dernier ressort, subsisteroit comme auparavant.

CII. Conditions auxquelles les principales villes des Ligueurs le reconnoissent pour Gouverneur.

An. 1595.

Les habitans du Martigues firent leur traité dans le même esprit, ainsi que plusieurs Gentilshommes Ligueurs, qui avoient des Compagnies à leur solde. La ville d'Arles, après beaucoup de débats, entra dans la confédération aux mêmes conditions que Marseille. Saint-Romans, un des Chefs les plus fameux de la Ligue, fut des premiers à se déclarer pour le Duc d'Epernon. Le Comte de Carces, picqué de sa défection, alla l'assiéger dans Sallon, dont il se rendit maître par trahison, & le força de se réfugier au château : Vitelli, Gouverneur de Berre pour le Duc de Savoie, changea d'intérêt, en voyant changer les circonstances : d'ennemi qu'il étoit du Duc, un mois auparavant, il devint son allié, & prit avec lui les armes contre le Comte de Carces, qui jusqu'alors avoit été son appuy.

Ce changement dans les intérêts des Chefs de la Province fit craindre au Parlement des maux plus grands que ceux qu'on avoit déja soufferts. Il donna le 4 Mars 1595 un Arrêt, par lequel il enjoignit d'informer contre les excès commis par le Duc, & défendit aux Gentilshommes, Capitaines, Consuls, Syndics & Habitans des villes, bourgs & villages, de lui donner des secours de quelque nature qu'ils fussent ; il ordonna même à ceux qui combattoient sous ses drapeaux de l'abandonner, sous peine d'être traités comme criminels de Leze-Majesté : cet Arrêt n'étoit qu'une menace impuissante, tant qu'on n'avoit pas des forces pour l'appuyer. Le Parlement le sentit : il invita les sieurs d'Ornano & Lesdiguières à venir défendre la Provence contre les ennemis du Roi ; & fit part au Connétable de tout ce qui se passoit dans cette Province, en le priant d'y remédier par son pouvoir. Ainsi les deux partis, animés d'une égale haine, mais trop foibles pour que l'un pût dominer sur l'autre, mendioient des secours, & ruinoient le pays.

Le Duc, tandis que le Parlement fulminoit contre lui, assiégeoit le Comte de Carces dans la Ville de Sallon. Le Comte, pressé d'un côté par la garnison du château dont il faisoit le siége, & de l'autre par l'armée ennemie campée devant la Ville, se défendit pendant quelques jours avec le courage d'un homme qui ne voyoit point d'autre alternative que la victoire ou la ruine totale de son parti. Heureusement Lesdiguières, qui se trouvoit par-tout où le danger l'appelloit, vola des frontières de la Savoie devant Sallon, avec Blain du Poët, y jetta un renfort, & retourna en Piémont pour secourir Cavours qu'il ne put défendre. Le Duc d'Epernon désespérant de prendre la Ville, & craignant pour les places de sa dépendance, qui étoient menacées, se retira précipitamment vers Rognes, après avoir écrit à Saint-Romans, Commandant du château de Sallon ; *je suis venu au pas vous secourir ; je me retire au trot, mais je vous promets, foi de Chevalier, que si vous tenez encore quinze jours, je viendrai vous délivrer.*

Après

Après son départ le Comte de Carces, tourna toutes ses forces contre le château, & l'emporta par escalade, le vingt-deux Avril 1594. Saint-Romans prêt de tomber entre les mains des soldats, se sauva par le conduit d'un privé, sauta ensuite une muraille assez élevée, & se cassa une cuisse dans sa chûte; ce qui ne l'empêcha pas de se traîner assez loin pour se dérober aux regards des ennemis, jusqu'à ce que des personnes de son parti vinssent l'enlever. Parmi les Capitaines qui se distinguèrent, on nomme le Marquis d'Oraison, Pontevès-Gien, Forbin la Barben, la Beaume, & de Cordes, de Sallon.

Le Roi n'ignoroit rien de ce qui se passoit en Provence: mais les plaintes des deux partis l'avoient jetté dans l'incertitude sur la manière dont il devoit agir; il chargea de Fresne, Secretaire de ses commandemens, d'aller s'informer sur les lieux de l'état des affaires. De Fresne arriva le quinze du mois d'Avril: il vit d'abord le Duc d'Epernon, auquel il déclara que l'intention du Roi étoit qu'il sortît de Provence, parce que S. M. en avoit donné le Gouvernement à un autre: le Duc étonné changea de couleur, & eut de la peine à réprimer sa colere. Ensuite ayant un peu calmé ses sens, il répondit que, puisqu'il avoit arraché cette Province des mains du Duc de Savoie & de la Ligue, aux dépens de son sang, de celui de son frere, de ses parents & de ses amis, il sembloit avoir acquis des droits sur elle; qu'on ne pouvoit la lui ôter sans injustice; qu'il étoit résolu de s'y maintenir par la force des armes; & que si la fortune se déclaroit contre lui, son épée lui restoit pour ne pas survivre à son honneur. De Fresne lui représenta les malheurs où sa résolution le jetteroit, & finit par lui dire, que s'il n'obéissoit volontairement, le Roi viendroit en personne le punir de sa désobéissance ; *qu'il vienne*, repartit le Duc, *je lui servirai de fourrier, non pour marquer, mais pour brûler les logements sur son passage.* De Fresne se retira fort

An. 1595.

CIV.
Le Roi envoie un Député en Provence.

Tome IV.   Aaa

mécontent d'une entrevue dans laquelle l'autorité de son maître étoit si indécemment compromise. Il alla à Aix, où il rendit compte dans une Assemblée des Chambres du Parlement, du sujet de son voyage & de la conférence qu'il avoit eue avec le Duc. Les Procureurs du pays étoient présents à cette Assemblée ; il se plaignit de ce que la haine empoisonnoit les plaintes qu'on avoit fait parvenir jusqu'au Trône ; il représenta que si tous les sujets sans distinction avoient droit à la justice du Souverain, Sa Majesté devoit une protection plus particulière aux principaux Officiers de la Couronne, & ne devoit pas se laisser aisément prévenir par les clameurs d'un peuple trop passionné contre ses Gouverneurs : ensuite étant entré dans quelques détails sur les malheurs de la Province, il reprocha aux Procureurs du pays la facilité avec laquelle ils accordoient sans la permission du Roi, tout ce qu'on leur demandoit pour l'entretien de la Compagnie d'hommes d'armes du Gouverneur, pour la subsistance des gens de guerre inutiles, & pour d'autres objets encore moins essentiels ; de façon, ajouta-t-il, que la Provence seule a payé plus d'impositions, que n'en ont supporté les six principales Provinces du Royaume : de-là vient que les personnes les plus considérables de la Cour recherchent avec empressement un Gouvernement aussi lucratif.

Cependant le Duc d'Epernon, quand la colere eût fait place à la réflexion, consentit à une trève de deux mois. De Fresne voulut mettre ce moment de calme à profit, pour faire exécuter quelques ordres : le Roi lui avoit donné des lettres pour Casaulx & Louis d'Aix, que leurs intrigues avoient élevé dans la Ville de Marseille à une espèce de souveraineté ; n'osant pas les porter lui-même, il les envoya par un trompette ; car tel étoit l'état des affaires dans cette ville, que le Roi devenu, par les malheurs du tems, l'égal des Chefs de parti, ne pouvoit leur commander : lui & les rebelles s'observoient dans une continuelle défiance, en attendant l'occasion, le Roi, de faire respecter son autorité; les autres, de ménager leurs intérêts & leur honneur. Le trompette que de Fresne avoit envoyé à Marseille, rencontra Louis d'Aix, lorsque celui-ci revenoit à pied de sa maison de campagne, & lui donna les lettres du Roi. Louis, après les avoir lues, eut l'insolence de les fouler aux pieds, en proférant des paroles injurieuses à la personne du Souverain; fit saisir le trompette par ses gardes, & eut la cruauté de lui faire couper les oreilles. Ce qui paroîtra plus étonnant, si quelque chose pouvoit surprendre dans des tems de trouble, c'est que cette coupable audace ne fut point punie. On ferma les yeux sur une insulte dangereuse en ce qu'elle favorisoit la révolte.

TREVE DE DEUX MOIS.

An. 1595.

Le Roi fit prolonger la trève jusqu'au mois de Novembre: mais les deux partis étoient trop irrités pour se contenir dans les bornes de la modération: ils faisoient de tems en tems des courses toujours funestes à l'un des deux. Chaylan, Seigneur de Mouriez, Thoron, Seigneur de Thouars, Conseillers au Parlement, furent enlevés par un détachement du Duc d'Epernon, en revenant de Digne. Mais dans tous ces actes d'hostilité, si peu dignes de l'histoire par leur objet, & par la qualité & le nombre des personnes, presque tous paysans, réunis sous un Chef au nombre d'une vingtaine, & ne respirants que le brigandage & une basse vengeance, on ne voit qu'un esprit de faction, animé par trop de motifs, pour être facilement détruit.

Cependant quand le Roi vint à Lyon, tous les ordres de cette partie de la Provence, qui ne reconnoissoit point le Duc d'Epernon, lui envoyèrent des Députés, pour le prier de mettre fin à leurs malheurs (1). La Comtesse de Sault qui avoit

CVI.
LE DUC DE GUISE EST NOMMÉ GOUVERNEUR.

___
(1) Les Députés du Parlement étoient le Président de Coriolis, le Conseiller d'Aimar, l'Avocat-General Monier, le Procureur-Général d'Aimar : ceux de la

trouvé dans ſes talens & dans ſes charmes, des moyens de ſatis-
faire ſon ambition & ſa vanité, & qui, accoutumée depuis
tant d'années à jouer un rôle en Provence, s'étoit figurée
qu'elle étoit une perſonne intéreſſante dans l'Etat, voulut auſſi
paroître à la Cour. Elle ſe forma un équipage proportionné à
la haute idée qu'elle avoit d'elle-même. Le Duc d'Epernon
ſe mit auſſi en route pour y aller, conformément aux ordres
qu'il avoit reçus; mais à peine étoit-il parti, que le Roi quitta
la ville de Lyon. Le Duc trouva à Valence le Connétable
de Montmorenci, Roquelaure, de Freſne, & le Marquis de
Piſani, qui lui ordonnèrent de la part de S. M. de remettre
ſon gouvernement à Charles de Lorraine, Duc de Guiſe &
de Chevreuſe.

Cette nouvelle, & celle qu'on eut de la réconciliation du
Roi avec le Saint-Siége, excitèrent dans la ville d'Aix un
contentement qu'on fit éclater par des feux de joie : les habitans d'Arles rentrèrent auſſi ſous l'obéiſſance d'Henri le Grand.
La Religion ayant été le prétexte de cette neutralité qu'ils
avoient embraſſée, ou, pour mieux dire, de cette indépendance
dans laquelle ils vivoient, en attendant qu'un événement
heureux diſſipât toutes les factions, ils arborèrent l'étendard
royal, quand la Cour de Rome eût reçu Henri IV dans le ſein
de l'Egliſe. Avant cette époque, pluſieurs Gentilshommes, plus
éclairés ſur leurs devoirs que le reſte de leurs concitoyens,
avoient mieux aimé s'expatrier, que de manquer à l'obéiſſance
due au Souverain. Henri, touché de leur zèle, avoit ſenti tout
le prix des ſacrifices qu'ils lui faiſoient, & le 15 Février pré-

---

Chambre des Comptes, la Ceppede, premier Préſident, & Fabri, Conſeiller :
les Députés du pays & de la ville d'Aix, le Comte de Carces, le Marquis d'O-
raiſon, Barthelemi-Sainte-Croix, premier Conſul, & Chriſtophe Meynier,
Seigneur de Lambert.

cédent, il leur en avoit témoigné sa sensibilité par la lettre suivante.

ARLES SE SOUMET AU ROI.
Au Greff. du Siég. d'Ail.

« Si vous n'eussiez préféré, Messieurs, votre honneur & l'obligation naturelle de l'obéissance de votre Roi à vos intérêts & commodités particulières, vous n'eussiez pas si patiemment supporté votre absence, & l'éloignement de vos maisons, comme vous avez fait depuis six ans : mais comme toutes les actions de la Noblesse doivent tendre à la vertu, cette gloire vous restera au moins, d'être demeurés fermes dans votre résolution, en un siècle qui a produit tant de monstres d'infidélité & de perfidie, que les plus constans ont été ébranlés à s'oublier en leur devoir. Or si quelque chose peut soulager votre déplaisir, c'est que votre exemple servira de miroir à la postérité, & que vous avez fait service à un maître, qui en a beaucoup de satisfaction, & désire qu'il se présente quelqu'occasion de le reconnoître. Je vous assure que je le ferai bien volontiers .... étant en termes de m'acheminer incontinent par de-là, j'estime tellement faire changer de face à mes affaires en ces quartiers, que vous recevrez par ma présence la consolation que vous attendez de vos familles, outre le gré que je vous sçaurai de vous être si courageusement séparés du parti des rébelles. Cependant je vous prie de persévérer en l'affection que vous avez toujours montrée au bien de mes affaires, selon la confiance que j'ai en vous, & me prouver que les artifices de mes ennemis, & les belles & spécieuses couleurs dont ils ont ébloui les yeux de mes sujets, n'ont eu & n'auront aucune puissance sur vous. Priant Dieu, Messieurs, qu'il vous ait en sa sainte & bonne garde ».

An. 1595.

Les Villes de Grasse & de Berre, soumises au Duc de Savoie, ne furent pas en état de secouer le joug: celle du Martigues persista dans le parti de la Ligue; Marseille continua

LIVRE XII.

CVIII.
Plusieurs Villes et Gentilshommes renoncent a la Ligue.

d'être dans la dépendance de ses Duumvirs. Quant au Duc d'Epernon, il n'avoit plus qu'une autorité expirante, depuis que le Duc de Guise, son succeffeur, s'avançoit pour prendre poffeffion de son Gouvernement : plufieurs Villes que l'intrigue tenoit encore attachées à fes intérêts, arborèrent l'étendard Royal. La plupart même de fes partifans, parmi les Gentilshommes, l'abandonnèrent. Les plus fameux d'entr'eux furent Pontevès-Buoux, & le Chevalier fon frère. Le premier s'empara de Riez & de Mouftiers, qu'il mit au pouvoir du Duc de Guife, & fit la garnifon prifonnière. Le Capitaine Boyer ne tarda pas de fuivre fon exemple. Ainfi d'Epernon perdit en peu de jours les trois perfonnes fur lefquelles il fondoit prefque toutes fes efpérances ; car il difoit, en faifant allufion au nom de *Buoux* & de *Boyer*, que *fes affaires ne pouvoient pas manquer de profpérer en Provence, parce qu'il avoit deux bons bœufs & un bon bouvier.*

CIX.
Conduite du Duc de Guise et de Lesdiguieres.

De Thou.

Cependant le Duc de Guife s'avançoit vers la Durance pour achever de ruiner le parti de fon concurrent. Lefdiguieres, fon Lieutenant-Général, & qui devoit être fon confeil, foumettoit la Haute-Provence. Il emporta la Baume, & fomma Ramefort, Gouverneur de Sifteron, de fe rendre. Ramefort avoit eu ordre fecrettement du Duc de Guife de ne remettre la place qu'à lui-même : le Marquis d'Oraifon, Mefples & le Chevalier de Buoux, jaloux de la réputation de Lefdiguieres, avoient donné ce confeil au Duc, pour les brouiller. Lefdiguieres s'apperçut du piége & diffimula. Il fupporta patiemment auffi le refus que fit le Gouverneur de donner à un de fes parents, nommé d'Auriac, le gouvernement de cette place. Toujours animé du zèle le plus vif pour le fervice du Roi, il continua fa route vers la Baffe-Provence, foumit, fur fon paffage, les lieux qui ne le reconnoiffoient point encore, & arriva à Aix à-peu-près en même-tems que le Gouverneur, c'est-à-dire, vers le milieu du mois de Novembre 1595. Ce fut l'époque où le Duc d'Epernon ne dut plus se flatter de rendre à ses armes leur ancienne supériorité. Car le Parlement ayant vérifié le 17 du même mois les lettres de Gouverneur accordées au Duc de Guise, enjoignit aux Gascons & aux autres Militaires, qui tenoient le parti d'Epernon, de sortir de Provence, de remettre dans l'espace de huit jours aux Officiers du Roi les places, villes & forteresses qu'ils occupoient, sous peine d'être punis suivant la rigueur des loix. Il ordonna en outre à tous les Gentilshommes & Gens de guerre, de venir prêter serment de fidélité pardevant la Cour, & de recevoir dorénavant les ordres du Duc de Guise. Les lieux de Ventabren & de Saint-Canat, se soumirent d'eux-mêmes. Le Bourg de Monsallier arbora l'étendard royal par le zèle des Capitaines Antoine de Bermond & de Claude Pelissier. Le Martigues & Marignane ouvrirent leurs portes à Lesdiguieres, qui défit ensuite devant Auriol un détachement des ennemis; & sans s'amuser à battre le fort, difficile à surprendre, à cause de sa situation avantageuse, il conduisit ses troupes victorieuses devant Marseille, où le Duc de Guise se trouva. On prétend que les rivaux de Lesdiguieres, jaloux de sa gloire, empêchèrent qu'il ne se rendît maître de la Ville; mais ils ne l'empêchèrent pas de donner encore au Roi des preuves de la constance de son zèle.

CONDUITE DU DUC DE GUISE ET DE LESDIGUIERES.

Reg. du Parl. An. 1595.

Hist. de Prov. & de Marf.

Le Duc d'Epernon, abandonné de toutes parts, & ne conservant plus de tout ce que son rang, ses talents & ses intrigues avoient produit en Provence, que la haine qui s'étoit accumulée sur sa tête, eut lieu de s'appercevoir combien elle est dangereuse, quand elle échauffe des hommes d'une certaine trempe. Un Paysan du Val, soit qu'il se portât de lui-même au crime, soit qu'il y fût poussé par des personnes mal-intentionnées, forma le projet de le faire périr, & la manière dont il s'y

X.
ON ATTENTE A LA VIE DU DUC D'EPERNON.

prit, est aussi étonnante que sa hardiesse. Il demanda au Curé de Brignolles la permission de mettre deux coffres dans l'Eglise où le Duc entendoit tous les jours la Messe. Le Curé y consentit, à condition qu'il verroit ce qu'ils contenoient. Le Paysan, obligé de renoncer à ce moyen, qui auroit fait périr une infinité de personnes, en imagina un autre dont l'effet étoit moins dangereux; il remplit deux sacs de poudre, desquels sortoit une longue ficelle qu'il suffisoit de tirer, pour faire partir un artifice qu'il y avoit caché.

Il comptoit faire entrer les sacs par une ouverture extérieure dans la cave de la maison où le Duc étoit logé ; mais on l'avoit bouchée depuis peu de jours, & il eut recours à une ruse qui malheureusement lui réussit. Il devoit du bled à la femme chez qui le Duc étoit logé, & même il avoit été assigné pour le paiement : il va la voir, & lui dit qu'il étoit tout prêt à la payer, mais qu'il craignoit que les soldats qui montoient la garde à la porte, ne lui en défendissent l'entrée. Elle lui promit de leur parler : en effet les sacs furent apportés à midi, qui étoit l'heure à-peu-près où le Duc se mettoit à table, & placés immédiatement au-dessous de la salle à manger, contre un mur mitoyen qui soutenoit le plancher. Quelques personnes voulurent voir ce qu'il y avoit dedans ; à peine elles eurent commencé de les délier, que le feu prit aux poudres, fit sauter le plancher, renversa le mur mitoyen, & auroit fait de plus grands ravages, si les portes & les fenêtres, qui étoient ouvertes, n'avoient donné une libre issue à l'air. Le Duc d'Epernon fut blessé au bras droit & à la cuisse, & eut la barbe & les cheveux brûlés. Les convives enveloppés dans la flamme & la fumée, & entraînés dans la chûte du plancher, en furent quittes aussi pour quelques meurtrissures.

Cet événement fit une grande sensation dans la Ville : les habitants différemment agités, suivant la diversité des bruits
qu'on

qu'on répandoit, accoururent en foule autour de la maison où ils croyoient trouver le Duc enseveli sous les ruines. Celui-ci, quand il fut revenu de sa frayeur, plaça des corps-de-garde dans les différents quartiers de la Ville, disposa ses troupes sur les remparts, & envoya cinquante cavaliers à la découverte; car il croyoit que les ennemis, d'accord avec les auteurs de l'attentat, s'étoient mis en embuscade autour de la Ville, pour s'en emparer dans le moment du désordre. Quand il sçut que tout étoit tranquille, il écrivit aux Villes de son parti pour les rassurer sur cet événement. Comme parmi ses ennemis, il y avoit beaucoup de Protestans, & que cet attentat avoit été commis un Samedi, il disoit dans sa lettre aux Marseillois, en faisant allusion à la *saucisse*, espèce de mèche qu'on emploie dans les mines, *mes ennemis ont voulu me faire manger de la saucisse un Samedi, mais je suis trop bon Chretien*.

Le Paysan, qui avoit exécuté ce noir projet, se sauva précipitamment, quand il entendit le bruit de la poudre, & courut à Aix publier la mort du Duc, qu'il croyoit assurée. Mais on fut bientôt détrompé sur une nouvelle que le peuple avoit reçue avec des transports de joie, & qu'il n'auroit apprise qu'avec horreur dans un siècle plus éclairé. Le Duc d'Epernon, tout intrépide qu'il étoit, fut frappé, comme il devoit l'être, d'une trahison aussi noire par toutes ses circonstances. Depuis cette époque il ne chercha que les moyens de sortir honnêtement d'une Province, où il avoit à faire à des hommes, dit M. de Thou, qui n'en avoient que la figure, & qui ne craignoient pas d'en sacrifier plusieurs, pour se venger d'un seul.

Cependant le Duc de Guise & Lesdiguieres poursuivoient toujours le dessein qu'ils avoient de chasser le Duc d'Epernon de la Provence. La Ville de Grasse, dont le Duc de Savoie étoit encore maître, venoit de rentrer sous l'obéissance du Roi, après la mort du Capitaine la Plane, que deux Officiers avoient

ON ATTENTE A LA VIE DU DUC D'EPERNON.

An. 1596.

Mém. de Nicol. de Bauss.

CXI.
SOUMISSION DES VILLES REBELLES.

Tome IV.   B b b

assassiné. Crozes emporta le Château de Barbantane au mois de Janvier 1596. Lesdiguieres soumit Vinon, & Puymoisson; ensuite Norante, Blieux & S. André: après cette expédition il revint à Aix, pour faire vérifier ses Lettres de Lieutenant-Général pour le Roi en Provence. Le Parlement demanda le consentement des trois Etats : c'étoit une difficulté que suscitoient le Comte de Carces & le Marquis d'Oraison, qui, aspirant à la même place, la voyoient avec peine dans les mains d'un Etranger; ils cherchoient à le supplanter, sous prétexte qu'étant de la Religion Protestante, il pourroit ranimer les restes expirants d'une Secte qu'on avoit eu tant de peine à détruire. Lesdiguieres ennuyé des traverses qu'il éprouvoit, & se sentant peu fait pour lutter dans l'obscurité des intrigues, contre les obstacles qu'une cabale sourde lui suscitoit, retourna dans le Dauphiné, & alla se consoler, dans les douceurs de la vie privée, de tous les dégoûts que la jalousie seme ordinairement sur les pas des grands hommes.

CXII.
GENEBRARD EST BANNI DU ROYAUME.

Genebrard, nommé par le Pape à l'Archevêché d'Aix, comme nous l'avons dit ci-dessus, eut moins à s'en prendre à sa célébrité qu'à son entêtement pour la ligue, de tous les chagrins qu'il éprouva. Le Roi ordonna au Parlement de Provence de lui faire son procès : la chose ne fut pas difficile; car ce Prélat, à Paris, avoit joué un des premiers rôles parmi les Ligueurs: en Provence il avoit essayé de soulever la Ville & le Clergé d'Aix contre Henri IV, même après son abjuration : enfin il avoit publié un Ouvrage pour prouver que la nomination aux bénéfices appartenoit à la Cour de Rome. C'en fut assez pour armer contre lui la sévérité des Loix. Il fut déclaré par Arrêt du 26 Janvier 1596, atteint & convaincu du crime de Leze-Majesté, & banni du Royaume, avec défense d'y rentrer, sous peine d'être brûlé vif. Genebrard, forcé de se soustraire aux rigueurs de la Justice, se retira d'abord à Avignon, ensuite à Semur en Bourgogne, où il mourut treize mois après, avec la réputation d'avoir été un des hommes les plus savans de son siecle.

An. 1596.

LIVRE TREIZIÈME.

I.
CONDUITE DE CHARLES CASAULX ET DE LOUIS D'AIX, A MARSEILLE.

C'EST ainsi que la Ligue perdoit insensiblement en Provence ses plus fermes appuis : il lui restoit encore la Ville de Marseille, où Charles Casaulx & Louis d'Aix soutenoient leur despotisme, moins encore par le fanatisme de Religion que par leurs violences. Quoique nous ayons déja parlé plusieurs fois de ces deux Tyrans, nous croyons devoir entrer dans quelques détails plus particuliers sur leur caractere & leur conduite. Charles Casaulx (1), fils d'un Marchand de Marseille, étoit originaire de Gascogne (1), & se trouvoit réduit presqu'à la misere, lorsqu'il se rendit coupable de crimes, qui le forcèrent de quitter sa patrie. Errant hors de Marseille, & ne sachant trop que devenir, il alla à Aix, où à la faveur des troubles dont cette Ville étoit agitée, il se flattoit de trouver quelques moyens de réparer les rigueurs de la fortune; il s'introduisit, on ne sait comment, auprès de la Comtesse de Sault, que ses talens & ses intrigues avoient rendue l'ame de tous les mouvemens,

---

(1) Le premier de ce nom que je trouve à Marseille est Perraton Casaulx, qui le 5 Mai 1488, fut chargé par Charles de Castellane, ci-devant Viguier, de retier deux écus provenans de la rente que payoit le lieu de débauche établi dans cette Ville. *Not. Darneti.* C'étoit anciennement une Loi exactement observée à Marseille, qu'une femme de mauvaise vie ne pouvoit se prostituer que dans le lieu assigné par la Police pour ce commerce infâme. Charles Casaulx, dont il est ici question, se disoit Ecuyer dans un Acte du 5 Mars 1578, & fils de Guillaume Casaulx, Capitaine. *Reg. du Siége de Marseille.* Il étoit allié de la famille Altovitis, & d'une autre famille connue.

dont la Province étoit agitée. Cette Dame lui voyant un génie propre aux factions, lui donna une Compagnie de Gendarmes, & l'employa dans toutes les occasions où il falloit de la résolution & du courage ; elle crut sur-tout qu'il la serviroit efficacement dans le dessein qu'elle avoit de soumettre la ville de Marseille au Duc de Savoie, & l'y envoya chargé d'une commission importante, pour empêcher qu'on ne le recherchât sur sa conduite passée. Casaulx y arriva, lorsque le Peuple étoit soulevé contre le Consul Remusan, parce que celui-ci s'étoit déclaré pour le Roi. L'occasion lui parut favorable pour jouer un rôle conforme à son caractère : il se mit à la tête des mutins, força le Consul de se réfugier à la Tour de S. Jean, pour échapper à leur vengeance, & le fit dépouiller du chaperon, que les mutins, secondés par les partisans de la Comtesse de Sault, lui déférèrent.

Louis d'Aix (1) étoit alors Lieutenant de Castellane-Bezau-

---

(1) La famille d'Aix etoit connue à Marseille à la fin du XVe Siècle ; car Raymond d'Aix y étoit Boucher le 12 Décembre 1484. *Not. Honoré Antelmi.* Honoré d'Aix se disoit Bourgeois de cette ville, & fils du Capitaine François, le 6 Novembre 1588. *Reg. du Siège.*
Louis qui joue un rôle dans cette Histoire, & qui étoit peut-être frere d'Honoré, avoit été condamné le 23 Novembre 1582, à faire amende-honorable, tête & piés nuds, une torche à la main, à avoir la langue percée, & à servir le reste de ses jours, sur les galères en qualité de forçat, avec defense d'en sortir, sous peine d'être pendu. Il fut mis sur la Galère du Chevalier d'Aumale, qui lui trouvant du courage & du zèle pour le parti des Catholiques, lui donna la liberté. Le Duc de Mayenne, qui n'étoit pas fort délicat sur le choix des personnes dont il se servoit pour parvenir à ses desseins, l'employa dans la guerre de la Sainte-Union à Marseille, en qualité de Sous-Viguier, sans ménagement pour la délicatesse des habitans, qui devoient rougir de voir un tel homme à la tête de la Ville, & se croire insultés, ce qui peut-être ne contribua pas peu au mécontentement qui amena la révolution. Le Duc de Mayenne lui accorda des Lettres de grace, en récompense de ses bons services, & déclara qu'il le rétabliroit dans son honneur, ne s'appercevant pas que par ces Lettres il consacroit à la postérité la honte du coupable, & sa propre imprudence. *Reg. du Siège de Marseille.*

dun, dans la Charge de Viguier. C'étoit un caractère factieux très-ressemblant à Casaulx par ses talens & ses vices, & très-propre par conséquent à agir de concert avec lui, dans tous les projets d'ambition & de vengeance. Louis, après avoir exercé pendant un an les fonctions de Sous-Viguier, se fit nommer en chef par le crédit de Casaulx & de ses partisans, avec l'approbation du Duc de Mayenne. Le pouvoir de ces deux hommes dépendoit de leur union : aussi marchèrent-ils vers l'autorité souveraine avec un concert admirable, renversant sur leurs pas tous ceux qui, par leurs talens & leur crédit, auroient pu les arrêter dans leur marche. Ce despotisme allumoit la haine & la vengeance dans le cœur de la plupart des Citoyens ; mais il n'y en avoit aucun qui osât arborer l'étendard de la liberté. Un assassinat paroissoit plus facile, & deux Religieux de l'Ordre de S. Dominique se chargèrent de le commettre le jour de Noël 1594, jour où les Officiers Municipaux & un concours prodigieux de Peuple devoient assister à une cérémonie dans leur Eglise. Ils mirent sous les bancs des Consuls un quintal de poudre dans un sac, auquel aboutissoit un tuyau qu'ils firent passer par un trou fait exprès à la muraille, & par lequel ils devoient mettre le feu. Le même sac contenoit environ trois cents balles, dont l'effet auroit été le même que celui d'un gros canon chargé à mitraille.

II. COMPLOT FORMÉ CONTR'EUX.

Pour tirer de ce crime tout le fruit qu'on s'en promettoit, les Chefs du complot avertirent secrétement leurs partisans quelques jours à l'avance, de se tenir prêts, parce que le jour de Noël on devoit faire jouer la mine sous les Tyrans. Ce secret qu'on avoit confié successivement à plus de deux mille personnes, parvint jusqu'aux oreilles de Casaulx & de Louis d'Aix, qui ne sachant en quel lieu devoit se passer cette scène tragique, augmentèrent le nombre de leurs espions, & firent arrêter ou

An. 1596.

mourir quelques personnes qui leur étoient suspectes, entre-autres le sieur de la Garciniere.

Ces exécutions, en les rendant plus redoutables, les exposoient à plus de danger : aussi ne sortoient-ils qu'environnés de nombreux satellites, & le jour de Noël ils allèrent entendre la Messe à la Cathédrale, au milieu de trois cents Mousquetaires ou Arquebusiers, & accompagnés de cent personnes, tant amis que parents, armés de leur cuirasse & le pistolet à la main. Ils étoient aussi eux-mêmes en cuirasse & en armes : ce fut avec cet appareil de guerre qu'ils entrèrent dans l'Eglise ; mais ils ne se mirent point à leur place ordinaire, & le soir ils n'allèrent point aux Dominicains, suivant l'usage ; ce qui fit craindre aux auteurs du complot qu'ils ne fussent découverts : ils le furent en effet le soir même, de la manière que nous allons le raconter.

Un des deux Religieux, nommé Brancoli, avoit un beau-frère au service de Louis d'Aix : craignant pour ses jours, il l'avertit de ne point suivre les Duumvirs pendant les Fêtes de Noël, pour des raisons qu'il ne pouvoit pas lui dire. Celui-ci curieux de savoir le motif d'un conseil de cette importance, presse le Religieux de lui découvrir son secret ; & après beaucoup d'instances, il apprend le danger inévitable qui attendoit les Duumvirs dans l'Eglise des Dominicains. Persuadé qu'un avis de cette nature seroit généreusement récompensé, il court en faire part à Louis d'Aix, & lui dit que, s'il veut promettre au Religieux qu'on ne lui fera aucun mal, on pourra savoir de quelle manière le complot a été ourdi. La parole est donnée, le Religieux interrogé, son confrère Antoine d'Attria accusé, arrêté & conduit en prison. Celui-ci nia d'abord qu'il fut instruit des choses dont on lui parloit ; mais enfin, forcé de s'expliquer, il avoua tout, & indiqua l'endroit où étoient les poudres.

Aussitôt Louis & Casaulx s'en vont avec leur escorte ordinaire à l'Eglise des Dominiquains, & arrivent lorsqu'on étoit encore à vêpres : leur impatience ne permet pas d'attendre qu'elles soient finies ; ils s'approchent du banc sous lequel étoit la poudre, le font voler en éclats à coups de hache, & découvrent aux yeux des assistans le danger qui les menaçoit tous. Il part un cri qui porte la frayeur dans tous les cœurs : on se renverse les uns sur les autres, & l'on sort de l'Eglise avec une précipitation que rien ne peut arrêter. Les Duumvirs, charmés d'avoir fait une découverte, qui sembloit autoriser les moyens violens qu'il prenoient pour conserver l'indépendance de la Ville, retournèrent dans leurs maisons au milieu de leurs sattellites, en faisant porter devant eux le sac de poudre, dont l'aspect seul devoit soulever les habitans contre les auteurs du complot : quarante personnes furent arrêttées ; mais il n'y eut d'éxécuté qu'un matelot & le frere d'Atria. Celui-ci fut pendu & ensuite brûlé par Arrêt du Conseil Souverain établi à Marseille, en vertu d'une ordonnance du Duc de Mayenne (1).

Les Ecclésiastiques Ligueurs ne manquèrent pas de toner en chaire contre les Royalistes & les Bigarras : ils les dépeignoient comme des furieux pour qui rien n'étoit sacré, ni la sainteté des Temples, ni la vie des Citoyens. Les Duumvirs en devinrent plus inquiets, plus défians, plus soupçonneux : les visites fréquentes & faites en cachette entre Citoyens ; une plainte, un mot inconsidérément échappé ; des liaisons d'intérêt ou de parenté avec quelque Royaliste ; étoient tout autant de crimes qu'ils ne pardonnoient pas. Ils faisoient arrêter un homme sur

III.
Il est découvert.

An. 1596.

IV.
Persécutions des Duumvirs.

───────────────
(1) Les Lettres d'Erection sont enregistrées au Greffe de Marseille. Les motifs de cet établissement étoient que les Marseillois, suivant leurs anciens priviléges, devoient être jugés en dernier ressort dans leur Ville, le 24 Janvier 1594. *Arch. de Marf. Reg. de cette année là.*

LIVRE XIII.

An. 1596.

Ruff. Hift. de Marf.

le moindre foupçon ; l'envoyoient en prifon, aux galères ou au gibet, quelquefois fans prendre l'avis des Juges. Beaucoup de gens entre les plus notables, s'étoient dérobés à la perfécution par la fuite ; mais leurs femmes n'en furent que plus expofées à la haine des perfécuteurs. Marguerite de Glandevès, femme de Jean de Riqueti, Seigneur de Mirabeau, fut une de celles que les Duumvirs firent mettre en prifon. Cafaulx l'étant allée voir employa tour à tour les menaces & les promeffes pour en tirer de l'argent ; mais Marguerite, animée d'une jufte colère, lui reprocha fans ménagement fes violences & fes crimes, & lui dit qu'elle aimeroit mieux mourir que de rien accorder à un tyran tel que lui. La feule vengeance que Cafaulx tira de cette fermeté, fut de laiffer Marguerite en prifon, d'où elle ne fortit qu'après la réduction de Marfeille. Pierre d'Hoftagier, Jeanne de Bouquin, & plufieurs femmes des plus confidérables de la Ville, eurent le même fort.

V.
ILS TRAITENT D'UN ACCOMMODEMENT QUI N'A PAS LIEU.

Mém. de Beauff.

Sur ces entrefaites le Duc de Mayenne fe vit forcé par les circonftances de s'accommoder avec le Roi ; mais avant de traiter des conditions, il écrivit aux Duumvirs pour leur offrir de les faire comprendre dans l'accommodement. Cette nouvelle les affligea d'autant plus, qu'ils ne pouvoient fe réfoudre à rentrer dans l'état de fimples particuliers, où ils fentoient bien que tôt ou tard ils feroient écrafés fous le poids de la haine & de la vengeance publiques. Cependant après avoir délibéré fur le parti qu'ils avoient à prendre, ils dreffèrent quelques articles, dont les principaux étoient, qu'ils feroient Viguier & Confuls perpétuels, qu'ils auroient en leur pouvoir les fortereffes de Notre-Dame de la Garde, Saint-Victor, la Tour de Saint-Jean, & deux galères chacun ; qu'ils mettroient des impofitions fur la Ville, & ne dépendroient point du Gouverneur de la Province ; enfin que les habitants qui avoient été chaffés de Marfeille, ou qui en étoient fortis volontairement,

volontairement, ne pourroient y rentrer avant le terme de dix ans. Mais soit qu'ils sentissent eux-mêmes la difficulté qu'ils auroient d'obtenir ces conditions & quelques autres aussi peu raisonnables ; soit qu'ils crussent pouvoir se maintenir dans l'indépendance avec le secours de quelque Puissance étrangère, ils renoncèrent à tout projet d'accommodement avec le Roi.

An. 1596.

Il falloit des forces suffisantes, pour résister aux efforts des Royalistes, & de l'argent pour les entretenir. Ils commencèrent par s'emparer des biens de tous les habitants qui avoient quitté la Ville, & ordonnèrent à leurs femmes & enfants d'en sortir dans l'espace de vingt-quatre heures, sous peine d'être exposés à la merci des flots, dans un bateau sans timon & sans voiles. Les rues & les grands chemins furent bientôt remplis de ces malheureuses victimes, que le despotisme chassoit de leur patrie. Quand ils eurent enchaîné leurs concitoyens au joug de la tyrannie, ils s'attachèrent à leur rendre Henri IV odieux, sous prétexte qu'il étoit infecté de la nouvelle hérésie : ils poussèrent leur coupable insolence jusqu'à faire brûler son portrait devant la porte de la Bourse : aussi sa conversion ne fut-elle regardée par le peuple, que comme un acte d'hypocrisie, dont il n'étoit pas permis de se réjouir ; & l'on fit mourir un particulier obscur ; parce qu'il fit devant sa maison un feu de joie en signe de réjouissance, quand il apprit la réduction de Paris; ainsi ces deux hommes, ayant imprimé avec une égale adresse, la terreur & le fanatisme dans le cœur des habitants, se rendirent si puissants dans la Ville, qu'on n'y reconnoissoit point d'autre loi que leur volonté dans tout ce qui regardoit l'honneur, les biens & la vie même des citoyens. Persuadés, qu'il falloit consommer par l'audace, une entreprise commencée sous le voile de la Religion, & gagner à force d'argent la vile populace, pour écraser les citoyens notables, ils firent estimer tout ce qu'il y avoit de biens dans la Ville

VI.
Ils se mettent en état de défense.

& le terroir de Marseille, tant en fonds de terre qu'en contracts, meubles & bijoux, & mirent une taxe de quatre pour cent, d'après l'estimation, & un droit d'entrée & de sortie de six pour cent sur les marchandises. Ces impôts exorbitans, qui auroient révolté sous un Roi légitime, on les payoit presque sans murmurer sous deux tyrans, tant l'opinion a de pouvoir sur l'esprit de la multitude.

Cependant ce colosse n'avoit point d'autre base que la faveur inconstante du peuple : & ce peuple qui, par un phénomène dont l'Histoire ne fournit que trop d'exemples, s'étoit, pour ainsi dire anéanti, pour donner l'existence à deux Despotes, pouvoit revenir de son erreur, & fouler aux pieds les idoles qu'il venoit d'élever ; les Duumvirs crurent prévenir ce danger, en se mettant, au mois de Novembre 1595 sous la protection du Roi d'Espagne ; ce Prince donna ordre à Jean André Doria, Prince de Melphi, qui commandoit une escadre de vingt galères sur les côtes d'Italie, d'en détacher quatre, & de les envoyer, avec quatre cent soldats, au secours de Marseille. Elles entrèrent dans le port à la fin de Décembre de la même année : les Duumvirs, charmés d'un secours sur lequel ils fondoient leurs espérances, écrivirent la lettre suivante au Prince de Melphi, pour l'en remercier.

MONSEIGNEUR,

« Il ne nous sauroit arriver & à toute la Ville une plus
» grande joie & contentement, que d'avoir reçu le secours
» de quatre galères, qu'il a plu à votre Grandeur de nous en-
» voyer, avec des hommes, des munitions & de l'argent, &
» de nous honorer en même-tems de l'assistance du Seigneur
» Carlo votre fils ; en quoi nous voyons une marque sensible
» de l'amitié qu'il vous plaît de nous porter ; d'autant mieux
» que c'est un secours donné à notre extrême besoin & urgente

» nécessité; & nous ne saurions trop vous en remercier : véri-
» tablement cette opportunité de secours nous a entiérement
» réjouis & fortifiés, en tant que lesdites galères serviront
» merveilleusement pour contenir nos ennemis, espérant qu'a-
» vec l'aide de Dieu nous surmonterons les pernicieux desseins
» du Vendômois (*). Vous suppliant, Monseigneur, tout ainsi
» qu'il vous a plu nous obliger en si salutaire occasion, d'être
» persuadé que nos personnes & nos biens sont à votre service,
» ne souhaitant rien tant que de vous en donner des preuves,
» quand il vous plaira nous honorer de vos commandements ».

Doria répondit qu'il leur enverroit en peu de jours de nouvelles galères avec un secours de cinq cents hommes, dont trois cents étoient Italiens, & les exhortoit à ne rien oublier pour consommer l'ouvrage, qu'ils avoient si heureusement commencé. Il ne s'en tint point à ces secours ; il leur en envoya successivement d'autres ; & ils parurent si considérables aux habitants, qu'ils commencèrent à croire qu'on vouloit mettre la Ville sous la domination Espagnole.

Ceux d'entr'eux, que leur attachement au Roi avoit fait exiler, ne manquèrent pas de peindre vivement ces allarmes au Duc de Guise, & le pressèrent de s'opposer aux desseins du Consul. Ils lui disoient que le moindre retard mettroit la France aux prises avec toutes les forces de l'Espagne ; qu'il étoit encore tems de prévenir ce malheur ; que les Bourgeois, ennemis secrets de Casaulx à cause de ses cruautés, auroient à peine quelqu'espoir de secours, qu'ils prendroient les armes, pour secouer le joug de ce tyran impitoyable. « Il y a encore dans la ville, ajou-
» toient-ils, des Citoyens courageux, qui ne demandent qu'un
» chef. La flotte Espagnole, triomphante dans le port, les
» empêche de rien entreprendre en faveur de la liberté, quel-
» ques charmes qu'elle ait pour eux ; mais faites leur espérer

ILS SE METTENT EN ÉTAT DE DÉFENSE.

(*) Henri IV.

An. 1596.

VII.
EFFORTS DE LEURS ENNEMIS POUR LES PERDRE.

» l'appui de vos armes ; & bientôt vous verrez éclater ce zèle, » que la crainte retient captif ».

Le Duc étoit alors à Aix, où il délibéroit avec les Officiers Généraux sur la conduite qu'il devoit tenir. Deux fois il essaya de surprendre Marseille, & deux fois il échoua. Pierre Libertat, Corse d'origine (1), & Capitaine de la Porte Royale, vint heureusement le tirer de l'embarras où l'avoient jetté ces deux attaques manquées. Libertat jouoit le principal rolle parmi les confidents intimes des Duumvirs : étant admis à tous leurs secrets, il s'appercevoit depuis long-tems que les ressorts, dont ils s'étoient servis jusqu'alors avec succès, pour faire mouvoir le peuple, commençoient à s'user, & qu'il falloit que ces deux hommes succombassent sous les armes de la France, ou qu'ils se missent entièrement sous la protection des Espagnols, à l'ombre de laquelle ils exerceroient impunément, pour prix de leurs trahison, un empire tyrannique. Ce dernier danger paroissoit le plus imminent : il y avoit déja dans la Ville beaucoup de troupes Espagnoles, & 24 galères dans le port. Quel repos, quelle existence même pourroient se promettre les Agens subalternes du despotisme, lorsque les Duumvirs appuyés de toute la puissance de Philippe II. auroient, sous prétexte de le servir, la liberté de dicter impérieusement leurs volontés dans une Ville subjuguée ? Et si la France, comme il y avoit tout lieu de le croire, venoit enfin à bout de faire rentrer les Marseillois sous sa loi, que devenoit le sort des deux tyrans & de tous les instruments de la tyrannie ? Une autre crainte non moins fondée étoit celle que doit naturellement inspirer dans ces sortes d'occasions,

---

(1) Le premier de cette Famille qui vint s'établir à Marseille est Barthelemi, qui dans son Testament du 2ᵉ Mai 1523, reçu par Esparron Georg. d'Oll. se qualifie : *discret homme Barthelemi de Liberta, du lieu de Calvi*. Son fils Barthelemi le 17 Juillet 1540, se qualifioit *Marinier*.

l'inconstance du peuple : il pouvoit revenir de l'erreur passagère, où des circonstances malheureuses l'avoient entraîné : & ceux qu'il avoit respectés comme ses dieux tutélaires, auroient été les premières victimes de sa fureur. Agité de ces différentes réflexions, Libertat forma le projet de se défaire des Duumvirs, moyen infaillible, suivant lui, de concilier son honneur avec son ambition ; car il ne douʻoit pas qu'il n'y eût de la gloire & des récompenses attachées à l'action, par laquelle il abattroit la tyrannie.

An. 1596.

Il communiqua son dessein à Geoffroy Dupré, Notaire, qui l'approuva ; mais en même tems Dupré lui fit sentir que si l'on vouloit en assurer le succès, il falloit mettre le Duc de Guise dans le secret, afin que ce Prince fît entrer des troupes dans Marseille au moment de l'exécution, pour contenir le peuple & chasser les Espagnols. On chercha un homme, qui par sa place & son mérite pût traiter librement avec le Duc. Nicolas de Bausset, qui avoit exercé pendant long-tems avec honneur la Charge de Lieutenant du Sénéchal à Marseille, eut cette commission importante. Bausset étoit un de ces hommes généreux que leur attachement au Thrône avoit fait persécuter par Casaulx. Renfermé dans une prison avec plusieurs autres citoyens notables, il avoit eu le bonheur de s'échapper, & s'étoit retiré à Aubagne, où il déploroit le fort des Marseillois, quand on vint lui faire part du projet de Libertat. Il se chargea volontiers de traiter avec le Duc de Guise ; le vit, & dans cette entrevue, il fut convenu qu'on mettroit en embuscade un corps de troupes aux environs de Marseille, & qu'on en feroit approcher un autre pour attaquer la Ville, afin d'attirer Casaulx hors des murs. Libertat alors devoit luy fermer les portes, & le laisser exposé à la vengeance des ennemis, qui tombant tout-à-coup sur lui, le tueroient ou le feroient prisonnier, & viendroient ensuite dans ce moment de

VIII.
CONSPIRATION
DE LIBERTAT.

désordre, s'emparer de la Porte Royale qu'on promettoit de leur livrer. Mais dans ce projet on vit des inconvénients qui en rendoient l'exécution difficile, & voici celui qu'on imagina. Casaulx étoit dans l'usage de faire tous les jours la patrouille hors de la Ville : ses satellites marchoient devant lui ; on résolut de faire tomber la herse, lorsqu'ils auroient tous défilé ; de l'enfermer entre les deux guichets, & de l'assassiner. Le plan de la conspiration étant ainsi convenu, il fallut en faire part aux conjurés ; car la plupart s'étoient engagés d'une manière générale à procurer la liberté de la patrie, sans savoir précisément ce qu'on se proposoit de faire. Libertat les ayant secrettement assemblés dans sa maison durant la nuit, leur tint ce discours.

« Mes amis & mes concitoyens, comptant sur votre courage
» & sur votre amour pour la patrie, je vais vous exposer, sans
» préambule, le dessein pour lequel je vous ai fait venir ici.
» Nous sommes tous animés des mêmes sentimens. Nos vœux
» & nos désirs sont les mêmes ; & j'ai lieu de croire que mes
» résolutions ne serviront qu'à enflammer votre zèle. Je viens vous
» proposer de venger notre liberté, menacée par Casaulx, &
» plus encore par les Espagnols, qui sont à la solde de Philippe II.
» L'entreprise est glorieuse par elle-même, utile à nos conci-
» toyens, nécessaire à la Nation Française pour conserver l'em-
» pire de la Méditerranée. Je conviens qu'elle n'est pas sans
» danger : mais aussi quelle gloire & quels avantages ne nous
» offre-t-elle pas ? C'est dans le péril que brillent les ames géné-
» reuses. Plus le danger est pressant, plus il y a de gloire à
» le vaincre. Attendre les dernières extrêmités, sans rien hazar-
» der pour s'en garantir, c'est une lâcheté qu'on ne peut
» pardonner qu'à des femmes. Il n'est plus tems de reculer ni
» de dissimuler : il faut agir, à moins que la crainte d'un escla-
» vage, plus cruel que celui dans lequel nous gémissons, ne

» nous empêche de nous rendre libres. Car tant que nous ref-
» terons dans l'inaction, tremblants & timides, nous ferons ac-
» cablés. Envisagés, si vous le pouvez sans frémir, les dangers
» qui nous menacent. Nos femmes, nos enfans, nos biens, en
» un mot tout ce que nous avons de plus cher, va devenir la
» proie des Espagnols. J'aurois bien d'autres raisons à vous donner
» pour enflammer votre courrage, & vous armer de cette intré-
» pidité qui triomphe des obstacles. Mais le feu dont je vous
» vois animés, n'a pas besoin que j'entre dans une plus longue
» énumération des maux dont nous allons sortir, & des avan-
» tages qui nous attendent.

» Il ne me reste plus qu'à vous parler des moyens de terminer
» heureusement cette grande entreprise. Or voici ce que j'ai à
» vous proposer. Je suis maître de la Porte Royale; & quoique
» mes troupes ignorent mon projet, je puis répondre d'elles.
» Casaulx ne manquera pas de se rendre en cet endroit, avec
» Louis d'Aix son confident, & quelques autres personnes, qui
» pensent comme eux. Lorsqu'il aura fait sortir de la Ville ses
» compagnons, suivant son usage, mon dessein est de faire tom-
» ber la herse pour l'enfermer entre les deux guichets, & de le
» tuer. Après cette première action nous crierons *liberté*; nous
» souleverons le peuple & les forçats des galères d'Espagne : les
» secours entreront, & moi secondé de mes troupes victorieuses,
» je m'assurerai des places publiques, du port, & de tous les
» postes les plus forts de la Ville. Le Duc de Guise notre Gou-
» verneur est à la porte; c'est avec lui que je suis convenu de
» tout ce que vous venez d'entendre. Sous ce Général vous n'a-
» vez pas à craindre, que ces armes que nous avons d'abord
» prises pour la défense de la Religion, & que nous allons tour-
» ner contre des traîtres & des tyrans, ayent un succès mal-
» heureux; c'est à vous de prendre vos mesures pour rassembler
» chacun vos amis, & les animer du feu de votre courage, en

CONSPIRATION
DE LIBERTAT.

An. 1596.

» leur faisant connoître les avantages de la liberté, & les desseins odieux de nos ennemis ».

Libertat leur demanda ensuite aux uns après les autres, s'ils approuvoient son projet, & s'ils vouloient concourir à son exécution ? Ils répondirent tous d'une manière satisfaisante, & jurèrent qu'ils perdroient la vie plutôt que de manquer l'occasion de recouvrer la liberté : ils étoient persuadés qu'à la mort de Casaulx tout le peuple se déclareroit pour eux ; car ce peuple, que le zèle de la Religion avoit armé en faveur du despote, murmuroit secrettement contre lui, depuis qu'on avoit lieu de craindre la tyrannie des Espagnols.

IX.
CONDITIONS QU'IL IMPOSE.

Il étoit difficile d'exécuter le complot, tant qu'il resteroit dans les maisons de campagne des habitans qui pourroient ou se réunir pour tomber sur les ennemis, ou avertir la garnison, soit par des signaux, soit autrement, de ce qui se passoit au dehors. Il fut donc décidé que le Capitaine Boyer, iroit avec ses Chevaux Legers jetter l'allarme dans le terroir, pour forcer les propriétaires à se retirer à Marseille ; qu'ensuite, quand la campagne seroit libre, on exécuteroit le complot, suivant le plan proposé. Bausset, qui avoit traité cette affaire à Toulon avec le Duc de Guise, le 10 Février 1596, remit au Notaire du Pré les conditions auxquelles ce Prince s'engageoit, en recevant la Ville sous l'obéissance du Roi. Il promettoit que Sa Majesté maintiendroit les privilèges de Marseille, & ne mettroit aucunes nouvelles impositions ; que Libertat seroit Viguier jusqu'au mois de Mai 1597, & que pendant qu'il seroit en charge, il commanderoit dans la Ville en l'absence du Gouverneur ; qu'on y établiroit une Chambre Souveraine de Justice ; qu'on accorderoit une amnistie à tous ceux qui avoient suivi le parti de la Ligue, excepté à Louis d'Aix, à Casaulx & à leurs adhérens. Que Libertat auroit, en récompense de ses signalés services, la somme de cent soixante mille écus, dont il feroit part à ceux qu'il

jugeroit

jugeroit à propos ; le commandement de la Porte Royale, celui du Fort Notre-Dame de la Garde & de deux galères, avec augmentation d'appointemens ; une terre de deux mille écus de rente ; la jouissance de ce revenu jusqu'à ce qu'il fût mis en possession de cette terre ; une Abbaye en commende de 1500 écus ; les droits sur l'Epicerie & Droguerie apportées par des vaisseaux étrangers ; la douane du poids & casse ; la table de la mer à perpétuité pour lui & les siens ; & les salins de la vaudrech sa vie durant (1).

<small>Conditions qu'il impose.</small>

C'étoit perdre tout le mérite de son action que d'y mettre un prix si considérable ; car il est rare qu'on agisse par zèle pour la Patrie, lorsqu'on calcule ses intérêts avec autant d'attention. Le Roi confirma ces articles, excepté le don de cent soixante mille écus, qu'il réduisit à cinquante mille ; excepté encore la concession du droit sur les Epiceries.

<small>An. 1596.</small>

Par un autre concordat le Duc de Guise promettoit de faire Consuls Ogier de Riqueti, Gaspard Séguin, & Desiré Moustiers ; de nommer Nicolas de Bausset Assesseur, Nicolas d'Arvieu, Barthelemi Libertat, Honoré de Rains, Capitaines de quartier ; & Jean Viguier, Capitaine Général de l'Artillerie.

Quand ces arrangemens eurent été faits, le Duc de Guise porta ses forces du côté de Toulon, afin que les Marseillois ne se doutassent pas, qu'il pensoit à les attaquer. Son intention étoit ensuite de venir tomber sur eux au moment qu'ils s'y attendroient le moins. On avoit choisi le 17 Février 1596, pour

<small>X. Mesures qu'on prend pour l'exécution.</small>

---

(1) Ces conditions que nous avons tirées de la Bibliot. du Roi, manuscr. de Dupui, n° 155, étoient stipulées dans un traité particulier fait avec Libertat ; voilà pourquoi elles ne sont point insérées dans le Registre de l'Hôtel-de-Ville ; on y a mis seulement la promesse que fit le Duc de nommer à la charge de Viguier, au Consulat, & à la place de Capitaine de Quartier & de Capitaine de l'Artillerie, les personnes ci-dessus mentionnées. Ruffi n'a connu que les Registres de Dupré, d'après lesquels on a copié ce qui est inséré dans ceux de l'Hôtel-de-Ville.

Tome IV.   D d d

l'exécution de l'entreprife. François de l'Aigue (1) Marquis d'Oraifon, partit ce jour-là d'Aubagne, avant le lever de l'aurore, pour aller fe mettre en embufcade aux environs de Marfeille, en attendant que le Duc de Guife, qui le fuivoit de près, y arrivât avec le refte des troupes.

Libertat étoit dans la plus grande inquiétude fur l'événement. Il envoya, de l'autre côté du Port, de Rains, pour voir fi la faction contraire ne faifoit aucun mouvement. Toute la Ville étoit en rumeur, tous les efprits dans l'attente de quelque grande révolution que tout fembloit préfager. De Rains annonça que perfonne ne remuoit; mais voilà que dans le moment il arrive un Minime, qui venoit tout hors d'haleine d'un Couvent que ces Religieux ont hors de la Ville, & qui dit avoir vu dans le voifinage quinze foldats, qu'il croyoit être de l'armée ennemie. Auffitôt Louis d'Aix fort avec environ vingt Arquebufiers de fa fuite, pour leur donner la chaffe. Allamanon, qui étoit à la tête du détachement Français, les chargea vigoureufement, & les pourfuivit jufqu'à la porte: mais le canon de la Ville ayant en mêmetems tiré fur lui, il craignit ou que Libertat n'eût trompé le Duc, où qu'il n'eût été découvert & accablé par les rebelles. En conféquence il fit halte pendant quelque-tems, & envoya dire au Duc de Guife de ne pas avancer qu'il n'eût de fes nouvelles.

An. 1596.

Les Conjurés furpris de ce retard crurent que le Duc manquoit ou de talent ou de courage pour profiter de leur bonne volonté. Il n'y eut que Libertat, qui voyant fon fort irrévocablement lié à fon entreprife, s'affermiffoit dans fon deffein, à mefure que le danger devenoit plus preffant. Le moment

---

(1) Cette Maifon connue en Provence fous le nom *de Aqua*, defcendoit de Philibert de l'Aigue, dont nous avons parlé dans le Tournois, inféré par Supplement dans le Tome troifiéme.

étoit décifif. Il falloit en profiter ou tomber fous le glaive des Duumvirs.

Libertat s'armant de réfolution ferma la porte dont il étoit le maître, & livra Louis d'Aix à la merci des ennemis. Cafaulx étoit refté dans la Ville à caufe d'une légère indifpofition. Libertat lui fait dire de venir, parce que les ennemis paroiffent, & fe tient près de la porte l'épée à la main, accompagné d'Antoine & de Barthelemi fes freres, de Balthazar Arvieu, & de Pierre Mathalian fes coufins germains. Cafaulx le voyant dans cette attitude, croit que c'eft pour défendre la porte contre l'armée Françaife, & s'approche en lui difant : *Eh bien, Capitaine Pierre, qu'eft-ce que c'eft que tout ceci ? Ces approches n'annoncent rien de bon. Vous le verrez, M. le Conful*, répond Libertat ; en difant ces mots il fond fur lui, & d'un coup d'épée il le jette par terre, où fon frère Barthelemi achève de le tuer. Un Sergent des Moufquetaires faifant mine de vouloir le venger, a le même fort : les autres Moufquetaires mettent bas les armes & demandent la vie. Dans le même-tems, Jacques Martin un des conjurés fe préfente au corps-de-garde, qui étoit fur les murailles de la Ville ; jette par terre un foldat qui veut faire réfiftance, & porte une telle épouvante dans le corps-de-garde, que le Capitaine qui commandoit, n'ofant pas trop compter fur le courage de fes foldats, & ayant appris en même-tems la mort de Cafaulx & de fon Sergent, fe rend fur la parole qu'on lui donne, qu'il ne fera fait aucun mal, ni à lui, ni à fa troupe.

Libertat fe logea dans ce pofte avec fes deux frères, Jacques Martin, Balthazar Arvieu, Pierre Mathalian, Jean Laurens, Jean Viguier, & deux autres perfonnes que l'Hiftoire ne nomme pas. Jacques Martin venoit alors de tirer un coup de canon. C'étoit le fignal convenu avec le Duc de Guife. Jean Viguier couroit

XI.
Mort
de Casaulx.

An. 1596.

en même tems vers le Port en criant : *traîtres Castillans, vous avez tué le Conful Cafaulx, mais nous vous affommerons tous.*

Louis d'Aix, qu'on avoit fermé hors de la Ville, comme nous avons dit ci-deffus, couroit tout effaré autour des murailles, dans le tems de ce défordre, & avoit trouvé, du côté de l'Arfenal, un homme qui l'avoit tiré avec une corde fur le haut des ramparts, d'où il s'étoit rendu à l'Hôtel-de-Ville. Là il affembla environ quatre cents hommes, avec lefquels il courut vers le pofte dont Libertat s'étoit emparé. Il fut fort furpris de le voir au pouvoir des Conjurés. N'ayant rien pu entreprendre de ce côté-là, il fe rabattit fur la Porte royale, d'où il fut repouffé avec perte, fans efpoir de reprendre la fupériorité, parce que les troupes Françaifes entrant alors en foule par cette porte, le chafsèrent devant elles, & il entraîna dans fa fuite trois cents Arquebufiers Italiens, qui venoient à fon fecours. L'épouvante fut bientôt répandue dans la ville & fur les galères Efpagnoles. Doria fe vit dans un danger imminent. Il ordonna fur le champ à Spinola de garder avec fa galère l'entrée du Port, & fit appareiller dans un défordre extrême, au milieu des cris des matelots & des forçats, parmi lefquels la frayeur étoit augmentée par l'arrivée précipitée des perfonnes que la terreur chaffoit fur le rivage. Il mit à la voile, avant d'avoir pu recevoir fur fon bord les trois cents Arquebufiers qu'il avoit envoyés au fecours de Cafaulx; & leur fit dire d'aller l'attendre du côté du Lazaret.

Cette flotte, en fortant du Port, eut à effuyer d'abord tout le feu de l'artillerie du Fort Saint-Jean, & des batteries qu'on avoit placées le long de la côte : enfuite celui des batteries du Château d'If. Ce feu joint au gros tems empêcha les galères de s'approcher de terre : ainfi les 300 Arquebufiers furent obligés de marcher jufques à la Croifette, où ils s'embarquèrent, après avoir perdu leurs armes & leur bagage, qu'ils jettèrent pour arriver plus vîte.

Il y avoit dans la Ville un Magistrat nommé Etienne Bernard, qui avoit été Lieutenant-Général à Châlons-sur-Saône, & que le Duc de Mayenne avoit envoyé à Marseille pour être Président du Conseil Souverain. Henri IV, depuis son avénement au Trône, l'avoit secrétement chargé de traiter avec d'Aix & Casaulx pour les ramener à l'obéissance. Ces Duumvirs, enivrés de leur puissance, furent indignés des propositions qu'il leur fit, & lui ordonnèrent de sortir de la Ville dans cinq jours, sous peine d'être rigoureusement puni. Le cinquième jour concouroit avec celui de la révolution qui étoit le 17 Février. Bernard ayant appris ce qui se passoit, sortit de sa maison en robbe, une pique à la main, un mouchoir blanc au chapeau, & se mit à crier en courant dans les rues *vive le Roi, vive France*. Il étoit accompagné de Bourgogne, de Cabre, de Tull, de Boyer, de Saint-Jacques, & de plusieurs autres habitans, bons serviteurs du Roi. La troupe grossit jusqu'au nombre de deux mille personnes, à la tête desquelles, il s'avança vers la Porte royale, où s'étant joint aux sieurs d'Allamanon, & Boyer, Commandants des troupes Françaises, ils allèrent ensemble attaquer Louis d'Aix, qui s'étoit retranché dans le corps-de-garde de la Loge. Louis trop inférieur en forces n'eut pas le courage de les attendre. Il s'échappa secrétement saisi de frayeur avec le fils & la fille de Casaulx. Ces malheureux fugitifs gagnèrent le Port, où ils trouvèrent un batteau, qui les conduisit à l'autre bord. D'Aix alla s'enfermer dans le Monastère de Saint-Victor: les enfans de Casaulx se réfugièrent à Notre-Dame de la Garde; & tous leurs partisans se rendirent, à condition qu'on leur accorderoit la vie & la liberté.

Il n'y avoit déja plus d'ennemis dans la Ville, quand le Duc de Guise y entra au milieu des acclamations: les habitans, en écharpe & en cocarde blanches, donnèrent les démonstrations

LIVRE XIII.

XIII.
LE DUC DE
GUISE ENTRE A
MARSEILLE.

An. 1596.

XIV.
LIBERTAT Y
EST TRAITÉ EN
LIBÉRATEUR.

de joie les plus propres à faire croire que le nom du Roi étoit gravé dans tous les cœurs, & que la crainte seule les avoit empêchés de faire éclater leur zèle : le Duc fut conduit à la Cathédrale pour y entendre le *Te Deum*. Il étoit précédé d'un peuple nombreux, qui faisoit retentir l'air des cris redoublés *vive le Roi*, & qui portoit en triomphe Libertat, regardé comme le Libérateur de la Patrie.

Le corps de Casaulx, devenu l'objet de l'exécration publique, fut livré à la fureur de la populace. Tandis que les hommes combattoient pour la délivrance de la Ville, les femmes & les enfans, poussés par la haine qu'ils portoient au tyran, déchiroient son cadavre & le traînoient tout sanglant au cimetiere de Saint-Martin, où il fut enterré sans cérémonie. Dans ce moment de confusion & de désordre, on avoit tout à craindre de l'emportement du peuple & du soldat : cependant il n'y eut que la maison de Louis d'Aix, celles des deux Casaulx, & un très-petit nombre d'autres, qui furent livrées au pillage; les forçats, qu'on avoit tirés des galères pour les armer contre les factieux, furent plus difficiles à contenir. Ces hommes étant passés tout-à-coup de l'esclavage à la liberté, ou pour mieux dire à la licence, ne s'abstenoient qu'avec peine de tous les excès auxquels leur inclination les portoit.

Libertat étoit dans ce moment l'idole des Marseillois. Il importoit peu de quelle maniere il s'étoit défait d'un tyran odieux: on croyoit que dans l'état où se trouvoit la Ville, on ne pouvoit la délivrer que par un assassinat. Les services qu'il venoit de rendre étoient en effet de la plus grande importance pour le Royaume ; car si les Espagnols avoient dominé dans la Ville, la Provence n'auroit pu se promettre aucune tranquillité. Maîtres du Port le plus important de cette Province, ils auroient pu joindre leurs galères à celles de Naples & de Gênes, infester la mer, & s'emparer de tout le commerce de la Méditerranée : ils auroient même soumis insensiblement les

Villes & les Villages bâtis le long de la côte, ou du moins ils les auroient confidérablement endommagés dans leurs courfes. Que fait-on même, fi le Duc de Savoie, attiré par leurs promeffes, n'auroit pas voulu reprendre une conquête qu'il avoit abandonnée à regret ? La reddition de Marfeille prévenoit tous ces malheurs.

LIBERTAT Y EST TRAITÉ IN LIBÉRATEUR.

Les habitants, plus en état que les autres d'apprécier les avantages, que la réunion à la Couronne leur procuroit, témoignèrent la plus vive allégreffe. Ils tinrent une affemblée générale, à laquelle affistèrent les Gentilshommes, & plufieurs habitants notables que Cafaulx avoit obligés de fortir de la Ville (1). On nomme parmi eux J. B. de Forbin, Seigneur de Gardane ; François de Glandevès, Seigneur de Cujes ; Jean de Covet, Baron de Montriblout, qui avoit été Conful avec Cafaulx en 1592; J. B. de Villages, Seigneur de la Salle ; Céfar de Villages fon frere ; Marc-Antoine de Vento, Seigneur des Pennes ; Jean de Riquetti, Seigneur de Mirabeau ; Antoine de Félix, Seigneur de la Renarde ; Nicolas de Bauffet, Seigneur de Roquefort ; Lazarin d'Ollieres, Seigneur de Greafque ; Gafpard de Laurens, Seigneur de Septèmes ; Pierre de Sabateriis ; André de Gérente ; Pierre de Candole ; l'Ange Vento ; Amiel d'Albertas, des Seigneurs de Gememos ; Antoine de Valbelle ; Pierre d'Hoflagier, Seigneur de la Baftide ; Honoré de Flotte ; Louis Monier ; Dominique d'André ; Maurice de Boniface ; l'Ange Etienne, & plufieurs autres. Ils délibérèrent, qu'on feroit tous les ans, le 17 Février une proceffion folemnelle ; qu'on célébreroit une fête en action de graces & en mémoire de cet heureux événe-

---

(1) Toutes ces perfonnes que Ruffi nomme dans fon Hiftoire de Marfeille, n'etoient pas à l'affemblée du 20 Fevrier 1596 ; mais celles qui fe trouvoient abfentes affiftèrent enfuite au Confeil affemblé le 26 du même mois. Ainfi l'on peut affurer qu'elles exiftoient toutes dans ce tems-là. Il y après de quatre-vingt Citoyens nommés dans l'affemblée du 20. *Arch. de l'Hôtel-de-Ville, Reg. 1596. fol. 3.*

ment ; & qu'on éleveroit dans la salle de l'Hôtel-de-Ville, un monument de bronze ou de marbre, pour y consacrer à la postérité l'action héroïque de Libertat. Un Avocat de Marseille fit à cette occasion le distique suivant :

> Occisus justis Libertæ Casalus armis,
> Laus Christo, urbs Regi, Libertas sic datur urbi.

Ce qui signifie, Libertat a justement ôté la vie à Casaulx, & par cette action héroïque il a rendu gloire à Dieu, la Ville au Roi, & la liberté à la Ville.

Cette assemblée se tint le 20 Février, & par conséquent trois jours après la révolution ; le lendemain on vit paroître douze galères d'Espagne, venant de Barcelone, & portant douze cents hommes & de l'argent, pour renforcer la garnison. C'étoit le fruit des soins que s'étoient donnés à la Cour de Madrid, Mongin, François Casaulx & David, qu'on avoit députés quelque tems auparavant. Ils revenoient sur ces galères : & déja ils s'approchoient des côtes, tout fiers des succès qu'ils avoient eus, & de ceux qu'ils se promettoient, quand la flotte, commandée par Doria les rencontra, & leur apprit la révolution qui venoit de mettre la Ville sous l'obéissance du Roi. Casaulx eut tant de chagrin de la mort de son frere, qu'il en mourut ; il avoit reçu en Espagne l'Ordre de Saint Jacques, & trois mille écus de pension.

Il ne restoit plus à soumettre que le Monastère de Saint-Victor & le Fort de Notre-Dame de la Garde. Louis d'Aix, maître du Monastère, s'apperçut bientôt que les soldats le regardoient de mauvais œil, & que peut-être ils le sacrifieroient pour acheter leur pardon. Frappé de cette crainte, il descend pendant la nuit du haut des murailles, par le moyen d'une corde, & s'enfuit au Fort de Notre-Dame de la Garde, où il espéroit trouver plus de sûreté : mais Fabio, fils de Casaulx, qui

qui s'y étoit enfermé avec sa sœur, ne voulut pas le recevoir, malgré ses pressantes sollicitations.

Louis alla donc se cacher au bord de la mer, parmi les ruines d'une maison de campagne, où il demeura pendant vingt-quatre heures sans boire ni manger: ayant alors découvert un pêcheur sur le rivage, il l'alla joindre, & l'engagea par le don qu'il lui fit d'une chaîne d'or & d'une turquoise, seuls effets qui lui restoient de tous ses biens, à le conduire aux galères d'Espagne, qui n'étoient point encore sorties de la rade. Après son évasion, le Monastère de Saint Victor se rendit au Gouverneur.

Le fort de Notre-Dame de la Garde, que sa situation avantageuse sur le sommet d'une montagne, rendoit d'un accès plus difficile, ne fut pas aussi facile à réduire; il y avoit deux jours que les troupes l'assiégeoient, quand on crut qu'il vaudroit mieux épargner le sang des soldats, en tâchant de l'avoir par composition; mais Fabio rejetta ces propositions comme peu avantageuses. On essaya de gagner la garnison, & voici de quelle maniere on s'y prit: il y avoit dans la Ville un jeune homme d'environ vingt-deux ans, nommé d'Arbon, dont le pere étoit un des principaux confidens de Fabio, & s'étoit enfermé avec lui dans la place. Il ne fut pas difficile de gagner ce jeune homme: on le chargea de promettre à son pere & à ceux de la garnison, qui voudroient seconder les vues du Gouverneur, des récompenses proportionnées au service qu'ils rendroient, s'ils vouloient remettre la Place au Roi. Il alla au fort sous prétexte qu'il étoit persécuté par les Royalistes, à la vengeance desquels il avoit échappé par une espèce de miracle: il s'imagina qu'à la faveur de ce mensonge, il pourroit disposer facilement les esprits à la révolte; mais Fabio s'apperçut de ses intrigues, & il prenoit secrettement des mesures pour les traverser, lorsque la garnison, qui sentoit qu'elle n'étoit point en état de

LES CONJURÉS S'EMPARENT SUCCESSIVEMENT DE TOUS LES POSTES.

An. 1596.

résister aux armes victorieuses des assiégeans, se révolta & arbora le drapeau blanc. Par une modération dont on voit peu d'exemples dans ces momens de crise, on donna la liberté à Fabio & à sa sœur, qui se réfugièrent à Gênes.

Le Roi apprit la soumission de Marseille avec la plus grande satisfaction. On prétend même que, dans les transports de sa joie, il dit : c'est à présent que je suis Roi. En effet, dans un tems où les Turcs entretenoient des flottes formidables ; où les Rois d'Espagne étoient si puissants en Italie & sur mer, on conçoit qu'un Roi de France ait pu dire qu'il n'auroit pas été une des premières Puissances de l'Europe, si les Espagnols s'étoient établis dans ses Etats, & s'il n'avoit pas eu dans la Méditerranée le seul port où il pût avoir une flotte pour les contenir, & pour se faire respecter en Italie, par les Vénitiens & les Gênois, & dans le Levant par les Turcs : ce Prince écrivit aux Marseillois une lettre infiniment honorable, que nous croyons devoir rapporter ici.

« Très-chers & bien amés, enfin vos loyautés & courages
» ont répondu à nos espérances ; car jamais nous n'avons cru
» que vous dussiez être autres que bons François, tels que
» vous avez toujours été : & quand les deux traîtres qui vous
» tyrannisoient se sont vantés de disposer de vos volontés, au
» désavantage de notre Couronne & au préjudice de notre hon-
» neur, nous avons toujours espéré que la force manqueroit à
» leur audace, & que votre bon naturel éprouvé de nos Rois,
» nos prédécesseurs, en toutes occasions, surmonteroit à la fin
» leur malice, comme il est avenu, par la grace de Dieu &
» votre vertu, dont nous louons la divine bonté, & vous remer-
» cions de très-bon cœur. Et comme vous avez rendu preuve
» en cette occasion de votre fidélité & affection en notre en-
» droit, nous vous ferons aussi paroître par effet que vous n'eû-
» tes jamais Roi ni Maître qui fût plus jaloux de votre bien &

» prospérité, ni qui eût plus de soin de la conservation de vos pri-
» viléges & libertés, que nous, suivant que notre cher neveu
» le Duc de Guise, notre Lieutenant-général en notre Pays
» & Comté de Provence, vous a promis en notre nom, entrant
» en votre Ville, & recevant la foi que vous nous avez don-
» née. De quoi nous avons ordonnné les Lettres & provisions
» nécessaires vous être expédiées à l'arrivée de vos Députés,
» espérant que vous éprouverez bientôt à votre avantage &
» contentement, quelle différence il y a d'obéir à son Prince
» naturel, & avoir à suivre ses commandemens, au respect des
» autres qui aspiroient à la domination & usurpation de votre
» Ville, par la corruption & infidélité de deux traîtres qui
» avoient trop long-tems abusé de votre piété & bon zèle
» à la religion, comme ils prétendoient faire encore de vos
» libertés ; en vendant, à nos anciens ennemis & aux vôtres, les
» biens & facultés qui vous restoient, avec vos familles, per-
» sonnes & honneurs, dont Dieu a voulu qu'ils aient reçu le
» juste châtiment qu'ils devoient attendre, à sa gloire & à
» votre honneur & utilité, non moins qu'à notre plus grand
» contentement ; comme vous déclarera plus particuliérement
» de notre part notre neveu le Duc de Guise, suivant les lettres
» que nous lui écrivons présentement, par le sieur de Lamanon,
» par lequel il nous a donné avis de votre heureuse Déclara-
» tion, de laquelle nous vous remercions de rechef d'entière
» affection. Donné au camp de Rovi, le sixième jour de
» Mars 1596. »

Les témoignages de satisfaction que ce Prince donna à Libertat n'étoient pas moins flatteurs : mais peut-être, dans un
siècle comme le nôtre, se seroit-il contenté de récompenser
l'action, sans lui donner tant d'éloges.

« Cher & bien amé, lui disoit-il, vous avez fait un acte si
» généreux pour la liberté de votre Patrie & de vos conci-

Sentimens du Roi envers les Marseillois et Libertat.

An. 1596.

» toyens, que quand nous n'y aurions aucun intérêt, nous
» ne laisserions d'estimer & de louer votre vertu ; par où vous
» pouvez croire ce que vous devez espérer du service que vous
» nous avez fait en cette occasion, qui est le plus grand & le
» plus singulier que nous puissions recevoir, non-seulement de
» vous, mais aussi de nul autre de nos serviteurs & sujets:
» au moyen de quoi, nous vous assurons que nous vous en
» saurons bon gré à jamais, & le reconnoîtrons envers vous
» & les vôtres éternellement. Secondement, que nous vous
» ferons jouir de tout ce que notre très-cher neveu le Duc de
» Guise vous a promis & accordé en notre nom ; & finale-
» ment, que nous vous ferons servir d'exemple à un chacun,
« & de mémoire à la postérité, de notre gratitude, comme de
» votre fidélité, en laquelle nous vous prions de persévérer ».

Le Roi accompagna ces éloges de marques plus sensibles de sa protection. Il lui accorda des lettres de Noblesse, pour lui & pour ses freres Barthélemi & Antoine ; le fit Viguier de Marseille, & lui donna une gratification d'environ cent mille écus, le commandement de deux galères, celui de la Porte Royale & de Notre-Dame de la Garde ; il accompagna ces graces, le 17 Octobre 1596, d'une autre bien plus flatteuse, puisqu'elle devoit perpétuer d'une manière aussi utile qu'honorable pour sa famille, le souvenir de la délivrance de Marseille ; c'étoit, pour les trois freres, une exemption de taille & autres impôts de quelque nature qu'ils fussent, dans toute l'étendue du Royaume. Mais comme suivant la constitution de la Province, aucune exemption personnelle ne peut y avoir lieu, parce que la taille y est réelle ; les Etats, tenus en 1597, restreignirent l'exemption à un feu seulement, en faveur de Pierre & de ses descendants mâles, & à un quart de feu pour chacun de ses freres Antoine & Barthélemi, durant leur vie seulement. Pierre étant mort sans enfans, ses freres demandèrent aux Etats à lui succéder dans l'exemption d'un feu : Barthélemy en obtint la moitié pour lui & ses descendants mâles, y compris le quart dont il jouissoit déja : Pierre obtint aussi un droit héréditaire de deux pour cent, sur toutes les marchandises qui entroient à Marseille (1) ; mais la Ville le racheta, parce qu'il nuisoit trop au commerce. Riqueti, Bausset, Séguin & Moustiers eurent les récompenses qui leur avoient été promises ; Pierre d'Hostagier eut la permission de porter une fleur-de-lys dans ses armes ; & César de Villages fut rétabli dans ses biens & honneur, attendu qu'il n'avoit pris les armes que pour réduire Marseille sous l'obéissance de Sa Majesté.

Les bienfaits du Roi ne tombant que sur quelques particuliers, ne réparoient pas les malheurs des autres, que leur attachement au Souverain avoit exposés à la haîne des Duumvirs : les uns avoient langui dans les prisons ; les autres avoient été dépouillés d'une partie de leurs biens : ils demandoient tous des indemnités & la plupart menaçoient de se faire justice par eux-mêmes. Vallerand, Commissaire du Roi, fut fort embarrassé sur le parti qu'il devoit prendre : il ordonna de suspendre les poursuites, jusqu'à ce que le Roi se fût expliqué sur les remontrances que la Communauté se proposoit de lui faire. On député en Cour Bausset, Forbin, Villages, Vento, d'Hostagier, Paulo & le Notaire Dupré, qui arrivèrent à Paris, vers le 15 de Mai, dans le tems que le Roi faisoit le siége de la Fère. Le Chancelier eut ordre de les traiter favorablement : ils allèrent ensuite voir Sa Majesté à Amiens, & Bausset portant la parole, lui dit :

SIRE,

« Quoique la Ville de Marseille ait été la derniere à se mettre

Sentimens du Roi envers les Marseillois et Libertat.

Lettr. Roy.

An. 1596.

Hist. de Mars.

---

(1) Cette exemption qui a excité des procès entre la Famille de Libertat & la Province, a fini en 1765, par la mort d'une Demoiselle, seul rejetton de la branche d'Antoine ; car Barthelemi ne laissa que deux filles.

» sous les loix de votre Majesté, elle ne sera pas la moins fidelle
» à l'avenir. Nous avons pour garants de cette fidélité, que nous
» osons vous promettre, celle que notre Ville a conservée
» à vos prédécesseurs durant plusieurs siécles ; les preuves écla-
» tantes qu'elle a souvent données de son zèle, & la résolution
» généreuse que nous avons prise en dernier lieu, de mourir
» plutôt que de vivre sous une domination étrangère. Rien ne
» pourra désormais ébranler cette fidélité : eh ! comment oublie-
» rions nous, Sire, les bontés dont votre Majesté nous comble,
» au moment où nous avions tant de sujets de craindre sa colère !
» Nous sommes venus nous jetter à vos pieds, pénétrés de la
» plus vive reconnoissance, & vous offrir, au nom de tous nos
» concitoyens, nos cœurs, nos fortunes & nos vies ; vous jurer
» que nous voulons vivre & mourir sous vos loix, & que rien
» ne sera désormais capable d'ébranler cette ferme & sincère
» résolution. Nous ne vous demanderons pas, Sire, la conser-
» vation de nos priviléges, franchises & libertés ; votre Majesté
» a daigné elle-même nous prévenir sur un objet aussi impor-
» tant. Vivement touchés de cette marque singulière de bonté,
» il ne nous reste plus qu'à prier le Tout-Puissant, dont vous
» êtes la plus vive image, par votre clémence, de vous donner
» une assez longue vie, pour réparer les maux de votre Royau-
» me ; car le bonheur des Français, c'est de vivre & de mourir
» sous l'empire du plus grand, du plus magnanime & du meilleur
» Roi de l'univers. »

Le Roi, leur répondit : « Messieurs, la manière dont vous
» êtes rentrés sous mon obéissance, me donne lieu de croire que
» vous n'avez jamais cessé de m'être affectionnés ; & si la clé-
» mence n'étoit point en moi un sentiment naturel, vous me
» l'auriez inspiré en cette occasion par les preuves que vous m'a-
» vez données de votre zèle. Non-seulement j'oublie l'erreur passa-
» gère qui vous a séduits ; je vous remercie même de ce que

» vous avez fait pour mon service, & vous assure que votre
» Ville n'eut jamais de Roi ni de Maître qui l'affectionnât autant
» que moi : croyez que j'aurai toujours à cœur la conservation
» de votre repos & de vos privilèges : vous avez vu ce que mon
» Conseil a fait pour vous ; si vous n'êtes pas contents, dites-le
» moi : vous verrez que je suis tout à la fois Roi & pere de
» mes sujets. »

Il leur fit alors beaucoup de questions sur l'état de Marseille ; & ayant appris qu'ils en avoient le plan, il leur ordonna de le lui apporter le lendemain à son lever. Duperron, Evêque d'Evreux (qui fut ensuite Cardinal) lui avoit présenté ce jour-là un reliquaire de la part du Pape. Le Roi eut la bonté de le leur montrer, & de leur dire : *Sa Sainteté m'aime, comme fils aîné de l'Eglise ; elle ne donnera pas au Roi d'Espagne des bénédictions contre moi.* Le lendemain ils se trouvèrent à son lever, & ils eurent l'honneur de lui présenter le plan de Marseille, ensuite ils le virent dîner : ce fut alors que Sa Majesté ordonna à Bausset de dire comment d'Aix & Casaulx s'étoient comportés durant le peu de tems qu'ils avoient eu l'autorité souveraine, & sur-tout de lui raconter la manière dont la Ville étoit rentrée sous sa domination. Le récit de Bausset dura tout le dîner, & fixa l'attention des Seigneurs qui étoient présents ; quand il eut fini, le Roi dit : *Voilà une action qui n'a point d'exemple, & qui ne peut être assez louée & récompensée.* Le lendemain, il donna aux Députés une autre audience, dans laquelle il leur accorda pour deux ans une Cour souveraine, composée de dix Conseillers, tirés du Parlement de Provence, & d'un Président étranger. Les Députés le supplièrent de vouloir bien leur accorder le sieur du Vair, pour remplir cette charge ; Sa Majesté leur répondit que, connoissant tout le mérite de ce Magistrat, il y consentoit volontiers : *il faut*, ajouta-t-elle, *vous donner un verd, puisqu'en Provence on a la tête verte* : mauvais calambour,

XVII.
Conduite du Roi envers les Marseillois.

An. 1596.

qui ne pouvoit échapper qu'à un Prince naturellement gai.

Les principaux articles, contenus dans l'Edit donné en faveur de la ville de Marseille, étoient, qu'on n'y exerceroit que la Religion Catholique.

Qu'il n'y auroit d'autre Gouverneur particulier que le Viguier & les Consuls, du vivant de Libertat ; qu'après sa mort, les Consuls auroient seuls le gouvernement de la Ville, sous l'autorité du Gouverneur de la Province, & en son absence, sous celle du Commandant.

Que les Marseillois jouiroient pleinement & tranquillement des franchises, exemptions, priviléges, prérogatives & immunités qui leur avoient été accordées par les Comtes de Provence, & par les prédécesseurs de Sa Majesté.

Qu'on y jouiroit pour le commerce des mêmes franchises qu'auparavant.

Que la mémoire de tout ce qui s'étoit passé depuis le commencement des troubles, jusqu'à la réduction de la Ville, seroit éteinte & abolie.

Qu'on établiroit une Chambre souveraine de Justice, pour y juger & terminer en dernier ressort tous les Procès, tant que Sa Majesté le trouveroit bon.

Quand les Députés allèrent prendre congé à Fontainebleau, le Roi leur dit : « *Recommandez-moi à mes sujets de Marseille ; dites-leur de m'être toujours fidèles, comme je leur serai bon Roi. J'espère avoir le plaisir de les voir dans dix-huit mois : je mets le terme un peu long, afin de ne pas manquer de parole : ce sera quand j'aurai mis ordre à mes affaires de Picardie : je me flatte que mes sujets qui me verront m'aimeront ; aimez-moi toujours : adieu.* »

La ville de Marseille fut témoin cette même année, d'un phénomène qui mérite d'être connu. Il entra dans le Port une prodigieuse quantité de Dauphins, qui causèrent de grands ravages. Ils endommagèrent les galères & les vaisseaux ; dévorèrent
plusieurs

plusieurs personnes, & jettèrent une telle épouvante dans la ville, que les Marchands, qui avoient des magasins le long du Port, fermèrent leurs boutiques, parce que ces poissons s'élançoient sur les hommes, qui s'approchoient trop près de la mer. On imagina, pour se débarrasser de ce fléau, un moyen assez conforme à l'esprit du siécle ; on pria le Légat d'Avignon d'envoyer à Marseille en l'absence de l'Evêque, quelqu'un qui exorcisât ces ennemis dangereux. L'Evêque de Cavaillon fut chargé de cette commission importante : il commanda aux Dauphins, par l'autorité de l'Eglise, & par ordre de Dieu, de s'éloigner des côtes, & ils s'en éloignèrent, parce qu'ils ne trouvoient plus de nourriture dans des parages où ils avoient été un mois & demi.

Bouch. t. II. p. 822.

An. 1596.

Les Députés de Marseille, à leur retour en Provence, n'y trouvèrent plus le Duc d'Épernon. Ce n'est pas qu'il n'eût fait tous ses efforts pour se soutenir dans le Pays, mais il manquoit de troupes & d'argent. Lorsque le Duc de Guise paroissoit uniquement occupé de la réduction de Marseille, d'Épernon avoit tenté d'obliger les Royalistes à lever le siége de Saint-Tropès. Ce fut le dernier terme de sa puissance : ses troupes furent ou taillées en pièces, ou dispersées : une partie se noya dans la rivière d'Argens : on prétend même que les deux Procureurs du Pays de sa faction, Allamanon, & Saint-Marc, Seigneur de Châteauneuf, furent du nombre des noyés ; & que le Duc l'ayant appris, eut la cruauté de dire : *retirons-nous, la paix est faite : nos deux Procureurs du Pays sont allés boire ensemble* ; faisant sentir par cette plaisanterie barbare, combien il étoit indigne d'avoir des partisans. Heureusement la raison commençoit à reprendre ses droits, & détachoit de ce Seigneur ceux que l'intérêt ou la séduction retenoit encore sous ses drapeaux. Presque tous les Gentilshommes du Pays l'abandonnèrent, & il reçut dans ces circonstances des ordres précis du Roi, de quitter la Provence le 14 Mars 1596. Sa foiblesse produisit ce qu'on

XIX.
RETRAITE DU
DUC D'EPERNON.

Tome IV.   F f f

n'avoit pu obtenir de son zèle : il obéit, mais il demanda des indemnités considérables, pour les frais d'une guerre qu'il n'avoit soutenue, ni par ordre du Souverain, ni pour l'intérêt du Pays. On lui accorda cinquante mille écus pour lui, & trente mille pour ses Capitaines, & quitta la Provence le 27 Mai, après avoir fait démolir les Forts où il avoit encore garnison. Le Roi l'employa au siége d'Amiens, & lui donna le Gouvernement de Guyenne, qu'il garda jusqu'à la fin de ses jours. Il mourut à Loches en 1642, âgé de quatre-vingt-neuf ans, étant le plus ancien Chevalier de l'Ordre, le plus ancien Officier de la Couronne, & Colonel-Général de l'Infanterie Française : sa naissance & ses alliances le portèrent dans la carrière des honneurs, & ses talents militaires l'y soutinrent avec éclat, quoiqu'il abusât souvent de son pouvoir, sous un Gouvernement trop foible pour réprimer son ambition.

XX. L'AUTORITÉ DU ROI EST RECONNUE DANS TOUTE LA PROVENCE.

Les Places, dont il étoit encore le maître, quand il partit, sont les Citadelles de Brignole, de Saint-Tropès, Riez, & Saint-Maximin : les Châteaux d'Hières, de Manosque, Rognes, le Puech, Montpahon & Saint-Paul de Durance ; la Tour de Beauvezer, & celle de Thoramènes, & plusieurs autres lui obéissoient aussi. Le Gouverneur & le Parlement les firent détruire, pour ôter à ceux qui auroient envie de remuer les moyens d'appuyer leur révolte. Le château de Forcalquier ne fut démoli que cinq ans après ; le Roi, assuré de la fidélité des habitans, permit par Lettres-Patentes datées de Lyon en 1601, de le ruiner, & d'abattre aussi l'ancien Palais ; il voulut que les Consuls fussent à perpétuité Gouverneurs de la Ville.

Il ne restoit plus à réduire à l'obéissance du Roi que la ville de Berre, dont le Duc de Savoie étoit encore le maître. On n'oublia ni la force, ni la séduction pour en venir à bout. Mais le Gouverneur eut le courage de repousser l'une & de résister à l'autre : cette Place ne fut rendue que par la paix de Vervins. Au reste, la garnison n'étoit pas en état d'inquiéter la Province. Isolée dans un pays ennemi, & ne tirant des provisions que par mer, elle pouvoit tout au plus braver les sujets du Roi ; mais non les inquiéter. Ainsi, le Gouverneur & le Parlement, après s'être débarrassés du Duc d'Epernon, eurent le loisir d'affermir le repos de la Province : leur objet principal fut de remplir l'engagement que le Roi avoit pris avec les Marseillois, de leur donner une Cour Souveraine. Antoine de Suffren ; Boniface Bermond ; Claude Arnaud ; Nicolas Ermenjand ; Pierre de Puget ; Pierre de Dons, Jean-Pierre Ollivier ; Antoine Seguiran ; Alexandre Guerin ; Louis Monier & Aymar, l'un Avocat-Général, l'autre Procureur-Général, tous Magistrats au Parlement, allèrent faire les fonctions de leur charge à Marseille, au mois de Janvier 1597. Les Lettres d'érection avoient été vérifiées en la Cour le 19 Décembre, avec ces modifications, que la Chambre de Marseille ne pourroit procéder à la vérification d'aucuns Édits, ni à la réception d'aucuns Officiers, ni connoître des Procès des Marseillois, déja intentés pardevant la Cour à Aix.

La ville de Marseille eut cette année-là une autre distinction qu'elle avoit déja eue en 1578. Les Etats y furent tenus au mois de Mars 1597, quoiqu'ils eussent été convoqués à Aix, pour le 25 Février. Ce fut le Duc de Guise qui changea l'assignation, & qui voulut qu'ils fussent assemblés à Marseille. Il n'y avoit point encore d'exemple, que les Gouverneurs eussent, de leur propre autorité, changé le lieu & le jour assignés pour la tenue des Etats ; il n'étoit pas moins irrégulier de les assembler dans une Ville qui n'étoit pas du corps de la Province (1). Le Duc

L'AUTORITÉ DU ROI EST RECONNUE DANS TOUTE LA PROVENCE.

An. 1597.

XXI.
ASSEMBLÉE DES ETATS A MARSEILLE.

───────────────
(1) Quoique ce fut un abus, il n'étoit pas sans exemple; puisque nous venons de dire que les Etats avoient été assemblés à Marseille en 1578; ils y avoient été tenus en 1537, & ils s'assemblèrent à Sallon, terre adjacente en 1584.

F ff 2

prétendit que l'intention du Roi, étoit qu'ils se tinssent à Marseille, & qu'ils fussent présidés par du Vair : on n'osa pas s'y opposer ; mais les Députés des Communautés, quand ils arrivèrent à Aix, tinrent une assemblée particulière dans la maison de Charles d'Arcussia, premier Procureur du Pays, & délibérèrent de faire des remontrances, par lesquelles S. M. seroit suppliée de maintenir, dans toute leur étendue, les privilèges de la ville d'Aix & de la Province, & de choisir dorénavant telle autre Ville qu'il lui plairoit, pour tenir les Etats, pourvu que ce fût une de celles qui entroient dans l'administration du Pays.

Il s'éleva une autre contestation bien moins importante ; mais qui mérite d'être remarquée. Les Consuls de Marseille prétendirent que la Ville étant réputée étrangère, & qu'en étant eux-mêmes Gouverneurs, ils avoient droit de se trouver en chaperon aux assemblées qui s'y tenoient, de quelque nature qu'elles fussent. C'étoit une chose jusqu'alors inouïe ; aucun Consul, excepté ceux d'Aix, n'avoient encore assisté aux Etats avec cette marque de distinction. Le Gouverneur étoit d'avis qu'on l'accordât aux Consuls de Marseille, dans une ou deux séances tout au plus. Les Députés des trois Ordres, inviolablement attachés aux privilèges du Pays, s'étant assemblés dans la maison d'un particulier, le 8 Mars, soutinrent que le droit de porter le chaperon en pareille occasion, appartenoit exclusivement aux Consuls d'Aix, qui, en qualité de Procureurs du Pays, étoient à la tête de l'Administration générale de la Province. On supplia donc le Gouverneur d'employer son autorité pour leur conserver cette prérogative, à laquelle il n'y avoit point d'exemple qu'on eut dérogé ; il fut seulement permis aux Magistrats de Marseille d'assister à l'assemblée suivant l'usage, à condition pourtant qu'ils y seroient sans chaperon, & qu'ils ne pourroient opiner sur les affaires qu'on y agiteroit.

Cette délibération eut son effet, & l'ouverture des Etats se fit à Saint-Victor, le onze du même mois, Antoine de Suffren, Conseiller au Parlement, étant Commissaire député par le Gouverneur.

Libertat ne jouit pas long-tems de la gloire d'avoir affranchi sa Patrie du joug des Tyrans: il mourut le 11 Avril 1597, & fut enterré le 16 (1). On lui fit des funérailles proportionnées aux services qu'il avoit rendus à la France & à Marseille. Tous les Corps, toutes les Paroisses, toutes les Troupes assistèrent à ses obsèques, plutôt pour témoigner la joie qu'ils avoient d'être devenus Français, que pour honorer l'action qui leur avoit procuré ce précieux avantage. On délibéra de lui élever, dans la salle de l'Hôtel-de-Ville, une Statue de marbre ou d'airain, avec une inscription qui rappelloit son courage, auquel on ne sauroit donner trop d'éloges, si un vil intérêt n'en avoit été le mobile.

Nous avons dit ailleurs que Nicolas de Bausset, Seigneur de Roquefort, jaloux de conserver à la France le Château d'If, dont il étoit Commandant, avoit obtenu du Grand-Duc de Toscane un secours d'hommes & d'argent, qui le mit en état de résister au Roi d'Espagne & au Duc de Savoie. Henri IV approuva cette conduite, que les circonstances avoient rendue nécessaire: peut-être ne soupçonna-t-il pas le Grand-Duc d'avoir des vues sur cette place. Bausset au contraire le craignoit, quoique le Prince Toscan lui eut écrit bien positivement le 30 Juillet 1592, que son intention étoit de *le main-*

XXII.
MORT DE LIBERTAT.

An. 1597.

XXIII.
ENTREPRISE SUR LE CHATEAU D'IF.

---

(1) C'étoit alors l'usage dans toute la Provence & particulièrement à Marseille, qu'après l'enterrement, celui qui menoit le deuil, faisoit à tous les assistans, avant de se séparer, des remercimens dans un discours qui contenoit l'éloge du mort, & des motifs de consolation pour les parens. Le fameux M. du Vair, Président de la Chambre Souveraine de Marseille, fit l'éloge de Libertat après ses obsèques. Aujourd'hui on ne diroit rien de sa personne; mais on relèveroit les avantages qui résultèrent de l'assassinat de Casaulx.

tenir contre les entreprifes des Etrangers, & qu'il ne vouloit avoir aucune poffeffion dans le Royaume. Retenu par cette crainte, Bauffet fe fervoit du courage des Florentins; mais il ne vouloit pas fe mettre dans leur dépendance, & il les logea autour du Fort, fans jamais leur en permettre l'entrée. Les Florentins furent humiliés de fe voir traités avec tant de défiance; ils craignirent même, puifqu'on n'avoit plus befoin de leurs fervices, de fe voir congédiés fans être remboursés de leurs dépenfes, & dès-lors ils réfolurent de s'emparer du Fort. Cependant ce n'étoit pas une chofe facile à exécuter, à caufe de l'active vigilance du Commandant : ils attendirent qu'il fut parti pour Paris, où Heni IV lui avoit ordonné de l'aller joindre, ayant à conférer avec lui fur des affaires d'importance. Bauffet laiffa le commandement de la place à fon fils, en qui l'âge & l'expérience n'avoient point encore développé les qualités néceffaires pour une commiffion auffi délicate. Ce jeune homme s'accoutumoit difficilement à la folitude du Château d'If, & alloit voir de tems en tems à Marfeille fes parens & fes amis. Ces voyages firent naître aux Florentins l'idée de profiter de fon abfence pour exécuter leur projet. Un jour qu'il étoit allé voir fa femme malade à Marfeille, Philippe Fulvio, Capitaine des Florentins, épia le moment où les foldats Français dînoient, fe mit à la tête de fa troupe qu'il avoit préparée à ce coup de main, égorgea les fentinelles, fe rendit maître des portes, & fit la garnifon prifonnière le 20 Avril 1597.

Les Marfeillois furpris de ce coup hardi, envoyèrent deux Confeillers de la Cour Souveraine & un Conful à Fulvio, pour favoir quels étoient fes deffeins. La réponfe fut telle qu'ils devoient l'attendre, & ils réfolurent de recouvrer par la force ce qu'ils avoient perdu par une coupable négligence. Le Grand-Duc de fon côté avoit à cœur de conferver fa nouvelle conquête, fi l'on peut appeller ainfi une place enlevée aux Marfeillois par un abus de confiance. Quatre de ses galères & une galiote parurent dans nos mers, & furent attaquées par douze bâtimens & deux galères de Marseille. Après un combat de cinq heures la victoire demeura aux Marseillois, mais elle ne les rendit pas maîtres du Château d'If. Il étoit réservé à d'Ossat, Evêque de Rennes, d'obtenir par les négociations ce qu'on n'avoit pu emporter par la force des armes. Ce Prélat étant à Florence, traita de la restitution de la place, avec le Grand-Duc, le premier Mai 1598; & moyennant la somme de deux cents mille sept cent trente sept écus au soleil, qu'on donna à ce Prince en dédommagement des dépenses qu'il avoit faites, le Château d'If rentra sous la domination Françaises. Le Roi en donna le Gouvernement à Paul de Fortia, Seigneur de Pilles, dans le Comtat, c'étoit un homme de mérite, déja connu du Roi par son zèle & son courage (1). Ce Prince l'avoit fait Gouverneur de Berre, quand cette place eut été rendue à la France par la paix de Vervins.

Cette paix, en assoupissant les troubles qui agitoient la France depuis plus de soixante ans, étouffa le germe des événemens dont l'histoire s'enrichit : elle fut publiée à Aix le premier Juillet 1598 (2). Depuis cette époque toutes les Provinces du Royaume étant réunies sous la main du même Souverain, obéirent à peu-près à la même impulsion; & s'il y en eut quelqu'une qui fut

ENTREPRISE SUR LE CHATEAU D'IF.

An. 1598.

Lettr. d'Off.

---

(1) Henri IV, ayant sçu en 1595, que de Pilles avoit envie d'aller servir auprès de sa personne, lui écrivit le 28 Juin de la même année. « Je n'en ai pas » moins de contentement, que j'ai eu de déplaisir que vous ayez tant tardé, » vous ayant de long temps assez fait connoître, que je suis bien informé de » vous & de votre mérite; & que je desirois vous approcher de moi, de » qui vous pouvez être assuré que vous serez bien vu & revu; & que non-» seulement je vous continuerai les honneurs que vous avez ci-devant tenus, » mais vous les augmenterai bien volontiers, sachant assez que vous avez de » quoi soutenir les grades & avancemens qui pourront vous être donnés, &c.
(2) Etant Procureurs du pays, Jacques de Clapiers, Seigneur de Colongues; Nicolas Audibert; Arnaud Geoffroi, & Toussaint Beaumont.

troublée dans sa marche par des oscillations particulières, elle fut bientôt après ramenée au centre commun. Cependant en Provence la constitution politique du pays, sa situation, le génie des habitans & d'autres causes, reproduiront de tems en tems sur la scène quelques faits importans, à côté de beaucoup d'autres que l'exactitude ne permet pas d'omettre, quoique moins intéressans pour le commun des Lecteurs.

XXIV. Arrivée de Marie de Médicis.

An. 1600.

En l'année 1598, la peste emporta à Marseille plus de quatre mille habitans : un froid excessif rendit ensuite mémorable la fin du siècle ; il fut si violent depuis le mois de Novembre 1599, jusqu'à la fin de Mai 1600, que presque tous les arbres fruitiers & un grand nombre de bestiaux périrent. Si quelque chose avoit été capable de faire oublier ces malheurs, c'eût été l'espoir qu'on eût de voir le Roi donner un successeur au Trône. Ce Prince, comme on sait, ne vivoit point avec Marguerite de Valois sa femme. On trouva des raisons de déclarer le Mariage nul, & il épousa par Procureur à Florence, Marie de Médicis, fille de feu François, Grand-Duc de Toscane, le 5 Octobre 1600. Cette Princesse arriva à Marseille le 3 Novembre, sur une galère destinée à donner une haute idée de la magnificence du Grand-Duc. Les dehors de cette galère, revêtus d'ouvrages de marqueterie, brilloient par l'éclat de la dorure : l'ébène, la nacre, l'ivoire, & le lapis lazuli, étoient artistement enchaffés dans la poupe avec des perles, des topazes, des émeraudes & d'autres pierres précieuses, au milieu desquelles on voyoit briller les armes de France en diamans ; cinq gros rubis, un saphir, une grosse perle, & une émeraude superbe, figuroient les armes de Toscane. Le reste de cette magnifique galère étoit orné à proportion, & l'on pouvoit la regarder comme un monument élevé par la Maison de Médicis au commerce, dont elle avoit fait la source de ses richesses & de sa grandeur.

Le Connétable de Montmorency, le Chancelier de Bellievre, le le Duc de Guife, Gouverneur de Provence, les Cardinaux de Joyeufe, de Gondi, de Givry, & de Sourdis, fe trouvèrent à fon débarquement, avec la Princeffe Anne d'Eft, mere des Princes Lorrains, Henri de Savoie, Duc de Nemours, Catherine de Clèves, mere du Duc de Guife, Louife de Lorraine, fœur du même Duc, les Ducheffes de Nemours, de Ventadour, de Guife, & plufieurs autres Dames. Parmi les complimens que la Reine reçut, on doit diftinguer celui que de Thou met dans la bouche de Guillaume du Vair, premier Préfident du Parlement de Provence. Voici comment ce Magiftrat finiffoit fon Difcours.

ARRIVÉE DE MARIE DE MÉDICIS.

An 1600.

« Vous venez, Madame, pour être l'Epoufe d'un grand Roi,
» qui n'a prefque point eu d'égal dans les fiècles paffés. Vous
» apportez dans fa Maifon la grandeur de la Maifon d'Autriche dont vous fortez ; la fageffe & la prudence de la
» Maifon de Médicis dont vous portez le nom. Souvenez-
» vous auffi, & n'oubliez jamais, que Dieu vous a appellée
» par cette alliance à devenir non-feulement la Reine la plus
» puiffante qui foit dans le monde Chrétien, mais encore la
» mere la plus tendre & la plus compatiffante de tant de
» peuples, dont le Roi votre époux eft le pere. Ainfi comme
» vous allez partager avec lui la couronne, fongez de même à
» prendre part aux foins glorieux que le trône exige. Aimez
» les peuples fur lefquels vous allez régner avec lui : aimez
» des fujets, dont la confervation & la fûreté occupent fans
» ceffe toutes fes penfées ; aimez-les avec la même tendreffe
» qu'il a pour la Nation Françaife à laquelle vous venez d'être
» unie ; fous des préfages fi heureux, non-feulement nous
» vous obéirons avec joie ; mais nos voifins mêmes, lorfqu'ils
» fe verront gouvernés par leurs Souverains avec la même bonté
» & la même affection, fe croiront redevables de leur bonheur
» aux exemples de Votre Majefté.

Tome IV.   G g g

Livre XIII.

XXV.
Démêlés entre le Parlement et l'Archevêque.

Mercur. Franç. Libert. de l'Égl. Gallic. ch. 5. art. 10.
Et Reg. du Parl.

Le repos dont on jouissoit en Provence depuis quelques années, sembloit en effet donner aux Provençaux des espérances d'un avenir plus heureux. Ils étoient fatigués de la guerre, hors d'état de la continuer, & déja plus éclairés sur le véritable esprit de la Religion, ainsi que sur les droits de ses Ministres. Aussi Paul Hurault de l'Hôpital, Archevêque d'Aix, se vit-il réprimé par le Parlement avec plus de sévérité qu'il ne s'y attendoit, quand il voulut entreprendre sur l'autorité des Magistrats. Au mois d'Avril 1601 (1), un Prêtre, indigne de ce nom, fut condamné au dernier supplice, pour un crime qui attira le feu du ciel sur deux villes célébres; l'Archevêque fut sommé par le Procureur Général de dégrader le criminel. Il le refusa; mais les mœurs publiques ne furent pas moins vengées par l'exécution de l'Arrêt. L'Archevêque, mécontent qu'on eut donné, sans qu'il s'en mêlât, cet exemple d'une juste sévérité, dans la personne d'un homme revêtu du caractère sacerdotal, prétendit qu'on avoit violé l'immunité ecclésiastique, dont la Provence jouissoit suivant lui, aussi bien que l'Italie; en conséquence il lança une excommunication contre les Juges, & défendit de les admettre à la participation des Sacremens. Cette action hardie indigna le Parlement. Le Procureur Général dit qu'à la vérité on avoit vu des Papes employer le glaive spirituel contre les Princes & les Magistrats; mais que jamais un Evêque Français, qui avoit prêté serment de fidélité au Roi, n'avoit osé se servir de ce moyen contre sa personne sacrée, ni contre les sujets dépositaires de son autorité; qu'une action

Lettr. Roy.

(1) Cet Archevêque nommé au mois de Septembre 1595, avoit reçu par Lettres-Patentes du 23 du même mois la Commission de Sur Intendant de la Justice en Provence, avec pouvoir d'entendre les plaintes des Sujets du Roi, d'entrer, siéger & présider en tous Sieges & lieux où bon lui sembleroit. A ces prerogatives il joignoit celle d'être President né des Etats: ayant cette année-là pour Collegues, Procureurs du pays, Gaspard d'Autric-Vintimille, Chevalier de l'Ordre du Roi & Gentilhomme ordinaire de sa Chambre; Thomas de Feraporte, Asseseur; Nicolas Michaëlis, & Michel Courtin.

si téméraire, si dangéreuse dans ses conséquences, méritoit l'attention & la sévérité de la Cour, & il appella comme d'abus de la défense de l'Archevêque. Ce Prélat sentoit bien la faute qu'il avoit faite ; mais conduit par cette fausse politique dont la plupart des gens en place sont infectés, il voulut soutenir sa démarche, & ne cessoit de se plaindre tout haut qu'on l'outrageoit & qu'on violoit les libertés ecclésiastiques. Le Parlement de son côté ne vouloit pas reculer dans une affaire, où il avoit un si beau prétexte d'humilier un Prélat dont il avoit à se plaindre, en paroissant ne travailler que pour l'autorité du Roi & les prérogatives de la Magistrature. Il déclara qu'il y avoit abus dans la Sentence de l'Archevêque, & lui enjoignit de lever les censures devant les mêmes ecclésiastiques, en présence desquels il les avoit lancées, & d'en représenter l'acte à la Cour dans trois jours, sous peine de quatre mille livres d'amende, & de saisie du temporel : l'Arrêt portoit encore, défense au Prélat d'user dans la suite de moyens aussi irréguliers, s'il ne vouloit être puni comme infracteur des loix & des priviléges du Royaume. L'affaire étoit délicate pour l'Archevêque : il falloit sacrifier ses revenus ou son amour propre, & c'étoient les deux idoles de son cœur. Il imagina d'envoyer demander à Avignon la main-levée de l'excommunication. Le Parlement ne voulut pas avec raison que des Etrangers prissent connoissance d'une affaire qui devoit être terminée en France : il pressa donc plus vivement encore l'Archevêque de lever les censures purement & simplement, & ce Prélat eut la douleur de s'y voir forcé le 22 Mai 1601. Ce jour là il déposa au Greffe de la Cour un acte signé de sa main, par lequel il ordonnoit aux Prêtres de son Diocèse d'administrer, s'ils en étoient requis, les Sacremens aux Magistrats dont il leur avoit donné une liste. Ce qu'il y eut de honteux pour lui, c'est qu'il ne parut céder qu'à la crainte de perdre son temporel, tant on se persuade aisément qu'on peut

DÉMÊLÉS ENTRE LE PARLEMENT ET L'ARCHEVÊQUE.

accorder en confcience, ce qu'on ne peut refufer fans rifquer fes biens & fa tranquillité.

Les Espagnols, jaloux de faire feuls le commerce de la Méditerranée, ne renonçoient point encore à l'efpoir de fe rendre maîtres de Marfeille; mais n'ofant rien entreprendre à force ouverte, ils tentèrent deux fois de s'en emparer par trahifon. Maurice de l'Ifle, partifan de Cafaulx, réfugié en Efpagne, s'étoit flatté d'avoir des intelligences affez fûres dans cette ville, pour la mettre entre leurs mains, & le Comte de Fuentes, Gouverneur du Milanois, étoit chargé de le foutenir avec une armée navale. Cette trahifon eut le fort de prefque toutes celles qui font tramées contre l'Etat: elle fut découverte, & il en coûta la vie au Marfeillois qui avoit eu la témérité de l'ourdir.

Louis d'Allagonia, Seigneur de Meyrargues, iffu d'une famille noble originaire de Naples, eut le même fort, quoique fes alliances & le rang qu'il tenoit en Provence, lui donnaffent plus de moyens d'exécuter fon projet. Il étoit par fa femme allié des Ducs de Montpenfier & de Joyeufe, avoit été premier Procureur du pays, & fe trouvoit alors Capitaine de deux galères. On ignore par quelles intrigues fecrettes il avoit été détaché des intérêts de la France; on fait feulement qu'il médita de livrer aux Espagnols la ville de Marfeille. Cependant il ne paroît pas que ce fut un homme capable de conduire une affaire de cette importance: il eut l'imprudence de la confier à un forçat auquel il crut reconnoître des talens pour ces fortes d'entreprifes: ce forçat fit ce qu'on devoit attendre d'un homme de fon état. Il fit favoir au Duc de Guife, Gouverneur de Provence, que fi le Roi vouloit lui donner la liberté & une récompenfe, il révéleroit un fecret très important: on profita de l'avis, & l'on parvint à découvrir les refforts de la confpiration de la manière que voici.

Allagonia fut député en Cour par l'affemblée des trois Etats, lorsqu'on s'occupoit secrétement à démêler cette intrigue. Le Roi chargea la Varenne, Gouverneur d'Angers, de gagner sa confiance & de veiller sur ses démarches. La Varenne étoit un de ces esprits insinuants qui ont plus de facilité que les autres à faire une perfidie. Il connut bientôt les liaisons d'Allagonia avec l'Ambassadeur d'Espagne; & ayant su la nuit du 5 Décembre 1605, que le Secrétaire de celui-ci étoit chez le Gentilhomme Provençal, il y conduisit le Lieutenant du grand Prévôt, & les surprit au moment qu'ils concertoient ensemble les moyens de faire réussir leur projet. Le Secrétaire d'Ambassade fut conduit au Châtelet, & relâché quelque tems après sur la demande de l'Ambassadeur, qui se plaignit de cette détention comme d'un attentat fait aux droits des Ambassadeurs. Allagonia, soumis à la rigueur de la Justice par sa qualité de sujet, ne put échapper à la sévérité des Juges : on prétend que quand il se vit arrêté, il s'écria : *Je suis mort ; mais si le Roi me veut donner la vie, je lui découvrirai de grandes choses.* Cet aveu ne le sauva pas; les Ducs de Joyeuse & de Montpensier, dont il avoit l'honneur d'être l'allié, comme nous l'avons dit ci-dessus, sollicitèrent eux-mêmes sa punition, à cause de l'énormité du crime. Il fut condamné à être décapité en place de Grève & ensuite écartelé : les quatre quartiers furent attachés aux quatre principales portes de Paris, & sa tête, portée à Marseille, fut exposée au bout d'une perche sur la principale porte de la ville. Ses biens avoient d'abord été confisqués au profit du Roi ; mais ce Prince en disposa ensuite en faveur de la veuve, & du Chevalier de Meyrargues, frère du coupable.

TRAHISONS DÉCOUVERTES ET PUNIES.

An. 1605.

Cet exemple de sévérité intimida tous ceux qu'un reste de fanatisme ou des intérêts particuliers attachoient encore à la Cour d'Espagne. Ainsi l'on devoit d'autant plus compter sur un calme durable, qu'il ne regnoit plus en Provence aucun sujet de discordes civiles, depuis que les villes de Marseille & de

XXVII.
FIN DES TROUBLES.

Berre étoient rentrées fous la domination Françaife, & que le Duc d'Epernon avoit été rappellé. La Religion Prétendue-Réformée étoit quelquefois un fujet de difcorde : elle eut un Temple à Manofque, au Luc, à Velaux, par un des articles de l'Edit de Nantes. Ce culte obfcur & ifolé fervit à nourrir le zèle des profélites, fe gliffa même en plufieurs endroits à la faveur de la tolérance civile, dont le Gouvernement fut obligé d'ufer. Car en 1663, les Religionnaires profeffoient publiquement leur religion dans environ vingt villages. Le Roi, par un Arrêt du Confeil du 4 Mars de cette année là, reftreignit leurs Temples aux trois endroits dont nous avons parlé ci-deffus, & leur permit en outre d'en avoir un à Seyne, & un autre à Mérindol. Ainfi l'héréfie, quoique tolérée, étoit fans force & fans appui, & la mort d'Henri IV, arrivée le 14 Mai 1610, ne lui rendit point fa premiere vigueur. Jamais Prince ne fut regretté comme ce bon Roi. Le Préfident du Vair, fait pour fentir toute l'étendue de la perte que la France venoit de faire, en reçut la premiere nouvelle, & la tint fecrette jufqu'à ce qu'il eût donné les ordres que les circonftances demandoient pour la fûreté publique. Enfuite ayant affemblé le 20 de Mai le Parlément, les Procureurs du pays, & tout ce qu'il y avoit de Nobleffe dans la ville d'Aix, il leur annonça la mort du Roi, avec ce ton que la douleur fait fi bien prendre, quand elle eft, comme en cette occafion, & jufte & univerfelle. Le Préfident du Vair étoit d'autant plus propre à rappeller tout ce que la France devoit aux vertus d'Henri IV, que fa nomination à la premiere Préfidence, étoit pour la Provence, un bienfait de ce Souverain.

Sous le Règne d'Henri les lumières n'avoient pas encore diffipé toutes les erreurs groffières dans lefquelles l'efprit humain s'égaroit. Les Religieufes de Sainte-Claire d'Aix éprouvèrent combien la fuperftition eft dangereufe, quand elle s'introduit dans un cloître. Elles s'imaginèrent qu'une troupe de malins esprits s'étoit emparée de leurs cellules, & qu'il seroit aussi dangereux pour l'ame que pour le corps de les habiter. Il ne falloit qu'une tête exaltée pour échauffer les autres, d'autant mieux que l'opinion du siècle & l'ignorance favorisoient les écarts de l'imagination, bien plus contagieux dans le silence du cloître, que dans le tumulte du monde. La frayeur des Religieuses fut telle, que le Parlement fut obligé de les faire sortir du monastère le 20 Octobre 1611, à une heure après minuit, & de les envoyer en procession à l'Archevêché, où elles ne crurent pas que ces puissances invisibles les suivissent; car c'est le propre de l'imagination de se rassurer avec aussi peu de raison qu'elle s'effraie. Les Consuls & la Noblesse de la Ville prièrent le Chapitre de faire des Processions, pour demander à Dieu la guérison des Religieuses; ce que le Chapitre fit pendant trois jours, ne se doutant pas que c'étoit accréditer l'erreur, & confirmer les Religieuses & le Public dans une superstition grossière qu'il falloit détruire.

Cette superstition étoit d'autant plus dangereuse, qu'elle fournissoit des moyens sûrs de tromper les ames simples: personne ne s'en servit avec plus de succès que Louis Gaufridi, Prêtre de Beauvezet, diocèse de Sénez. Il avoit été élevé à Pourrières par son oncle, Curé de cette Paroisse, chez lequel il ne paroît pas qu'il eut puisé la science ni l'esprit ecclésiastiques. Cependant il fut fait Vicaire à Marseille, dans l'Eglise des Accoules, lorsqu'il n'avoit encore que 26 ans. La sensibilité de son cœur l'égara bientôt dans un ministère qui offre tant d'occasions de chûte; Gaufridi avoit de l'esprit, beaucoup de gaieté, & un talent singulier pour donner un tour plaisant aux choses les plus simples. Ces avantages de la nature, qui auroient pu être des qualités aimables dans un homme du monde, furent pour lui des ennemis dangereux; il s'en défia d'autant moins, qu'ils semoient de fleurs les bords du précipice, où ils le conduisoient.

EFFETS DE LA SUPERSTITION.
An. 1611.

Arch. du Chap.

XXIX.
PROCÈS CÉLÈBRE DE GAUFRIDI.

Cauf. célèbr. & Proc. de Gaufr.

Les femmes, dont l'imagination est ordinairement plus vive, applaudissoient à ses saillies, les provoquoient même; & dans ces jeux d'esprit, il y en eut parmi elles qui conçurent un intérêt que Gaufridi préparoit adroitement, lorsqu'elles avoient le malheur de lui plaire. Cependant comme il étoit extrêmement jaloux de l'estime publique, & qu'il vouloit concilier les intérêts de sa réputation avec ceux de son cœur, il eut la force de faire prendre le change à sa passion pendant un tems, en lui donnant pour aliment des objets obscurs, que la bassesse de leur état déroboit aux regards du monde. S'il y en eut d'une condition plus relevée, ils furent assez heureux pour ne point être connus, excepté la demoiselle de Demandols qui joua le premier rôle dans le procès : elle appartenoit à une ancienne famille de Marseille, aussi recommandable par sa noblesse que par les sentimens d'honneur & de vertu qui la distinguoient; la Demoiselle, à peine âgée de seize ans, s'appelloit Magdeleine (1); elle avoit deux sœurs fort jolies; mais elle l'emportoit sur elles par des graces plus piquantes. Gaufridi étant Vicaire de leur Paroisse, s'introduisit dans la maison de leur pere sous le voile de la piété; il fut frappé de la beauté de la jeune Magdeleine, & au lieu de réprimer ces premières impressions de l'amour, il forma le détestable projet d'allumer dans le cœur de la jeune personne les feux dont il éprouvoit les atteintes. Son titre de Vicaire lui donnoit des facilités que n'auroit pu avoir un homme du monde; il engagea la demoiselle à le choisir pour son Confesseur; à la faveur de ce titre il la voyoit librement & souvent, & il ne lui fut pas difficile de verser le poison dans

---

(1) Elle étoit fille d'Antoine de Demandes-la-Palu, & de Françoise de Glandevès-Greoulx, & sœur d'Esprit de Demandes. Elle fonda dans le territoire de Marseille les Trinitaires dechaussés. Comme leur premier établissement fut dans une maison de campagne nommée la Palu, qu'elle avoit eue de la succession de son pere, ils en ont conservé le nom de *Peres de la Palu*.

une ame où la vertu, dénuée des secours de l'expérience & de la réflexion, n'avoit pu jetter de profondes racines. Magdeleine éprouva des sentimens dont elle ne connoissoit point la cause: une inquiétude mortelle s'empara de son ame; enfin elle tomba dans une mélancolie qui lui dérangea la santé. Les Médecins, aussi peu éclairés qu'elle sur la source du mal, lui ordonnèrent d'aller prendre le lait à la campagne: Gaufridi alloit l'y voir souvent; il attisoit dans des entretiens familiers les feux dont elle étoit dévorée, & la préparoit ainsi de loin à consommer le crime. Cependant la Demoiselle, fatiguée de cette sombre mélancolie dont elle cherchoit à se débarrasser, imagina que la solitude d'un Couvent pourroit lui rendre le calme: elle en parla à son Confesseur, qui n'osa combattre cette pieuse résolution: elle prit donc le voile aux Ursulines de Marseille, où, loin de l'objet de sa passion, elle recouvra insensiblement la santé & la tranquillité. Il y avoit deux ans qu'elle vivoit dans la retraite quand Gaufridi alla l'y voir. Il trouva que ses charmes avoient acquis plus d'attrait & de vivacité. Il n'en devint que plus éperduement amoureux, & cédant à la passion dont il étoit animé, il en parla à Magdeleine. Celle-ci ne l'écouta point avec indifférence: sa sensibilité s'étoit réveillée à la vue de son amant; & le trouble secret qu'elle avoit éprouvé dans un âge plus tendre, prit alors tous les caractères de l'amour; ils convinrent de s'écrire avec les précautions nécessaires, pour dérober leur secret à la connoissance des Religieuses. Le cloître n'étoit point un lieu propre aux intrigues de deux amans. Magdeleine, sous prétexte de maladie, retourna à la maison paternelle, où elle voyoit librement Gaufridi: elle trouva un certain charme à se nourrir de sa passion. L'image toujours présente de son amant, le souvenir de ses soins affectueux, & de ses discours remplis de protestations d'amour, fournissoient à son esprit une pâture agréable; mais son cœur se refusoit à l'idée du

Procès célèbre de Gaufridi.

An. 1611.

crime; & l'on prétend que le malheureux qui la conduifoit au précipice, eut beaucoup de réfiftance à vaincre avant de l'y faire tomber.

Une inquiétude fecrète & le remords, peut-être joint à une fombre mélancolie, la firent rentrer dans fon Couvent; elle y porta les tranfports de l'amour, & des idées de forcellerie, qui, fe mêlant au délire de la paffion, donnèrent aux égaremens de fon efprit tous les fymptômes d'une maladie furnaturelle: elle dit que Gaufridi l'avoit enforcelée: ce fortilège étoit l'afcendant que le talent de féduire donne à un homme d'efprit fur une perfonne du fexe, fenfible, foible & fans expérience: mais alors on crut réellement que Gaufridi avoit employé le pouvoir furnaturel du Diable pour triompher de la vertu de la jeune Religieufe. Soit qu'il y crut lui-même, foit, ce qui paroît plus vraifemblable, qu'il fit femblant d'y croire, il employa les moyens, qui, fuivant la fuperftition du fiècle, entroient alors dans l'art de la Magie. Par exemple, il avoua dans fon interrogatoire, qu'il avoit fait avaler à Magdeleine des caractères dans une écuelle, afin de lui imprimer plus d'amour; que les uns avoient été écrits par les Diables, & les autres par lui; qu'il fit faire à cette Demoifelle huit pactes avec le Démon; qu'elle les figna de fon propre fang, & que ce fut lui-même qui le lui tira du quatrième doigt, avec un poinçon fort délié. La plume fe refufe à décrire tout ce que ce malheureux employa de moyens infâmes pour fatisfaire fes defirs criminels: on eft tenté de croire, qu'ayant été élevé dans l'idée qu'il exiftoit des forciers, & qu'on pouvoit avoir un commerce avec le Diable, il étoit venu à bout de fe le perfuader à force d'y penfer; qu'étant doué d'une imagination forte & vive, il voyoit les Diables, leur parloit, & affiftoit avec eux au fabbat; & qu'enfuite, parlant à la Demoifelle des objets de fa vifion, avec tout le feu dont il étoit animé, il lui communiqua son enthousiasme. C'est vraisemblablement de cette manière qu'ils vinrent à bout de croire qu'en cédant à leurs desirs criminels, ils ne faisoient que céder à la puissance irrésistible du Démon. A quels crimes un pareil délire ne devoit pas entraîner deux cœurs épris l'un de l'autre ! Cependant Magdeleine avoit infecté, de son imagination, quelques autres Ursulines. On l'envoya avec une Sœur de la même Congrégation, à la Sainte-Baume, & de-là à Notre-Dame de Grace, pour y faire des neuvaines : elles y furent même exorcisées. Mais la solitude du lieu, l'appareil imposant des exorcismes, l'air troublé des Prêtres, ne servirent qu'à augmenter l'effervescence de ces esprits malades, & à donner à leurs illusions toutes les apparences de la réalité. Aussi, dès ce moment-là, dût on regarder leur guérison comme impossible.

Cependant le bruit de cette affaire réveilla l'attention des Magistrats. Le Parlement envoya à Marseille les Conseillers Seguiran & Thoron, pour prendre des informations. La Sœur Magdeleine & Gaufridi furent conduits à Aix : Magdeleine fit la possédée, & dit que plusieurs Diables, se suivant à la file, entroient dans son corps & en sortoient successivement ; elle les nommoit avec une agitation continuelle, faisant des contorsions extraordinaires accompagnées de postures indécentes : elle se disoit principalement possédée d'Asmodée. Dans cet état, elle louoit Gaufridi ; elle disoit qu'il étoit homme de bien, qu'il méritoit qu'on lui dressât des autels, & que tout ce qu'elle avoit dit contre lui n'étoit que calomnies. Reprenant ensuite son bon sens, elle faisoit le détail des crimes secrets qu'elle avoit commis avec cet imposteur, & de toutes ses prostitutions : en un mot, ce n'étoit qu'un flux & reflux de mouvements convulsifs, & d'instants de tranquillité, d'accusation & de désaveux, au travers desquels on voyoit les ravages que la passion avoit faits dans son cœur & son esprit : cependant

An. 1611.

on devoit s'appercevoir aussi qu'elle imitoit à dessein le délire & les convulsions des personnes possédées, afin qu'on trouvât l'excuse de ses foiblesses dans le pouvoir magique de son amant.

Celui-ci s'étoit constitué prisonnier, comptant sans doute désarmer la sévérité des Juges par cette confiance affectée, & par sa réputation de vertu. Mais comment pouvoit-il se justifier à ses propres yeux, les privautés qu'il avoit eues avec la Religieuse ? ses assiduités auprès d'elle, lors même qu'elles eurent commencé à faire du bruit, & toutes ces indiscrétions dont le public étoit témoin ? Le jour qu'ils furent confrontés, c'étoit avant midi, elle parut d'abord le voir avec quelque complaisance ; mais ses mouvements & ses agitations la reprirent avec tant de violence, que les Médecins, qui étoient présents, en furent étonnés & même effrayés. On la trouva si fatiguée, si épuisée, que la confrontation fut remise à l'après-dînée. Elle parut alors beaucoup plus tranquille ; le Commissaire lui demanda si elle auroit assez de courage & de force pour subir cet acte judiciaire ; elle dit que les tourmens qu'elle avoit soufferts, l'avoient tellement affoiblie, qu'elle ne pourroit résister aux nouveaux efforts qu'il lui faudroit faire. On jugea qu'il y avoit de l'artifice de la part du malin esprit : on ne voyoit pas que ces convulsions n'étoient que des attaques de nerfs, produites par le dérangement de sa santé, & occasionnées par la présence de Gaufridi, dont l'aspect, disoit-elle, lui faisoit horreur, & dont elle redoutoit les charmes ; car s'étant laissé persuader dès sa plus tendre jeunesse, qu'il possédoit les secrets de l'art magique, & que c'étoit par-là qu'il exerçoit un si grand empire sur son cœur, elle craignoit son pouvoir surnaturel : on sent, en effet, quelles vives impressions devoit faire sur un esprit ainsi prévenu la présence de cet homme : il fallut mettre entr'elle & lui un rideau qui les empêchât de se voir.

Gaufridi ayant entendu les différens chefs d'accusation dont il

étoit chargé, avoua qu'il avoit eu avec elle des familiarités & des privautés; mais il nia tout le reste. Ensuite, prenant un air hypocrite, il exhorta la jeune Religieuse à penser au salut de son ame & à dire la vérité; il ajouta que c'étoit le Diable qui lui faisoit croire qu'ils avoient consommé le crime. « Ce n'est
» point une illusion, répondit-elle avec fermeté; vous convenez
» des conversations vives & fréquentes que nous avons eues
» ensemble, des privautés que nous nous sommes permises, eh
» bien, la perte de mon honneur est la suite de toutes ces
» familiarités. N'est-ce pas vous qui m'avez marquée ou fait
» marquer en plusieurs endroits? N'est-ce pas vous qui m'a-
» vez donnée au Démon, & qui êtes cause que j'en suis
» possédée? Vous savez que vous êtes le seul homme que
» j'ai fréquenté. Je ne vous charge point, lui dit Gaufridi;
» pourquoi me chargez-vous? C'est, répliqua-t-elle la force
» de la vérité qui m'arrache ces aveux: j'ai confessé & publié
» mon crime; je serois bien malheureuse, si je vous accusois
» aux dépens de la vérité; je prie Dieu qu'il vous inspire
» un amer repentir de vos péchés, & qu'il vous les fasse
» confesser. »

Gaufridi persista durant quelque tems à dire, que le Diable lui inspiroit tout ce qu'elle disoit: ensuite, après différents interrogatoires, il assura qu'il étoit sorcier; qu'il avoit, par le moyen de son souffle, & de plusieurs autres enchantements, corrompu la vertu de cette Demoiselle, & de quelques femmes qu'il nomma; il parla du sabbat, dont il fit une longue histoire, & des affaires d'Etat, sur lesquelles il débita cent rêveries. On jugea aisément, par tous ses discours, & encore plus par les contradictions dans lesquelles il tomboit, que la terreur de la mort lui avoit aliéné l'esprit; & peut-être auroit-il été plus sage de l'enfermer aux petites-maisons, que de le condamner, comme on fit, au dernier supplice: mais le scandale étoit public, la séduction infiniment criminelle par toutes les circonstances, & l'art de la magie trop généralement accrédité, pour ne pas chercher à détourner les esprits des pratiques superstitieuses dont on abusoit, au préjudice de la religion & des bonnes mœurs. Ces considérations réunies, firent condamner Gaufridi, le 30 Avril 1611, à être brûlé vif, comme coupable de magie, sorcellerie, impiété & lubricité abominable. L'ignorance des Juges, celle des Médecins & des Chirurgiens, nommés pour examiner quelques taches que les accusés avoient sur le corps, est une chose bien surprenante : ils prenoient pour des effets d'une puissance surnaturelle, des affections nerveuses, & quelques marques, produites par des coups d'épingle, ou avec de l'eau-forte. Plaignons le siècle où l'on n'eût pas la force de combattre l'opinion qui faisoit croire à la magie : opinion dangereuse, en ce qu'elle fournissoit aux fourbes des moyens de séduire les simples, & aux méchans des prétextes pour persécuter ceux dont ils envioient les talens ou les richesses. Magdeleine ne fut pas même décrétée : on crut voir l'excuse de sa foiblesse dans l'ascendant qu'un Confesseur a sur l'esprit d'une jeune Pénitente.

L'opinion sur l'existence des sorciers, étoit si généralement établie, même parmi les personnes instruites, qu'elle donna lieu à un fait qui mérite d'être rapporté. Le Procès de Gaufridi contenoit beaucoup de dépositions sur le pouvoir des Démons : plusieurs témoins assuroient, qu'après s'être frotté d'une huile magique, il se transportoit au sabbat, & qu'il revenoit ensuite dans sa chambre par le tuyau de la cheminée. Un jour qu'on lisoit cette procédure au Parlement, & que l'imagination des Juges étoit affectée par le long récit de ces événements surnaturels, on entend dans la cheminée un bruit extraordinaire, qui se termine tout à coup par l'apparition d'un grand homme noir, qui secoue la tête. Les Juges crurent que c'étoit le Diable, qui venoit délivrer son élève; & ils s'enfuirent tous, à l'exception du Conseiller Thoron, Rapporteur, qui, se trouvant malheureusement embarrassé dans le bureau, ne put les suivre. Effrayé de ce qu'il voyoit, le corps tremblant, les yeux égarés, & faisant beaucoup de signes de croix, il porte à son tour l'effroi dans l'ame du prétendu démon, qui ne savoit d'où venoit le trouble du Magistrat. Revenu de son embarras, il se fit connoître: c'étoit un ramoneur, qui après avoir ramoné la cheminée de MM. des Comptes, dont le tuyau joignoit celle de la Tournelle, s'étoit mépris, & étoit descendu dans la Chambre du Parlement.

Hist. du Parl.

L'affaire de Gaufridi fut, durant plusieurs années, la seule qui fit quelque bruit en Provence. On avoit l'avantage d'y vivre, sinon heureux, du moins tranquille, quoique la minorité de Louis XIII fut assez orageuse. Mais les passions des grands ne fermentent que dans une certaine sphère, au-delà de laquelle leurs mouvements ne parviennent pas. Le mécontentement des Seigneurs, que leur rang tenoit éloignés de notre Province, n'y excita aucun trouble; mais l'amour de l'indépendance y donna un exemple éclatant des dangers d'une trop grande fortune dans un vassal. Annibal de Grimaldi, Comte de Beuïl, Seigneur de la Vallée de Massoins, d'Ascros, de Toudon, de Tourretes, du Revest, & de plusieurs autres lieux, situés dans le Comté de Nice, souffroit avec peine le joug de l'autorité dans ses vastes Domaines, & le Duc de Savoie se plaisoit à le lui faire sentir. Grimaldi avoit accompagné ce Prince à la Cour de France en 1599; & l'on prétend qu'Henri IV le distingua des autres Seigneurs Savoyards, par des préférences marquées. Ceux-ci en conçurent de la jalousie, & ne manquèrent pas de dire que les politesses du Monarque François étoient le prix de quelque trahison, méditée par le Comte de Beuïl. Le Comte accréditoit malheureusement ces calom-

XXX.
AFFAIRE DU COMTE DE GRIMALDI.

An. 1613.

Alp. Marit. manuscr.

nies, par l'indiscrétion de ses propos : il avoit été élevé dans l'idée qu'il étoit Souverain dans ses terres, & qu'il ne dépendoit que de l'Empereur. Les peintures & les tapisseries de ses Châteaux étoient des emblêmes de son indépendance ; & tout jusqu'aux inscriptions, lui en rappelloit le souvenir. Cependant il auroit trouvé, dans les hommages rendus par ses ancêtres, & dans les archives de sa Maison, dequoi détruire cette erreur: mais de toutes les chimères, il n'en est point que l'on aime à nourrir comme celle de la grandeur.

Grimaldi étoit Gouverneur de Nice, & malgré la circonspection que cette place demandoit, il lui échappoit de tems en tems des propos qui déceloient l'orgueil de ses prétentions. Le Duc de Savoie, qui le faisoit observer depuis quelques tems, ne les ignoroit pas ; il arriva à Nice, le 5 Janvier 1614, avec mille hommes de troupes, sous prétexte de n'avoir entrepris ce voyage que pour établir un Sénat dans cette ville, & pour y attendre son fils, le Prince de Piémont, qui venoit d'Espagne. Durant son séjour, André de Grimaldi, fils du Comte de Beuïl, eut avec un Gentilhomme Savoyard, une dispute fort vive, dans laquelle il fit éclater cette façon de penser fière & indépendante, dont on leur faisoit un crime, à lui & à son pere. Le Duc le fit mettre au Château de Villefranche ; & s'entretenant quelques jours après avec le Comte son pere, il se plaignit des propos que ce fils téméraire avoit tenus contre l'autorité, & ajouta qu'il les avoit puisés dans le sein de sa famille ; cependant il finit par faire l'éloge des qualités brillantes du fils, & dit qu'il vouloit le marier : sous ce prétexte, il les mena l'un & l'autre à Turin. Quelque tems après, il dit à Annibal : « J'apprens que vous empêchez vos vassaux
» d'appeller des Sentences de vos Juges au Sénat de Nice : je ne
» souffrirai point cette atteinte portée à mon autorité ; & afin
» de prévenir les mécontentements que vous pourriez me
» donner,

« donner, & la juste sévérité dont je serois forcé d'user envers
» vous, je desire réunir à mon Domaine le Comté de Beuil
» & les autres terres que vous possédez dans le Comté de Nice :
» je vous en céderai d'autres en échange dans le Piémont ».
Le Comte ne goûta pas ces propositions : il se plaignit des
soupçons que le Duc avoit de sa fidélité, & fit valoir les marques de zèle qu'il lui avoit données en plusieurs occasions.

Il eut bientôt sujet de se convaincre, par la conduite qu'on
tenoit envers lui, qu'il étoit prisonnier à Turin. La difficulté étoit
d'en sortir : il feignit d'être malade ; on fit semblant de le croire,
& il obtint la permission d'aller prendre les eaux ; ce qui lui
facilita les moyens de s'enfuir à travers les montagnes, dans son
Comté de Beuïl, où le Duc n'entreprit point de l'attaquer. Ce
Prince se contenta de lui envoyer une personne qualifiée, pour
l'engager à revenir à Turin. Grimaldi n'eut garde d'abandonner
un pays où la situation avantageuse des lieux, & l'amour de
ses vassaux, étoient pour lui de plus sûrs garants de sa liberté,
que des promesses de Cour. Cependant, il ne se dissimuloit
pas qu'il seroit bientôt accablé sous le poids de cette même
autorité, à laquelle il vouloit se soustraire, s'il ne se mettoit
sous la protection de quelque Monarque puissant. Il traita d'abord avec l'Espagne, qui promit de le défendre contre tout
Prince, sans exception, qui viendroit l'attaquer ; de lui fournir quatre mille hommes, & tout l'argent nécessaire pour en
lever encore quatre mille, lesquels seroient entretenus aux
dépens de Sa Majesté Catholique. Le Comte s'obligeoit, de
son côté, à mettre sous l'obéissance du Roi d'Espagne, dans
l'espace de trois mois, la Ville & Comté de Nice, Villefranche, Sospel & quelques autres lieux, dont il se réservoit
le Gouvernement pour lui & ses successeurs. Il se réservoit aussi
la seigneurie des Bourgs & Villages du Comté, & vingt mille
écus d'or de pension annuelle. Le Roi accepta ces conditions,

AFFAIRE
DU COMTE DE
GRIMALDI.

An. 1615.

Merc. Franç.
t. VII.

An. 1616.

quelque peu avantageufes qu'elles fuffent, parce que la poffeffion de ce pays le mettoit en état de faire une diverfion puiffante aux armes du Duc de Savoie, en cas de guerre; d'ailleurs, étant maître du Château de Nice, l'une des plus fortes Places qu'il y eût alors, & du Port de Villefranche, il tenoit en refpect les Gênois & les Provençaux, incommodoit leur commerce, & pouvoit faire, quand il voudroit, une invafion en Provence.

Ces confidérations devoient être d'un grand poids auprès du Miniftre Efpagnol; mais, foit que l'on craignît d'allarmer la France & la Savoie, qui fe réuniroient contre l'Efpagne, pour la chaffer d'un pays où elles avoient tant d'intérêt à ne pas la fouffrir; foit que ces terres ne lui paruffent pas affez confidérables pour s'engager dans une guerre ruineufe; foit enfin par d'autres raifons qui nous font inconnues, il y avoit plus d'un an que le traité étoit figné, fans que les Miniftres Efpagnols fe miffent en devoir de l'exécuter. Grimaldi, qui avoit befoin d'un fecours puiffant & prompt, ne s'accommodoit point de ces lenteurs. Magdelon de Vintimille, Baron de Tourves, fon gendre, lui confeilla de fe mettre fous la protection de la France. Ce parti lui parut infiniment plus avantageux, à caufe de la facilité qu'il avoit de recevoir des fecours ou de fe retirer en Provence, fi le fort des armes lui devenoit contraire. Le Roi de France, fans s'arrêter aux inconvéniens qu'il y avoit à foutenir la révolte d'un vaffal étranger, prit le Comte de Beuïl fous fa protection, avec fa femme, fes enfans, fes vaffaux, & toutes les terres qu'il poffédoit dans le Comté de Nice. Il lui accorda même plufieurs graces, entre autres une penfion annuelle de vingt mille livres, la faculté de fe pourvoir à la Cour du Parlement de Provence pour toutes fes affaires, feize minots de fel par an pour fon ufage & celui de fes vaffaux, au prix que les Fermiers l'achetoient;

enfin des Lettres de naturalité pour ces mêmes vassaux, qu'il associoit à tous les privilèges des Français.

Cette alliance piqua vivement le Duc de Savoie ; il fut indigné qu'un homme du rang & de la naissance de Grimaldi entreprît de se souftraire à son autorité ; & que pour soutenir sa révolte, il allumât la guerre dans son propre pays. Cependant il n'osa pas l'attaquer, puisque la France s'étoit déclarée pour lui, & employa, pendant trois ans, la patience & les négociations pour le ramener à l'obéissance ; ensuite, quand il vit que la jalousie & l'ambition soulevoient à Paris les Grands du Royaume, & que le fanatisme armoit les Religionnaires, il voulut tirer vengeance d'un crime, dont l'impunité auroit été infiniment dangereuse. Il ordonna au Sénat de faire le procès au Comte de Beuïl & à son fils. Ayant refusé l'un & l'autre de comparoître, ils furent condamnés à avoir la tête tranchée & à perdre leurs biens. En conséquence de cet Arrêt, le Marquis de Dogliano, Gouverneur de Nice, eut ordre d'envoyer deux mille hommes pour se saisir de leurs personnes & de leurs terres. Le Baron de Laval, fils du Comte de Beuïl, prit la fuite ; son pere, aveuglé par sa folle présomption, & comptant peut-être sur les secours de la France, eut l'imprudence d'attendre son ennemi dans son Château de Tourretes, que la nature & l'art sembloient rendre imprenable. Il y avoit enfermé beaucoup de provisions de guerre & de bouche pour faire une longue résistance. Il se rendit pourtant après trois jours de siége le 8 Janvier 1621, & fut étranglé dans un fauteuil par la main d'un Turc, en quoi l'on vit s'accomplir la punition qu'il avoit prononcée lui-même ; car on prétend qu'il avoit dit : *j'aimerois mieux mourir de la main d'un Turc, que de me soumettre au Duc de Savoie*. Cette circonstance fit croire, dans le tems, qu'on avoit mené cet esclave exprès pour insulter au malheur d'un Gentilhomme recommandable par sa naissance, par

AFFAIRE DU COMTE DE GRIMALDI.

An. 1517.

les services que ses aïeux avoient rendus à la maison de Savoie & par ses titres. Mais ces avantages qui auroient ajouté un nouveau prix à son zèle, s'il eût servi son Souverain, le rendirent plus coupable. Il étoit le quatrieme de sa branche, qui fut décoré de l'Ordre de l'Annonciade. Son fils avoit épousé Anne de Saulx, fille de Jean Vicomte de Tavanes. Des alliés & des amis puissants prièrent inutilement le Duc de Savoie de lui rendre les terres de ses ancêtres : comme il étoit entré dans la révolte de son pere, il fut enveloppé dans sa disgrace.

La France ne voulut pas se mêler de la querelle de Grimaldi malgré les promesses qu'elle lui avoit faites. Les Cours avoient alors la politique, de souffler l'esprit de révolte dans les Etats voisins : mais rarement elles avoient la générosité de soutenir les rebelles.

Louis XIII, occupé à étouffer le discorde dans ses propres Etats, ne vouloit point allumer une guerre étrangere. Il soumit tout le long de la Loire les Villes qui refusoient de lui obéir : delà, passant dans le Poitou & la Guienne, il en rangea plusieurs autres à leur devoir, & alla ensuite désarmer la plupart des Religionnaires du Languedoc, auxquels il enleva la ville de Montpellier, dont ils avoient fait un de leurs boulevards. Enfin, il poussa jusqu'en Provence, où il arriva le 29 Octobre 1622. Les Historiens de cette Province n'ont rien dit de ce voyage, qui mérite d'être consigné dans l'Histoire. Il paroît qu'il y vint pour visiter les lieux que la dépouille mortelle de quelques Saints avoit rendus célèbres. Aussi accueillit-il avec bonté l'ouvrage d'un Avocat intitulé : *Inventaire des Reliques qui se voient en Provence*. On rapporte qu'après l'avoir lu, il fit observer que plusieurs autres Eglises du Royaume conservoient des Reliques de quelques-uns des Saints nommés dans l'ouvrage. Ces circonstances minutieuses sont intéressantes, en ce qu'elles servent à prouver, avec quel soin on élevoit les Princes Catholiques, dans la croyance de tout ce que les Religionaires attaquoient avec le plus d'acharnement : peut-être le Roi mettoit-il autant de politique que de dévotion à visiter les lieux saints & les reliques, afin de combattre par son exemple, les erreurs des Calvinistes. Peut-être aussi entroit-il dans son caractère d'attacher trop d'importance à de petits objets, comme étoient les recherches de cet Avocat : un citoyen d'Aix lui présenta en même-tems un ouvrage, qui n'avoit pas comme l'autre le mérite du sujet ; il étoit intitulé : *Sibilla Gallica*, *seu felicitas sæculi*. Il contenoit environ cinq cents anagrammes, sur le nom & les titres du Roi, qui paya d'une pension ce prodige de patience & de flatterie, tandis que des talents utiles languissoient dans la misère, faute d'encouragemens. Ce Prince signala son arrivée en Provence par la confirmation des privilèges du Pays.

Dans tous les tems, la ville d'Aix a eu des Citoyens éclairés, qui ont formé des cabinets précieux en tableaux, médailles & antiques. Le sieur Borilli en avoit un alors, qui renfermoit plus de cent vingt tableaux des plus grands Maîtres, tels que de Michel-Ange, du Titien, du Bassan, du Carrache, de Rubens, & de Bandinelli : on y voyoit une statue d'un grand prix représentant un homme mourant, ouvrage de Bandinelli, qui étoit en même-tems Sculpteur. Beaucoup d'autres statues antiques en bronze & en marbre ; soixante-dix médailles d'or, tant Grecques que Romaines ; huit cents d'argent ; seize cents en bronze ; des instrumens curieux, qui, chez les Romains, avoient servi aux sacrifices ou à divers usages de la société ; plusieurs ornemens de femmes, aussi précieux par la matière que par l'art : parmi ces ornemens, on distinguoit deux superbes bracelets d'or, trouvés à Antibes, dans un tombeau de marbre ; des vases de jaspe oriental ; d'autres de crystal, d'un travail moderne. Le plus curieux de tous étoit un vase & un bassin de jayet, l'un & l'autre d'une grandeur peu commune. On montroit, comme une chose fort remarquable,

VOYAGE DE LOUIS XIII, EN PROVENCE.

An. 1622.

Merc. Franç. t. X.

un grand verre, dont la coupe feule avoit un pied de haut : on avoit peint au fond l'image du Sauveur & de la Magdeleine, & gravé fur le pied ces mots Provençaux : *Qu ben béoura, Diou veïra. Qui bien boira, Dieu verra.* Tout autour du bord, on lifoit ces autres mots : *Qu me béoura de touto fon haleno, veïra Diou & la Magdaleno* ; c'eft-à-dire : *Qui me boira tout d'une haleine, verra Dieu & la Magdeleine.*

On difoit que ce verre avoit appartenu au bon Roi René : ce Prince étant finguliérement aimé & refpecté en Provence, les Provençaux lui ont dans tous les tems attribué beaucoup de chofes ; foit qu'ils cruffent ajouter à fa gloire ; foit qu'ils prétendiffent donner à ces chofes un plus grand prix. Comme ce Prince étoit facétieux, qu'il aimoit un bon mot, un trait plaifant, il peut bien avoir fait peindre le Sauveur & la Magdeleine au fond de ce grand verre, & y avoir mis les devifes que nous venons de rapporter. C'étoit alors la mode d'imaginer des chofes fingulières pour s'exciter à boire : celle-ci étoit très-propre à réveiller le goût que nos bons aïeux avoient pour le plaifir de la table.

On voyoit dans le même cabinet des monnoies des Rois de France depuis Charlemagne, & celles des Comtes de Provence. Il y avoit auffi des poiffons, & des pétrifications de différentes efpèces. Louis XIII, charmé de ce précieux affemblage, voulut y laiffer un monument de fa munificence, en y dépofant le riche baudrier qui lui avoit fervi le jour de fon facre. L'aridité du fol eft une des chofes qui frappa le plus ce Prince, pendant fon féjour en Provence. Il fentit combien il feroit avantageux pour la Province de faire creufer un canal qui, la traverfant dans la plus grande partie de fon étendue, pourroit répandre la fécondité dans les lieux où la féchereffe détruifoit le germe des femences. Le fameux Peyrefc n'oublia rien pour faire réuffir ce projet utile. Il pria même fes amis de Hollande de lui envoyer un homme habile dans la conduite des eaux : mais la peste s'étant manifestée peu de tems après, il ne fut pas possible de s'occuper sérieusement du canal.

Les personnes attaquées de cette maladie, éprouvoient d'abord une soif ardente, l'insomnie, & des pesanteurs de tête : il s'y joignoit la lassitude, avec une extinction de voix, des nausées, des vomissemnts, des ardeurs d'urine, des crachats teints de sang, une sueur abondante, des frissons & des convulsions, accompagnées de délire. Le mal se manifestoit ensuite par des bubons de la grosseur, tantôt d'une amande, & tantôt d'un œuf de poule : quelquefois on n'en avoit qu'un, & plus souvent deux, avec des douleurs violentes, quoique sans inflammation : il n'étoit pas rare de les voir rentrer ; mais pour l'ordinaire ils crevoient, & alors les douleurs devenoient insupportables. Outre ces bubons, on avoit assez souvent des charbons, quelquefois jusqu'à douze, tantôt noirs, tantôt livides, & tantôt couleur de pourpre, accompagnés d'ardeurs très-vives, ou de pustules, qui rongeoient les chairs. La plupart des malades devenoient enflés. Cependant il y eut beaucoup de personnes qui moururent subitement, sans avoir donné aucun signe de maladie. Les cadavres étoient horribles à voir : ils avoient le visage contourné, les membres roides, & ordinairement contractés.

Cette terrible maladie produisit à Digne des effets très-surprenants, au rapport de Gassendi, qui étoit bien instruit de tout ce qu'il rapporte. On vit un malade sortir subitement de son lit, grimper le long des murailles de sa maison, monter sur le toît, & faire voler les tuiles dans la rue ; car dans les petites villes de Provence, les maisons étoient alors, comme elles le sont aujourd'hui en bien des endroits, bâties avec des pierres de différente grandeur, qui, étant placées sans art, présentent à l'extérieur d'un mur, une surface inégale & ra-

An. 1629.
XXXII.
RAVAGES DE LA
PESTE A DIGNE.

Gassend. notit.
ecclef. Din. c. 6.

boteufe. Un autre malade étant monté fur un toît, par le moyen d'une échelle, y danfa pendant quelque tems, defcendit enfuite, courut par-tout, jufqu'à ce que s'étant préfenté au corps-de-garde, il fut tué d'un coup de fufil. Un troifième s'échappa de l'hôpital, vola chez fa femme, qui eut la foibleffe de fe prêter à fes defirs, & ils moururent l'un & l'autre dans leurs embraffements. Combien n'eft pas touchant encore le fort de cette femme enceinte, qui, à peine délivrée de fon fruit, courut en chemife dans des endroits efcarpés, & tomba dans un précipice, où elle perdit la vie ! De cet homme qui, s'imaginant dans fon délire, qu'il pourroit voler, prit fon effor d'un endroit élevé, & mourut de la chûte ? Un autre, croyant être dans un vaiffeau, battu de la tempête, jetta tous fes meubles dans la rue, comme fi c'étoit les marchandifes, dont il fallût fe délivrer pour éviter un naufrage : mais le plus à plaindre de tous, fut ce malheureux pere, qui jetta par la fenêtre fon fils encore au berceau.

Des perfonnes qu'on avoit portées à la foffe, où l'on entaffoit les morts, donnèrent, après plufieurs jours, des fignes de vie : il y en eut qui reprirent leurs fens dans la bière, ou dans le char fur lequel on les portoit. La commotion tira de la léthargie, une fille de vingt ans, quand on la jetta fur un tas de cadavres ; une autre, âgée de vingt-cinq, étant tombée dans un foffé, y refta trois jours fans mouvement ; le quatrième, elle fut réveillée par la douleur que lui occafionna l'éruption d'un bubon, dont elle guérit. Une veuve, privée de tous fecours, refta fix jours dans fa chambre fans boire ni manger ; & cette diete auftère la fauva. Le fait fuivant feroit incroyable, s'il n'étoit pas attefté par un Auteur auffi grave que Gaffendi : il affure qu'un homme, attaqué de la pefte, étant refté fans mouvement, fa femme lui creufa une foffe ; mais que n'ayant pas eu affez de force pour l'y porter, elle le laiffa quatre

jours

jours dans son lit, au bout desquels il se réveilla ; alors il courut les champs, fit le Prophête, & annonça le Jugement dernier, en exhortant à faire pénitence ; il maudissoit ceux qui refusoient de fléchir le genou devant lui ; & fit d'autres choses aussi extravagantes, pendant tout le tems que dura son délire, qui finit avec la maladie dont il revint. Le fléau commença les premiers jours de Juin 1629 : pendant quatre mois qu'il dura, le ciel fut couvert de nuages épais ; l'air étoit brûlant, & il y eut souvent des orages accompagnés de beaucoup de tonnerres : aucun oiseau ne fit entendre ses accens à Digne, ni à la campagne, & il ne régna d'autre maladie que la peste. Dans la premiere semaine, il mourut trois ou quatre personnes ; mais vers le milieu du mois il en mourut jusqu'à quinze par jour ; environ quarante, au commencement de Juillet ; cent vers le milieu ; cent soixante à la fin du même mois, & au commencement d'Août ; mais le quinze, la maladie commença à diminuer : elle n'emporta, dans le courant du mois de Septembre, que cinq à six personnes par jour, & cessa tout-à-fait au commencement d'Octobre. On compte qu'il y eut tout au plus cinq cents personnes, auxquelles on put administrer des remèdes, & il y en eut plusieurs qui moururent. Des familles entières furent emportées ; on trouva neuf cadavres dans une seule chambre.

Il faut attribuer en partie, la cause de ces ravages affreux, à l'inexpérience des Médecins, au défaut de police, & sur-tout à l'interprétation trop littérale qu'on donna à un Arrêt du Parlement. Cette Cour avoit défendu, sous peine de mort, aux habitants de Digne, de sortir de la Ville & du territoire. Comme la campagne est fort resserrée, & peu propre aux habitations, il n'y avoit point assez d'espace pour bâtir un nombre de cabannes proportionné à celui des habitants, & à la distance qu'il falloit pour que ces cabannes fussent isolées. Le Conseiller du Parlement, nommé Commissaire pour l'exécution de l'Arrêt, plaça un cordon de troupes sur les confins du terroir, afin d'empêcher les Propriétaires d'en sortir : quand il avoit quelque ordre à leur signifier, il s'avançoit sur le Pont de la Bléoune, faisoit sonner de la trompette, & ces malheureux accourant en foule, au son de l'instrument, se communiquoient la contagion dans cette assemblée confuse.

Pour comble de malheur les paysans des environs, qui gardoient les passages, confisquoient le peu de provisions que des personnes sensibles envoyoient à Digne à leurs parents ou à leurs amis : monopoleurs barbares, ils vendoient à un prix exorbitant les denrées qu'on ne pouvoit recevoir que de leurs mains. Ils délibérèrent même de mettre le feu à la Ville, & de livrer aux flammes non-seulement les maisons, mais encore le peu de monde qui restoit; parce que dans l'impossibilité où l'on étoit d'enterrer les morts, il y en avoit plus de quinze cents qui pourrissoient dans les rues & dans les maisons. Ils alloient commettre cette cruauté, quand ils apprirent que la peste étoit dans quatre autres Villes. Ainsi l'embrâsement de Digne ne pouvant plus arrêter le fléau, ils se contentèrent de livrer aux flammes une maison de campagne avec toute la famille du propriétaire qui s'y étoit réfugiée.

Si les malheureux habitants avoient eu la liberté de construire des chaumières au-delà de la Bléoune, & d'y vivre sous l'inspection du Magistrat, il en auroit échappé un grand nombre; mais la crainte de mourir, faute de secours, dans des lieux écartés, les retint à la ville, où plusieurs causes se réunirent pour augmenter l'activité du fléau. La principale fut la maladie, ou la mort des personnes chargées de transporter les cadavres au lieu de la sépulture. Les Magistrats perdirent ce calme d'esprit, sans lequel on s'égare dans ce qu'on fait, & la confusion augmenta. On se fuyoit les uns les autres avec un soin extrême : les domestiques abandonnoient leurs maîtres;

les voisins devenoient sourds aux plaintes de leurs voisins; les artisans refusoient de travailler, les pauvres de servir, les riches de se voir: l'Office divin fut interrompu, l'horloge discontinua de sonner, les fontaines, faute d'entretien, tarirent, les moulins cessèrent de moudre, le four & la boucherie furent fermés, & l'on manqua généralement des choses les plus nécessaires à la vie.

RAVAGES DE LA PESTE A DIGNE.

L'image de la mort étoit par-tout si présente, que chacun étant occupé de son propre danger, ne pensoit point à celui des autres. On ne se donnoit plus mutuellement aucun secours; ceux d'entre les malades qui avoient le plus de pudeur s'enveloppoient eux-mêmes dans un drap, quand ils sentoient approcher leur dernière heure, pour ne pas être enterrés tout nuds. Il y eut une femme barbare qui refusa des secours à son mari. On en vit une autre, dans les douleurs de l'enfantement, s'arracher elle-même l'enfant, lui donner à téter & mourir avec lui dans ce moment attendrissant. Au milieu de cette consternation générale, des hommes avides s'exposèrent à un péril évident, pour piller les maisons dont la mort avoit enlevé les propriétaires. La plupart furent victimes de cette étrange cupidité: les autres n'osèrent pas jouir ouvertement de leur fortune.

An. 1629.

Le spectacle de la campagne n'excitoit pas moins de pitié: les habitants, frappés de la peste, couchoient sur la terre, & rendoient bientôt leur dernier soupir, faute de secours. On trouva un enfant qui suçoit le téton de sa mère morte; d'autres étoient nourris par des chévres: la plupart de ces malheureuses victimes du trépas, pourrirent dans les maisons où elles avoient fini leurs jours sans qu'on le sçût. Ordinairement dans chaque famille les vivants rendoient aux morts les devoirs de la sépulture: un père enterroit son fils; un fils creusoit la fosse de son père, un mari celle de sa femme, & la femme rendoit souvent ce devoir funèbre à son mari ; mais ces fosses étoient si peu profondes que le moindre vent découvroit les membres livides des cadavres.

Ce terrible fléau cessa au mois de Novembre, & l'on fit des fumigations dans les maisons & dans les rues pour purifier l'air de la Ville. Cependant le corps-de-garde, que l'on avoit mis à l'entrée du pont de la Bléoune, usoit toujours de la plus grande rigueur : les habitants indignés de voir qu'on fût sans pitié pour eux, résolurent de chasser cette soldatesque barbare : ainsi ayant pris les armes de désespoir, ils tuèrent quelques hommes & ôtèrent aux autres l'envie de revenir. Il ne resta tant à la ville, qu'à la campagne, que quinze cents ames, quoique la population fut de dix mille avant la peste. Ainsi il mourut sept mille cinq cents personnes dans l'espace de cinq mois, parmi lesquelles il y eut plus d'hommes que de femmes, plus de jeunes gens que de vieillards. Dans les quinze cents restant, il n'y en avoit tout au plus que cinq à six qui n'eussent point été attaqués de la maladie. Beaucoup d'étrangers vinrent alors habiter Digne, où les maisons & les biens à vendre étoient à très-bas prix. La peste recommença six mois après : les habitants qui n'étoient pas encore revenus de leur frayeur prirent presque tous la fuite ; il n'en mourut qu'une centaine, tous étrangers ; car on remarqua qu'aucun de ceux qui avoient eu la peste n'en fut atteint alors.

Elle se manifesta à Aix le 28 de Juillet 1629, & fit, dans le commencement, des ravages d'autant plus rapides, que les Médecins disputèrent long-tems sur les causes & la nature du mal : les uns prétendoient qu'il étoit contagieux ; les autres le nioient ; & en attendant qu'une triste expérience éclairât ces graves Docteurs, la mort frappoit, sans distinction, à leurs côtés, les citoyens de tout âge, de tout sèxe & de tout état. Le Parlement avoit défendu aux habitants de Digne de sortir de leur terroir; il permit à ceux d'Aix de chercher leur salut dans la fuite, & enjoignit même aux Villes où ils voudroient se réfugier, de les recevoir. La Cour elle-même s'étant divisée en deux Chambres, transporta le siége de la Justice en des lieux plus sains le 22 Octobre. L'une ayant à la tête le Baron d'Oppede, Premier Président, alla à Sallon, & l'autre à Pertuis avec le Président Coriolis : & bientôt après elle fut jointe par le Bureau des Trésoriers de France. La Chambre des Comptes se retira à Toulon, & les Officiers du Siége allèrent tenir leur séance à Tretz. Presque tous les gens de condition abandonnèrent la Ville ; il ne resta du Chapitre que le Prévôt, un Chanoine, & trois Bénéficiers ; les autres allèrent prolonger loin des malades l'oisiveté de leur vie. L'Assesseur Martelli, & François Borilli, Consul, honorèrent leur place par le zèle avec lequel ils en remplirent les devoirs : les autres deux Procureurs du pays, Gaspard de Forbin, Seigneur de la Barben, & Balthazar de Vétéris, se retirèrent dans une ville du voisinage, pour donner ordre aux affaires de la Province. La peste ayant trouvé peu d'aliment, ne fit pas autant de ravages qu'elle en auroit fait, si la population avoit été plus nombreuse. Cependant on prétend qu'elle emporta près de douze mille personnes : c'étoit plus des deux tiers des habitants : il s'en faut bien que la mortalité eût été aussi considérable, si la Police avoit été plus vigilante, & les Médecins plus éclairés ; mais ceux-ci, presque toujours dangereux, quand ils ne sont pas utiles, fomentoient le mal par des remèdes contraires, ou donnés mal à propos.

On en fit malheureusement une triste expérience à Marseille ; quand la peste s'y manifesta au mois de Février 1630. Les habitants, saisis d'épouvante à la première nouvelle qu'ils en eurent, sortirent de la Ville au nombre d'environ trente mille : la foule étoit si grande aux portes, que plusieurs personnes y

LA PESTE A AIX.

An. 1629;

XXXIV.
A MARSEILLE.
Hist. de Mars.

furent étouffées; on voyoit dans les rues, & sur les grands chemins des personnes de tout âge, de tout sèxe, & de toute condition; les enfants en état de marcher se traînant avec peine sur les pas de leurs parents; les mères portant entre leurs bras ceux qu'elles nourrissoient : les pères conduisant les provisions qu'ils avoient eu le tems d'emporter : des voitures, des mulets chargés, des hommes, des femmes pliant sous le faix des hardes : la crainte & la douleur peintes sur le visage; les cris des enfants, le désordre & la confusion de la marche; voilà le spectacle affligeant qu'offroit ce peuple désolé : la communication fut libre durant quinze jours entre les habitants de la campagne & ceux de la ville : après ce terme elle fut entièrement interrompue. Léon de Valbelle & Nicolas de Gratian, premier & second Consuls, meritèrent les plus grands éloges par le bon ordre & la discipline qu'ils établirent; on dut à leurs sages précautions le peu de progrès que la maladie fit d'abord : foible au commencement de Mars, elle prit de l'activité à la fin du même mois, & emporta les femmes grosses & les personnes languissantes : les gens qu'une maladie ou la misère avoit affoiblis succombèrent au mois d'Avril. Le mois de Mai devint funeste aux personnes de tout âge : il mouroit par jour environ trente personnes avant le 22, cent après cette époque. Cependant on peut dire que la maladie eut des vicissitudes qui la rendirent plus ou moins cruelle. En général on remarqua que les mois de Juin & de Juillet furent funestes aux personnes robustes, & que les femmes & les vieillards échappoient plus aisément aux atteintes du mal.

Dans le temps que la maladie déployoit tout son feu, on vit paroître dans la rade une escadre Espagnole de trente galères & de cinq galions, sur laquelle étoit l'Infante Marie-Anne d'Autriche, qui alloit épouser Ferdinand III. Il n'y avoit pas d'apparence que cette flotte, ayant à bord une Princesse destinée à occuper le premier Trône du monde, & une Noblesse nombreuse, voulût faire des entreprises sur une ville infectée de la peste; mais on le craignit, & les habitants, soit de la ville soit de la campagne, prirent les armes au nombre de douze mille hommes. La flotte disparut, & le fléau qui avoit fermenté dans cet assemblage confus de toutes sortes de personnes, se répandit avec elles dans des lieux, où on n'avoit pas encore éprouvé ses atteintes. Il mourut environ neuf mille ames.

An. 1630.

Tandis que ces ravages plongeoient la Provence dans la désolation, une main ennemie y jettoit le germe des divisions intestines. On prétend que le Cardinal de Richelieu les préparoit de loin pour perdre le Duc de Guise, dont il croyoit avoir à se plaindre. Ce Ministre, jaloux d'envahir tous les pouvoirs, avoit voulu réunir sur sa tête les charges d'Amiral de France & d'Amiral des mers du Levant. Le Duc de Montmorency possédoit la première, & le Duc de Guise avoit la seconde en qualité de Gouverneur de Provence. Ayant refusé l'un & l'autre de s'en démettre, le Cardinal trouva le moyen de leur faire sentir tout le poids de son crédit & de son ressentiment; il s'étoit formé une Compagnie de commerce, pareille à celle qui s'étoit élevée en Hollande quelque tems auparavant. Richelieu se fit nommer Grand-Maître, Surintendant Général du Commerce de France (1), & par le même Edit qui est du mois d'Octobre 1626, il supprima les charges d'Amiraux & de Vice-Amiraux. Le Duc de Montmorency n'osa pas se compromettre avec le Ministre; il donna sa démission

XXXV.
LE CARDINAL DE RICHELIEU SE BROUILLE AVEC LE DUC DE GUISE.

(1) Il eut pour Successeur dans cette Charge au mois de Decembre 1642, son parent, Armand de Maillé, Marquis de Brezé, Duc de Fronsac. après lui la Reine-Regente, mere de Louis XIV, se la fit donner par Lettres du 4 Juillet 1646, & sur sa démission César de Vendôme, oncle du Roi, fut nommé le 12 Mai 1650. Lett. R.

moyennant une pension de soixante & dix-huit mille livres sur les Aides de Paris; & sa Charge fut supprimée par un autre Edit. du mois de Janvier 1628.

Le Duc de Guise se rendit plus difficile, & cette résistance fit sa perte. Le Prélat prit pour le perdre un moyen assez long en apparence, mais infaillible. Il attaquoit de tems en tems les priviléges de la Province par de nouveaux réglements, ou par des impositions pour lesquelles les besoins de l'Etat lui fournissoient assez de prétextes. Son intention étoit de rendre le Duc odieux au peuple, s'il les faisoit exécuter, & au Roi s'il se déclaroit pour les franchises du pays. Ces atteintes portées étoient un impôt sur le sel de quarante sols par minot, & une diminution du minot qu'on réduisoit à un tiers de son poids; une augmentation dans le nombre des Magistrats de la Chambre des Comptes, avec attribution de la comptabilité pour les Communautés: l'érection de nouveaux Offices au Bureau des Trésoriers de France, auxquels il donnoit une plus grande jurisdiction: la création d'Officiers de Justice inconnus auparavant, tels que Contrôleurs des Greffes pour les Sentences données par les Juges, & pour les Arrêts des Cours Souveraines, avec droit d'exiger la moitié des salaires que prennent les Greffiers. Ces innovations excitèrent une réclamation générale. Les Etats s'assemblèrent, ayant pour Commissaire Alexandre de Galiffet, Président aux Enquêtes. On députa en Cour Alfonse de Richelieu, Archevêque d'Aix, & frère du Cardinal; Castellane-Salernes & Gaufridy, Procureurs du pays; le Marquis de Janson & le Greffier des Etats. Le Roi étoit alors au siége de la Rochelle; l'Archevêque d'Aix porta la parole: comme il avoit été nourri dans la solitude du cloître, le Cardinal son frère, craignit que la majesté du Prince & le grand jour de la Cour ne l'éblouissent, & l'on prétend qu'il se cacha derrière une tapisserie pour n'être pas témoin du trouble
de

de l'Archevêque, & pour ne pas l'augmenter par son propre embarras; mais l'Archevêque, homme pieux & accoutumé à méditer sur le néant des grandeurs humaines, parla avec tant d'assurance & de sagesse, fit un tableau si touchant de la fidélité & des malheurs du peuple dont il étoit l'organe, qu'après l'avoir entendu, un Courtisan dit tout haut, *qu'au lieu de demander du secours à une Province si affectionnée au Roi, & si épuisée, il falloit lui accorder de nouvelles graces.*

MOYENS QU'IL PREND POUR LE PERDRE.

Ce n'est pas ainsi que pensoit le Cardinal de Richelieu. Toujours occupé de son double objet, de procurer au Roi des subsides, & de perdre le Duc de Guise dans l'esprit des Provençaux, il attaquoit de tems en tems leurs franchises par de nouvelles impositions : c'est ce qu'il fit en 1630, lorsqu'il donna ordre aux Trésoriers-Généraux de France, de lever mille mulets pour porter des munitions à l'armée d'Italie : suivant les privilèges du pays, les Officiers du Roi ne peuvent rien entreprendre par autorité, & sans le consentement des Etats ou des Consuls, qui en sont les représentans. L'Assemblée générale, tenue à Barjols, crut avoir trouvé le moyen de concilier les intérêts de la Province, avec ceux du Roi, en ordonnant elle-même la levée de six cents mulets sur le pays, & de trois cents sur les terres adjacentes.

An. 1630.

L'Edit des Elus fit beaucoup plus de sensation. On craignit que le Roi ne voulût établir la taille personnelle : c'eût été renverser les constitutions fondamentales d'un pays, où la taille est réelle, & où l'un des privilèges les plus essentiels, est la liberté qu'ont les habitans de s'imposer eux-mêmes de la manière qui leur paroît la moins onéreuse. Le Duc de Guise fut chargé de faire exécuter l'Edit. La chose étoit infiniment délicate : il imagina de faire comprendre parmi les Elus, les premiers Présidents des Compagnies Souveraines, dont il vouloit se servir comme d'un rempart contre les plaintes du peuple :

XXXVII.
IL OCCASIONNE DES TROUBLES.

on crut auſſi que les intérêts du Roi demandoient qu'on établit un Intendant. D'Aubray, Maître de Requêtes, fut le premier pourvu de cette Charge : il étoit porté par Marillac, Garde des Sceaux, qui crût lui donner un emploi conſidérable.

D'Aubray arriva à Taraſcon au mois d'Avril 1630. Le Duc de Guiſe étoit alors à Orgon, avec Caſtellane-la-Verdière, & Forbin-la-Barben. Il prit leur avis ſur la manière dont il devoit ſe conduire pour l'établiſſement des Elus, & de l'Intendant, touchant leſquels il avoit des ordres précis de la Cour.

« Puiſque vous êtes chargé d'exécuter les volontés du Roi,
» & que vous avez la force en main, lui dit la Verdière,
» ne différez pas davantage : dans les grandes affaires, il ne
» faut point donner aux perſonnes intéreſſées à s'y oppoſer,
» le tems de ſe reconnoître: ils ſont étonnés d'un coup d'au-
» torité, & trouvant les choſes terminées avant qu'ils s'en
» ſoient apperçus, il ne leur reſte que quelque légère plainte
» ſans remede. Si au contraire on leur laiſſe le tems de ré-
» fléchir, ils font tous leurs efforts pour empêcher un change-
» ment dont ils craignent les ſuites, & ils y réuſſiſſent moins
» encore par leur habileté, que par l'indolence ou la timidité
» de leurs adverſaires. Du reſte l'état où ſe trouvent les Com-
» pagnies Souveraines, rend facile l'exécution du projet. Le
» Parlement diſperſé à Sallon & à Pertuis, la Cour des Comptes
» à Toulon ; les Procureurs du pays diviſés entr'eux, vous four-
» niſſent une occaſion favorable de ſervir le Roi ſans péril &
» ſans peine. Si au contraire vous laiſſez revenir ces différens
» Corps dans la ville d'Aix, d'où partent tous les mouve-
» ments de la Province, ne croyez pas que vous puiſſiez ve-
» nir facilement à bout de ce que vous ſouhaitez. Cette ville
» a trop d'intérêt à conſerver les Procureurs du pays, pour
» laiſſer changer la forme de l'adminiſtration ſans s'y oppoſer ».

La Barben fut d'un avis contraire. Il croyoit qu'on ne pouvoir se dispenser de signifier aux Etats assemblés la volonté du Roi, avant de faire enrégistrer l'Edit; qu'il seroit dangereux de changer l'administration d'une Province déja mécontente, sans observer quelque formalité; qu'il falloit donner à un peuple babillard la satisfaction de se plaindre & de faire quelques chansons « : ce peuple, ajouta-t-il, subira le joug » après avoir vomi quelques injures contre les Auteurs de la » nouveauté; mais il faut l'établir dans les formes : si vous » usez de violence, il aura toujours droit de se plaindre, & » il attendra les occasions de s'en venger : si au contraire vous » préparez les Compagnies Souveraines, les Procureurs du pays, » & les Notables de la Ville d'Aix, au changement que vous » vous proposez de faire, vous aurez plus de facilité à per- » suader les Députés des Communautés, & à leur faire craindre » la colère & les armes du Roi, en cas qu'ils veuillent s'op- » poser à ses ordres. Quel droit n'aurez-vous pas d'user d'au- » torité, lorsque vous aurez tenté les voies de la douceur, & » demandé le consentement des peuples »?

IL OCCASIONNE DES TROUBLES.

Le Duc de Guise se rendit à cet avis, qui étoit plus conforme à ses principes. L'Assemblée des Etats fut convoquée à Brignole : les Consuls de cette ville & les Officiers de la Sénéchaussée, persuadés que les Commissaires du Roi venoient détruire la liberté publique, & mettre la Province dans les fers, s'absentèrent pour ne pas être obligés de prêter leur ministère. Les artisans quittèrent leur travail & fermèrent leurs boutiques : enfin on vit dans cette ville un deuil public, suivi d'un murmure prêt à dégénérer en révolte. Les Officiers de la Sénéchaussée & les Consuls vinrent ensuite reprendre les fonctions de leur Charge, sur une Ordonnance que l'Intendant donna, à la requisition des Commissaires.

Pendant tous ces mouvements, le Cardinal de Richelieu faisoit de tems-en-tems des entreprises sur les droits de l'Amiral. Le Duc de Guife foutenoit avec beaucoup de fermeté les prérogatives de fa Charge : le Cardinal qui défefpéroit de le gagner par des careffes, fe pourvut au Parlement de Paris pour faire déclarer que le droit d'ancrage lui appartenoit, en qualité de Surintendant-Général de la navigation.

Le Duc de Guife, au lieu de comparoître, fit déclarer par un Huiffier, qu'attendu le pouvoir que le Cardinal avoit ufurpé dans l'Etat, il ne devoit pas fe flatter d'obtenir juftice dans aucun Tribunal de France : qu'en attendant qu'il pût faire valoir fes raifons, il proteftoit contre tout ce qu'on feroit contre lui : cette proteftation irrita le Cardinal, dont l'humeur altière s'offenfoit de tout ce qui lui paroiffoit peu foumis & peu refpectueux. Il entreprit de transférer à Toulon la Cour des Comptes, & de lui attribuer la Comptabilité. C'étoit attaquer directement les privilèges de la Ville d'Aix, & porter un grand préjudice à cette Capitale, qui ne fe foutient que par les Compagnies Souveraines. Le peuple témoigna qu'il s'y oppoferoit par la force ; la Nobleffe manifefta des difpofitions à peu-près femblables ; enfin les villes d'Arles & de Marfeille formèrent oppofition par une Requête, & la Cour des Comptes qui craignoit l'établiffement de l'Election, ne confentoit qu'à regret à quitter la Capitale : auffi la tranflation n'eut-elle pas lieu, d'autant mieux que les Etats, affemblés à Pertuis au mois de Septembre, témoignèrent hautement qu'ils foutiendroient la liberté du pays par toutes fortes de voies. Le Préfident d'Oppède, & l'Affeffeur Martelli eurent l'imprudence de vouloir faire venir à Aix dans ce moment de fermentation, l'Intendant d'Aubray qui n'avoit encore ofé paroître. Le peuple s'imagina qu'il venoit pour transférer la Chambre des Comptes, & favorifer l'établiffement des Elus : on fonna le tocfin ; auffitôt la maifon de ce Magiftrat & celle du Premier Préfident furent invefties, L'Intendant fe fauva par le toit dans la maifon du

Conseiller la Fare : une partie de ses hardes, avec son carrosse, fut brûlée dans la Place des Prêcheurs, & un de ses valets blessé d'un coup d'épée. Les Conseillers Olivier, Flotte, d'Agut & Boyer, nommés Commissaires pour appaiser l'émeute, allèrent chez l'Intendant pour le rassurer ; mais on trouva qu'il étoit plus sûr de le faire sortir de la Ville ; & il se retira à Cavaillon.

Pour connoître l'origine de ces troubles, & sur-tout la cause du soulèvement contre le Baron d'Oppède Premier Président, il faut sçavoir que le Président de Coriolis, lorsqu'il étoit à la tête de la Chambre du Parlement établie à Pertuis en 1629, alloit de sa maison au Palais en robbe rouge les jours de grandes Audiences, soit qu'il jugeât que cette décoration concilieroit plus de respect à sa place, soit qu'il se crût l'égal du premier Président, qui étoit à Sallon avec la Grand'Chambre du Parlement. Celui-ci en fut blessé, prétendant, que lorsqu'il étoit en Provence, personne, excepté lui, n'avoit droit d'aller au Palais en robbe rouge. Cette contestation entre les deux Magistrats devint bientôt une affaire de corps. Le Parlement de Sallon & la Chambre de Pertuis crurent qu'il étoit de leur honneur, l'un d'avoir seul les marques de la prééminence ; & l'autre d'affecter les apparences de l'égalité. Chaque parti soutint ses prétentions avec toute la chaleur, dont on est capable, quand on combat pour les intérêts de l'amour-propre. L'affaire fut portée en Cour, & le Roi pour terminer ces contestations, ordonna que la Chambre de Pertuis iroit se réunir au Parlement de Sallon. La Chambre refusa d'obéir, pendant plusieurs mois ; mais forcée enfin de céder à l'autorité, elle se rendit à Aix au mois d'Août 1630, lorsque le Parlement y fut de retour. Les membres qui la composoient, trop peu généreux pour pardonner à leurs adversaires l'avantage qu'ils avoient eu dans ces démêlés, cherchèrent à se venger, & notamment

Causes de ces troubles.
Reg. du Parl.
Et Hist. de Prov.

Délib. de la Ch. de Pert.
Hist. & Reg. du Parl.

Manuscr. du P. Cauffid.

An. 1630.

en accufant le premier Préfident d'avoir follicité l'Edit des Elus. Le Roi étoit malade à Lyon, lorfque ces diffentions déchiroient le Parlement & la ville d'Aix. On lui envoya des Députés pour prévenir fa colère. Le Comte de Brienne les reçut avec beaucoup de hauteur : il dit à l'un d'eux, qui étoit Eccléfiaftique, de fe mêler de fon breviaire. *Vous n'avez pas d'autre parti à prendre*, ajouta-t-il, *que d'obéir ; il faut que la Chambre des Comptes forte d'Aix ; elle fera enfuite rapellee.*

Manufcr. du P. Gaufiid.

Cependant les efprits s'échauffoient de plus en plus : le peuple fe portoit à la licence, ou par fon propre mouvement, ou pouffé par les perfonnes qui avoient deffein de fomenter les troubles. On dreffa publiquement dans la place des Dominicains, un bûcher, dans lequel on brûla en effigie le Maréchal d'Effiat, qui étant Surintendant des Finances, paffoit pour être l'auteur des maux publics. Les Préfidents d'Oppède & Séguiran prirent la fuite : car de tous côtés on entendoit dire qu'il étoit honorable de courir aux armes, pour la défenfe de fon pays : chacun vouloit être foldat ; mais perfonne ne vouloit fe mettre à la tête des Mécontens, parce qu'on peut fe fauver dans la multitude, au lieu que les Chefs ne trouvent leur falut que dans le fuccès.

An. 1630.

XXXIX.
RÉVOLTE DES CASCAVÉOUX.

Un jour que dans une de leurs affemblées, ces défenfeurs des privilèges, exagéroient le danger de la patrie, celui qu'ils couroient eux-mêmes, & la néceffité de prendre les armes pour fe fouftraire à la vengeance du Gouvernement, un d'entr'eux dit tout haut, que les plaintes étoient inutiles, puifque perfonne n'avoit le courage de lever l'étendard de la liberté. Il rappella à ce fujet la fable ingénieufe, où les rats toujours menacés d'être furpris par un chat, propofent de lui attacher un grelot, afin d'être avertis de fon approche, & d'avoir le tems de s'enfuir ; *aucun*, dit-il, *ne voulut l'attacher, quoique tous convinffent que le confeil etoit fage.* Paul de Joannis, Seigneur de Châteauneuf, prenant alors la parole, *eh bien*, repliqua-t-il, *c'est moi qui l'attacherai*. Aussitôt il ordonne aux Conjurés de prendre pour signe de réunion un grelot suspendu à une courroie, sur laquelle on mettroit le cachet de ses armes. Telle est l'origine de la révolte des *Cascavéoux*, qui a pris son nom du grelot, appellé *Cascavéou* en Provençal.

Beaucoup d'habitans des autres villes entrèrent dans la confédération : car nul n'étoit estimé bon Citoyen s'il n'étoit décoré d'un grelot ; en le recevant ils se faisoient inscrire dans un Registre qui contenoit les noms de tous les Conjurés. La considération du bien public fut certainement le motif de la plupart de ceux qui entrèrent dans la révolte : mais il y en eut quelques-uns aussi qui s'en servirent, comme d'un prétexte honnête pour exercer leurs vengeances particulières. Lorsqu'on vouloit chasser de la Ville un Citoyen qu'on n'aimoit pas, ses ennemis faisoient courir le bruit qu'il étoit pour les Elus, & l'on voyoit renouveller dans une petite ville de Province, ces proscriptions dont Marius & Sylla avoient donné le premier exemple dans Rome. Le Citoyen honnête, qui avoit eu le malheur de déplaire aux mutins, trouvoit affiché à sa porte l'ordre de sortir de la ville dans un tems prescrit. La licence étoit portée à un point, que les gens sages qui ne vouloient être d'aucun parti, tremblans dans leurs maisons, faisoient regarder tous les matins à leur porte s'il n'y avoit point de proscription.

Les ennemis du Conseiller de Paule profitèrent de cette occasion pour le perdre. Ils le firent passer dans l'esprit du peuple pour être le conseil du Président d'Oppède. On pilla sa maison, on brûla ses meubles dans la place publique sans que le Parlement eût assez d'autorité pour punir cette violence ; tout ce qu'il put faire ce fut de s'opposer par un Arrêt, à l'établissement des Elus, afin d'ôter au peuple le prétexte dont il couvroit ses violences. Il arrêta donc le 14 Octobre 1630, qu'on sup-

RÉVOLTE DES CASCAVÉOUX.

An. 1630.

Bouch. t. II. p. 882.

plieroit le Roi de retirer son Edit ; fit défenses à toutes sortes de personnes d'acheter ni exercer aucune charge d'Elu, soit en titre soit par commission ; de tenir des assemblées illicites, & d'exciter des séditions, sous peine de dix mille livres d'amende, & de punition corporelle.

Du milieu de cette agitation on vit sortir un ouvrage, qui, par les choses qu'il contenoit & par la manière dont il étoit écrit, justifioit assez bien le titre qu'il portoit, qui étoit *la vérité Provençale au Roi*. Il commençoit en ces termes : « Sire,
» je suis la Vérité, cette Déesse, fille du Temps, aujourd'hui
» si peu connue & si fort méprisée dans les Palais des Rois.
» L'ambition & l'avarice des Courtisans occupent entièrement
» ma place & mon rang, & me retiennent depuis long-tems à
» la porte de votre Louvre : je me suis habillée & parée à
» la Provençale, portant en main la livrée de l'ancienne fidé-
» lité de ce pays envers ses Princes ; & poussée de cette hu-
» meur hardie & impatiente qui est naturelle à la nation ; j'ai
» franchi toutes ces barrières d'iniquité & d'injustice, pour
» vous faire mes représentations. Il est vrai, Sire, que les peu-
» ples doivent contribuer de tous leurs biens pour conserver
» la dignité de leur Roi, & les garantir contre leurs communs
» ennemis. Mais les Rois se font réciproquement obligés de
» faire tout ce qui seroit requis au bon Gouvernement de la
» République, & de l'Etat. L'obligation donc des Sujets,
» Sire, est une promesse de sang & de biens ; & celle des
» Souverains une promesse de bonté & de sagesse ; & tous les
» deux ont rapport à une même fin, qui n'est autre que la fé-
» licité commune. La prudence & la bonté des Princes doit
» aussi garder ses mesures, & modérer cette grande autorité &
» puissance, ensorte qu'il n'y ait ni foule ni charge extraordi-
» naires. Il faut, Sire, que la raison maîtrise les Rois, aussi
» souverainement qu'ils maîtrisent leurs Sujets ; & que cette
» image

» image de Dieu qu'ils repréſentent en terre, ſoit toujours
» dans leur ſouvenir, & que ſa crainte ſonne continuellement
» à leurs oreilles ».

Le Duc de Guiſe étoit alors à Paris. Il eut ordre de retourner dans ſon Gouvernement, afin d'appaiſer les troubles. Il y trouva les Communautés aſſemblées, & toutes animées du déſir de ſoutenir les libertés de la Province. Elles délibérèrent, ſous d'autres prétextes, d'acheter quatre mille mouſquets & deux mille piques pour s'en ſervir au beſoin, & de faire imprimer les privilèges de la Province, afin de juſtifier aux yeux du peuple les mouvements dont il étoit témoin.

Les Factieux crurent qu'après s'être impunément vengés du Conſeiller de Paule, ils pouvoient exercer les mêmes violences contre ceux qu'ils regardoient comme les ennemis du bien public. Forbin-la-Barben parent du premier Préſident, fut une de leurs victimes : ce Gentilhomme avoit des talens & de la fermeté ; & pendant un tems il fut l'idole du peuple, par le zèle avec lequel il ſoutint les intérêts de la Province : mais il fut enſuite ſoupçonné de s'être laiſſé gagner par la Cour, dans l'eſpérance d'obtenir le Gouvernement d'Antibes. Ce bruit que ſes ennemis eurent ſoin d'accréditer, le rendit auſſi odieux au peuple, qu'il en étoit aimé auparavant. D'ailleurs il s'étoit fait beaucoup d'ennemis, par la rigueur avec laquelle il exerçoit les droits ſeigneuriaux dans la terre de la Barben. Les habitans de Pelliſſane, ceux de Saint Canat, de Rogne & des autres lieux circonvoiſins, députèrent à Aix pour offrir d'aller porter le ravage dans ſes terres ; à leur arrivée, tout ce qu'il y avoit de factieux dans la Ville, reprocha au peuple qu'il ſe trouvoit plus de courage & d'ardeur dans de chétifs villages, que dans la Capitale de la province. C'en fut aſſez pour échauffer les eſprits ; la Place des Prêcheurs fut pleine dans un inſtant de toutes ſortes de perſonnes, qui demandoient à être employées

Mém. du Pr. L. R.
Hiſt. du Parl.
Gaufrid. ib.

An. 1630.

XL.
Excès auxquels ils se portent.

contre la Barben & contre les autres ennemis du bien public. C'étoit un Dimanche au soir que cette scène se passoit, sans que le Parlement & les Consuls eussent le pouvoir de l'arrêter. La licence ayant ensuite augmenté à la faveur de la nuit, les mutins pillèrent quelques maisons, & à la pointe du jour, qui étoit le quatre Novembre, on battit le tambour, pour aller ravager la terre de la Barben. Il marcha plus de deux mille hommes sous les ordres de Paul Joannis-Château-neuf, qui craignant que les Consuls ne se rendissent les plus forts dans la Ville, durant son absence, & ne lui en refusassent l'entrée à son retour, y laissa le Chevalier son frère, avec un grand-nombre de ses amis, pour y maintenir son autorité.

La Barben, averti que l'orage se formoit sur lui, n'avoit laissé aucun effet précieux dans sa maison. On n'y trouva que de gros meubles, du sel, & du bled que cette populace mutinée emporta comme en triomphe, après avoir mis le feu aux bois dépendans de la terre.

Le Parlement & les Procureurs du pays craignirent de passer pour complices de cet attentat, puisqu'ils ne l'avoient pas empêché. Ils tinrent une Assemblée à laquelle ils invitèrent la Cour des Comptes, & les plus apparens de la ville d'Aix, & résolurent de prendre les armes afin de contenir le peuple, & de préserver la Ville d'une surprise; on forma des Corps de Garde de cinquante hommes chacun, sous les ordres des Capitaines de quartier. D'Escalis, Baron de Bras, premier Procureur du pays, & le premier Président se disputèrent le triste honneur de commander ces troupes; mais le Magistrat l'emporta d'autorité. Pendant toutes ces brouilleries, le Duc de Guise étoit à Marseille dans l'impuissance d'y apporter aucun remede: il n'avoit ni assez de forces pour réprimer l'audace des mutins, ni assez de crédit en Cour, pour persuader au Roi combien il étoit important d'étouffer ces mouvemens populaires, en ôtant la cause des mécontentements. Tout ce qu'il put faire pour le bien de l'Etat, ce fut d'empêcher l'union de la ville de Marseille avec le reste de la Province; car dans un tems où l'autorité souveraine étoit si peu respectée, cette union auroit pu devenir la matière d'un plus grand embrâsement.

ON PREND DES MESURES POUR LES ARRÊTER.

Cependant les Consuls d'Aix envoyèrent au Duc de Guise une députation, pour lui demander sa protection auprès du Trône. Le Duc, quoiqu'il sentît combien ses représentations seroient inutiles, ne laissa pas de donner aux Députés des lettres, telles qu'ils pouvoient les désirer. Le Parlement écrivit aussi d'une manière fort pressante, & envoya d'Albis en Cour, pour avertir qu'on étoit au moment de voir allumer en Provence le feu d'une guerre civile. De tous les Ministres, Boutillier étoit celui en qui les Procureurs du pays & le Parlement avoient le plus de confiance. Ils lui représentèrent que le peuple, persuadé qu'il avoit droit de conserver ses priviléges, ne s'imaginoit pas que le Roi pût les violer, sans porter atteinte au titre fondamental de l'union de la Provence à la Couronne, & que frappé de cette idée, ce même peuple méconnoissoit toute autorité tendante à modérer ses prétentions. On envoya même à ce Ministre le Testament par lequel Charles III, dernier Comte de Provence, institua Louis XI son héritier, à condition qu'il conserveroit cette province dans les usages, coutumes, & franchises dont elle jouissoit à cette époque: enfin en lui dévoilant l'origine de l'émeute populaire, on lui en faisoit craindre les suites, par l'importance des motifs qui l'avoient occasionnée.

An. 1630.

Le Cardinal de Richelieu n'avoit garde d'assoupir ces troubles, dont il comptoit se servir pour perdre le Duc de Guise. On renvoya d'Albis en Provence, avec ordre aux Consuls d'Aix de sortir de la ville, s'ils ne pouvoient y être les maîtres. Le Baron de Bras, déja piqué de ce que Paul de Châteauneuf, les Présidents Coriolis & la Roque, les Conseillers Espagnet &

XLII.
IL SE FORME DEUX FACTIONS.

Villeneuve, exerçoient au fonds l'autorité consulaire, étant maîtres des milices & des troupes, fut fort mécontent du peu de satisfaction que la Cour lui donna; puisqu'on laissoit aux Consuls le choix des moyens pour se faire respecter, il se chargea de relever l'honneur du chaperon: en conséquence il forma une confédération, presque toute composée de Gentilshommes, pour l'opposer à ses ennemis, qu'il disoit n'être appuyés que de la canaille; & donna aux Confédérés, pour signal de la nouvelle union, une sonnette attachée à un *ruban bleu*, avec cette devise: *vive le Roi, & fouero Élus*. Il vouloit faire croire qu'il avoit le même but que les autres, la défense de la liberté. Le ruban bleu distinguoit ceux de son parti qui n'avoient que l'honneur pour objet. Ainsi à cela près, que ces deux factions n'étoient point aussi nombreuses que celles qui déchirèrent Rome & l'Angleterre, elles renouvellèrent en petit les mêmes scènes de jalousie & de fureur.

Châteauneuf fut bientôt instruit du dessein de ses adversaires: les ayant vus un jour s'attrouper sur la place des Dominicains, il y fit venir ses amis; & pour sonder les intentions du peuple, il parcourut la ville dans la vue d'exciter une émeute: son projet lui réussit, car peu de tems après, on le vit revenir à la tête d'un peuple nombreux qui avoit pris les armes, & qui contraignit ceux du *ruban bleu* à se retirer. Le Parlement parut en corps pour arrêter le désordre; mais ses ennemis l'accusoient de le favoriser sous main, pour empêcher les Consuls de reprendre dans la ville l'autorité qu'ils devoient avoir.

Le Baron de Bras, honteux de sa défaite, sentit qu'il ne pouvoit la réparer qu'en chassant de la ville le Président Coriolis & ses deux neveux, Paul & le Chevalier de Châteauneuf. Etant donc sorti de sa maison le 5 Décembre, le chaperon sur l'épaule, l'épée nue d'une main, un pistolet de l'autre, & accompagné de plusieurs personnes de condition qui avoient pris les armes, il parcourut toute la ville en criant, *vive le Roi*, & *fouero Elus*. En peu de tems il se rassembla autour de lui deux mille hommes armés, avec lesquels il obligea le Président Coriolis & ses deux neveux, & les Conseillers d'Antelmi & de Gautier, à sortir de la ville, sans qu'il y eût de sang répandu, quoiqu'on eût tiré quelques coups de pistolet.

ELLES EN VIENNENT AUX MAINS.

Après avoir repris toute l'autorité par cet acte de vigueur, le Baron de Bras crut imprudemment qu'il ne lui restoit plus qu'à réunir le corps-de-garde des Jacobins avec celui de la ville ; ils étoient l'un & l'autre de son parti. L'Assesseur des Rollands, Seigneur de Réauville & de Cabanes, se déclara pour lui en cette occasion, quoiqu'il fut parent du Président Coriolis. Mais les deux autres Consuls, Bonpar & Anglesy, fâchés qu'il eût fait, sans prendre leur avis, une action de cette importance, témoignèrent assez haut leur mécontentement. Les Conseillers Espagnet & Villeneuve, qui ne s'endormoient pas sur les intérêts de leur faction, n'eurent pas de peine à pénétrer les dispositions des deux Consuls : ils les virent & leur dépeignirent la conduite de leurs Collègues, comme un attentat énorme qu'ils devoient prudemment désavouer. Dans la nuit ils coururent chez les habitans pour les gagner, & mirent dans leurs intérêts Fabry, Capitaine du quartier de Bellegarde, qui leur promit de se trouver le lendemain devant le Palais, avec une troupe de gens armés pour en garder la porte.

En effet, le Parlement s'étant assemblé ce jour-là, Fabry s'y trouva avec les meilleurs soldats de la ville. Etant attaqué, il mit en fuite les assaillans, & sauva la vie aux Magistrats, qui, sans lui, auroient été vraisemblablement les victimes de la fureur du Peuple. Le Baron de Bras revint à la charge pour le chasser de son poste. Cette seconde tentative ne fut pas plus heureuse que la première. Vivement poursuivi par les soldats de Fabry, il fut trop heureux d'avoir pu faire une brèche au cloître des Jaco-

An. 1638.

bins, par laquelle lui & les siens entrèrent dans l'Eglise, & delà se répandirent dans les endroits les plus écartés du couvent, pour se dérober à la poursuite des furieux. Le Baron de Bras se sauva au clocher. Cependant les vainqueurs étant aussi entrés par la brèche remplirent l'Eglise de tumulte. Le Parlement entreprit inutilement de calmer leur fureur; les Religieux le tentèrent avec aussi peu de succès ; & quand ils virent que dans les transports de la colère, cette milice effrénée ne connoissoit point de loi, ils exposèrent le S. Sacrement, dont la présence n'inspira aucun respect. Alors un de ces Religieux, rempli d'une sainte indignation, se revêt des habits sacerdotaux, & prenant le S. Sacrement à la main. *Dieu Tout-Puissant*, dit-il, *puisque le respect de ce saint lieu & la majesté de votre présence ne sont pas capables d'arrêter l'insolence de ce peuple obstiné, & de lui faire déposer les armes, souffrez que cette même main & ce même ostensoire, avec lesquels vous lui avez si souvent donné votre bénédiction, servent aujourd'hui à lui donner votre malédiction*. A ce mot de *malédiction* ces forcénés se prosternèrent à terre, & crièrent tout haut *miséricorde*, mettant les armes bas. Ils sortirent de l'Eglise les uns après les autres, laissant le Baron de Bras sous la protection des Religieux, qui, avec la permission du Parlement, le firent sortir secrettement de la ville. Le Président Coriolis & les deux Châteauneuf y étoient rentrés peu d'heures auparavant.

Le Baron de Bras, & son parent Saint-Martin, allèrent porter leurs plaintes au pied du Trône. Ils trouvèrent à Paris les Présidents d'Oppede & de Séguiran, le Conseiller de Paule, la Barben, Chaix, Ménc, & Dumas, qui depuis plus d'un mois vouloient intéresser le Roi à venger leur querelle, sous prétexte de faire punir les désordres de leur patrie. Tandis qu'ils remplissoient la Cour de leurs plaintes, on vit arriver les Députés du Parlement, savoir, le Président de Galliffet, les Conseillers de Collongue, d'Antelmi, & le Procureur général Guérin, qui avoient ordre de faire regarder les mouvemens de la ville d'Aix comme les effets d'une terreur panique, indignes, par leur peu d'importance, d'attirer l'attention du Roi. D'Antelmi & son frere l'Avocat prirent le devant, afin d'arrêter les résolutions qui pourroient avoir été prises sur les plaintes des personnes dont nous venons de parler. Leur fermeté déplut à la Cour; l'on fut sur-tout offensé de l'indiscrétion qu'ils eurent d'écrire à Aix, que l'on continuât les désordres pour intimider les Ministres. Ces Lettres tombèrent entre les mains du Cardinal de Richelieu, qui fit mettre les deux frères à la Bastille, & ordonna aux autres Députés de se retirer. Le Prince de Condé eut ordre en même tems de venir en Provence avec une armée, pour faire respecter l'autorité du Roi.

An. 1631.

Ces nouvelles jettèrent la consternation dans le pays. Le Duc de Guise ne fut pas moins étonné que les habitans de l'orage qui se formoit sur lui & sur leur tête. Indécis & embarrassé sur le parti qu'il devoit prendre, il assembla les Etats à S. Victor le 10 Janvier 1631, pour avoir leur avis dans ces circonstances délicates. Nicolas de Bausset, Lieutenant général au Siége de Marseille, y présida en qualité de Commissaire député. Tout s'y passa dans cette confusion que la terreur produit presque toujours dans les grandes assemblées, où il y a opposition d'intérêts & diversité de caractères. On sut que le Prince de Condé avoit ordre de traiter pour la révocation des Edits : ainsi on délibéra de suspendre tous les mouvemens jusqu'à son arrivée.

XLV.
LE PRINCE DE CONDÉ EST ENVOYÉ EN PROVENCE.

On prétend que le Duc de Guise souffloit l'esprit de discorde dans le pays : que résolu d'abattre la puissance du Cardinal de Richelieu, pour ne pas succomber sous la vengeance de ce Prélat, il négocioit secrettement avec le Parlement de Toulouse, avec les Huguenots du Languedoc, & les Espagnols, afin d'exciter dans le Royaume une révolution qui forçât le Roi

Hist. de Louis XIII, par le P. Gr. t. II. p. 156.

de sacrifier son premier Ministre au ressentiment de quelques Grands. Mais on ne peut raisonnablement supposer au Duc ce projet insensé. Monsieur, frère du Roi, ayant été obligé de quitter le Royaume; la Reine-Mere étant fugitive; les plus grands Seigneurs sans crédit, ou dans les intérêts du Roi; les Huguenots du Languedoc sans place forte & sans chef; les ennemis du dehors ou reconciliés avec la France, ou hors d'état de lui nuire; il y auroit eu, de la part du Duc de Guise, de la folie à croire qu'il pouvoit, du fonds de la Provence, préparer la chûte de son ennemi. S'il eût voulu, il auroit allumé dans cette province un feu, que le Ministre auroit eu de la peine à éteindre. La Provence étant dans la résolution de défendre ses droits, ne demandoit qu'un Chef pour prendre les armes; ce n'étoit pas un emportement de factieux; c'étoit un projet réfléchi par des gens sages, qui, regardant la perte des priviléges du pays, comme le plus grand des malheurs, croyoient devoir mettre tout en œuvre pour l'empêcher. On s'imagina dans le tems, que si le Duc de Guise n'embrassa pas ce parti, c'est qu'il en fut dissuadé; parce que de toutes parts on lui écrivoit que les personnes qui lui témoignoient le plus d'amitié à Marseille, le trahissoient. Sage comme il étoit, ajoute-on, il ne voulut pas s'engager sur les promesses d'un peuple, dont il connoissoit l'inconstance. Cependant les personnes, qui le voyoient de plus près, avouoient que sa modération tenoit à des principes de fidélité, dont il s'étoit fait une règle, depuis la parole qu'il avoit donnée à Henri IV de ne jamais s'écarter de l'obéissance.

Le Prince de Condé s'avançoit vers la Provence, accompagné des Présidents d'Oppéde & Seguiran, de la Poterie, Conseiller d'Etat, d'Aubray, Maître des Requêtes, & du Marquis de Nangis, Maréchal des Camps. Les Etats assemblés à Aix le 23 Janvier, lui envoyèrent une députation au Pont-Saint-Esprit, pour conjurer l'orage qui menaçoit les innocens
&

& les coupables (1). Le Prince répondit qu'il n'avoit aucun ressentiment contre la ville d'Aix, & qu'on ne devoit accuser de ses malheurs que la méchanceté de quelques particuliers. Au bruit de son arrivée, tous ceux d'entre les habitans qui avoient eu part aux derniers troubles, prirent la fuite. Les autres cachèrent tout ce qu'ils avoient de plus précieux; car on disoit que la ville alloit être livrée au pillage. Le Prince, avant d'y entrer, fit commandement aux Cours Souveraines & autres Tribunaux de Justice d'en sortir en peu de jours, conformément aux ordres du Roi qu'il leur envoya. Le Parlement se retira à Brignole; la Cour des Comptes à Saint-Maximin; le Bureau des Trésoriers généraux à Pertuis, & les Officiers du Siége à Lambesc, d'où ils furent rappellés quinze jours après. Il ne resta que le Viguier & les Consuls, pour tenir le bas peuple dans le respect.

La ville d'Aix dépouillée de tout ce qui en faisoit l'ornement, fut un sujet de pitié pour les uns, & de risée pour les autres, suivant les différens sentimens dont ils étoient animés. Les Présidens Coriolis & la Roque, les Conseillers de Perrier, de Flotte & d'Espagnet, furent mandés à la suite de la Cour : c'est le premier exemple de Lettres de Cachet exécutées au Parlement de Provence, pour des affaires de cette nature.

Aucun Gouverneur n'avoit déployé d'une manière plus imposante la puissance du Souverain. Le Prince de Condé, quelques jours avant qu'il arrivât à Aix, avoit distribué une partie de ses troupes dans les villages voisins, comme s'il avoit eu envie

Sa conduite dans le pays.

An. 1631.

Mém. d'Aguz. Reg. du Parl.

Ibid. & Hist. du Parl.

―――――――――――

(1) Ces Députés étoient Louis Duchaîne, Evêque de Senès; Mimata, Grand-Vicaire d'Aix: Rolland, Seigneur de Cabanes; Valavoire; Volone; le Vicomte de Pourrieres, l'Avocat Arnaud, premier Consul de Riez; Méyronet, Villeneuve - Vauclause, & Baudun : le Parlement deputa le Président de Monniez, & la Chambre des Comptes, le Président de Réauville. Bouch. T. II.

d'assiéger cette ville. Le Comte de Nangis y entra de grand matin le 19 Mars 1631, avec quelques régimens d'infanterie qu'il fit ranger en bataille dans la place des Prêcheurs ; il se saisit ensuite des portes, mit des corps-de-garde en plusieurs endroits, fit faire la ronde comme dans une place de guerre, & répandit tellement la terreur que personne n'osoit paroître dans les rues, ni aux fenêtres. Telle étoit la consternation des habitans, quand le Prince de Condé arriva à neuf heures du matin, accompagné du Marquis de Trans, dont les conseils lui furent souvent utiles, suivi d'un cortége peu nombreux, refusant les honneurs qu'on vouloit lui rendre, & ne voulant voir que les Consuls & les plus notables d'entre les Citoyens, qu'il fit venir pour se plaindre des torts dont la ville s'étoit rendu coupable. Il s'en plaignit avec ce ton qu'il savoit si bien prendre, quand il vouloit imprimer le respect & la terreur. Cependant il les rassura avant de les congédier, en leur disant qu'ils pouvoient compter sur la clémence de Sa Majesté : il vit ensuite Paul de Châteauneuf, & le Président de Coriolis, l'un & l'autre chefs de parti. Le premier lui parut une ame foible ; le second un esprit vif, mais dépourvu de ce jugement & de ce sang-froid sans lesquels on est incapable de conduire le peuple.

Les actes d'autorité que ce Prince venoit de faire, celui surtout par lequel les Cours Souveraines furent aussi facilement déplacées, qu'auroit pu l'être un simple particulier, intimidèrent les plus déterminés. La crainte fut bien plus vive, quand on vit la Pottérie & d'Aubray, Commissaires du Roi, déployer toute la sévérité de la Justice contre les plus coupables d'entre les rebelles. Les uns furent condamnés au bannissement, les autres aux galères, plusieurs à la mort.

On rapporte que parmi ces derniers, il y en eut un qui entendant lire sa sentence, entra dans une telle fureur, qu'avec les dents il rompit les mainottes de fer dont il étoit garrotté, prit un couteau qu'il avoit caché, & auroit peut-être répandu beaucoup de sang, si on ne l'eût tué à coups d'arquebuse.

Dans ces entrefaites la Reine-Mere fut arrêtée à Compiégne. Le Duc de Guise perdit par cette détention le principal appui qu'il eut en Cour. Il avoit lieu de craindre que le Cardinal de Richelieu, qui ne seroit plus retenu par aucune considération, ne lui fît éprouver toute la vivacité de son ressentiment. Dans cette circonstance critique, il consulta le Prince de Condé sur la conduite qu'il devoit tenir. Ce Prince, sensible comme il devoit l'être à cette marque de confiance, lui fit dire qu'il étoit trahi par le parti sur lequel il comptoit le plus dans Marseille : que s'il vouloit avoir une entrevue avec lui, il falloit qu'il se rendît à Avignon, accompagné d'autant d'amis qu'il pourroit en assembler : en attendant il lui conseilloit d'en envoyer quelques-uns aux Etats qu'il alloit assembler à Tarascon, afin qu'il pût lui faire un mérite auprès du Roi, des délibérations qu'on y prendroit, si elles étoient conformes aux vues de la Cour. L'avis du Prince, touchant la nombreuse escorte que le Duc de Guise devoit se donner dans le voyage d'Avignon, étoit fort sage : car le Ministre ayant été averti d'avance de cette entrevue, envoya le Comte de Charlus pour enlever le Duc : mais Charlus le trouva si bien accompagné, qu'il n'osa rien entreprendre, & alla rendre compte au Roi des motifs qui l'en avoient empêché.

A l'ouverture des Etats, le Prince fit un discours sur la puissance du Roi, sur l'amour qu'il portoit à ses peuples, & sur les travaux de son premier Ministre, auquel, par une flatterie qui fut remarquée dans la bouche de ce Prince, il donna le nom de *Grand*. La Pottérie parla ensuite ; il exagéra tellement les désordres dont la ville d'Aix avoit été le théâtre, qu'il indisposa les assistans. Il accusa sur-tout le peuple de cette ville de félonie, pour avoir percé malicieusement le Portrait du Roi,

An. 1631.

XLVII. LE DUC DE GUISE RECHERCHE L'APPUI DU PRINCE DE CONDÉ.

Mém. d'Agut. Préf. Gautri. Et Hist. du Puit.

XLIII. LES TROUBLES SONT TERMINÉS AUX ETATS DE TARASCON.

dans la maison d'un particulier, & d'impiété pour avoir donné un coup de couteau à un Crucifix. Chacun frémit à ce discours, moins encore pour l'attrocité du crime que pour la hardiesse de la calomnie. L'Evêque de Sistéron ayant porté la parole à la séance suivante, réfuta cette imposture avec beaucoup de chaleur. L'indignation fut vive, & les esprits s'échauffèrent plus qu'il ne convenoit dans une assemblée aussi respectable. L'Assesseur De Rolland se fit beaucoup d'honneur par la fermeté éclairée, avec laquelle il soutint les droits de la Province. Les contestations qui s'élevèrent dans ces Etats, se terminèrent comme toutes celles qui ont pour objet quelqu'opération de finance : on accorda au Roi quinze cent mille livres, avec la promesse de fournir à l'entretien des troupes. Sa Majesté promit de son côté de retirer l'Edit des Elus, & de rappeller à Aix les Cours Souveraines, qui revinrent en effet au mois d'Octobre de la même année.

Après avoir pacifié les troubles, le Prince de Condé reprit la route de Paris, laissant dans la Province un nom qu'il rendit respectable par sa bonté & par la sagesse de sa conduite. Car les personnes les plus versées dans les affaires, ne doutèrent pas que la Provence ne lui fût redevable de la conservation de ses privilèges. Le Conseiller de Ballon, député du Parlement, le suivit à la Capitale.

Le Duc de Guise touchoit au moment où sa disgrace alloit éclater; il avoit eu avec le Parlement, touchant les prérogatives de sa charge & l'exercice de la police, des contestations dans lesquelles on avoit montré, de part & d'autre, plus d'humeur que les bienséances du rang ne le permettoient. Dans ces sortes de conflits, il est rare que les deux partis conservent, auprès d'un Ministre éclairé, cette considération de laquelle dépend le crédit des personnes en place. Le Duc de Guise affoiblit d'autant plus aisément le sien, qu'on cherchoit les occasions de le lui faire perdre. Aussi quand le Cardinal de Richelieu s'apperçut qu'il n'avoit en Provence que de foibles appuis, il lui écrivit de venir se justifier en Cour, sur quelques soupçons auxquels sa conduite avoit donné lieu. Le Duc ne douta plus que sa perte ne fût résolue, & forma le projet de sortir du Royaume. La Duchesse son épouse n'étoit pas de cet avis, malgré les raisons qu'elle avoit de se défier du Cardinal. Elle comptoit pouvoir dissiper l'orage par le crédit de sa maison. Etant allée voir un jour ce Ministre à Choisy, elle employa pour le gagner toute l'adresse que l'amour d'un époux, & le désir de conserver une grande fortune, pouvoient lui inspirer. *Ce n'est point ici la femme du Duc de Guise qui parle au premier Ministre du Roi*, lui dit-elle, *c'est une personne que vous avez autrefois honorée de votre estime, & à qui vous avez si souvent promis votre amitié : c'est en cette qualité que je vous demande un conseil : dites-moi, je vous en prie, si vous croyez que Monsieur de Guise doive venir à la Cour.* Le Cardinal répondit qu'étant tout entier au service du Roi, il ne pouvoit donner un avis contraire à ses ordres. La Duchesse fit envain les instances les plus pressantes ; le Cardinal persista à dire qu'il falloit obéir, & refusa même de lui donner des sûretés pour la liberté de son mari : tout ce qu'il lui accorda, ce fut une permission de sortir du Royaume pour trois mois. La Duchesse effrayée de cet air de mystère, à travers lequel elle prévoyoit tout ce que son mari avoit à craindre, lui écrivit qu'il ne devoit pas compter sur les bontés du Roi, & qu'il feroit fort bien de pourvoir à sa sûreté. Ainsi la crainte d'être injustement puni le força de paroître coupable, & de fournir à ses ennemis des armes pour le perdre. Le Duc avoit eu si peu de part aux mouvemens de la Provence, qu'il fut soupçonné de les avoir désapprouvés : aussi n'eut-il pas le crédit d'obtenir, dans une assemblée des Etats, les gratifications qu'on accordoit ordinairement aux Gouverneurs, pour les aider à supporter les dépenses de leur charge.

LE DUC DE GUISE APPREND SA DISGRACE.

An. 1631.

Piss. Gaufri.

Devenu inquiet & soupçonneux, par l'idée qu'il avoit qu'on en vouloit à sa vie, il porta la Compagnie de ses Gardes jusqu'à cent hommes, choisis parmi les meilleurs soldats. Tous les lieux, tous les hommes lui devinrent suspects : & lorsqu'il eut mis à la voile pour se rendre en Italie, il quittoit rarement sa galère, de crainte d'être surpris, si le mauvais tems le forçoit de relâcher. Ayant débarqué à Saint-Tropès, il refusa d'aller loger à la Citadelle, où Castellane-la-Verdiere, qui y commandoit, lui avoit préparé un logement. La Verdiere étoit un des Gentilshommes du pays qui lui avoit témoigné le plus de zèle & d'attachement. Il vit avec un regret infini que le Duc eût préféré le logement d'un particulier, & que, par une précaution injurieuse, il fît tenir sa galère à l'entrée du Port & un canot devant son logis. Cette défiance, de la part d'un Prince, auquel d'ailleurs ils avoient de grandes obligations, l'affecta vivement : une maladie s'étant jointe au chagrin, il alla mourir dans sa terre, terminant, par un excès de sensibilité bien respectable, une vie, pendant laquelle il s'étoit fait connoître par des qualités estimables.

Le Président de Coriolis éprouva aussi les revers de la fortune. Ce Magistrat, que son mérite faisoit regarder comme l'oracle de la justice, & qui, par la hauteur & la vivacité de son caractère, avoit perdu l'affection de ses concitoyens, s'étoit retiré dans sa terre, pour y finir tranquillement ses jours ; mais ayant été sur le point d'y être enlevé par le Comte de Soyecourt, après la retraite du Duc de Guise, il résolut d'aller en Cour joindre les autres Magistrats interdits, qui poursuivoient leur rétablissement. Le Duc d'Orléans venoit d'entrer alors dans le Languedoc, où le Duc de Montmorency, Gouverneur de la Province, fit révolter en sa faveur une partie des Places fortes, & entr'autres le Château de Beaucaire. Le Président se jetta dans le parti du Duc d'Orléans, & entreprit de le juſtifier par des raiſons tirées du droit naturel & du droit civil. Mais après la priſe du Maréchal de Montmorency, il fut contraint de ſe réfugier à Barcelone, où il donna des leçons de Droit pour ſubſiſter. Le Duc d'Orléans ne put jamais le faire comprendre dans l'accommodement qu'il fit avec le Roi. Coriolis avoit tenu des diſcours contre le miniſtère du Cardinal; ce Miniſtre, qui ne ſavoit pas pardonner, le fit condamner par des Commiſſaires du Conſeil à perdre la vie. Sa maiſon d'Aix fut raſée, ſon Office & ſes biens furent confiſqués au profit du Roi. Quand les troubles du Languedoc eurent été pacifiés, par la mort du Duc de Montmorency, le Préſident ſe retira à Avignon, croyant qu'à la faveur de l'amniſtie, accordée au plus grand nombre des révoltés, il pouvoit quitter l'Eſpagne, & ſe rapprocher de ſa famille: il fut enlevé ſur la route, conduit à la Tour de Bouc, & enfermé dans une chétive chambre, expoſée au vent & à toutes les injures de l'air. Quoiqu'il eut une humeur chagrine, qui s'irritoit au moindre bruit, & à la plus petite contradiction, il ſupporta ſon adverſité avec une conſtance admirable. Un de ſes neveux ayant eu la permiſſion de l'aller voir, ne trouva dans ſa priſon qu'une vieille caiſſe, qui lui ſervoit de chaiſe & de table, un verre dont le pied étoit de plâtre, des volets de fenêtre tout briſés, & une mauvaiſe paillaſſe: pénétré de douleur à la vue de ce ſpectacle, il ne put s'empêcher de verſer quelques larmes, & de ſe plaindre de la dureté du Cardinal. *Nous nous trompons, mon neveu*, répartit le Préſident, *de croire que le Cardinal ſoit la cauſe de nos maux particuliers ou publics; c'eſt un effet de notre amour-propre de rejetter ſur autrui les maux qui viennent de nous. Nos pechés ſeuls en ſont la cauſe, & le Cardinal n'eſt que l'inſtrument dont Dieu ſe ſert pour nous punir. Pour moi, je loue la Providence de m'avoir donné le moyen d'expier mes fautes paſſées, par les peines que j'endure: elle me traite avec douceur; car vous voyez que je ſuis à l'abri; & quand*

DISGRACE DU PRÉSIDENT CORIOLIS.
Ibid. & Hiſt. du Parl.

An. 1631.

même je ferois expofé à toutes les injures de l'air, ou réduit fur le fumier, j'aurois encore des graces à lui rendre.

Le Maréchal de Vitri, que la Cour envoya en Provence, pour y commander en l'abfence du Duc de Guife, y étant arrivé au mois d'Octobre 1631, fignala fon arrivée par le rappel des Cours Souveraines; il n'eut en cela que le mérite d'être l'inftrument des volontés du Roi : cependant il partagea avec le Souverain la reconnoiffance du peuple ; mais fon caractère dur & hautain lui fit bientôt perdre cette affection qu'il ne devoit, pour ainfi dire, qu'à fa place. Ayant été Gouverneur au mois d'Avril 1632, lorfque le Duc de Guife eut refufé de repaffer en France, il aliéna les efprits par fa hauteur, & par les entreprifes qu'il fit fur les droits des Procureurs du Pays. Trop altier pour recevoir des entraves, il ne connoiffoit d'autre loi que les ordres de la Cour, & que fa volonté, dans les occafions où les ordres du Roi ne lui prefcrivoient pas ce qu'il avoit à faire.

Son inflexibilité parut d'abord aux Etats affemblés, à Brignoles, au mois de Janvier 1633. Les Commiffaires du Roi demandèrent un don gratuit de trois millions ; il y en eut deux d'accordés, après quelques débats affez vifs, à condition que le Roi révoqueroit plufieurs Edits & impofitions contraires aux franchifes du Pays, & notamment l'impofition fur le fel, & l'entretien de quelques régiments, qui étoient en garnifon dans les différentes Places de la Province. Quant au fel, Talon, Confeiller d'État, fut envoyé en Provence, pour faire deux opérations également onéreufes ; il en augmenta confidérablement le prix, & réduifit le minot, qui pefoit cent foixante-dix livres, à cent vingt, qui eft le poids du minot (1). Le mécon-

---

(1) Bouche dit que fous la Reine Jeanne en 1368, l'émine coûtoit un fol; on voit par la fuite du difcours qu'il a cru que ce fol étoit le même que le nôtre. Au lieu qu'un fol du tems de la Reine Jeanne en vaudroit onze de notre monnoie : on peut partir de là pour fuivre la progreffion du prix du fel, jufqu'au moment préfent.

tentement

tentement fut extrême dans toute la Provence. Le Maréchal de Vitry & Talon, étant allés à Marseille, furent obligés d'en sortir précipitamment, pour se souftraire à la vengeance du peuple. La Cour, touchée des juftes remontrances de la Province, sur les suites fâcheuses de cet impôt, consentit après avoir fait beaucoup de difficultés, à rétablir l'ancienne mefure, qui fut fixée au prix de neuf livres ; tandis que quelques années auparavant, elle ne coûtoit que quatre livres neuf fols.

L'Édit des Élus, celui des Auditeurs des Comptes, & des Experts-Jurés, furent fupprimés par Lettres-Patentes, données à Chantilly, au mois de Juillet 1633.

Il étoit difficile que le Maréchal de Vitry ne fît pas beaucoup de mécontens en Provence : il avoit, à la vérité, des qualités eftimables, beaucoup d'honneur & de probité ; mais il les terniffoit par des défauts qui font perdre l'amour & la confiance. Il étoit haut, dur, colère jufqu'à la violence, & rarement il favoit pardonner. Les préventions qu'il avoit apportées en arrivant en Provence, ne firent que donner plus de jeu à ces défauts. Il regardoit les Provençaux comme un peuple remuant & enclin à la révolte : le Parlement, comme un corps exceffivement jaloux de fes prérogatives, & toujours prompt à s'enflammer. Avec de pareils préjugés, il ne pouvoit que faire beaucoup de fautes. Il s'arrogea d'abord le droit d'élire les Confuls des Villes, fous prétexte qu'en ayant les clefs, ils pouvoient être regardés comme des efpèces de Commandans. La véritable raifon qui le faifoit agir, eft qu'il ne vouloit avoir, dans cette place importante, que des perfonnes dont la fidélité fut connue, prétendant que les émeutes venoient fouvent de la négligence ou de la félonie des Magiftrats municipaux.

Le plus grand abus qu'il fit du pouvoir, ce fut de mettre des impofitions fur certaines Villes, & de caffer deux Arrêts du Parlement. Par l'un, il étoit enjoint aux Confuls de faire

IV.
LE MARÉCHAL MÉCONTENTE LES PROVENÇAUX.
Manufcr. intit. Conteft. du Parl.

An. 1633.

fonner la retraite, & au Viguier de faire le guet : par l'autre, il étoit permis à certaines Communautés de s'affembler devant le Juge Royal, pour créer des Syndics, & délibérer fur leurs affaires communes. Car il prétendoit que les affemblées des Communautés & la patrouille dépendoient effentiellement du Gouverneur.

Un Hiftorien contemporain rapporte un fait qu'on révoquera peut-être en doute, quand on faura qu'il n'eft point cité parmi ceux que le Parlement lui reproche dans fes remontrances. Il affure que le Maréchal ayant pris la route d'Apt, au mois d'Octobre 1633, & ne pouvant aller en voiture, à caufe de la difficulté des chemins, fit demander des porteurs à Lourmarin. On n'en trouva point, foit parce qu'il avoit aliéné les cœurs, foit parce qu'on favoit qu'il payoit mal les perfonnes qui le fervoient. Alors il força les Confuls eux-mêmes à le porter, & donna ordre à fes Domeftiques de les relayer, affociant par un abus de pouvoir révoltant, le chaperon à la livrée.

Le Maréchal n'eut pas dans ces conteftations tout le fuccès qu'il attendoit : le Cardinal de Richelieu ne l'aimoit pas, & d'ailleurs, il eût été dangereux d'accorder trop d'autorité à un homme, qui étoit fi porté à en abufer. Sa Majefté déclara donc par un Arrêt du Confeil, du 20 Novembre, qu'il n'appartenoit qu'à elle feule de caffer les Arrêts des Cours fouveraines; ôta au Maréchal la connoiffance du Guet dans les Villes qui n'étoient point Places de guerre ; lui laiffa la patrouille dans tous les lieux où il y avoit garnifon, & le droit excluſif de permettre les affemblées des Communautés, excepté dans les cas où il s'agiroit de procès ou d'affaires de Juftice. Alors c'étoit au Parlement à permettre ces affemblées, après en avoir prévenu le Gouverneur. La levée des impofitions, & le droit qu'il s'étoit arrogé dans l'élection des Confuls, lui furent ôtés, comme des entreprifes contraires aux priviléges du pays, &

aux droits qu'a le Parlement, de connoître de tout ce qui a rapport aux élections Consulaires, attendu qu'elles tiennent à la Police.

Le Roi, craignant que ces brouilleries n'altérassent la fidélité des sujets, donna ordre au Maréchal de se rendre à la Cour, & envoya le Marquis de Saint-Chaumond pour commander en son absence. Le Marquis arriva au mois d'Octobre 1634, &, dans les Villes qui se trouvoient sur son passage, il fut reçu avec des marques de joie extraordinaires, parce qu'on s'imaginoit qu'il venoit dépouiller le Maréchal de son Gouvernement. La crainte qu'il avoit d'irriter, par sa présence, le ressentiment du Gouverneur, qui se tenoit à Aix, l'empêcha de passer par cette Ville, & fut cause qu'il alla en droiture à Toulon, & ensuite à Hieres, où le Maréchal défiant & soupçonneux, entreprit de le faire enlever durant la nuit. Il l'auroit fait, si les habitans, qui étoient animés de la même haine que le reste de la Province, n'avoient pris les armes & rendu ses efforts inutiles.

Saint-Chaumont écrivit au Parlement & aux Procureurs du pays, pour se plaindre de ce que, venant en Provence, avec les ordres du Roi, dont il leur envoya une copie, le Gouverneur se servoit des troupes du pays, pour le tenir enfermé dans une ville, & l'empêcher de remplir sa commission. Le Parlement, qui cherchoit une occasion de se venger du Maréchal, enjoignit à tous les Commandants des Places, aux Consuls des Villes, & aux Procureurs du pays, d'obéir au Marquis de Saint-Chaumont, & de lui donner main forte; ensuite il lui députa le Président la Roque, avec deux Conseillers & le Procureur-général. La Province, de son côté, lui envoya un des Procureurs du pays, & un Greffier des Etats, pour se tenir auprès de sa personne, & recevoir ses ordres. Enfin, de tous côtés, on vint lui offrir des secours, dans la persuasion

LV.
LES MÉCONTENTEMENTS AUGMENTENT, ET IL EST RAPPELLÉ.

An. 1634.

Mar. de St. Préf. Chat.

Reg. du Parl.

où l'on étoit, qu'il devoit arrêter le Maréchal. Celui-ci, voyant qu'il succomberoit sous tant d'efforts réunis, prit enfin le parti de se rendre à la Cour, où les Conseillers d'Arnaud, de Gautier & de Foresta, avoient déja porté les remontrances du Parlement contre lui, & d'où ils rapportèrent une Ordonnance, qui régloit les droits du Gouverneur & du Parlement.

Peu de tems après, on vit arriver en Provence la Duchesse de Guise, que le crédit du Cardinal de Richelieu, forçoit de se retirer à Florence. Cette Dame, que ses vertus & ses talens faisoient remarquer à la Cour, arriva avec sa fille, dont le mérite naissant commençoit à se faire connoître, & trois fils d'un âge encore tendre. Il semble que cette famille infortunée auroit dû recevoir quelques marques de sensibilité de la part des Provençaux, puisque la Provence avoit reçu du Duc de Guise des preuves d'intérêt non suspectes, & qu'elle avoit été le patrimoine des Ducs de Lorraine ses aïeux. Cependant on n'y rendit aucuns honneurs à la Duchesse son épouse ; elle y passa avec ses enfans comme des étrangers & des proscrits. De tant de personnes que sa Maison avoit obligées, il n'y eut que le Baron du Luc & la Comtesse de Carces, qui allèrent lui présenter leurs hommages, & lui offrir leurs services. La Duchesse trouva à Cannes le Prince de Joinville son fils, avec deux galères du Grand-Duc de Toscane, qui l'attendoient, pour la conduire à Florence. Sa joie fut extrême, quand elle se vit au moment de sortir d'un pays ingrat & esclave de la faveur, & entre les mains d'un fils, dont le mérite & la tendresse lui faisoient oublier les outrages de la fortune.

Les remontrances du Parlement, contre le Maréchal de Vitry, firent d'abord quelque sensation à la Cour ; mais le crédit de ce Gouverneur, & la politique de Richelieu, qui ne vouloit pas immoler au ressentiment du peuple, un homme de ce rang, dépositaire de l'autorité du Roi, l'emportèrent sur les intérêts de la Province. Le Maréchal revint triomphant dans le pays, tandis que Saint-Chaumont eut ordre de se retirer dans ses terres. Le Maréchal fut accueilli avec des honneurs qui tenoient de la bassesse, après tout ce qui s'étoit passé, & qui prouvent combien il faut peu compter sur l'affection de la multitude.

Peut-être aussi fut-il envoyé en Provence pour empêcher que les Espagnols n'y fissent quelque descente. Le Cardinal de Richelieu, tout occupé du projet qu'il avoit formé depuis long-temps, d'abaisser la Maison d'Autriche, avoit soulevé contr'elle une partie de l'Europe. L'Empereur & le Roi d'Espagne, réveillés au bruit de l'orage qui grondoit sur leur tête, réunirent leurs forces pour le détourner. Les Espagnols s'emparèrent en Allemagne, de Trèves & de Philisbourg, & envoyèrent dans la Méditerranée une armée navale, composée de vingt-deux galères, de cinq vaisseaux, & de quelques chaloupes, sous les ordres du Duc de Ferrandines, & du Marquis de Sainte-Croix. Les succès qu'ils se promettoient, paroissoient d'autant plus certains, que la France n'avoit aucune escadre dans la Méditerranée.

Les îles de Sainte-Marguerite & de Lerins furent presque aussitôt enlevées qu'attaquées : les ennemis tournèrent ensuite leurs forces contre le village de Cannes, & le Fort de la Croizette ; mais Saint-Marc-Chasteuil, qui se distingua par son zèle & son courage, le Baron de Châteauneuf son fils, Villeneuve-Mons, & Grasse-Roquebrune, repoussèrent les efforts des ennemis, qui se bornèrent à fortifier les deux îles dont ils s'étoient emparés ; car la négligence du Gouvernement avoit été si grande, qu'on n'avoit pas même pensé à les mettre en état de défense : il n'y avoit ni garnison suffisante, ni fortifications. Les Espagnols, résolus de s'y maintenir, tirèrent un plus grand avantage de la position des lieux ; ils creusèrent des

An. 1635.
LVII.
LE MARÉCHAL DE VITRY REVIENT DANS SON GOUVERNEMENT.

Relat. manuscr. de Lerins.

13 & 14 Septembre.

LVIII.
LES ESPAGNOLS S'EMPARENT DES ÎLES DE SAINTE MARGUERITE ET DE LERINS.
An. 1536.

fossés, firent des retranchemens, élevèrent des Forts, & apprirent aux Francais, par leur exemple, que le premier talent dans l'art de la guerre, est de se précautionner contre les attaques de l'ennemi.

Le Maréchal de Vitry, qui, pendant que les ennemis s'emparoient des deux îles, se tenoit à la Tour-d'Aigues, ne fut instruit de leur projet que par l'exécution. Honteux de s'être laissé surprendre, il voulut du moins empêcher que cette conquête ne fût aussi fatale à la Provence, qu'elle auroit pu le devenir, s'il s'endormoit plus long-tems sur les entreprises des Espagnols. Il assembla les milices, qu'il distribua tout le long de la côte, pour empêcher une descente ; mais avec ces seules forces, il étoit impossible de rien entreprendre contre un ennemi, maître de la mer, & de reprendre la supériorité qu'on venoit de perdre. Il falloit une escadre & des fonds : le Ministre eut recours aux mêmes moyens, qu'il avoit déja si souvent employés. Il créa des Offices de Trésoriers & de Greffiers, tant de la Province que des Communautés ; de Receveurs des Epices ; un Siege de Judicature à Riez, & des droits jusqu'alors inconnus sur les Cabaretiers. Les États assemblés à Fréjus, se plaignirent, que ces innovations étoient contraires aux privilèges du pays. L'Abbé de Beauvau, nommé à l'Évêché de Nantes, se trouvoit alors en Provence, où le Roi l'avoit envoyé, comme un homme sur le zèle & la capacité duquel il pouvoit compter. Cet Abbé assistoit à tous les Conseils de guerre, & dans l'assemblée des Etats il fut un des agens les plus puissants, pour les intérêts du Roi. Il fit accorder douze cents mille livres, à condition que les nouveaux Edits seroient supprimés, & que l'entretien des troupes ne seroit point à la charge de la Province.

Sur ces entrefaites, François de Vignerod, Marquis de Pont-Courlay, vint prendre possession de la charge de Général des galères. Cette charge étoit autrefois inconnue en France. Le Lieutenant-Général de la mer, avoit un pouvoir égal sur les vaisseaux & sur les galères, qui étoient en petit nombre; François I, dans les guerres qu'il eut avec ses voisins, connut l'utilité de ces sortes de bâtiments. Il en fit construire un grand nombre, & en donna le commandement séparé de celui des vaisseaux, à François-Louis Strozzi, Prieur de Capouë, sous le titre de Capitaine des galères. Le Capitaine Paulin, dont nous avons parlé ailleurs, fut un des Généraux des galères, ainsi que François de Vendôme, Grand-Prieur de France, qui eut pour successeur le Maréchal de Retz : celui-ci transmit sa place au Duc de Retz, après lequel elle passa à Philippe-Emmanuel de Gondi, Comte de Joigni, & ensuite à Pierre de Gondi son fils, en 1617. Pierre fut contraint de s'en démettre, au mois de Décembre 1635, pour obtenir de la Cour l'agrément d'épouser l'héritière de sa Maison. Ce fut alors que le Cardinal de Richelieu en fit pourvoir le Marquis de Pont-Courlay son neveu, à qui l'on rendit tous les honneurs que la flatterie prodigue à la faveur (1).

L'escadre qu'on armoit dans les Ports de l'Océan, mit bientôt à la voile, pour venir au secours des îles ; elle étoit composée de quarante vaisseaux, commandés par Henri de Lorraine, Comte d'Harcourt, & fut jointe vers la fin de Juillet

LES FRANÇOIS FONT DES PRÉPARATIFS POUR LES REPRENDRE.

An. 1636.

LX.
ARRIVÉE DES ARMÉES DE TERRE ET DE MER.

(1) Le Marquis de Pont-Courlay, ayant été obligé de donner sa démission, le Cardinal de Richelieu, prit la charge de Général des galères, & après sa mort, elle passa à Armand-Jean Duplessis, Duc de Richelieu, par Lettres Patentes du six Décembre mil six cent quarante-deux. Celui-ci eut pour successeur en 1661, le Marquis de Créqui, Lieutenant-Général des Armées du Roi. Le Général des galères, suivant les provisions accordées à François de Vendôme, avoit exclusivement aux Gouverneurs & Lieutenants Généraux des Provinces, & aux Commandants des Places, autorité sur les Navires, & les marchandises qui entroient dans le Port ou qui en sortoient, & sur les prises. Personne ne pouvoit s'embarquer ni débarquer sans sa permission. V. la liste des Généraux des galères.

1636, par douze galères, qui mirent à la voile, fous les ordres du Marquis de Pont-Courlay, & par quatorze vaisseaux, fortis de différents Ports de Provence, avec un grand nombre de barques, de tartanes, de brigantins & de brûlots. Henri de Sourdis, Archevêque de Bordeaux, & l'Abbé de Beauvau s'embarquèrent fur les deux efcadres, avec la qualité d'Intendants & de Chefs du Confeil. L'armée navale d'Efpagne, quoiqu'elle eut été renforcée des galères de Gênes & de Florence, ne put tenir contre des forces fi redoutables. Avec cette fupériorité, il femble qu'on auroit pu tenter de reprendre les deux îles conquifes, d'autant mieux que l'armée de terre, affemblée aux environs de Cannes, étoit impatiente de fe fignaler; mais un évènement inattendu, rendit tous ces préparatifs inutiles, du moins pour un tems. Le Comte d'Harcourt, & le Maréchal de Vitry, vouloient avoir chacun le commandement de l'armée, quand la defcente feroit effectuée: c'étoit le huit du mois de Décembre. L'Archevêque de Bordeaux crut, qu'en qualité de chef du Confeil de la Marine, il pouvoit prendre part à la conteftation. Le Maréchal de Vitry, toujours prompt à s'enflammer, piqué fans doute de quelque mot inconfidérément échappé à ce Prélat, ne put modérer fa colère, & lui donna un coup de canne. Ce débat mit parmi les chefs une divifion, qui, gagnant de proche en proche, altéra l'obéiffance parmi les troupes. Les milices fe débandèrent, & prefque tous les Gentilshommes, que le defir de défendre leur patrie avoit attirés au camp, fe retirèrent dans leurs terres. Ainfi l'expédition fut renvoyée à un tems plus favorable.

Le Comte d'Harcourt étoit en même tems chargé de faire paffer au Duc de Parme les fecours que la France lui avoit promis, & fans lefquels ce Prince étoit forcé de fe mettre à la difcrétion des Efpagnols. Le Comte de Sabran, qui, en 1629, avoit

avoit été chargé de quelques affaires importantes à la Cour de Vienne, étoit alors Ambassadeur à Gênes ; & malgré son talent pour les négociations, il n'avoit pu obtenir le passage des troupes Françaises. Il connoissoit le caractère des Génois, & savoit que dans les Etats libres, les Puissances étrangères ne sont respectées qu'autant qu'elles sont redoutables. Etant venu en Provence, conférer avec les Chefs de l'armée, il leur dit qu'avec une Nation aussi rusée que l'étoit la Nation Génoise, c'étoit perdre les avantages qu'on avoit sur elle, que d'entrer en négociation ; que si l'on vouloit rétablir la réputation des armes Françaises, il falloit rompre avec la République, & faire passer par force sur ses terres les troupes qu'on destinoit au Duc de Parme : que trois mille hommes de débarquement, n'éprouveroient aucune résistance. Cet avis étoit sage ; mais après avoir été long-tems débattu, il fut rejetté ; & le Duc de Parme se détacha de la France, pour faire sa paix avec les Espagnols.

Le retour du printemps fit reprendre le projet de chasser les ennemis de l'île Sainte Marguerite. Tout les Corps & les principales Villes de la Province voulurent concourir, suivant leurs moyens, à une entreprise dont le succès leur paroissoit certain. Le Parlement donna vingt-quatre mille livres, la Cour des Comptes quinze mille, les autres Compagnies contribuèrent à proportion de leur nombre & de leurs richesses. La ville d'Aix donna six mille livres, avec tout ce qu'il y avoit de poudre & de munitions dans ses magasins, cent cinquante charges de bled, & cent Mousquetaires entretenus pour deux mois. La ville de Marseille envoya au Comte d'Harcourt, dix mille écus & pour six mille francs de poudre, de mêches & d'autres munitions : celle d'Arles du bled pour la valeur de trente mille livres. Hyères, Toulon, Ollioules, deux mille quatre cents hommes sur six vaisseaux frétés à leur dépens. Draguignan, quatre cents avec leur subsistance.

Arrivée des armées de terre et de mer.
Hist. de Louis XIII, par le P. Gr. t. I. p. 636.
Manusc. du Prés. Gauf.

An. 1637.
Merc. Fr. t. XXI.
Gaz. de Fr.
Et Relat. manusc.

Le seul bourg de Biot situé dans l'Evêché de Grasse, en envoya trois cents bien armés & entretenus pour un mois.

L'attaque fut fixée au 24 Mars, sur les sept heures du soir: un vent contraire obligea de la différer jusques au 28. L'île étoit défendue par cinq Forts réguliers, que les Espagnols avoient construits avec des lignes de communication. Le moins considérable de tous, appellé le Fortin, étoit situé à la pointe de l'île : il fut emporté, & nos troupes firent leur descente, au nombre de deux mille cinq cent hommes, le 28 à quatre heures après midi, malgré les décharges des ennemis : elles travaillèrent pendant toute la nuit à se retrancher ; le lendemain au matin elles furent hors d'insulte, & en état d'attaquer le Fort de Monterey, qui fit une foible résistance. Ils défendirent les trois autres avec plus de courage, faisant de tems-en-tems des sorties, dans lesquelles les deux partis perdirent beaucoup de monde : cependant tous ces Forts cédèrent successivement à la valeur Françaife. Celui d'Arragon se rendit par composition le vingt Avril: celui du Batiguier composa le vingt quatre. Mais le fort Sainte Marguerite où les ennemis avoient rassemblé toutes leurs forces, fit une résistance opiniâtre. Il fallut avoir de nouveaux secours pour continuer le siége ; il étoit difficile de s'en procurer, parce que les divisions, qui s'étoient mises dans l'armée au mois de Septembre précédent, le mécontentement de la plupart des Officiers, & des Milices, retenoient beaucoup de Gentilshommes dans leurs terres. Le Parlement d'Aix sur les conclusions du Procureur-Général, entreprit de ranimer leur zèle le vingt-quatre Avril ; il ordonna qu'on écriroit sur les Regiftres les noms de ceux qui servoient dans l'armée commandée par le Comte d'Harcourt, & par le Général des galères : que ces noms demeureroient au Greffe, pour servir d'exemple à la postérité, & pour être un monument éternel

LIVRE XIII.

LXII.
SIÈGE ET PRISE DE L'ÎLE DE STE MARGUERITE.

de la valeur & de la fidélité de ces braves Provençaux : il enjoignit en même tems à tous les autres Gentilshommes, capables de porter les armes, de joindre les drapeaux, après la publication de l'Arrêt, sous peine d'être déclarés déserteurs du Roi & de la Patrie ; eux & leurs enfans déchus de tous droits & privilèges de la Noblesse : leurs fiefs & leurs biens meubles acquis & confisqués au Roi, avec ordre aux Substituts du Procureur-Général, & aux Consuls de chaque Ville, de les faire saisir & d'en remettre les fruits à un Commissaire solvable.

Ce qui contribua le plus à la prise du Fort Sainte Marguerite, ce fut la réconciliation, du moins apparente, du Maréchal de Vitry, & du Comte d'Harcourt. Le premier étoit resté à Cannes avec le Régiment de son nom, & quelques autres troupes qui demeuroient oisives, sous prétexte de garder les côtes. Le but du Maréchal en les retenant dans l'inaction, étoit de faire échouer l'entreprise : on lui en fit sentir les inconvéniens, & il consentit à aider le Comte d'Harcourt, pourvu que ce Prince de son côté fit quelques avances pour se réconcilier avec lui. Ils se virent à une distance à peu-près égale de leur demeure respective, en sorte que chacun d'eux fit la moitié du chemin, pour arriver au lieu du rendez-vous : car si l'on n'avoit pas trouvé ce moyen de sauver les intérêts de l'amour-propre, ceux de la France auroient été sacrifiés. Cette entrevue se fit le vingt-neuf Avril. Le Maréchal envoya le lendemain aux îles cinq cents hommes de son Régiment, avec une Compagnie de chevaux légers. On a vu ci-dessus que le Fort de Sainte Marguerite étoit déja investi. Le Comte d'Harcourt le fit serrer de plus près, & le premier de Mai les Français emportèrent un retranchement dont la prise les rendit maîtres d'une fontaine qui fournissoit de l'eau à la forteresse. C'étoit une perte irréparable pour les assiégés ; aussi le lendemain firent-ils une sortie pour reprendre le retranchemennt & la fontaine : mais ils furent re-

SIÉGE ET PRISE DE L'ÎLE DE STE MARGUERITE.

An. 1637.

poussés, après un combat opiniâtre qui dura plus d'une heure.

Il restoit aux assiégés une citerne, cachée dans une tour : malheureusement pour eux elle fut foudroyée par le canon : ensuite les assiégeans battirent en brèche. Alors Dom Miguel Pérez, Gouverneur Espagnol de l'île & du Fort, demanda à capituler. C'étoit le cinq de Mai mil six cent trente-sept. L'on fit deux traités séparés, qui furent signés le lendemain : leur importance n'est point assez grande, pour que nous en rapportions les articles : on se bornoit à y régler le tems, où la garnison sortiroit avec les honneurs de la guerre, si dans six jours elle n'étoit secourue par un renfort de mille hommes, & si elle ne recevoit des vivres & des munitions pour un mois.

Les Espagnols profitèrent du tems de la trève, pour donner des nouvelles de leur situation, par deux Officiers qu'on leur permit d'envoyer à Gênes & à Final. Tout ce que firent ces Officiers, ce fut de leur apprendre au retour que l'Escadre Française étoit trop forte pour qu'on entreprît de les secourir. Sur cette nouvelle ils évacuèrent le Fort le douze, au nombre de sept cents hommes, tant Officiers que soldats, en état de combattre, sans compter deux cents vingt huit blessés ou malades. Dom Miguel Pérez sortit le dernier à cheval, accompagné de cinquante-quatre Cavaliers. Lorsqu'il apperçut le Comte d'Harcourt, il mit pied à terre ; le Comte descendit aussi de cheval, & s'étant embrassés, le Général Espagnol lui dit : *si la division ne s'étoit pas mise dans la garnison, peut-être ne m'auriez vous pas forcé de me rendre ; mais enfin, puisque je devois être vaincu, je m'estime heureux de l'avoir été par un aussi vaillant & aussi brave Capitaine que vous l'êtes.*

Le lendemain le Comte d'Harcourt fit investir par l'Escadre du Commandeur Manti, & par celle du Commandeur des Gouttes, l'île de Lérins, autrement dite de Saint Honorat. Mais avant d'ordonner la descente, il envoya jusqu'à trois fois le Commandeur de Guittaut au Gouverneur Espagnol, pour lui proposer de se rendre, puisqu'il ne pouvoit plus espérer de secours, & qu'il n'étoit pas en état de faire une longue résistance. Le Gouverneur ayant toujours répondu, qu'il étoit résolu de mourir sur la brêche, s'il le falloit, les Français firent leur descente le quatorze au nombre de douze cents, les chassèrent de leurs redoutes & les forcèrent de se réfugier dans la tour, où ils furent bientôt attaqués : nous perdîmes environ soixante hommes à la première attaque. La vivacité de nos troupes intimida si fort les assiégés, qu'après quelques difficultés sur les conditions, ils se rendirent le quinze, & l'on mit dans le préambule de la capitulation, tout ce qu'on jugea de plus propre, à justifier le Gouverneur d'avoir été si prompt à se rendre.

LXII.
PRISE DE L'ÎLE DE LÉRINS.

Le Comte de Carces, Grand-Sénéchal de Provence, & le sieur de Castellane, tous deux Maréchaux de Camp, & Valavoire, Capitaine d'une Compagnie, se distinguèrent parmi les Chefs. L'Histoire a conservé le nom de plusieurs autres Provençaux qui se firent remarquer par leur bravoure (1).

(1) C'etoient Sabran-Aiguines ; Forbin-Janson ; Grasse-du Bar ; Escalis-Ansouis ; Grimaldi-Courbons, Saint-Vincent son frere ; Castellane-la-Verdiere ; Albertas-Jouques ; Forbin-la-Barben ; Vintimille-du-Luc ; Saqui ; Clapiers-Vauvenargues ; Vintimille-Figaniere ; Villeneuve-Serénon ; Sade-Lagoua ; Boniface-la-Molle ; Grasse-Saint-Cesaire ; Châteauneuf ; Requifton-Allons ; Mazin, Vauplane ; Grasse-Saint-Tropez ; Raymond-Pomerol ; Cabriés-Roquebrune ; le Baron de Forcalqueiret ; Coisegoules ; Durand-Sartoux ; le Marquis de Montpézat ; Grasse-Mohans ; Saint-André son frere ; Boyer-Bandol ; Thomas la Valette, Officier de Galeres ; d'Arcouer, d'Aicard, de Lens, de Garron ; d'Arnaud-Detorenc ; Aillaud ; la Tour d'Ailes, qui deja connu par de belles actions, voulut quoique âgé de soixante & dix ans, avoir part à cette expédition, & Vallavoire. Parmi les personnes qui y laissèrent la vie, on nomme Gaspard-Séguiran ; deux de la Maison de Grasse ; Castellane-Mazaugues ; Lious-Caillar ; Porcellet, Puget, Bellon & Isnard de Grasse ; parmi les blessés Villeneuve Flayosc ; Brancas-Forcalquier, Saint-Benoît, d'Aiguieres-Mejanes, premier Consul d'Arles, Commandant la Milice de cette ville ; quoique blessé il se fit porter à la brêche : Valbelle, Roquebrune, Louis de Felix, de Marseille, Capitaine au Regiment de Vitry.

Bouch. Hist. de Prov. t. II. & de Meaulx. Paneg. du Comte d'Harcour.

LIVRE XIII.

LXIV.
COMBAT NAVAL.

On avoit à peine repris les deux îles qu'une Efcadre Efpagnole de quinze galères parut fur les côtes d'Italie, ayant deux mille hommes de débarquement. L'armée navale de France compofée d'un pareil nombre de galères, lui donna la chaffe, & l'ayant jointe près de Gênes l'obligea de combattre. L'acharnement fut égal de part & d'autre : il n'y avoit entre les combattans que l'efpace qu'il falloit pour charger les canons. Le combat fut fi fanglant, que dans l'efpace de deux heures il périt environ fix mille perfonnes, dans l'une & l'autre Efcadre; les eaux, à près d'un quart de lieue à la ronde, furent teintes du fang qui ruiffeloit à gros bouillons. Les Français perdirent trois galères & les Efpagnols fix. Cofme de Valbelle Capitaine de Galère y laiffa la vie, & fon fils cadet fut griévement bleffé. Darène, Monier, Montolieu, le Baron de la Garde, Guiramand, & Fortia-Fornille, furent du nombre des morts. On trouva parmi les bleffés, Séguiran l'aîné, d'Aimar, du Tor; Château-neuf, Félix, Villages, Chautard, les Chevaliers de Majaftres & de Saint Jannet ; le Commandeur Ravelli, Archimbaud, & le Begue.

LXV.
PRIVILÉGES DU PAYS, ATTAQUÉS ET RÉTABLIS.

L'expédition des deux îles quoique heureufement terminée, laiffa un germe de divifion en Provence. L'Affemblée de Brignoles avoit accordée douze cents mille livres, dont nous avons parlé ci-deffus, à condition que la Province feroit déchargée de l'entretien des troupes de terre & de mer. Cependant après la prife des îles, le Roi laiffa quelques régimens pour les faire fubfifter aux dépens du pays ; les Confuls d'Aix s'y oppofèrent, fous prétexte que fans le confentement des Etats, ils ne pouvoient promettre une chofe, qui étoit contraire aux franchifes de la Province, & aux dernières conventions faites avec le Miniftre. Leur fermeté déplut à l'Archevêque de Bordeaux, que le Roi avoit chargé de faire exécuter fes ordres : Ce Prélat, aidé des confeils du Préfident de Bernet, crut que le moyen le plus simple de lever les obstacles, étoit d'ôter aux Consuls d'Aix la Procure du pays, & de la faire donner indistinctement aux personnes, qui paroîtroient le plus disposées à entrer dans les vues du Ministre : en effet il apporta un Arrêt du Conseil d'Etat, qui la donna à l'Archevêque d'Aix, à de Pilles Gouverneur du Château d'If, & à l'Assesseur Jullianis. Par le même Arrêt les deux derniers Consuls, & le Greffier des Etats furent mandés en Cour, pour y rendre compte de leur conduite. Les Trésoriers de France eurent ordre en même tems de mettre l'imposition pour fournir à la subsistance des troupes, à moins que les nouveaux Procureurs du pays, n'aimassent mieux la repartir eux mêmes.

> PRIVILÉGES DU PAYS, ATTAQUÉS ET RÉTABLIS.
> Hist. manuscr. de Haitre.
> Et Bouch. t. II.
> 31 Août 1637.

Cet acte d'autorité excita un murmure dans toute la Provence, & sur-tout dans la ville d'Aix qui perdoit la plus belle de ses prérogatives. On résolut d'envoyer au Roi une députation pour lui représenter que c'étoit entièrement détruire les libertés du pays, que de mettre l'administration, dans les mains de personnes que la Province n'auroit pas choisies. L'Archevêque de Bordeaux ne tarda pas à s'appercevoir, que ce changement ne pouvoit subsister ; & qu'il lui resteroit la honte d'avoir voulu altérer la constitution d'une grande Province. L'inquiétude où l'on étoit, lui parut une circonstance favorable, pour concilier les intérêts du Roi avec ceux du pays. On convint que la Province entretiendroit un certain nombre de Régiments, & à cette condition le Consulat d'Aix fut rétabli dans tous ses droits, & rempli cette année là, par Gaspard de Forbin Marquis de Janson, Scipion du Perrier, François Audibert, & Joseph Templeri.

Au milieu de ces divisions, le Maréchal de Vitry subit la peine, qu'il avoit provoquée par la hauteur de son caractère, & par la manière dont il s'étoit conduit avant le siége de l'ile de Sainte Marguerite. Il fut rappellé pour aller rendre compte de

> LXVI.
> DISGRACE DU MARECHAL DE VITRY.

sa conduite. L'accueil favorable qu'il reçut du Cardinal, ne lui donna aucun soupçon sur la disgrace dont il étoit menacé. Plein de confiance dans les bontés du Roi, il partit tout de suite pour aller lui faire sa cour à Saint-Germain ; mais il fut arrêté sur la route le 27 Octobre 1637, & conduit prisonnier à la Bastille, d'où il ne sortit qu'après la mort du Cardinal de Richelieu.

La disgrace de ce Maréchal réveilla l'ambition de tous ceux qui aspiroient à sa dépouille. Le Cardinal de Lyon, l'Archevêque de Bordeaux & le Comte d'Harcourt furent mis sur les rangs, ayant chacun en particulier des titres pour aspirer au Gouvernement de Provence. Le Roi le donna à Louis de Valois, Comte d'Alais, qui fut surpris de cette faveur inattendue. Le Public voulut en pénétrer la cause, & voici ce que l'on en découvrit. Il s'étoit formé en Cour un parti puissant pour détruire le crédit du Cardinal de Richelieu. Le P. Caussin étoit à la tête ; & proposa de faire nommer le Duc d'Angoulême à la place du Cardinal. Il s'agissoit d'avoir l'agrément de ce Seigneur ; le P. Caussin se chargea encore de le déterminer, & l'ayant trouvé un jour dans l'anti-chambre du Cardinal, il lui dit : je suis bien honteux de vous *voir demander des graces, que vous mériteriez de distribuer ; car personne n'est plus fait que vous pour remplir la place la plus importante du ministère.* Le Duc ne fit pas d'abord attention à ce discours : mais ayant su que le Roi ne traitoit plus le Cardinal avec la même confiance qu'auparavant, il se douta du complot, & fit part au Comte de Chavigny du propos que le P. Caussin lui avoit tenu : quelques jours après il alla voir le Roi à Saint-Germain. Le Cardinal, inquiet sur la manière froide avec laquelle il étoit traité, se tenoit à Ruel, où il sembloit attendre sa disgrace. Le Roi dans un entretien particulier qu'il eut avec le Duc d'Angoulême, se plaignit de son Ministre, & lui dit qu'il comptoit sur son zèle, dans une

Mém. du Préf. Gausi.

circonstance

circonstance où l'Etat & sa personne en avoient besoin. Le Duc voulut justifier la conduite du Cardinal, & faire valoir ses talens & ses services : mais le Roi l'ayant interrompu lui dit qu'il n'avoit pas trop lieu de s'intéresser pour une personne, qui avoit voulu le faire arrêter au retour du voyage de Lorraine. *Sire*, répondit le Duc, *quelques desseins que le Cardinal ait eu contre moi, je suis obligé, par la force de la vérité, de dire que Votre Majesté n'a pas de plus fidele serviteur que lui, & qu'Elle ne sçauroit confier ses affaires à un Ministre plus intelligent. Si Votre Majesté me permet de lui aller parler, je crois qu'Elle pourra prendre, sur les rapports qu'on lui a faits, des éclaircissements dont Elle sera satisfaite.* Le Roi y consentit ; vit ensuite le Cardinal, & se dépouilla tellement des préventions qu'on lui avoit données contre lui, que le P. Caussin fut exilé ; Mademoiselle de la Fayette qui avoit eu part à cette intrigue, se retira au Monastère de la Visitation.

DISGRACE DU MARÉCHAL DE VITRY.

An. 1637.

LIVRE QUATORZIÈME.

La joie que causa en Provence la nomination du Comte d'Alais au Gouvernement, étoit proportionnée au désir qu'on avoit d'être délivré du Maréchal de Vitry. Aussi le Parlement ne manqua-t-il pas de la témoigner d'une manière bien vive, à ce nouveau Gouverneur, en lui écrivant pour le féliciter. « Il y a long tems, lui disoit-il, que nous n'avons enregistré des » provisions avec autant de plaisir, tant est grande l'obligation » que nous avons au Roi, d'avoir écouté favorablement les » plaintes de ses peuples, & d'y avoir généreusement remédié » par l'élection qu'il a fait de votre personne. Les grands éloges » dont vous êtes honoré par Sa Majesté, & que vous avez mé-

I. LE COMTE D'ALAIS GOUVERNEUR. SON ARRIVÉE.

» rités par vos services, relèvent avec plus de gloire le pré-
» sent qu'elle fait à la Province, qui soupire après vous, &
» attend avec impatience le jour fortuné qu'elle jouira de
» votre présence. Nous prenons la plus grande part à cette
» joie, & nous recevons avec reconnoissance les offres qu'il
» vous a plu nous faire, vous suppliant de croire qu'avec dé-
» férence & respect, nous embrasserons & rechercherons toutes
» les occasions de vous témoigner, par nos services, combien
» nous vous honorons ». Le Comte d'Alais avoit en effet toutes
les qualités, qui dans des tems plus heureux auroient fait le
bonheur d'une Province : il étoit humain, affable, juste, aimant le bien public & les lettres, & se plaisant à les encourager ; mais il se prévenoit aisément, & n'avoit point cette
fermeté que le caractère des Provençaux, élevés dans les
discordes civiles, rendoit nécessaire. Aussi eut-il des désagrémens qui firent le malheur de sa vie.

Il arriva à Aix les premiers jours du mois de Janvier 1638,
& fut reçu avec cette vive allégresse que tant de raisons devoient exciter. Le Parlement lui députa, pour le recevoir &
l'accompagner à son hôtel, le Président de Forbin, Boyer,
Thomassin, de Laurens, & Olivier, Conseillers, & les Gens
du Roi (1). L'hiver étoit alors très-rigoureux ; car l'eau du port
à Marseille, gela autour des galères. Celui de 1639, au contraire, fut remarquable par son extrême température & par la
sécheresse. Il ne tomba presque point de neige sur les hautes
montagnes des Alpes ; & il y eut très-peu de pluie : au mois
d'Avril, les bords du Rhône étoient découverts à une profondeur, où il n'y avoit point d'exemple qu'on fut jamais descendu
à pied sec. La sécheresse continua jusqu'à la fin de l'été : la

---

(1) Les Gens du Roi étoient Franç. de Gantès, Seigneur de Valbonette ; P.
de Percellet, Seigneur d'Ubaye, & Louis de Rabasse.

disette d'eau étoit par-tout si grande, que les villes d'Aix & de Marseille furent forcées d'envoyer moudre aux moulins de la Durance.

PHÉNOMÈNES.

Comme l'histoire de la nature a un rapport direct avec celle de l'homme, & que les faits de celle-là peuvent quelquefois figurer dans celle-ci & l'alimenter, pour ainsi dire, lorsque les événemens politiques manquent, nous rapporterons encore le fait suivant. Le 8 Juillet 1639, une femme du village de Cucuron accoucha de deux filles, qui n'avoient qu'un même corps depuis la poitrine jusqu'à la ceinture; au-dessus & au dessous de ces deux points de jonction, elles étoient entiérement distinctes & séparées, ayant chacune leur tête, leurs bras & leurs jambes. Il n'y avoit qu'un nombril pour les deux : elles étoient jointes par le côté ; celle qui étoit à droite étoit plus vigoureuse & avoit des couleurs plus naturelles : on les baptisa & leur étrange conformation n'empêcha pas qu'elles ne vécussent plusieurs semaines.

An. 1638.

Portrait de Haute.

Il y avoit à peine quatre jours que le Comte d'Alais étoit en Provence, lorsque le Prince Casimir, frère consanguin de Ladislas VII, Roi de Pologne, fut arrêté sur la côte par ordre du Gouvernement (1). Les circonstances de sa détention sont assez remarquables pour mériter d'être rapportées. Le Comte d'Avaux, Plénipotentiaire à l'Assemblée de Munster, ayant su que ce Prince avoit été secrètement sollicité par les émissaires de l'Empereur, d'accepter de l'emploi en Espagne, se crut obligé de lui envoyer un Gentilhomme à Cracovie, pour le voir de la part du Roi, & savoir si ces propositions lui faisoient

III. LE PRINCE CASIMIR EST ARRÊTÉ EN PROVENCE.

---

(1) Les Historiens racontent diversement les circonstances de cette affaire. Nous avons suivi la relation manuscrite du Président Gaufridi, qui étant dans la confidence du Comte d'Alais, devoit être bien instruit. Nous suivrons aussi les Mémoires que le Prince Casimir a laissés. Le P. Griffet a parlé de sa détention dans l'Histoire de Louis XIII, tom. III. p. 101 & suiv.

oublier ses anciennes liaisons avec la France. Peut-être aussi le Comte d'Avaux fit-il cette démarche, pour le rendre suspect à la Nation chez laquelle il alloit servir. Le Prince qui pénétra ses intentions, refusa de voir le Gentilhomme. Le Comte d'Avaux ne doutant plus alors de la négociation, en fit part à sa Cour, en marquant au Ministre le traitement que l'Empereur & l'Espagne faisoient à ce Prince, & la route qu'il devoit tenir pour se rendre à sa destination. L'avis se trouva vrai ; car dans le tems marqué le Prince partit de Cracovie, pour aller faire ses remerciments à l'Empereur : de-là il se rendit à Venise, ensuite à Rome, à Milan, & enfin à Gênes, où on lui fit une réception magnifique. Parmi les moyens dont on se servit pour honorer son entrée, il y en eut un qui lui devint funeste. Le Sénat lui fit présenter les clefs de la Ville par trois Demoiselles d'une beauté frappante. Il y en eut une sur-tout qui fit sur lui l'impression la plus vive. Il s'arrêta quinze jours à Gênes pour la voir, & pour nourrir un feu qu'il eût été plus aisé d'éteindre, en se dérobant tout de suite aux regards qui l'avoient allumé. Ce long séjour donna au Comte de Sabran le tems de connoître le caractère du Prince, & la route qu'il se proposoit de tenir pour se rendre en Espagne ; il en instruisit le Comte d'Alais, qui avoit déja reçu ordre de faire arrêter cet illustre Voyageur, s'il abordoit en Provence.

Il devoit arriver incessamment à Gênes seize galères Espagnoles, qui avoient conduit à Naples le nouveau Viceroi. Le Prince avoit quelqu'envie de les attendre ; mais les personnes qui l'accompagnoient lui ayant représenté, qu'il y auroit du danger à s'embarquer sur cette flotte, parce que la guerre étoit allumée entre la France & l'Espagne, il partit sur une galère que le Sénat de Gênes envoyoit à Barcelone, pour ramener ses Ambassadeurs qui revenoient de Madrid. La République gardant une parfaite neutralité dans cette guerre, il semble que son pavillon n'avoit rien à craindre de la part des deux Puissances ennemies. Le Prince étoit malade, quand il mit à la voile le 4 du mois de Mai 1638. Deux fois il fut obligé de prendre terre, & enfin, en approchant des côtes de Provence, il fut si incommodé du mauvais tems, qu'il alla se reposer à Saint-Tropez, d'où il prit la route de Marseille par terre, sous le nom de Comte Kanaposki, accompagné de douze personnes (1). D'Albert, Lieutenant de Roi à Saint-Tropez, ne chercha point à savoir qui étoient ces étrangers; il se contenta de donner avis de leur arrivée au Comte d'Alais: le messager n'arriva que le troisième jour, & les étrangers l'avoient devancé au moins d'une journée. Le Comte ne doutant pas que ce ne fût le Prince Casimir & les personnes de sa suite, remit à Chantereine, Capitaine de ses Gardes, l'ordre qu'il avoit reçu de les arrêter, & les instructions nécessaires pour s'assurer de leurs personnes. Chantereine partit sur le champ pour se rendre à Marseille, où il ne les trouva plus. Honteux de les avoir manqués, il retourna vers le Comte d'Alais, & lui dit qu'après la faute qu'on avoit faite de leur laisser traverser une grande partie de la Provence sans les arrêter, on ne devoit plus se flatter de les prendre. Malheureusement pour eux, un événement imprévu les fit retomber dans le même péril, auquel ils n'avoient échappé que par la négligence

Le Prince Casimir est arrêté en Provence.

An. 1638.

---

(1) Le Prince Casimir, raconte l'affaire différemment dans ses Mémoires. Il dit que plusieurs Français s'étoient embarqués avec lui sur sa galère, entr'autres Jean de Godefroi, Marseillois, qui avoit, dit-il, la fourberie d'un Grec. Cet homme lui conseilla de s'en aller par terre à Marseille, & l'y accompagna. Le Prince prétend que ce fut lui qui alla le déférer aux Magistrats, & qu'ils l'auroient fait arrêter si leur dessein n'eut transpiré dans le public. Ce sont-là des conjectures de la part du Prince; le récit de Gaufridi paroît bien plus certain, à cause des liaisons qu'il avoit avec le Comte d'Alais & avec Chantereine, Capitaine de ses Gardes.

de leurs ennemis. A peine ils furent remontés fur la galère, qui les avoit attendus au château d'If, qu'une violente tempête les obligea de relâcher à la Tour de Bouc. Plusieurs soldats du fort vinrent fur le rivage, & entrèrent même dans la galère pour voir les passagers; tout leur fit croire que c'étoient des personnes de considération, & ils allèrent en rendre compte au Commandant. Celui-ci, surpris que ces voyageurs ne vinssent point le voir, commença d'entrer en défiance, & fit prier Jean-Nicolas Saoli, Capitaine de la galère, de venir se reposer dans le Fort, ayant à lui parler d'affaires qui intéressoient la République. Saoli s'en excusa sous divers prétextes. Le Commandant offensé qu'on fît si peu de cas de ses offres obligeantes, & qu'on affectât de ne pas le voir, fit porter ses plaintes au Capitaine, & braquer l'artillerie du fort contre la galère. Au premier moment les Officiers Génois furent d'avis de braver ces menaces, ne s'imaginant pas que le Commandant d'une place fût assez téméraire, pour insulter sans raison le pavillon d'une République alliée de la France, & occasionner une rupture entre ces deux Puissances. Ils vouloient qu'on mît tout de suite à la voile. Les Gentilshommes Polonois pensèrent différemment; l'idée qu'ils avoient de la franchise & de la politesse Françaife, éloignoit de leur esprit tout soupçon de perfidie; & ils regardèrent comme un effet de l'âge & du caractère particulier du Commandant, ces manières brusques dont ils croyoient avoir à se plaindre. Le Prince Casimir fut celui qui insista davantage; sa franchise naturelle, comme il le dit dans ses Mémoires, sa conduite passée, les alliances qu'il y avoit toujours eu entre la France & la Pologne, lui inspiroient une confiance à laquelle il se livra sans réserve; ils allèrent donc saluer le Commandant, qui les consigna dans le fort, où ils passèrent la nuit du 9 au 10 du mois de Mai. Le lendemain ils lui firent demander la cause de cet étrange procédé; on leur répondit que le Comte d'Alais ayant fu qu'il y avoit parmi eux le Prince Cafimir, qui alloit à la Cour de Madrid, ne vouloit pas le laiffer partir d'un port de France, fans avoir l'honneur de le voir & de lui offrir fes fervices, & que ce Prince ne pouvoit refufer de l'attendre, fans faire croire qu'il y avoit de la méfintelligence entre les Cours de Paris & de Varfovie.

<small>Le Prince Casimir est arrêté en Provence.</small>

Deux jours fe pafsèrent fans qu'on adoucît les rigueurs de leur captivité; enfin las d'attendre qu'on leur rendît une liberté qu'ils n'avoient pas mérité de perdre, ils envoyèrent un des Gentilshommes Polonois au Comte d'Alais pour lui demander juftice. Il n'en rapporta que des réponfes vagues; & peu de tems après arriva Chantereine avec ordre de s'affurer du Prince Cafimir, qu'on favoit bien être parmi ces étrangers, mais qu'on ne connoiffoit point encore, s'il faut s'en rapporter au Préfident Gaufridi. Cet Auteur affure que le Prince ne portoit aucune marque diftinctive; qu'il étoit habillé de la même manière que fes compagnons de voyage, n'y ayant de différence entr'eux que dans la couleur des habits : on conçoit en effet qu'ayant tous intérêt à fauver ce Prince, ils avoient le plus grand foin de le cacher. Il y avoit parmi les voyageurs un Négociant de Marfeille, établi depuis plufieurs années à Gênes; il paffoit en Efpagne pour des affaires de commerce. Chantereine s'adreffa à lui pour connoître le Prince Cafimir. Le Négociant refufa de le dire, fous prétexte qu'à Gênes on feroit confifquer fes biens, s'il contribuoit à faire prendre un Prince, dont la République répondoit en quelque manière, puifqu'elle s'étoit chargée de le faire conduire en Efpagne. Chantereine fut frappé de cette raifon, & propofa un moyen qui, fans avoir l'inconvénient qu'on vouloit éviter, conduifoit au même but. Il y avoit une heure du jour où les étrangers s'affembloient dans un même appartement. Il fut convenu que

<small>An. 1638.</small>

<small>Manufcr. de Gaufr.</small>

le Négociant s'assieroit du même côté que le Prince, & qu'il désigneroit la couleur de son habit par de petits rubans de soie, qu'il montreroit sans affectation. Ce moyen fut adopté, & le Marseillois désigna le Prince par deux rubans, dont l'un étoit blanc & l'autre verd. Sur ces indices, Chantereine s'approcha de l'illustre Voyageur, & lui dit: *Monseigneur, je sais que vous êtes fils, petit-fils & frère de Roi, & neveu de l'Empereur. Je connois tout le respect que je vous dois; je vous prie de croire que je vous rendrai les mêmes devoirs que je rendis à Monseigneur le Duc d'Orléans, lorsque j'eus l'honneur de le conduire à Tours.* En même tems il lui remit de la part du Comte d'Alais un billet conçu en ces termes: « Comme on sait que le Sérénissime Prince Casimir n'est point » commodément logé dans le fort de Bouc, on lui assigne » le Palais Archiépiscopal de Sallon, où il sera d'une manière » plus décente & plus commode; & afin qu'il ne s'imagine » pas qu'on a envie de l'y tenir long-tems, on le prévient » qu'on a dépêché un courrier extraordinaire pour informer » S. M. de ce qui se passe; qu'il sera de retour dans douze » ou treize jours, & qu'en attendant, Chantereine a ordre » de faire rendre à S. A. les devoirs & les services qui lui » sont dus ». Le Prince arriva à Sallon le 15 du mois de Mai dans la voiture du Comte d'Alais. Il écrivit au Roi, au Cardinal de Richelieu, au P. Joseph, Capucin, pour réclamer la justice de S. M. La République de Gênes se plaignit aussi de ce que, contre la foi des traités & le droit des gens, on avoit attaqué son pavillon, & retenu prisonnier durant plusieurs jours le Capitaine de la galère, après l'avoir attiré dans le fort de Bouc sous les apparences trompeuses de l'amitié. Le Roi de Pologne fit aussi, pour la délivrance de son frère, tout ce qu'on devoit attendre d'un Prince généreux & sensible; enfin le Pape Urbain VIII éleva sa voix en faveur de ce

malheureux

malheureux Prince, & Frédérie Sforze, Vice-Légat d'Avignon & son parent, entreprit de l'enlever; mais Chantereine rendit ses tentatives inutiles.

 Tant d'efforts réunis pour procurer la liberté à Casimir, firent prendre la résolution de le transférer dans un lieu beaucoup plus sûr. La citadelle de Sisteron parut remplir les vues de la Cour, & on l'y envoya au mois de Décembre 1638. Cet illustre captif décrit d'une manière fort touchante les dégoûts qu'on lui fit éprouver, quoiqu'en apparence on eût pour lui tous les égards dus à son rang. Les gardes qu'on lui donna pour son cortége étoient des satellites barbares; les Officiers qui le servoient des surveillants fâcheux ; l'appartement où il logeoit une prison incommode, & ce fut au milieu de ces désagréments qu'il arriva au château de Sisteron, dont les abords inaccessibles lui firent sentir toutes les horreurs de sa captivité. Un jour qu'il étoit plongé dans une tristesse profonde, il vit entrer dans sa chambre un homme, que son frère, le Roi de Pologne, envoyoit, pour s'instruire plus particulièrement de son sort. Le Prince, en le voyant, éprouva ces mouvemens de joie & de surprise, qu'une visite aussi inattendue devoit naturellement lui causer; & après être revenu à son calme ordinaire, il lui dit : « Dans l'état affreux où tu me trouves, tu juges bien
» que je ne puis te voir sans beaucoup de plaisir, & en même
» tems sans une sorte de honte inséparable de ma situation. Je
» suis bien aise que tu puisses rendre compte à mon frère des
» maux que j'endure. Malheureux jouet de la destinée, tou-
» jours mourant sans jamais arriver à ma dernière heure, j'ai
» passé d'un cachot souterrain à une prison qui touche aux
» nuées, & cependant regarde en quel sombre réduit je suis
» enfermé; à peine il y pénètre quelques rayons de lumière
» par deux ouvertures auxquelles on n'a pas même mis un
» carreau de vitre : je n'ai point assez de jour pour lire &

LE PRINCE CASIMIR EST ARRÊTÉ EN PROVENCE.

An 1638.

Mém. du Prince Casim.

Tome IV.   R r r

» pour écrire, ni assez d'espace pour éviter les incommodités
» inséparables d'un lieu, où l'on est obligé de satisfaire tous
» ses besoins. Je ne te parle pas de ce que j'ai souffert, lors-
» que traîné comme en triomphe de ville en ville, étroite-
» ment gardé, séparé de mes Officiers & de mes gens, on a
» même voulu m'ôter mon épée & mettre des gardes pendant
» la nuit auprès de mon lit : mais ne revenons pas sur le
» passé ; ce que je souffre peut te donner une idée de ce
» que j'ai dû souffrir. Ne manque pas d'en instruire mon
» frère, la Reine & ma sœur ; ils apprendront avec plaisir
» que dans l'état où je suis, ç'a été une grande consolation
» pour moi de recevoir de leurs nouvelles, & de pouvoir
» parler de mon attachement pour eux ».

La manière, dont on le traitoit, réveilla le zèle de ses amis, parmi lesquels le Marquis de Gonzagues ne fut pas l'un des moins généreux : ils offrirent à Chantereine soixante mille pistoles & une retraite assurée en Pologne, s'il vouloit faciliter l'évasion de son prisonnier. Chantereine n'en devint que plus attentif, à éviter les nouveaux piéges qu'on ne manqueroit pas de lui tendre. Il y avoit déja quelque tems qu'il étoit à Sisteron, quand on vint lui dire, qu'il étoit arrivé dans une chétive auberge, située de l'autre côté de la Durance, quatre marchands inconnus, montés sur des mulets. Il s'y transporta, & il n'eut pas de peine à s'appercevoir que, sous ce déguisement, étoient au moins cachées deux personnes de la première considération : il leur dit que leur air & leur maintien les trahissoient, & qu'ils méritoient d'être logés dans une meilleure auberge. En effet, il les fit loger en ville, & plaça tout autour de la maison cinquante soldats pour les garder. Il ne tarda pas à reconnoître les personnages cachés sous le masque ; c'étoient le Prince Doria & le Marquis Spinola avec leurs valets de chambre ; ils furent relachés sur l'assurance que la République de Gênes donna au

Comte d'Alais, qu'ils avoient pris cette route pour aller servir en Flandres; mais au lieu de retourner à Avignon, comme ils l'avoient promis, ils prirent à deux lieues de Sisteron un chemin qui les y ramenoit. Chancereine, qui faisoit observer secrétement leur marche, les fit arrêter & mettre sous bonne garde dans un lieu de sûreté, d'où ils ne sortirent que sur une caution du Sénat de Génes. La Cour, persuadée après ces différentes tentatives, du danger qu'il y auroit à laisser plus long-tems le Prince Casimir en Provence, le fit conduire à Vincennes, où il sentit encore mieux les rigueurs de la captivité.

IV.
NOUVEAUX ÉDITS.

An. 1639.

C'étoit le tems où la France faisoit des efforts extraordinaires pour abaisser la Maison d'Autriche; mais au milieu de ces efforts elle ruinoit les peuples pour fournir aux dépenses de la guerre. Tous les genres d'impôt avoient déja été mis en usage. Il étoit plus difficile d'avoir de l'argent des pays d'état que des pays d'élection : la Provence avoit déja fourni des sommes si considérables, que c'étoit s'exposer à un refus, que d'en demander de nouvelles à l'assemblée générale des Communautés. On imagina un expédient qui ne pouvoit manquer de réussir. On créa de nouveaux Offices, dans la confiance où l'on étoit que la Province pour s'en délivrer, offriroit au Roi un don gratuit. Ce moyen réussit comme on l'avoit prévu, quoiqu'il souffrît des difficultés & des lenteurs. D'abord on voulut établir trois Présidiaux, l'un à Aix, l'autre à Draguignan, & le troisieme à Forcalquier : l'Edit est du mois de Mars 1638. Le Parlement ayant refusé de le vérifier, le Roi le fit enregistrer au Grand-Conseil, & envoya en Provence Lauzun, Conseiller d'Etat, pour le faire exécuter. Chaque Présidial devoit être composé de deux Présidents, de douze Conseillers, d'un Avocat & d'un Procureur général : les Lieutenants & les Conseillers des Sénéchaussées étoient préférés, en payant le surplus de la finance.

LIVRE XIV.

V.
OPPOSITIONS
QU'ON Y MET.

Lauzun étant arrivé à Forcalquier, trouva tous les esprits disposés à remplir les intentions de Sa Majesté. Envain l'Avocat général de Gantès, & le Conseiller de Gautier, que le Parlement avoit envoyés dans cette ville, mirent opposition au nouvel établissement : le Tribunal fut érigé avec une facilité qui les surprit ; Lauzun ne trouva pas plus d'obstacle à Draguignan ; mais à Aix, les Conseillers de la Sénéchauffée refusèrent d'obéir, quoiqu'il essayât de les contraindre par force.

Le Parlement ne s'endormit point dans une affaire de cette importance, qui diminuoit considérablement sa Jurisdiction. Il chargea le premier Président & les Conseillers de Perrier & de Valbelle d'aller demander en Cour la révocation de cet Edit. Les Députés crurent faire une chose agréable au Ministre, & utile à leur Compagnie, en proposant plusieurs Edits pour indemniser les Traitans, & sur-tout d'établir en Provence des Experts jurés & des Auditeurs des comptes, tutélaires, en titre d'offices, au nombre de cent-quatre-vingt-neuf Officiers, sans compter trente Greffiers. A cette condition les Présidiaux furent supprimés au mois de Juillet 1639 ; mais ces nouveaux Edits ne passèrent point au Parlement, sans réclamation de la part de quelques Magistrats. Le Président de Forbin-la-Roque, Galliffet & Guiran, Présidents aux Enquêtes ; les Conseillers de Boyer, Leydet & d'Arnaud, & l'Avocat général de Cormis, y formèrent opposition avec d'autant plus de fondement, que le même Edit avoit été donné sept ans auparavant, & que les Etats assemblés à Brignoles l'avoient fait révoquer, moyennant une somme considérable qu'ils donnèrent au Roi. D'un autre côté la Province ne pouvoit consentir à cet établissement sans s'exposer à perdre ses privilèges, ou du moins sans s'imposer de nouvelles charges. La Cour le sentit, & révoqua pour la seconde fois cet Edit, moyennant une somme considérable que les Etats lui donnèrent. Mais elle ne perdoit point de vue le plan qu'elle s'étoit formé d'abaisser le Parlement, & d'altérer les franchises du pays, afin de trouver moins de résistance pour l'exécution de ses ordres.

C'étoit l'usage de tems immémorial, que les trois Ordres s'assemblassent une fois l'an, pour délibérer en commun sur les affaires de la Province. Dans un pays où l'imagination est vive, où l'on avoit contracté sous les anciens Comtes de Provence, & ensuite dans les agitations des guerres civiles, un certain caractère républicain, il n'étoit pas facile au Commissaire du Roi de maîtriser les esprits, lorsque les besoins de l'Etat exigeoient des secours extraordinaires; il éprouvoit souvent des refus, & presque toujours une résistance que le Gouvernement souffroit impatiemment, depuis que le Cardinal de Richelieu avoit dégagé l'autorité des entraves qui la gênoient. On imagina non pas de supprimer entièrement les Etats; il y auroit eu trop de danger à faire cet acte de despotisme; mais d'en laisser subsister une foible image : on cessa de les convoquer, & l'on permit seulement aux Communautés de s'assembler par députés, comme elles ont continué de faire depuis 1640 (1), pour délibérer sur les affaires de la Province. Cette Assemblée est composée de l'Archevêque d'Aix, Président, des Consuls de cette ville, Procureurs du pays, de deux Evêques, Procureurs joints, pour le Clergé, de deux possédants-fiefs, Procureurs joints pour la Noblesse, de vingt-deux Députés des chefs-lieux de chaque Viguerie, &

An. 1640.

VI.
Suspension
des Etats.

---

(1) Les Procureurs du pays de cette année-là étoient François de Vintimille des Comtes de Marseille, Seigneur du Luc, Antoine de Cormis, Assesseur; Charles de Tressemanes, Seigneur de Chasteuil, & Philippe Moricaud.

On peut voir sur l'ancienneté des Etats de Provence, & sur les différentes époques où ils se sont assemblés dans les anciens tems, le Tome III de cette Histoire pag. 87, à la note. L'assemblée des Communautés, telle qu'elle subsiste aujourd'hui, ne fut pas créée en 1640, pour être substituée aux Etats; elle avoit lieu précédemment, toutes les fois que les affaires l'exigeoient. Les derniers Etats sont de l'an 1639.

quinze autres Députés, faisant en tout trente-sept votans. Ces Députés sont les premiers Consuls des petites villes, dont la réunion forme le corps de la Province. La Cour, en cessant de convoquer les Etats, n'a pas touché aux règles, suivant lesquelles les impositions sont réparties. Rassuré par ces règles, le propriétaire sait qu'il ne paye qu'en proportion du terrain qu'il cultive; & si quelquefois il gémit sous le poids des charges, il a du moins la consolation de croire que ce n'est pas le caprice qui les lui impose.

Le Ministre, pour remplir parfaitement ses vues, n'avoit plus qu'à faire agréer de nouveaux Offices, qui rendissent une somme à peu-près équivalente à celle des Offices supprimés. Les Procureurs du Pays (1), députés en Cour avec plusieurs membres du Parlement, proposèrent l'établissement d'une Chambre des Requêtes, faisant entendre que cet établissement ne déplairoit ni aux Magistrats, ni aux autres Citoyens. La Cour approuva ce projet, & donna un Edit pour l'érection de la Chambre. Le Parlement en fut à peine instruit qu'il s'éleva contre cet établissement avec beaucoup de force par un arrêté du 8 Janvier 1641, prétendant que ses ennemis, par une supposition sans exemple, lui avoient prêté des intentions qu'il n'avoit jamais eues. Cependant l'Edit étoit donné, & le Comte d'Alais avoit commission de le faire enregistrer. Aussi ne manqua-t-il point d'aller au Palais pour exécuter les ordres du Roi: mais les Lieutenants des Sénéchaussées y formèrent opposition, & le Parlement délibéra de faire des remontrances. Le Comte, déconcerté par une résistance à laquelle il ne s'attendoit pas, fit procéder à l'enregistrement par son Secrétaire, ne doutant ce-

---

(1) Etant Procureurs du pays cette année-là, Henri de Covet, Baron de Marignane; Jacques Mourgues, Assesseur; Jean de Séguiran, & Gaspard Simon.

pendant pas qu'un acte d'autorité, fait contre toutes les règles, ne pouvoit point lier une Cour Souveraine. Le Ministre le fit confirmer par un Arrêt du Conseil, & manda en Cour, pour y rendre compte de leur conduite, les Conseillers de Thomassin, de la Grand'Chambre, d'Albert, Lombard-Gourdon, Saint-Marc, Barrême, d'Oppede, Covet-Marignane, Valbelle, d'André, de Milan, d'Arbaud, de Perrier, & Thomassin le jeune, qui furent tous interdits des fonctions de leur charge, jusqu'à ce qu'ils eussent obéi. Le Président de Regusse dit, en parlant de cet établissement : « j'étois déterminé à ne pas quitter » ma place; mais le Président la Roque, que les agitations pré- » cédentes avoient rendu timide, l'ayant abandonnée, moi qui » venois après lui, je fus forcé aussi de sortir, sans quoi l'on » eût eu bien de la peine à nous faire abandonner le Palais, & à » rétablir le Semestre ». Cette Chambre, érigée au milieu de tant de contradictions, ne pouvoit subsister : pendant six ans qu'elle fut en exercice, elle eut avec le Parlement des contes-tations que la Cour ne put jamais terminer, quoiqu'elle fit donner jusqu'à vingt Arrêts du Conseil pour les régler. Enfin, ennuyée de voir que ces débats étoient une hydre toujours renaissante, elle supprima la Chambre des Requêtes; & par Lettres-Patentes du mois d'Octobre 1647, elle créa sous le nom de Semestre un nouveau Parlement, qui devoit partager avec l'ancien les fonc-tions de la Justice, de manière qu'ils seroient alternativement en exercice six mois chacun.

Le Ministre n'avoit qu'à composer le Semestre de Magistrats qui lui fussent dévoués, & alors il n'y avoit rien qu'il ne pût entreprendre sur les droits du pays, aucun impôt qu'il ne pût mettre. Il auroit attendu que le Semestre fût en exercice pour faire passer les Edits & les Déclarations, que l'abus de l'auto-rité auroit fait éclorre dans des tems malheureux Et que sait-on si les Citoyens généreux, qui auroient voulu réclamer en fa-

ÉTABLISSEMENT DU SEMESTRE.

M. de Regusse.

An. 1647.

veur des loix antiques & respectables sur lesquelles reposent la liberté & la propriété, n'auroient pas été dévoués au glaive qu'un Ministre absolu auroit mis dans les mains de ces nouveaux Juges ? Ils devoient être au nombre de trois Présidents, & d'environ trente Conseillers, parmi lesquels on fit entrer les treize Magistrats de la Chambre des Requêtes (1).

Le Parlement sentit les suites que pouvoit avoir ce coup d'autorité : il se rapprocha de la Chambre, & fit avec elle un réglement propre à prévenir tout sujet de dispute. Les deux Compagnies convinrent par acte du 15 Décembre 1647, approuvé du Comte d'Alais, de conserver entr'elles la paix & l'union, si Sa Majesté vouloit révoquer le Semestre. Cet accommodement venoit trop tard : la Cour intéressée à maintenir son ouvrage, fatiguée des anciennes contestations, craignoit de les voir renaître quand l'orage seroit passé. Ainsi elle déclara par Arrêt du Conseil d'État du 4 Janvier 1648, qu'ayant établi le Semestre pour des raisons d'utilité publique, étrangères aux disputes précédentes, elle vouloit le laisser subsister, & ajouta que la Chambre des Requêtes étant supprimée, elle n'avoit plus de pouvoir pour traiter en cette qualité. Le Cardinal de Sainte-Cécile, frere du Cardinal Mazarin, revenant de Catalogne pour aller à Paris, se trouvoit alors à Aix, dont il étoit Archevêque ; les Officiers du Parlement allèrent le voir, pour lui demander sa protection auprès du Roi. Le Cardinal, témoin de la vive sensation que l'Arrêt du Conseil faisoit parmi le plus grand nombre des Citoyens, n'approuvoit pas intérieurement cette opération du Gouvernement ; mais il n'osoit la blâmer,

---

(1) Ces Magistrats étoient les Présidents de Gaufridi, & de Leydet, Seigneur de Calissane ; les Conseillers Dedons, Rabasse-Vergons, Gautier, Ballon, Puget-Chasteuil, Coriolis, Baron de Limaye, Trimond, Thomassin, Beaumont, Bernard de Touloufe, qui avoit succédé à Puget, & Paul de Brignolles, qui avoit acheté l'Office de Tressemanes.

& il dit aux Magistrats ce qu'il ne pouvoit se dispenser de leur dire : *ubedite come polastri ; soyez doux comme des poulets, & obeissez* : mais il eut l'imprudence d'ajouter : *e quando io non vi saro, allora fate rumoré ; & lorsque je n'y serai pas, faites du bruit.* C'étoit vouloir leur faire perdre le fruit de leur obéissance : peut-être aussi vouloit-il leur en faire un mérite auprès du Roi, & rejetter sur le vice du nouvel établissement, ou plutôt sur la conduite du Comte d'Alais qu'il n'aimoit pas, les troubles qu'il y auroit ensuite.

ÉTABLISSEMENT DU SEMESTRE.

An. 1648.

Le Semestre fut établi le 25 Janvier 1648. Deux Huissiers à la chaîne entrèrent au Palais, & lurent l'Arrêt du Conseil, sans donner aux Chambres le tems de faire leur protestation. Le lendemain le Comte d'Alais, précédé des Procureurs du pays, des Commissaires du Roi, des Officiers des Requêtes, & suivi d'une Noblesse assez nombreuse, alla installer les nouveaux Magistrats. On y fit lecture de l'Edit portant création du Semestre : les Procureurs du pays (1) y mirent opposition au nom de la Province. Les Avocats, les Procureurs, les Huissiers, refuserent leurs services. Le peuple, frappé de la nouveauté du spectacle, murmura foiblement ; mais la Noblesse qui croyoit avoir à se plaindre de l'ancienne Magistrature, applaudit au changement. Les anciens Magistrats, affligés de ce calme, cherchèrent à le troubler, s'imaginant qu'il falloit réveiller le patriotisme par un orage. En conséquence il en parut trente masqués le Jeudi gras, dans la place des Dominicains, pour voir s'ils pourroient disposer le peuple à un soulévement. Le Comte d'Alais réprima ces mouvements séditieux par sa sagesse & par sa fermeté.

Pith. Hist. d'Aix.
Hist. du Parl.
Et manusc. de Haitze.

La protection ouverte qu'il accordoit au Semestre releva le courage de ceux qui, ayant envie d'y prendre un Office de

---

(1) Ces Procureurs du pays étoient François de Villeneuve-Espinouse, Jacques Viani, assesseur ; François de Beaumont & Balthazard Rostolan.

Conseiller, n'avoient point encore osé se montrer, de peur de se faire des ennemis puissants. Philippe de Gueydon, Avocat du Roi en la Sénéchaussée de Marseille, se mit des premiers sur les rangs. Il éprouva d'abord des difficultés pour remplir quelques formalités préliminaires dont il ne pouvoit se dispenser : les esprits pendant ce tems-là s'échauffoient de plus en plus ; & comme dans ces moments de désordre, les personnes les plus modérées sont souvent emportées hors des bornes de leur devoir, il se trouva des hommes, qu'un zèle aveugle pour l'ancien Parlement, anima de toute la fureur de la haine : ils résolurent de se défaire de Gueydon, afin d'intimider par cet exemple ceux qui oseroient l'imiter. Ils délibérèrent d'abord s'ils l'attaqueroient en plein jour, sous prétexte de venger une querelle particulière, ou bien s'ils afficheroient le motif qui les faisoit immoler à ce qu'ils appelloient la cause publique. Ce dernier avis l'emporta, parce qu'il remplissoit mieux le dessein qu'ils avoient, d'écarter tous ceux qui aspiroient à remplir une place au Semestre. Il fut décidé qu'on exécuteroit le complot pendant la nuit. Gueydon logeoit dans la même auberge que le Commandeur de Castellane-Montmeyan, Colonel du régiment de Provence, & plusieurs autres Officiers : il y avoit un corps-de-garde à la porte. Il semble que la présence de tant de Militaires auroit dû intimider des personnes, peu accoutumées à des coups aussi hardis ; mais l'esprit de parti l'emporta sur toute autre considération. Les complices s'assemblèrent au nombre d'environ trente dans une maison voisine de l'auberge, sur les sept heures du soir. Il y en eut douze qui se masquèrent pour entrer dans la salle à manger, quand les étrangers seroient à table ; les autres, armés de pistolets & de mousquetons, devoient se tenir dans la rue, pour donner du secours en cas de besoin. Quand le souper fut servi, & qu'ils surent, à ne pas s'y tromper, la place où Gueydon étoit assis, les douze masques entrèrent. L'un d'eux s'arrêtant à la porte de la salle, couche en joue les convives, & dit d'une voix ferme : *le premier qui branle est mort.* Dans le même instant deux autres masques s'avancent vers Gueydon ; l'un lui donne un coup de baïonnette, l'autre un coup de pistolet. Ce malheureux se trouvoit entre le Commandeur de Montmeyan & un Officier nommé la Tour : il tomba presque mort sous la table. Un Gentilhomme de la compagnie effrayé du coup, demanda son épée ; les autres se levèrent en désordre, & dans un tumulte qui fit accourir, dans la salle, toutes les personnes de l'auberge. Alors la frayeur s'empara des masques : ils s'enfuirent précipitamment, hormis un qui étoit en sentinelle à la porte, & qui dans le trouble dont il étoit agité, tomba sans connoissance. Ses camarades, craignants d'être découverts s'ils le laissoient, résolurent de le jetter dans un puits qui étoit tout auprès. Le mouvement qu'ils firent en le portant le fit revenir à lui-même, & il se trouva en état de les suivre dans une maison voisine. Les auteurs de l'assassinat, dans le désordre inséparable de ce tragique événement, laissèrent tomber deux pistolets & une épée : l'armurier nomma la personne pour laquelle il avoit fait un de ces pistolets, & déclara qu'il avoit nettoyé l'autre pour un particulier qu'il nomma aussi. Cette déposition dénuée de toute autre preuve, ne produisit aucun effet. Gueydon, qui ne resta pas sur le coup, n'accusa personne : il raconta sans aucun sentiment de vengeance, de quelle manière l'affaire s'étoit passée ; & déclara qu'il pardonnoit à son meurtrier, qu'il ne connoissoit pas. Il mourut peu de tems après.

MEURTRE A CE SUJET.

Cet infâme assassinat n'empêcha pas qu'il ne se présentât cinq personnes pour remplir des Offices. Peut-être n'en seroit-il resté aucun de vacant, si le Cardinal de Sainte-Cécile, frère du Cardinal Mazarin, dans son passage à Aix, n'avoit témoigné pour le Comte d'Alais & pour le Semestre une indifférence qui ne fit pas bien augurer en faveur de cet établissement. Cependant

IX. FERMENTATION QU'IL OCCASIONE.

la Cour exila treize Officiers de l'ancien Parlement; mais au lieu de se rendre à leur exil, ils s'arrêtèrent dans le Comtat, où le Cardinal Bischi leur fit un accueil favorable. Le Cardinal de Sainte-Cecile ayant eu occasion de les voir en revenant de Paris, pour aller à Rome, leur témoigna aussi beaucoup d'intérêt, & leur obtint du Roi la permission de demeurer dans le Comtat.

La Cour n'en persista pas moins dans son premier plan de conduite : elle enjoignit aux nouveaux Officiers, qui étoient en exercice depuis le premier de Janvier, de continuer leurs fonctions dans le Semestre de Juillet. Les anciens Magistrats qui devoient entrer en exercice de leur charge, supportèrent impatiemment ce coup d'autorité. Ils s'assemblèrent, tant ceux qui étoient exilés, que les autres, au Château de la Barben, pour délibérer sur le parti qu'ils devoient prendre : ils résolurent d'envoyer en Cour les Conseillers de Barrême & d'André, & de lever dans le Comtat deux mille hommes pour se défendre contre les entrepises du Comte d'Alais. Mais le Vice-Légat, regardant cette levée de gens de guerre comme un attentat contre l'autorité royale, empêcha qu'elle n'eût lieu. Le Comte d'Alais, qui avoit tout à craindre de la hardiesse de cette résolution, se mit en garde de son côté, en se donnant une escorte nombreuse, de façon que la ville d'Aix présentoit par-tout l'image d'une guerre civile, quoique les feux n'en fussent point encore allumés. L'Archevêque d'Arles eut ordre de prévenir cet incendie, en ménageant un accommodement qui conciliât les intérêts de la Cour avec ceux des anciens Magistrats. Ceux-ci offrirent une finance considérable, si l'on vouloit réunir les Offices nouvellement créés pour former une seconde Chambre des Enquêtes, qui auroit la Jurisdiction des Requêtes du Palais. Les troubles arrivés à Paris dans ces entrefaites retardèrent l'exécution du projet, & furent en partie cause que les deux Députés obtinrent le rappel des exilés au mois d'Octobre 1648. Mais le Comte d'Alais eut le courage & le pouvoir de s'opposer à leur retour, & ils ne sortirent du Comtat que deux mois après, étant accompagnés de leurs amis, qui avoient été les joindre. Ils trouvèrent sur le bord de la Durance plus de trois cents personnes à cheval qui se mirent à leur suite : le cortége grossit sur la route : il y eut plus de six mille personnes de tout sexe, de tout âge, & de toute condition, qui allèrent au-devant d'eux, & les conduisirent en triomphe dans leurs maisons, au milieu des acclamations de *vive le Roi & le Parlement, point de Semestre*. Le parti opposé crut qu'on n'applaudissoit aux exilés que pour l'insulter lui-même : delà naquirent des préventions & des soupçons, que des discours imprudemment tenus de part & d'autre fomentèrent : la populace même fut tellement infectée de l'esprit de parti, que ce fut dans cette classe de Citoyens qu'éclata la premiere étincelle de la sédition.

An. 1648.

Un jour que le Comte d'Alais passoit dans la place des Jacobins, accompagné d'un grand nombre de Gentilshommes, & de plusieurs Officiers de son régiment ; un laquais eut l'insolence de s'approcher de lui, & de le regarder fixément sans ôter son chapeau : l'affectation étoit trop marquée pour n'être point apperçue : un garde du Comte, choqué avec raison de cette audace, ôta le chapeau de cet homme ; celui-ci ne put se défendre d'un mouvement de vivacité, après lequel il prit la fuite, mais il fut blessé d'un coup de carrabine qui le fit tomber entre les mains des gardes. L'allarme alors se répandit parmi les habitans du voisinage, & devint bientôt générale : de tous côtés on crioit : *ferme la boutique : aux armes*.

X.
ON EST PRÊT D'EN VENIR AUX MAINS.

An. 1649.

Le Comte d'Alais, effrayé des suites que pouvoit avoir ce commencement d'émeute, courut dans les rues pour la calmer, ayant à sa suite, outre beaucoup de Gentilshommes, plusieurs Officiers de son régiment, Castellane-Adhémar, Archevêque d'Arles,

& les Confuls d'Aix. Mais lorfqu'il croyoit avoir éteint le feu de la fédition, on vint lui dire qu'il fe rallumoit chez le Préfident d'Oppède, où plufieurs mécontens fe retiroient, tandis que d'autres faifoient des barricades. Il en fut fi outré, qu'il auroit lavé dans des flots de fang cette infulte faite à l'autorité, fi l'Archevêque d'Arles, Séguiran, & Claude de Rolland, Préfidents à la Cour des Comptes, n'avoient réprimé fa colère. Cependant, fachant par expérience qu'on ne pouvoit contenir que par la crainte, ces efprits naturellement inquiets & remuans, il fit mettre fa cavalerie en ordre de bataille, dans la place des Prêcheurs, & ranger fon infanterie devant fon Palais. Dans ces entrefaites, les gens du parti oppofé couroient la ville, pour raffembler du monde; ils firent prifonniers quelques amis du Gouverneur, fe faifirent de la porte de Notre-Dame, arrêtant tous ceux qui entroient dans la ville, & fur-tout les payfans, qu'ils forçoient de prendre les armes. Ils s'emparèrent même du clocher de Saint Sauveur, où l'on prétend que la mere du Préfident d'Oppède alla fonner le tocfin pour ameuter le peuple. Le Comte de Carces y étoit déja, & l'on vit un Confeiller en robe rouge, la pique à la main, exhortant tous ceux qu'il rencontroit à prendre les armes pour la défenfe du Parlement. Il affembla jufqu'à trois cents hommes qu'il conduifit à la place de Saint Sauveur. Bientôt après, un de fes collègues en emmena environ quarante. Le Chanoine de Cormis, mafqué & la pique à la main, faifant la fonction de Sergent Major, rengea cette troupe en bataille; enfuite fon frere l'Avocat-Général ayant pris un nez poftiche pour n'être point reconnu, la vint haranguer. Les troupes du Comte d'Alais affemblées dans la place des Prêcheurs, attendoient avec impatience qu'on fonnât la charge. Le refte des habitants faifis de frayeur dans l'intérieur de leurs maifons, les portes & les fenêtres fermées, croyoient à chaque inftant voir fondre fur eux cette foldatefque effrenée, qui, échauffée au carnage, & avide de butin, ne diftingueroit dans le défordre, ni amis, ni ennemis. Heureufement pour ces habitants & pour l'honneur des deux partis, l'Archevêque d'Arles, & les Préfidents de Seguiran & de Rolland, vinrent à bout de calmer cette fureur naiffante. On convint que le Préfident d'Oppède congédieroit fa troupe, qui avoit groffi jufqu'au nombre de douze cents hommes, & que le Comte d'Alais en inftruifant la Cour de ce qui venoit de fe paffer, préfenteroit les chofes de maniere que le Roi n'en feroit point offenfé ; cette démarche coûtoit d'autant moins au Comte d'Alais qu'il étoit d'un caractère naturellement doux & modéré.

XI. Le calme succède.

Cependant il n'en fentit pas moins la néceffité de fe tenir fur fes gardes, & de mettre des foldats dans l'Hôtel-de-Ville, où étoit la falle d'armes, pour s'en affurer : il s'empara auffi de la Tour de l'Horloge qui dominoit toute la Ville. Ces précautions, dans les circonftances préfentes, car c'étoit le lendemain de l'émeute, furent mal interprêtées par le parti contraire : on ne manqua pas de dire que le Comte avoit fait la veille un accommodement fimulé pour endormir fes adverfaires dans une fauffe fécurité : que fon intention étoit de faifir un moment plus favorable pour les anéantir. La folemnité du jour donnoit quelque apparence de vérité à ces bruits calomnieux : c'étoit le 20 du mois de Janvier 1649, fête de Saint Sébaftien, où l'on faifoit tout au tour de la Ville une proceffion générale, pour demander à Dieu de préferver le peuple de la pefte. On s'imagina que l'intention du Comte étoit de faire égorger les habitants qui reftoient dans la Ville, & de livrer les autres à la fureur des troupes qui devoient venir à fon fecours. Tandis que les efprits étoient ainfi prévenus, un payfan, foit qu'il fût effectivement pourfuivi, foit qu'il fît femblant de le croire, s'enfuit vers la place Saint Sauveur, où le peuple

An. 1649.

XII. Les alarmes reveillent.

étoit assemblé, & cria de toutes ses forces : *aux armes, aux armes, nous sommes perdus!* L'allarme se répandant de proche en proche, fut bientôt générale ; on fit rentrer dans la Ville quelques Confréries qui étoient déja en marche, & l'on ferma la porte *Notre-Dame* : tous les habitants furent bientôt sous les armes : les uns avoient des mousquets, les autres des bâtons ferrés. Des femmes échevelées, couroient dans les rues comme des Bacchantes, l'épée ou une hallebarde à la main, pour ameuter les esprits ; on en vit qui distribuoient du pain, d'autres de l'argent, pour gagner le peuple, & qui crioient : *vive la liberté, point d'impositions ;* il y en eut qui, se sentant moins de courage, se tenoient aux fenêtres avec des pierres pour les jetter sur les soldats lorsqu'ils passeroient dans les rues. Excitée par ces clameurs & ce tumulte, la populace s'assembla dans les endroits où le péril étoit plus pressant. Il y en eut une partie qui entra dans l'Eglise de Saint Sauveur, & qui investit les Consuls, que la solemnité du jour avoit attirés. Ces Magistrats ayant été créés par Lettres-Patentes, au lieu d'être élus par scrutin, suivant les statuts municipaux, étoient par cette raison odieux à toute la Ville : on les insulta, & outragea de toutes les manières : on porta même l'insolence jusqu'à arracher le chaperon à l'un d'eux, & à le fouler aux pieds. Le danger, pour ces Magistrats, étoit si grand, qu'ils ne purent y échapper qu'en se réfugiant dans la sacristie, avec le secours du Chanoine du Chaine, qui exposa sa vie pour sauver la leur. Ils furent assez heureux pour avoir le tems de fermer la porte ; mais la populace devenue plus hardie par leur fuite, alla chercher des barres & des pierres pour l'enfoncer ; & à coup sûr elle auroit mis en piéces ces Magistrats, si le cadet du Chaine, qui avoit acquis un certain empire sur le peuple, ne fût accouru pour arrêter le tumulte. Il sentit pourtant qu'il falloit consumer cette fureur populaire en lui fournissant

quelque

quelque aliment ; il se fit donc ouvrir la porte de la sacristie, & ayant pris les chaperons des Consuls, il les jetta au milieu de l'Eglise. On auroit dit que c'étoit une proie qu'on jettoit à des bêtes féroces. Les mutins abandonnèrent aussi-tôt la porte, & se précipitant sur ces marques respectables du Consulat, ils les attachèrent, après les avoir foulées aux pieds, au bout d'une pique, & allèrent les exposer devant l'Hôtel-de-Ville, où elles furent bientôt percées à coups de mousquets, de piques & de hallebardes, au milieu des cris tumultueux, dont l'air retentissoit.

Tandis que ces désordres se passoient dans la Ville, le Comte d'Alais étoit allé voir le Cardinal Barberin aux Capucins. Il revint aussitôt ; mais quelle fut sa surprise quand il trouva dans son Palais tous ses amis, qui s'y étoient réfugiés, parce qu'il n'y avoit point de sûreté pour eux en aucun autre lieu. Il fit mettre encore sa Cavalerie en bataille dans la place des Prêcheurs, sous les ordres du Duc de Richelieu, Général des galères ; & distribua son Infanterie dans les postes, dont les habitans ne s'étoient point emparés : Félix-la-Jaconiere & le Chevalier de Villages, tous deux Marseillois & Capitaines de Cavalerie, eurent la garde du Palais. Le feu de la sédition ainsi allumé ne tarda pas d'embrâser tous les esprits. Magistrats, Bourgeois, gens du Peuple, tous sortirent des bornes de leur devoir ; les uns excitoient l'émeute sous prétexte de briser le joug du despotisme ; les autres s'y livroient par l'espoir de ne plus payer d'impositions : toutes les portes de la Ville, tous les postes un peu avantageux étoient occupés : les Présidents de Regusse & de Galliffet, Seigneur du Tolonet ; les Conseillers de Clapiers-Vauvenargues, Beaurecueil, Laurens, Venel, Rascas, Seigneur du Canet ; Puget Saint Marc, & le Baron de Saint Marc son cousin, se distinguèrent par leur zèle parmi les Parlementaires, ainsi que les cadets du Chaine & Gaillard, & l'on n'attendoit plus que le moment où l'on en viendroit

XIII.
LE DANGER DEVIENT PLUS PRESSANT.

An. 1649.

aux mains : heureusement le défaut de munitions parmi les troupes du Roi empêcha l'action : d'ailleurs le Gouverneur vouloit épargner le sang : d'un autre côté les Magistrats, dont nous venons de parler, contents de la supériorité qu'ils venoient de prendre, modérèrent l'ardeur de la populace : & cette journée qui préfageoit tant de malheurs finit sans qu'il y eut plus de huit personnes de tuées. Mais le Comte d'Alais fut obligé de licencier ses troupes, & de rester dans son Palais comme en ôtage, jusqu'à ce que les troubles fussent entièrement pacifiés (1). Sa femme dût son salut au zèle du Conseiller de Venel, de Roubiac & de Baschi-Stoublon.

Le lendemain le Parlement s'étant assemblé déclara, par un Arrêt, qu'il reprenoit ses fonctions de la même manière & avec le même pouvoir, qu'il les avoit ci-devant exercées ; cassa le Semestre, & révoqua les Consuls d'Aix, que la Cour avoit créés par Lettres-Patentes, parce que, suivant les privilèges de la Ville, ils devoient être élus dans une assemblée générale de la Communauté, & prit de justes mesures pour empêcher que le peuple ne se portât à de nouveaux désordres. Cette révolution subite mit le Comte d'Alais à la discrétion de ses ennemis : le premier Ministre avoit alors avec le Parlement de Paris des démêlés forts vifs, qui ne permettoient point au Roi de déployer toute son autorité dans la crainte de la compromettre : d'ailleurs il ne se dissimula pas, que les mécontentements de la Province venoient de ce qu'on avoit attaqué les

---

LIVRE XIV.

XIV.
LE PARTI OPPOSÉ AU SEMESTRE A LE DESSUS.

Les Mêmes, & Mém. d'Ant. de Valbel. & du Pr. la R.

Reg. du Parl.

---

(1) Ce jour-là vingt-cinq Conseillers qui étoient à l'Hôtel-de-Ville avec le Comte de Carces, en sortirent la nuit & allèrent en Robe-rouge au Palais renouveller leur serment. Ces Magistrats étoient les Présidens de Forbin la Roque, Regusse & du Chaine. Les Conseillers Dedons, Foresta, Leydet, Mazargues, Laurens, Villeneuve, Spagnet, Guérin, Anthelmi, Chailan, Lombard, Albert, d'Agut, Thomassin, d'Arbaud, Boyer, Aymar, Signier, Valbelle, Puget, Clapiers, & Bonfils. *Pith. Hist. d'Aix*, p. 44, & *Histoire du Parl.*

loix constitutives du Parlement & celles du pays : les changements qu'on avoit entrepris de faire dans ces deux corps tendant à élever un pouvoir arbitraire, on ne devoit pas s'attendre à rétablir une paix durable, tant qu'on ne respecteroit pas des privilèges, qu'une longue possession avoit rendus sacrés. A la vérité le peuple avoit tort de vouloir soutenir ses droits par la force : mais on avoit tort aussi de mettre sa fidélité à une trop forte épreuve ; un Gouvernement sage ne pouvant subsister que par la justice & la modération. Ces considérations déterminèrent le Roi à employer les voies d'accommodement. Le Cardinal Bischi & le Comte de Carces furent chargés de la négotiation ; ils engagèrent le Comte d'Alais & le Parlement dans des conférences, dont le résultat fut qu'on supplieroit le Roi de supprimer le Semestre (1), de casser le Régiment du Gouverneur, de licencier les troupes qui étoient en Provence, même celles qui gardoient les côtes maritimes ; de confirmer dans l'exercice du Consulat d'Aix, ceux qu'on avoit subrogés aux Consuls nommés un an auparavant par Lettres-Patentes ; de rétablir les villes d'Aix, d'Arles & de Marseille, dans la possession où elles étoient d'élire leurs Officiers-Municipaux, suivant leurs anciens statuts. On finissoit par supplier le Roi de rendre à la Province le droit que les Procureurs du pays avoient touchant le passage & logement des gens de guerre ; & la répartition des contributions. Sa Majesté persuadée que le maintien de ces privilèges ne portoit aucune atteinte aux prérogatives de la Couronne, les confirma par un Edit vérifié au Parlement le 27 du mois de Mars 1649. Le même jour on enregistra les Lettres de grace, accordées à ceux qui avoient eu part au soulevement

LE PARTI OPPOSÉ AU SEMESTRE A LE DESSUS.

An 1649.

---

(1) La suppression totale du Semestre & de la Chambre des Requêtes ne fut consommée qu'au mois de Mars 1658. On remboursa aux Particuliers les dépenses qu'ils avoient faites pour l'achat de leurs offices.

arrivé à Aix le 19 & le 20 du mois de Janvier. Il ne parut donc pas qu'il dût rester aucun sujet d'allarme. Le Comte d'Alais sortit de son Palais, où il étoit détenu depuis plus de deux mois: les anciens Consuls qu'on avoit mis en prison, furent élargis ; les portes de la Ville, qui étoient murées pour empêcher les gens de guerre d'y entrer, furent ouvertes, & tous les habitans de la Province, qui, croyant voir la cause commune en danger, s'étoient mis sur la défensive, eurent ordre de quitter les armes: enfin pour ne laisser subsister aucun sujet de crainte, le Parlement enjoignit au Régiment de la Cornette Blanche de sortir de la Province dans trois jours, & fit défense aux Communautés de lui fournir des subsistances s'il refusoit d'obéir. Comme la place d'Intendant paroissoit être un obstacle au maintien de cette harmonie, qu'on avoit envie d'établir entre les deux partis, le Roi venoit de supprimer cette place par deux Déclarations, l'une du mois d'Octobre 1648, & l'autre du deux Avril 1649. En conséquence le Parlement défendit à de Seve, Intendant de Provence, d'exercer les fonctions de sa Charge, & aux habitans de le reconnoître sous peine de mille livres d'amende.

Il étoit aisé de détruire en apparence les sujets de division; mais il n'étoit pas aussi facile d'effacer dans les esprits les préjugés funestes, les soupçons inquiets, les jalousies secrettes. Le Comte d'Alais sortit de la Ville le jour même, quoiqu'il tombât une pluie assez forte : un de ses domestiques lui ayant représenté que le tems étoit trop mauvais pour voyager : *il est toujours beau*, répondit-il, *quand on sort de prison* : il alla coucher à Roquevaire, où il trouva le Chevalier de Vins qui venoit de former un parti dans la ville de Marseille. Ce Chevalier étoit fort zèlé pour le Comte, & avoit d'ailleurs quelques offenses particulières à venger. Il lui persuada d'aller à Marseille où tout le peuple se mettroit sous son obéissance, & l'aideroit, avec plusieurs autres villes qui s'étoient déclarées pour lui, à reprendre en Provence cette autorité, que le Parlement lui avoit fait perdre. La réception qu'on lui fit à Marseille fut en effet des plus flatteuses : mais comme cette faveur populaire n'avoit pour mobile & pour appui que le zèle du Viguier, du premier & du dernier Consul, elle se dissipa, quand ces mêmes habitans qui lui donnoient tant de témoignages d'affection, furent qu'il vouloit aller faire à leur tête le siége d'Aix : car ses partisans, aussi ardents qu'il étoit lui-même foible & modéré, lui avoient conseillé cette entreprise dangereuse : il reprit donc son premier dessein d'aller faire la visite des côtes, & se mit en route pour Toulon.

An. 1649.

Pendant qu'il voyageoit, le peuple d'Aix se vengeoit de lui avec cette basse méchanceté, qu'on n'auroit point soufferte dans un siècle plus éclairé. On fit marcher à la procession de la Fête-Dieu, parmi les personnages qui la déshonorent, un acteur qui avoit la taille & la démarche du Comte, revêtu d'un habit semblable au sien, avec la différence qu'on lui mit une fraise & une tocque. Deux planches fort minces, qu'on faisoit lever & baisser à volonté par le moyen d'un cordon, pendoient à ses côtés, & soulevoient son habit pour lui faire montrer le derrière. Près de lui marchoit une femme ridiculement habillée, mais de manière pourtant qu'on reconnoissoit facilement la Comtesse son épouse. Le Président Gaufridi, créature du Comte & son Conseil, & quelques Officiers du Semestre, suivoient tristement dans un équipage à exciter la risée. A quelques pas de-là venoient quatre paysans, vêtus d'une robe longue mi-partie de jaune & de rouge, chantant ce qu'on appelloit la farce, c'est-à-dire l'histoire scandaleuse de ce qui s'étoit passé dans l'année. Le Comte, la Comtesse & leurs partisans fournirent ce jour-là matière à cette satyre indécente, qui prouve combien le peuple d'Aix avoit besoin de discipline pour être contenu, & de lumières pour être civilisé.

XVI.
LE COMTE D'ALAIS ET SA FEMME SONT INSULTÉS A AIX.

Le Comte d'Alais n'ignora pas que si les acteurs de cette scène scandaleuse étoient pris parmi le peuple, le mouvement leur venoit d'une sphère plus élevée, & que de-là il pouvoit se former un orage, qui viendroit fondre sur lui au moment qu'il s'y attendroit le moins. Ces craintes entretenues par ses amis & ses partisans, lui firent prendre des précautions qu'on regarda comme des préparatifs à une guerre civile. On peut même dire que les feux en étoient déja allumés dans la Province ; car les personnes des deux partis ne marchant plus qu'avec une escorte, il n'étoit pas rare de voir dans les rues & dans les chemins, des combats particuliers. Le Comte n'avoit pour lui que peu de Gentilshommes, & un petit nombre de Villes; savoir Sisteron, Tarascon, Brignole, Antibes, Toulon, la Tour d'Ambouc & la Citadelle de Saint-Tropez; Marseille flottoit entre les deux partis : les autres Villes & presque toute la Noblesse étoient pour le Parlement.

Pour donner à sa faction une supériorité qu'elle ne pouvoit point attendre de ses propres forces, le Comte fit venir du Dauphiné le Régiment de Cavalerie de Saint-André Monbrun. Le Parlement en fut d'autant plus irrité, que le Comte paroissoit avoir demandé ce renfort sans y être autorisé par les ordres de la Cour. Ainsi voulant lui-même mettre le pays en défense, il chargea par délibération du 18 Juin 1649, le Président de Galliffet, Seigneur du Tolonet, de lever dix Compagnies de Gendarmes. En peu de jours elles furent mises sur pied, & formèrent un Régiment, qu'on appella le Régiment du Tolonet. Celui de Saint-André-Monbrun entra en Provence par Sisteron, & arriva à Manosque après s'être emparé de plusieurs villages sur la route. Le bruit de son arrivée éleva le courage des Semestres. Ils prirent le dessus en différens endroits, & surtout à Montauroux dont ils chassèrent les Parlementaires, tandis que Louis de Flotte, Seigneur de Meaux, Conseiller au

Semestre, cherchoit à se rendre maître de Draguignan. Le Parlement qui vouloit conserver cette Ville dans sa dépendance, & intimider ses ennemis, y envoya Honoré de Rascas, & chargea Vaucroue, Lieutenant au Siège, d'informer contre les habitans de Montauroux & des autres Villages qui s'étoient déclarés pour le Comte d'Alais. Vaucroue fut tué en revenant de sa commission avec le sieur de Villehaute; delà s'accrut entre les deux factions cette haine qui ne tarda pas d'éclater.

Le Parlement, jaloux d'arrêter ces projets de vengeance dont la mort des deux Juges étoit une suite, envoya des Commissaires sur les lieux, pour faire une procédure criminelle, & leur donna, outre les Cavaliers de la Maréchaussée, une escorte de soixante fusiliers sous les ordres de Duranti Monplaisant, second Procureur du pays. Cette escorte grossit en chemin jusqu'au nombre d'environ trois cents hommes. C'en étoit assez pour réveiller les inquiétudes du Comte d'Alais, qui envoya ordre sur le champ au Commandant du Régiment de Monbrun, d'aller s'emparer de Brignole, & de faire les Commissaires prisonniers à leur retour, s'il étoit possible. Cette nouvelle mit en rumeur toute la ville d'Aix; on courut aux armes, & dans peu de jours il s'assembla sous les drapeaux du Comte de Carces, élu Général de cette Milice, environ 1500 hommes, tant Infanterie que Cavalerie, qui se mirent en marche pour aller au devant des Commissaires. La jonction se fit à Barjols : delà on pouvoit se rendre à Aix, sans craindre aucune insulte. Mais cette Milice présomptueuse, comptant sur le nombre & le courage dont elle se sentoit animée, crut qu'il étoit de sa gloire d'aller attaquer le Régiment de Monbrun, campé au Val, entre Barjols & Brignole. L'action commença par la Cavalerie, & ne fut pas longue. Les chevaux des Parlementaires étant presque tous chevaux de louage & de voiture, prirent l'épouvante; les Cavaliers eux-mêmes peu accoutumés

XVIII.
LES PARLEMENTAIRES SONT BATTUS AU VAL.

M. d'Ant. de Valb.

14 Juin 1649.

aux combats contribuèrent au désordre, par le trouble où les jetta le feu des ennemis, se précipitèrent les uns sur les autres, emportés par leurs chevaux, & allèrent tomber sur leur propre Infanterie, qui se rompant à l'arrivée de ces escadrons effrayés, ne connut plus ni Commandant ni drapeaux, & se débanda, sans qu'il fût possible de la rallier, avant qu'elle fût arrivée à Barjols (1).

La nouvelle de cette défaite jetta la consternation dans la ville d'Aix; & la manière dont les vaincus y arrivèrent ne servit qu'à l'augmenter. Ce n'étoient plus ces soldats hardis & présomptueux, qui fiers de leur nombre, croyoient déja maîtriser la victoire; c'étoient des gens abbatus, la plûpart sans armes, la honte sur le front & croyant déja voir l'ennemi aux portes de la Ville. Cependant ils avoient perdu tout au plus quarante hommes: mais c'étoient les plus braves, & les plus zèlés pour la cause commune. Il falloit donc ranimer la confiance du peuple & ne pas souffrir que le Comte d'Alais, vint mettre la Ville sous le joug: les principaux Chefs s'assemblèrent & délibérèrent de lever de nouvelles troupes: le Chapitre qui avoit déja fourni six mille francs, dépouilla l'autel de gros chandeliers d'argent, qu'il envoya à la monnoie: l'Univerfité prêta quatre mille livres; le Corps des Marchands dix mille; les Dames plus généreuses encore donnèrent leurs bagues & leurs joyaux; les Officiers du Parlement & les principaux Habitans, leur vaisselle: enfin cet enthousiasme, gagnant de proche en proche, réunit sous les drapeaux de cette nouvelle ligue douze compagnies de Cavalerie, six de Carabiniers, & sept régiments d'Infanterie:

---

(1) Du Chaine, Nadal-Beauvezet, Etienne Villemus, Montpezat, Gerente-Cabanes, Arbaud, de Bresc, & d'Etienne Vaillac, furent du nombre des morts. Il y eut parmi les blessés d'Ollieres, Châteauneuf, d'Etienne le jeune, d'Etienne du Bourguet, Honorat de Pourcioulx, Vitalis, Mingot, Astier le jeune, Guerre le cadet, & Rancurel.

d'Infanterie: les Commandants étoient les Présidents de Grimaldi-Regusse, & d'Oppède; d'Escalis Baron de Bras; les Conseillers de Glandevès; Castellane-la-Verdiere; Duranti Beaurecueil; le Baron de Saint-Marc; Allamanon; Clapiers-Vauvenargues; Damian-Vernegues; Rascas, Valbelle, Renaud-d'Allen, Gaillard, Tressemanes-Chasteuil, & Galliffet, Seigneur du Tolonet: ces Chefs presque tous Magistrats, étoient aussi peu faits pour commander que leurs troupes pour se battre.

ILS SE PRÉPARENT A LA GUERRE.

La Cour toute occupée des troubles de Paris, étoit forcée d'abandonner les peuples aux mouvements convulsifs de la rebellion. Les Provinces les plus sages ou les mieux gouvernées, contentes de leur sort, empêchoient, tant qu'elles pouvoient, que l'incendie ne se communiquât jusqu'à elles, lorsque le feu de la guerre civile étoit allumé chez leurs voisins. Les Etats du Languedoc, soit qu'ils craignissent que l'embrâsement vint jusqu'à eux, soit qu'ils fussent touchés d'un sentiment d'humanité, en voyant la Provence sur le point de retomber dans les mêmes horreurs, où elle avoit été plongée cinquante ans auparavant, offrirent d'être médiateurs entre le Parlement & le Comte d'Alais. Mais les esprits étoient trop aigris, pour sacrifier leur ressentiment au bien général de la Province. Le desir de la vengeance étouffa tout autre sentiment: les deux partis étoient animés d'une haine égale à celle qui avoit autrefois éclaté entre les Guelfes & les Gibelins: ainsi les Députés du Languedoc se retirèrent sans avoir rien fait pour la pacification de la Province. Les Procureurs du pays toujours plus aigris contre le Comte d'Alais, écrivirent une Lettre circulaire aux Consuls des Communautés, pour leur faire partager leur mécontentement.

An. 1649.

« Nous avons à vous dire, leur écrivoient-ils, qu'ayant
» appris que Monseigneur le Comte d'Alais vous devoit en-
» voyer des Lettres-de-cachet pour obéir à ses ordres, vous

M. d'Ant. de Valb.

» devez favoir qu'elles ont été obtenues fur des avis fuppofés,
» dont S. M. a depuis été éclaircie, & qu'elle n'entend pas
» que vous donniez vos forces & vos moyens, pour favorifer fon
» reffentiment, & la paffion de ceux qui le fuivent par intérêt.
» Nous ne croyons pas encore que S. M. abandonne cette
» Province à la fureur d'une guerre civile : elle a trop d'in-
» térêt à fa confervation, comme étant l'une des plus impor-
» tantes de fon Royaume : & puifqu'il n'eft pas toujours au
» pouvoir de ceux qui allument le feu de l'éteindre, nous
» nous promettons de la juftice du Roi, qu'il nous donnera
» la paix que nous n'avons pu obtenir de mondit Seigneur
» le Gouverneur. En tout cas nous confiant en la bonté de
» Dieu, avec la réfolution que nous avons prife de défendre
» généreufement les intérêts de la Province, n'avons-nous pas
» tous les fujets du monde d'efpérer, qu'il nous garantira de
» l'oppreffion dont on nous menace, fi nous nous aidons à la
» repouffer, & que vous concourrez, comme nous n'en dou-
» tons pas, au deffein que nous avons d'obéir aveuglément
» aux volontés du Roi, & de fervir fidèlement la Province :
» pour cet effet nous vous prions de députer quelqu'un
» en cette ville, avec qui nous puiffions conférer, & prendre
» des réfolutions avantageufes au fervice du Roi ».

Le Comte d'Alais étoit alors à Marfeille, où la plus grande partie des habitans s'étoit rangée fous fes ordres. Ils fe diftinguèrent par un ruban bleu, & le parti parlementaire par un ruban blanc. Ces couleurs étoient le fignal de la guerre ou de la paix, lorfqu'on fe rencontroit dans les rues ou fur les grands chemins. Toute la Province fut bientôt divifée en deux factions, occupées l'une & l'autre à fe procurer des armes & des places fortes.

Le Comte de Carces commandoit la faction parlementaire : mais le Parlement en étoit l'ame, & tâchoit par fes Arrêts de lui faire prendre une supériorité, qu'on ne peut se donner, dans les tems de troubles, que par le courage & l'expérience dans l'art militaire. Il avoit beau défendre aux habitans de se réunir sous les drapeaux des troupes étrangères ; au Comte d'Alais de les introduire dans le pays, & d'employer son autorité pour se procurer les secours dont il avoit besoin, soit en hommes, soit en argent ; envain il menaçoit le Comte & les Soldats qui servoient sous ses ordres, d'être traités comme perturbateurs du repos public : ces armes de la justice étoient trop foibles pour intimider des hommes aguerris & déterminés à poursuivre leurs ennemis. Tous les préparatifs annonçoient qu'on se disposoit à faire le siège de la ville d'Aix : en conséquence le Parlement enjoignit par Arrêt du 23 Juin 1649, à tous les Magistrats & autres Habitans, qui avoient abandonné leurs maisons, d'y rentrer sous peine d'amende & de confiscation de leurs biens.

ILS SE PRÉPARENT A LA GUERRE.

An. 1649.

Le Comte d'Alais n'oublioit pas d'informer la Cour de ces mouvements, & des efforts qu'il faisoit pour les appaiser : le Roi approuva sa conduite, & voulut que son approbation fût connue de toutes les villes de Provence, afin qu'elles eussent plus de respect pour la personne & les ordres de ce Gouverneur.

« Mon Cousin, lui écrivoit-il, j'ai été averti de beaucoup
» d'endroits, que depuis le traité fait par l'entremise de mon
» Cousin le Cardinal Bichi avec ceux de mon Parlement de
» Provence, auxquels j'ai fait des graces extraordinaires, il y a
» des gens mal affectionnés à mon service, & au repos de la
» Province, qui pour exciter de nouveaux troubles amassent des
» gens de guerre, marchent avec cavalerie & infanterie par
» la campagne, & travaillent à détruire l'autorité que je vous
» ai commise, en persuadant aux peuples que j'approuve leur
» conduite : & parce que j'ai jugé nécessaire de détromper mes

XX.
LA COUR APPROUVE LA CONDUITE DU GOUVERNEUR.

» bons & loyaux Sujets, je fais savoir mes intentions aux
» Villes, Communautés & Vigueries, par mes lettres expref-
» fes, que vous aurez foin de leur faire rendre, & d'en infor-
» mer pareillement les autres Communautés. Je vous écris
» celle-ci de l'avis de la Reine régente, Madame ma mere,
» pour vous dire que fi, au préjudice de mes défenfes, il fe
» trouve des gens qui affemblent des troupes dans la Province,
» fans ma commiffion & vos ordres, vous ayez à leur courre
» fus comme criminels & perturbateurs du repos public ; ne
» voulant pas qu'on reconnoiffe dans l'étendue de votre charge,
» d'autre autorité pour les armes que celle qu'elle vous donne;
» & vous fervir de toutes les voies que vous aviferez, pour
» empêcher qu'il ne fe paffe rien qui puiffe troubler la Province
» dans fon repos, & employer la force où elle fera néceffaire,
» pour réprimer la licence & châtier la rebellion, &c. Ecrit à
» Amiens le 24 Juin 1649 ».

Le Comte d'Alais, appuyé de cette lettre, envoya un trompette aux Confuls d'Aix, pour leur enjoindre de venir recevoir fes ordres, & de défarmer les habitans, fous peine d'être affiégés, traités comme rebelles, & de voir la campagne ravagée par le fer & le feu.

Le Parlement défendit de lui obéir, & agit en même-tems auprès du Roi, pour détourner les malheurs dont il étoit menacé. Le Baron de Rians, Confeiller, étoit alors en Cour : il protefta que fes Collégues & la ville d'Aix, étoient pleins de zèle pour le fervice de Sa Majefté, & fit une peinture fi touchante des maux où la Province alloit être plongée, fi l'on n'étouffoit ces divifions inteftines, que le fieur d'Etampes de Valençay, Confeiller d'Etat honoraire, fut chargé de rétablir l'union entre le Gouverneur & le Parlement, & de lever des troupes, pour forcer à l'obéiffance ceux qui refuferoient de fe conformer aux volontés du Roi ; mais comment rétablir l'union entre deux partis, dont la haine réciproque étoit aigrie par l'orgueil & l'intérêt. Le Comte d'Alais y répugnoit dans l'espérance de triompher de ses adversaires par la force : il refusa d'accorder un armistice, quoique ce fût une des conditions préliminaires de la négociation ; demanda cinquante mille écus de dédommagement à prendre sur les biens des révoltés ; un régiment de trente Compagnies pour servir sous ses ordres, & quelques autres articles qu'on refusa de lui accorder.

An. 1649.

Pendant qu'on traitoit cette grande affaire, ses troupes dispersées aux environs de la Capitale, commirent toutes les violences qu'on se permettoit alors dans le pays ennemi. Raffelis vit sa terre de Rognes entièrement dévastée : le terroir de Pellissane & celui de plusieurs villages eurent le même sort. Les habitans d'Aix honteux enfin de leur inaction, sortirent au nombre d'environ cinq mille hommes, pour arrêter ces brigandages : mais quand les troupes furent en présence, on eut lieu de s'appercevoir qu'elles étoient plutôt faites pour la maraude, que pour le combat. Les Compagnies du Comte d'Alais manquoient de munitions de guerre ; celles de la Province n'avoient aucune discipline : quand il fallut se mettre en bataille pour aller à la charge, Puget, Baron de Saint-Marc, premier Procureur du pays, & d'Escalis, Baron de Bras, se disputèrent l'honneur du premier poste : pendant cette contestation, qui dura assez long-tems, la troupe presque toute composée de bourgeois & de paysans armés à la hâte, perdit sa premiere ardeur, & ne pouvant soutenir la présence du danger reprit le chemin d'Aix. Alors on se disposa à soutenir un siège, car on ne doutoit pas que le Comte d'Alais ne parût bientôt après sous les murailles ; on fit donc à la hâte quelques fortifications ; mais on s'apperçut qu'on n'avoit point de canons ; un Menuisier qui étoit en même-tems Architecte & Sculpteur, offrit d'en faire de bois, qu'il prétendoit mettre en état de résister à

XXII.
LES TROUPES SE METTENT EN CAMPAGNE.

l'effort de la poudre en les cerclant de fer. Sa proposition fut acceptée, mais à la premiere épreuve ils cassèrent ; & tous ces Chefs de la Milice, qui avoient eu besoin de cette expérience pour juger de la force des canons de bois, sentirent qu'eux & leurs soldats n'étoient point faits pour la guerre ; qu'ils avoient plus de présomption que de science militaire, & plus de haine que de valeur : le Comte de son côté, guidé par la vengeance, & devenu l'instrument de tous ceux qui croyoient avoir reçu quelqu'offense, ne mit dans sa conduite ni la prudence ni la réflexion d'un chef. De part & d'autre l'on fit dans cette guerre des fautes qui la rendroient ridicule, sans les maux infinis qu'elle causa ; mais ces maux & ces fautes devroient au moins dégoûter des guerres civiles, dans lesquelles les deux partis se ruinent & se deshonorent. Les troupes du Comte portèrent le ravage à son comble dans le village de Meyrargues ; le château se rendit à discrétion après un siége de quelques jours : le village de Saint-Paul sur la Durance où Menc & Barras commandoient, eut le même sort : il fut livré au pillage & ensuite brûlé le 20 du mois d'Août 1649. De-là les troupes alloient se replier sur la ville d'Aix, lorsque Saint-Aignan, Maréchal de bataille, apporta les articles de paix, auxquels Sa Majesté vouloit que les deux partis se conformassent sous peine de désobéissance.

« Il étoit dit premièrement que le Parlement, la ville d'Aix
» & leurs partisans désarmeroient sitôt qu'ils auroient reçu le
» présent ordre ; qu'ils licencieroient les troupes, & rétabliroient
» les Gouverneurs dans les Places où ils commandoient auparavant.
» ravant.

» 2°. Que le Comte d'Alais congédieroit ses troupes trois
» jours après, même celles qu'il avoit levées en vertu des
» commissions du Roi.

» 3°. Qu'après le licenciement fait de part & d'autre, le Par-

» lement, la Cour des Comptes, & les autres Compagnies af-
» fureroient le Comte d'Alais, par une députation la plus hono-
» rable que faire se pourroit, de leur affection & services, &
» le prieroient de vouloir oublier tout ce qui s'étoit passé.

ON FAIT UN ACCOMMODEMENT.

» 4°. Que ceux de la ville enverroient aussi des Députés
» vers ledit Comte, autres que les Procureurs du pays, pour
» l'assurer de leurs très-humbles respects & obéissances, & le
» supplier de leur pardonner les fautes qu'ils pourroient avoir
» commises, & ensuite le prieroient de vouloir retourner dans
» la ville d'Aix, avec assurance qu'il y recevroit les honneurs,
» respects & obéissances qui étoient dus à sa qualité & à sa
» charge.

An. 1649.

» 5°. Que les Arrêts & Ordonnances, faits à l'occasion de ces
» mouvements, demeureroient nuls & comme non-avenus.

» 6°. Que l'assemblée des Etats ou des Communautés se tien-
» droit en tel lieu qu'il plairoit à Sa Majesté d'ordonner, à la-
» quelle le sieur d'Etampes présideroit, &c.

» 7°. Que la levée qui se faisoit dans le pays, avant le traité
» fait avec le Cardinal Bichi, pour l'entretien du régiment de
» Provence de trente compagnies, seroit continuée, pour en
» être les deniers employés à l'entretien d'un pareil nombre de
» troupes, qui serviroient dans la Province ou ailleurs, ainsi qu'il
» plairoit à Sa Majesté d'ordonner.

» 8°. Qu'il seroit expédié des Lettres d'évocation pour ceux
» qui avoient suivi le parti du Comte d'Alais durant ces mou-
» vements, depuis le 20 Janvier dernier, tant Evêques, Gen-
» tilshommes, Officiers, Consuls des Villes, Communautés, que
» particuliers, pour le tems & en tel nombre que Sa Majesté
» jugeroit raisonnable ».

Ces évocations dans le projet de d'Etampes étoient d'abord
restraintes aux Officiers du Semestre, pour tous les procès mus
ou à mouvoir, civils & criminels, tant en demandant qu'en

défendant, pour la perfonne des évocans, pour celles de leurs femmes, enfans, freres, beau-freres, oncles, neveux, ferviteurs & domeftiques : un Hiftorien affure qu'en 1653 il y eut jufqu'à fix mille évocations au Parlement de Dijon, & quatre mille l'année fuivante. C'eft une exagération que la critique réprouve ; fi le fait étoit vrai, quelle idée nous donneroit-il des défordres où l'efprit de parti avoit entraîné les habitans ? Il s'enfuivroit delà qu'après une guerre inteftine, la haine leur auroit fait confumer en procès les biens qu'ils avoient fauvé de l'incendie ; & que toujours animés les uns contre les autres, ils cherchoient à faire tomber fous le glaive de la Juftice, ceux qui avoient échappé à l'épée du foldat. Le Roi fentant le tort irréparable que ces évocations feroient à beaucoup de familles, ne tarda pas de les révoquer.

« 9°. Dans le neuvième article de l'accommodement, il étoit
» dit que, conformément au traité fait avec le Cardinal Bichi,
» on procéderoit à l'avenir à l'élection des Confuls, Confeil, &
» Officiers des Maifons de Ville, en la forme prefcrite par les
» Ordonnances : que ceux qui étoient en charge avant ledit
» traité, exerceroient leurs fonctions pendant le tems qui ref-
» toit à expirer ; que fi aucuns avoient été dépouillés, ils fe-
» roient rétablis, nonobftant tous Arrêts & Jugements à ce
» contraires.

» 10°. Qu'on donneroit aux Confuls d'Aix, qui étoient alors
» en charge, des fucceffeurs pour le refte de l'année.

» 11°. Que les troupes qui feroient dorénavant envoyées,
» ou qui pafferoient par la Provence, feroient logées par ordre
» du Gouverneur, ainfi que l'on avoit accoutumé avant le
» traité fait par le Cardinal Bichi ». Cette déclaration eft datée de Compiègne du 10 Août 1649.

Le Parlement & le Comte d'Alais, en la faifant publier, défendirent expreffément aux habitants tout acte d'hoftilité qui pourroit entretenir parmi eux la haine & l'esprit de parti. L'article III de la Déclaration, par lequel les Cours Souveraines étoient obligées de faire les premières démarches de politesse auprès du Comte d'Alais, & l'article IV, qui enjoignoit aux habitants d'Aix de lui demander pardon de leurs fautes, paroissoient devoir éprouver quelqu'opposition. Cependant les Cours Souveraines & la Ville mirent, dans l'exécution de ces deux articles, un zèle & une noblesse, qui prouvent qu'ils savoient sacrifier leurs ressentimens à l'intérêt public. Les troupes étrangères sortirent de la Province; mais ce ne fut pas sans y faire beaucoup de ravages : le Comte d'Alais & le Parlement ordonnèrent aux habitants de traiter en criminels tous les soldats qu'ils prendroient en flagrant délit.

Ainsi finirent les troubles que l'établissement du Semestre occasionna : tous les ordres de la Province s'en ressentirent ; les Communautés furent foulées par les contributions ou les brigandages ; le Parlement & les autres Cours Souveraines virent leur autorité s'affoiblir dans l'opinion du peuple : delà naquirent tous les désordres que la licence & l'avidité peuvent commettre, lorsqu'on est assuré de l'impunité : dans l'un & l'autre parti, il y eut des gens qui, à la faveur de l'anarchie, donnèrent un libre essor à leurs passions, & sur-tout à leur vengeance. Le Comte d'Alais lui-même, quoiqu'il parut avoir triomphé dans cette affaire, laissa dans l'esprit du Ministre des impressions fâcheuses, qui lui firent ensuite perdre son Gouvernement, & l'on peut dire que les chagrins dont il fut affecté, durant & après cette affaire, abrégèrent ses jours. Il auroit pu se consoler de ses disgraces par les témoignages flatteurs que les Etats rendirent au mois de Novembre 1649, de son désintéressement, de sa sagesse & de sa modération, si ces mêmes Etats, un an après, ne l'avoient représenté comme un fléau dont il falloit délivrer le pays.

XXIV.
FIN DES TROUBLES DU SEMESTRE.

Délib. des Etats.

Pendant que toute l'attention des Chefs de la Province se portoit sur les divisions dont elle étoit déchirée, la peste se glissa dans la ville de Marseille, où elle fit des ravages durant six mois, c'est-à-dire, depuis le mois de Juillet 1649, jusqu'en 1650 qu'elle cessa : des filles de mauvaise vie la portèrent à Aix, d'où les Cours Souveraines sortirent, afin d'aller exercer leurs fonctions dans des lieux, où la vie des plaideurs ne seroit point en danger. Le Parlement se retira à Sallon ; la Cour des Comptes & les Procureurs du pays à Pertuis ; les Trésoriers généraux de France à Saint Maximin, & les Officiers du Siége à Pélissane.

Depuis quelques années l'élection des Consuls & des autres Officiers municipaux à Marseille, ne se faisoit plus suivant l'ancien usage, par le suffrage libre des citoyens : le Comte d'Alais, à ce qu'on prétend, avoit acquis une telle influence dans le Conseil de Ville, en le composant de ses créatures, qu'il disposoit à son gré des élections. La contagion fut cause qu'on n'élut point de nouveaux Consuls au mois de Janvier 1650, & l'on étoit au 14 du mois de Mars qu'on ne s'en étoit point encore occupé. Le Comte, persuadé que pour se maintenir en Provence, il seroit important pour lui de tenir cette ville dans sa dépendance, y envoya son gendre le Duc de Joyeuse : ce jeune Seigneur étoit très-propre à remplir les vues du Comte, à cause du crédit que lui donnoient le respect & la reconnoissance que les Marseillois conservoient pour la mémoire de son pere le Duc de Guise : il fut en effet reçu avec tous les égards dûs à son rang & à sa naissance. Mais comme sa présence gênoit les partisans du Parlement & la liberté des suffrages dans le Conseil de Ville, on résolut de l'éloigner, & voici de quelle manière on s'y prit. On fit d'abord courir le bruit que la peste recommençoit avec plus de fureur qu'auparavant ; ensuite quand on vit que ces bruits ne faisoient aucune impression sur le jeune Duc, on fit passer devant la porte de sa maison tous les corps morts, soit qu'ils eussent été atteints ou non de la contagion, & les malades qu'on portoit à l'hôpital : ce transport se faisoit avec toutes les précautions qu'on observe en tems de peste, afin d'imprimer plus de frayeur. Le Duc de Joyeuse en effet ne put se défendre d'une certaine crainte, & son imagination lui grossissant le danger, à mesure que le spectacle des morts & des malades se renouvelloit davant sa porte, il prit la fuite, & revint à Aix joindre son beau-pere.

An. 1650.

Le parti contraire devenu maître, pour ainsi dire, du champ de bataille, fit alors tout ce qu'il voulut. Il prit les armes le 14 Mars, se saisit de la porte royale & du Capitaine qui la commandoit, s'empara des corps-de-garde, des forts, des lieux les plus avantageux, investit l'Hôtel-de-ville, & fit nommer les Consuls, les nouveaux Conseillers, & les Capitaines de quartier, dans une assemblée nombreuse des Notables, présidée par l'Evêque. Nicolas de Félix, Seigneur de la Renarde, fut nommé premier Consul. Les nouveaux Magistrats écrivirent au Gouverneur pour lui faire agréer leur élection, en lui représentant qu'ils n'avoient accepté le Consulat, que dans la vue d'empêcher les désordres dont la ville étoit menacée : ils députèrent en Cour Montolieu, pour se faire confirmer dans leur charge, & envoyèrent à Aix Antoine de Félix, & J. B. de Félix la Renarde, Chevalier de Malte, afin de se mettre sous la protection du Parlement, & de former une espece d'union avec la ville d'Aix. Le Parlement & les Procureurs du pays accueillirent favorablement la demande des Marseillois; mais le Gouverneur irrité s'avança vers la Ville à la tête de six cent hommes, pour punir les habitants. Il trouva leurs Députés sur sa route, savoir, Cabre & deux autres Gentilshommes qui venoient l'assurer de la fidélité de leurs Concitoyens, & le supplier de ne rien entreprendre avant que l'émeute fût appaisée, & sur-tout avant le retour des Courriers qu'on avoit dépêchés en Cour. Ces repré-

XXVI.
Ils élisent leurs Consuls contre son gré.

fentations furent inutiles ; il voulut tirer vengeance de l'infulte faite à l'autorité ; mais il trouva les habitants fi bien difpofés à le recevoir, qu'il fe retira fans avoir fait aucune tentative.

Pour expliquer la caufe de ces mouvements, il faut favoir que les amis du Comte d'Alais, & le Comte lui-même, n'étant point en crédit auprès du Cardinal Mazarin, craignoient fon reffentiment, & croyoient prévenir leur difgrace en fe faifant un parti confidérable dans les principales villes de Provence. On les accufoit même de vouloir fe rendre maîtres de Marfeille, pour la livrer aux Princes, dont les brouilleries avec la Cour partageoient le royaume. Il eft certain que cette ville leur convenoit d'autant plus, que fi les Princes s'allioient avec les Efpagnols, comme on devoit le fuppofer, elle deviendroit par fa pofition le centre commun de leurs opérations. Ainfi avoir eu, comme le Comte, le deffein de s'en emparer, c'étoit dans ces circonftances fe rendre fufpect de quelque confpiration contre l'Etat.

C'eft d'après cette idée que les Marfeillois réfiftèrent fi vivement au Comte d'Alais : peut-être étoient-ils pouffés auffi par cet efprit d'indépendance que la domination Françaife n'avoit point encore éteint. Quoi qu'il en foit, leur reffentiment devint très-vif, & ils formèrent une efpèce de confédération dont Valbelle étoit l'ame, fous la protection du Parlement. Comme ils devoient commencer par fe juftifier du foupçon de révolte, que leur réfiftance ne manqueroit pas de faire naître, ils envoyèrent au Miniftre les clefs de la ville, par Antoine de Félix. Ce Député ayant eu une audience de Sa Majefté le 23 Août 1650, fit entendre que l'intention du Comte étoit de fe maintenir dans fon Gouvernement, malgré l'autorité royale, & de livrer la ville aux Efpagnols, avec lefquels il entretenoit des intelligences fecrètes. Le Parlement, dans fes remontrances, juftifioit leur réfiftance & appuyoit leurs accufations. La fituation critique des affaires ne permettoit pas au Roi de faire éclater fa puiffance : il diffimula, & écrivit

---

LIVRE XIV.
An. 1650.

Manufcr. de Haitz & Reg. du Parl.

XXVII.
ILS ENVOIENT EN COUR UNE DÉPUTATION CONTRE LUI.

au Comte d'Alais & au Parlement pour rétablir entr'eux la paix & l'harmonie : fes lettres & celles de fon Miniftre furent inutiles; alors voyant qu'il feroit peut-être dangereux de laiffer plus long-tems le Comte dans un Gouvernement où il n'étoit pas générale-ment aimé, il le fit venir à Paris au mois de Septembre 1650, avec le Comte de Carces, chef du parti oppofé, fans lui ôter fa place. Ses amis, qui craignoient après fon départ la vengeance de fes adverfaires, firent des efforts inutiles pour le retenir. Il obéit, & le commandement de la Province fut donné deux mois après au Marquis d'Aiguebonne, de la maifon d'Urre, en atten-dant qu'il y eût un Gouverneur.

An. 1650.

XXVIII.
IL EST RAPPELLÉ.

A Marfeille, les partifants du Duc, à la tête defquels étoit J. B. de Covet, Marquis de Marignane, tentèrent de fe rendre maîtres de la ville, quoiqu'ils n'y fuffent pas les plus forts. Leur intention étoit de la mettre enfuite fous l'obéiffance du Roi, à condition qu'il rendroit le Gouvernement au Comte d'Alais. Mais Valbelle, fecouru par les habitants d'Aix & par les Pro-cureurs du pays, fit échouer les projets du Marquis de Ma-rignane, & cette tentative ne fervit qu'à entretenir des femences de divifion.

Manufcr. de Haitz.

En effet, la haine & la jaloufie continuèrent d'agir avec cette vivacité qu'elles ont dans des tempéraments ardents. Le Parle-ment & les Parlementaires, les Procureurs du pays, les villes d'Aix & de Marfeille, croyant que fi le Roi nommoit un autre Gouverneur, la difcorde n'auroit bientôt plus d'aliment, fup-plièrent Sa Majefté de donner un fucceffeur au Duc d'Angou-lême : c'étoit le nom que prenoit le Comte d'Alais depuis la mort de fon pere. Le Cardinal Mazarin qui n'aimoit pas le Duc, & qui avoit préparé de loin fa perte en l'abandonnant à fa foi-bleffe & aux confeils de fes amis, appuyoit fous main cette demande, fans avoir l'air de l'approuver ouvertement, & tenoit par cette politique les efprits dans l'attente ou dans la crainte,

XXIX.
ON DEMANDE UN AUTRE GOUVER-NEUR.

suivant les intérêts dont ils étoient animés : il arriva delà que les deux factions continuèrent de se livrer à toute la vivacité de leur penchant.

Tel étoit l'état des affaires, quand on apprit la fuite du Cardinal Mazarin hors du Royaume. Quelque tems après on reçut l'Arrêt du 9 Février 1651, par lequel le Parlement de Paris, dans une assemblée des Pairs, ôtoit à ce Ministre & à ses parents tout espoir de rentrer en France. Le Parlement d'Aix, à qui celui de Paris avoit écrit, en donna un semblable le 23 du même mois. Cette démarche paroîtra d'autant plus surprenante, que le Parlement avoit toujours été soutenu par le Cardinal dans les démêlés qu'il avoit eus avec le Duc d'Angoulême; & l'on peut dire que c'est aux soins de ce Ministre qu'on devoit le rappel du Gouverneur. Un Auteur, qui recueilloit avec soin les événemens qui se passoient alors en Provence, nous donne la raison de cette conduite; suivant lui le premier Président de Mesgrigny, fatigué des inquiétudes que lui avoient causées les derniers troubles, pensoit sérieusement à quitter sa place. Sa retraite laissoit une carriere ouverte aux vues des Présidents d'Oppède & de Grimaldi-Regusse, qui aspiroient à le remplacer. Le bruit couroit que la Reine-Mere avoit promis le Gouvernement de Provence au Prince de Conti, sorti depuis peu de sa prison du Havre, avec les autres Princes. Le Président de Galliffet & le Baron de Puget Saint-Marc, députés en Cour, accréditoient ces bruits par leurs lettres; ils écrivirent au Président d'Oppède que personne n'étoit plus propre à le porter à la première Présidence que le Prince de Conti, & qu'il feroit fort bien de s'attacher à lui, s'il vouloit écarter son concurrent. Ses instances furent si vives, ses raisons si pressantes, que d'Oppède, qui avoit beaucoup de crédit dans sa compagnie, fit donner contre Mazarin l'Arrêt dont nous avons parlé. D'ailleurs les Magistrats étoient bien aises de faire une chose agréable aux Princes, dont ils vouloient gagner la bienveillance.

LIVRE XIV.

XXX.
ARRÊT CONTRE LE CARDINAL MAZARIN.

An 1651.

De Haitz.

Cependant comme la Cour pouvoit défapprouver cette démarche, qui fembloit annoncer dans la Magiftrature une ligue contre le premier Miniftre, le Parlement tâcha de juftifier fes intentions dans la lettre qu'il écrivit le jour même au Duc d'Orléans. « Le Parlement de Paris, lui difoit-il, nous a envoyé » l'Arrêt du 9 Février, auquel Votre Alteffe Royale étoit pré- » fente : nous avons fait la même délibération avec d'autant plus » de facilité, que nous avons eftimé qu'en préfence de Votre » Alteffe Royale, avec le concours d'une fi augufte Compagnie, » on n'avoit rien délibéré qui ne fût avantageux au bien de l'Etat, » au fervice du Roi & au foulagement de fes fujets. C'eft fur cette » vérité, Monfeigneur, que nous appuyons cette délibération, » & que nous vous fupplions très-humblement de nous accorder » votre protection ».

ARRÊT CONTRE LE CARDINAL MAZARIN.

Reg. du Parl.

Cette révolution fembloit devoir mettre le parti des Princes à la tête des affaires, & tous les Corps recherchèrent leur protection : le Parlement d'Aix ne fut pas des derniers à féliciter le Prince de Condé fur fon retour à Paris, *étant*, eft-il dit dans la lettre, *une des Compagnies du Royaume qui avoit le plus de refpect pour Son Alteffe, & le plus d'eftime pour cette haute réputation que fes actions glorieufes lui avoient acquife.*

An. 1651.

Le Duc d'Angoulême avoit obtenu, avant fon départ de Provence, un Arrêt du Confeil du Roi, qui accordoit à fes partifans quatre mois de furféance, pour tous les procès civils & criminels. Le parti contraire, à la tête duquel étoit le Parlement, fe plaignit que cette faveur les rendoit plus entreprenants : en conféquence, il abattoit leur fierté dans toutes les occafions, & ne ceffoit d'écrire en Cour qu'il feroit infiniment dangereux de renvoyer en Provence le Duc d'Angoulême ou le Duc de Joyeufe : il demandoit même le retour du Comte de Carces, l'idole de la faction Parlementaire, par le zèle qu'il lui témoignoit. Les partifans du Duc, humiliés d'être, pour ainfi dire, fous le joug,

XXXI.
SUITE DES MÉCONTENTEMENS AU SUJET DU GOUVERNEUR.

Reg. du Parl.

firent un dernier effort, & l'on vit des Evêques, des Ecclésiastiques, des Gentilshommes & des Communautés, se réunir pour faire au Roi & à la Reine, contre le Parlement, de très-humbles remontrances, que le Marquis de Trans & le Comte du Luc signèrent au nom de la Noblesse. Le Duc d'Angoulême, toujours zélé pour les intérêts de ses partisans, employa en cette occasion tout ce qu'il avoit de crédit en Cour, & obtint à la fin du mois d'Août 1651, ce qu'on lui avoit promis, sçavoir, une évocation générale au Parlement de Dijon, pour tous ceux qui avoient servi le Roi sous les étendarts du Gouverneur. Sa Majesté cassa en même tems les Arrêts qui avoient été donnés par le Parlement de Provence contre les évocans, depuis la journée mémorable de Saint Sébastien 1649. Cette nouvelle consterna les ennemis du Gouverneur : ils s'assemblèrent pour représenter à Sa Majesté, qu'ayant été l'auteur, depuis plusieurs années, de tous les malheurs de la Province, & que l'espoir de son retour y faisant perpétuer les mêmes troubles, on la supplioit de lui nommer un successeur, & de révoquer l'Arrêt du Conseil qu'on venoit de donner en faveur de ses partisans. Le mécontentement étoit vif, mais il n'éclata qu'au moment où l'on sut que les Princes avoient quitté Paris, sur la nouvelle que le Cardinal Mazarin alloit rentrer au Conseil.

XXXII.
FACTIONS DES SABREURS ET DES CANIVETS.

Le 3 Octobr.

Hist. Manuscr. du Sabre.
De Haitze & Fith.

Le Baron de Saint-Marc, premier Procureur du pays, & l'un des plus grands antagonistes du Cardinal, mécontent de la Cour, parce qu'elle favorisoit ce Ministre, crut que l'occasion étoit favorable pour forcer le Roi à le tenir éloigné. Dans cette vue il forma, dans la ville d'Aix, un parti pour les Princes : il y eut assez d'habitans qui partageants son mécontentement se livrèrent à son impulsion. On les appella *Sabreurs*, parce que Saint-Marc leur chef portoit au lieu d'épée une espèce de sabre, & qu'il disoit, quand quelqu'un lui résistoit, *je le sabrerai* & *le mettrai à la raison*. Presque tous les autres habitans se déclarèrent pour le Roi, & on les appella *Canivets*, comme pour leur reprocher

reprocher de n'être que des gens de robbe ou des *tailles-plumes*. On leur donna aussi le nom de *Mazarinistes*, nom odieux qui tendoit à leur ôter le mérite de leur zèle, en faisant entendre qu'ils n'étoient que les créatures du Cardinal. Le même délire gagna Marseille, & plusieurs autres Villes; mais le foyer principal de la sédition étoit à Aix, dont les *Sabreurs* vouloient faire le centre de tous les mouvements de la Province.

Un jour que la plupart d'entreux, presque tous jeunes gens, s'étoient assemblés chez le Président la Roque, pour une querelle particulière, ils allèrent en sortant de sa maison à la Place des Dominicains, où ils tirèrent en l'air quelques coups de pistolet, qui firent fuir le monde. Le Prieur de Cormis, *Canivet* plein d'ardeur, tint ferme, & eut en tête le Baron de Saint Marc, *Sabreur* non moins zélé pour son parti : ils se menacèrent pendant quelque tems le pistolet à la main, sans qu'aucun des deux osât tirer. Les Sabreurs s'en allèrent ensuite au Palais en criant, *vive le Roi & M. le Prince*: de-là ils se replièrent vers l'Hôtel de Ville, dont ils s'emparèrent : mais le Parlement presque tout Royaliste, s'assembla à la première nouvelle de l'émeute, & s'avança en corps jusqu'à l'Eglise de Sainte Claire : là le Conseiller de Tressemanes-Chasteuil, quittant sa robbe, prit l'épée & le chapeau de son laquais, & s'en alla avec le Conseiller de Saint Marc, dans les différens quartiers de la Ville, pour soulever le peuple. Quelques Bourgeois le suivirent : mais les Artisans refusèrent de marcher, parce qu'il n'avoit pas la robbe rouge. Il la reprit, & voilà que les Artisans & les Bourgeois s'assemblèrent en foule autour de lui, & le suivirent jusqu'à la Place des Dominicains, où il s'arrêta. Un instant après on vit arriver la dame de Venel que le peuple aimoit beaucoup, à cause des secours qu'il en avoit reçus durant la peste. Elle tenoit un pistolet d'une main, & l'épée de l'autre, & crioit *vivo lou Rèi, & fouero lou Sabre* ; vive le Roi, & hors d'ici les

An. 1651.

XXXIII. ELLES EN VIENNENT AUX MAINS.

Tome *IV*.   Y y y.

Sabreurs. Ce fut-là, pour ainsi dire, le cri de la liberté ; de tous côtés on répète ces mots, & l'on s'anime les uns les autres: le Président de Régusse, les Conseillers de Guérin & d'Antelmi se rendent maîtres de l'Hôtel-de-Ville ; d'autres Conseillers s'emparent des postes les plus importans ; & les Sabreurs repoussés de tous côtés sont enfin obligés de sortir, & de se retirer à Marseille, où ils font les derniers efforts pour relever leur parti : mais Charles de Mazenod, Consul, rendit leurs tentatives inutiles. Ceux de leurs partisans qu'ils avoient laissés à Aix, les suivirent bientôt après, quand le Parlement fit des informations contre les coupables. Cette procédure demeura sans effet, parce qu'elle auroit attisé un feu qui étoit près de s'éteindre : on crut qu'il valoit mieux mettre les Sabreurs hors d'état de nuire, que de les persécuter. Le Président de Galliffet, l'ami du Baron de Saint Marc, fut révoqué de sa députation, & l'on envoya à sa place le Conseiller de Villeneuve, à qui la Reine dit : la *Ville d'Aix & la Provence ont affermi la Couronne sur la tête de mon fils* : en effet si cette province s'étoit déclarée pour les Princes, il étoit à craindre que les Savoyards & les Espagnols n'y eussent envoyé des troupes.

Le Président de Galliffet (1) en arrivant en Provence, n'oublia rien pour ranimer le parti des *Sabreurs*. Ayant mis les Princes dans les intérêts du Parlement & de la Province, il vouloit soutenir, autant qu'il étoit en son pouvoir, un ouvrage qui lui avoit coûté tant de peines & de soins. Il rapprocha donc les *Sabreurs* des *Semestres* avec lesquels il croyoit enfin qu'ils pourroient reprendre le dessus. Du Mesnil, Capitaine des Gardes du Prince de Conti, vint même en Provence pour réchauffer l'esprit de faction par des promesses flatteuses : il put bien ga-

---

(1) Il étoit fils d'Alexandre, Président aux Enquêtes, dont nous avons parlé ailleurs, & nommé Conseiller d'Etat en 1648.

gner quelques particuliers, que l'appas des récompenses fit écarter de leur devoir : mais leur zèle expira bientôt après, à cause des obstacles qu'ils rencontrèrent, & il ne fallut rien moins que l'arrivée du Comte de Carces, revenu dans son pays à la fin d'Octobre, sans la permission de la Cour, pour remettre quelque chaleur dans les esprits.

Ce Gentilhomme étoit d'un caractère assez pacifique ; mais fort sensible, & se laissant facilement dominer. Ses partisans, qui étoient en grand-nombre, & qui se réunissoient pour ainsi dire sous ses enseignes, moins par attachement pour lui, que dans l'espérance de le faire servir à leurs desseins, formèrent une espèce de confédération qui fit ombrage au Marquis d'Aiguebonne. Celui-ci se tenoit à la Tour-d'Aigues : ayant appris que le Comte de Carces faisoit les fonctions de Lieutenant de Roi, quoique sa commission fut suspendue depuis qu'il avoit été appellé en Cour, il résolut d'y aller exercer les fonctions de sa Charge. Le Parlement le sut, & craignit que dans l'état des choses cette arrivée précipitée n'excitât quelque sédition ; car il ne se dissimuloit pas, qu'il y avoit encore dans les esprits, des nuages qui se rassembleroient au moindre souffle de la discorde, pour former une nouvelle tempête ; il envoya donc le 6 Novembre une députation au Marquis d'Aiguebonne, pour le supplier de retarder son départ, afin qu'on eût le tems d'y préparer le peuple. Cette députation étoit composée du Président de Régusse, des Conseillers de Gautier, de Malijai, d'Anthelmi ; de l'Avocat-Général de Fauris, & du Procureur-Général de Gantès, qui dans plusieurs autres circonstances délicates avoit été député de son corps ; le Président du Chaine, & le Conseiller de Valbelle-Saint-Symphorien furent chargés de voir le Comte de Carces, pour le prier de contenir ses amis. Le Marquis d'Aiguebonne, malgré les instances réitérées des Magistrats, arriva le huit au soir, &

XXXIV.
ELLES S'IRRITENT PAR LA RIVALITÉ DES COMMANDANS DE LA PROVINCE.

An. 1651.

LIVRE XIV.

XXXV.
ON FERME LES PORTES D'AIX AU MARQUIS D'AIGUEBONNE.

trouva hors des portes les mêmes Députés, qui le fupplièrent encore de ne point entrer dans la Ville, jufqu'à ce que les amis du Comte de Carces euffent pris des fentimens plus modérés & plus conformes aux devoirs de Citoyens.

Le Marquis fut furpris avec raifon, & piqué de ces repréfentations ; il ne pouvoit fe perfuader qu'étant envoyé par le Roi pour commander en l'abfence du Gouverneur, il eût befoin, pour entrer dans la Capitale de la Province, de négotier avec un Gentilhomme, qui dans ce tems-là n'avoit aucun pouvoir, & qui étoit même dans la difgrace de la Cour. Cependant il voulut bien attendre qu'on eût vu le Comte de Carces. Celui-ci en arrivant en Provence, fans avoir pris congé du Roi, avoit donné avis de fon retour au Marquis d'Aiguebonne, qui ne lui avoit point fait de réponfe. Il s'en plaignit en cette occafion, & il ajouta que le Marquis, venant actuellement à Aix, fans y avoir aucune affaire preffante, c'étoit fans doute pour l'en chaffer. Le réfultat de cette négociation fut que d'Aiguebonne entreroit dans la Ville, fans aucune oppofition, & qu'après être defcendu chez lui, il iroit, fans efcorte, faire une vifite au Comte, auquel il feroit la politeffe de céder le mot du guet pour la garde. Le Parlement étoit alors affemblé, quoiqu'il fût dix heures du foir. Les Députés rendirent compte de leur commiffion, & allèrent enfuite chez le Marquis d'Aiguebonne, qui étoit defcendu à l'auberge, au Fauxbourg des Cordeliers, ne voulant pas faire fon entrée ce foir-là. Quant à la conduite qu'il devoit tenir envers le Comte de Carces, il promit de faire une vifite, & rien de plus.

Le lendemain, à la pointe du jour, il envoya Valavoire au Préfident de Réguffe pour lui dire qu'il alloit entrer dans la Ville. Le Préfident furpris de cette précipitation, alla fur le champ avec les autres Députés en avertir le Comte de Carces, dont les difpofitions n'avoient point changé : le Comte dit que si on ne tenoit pas tout ce qu'on lui avoit promis, il ne répondoit pas de ses amis. De-là les Députés se rendirent chez le Marquis ; ils le trouvèrent environné de ses gardes, tous à cheval & prêts à partir ; ils lui demandèrent qu'elles étoient ses dernières résolutions ; *de faire*, répondit-il, *tout ce qu'exige l'honneur de ma Charge, & mon zèle pour le service du Roi :* ils lui rappellèrent ce qu'il avoit dit la veille ; mais il prétendit qu'il ne se croyoit pas lié par des promesses vagues qui échappent dans la conversation. Alors ils le prièrent d'attendre l'avis du Parlement : il rejetta cette proposition comme une preuve de foiblesse injurieuse à son caractère, & se mit en marche, voyant les portes de la Ville ouvertes devant lui : ses gardes faisoient tous leurs efforts pour écarter le peuple qui étoit accouru en foule ; & voilà qu'on entend une voix qui crie : *arrête, arrête* ; dans l'instant un des gardes est étendu par terre d'un coup de fusil : la porte de la Ville se ferme : le désordre se met parmi les gardes & parmi les personnes que la curiosité avoit attirées. Le Marquis étonné, & craignant que ses ennemis ne sortent de la Ville pour l'accabler, monte à cheval, & va coucher le soir même à Roquevaire.

Cette affaire, qui, quarante ans plus tard, auroit coûté la vie à quelques personnes, & la liberté à plusieurs autres, n'eut aucune suite fâcheuse. Le Marquis d'Aiguebonne fut rappellé ; trois Présidents & quatre Gentilshommes eurent ordre de s'éloigner des Villes d'Aix, de Marseille & d'Arles, où l'on voyoit encore quelques dispositions à remuer. Les *Sabreurs* & les *Semestres*, dans la persuasion où ils étoient que le Duc d'Angoulême rentreroit dans son Gouvernement, essayèrent de former encore un parti, à la tête duquel ils s'approchèrent de la Ville d'Aix pour la surprendre. Ils comptoient s'y introduire, par un aqueduc, qui conduisoit à la maison du Président d'Oppède & qu'un Maçon leur avoit promis d'ouvrir. Cette entre-

ON FERME LES PORTES D'AIX AU MARQUIS D'AIGUEBONNE.

An. 1651.

XXXVI.
IL EST RAPPELLÉ

An. 1652.

prise ayant manqué, les Procureurs du pays n'en sentirent que mieux la nécessité de tenir une Assemblée-générale, dans laquelle on prit des mesures pour rétablir enfin la tranquillité. On y arrêta de très-humbles remontrances au Roi, pour le supplier de nommer incessamment un Gouverneur, qui pût contenir les séditieux, par la fermeté de son caractère; & en imposer par son mérite & sa naissance. Le Parlement & la Cour des Comptes, également zélés pour le maintien du bon ordre, joignirent leurs vœux à ceux de la Province, afin de procurer une paix, que les maux passés rendoient nécessaire.

La Cour qui sentoit depuis long-tems le besoin qu'elle avoit d'arrêter la source de ces désordres, retint à Paris le Duc d'Angoulême, sans le dépouiller encore du Gouvernement; elle exila le Comte de Carces à Avignon, & envoya en Provence avec la commission de Gouverneur, Louis de Vendôme Duc de Mercœur. Il avoit épousé Mademoiselle Mancini, Niece du Cardinal Mazarin. Cette alliance fit croire qu'il avoit reçu le Gouvernement, à condition qu'il entreroit dans les vues du premier Ministre; c'en fut assez pour animer contre lui les ennemis du Cardinal & les partisans du Duc d'Angoulême: aussi ne reçut-il de la part du peuple, que de foibles marques de contentement, quand il arriva à Aix le 8 de Mai 1652, quoiqu'il menât avec lui le Comte de Carces, qu'il avoit pris en passant à Avignon. Les Villes de Toulon, de Tarascon, d'Antibes, & de Saint Maximin; les Forts de Sisteron, & de Saint Tropez & la Tour de Bouc, beaucoup de Gentilshommes, & un assez grand nombre de particuliers tenoient encore pour le Duc d'Angoulême; les uns par attachement pour lui, les autres par politique, croyant qu'il reviendroit dans son Gouvernement.

Le Duc de Mercœur résolu de les réduire par la force; afin qu'on ne reconnût plus dans le pays, qu'une même & seule autorité, attaqua le Fort de Sisteron, qui n'opposa presque pas de résistance; la Ville de Tarascon ouvrit ses portes au Comte de Carces le 9 de Juin 1652. La garnison du Château capitula le 24, après 14 jours de siége, quand elle n'eut plus de balles: elle se rendit à condition qu'on la conduiroit à Toulon. Enfin Jean-Baptiste de Covet, Marquis de Marignane, qui avoit succédé à son pere dans le Gouvernement de la Tour de Bouc, fit son traité particulier le 6 Octobre 1652.

An. 1652.

Les mécontens s'étoient retirés à Toulon, où ils avoient rassemblé leurs forces: il y avoit parmi eux presque tous les Officiers du Parlement, que l'esprit de faction avoit entraînés dans le parti des Sabreurs, & les Officiers du Régiment d'Angoulême, les mêmes qui avoient servi dans le Régiment de Provence, & qui avoient été cassés après la journée de Saint Sébastien. Tous ces mécontens n'étant point d'un même corps, avoient des intérêts différents; ainsi que les habitans de Toulon qui ne trouvoient pas leur avantage à soutenir un siége. Le Duc de Mercœur résolut de profiter de cette opposition d'intérêts pour faire un accommodement; car il ne vouloit pas assiéger une ville, où il devoit craindre une longue & vigoureuse résistance; ses émissaires furent chargés de traiter séparément avec les différens Corps, & de dire au Président d'Oppède qu'il avoit une lettre de cachet pour le rétablir dans sa Charge, s'il vouloit abandonner le parti de Toulon. Ce Magistrat répondit qu'il aimoit mieux tout perdre, que de se détacher de ses confrères & de ses amis, par un accommodement particulier qui le deshonoreroit.

XXXVIII.
IL TRAVAILLE A SOUMETTRE LES MÉCONTENS.

Cependant les Marseillois, dont le commerce étoit interrompu, à cause des courses que faisoient les galères & les autres bâtimens de Toulon, pressoient le Duc de Mercœur de faire le siége de cette ville, offrant de contribuer à une partie des frais. Mais le Duc, avant d'en venir à cette extrémité, vouloit conformément aux instructions particulières qu'il avoit de

XXXIX.
IL TRAITE AVEC EUX.

la Cour, employer toutes les voies de la prudence & de la douceur, afin de ramener les mécontens fous l'obéiffance du Roi : ce fut dans cette vue qu'au mois de Juin, il affembla à Aix les Communautés de la Province, pour délibérer fur le parti qu'il convenoit de prendre, & fur les moyens de fournir aux dépenfes du fiége, fuppofé qu'on fe déterminât à le faire. Les mécontens agirent fous-main, pour empêcher qu'on ne prît contre eux quelque délibération qui déconcerteroit leurs projets ; en même-tems ils négocioient auprès du Duc d'Angoulême, & de M. le Prince, pour les attirer en Provence, ou pour en obtenir des fecours. Leurs intrigues dans l'affemblée eurent d'autant plus de fuccès, qu'à cet égard leurs défirs étoient conformes aux vues pacifiques du Duc de Mercœur. Il fut arrêté qu'on enverroit des Députés à Toulon pour traiter d'un accommodement. Les Députés arrivèrent à la Valette, où les Chefs des réfugiés fe rendirent auffi. Il y eut plufieurs conférences fans rien conclure : mais comme dans les grands périls, la crainte ramène fouvent à l'empire de la raifon, les efprits fe calmèrent à mefure qu'on fe rapprochoit les uns des autres ; & enfin les Députés convinrent de quelques articles, dont les plus importans étoient, que la ville de Toulon députeroit à l'affemblée du pays fon premier Conful, un Capitaine du Régiment d'Angoulême, un Officier du Parlement, & un Gentilhomme de ceux qui s'étoient retirés dans la Ville, pour aller traiter des moyens de pacifier la Province, & qu'il feroit furfis à tous décrets de prifes de-corps décernés contre les mécontens, jufqu'à ce que le Roi eût fait connoître fes intentions.

L'Affemblée délibéra unanimement de les accepter, le Duc de Mercœur les approuva ; mais le Parlement y mit pour condition, qu'il n'accorderoit un furfis aux décrets de prife-de-corps, que pour cinq perfonnes, fans les nommer. Les réfugiés de Toulon ayant appris cette nouvelle, ne fe preffèrent pas de terminer l'accommodement ; ils demandèrent des ôtages

qui

qui répondiffent de leurs Députés à l'Affemblée : on leur envoya cinq Gentilshommes : alors n'ayant plus aucun prétexte pour fe difpenfer d'entrer en négociation, ils députèrent le premier Conful, pour la Ville; le Préfident d'Oppède pour les Magiftrats; le Marquis de Grimaldi & le Comte du Luc pour la Nobleffe, & un Capitaine du régiment d'Angoulême pour foutenir les intérêts de fon Corps : ces Députés qui vouloient traîner l'affaire en longueur, cherchèrent d'abord à éloigner la négociation, enfuite ils convinrent de quelques articles qu'on rejetta, à Toulon, fous prétexte qu'ils avoient excédé leurs pouvoirs. Ces difficultés qu'on ne pouvoit concilier avec l'envie qu'ils témoignoient de faire un accommodement, foulevèrent l'affemblée des Communautés, & il fut décidé qu'on iroit faire le fiége.

<small>Il traite avec eux.</small>

La ville de Marfeille, dont le commerce fouffroit depuis long-tems, à caufe des courfes que faifoient les habitans de Toulon, fe fignala par fon reffentiment. L'acte qu'elle publia pour le manifefter, eft une preuve de la haute idée qu'elle s'étoit fait de fes prérogatives, & du peu d'autorité que le Gouvernement avoit dans cette Ville. Elle ordonna expreffément le 5 Août 1652 à tous ceux qui étant originaires ou habitans de Marfeille, fervoient fur les galères de Toulon, de fe retirer dans huit jours, attendu que leur fervice étoit notoirement préjudiciable aux intérêts du Roi, à caufe des courfes qu'ils faifoient contre les fujets de S. M. Il fut également enjoint aux autres perfonnes de quelque qualité & condition qu'elles fuffent, ayant leur maifon ou leur famille à Marfeille, & qui fe trouvoient alors à Toulon, de fortir de cette dernière ville, dans le même efpace de tems, fous peine de voir leurs femmes, enfans & domeftiques chaffés de Marfeille & de fon terroir, fans efpérance d'y rentrer; leurs biens, fruits & récoltes faifis & vendus par autorité de juftice. On défendit

<small>M. d'Ant. de Valb.</small>

enfin aux Négocians de Marseille, tant natifs qu'étrangers, d'aller négocier à Toulon tant par mer que par terre, avec ordre de venir déclarer à l'Hotel-de-Ville les biens & marchandises qu'ils avoient, appartenans aux habitans de cette Ville.

Ce soulévement général intimida les réfugiés; ils craignirent de voir tomber sur leurs bras toutes les forces de la Province, & conclurent une trêve, pendant laquelle ils promirent de ne faire aucunes courses sur mer : cependant ils pressoient toujours plus vivement le Duc d'Angoulême & le Prince de Conti de venir à leur secours. Le Duc, Prince foible, mais généreux, quand il s'agissoit de défendre ses amis, partit de la Capitale avec une escorte si peu nombreuse, qu'il ne pouvoit apporter aucun secours : son dessein étoit même si peu secret qu'on sut, avant son départ, la route qu'il devoit tenir, & il fut arrêté en Poitou sans espoir de retourner jamais en Provence. Il avoit alors auprès de sa personne, Seguiran, Capitaine de son régiment & le Conseiller de Rousset, qui apportèrent à Aix la nouvelle de sa détention. Les réfugiés consternés sentirent enfin l'inutilité de leurs efforts, pour résister plus long-tems à l'autorité légitime; & ils firent avec le Duc de Mercœur le 12 Septembre 1652 une convention dont les articles portoient :

XL.
CONDITIONS DE L'ACCOMMODEMENT.

Que la ville de Toulon seroit maintenue en ses priviléges, & notamment dans celui que les Consuls ont d'exercer la charge de Lieutenant de Roi; que le régiment d'Angoulême sortiroit pour exécuter les ordres de Sa Majesté, & que pour les arrérages qui lui étoient dus, le Duc de Mercœur lui feroit payer la somme de cent mille livres, qui seroient employées à l'acquittement des dettes de ce régiment; que la ville de Toulon leveroit huit Compagnies de soldats de quarante hommes chacune, qui seroient commandées par des Officiers nommés par la Ville, & approuvés par le Gouverneur; & que l'entretien de ces Compagnies feroit aux dépens du pays; que la demande faite par la ville de Toulon, pour le rétabliffement des Officiers des Cours Souveraines, feroit renvoyée au Roi, & qu'en attendant il leur feroit permis de fe retirer à la campagne, ou en tel lieu de la Province qu'il leur plairoit choifir, excepté aux villes d'Aix, d'Arles & de Marfeille; qu'il feroit accordé une amniftie pour tous les faits commis depuis le 4 Septembre jufqu'à ce jour; que tous les habitans & Officiers qui étoient dans la ville feroient rétablis dans leurs charges, biens, maifons, offices, bénéfices & dignités; les effets & les prifonniers rendus de part & d'autre; que les habitans de Toulon jouiroient des évocations par eux obtenues; que tous les Officiers de la Marine feroient rétablis dans leurs emplois, les ordres du Roi & de M. l'Amiral exécutés fans aucune oppofition; enfin que les Officiers du régiment d'Angoulême ne pourroient, dans l'efpace de trois mois, retourner à Toulon fans la permifion du Duc de Mercœur.

CONDITIONS DE L'ACCOMMODEMENT.

An. 1652.

Ce traité remit la Ville fous l'obéiffance du Roi, & fit ceffer la faction des *Sabreurs* qui en dernier lieu n'avoit montré quelque vigueur que dans la citadelle de Saint-Tropez, dont le gouvernement appartenoit en propriété au Duc d'Angoulême. Le Commandant, homme de cœur, & fort attaché aux intérêts du Duc, répondit, quand on le fomma de fe rendre, qu'il n'y confentiroit jamais, tant qu'il lui refteroit une goutte de fang dans les veines; & il vit, fans s'effrayer, les fieurs de Ramatuelle, de Saint-Tropez & de Cougoulin, affembler contre lui le régiment d'Entragues & les milices du pays : fier de fa bravoure & de celle de fes troupes, il tint dans la citadelle jufqu'à ce que la brêche ouverte lui fit voir fa perte inévitable; alors il fe retira dans le donjon, qui étant foudroyé à fon tour & tombant en ruines, le força de capituler

LIVRE XIV.

XLI.
SUITES FUNESTES DE CES DIVISIONS.

d'une manière plus honorable qu'il n'avoit lieu de l'espérer.

Ainsi finit cette guerre civile que l'esprit de parti avoit excitée, & que les libelles répandus dans le public entretenoient. Ces productions obscures étoient un feu où venoient s'allumer les passions des citoyens, c'est-à-dire, cette haine & cette jalousie si promptes à s'enflammer chez un peuple désœuvré, ardent, & depuis long-tems nourri dans les troubles. Chaque parti déguisoit la vérité dans ces libelles, calomnioit les intentions de ses adversaires, controuvoit des faits, altéroit les véritables, & tenoit les esprits dans cette fluctuation fatiguante, qui ne permettoit ni à la raison ni à l'autorité de les fixer. De-là ces nuages qui s'étant, pour ainsi dire, perpétués jusqu'à nos jours, nous laissent à peine découvrir quelques rayons de lumières, à l'aide desquels nous voyons presque tous les ordres de la Province, les Commandans & les Gouverneurs eux-mêmes mériter plus ou moins les reproches de la postérité : car dans cette fermentation générale, la campagne perdoit ses cultivateurs, le Commerce ses agens, les Villes une partie de leurs habitans, la Noblesse ses revenus & ses antiques vertus; la Magistrature sa dignité, les Gouverneurs leur repos & leur place, & l'Etat sa force. Aussi l'histoire de ces tems malheureux est-elle sans attrait pour la raison, & sans intérêt pour les ames honnêtes.

L'Assemblée des Communautés, tenue à Aubagne au mois d'Octobre, ratifia les conventions passées entre le Duc de Mercœur & les réfugiés de Toulon. Le Roi les confirma ensuite, & donna des lettres-patentes pour rétablir dans leur charges les Magistrats exilés. Quoique la discorde ne mît plus les armes dans les mains des citoyens, elle aigrissoit encore quelques esprits, & il y eut plusieurs membres du Parlement qui s'opposèrent à l'enregistrement des lettres-patentes, pour des raisons assez spécieuses en apparence; mais au fond, c'est qu'ils craignoient que le mérite du Président d'Oppède & la considération dont il jouissoit dans sa patrie, ne le portassent à la place de Premier Président. Ces difficultés furent enfin levées par les soins & le zèle du Duc de Mercœur, & du Marquis de Janson, député en Cour par l'assemblée des Etats. Il n'y eut que la disgrace du Président de Galliffet qui fut prolongée & même aggravée : ce Magistrat ayant eu des liaisons intimes avec les Princes dont il avoit gagné la confiance, fut enfermé dans la citadelle de Sisteron : il en sortit ensuite par la protection du Prince de Conti, lorsque celui-ci fit son accommodement avec le Roi (1).

Il ne restoit plus, après tant de changemens utiles, qu'à donner le Gouvernement de Provence au Duc de Mercœur, puisqu'il avoit gagné l'estime & l'affection des Provençaux ; mais il se flattoit que le Duc d'Angoulême s'en démettroit, & il n'étoit pas facile de l'y faire consentir, parce que dans la position où il se trouvoit, il craignoit que sa démission n'eût l'air d'une disgrace ; on se servit, pour l'y déterminer, des conseils de sa femme. Cette Dame mettant aux richesses plus de prix qu'une personne de son rang n'auroit dû y en mettre, & n'aimant pas à s'éloigner de la Cour, persuada à son époux tout ce qu'on voulut, quand on lui promit une gratification considérable. Ainsi le Duc d'Angoulême s'étant démis de son

SUITES FUNESTES DE CES DIVISIONS.

Regist. du Pays & du Parl.
Et Lettr. orig.
An. 1653.

---

(1) Il n'obtint la révocation de sa lettre de cachet qu'à la fin de l'année 1654 : car le Prince de Conti lui écrivoit le 13 Décembre de cette année-là «. Je n'ai pas » eu moins d'affection d'apprendre par votre lettre que le Roi mon Seigneur & » neveu vous a fait mettre en liberté, que j'en ai reçu des nouvelles assurances » que vous me donnez de votre affection pour tout ce qui me regarde. Comme » je suis persuadé que vous aimez mes intérêts, vous pouvez croire aussi que je » me suis souvenu des vôtres, lorsque l'on m'a parlé d'accommodement, & que » je n'eusse rien arrêté sans y considérer vos affaires. Mais à présent que vous les » avez terminées, ce que je puis c'est de vous en témoigner ma joie ».

Gouvernement, le Roi le donna au Duc de Mercœur; & ce fut le Marquis de Janſon qui en porta les lettres à Aix le 17 Mars 1653.

> LIVRE XIV.
>
> XLII.
> LE DUC DE MERCŒUR EST NOMMÉ GOUVERNEUR.
> An. 1653.

Jamais nouvelle ne fut reçue avec autant de joie que celle-là. Trente jeunes gens de condition, ayant à leur tête le neveu du Cardinal Mancini, couroient les rues habillés en garçons de cabaret, une ſerviette ſur le bras, une bouteille d'une main, pluſieurs verres de l'autre, & donnant à boire à tous les paſſants, au ſon des tambours & des trompettes qui les précédoient. Le ſoir, la joie publique ſe manifeſta par des illuminations & des feux de joie; les Dames alors ſortirent de leurs maiſons accompagnées chacune d'un cavalier, & quand elles ſe furent raſſemblées un certain nombre, elles coururent les rues en formant un branle, qui étoit la danſe la plus propre à exprimer la vivacité de leur allégreſſe. Tous les Corps de métier excités par ces exemples, adoptèrent les jeux, dans leſquels ils pouvoient plus aiſément manifeſter la joie, dont ils étoient animés. Le Duc de Mercœur termina ces fêtes par une ſeconde entrée publique, dans laquelle on étala tout ce qui pouvoit en relever la pompe; enfin le Parlement mit le comble à la ſatisfaction des habitans en vérifiant le lendemain, qui étoit le 31 Mars 1653, les lettres-patentes portant abolition de tous les crimes & déſordres, commis en Provence depuis le 12 Aout 1649. C'eſt ainſi que finirent les tems orageux qui avoient affligé la ville d'Aix.

> XLIII.
> SÉDITION A DRAGUIGNAN.
> An. 1653.

Ce qui reſtoit encore des deux factions ſembloit s'être concentré dans la ville de Draguignan. Au mois de Février 1653 il y avoit eu entre les *Sabreurs* & leurs adverſaires une émeute, dans laquelle il avoit péri un aſſez grand nombre de perſonnes. Le Comte de Carces étoit allé la diſſiper à la tête de quelques troupes; mais le feu couva ſous la cendre, & s'étant rallumé en 1659 avec plus de violence qu'auparavant, il fit des ravages que nous allons décrire, pour ne pas être obligés de revenir sur des faits qui sont enchaînés les uns aux autres, quoiqu'ils se soient passés en différens tems. L'émeute ayant donc recommencé en 1659, le premier Consul fut insulté, son fils poursuivi, & plusieurs personnes de condition furent assassinées. Le Parlement, empressé de réprimer cette espèce de frénésie, envoya sur les lieux une commission qui traita les coupables avec beaucoup de rigueur. De sept qu'on en prit, il y en eut un qui périt sur l'échaffaut, les six autres furent condamnés aux galères. On prononça la même peine, celle de mort & de bannissement perpétuel, suivant le degré du crime, contre cent autres séditieux qui avoient pris la fuite, parmi lesquels se trouvoient plusieurs personnes de condition. Il y eut ordre d'abattre la tour de l'horloge qui servoit de refuge aux mutins, & l'on transféra pour un tems à Lorgues le siége de la Justice.

SÉDITION A DRAGUIGNAN.

Cette sévérité n'arrêta pas l'audace des mécontens : quelques exilés ayant escaladé les murailles, pendant la nuit du 20 Septembre de la même année, ôtèrent la vie au premier Consul, qu'ils regardoient comme l'auteur de leur disgrace, tuèrent ou blessèrent à mort quelques-uns de ses partisans ; & il fallut envoyer des troupes pour arrêter ces désordes, encore ne purent-elles pas en venir à bout. Enfin le Gouvernement, soit qu'il reconnût qu'on avoit usé de trop de sévérité, soit qu'il voulût la faire oublier par un acte de clémence, accorda une amnistie générale en faveur des contumaces, & rendit la liberté à ceux qui étoient aux galères, au mois de Décembre 1660.

Graces à la sagesse du Duc de Mercœur, le calme succéda aux mouvements dont les Provençaux avoient été agités, & durant plusieurs années les Annales de la Province ne contiennent rien de remarquable, à moins qu'on ne veuille mettre

XLIV.
INONDATIONS.
An. 1657.

dans cette classe les inondations extraordinaires, qui, à la fin de l'automne 1657, causèrent des ravages affreux. Le Rhône couvrit de ses eaux toute l'île de la Camargue ; les pluies abondantes qu'il y eut pendant près de deux mois, délayèrent la terre dans les lieux montagneux, & occasionnèrent des éboulemens considérables ; il y eut dans le Diocèse de Sisteron une montagne, qui étant inclinée vers la plaine, s'arracha de ses fondemens, & couvrit un terrain fort vaste. L'hiver suivant fut très-rigoureux, & fit périr un grand nombre d'arbres & de bestiaux. Ces inondations rappellent celles qu'il y eut en 1651, & qui firent appeller cette année-là, l'année du déluge. Les eaux de la Durance remontèrent jusqu'aux portes d'Avignon, phénomène qu'on aura de la peine à croire, malgré le témoignage des Auteurs contemporains. Le Verdon, le Var, l'Asse & l'Arc débordèrent aussi avec une furie, dont les lieux circonvoisins se ressentirent pendant long-tems. Puisque nous en sommes à rapporter les phénomènes dont ce siècle fut témoin, nous ne devons pas oublier le tremblement de terre, qui se fit sentir le 15 Février 1644, tout le long de la côte depuis Nice, où la secousse fut très-violente, jusqu'à Marseille, où l'ondulation arriva en s'affoiblissant par degrés. A Nice & dans une partie du Comté de ce nom, il y eut six secousses ; on assure que la première dura l'espace d'un *Miserere*, ce qui ne nous donne pas sa durée précise : quatorze villages furent à moitié ruinés, deux grands châteaux presque renversés de fond en comble, une montagne fut arrachée de ses fondemens, & le village de Chateauneuf près de Nice, entièrement ruiné : il paroît que c'est au-dessous de ce village qu'étoit le foyer des mouvemens, puisqu'on y éprouva des secousses durant plusieurs jours.

En l'année 1658 on vit germer quelques semences de divisions au sujet du logement des troupes qui, depuis quelques années

années séjournoient plus long-temps, & en plus grand nombre qu'auparavant. La Province voulut en être déchargée, ou ne leur fournir que conformément à ses *privilèges*. Les Commandans au contraire exigeoient tout ce qu'on leur donnoit dans les pays, où l'on ne connoissoit point d'autres règles que les Ordonnances du Roi. Les débats furent fort vifs; on vit le moment où il alloit s'allumer une guerre intestine, si le Premier Président & les Procureurs du pays n'eussent fait un accommodement qui dissipa l'orage. Il en coûta à la Province soixante-cinq mille livres, & la liberté, pendant deux ans, à Glandevès, Seigneur de Rosset, Conseiller au Parlement, qui avoit parlé sur cette affaire avec plus de chaleur que de prudence. Simiane-Gordes, grand Sénéchal de Provence & Lieutenant de Roi (1); Forbin-la-Barben, premier Procureur du pays, & le Président de Régusse furent mandés en Cour, où ils éprouvèrent les désagrémens, que le Ministre réservoit à ceux, qui montroient plus d'attachement pour les privilèges du pays, que de déférence à ses volontés.

XLV. NOUVEAUX MÉCONTENTEMENTS AU SUJET DES PRIVILÉGES.

La ville de Marseille donna à la Cour des occupations plus sérieuses. Pour mieux juger des troubles dont cette Ville fut agitée, nous remonterons à leur origine, & nous entrerons en des détails qui auroient fort peu d'intérêt par eux-mêmes, s'ils ne servoient à faire connoître le caractère des habitants, & sur-tout à faire sentir de quelle importance il est pour les personnes en place, d'étouffer dans le principe les premières semences de discorde. Les Marseillois avoient obtenu au mois d'Octobre 1652, des Lettres-patentes, qui les autorisoient à tirer au sort les noms des Consuls & de tous les Officiers Municipaux, & à

XLVI. DIVISIONS PARMI LES MARSEILLOIS.

---

(1) Simiane-Gordes fut le dernier grand Sénéchal de Provence : après lui la Charge fut supprimée au mois de Mars 1661, & l'on créa un Sénéchal pour chaque Siége & Sénéchaussée.

composer le Conseil de Ville de trois cents Conseillers. Ce projet de Réglement avoit été arrêté dans une Assemblée de vingt-un Citoyens, choisis parmi les principaux de Marseille (1), & fut rédigé par Antoine de Felix ; on l'appella le *Reglement du fort.* Dans le tems qu'il fut fait, & avant cette époque, deux partis, également animés l'un contre l'autre, divisoient la Ville. L'un avoit pour Chef Antoine de Valbelle, Lieutenant de l'Amirauté ; & sous prétexte de soutenir les intérêts du Roi, il méconnoissoit l'autorité du Comte d'Alais. L'autre, sous la conduite du Marquis de Marignane, s'étoit déclaré pour le Gouverneur. Après quelques alternatives d'élévation & d'abaissement, le parti de Valbelle avoit pris le dessus, & ce Gentilhomme avoit acquis à Marseille un si grand pouvoir, que le Duc de Mercœur, Gouverneur de Provence, n'y pouvoit rien faire sans lui. Las enfin de voir l'autorité de sa charge partagée par le crédit d'un particulier, le Duc résolut de ne plus souffrir de rival dans cette grande Ville, quand la mort eut enlevé Valbelle (2). Cependant comme il craignoit de laisser pénétrer ses vues, s'il paroissoit se réjouir de cet événement, il alla voir Françoise de Felix sa veuve, & lui offrit sa protection à la Cour

---

(1) Ces Citoyens étoient Antoine de Bausset, Lieutenant principal en la Sénéchaussée ; Antoine de Valbelle, Seigneur de Monfuron ; Antoine de Ruffi, Conseiller en la Sénéchaussée ; Antoine d'Albertas, Seigneur de S. Maime ; Antoine de Félix ; Balthazard de Cipriani, Lieutenant particulier en la Sénéchaussée, François d'Arene ; Gaspar de Villages, Seigneur de la Salle ; Jean de Jarente, Camerier du Monastère de S. Victor, J. Bapt. de Montolieu, Capitaine de Galères ; Lazare de Vento, Seigneur de la Baume ; Marc Antoine d'Augustine Seigneur de Septemes ; Nicolas de Gratian, Trésorier de France ; Nicolas de Felix, Seigneur de la Renarde ; & Pierre de Paul, auxquels il faut ajouter les quatre Consuls de cette année-là.

(2) Nous suivrons, dans ce que nous allons dire sur cette partie de l'Histoire de Marseille, une relation manuscrite que nous croyons avoir été faite par le Président la Roque le fils, des Memoires duquel nous avons déja fait usage en parlant de l'etablissement du Semestre.

& dans la Province; il commença par donner des éloges à son mari, ensuite il la pria de conserver à ses enfans l'autorité qu'il avoit eue & les amis de sa famille. Cette Dame répondit à l'honneur que lui fit le Duc, d'une manière convenable à sa situation. Elle lui dit que cette autorité dont son mari jouissoit, lui avoit suscité tant d'ennemis & d'envieux, que loin de charger sa famille d'un fardeau si pesant, elle borneroit son ambition à conduire ses affaires domestiques, à se rendre digne de la bienveillance du Prince, & à mériter l'honneur de sa protection. Le Duc chercha ensuite à gagner J. Bapt. de Villages, Seigneur de la Salle, premier Consul, & Antoine de Felix. Ces deux Gentilshommes étoient à la tête des anciens amis de Valbelle, & tout puissans dans le Conseil de Ville, sur-tout Antoine de Felix, qui, peu de tems après, se déclara contre lui à l'occasion que voici.

Divisions parmi les Marseillois.
An. 1656.

Deux grosses barques de Majorque prirent quelques bateaux de Pêcheurs, presque sous le phare de Marseille. Il n'y avoit pour les poursuivre d'autre bâtiment dans le port qu'une galère de Gênes: le peuple furieux s'en empara de force, & leur donna la chasse, emmenant à bord le troisieme Consul. Mais cette entreprise fut si mal conduite, qu'on fut obligé de rentrer dans le port, après avoir couru risque d'être pris par les Corsaires. Les citoyens les plus qualifiés indignés de ce mauvais succès, & résolus d'en effacer la honte, s'embarquèrent sur la même galère, sous les ordres du Chevalier de Villages, frère du premier Consul; mais ils ne purent atteindre les Corsaires, qu'un vent favorable eût bientôt éloignés des côtes de Marseille.

Les Consuls écrivirent sur le champ au Sénat de Gênes, pour l'instruire de ce qui s'étoit passé, & lui en faire des excuses; mais ils envoyèrent ces dépêches par un Valet de Ville, au lieu d'en charger un Gentilhomme. Ce manque d'attention déplut au Sénat de Gênes, qui, sans cette circonstance, auroit

XLVII.
Ils envoient faire des excuses a Genes.

peut-être fermé les yeux fur l'ufage, que les Marfeillois avoient fait de la galère. L'orgueil républicain ne fait point pardonner; ainfi les Génois firent porter des plaintes à la Cour de France, par le Marquis Palavicini leur envoyé. Le Roi qui, dans la pofition où il fe trouvoit, avoit befoin de ménager tous fes alliés, fit écrire au Duc de Mercœur & à Forbin d'Oppède, premier Préfident & Intendant de la Province, que fon intention étoit de punir les Marfeillois, & on les obligea d'envoyer un des Confuls à Gênes faire fatisfaction à la République. Peu de tems après la Ville reçut ordre de contribuer de quelques fecours d'argent, pour le quartier d'hiver & pour la fubfiftance des galères. Ces deux affaires excitèrent beaucoup de rumeur. On trouva des inconvéniens à ce qu'un des Confuls allât faire des excufes à Gênes; on en trouva de plus grands encore à fournir les fecours demandés, parce qu'un des priviléges de la Ville étoit d'être exempte des quartiers d'hiver, & de la contribution pour l'entretien des galères. Antoine de Félix fut envoyé à Gênes à la place du Conful. Mais dans la chaleur des conteftations que ces affaires fufcitèrent, il eut le défagrément de déplaire au Gouverneur & à l'Intendant, qui firent tous leurs efforts, pour mettre dans les charges municipales des perfonnes, dont ils puffent difpofer à leur volonté.

Le fort leur donna pour premier Conful Louis de Vento, le 28 Octobre 1656. C'étoit un homme fier & d'une vivacité bouillante, qui durant fon Confulat fe fit beaucoup d'ennemis: comme il craignoit d'en avoir quelqu'un pour fucceffeur, il travailla, de l'avis de fes partifans, à faire nommer les Confuls par Lettres-Patentes.

Le Gouverneur & le premier Préfident voyoient ces divifions avec une joie fecrette, dans l'efpérance qu'elles ferviroient à rétablir leur autorité dans la Ville. Cependant connoiffant l'humeur pacifique du Miniftre, ils n'ofoient fe flatter qu'il donneroit les Lettres-Patentes : ils craignoient également si elles arrivoient, qu'on ne les accusât de les avoir sollicitées, & que le peuple ne se prévînt contr'eux, ce qui auroit nui à l'exécution de leurs projets. Ils imaginèrent donc de parvenir à leur fin par une voie plus honnête & presqu'aussi sûre ; ce fût de mettre dans les charges municipales, un égal nombre de personnes des deux partis : cet accommodement fut ainsi convenu dans une conférence particulière à la fin d'Octobre 1656, entre le Duc de Mercœur d'une part, Thomas de Riqueti Mirabeau de l'autre, Jean-Baptiste de Montolieu, Antoine de Félix, & Jean de Cabanes, Avocat. Les Consuls furent Lazare de Vento, Seigneur de la Baume, Boniface Paschal, Jean d'Escamps, Assesseur, & Jourdain Fabre.

Ils ont a se plaindre de leurs Consuls.

La Baume n'aimoit pas Vento son parent, qu'il venoit de remplacer. Il affecta de tenir une conduite tout opposée à la sienne ; mais ses liaisons avec le premier Président le rendirent suspect à ses compatriotes : il les indisposa tout à fait, quand il fit venir à Marseille la galère du Duc de Mercœur, qu'il se proposoit de faire entretenir par la Ville. Les Négocians crurent avec raison que pour fournir aux frais de l'armement, il alloit rétablir le droit d'un demi pour cent sur les marchandises ; droit qu'on avoit supprimé au mois de Janvier précédent, & que, pour cette raison il eût été dangereux de faire revivre : ces bruits s'accréditèrent & excitèrent un murmure général.

Glandevès-Niozelles, qui avoit paru jusqu'alors indifférent sur les affaires de Marseille, témoigna vouloir s'y intéresser à l'avenir. Il commença par persuader à la Salle de se mettre à la tête d'un parti, pour empêcher que la Ville & le Commerce ne fussent opprimés. La Salle y consentit, & n'eut pas de peine à faire entrer dans la Ligue Félix, Riqueti, Candole, François d'Arene, Pierre de Paul, & plusieurs autres personnes de condition. Niozelles, depuis cette époque, ne parut plus en public

XLIX.
Il se forme deux partis.

An. 1658.

qu'avec ſes amis, ſans admettre auprès de lui perſonne du parti contraire. Au commencement ce n'étoit qu'une troupe de jeunes gens, preſque tous parents ou alliés, qui ne ſe quittoient point. Les principaux étoient J. B. de Villages, fils aîné de la Salle; Louis de Félix la Renarde; Jean-François Bionau, Seigneur d'Airargues; François de Bauſſet, Chevalier de Malte; Bruno de Valbelle, auſſi Chevalier de Malte; les Serres, freres; le Cadet de Guéydon, & François Caſe. Niozelles ne ceſſoit de décrier le Gouvernement préſent de la Ville, & s'oppoſoit ouvertement à l'armement de la galère. Dans ce choc d'intérêts les eſprits s'échauffoient de plus en plus. Un partiſan de la Baume eut l'imprudence de dire dans une aſſemblée : *qu'on verroit un peu ces braves, qui devoient empêcher l'armement de la galère.* Niozelles le ſut ; & paſſant le lendemain avec ſes amis devant l'Hôtel-de-Ville, où les Négociants s'aſſemblent, il leur dit tout haut : *point de galère, Meſſieurs, point de galère.* Un Citoyen, frappé des malheurs dont la Ville étoit menacée, crut qu'il étoit à propos de calmer cet orage naiſſant, & pria l'Abbé de Félix de ſe charger de la négociation. Cet abbé étoit un homme ſage, & propre à concilier les eſprits : il perſuada à la Baume qu'il falloit renoncer à l'armement de la galère. Ceux du parti contraire, charmés de ſon déſiſtement, allèrent à l'Hôtel-de-Ville, & prièrent ce Magiſtrat d'oublier ce qui s'étoit paſſé. Cependant il paroît que les ſentiments de la Baume n'étoient point ſincères ; qu'il n'avoit cédé en apparence que pour avoir le tems de ſe faire un plus grand nombre d'amis. En effet, quelques jours après Foreſta, Chevalier de Malte, & l'un des fauteurs de la Baume, parut dans la Ville, accompagné de pluſieurs jeunes gens, avec des rubans jaune & noir, qui étoient les couleurs affectées à ſon parti, pour inſulter ceux du parti contraire.

Un événement inopiné vint faire un moment diverſion à ces

débats. L'Evêque de Marseille reçut ordre de chanter un *Te Deum*, en actions de graces de la victoire que notre armée avoit remportée sur celle de l'Archiduc, aux Dunes de Dunkerque : il invita les Consuls à la cérémonie suivant l'usage. Ces Magistrats refusèrent d'aller à la Cathédrale, à cause de leur contestation avec le Chapitre sur le cérémonial : ils aimèrent mieux en faire chanter un, de leur autorité, dans l'Eglise Collégiale des Accoules, par la musique de Saint Victor. Les Chanoines & les autres Prêtres ayant reçu défense d'y assister, se retirèrent sans laisser même de cierge sur l'autel, ni personne pour sonner les cloches. Les Consuls ne voulurent pas avoir la honte de céder ; ils envoyèrent chercher des personnes pour sonner ; & un Capitaine de quartier, ayant mis sur l'autel des cierges qu'il alluma lui-même, on chanta le *Te Deum* ; mais aucun Prêtre de Saint Victor n'osa dire l'oraison. Alors une personne de la suite des Consuls, se tournant vers le peuple le congédia, en disant : *Messieurs, les rats ont mangé l'oremus.*

Il se forme deux partis.

Cependant la Baume fut réduit au point de ne pouvoir pas refuser l'armement de la galère. La Salle & ses adversaires s'en plaignirent ; il leur répondit que c'étoit pour escorter les barques qui alloient à Beaucaire ; & afin de les appaiser, il leur promit de ne rien faire sans le consentement du Conseil de Ville, qu'il indiqua pour l'après-midi : mais craignant de ne pas l'emporter, il assembla les Députés du Commerce au nombre de douze, & fit décider l'armement. Cependant la Salle, Niozelles, la Renarde & leurs amis, se rendirent à l'heure indiquée devant l'Hôtel-de-Ville, où ils trouvèrent un grand nombre de Négociants qui attendoient l'assemblée. Ils se doutèrent de ce qui étoit arrivé, & ils en furent bientôt instruits par la Baume lui-même, qui eut l'imprudence de dire d'un ton assez vif qu'il *ne devoit compte de ses actions qu'au Roi & au Gouverneur de la Province ; qu'il sauroit bien faire valoir son autorité, & opposer*

An. 1658.

L.
Ils en viennent aux mains.

la force à la force en cas de besoin. Ces paroles rapportées allumèrent un feu qu'il fut impossible d'éteindre. Le peuple se mit à crier : *fouero galero, fouero galero* : point de galère. Dans l'instant Gueydon le cadet mit l'épée à la main, & s'avança avec ceux de son parti vers la porte de l'Hôtel-de-Ville, avant qu'on eût le tems de la fermer. Greffet, Trésorier de France en sortit, accompagé de Cipieres que son valet de chambre ne quitta point : ils soutinrent seuls, pendant quelque tems, le premier choc, dans lequel Niozelles fut blessé d'un coup de pistolet au bras gauche : il crut que c'étoit Greffet qui l'avoit blessé, & lui tira un coup de mousquet : alors le combat devint très-vif ; Greffet fut fait prisonnier par Niozelles, qui le traita généreusement, quoiqu'il eût refusé de rendre son épée.

Cette première emeute fut heureusement appaisée par Paul de Fortia, Seigneur de Piles, Gouverneur des îles de Marseille. On pria les Consuls de se conduire en peres communs dans une affaire de cette importance ; le danger étoit d'autant plus pressant, que les frères Bausset, Chevaliers de Malte, d'Airargues & quelques autres, s'étoient déja assurés de la porte Royale & de la porte du marché : ils firent savoir à Niozelles & à leurs amis qu'ils en étoient les maîtres, & qu'ils pouvoient s'y rendre.

Les Consuls sortirent de l'Hôtel-de-Ville accompagnés du Chevalier de Valbelle, des Chevaliers de Foresta, des freres Martin, des freres Bastins, de Cabre-Roquevaire, des quatre Capitaines de quartier, & de plusieurs autres, tous l'épée à la main. Niozelles & ses amis parurent armés devant eux, & dans une contenance à faire craindre une action très-vive. De Piles, la Renarde, oncle & neveu, Charles d'Hermite, Seigneur de Belcodene, empêchèrent que les deux partis n'en vinsent aux mains ; & conseillèrent à Niozelles d'aller joindre ses amis, qui s'étoient saisis des deux principales portes. Cependant l'on fit tous les préparatifs du combat : la galère tourna le canon contre la la Ville : les Consuls firent tendre des chaînes, entourèrent de barricades le corps-de-garde de la loge, firent placer un canon sur la rue, & envoyèrent les Capitaines de quartier à leur poste. Celui du quartier S. Jean & celui de Cavaillon obéirent ; le Capitaine destiné à garder le quartier de Blanquerie, où étoit la porte Royale, gardée par Niozelles, ayant voulu se présenter, fut contraint de revenir sur ses pas, & donna aux Consuls & aux personnes de leur suite une telle allarme, qu'ils ne surent quel parti prendre : car il étoit également dangereux d'attaquer Niozelles dans son poste, & honteux de l'y souffrir. Les plus hardis furent d'avis de l'en chasser, & de ne pas lui donner le tems de se reconnoître : mais la Baume aima mieux temporiser, que de s'exposer au sort d'un combat.

Ils se préparent a une Guerre civile.

De Piles, pendant tous ces mouvemens, continuoit de faire le personnage respectable de médiateur ; il engagea Niozelles à abandonner le corps-de-garde de la place Royale, sur l'assurance qu'il lui donna, de la part des Consuls, qu'ils désarmeroient, & qu'ils satisferoient le public touchant la galère ; mais à peine les Consuls se virent maîtres de cette porte, qu'ils oublièrent leurs promesses : ils proposèrent même dans une assemblée d'aller pendant la nuit se saisir de la Salle, de Niozelles & des autres Chefs, pour les faire sortir de la ville par force. Comme ils étoient presque tous parens ou alliés, cet avis fut diversement débattu, & il n'y eut rien de décidé : on arrêta seulement d'envoyer une députation au Duc de Mercœur, pour l'informer de tout ce qui s'étoit passé, & le prier d'envoyer des soldats aux Consuls. On ne conçoit pas comment le Gouvernement souffroit que, dans une grande ville de sa dépendance, les habitans eussent la liberté de s'entr'égorger : rien ne les autorisoit à répandre un sang, qui ne devoit être versé que pour le bien de l'Etat, & par les ordres du Souverain. On ne peut s'empêcher de blâmer la conduite du Duc de Mercœur, qui se tenoit tran-

An. 1658.

quille à Tarascon, tandis que par sa préscence il auroit pu pacifier les troubles & même les prévenir, si dans l'origine il n'eût livré les Consuls & leurs ennemis à tous les ressentiments de l'amour propre.

LII.
ILS REÇOIVENT DES TROUPES.

Le Duc accorda les troupes que les Consuls lui demandèrent. On faisoit entrer secrètement les soldats durant la nuit par mer & par terre ; on en mit dans la Tour du Fanal ; dans la Platte-forme, dans les maisons du parti Consulaire, enfin on en logea soixante dans l'Hôtel de Ville, la nuit du 18 au 19 Juillet. Les Partisans des Consuls furent bientôt instruits de l'arrivée de ce secours. Ils se rendirent à l'Hôtel de Ville, & presèrent la Baume d'en sortir pour s'assurer de tous les quartiers. Les Chevaliers de Riqueti-Mirabeau & de Beaumont freres, Gratian, Cipières, Bastin, d'Aiglun, & plusieurs autres, parurent les premiers, les uns armés de mousquets, les autres de fusils, plusieurs de hallebardes. Ils s'avancèrent devant l'Hôtel de Ville, où les Négocians s'étoient déjà assemblés, suivant la coutume, pour les affaires de commerce, & les en chasèrent : l'Abbé de Félix accourut au bruit, pour appaiser le tumulte ; mais l'honneur de procurer un calme passager fut encore réservé à de Piles.

LIII.
LES CONSULS ASSIÉGÉS A L'HÔTEL-DE-VILLE SONT FORCÉS DE SE RENDRE.

Les Négociants irrités de l'insulte qu'on leur avoit faite, prirent les armes tant pour se défendre, que pour secourir la Salle & Niozelles, qui, suivant les bruits qu'on faisoit courir, devoient être assiégés dans leurs maisons, & contraints de sortir de la Ville, si on ne pouvoit s'assurer de leurs personnes. Douze fusiliers, conduits par Riqueti, se rendirent auprès de la Salle : dans le même-tems on vit arriver en armes à la Place Neuve la Salle fils, la Renarde & son frere ; le Chevalier de Bausset ; le Chevalier de Valbelle-Monfuron, beaucoup de Capitaines de vaisseau & de Négociants, déterminés à se maintenir dans ce poste. On auroit pu les aller attaquer par les diverses rues qui aboutissent à cette Place : mais on se contenta d'envoyer contre eux, par un seul endroit, une Compagnie de soldats qui fut mise en fuite, & chassée jusques au corps-de-garde de l'Hôtel de Ville, où ils essuyèrent une décharge de toute la Mousqueterie. Niozelles ayant appris que ses amis étoient aux mains avec les Consuls, accourut comme un lion, suivi du Commandeur de Cujes son frere, & de trois Capitaines de vaisseau, tous armés de leurs fusils : l'action devint alors plus vive : de part & d'autre on mit aux barricades des canons qu'on chargea de cartouches ; mais ce qu'on aura de la peine à croire, c'est que des deux côtés ils firent toujours faux feu : événement singulier qu'on seroit tenté d'attribuer aux canoniers, s'il étoit possible que des hommes engagés dans deux partis, animés par la haîne, eussent pu avoir en même-tems l'idée d'épargner le sang de leurs Concitoyens.

La Baume, qui avoit voulu investir ses ennemis dans leurs maisons, se voyant assiégé à l'Hôtel de Ville, comprit, mais trop tard, qu'il avoit poussé les choses trop loin. Ses regrets furent bien plus vifs, quand il apprit par les cris redoublés de *vive le Roi*, & *souero Soldats*, que la Salle pere & Niozelles s'étoient joints ; qu'ils alloient vers le quartier de Cavaillon, suivis de beaucoup de monde ; que les femmes mêmes étoient armées les unes de piques, les autres d'épées nues. Le quartier de Cavaillon, défendu par le Chevalier de Foresta, fut inattaquable : alors la Salle & Niozelles tournant du côté de la Cathédrale, s'emparent de l'Eglise, du clocher, & de cinq gros canons de fonte, placés sur le rempart qui regarde la mer.

Fiers de ces succès, ils revinrent à la place Neuve, d'où ils firent avancer les barricades vers l'Hôtel de Ville, & envoyèrent d'Airargues occuper la place de Vivau, tandis qu'un autre détachement s'établit dans la place du Palais, de façon que l'Hôtel de Ville fut investi de toutes parts : tous ces différents mouvements ne se firent point sans qu'il en coutât la vie à

LES CONSULS ASSIÉGÉS A L'HÔTEL-DE-VILLE SONT FORCÉS DE SE RENDRE.

An. 1658.

quelques perfonnes ; il y en eut cinquante tant tués que bleffés : le cadet de Cabre fut du nombre des morts, ainfi qu'un de fes domefliques. De Piles toujours animé d'un zèle refpectable, couroit pendant tout ce défordre, d'un parti à l'autre, au rifque même de fa vie, pour les ramener à des fentimens pacifiques. La néceffité fit ce que fon zèle n'avoit pu faire. On ôta l'eau à l'Hôtel de Ville, en rompant l'aqueduc qui l'y conduifoit. La Baume fentit alors qu'il feroit forcé de fe rendre : il fortit donc lui troifieme par le moyen d'une échelle, & fe fauva déguifé en Abbé. Les deux autres Confuls, s'étant apperçus de fon évafion, & voyant qu'ils alloient tomber entre les mains de leurs ennemis, demandèrent à capituler. On exiga d'eux qu'ils congédiaffent les troupes que le Duc de Mercœur leur avoit envoyées : ils acceptèrent la condition, & enfin le Chevalier de Forefta, après quelques difficultés, évacua la platte-forme, dont il avoit le commandement : une chofe bien digne de remarque, & qu'on aura peut-être de la peine à croire, c'eft que ce tumulte ayant ceffé vers les fix heures du foir, la ville reprit fi promptement fa premiere tranquillité, que les perfonnes des deux partis fe promenèrent le foir même fur le quai, comme s'il ne s'étoit rien paffé d'extraordinaire dans la journée.

LIV.
ILS DÉPUTENT AU ROI ET AU DUC DE MERCŒUR.

Plufieurs particuliers n'en étoient pas moins aigris les uns contre les autres, & notamment contre la Baume ; il y en eut qui proposèrent d'élire de nouveaux Confuls. Cet avis imprudent fut rejetté ; enfin après plufieurs débats, on convint qu'il falloit engager la Baume à oublier ce qui s'étoit paffé ; à recevoir publiquement des excufes & à demander au Roi, conjointement avec fes collegues, des lettres d'abolition. Jean-Baptifte de Félix, Seigneur de la Renarde, fut chargé de cette négociation : on crut qu'étant coufin germain de Niozelles, & neveu par fa femme, du Chevalier de Valbelle, qui étoit le principal Confeil de la Baume, il réuffiroit plus facilement qu'un autre.

La Baume irrité comme on devoit s'y attendre, ne voulut écouter aucune propofition. Durant ces pour-parlers l'Affeffeur & le dernier Conful s'évadèrent fecrètement de l'Hôtel de Ville ; on les trouva enfin après beaucoup de recherches, & on les y ramena le lendemain, pour les faire préfider à une affemblée tenue par les partifans de Niozelles, dans laquelle on députa Jean-Auguftin de Gerente-Cabanes au Duc de Mercœur. Cabanes avoit ordre de mettre fur le compte de la Baume tout ce qui s'étoit paffé ; de faire entendre que c'étoit une querelle de parti à parti, dans laquelle l'autorité royale n'étoit point compromife, & de demander à fon Alteffe des lettres de recommandation pour la Renarde qu'on avoit réfolu d'envoyer en Cour, afin d'inftruire le Miniftre des véritables caufes qui avoient excité les mouvements de Marfeille.

Le Duc avoit déjà été prévenu : il étoit fi fort aigri contre le parti de Niozelles, qu'à peine voulut-il entendre Cabanes. Il lui répondit brufquement qu'il favoit mieux que lui l'affaire, dont il vouloit lui parler, que la Salle étoit un bon homme qui s'étoit laiffé féduire, mais qu'il ne tarderoit pas à s'en repentir «. Quant à Niozelles, dit-il, il en répondra fur fa tête ; » & s'il continue, celle de fon coufin Glandevès-Roffet, pri- » fonnier dans la citadelle de Saint-Tropez, n'eft point affu- » rée ; je faurai bien empêcher la Renarde de faire le voyage » de Paris ; je compte mettre inceffamment la Ville à la raifon ».

En effet il fit approcher fon Régiment de Cavalerie avec celui de Montauban, & donna ordre aux vaiffeaux du Roi & aux vaiffeaux Anglais, qui mouilloient dans la rade de Toulon, d'aller bloquer la Ville par mer. Ces menaces firent le plus grand effet. Les habitans parurent difpofés à un accommodement, dont les Confeillers de Meyrargues & de Saint-Symphorien s'occupèrent férieufement. Il fut conclu, après bien des difficultés, le premier Août, que les Confuls & l'Affeffeur feroient rétablis

Ils députent au Roi et au Duc de Mercœur.

An. 1658.

Bouch. t. II. p. 1008.

Ils s'accommodent.

dans leur charges ; que les habitans mettroient bas les armes, & que tout resteroit dans le même état qu'auparavant : à ces conditions le Duc de Mercœur promit de faire retirer les troupes de terre & de mer, & d'obtenir une amnistie générale. Le Parlement, les Procureurs du Pays, les Syndics des Communautés, & les Consuls d'Arles & de Tarascon, s'entremirent pour assoupir ces troubles, dont les suites étoient à craindre pour la Provence. L'amnistie arriva le 14 du même mois ; & à la fin d'Octobre, il parut un Arrêt du Conseil qui défendoit de procéder à l'élection des nouveaux Consuls, avant le 28 Décembre. On prétend que cet Arrêt ne fut point signifié : d'ailleurs il étoit dit dans la Déclaration du mois de Mars 1649, que pour assurer le repos & la tranquillité des villes d'Aix, de Marseille & d'Arles, il ne seroit rien innové aux coutumes de tous tems observées dans ces villes pour les élections consulaires, & qu'on n'auroit aucun égard aux Lettres-Patentes ou Lettres de cachet à ce contraires.

LVI. Le Roi mande a la suite de la Cour les Consuls et quatre Gentilshommes.

Fondés sur cette Déclaration, les Marseillois élurent pour Consuls, malgré la défense, Bausset, Vaccon, la Grange, & l'Oulle. Le Roi, offensé de ce manque de respect, leur défendit de faire les fonctions de leurs charges, & leur donna ordre, ainsi qu'à quatre Gentilshommes, de se rendre à Lyon à la suite de la Cour ; ils refusèrent d'obéir. Ces ordres excitèrent une émeute parmi le bas-peuple : le reste des habitans sentant qu'il alloit se former sur eux un orage qui les écraseroit, envoyèrent en Cour Gerente-Venelles, d'Arene, & l'Avocat d'Artigues, pour appaiser par leurs supplications la colère du Roi. Ces Députés se tinrent cachés durant plusieurs jours, employant auprès du Ministre la protection du Duc de Vendôme ; on leur promit enfin que le Roi donneroit à la Ville des marques de bonté, si les personnes qui avoient ordre de se rendre à la suite de la Cour, obéissoient sans différer. D'Artigues revint à Marseille pour les y déterminer. Les Confuls étoient déjà tout difpofés à obéir, mais Niozelles, que fes ennemis avoient dépeint dans l'efprit du Roi avec des couleurs affez noires, refufa d'abord de les accompagner : il fe rendit enfuite fur les affurances que lui donna le Cardinal Mazarin, qu'on n'attenteroit point à fa liberté. Le Miniftre connoiffant l'influence que ce Gentilhomme avoit fur les Marfeillois, craignoit qu'il ne s'en fervît pour livrer la Ville aux Efpagnols, fi on le mécontentoit. Les anciens Confuls eurent auffi ordre d'aller à Lyon. De Piles (1) Gouverneur du Château d'If & des îles de Marfeille, commanda dans la Ville en leur abfence, & y exerça l'autorité confulaire. L'Arrêt du Confeil qui lui déféroit cette commiffion, fut lu dans une Affemblée-Générale de l'Hôtel de Ville le 3 Décembre 1658. L'Abbé de Félix prenant la parole, dit qu'on l'exécuteroit, puifque c'étoit la volonté du Roi ; mais il protefta que cette obéiffance, en un cas fi extraordinaire, ne pourroit nuire aux droits & priviléges de la Ville : s'adreffant enfuite à l'Affemblée, *Meffieurs*, leur dit-il, *n'êtes-vous pas du même avis ?* Tous répondirent unanimement *oui*, & demandèrent acte de leur proteftation.

Les perfonnes que le Roi avoit mandées étant arrivées à Lyon, eurent une audience particulière du Cardinal Mazarin : ce Miniftre fe plaignit d'abord d'un ton affez ferme de tout ce qui s'étoit paffé à Marfeille : mais s'étant enfuite radouci, il leur promit fa protection, s'ils prenoient des fentimens pacifiques, fans que le Roi déployât fon autorité pour les forcer à demeurer tranquilles. Il voulut avoir une conférence particulière avec Niozelles, la Salle & d'Arene, dans laquelle il effaya d'effacer tous les préjugés qu'ils avoient contre le pre-

LE ROI MANDE A LA SUITE DE LA COUR LES CONSULS ET QUATRE GENTILSHOMMES.

An. 1658.

---

(1) C'étoit Paul de Fortia, Baron de Baulmes, Meftre-de-Camp de la Cavalerie légère étrangère en France, Gouverneur de la Ville & Citadelle de Berre, Château d'If, & îles de Marfeille.

mier Président : Niozelles répondit avec tant d'aigreur, & d'un ton de voix si élevé & si fier, que le Cardinal en pâlit, & dit à de Lyonne, quand ils furent sortis, que s'il n'avoit pas donné sa parole d'honneur à Niozelles, qu'on n'attenteroit point à sa liberté, il le feroit arrêter.

Ce mécontentement n'empêcha pas le Cardinal de suivre l'affaire de Marseille, avec le désir sincère de la terminer d'une manière satisfaisante pour la Ville, sans compromettre l'autorité royale : une lettre qu'il reçut dans ces entrefaites du sieur de Piles, dans laquelle ce Gentilhomme rendoit un témoignage flatteur de la soumission & de la fidélité des habitans, acheva d'intéresser le Cardinal en leur faveur ; le Roi qui jusqu'alors avoit refusé de voir les personnes mandées, consentit à leur donner audience : le jour fut fixé au 6 Janvier 1659. Arrivés dans l'antichambre, Niozelles & son frere le Commandeur de Cujes dirent à Saintot, Maître des cérémonies, qu'étant Gentilshommes ils se croyoient dispensés de se mettre à genoux, la Noblesse ayant le privilége de parler debout à Sa Majesté. Saintot en fit son rapport au Roi, qui dans ce moment avoit auprès de lui le Comte de Brienne & quelques Seigneurs. La proposition de parler debout fut rejettée, parce qu'il ne s'agissoit pas de donner audience à des Députés de la Noblesse, mais à des Citoyens mandés, qui avoient besoin de justifier leur conduite. L'intention du Roi étoit de leur donner audience dans son cabinet : il en sortit un instant pour entrer dans la salle, où il y avoit beaucoup de monde : alors les Consuls de Marseille s'avancèrent ; Sa Majesté surprise de ce mouvement, enfonça son chapeau, & s'arrêta ; Niozelles se mêla dans la foule ; son frere le Commandeur demeura debout, tant soit peu écarté des autres qui se mirent à genoux : le Comte de Brienne, qui étoit à côté du Roi, voyant la contenance du Commandeur de Glandevès, dit assez haut pour que tout le monde l'entendit : *Messieurs de Marseille,*

Marseille, *tous à genoux, le Roi l'entend ainsi* : il le répéta une seconde fois ; mais le Commandeur demeura ferme : le Roi n'y prit pas garde ; & le Comte de Brienne voyant cette fermeté, crut qu'il étoit plus sage d'imiter la modération de son Maître. L'Assesseur porta la parole, & dit :

SIRE,

« Bien que Votre Majesté connoisse notre fidélité & notre obéis-
» sance, & qu'elle soit pleinement informée qu'il ne s'est rien passé
» dans la ville de Marseille contre son service & sa fidélité ; nous
» sommes néanmoins prosternés à vos pieds, pour vous en donner
» un témoignage plus authentique ; & vous assurer, Sire, qu'il
» n'y a aucun de nous, qui n'aimât mieux perdre la vie que
» de vous déplaire. Si nous étions assez malheureux pour que
» Votre Majesté eut pris contre nous des impressions peu favora-
» bles, nous osons nous flatter qu'elle s'en dépouillera, en nous
» voyant prosternés à ses pieds, & dans la ferme résolution d'e-
» xécuter tout ce qu'il lui plaira de nous ordonner. Car qu'elle
» que soit la loi que Votre Majesté voudra nous imposer, nous
» l'exécuterons sans nous plaindre, pourvu qu'elle nous fasse la
» grace de croire que nous serons inviolablement ses très-humbles,
» très-obéissants, très-fideles sujets & serviteurs ».

Le Roi répondit qu'il avoit été fâché contr'eux : qu'il étoit satisfait de leur obéissance, & qu'il verroit ce qu'il auroit à faire. Le Comte de Nogent dit alors tout-haut : *Sire, les Marseillois sont bonnes gens* : & le répéta jusqu'à trois fois.

La Renarde avoit été mis à Pierre-en-Cize ; le Cardinal Mazarin lui rendit la liberté, & le fit venir chez lui, où se trouvèrent les Chefs des deux partis. Il leur dit que l'intention du Roi étoit qu'ils fussent bons amis ; & pour *mieux cimenter cette union*, ajouta-t-il, *je vous invite tous à dîner demain chez moi*. Ce Ministre ne voulant laisser subsister dans la Ville de Marseille aucun sujet

ILS SONT ADMIS A L'AUDIENCE DE SA MAJESTÉ.

An. 1659.

LVIII.
LA COUR TACHE DE RÉCONCILIER LES DEUX PARTIS.

de division, fit accorder une nouvelle amnistie pour toutes les personnes qui avoient eu part aux derniers troubles. Bausset fut rétabli dans les fonctions de Lieutenant-Général en la Sénéchaussée par Arrêt du Conseil ; & l'Abbé de Félix déchargé par une Ordonnance particulière de tous les ordres qui avoient été expédiés contre lui, comme ne s'étant mêlé des affaires de la Ville que pour tâcher d'y mettre la paix. Les quatre Consuls, qui avoient été élus au mois d'Octobre précédent, malgré la défense du Roi, ne furent point confirmés : il y eut ordre d'en nommer d'autres, & le Duc de Mercœur qui se trouvoit alors à Lyon, retourna à Marseille, pour faire procéder en sa présence à une nouvelle élection. Les Députés partirent de Lyon le 14 Janvier 1659. Il est difficile de peindre les transports de joie, avec lesquels ils furent reçus par leurs Concitoyens : presque tous les habitans de l'un & de l'autre sexe sortirent au-devant d'eux, les uns en voiture, les autres à cheval, & le plus grand nombre à pied. On n'avoit de contentement qu'autant qu'on pouvoit les voir ou les toucher ; ils furent obligés de monter à cheval pour se montrer à cette foule, avide de les considérer. Le délire étoit poussé à un tel point, qu'il eut été dangereux pour ceux du parti contraire, qu'on avoit forcés de sortir de la Ville, d'y rentrer en ce moment.

Le Duc de Mercœur arriva à Aix trois jours après, c'est-à-dire le 21 Janvier, & fit enregistrer les Lettres d'abolition. Ensuite il partit pour Marseille accompagné des Députés de cette ville, qui étoient Vintimille Seissons, Felix la Renarde, Jean-Baptiste de Gerente-Venel, François d'Arene, Pierre d'Artigues, & Charles de Mazenod. Il étoit déja nuit quand il arriva : le peuple craignit que le Duc n'eut choisi cette heure pour faire entrer avec lui la Baume & ses adhérens ; & il y eut des gens assez hardis pour allumer des balais, & les approcher de la portière du carosse, afin de voir si la Baume, ou quelqu'un de ses partisants y étoit. Peut-être aussi cherchoient-ils à intimider le Duc pour l'empêcher d'élire de nouveaux Consuls. Cependant les ordres du Roi étoient si précis, qu'il ne pouvoit s'en écarter sans se rendre coupable. Il crut avoir trouvé les moyens de concilier tous les intérêts, en proposant de donner le chaperon aux mêmes que le Roi avoit mandés à Lyon, pourvu que ce fût par le sort, & qu'il pût écrire au Ministre que les Marseillois avoient obéi. Cet expédient ayant été approuvé, le Duc de Mercœur se rendit le 26 Janvier à l'Hôtel-de-Ville, où les Consuls, dont l'élection avoit été cassée, ne prirent aucun rang, & se confondirent avec les Conseillers. Quoiqu'on parut procéder suivant les règles, on ne mit que leurs noms dans la boîte. Le peuple, en apprenant qu'ils étoient sortis tous les quatre, comprit bien que le sort ne pouvoit pas avoir présidé seul à un choix si conforme à ses désirs : il n'en fut que plus inconsidéré dans sa joie, & la témoigna par des chansons, dont l'une piqua beaucoup le Duc de Mercœur, à cause des trois vers que voici :

> Moussu de Mercœur, sias lou ben vengut ;
> Aven fa lei Consous comme aven vougut :
> En despic daquelei que nous an vendut.

C'est-à-dire, *M. de Mercœur soyez le bien venu ; nous avons fait les Consuls comme nous avons voulu, en dépit de ceux qui nous ont vendus.* Le premier Président d'Oppède crut que pour entrer dans les vues du Gouvernement, il devoit de son côté étouffer tous les ressentiments particuliers qu'il pouvoit avoir. Il se réconcilia avec ses ennemis d'Aix & du Parlement ; consentit au retour du Président de Régusse relegué à Issoudun, & à l'élargissement du Conseiller de Glandevès-Rosset, détenu dans la Citadelle de Saint-Tropez ; mais cette réconciliation ne dura pas long-tems, non plus que le repos & la tranquillité apparente de la ville de Marseille.

ELLE ENVOIE LE DUC DE MERCŒUR A MARSEILLE ; CONDUITE DE CE GOUVERNEUR.

An. 1659.

LIVRE XIV.
An. 1659.

LX.
SOULÈVEMENT
A AIX CONTRE
LE PREMIER
PRÉSIDENT.

Mém. du Préf.
la Roq.

Il s'éleva à Aix le 14 de Février, une querelle entre le cadet d'Etienne, ami de Forbin, Baron d'Oppède, premier Président, & le jeune Baratte, que des liaisons de parenté avoient engagé dans le parti contraire. Celui-ci fut griévement blessé; & ses amis s'imaginant qu'il étoit immolé au ressentiment du Baron d'Oppède, coururent dans la ville l'épée à la main, & ayant ameuté le bas-peuple, ils s'avancèrent pour enlever ce Magistrat dans son hôtel. D'Oppède, instruit de leurs desseins, prit son parti en homme que le danger n'effrayoit pas. Il monta dans son carrosse, & se fit conduire au Palais à travers les factieux, qui, le voyant revêtu de la pourpre & saluer d'un air serein, furent saisis de respect & n'osèrent attenter à sa vie. Arrivé à la Grand'Chambre, il se mit sur son siége & fit assembler le Parlement. Les séditieux, au nombre d'environ deux mille, étoient accourus autour du Palais, & demandoient qu'on leur livrât ce *voleur* & ce *traître*; c'est ainsi qu'ils l'appelloient dans leur colère. Cependant les Magistrats arrivent, & l'on charge le Président d'Escalis, les Conseillers de Raphaelis, de Leydet, d'Agut, & l'Avocat Général de Galaup-Chasteuil, d'aller appaiser la sédition. On les choisit de préférence, parce qu'on savoit qu'ils étoient attachés aux Chefs de l'émeute, & que par cette raison ils auroient du crédit sur les séditieux. Mais ceux-ci les apperçoivent à peine qu'ils fondent sur eux, & les repoussent dans la salle, en criant qu'ils veulent justice de l'assassinat de Baratte : peut-être l'auroient-ils vengé dans l'instant même, si la présence des Sénateurs, rangés sur leurs siéges, ne leur eût inspiré une sorte de respect. Leur fureur se rallentit, & ils sortoient du Palais, lorsque leur imagination s'échauffa de nouveau, dans les flots tumultueux de cette populace mutinée, qui accouroit au-devant d'eux. Ils rentrèrent, & pénétrèrent jusqu'à la Grand'Chambre, où les quatre Consuls venoient d'arriver : ils demandèrent d'en avoir un à leur tête, croyant par-là justifier leurs excès.

Aucun des quatre ne vouloit être le chef d'une troupe auſſi dangereuſe. Enfin Roque-Martine, plus courageux que ſes collègues, ſe met à la tête des factieux ; mais à peine il eſt parmi eux, que chacun des chefs, voulant le faire agir à ſa fantaiſie, le tire à ſoi, & dans ce combat où l'on ſe le diſpute avec une groſſiere vivacité, ſon corps eſt meurtri & ſon chaperon mis en pièces. C'étoit un moment dangereux pour tout Magiſtrat, qui auroit paru dans ces circonſtances : malheureuſement pour le Conſeiller d'Honorat, il fut rencontré par les mutins, lorſqu'il alloit à la Grand'Chambre, froiſſé, battu, & il alloit être étendu ſur le carreau d'un coup d'arquebuſe, ſi Roque-Martine ne l'eut ſauvé. Celui-ci étoit dans les mains des factieux un automate, qu'ils faiſoient mouvoir au gré de leurs paſſions : leur joie fut bien plus grande, quand ils ſe furent ſaiſis du Préſident d'Eſcalis, qui venoit pour appaiſer l'émeute ; ils le firent marcher au milieu d'eux avec le premier Conſul, croyant que tout ce qu'ils feroient, ſous les yeux de ces deux Chefs, deviendroit légitime, comme étant autoriſé par leur préſence. Ce fut dans cette confiance qu'ils s'avancèrent vers la maiſon du premier Préſident, pour la livrer au pillage ; mais les perſonnes qui étoient dedans, ayant tiré quelques coups de fuſil, tuèrent un artiſan & en bleſsèrent d'autres.

Par-tout ailleurs la maiſon eût été forcée, pillée & brûlée après cet accident ; mais ce peuple, orgueilleux & mutin quand on cédoit ; timide & lâche quand il trouvoit de la réſiſtance, accourut au Palais, où il ſe flattoit d'avoir des ſuccès plus faciles. Le Parlement s'étoit aſſemblé au premier bruit de l'attroupement. Les ſéditieux, armés d'épées & de piſtolets, enfoncèrent la porte de la cour ; mirent en pieces celle de la grande ſalle, forcèrent celle de l'audience où les Huiſſiers & le Prévôt n'oppoſèrent qu'un foible rempart, & tentèrent de pénétrer dans la Chambre où étoit le Parlement, & dont l'entrée fut défendue par quelques Officiers du corps. C'eſt là qu'ils demandèrent, avec

Soulévement a Aix contre le premier Préſident.

Déclar. du Duc de Merc.

des cris menaçants, qu'on leur livrât le premier Préſident. On négocia avec eux, & durant la négociation on propoſa à ce Magiſtrat de ſortir par une porte dérobée. *A dieu ne plaiſe*, dit-il, *que je faſſe cet affront à la Magiſtrature; il n'y a pas d'aſyle plus ſûr que le lieu où le Roi m'a placé. Si quelqu'un d'entre vous ne ſe croit point en ſureté, qu'il ſorte, & qu'on ouvre les portes: pour moi je ne dois rien craindre dans un ſanctuaire où réſide la Juſtice & la Majeſté du Souverain.* On étoit dans ces agitations, lorſque le Cardinal de Grimaldi, attiré par le bruit, arriva. Il pénétra juſqu'à la Grand'Chambre à travers les ſéditieux, qui, par reſpect pour ſa perſonne, ſe rangèrent pour le laiſſer paſſer : il offrit à d'Oppède de le conduire à l'Archevêché, où les mutins vouloient qu'il fût gardé en ôtage ; mais comme il étoit à craindre qu'il ne fût immolé à la fureur du peuple, lorſqu'il ſortiroit pour monter en carroſſe, le Cardinal le prend par la main, le met entre lui & un Préſident au milieu d'un grouppe de Conſeillers, & paſſe à travers la populace ſans être reconnu, d'autant mieux que la nuit étoit déja fort avancée. D'autres aſſurent que le Conſeiller de Thomaſſin-Einac, qui avoit épouſé la couſine germaine du premier Préſident, s'arma de deux piſtolets & d'un poignard qu'il mit à ſa ceinture, & que s'étant avancé vers le premier Préſident, il lui dit: *mon Couſin, ſuivez-moi; le premier qui branle, eſt mort*; & que marchant devant lui, il le conduiſit juſqu'au carroſſe, tandis que le Cardinal le couvroit de ſon manteau en le tenant embraſſé.

Le danger ne fut pas moins grand dans la cour de l'Archevêché, où les factieux arrivèrent en foule. Ils mirent des corps-de-garde aux avenues, aux portes de la ville, à la place des Dominicains, & tentèrent même d'enlever le priſonnier pendant la nuit, en criant comme des furieux qu'ils vouloient s'en défaire, parce qu'il étoit la cauſe de tous les maux de la Province. Ces corps-de-garde n'empêchèrent pas que trente-cinq Conſeillers des plus affectionnés au premier Président, ne sortissent de la ville, & ne députassent au Roi le Cadet Galliffet, pour l'informer d'une sédition qu'ils n'avoient pu ni prévoir ni prévenir.

Le Duc de Mercœur étoit à Toulon dans le tems de ces troubles. Il trouva en revenant à Aix, à une lieue de cette ville, deux des Procureurs du pays, qui lui apprirent tout ce qui s'étoit passé. Il se retira au Château de Saint-Marc, où les Députés du Parlement, de la Cour des Comptes & du Bureau des Finances, vinrent l'assurer de leur fidélité. Persuadé par les avis qu'il recevoit de toutes parts, que les factieux n'avoient aucun appui dans la Ville, ni dans la Province, & que leur soulèvement n'étoit qu'une frénésie passagère, il ne voulut pas faire venir des troupes réglées pour les réduire ; il crut que les milices du pays seroient plus que suffisantes. Ainsi le 18 Février, il donna une Ordonnance, par laquelle il invita la Noblesse à prendre les armes, & enjoignit aux Communautés de fournir un homme par feu, armé de l'épée & du mousquet. Le rendez-vous général des troupes étoit à Lambesc le 27 du même mois. Les habitants de Marseille députèrent au Duc le premier Consul, l'Assesseur & plusieurs Gentilshommes, pour lui offrir leurs services, & l'assurer de leur obéissance. La ville d'Arles lui envoya deux cent hommes & deux canons : les Procureurs du pays auroient bien voulu effacer par leur zèle la honte que cette émeute imprimoit à leur patrie ; mais retenus par les séditieux, qui leur faisoient signer tout ce qu'ils vouloient obtenir, ils ne purent se rendre auprès du Gouverneur, quoiqu'ils fussent mandés.

L'arrivée des milices & les préparatifs de guerre en imposèrent pourtant aux factieux, & même à tous les habitans d'Aix : on parla d'accommodement. Duchaine, Evêque de Sénez, & Séguiran, premier Président de la Cour des Comptes, furent priés par le Cardinal de Grimaldi & par les Procureurs du pays, d'aller désarmer la colère du Duc de Mercœur. Le Duc ne vou-

Soulèvement a Aix contre le premier Président.

An. 1659.

lut entendre à aucune proposition, qu'auparavant les mutins n'eussent mis bas les armes, & rendu la liberté au premier Président. Il fit espérer, s'ils donnoient cette marque d'obéissance, qu'il obtiendroit leur grace : sur cette promesse, le premier Président fut remis en liberté, & conduit comme en triomphe par le Parlement jusqu'à son hôtel, où il reçut les complimens de toutes les personnes notables. Il partit avec les Procureurs du pays, pour aller à Lambesc assurer le Gouverneur de leur reconnoissance, de leur zèle & de leur fidélité. Le Duc revint le 3 Mars à Aix, où le premier Président & les trente-cinq Conseillers firent leur entrée. Le lendemain il les installa au Parlement, & les Chambres s'étant assemblées, elles lui témoignèrent leur vive reconnoissance, des soins qu'il s'étoit donnés, pour le rétablissement de la tranquillité publique. Elles remercièrent en même tems le Baron d'Oppède de l'honneur qu'il avoit fait à la Magistrature, par la sagesse & par la fermeté qu'il avoit montrées dans le danger. La satisfaction du public auroit été complette, si dans cette émeute il n'y avoit eu plusieurs habitants, qui s'étoient rendus coupables du dernier supplice. Le Roi, en accordant l'amnistie que le Gouverneur & les Consuls d'Aix lui avoient demandée, en avoit excepté quarante particuliers, qui par leurs excès étoient indignes de sa clémence. Il écrivit même au Pape & au Duc de Savoie, pour les prier de ne point les souffrir dans les terres de leur dépendance : ainsi la plupart se réfugièrent à Marseille, où par un abus que cette ville faisoit de ses priviléges, on trouvoit quelquefois contre l'autorité Royale, un asyle qu'on ne pouvoit se promettre dans les pays étrangers.

Le premier Président fut distingué parmi ceux dont le Gouvernement loua la conduite. Le Cardinal Mazarin lui écrivit, qu'il n'avoit pas été surpris de la fermeté extraordinaire qu'il avoit montrée durant les troubles du 14 & du 15 Février. « On
» ne

» ne devoit pas moins attendre, ajoutoit-il, de votre naissance
» & de votre vertu. Je veux espérer qu'à présent vous serez sorti
» de façon ou d'autre de ces furieux : mais je n'aurai point l'es-
» prit en repos que je n'en sois assuré ; car je frémis à la seule
» pensée des périls que vous avez courus dans cette perturba-
» tion : vous avez au moins cet avantage, que la cause en est
» trop connue pour ne vous être pas glorieuse ». Le Ministre
savoit en effet que la jalousie avoit excité cet orage : il est vraisemblable aussi que le premier Président eût à se reprocher quelques-unes de ces fautes, dont les hommes les plus sages ne sont
point exempts dans les villes & dans les corps où la division s'est
mise.

PUNITION DES COUPABLES.
Bouc. & Pitton.

An. 1659.

 Le Parlement n'auroit pas cru avoir rempli l'étendue de ses
obligations, s'il n'avoit déployé contre les coupables toute la
sévérité de son ministère. Il en condamna huit à être rompus
vifs, & leurs maisons brûlées ; dix à être pendus, & cinq à
avoir la tête tranchée. Quant aux autres accusés, l'Arrêt portoit
que la procédure seroit continuée, & que le premier Président
remettroit au Greffe criminel le verbal de ce qui s'étoit passé,
depuis son enlèvement du Palais, jusqu'à sa sortie de l'Archevêché. Comme parmi les coupables il y en avoit plusieurs qui
tenoient au Parlement, & d'autres qui appartenoient à des familles respectables, le Ministre craignit sans doute qu'on n'ins-
truisît leur procès avec trop de négligence : voilà pourquoi dès
le commencement de Mars, Sa Majesté avoit chargé Basin, sieur
de Bezons, Intendant du Languedoc, & Vertamont, Maître
des Requêtes, de venir instruire la procédure sur les lieux. Ces
Commissaires arrivèrent à Aix le 20 Avril, & le 29 de Mai étant
à Villeneuve-lès-Avignon, ils condamnèrent plusieurs particuliers à diverses peines afflictives. Le Jugement fut gravé sur une
pyramide dressée à Aix dans la place des Dominicains, vis-à-vis
la porte du Palais.

Mém. du Prés.
la R.

Tome IV.   D d d d

L'Arrêt le plus affligeant pour la ville d'Aix ne fut donné que le vingt de Juillet. Ce jour-là le sieur de Bezons déclara les Consuls déchus de leur qualité de Procureurs du Pays, avec défenses de s'immiscer dans les fonctions de leur charge. Cette punition parut d'autant plus extraordinaire, que le Roi, sur le témoignage du Gouverneur & du premier Président, avoit déclaré que la conduite de ces Magistrats justifioit suffisamment le Conseil de Ville, du reproche qu'on auroit pu lui faire d'avoir autorisé la sédition. Mais de quelle considération peuvent être, dans les tems de trouble, l'honneur & les prérogatives de quelques particuliers, lorsqu'on croit que la raison d'Etat exige qu'ils soient sacrifiés, pour rendre l'autorité plus respectable ? Il étoit en même tems enjoint aux Habitans d'élire de nouveaux Consuls dans l'espace d'un mois, & de les envoyer au Duc de Mercœur, pour l'assurer que la ville d'Aix n'avoit eu aucune part à la sédition du 14 Février. Les paiemens faits aux séditieux furent déclarés nuls, avec défenses aux Trésoriers d'en faire mention, & aux Auditeurs des Comptes de les admettre. Mais ce qui révolta davantage, c'est que le même Jugement privoit pour toujours les trois derniers Consuls des prérogatives attachées aux personnes Consulaires, & ordonnoit que leurs noms fussent rayés des registres de l'Hôtel-de-Ville, sans pourtant que cette espèce de dégradation pût les empêcher d'obtenir d'autres charges. Le Juge ne voyoit pas qu'en voulant condamner à l'oubli le Consulat de ces trois Citoyens, il le consacroit d'une manière plus particulière à la postérité ; car l'opinion, plus faite pour gêner l'autorité que pour en être maîtrisée, se révolte contre l'abus du pouvoir, lorsqu'on veut lui prescrire des règles, auxquelles aucune puissance humaine ne peut l'assujettir.

Nous avons dit plus haut que la plupart des coupables s'étoient retirés secrettement à Marseille, où ils trouvèrent un parti qui les soutint. Le Roi & le Duc de Mercœur ordonnèrent plusieurs fois aux Confuls de les livrer à la Juftice ; mais les Confuls avoient tant de ménagements à garder, qu'ils craignoient de compromettre l'autorité du Roi, s'ils exécutoient ces ordres : ils firent donc faire des recherches avec cette négligence, que les circonftances fembloient juftifier.

XLII.
Les séditieux d'Aix se retirent a Marseille.

La Salle, Niozelles, les Félix frères, la Renarde & Daréne, étoient les principaux défenfeurs des réfugiés : c'étoit contr'eux que le Cardinal Mazarin tonnoit quand il écrivoit à de Pilles. Celui-ci les affembla un jour chez le premier Conful, pour leur faire part des fentimens du premier Miniftre : ils fentirent qu'il y avoit du danger pour eux ; qu'il étoit même inutile de fe roidir plus long-tems contre l'autorité : ils confeillèrent donc aux réfugiés de fortir de la ville, & leur donnèrent tout l'argent dont ils avoient befoin : les uns pafsèrent à Livourne, les autres s'en allèrent par mer en Languedoc, d'où ils fe rendirent chez leurs amis du Comtat.

An. 1659.

Dans ces entrefaites Charles Perret fut affaffiné fur le quai, par des gens du parti de Niozelles. Ce Gentilhomme eut d'autant moins de part à l'affaffinat, qu'il n'avoit point à fe plaindre du malheureux Perret. Cependant le Parlement le décréta d'ajournement perfonnel. Il n'eut garde d'obéir, & même il n'en auroit pas été le maître, parceque fes amis ne le quittoient pas. Le Roi fut bientôt inftruit de cette affaire : Niozelles étoit repréfenté à fes yeux comme un affaffin & un ambitieux, qui avoit formé le projet de fe rendre maître abfolu dans Marfeille. Le Cardinal Mazarin négocioit alors à l'île des Faifans, avec Dom Louis de Haro, premier Miniftre d'Efpagne, la Paix générale & le Mariage du Roi. Ce Miniftre voulut s'affurer que Sa Majefté Catholique ne donneroit aucun fecours d'hommes ni d'argent, directement ou indirectement à la ville de Marfeille : quand il en eut obtenu la promeffe par écrit, il l'envoya au Roi, qui donna ordre à Niozelles de fe rendre inceffamment

LXIII.
Décret d'ajournement et ordres lachés contre Niozelles.

à la suite de la Cour, sous peine de désobéissance, & d'être déclaré criminel de leze-Majesté. Cet ordre fut adressé au Duc de Mercœur, qui le remit à la Gouvernelle, Lieutenant de ses gardes, pour le faire exécuter. *Autant vaudroit-il*, répondit la Gouvernelle, *que Votre Altesse me commandât d'aller à l'assaut: Cependant je m'en vais faire la commission.* Il arriva à Marseille le 16 Octobre 1659, & alla droit à l'Hôtel-de-Ville, où il trouva les Consuls qui conféroient avec Niozelles sur une affaire particulière. Ravi de cette rencontre, il présenta à ces Magistrats une lettre du Gouverneur, & lut tout haut l'ordre du Roi, demandant qu'on certifiât par écrit qu'il l'avoit signifié en personne à Niozelles: celui-ci fit une profonde révérence, & répondit qu'il obéiroit. Dans le tems qu'on travailloit à dresser le certificat, Serres, attaché à Niozelles, descendit à la loge, raconta ce qui venoit de se passer, & fit monter une troupe de mutins, presque tous gens du peuple, qui entrant comme des furieux dans la chambre des Consuls, demandèrent hautement où étoit celui qui portoit des ordres supposés, ajoutant qu'ils vouloient le jetter par la fenêtre, & traîner ensuite son cadavre par la Ville. Il y en eut même qui arrachèrent des mains du premier Consul l'ordre du Roi & le déchirèrent: les autres alloient se jetter sur la Gouvernelle, qui se glissa sous la table, & donna le tems à Niozelles de s'approcher pour le défendre; mais ses efforts n'empêchèrent pas les plus mutins de donner des coups de pied à cet envoyé. Niozelles vint pourtant à bout de les faire retirer; & à l'entrée de la nuit, ayant conduit la Gouvernelle chez le premier Consul, il soupa avec lui, & le fit partir dans la nuit même, escorté de plusieurs cavaliers. Le bruit s'étoit déja répandu à Aix qu'il avoit été mis en pièces: ainsi son arrivée y surprit beaucoup de monde. Il raconta tout ce qui s'étoit passé, & les obligations qu'il avoit à Niozelles. Le Duc de Mercœur l'envoya en Cour, pour y rendre compte de cette affaire, sur laquelle les Confuls de Marfeille tâchèrent de fe juftifier, par une Lettre fort foumife qu'ils écrivirent au Miniftre.

Le Parlement, toujours attentif à réprimer les troubles de cette Ville, décréta Niozelles de prife de corps; mais il ne fe trouva point d'Huiffier qui voulût fignifier l'Arrêt. Ce Gentilhomme étant quelques jours après dans la chambre du Major Félix, la Dame de Valbelle, fa coufine, lui dit en parlant de l'ordre qu'il avoit reçu de fe rendre à la fuite de la Cour, que fon mari avoit obéi en pareil cas: Niozelles répondit qu'il ne vouloit point aller apprendre à prier Dieu dans une citadelle; la Dame repliqua que cela n'arriveroit pas; mais qu'au refte en fauvant fa liberté pour quelque tems, il rifquoit fa fortune & fes biens pour toujours: *N'importe*, pourfuivit le Gentilhomme, *j'aime mieux vivre pauvre & libre, que riche & prifonnier*. Ce fut à peu-près dans ce tems-là que les nouveaux Confuls, dont le premier étoit Antoine de Candole, reçurent un ordre du Roi, qui leur enjoignoit de faire partir Niozelles pour la Cour. Le Duc de Mercœur, à qui cet ordre fut adreffé, l'accompagna d'une lettre conçue en ces termes:

« Ce feroit commettre ouvertement, Meffieurs, l'autorité du
» Roi, & trop hazarder dans mon fens, que d'expofer une feconde
» fois les ordres de Sa Majefté, dans une ville où le refpect
» & la retenue viennent d'être étouffés par les mouvemens
» & les violences d'un tas de factieux. Pourtant comme il
» eft de mon devoir de m'attacher ponctuellement à l'exécu-
» tion des volontés du Maître, je ne répondrois pas des évé-
» nemens, fi l'ordre de S. M. que vous trouverez ci-joint, ne
» vous étoit rendu par une voie bien fûre. Le Roi veut
» que le fieur Niozelles obéiffe, ou qu'il foit arrêté: c'eft
» votre intérêt de faire valoir fa volonté, & la feule voie
» pour réparer ce que la mauvaife conduite de vos devan-
» ciers prépare de fâcheux: je ne prétends pas vous exhorter

LXIV
IL EST DÉCRÉTÉ DE PRISE DE CORPS.

An. 1659.

» à cette obéissance : vous savez ce que vous pouvez & devez
» faire en cette conjoncture, & vous n'avez personne à con-
» sulter que vous-mêmes. Vous m'avez pourtant cette obliga-
» tion, que je juge par avance favorablement de vous, &
» que j'estime que vous ne serez pas fâché de travailler
» au repos d'une Ville assez engagée, & vous différencier de
» ceux qui l'ont laissée dans ce mauvais pas. Quoi qu'il en
» soit ; vous pourrez prévenir bien des choses, & adoucir par
» une obéissance soumise, ce qu'on doit attendre d'un Roi
» offensé.... A Aix, le 4 Novembre 1659, *signé* LOUIS DE
» VENDÔME ».

LXV.
IL EST MENACÉ DE LA COLÈRE DU ROI.

L'autorité du Roi étoit si peu respectée dans la ville de Marseille, le Gouverneur si foible, & il craignoit tant le caractère du peuple toujours prompt à s'enflammer, qu'il fut obligé de se servir d'une Demoiselle pour faire parvenir ce paquet au premier Consul. La Demoiselle voulant éviter d'être interrogée, choisit le jour où il recevoit les complimens sur son élection au Consulat ; elle se glissa dans la foule des visites, & remit la dépêche au Magistrat, lorsque distrait par les empressemens de ses parens & de ses amis, il ne faisoit point attention à un paquet qu'on lui mettoit dans la main. Quand il fut libre, il le lut, & le montra ensuite à ses collégues, qui furent d'avis d'en parler à Niozelles, & d'en faire un secret à tous les autres. Ils résolurent en même tems d'envoyer un exprès au Duc de Mercœur, pour lui représenter qu'étant en charge depuis peu de jours, ils trouveroient de grandes difficultés à faire exécuter ses ordres ; mais qu'avec le tems ils pourroient parvenir à réunir les esprits, & donner lieu à son Altesse d'écrire en faveur d'une Ville, qui à l'avenir lui seroit tout-à-fait soumise. Leur Député n'eut pas la permission de le voir, car le Duc avoit pris la résolution de ne traiter d'aucune affaire avec les Marseillois, qu'après que Niozelles auroit obéi. La lettre que le Cardinal Mazarin leur écrivit le 15 Novembre acheva de les intimider.

« Je ne vous cacherai pas, leur dit-il, que quand même
» j'aurois entrepris de juſtifier auprès de S. M. l'inſulte faite
» à la Gouvernelle, cela n'auroit ſervi de rien, chacun trouvant
» l'action ſcandaleuſe & criminelle en toutes ſes circonſtances,
» & qui plus eſt, le Roi en étant indigné à un tel point
» qu'il n'y a perſonne qui ne juge que ſon autorité, ſon
» ſervice, le bien de la Province, & le repos même de Mar-
» ſeille ne permettent pas qu'un tel attentat, qui eſt enſuite
» de beaucoup d'autres, puiſſe demeurer impuni ».

Les Conſuls voulurent faire un dernier effort ; ils députèrent au Roi, la Cour étant alors à Touloufe, François de Vintimille-Saiſſons, Thomas de Villages & Ambroiſe Cornier ; le Cardinal ne voulut pas même leur donner audience : il reçut avec bonté J. B. de Felix la Renarde, qui étoit allé uniquement pour l'aſſurer de ſes reſpects ; mais il les retint tous pour ôtages à la ſuite de la Cour, faiſant entendre qu'ils répondroient ſur leur tête de la fidélité de leurs amis de Marſeille. La Renarde & les Députés eurent lieu de ſe convaincre que la perte de Niozelles étoit aſſurée ; ils lui envoyèrent par un homme de confiance un billet ſans ſignature conçu en ces termes : *ſauvez-vous, ſauvez-vous, & ſoyez ſûr que les iſſues ſont toutes fermées tant par mer que par terre.*

En effet, des barques parties de Toulon bloquoient la Ville du côté de la mer, & toutes les routes du côté de la terre étoient gardées. Niozelles prit donc le parti de ſe cacher dans la Ville même, & pour le faire plus ſecrétement, il fit courir le bruit qu'il alloit à Nice. On vit en effet des chevaux ſellés & bridés depuis midi juſqu'au ſoir le 15 Janvier 1660 ; il parut même en bottes tout ce jour-là, mais il diſparut pendant la nuit & ſe cacha dans une maiſon attenante à la ſienne ;

IL EST MENACÉ DE LA COLERE DU ROI.

An. 1659.

LXVI.
IL SE CACHE.

An. 1660.

il en fortit deux jours après ; parce qu'il avoit été reconnu par une femme du voifinage, & fe réfugia chez un de fes amis pendant qu'on lui préparoit le lieu où il devoit, pour ufer de fes propres expreffions, *s'enterrer comme une taupe.* Tous ceux qui étoient liés avec lui d'une manière particulière, cherchèrent auffi leur falut dans la fuite. Les uns fe cachèrent chez leurs amis, les autres à la campagne, plufieurs dans les creux des montagnes voifines de Marfeille. Niozelles s'enfevelit dans un lieu fouterrein, que le Confeffeur des Capucines lui avoit préparé auprès du logement des Frères Quêteurs, au-deffous d'une écurie ; on y defcendoit par une petite ouverture fermée avec des planches mobiles, couvertes de fumier. On les ôtoit pendant la nuit, afin de donner à l'air une circulation libre, & de renouveller celui que les émanations du corps avoient altéré pendant le jour : les prifonniers alloient alors fe promener dans le jardin des Frères Quêteurs, lorfque la lune n'étoit pas fur l'horifon. Ils étoient cinq dans ce fombre réduit, favoir Niozelles, fon Valet-de-chambre ; les fieurs de Serres frères, & Feautrier habitant de Cujes. L'un des deux frères fut malade ; le Chirurgien Lambert alla le foigner avec cette prudente circonfpection, & ce courage qu'on devoit regarder dans ces circonftances, comme l'héroïfme de la bienfaifance ou de l'amitié.

La Cour étoit à Arles quand ces malheureux profcrits fe cachèrent. Riqueti-Mirabeau, Forefta, Valbelle, Montolieu, & plufieurs autres Gentilshommes s'y tranfportèrent pour affurer le Miniftre du départ de Niozelles, & de la difpofition où étoient les habitants, de fe foumettre à tout ce qu'il plairoit au Roi de leur ordonner. La Cour ne fe laiffa point gagner par ces proteftations d'obéiffance ; elle s'avança vers Marfeille dans la ferme réfolution d'y donner un exemple éclatant de févérité. Cependant elle n'annonçoit dans tous les lieux de son passage que ces vertus pacifiques, & cette clémence qui relevoient les espérances des sujets. Le Roi fit son entrée à Aix le 17 Janvier 1660, ayant avec lui dans son carrosse la Reine sa mère, son frère, le Duc d'Anjou; & Mademoiselle, fille aînée de Gaston, Duc d'Orléans; il alla descendre à l'hôtel d'Aimar, Baron de Châteaurenard, auquel on joignit celui du Président de Régusse; la Reine & le Duc d'Anjou logèrent à l'Archevêché, & Mademoiselle chez le sieur Moreau, Seigneur de Pontevès : le Cardinal Mazarin occupa l'hôtel du Président d'Oppede.

Le Roi ne voulut pas qu'on fît ces réjouissances publiques, dans lesquelles le peuple manifeste son amour & sa joie avec une dépense onéreuse. Il se montra souvent en public, parce que chaque jour il alloit faire des actes de piété dans les Eglises, tantôt dans l'une, tantôt dans l'autre. Ce fut durant son séjour dans cette Ville, qu'on vit arriver le Prince de Condé, que des mécontentemens dont il est inutile de parler ici, avoient fait passer au service d'Espagne: ce Prince las enfin de déployer, dans une terre étrangère, des talens qu'il devoit faire servir un jour à la gloire de la France, avoit obtenu la permission de revenir à la Cour, & il arriva à Aix le 27 du mois de Janvier avec le Duc de Longueville. C'étoit la première fois qu'il voyoit le Roi, depuis qu'il étoit sorti du Royaume. Il se jetta aux pieds de S. M. & lui demanda pour lui & pour les personnes qui s'étoient attachées à son sort, une grace qui avoit déja été stipulée comme condition dans le traité des Pyrénées. Cette entrevue, attendrissante pour toute la Cour, puisqu'elle rendoit à la Famille Royale un Prince chéri, & un Héros à la France, précéda de quelques jours la nouvelle que le Roi reçut de la ratification de la Paix le 2 Février 1660, & qui causa une joie extraordinaire.

Les Marseillois crurent que c'étoit une circonstance favorable

La Cour arrive a Aix.

An. 1660.

Arch. du Chap. d'Aix.

pour obtenir leur pardon. Le parti oppofé à Niozelles comptant avoir mérité des éloges, par la manière dont il s'étoit conduit, fit une députation, du fuccès de laquelle il ne doutoit pas; mais le Cardinal Mazarin refufa de la recevoir, & n'eut pas plus d'indulgence pour d'autres perfonnes qui allèrent à Aix implorer fa protection. Parmi ceux qui firent le voyage, on peut nommer Etienne de Puget, Evêque de Marfeille. Ce Prélat, craignant que la Cour ne lui reprochât de n'avoir pas montré affez de zèle pour pacifier les derniers troubles, imagina de chercher une excufe dans fon grand âge, & pour cet effet il voulut paroître plus vieux qu'il n'étoit : il prit une grande calotte à oreilles, s'appuyant d'une main tremblante fur un bâton, & de l'autre fur un Valet de chambre, & faifant femblant de ne refpirer qu'avec peine : quand il fut fûr de bien jouer fon rôle, auquel il s'exerça durant plufieurs jours avant fon départ, il prit la route d'Aix, & alla faire fa cour au Roi & à la Reine-Mere, qui l'avoit nommé à l'Evêché de Marfeille au commencement de fa régence. Le Cardinal Mazarin, & toute la Cour le trouvèrent fi caffé, qu'on le regarda comme près de fon terme; il y eut même plufieurs Eccléfiaftiques de qualité qui demandèrent ou firent demander fa coadjutorerie : le Cardinal, fatigué de leurs demandes, & voulant faire fentir aux Seigneurs qui l'affiégeoient, combien il étoit ennuyé de leur importunité, fit appeler Befemaux, fon Capitaine des Gardes, & lui commanda en préfence de ces Seigneurs, d'aller tuer l'Evêque de Marfeille. Befemaux refta interdit en recevant un ordre fi extraordinaire ; alors le Cardinal fe tournant vers ces Seigneurs, leur dit : *Que voulez-vous, Meffieurs, que je faffe ? il faut bien que je commande de le tuer, puifque ceux qui afpirent à le remplacer n'ont pas la patience d'attendre qu'il foit mort.*

Le Duc de Mercœur arriva à Marfeille le 21 Janvier à

à tête de sept mille hommes, avant que la Cour sortît de la ville d'Aix : son maintien, ses discours, tout ce qui l'environnoit annonçoit la sévérité des ordres dont il étoit porteur. Il fit dresser cinq potences, en différents quartiers, pour contenir les soldats & le peuple ; mit les troupes sous les armes durant la nuit, des corps-de-garde aux portes de la Ville, aux tours, aux boulevards, aux moulins, au port, à la loge, & refusa de voir les Officiers de la Sénéchaussée, & les citoyens les plus notables qui se présentèrent suivant l'usage, pour le complimenter. Le lendemain, lorsque tout étoit dans le silence & la consternation, au milieu de cet appareil de guerre, il alla à l'Hôtel-de-Ville, & s'étant assis à la place du Viguier, il fit mettre le sieur de Piles à celle du premier Consul, qui se tint debout avec ses collégues, & quatre Gentilshommes qui ne les avoient jamais quittés. Alors prenant la parole, il leur dit : « Messieurs, je vous crois plus malheureux que
» coupables, mais vous êtes tombés dans la disgrace du Roi :
» S. M. ne veut plus que vous soyez Consuls, ni qu'à l'avenir
» il y ait à Marseille des Magistrats de ce nom. Elle a résolu
» de changer la forme du Gouvernement de la Ville, m'ayant
» commandé de vous déposer, & de remettre votre autorité
» entre les mains de M. de Piles, pour commander aux
» habitans & aux gens de guerre qui y sont & y seront en
» garnison, jusqu'à ce que Sa Majesté ait reglé la forme du
» Gouvernement politique ».

Il ordonna aux Consuls de quitter leurs chaperons, & les envoya au Cardinal, qui les reçut comme quatre drapeaux pris sur les ennemis. Le 22, de Piles fit publier, à son de trompe dans tous les carrefours, l'Ordonnance du Roi qui déclaroit Niozelles & ses adhérents criminels de lèze-majesté : il étoit défendu à toutes sortes de personnes de les recevoir ou de les loger dans leurs maisons, soit de la ville soit de la campagne,

LXIX.
SÉVÉRITÉ
DU DUC DE
MERCŒUR.

An. 1660.

sous peine de la vie, avec promesse de grace aux criminels, & de six mille livres aux autres qui arrêteroient les proscrits, ou qui déclareroient le lieu de leur retraite. On désarma ensuite les habitans, on fit scier & transporter à Toulon, pour y être fondus, les canons de bronze qui étoient sur les remparts ; on ne garda que celui qu'Antoine de Felix & ses collégues avoient fait faire en 1654 avec cette dévise, *Felici forte tonabo*. Quand le Duc de Mercœur eut ainsi déployé toute la sévérité de la Puissance souveraine, il logea les soldats chez des particuliers, quoique ce fut un des priviléges de la Ville d'être exempts de logement des gens de guerre.

Ces actes de rigueur mirent les habitans dans la plus grande consternation ; ils n'osoient presque plus paroître en public : on prétend même qu'il y en eut plusieurs qui moururent de douleur de voir leur patrie dépouillée de ses anciennes prérogatives, & traitée à l'égal d'une Ville que les ennemis auroient prise. Le Tellier, Secrétaire d'Etat, parut en être touché ; il dit un jour au Cardinal, avec lequel il s'entretenoit de tout ce qui s'étoit passé à Marseille, « les Marseillois ont bien du » feu dans la tête, mais ils n'ont point de venin dans le » cœur. Cette affaire, contre les régles de la perspective, paroît » grande de loin, mais de près elle est peu de chose ; & au » fond ce ne sont que des querelles particulières, dans les- » quelles on a insensiblement engagé l'autorité Royale en » faveur du parti le plus foible : en effet ce n'étoit pas autre chose.

Cependant on cherchoit Niozelles, comme le principal objet de la colère du Roi. Plusieurs personnes, des femmes même savoient qu'il étoit chez les Frères Quêteurs des Capucines : le secret fut pourtant si bien gardé, qu'on ne put jamais le découvrir. Quelques paroles imprudemment lâchées firent croire qu'il étoit dans le Couvent des Religieuses de Saint-Sauveur, dont la Dame de Cujes, fa tante, étoit Abbeſſe. Le Duc de Mercœur fit inveſtir le Monaſtère de toutes parts, mettant des gardes juſques ſur les toits des maiſons voiſines pour empêcher que le coupable ſe ſauvât; mais quelques ſoins qu'il eut de le faire chercher dans tous les coins du Monaſtère, il n'en emporta que le regret d'avoir montré trop de zèle peut-être, dans la pourſuite d'un malheureux.

Comme on vouloit intimider les habitants, il arriva à Marſeille le 27 du même mois des Commiſſaires du Parlement, nommés pour former une Chambre de Juſtice : ces Commiſſaires étoient les Préſidents de Forbin-la-Roque & Coriolis ; les Conſeillers de Ballon, Villeneuve, Saint-Marc, Etienne, Treſſemanes, Antelmi, Foreſta, Laurens, Maurel, & le Procureur-Général Vergons. Ils firent leurs informations avec un éclat impoſant : mais ils ne trouvèrent, dans la plupart des accuſés, aucun crime qui méritât cette ſévérité dont on les avoit menacés. Le Cardinal Mazarin en jugea de même ; & ſatisfait d'avoir intimidé les habitants, par cet appareil de ſévérité, il ſe contenta d'exiler la Salle pere & fils, le Major Félix & ſon frere l'Abbé ; Beauſſet pere & fils ; Mazenod & Cornier : il faut qu'ils fuſſent bien innocents, puiſque malgré les préventions qu'il y avoit contr'eux, & l'envie de les trouver coupables, on jugea qu'à peine ils méritoient l'exil. La Ville même ſentit que cette peine étoit trop forte : elle s'intéreſſa pour eux, & obtint leur rappel dans la même année. Mais la Salle, touché de l'état déplorable où l'on avoit réduit Marſeille, ſe retira dans ſes terres pour ne pas en être témoin.

Niozelles, les quatre complices qui s'étoient enfermés avec lui, & dix autres furent déclarés criminels de lèze-Majeſté, condamnés à mort & leurs biens confiſqués ; on ordonna que la maiſon de Niozelles fût razée, & qu'on y élevât une pyramide, pour conſtater ſon crime, ce qui fut exécuté. Cet Arrêt parut fort sévère aux personnes impartiales : on crut qu'il n'avoit été rendu avec tant de rigueur que pour appaiser la colère du Roi, extrêmement aigri par les ennemis de Niozelles. Aussi tous les condamnés, excepté ce Gentilhomme & François Serres, retournèrent-ils à Marseille, quelque tems après, sans avoir obtenu leur grace ; mais sur la simple permission du Premier Président, qui traitoit généreusement ceux qui avoient recours à lui.

Pendant que les Commissaires du Roi déployoient à Marseille tant de sévérité, Sa Majesté, le Duc d'Anjou son frere, la Reine, & une partie de la Cour, visitoient les endroits les plus fameux de la Provence. Ils allèrent à Saint-Maximin le 4 Février, & de-là à la Sainte-Baume, où la dévotion avoit déja attiré en d'autre tems des Rois, des Reines, des Princes, & des Princesses du second rang. Ainsi ce pélerinage si intéressant pour des ames pieuses, le devenoit encore comme objet de curiosité, sur-tout pour des Princes du Sang de France, pour qui le spectacle imposant des hautes montagnes, & la simplicité rustique des habitants, étoient un objet tout-à-fait nouveau. La Cour s'en alla ensuite à Toulon, & de-là à Hieres, qui lui offrit un tableau bien différent de celui que lui avoient offert les montagnes de la Sainte-Baume. Elle revint à Toulon, où elle prit la route de Notre-Dame de Graces, Eglise véritablement intéressante pour Louis XIV, à cause de quelques circonstances qui précédèrent sa naissance.

On sait que la Reine, après vingt-deux ans de mariage, n'avoit point encore la consolation d'être mere, & que cette longue stérilité affligeoit le Royaume. Le Frere Fiacre, Augustin réformé, touché de ce malheur, se mit en prières, pour demander à Dieu un héritier de la Couronne. La Sainte Vierge, suivant son rapport, lui apparut, & lui dit que ses vœux étoient exaucés ; & pour lui prouver que ce n'étoit point une illusion, elle ajouta qu'elle se montroit à ses yeux sous la même forme qu'elle avoit dans un tableau déposé dans l'Eglise des Prêtres de l'Oratoire de Notre-Dame de Graces en Provence. Le Frere Fiacre, à qui sa réputation de sainteté avoit procuré un libre accès auprès de la Reine, raconta la vision qu'il avoit eue, & le Roi l'envoya sur les lieux pour s'assurer, par l'existence du tableau, de la vérité de la vision. Il se trouva parfaitement ressemblant à la personne qui lui étoit apparue (1), & dès-lors il ne douta plus que la Reine ne fût enceinte. Sa Majesté touchée des graces que Dieu lui faisoit, fit une neuvaine en l'honneur de Notre-Dame, en attendant qu'elle pût venir sur les lieux offrir le pieux hommage de sa reconnoissance. C'est ce qu'elle fit en ce voyage, où elle alla mettre sous la protection de la Vierge, le Prince dont elle étoit accouchée par son intercession. Après avoir fait ses dévotions à Notre-Dame de Graces, la Reine vint coucher à Brignoles, & fut de retour à Aix le 13 Février, où l'on apprit la mort de M. le Duc d'Orléans, pere de Mlle dont nous avons parlé ci-dessus. Cette nouvelle & les affaires de Marseille empêchèrent la Cour de partir avant le 2 du mois de Mars.

Ce jour-là elle se mit en route pour arriver le soir même à cette grande Ville, où les Commissaires avoient déja répandu la consterna-

LE ROI ET LA REINE PARCOURENT DIFFÉRENS LIEUX DE LA PROVENCE.

An. 1660.

Arch. du Chap. d'Aix.

---

(1) Les PP. de l'Oratoire ont consigné dans leur livre de visite le Voyage du Frère Fiacre, & conservent les Lettres que le Roi Louis XIII, leur écrivit à ce sujet. Ils ont dans leur Bibliothéque le traité de paix des Pyrénées & le contrat de mariage de Louis XIV, reliés en un seul volume, dont ce Prince fit hommage à la Sainte Vierge.

La Reine avoit aussi beaucoup de dévotion à Sainte-Anne, Patrone de la ville d'Apt; car on trouve dans les Regîtres du Parlement d'Aix la deliberation suivante du 30 Mai 1623.

A été resolu d'écrire à l'Evêque d'Apt de faire des prières & oraisons à Madame Sainte-Anne pour la dévotion particulière que la Reine a à cette Sainte Dame, & faire dire tous les jours une Sainte Messe dans la Chapelle... & porter aux Processions le corps de la Dame Sainte-Anne, à ce que par ses Prieres Sa Majesté puisse avoir bientôt un Dauphin.

tion par leur févérité. Le Miniftre l'ayant traitée en ennemie, voulut en quelque forte juftifier fa conduite, en lui donnant l'air d'une Place conquife. Il fit faire, tout près de la Porte Royale, une brêche par laquelle il fit entrer le Roi ; comme fi cet expédient, indigne de la majefté d'un grand Prince, pouvoit faire illufion au Souverain fur fes droits & au peuple fur fes priviléges. On aime mieux la conduite fière d'un Capitaine Suiffe, nommé Waltrich, qui, venant d'Aubagne avec deux Compagnies, refufa de paffer par cette ouverture, en difant que les *Suiffes n'entroient que par les brêches faites à coups de canon.*

De Piles, fuivi d'un grand cortège, au milieu d'un peuple nombreux, préfenta au Roi les deux clefs d'or que la ville de Marfeille eft en ufage de donner en ces occafions, comme un fymbole de fa fidélité inaltérable : Sa Majefté, après les avoir touchées, les rendit à de Piles, en lui difant : *gardez-les, elles font bien entre vos mains.* Elle alla loger chez Thomas de Riqueti, Seigneur de Mirabeau ; & la Reine alla defcendre chez Léon de Valbelle, Seigneur de Monfuron ; le Duc d'Anjou frere du Roi, chez le fieur de Mazenod ; & le Cardinal, chez Balthafar de Cypriani.

La préfence des Seigneurs de la Cour & d'un fi grand nombre de gens de guerre jetta l'allarme parmi les perfonnes du fexe : beaucoup de femmes honnêtes fe retirèrent à la campagne, & l'on mit les demoifelles au Couvent. Parmi ces dernières, fe trouvoit la D^{lle} Regaïe, dont la beauté faifoit beaucoup de bruit : la Reine, qui en avoit entendu parler, voulut la voir, & on la lui amena, lorfque le Roi & le Duc d'Anjou étoient dans fon appartement : frappée de tant de graces réunies dans cette jeune perfonne, elle demanda au Roi comment il la trouvoit : *pas fi belle que l'Infante*, répondit le jeune Prince, par une faillie qui fit autant d'honneur à la préfence de fon efprit, qu'à l'honnêteté de fes fentimens.

Quelqu'éclatant

Quelqu'éclatants que fuſſent les témoignages d'allégreſſe qu'on donnoit au Souverain, ils auroient été bien plus vifs & plus ſincères, s'il eût montré moins de ſévérité : ce qui affligeoit ſur-tout les Marſeillois, c'étoit la conſtruction de la Citadelle de Saint-Nicolas : on chercha long-tems un lieu avantageuſement ſitué, d'où elle pût dominer ſur la Ville & ſur le Port : on ſe décida pour celui qu'elle occupe, parce qu'il offroit à la garniſon le double avantage de déployer ſur la Ville tout le feu d'une nombreuſe artillerie, & de rendre l'entrée du Port inacceſſible à l'ennemi : cette ſituation ſi avantageuſe par elle-même, le devint encore bien plus lorſqu'on bâtit vis-à-vis & de l'autre côté du Port en 1668, le Fort Saint-Jean. M. de Mercœur poſa la premiere pierre du Fort Saint-Nicolas, le 11 Février 1660, ſur laquelle on fit graver une inſcription latine ; dont voici le ſens (1) : *Pour empêcher que la ville de Marſeille, qui a ſouvent donné à nos Prédéceſſeurs des marques de fidélité, & qui a été pluſieurs fois agitée par les troubles que des gens mal-intentionés y ont excités, ſe laiſſe encore entraîner pour ſon malheur & pour celui du Royaume, à de nouveaux déſordres, par l'audace de quelques hommes entreprenants, ou par le deſir immodéré d'une trop grande liberté, Louis XIV, Roi de France, a pourvu par cette Citadelle à la ſûreté des principaux de la Ville, & à celle du peuple. Le Roi l'a ainſi ordonné ; Jules Mazarin Cardinal, ayant fait la paix aux Pyrénées, l'a conſeillé ; & Louis de Vendôme, Gouverneur de Provence, l'a exécuté en l'année 1660.*

LXXII. CONSTRUCTION DE LA CITADELLE S. NICOLAS.

An. 1660.

---

(1) Ne fidelis Maſſilia, nefariis aliquorum motibus ſæpius concitata, in proprium regnique damnum vel audaciorum petulantiâ, vel nimiæ libertatis cupidine tandem rueret, Ludovicus XIV, Gallorum Rex, optimatum populique ſecuritati hâc arce providit. Rex juſſit; Jul. Cardin. Mazar. pace ad Pyrenæam compoſitâ ſuaſit ; Ludovicus de Vendôme Provinciæ Gubernator executus eſt M. D. C. LX.

Le Maréchal du Pleſſis-Prâlin n'approuva pas la conſtruction de ce Fort. Il prétendoit qu'un corps de galères bien entretenu, ſuffiroit pour contenir les Marſeillois, avec moins d'inconvénients pour l'État. Le Tellier étoit du même avis ; & ſe ſervant des mêmes expreſſions dont il s'étoit déja ſervi, en parlant des Marſeillois au Cardinal Mazarin, il dit au Roi, « qu'il falloit ménager » le feu qu'ils avoient dans la tête, parce que s'il tomboit dans le » cœur, il pourroit le conſumer : que les Rois ſes prédéceſſeurs » avoient reconnu cette vérité, ayant mieux aimé ſe fier à la » fidélité inviolable d'une Ville ſi peuplée & ſi importante ; » qu'à celle d'un ſeul Gouverneur, qui ne ſeroit pas toujours à » l'épreuve des grandes offres qu'un Prince ennemi pourroit lui » faire ». Le Cardinal Mazarin en jugea tout autrement ; il ſentit que deux Forts, bâtis dans les deux endroits les plus avantageuſement ſitués, & à l'entrée du Port, réprimeroient beaucoup mieux les entrepriſes des ennemis, contiendroient plus ſûrement la Ville, & coûteroient infiniment moins à entretenir qu'un corps nouveau de galères, que les beſoins de l'Etat appelleroient quelquefois en d'autres parages : s'il eſt vrai, comme on le prétend, que Louis XIV dit, en parlant de la Citadelle de Saint-Nicolas, qu'il vouloit auſſi avoir ſa Baſtide dans le terroir de Marſeille ; il pouvoit dire que c'étoit un de ſes meilleurs domaines, par l'autorité qu'il lui donnoit. Auſſi trouva-t-on que la conſtruction de ces deux Citadelles, étoit un de ces événements qui méritoient d'être conſacrés à la poſtérité par une médaille. Celle qui fut frappée en cette occaſion, a d'un côté la tête du Roi, avec cette inſcription : *Ludovicus XIV, Rex Chriſtianiſſimus* ; & ſur le revers, l'embouchure du Port de Marſeille, fermée d'une chaîne ; & les deux Citadelles, une de chaque côté de cette entrée. Pour légende : *Maſſilia arce munita* ; dans l'exergue, M. DC. LX.

L'Adminiſtration municipale, qui avoit été juſqu'alors la cauſe ou le prétexte des divisions, mérita l'attention de la Cour. Le Roi, par un Édit du 7 Mars, supprima la Charge de premier Consul, & ordonna qu'à l'avenir, il y auroit à Marseille un Gouverneur Viguier ; deux Echevins, tirés du Corps des Négocians & un Assesseur ; & qu'ils seroient élus annuellement, selon le réglement du sort. Paul de Fortia, Seigneur de Piles, fut fait Gouverneur-Viguier perpétuel (1). Sa Majesté nomma Jean de Fargues & Louis Gardane, Echevins ; & Antoine Gras, Assesseur, en déclarant que c'étoit sans préjudice du réglement du sort pour cette fois seulement, & sans conséquence pour l'avenir.

Le Roi, après avoir mis la ville de Marseille dans l'impossibilité de remuer, en partit le 8 de Mars, prit la route de Baïonne, & se rendit à l'île des Faisans, où il célébra son mariage avec l'Infante d'Espagne.

Niozelles & ses quatre compagnons restèrent cachés dans le souterrein, jusqu'au 25 Avril. Etienne Audifret leur procura ce jour-là une barque sur laquelle ils passèrent à Barcelone : Niozelles n'y fut pas plutôt arrivé, qu'on lui offrit de l'emploi au service du Roi d'Espagne : il ne crut pas qu'un homme d'honneur, quelque mécontentement qu'il eût reçu du Gouvernement, dût porter les armes contre son légitime Souverain ; & il s'expliqua à ce sujet de manière à ne laisser aucun doute sur son attachement à sa Patrie. Son zèle fut tourné en plaisanterie par Dom Thomas Cazueri de la Maison de Girone, Capitaine de Cavalerie : ce jeune homme prit de-là occasion de parler peu respectueusement du Roi de France : Niozelles en fut piqué ; on

LXXII.
SORT DE
NIOZELLES.

---

(1) Ces nouveaux Echevins & ceux qui leur ont succédé prirent & prennent encore aujourd'hui la qualité de Protecteurs & Défenseurs des priviléges & libertés de la ville de Marseille, & quand le Gouverneur est absent, ils ajoutent, *faisant les fonctions de Gouverneurs.*

se dit de part & d'autre des paroles fort vives ; enfin on mit l'épée à la main : le Français blessa son adversaire, le terrassa, le marqua au visage & le désarma.

Comme il avoit tout à craindre de la part des parens & des amis de l'Officier Espagnol, il se mit sous la protection du Cardinal de Bonzi, & du Marquis de Villars, qui furent successivement Ambassadeurs de France en Espagne. Ces Ministres devinrent ses amis, quand ils le connurent ; & faisant valoir le combat singulier qu'il avoit soutenu, comme une preuve éclatante de son zèle patriotique, ils demandèrent sa grace au Roi, le lui représentant comme un homme dont le mérite n'étoit pas assez connu. Le Roi, sur leurs représentations, lui permit de se retirer dans ses terres de Provence, à condition qu'il ne paroîtroit ni à Aix, ni à Marseille. Ses biens avoient déja été rendus à Françoise de Félix sa mere, quoiqu'ils eussent été acquis au Domaine, par sa condamnation : il obtint ensuite la charge de Sénéchal de Systeron, que son pere avoit possédée, & enfin sa grace en 1714, à la priere de son fils le Chevalier, lorsque celui-ci fut chargé de présenter à Sa Majesté les faucons que le Grand-Maître est dans l'usage d'envoyer au Roi de France. Alors on lui permit, par un Arrêt du Conseil, du 1er Août de cette année-là ; de faire abattre la pyramide élevée en 1660 ; de rétablir sa maison, & d'y demeurer, s'il le jugeoit à propos. La pyramide fut en effet abattue, & la maison rétablie ; ainsi après une disgrace de cinquante-quatre ans, il eut la consolation de se voir rétablir dans tous les honneurs d'un fidèle citoyen ; il mourut à Niozelles le 23 Décembre 1714, âgé de quatre-vingt-quatorze ans.

Les coups d'autorité que Louis XIV fit en Provence, joints au faste & à la grandeur qu'il y étala, imprimèrent la crainte & le respect dans tous les cœurs. Ainsi tout fut tranquille, parce que l'orgueil des personnes considérables fut humilié, & la licence du peuple réprimée ; on peut dire même qu'à cette époque finit l'Histoire des Provinces, parce que le Gouvernement ne leur laissa ni intérêts particuliers à défendre, ni chefs à se donner. La Noblesse courbée, comme le reste des citoyens, sous le joug de l'autorité, fut condamnée à languir dans ses terres ou à ramper à la Cour, & ne put désormais aspirer qu'à l'honneur de briller dans les grandes places, ou à la gloire assez rare de se distinguer dans les armées. Il est encore vrai de dire qu'à cette époque l'histoire particulière d'une Province, prend une face nouvelle ; & qu'au lieu de décrire des intrigues, des révoltes, des combats, des trahisons & des meurtres, il ne lui reste plus, si elle veut se rendre intéressante, qu'à raconter tout ce que les Arts, les Sciences, les Lettres, le Commerce & l'Industrie ont fait pour la prospérité des peuples.

On reprit, dans les premières années du règne de Louis XIV, c'est-à-dire en 1662, le projet de faire un canal qui, recevant les eaux de la Durance à un endroit qu'on appelle Cantoperdrix, traverseroit le terroir d'Aix, & iroit aboutir à l'étang de Berre. Il devoit être navigable & fournir en même-tems de l'eau pour les arrosements ; ce qui l'auroit rendu, sous ce double rapport, d'une utilité inappréciable, quoiqu'elle ne fût point générale. L'industrie en Provence, étant pour le moins aussi active qu'en aucune autre Province du Royaume, languit souvent, parce qu'elle manque de cet aliment que fournit le transport facile des denrées. Ainsi c'étoit rendre aux habitans un service très important que de faire un canal de navigation. L'utilité n'en auroit pas été moins grande, considérée relativement aux arrosements, dans une Province où la sécheresse du climat prive les plantes de cette sève salutaire qui les vivifie & les féconde ; malgré ces avantages, cette entreprise n'a point encore été exécutée, parce qu'elle présente des difficultés qu'il faut avoir long-tems envisagées avant de se résoudre à les vaincre. Cependant l'Adminis-

LXXIV.
Projet d'un Canal.

An. 1662.

tration, toujours occupée du bien public, y supplée en quelque sorte par le soin qu'elle a de faire ouvrir, en plusieurs endroits, des canaux d'arrosement, & de rendre les routes plus sûres & plus faciles pour le transport des denrées & des marchandises. Il a fallu du tems avant qu'on ait pu donner à ces objets d'administration toute l'étendue dont ils étoient susceptibles, & qu'ils n'auroient pu recevoir au milieu du dernier siécle.

LXXV. INDUSTRIE.

Les lumières & l'industrie avoient fait alors peu de progrès hors de la Capitale. La misere affreuse où les guerres civiles avoient plongé les Provinces, & l'ignorance qu'elles y avoient entretenue, ne permettoient pas de multiplier les sources du bonheur public. Il n'y avoit point encore de fabriques un peu considérables en Provence, si l'on en excepte les savoneries, & quelques rafineries de sucre; l'agriculture, assujettie à une ancienne routine, n'aidoit que foiblement la fertilité de la terre; la route des sciences étoit peu connue, & le champ des lettres à peine défriché. Il n'y avoit que le commerce qui étant dirigé par l'expérience de plusieurs siècles, & par une active cupidité enrichissoit Marseille des productions du Levant, & des denrées encore rares de l'Amérique. Ce qui devoit particulièrement animer le commerce & la population dans cette grande Ville, c'est l'Edit du mois de Mars 1669, par lequel le Roi accorda le port franc à toutes les Nations. Les étrangers n'ont plus à craindre de voir priver leur famille du fruit de leurs talents & de leur industrie. Un mariage avec une fille de la Ville, l'acquisition d'une maison, ou la simple habitation pendant douze ans, leur donnent les mêmes droits & privilèges dont jouissent les naturels du pays: ainsi le Roi préparoit les villes de commerce à cet état florissant où elles devoient parvenir un jour.

En attendant cette heureuse époque, les Provinces rentrées dans le calme dont elles étoient sorties, ne fournissoient plus aucun événement aux annales de la France. La Provence à cet égard n'étoit pas distinguée des autres ; & les faits que nous allons recueillir, ne lui appartiennent que parce qu'elle en a été le théâtre, sans avoir elle-même joué un rôle ; telle est du moins la confiscation de la Ville & du Comtat d'Avignon, faite par ordre de Louis XIV, en 1663. Tout le monde sait que les gens du Duc de Créqui, Ambassadeur de France à Rome, furent insultés par les Corses dans cette Capitale du monde Chrétien ; & que ces Gardes du Pape portèrent la hardiesse jusqu'à tirer sur le carrosse de l'Ambassadeur. Il n'est pas vraisemblable que les Corses se soient déterminés sans motif à insulter des personnes attachées au service de l'Ambassadeur, & surtout à venir enseignes déployées, investir son Palais, pour lui demander ceux de ses laquais, dont ils avoient à se plaindre. Il y a toute apparence que ces Français, vains, pétulents, présomptueux, ne croyant pas que personne dût mettre un frein à leur licence & à leurs plaisirs, voulurent traiter les Corses avec hauteur, & que peut-être ils irritèrent leur jalousie, par des entreprises qui ne coûtent rien à la jeunesse Française, sur-tout chez l'étranger, quand elle se croit soutenue : de-là sans doute naquirent des querelles, que les chefs auroient dû assoupir en les punissant.

Mais soit que l'Ambassadeur, qui étoit fort haut, eût blessé l'orgueil des Gentishommes Romains, soit qu'il leur eût déplu par d'autres raisons, on prétend que quelques-uns d'entr'eux excitèrent sous main cette émeute ; & l'on en accusa Dom *Chigi*, frere du Pape Alexandre VII, & le Cardinal Impériali, Gouverneur de Rome. Le Roi fut à peine instruit de cette insulte faite à son Ambassadeur, qu'il en demanda une réparation proportionnée à l'offense. Le Pape, suivant les maximes de la Cour de Rome, temporisa tant qu'il put : mais Louis XIV impatient d'en tirer vengeance, fit passer des troupes en Italie, sous les ordres du Maréchal du Plessis-Prâlin, & ordonna au

LXXVI.
Saisie de la Ville d'Avignon et du Comtat.

An. 1663.

Mém. d'Avrigny & les Hist. de Franc.

LIVRE XIV.

Dup. droit du R. p. 244.
Bouch. & Pithon.

Parlement de Provence de procéder à la saisie du Comtat Venaissin, & de la ville d'Avignon : Gantès, Procureur-Général, fut chargé d'examiner les droits que Sa Majesté avoit sur ce pays : il se convainquit par ses recherches, qu'Avignon & le Comtat avoient été du Domaine des Comtes de Provence & de Toulouse : que les premiers avoient possédé cette Ville en toute propriété ; qu'elle avoit été déclarée inaliénable comme toutes les autres terres du Domaine ; & que de plus, elle étoit grevée d'une substitution quand elle fut vendue par la Reine Jeanne.

Appuyé de ces découvertes, le Parlement fit demander au Pape les titres en vertu desquels il possédoit les Villes qu'il avoit en France : n'y ayant point eu de réponse, il déclara qu'Avignon & le Comtat étoient de l'ancien domaine des Comtes de Provence ; qu'ils n'avoient pu en être aliénés, ni séparés ; au moyen de quoi, il les déclara réunis à la Couronne, par Arrêt du 23 Juillet 1663. La prise de possession se fit sans le secours des troupes. Le Baron d'Oppède, Premier Président, & son cousin Melchior de Forbin la Roque, Président à Mortier, accompagnés de huit Conseillers (1), précédés de la Compagnie des Gardes du Duc de Mercœur, & ayant à leur suite le Prévôt des Maréchaux, avec ses Archers, entrèrent dans la ville d'Avignon, sans que rien eût annoncé leur arrivée. Ils forcèrent le jour même le Vice-Légat, Gaspard de Lascaris, d'en sortir, & reçurent des habitans le serment de fidélité au nom du Roi. Mais le Pape ayant ensuite donné à Sa Majesté toutes les satisfactions que la fierté de Louis XIV exigea, la Cour de Rome rentra en possession de ses domaines au mois d'Août 1664.

An. 1663.

LXXVII.
LA PESTE A TOULON.

La peste qui, cette année là, se manifesta dans la ville de

―――――――――
(1) Savoir, Gautier, Villeneuve, Trichaud, Lombard, Perrier, F. Thomassin, Seignier, & Saint-Marc.

Toulon,

Toulon, & se répandit à Cuers & Ollioules, ne paroît pas avoir fait des ravages, qu'on doive comparer à ceux dont nous avons eu plusieurs fois occasion de parler. Cet événement est à peine indiqué par les Historiens de Provence, & nous ne le remarquerions pas, s'il ne servoit à prouver, qu'il n'y a point de Province plus exposée que la nôtre aux atteintes de ce fléau ; & qu'on ne sauroit user d'une trop grande vigilance pour s'en préserver.

Le Parlement avoit alors une raison de plus de veiller sur cet objet important de la Police : il avoit le Gouvernement en l'absence du Gouverneur & du Lieutenant de Roi. Lorsque l'un de ces deux Officiers Militaires s'absentoit, avant que l'autre fût de retour en Provence, c'étoit l'usage qu'il allât remettre au Parlement les rênes du Gouvernement. C'est une prérogative dont cette Cour avoit joui plus d'une fois ; mais elle la perdit, lorsque le Duc de Vendôme, fut nommé Cardinal en 1667. Ce Prince étant allé recevoir le chapeau des mains du Roi, eut pour successeur au commandement le Premier Président d'Oppède, que Sa Majesté nomma par un brevet particulier. Personne ne douta que d'Oppède n'eût sollicité cette grace : quoiqu'il eût des vertus & des talens rares pour sa place, on sait qu'il ne négligeoit point les intérêts de sa gloire & de sa fortune, lorsque d'ailleurs il pouvoit les concilier avec le bien public : & dans les traverses que l'humeur & la jalousie lui suscitèrent, il mit quelquefois des personalités, dont un grand Magistrat ne sait pas toujours se défendre (1). Le Parlement perdit cette prérogative, sans faire aucune représen-

LXXVIII.
LE PARLEMENT PERD LE DROIT DE COMMANDER EN PROVENCE.

An. 1667.

Hist. du Parl.

___

(1) Après sa mort l'Assesseur Julianis fit dans l'assemblée des Communautés le 17 Novembre 1671, l'éloge de ce Magistrat. Il le représenta comme un homme de genie, qui avoit fait servir à l'avantage de la Province ses talens & le credit que lui donnoit sa place, alliant, par une prudence rare, les intérêts du Roi avec ceux du pays, de maniere que la Cour & la Province eurent lieu d'être contentes de son zèle.

Tome IV. Gggg

tation. La mort ou l'exil ayant enlevé presque tous les Magistrats, que leur fermeté faisoit distinguer, les autres fatigués d'entamer avec le Ministre des contestations, qui tournoient sans cesse à leur désavantage, virent ce changement avec indifférence. D'ailleurs, puisque le Parlement ne pouvoit exercer son droit que par une commission, autant valoit-il qu'il fût remis individuellement dans les mains du Président d'Oppède, qui par son mérite justifioit suffisamment le choix du Monarque. Depuis cette époque, la Cour s'est maintenue dans l'usage de nommer pour commander, l'Intendant ou qui bon lui semble, malgré les reclamations du Parlement, lorsqu'il n'y a point de Lieutenant de Roi en Provence.

LXXIX.
BOMBARDEMENT DE GÊNES.

Le souvenir de la vengeance que Louis XIV avoit tirée de l'insulte faite à son Ambassadeur à Rome, étoit encore tout récent, lorsque ce Prince résolut de punir les Génois de divers manquemens qu'il leur reprochoit. Le refus qu'ils avoient fait de laisser passer par leur territoire les sels, que la France envoyoit aux Etats de Mantoue ; la construction & l'armement de quatre galères qui devoient se joindre à la flotte Espagnole, malgré les représentations qu'on leur avoit faites de la part du Roi ; l'empressement avec lequel ils avoient recherché la protection de l'Espagne préférablement à celle de la France, sont les raisons sur lesquelles le Roi s'appuyoit pour justifier sa vengeance. Dans un autre siècle, on n'auroit pas trouvé mauvais qu'une République, libre & indépendante, fît, dans son territoire, tous les actes d'autorité qu'elle jugeoit convenables à ses intérêts : mais du tems de Louis XIV c'étoit un crime pour un petit Etat de ne pas plier sous les volontés absolues de ce Monarque, & la République de Gênes eut à se repentir d'avoir voulu se conduire en Souveraine. Le Marquis de Seignelai, à la tête d'une flotte de quatorze vaisseaux, de vingt galères, de dix galiotes, deux brûlots, huit flûtes, vingt-sept tartanes, & 70 petits bâtimens

Mém. d'Avign.
& Biblior. du Vatican.
Manuscr. Ottoboni, n° 1287.
Fol. 64.
An. 1684.

à rames, eut ordre d'aller proposer à cette République, ou de venir s'humilier à Versailles, ou d'être réduite en cendres : la flotte partie des îles d'Hieres le 12 Mai 1684.(1) arriva devant Gênes le 17, & le même jour les dix galiotes, qui avoient deux mortiers chacune, s'avancèrent à la portée du canon, sur une ligne, depuis la tour du fanal jusqu'au fauxbourg de Bisagne. Les vaisseaux formoient la seconde ligne à deux cents toises de distance des galiotes. Les galères divisées en deux escadres, étoient placées sur les flancs, pour soutenir les galiotes, & empêcher qu'aucun bâtiment ne sortît du Port.

BOMBARDEMENT DE GÊNES.

An. 1684.

Le lendemain matin 18, le Sénat députa six Sénateurs ; M. le Marquis de Seignelai les reçut assez froidement, & leur dit :

MESSIEURS,

« La conduite que la République tient depuis long-tems
» envers le Roi, doit faire craindre aux Génois les traits de
» sa juste colère. Sa Majesté a des preuves convaincantes &
» par écrit, qu'ils ont formé avec la Cour d'Espagne le projet
» de brûler ses galères & ses vaisseaux dans les Ports de Mar-
» seille & de Toulon, contre tous les droits de la guerre : ce

---

(1) Les Capitaines de Vaisseaux étoient sur *l'Ardent*, M. du Quesne-Guitton, Lieutenant-Général ; MM. de Chalais & du Quesne-Monros, Capitaines. Sur le *Ferme*, M. le Chevalier de Tourville, Lieutenant-Général; MM. les Chevaliers de Daillis & de Ricoux, Capitaines. Sur le *Vaillant*, M. le Marquis d'Amfreville, Chef d'Escadre ; MM. de la Roquesserin & le Chevalier d'Amfreville, Capitaines ; Sur le *Vigilant*, M. le Chevalier de Levi, Chef-d'Escadre ; M. le Chevalier de Villars, Capitaines ; Sur *l'Aimable*, MM. de Saint-Aubin, de Bagneux, & le Comte d'Asfeld, Capitaines. Sur le *Parfait*, MM. les Chevalier & Comte des Gouttes, Capitaines ; Sur *l'Asuré*, MM. de Belle-Isle Erard & de Févrille ; Sur la *Fortune*, les Chevaliers de Menc & de Château-Morant; Sur le *Saint-Jacques*, MM. de Septemes & le Chevalier de Saint-Maure; Sur le *Huron*, MM. le Marquis de la Porte & le Chevalier de Genlis ; Sur *l'Aquillon*, MM. le Chevalier de Belle-Fontaine & le Marquis de Blenac; Sur *l'Indien*, M. Torenc, Capitaine; Sur le *Capable*, MM. de la Motte & le Baron des Adrets ; Sur le *Bizarre*, MM. de Chaumont & le Chevalier des Adrets.

» font les Gênois qui devoient l'exécuter. Ils ont tenu des dif-
» cours contraires au respect dû à la Personne sacrée de Sa
» Majesté. Par-tout où ils ont quelque pouvoir, ils maltraitent
» les Négociants Français, & tâchent d'interrompre leur com-
» merce ; ils ont laissé sans punition les outrages faits à son
» Envoyé ; refusé sans raison, & sans aucun prétexte, la
» demande que la Cour de France a faite de laisser passer
» par Savone les sels qu'elle a vendus pour six ans au Duc
» de Mantoue. Sa Majesté n'ignore pas non plus que la Ré-
» publique a fait construire quatre galères, pour les joindre
» à celles d'Espagne ; & que l'année dernière, malgré les ins-
» tances du Roi, elle affecta de les faire sortir sans nécessité, &
» uniquement afin de ne pas avoir l'air de lui donner cette
» satisfaction. Enfin, Messieurs, ayant à choisir entre la pro-
» tection de Sa Majesté & celle de l'Espagne, vous avez pré-
» féré celle-ci, de sorte que vous avez reçu garnison Espa-
» gnole, & que le Roi Catholique prend le titre de Protec-
» teur de votre République. Cette dernière démarche pourroit
» passer à la rigueur pour une déclaration de guerre ; il ne
» dépend que du Roi mon Maître de vous en punir. Cepen-
» dant par un effet de sa clémence, il veut bien avant de
» commencer aucun acte d'hostilité, donner à la République
» le tems de désarmer sa colère, en lui députant quatre des
» principaux Sénateurs pour le conjurer d'oublier ses fautes,
» & l'assurer qu'elle tiendra dorénavant une conduite plus
» agréable à Sa Majesté. Vous nous remettrez les quatre ga-
» lères que le Sénat a fait construire. A ces conditions Sa Ma-
» jesté vous fait assurer de sa protection & du désir qu'elle a
» de maintenir & défendre votre liberté ».

Les Députés essayèrent, mais inutilement, de justifier la République, & en prenant congé de M. de Seignelai, ils lui dirent
qu'ils alloient rendre compte au Sénat assemblé de ce qu'ils ve-

noient d'entendre, & qu'ils lui feroient favoir la réponfe.

Le Sénat fut fi piqué de ce que les Députés lui rapportèrent, que fans refléchir fur les dangers d'une rupture ouverte, il fit faire une décharge de toute l'artillerie de la ville fur l'armée navale de Sa Majefté. Auffitôt nos galiotes à mortiers eurent ordre de tirer. Dans moins de deux heures, plufieurs palais & plufieurs édifices publics furent la proie des flammes. L'incendie gagnant de proche en proche confuma une partie de la ville : dans un inftant les rues furent remplies de femmes, d'enfans, de Religieufes, de vieillards effrayés, qui fe précipitant pêle-mêle les uns fur les autres, cherchoient un afyle contre le feu, & contre les infultes des gens fans aveu, des vagabonds, & même des foldats Efpagnols, que l'amour du pillage attiroit dans les maifons. L'allarme fut bien plus vive, lorfque les prifonniers, profitant du défordre, eurent rompu leurs chaînes, & menaçèrent les habitans d'un nouveau danger : M. de Seignelai fit difcontinuer le bombardement le 22. Les Génois cefsèrent auffi de tirer. Il leur envoya durant cette efpèce de trêve M. de Bonrepaus, pour les engager à donner au Roi la fatisfaction qu'il demandoit, plutôt que de s'expofer à voir leur Ville entièrement ruinée ; il n'étoit déja plus tems, & ils répondirent qu'ils étoient bien fâchés d'avoir obligé Sa Majefté à leur donner des marques fi terribles de fon indignation ; mais qu'ils n'étoient plus en état de faire ce qu'on leur demandoit. En effet les Efpagnols étoient devenus tout puiffants dans la Ville ; & le Sénat ne faifoit qu'obéir à leur impulfion. Les galiotes recommençèrent donc à tirer avec la même activité qu'auparavant. M. de Bonrepaus avoit obfervé, pendant le peu de tems qu'il étoit refté dans la Ville, la pofition des vaiffeaux Génois dans le Port, & celle des troupes Efpagnoles qui formoient un Corps de trois mille hommes : il avoit remarqué fur-tout qu'il n'y avoit point de Cavalerie. D'après fes avis on réfolut de faire une

BOMBARDEMENT DE GENES.

An. 1684.

descente du côté de Saint-Pierre-d'Arêne : on embarqua le 23, à l'entrée de la nuit, trois mille huit cents cinquante-hommes, dans des chaloupes & des bateaux qu'on avoit préparés exprès; chaque Soldat eut ordre de prendre du pain pour trois jours, afin de pouvoir subsister à terre, dans le cas où les troupes seroient repoussées, & hors d'état de se rembarquer à cause du mauvais tems. Le Marquis d'Amfreville, commandé pour aller faire une fausse attaque du côté de Bisagne, à la tête de deux cents hommes, partit à dix heures du soir escorté par trois Galères, dans le dessein de s'approcher des ennemis le plus près qu'il pourroit; de faire sur eux une décharge de toute sa mousqueterie, de mettre le feu à quelques maisons, & de se rembarquer pour se trouver avant le jour à l'attaque du fauxbourg de Saint-Pierre-d'Arêne. La Motte, Capitaine de Marine, commandoit sous lui; il fit avancer les chaloupes entre deux rochers, descendit à terre avec Boisjolli, Lieutenant de vaisseau, & quinze soldats; & sans examiner s'il étoit suivi, il alla en avant & se rendit maître d'une maison. Le Marquis d'Amfreville ne tarda pas de débarquer, suivi du Marquis de Blenac, de la Boissiere, de Serignan, du Chevalier de Tourville, & de quelques autres Officiers : mais ayant reconnu qu'il étoit impossible de faire approcher les chaloupes assez près du rivage, pour mettre les soldats à terre, il se rembarqua, & dans sa retraite il fut blessé d'un coup de mousquet à la cuisse. Chaulieu & de Sourches, Officiers de vaisseaux, y reçurent des blessures, dont ils moururent peu de tems après. Champigni prit le commandement du détachement, à la place du Marquis d'Amfreville, & alla joindre le gros de l'Armée vers Saint-Pierre-d'Arêne où se fit la descente.

Le Duc de Mortemar la commandoit, & devoit attaquer un fort situé sur le bord de la mer au milieu du fauxbourg. Le Chevalier de Tourville, Lieutenant-général, conduisoit l'attaque de la droite, près de la Ville ; & le Chevalier de Levi, Chef d'Escadre, celle de la gauche, à l'autre extrémité du fauxbourg. Le détachement de M. de Mortemar ayant à sa tête le Chevalier de Bethomas, Chef d'Escadre des galères, étoit composé de 1200 hommes, savoir 800 soldats aux ordres du Chevalier de Forbin-Janson, Capitaine des galères ; 150 Grenadiers commandés par M. de Sabran, Barras, & Vidau, Lieutenans des galères ; & 200 matelots à la tête desquels marchoit le Chevalier de Ricoux.

BOMBARDEMENT DE GENES.

An. 1684.

Tourville n'avoit sous ses ordres que 800 hommes, parmi lesquels on comptoit 150 gardes de la Marine ; 100 Grenadiers, 400 soldats, & 150 matelots ; les Officiers commandants étoient les Chevaliers de Chalais, de Genlis, Digoine, le Marquis de la Porte, Capitaines de vaisseau ; & Serteau, Lieutenant.

Le détachement du Chevalier de Levi n'étoit aussi que de 800 hommes sous la conduite de M. de Belle-Isle-Erard, des Chevaliers des Adrets & de Villars, Capitaines de vaisseau, Champagnette & Courtagnon, Lieutenans.

La descente se fit à la pointe du jour : le Chevalier de Noailles, Lieutenant-général, secondé du zèle des Chevaliers de la Bretèche, de Breteuil & du Comte de Beuil, s'avança d'abord avec six galères, pour faire taire les batteries du canal & nétoyer la côte. Alors nos troupes sautent à terre, chassent les ennemis d'un rempart qu'ils avoient élevé tout le long de la mer, & le détruisent ; s'emparent du Fort situé sur le rivage & élèvent près de la mer deux retranchements, pour contenir les Gênois dans le cas, où l'on seroit repoussé & obligé de se rembarquer : ensuite on continua de pousser les ennemis de maison en maison, & d'occuper les postes qu'ils étoient forcés d'abandonner. Le Chevalier de Tourville donna dans cette journée les plus grandes preuves de valeur & de capacité : il entra dans le Fauxbourg du côté de la Ville, tandis que le Chevalier de Levi, à la tête de ses Grenadiers faisoit tout plier devant lui à l'autre extrêmité du côté de la rivière. Dans le même-tems M. de Belle-Isle-Erard, chargé de l'attaque du centre s'emparoit de divers postes qu'il étoit important d'occuper. L'action étoit fort vive ; chaque poste attaqué & défendu avec vigueur, étoit tantôt perdu, tantôt repris, & devenoit un théâtre où les combattans pouvoient déployer leur valeur. Le Chevalier de Levi emporté par son ardeur fut tué d'un coup de mousquet.

Duquesne-Monros, de Blenac, Raymundis, Janson, Sabran, Montolieu, Mauboufquet, & Bourfonville ; les Chevaliers de Feuquières, Dumaine, des Adrets, & de Roanez, le Comte du Luc & le Marquis de Cambis-Velleron, tous Officiers de vaisseaux se distinguèrent dans cette journée. Le Duc de Mortemar s'y conduisit avec autant de bravoure que de prudence ; & l'on doit des éloges à l'intrépidité que le Marquis de la Porte montra à la tête des Grenadiers du détachement de Tourville. Le Marquis de Seignelai qui se tenoit sur son vaisseau, s'étant apperçu sur le midi que le vent tournoit au sud-est & craignant, s'il venoit à se renforcer, que la mer ne s'enflât au point que le rembarquement deviendroit impossible, fit signal de retraite à M. de Mortemar. Ainsi nos troupes après avoir mis le feu au fauxbourg, se rembarquèrent sans perdre un seul homme dans leur retraite.

On continua de bombarder la Ville les jours suivants, & l'on jetta depuis le 17 Mai jusques au 28, 13300 bombes, qui firent des dommages affreux. Une partie de la Ville fut réduite en cendre : le quartier de Prelou & celui de Notre-Dame de Graces furent les plus maltraités : la Strada Balbi la plus belle rue de Gênes, souffrit considérablement ; le Port-Franc & la Douane, où se trouvoit une grande quantité de marchandises précieuses, furent entièrement ruinées, & les marchandises consumées par le feu. Parmi les palais détruits par l'effet des bombes

bombes, on en compte deux de la Maison Doria, & deux des Maisons de Fiesque & de Brignolè; le Palais Royal eut le même sort ainsi que celui de Grimaldi, Airola, Spinola, Giustiniani, & Palavicini. Une des choses qui contribua le plus aux progrès de l'incendie, c'est qu'indépendamment qu'il n'y avoit pas assez de monde pour l'arrêter, les rues étoient tellement embarrassées par les ruines des Palais, des Eglises & des maisons, qu'on ne pouvoit pénétrer jusqu'à l'endroit où le feu faisoit le plus de ravages. Gênes enfin, presqu'entièrement ruinée, fit ce qu'elle avoit obstinément refusé, quand elle étoit encore dans tout l'éclat de sa puissance. Elle envoya le 15 de Mai 1685, son Doge François Marie Impériale Lercari, pour donner au Roi la satisfaction qu'il demandoit. Louis XIV reçut les soumissions de la République, en Souverain qui goûtoit mieux qu'un autre le plaisir d'humilier ses ennemis.

LXXX. Prise du Château de Nice par M. de Catinat.

Cette hauteur souleva contre lui toutes les Puissances de l'Europe, & il se vit obligé d'avoir jusqu'à six corps d'armée pour attaquer ou pour se défendre. Le Duc de Savoie étoit du nombre de ses ennemis. M. de Louvois qui craignoit l'ambition de ce Prince, pensoit sérieusement à faire la conquête du Piémont. M. de Catinat n'étoit point de cet avis, & pour l'en détourner il lui proposa de s'emparer du Comté de Nice: le Ministre ayant approuvé ce projet, prit sur le champ les mesures nécessaires pour le faire réussir. Quatre vaisseaux de guerre & les galères commandées par le Comte d'Estrées, reçurent ordre de se rendre au Port de Ville-Franche, pour favoriser la prise du château de Nice. Ville-Franche & Sant-Ospitio ne firent qu'une foible résistance: maîtres de ces deux Places les Français débarquèrent l'artillerie des galères, s'avancèrent vers le Château, & dressèrent leurs batteries sur le même emplacement qu'avoit pris autrefois le célèbre Barberousse. M. de Catinat eut un succès plus heureux: les bombes firent sauter

An. 1691.

Vie du Maréchal de Catinat.

successivement deux magasins à poudre considérables, qui ensevelirent une partie de la garnison sous leurs débris. Le Comte de Frosasque, Commandant de la Place, allarmé d'un accident qui le mettoit pour ainsi dire, à la merci de l'ennemi, demanda à capituler le cinquième jour de la tranchée ouverte; & sortit du château avec les honneurs de la guerre. La promptitude avec laquelle la place fut emportée, fit dire à M. de Catinat qu'il croyoit à l'heureuse étoile du Roi.

LXXXI. Prise du Château de Nice par M. de Bervick.

Cette Place fut rendue au Duc de Savoie, lorsque ce Prince se détacha de la Ligue pour contracter avec la France une alliance particulière, par le mariage de sa fille avec le Duc de Bourgogne. Mais ses intérêts lui ayant ensuite fait embrasser en 1703 la cause des trois Puissances alliées contre Louis XIV, ce Monarque piqué de sa défection, résolut d'en tirer vengeance, & vers le milieu du mois d'Octobre 1705, il donna ordre au Duc de Barvick, d'aller faire le siége du Château de Nice. Les Ducs de Savoie n'avoient rien négligé, pour le rendre une des plus fortes places de l'Europe: cependant on ne donna à M. de Barvick que seize bataillons pour en faire le siége; l'artillerie qu'on lui destinoit n'étoit pas suffisante; mais M. de Vauvré, Intendant de la Marine à Toulon, & nommé pour être Intendant de l'Armée, en accorda le double de ce qui étoit porté par les ordres de la Cour. M. de Barvick passa le Var le 31 Octobre 1705. De toutes les positions qu'il fut le maître de choisir, il n'y en eut point qui fut plus avantageuse que celle de Cimiès; puisque de-là il pouvoit incommoder la Ville, & empêcher les secours que les ennemis tenteroient d'envoyer: aussi ne balança-t-il pas à y asseoir son camp. Un accident imprévu, lui fit pourtant sentir que cette position avoit aussi ses inconvéniens. Les pluies continuelles grossirent tellement le Var & le Paillon, que pendant plusieurs jours, il ne put avoir aucune communication ni avec Antibes ni avec Ville-Franche,

An. 1705.

Mém. du Maréchal de Bervick.

les seules places dont il tirât ses provisions ; & encore le Port de Ville-Franche ne pouvoit-il lui rien fournir, parce que les vents contraires empêchèrent, pendant plusieurs jours, le Chevalier de Belle-Fontaine d'arriver avec l'escadre, qui portoit les munitions de guerre. Heureusement le tems se remit au beau, la flotte parut ; alors on fit toutes les dispositions nécessaires pour le siége. La Ville n'étant pas fortifiée se rendit le 14 Novembre.

Prise du Château de Nice par M. de Barvick.

Il est bon d'observer qu'il y avoit pour le Comté de Nice une suspension d'armes convenue entre les deux Puissances, & qu'elle devoit durer jusqu'au 30 Novembre. Il étoit dit dans le traité qu'on s'avertiroit réciproquement dix jours d'avance en cas de rupture, ou supposé qu'on ne voulut pas prolonger l'armistice. La garnison scrupuleusement attachée au traité, n'avoit pas encore tiré un coup de canon, lorsque M. de Barvick entra dans la Ville. Lui de son côté défendit qu'on tirât sur les ennemis. Ceux-ci lui laissèrent amener ses batteries de canon & de mortiers sans l'incommoder.

An. 1705.

L'artillerie étoit déja fort avancée, lorsque le Marquis de Carail, Gouverneur de la Place, envoya son fils, le Marquis de Senantes, dire au Général Français que s'il ne renouvelloit pas dans l'instant l'armistice, il feroit tirer sur lui. C'étoit se raviser un peu trop tard : aussi M. de Barvick ne fut-il point embarrassé sur la réponse qu'il devoit faire : alors les hostilités commencèrent. Le Maréchal n'avoit point encore reconnu le Château, ni déterminé l'endroit par lequel il devoit l'attaquer. Il fallut employer quelques jours à un examen, dont le Gouverneur de la Place auroit profité, s'il avoit été plus habile. Le Château avoit trois fronts, l'un du côté de la Ville, l'autre du côté de Cimiès, & le troisième du côté de Montalban : celui de la Ville présentoit plus de surface que les deux autres : mais il étoit difficile de conduire du canon & de le placer : d'ailleurs les ouvrages étoient bâtis fur le roc, & cachés par une maçonnerie qui les rendoit prefqu'inattaquables. Le côté de Cimiès avoit pareillement fes difficultés pour y établir des batteries. De plus, il étoit défendu par plufieurs ouvrages, une double enceinte, un foffé taillé dans le roc, un double chemin couvert, miné de toutes parts ; ce qui, vu la faifon & le peu de troupes que nous avions, auroit rendu le fiége long & le fuccès incertain. Le Maréchal de Catinat, qui, en 1691 avoit attaqué le Château de ce côté-là, ne l'auroit pas pris, fi par bonheur une bombe n'eût fait fauter le magafin à poudre, & détruit les puits. M. de Vauban vouloit abfolument qu'on formât l'attaque par cet endroit. Le Roi en envoya le plan à M. de Barvick, mais ce Général refufa de l'exécuter, par les raifons que nous venons de dire. Il ne reftoit donc que l'attaque du côté de Montalban : elle fut trouvée la feule praticable, tant à caufe de la facilité qu'on avoit à y conduire du canon ; que parce qu'on avoit négligé de le fortifier, dans la perfuafion où l'on étoit que l'efcarpement empêcheroit d'y monter.

Quand cette détermination eut été prife les affiégeans commencèrent le 16 Novembre à faire travailler aux batteries. Ils comptoient beaucoup fur l'effet du canon ; & ils ne voulurent pas qu'aucune pièce tirât avant qu'elles fuffent toutes prêtes, afin de faire taire plus promptement l'artillerie des ennemis, & d'ouvrir tellement la Place qu'elle fût obligée de fe rendre. On établit donc cinquante pièces de gros canon pour battre en brèche du côté de Montalban, & vingt fur la hauteur de Saint-Charles, pour battre le rempart à revers. On ne fit point de tranchées reglées, mais feulement des boyaux pour conduire aux batteries. Pendant qu'on y travailloit les affiégés firent plufieurs forties, dans lefquelles ils furent toujours repouffés avec perte. Le mauvais tems, la réfiftance que le terrain oppofoit, le peu de travailleurs qu'on pouvoit employer, furent cause que les batteries ne purent commencer à tirer que le 8 Décembre. Nous avions seize mortiers & soixante & dix pièces de canon : les ennemis en avoient cinquante. Cependant la brêche ne faisoit aucun progrès, & ne fut en état que dans les premiers jours du mois de Janvier 1706, parce que la bonté de la maçonnerie, & l'éloignement des batteries, qui étoit de deux à trois cents toises, amortissoit l'effet du canon.

M. de Barvick s'étoit rendu maître quelque tems auparavant, de l'ouvrage à cornes, qui couvroit le front du côté de Cimiès. Il comptoit faire couler par le chemin couvert quelques détachemens pour monter aux brêches ; car il y en avoit trois. Déja il avoit fait toutes les dispositions nécessaires pour donner l'assaut général le 6 au matin. Le Marquis de Carail forcé par la garnison de se rendre, fit battre la chamade le 4 au soir : la capitulation fut réglée dans l'instant, & le lendemain matin la garnison sortit avec les honneurs de la guerre, & avec la honte d'avoir mal défendu un Fort qui, par sa situation & par les ouvrages de l'art, avoit la réputation d'être imprenable. Le Duc de Barvick fut d'autant plus flatté de ce succès, qu'il avoit eu moins sujet de s'y attendre. Indépendamment des difficultés que lui présentoient les fortifications, il devoit craindre qu'un Corps de troupes considérable, détaché par le Duc de Savoie de l'Armée de Piémont, ne vint l'attaquer dans son camp, tandis que la garnison auroit fait une sortie sur lui : cette crainte étoit d'autant plus fondée, que le Comte de Thaun étoit déjà arrivé à Tende, à 15 lieues de Nice, avec trois mille hommes de troupes réglées, & autant de milices. S'il avoit eu deux jours de marche de plus, l'Armée Françaife étoit forcée de repasser précipitamment le Var, où de soutenir un combat, qui ne l'auroit pas mise hors de danger, quand même elle auroit eu l'avantage. M. de Grimaldi, Brigadier, se rendit maître

Prise du Château de Nice par M. de Berwick.

An. 1706.

de Sofpel & de Breil, & tout le Comté de Nice se soumit ensuite. On trouva dans la Place près de cent pièces de canon, & beaucoup de munitions de guerre. Les Français ne perdirent à ce siége que six cents hommes, & y consommèrent près de six cents milliers de poudre. Le Roi avoit ordonné qu'on rasât entièrement le Château. Ses ordres furent si bien exécutés qu'il ne paroît pas qu'il y en ait jamais eu.

LIVRE QUINZIÈME.

I. Siège de Toulon.

An. 1707.

LA victoire signalée que les Alliés remportèrent devant Turin le 7 de Septembre 1706, leur donna une si grande supériorité en Italie, que dans moins de six mois, ils chassèrent entièrement les Français de cette contrée, & furent en état de porter les armes en-deçà des Alpes. La ville de Toulon leur parut d'une assez grande importance, pour mériter qu'ils en fissent le siége. Cette place étant la plus forte qu'ait la France dans les Provinces Méridionales, & le meilleur Port dans la Méditerranée, ils sentoient qu'en l'enlevant à cette Puissance, ils détruisoient une grande partie de sa Marine, & le riche commerce qu'elle fait dans le Levant. Ces considérations furent cause que l'Angleterre & la Hollande, si jalouses d'humilier la Nation Françaife, eurent tant de part au projet que le Duc de Savoie & le Prince Eugène formèrent au mois de Janvier 1707, de faire une invasion en Provence : cependant la France ne pénétra les desseins de ces deux Princes, qu'au moment presque où ils rassemblèrent leurs troupes du côté de Coni. Le Maréchal de Tessé qui commandoit sur les frontières du Piémont, en avoit eu à la vérité quelques soupcons au commencement d'Avril ; mais dans la fuite leurs mouvemens furent fi variés, leurs opérations fi fecrètement conduites, & fi habilement combinées, que malgré fon expérience & fa pénétration, il ne favoit encore au mois de Mai, s'ils attaqueroient la Brefse, le Dauphiné ou la Provence.

Siége de Toulon.

Dans cette incertitude il n'eut garde de tenir fon armée raffemblée, de peur d'attirer les Piémontois & les Impériaux dans le pays qu'il dégarniroit : il la diftribua tout le long des Alpes, de manière qu'au premier fignal elle pouvoit fe porter toute entière aux endroits, où le danger feroit le plus preffant. Ce ne fut que le 15 du mois de Juin qu'il parut moins incertain fur les projets des ennemis. « Leur pofition, écrivoit-il à M.
» de Chamillard, peut faire douter fi c'eft en Savoie, en Dau-
» phiné ou en Provence qu'ils ont envie de pénétrer. Cepen-
» dant la flotte combinée, qui eft dans la Méditerranée, doit
» faire croire que c'eft fur cette dernière Province qu'ils por-
» tent leurs vues, & c'eft pour cela que je vous envoie cet
» exprès ; car il n'y a pas un moment à perdre pour jetter à
» Toulon & dans les autres places du Pays, les hommes &
» les munitions néceffaires. Ainfi je penfe qu'on doit prendre
» fur les autres armées, fans trop les affoiblir, le nombre de
» bataillons & d'efcadrons fuffifans pour la défenfe de cette Pro-
» vince. Pour moi, en attendant les ordres précis de Sa Ma-
» jefté, je ne changerai rien à ma fituation. Je verrai les Alle-
» mands paffer en Provence, comme ils en font courir le bruit ;
» mais je n'abandonnerai ni le Dauphiné ni la Savoie, tandis
» que je verrai l'ennemi auffi puiffant à Rivole & à Orbaffan,
» d'où il peut fe répandre dans le Val-d'Aoft & attaquer nos
» vallées... Qui fait même fi ce bruit d'entrer en Provence n'eft
» point affecté ? Au furplus je dépêche un courrier à MM. de
» Grignan & de Sailli pour les avertir, auffi bien que MM.
» de Baratte & de Monaco de l'invafion dont ils font menacés. »

Lettre du Maréchal de Teffé.

Le Comte de Grignan, Castellane-Adhemar, eut à peine reçu des ordres, qu'il commença avec une activité qu'on ne devoit point attendre de son grand âge, les travaux les plus pressants pour mettre la ville de Toulon en état de défense. Il rassembla dans vingt-quatre heures quatre mille ouvriers, qui travaillèrent avec une célérité prodigieuse. En très-peu de tems les remparts & les fossés furent réparés & les chemins couverts rétablis. Il fit tracer & fortifier un camp, en attendant que les troupes vinssent l'occuper. Ce ne fut point à ces travaux importants qu'il borna son zèle : on le vit à Aix & à Marseille chercher avec le sieur le Bret, Intendant de Provence, des secours d'argent pour fournir aux frais immenses que ces préparatifs entraînoient : aussi le Maréchal de Tessé écrivoit-il le 12 de Juillet, *le Comte de Grignan fait des merveilles, pour faire contribuer la Province à tout ce qui regarde le service du Roi.*

Le Maréchal dès qu'il vit les ennemis porter leurs forces du côté du Var, fit filer les troupes du Dauphiné par la haute-Provence pour se rendre à Toulon. Saint-Pater qui alloit commander dans cette Place, & le Marquis de Broglie, trouvèrent le Comte de Grignan à Aubagne le 18 Juillet. Le Marquis lui dit que les troupes avoient ordre de se rendre par brigades à Riez, d'où elles continueroient leur route jusqu'à Toulon, en passant par Barjols, Brignoles, Cuers, & Souliers. Le Comte de Grignan fit changer cette marche, parce que les Français auroient pu se rencontrer auprès de Brignoles avec les ennemis qui étoient supérieurs en nombre : on convint que le rendez-vous général de l'Armée seroit à Tavernes, village peu distant de Riez ; que de-là elle iroit en droiture à Toulon, en passant par les montagnes & par la Chartreuse de Mont-rieux.

Tandis que les Officiers Généraux délibéroient à Aubagne, le Duc de Savoie & le Prince Eugène étoient à Fréjus, où ils auroient pu arriver quelques jours plutôt, puisqu'ils avoient
passé

passé le Var le 11 Juillet. L'incertitude dans laquelle ils avoient tenu la France sur leurs projets de conquête, fut cause qu'on ne put envoyer, pour leur disputer le passage de cette rivière, que six bataillons & 800 chevaux, qui ne firent qu'une légère résistance : la montagne de l'Esterel, où il eut encore été si facile de les incommoder, fut également dégarnie de troupes. Ainsi rien ne les arrêta dans leur marche, que la disette d'eau & de vivres, & les grandes chaleurs : mais les chemins étoient mauvais ; la cavalerie avançoit lentement, & l'artillerie encore plus ; de façon que l'armée fut obligée de séjourner de tems en tems en route : sans cet inconvénient elle auroit pu arriver devant Toulon le 20 Juillet, & l'emporter d'emblée, puisque cette place, dénuée de fortifications du côté de la terre, n'étoit défendue que par une foible garnison. Le Maréchal de Tessé qui étoit venu la visiter, & qui étoit ensuite retourné dans la haute-Provence, pour faire avancer les troupes, sentoit mieux qu'un autre combien le danger étoit imminent : étant à Sisteron le 14 Juillet, il écrivit au Roi, *tout ce qu'il y a présentement à souhaiter, c'est que je puisse faire arriver à Toulon les troupes que j'y destine, avant que les ennemis, par des marches précipitées, m'aient devancé ; & si rien de fâcheux & d'inopiné n'arrive avant le 25, j'espère que nous vous sauverons cette place.*

Victor-Amédée, lorsqu'il étoit à Fréjus, eut occasion de connoître Hercule de Fleury, Evêque de cette Ville. Il aima la souplesse & l'aménité de son caractère, & cette politique sage, qu'il devoit rendre un jour si utile dans la place de premier Ministre. Ce Prince lui demanda le serment de fidélité : le Prélat, trop habile pour faire précipitamment une démarche de cette importance, trouva des prétextes pour s'en dispenser, & eut le courage de lui dire : *votre Altesse Royale est bien persuadée que je ne manquerai jamais à ce que je dois à Louis-le-Grand, mon légitime & unique Souverain* : on assure qu'il ajouta, *d'ailleurs*

SIÈGE DE TOULON.

An. 1707.

Lettre du Maréchal de Tessé.

ce ne feroit pas la peine de reconnoître votre Alteffe pour le peu de tems qu'elle a à féjourner en Provence. Ces dernières expreffions, fi peu conformes à l'idée qu'on a de la fageffe & de l'aménité du Prélat, ont été fans doute imaginées par des Auteurs, qui connoiffoient moins bien que lui, la manière fine & délicate, dont on doit dire aux Princes les chofes qui peuvent les bleffer.

Le 20 Juillet le Maréchal de Teffé & le Marquis de Goësbriant arrivèrent à Tavernes, avec les troupes deftinées à défendre la Provence. Ce jour-là celles des ennemis étoient à Vidauban : de cet endroit à Toulon il n'y a que neuf lieues, dans un pays plat & affez uni ; de Toulon à Tavernes on en compte treize, par un chemin pénible & raboteux : ainfi on avoit tout lieu de croire que les Piémontois & les Impériaux feroient maîtres de la Ville, avant qu'on eût le tems de la fecourir. Mais le péril dont elle étoit menacée ; les fuites fâcheufes que cette conquête auroit pour la France ; le déshonneur qui en reviendroit à la Nation, infpirèrent une fi vive ardeur aux foldats, que dans deux jours, ils firent un trajet auquel ils en auroient mis quatre, s'ils avoient fait leurs journées ordinaires, en fuivant les routes connues. Il arriva fept bataillons le vingt-trois, treize le vingt-quatre ; & le refte arriva le vingt-cinq. Il s'y trouva en tout quarante-quatre bataillons : on en mit trente-quatre dans le camp retranché : les fix autres furent deftinés à renforcer la garnifon, qui étoit déja de quatre bataillons.

Le Duc de Savoie apprit cette nouvelle à Pignans le 23 : comme il calculoit la marche de nos troupes fur les journées ordinaires, & qu'il ne favoit pas qu'elles euffent traverfé un pays montagneux & peu fréquenté, il ne pouvoit croire qu'elles fuffent déja arrivées à leur deftination. Il confultoit fouvent les cartes, queftionnoit les gens du pays ; & quand il fut que c'étoit aux confeils du Comte de Grignan qu'on devoit cette extrême diligence, il dit au Prince Eugene : *ce vieux Grignan nous a gagnés de vitesse*; il n'arriva que le 26 à la Valette, où il établit son quartier général. Ainsi il mit seize jours de Nice à Toulon, quoiqu'il n'eût eu dans sa marche aucun fort à prendre, ni aucun combat à livrer : cette circonstance feroit croire que content d'avoir chassé les Français d'Italie, il n'avoit consenti à faire une invasion en Provence, que pour complaire aux Alliés, surtout aux Anglais & aux Hollandais, qui auroient voulu détruire le boulevard de la Marine Françaife dans la Méditerranée. Il est vrai que l'armée combinée, forte de quarante mille hommes, dont dix mille de cavalerie, manqua de tems en tems de vivres, par la raison que la flotte destinée à l'approvisionner, fut souvent contrariée par les vents : ce contre-tems, joint aux difficultés dont nous avons parlé ci-dessus, fit le salut de Toulon.

Cette Ville est dans une situation très-avantageufe pour une place de guerre ; elle est baignée au midi par un bras de mer qui forme la rade, & au Nord par une montagne escarpée qui, se recourbant du côté de l'orient & de l'occident, ne laisse qu'un petit espace de terrein inégal entr'elle & la mer. Le village de la Valette, où les ennemis avoient leur quartier général, est à trois milles à l'orient de Toulon. Les houzards y arrivèrent les premiers, & se livrèrent à toute la licence dont étoient capables des hommes nourris dans le brigandage : il y en eut plusieurs qui allèrent au château le pistolet à la main, pour en faire ouvrir les portes. François de Thomas de la Valette, Seigneur du lieu, âgé pour lors de quatre-vingt ans, s'y trouvoit ; & s'étant présenté à eux, il dit d'un ton ferme à l'Officier qui les commandoit : *tu feras bien, non pas de me menacer, mais de me tuer ; car autrement dès que ton Maître arrivera je te ferai pendre.* L'Officier intimidé lui fit des excuses, & se retira avec sa troupe. Quand le Duc de Savoie fut arrivé, & qu'il apprit de la bouche même de M. de la Valette, ce qui s'étoit passé avec les houzards ; *je vous sai bon gré*, lui dit-il, *d'avoir compté sur ma justice.*

Iiii 2

Monseigneur, lui répondit le sage Vieillard, *n'étant pas en état par mon grand âge de servir le Roi mon Maître, comme fait mon fils à Toulon, j'ai cru devoir assurer Votre Altesse Royale de mon très-profond respect, & vous offrir en bon Français tout ce qui dépendra de moi. Je vous en estime davantage*, reprit le Prince, *de me parler comme vous faites*.

La ville de Toulon étoit défendue, au levant, par le fort Sainte-Catherine, par cent douze piéces de canon placées sur les remparts, & par deux vaisseaux du port, le Tonnant & le Saint-Philippe; le premier commandé par le Chevalier de Mongon; l'autre par le Comte de Béthune. Le camp, placé à une égale distance de la porte Royale & de la porte Saint-Lazare, défendu par trente-six bataillons, environné de bons retranchements, muni de cent cinquante piéces d'artillerie, protégeoit la Ville au nord, & pouvoit même la faire respecter du côté du levant par le feu de son artillerie. On avoit plus négligé la défense de la partie occidentale de la place, les ennemis ne pouvant pénétrer que difficilement de ce côté-là, à cause des vaux d'Ollioules, qui se trouvent sur la route de Toulon à Marseille : c'est un passage qui ressemble beaucoup à celui des Thermopiles : deux montagnes taillées à pic, absolument nues depuis leur base jusqu'au sommet, bordent un chemin fort étroit, & forment des angles rentrants & saillants, à chacun desquels, avec une batterie & un détachement de cent hommes, on pourroit arrêter une armée. Le Maréchal de Tessé fit garder ce passage par quelques troupes réglées, & par un corps nombreux de milices, soutenu par les régiments du Dauphin & de Hautefort, campés au Pausset. On avoit fortifié avec le même soin toute la côte le long de la rade, & l'entrée même de la rade. Les Officiers de marque employés à la défense de Toulon, étoient Saint-Pater, qui commandoit dans la Ville, les Marquis de Goësbriant & de Sailli, le Comte de Dillon, Lieutenans généraux; le Marquis de Broglie, & les Comtes de Marsigli, de Besons & d'Aubeterre; celui-ci commandoit auparavant un corps de cavalerie du côté du Verdon.

Malgré ces précautions on ne se flattoit point encore de conserver la Ville : le Marquis de Langeron, Commandant de la Marine, & le sieur de Vauvré, Indendant, eurent ordre d'embarquer les canons de fonte & les agrès des vaisseaux du Roi, dont on ne laissa que la carcasse, qui fut submergée presqu'entiérement, de peur que quelque bombe n'y mît le feu, & que l'embrâsement ne devint général. On envoya à Marseille sept galères, sous les ordres de M. de Roye, Lieutenant général : cependant elles auroient pu, durant le siége, être d'un grand secours dans plus d'une occasion. Nous ne parlerons pas des précautions que M. de Saint-Pater prit dans l'intérieur de la place, pour prévenir les malheurs inséparables d'un siége, ou pour y remédier : il ne laissa rien échapper de ce qu'il jugea nécessaire à la conservation des soldats & des habitants. Le vin, l'eau-de-vie, les vivres, le nombre d'hommes qui devoient les porter au camp & sur les remparts, tout fut réglé : il y avoit même tous les jours quatre cent femmes commandées pour transporter de la terre dans un endroit marqué.

Les ennemis, honteux d'avoir manqué par la lenteur de leur marche, une place qu'ils auroient emportée d'emblée, s'ils avoient été plus diligents, tâchèrent de réparer cette faute par leur activité à pousser le siége. Ils tinrent un Conseil de guerre, où furent invités l'Amiral Schovel & les principaux Officiers de l'armée navale & de l'armée de terre; parmi lesquels on distinguoit après le Duc de Savoie, le Prince Eugène, les Princes de Hesse-Cassel, d'Anhalt, de Saxe-Gotha, de Furstemberg, & six autres que l'Histoire ne nomme pas. Il fut résolu d'attaquer sans perte de tems, la hauteur de Sainte-Catherine ; tandis que les troupes de débarquement, soutenues par la flotte, feroient une descente à l'entrée de la rade. Les deux attaques se firent en même tems le vingt-sept au soir. Les ennemis furent repoussés à celle de Sainte-Catherine, où les Comtes de Villars & de Tessé, l'un Maréchal de Camp, & l'autre Brigadier commandoient. Ils eurent plus de succès au Cap, vers la rade, où ils enclouèrent nos canons; & nous forcèrent ensuite de détruire huit batteries que nous avions le long de la côte, par l'impossibilité où nous étions de les garder. Ces batteries étoient celles du Cap, les Fraires, la Sauve, le Cros-Saint-George, le Cap-Brun, les Vignettes, Icards, & la Croupe de la Malgue. Le vingt-huit, sur les quatre heures du matin, le Duc de Savoie fit encore attaquer la hauteur de Sainte Catherine & l'emporta, malgré la résistance que fit le sieur de Guerchois Colonel de la Vieille-Marine, qui avoit relevé les Comtes de Villars & de Tessé. Maîtres de ce poste, les ennemis tirèrent à trois cent toises de la Place, depuis le Fort Sainte Catherine jusqu'à la Malgue, une ligne de contre-vallation, le long de laquelle ils établirent quatre batteries, dont la dernière étoit dirigée contre le Fort Saint-Louis.

Le Maréchal de Tessé inquiet sur le sort de la Place, depuis que les ennemis s'étoient rendus maîtres de la hauteur de Sainte Catherine, étoit à Aix d'où ses vues & ses soins se portoient sur toute la Provence. Il hâtoit, par tous les moyens possibles, la marche des troupes que le Comte de Médavi lui amenoit de la Savoie & du Dauphiné : elles arrivèrent le 7 du mois d'Août: alors il fit des dispositions si habiles, qu'il ne désespéra plus de conserver Toulon. Il avoit senti dès le commencement du siége, que si les ennemis faisoient filer un Corps de troupes du côté de Saint-Maximin, ils entreroient sans aucune opposition dans la Ville d'Aix, soumettroient Marseille, qui, comme il l'écrivoit au Roi, *n'a que des privilèges & point de murailles*, se replieroient sur Aubagne & Roquevaire, & pénétrant par les vaux d'Ollioules jusqu'au camp retranché, le mettroient ainsi que la Ville entre deux feux, & les forceroient l'un & l'autre à fe rendre. Ce danger qu'il avoit craint avec tant de raifon, difparut quand il eut reçu les renforts qu'il attendoit : il en envoya une partie du côté de Brignoles & de Saint-Maximin, aux ordres du Comte de Médavi, *afin*, écrivoit-il à M. de Chamillart, *de raſſurer le Pays, de diſputer les fourrages, & de faire en un mot une guerre de campagne. Si l'ennemi leve le ſiége*, ajoutoit-il, *nous nous joindrons M. de Médavi & moi pour l'incommoder dans ſa retraite ; & s'il le continue nous lui ferons naître tant de difficultés, qu'il faudra bien qu'il l'abandonne.* Il tira encore du renfort, qu'il venoit de recevoir, les Dragons de Verac & de Villegagnous, avec les Régimens de Chartres, de Lenoncour & de Rachecour, Cavalerie, qu'il mit fur les bords de la Durance pour en défendre le paſſage, fit camper le reſte aux environs de Toulon entre le château de Miſſiſſi & la Porte Saint Antoine, ce qui forma un nouveau camp, & ſe mit lui-même à la tête de cette Armée.

L'arrivée de ces ſecours inſpira aux aſſiégés une ardeur, qu'il étoit difficile de contenir. Ils faiſoient des ſorties fréquentes & preſque toujours funeſtes aux aſſiégeants. Ils enclouoient des canons, briſoient les afſûts, & ne ſe retiroient jamais ſans répandre du ſang, ou ſans faire des priſonniers. Ces avantages furent ſouvent répétés depuis le 30 Juillet juſqu'au 14 du mois d'Août, que le Maréchal de Teſſé réſolut de reprendre le Fort Sainte Catherine. Il chargea les Officiers généraux & les Commandans particuliers des Corps, de faire ſentir aux Officiers ſubalternes, & aux ſoldats que le ſalut de Toulon, & peut-être même celui de la France, dépendoit du ſuccès de cette attaque ; qu'il étoit tems de reprendre la ſupériorité, que la Nation Françaiſe avoit eue ſi long-tems ſur ſes ennemis. Les troupes animées par ces exhortations demandèrent qu'on les menât à l'ennemi ; en effet le jour même elles eurent occaſion de ſignaler leur courage.

SIÉGE DE TOULON.

Lettre du Maréchal de Teſſé.

An. 1707.

Voici de quelle manière le Maréchal disposa l'attaque. Le Comte de Dillon, Lieutenant-général, s'empara la nuit du quatorze au quinze de la croix du Faron; c'est un poste situé presque au haut de la montagne qui couvre la Ville au nord: il avoit avec lui huit bataillons, douze Compagnies de Grenadiers, cent Dragons à pied, & six pièces de canon portées à dos de mulet; & pour Commandans en second les Comtes de Villars & de Guerchois, & un Brigadier. Tandis qu'il s'assuroit de ce poste, vingt-quatre bataillons, & trente Compagnies de Grenadiers tirés du camp Sainte-Anne, sortirent à minuit de leurs retranchemens, & s'avancèrent sur trois colonnes jusqu'au pied des hauteurs de Sainte-Catherine. Celle de la droite, aux ordres du Comte Carracioli, Maréchal de Camp, & du Chevalier des Touches, Brigadier, devoit attaquer la Chapelle Sainte-Catherine: celle du centre, commandée par le Comte de Montforeau, & le Marquis de Broglie, marchoit vers les retranchemens faits sur un plateau, au milieu de la hauteur: Enfin celle de la gauche conduite par le Marquis de Goësbriant & le Comte de Tessé, devoit s'emparer du plateau le plus élevé. Les Grenadiers du camp de Mississi s'avancèrent au de-là des retranchemens du camp de Sainte-Anne, qu'ils laissèrent derrière eux: ils avoient à leur droite du côté de la Ville, cinq bataillons de la garnison, & un Escadron des Dragons de Languedoc. Le Maréchal de Tessé, qu'on voyoit par-tout où sa présence étoit nécessaire, & qui fut plus d'une fois remarqué par les ennemis (1) régloit, par ses ordres, les mouvemens & le courage des troupes.

Quelque habiles que fussent ces dispositions, elles ne parurent pas suffisantes au Maréchal, pour assurer le succès de l'entre-

---

(1) Le Prince de Hesse en passant à Frejus, quand l'Armée se retiroit, dit au père Charronier, Jesuite, si vous voyez M. le Maréchal & M. de Goësbriant, faites-leur mes complimens. Je les reconnoîtrois entre mille, sans les avoir jamais vus, excepté qu'à l'affaire de 15, ils étoient tous deux habillés d'un camelot gris-blanc, & que l'un avoit une perruque fort noire & l'autre fort blonde.

prise.

prise. Il crut devoir tromper les ennemis par une fausse attaque : le sieur de Cadrieux, Brigadier, eut ordre d'aller enlever la batterie qu'ils avoient du côté de la Malgue : on lui donna six compagnies de Grenadiers & six piquets de la garnison, avec lesquels il s'embarqua à minuit, pour tâcher d'attirer de ce côté les efforts des ennemis.

SIEGE DE TOULON.

Le Comte de Dillon étant arrivé à la croix du Faron, fit le signal dont il étoit convenu avec les Commandans des autres colonnes. Le sieur de Cadrieux attaqua aussitôt la batterie de la Malgue, où les Impériaux portèrent leurs principales forces, & dans l'instant nos trois colonnes s'avancèrent. Celle de la droite commandée par le Comte Carraccioli, trouva les ennemis si peu préparés au combat, que plusieurs étoient endormis ; ainsi on n'eut pas de peine à les mettre en fuite. M. de Goësbriant à la tête de sa colonne éprouva un peu plus de résistance ; mais il n'en emporta pas moins le poste qu'il avoit attaqué, & prit quatre canons. Le combat fut plus opiniâtre & plus vif, à l'endroit que le Prince de Saxe-Gotha défendoit, entre la Chapelle & le pont de Leigoutier. Ce Prince s'étant apperçu, aux premiers mouvemens des Français, que leur dessein étoit de faire leurs plus grands efforts de ce côté-là, avoit demandé du secours au Duc de Savoie, qui lui envoya quatre bataillons. Mais il fut attaqué avec tant de furie & d'impétuosité, avant que le renfort arrivât, que dans un instant les fossés furent remplis de morts. Le Prince se défendit comme un lion ; & voyant que sa troupe forte auparavant de huit à neuf cens hommes, étoit réduite à trente ou quarante, presque tous Officiers, il s'écria : *Mes chers amis, mourons en gens d'honneur, & ne souffrons pas qu'on dise que le Prince de Saxe-Gotha a été chassé de son poste.* Un moment après il tomba mort sur la place, de deux coups de fusil, qu'il reçut l'un à la tête au dessous de l'œil gauche, l'autre dans la poitrine au dessous de la mamelle droite. Ce

An. 1707.

Prince étoit beau, bien fait, plein de valeur & joignoit à beaucoup d'esprit des connoissances peu communes qu'il avoit acquises par l'étude & dans les voyages : quoique jeune encore, il étoit déja Lieutenant-général des armées de l'Empereur, de celles d'Angleterre & de Hollande. Ces trois Puissances, qui connoissoient son mérite témoignèrent en apprenant sa mort, les plus justes regrets. Les Officiers & les soldats qui combattoient autour de lui furent tous tués, pris ou blessés : le Duc de Wirtemberg fut du nombre des derniers.

Les quatre bataillons, que le Duc de Savoie envoyoit à son secours, doublèrent le pas, quand ils entendirent le bruit du combat ; mais il n'étoit plus tems : cependant, comme ils étoient engagés fort avant, l'action recommença avec beaucoup de vivacité de part & d'autre : les Français faisoient un feu de mousqueterie très-vif : ils avoient six canons, & une ardeur que les Généraux avoient bien de la peine à modérer : ils tombent sur les ennemis, la baïonnette au bout du fusil, avec tant de furie, qu'ils taillent en pieces le plus grand nombre, mettent en fuite les autres, & les auroient poursuivis jusques dans leurs lignes, si les Généraux n'avoient fait sonner la retraite. Le Maréchal de Tessé, content du succès, fit raser les retranchements, détruire les plate-formes, & brûler les batteries, les gabions, les fascines, & les madriers que les ennemis avoient sur cette partie de la montagne, qu'il ne jugea pas à propos de garder. L'animosité étoit si grande, même dans les gens du pays, qu'on vit des femmes, une bouteille d'eau-de-vie à la main, suivre nos soldats pour leur donner à boire, à mesure qu'ils poussoient les Impériaux ; des enfans suivoient aussi, & massacroient à coups de pierres les ennemis blessés, que nos troupes laissoient derriere elles. C'étoit à douze ou treize ans que ces enfans se portoient à ces cruautés. Tandis qu'on battoit les Alliés, à la hauteur de Sainte-Catherine, les sieurs de Barville, Brigadier, & de Nisas,

Colonel, emportoient le Château d'Ardennes, dans la vallée de Saint-Antoine : ils y firent quarante ou cinquante prisonniers : les ennemis perdirent à l'attaque de Sainte-Catherine, près de douze cents hommes, tant tués que bleſſés ou pris. M. le Comte de Grignan, âgé de ſoixante-quinze ans, eut part à cette affaire autant que ſon âge put le permèttre : il fut toujours à cheval pendant l'action qui dura ſix heures.

Cet avantage fit perdre aux Alliés tout le fruit de leurs travaux, & remit le ſiége preſqu'au même point où il étoit dans les commencements. Le Duc de Savoie & le Prince Eugène ſentirent qu'ils ne pouvoient plus ſe flatter d'emporter une place, qui, du côté de la terre, étoit non-ſeulement défendue par une artillerie nombreuſe & de bonnes fortifications, mais encore par une armée égale à la leur ; ils imaginèrent de faire bombarder la Ville par la flotte, afin de la forcer à ſe rendre, ou du moins, afin de cauſer à la France une perte irréparable, en détruiſant les magaſins immenſes qu'il y avoit dans l'Arſenal. Les Anglais ne voulurent pas entrer dans la Rade avant qu'on eût détruit le Fort Saint-Louis. Celui de Sainte Marguerite s'étoit rendu le quinze, après cinq jours de ſiége : le Duc de Savoye & le Prince Eugène firent donc attaquer l'autre ; & le dix-neuf, les Français l'ayant abandonné, le Feld-Maréchal Rebinder en prit poſſeſſion. Les Alliés y établirent le jour même quelques mortiers ; & le lendemain, ſix galiotes à bombes s'étant placées dans l'anſe, la Ville fut bombardée pendant plus de vingt-quatre heures, avec beaucoup de vivacité par terre & par mer : il y eut, ſuivant l'état qu'en firent les Conſuls, ſix cents maiſons endommagées : pluſieurs furent entiérement ruinées, & deux vaiſſeaux brûlés, le *Fortuné* & le *Diamant* : le feu auroit fait bien plus de ravage, ſi les ennemis avoient mieux dirigé leurs bombes ; mais les unes crevèrent en l'air ; les autres tombèrent au-delà de la Porte Royale : parmi celles dont la Ville éprouva les ravages, il y en eut une qui fit un effet, dont nous n'oferions parler, s'il n'étoit rapporté par le fieur Ferrand, Conful de Toulon, dans une relation manufcrite qu'il a laiffée de ce fiége, durant lequel fa place le mit à portée de s'inftruire de beaucoup de particularités, que nous ignorerions fans lui. Il rapporte qu'une bombe étant tombée à minuit, dans la rue des Arbres, à l'endroit même où étoit une pauvre femme, creva, & que l'éclat le plus gros emporta fur le toît d'une maifon, qui avoit quatre étages, cette femme, qu'on trouva morte le lendemain, étant prefque nue, & toute meurtrie depuis la ceinture en bas. Une partie de fon tablier refta accrochée à une branche d'arbre, à travers laquelle l'éclat de la bombe l'avoit emportée : on l'y voyoit encore un mois après.

Ce bombardement fut le dernier effort des ennemis. Leur armée, confidérablement affoiblie par les maladies & la défertion, étoit hors d'état de continuer un fiége, où il auroit fallu recommencer prefque tous les travaux : elle manquoit de vivres, & n'avoit pas même la facilité de s'en procurer, puifque la plus grande partie de la Provence, étoit au pouvoir des Français. Ceux-ci fe trouvoient dans une pofition bien plus avantageufe : ils avoient une artillerie nombreufe & de bons retranchements ; cependant ils manquoient de fubfiftances, quoiqu'ils fuffent maîtres de toutes les communications avec Aix & Marfeille (1). Leur armée, forte d'environ quatre-vingt bataillons, étoit fupé-

_____

(1) « Malgré toutes les précautions de MM. d'Angervilliers & le Bret, qui ont fait
» diftribuer plus de quatre mille paires de fouliers, écrivoit M. le Maréchal de
» Teffé à M. de Chamillart, le 22 Août, il y a un tiers des troupes qui en man-
» quent ; & propofer à un Officier, de quelque bonne volonté qu'il foit, d'en
» acheter, il vous fait voir qu'il n'en a pas pour lui. Je ne puis m'empêcher
» de vous dire qu'après avoir vendu jufqu'à leur cuiller & leur fourchette, ils
» font à pied comme les foldats, & dans une mifere qu'il faut voir pour la
» croire »

rieure à celle des ennemis, & l'emportoit en Cavalerie. D'ailleurs on n'ignoroit pas qu'il venoit un renfort confidérable, conduit par le Duc de Berwick, fous les ordres des Ducs de Bourgogne & de Berri. Ces confidérations furent cause que le Duc de Savoie propofa dans un Confeil de Guerre de lever le fiége : l'avis ayant paffé, on eut encore le temps, le vingt-un, d'embarquer la groffe artillerie, les malades & les bleffés : on laiffa dans les lignes quelques pièces de campagne, afin de faire feu fur la Ville, pour amufer les affiégés, & les empêcher de s'appercevoir qu'on fe retiroit : ils furent confirmés dans cette erreur, à la vue du premier rang de tentes qui reftèrent dreffées. L'armée, après avoir pris ces précautions, décampa fecrettement la nuit du vingt-un au vingt-deux, fur cinq colonnes, & prit la même route, qu'elle avoit tenue en venant à Toulon : elle ne fut incommodée dans fa marche que par une troupe de fix à fept cents payfans, qui, pour fe venger des fortes contributions qu'ils avoient payées, s'emparèrent des défilés & des bois, & firent main-baffe fur les traîneurs & fur ceux que l'avidité du pillage écartoit dans les champs. Le fort de Toulon eût été bien différent, fi le Duc de Savoie fût arrivé devant la Ville, vers le 15 du mois de Juillet, comme il l'auroit pu abfolument, malgré les obftacles qu'il eut à furmonter. Cette Place dépourvue de troupes, & n'étant pas encore revenue de fa première frayeur, n'auroit pas fait la moindre réfiftance. En arrivant même, après que les vingt premiers bataillons Français furent entrés dans le camp de Sainte-Anne, ce Prince auroit encore pu fe rendre maître de la Ville, fi, fuivant l'avis que lui donna le Prince Eugène, il avoit fait débarquer dix ou douze mille hommes du côté de la Seyne : un détachement de ce corps d'armée fe feroit emparé des Vaux d'Ollioule ; le refte auroit attaqué la Place du côté de la Porte Royale, dont les fortifications n'étoient pas en trop bon

SIEGE DE TOULON.

An. 1707.

état ; on seroit tombé sur le camp de Sainte-Anne, qui n'étant pas entiérement fortifié, auroit succombé à la premiere attaque ; & supposé que le camp & la ville eussent encore fait quelque résistance, ils auroient été forcés de se rendre, faute de vivres, parce qu'ils n'auroient pu en recevoir, ni par terre, ni par mer. Ce fut donc pour avoir mis trop de lenteur dans sa marche, & pour avoir négligé l'avis du Prince Eugène, que le Duc de Savoie vit manquer son expédition. Aussi les Anglais l'accusèrent-ils d'être d'intelligence avec la France, & d'en avoir reçu de l'argent pour lever le siége d'une Place, dont la prise les auroit rendus maîtres de la Méditerranée, auroit facilité leur jonction avec les mécontents des Cévènes, & mis la France à deux doigts de sa perte (1).

Quels que soient les motifs de la conduite de Victor Amédée, dans cette expédition, celle que tinrent les Français, quand il se retira, ne paroîtra pas moins extraordinaire. Il est certain que le 15 du mois d'Août, quand ils eurent détruit les travaux de Sainte-Catherine, ils prévirent que ce Prince seroit forcé de lever le siége : pourquoi avec une armée qui n'étoit point

---

(1) Les Alliés le disoient hautement après l'affaire du 15. Ce qui paroît certain c'est que le Duc de Savoie ne consentit à venir faire le siége de Toulon, que pour faire plaisir à l'Angleterre & à la Hollande, qui, ainsi que nous l'avons deja observé, vouloient détruire la Marine Française dans la Méditerranée, & par conséquent le commerce du Levant. M. le Maréchal de Tessé rapporte que ce Prince passant à Frejus, lorsqu'il retournoit dans ses Etats, s'entretint avec le pere Charronier Jésuite, & lui dit : « Mon Pere, voici une cacade que j'ai » faite : c'étoit un dessein de l'Angleterre projetté depuis long-tems, auquel je » me suis opposé, & si l'on m'avoit cru, au lieu de venir faire en Provence » les sottises que j'y suis venu faire, j'aurois porté plus aisément la guerre aux » portes de Lyon par la Savoie. *Lettre du Maréchal de Tessé* ». En effet, ses intérêts & la saine politique auroient dû lui faire préférer ce parti, qui lui offroit plus d'avantages & moins de difficultés. A la verité il n'auroit pu s'établir en France, mais il auroit levé de fortes contributions qui l'auroient dédommagé des frais de la guerre.

épuisée par les fatigues, ni affoiblie par les maladies, pleine d'ardeur, maîtresse des lieux d'où l'on pouvoit tirer des subsistances, ne songèrent-ils pas à détacher quelques régiments pour s'emparer des passages par où les ennemis devoient se retirer (1) : au lieu de six à sept cent paysans, qui prirent les armes, il s'en seroit peut-être trouvé six à sept mille ; il n'y auroit point eu de défilé, point de lieu avantageusement situé où l'armée combinée des Alliés n'eût eu un combat à livrer.

Ces différentes actions l'auroient épuisée ; elle auroit même éprouvé une disette extrême, par la difficulté de se procurer des vivres ; & la désertion excitée par tant de causes, auroit rendu sa défaite entiere presque inévitable. Rien n'empêchoit même que le Comte de Médavi, qui campoit du côté de Saint-Maximin, n'allât s'emparer du bois de l'Esterel dès le 20 du mois d'Août, avec les troupes qu'il commandoit, & celles qu'on lui auroit envoyées du camp de Saint-Anne, des environs d'Aix & de Marseille où elles étoient inutiles. Au-lieu de faire cette diligence, il ne partit que deux jours après que les ennemis furent décampés ; leur avant-garde s'étoit déja emparée de tous les passages, quand il fut détaché pour aller les attendre au bord du Var. Ils brûloient les fourrages, gâtoient les provisions qu'ils ne pouvoient emporter, & corrompoient

---

(1) Un Général Allemand dit au même Jésuite devant cinq ou six personnes : » le Duc de Savoie nous a sacrifiés, & nous savons que le 18 il eut une confé- » rence dans une Cassine avec M. le Marechal de Tessé, entre Toulon & la Valette : il n'a ete question depuis ce tems-là que de nous retirer ».
Enfin le même Jesuite assura que ce Prince lui dit : « Votre Evêque fit fort » bien, quand j'arrivai, de ne pas quitter sa maison ; mais je serois fâché, » qu'il y fût revenu quand nous repassons. Je n'eusse pas été le maître de le pré- » server de la fureur des Allemands, qui me font l'honneur de croire que je » suis d'intelligence avec le Roi ». *Lettr. du Maréchal de Tessé, du 4 Septembre* 1707. Cependant rien n'annonce cette intelligence dans les lettres du Maréchal, qui se justifia de n'avoir pas poursuivi les ennemis, parce qu'il manquoit d'equipages & de beaucoup d'autres choses nécessaires à la marche d'une armée.

les eaux, afin d'ôter à notre armée les moyens de subsister, si elle vouloit les poursuivre. Des partis de Cavalerie, détachés pour commettre ces dégâts, exigeoient des contributions exorbitantes des villes & des villages situés sur la route : un détachement de six cent hommes ayant paru devant la ville de Grasse, un des Consuls & un Gentilhomme lui livrèrent une des portes : les habitants furieux se barricadèrent dans les rues ; les femmes mêmes voulurent avoir part à la défense de la ville, & cette résistance donna le tems au Comte de Sailli & au Prince de Robecq d'arriver avec un détachement de cavalerie supérieur à celui des Impériaux, & de les chasser. Ces dégâts que firent les ennemis, le défaut d'équipages qu'on avoit été obligé d'envoyer à Arles, furent en partie la cause que notre armée ne pût se mettre en marche pour les poursuivre. Cependant le Maréchal de Tessé, qui ne vouloit pas laisser échapper une si belle occasion de les faire repentir d'être venus en Provence, les suivit avec les Grenadiers de l'armée, les Carabiniers, la brigade de Lyonnois, & le régiment de Dragons de Languedoc ; il envoya ceux d'Hautefort se jetter dans Antibes pour les prendre en flanc, & l'on ne doit pas douter qu'avec le zèle dont il étoit animé pour la gloire du Roi, il ne les eut entamés dans leur retraite & peut être battus, s'il avoit pu faire marcher toute l'armée, d'autant mieux que le Duc de Savoie lui donna le tems de le joindre, ayant séjourné le vingt-six à Fréjus.

Tous les Ordres & toutes les Villes de Provence montrèrent en cette occasion le plus grand zèle pour le salut de la Patrie. Aussi le Roi touché de leurs efforts, en témoigna-t-il sa sensibilité, dans une lettre qu'il écrivit de sa propre main au Comte de Grignan, & dont voici le contenu :

« M. le Comte de Grignan, on ne peut être plus content
» que je le suis, des preuves que mes Sujets de Provence m'ont
» données

» données de leur valeur & de leur fidélité, durant la dernière
» campagne, & de celles que les Communautés de la même
» Province viennent de me donner de leur zèle pour le bien
» de mon service, par le concours prompt & unanime à m'ac-
» corder le secours qui leur a été demandé de ma part. Je dé-
» sire que vous leur fassiez bien connoître le gré particulier
» que je leur en fais, & mon attention à leur en donner des
» marques. Il ne se peut rien ajouter aussi à la satisfaction
» que j'ai de vos services; & je prie Dieu qu'il vous ait, M. le
» Comte de Grignan, en sa sainte garde. A Versailles, le 30 No-
» vembre 1707. *Signé* LOUIS.

Parmi les Particuliers qui se distinguèrent en cette occasion par leur patriotisme, on doit citer Castellane-Esparron (1); Audibert, Assesseur; d'Albert Saint-Hyppolite, & Bonfilhon, Procureurs du pays. Le Marquis de Forville, Lieutenant de Roi en Provence; M. d'Angervilliers, Intendant général de l'armée, & M. le Bret, Intendant de la Province, méritent que l'Histoire fasse d'eux une mention honorable, ainsi que M. de Chalucet, Evêque de Toulon, qui montra le courage d'un citoyen, & la charité d'un Pasteur. On doit aussi des éloges à MM. le Marquis de Langeron, Lieutenant-Général de la

---

(1) M. le Maréchal de Tessé écrivoit à M. de Chamillart le 11 Septembre, je vous supplie de rendre compte au Roi que le Marquis de Castellane, premier Procureur du pays a servi pendant cette campagne avec beaucoup d'habileté, de vivacité, & de soins jour & nuit pour faire ensorte que les troupes ayent eu tous leurs besoins.... Sans lui je ne sais en vérité ce que nous serions devenus. Une grace naturelle, qui feroit non-seulement grand plaisir au pays; mais qui feroit utile aux troupes (puisque de long-tems aucun autre, quel qu'il soit, ne pourroit être au fait comme lui de ce qui regarde ce détail) ce seroit que Sa Majesté témoignât par une lettre de vous ou de M. de Torcy, qui est Secrétaire d'Etat de cette Province, que son intention est qu'il soit continué l'année prochaine dans son emploi: il y en a plusieurs exemples, &c. *Lettr. du Maréchal de Tessé.*

Marine; d'Aligre; le Commandeur d'Ailly, Chef [d'Escadre commandant quelques troupes de terre; & aux Capitaines de leurs Corps, qu'il seroit trop long de nommer (1).

III. HIVER RIGOUREUX. An. 1709.

Après ce siége, les Annales ne rapportent plus aucun fait qui soit digne d'attention : elles parlent seulement du froid excessif qui, en 1709 emporta non-seulement les espérances de la récolte, mais la détruisit pour long-temps, en faisant périr les arbres & les arbustes sur lesquels est fondée presque toute la richesse territoriale. Les orangers & les amandiers, qui ne résistent point à un froid de cinq degrés au-dessous de la glace, lorsque ce froid survient dans un temps d'humidité, succombèrent les premiers; les oliviers, quoique moins susceptibles des impressions de la gelée, eurent le même sort; & la vigne, en plusieurs endroits, perdit cette sève qui l'anime & la vivifie. Aussi cet hiver-là est-il un des plus fameux dont l'Histoire fasse mention.

IV. LA PESTE. An. 1720.

L'année 1720 fut bien plus mémorable par les ravages affreux que la peste fit dans cette Province, & notamment à Marseille. L'Auteur qui nous en a laissé une relation, prétend que ce

---

(1) MM. Flameng, Ferrand & Marin, Consuls de Toulon, montrèrent un zèle & une activité qui leur firent beaucoup d'honneur. On doit aussi des éloges a M. le Marquis de Chalmazel, Gouverneur de la Place. Parmi les Officiers qui se firent connoître durant le siège, nous devons encore nommer MM. Destouches & de Raffetot, commandant deux corps d'Infanterie, qui venoient du Dauphiné Les Comtes d'Auberterre & de Meleun, commandant chacun un corps de Cavalerie; les Marquis de Grancey & de Marignane, Maréchaux de Camp; Pontac, des Francs, du Quesne-Monier, le Comte de Béthune, de Mons, le Commandeur de Beaujeu, Beaussier, Feuquieres, Boulinvilliers, Clavel, Cogolin, le Chevalier de Vatan, d'Estienne, le Comte de Sabran Beaudinar, le Chevalier de Glandevès, &c Capitaine de Vaisseaux; Galliffet, Aide-Major de la Marine, faisant les fonctions de Major des quatre Bataillons formés des troupes des Vaisseaux; Brissac & la Roche, faisant les fonctions d'Aides-Majors de la Place; Niquet, d'Astier-Lozieres & la Blotterie, Ingénieurs; Mayer pour l'Artillerie; & Ruyter, qui fut blessé au Bastion Saint-Bernard.

fléau a défolé vingt fois cette Ville, depuis Jules-Céfar jufqu'au commencement de notre fiécle. Quoique nous n'ayons pas eu foin de faire obferver dans cet ouvrage tous les maux que cette terrible maladie a faits en Provence, nous avons pourtant remarqué, que dans l'efpace de dix-fept fiécles, qui fe font écoulés depuis Jules-Céfar, on en a reffenti plus de trente fois les funeftes atteintes; & nous trouverions ces malheurs bien plus fouvent répétés, fi l'Hiftoire avoit eu foin d'en conferver le fouvenir.

LA PESTE.

An. 1720.

Le XVme fiécle a vu neuf fois la ville de Marfeille plongée dans les horreurs de la pefte; parce que le peu d'harmonie qui régnoit dans l'Hôtel-de-Ville, les divifions inteftines qui déchiroient la Provence, le peu de cas qu'on faifoit de l'autorité Royale, furent caufe qu'on négligea de foumettre aux épreuves ordinaires les vaiffeaux venant du Levant. On fut moins malheureux dans le XVIIeme fiécle, lorfque la fageffe d'Henri IV, & les efforts du Cardinal de Richelieu eurent porté l'autorité Royale à ce haut degré de puiffance, d'où elle put étendre fa vigilance fur toutes les parties du Royaume. Il femble qu'après le long règne de Louis XIV, fous lequel on commença d'établir dans nos Ports une police auparavant inconnue, on auroit dû être encore plus à l'abri de la contagion.

Cependant elle fe développa avec une violence inconcevable, au moment où les citoyens croyoient avoir le plus de raifons de compter fur la vigilance publique. Elle fut apportée à Marfeille le 25 Mai 1720, par un navire, qui étant parti de Seyde le 31 Janvier de la même année, fous la conduite du Capitaine Chautaud, alla fe réparer dans le Port de Tripoli de Syrie, où il prit encore des marchandifes & quelques Turcs pour les paffer en Chypre. Le Capitaine avoit fa patente nette; c'eft-à-dire, qu'on y déclaroit qu'à Seyde non plus qu'à Tripoli, il n'y avoit aucun foupçon de mal conta-

V.
COMMENT ELLE FUT APPORTÉE A MARSEILLE.

gieux : la peste, en effet, ne s'étoit point encore manifestée dans la premiere de ces deux Villes, quand le navire en partit ; mais elle se manifesta peu de jours après, & l'on sait qu'elle couve toujours quelque tems avant de se déclarer. Le commerce qu'il y a entre Seyde & Tripoli est cause que l'une de ces deux Villes ne peut être infectée de la contagion, sans que l'autre le soit bientôt après ; d'autant mieux que les Turcs ne prennent aucune précaution pour s'en garantir. L'un d'eux que le Capitaine avoit sur son bord, tomba malade dans la route, & mourut peu de jours après : on ordonna à deux Matelots de le jetter dans la mer. Ils eurent à peine touché le cadavre, que le maître du navire, qu'on appelle communément le Nocher, leur ordonna de se retirer, & laissa aux Turcs le soin de rendre ce dernier devoir à leur compagnon : les cordes qui avoient servi à traîner le cadavre, furent également jettées dans la mer.

Les deux Matelots qui l'avoient touché, ne tardèrent pas d'être frappés de mort. Deux autres les suivirent de près, & le Chirurgien qui les avoit soignés, eut le même sort. Le Capitaine Chautaud, saisi de frayeur à la vue de ces accidens inopinés, en soupçonna la cause ; & s'étant séparé du reste de l'équipage, il se retira à la poupe, d'où il donnoit les ordres nécessaires pour le gouvernement & la conduite du navire. Il voguoit ainsi vers les côtes de Provence, lorsque trois autres Matelots tombèrent malades ; ce nouvel accident l'obligea de relâcher à Livourne, où ils moururent de la même maniere que les six dont nous venons de parler. Quelqu'effrayante que leur mort dût paroître, étant sans doute accompagnée de symptômes extraordinaires, le Médecin & les Chirurgiens qui les avoient traités, déclarèrent qu'ils étoient morts d'une fiévre maligne pestilentielle : le Capitaine Chautaud remit à la voile ; & en arrivant à Marseille le 25 Mai, il donna ce certificat aux Intendants de la Santé, aux quels il avoua qu'il étoit mort quelques hommes de son équipage, sans leur dire qu'il les soupçonnoit d'avoir été attaqués de la peste, en quoi il se rendit coupable de tous les maux dont la Ville fut affligée.

C'est l'usage à Marseille qu'on envoie dans une Isle déserte appellée Jarre, située aux environs de la Ville, les navires soupçonnés de contagion, & qui, dans la traversée ont perdu quelqu'homme de l'équipage. Ici plusieurs raisons exigeoient qu'on ne s'écartât point de ce règlement. Cependant, par un aveuglement inconcevable les Intendants de la Santé, se contentèrent de faire déposer les marchandises aux Infirmeries (1). Deux jours après l'arrivée du vaisseau, c'est-à-dire, le 27 de Mai, tandis qu'on travailloit au débarquement, il mourut encore un Matelot : cet accident, qui auroit dû réveiller l'attention des Administrateurs, après tout ce qui s'étoit passé depuis le départ de Tripoli, ne fit sur eux qu'une légère impression. Ils se bornèrent à prolonger la quarantaine, en ordonnant qu'elle commenceroit du jour où l'on débarqueroit la derniere balle de marchandises. Le mort fut porté aux infirmeries, & visité par le Chirurgien ordinaire, qui déclara n'avoir découvert aucune trace de peste.

Le dernier du mois il entra dans le port trois autres navires, venant des mêmes lieux ; il en arriva un quatrieme le 12 Juin : ils avoient tous patente brute, c'est-à-dire, que dans le lieu de leur départ, il y avoit des soupçons de peste. Cela n'empêcha pas qu'ils ne fussent traités avec la même indulgence que le premier ; on se contenta de faire débarquer leurs marchandises aux Infirmeries. Cependant la maladie & la mortalité régnoient toujours sur le bord du capitaine Chau-

VI.
NÉGLIGENCE DES INTENDANS DE LA SANTÉ.

An. 1720.

---

(1) C'est le nom qu'on donne au lieu où l'on met en quarantaine les hommes & les marchandises qui viennent du Levant.

taud; le garde qu'on met fur les navires pendant le tems de la quarantaine mourut le 12 de Juin; le 23 un des mouffes tomba malade, ainſi que deux porte-faix employés à la purge des marchandiſes : ces trois hommes furent enlevés dans l'eſpace de trois jours; & ſoit qu'on n'eut pas aſſez d'expérience pour diſtinguer les caractères de la maladie; ſoit que le Chirurgien, d'accord avec les propriétaires du navire, ne voulût point dire ce qu'il penſoit, pour ne pas leur faire perdre la cargaiſon qui étoit d'un très-grand prix, il déclara qu'il ne voyoit dans ces accidens que les effets d'une maladie ordinaire : mais il porta bientôt la peine de ſon ignorance ou de ſon infidélité; il mourut avec toute ſa famille victime du mal contagieux.

Ces morts précipitées firent enfin impreſſion ſur les Intendans; ils ordonnèrent que les quatre navires venus du Levant feroient renvoyés à l'Iſle de Jarre, pour y recommencer la quarantaine. Ils firent auſſi renfermer dans l'enclos des marchandiſes, les Porte-faix deſtinés à les purifier, afin de rompre toute communication entr'eux & ceux du dehors, avec leſquels ils avoient eu juſqu'alors la liberté de communiquer. Deux de ceux-là furent attaqués le 5 Juillet d'une maladie qui ſe manifeſta par des tumeurs ſous les aiſſelles. Ces ſymptômes auxquels il étoit difficile de ſe méprendre, ne diſſipèrent point l'erreur du Chirurgien; il s'obſtina à dire qu'il n'y voyoit aucune apparence de contagion : un troiſieme Porte-faix tombe malade le lendemain : il lui ſort un bubon à la partie ſupérieure de la cuiſſe; alors les Intendans allarmés, commencent à ſe défier du Chirurgien, & en appellent deux autres de la ville, qui, après avoir viſité les malades, déclarent qu'ils ſont atteints de la peſte. Leur mort arrivée le 9 de Juillet donna au rapport des Chirurgiens le dernier degré de certitude.

DE PROVENCE. Liv. XV.

Un autre faute que l'on fit, & que les circonstances rendoient inexcusable, c'est que les passagers arrivés sur les vaisseaux attaqués de la contagion, ceux-même que le Capitaine Chautaud avoit sur son bord, furent renvoyés le 14 Juin, après 19 jours de quarantaine, sans qu'on prît d'autres précautions que de les faire passer eux & leurs hardes par une fumigation un peu plus forte qu'à l'ordinaire. Tout cela se passoit aux Infirmeries dans le plus grand secret ; & l'on ignoroit dans la ville que la peste y fermentât avec tant de force, & que déja elle se fût glissée parmi les habitans, à la faveur de ces passagers, qui, sans le savoir, portoient dans leur sein les traits dont la mort devoit bientôt frapper un si grand nombre de victimes.

An. 1720.

La maladie se manifesta dans la rue de l'Escale le 20 Juin, sur une femme qui eut un charbon à la lévre ; le 28 un tailleur de la place du Palais, mourut en peu de jours avec toute sa famille ; le premier Juillet une autre femme de la rue de l'Escale fut atteinte d'un charbon sur le nez ; sa voisine eut des bubons, & dans fort peu de tems toute cette rue se trouva infectée de la contagion. C'est alors que les habitans sortirent de cette fausse sécurité, dans laquelle on avoit cherché à les entretenir. Le 9 Juillet la frayeur fut portée à son comble. Les sieurs Peyssonnel pere & fils, Médecins, dénoncèrent ce jour-là, aux Échevins, un enfant de douze à quatorze ans, comme atteint de la peste, dans une maison de la place de Linche. La distance qu'il y avoit de cet endroit à celui où se trouvoient les autres malades, prouve que le fléau avoit frappé en même-temps plusieurs quartiers. Les Échevins effrayés mirent des gardes devant la maison de cet enfant, qui mourut le lendemain ; ils en firent fermer la porte, après avoir fait transporter aux Infirmeries sa sœur malade, avec le reste de la famille. Le 11 la mort enleva un des passagers venus

VII.
COMMENCEMENS
DE LA PESTE DANS
LA VILLE.

LIVRE XV.

VIII. NÉGLIGENCE DES ÉCHEVINS.

du Levant fur le bâtiment de Chautaud, & forti depuis peu de jours des Infirmeries : les Magiftrats ne doutant point qu'il ne fût mort de la pefte, dont il avoit tous les fymptômes, envoyèrent au Lazaret tous les particuliers fans diftinction qui habitoient cette maifon, & la porte en fut murée. Plufieurs jours s'écoulèrent fans qu'on entendit parler d'aucun malade : le Public ingénieux à fe flatter, & facile à fe prévenir, fe raffuroit déja fur le mal contagieux, & s'applaudiffoit des fages précautions qu'on avoit prifes pour l'étouffer dans fa naiffance. Il attribuoit même la mort des infortunés, dont nous venons de parler, à tout autre caufe qu'à la contagion.

Mais le fléau qui fe jouoit des précautions des uns & de l'incrédulité des autres, pulluloit fecrètement dans cette rue de l'Efcale, où il s'étoit d'abord manifefté avec plus d'éclat. Bientôt même il fe gliffa dans d'autres rues : il enleva un fripier avec toute fa famille, dans la place des Dominicains ; & frappa dans la rue de l'Oratoire une couturiere, qui ne revint en fanté, que pour voir tomber autour d'elle tous fes parens. Envain le fieur Sicard, Médecin agrégé, avertit les Echevins le 18 Juillet, que le danger devenoit tous les jours plus preffant : ces Magiftrats plongés dans une fauffe fécurité, répondirent froidement qu'ils enverroient vifiter les malades par un Chirurgien ; & ce Chirurgien rapporta qu'il n'avoit trouvé que des fievres vermineufes. La communication fut donc rétablie avec les malades ; ils reçurent les facremens & les honneurs de la fépulture, comme fi leur maladie & leur mort n'étoient que les effets ordinaires du dérangement de la faifon, ou d'une mauvaife nourriture. En réfléchiffant fur l'incertitude dans laquelle les efprits flottoient, malgré tant d'accidens funeftes, on eft tenté de croire que cet aveuglement venoit de ce que les Médecins & les Chirurgiens n'ayant jamais eu occafion de traiter la pefte, n'en diftinguoient point

point les symptômes. Quels maux ne produisit pas cette ignorance, dans un temps où il auroit fallu opposer toutes les ressources de l'art à une maladie infiniment active ? Ce qu'on a de la peine à comprendre, c'est que le Commandant de la Province, l'Intendant & le Parlement aient abandonné à la négligence & à l'impéritie des Échevins de Marseille, le soin d'arrêter les progrès du mal. Le salut de cette grande Ville & celui de tout le Royaume, étoient des motifs assez puissants pour exciter leur vigilance : Si à la premiere nouvelle qu'ils eurent que la contagion étoit à Marseille, ils avoient envoyé des Médecins sur les lieux ; si par des ordres sévères ils avoient défendu toute communication avec les rues & les maisons suspectes, ils auroient conservé à l'État une infinité de citoyens utiles.

NÉGLIGENCE DES ÉCHEVINS.

Cette négligence fut cause que le fléau prit de nouvelles forces : il emporta dans la seule rue de l'Escale quatorze personnes le 23 Juillet, & en frappa plusieurs autres qui périrent le surlendemain. Cette mortalité répandit la consternation dans la Ville ; les Magistrats commirent encore leur Chirurgien de confiance pour visiter les malades : ils lui donnèrent pour adjoint le Médecin Peyssonel, pere : celui-ci ne leur dissimula pas que c'étoit la peste qui faisoit tous ces ravages. L'autre aveuglé par son ignorance, ou obstiné dans sa mauvaise foi, persista à dire que la maladie n'étoit point contagieuse, & par sa coupable opiniâtreté, il rendit plus criminelle l'insouciance des Magistrats, qui ayant à Marseille un Collège de Médecins, négligèrent de le consulter. Heureusement l'avis du Chirurgien ne produisit pas tout l'effet qu'on en devoit craindre. On eut la sage précaution de mettre des gardes aux avenues de la rue infectée, d'en enlever les malades & de les transporter aux infirmeries, avec les personnes qui avoient habité les mêmes appartemens.

Cette opération se fit secrètement pendant la nuit pour ne

Tome IV. M m m m

pas allarmer le peuple déja effrayé par tant de morts inopinées l'heureuse indiscrétion du sieur Peyssonel fils prévint les maux, que la timide circonspection des Echevins pouvoit causer dans toute la Provence. Ce jeune Médecin eut commission de visiter les malades avec un Chirurgien de la Ville, lorsque son pere, accablé d'infirmités fut obligé de renoncer à cette périlleuse fonction. Sa sensibilité ne lui permit pas d'user d'une circonspection dont son âge d'ailleurs le rendoit incapable : à peine il s'apperçut que la peste fermentoit dans le sein de sa Patrie, qu'il le dit tout haut, & l'écrivit même dans les Villes voisines, qui prirent aussitôt l'allarme, & s'interdirent tout commerce avec les Marseillois. Le Parlement sortant enfin de sa trop longue sécurité, avoit donné le 2 Juillet un Arrêt fulminant, qui défendoit toute communication entre les habitans de la Province & ceux de Marseille, sous peine de la vie. Mais il y avoit déja près d'un mois que la peste avoit infecté d'un poison lent & secret plusieurs particuliers, qui étoient sortis de la Ville, & beaucoup de hardes qu'on avoit portées à la campagne ou dans les villages voisins. Il est même étonnant que le commerce de Marseille, ayant conservé toute sa liberté durant ce tems-là, n'ait pas répandu la contagion dans le reste du Royaume ; tant il étoit dangereux de n'avoir pas établi des barrières, sur les premiers soupçons qu'on eut du fléau, afin de l'étouffer dans sa naissance.

Après cet Arrêt la disette commença de se faire sentir dans la Ville, & le peuple fut prêt à se soulever. M. le Bret, Intendant de Provence & le Marquis de Vauvenargues, premier Procureur du Pays, eurent avec le sieur Estelle, premier Echevin de Marseille & le Sécretaire de la Ville, une conférence dans laquelle ils traitèrent, en se tenant à une certaine distance les uns des autres, des moyens d'approvisionner cette grande Ville ; ils vouloient empêcher que les horreurs de la faim jointes à celles de la peste ne la réduisissent en un vaste désert, après avoir fait éprouver aux malheureux habitans tout les effets de la rage & du désespoir. Il fut résolu qu'on établiroit à deux lieues de Marseille un marché, sur le chemin d'Aix, & un autre du côté d'Aubagne ; les Marseillois séparés des vendeurs, par une double barrière, pouvoient acheter les denrées dont ils avoient besoin, sous l'inspection des Officiers & des Gardes préposés, pour maintenir la tranquilité & empêcher la communication. On en établit un autre avec les mêmes précautions à l'Estaque pour les marchandises qui viendroient par mer. Cet établissement diminua bien la disette, mais ne rappella pas l'abondance. L'éloignement des marchés, fit hausser le prix des denrées : la main-d'œuvre renchérit à proportion ; le vin même si abondant pour l'ordinaire, subit le même sort, parce que la crainte avoit dispersé quelques-uns des propriétaires, & forcé la plupart des autres à ne plus attirer dans leur maisons les gens pauvres, plus exposés que les personnes riches par leur vie errante, aux atteintes du mal contagieux. Ce n'étoit pas assez de pourvoir à la subsistance du peuple, il falloit encore fournir à celle des troupes retirées dans les deux citadelles : les Officiers menacèrent de lâcher les soldats dans la Ville, pour prendre les choses dont ils avoient besoin, si l'on refusoit de les procurer.

<small>PRÉCAUTIONS PRISES PAR LE PARLEMENT ET L'INTENDANT.</small>

L'entretien des Galères donna beaucoup moins d'embarras. Les Officiers de ce Corps trouvèrent des ressources, dont ils furent redevables à leur sagesse & à leurs lumières. Sur les premiers bruits que la peste étoit à Marseille, ils firent tirer les Galères au large ; ces bruits continuant, ils prièrent les Echevins d'agréer que leurs Médecins & Chirurgiens se joignissent à ceux de la Ville pour visiter les malades. Leur intention étoit de sortir de cette cruelle incertitude, dans laquelle les rapports opposés de quelques personnes de l'art les avoient jettés. Cette visite se fit le premier Août ; les Commissaires après avoir attenti-

<small>X. CONDUITE DES OFFICIERS DES GALÈRES.</small>

vement examiné les malades, déclarèrent dans un rapport très-détaillé, que la maladie étoit contagieuse, & qu'il falloit user des plus grandes précautions, si l'on vouloit en prévenir les funestes suites.

Eclairés par ce rapport, les Commandants des Galères ne songèrent plus qu'aux moyens de les mettre en sûreté ; ils les firent ranger tout le long du quai de Rive-neuve & entourer d'une espèce de barrière qui les séparoit du reste du Port ; les bas-Officiers & les équipages, enfermés dans l'arsenal, par des barricades étoient dans cette enceinte comme dans une ville assiégée ; des Tartanes partoient tous les jours pour aller chercher à Toulon & dans le Port de Bouc, du bois, du charbon, de la farine, de la viande, & toutes les choses nécessaires que des Pourvoyeurs nommés par les Commandants, avoient soin d'y faire apporter ; ainsi l'on trouvoit sur les Galères & dans l'Arsenal, à un prix modique, toutes les provisions dont on avoit besoin ; tandis qu'avec une dépense immense on manquoit souvent du nécessaire dans la Ville. Combien de maux & de désordres n'auroit-on pas prévenu, si les Magistrats municipaux avoient eu cette étendue de lumières, & cette fermeté que les circonstances rendoient nécessaires ? s'ils avoient mis des barrières à tous les quartiers, avec défense d'en sortir, & qu'on y eut porté dans des marchés particuliers, les vivres que la Communauté se seroit procurés par la voie de terre & de mer ? Chaque famille sans sortir, pour ainsi dire, de sa rue, auroit été assurée de sa subsistance, au lieu de l'envoyer prendre chez un petit nombre de pourvoyeurs éloignés, d'où l'on n'apportoit pour l'ordinaire, que des provisions insuffisantes, & le poison contagieux ; car il étoit impossible de l'éviter dans la foule des acheteurs, que le besoin rassembloit de tous les quartiers de la Ville.

Le plus grand malheur des Marseillois, malheur qui en occasionna beaucoup d'autres, fut donc de n'avoir pas à la tête de l'Administration des personnes capables d'établir une police sévère, & de la faire observer. Mais dans le trouble où l'on étoit, on ne savoit jamais quel parti prendre ; & le dernier avis l'emportoit souvent sur les conseils les plus sages. On reçut avec avidité celui d'un Médecin qui proposa d'allumer à cinq heures du soir, pendant trois jours de suite, de grands feux dans toutes les places publiques. Chaque particulier avoit ordre d'en faire un à la même heure devant sa maison, & de brûler du soufre dans tous les appartemens, pour purifier les hardes & les habits. La chose fut exécutée comme le Médecin le désiroit ; & l'air pendant trois jours se couvrit d'une fumée noire & brûlante, qui ayant augmenté la chaleur naturelle de la saison & du climat, ne fit que donner plus d'activité à la contagion.

XI. LA FRAYEUR S'EMPARE DES HABITANS.

Le venin pestilentiel, aigri par cette cause & par plusieurs autres, se développa avec une vivacité qui effraya tout le monde. Les habitans les plus timides avoient déja profité de la liberté des passages, pour se sauver en d'autres villes & en d'autres provinces. Ceux qu'une aveugle prévention avoit rendu jusqu'alors incrédules, trouvant toutes les issues fermées & les chemins exactement gardés, furent contraints de se retirer à la campagne, ou de s'enfermer dans leurs maisons. Chacun s'empressoit à faire des amas de provisions, à charier des meubles & des hardes ; il n'y avoit pas assez de voitures pour seconder l'empressement de ce nombre prodigieux de personnes que la crainte chassoit de la Ville. Les gens du peuple, qui n'avoient point de maison de campagne, allèrent camper sous des tentes, les uns dans la plaine Saint-Michel, les autres sur les bords du Veaune, & le long des ruisseaux qui arrosent le terroir. Un grand nombre se fixa près des remparts ; il y en eut même qui grimpèrent sur les collines & les rochers les plus escarpés, où ils allèrent chercher un asyle dans le fond des cavernes. Les gens de mer s'embarquèrent avec leurs familles sur des vaisseaux, sur des barques, & dans de petits bateaux, se tenant au large dans le port ou dans la rade, & présentant ainsi, au milieu des eaux, une ville flottante, où la crainte rassembloit les habitants fugitifs d'une ville désolée. Les Religieuses sortirent du Couvent pour suivre leurs parents dans la fuite ; car il n'y avoit point de lien capable de retenir les particuliers, qui pouvoient se promettre hors de la Ville un abri contre la peste. Les Officiers de Justice, les Directeurs des Hôpitaux, les Intendans de la santé, ceux du Bureau de l'Abondance, les Conseillers de Ville, & les autres Officiers municipaux disparurent : il ne resta parmi les personnes en place que les Curés, les autres Prêtres de Paroisse, & les Echevins ; ces Citoyens respectables, animés par l'exemple de M. l'Evêque, déployoient avec lui un courage héroïque & une charité vraiement chrétienne.

Il est difficile de porter ces deux vertus plus loin que ne les porta M. de Belzunce. La maladie se fut à peine déclarée dans la rue de l'Escale, qu'il assembla les Curés, & les Supérieurs des Communautés. Animé de ce zèle religieux que les circonstances rendoient si nécessaire & si difficile, il n'eut pas de peine à le faire passer dans le cœur de ces pieux Ministres ; il leur prescrivit la manière dont ils devoient se conduire dans ces tems de calamité ; ensuite nouveau Josué on le vit par-tout où le salut de son peuple demandoit sa présence. Les Echevins levèrent quatre compagnies de Milice, dont ils formèrent plusieurs détachements, qu'ils mirent dans les différents quartiers où le besoin étoit le plus urgent ; ils défendirent de rien laisser dans la Ville de ce qui pouvoit y causer de l'infection ; de transporter les meubles & les hardes des morts & des malades d'une maison à l'autre, & de cacher le bled & les autres provisions : chaque quartier eut un Commissaire chargé de maintenir le bon ordre dans son district, de s'informer du nombre de malades qu'il y avoit dans chaque maison, afin d'en rendre compte aux Echevins, & de pourvoir à la subsistance des pauvres, que la cessation du travail avoit réduits à la dernière misère.

Ces dispositions n'empêchèrent pas les progrès du mal. En peu de jours toutes les rues furent infectées. Les nuits n'étoient pas assez longues pour avoir le tems de transporter les morts : il fallut mettre sous les yeux du public les pertes qu'il faisoit, & qu'on avoit eu grand soin de lui cacher. Les cadavres ne pouvant plus être emportés les uns après les autres, on fut obligé de les entasser dans des tombereaux. Des gens de la lie du peuple alloient sous le nom ignoble *de corbeaux* les prendre dans les maisons : ordinairement ils les traînoient par les pieds le long de l'escalier, quelquefois ils les jettoient par les fenêtres d'un premier étage. Le bruit des tombereaux, mêlé au frémissement qu'occasionnoit le balottement des cadavres, portoit l'épouvante dans le cœur des malades & des personnes en santé. Les boutiques étoient fermées ; le commerce interdit, les travaux intérompus, les Eglises, le Collége, la Bourse, en un mot tous les lieux publics fermés ; les offices divins suspendus, & le cours de la Justice arrêté. Il n'y eut plus parmi les Citoyens aucun lien qui les unit ; les parens évitoient de se voir, les amis se fuyoient, le voisin craignoit de recevoir de son voisin le trait contagieux & lui inspiroit les mêmes craintes, ainsi l'on s'enferma, parce que tout devint suspect & dangereux : les alimens les plus nécessaires à la vie ne furent pris qu'avec des précautions gênantes ; & le métal le moins susceptible d'impression ne fut reçu qu'avec la circonspection la plus scrupuleuse : en un mot chaque particulier sembla former une société à part, & auroit voulu, s'il eût été possible, se réserver pour lui seul l'air qu'il respiroit.

Cette sollicitude inquiète, qu'on avoit pour se garantir d'un mal, qui ne respecte ni âge, ni sexe, ni condition, devenoit plus amère par la crainte qu'on avoit de perdre des amis & des

XIII.
SITUATION AFFREUSE DES HABITANS.

parens. Tous les jours on apprenoit leur maladie, sans oser leur donner aucun secours; car s'il se trouvoit quelques ames généreuses, qui, en pareille circonstance, avoient le courage d'affronter la contagion, il y en avoit beaucoup en qui la vue d'une mort inévitable, réprimoit les mouvemens de la nature, ou ceux de l'amitié. Il arrivoit même qu'un pere & une mere tendres, étant frappés de la maladie, se refusoient la douce consolation de voir leurs enfans : un frere en santé n'avoit pas la liberté de voir une sœur mourante ; on auroit dit que la mort, veillant à la porte des malades, rompoit tous les liens qui les attachoient à la société : l'opulence, qui dans toute autre occasion fournit tant de ressources, ne suffisoit pas en celle-ci pour procurer les secours les plus communs & les plus ordinaires ; le riche au milieu de son or, étoit devenu l'égal du pauvre ; comme lui il manquoit de tout, & ils languissoient l'un & l'autre dans l'abandon & la misère. Ce fut le vingt-cinq du mois d'Août que ce tableau, qui semble peint d'imagination, se réalisa dans la ville de Marseille. La peste se répandit alors avec tant de fureur qu'en peu de jours elle enlevoit toute une famille ; elle frappoit des rues entières, où d'un bout à l'autre il ne restoit pas une maison saine. Ces comparaisons usées d'un torrent rapide qui rompt ses digues, & emporte au loin tout ce qu'il trouve sur son passage ; d'une étincelle qui après avoir couvé quelque tems éclate tout-à-coup par les flammes les plus vives, & cause un embrâsement général, n'expriment que foiblement la promptitude avec laquelle le feu de la contagion se répandit.

Les domestiques, les valets, les servantes, tous les pourvoyeurs sont morts ou malades & l'on ne trouve plus à les remplacer : les pauvres, ceux qui vivent du travail de leurs mains, ont le même sort : avec eux on perd tous les secours, tous les services que la maladie ou l'abandon rend nécessaires. S'il reste encore quelque serviteur fidele, on se défie de son état, on craint

de

de s'en fervir. Que vont devenir, dans ces circonftances fâcheufes, les familles où le mal n'a pas encore pénétré, mais que la famine obféde ? le plus courageux de la maifon fort pour aller chercher de quoi fubftanter les autres : & il trouve à la porte du petit nombre de Bouchers, & de Boulangers que la mort a épargnés, une foule de gens que les mêmes befoins raffemblent, & qui fe communiquent les uns aux autres des impreffions peftilentielles : ainfi il rentre dans le fein de fa famille avec des provifions infuffifantes & le germe de la contagion.

Si l'on recevoit quelques fecours utiles, c'étoit de la main de Monfieur l'Evêque & de fes pieux Coopérateurs. On nous vante le courage de ces Héros qui, à la tête des armées, vont affronter les périls ; mais les dangers qu'ils courent, font-ils comparables à ceux que préfente une Ville infectée de la pefte ? Ici, ni le bruit des inftruments, ni le fpectale guerrier de cinquante mille hommes, ni cette ardeur martiale qu'on fe communique les uns aux autres, quand l'imagination eft exaltée par des idées de gloire, ne peuvent rien fur le cœur pour l'affermir contre le danger. La mort, dépouillée de cet éclat qui la fait affronter aux guerriers, frappant à coup sûr & fans relâche les citoyens de tout rang, de tout âge, de tout fexe ; ne refpectant aucun afyle, pénétrant dans les réduits les plus obfcurs, menace continuellement ceux qui ont échappé à fes traits. S'il eft des hommes qu'on doive louer, ce font les citoyens qui, dans ces tems malheureux, ont le courage d'expofer généreufement leur vie pour le falut des autres ; & la fonction la plus honorable d'un Hiftorien, eft de faire paffer leur nom à la poftérité. Les Curés & les Vicaires des différentes Paroiffes (1) fe dé-

XIV.
ÉLOGE ET
CONDUITE DES
CURÉS.

(1) Ces Meffieurs font, MM. Martin & Audibert, Curés de la Paroiffe Saint-Martin : Blanc, Charrier & Gantheaume, Prêtres habitués de la même Paroiffe : les quatre derniers moururent en fervant les malades : M. Martin fut

vouèrent aux fonctions pénibles de leur ministère avec un zèle digne des plus beaux siècles de l'Eglise. Il n'y avoit point de maison, point de réduit, quelque pestiféré qu'il fût, où ils ne portassent les sacremens, des paroles de consolation, & des secours temporels ; ils moururent presque tous dans cet exercice de la charité. Les Chanoines au contraire, frappés de terreur se réfugièrent pour la plupart à la campagne, préférant aux devoirs de leur état, & à la gloire d'être utiles, la honte de conserver des jours destinés peut-être à l'oisiveté.

XV.
TABLEAU AFFLIGEANT DE L'INTÉRIEUR DES MAISONS.

Nous n'entreprendrons pas de peindre le spectacle varié & toujours affreux des maux, que la peste fit dans l'intérieur des maisons. On y a trouvé des meres restées seules avec leurs enfans à la mamelle, réduites à les laisser mourir faute de nourriture, ou à leur donner la mort avec le lait : les pestiférés, séquestrés dans un grenier ou dans l'appartement le plus reculé de la maison, sans meubles, couverts de vieux haillons, n'avoient à côté d'eux qu'une cruche d'eau qu'on avoit mise en fuyant, & dont il falloit qu'ils s'abreuvassent malgré leur langueur & leur foiblesse ; souvent on leur versoit, dans

---

attaqué de la peste & guérit. A la Major, MM. Ribiés & Laurens, Curés ; le premier mourut, le second ne fut que malade : le Chanoine Boujarel fut le seul du Chapitre, qui remplit les fonctions sacrees de son ministère. Les deux Cures des Accoules, MM. Parens & Reibas, MM. Fabre & Paschal, Bénéficiers, M. Arnaud, Vicaire, firent éclater dans la Paroisse un zèle digne d'avoir des imitateurs : on ne le trouva pas dans les Chanoines, qui prirent presque tous la fuite ; les uns se réfugièrent à la campagne, quelques-uns restèrent dans la ville ; parmi ces derniers, MM. Guérin & Estay se distinguèrent par leur zèle : tous ces Pretres respectables furent malades, ou moururent. La honte ou le remords ramena ensuite MM. Bourgarel, Surle, & Jayet ; le premier, homme fort charitable, mourut ; les deux autres furent malades. A la Paroisse de Saint-Laurens, M. Carriere, Prieur, fut deux fois attaqué de la peste ; il mourut la seconde fois, avec trois de ses Prêtres, qui allèrent recevoir devant Dieu la récompense due à leurs travaux. Cinq Prêtres de Saint-Ferréol eurent le même sort. M. le Curé Pourriere fut épargné par la maladie, quoiqu'il ne s'épargnât pas lui-même.

une écuelle placée à la porte de leur chambre, un bouillon qu'ils alloient prendre avec une peine extrême, & en se traînant : ils avoient beau gémir & se plaindre ; on les exhortoit de loin à ne pas se décourager, & cependant on les traitoit comme n'y ayant plus d'espoir de prolonger leur vie. Dans cet état affreux, tout déceloit le trouble de leur ame ; des yeux étincelans, un regard égaré, le visage livide. Envain le Médecin employoit son art pour les guérir, & son éloquence pour les rassurer : les précautions qu'il prenoit en les approchant, démentoient ses discours : ces malheureux mouroient dans l'abandon, laissant à des parens ingrats une succession quelquefois immense, qui dans ces derniers momens ne leur avoit été d'aucun secours. Un spectacle plus touchant encore, étoit celui que présentoit toute une famille frappée du mal en même temps. L'un, brûlé par les ardeurs de la fièvre, demandoit des rafraîchissemens, que personne ne pouvoit lui donner ; l'autre agité par des inquiétudes mortelles, poussoit de longs soupirs ; un troisieme plus calme dans son mal demandoit inutilement les secours de l'Eglise, & voyoit expirer à ses côtés sa sœur ou son frere : le comble de l'horreur, c'étoit de voir quelquefois plusieurs cadavres dans un appartement où il y avoit encore des malades. Ce spectacle effrayant, joint à l'infection, précipitoit bientôt dans la tombe, les malheureux qui avoient survécu aux autres.

Les Médecins envoyés par la Cour déclarèrent dans leur rapport du 18 Août, qu'à l'Hopital on voyoit jusqu'à cinquante morts entassés dans un coin. Il y eut des malades qui cédant au désespoir, où les jettoient ces victimes de la contagion, terminèrent leurs douleurs par une mort volontaire. Qui croiroit qu'au milieu de tant d'horreurs si propres à éteindre les passions, il y en eut deux qu'on porta à leur comble ? Le libertinage & l'avidité. La premiere réveillée par les occa-

Tableau affligeant de l'intérieur des maisons.

sions fréquentes de se satisfaire, exaltée même par l'effervescence du venin, s'alimentoit par des excès que nous aurions honte de décrire; l'autre fut féconde en toutes sortes de crimes. Des domestiques, restés seuls dans une maison dont la mort avoit moissonné les Maîtres, s'emparoient de l'argent, des bijoux, des hardes les plus précieuses, & tandis qu'ils les cachoient avec soin, ils humoient le poison qui les faisoit tomber morts sur ces trésors injustement ravis.

Les dangers auxquels on étoit exposé en restant seul dans sa maison, lorsqu'on sentoit les premieres atteintes du mal, furent cause que plusieurs en sortirent, ou pour aller chercher ailleurs des secours & un asyle plus sûr, ou pour aller à l'Hôpital. Un Curé, que son zèle & sa charité avoient fait remarquer dans l'exercice de son ministère, se voyant frappé de la peste à la fin du mois d'Août, seul dans sa maison, sans domestique, sans voisins, en un mot sans espoir d'être secouru, se traîna hors de son appartement, & d'un pas chancelant alla frapper à la porte de ses paroissiens. Il leur demanda d'une voix mourante une retraite & des secours de charité: mais tous le refusèrent, & il rentra dans sa maison, pour attendre tranquillement sur son lit la récompense que Dieu réservoit à ses travaux. Un Chanoine de la Cathédrale, d'ailleurs riche, étant dans le même abandon, se réfugia au clocher de son Eglise, où il savoit que quelques personnes s'étoient retirées; il y fut à l'instant délaissé, & y mourut faute de soins. Un Médecin se fit transporter chez les Récollets pour ne pas avoir le même sort; un autre ayant survécu à tous les siens, fut nourri par des amis charitables & par des Communautés religieuses, qui lui envoyoient de la viande & du bouillon: presque toutes les femmes enceintes périrent ou par la maladie avant d'être délivrés de leurs fruits, ou après un accouchement, que le trouble & la frayeur avoient

accéléré : plusieurs moururent dans les douleurs du travail faute de secours, personne ne voulant recevoir un enfant qui sortoit d'un corps pestiféré. Une de ces femmes, après sa délivrance, désira que son fils fût régénéré dans les eaux du baptême ; elle n'eut pas la force de les lui administrer ; mais ses cris se firent entendre. Un jeune homme plein d'une sainte hardiesse, monte dans son appartement, & donne le baptême à l'enfant : la maladie & une mort prompte furent le prix de sa charité : une action à peu-près semblable faite par un enfant de 14 ans mérite encore d'être rapportée ; il étoit fils d'un Chirurgien & pensionnaire au collége de l'Oratoire. Quoiqu'il n'eût pas étudié la Chirurgie, il avoit lu quelques ouvrages élémentaires, & avoit entendu parler si souvent de cet art chez son pere, qu'il en avoit pris dans les livres & dans la conversation une légere teinture. Ayant su qu'il y avoit, dans le voisinage du collége, une femme dans les douleurs de l'enfantement, & près d'expirer, sans qu'on trouvât un Chirurgien pour l'aider à accoucher, il prit un mauvais rasoir, arriva chez cette femme au moment qu'elle venoit de rendre le dernier soupir, & lui arracha l'enfant encore vivant, auquel il administra le baptême. Mais en remplissant avec tant de courage ce devoir de religion, il fut attaqué de la peste & mourut deux jours après. L'Auteur de la relation de qui nous empruntons ces détails, M. Bertrand Médecin, dit, « qu'ils ne trouveront
» peut-être pas créance dans l'esprit des lecteurs ; je ne sais, ajoute-
» t-il, si l'on ne regardera pas ce que j'en ai déja dit,
» comme des exagérations d'une personne affligée, qui veut
» attendrir les autres sur ses propres malheurs. Cependant
» quelque vive que soit la description que j'en ai faite,
» j'ose assurer qu'elle est infiniment au dessous de la vérité;
» & ce qu'il y a de plus pitoyable, c'est que ces désolations
» particulieres se présentoient vingt fois par jour, dans les

TABLEAU AFFLIGEANT DE L'INTÉRIEUR DES MAISONS.

» différentes maisons où l'on entroit ; & que la vue de tant
» de miseres devenoit encore plus touchante par les cris,
» les pleurs, les plaintes, & les hurlemens, dont ces mai-
» sons retentissoient jour & nuit. »

Que n'aurions-nous pas à dire, si nous voulions entrer dans les détails vraiment dégoûtants de tout ce qu'on étoit obligé de faire, pour se délivrer des cadavres quand le nombre des *corbeaux* fut diminué ? celui des morts devint si grand, qu'il fut impossible de les enlever tous dans un jour. Alors le même homme, qu'on avoit craint d'approcher durant sa maladie, il falloit le transporter hors de sa chambre, de peur qu'en y pourrissant il n'infectât toute la maison. Le pere étoit quelquefois obligé de rendre à son fils ce triste & dernier devoir ; la mere à sa fille, le frere à son frere, & les enfans à ceux dont ils avoient reçu le jour : quelquefois on portoit le cadavre dans la rue ; mais pour l'ordinaire on le traînoit, & quand on ne pouvoit faire ni l'un ni l'autre, on le jettoit par la fenêtre, tantôt tout nud, tantôt enveloppé dans un drap, dans de vieux haillons, ou tout habillé, ou enfin enseveli dans le matelas sur lequel il venoit d'expirer.

XVI.
TABLEAU
DES RUES.

Quelqu'affreux que fut le spectacle qu'offroit l'intérieur des maisons, celui des rues & des places publiques inspiroit encore plus d'horreur : elles étoient couvertes de morts & de mourants. Ce n'étoit pas seulement des gens du peuple qu'on voyoit parmi ces misérables victimes de la contagion ; la plûpart appartenoient à des familles honnêtes ; c'étoient des Célibataires sans domestiques, des enfans, des hommes faits, des vieillards qui, ayant survécu à leurs parens, & aux personnes qui les servoient, se traînoient hors de leur maison pour aller à l'Hôpital ; & n'avoient pas la force d'y arriver : d'autres se couchoient sur le seuil de leur porte, pour recevoir quelques secours des passants, parmi lesquels ils se flattoient de trouver un parent ou un ami sensible : quelque fois, c'étoit un malheureux, qu'une famille barbare avoit chassé pour se garantir de la contagion : tous ces malades, devenus le rebut de la société, étoient la plûpart couverts d'un drap, ou enveloppés dans une couverture, ayant auprès d'eux une écuelle, dans laquelle les personnes qui se dévouoient généreusement au service des pestiférés, mettoient du bouillon : ils avoient aussi une cruche que les mêmes personnes emplissoient d'eau, pour calmer les ardeurs insupportables de la fièvre ; un des symptômes de la peste, étant d'être consumé par un feu intérieur. Aussi voyoit-on quelque fois de ces pestiférés se traîner pour aller tremper leur langue dans le ruisseau. Dans cet état de désolation ceux-là s'estimoient heureux, qui pouvoient se coucher sur les dégrés d'une porte, sur un banc de pierre ; dans l'enfoncement d'une boutique, ou sous un hangar ; encore les chassoit-on de ces asyles, les propriétaires des maisons ne voulant pas les avoir si près d'eux. Pour les en éloigner, ils jettoient de tems-en-tems de l'eau sur le seuil de la porte ; ou y répandoient de la lie de vin.

C'étoit donc dans les places publiques, que la plûpart des pestiférés se réfugioient : c'étoit là que le spectacle de deux ou trois cents malades saisissoit tout à la fois & le cœur & les sens. On voyoit sur leur visage la mort peinte de cent manieres différentes ; des yeux éteints ou étincelants ; des regards languissans ou égarés ; des figures pâles & cadavéreuses ; quelquefois rouges & enflamées, le plus souvent livides & bleuâtres ; mais toutes portant la vive expression du trouble & de la douleur. Comme cette cruelle maladie a les symptômes de toutes les autres ; elle tourmentoit tantôt par des maux de tête ; tantôt par des vomissemens, des coliques violentes, des charbons brûlants, & par mille autres accidens douloureux. Ces maux devenoient plus vifs par le froid qui saisissoit les ma-

TABLEAU DES RUES.

LIVRE XV.

XVII. TABLEAU DU COURS.

lades pendant la nuit; car on s'apperçut que la transpiration leur donnoit plus de repos & de soulagement, que tous les remedes; mais il étoit bien difficile de l'entretenir dans des personnes légérement couvertes &.à demi-nuës, exposées aux impressions d'un air vif & pénétrant.

Le cours n'offroit pas un tableau moins touchant pour une ame sensible. Le cours est une allée d'arbres qui peut avoir cent cinquante toises de long : elle sert de promenade, dans les belles soirées d'été, & pendant le jour dans les autres saisons, lorsque le vent du Nord ne soufle pas. Cette promenade, la seule qui servit au délassement des Marseillois, étoit jonchée de malades, qui croyant trouver un abri à l'ombre des arbres, y étoient exposés aux ardeurs d'un soleil brûlant. Les Échevins y avoient fait tendre quelques voiles de vaisseaux ; mais elles n'amortissoient que foiblement la chaleur du jour, & ne garantissoient pas de la fraîcheur du serein pendant la nuit. Aussi la peste y fit-elle des ravages affreux. Dans la foule des malades il y avoit beaucoup d'enfans, les uns âgés de dix ans, les autres encore au berceau : parmi ces derniers on en vit plusieurs attachés à la mamelle de leur mere qui venoit d'expirer. Les malades étoient couchés à côté des morts : ceux-ci devenus en moins de six heures hideux & difformes, présentoient un aspect effrayant aux malheureux, qui luttoient encore contre le trépas, & qui ayant à supporter tout à la fois & la vue de ces objets d'horreur, & l'infection qu'ils exhaloient, regardoient la vie comme un fardeau. C'étoit dans la rue Dauphine sur-tout que ce spectacle étoit effrayant : cette rue a 180 toises de long sur cinq de large; les malades & les morts y étoient si pressés, qu'on ne pouvoit sortir de sa maison sans leur marcher dessus. Cette affluence venoit de ce que la rue aboutit à l'Hôpital des convalescens : les pestiférés qui étoient restés seuls dans leur maison, les pauvres qui n'avoient aucun

secours,

secours, faisoient leurs derniers efforts pour se traîner jusqu'à cet asyle ; mais souvent les forces leur manquoient avant d'y arriver, ou bien n'y trouvant point de place, ils tomboient en défaillance en voulant revenir sur leurs pas.

Au commencement de Septembre il mouroit jusqu'à mille personnes par jour. Il n'y avoit plus ni assez de *corbeaux* pour les enterrer, ni assez de fossoyeurs pour creuser des fosses : on les laissoit donc étendus sur le carreau : parmi ces cadavres, les plus affreux à voir, étoient ceux des pestiférés, qui, dans un accès de frénésie, s'étant jettés par la fenêtre, avoient la tête fracassée, le ventre ouvert, le corps meurtri. Dans presque tous les quartiers ils étoient entassés les uns sur les autres, servant de pâture aux vers & sur-tout aux chiens, qui n'ayant plus de maîtres manquoient de toute autre nourriture : on s'imagina qu'ils pouvoient prendre la peste & la communiquer. C'en fut assez pour leur déclarer une guerre impitoyable. Les rues furent bientôt couvertes de chiens morts : on en jetta dans le Port une quantité prodigieuse, que la mer vomit sur les bords, & qui, étant mis en fermentation par l'ardeur du soleil, exhalèrent une infection insupportable. Elle étoit presque aussi forte par-tout ailleurs, non seulement à cause des cadavres, mais aussi à cause des immondices dont les rues étoient remplies : on y avoit laissé pourrir des hardes infectées, des lits sales, des meubles à demi-brûlés. Toutes ces horreurs se trouvent rappellées dans le Mandement que Monsieur l'Évêque de Marseille publia le 22 Octobre.

« Malheur à vous & à nous, mes très-chers frères, dit-il ;
» si tout ce que nous voyons, tout ce que nous éprouvons
» depuis long-tems, n'est pas encore capable, dans ces jours
» de mortalité, de nous faire rentrer en nous mêmes..... Dieu
» ne s'est-il donc pas encore assez nettement expliqué par tant
» de fléaux divers réunis ensemble, pour punir le pécheur ?

» la rareté, la cherté excessive de toutes les choses nécessaires
» à la vie, la misère extrême & générale qui augmente chaque
» jour, la peste enfin la plus vive qui fut jamais, annonce la
» ruine presqu'inévitable de cette grande ville. Une quantité
» prodigieuse de familles entières sont totalement éteintes par la
» contagion ; le deuil & les larmes sont introduites dans toutes
» les maisons ; un nombre infini de victimes est déjà immolé
» dans cette ville à la justice d'un Dieu irrité ; & nous qui
» ne sommes peut-être pas moins coupables que ceux de nos
» freres, sur lesquels le Seigneur vient d'exercer ses plus re-
» doutables vengeances, nous pourrions être tranquilles, ne
» rien craindre pour nous-mêmes, & ne pas faire tous nos ef-
» forts, pour tâcher, par notre prompte pénitence, d'échapper
» au glaive de l'ange exterminateur ? Sans entrer dans le se-
» cret de tant de maisons désolées par la peste & par la faim,
» où l'on ne voyoit que des morts & des mourans ; où l'on
» n'entendoit que des gémissemens & des cris ; où des ca-
» davres que l'on n'avoit pu faire enlever, pourrissant depuis
» plusieurs jours auprès de ceux qui n'étoient point encore
» morts, & souvent dans le même lit, étoient pour ces malheu-
» reux un supplice plus dur que la mort elle-même ; sans parler
» de toutes ces horreurs, qui n'ont pas été publiques, de
» quel spectacle affreux vous & nous n'avons-nous pas été &
» ne sommes-nous pas encore les tristes témoins ? nous avons
» vu (pourrons-nous jamais, mes très-chers freres, nous en sou-
» venir sans frémir, & les siécles futurs, pourront-ils y ajouter
» foi ?) nous avons vu tout à la fois les rues de cette vaste
» ville bordées des deux côtés de morts à demi-pourris, si rem-
» plies de hardes & de meubles pestiférés, jettés par les fe-
» nêtres, que nous ne savions où mettre les pieds. Toutes les
» places publiques, toutes les rues des Eglises traversées de ca-
» davres entassés, & en plus d'un endroit, mangés par les chiens,

» sans qu'il fût possible, pendant un nombre très-considérable
» de jours, de leur procurer la sépulture. Nous avons vu, dans le
» même tems, une infinité de malades devenus un objet d'hor-
» reur & d'effroi, pour les personnes mêmes à qui la nature
» devoit inspirer pour eux les sentimens les plus tendres &
» les plus respectueux ; abandonnés de tout ce qu'ils avoient
» de plus proche, jettés inhumainement hors de leurs propres
» maisons, placés sans aucun secours dans les rues, parmi les
» morts, dont la vuë & la puanteur étoient intolérables. Com-
» bien de fois, dans notre très-amère douleur, avons-nous vu
» ces moribonds tendre vers nous leurs mains tremblantes,
» pour nous témoigner leur joie de nous revoir encore
» une fois avant de mourir, & nous demander ensuite, avec
» larmes & dans tous les sentimens, que la foi, la pénitence,
» & la résignation la plus parfaite peuvent inspirer, notre bé-
» nédiction & l'absolution de leurs péchés ? combien de fois
» aussi n'avons-nous pas eu le sensible regret d'en voir expi-
» rer presque sous nos yeux faute de secours ? nous avons vu
» les maris traîner eux mêmes hors de leurs maisons & dans
» les rues les corps de leurs femmes ; les femmes ceux de leurs
» maris, les peres ceux de leurs enfans, & les enfans ceux
» de leurs peres, témoignant bien plus d'horreur pour eux,
» que de regret de les avoir perdus. Nous avons vu les corps
» de quelques riches du siècle enveloppés d'un simple drap ;
» mêlés & confondus avec ceux des plus pauvres & des plus
» méprisables en apparence, jettés comme eux dans de vils
» & infâmes tombereaux, & traînés avec eux sans distinction
» à une sépulture profane, hors de l'enceinte de nos murs :
» nous avons vu & nous devons le regarder comme la plus
» sensible marque de la punition de Dieu, nous avons vu
» des Prêtres du Très-Haut, de toutes sortes d'état, frappés
» de terreur, chercher leur sûreté dans une honteuse fuite ;

TABLEAU DU COURS.

» & un nombre prodigieux de saints, de fideles, & infatigables
» Miniſtres du Seigneur être enlevés du milieu de nous, dans le
» tems que leur zèle & leur charité héroïque paroiſſoient
» être les plus néceſſaires, pour le ſecours & la conſolation
» du Paſteur, & pour le ſalut du troupeau conſterné ».

Parmi ces Miniſtres fideles on doit comprendre preſque tous les Religieux. L'Auteur de la relation nomme avec éloge les Obſervantins, les Auguſtins réformés, les Servites, les Grands-Carmes, les Antonins, les Trinitaires, les Carmes-Déchauſſés, les Minimes : heureuſement on n'eſt pas ſouvent dans le cas d'éprouver ce que peut cette claſſe d'hommes, contre laquelle on ſe plaît tant à déclamer : dans ce temps de calamité ils furent avec MM. les Curés & les Prêtres des Paroiſſes, les ſeuls dont le zèle fut véritablement utile. Un Célibataire inſenſible, un riche Bénéficier fuyoient le danger; l'homme opulent croyoit avoir rempli tous les devoirs, en faiſant diſtribuer quelques aumônes. Les Religieux ayant à peine de quoi vivre, ſe privoient du néceſſaire pour ſecourir les indigens : ils n'attendoient pas qu'on vînt les appeler : ils cherchoient les perſonnes ſouffrantes par-tout où elles étoient cachées, leur portoient des charités, les ſecours de l'Egliſe, des paroles de conſolation. La vuë d'un malade brûlé des ardeurs d'une fièvre peſtilentielle, ſon ſoufle contagieux, l'impreſſion de mort qu'il communiquoit, ne les rebutoient pas : leur unique ambition étoit de ſecourir les malheureux, & de mourir même, s'il le falloit, dans cet exercice de la charité : auſſi furent-ils preſque tous victimes de leur zèle (1). Les Capucins & les Récollets ſembloient,

---

(1) Ceux qui ſe diſtinguèrent le plus, furent, parmi les Obſervantins, les PP. Champecaud, Periou, Roger, qui prit la place du Curé du fauxbourg; & Reignier; parmi les Carmes Dechauſſés, les PP. Olive, Grimaud, Paulin & Gautier, ces deux derniers étant dans un âge très-avancé; parmi les Dominicains, les PP. Savournin & Gauvau. Les Minimes ſecoururent les malades qui étoient à la plaine de Saint-Michel.

pour ainsi dire se multiplier dans les quartiers les plus infectés, & sur-tout dans les Hôpitaux, où la peste fermentoit avec plus de force. Les premiers perdirent quarante-trois Religieux : il y en avoit vingt-neuf qui étoient accourus des villes voisines, pour se dévouer au service des pestiférés : vingt-six Récollets couronnèrent leurs travaux par une mort glorieuse : Car nous ne connoissons point d'héroïsme plus grand, plus utile que celui de ces martyrs de la charité. Ils avoient tout lieu de croire qu'ils mourroient dans les fonctions de leur Ministère : mais ils savoient qu'ils pourroient consoler des malheureux, peut-être même leur sauver la vie, purifier leur ame par l'administration des sacremens, & c'en étoit assez pour ne pas se mettre en peine de leur propre conservation. Les PP. de l'Oratoire ne furent point des derniers à se montrer sur ce théâtre de désolation. Le zèle avec lequel ils avoient paru dans la lice, lorsque des disputes de Théologie les y firent entrer, fut cause que M. de Belzunce leur avoit défendu de s'immiscer dans les fonctions du Ministère : leur charité, resserrée par le défaut de pouvoirs, n'en devint que plus ingénieuse à trouver les moyens de se répandre. Ils se chargèrent auprès des Magistrats de l'entretien des pauvres de leur voisinage, auxquels ils distribuèrent tous les jours des aumônes, depuis le commencement de la contagion jusqu'à la fin d'Octobre, que leurs ressources se trouvèrent épuisées. Ce n'étoit pas du fond de leur retraite qu'ils envoyoient ces secours charitables : ils les portoient eux-mêmes aux malades, qu'ils confessoient dans les cas, où tout Prêtre a le droit d'absoudre. Le P. Gauthier connu par des cantiques, où il fit briller un talent pour la Poësie, que le monde auroit admiré, s'il en eût fait un usage profane, montra ce généreux détachement de soi-même qu'il avoit prêché dans les missions : il mourut en travaillant pour le salut des autres ; la plûpart de ses confrères, imitateurs de ses vertus, eurent le même sort.

Les Jésuites furent aussi des modèles à proposer. De vingt-neuf qu'ils étoient dans les deux maisons, deux seulement furent garantis de la maladie, neuf en guérirent, & dix-huit y succombèrent. Parmi ces derniers, on nomme avec éloge le P. Milet, dont la charité fut si féconde en bonnes œuvres ; il prit dans son département le quartier le plus difficile, qu'il vivifia, pour ainsi dire, par ses aumônes : il y établit une cuisine où des filles charitables faisoient du bouillon pour les pestiférés. Le P. le Ver son confrère resta seul Confesseur vers la fin du mois de Septembre, tous les autres étant où morts ou détenus par la maladie ; on auroit dit qu'il avoit recueilli leur zèle & leur charité. Il confessoit dans les rues & dans les maisons, entroit par-tout, & par-tout il consoloit les malades, s'asseyant auprès d'eux, leur tâtant le poulx, & leur donnant des avis salutaires pour l'ame & pour le corps. Un jour qu'il passoit dans la rue de l'Oratoire, il apperçut un cadavre tout nud, qui fermoit le passage ; il le couvrit de son mouchoir, & le rangea du côté de la rue avec le sang froid d'un homme, qui ne voyoit au milieu de ces ravages, que l'ange exterminateur à qui Dieu marquoit ceux qu'il devoit frapper & ceux qu'il devoit épargner.

Du nombre de ces derniers étoit le Prélat respectable qui gouvernoit l'Eglise de Marseille. La crainte n'en fit pas un lâche déserteur : on ne le vit pas s'enfermer dans son Palais, & là devenu inaccessible, faire porter dans les Paroisses, par des Ministres subalternes, ses aumônes & ses volontés. Sa qualité de premier Pasteur ne fut à ses yeux qu'un titre de plus, pour se dévouer au salut de son peuple. Aussi n'y eut-il point de danger qu'il ne bravât ; point de bonnes œuvres qu'il ne fît : on le voyoit dans les rues & dans les places publiques marchant, comme autrefois le Grand-Prêtre Aaron, *entre les vivants & les morts*, laissant par-tout des marques sensibles d'une charité compatissante. Son Palais étoit environné de cadavres ; il ne pouvoit presque plus sortir sans leur marcher dessus. *J'ai eu bien de la peine*, écrivoit-il à Monsieur l'Archevêque d'Arles, *de faire tirer cent-cinquante cadavres à demi-pourris & rongés par les chiens qui étoient à l'entour de ma maison, & qui mettoient déjà l'infection chez moi*. Les pieux Ecclésiastiques qui l'accompagnoient, furent frappés de mort, ainsi que ses domestiques, & il fut obligé d'aller loger dans une maison, près de Saint-Ferréol.

Pour comble de malheurs le secours des Médecins manqua presqu'entièrement dans les premiers jours de Septembre. M. Bertrand, qui réunissoit les qualités d'un habile Médecin à celles d'un bon Citoyen, fut deux fois attaqué de la peste, & deux fois il guérit : à peine ses forces commençoient à se rétablir qu'il courut encore donner ses soins aux malades. Le chagrin où le plongea la perte de sa famille, rendit une troisième attaque si dangereuse, que pendant long-tems il fut hors d'état de servir. La mort de M. Montagnier priva la Ville d'un Médecin, aussi recommandable par ses talens que par les qualités du cœur. M. Peyssonnel le suivit de près au tombeau, & emporta les regrets de ses concitoyens. M. Raymond, étant tombé malade, fut obligé d'aller rétablir ses forces à la campagne, n'ayant personne autour de lui pour le servir. Cette affreuse solitude, où tant de Citoyens se trouvoient réduits, obligea M. Audon de se réfugier chez les Capucins, d'où il se rendoit dans les différens quartiers de la Ville. Il ne restoit plus de Médecins que lui & M. Robert, pour servir les pestiférés.

M. Robert n'éprouva pas la moindre atteinte durant la contagion, mais il perdit sa famille : les malades du Lazaret furent traités par M. Michel jusqu'à la fin de Novembre : la mortalité fut très-grande parmi les Chirurgiens ; il en mourut plus de vingt-cinq : il en restoit quatre au commencement de Septembre, mais deux étant tombés malades, les deux autres effrayés

XX.
LES SECOURS DE LA MÉDECINE MANQUENT.

de la mort de tous leurs confrères, se retirèrent à la campagne. Presque tous les garçons Apothicaires périrent: les maîtres, enfermés dans leurs boutiques pour la composition des remèdes, moururent au nombre de cinq: quelques-uns d'entr'eux profitant des circonstances, vendirent leurs drogues à un prix extraordinaire, & trouvèrent une source de richesses dans les malheurs publics. Dans cette affreuse désolation, les Echevins sentirent que l'administration de cette grande ville étoit au-dessus de leurs forces. Ils prièrent les Officiers des Galères de les assister de leurs soins & de leurs conseils. Le bon ordre que ces MM. avoient établi dans l'Arsenal, inspiroit une confiance qui fut bientôt justifiée, quand MM. les Chevaliers de Langeron, de la Roche & de Levi, eurent pris le 21 Août, avec les Echevins, le soin de veiller au traitement des malades, & à la police de la Ville: peut-être eût-il été plus sage, dans les commencemens de la contagion, d'établir un conseil composé de ces MM., de quelques Médecins des plus habiles, des Citoyens les plus notables, & de laisser aux Militaires l'exécution de la police. On auroit prévenu beaucoup de désordres, & la peste auroit eu sans doute moins de moyens de se répandre.

XXI. EMBARRAS POUR ENTERRER LES MORTS.

On commença d'abord par visiter les fosses dont les exhalaisons entretenoient une infection dangereuse, & l'on y jetta encore de la chaux, afin d'absorber la putridité des cadavres. Ensuite on les fit couvrir de terre: après cette opération, une des plus importantes, on nomma des Commissaires pour les quartiers qui n'en avoient pas; au défaut d'habitans, on choisit des Religieux: toutes les Eglises, où la célébration de l'office divin entretenoit une communication contagieuse entre les habitans, furent fermées; les rues nétoyées, les cadavres enlevés: on obligeoit les parens à porter les morts dans les rues, afin que les *corbeaux* ne fussent point forcés d'entrer dans les maisons, où ils enlevoient tout ce qu'ils trouvoient de précieux. On fit
plusieurs

plusieurs autres réglemens utiles ; mais il falloit les faire observer ; il falloit sur-tout contenir la populace, & intimider les malfaiteurs, que l'impunité presque inséparable de cette étrange confusion, encourageoit au crime : on remplit ces deux objets en faisant dresser des potences dans les places publiques. Nous avons dit ailleurs que dans les commencements, on prit tous les vagabons pour ensevelir les morts. Ces malheureux ne résistèrent que peu de tems : quoiqu'on donnât jusqu'à quinze francs par jour, on ne trouva personne qui voulût se charger de cette fonction dangereuse, & l'on fut obligé d'employer des forçats ausquels on promit la liberté ; il en mourut environ quatre-vingts dans l'espace de huit jours : ces hommes n'étant point accoutumés à ce genre de travail, enlevoient les cadavres sans aucune précaution ; ils brisoient les harnois & les roues, ne sachant ni mener les chevaux, ni conduire les tombereaux : pour comble de malheur on ne trouvoit ni Sellier ni Charron qui voulût raccommoder ces lugubres voitures ; peut-être se cachoient-ils pour n'être pas obligés d'y toucher. Il arriva de-là que les cadavres restèrent entassés dans les rues & augmentèrent la violence du fléau.

<small>EMBARRAS POUR ENTERRER LES MORTS.</small>

On tâcha de remédier à cet inconvénient, en chargeant des gardes à cheval de veiller sur les tombereaux & sur les forçats pour presser l'ouvrage. Comme les tombereaux ne pouvoient aller dans toutes les rues, parce qu'il y en a de fort étroites, & que d'autres ont une pente fort rude, sur-tout dans la Ville vieille, bâtie sur le penchant d'une colline, les forçats alloient prendre les morts sur des brancards & les transportoient dans les endroits où les voitures les attendoient. On augmenta le nombre des tombereaux jusqu'à vingt ; & tous les habitans sans distinction furent invités à contribuer à l'enlèvement des cadavres, par tous les moyens qu'ils jugeroient convenables. Le besoin étoit urgent ; car en un jour il mouroit plus de monde qu'on ne pouvoit en enlever dans quatre : on avoit à peine vuidé une rue, une place publique, que le lendemain elles étoient encore couvertes de cadavres. On n'eut pas de peine à sentir que la peste entretenue par cette horrible infection, en deviendroit plus dangereuse.

Cependant chacun ouvroit un avis pour s'en délivrer : les uns proposoient de brûler les cadavres dans les places publiques ; les autres d'ouvrir des fosses dans toutes les rues, afin d'éviter la longueur du transport ; mais les conduits rendoient ce moyen impraticable. Quelqu'un fut d'avis de jetter de la chaux sur les morts & de les consumer dans les rues mêmes ; mais comment se procurer la quantité énorme de chaux qu'il auroit fallu employer ? la consommation des corps par ce procédé étant d'ailleurs fort lente, ne seroit-il pas arrivé que les nouveaux cadavres étant entassés sur les premiers, auroient formé des montagnes de corps morts dans les rues, & que l'infection en auroit été plus grande ? Un autre expédient qu'on imagina, & qui mérite d'être rappellé par sa singularité, fut de prendre le plus gros vaisseau du Port, de le démâter & le vuider entièrement pour le remplir de morts, de le fermer ensuite & de l'aller couler à fond loin de la Ville : mais sans parler de la puanteur horrible qu'il auroit exhalée, avant qu'on eût eu le tems de le remplir, n'étoit-il pas à craindre que tous ces corps gonflés par l'eau ne l'eussent ou soulevé ou fait crever ; & qu'ils ne fussent venus flotter sur le rivage ou dans le Port ? Ce moyen fut donc rejetté, & l'on s'arrêta au suivant, qui présentoit moins d'inconvéniens.

On fit ouvrir les Eglises dans les quartiers les plus éloignés des fosses, & l'on remplit les caveaux des cadavres exposés dans les rues. Les Médecins ayant été consultés, firent observer que malgré les précautions qu'on prendroit pour fermer les caveaux, & malgré la chaux qu'on y jetteroit, il en sortiroit encore des exhalaisons pestilentielles ; que quand même on n'auroit pas cet inconvénient à craindre, il faudroit au moins condamner les caveaux pour long-tems, ce qu'on ne pouvoit pas faire, attendu qu'on en avoit be- foin pour ceux qui mouroient des maladies ordinaires. Ces réflexions frappèrent M. l'Evêque qui refufa fon confentement, mais les avan- tages qu'on retiroit de cet expédient, devenu néceffaire dans les circonftances, l'emportèrent, & l'on ouvrit par force les Eglifes : on y fit des amas de chaux, on y porta les morts en foule, & on en remplit tous les caveaux ; enfin les rues furent déli- vrées de ces objets d'horreur : malheureufement un vent de bife qui fouffla le 21 d'Août ralluma le feu de la contagion : il fit périr tous les malades, & remplit encore la Ville de morts. On vit alors le moment où tout fembloit devoir fuccomber à l'infection ; les Echevins perdoient d'un jour à l'autre le peu de monde qu'ils avoient auprès d'eux : ils étoient déja fans gardes, fans valets, fans foldats : la maladie enlevoit tout ; ils furent obligés d'ordonner & d'exécuter eux-mêmes : les forçats man- quoient, & MM. les Officiers des Galères en accordant les derniers le 28 Août, avoient protefté qu'ils n'en donneroient pas d'autres. Cependant touchés des vives repréfentations qu'on leur fit, ils en accordèrent cent : M. Mouftier, Echevin, homme qui honora fa place par fon zèle & fon humanité, fe mit à leur tête & devint, pour ainfi dire, l'ame de ce corps fi difficile à mou- voir. On le voyoit dans tous les quartiers & fur-tout dans ceux où la contagion étoit le plus envenimée : il faifoit enlever jufqu'à mille cadavres par jour : avec cette activité, il n'y a pas de doute, qu'il n'eût bientôt délivré la Ville de tant d'objets d'horreur : mais le nombre de *corbeaux* diminuoit fenfiblement ; les uns fuccomboient fous la violence du mal ; les autres par excès de travail ; les chevaux mouroient de laffitude, ainfi tout manqua à la fois : il n'y eut que le zèle & le courage des Magiftrats, qui fe foutinrent toujours dans le même degré d'activité : en moins de fix jours les cent forçats accordés le 1 Septembre

EMBARRAS POUR ENTERRER LES MORTS.

se trouvèrent réduits à dix ou douze, & le 6 du même mois, il y eut encore plus de deux mille morts exposés dans les rues : il en mouroit plus de huit cents par jour : ainsi l'on vit se renouveller l'affreux spectacle de cadavres entassés les uns sur autres dans les places publiques.

Il étoit de la dernière importance de les inhumer, si l'on ne vouloit pas mettre le reste des habitans dans le plus grand danger. Les Echevins, accompagnés de MM. Roze & Rolland, les seuls Intendans de la santé qui n'eussent pas pris la fuite, & de plusieurs Citoyens notables allèrent le jour même, c'est-à-dire le 6 Septembre, en corps de Ville se jetter, pour ainsi dire, aux pieds de M. le Chevalier le Boutillier de Rancé, Commandant des Galères, pour lui représenter l'état pitoyable de la Patrie, & l'impossibilité où l'on étoit de la sauver, s'il n'avoit la bonté de leur accorder un nouveau renfort de forçats aux conditions qu'il jugeroit à propos. M. de Rancé étoit un vieillard de quatre-vingt quinze ans, qui avoit encore pour les malheureux cette tendre sensibilité, que l'âge & la longue fréquentation des hommes détruisent presque toujours. Ayant assemblé M. de Vaucresson, Intendant des Galères, & MM. les Officiers généraux, il leur fit part de la demande des Echevins, & il fut conclu de leur accorder ce qu'ils demandoient, de la manière que voici.

« Ce jour MM. les Echevins protecteurs & défenseurs des
» privilèges, libertés & immunités de la ville de Marseille, &c.
» Ayant considéré, que quoique le secours de deux cent soixante
» forçats, que MM. du Corps des Galères, ont eu la bonté
» de leur accorder en différentes fois, pour ensevelir les cadavres depuis que la Ville est affligée du mal contagieux,
» les ait extrêmement aidés jusqu'à présent, il est pourtant insuffisant, par rapport à la quantité de deux mille cadavres,
» qui restent actuellement dans les rues depuis plusieurs jours,

» & qui caufent une infection générale ; il a été délibéré pour le
» falut & la confervation de la Ville, de demander un plus
» grand fecours, & à l'inftant MM. les Echevins, étant for-
» tis en chaperons, accompagnés de tous les fufdits Officiers
» municipaux & des notables Citoyens, ont été en corps à
» l'Hôtel de M. le Chevalier de Rancé, Lieutenant-Général
» des Armées du Roi, commandant les Galères de S. M. &
» lui ont repréfenté, qu'il ne leur eft pas poffible de fauver la
» Ville, s'il ne leur fait la grace de leur accorder encore cent
» forçats, avec quatre Officiers de *fifflets* (1) : que pour les faire
» travailler avec plus d'exactitude à la levée de tous les cadavres,
» ils s'expoferont eux-mêmes comme ils ont déja fait, fe te-
» nant à cheval en chaperons, à la tête des tombereaux ; &
» iront avec eux par toute la Ville : que de plus comme il
» importe que leur autorité foit foutenue de la force, dans un
» tems où il ne refte dans la Ville qu'une nombreufe populace
» qu'il faut contenir, ils le prient encore très-inftamment de vou-
» loir leur donner au moins quarante bons foldats des Galères,
» qui foient fous leurs ordres, &c. Sur quoi M. le Chevalier de
» Rancé affemblé avec M. l'Intendant & MM. les Officiers
» généraux, tous fenfibles à l'état trifte & déplorable de cette
» grande & importante Ville, & étant bien-aifes d'accorder
» tout ce qui peut la fauver, ont eu la bonté d'accorder à MM.
» les Echevins & à la Communauté encore cent forçats, &
» quarante foldats, y compris quatre Caporaux avec quatre Offi-
» ciers de *fifflets* ; & comme il eft néceffaire de choifir ceux
» qui feront de bonne volonté, & de les attacher par la ré-
» compenfe à un fervice périlleux, il a été délibéré & arrêté,
» qu'outre la nourriture que la Communauté fournira tant aux

---

(1) On appelle ainfi ceux qui par un coup de fifflet avertiffent les Forçats de ramer & de faire leur devoir.

» uns qu'aux autres, il fera donné par jour à chaque Officier
» de *fifflets*, dix livres, à chaque foldat cinquante fols, &
» après qu'il aura plu à Dieu de délivrer la Ville de ce mal,
» cent livres de gratification une fois payées à chacun de ceux
» qui fe trouveront vivants, & à chaque Caporal cent fols
» par jour, & outre cela une penfion annuelle & viagère de
» cent livres à chacun de ceux que la contagion épargnera ;
» d'autant qu'on a cru ne pouvoir affez les gratifier, pour un
» fervice auffi important & auffi périlleux : ce que l'Affemblée
» a accordé, attendu le befoin preffant & la néceffité du tems.
» Délibéré à Marfeille le 6 Septembre 1720 (1) ».

Cependant une longue & trifte expérience n'avoit que trop prouvé l'infuffifance des fecours humains. On fentit que fans l'affiftance de Dieu, on ne devoit pas fe flatter de voir finir ce fléau de fa colère. On tâcha de le fléchir par des prieres & par de bonnes-œuvres ; & le 7 Septembre on établit par un vœu public, & folemnel une penfion perpétuelle de deux mille livres, en faveur de l'hôpital fondé fous le titre de Notre-Dame de Bon-Secours, pour l'entretien des pauvres orphelins de la Ville & du terroir.

Rien n'étoit en effet plus à plaindre que ces malheureux orphelins, qu'on trouvoit dans les maifons ou dans les rues, faifant retentir l'air de leurs cris. Perfonne n'avoit le courage de leur donner un afyle, tant par la crainte d'admettre chez foi des peftiférés, que pour ne pas partager avec des étrangers une fubfiftance qui ne fuffifoit pas même pour la famille : on les tranfporta à l'Hôpital de Saint-Jacques de Galice, & dans le Couvent des Peres de Lorette, devenu vacant par la mort ou par la fuite des Religieux. Il y avoit déja le 19 du mois d'Août

---

(1) Signé Eftelle, Audimar, Mouftier, Dieudé, Echevins; Pichati de Croiffante, Orateur, Procureur du Roi, & Capus, Archivaire.

quatorze cents orphelins, & le nombre en devint ensuite beaucoup plus considérable ; mais comme on les transportoit dans ces asyles immédiatement après les avoir tirés d'une maison où leurs parens, & ceux qui les soignoient, étoient morts, ils y arrivoient pour l'ordinaire avec les atteintes du mal qu'ils communiquoient aux autres. Aussi remarque-t-on que pendant quelque tems il en mouroit journellemement plus de cinquante. Parmi ces enfans, il y en avoit beaucoup qui étoient destinés à jouir d'une fortune considérable ; mais la plupart perdirent la marque qu'on leur avoit mise au bras & au cou pour les reconnoître ; & les personnes qui les surveilloient étant mortes sur ces entrefaites, ils furent confondus, sous leur nom de baptême, le seul qu'ils eussent conservé entr'eux, dans la foule des enfans abandonnés, pour servir peut-être un jour de laquais chez des parents collatéraux qui, sans le savoir, avoient recueilli leur patrimoine.

EMBARRAS POUR ENTERRER LES MORTS.

Les Echevins recommencèrent le 7 de Septembre à faire enlever les corps morts, étendus dans les rues & dans les places publiques. Ils furent heureusement secondés par le Chevalier Rose, dont l'activité sembloit redoubler, depuis que M. de Pilles, retenu chez lui par une maladie, ne pouvoit plus se livrer aux mouvements de son zèle ; car on le vit à la tête de toutes les opérations utiles, tant que ses forces lui permirent de se montrer. On divisa les forçats en quatre brigades, sous les ordres du Chevalier Rose & de trois Echevins : le quatrieme restoit à l'Hotel-de-Ville pour l'expédition des affaires courantes, & ils passoient tous successivement du Commandement à l'Administration. Rien n'étoit égal aux soins qu'ils se donnoient pour sauver leurs Concitoyens ; ils sentoient, ce qui dans les malheurs publics arrive à toutes les ames bien nées, un courage au-dessus de leurs forces : on auroit dit que le danger n'existoit pas pour eux ; ils couroient par-tout où la peste faisoit le plus de ravage : enfin ils vinrent à bout de délivrer une seconde fois la Ville de l'infection des cadavres, quoique ces victimes de la mort fuffent auffi rapidement remplacées qu'enlevées : il ne reftoit plus à nettoyer que la Tourrete. C'eft une grande efplanade où il y avoit depuis quinze jours près de deux mille cadavres, la plupart rongés de vers, ayant déja leurs membres féparés par la pourriture. On ne favoit trop en quel lieu les tranfporter, lorfque le Chevalier Rofe, toujours fécond en expédiens, vifitant les remparts qui foutiennent cette efplanade, au pied defquels les flots de la mer viennent battre, y trouva deux baftions couverts de trois pieds de terre, mais dont le dedans étoit creux : il fit enlever la terre & la voûte, & vit un abîme profond, capable de contenir tous ces morts. Cette utile découverte le remplit de joie ; il fit apporter en cet endroit une grande quantité de chaux vive, & le lendemain ayant pris les forçats, qu'on avoit accordés depuis quelques jours, il leur fit mettre autour de la tête un mouchoir imbibé de vinaigre impérial, qui leur bouchoit le nez. Enfuite il les difpofa de maniere qu'ils miffent tous la main à l'œuvre dans le même moment, fans fe nuire les uns les autres. Quand ces difpofitions eurent été faites, il leur donna le fignal, & les encourageant par fon exemple autant que par fes difcours, il fit fi bien, que dans moins d'un jour tous ces cadavres furent jettés dans un des deux baftions, & couverts de chaux.

M. le Bret, Intendant de la Province, rendit en cette occafion les fervices les plus importans. Il fit fournir aux forçats des fouliers, des habits, & les inftruments dont ils avoient befoin ; aux Habitans & aux Hôpitaux, de la viande, du bled, de l'argent, en un mot des fecours de toute efpece, fans lefquels la famine joignant fes horreurs à celles de la pefte, auroit mis le comble à la défolation : il fut heureufement fécondé par M. Rigord fon Subdélégué à Marfeille, qui accablé par la multiplicité des affaires, & fur-tout par le chagrin

d'avoir

d'avoir vu périr autour de lui sa famille & presque tous ses domestiques, oublia ses malheurs pour soulager ceux de sa patrie.

<small>EMBARRAS POUR ENTERRER LES MORTS.</small>

Rien n'étoit plus difficile dans ces circonstances que d'établir une bonne Administration. Les Echevins, n'ayant ni gardes ni soldats, étoient presque sans autorité; & quand il falloit établir le bon ordre, procurer l'abondance, rappeller les Officiers absents, punir les malfaiteurs, contenir une populace toujours prête à profiter des troubles, réprimer l'avarice de ceux qui se prévaloient des calamités publiques pour s'enrichir, ils sentoient que le pouvoir leur manquoit; ainsi les malades se trouvoient sans secours, les pauvres sans assistance, & presque toute la Ville dans le besoin. Le Roi, instruit de la déplorable situation de Marseille, donna le 12 Septembre le commandement de la Ville & du Terroir à M. de Langeron Chef-d'Escadre des Galères: le mérite connu de M. de Langeron fit applaudir au choix du Monarque. C'étoit un homme équitable, ferme, éclairé, qui n'accordoit rien aux sollicitations, & ne faisoit rien par complaisance. Tous les intérêts étoient subordonnés au bien public: avec ce caractère & ces principes, il eût bientôt changé la face de l'Administration. Il procura 400 forçats pour la propreté des rues & des places publiques. Vers la fin du mois de Septembre les fosses n'étant plus suffisantes pour contenir les cadavres, il en fit ouvrir quatre autres en différents quartiers; la plus grande avoit 22 toises de long sur 8 de large, & 14 pieds de profondeur.

Le sort des malades, étendus dans les rues, le toucha vivement. Il fit mettre l'Hôtel-Dieu en état de les recevoir, & fit achever l'Hôpital commencé près du jeu de Mail. Les malades dans l'espace de trois jours eurent un asyle & des secours: pour procurer ces secours, il fut obligé de faire revenir par force les Droguistes, qui ayant fermé leurs magasins, s'étoient retirés à la campagne : les Apothicaires avoient épuisé toutes leurs drogues. Il rappella aussi les Notaires, & les Sages-femmes ; les uns parce que les malades mouroient sans pouvoir tester, les autres parce que les femmes grosses, privées de leur assistance, succomboient dans les douleurs de l'enfantement. Cet ordre de rentrer dans la Ville s'étendit sur les Intendans de la santé, & sur les Officiers Municipaux, qui, lâches déserteurs de la cause publique, avoient cherché leur salut dans la fuite. Honteux de demeurer cachés, tandis que le Commandant & quelques uns de leurs confreres bravoient, avec un courage intrépide, les dangers de la contagion, ils retournèrent à leurs emplois, & contribuèrent autant qu'il fut en eux à rétablir ce bon ordre, duquel dépendoit la sûreté des particuliers & la cessation de la disette & du fléau. La Cour commença, quoiqu'un peu tard, à s'occuper sérieusement du sort de cette grande Ville, & à lui procurer des soulagements. M. le Régent donna ordre que l'on comptât tous les mois une somme considérable pour avoir de la viande; & enjoignit aux Intendans des autres provinces de fournir des secours. M. de Bernage, Intendant du Languedoc, envoya deux Médecins & deux Chirurgiens qui ne montrèrent pas ce noble désintéressement qu'on devoit se promettre. Arrivés à Aix le 8 Septembre, ils traitèrent de leur salaire avec les Echevins de Marseille, auxquels ils firent payer fort cher les soins, qu'ils alloient donner aux malheureux habitans. Le zèle & la fermeté avec laquelle ils se dévouèrent au traitement des malades, méritoient d'être inspirés par un motif plus noble que celui de l'intérêt : MM. Chicoineau & Verni, que le Gouvernement avoit envoyés, rendirent les plus grands services ; on doit aussi des éloges à la maniere dont M. Maille, Professeur en Médecine à l'Université de Cahors, la Badie, de Banieres, &

Boyer de Marseille, également envoyés par la Cour, se conduisirent dans ces temps malheureux. Ils étoient jeunes, mais ils avoient des talens, & l'envie de se distinguer; c'étoit presque tout ce qu'on pouvoit exiger pour le traitement d'une maladie, que les vieux Médecins ne connoissoient pas mieux que les jeunes; puisque ni les uns ni les autres n'avoient jamais vu de pestiférés. Il arriva aussi trois Chirurgiens de Paris; ceux de la province, piqués d'une noble émulation, vinrent s'offrir d'eux-mêmes, de maniere que pour les secours de l'art, dès le 20 Septembre, on n'eut plus rien à désirer: les aumônes devinrent très abondantes: on en recevoit de presque toutes les grandes Villes du Royaume. La plûpart des Prélats envoyèrent des sommes considérables, fruit précieux des quêtes que l'assemblée générale du Clergé avoit ordonnées dans tous les diocèses: enfin les malheurs du peuple se firent entendre jusqu'à Rome; le Saint Pere touché des maux qu'éprouvoit une Ville, qui s'étoit toujours signalée par son zèle pour la Religion, envoya environ trois mille charges de bled; il accompagna ce bienfait de deux Brefs, dont l'un contenoit les éloges justement dûs à la charité de M. l'Evêque, l'autre des indulgences pour les personnes qui *donneroient à boire & à manger aux pestiférés & à ceux qui étoient soupçonnés de l'être; ou qui leur rendroient quelqu'autre service.*

EMBARRAS POUR ENTERRER LES MORTS.

Lorsque tous ces secours arrivèrent à Marseille, il y avoit près d'un mois que la peste faisoit des ravages à Rive-neuve. C'est un quartier situé au pied de Notre-Dame de la Garde, & plus exposé que les autres au vent frais qui vient des Alpes. Il est séparé de la ville, au Nord par le port, & au Levant par une partie de l'Arsenal. Cette heureuse exposition fut cause sans doute que la peste s'y fit sentir fort tard: mais les précautions que prit le Chevalier Rose ne contribuè-

XXIII. A RIVE-NEUVE.

rent pas peu à l'en éloigner. Nommé Commissaire général de tout le quartier, il veilla d'abord avec beaucoup de soin sur tout ce qui venoit de la Ville, & dans la crainte que, malgré sa vigilance, le mal n'y pénétrât, il établit un Hôpital, dans lequel il mit un Apothicaire, un Chirurgien, & un Médecin : il porta même la prévoyance jusqu'à faire tous les préparatifs nécessaires pour transporter les morts en un lieu destiné à leur sépulture. Ainsi la peste, quand elle y pénétra vers la fin du mois d'Août, s'y trouva pour ainsi dire surprise & combattue dans sa naissance. Elle y fut portée par des personnes de la Ville, qui ayant des malades dans leur maison, se réfugièrent chez des parens ou des amis qu'elles avoient à Rive-neuve; on les fit passer par les fumigations en usage ; mais comme il arrive souvent qu'on a les atteintes du mal, sans qu'on s'en apperçoive ; ces personnes tombèrent malades quelques jours après, & le fléau ne tarda pas de se répandre dans presque toutes les maisons; cependant il finit aussitôt que dans la Ville. L'Abbaye de Saint Victor en fut entièrement préservée. Les Religieux séquestrés du reste des hommes, conservoient avec une sollicitude inquiète des jours qu'ils auroient dû marquer par des actes de bienfaisance & de courage. L'Abbé prouva par son exemple que dans la classe des riches Bénéficiers, on trouve des hommes dont la société peut s'honorer. M. de Matignon, déja connu par des fondations infiniment utiles, répandit sans sortir de son Abbaye, des aumônes abondantes sur les pauvres & les malades qui n'avoient pas de quoi subsister ; mais il eût mérité bien plus d'éloges, si comme M. de Belzunce, il avoit donné aux malades la consolation de voir leur bienfaiteur.

Il n'y eut pas d'endroit où la maladie fut combattue avec plus de succès que sur les Galères. C'est-là qu'on eut occasion de se convaincre que la vigilance & le bon ordre sont les remèdes les plus puiſſants contre la peſte. Nous avons dit ailleurs qu'à peine l'allarme commença de ſe répandre dans la Ville, que l'on iſola les Galères, pour leur ôter toute communication avec les perſonnes du dehors. Enſuite on s'occupa des moyens d'arrêter les progrès du mal, s'il venoit à pénétrer dans ces aſyles de l'eſclavage. On deſtina aux peſtiférés l'hôpital des équipages, qui étoit derriere la Citadelle ſur le bord de la mer, & l'on réſerva celui des Forçats pour les maladies ordinaires. Comme la communication eſt prompte ſur les Galères, & qu'en un inſtant un malade peut en infecter pluſieurs, on érigea à la Corderie un Hôpital d'entrepôt, dans lequel on portoit un homme ſur la plus legère indiſpoſition. De-là, dès que le mal ſe manifeſtoit, on le tranſportoit à celui des deux Hôpitaux qui lui étoit deſtiné : enfin, la contagion ne ſe déclarant pas avec la même promptitude dans tous les individus, quelquefois même ſe déguiſant ſous de fauſſes apparences, on régla que les Médecins & les Chirurgiens feroient chacun leur viſite dans cet entrepôt, à différentes heures. Il y avoit huit viſites par jour ; & à quelqu'heure que le mal ſe manifeſtât, il étoit ſurpris & découvert. Pluſieurs chaloupes, deſtinées à partir à toutes les heures, portoient à l'Hôpital les vivres & les remèdes dont on avoit beſoin.

Malgré des diſpoſitions ſi ſages, il ne fut pas poſſible de préſerver les Galères de la contagion ; deux Forçats en furent atteints, l'un le 31 Juillet, l'autre le 1 Août. Le mal ſe répandit enſuite dans les chiourmes, dans les équipages, & même parmi les familles enfermées dans l'Arſenal ; car pluſieurs cauſes avoient pu en apporter le levain, avant qu'on ſe fût entièrement ſequeſtré de la Cité. La mortalité ſuivit de près les premiers ſymptômes, mais non pas avec la même rapidité que dans la Ville. Elle alla toujours en augmentant juſques vers le milieu de Septembre, que le nombre des malades fut de vingt-cinq à trente par jour, & celui des morts de dix-sept. A cette époque, le mal diminua jusqu'au mois de Mars 1721, qu'il cessa entiérement sur les Galères. On y compta cent soixante-dix morts dans le mois d'Août; deux cents quatre-vingt-six en Septembre; cent soixante-dix-neuf en Octobre; quatre-vingt-neuf en Novembre, & trente-huit en Décembre; ce qui fait en tout sept cents soixante-deux: les mois de Janvier & de Février furent moins funestes. Le peu de logement qu'il y avoit à l'Hôpital des pestiférés, pouvant être un obstacle à leur guérison, on obvia à cet inconvénient, en dressant dans la cour, qui étoit vaste, des tentes, sous lesquelles on faisoit passer les malades qui touchoient à leur guérison. Pour se donner encore plus d'aisance, on envoya sur une galère, placée loin des autres, les convalescens ou ceux qui faisoient leur quarantaine, afin qu'ils achevassent de s'y réparer. Par ces sages dispositions les nouveaux malades trouvoient toujours des places vacantes à l'Hôpital; aussi eut-on la consolation de voir que sur environ dix mille personnes qu'il y avoit sur les Galères & dans l'Arsenal, il n'y eut que treize cents malades, & qu'il en mourut seulement sept cents soixante-deux. On comptoit parmi les derniers plusieurs Chirurgiens, un Apothicaire, six Aumôniers, & un très-petit nombre d'Officiers. La mort épargna les Officiers généraux; quoiqu'on les trouvât par-tout où les appelloient le service du Roi, & le salut des subalternes.

Le fléau poursuivit bien plus cruellement ceux que la crainte avoit chassés sur les vaisseaux ou sur les barques. Il pénétra chez eux avec les provisions qu'ils venoient prendre à terre; & y fit d'autant plus de ravage, que ne pouvant pas s'éviter, ils s'infectoient les uns les autres. Eloignés de toutes les personnes que leur situation auroit pu toucher, ils n'excitèrent aucune commisération, & ils moururent privés des secours les plus pressans. Quelques-uns se précipitèrent de désespoir dans la mer ; d'autres s'y jettèrent transportés d'un délire frénétique ; on vit enfuite ces cadavres, & ceux qu'on y jettoit volontairement, flotter fur les eaux, & couvrir une partie de la rade, à moitié rongés par les poiſſons.

XXVI. A LA CAMPAGNE.

La déſolation ne fut pas moins grande dans les lieux écartés, où quelques familles étoient allées camper fous des tentes. L'émail d'une prairie, le voiſinage d'un ruiſſeau, l'air pur qu'ils reſpiroient les avoient d'abord flattés d'une douce eſpérance ; mais il falloit ſe nourrir, & preſque tous les alimens portoient l'impreſſion du mal contagieux. Ce fut par-là qu'il pénétra ſous les tentes, dans les cabanes des Bergers, dans les cavernes où les pauvres avoient été chercher un aſyle. A peine en éprouvèrent-ils les premieres atteintes, que la crainte de ſe voir abandonnés, leur fit reprendre le chemin de la Ville : l'un portoit un enfant mourant fur ſes épaules ; l'autre pâle & défiguré, ſe traînoit à peine. Tantôt c'étoit une famille entière, qui, par la lenteur de ſa marche, annonçoit les malheurs dont elle étoit accablée ; tantôt un fils qui ſoutenoit ſon pere accablé par l'âge ou la maladie ; un mari qui conſoloit ſa femme, en lui faiſant enviſager les ſecours qui l'attendoient à la Ville, comme le terme de ſes ſouffrances. Les uns portoient leurs hardes ; les autres n'avoient pas la force de les traîner, & aucun paſſant n'oſoit toucher à ce dangereux fardeau, pour les aider à le ſauver. Ainſi les chemins étoient remplis de hardes peſtiférés, de cadavres abandonnés, de malades languiſſants, ou de perſonnes prêtes à le devenir. La peſte commença dans le terroir par le village de Saint-Marcel & le quartier de Sainte-Marguerite. Elle enleva d'abord tous les Jardiniers, parce que l'appât du gain les attiroit en foule à la Ville : le terroir auroit été préſervé de ce malheur, ſi, quand la peſte ſe manifeſta dans la rue de l'Eſcale, on eût ordonné aux habitants qui vouloient ſortir de la Ville, de l'évacuer dans l'eſpace de vingt-quatre heures, & qu'ensuite on n'eût plus laissé de communication libre avec la campagne. Pour n'avoir pas pris ces précautions, la maladie pénétra non-seulement dans le terroir, mais dans tous les lieux circonvoisins. La solitude, l'abandon, la disette, la privation des choses les plus nécessaires dans les maladies, y produisirent des maux sans nombre : on reléguoit les pestiférés dans des étables, dans des greniers à foin, dans les endroits les plus sales ; & encore ne les souffroit-on pas sous le même toît, avec les personnes en santé, comme si tout en eux eut été contagieux, jusqu'à leurs regards & à leurs cris. Plusieurs de ces infortunés étoient couchés à terre sur des feuilles ou sur la paille ; d'autres languissoient dans des grottes ou dans des lieux éloignés de toute habitation ; une jeune fille fut enfermée dans une étable, où on lui jettoit sa nourriture par une ouverture faite exprès. Ainsi la barbarie des hommes ajoutoit encore aux fureurs du fléau. On en étoit à peine frappé, qu'on étoit transporté sous un arbre, où l'on n'avoit que Dieu pour témoin de ses souffrances, & pour tout secours qu'un peu d'eau & de bouillon, donnés avec une circonspection effrayante pour le malade. Ceux qu'on traitoit le plus favorablement, on les mettoit dans des cabanes couvertes de branches d'arbre ou de vieux haillons. Du reste, leur abandon étoit le même : malgré ces précautions, le terroir se remplissoit de morts & de mourants. Tantôt c'étoit une famille attaquée du mal en même-tems, sans qu'on pût se secourir les uns les autres : tantôt un pere, qui, après avoir rendu à sa femme & à ses enfants ses derniers devoirs, se voyoit privé de tout ; tantôt enfin, un enfant, reste infortuné d'une famille éteinte, de laquelle il avoit hérité le poison qui le consumoit. Au milieu de cette affliction, l'amour produisit dans quelques particuliers ce que l'humanité seule n'auroit pu faire. Des amans désespérés, s'arrachèrent des bras de leurs parents pour aller soigner leurs amantes malades :

lades : l'amour paternel eut aussi ses martyrs. Les parents se donnoient la sépulture les uns aux autres. Les maris creusoient la fosse de leurs femmes : les peres celles de leurs enfants ; & après avoir survécu à toute leur famille, ils restoient souvent exposés eux-mêmes à la voirie. La mort étoit par-tout si présente, qu'à force de se reproduire sous mille formes différentes, elle n'inspiroit plus la même terreur ; on s'accoutumoit, pour ainsi dire, à la voir de sang-froid. Un paysan & sa femme restés seuls dans leur maison, furent attaqués en même-tems de la peste, & se regardèrent comme perdus, par l'impossibilité de recevoir aucun secours ; frappé de cette idée, le mari creusa deux fosses, avant que la maladie eût épuisé ses forces. Ensuite, quand il sentit approcher sa derniere heure, il fit ses adieux à sa femme, qui étoit un peu moins accablée, & se traînant jusqu'à la fosse, il s'y laissa tomber, & s'enterra, pour ainsi dire, tout vivant. Le trait suivant est encore plus remarquable, parce qu'il fut inspiré par la tendresse, jointe à une rare fermeté. Une paysanne, durant sa maladie, refusa toujours d'être soignée par son mari, de peur de lui communiquer la contagion. Comme elle jugea qu'après sa mort il seroit obligé de la porter lui-même en terre, & qu'en lui rendant ce dernier devoir, il recevroit les impressions de la maladie, elle lui demanda une longue corde, qu'elle s'attacha aux pieds, quand elle vit approcher sa derniere heure, afin qu'il pût la traîner dans la fosse, sans aucun danger pour lui. Au milieu de ces horreurs la campagne se dépeupla ; des enfans moururent de faim, après avoir perdu leurs parents : personne n'osoit sortir de son bien pour aller dans celui d'un autre : les fruits restés sur les arbres, & les raisins dans les vignes, attestoient, quand l'hiver les eut dépouillés de leurs feuilles, les ravages que la mort avoit faits parmi les habitants, & la terreur qu'elle répandoit parmi ceux qui vivoient encore.

 Dans la plupart des hameaux & des villages du terroir, il ne resta presque personne : la maladie en certains endroits emporta les quatre cinquièmes de ceux qu'elle attaqua ; dans d'autres, les cinq sixièmes : cependant, par l'effet des remèdes administrés à propos, on est assuré d'en sauver la moitié : la campagne n'essuya donc toutes ces pertes que pour avoir manqué de secours. Si la nature seule étoit capable de triompher de la contagion, son pouvoir devoit sur-tout se montrer dans cette classe d'hommes, en qui un tempérament vigoureux & une constitution robuste se trouvent joints à une vie sobre, à l'absence des passions, & à un exercice continuel : malgré ces avantages, on a senti que c'étoit avec le secours de l'art qu'il falloit combattre la peste.

Rien n'étoit peut-être plus affreux que l'état de ceux qui se garantirent de ses atteintes. Ils vivoient dans des allarmes continuelles, obligés de se défier de tout ce qui les environnoit. Les lettres, l'argent, le linge, étoient pour eux des espèces d'ennemis dont ils n'approchoient qu'avec crainte: la viande même & les aliments leur étoient suspects, & encore manquoient-ils de bois pour les faire cuire ? En un mot, ainsi que la ville, le terroir sembloit être devenu l'empire de la mort ; il avoit perdu ses anciens agréments ; & l'on pouvoit appliquer à ces tems malheureux, ce que le Prophète disoit dans une autre circonstance : *Tous ceux qui auparavant avoient la joie dans le cœur, étoient alors dans les larmes. Le bruit des tambours avoit cessé ; les cris de joie ne s'entendoient plus ; on ne buvoit plus le vin en chantant des airs ; & toutes les liqueurs agréables étoient devenues amères.*

La solitude qui régnoit dans la Ville n'étoit pas moins effrayante. L'art des Médecins, & la vigilance des Administrateurs avoient bien arrêté l'activité du mal ; mais avant qu'ils eussent pu rendre leurs soins efficaces, il l'avoit presque dépeuplée ; & si sur la fin de Septembre il sembla s'adoucir, c'est qu'il ne trouvoit, pour ainsi dire, plus d'aliment. Les familles étoient fort diminuées, la plupart des maisons desertes, & le peuple effrayé de tant de malheurs, n'osoit presque plus se montrer en public. Cependant, à la fin de Septembre, on commença de voir quelques personnes dans les rues. C'étoient des malades qui, ayant échappé à la fureur de la contagion, sortoient de leur maison pour aller chercher leur subsistance. Rien n'étoit plus affligeant que leur aspect : on les voyoit appuyés sur un bâton, le visage pâle & défait, marchant d'un pas lent, & s'arrêtant de tems en tems, pour reprendre des forces. L'un gémissoit d'être resté seul d'une famille nombreuse ; l'autre, d'avoir perdu son pere & sa mere ; ceux-ci, de n'avoir pu conserver aucun de leurs enfants Enfin, on auroit dit qu'ils cherchoient à exciter la pitié les uns des autres, par le récit touchant de leurs pertes ; & en les racontant, ils éprouvoient un plaisir secret d'être échappés au fléau le plus terrible qui puisse ravager la terre.

LA PESTE S'AFFOIBLIT.

L'expérience qu'ils avoient acquise dans leur maladie, devint utile par l'opinion qui se répandit qu'on n'avoit pas deux fois la peste. Pleins de cette idée, ils se dévouèrent avec beaucoup de succès au service des autres malades ; mais par une avidité faite pour étonner dans la circonstance, ils vendirent chérement leurs soins. On devoit d'autant moins s'y attendre, qu'ayant été malheureux & abandonnés, ils auroient dû trouver plus de plaisir que d'autres à secourir généreusement leurs semblables. Au reste, c'étoit le tems où la contagion perdoit tous les jours de sa force, parce que les chaleurs diminuoient sensiblement ; aussi, dans la plupart des malades, le mal n'étoit-il pas dangereux ; les uns n'éprouvoient aucune interruption dans leurs fonctions ; les autres n'avoient que quelques accès de fièvre, sans presque aucune marque extérieure de contagion, de sorte que les bubons disparoissoient aussi-tôt qu'ils s'étoient formés, ou bien après un certain tems ils mûrissoient, & le venin sortoit de lui-même, sans que l'on fût obligé de faire des incisions. En un mot, on pouvoit se passer de remèdes & de Médecins. La nature, plus forte que les premiers, & plus sage que les seconds, travailloit seule à la guérison des malades.

Pendant que tout sembloit promettre un avenir plus heureux, on s'occupa beaucoup de la vision d'une fille dévote. Cette jeune personne étant au lit de la mort, dit à son Confesseur que la Sainte Vierge lui avoit apparu, & déclaré que la peste cesseroit, quand les deux Eglises de la Major & de Saint-Victor, réunies en Procession générale, exposeroient leurs Reliques à la vénération des fidèles. M. l'Evêque, instruit de la vision, en fit part à M. de Marignon, Abbé de Saint-Victor, par une lettre, dans laquelle il marqua le desir le plus vif de faire cet acte de dévotion. Le Chapitre de Saint-Victor, à qui l'Abbé communiqua la lettre, ne crut pas la révélation assez prouvée, pour mériter la confiance des fidèles: il craignit, si on lui donnoit trop d'importance, d'exposer la Religion à la risée des Incrédules, & d'augmenter le feu de la peste, en réunissant par une Procession générale tous les habitans de la Ville: cette considération étoit d'un grand poids; mais M. de Belzunce & les Echevins, entraînés par leur zèle & par les clameurs du peuple, qui demandoit la Procession, insistèrent auprès des Religieux de Saint-Victor. Ceux-ci élevèrent alors des prétentions, qu'on ne devroit jamais écouter dans les calamités publiques, lorsqu'il s'agit de donner une consolation au peuple: Ils dirent qu'ils étoient en possession de marcher avec certaines marques de distinction & d'indépendance, que le Chapitre de la Major ne vouloit pas souffrir, & dont il ne leur convenoit pas de se dépouiller. On peut croire que ce n'étoit-là qu'un prétexte, & que le véritable motif fut que s'étant tenus enfermés dans leur Cloître, ils craignoient d'en fortir, de peur de refpirer un air contagieux dans les rues de Marfeille, & au milieu d'une populace encore infectée du mal. Cette affaire fut mife en négociation ; & comme l'amour-propre eft plus fécond en fubterfuges, que la prudence en moyens pour les éluder, ces deux Chapitres, qui peut-être n'avoient pas plus d'envie l'un que l'autre de faire la Proceffion, rejettèrent toutes les voies d'accommodement, & l'on ne parla plus de la révélation. C'étoit le tems où la pefte affligeoit le plus le quartier de Saint-Ferréol, qui, jufqu'à cette époque, avoit très-peu fouffert ; mais l'art des Médecins & la vigilance de la Police combattoient avec fuccès la violence du mal ; la faifon étoit d'ailleurs trop avancée, pour qu'il fît beaucoup de ravages ; auffi vers la fin d'Octobre parut-il avoir entiérement ceffé, car on fut cinq à fix jours fans entendre parler d'aucun malade.

Ce calme fit fortir de leur retraite les habitants qui n'avoient pas encore ofé paroître en public. Ils commencèrent alors à fe montrer dans les rues, mais avec cette timide circonfpection qui accompagne la crainte. On ne fe parloit que de loin, fans fe donner ces marques extérieures d'amitié, dont nos ufages femblent faire une loi. On avoit beau être amis ou proches parents, on ne s'abordoit, pour ainfi dire, qu'en étrangers, & en fe félicitant réciproquement d'avoir échappé au commun naufrage. Les hommes, la plupart convalefcents, portoient des bâtons ou des cannes de huit à dix pieds de long, qu'on appelloit communément *les bâtons de Saint-Roch*. Ils s'en fervoient pour écarter les paffants, de peur d'en être touchés, & les chiens fur-tout, que l'on croyoit fufceptibles de la pefte. On eût pris ces gens-là pour tout autant de voyageurs nouvellement débarqués & fatigués du chemin : le défordre de leur équipage, la fimplicité des habits, une longue barbe,

XXVIII.
LES HABITANS SORTENT DE LEURS ASYLES.

un visage pâle & triste prêtoient beaucoup à cette illusion. Le spectacle qu'offrirent ceux qui s'étoient retirés à la campagne, inspira un intérêt bien plus touchant, la premiere fois qu'ils vinrent à la Ville, après une absence de plus de cinq mois, pendant laquelle la maladie avoit fait tant de ravages. Ces hommes hâlés & brûlés par le soleil, appuyés sur de longues cannes, les pieds poudreux, regardoient avec un étonnement mêlé de frayeur cette Patrie que la mort avoit changée en un affreux désert. Ils demandoient avec une curiosité inquiette ce qu'étoient devenus leurs amis ; combien de personnes il restoit encore d'une famille qu'ils avoient vue si nombreuse ; quel étoit le sort de cette autre, dont on vantoit l'opulence. Ils ne rencontroient presque que des inconnus ; les maisons qui étoient autrefois les plus fréquentées, ils les trouvoient désertes ; celles où régnoient les plaisirs, étoient remplies de deuil : & ils retournoient à leurs *bastides*, glacés de frayeur de n'avoir vu à Marseille que l'empire de la mort.

XXIX.
ILS FONT UNE PROCESSION GÉNÉRALE.

Ce calme donna occasion à M. l'Evêque de signaler sa piété par un acte de religion bien imposant dans ces circonstances. Le jour de la Toussaint il fit dresser un Autel au milieu du Cours ; & le matin étant sorti du Palais Episcopal, pieds nuds, un flambeau à la main, précédé de son Clergé, il alla dans cette posture de suppliant, jusqu'à l'endroit où il devoit implorer la miséricorde du Seigneur sur cette Ville désolée : le Peuple prosterné sur le Cours & dans toutes les rues, d'où il pouvoit voir l'Autel, fondoit en larmes, tandis que ce vénérable Pontife offroit à Dieu de lui donner sa propre vie, s'il vouloit suspendre les traits de sa colère. Le 15 Novembre, s'étant rendu avec le reste de son Clergé à la Paroisse des Accoules, il prit le S. Sacrement, & monta jusqu'au clocher, d'où il donna la Bénédiction à toute la Ville, au bruit des cloches & du canon, qui avertissoient les habitants de se mettre en prieres, pour défarmer la colere du Ciel ; car elle n'étoit pas encore tout-à-fait appaifée. La maladie ne caufoit pas les mêmes ravages qu'auparavant ; mais elle avoit les mêmes fymptômes, avec cette différence, comme on l'a déja remarqué, que les éruptions étoient plus faciles : en un mot, beaucoup de perfonnes qui en étoient attaquées, guériffoient ; au lieu qu'auparavant une mort prompte rendoit inutiles les remèdes & les affiduités des Médecins.

Il n'y avoit pas plus de fept à huit nouveaux malades par femaine, fans compter ceux qu'on portoit aux Hôpitaux. Pour mieux faire juger de l'état de la maladie, nous allons mettre ici un tableau où l'on verra le nombre des peftiférés qui furent reçus à l'Hôpital de la Charité, & à celui du Mail, dans les mois d'Octobre & de Novembre, & le nombre des morts qu'il y eut tant à la Ville qu'au terroir, dans le même efpace de tems. Au mois d'Octobre, dans les deux Hôpitaux qui reftoient, le nombre des malades reçus fut de huit cents foixante-neuf, dont fept de la campagne.

En Novembre, quatre cents cinquante-cinq, dont quarante-neuf du terroir : ainfi dans ce dernier mois, il y eut quatre cents quatorze malades de moins.

On trouve la même proportion dans le nombre des morts. Celui du mois d'Octobre fut de quatre cents foixante-cinq, dont fept du terroir ; en Novembre, il ne monta qu'à deux cents quatre-vingt-fept, dont vingt-neuf parmi les habitans de la campagne. Il fortit au mois de Novembre quatre-vingt-quatorze convalefcents de l'hôpital de la Charité ; tandis qu'il n'y en avoit eu aucun dans le mois d'Octobre, parce qu'il falloit trente ou quarante jours de fuppuration aux plaies, c'étoit la guérifon la plus fûre. Le levain de la pefte étoit entretenu par les habitants de la campagne, qui ayant des malades chez eux, s'enfuyoient à Marfeille & y portoient le mal, dont

An. 1720.

XXX.
ETAT ET NOMBRE DES MALADES EN SEPTEMBRE.

ils avoient déja, fans s'en douter, de fecrettes atteintes. M. de Langeron voulant détruire cette caufe de malheur public, redoubla d'attention pour prévenir les furprifes. Il donna ordre qu'on n'accordât l'entrée de la Ville qu'aux perfonnes en faveur defquelles les Commiffaires établis à la campagne, auroient attefté que depuis quatorze jours il n'y avoit point eu de malades dans leur *Baftide*. Quant aux Payfans qui apportoient des denrées, il fuffifoit qu'ils fiffent renouveller leurs certificats tous les huit jours. La communication de la ville & de la campagne étant devenue plus difficile, par ces précautions, le mal diminua d'une maniere très-fenfible. Les ravages furent encore bien moindres, lorfqu'on eut enfin établi ce bon ordre duquel dépendoit en partie le falut de la Ville ; car, graces aux foins de cent quarante-deux Forçats qu'on accorda encore dans le mois d'Octobre, les morts étoient enlevés dans l'inftant même ; les malades tranfportés à l'Hôpital, & les rues débarraffées de tout ce qui pouvoit entretenir l'infection.

XXXI.
CAUSES QUI ENTRETENOIENT LA PESTE.

Cependant l'avidité rendit à la contagion cet aliment qu'une police fevère lui ôtoit, & devint funefte à la plupart des particuliers qui eurent des fucceffions : car, étant impatients de jouir, ils entroient fans précaution dans les maifons contagieufes, & trouvoient la mort dans un riche mobilier, qui alloit fucceffivement infecter plufieurs familles. C'eft de cette maniere que la plupart des voleurs furent punis de leurs crimes. Jamais le brigandage ne commit tant d'excès que dans ce tems de défolation. Des gens du peuple, pouffés par une infatiable avidité, forçoient les maifons fermées, dans lefquelles il ne reftoit que des perfonnes incapables de leur réfifter, tels que des enfants, des vieillards ou des malades ; ils enlevoient l'argent, les hardes & les meubles, & fouvent ils avoient la barbarie de précipiter les jours d'un témoin importun. Ces crimes, beaucoup plus fréquents dans le fort de la contagion, étoient ordinairement

nairement commis par les *corbeaux*, par les domestiques, ou par les personnes qui, servant dans les maisons ou dans les Hôpitaux, savoient des malades mêmes ce qu'il y avoit de plus précieux dans les maisons. Ces crimes furent sur-tout multipliés à la campagne, par la liberté qu'on avoit de les commettre dans des bastides isolées, & éloignées de tout secours. Il arrivoit de-là qu'avec ces hardes infectées on portoit la contagion dans des lieux où elle n'avoit pas encore pénétré.

Pour remédier à ce désordre, le Commandant défendit d'abord le transport de hardes d'une maison à l'autre : ensuite il ordonna d'arrêter tous les inconnus qu'on trouveroit dans les rues après le coucher du soleil, & les habitants qui sortiroient sans flambeau avant neuf heures. Après cette heure, il leur étoit enjoint de rester dans leur maison. Il y eut ordre aussi de fermer les cabarets & tous les lieux publics, & sur-tout les lieux de débauche, où la peste avoit une plus grande fermentation. On fit une recherche exacte des malfaiteurs, & des hardes volées & recelées, tant à la ville qu'à la campagne. Les prisons furent bientôt remplies de criminels. La Chambre de Police, établie pour juger Prévôtalement & en dernier ressort, condamna les uns à la potence, les autres aux galères ou à d'autres peines afflictives, & arrêta par ces châtimens exemplaires, les crimes & les vols : elle prit aussi connoissance des affaires civiles, dont la multiplicité devint bientôt embarrassante, à cause des successions ouvertes par la mort de tant de personnes, qui n'avoient pas eu le tems de faire leurs dernières dispositions : on nomma un Commissaire pour les inventaires, & un Trésorier pour recevoir l'argent trouvé dans les maisons abandonnées, & dans celles dont il n'y avoit point d'héritier connu.

XXXII.
MOYENS DE
LE DÉTRUIRE.

Une des causes qui contribua beaucoup à rallumer le feu de la contagion, fut l'empressement qu'on eut de s'engager dans les liens du mariage. On auroit dit que les célibataires de l'un

& de l'autre fexe fe croyoient obligés de réparer les pertes de leur Patrie. Vingt-quatre heures fuffifoient pour conclure l'affaire la plus importante de la vie. Les veuves voyoient à peine leur mari defcendu au tombeau, qu'elles en époufoient un autre, que la mort leur enlevoit bientôt après, & qui fouvent étoit remplacé par un troifième ; les hommes, auffi malheureux dans leurs engagements, les renouvelloient également jufqu'à trois, quatre fois ; & les temples fermés depuis longtems, ne furent prefqu'ouverts alors que pour l'adminiftration du mariage : fi le terme des accouchements avoit pu être abrégé, dit l'Auteur de la relation, on auroit bientôt vu la ville auffi peuplée qu'auparavant. Quelques Médecins ont cru que cet empreffement pour le mariage, étoit un effet de l'effervefvence du fang, occafionnée par la maladie. Mais pourquoi chercher une caufe douteufe, lorfqu'il s'en préfente de certaines. L'homme riche, refté feul avec des enfants au berceau, comptoit leur donner une mere dans fa nouvelle époufe ; l'Artifan & le Payfan trouvoient dans la leur le foutien de leur ménage, & la confolation dans leurs travaux ; car rien n'étoit plus affreux pour eux que de rentrer dans leur demeure, avec l'inquiétude d'apprêter eux-mêmes leurs alimens. Quelquefois une fortune rapide, faite au fervice des malades ou de la Police ; une fucceffion inattendue, des vols, des rapines tiroient du célibat ceux que la mifère fembloit y avoir condamnés. Enfin, combien n'y eut-il pas de perfonnes de l'un & de l'autre fexe, qui par la mort de leurs peres, fe voyant affranchies d'une autorité gênante, fe hâtèrent de fatisfaire leurs penchans par un mariage précipité ? de ces unions faites à la hâte, il réfulta de très-grands maux : une époufe atteinte de la pefte, fans qu'elle s'en doutât, la communiquoit à fon époux : un jeune homme nouvellement échappé à la maladie, & ayant fes plaies encore fumantes, infectoit la couche nuptiale : en un mot, il y eut une infinité de personnes en qui l'amour conjugal développa le venin pestilentiel, que des suppurations n'avoient ni évacué ni détruit. M. l'Evêque & le Commandant voulant prévenir ces désordres, convinrent qu'on ne donneroit la permission de se marier, qu'à ceux qui apporteroient des certificats de santé.

Moyens de le détruire.

Les ravages de la peste, dans le mois de Novembre, ne furent bien sensibles qu'à la campagne. Les Médecins de Marseille touchés de compassion pour cette classe d'hommes, que leur état condamne aux pénibles travaux de la terre, offrirent de les secourir. Ayant divisé le terroir en quatre départemens, ils alloient tous les jours dans celui que le sort leur avoit adjugé, & se faisoient accompagner par un Chirurgien, & par un garçon Chirurgien, avec lesquels ils visitoient les malades, dont les Capitaines de chaque quartier leur donnoient une liste. Graces à leurs soins, & encore plus au changement de la saison, la contagion diminua sensiblement dans les mois de Décembre & de Janvier : à peine y avoit-il cinq à six malades par semaine dans la Ville. Le nombre en étoit plus grand à la campagne ; car dans le mois de Février 1721, on en porta encore cent-quarante-cinq à l'Hôpital, mais il en guérissoit la moitié.

Le mois de Mars ralluma, quoique foiblement, le feu de la maladie. Ceux qui l'avoient eue légérement, & dont les bubons n'étoient pas venus à suppuration, essuyèrent alors une nouvelle atteinte. Un Chirurgien de la Marine prétendit, que les rechutes étoient à craindre pour les malades, dont les bubons ouverts par une simple ponction, sans une suppuration complette, étoient restés fistuleux, ou n'avoient suppuré que foiblement durant quelques jours, pendant lesquels la glande n'avoit été ni détruite, ni emportée, ni pourrie. Il mettoit dans la même classe, les malades dont la glande étoit encore tuméfiée, & dont le venin n'avoit été diverti par aucune évacuation sensible, ni par des purgatifs. Ce Chirurgien tâcha de prou-

An. 1721.
XXXIII.
Incertitude des Médecins sur les rechutes.

ver que dans ces trois cas la maladie pouvoit se réveiller, & cita plusieurs exemples en faveur de son opinion. M. de Langeron, toujours fortement occupé du bien public, convoqua les Médecins pour savoir leur avis, sur cette question importante. Il faut savoir que ceux qui étoient venus de Paris & de Montpellier, au nombre de douze, n'étoient jamais d'accord avec les autres; que souvent ils ne l'étoient pas entr'eux sur la nature de la maladie & sur la maniere de la traiter : ainsi, à la faveur de cette ignorance présomptueuse, la peste s'étoit répandue parmi le peuple avec une rapidité incroyable, échapant à toutes les attaques d'un art incertain, sur-tout lorsqu'il n'est pas guidé par l'expérience & l'observation. L'opinion du Chirurgien fut discutée avec assez de présomption & de légéreté par les Docteurs de Montpellier, qui la reléguèrent parmi les chimères, tandis qu'elle étoit justifiée sous leurs yeux, par des rechutes fréquentes. Dans le courant du mois de Mars, on reçut à l'Hôpital du Mail, cent vingt-sept malades de la Ville, dont huit moururent; & soixante-sept de la campagne, dont dix seulement échapèrent. Ceux-là ne furent malades que par des rechutes moins dangereuses que les premières attaques, & par conséquent moins contagieuses; cependant elles n'étoient exemptes ni de danger, ni de contagion; puisque plusieurs personnes en moururent.

XXXIV.
FIN DE LA MALADIE.

On crut prévenir les funestes effets de ces rechutes, en invitant les personnes qui avoient quelques restes de maladie, à le déclarer. Pour les y déterminer plus efficacement, on offrit aux pauvres de les faire traiter aux dépens de la Ville; & l'on permit aux riches de rester dans leurs maisons. Cet avis produisit l'effet qu'on s'en étoit promis : quand on connut les malades, on établit un si bon ordre, que la contagion perdit presque toute sa force : cependant au mois d'Avril, elle peupla encore l'Hôpital de dix-neuf malades de la Ville, dont treize moururent ; & de foixante-cinq du terroir, dont il n'y eut que huit qui guérirent. Cette diminution dans le nombre des malades, ranima tellement la confiance du peuple, que le jour de Pâques, ne pouvant plus réprimer les tranfports de fon zèle, il enfonça les portes des Eglifes : M. l'Evêque ne put prévenir les dangers de cette affluence, qu'en faifant drefser au milieu du cours un autel, où il dit la Mefse, les deux dernières Fêtes : les Dimanches fuivants, il la dit tantôt dans une place tantôt dans une autre, tranfportant ainfi l'autel, comme autrefois on tranfportoit l'Arche-Sainte, au milieu des Ifraélites dans les tems de calamité.

<small>FIN DE LA MALADIE.</small>

Une nouvelle preuve que la contagion touchoit à fa fin, c'eft que les maladies ordinaires qui avoient ceffé, reprirent leur cours. Il parut même des éréfipelles épidémiques, qu'on regarda comme une fuite de la pefte ; car les Médecins prétendent que dans fon déclin, elle dégénere toujours en fièvre maligne, en petite vérole, en rougeole, & en d'autres maladies de cette efpèce, qui occafionnent des éruptions cutanées. Celles qui régnèrent à Marfeille, furent fi peu dangereufes, que perfonne n'en mourut.

Le mois de Mai vit difparoître les allarmes, & ramena le calme avec les beaux jours du Printems. Les rues furent peuplées de plus de monde ; les femmes mêmes fortirent de leurs retraites, & animèrent par leur préfence les promenades publiques, que la pefte avoit changées en affreufe folitude. Les affemblées furent ouvertes; les parents & les amis fe virent familièrement, & fe livrèrent à ces transports de joie, qu'on éprouve lorfqu'on fe rencontre après avoir échappé à un grand péril. Contents d'être arrivés dans le Port, ils ne regardoient plus les débris dont la mer étoit couverte : le plaifir de fe revoir & de s'embraffer, rempliffoit leur ame; & fi à l'empreffement de fe le témoigner, il fe mêloit quelquefois le fouve-

<small>XXXV. TABLEAU DE MARSEILLE APRÈS LA PESTE.</small>

nir des pertes qu'on avoit faites, c'étoit pour mieux sentir le bonheur d'y avoir survécu. Les habitans, que la crainte avoit chassés de la Ville, venoient grossir tous les jours le nombre de ces hommes si satisfaits de se revoir : mais leur joie n'étoit pas aussi pure que celle des autres : elle étoit troublée à l'aspect de ces traces de dévastation, de ces empreintes de mort auxquelles leurs yeux n'étoient point accoutumés : le mouvement que la Ville paroissoit reprendre, ne ressembloit point au mouvement d'un corps qu'ils avoient laissé brillant de santé & de force ; c'étoient les agitations d'un malade à peine convalescent ; & cet état ne pouvoit les frapper agréablement, eux qui n'avoient vu leur Patrie que florissante, & non dans les horreurs de la désolation. Ces maisons qu'ils avoient fréquentées, ne leur présentoient plus leurs anciennes connoissances ; ces jardins, que la présence de leurs amis rendoient si agréables, étoient abandonnés ; ces lieux où ils avoient reçu les embrassemens de leurs parents, n'offroient qu'un spectacle d'horreur : ainsi la tristesse réprima bientôt les transports de joie qu'ils avoient éprouvés. Ce fut bien pis, quand on fut à la fin de Juin, que vingt personnes, dans l'espace de quatre jours, avoient été frappées de maladie. On s'imagina que les chaleurs de l'été alloient rallumer la peste, & déja l'on se disposoit à quitter la Ville, lorsque les Médecins ramenèrent la confiance, en déclarant que ces malades n'étoient point atteints du mal contagieux.

Cette déclaration étoit bien propre à tranquilliser les esprits pour le moment présent, mais qui pouvoit assurer que la peste ne couvoit pas dans les hardes ? Que cet ennemi caché, qui s'attache à presque tous les objets qu'il a une fois contaminés, n'existoit pas encore dans les Eglises où l'on avoit enterré les morts ? Dans les appartements, sur les vaisseaux, en un mot, dans tous les lieux où il avoit immolé tant de victimes ?

Qui pouvoit promettre qu'il ne se réveilleroit pas au moment qu'on s'y attendroit le moins ; & que semblable à l'Ange exterminateur, il ne feroit pas briller le glaive de la mort sur les têtes qu'il n'avoit point encore frappées. Il falloit donc, pour ainsi dire, le forcer jusques dans les moindres réduits, & s'assurer que l'air qu'on respiroit, ne seroit plus infecté de son souffle.

Pour parvenir à ce but, on commença par marquer toutes les maisons d'une croix rouge ; spectacle effrayant, qui en mettant sous les yeux les pertes énormes qu'on avoit faites, rappelloit un des plus terribles châtimens, que Dieu ait autrefois exercé dans sa vengeance. On divisa chaque Paroisse en plusieurs quartiers, que l'on confia à tout autant de Commissaires, sous l'inspection d'un Commissaire-général. Chacun d'eux avoit sous ses ordres des ouvriers, qu'il envoyoit successivement, avec un homme de confiance, dans chaque maison, pour enlever tout ce qui étoit capable d'y entretenir l'infection. On jettoit par les fenêtres les hardes & le linge pour les faire laver : on brûloit ce qui ne méritoit pas d'être conservé. On faisoit ensuite trois fumigations dans chaque appartement ; la première, avec des herbes aromatiques ; la seconde, avec de la poudre à canon ; la derniere, avec de l'arsenic & plusieurs autres drogues qu'on emploie depuis un tems immémorial au Lazaret : quand ces opérations étoient faites, on mettoit une ou deux couches de chaux sur les murailles & les planchers. On suivit le même procédé pour purifier les maisons de campagne. La chose n'étoit pas aussi facile pour les vaisseaux qui étoient restés dans le Port. On fit transporter dans les Isles voisines de Marseille les marchandises, dont ils étoient chargés, pour y être désinfectées. On y envoya aussi toutes celles qui étoient restées dans les magasins ou dans les maisons. Mais comment délivrer les Eglises de ce germe contagieux, qu'entretenoient tant de cadavres entassés dans les caveaux ? Com-

XXXVI.
ON DÉSINFECTE LA VILLE.

ment purifier un air qui étoit fans ceſſe corrompu par les exhalaiſons émanées de ces corps ? Il n'étoit pas poſſible de ſonger à les conſumer avec de la chaux ou avec des drogues, & encore moins à les tranſporter en d'autres lieux : on prit le parti de ſeller les portes des tombeaux avec des crampons de fer, pour empêcher qu'on ne les ouvrît, & d'en boucher exactement les fentes avec un ciment impénétrable, pour ne laiſſer aucune iſſue aux émanations peſtilentielles. Une choſe qui n'étoit pas aiſée, c'étoit de ſavoir où étoient cachées les hardes que les *corbeaux* ou les gens ſans aveu avoient volées dans les maiſons des peſtiférés. Comment découvrir ces larcins, ſur leſquels ils fondoient le bonheur de leur vie ? Si on ne les découvroit pas, comment pouvoit-on demeurer avec ſécurité dans une ville, où l'on ſavoit que le foyer de la peſte n'étoit pas encore détruit ? Le deſir de ſe procurer enfin cette tranquillité d'eſprit, ſans laquelle la vie eſt un tourment, réveilla l'attention de tout le monde. On fit, à pluſieurs repriſes, des recherches exactes dans les caves & les réduits les plus obſcurs : on vint à bout de trouver les hardes qui avoient été volées ou ramaſſées dans les rues, lorſque le fléau déployoit toute ſa fureur, & on les brûla. Ce fut alors que l'on commença de fouler d'un pied tranquille cette terre, où depuis ſi long tems la mort creuſoit le précipice ſous les pas des habitans : quand les maiſons eurent été déſinfectées, & les hardes brûlées, la peſte ceſſa entiérement, après avoir emporté, depuis le commencement de Juillet 1720, juſqu'au mois de Juin 1721, quarante mille perſonnes à Marſeille, & dix mille dans le terroir.

XXXVII. A TOULON.

La maniere dont la peſte ſe gliſſa à Toulon eſt effrayante, par l'idée qu'elle nous donne de ſa ſubtilité. Des habitants de Bandol, petit Port de mer près de Toulon, allèrent, pendant la nuit, voler à l'île de *Jarre* une balle de ſoie, qu'on y avoit miſe en quarantaine avec les autres marchandiſes du Capitaine Chautaud.

Chautand. Cette balle, n'étant ni épurée, ni éventée, contenoit encore tout le venin pestilentiel : les habitans de Bandol le humèrent, lorsque les ravisseurs se partagèrent le funeste butin, qu'ils venoient d'enlever. Il y avoit ce jour-là, dans le village, un Patron, nommé Cancelin, qui ayant laissé sa barque, revint par terre à Toulon sa patrie, à la faveur d'une billet de santé, qu'il s'étoit procuré : il le fit viser sur la route, par les Consuls de Saint-Nazaire, qui ignoroient qu'il vint de Bandol, & qui savoient encore moins qu'on y eût apporté une balle de marchandise infectée. C'est ainsi que cet homme, ayant déguisé sa route, entra à Toulon le 5 Octobre 1720, muni de ce certificat en bonne forme.

Le six on apprit que la peste étoit à Bandol : on mit aussi-tôt un cordon de troupes autour du Village pour en garder les avenues ; mais l'ennemi, contre lequel on prenoit ces précautions sevères, étoit déja au milieu de ces mêmes habitants, qui croyoient le tenir enfermé dans un misérable hameau. Cancelin tomba malade deux jours après son arrivée à Toulon ; étant mort le 11 Octobre, il fut inhumé comme un homme, dont la maladie n'avoit eu rien d'extraordinaire. Sa fille le suivit au tombeau le dix sept. Cet événement frappa quelques personnes, qui ayant voulu savoir ce qu'avoit fait Cancelin dans les derniers jours de sa vie, apprirent qu'il avoit été à Saint-Nazaire le cinq du mois, & conjecturèrent, avec beaucoup de fondement, qu'il venoit de Bandol, où il avoit laissé sa barque.

Les Consuls demandèrent au Médecin, au Chirurgien & à l'Apoticaire qui avoient traité le père & la fille, s'ils n'avoient trouvé dans cette maladie aucune apparence de mal contagieux. Ils déclarèrent unanimement qu'il n'y en avoit aucune. Cette déclaration ne parut pas suffisante pour rassurer les esprits : on nomma deux autres Médecins & deux Chirurgiens pour examiner le cadavre de la fille. Leur rapport donna des soupçons, sans pourtant faire croire que le danger fût certain; & l'on mit dans l'inftant même une fentinelle devant la maifon, avec ordre de n'en laiffer fortir perfonne. Cette précaution fut d'autant plus fage, que la mort de cette fille avoit raffemblé dans la maifon trente-cinq parens, voifins ou alliés, qui en fe difperfant dans la ville, auroient porté dans tous les quartiers le germe de la contagion. On les enleva pendant la nuit, & après avoir été obligés d'enterrer eux-mêmes les cadavres hors des remparts, ils furent enfermés dans l'hôpital de Saint Roch, où on les pourvut de toutes les chofes néceffaires.

L'enlèvement de ces trente-cinq perfones, deux morts promptes dans la même famille, le filence inquiet & myfterieux des Confuls, répandirent parmi les habitans une forte de terreur, qu'on ne fut pas maître de cacher. La maladie de deux enfans de Cancelin, qui fe manifefta le vingt-cinquieme jour de la quarantaine, leur mort & celle de cinq de leurs parens, ne laifsèrent aucun doute fur l'exiftence du fléau. On dèfinfecta la maifon de ce malheureux; & ce qui paroîtra furprenant, c'eft qu'après cette légère précaution, on vit fuccéder aux plus vives allarmes la plus apparente tranquillité. Tel étoit l'état de la ville à la fin de Novembre 1720.

Le 3 du mois fuivant une femme veuve mourut de langueur, laiffant un modique mobilier que la pefte avoit infecté de fon venin. Les héritiers, qui ne s'en doutoient pas, fe le partagèrent, & fervirent, pour ainfi dire, de conducteurs au feu de la contagion. L'un d'eux mourut le 6: comme on n'étoit pas entiérement raffuré fur un mal dont on avoit déjà éprouvé quelques atteintes, on s'affura de la famille du mort & des locataires de fa maifon, avec lefquels on défendit toute communication. Mais les Médecins ayant enfuite affirmé que cet homme avoit fuccombé à une attaque d'apoplexie, on permit de l'enterrer, & sa famille fut remise en liberté. Un autre héritier mourut le 9 après avoir déclaré qu'il étoit atteint de la peste. Ce fléau attaqua ensuite deux familles qu'on mit en quarantaine ; cette précaution sembla avoir éloigné le danger, car dans le courant du mois de Décembre, il n'y eut aucun malade.

<small>A TOULON.</small>

Des marchandises de contrebande prises à Aix, & portées à Toulon au mois de Janvier 1721, ranimèrent le venin contagieux avec une vivacité qu'il fut impossible d'amortir. Cependant on prit des précautions fort sages pour en arrêter les progrès : on défendit aux habitans de changer de maison, de transporter des meubles & des hardes d'un domicile à l'autre, & de rien jetter par les fenêtres. Comme les mendians sont ordinairement les agens les plus puissants de la peste, on les enferma tous au nombre de 250, dans un vaisseau qu'on fit échouer à la rade près de Mourrillon, & sur lequel on mit un Aumônier, un Chirurgien, deux Commis & des vivres pour trois mois. Malgré tous les soins qu'on se donna pour ôter au fléau les moyens de se répandre, il acquit une très-grande activité. Il y avoit plus de 200 morts par jour au milieu du mois d'Avril, & à la fin du même mois le nombre monta jusqu'à 300. On n'avoit ni ouvriers pour raccommoder les voitures, ni *corbeaux* pour enlever les cadavres, ni tombereaux pour les transporter. Les marchands & les pourvoyeurs manquèrent : de cent trente-cinq boulangers qu'il y avoit dans la ville, il en périt cent-treize en moins d'un mois. Les quatre hôpitaux qu'on avoit établis n'étant plus suffisans pour recevoir les malades, on dressa hors de la ville un camp où l'on transporta les pestiférés, pour lesquels il n'y avoit plus de place dans ces asyles de charité. Mais les variations du tems, qui furent fréquentes cette année-là, devinrent très-funestes à ces malheureux, & quand la saison fut plus avancée, les chaleurs brulantes de l'été en firent mourir un grand nombre. Combien n'en périt-il pas faute de secours, par l'impossibilité de distribuer également les provisions & les remedes? on s'imagina que pour amortir l'effervescence du mal, il falloit que tous les malades fussent rassemblés dans les hôpitaux. On enjoignit donc à ceux qui, pour cacher leur état, ne réclamoient les secours de personne, de déclarer leur maladie dans les 24 heures, & de quitter leur maison, si par l'examen des Chirurgiens ils étoient déclarés atteints de la peste. Ceux qui avoient eu des morts ou des malades chez eux, eurent ordre de porter sur la manche de leur habit un papier blanc, afin qu'on les évitât, & l'on prononça la peine de mort contre les convalescens, qui couroient les rues ayant encore leurs bubons ouverts. Enfin pour forcer les pestiférés à se retirer dans les hôpitaux, on défendit aux Chirurgiens & Apoticaires de distribuer ou de donner dans la ville des remedes & des onguents contre la peste : alors la maladie diminua sensiblement, & le 18 du mois d'Aout 1721 elle cessa entiérement dans la ville, où elle emporta 13283 personnes (1). Il n'y eut qu'environ six mille habitans qui ne furent pas attaqués du mal contagieux, & un peu plus de quatre mille qui guérirent.

Le fléau se glissa dans la ville d'Arles au commencement d'Octobre 1720, avec des marchandises de contrebande,

---

(1) Nous avons tiré ces détails de la relation de la peste faite par M. d'Antrechaux, qui étant premier Consul de Toulon, durant cette cruelle maladie, mérita par sa conduite la reconnoissance de sa Patrie & celle du Gouvernement. Son Ouvrage contient des reflexions très utiles sur les précautions qu'on doit prendre dans une Ville affligée de ce fleau. Ce Magistrat dit à la page 338, que par le denombrement fait au mois d'Août 1720, on trouva 26276 habitans; & que par un second dénombrement fait immédiatement après la peste, il résulta qu'il n'en restoit que 10493; ce qui supposeroit qu'il y eut 15783 morts. Cependant les détails qui paroissent avoir été faits avec exactitude, n'en donnent que 13283; c'est qu'apparemment dans le premier calcul il a compris parmi les morts, les habitans qui avoient pris la fuite.

que la cupidité de quelques particuliers y introduisit furtivement. Les réglemens qu'on avoit faits à Marseille, les fautes même qu'on y avoit commises, servirent à éclairer les Magistrats sur la conduite qu'ils devoient tenir dans ces tems malheureux. Guillaume de Piquet, Seigneur de Mejanes, nommé Commissaire général, se distingua par son patriotisme. On établit une police exacte dans la ville, & le bon ordre dans les infirmeries. Les pauvres furent secourus à propos, les malades traités avec soin; les cadavres portés exactement dans les fosses. Cependant, malgré ces sages précautions, il y eut environ sept mille morts dans l'espace de huit mois, car la peste ne dura que jusqu'au mois de Mai 1721 (1).

La ville d'Aix, qui sous la vigilance du Parlement, auroit dû être garantie de ses atteintes, en fut infectée par les mêmes causes qu'Arles & Toulon. Des contrebandiers avides y portèrent des marchandises pestiférées, qu'ils avoient achetées à Marseille, & donnèrent une preuve bien sensible de ce que peut la cupidité dans des hommes d'une certaine trempe; pour un gain sordide, ils mettent en un péril évident leur vie & celle d'un nombre infini d'habitans. Une femme du fauxbourg, soupçonnée d'avoir la peste, mourut le 13 du mois d'Août. Le Chirurgien nommé pour faire la visite du cadavre, crut n'y voir que les traces d'une colique violente.

---

(1) Nous avons dit dans le tom. I, p. 291, que le climat de cette Ville étoit fort mal-sain. Il faut convenir que dans le tems que nous faisions cet article, nous n'étions que trop confirmés dans cette idée par les ravages que faisoit à Arles une maladie epidémique. Depuis cette époque il s'est écoulé plus de dix ans, sans que nous ayons remarqué rien d'extraordinaire dans le climat. Il est vrai que les marais situés au levant de cette Ville seroient un foyer de corruption, si les vents d'ouest & de nord-ouest, qui soufflent fréquemment, n'ecartoient au loin les exhalaisons, & ne leur donnoient très-peu d'influence sur les habitans. Aussi remarque-t-on qu'il y a parmi eux beaucoup de vieillards, & qu'en general la jeunesse de cette Ville a un air de fraîcheur & de santé qu'on trouve rarement ailleurs.

Mais sa mort précipitée, & celle de son fils, qui l'avoit assisté dans son opération, mirent en évidence son ignorance ou sa mauvaise foi.

MM. les Procureurs du Pays (1) allarmés par ces deux événemens, firent préparer les hôpitaux pour recevoir les malades, & nommèrent des Commissaires dans tous les quartiers de la Ville. Ces Commissaires eurent ordre de dresser un état exact de toutes les maisons de leur district, & tous les matins ils faisoient l'appel des habitans; s'il s'en trouvoit quelqu'un de malade, ils en rendoient compte aux Consuls, ou au Commandant, quand il fut nommé, & l'on envoyoit le Médecin du quartier qui le faisoit transporter aux infirmeries, s'il étoit pestiféré. La maladie ne fermenta avec une certaine force qu'au commencement du mois d'Octobre; car on assure que le 2 on trouva plus de cinquante personnes, qui en étoient atteintes. Il n'est pas facile de peindre l'horreur & l'effroi, dont les citoyens furent saisis. Le récit qu'on leur faisoit tous les jours des maux affreux, où la ville de Marseille étoit plongée, ne leur permit pas d'envisager sans pâlir les approches d'un pareil sort. Aussi le plus grand nombre se refugia-t-il à la campagne. Le Parlement sortit de la Ville le 5, & alla tenir ses séances à Saint-Remi. La Cour des Comptes & les autres Chambres de Justice se retirèrent dans des lieux, où les Magistrats pouvoient concilier les soins de leur santé avec l'utilité publique. MM. de Vauvenargues & Buisson restèrent dans la Ville, quoique ce fut l'usage, en tems de peste, que les deux premiers Procureurs du Pays, allassent administrer, loin du danger, les affaires de la Province. Tous les Chanoines de Saint-Sauveur, la plupart des Religieux & des Religieuses de différens

---

(1) Ces Messieurs étoient Joseph de Clapiers, Seigneur de Vauvenargues; & Joseph Buisson, Avocat en la Cour, Assesseur; Charles de Joannis, Seigneur de la Brillane, Ecuyer; & Melchior Vincens, Avocat en la Cour.

Ordres, cherchèrent auſſi leur ſalut dans la fuite. Les Marchands & les Artiſans fermèrent leurs magaſins & leurs boutiques, & pluſieurs ſe retirèrent à la campagne, de ſorte que M. de Vintimille du Luc, Archevêque d'Aix, & les deux premiers Conſuls, ſe trouvèrent preſque ſeuls chargés d'une nombreuſe populace, compoſée d'une infinité d'ouvriers & de pauvres familles, qui ne vivoient que du travail de leurs mains, & qu'il fallut faire ſubſiſter, après que les perſonnes riches eurent, par leur fuite, ôté aux arts de luxe leur aliment.

M. le Marquis de Caylus, Commandant en chef en Provence, réſidoit à Taraſcon, d'où il donnoit ſes ordres, pour que les troupes veillaſſent à la conſervation des lieux où la peſte n'avoit point encore pénétré. Il envoya le 30 Septembre 1720 à M. de Vauvenargues des lettres de Commandant pour la ville & le terroir d'Aix; le Roi les confirma le 6 Octobre, en accordant à ce Gentilhomme une autorité entière, telle qu'il devoit l'avoir ſur les citoyens & ſur les troupes qu'il y avoit dans la ville. M. de Vauvenargues, quoiqu'il n'eut alors que 35 à 36 ans, juſtifia par ſa conduite la confiance du Souverain. Par ſon exemple, il alluma dans les ames ſenſibles ce zèle patriotique dont il étoit animé. Les Eccléſiaſtiques & les Religieux, en qui la crainte n'avoit point étouffé le cri de la religion & de l'humanité, ſe diſputoient à l'envi l'honneur trop dangereux de ſecourir les malades : on étoit obligé de les inſcrire, & de les admettre au ſervice des hôpitaux, ſuivant l'ancienneté de leur date. Des jeunes gens de l'un & de l'autre ſexe brûlèrent de la même émulation : on vit même des Courtiſannes paſſer des plaiſirs dans l'enceinte des hôpitaux, voulant expier par des œuvres de charité leurs criminelles complaiſances. Nous ne peindrons pas l'horreur & le deuil où la ville d'Aix fut plongée pendant plus de dix mois, ni les ravages affreux que fit la peſte durant les grands froids

& les grandes chaleurs; nous ne ferions que renouveller le tableau que nous avons tracé en parlant de Marseille.

M. de Vauvenargues, défespérant d'arrêter les progrès du mal par les remedes ordinaires, proposa au Ministre de mettre tous les habitans en quarantaine dans leurs maisons. Un Ministre élevé dans une Ville immense comme Paris, ne se fait pas toujours une idée juste de ce qu'il est possible d'exécuter dans une ville de Province: le projet de la quarantaine fut dabord rejetté, ensuite approuvé quand la violence du mal eut fait sentir l'inutilité des autres remedes. M. de Vauvernargues défendit donc aux habitans de la Ville de sortir de leurs maisons, sous quelque prétexte que ce fût, sans une permission signée de lui. Mais les Marchands, les Boulangers & les Bouchers eurent ordre de vendre les uns leurs marchandises, les autres du pain & de la viande comme auparavant. C'étoient chez eux que les pourvoyeurs établis dans chaque quartier alloient prendre les provisions, dont les quarantenaires avoient besoin. Ils parcouroient les rues quatre fois par jour; le Commandant alloit voir souvent par lui-même si tout étoit dans l'ordre, & les troupes faisoient exactement la patrouille pour faire observer la quarantaine. Les dimanches & fêtes on célébroit la Messe dans les carrefours.

C'étoit un spectacle bien nouveau & bien effrayant tout à la fois, que celui d'une Ville, où tous les habitans, renfermés dans leurs maisons, ignoroient non-seulement ce qui se passoit dans le reste du Royaume, mais encore les moindres événemens qui arrivoient dans leurs quartiers; n'ayant que la liberté de se voir & de se parler par les fenêtres, étant aussi peu instruits les uns que les autres des progrès de la maladie, du nombre des personnes qu'elle enlevoit chaque jour, & craignant à tous les instants qu'elle n'eût infecté les alimens qu'on leur aportoit. Lorsqu'elle pénétroit dans une maison, on en étoit

tout

tout de suite averti par le Commissaire; le malade étoit porté aux infirmeries, & le reste de la famille conduit dans une espèce de fauxbourg bâti en barraques, où l'on subissoit les épreuves que les circonstances rendoient nécessaires.

La quarantaine générale avoit à peine commencé, que la peste diminua sensiblement, & il n'y avoit déja plus de malades, lorsqu'elle toucha à son terme. La joie & la liberté furent alors rendues aux citoyens : mais une rechûte dont nous ignorons les causes, troubla bientôt après la tranquillité publique : on recommença la quarantaine avec la même rigueur qu'auparavant, & le fléau disparut tout à fait avant qu'elle fût finie. Il dura depuis le 15 Août 1720, jusqu'au 12 Juillet 1721. Huit mille personnes en furent atteintes, & il en mourut 7534, ainsi qu'il conste aux archives de la Province. Le nombre des morts eût été bien plus considérable, si plus de quatre mille habitans n'avoient pris la fuite avant qu'on eût mis des barrières.

Les Médecins que le Roi avoit envoyés à Marseille, furent assez heureux pour donner aussi des secours à la ville d'Aix. Par une prévention inconcevable, ils prétendirent que la maladie n'étoit point contagieuse : si quelque chose peut faire excuser cet aveuglement, c'est qu'ils se conduisirent avec un courage & un sang-froid, qu'ils n'auroient peut-être pas eu, s'ils avoient pensé le contraire. L'un d'eux nommé Sainte-Marie fut victime de son erreur; il étoit à l'auberge du Bras dor; voulant donner une preuve éclatante de sa conviction, il coucha dans les mêmes draps où étoit morte la fille de l'auberge, & mourut de la peste deux jours après, n'ayant donné qu'une preuve de sa témérité, tandis qu'il croyoit en donner une de son discernement; ce qui prouve pourtant que ces Médecins n'étoient pas bien persuadés de la vérité de leur système, ce sont les précautions qu'ils prenoient dans les visites qu'ils fai-

Tome IV. Vvvv

soient aux malades. Ils ne les voyoient qu'à jeun ou long-tems après le repas, ne se plaçoient jamais vis-à-vis d'eux & sous leur haleine ; ne prenoient point de tabac ni n'avaloient leur salive. D'ailleurs ils mangeoient peu, se dissipoient tant qu'ils pouvoient, & ne laissoient prendre aucun empire à cette passion que les occasions fréquentes, & le feu de la maladie allumoient si facilement dans le cœur : ce qui fut cause qu'un vieux Médecin disoit à M. de Vauvenargues : *voulez-vous vous préserver de la peste, vivez de maniere qu'on puisse vous appliquer ces mots de l'hymne des Confesseurs, sobrius, castus fuit & quietus.* On sent en effet qu'en suivant cette maxime, on peut non-seulement se garantir de la contagion, mais encore de bien d'autres maladies.

XL. RÉGLEMENS CONTRE LA PESTE.

Les dangers de la peste ont excité la vigilance du Gouvernement, qui a senti qu'il falloit établir des Bureaux de santé dans tous les Ports de la Méditerranée, afin d'ôter à ce fléau les moyens de se répandre dans le Royaume. Les Bureaux de Marseille & de Toulon sont les deux principaux des côtes méridionales de la France. Celui de Toulon a sous sa dépendance tous les ports & rades depuis le Brusq jusqu'à la riviere du Var. Le département de Marseille comprend les ports du reste de la Provence, ceux du Languedoc, du Roussillon, & de la partie de la Catalogne qui est sous la domination française.

Il y a dans tous ces ports des Bureaux particuliers, chargés d'exécuter les ordres qui leur sont adressés de Marseille & de Toulon.

Le Bureau de Marseille est composé de seize Intendans, nommés & approuvés par le Conseil de Ville, & choisis parmi les Négociants. On met ordinairement dans le nombre, un ou deux Capitaines de vaisseau, qui ont quitté la marine, & dont les conseils peuvent être d'autant plus utiles, qu'ils sont éclairés par une longue expérience, sur les dangers de la navigation dans le Levant.

Ces Intendans tiennent leurs assemblées dans un édifice situé à l'entrée du port : ils reçoivent les déclarations des Capitaines & des Patrons qui arrivent, & qui, avant d'amarrer leurs bâtimens au quai, doivent se présenter pour être interrogés, & remettre leurs patentes, afin d'avoir la permission de descendre à terre.

Les vaisseaux qui viennent du Levant font leur quarantaine à l'île de Pomegue, située à cinq milles de Marseille. Il y a un port, qui peut contenir 35 voiles, & un autre de moindre grandeur, où l'on envoie les bâtimens contaminés. Il est défendu à ceux qui ne sont pas dans le cas de *la purge*, de s'approcher de l'île à la distance de cent toises.

Le Bureau de santé y entretient un Capitaine, pour y faire observer les réglemens, & un Garde qui exécute les ordres du Bureau, & ceux du Capitaine.

On met d'ailleurs sur chaque bâtiment en quarantaine un Garde particulier, qui veille avec soin à ce que rien ne soit débarqué, sans un ordre des Intendants, adressé au Capitaine du Port.

Ce même Garde empêche toute communication d'un bâtiment à l'autre, s'embarque dans la chaloupe lorsqu'elle vient à terre, & empêche les équipages d'y descendre, si ce n'est afin d'y amarrer des cables pour la sûreté des vaisseaux : en ce cas, il fait écarter toutes les personnes qui sont sur le rivage.

S'il est employé sur des bâtiments chargés de marchandises, il fait balayer, après le débarquement, la calle & l'entrepont, ensorte qu'il n'y reste rien, & prend l'ordre du Capitaine du Bureau, pour aller jetter les balayeures dans la mer, à la distance du Port qui lui est marquée, ou pour les brûler dans l'île.

Après le déchargement, il fait soigneusement la visite des bateaux, pour voir s'il y reste quelque brin de coton ou de

RÉGLEMENS CONTRE LA PESTE.

laine, fait enlever & joindre ces restes à la derniere balle, & tremper la voile dans la mer.

Si quelqu'un tombe malade sur le bâtiment pendant la quarantaine, le Garde en avertit sur le champ le Capitaine de l'île, si le bâtiment est au Port de Pomegue; ou les Officiers du bureau, s'il est à la chaîne du Port, sans qu'il puisse sous aucun prétexte, différer d'en donner connoissance.

Les Gardes qui sont mis auprès des passagers, les accompagnent lorsqu'ils viennent à la barriere, & ne les perdent jamais de vue, empêchant toute communication entr'eux & les autres personnes.

Tels sont les principaux réglements auxquels on assujettit les vaisseaux qui sont en quarantaine à l'île de Pomegue.

Lorsque les Capitaines qui les commandent ont fait leur déclaration au Capitaine du Port, ils vont au Bureau de la Santé; & là, se présentant, chapeau bas, à la grille de fer qui est devant la fenêtre de la Chambre du Conseil, ils jurent sur l'Evangile de dire la vérité; ensuite ils jettent leur patente dans un bassin rempli de vinaigre: les valets du Bureau la plongent dans la liqueur avec des pincettes de fer, la retirent lorsqu'elle est imbibée, l'étendent sur une planche, & la présentent à l'Intendant de la Santé, lequel, après avoir vérifié qu'elle est nette, demande au Capitaine d'où il vient? Quelles marchandises il a prises au lieu du départ? Quel jour il est parti? Si la santé étoit bonne aux environs? S'il a laissé des bâtimens au même endroit? Par qui ils sont commandés? Ce qu'ils y faisoient? En quel tems ils devoient partir, & leur destination? Les réponses que le Capitaine fait exactement à toutes ces demandes, sont écrites par le Commis des archives.

L'Intendant continue ensuite d'interroger le Capitaine sur tous les mouillages ou relâches qu'il a faits pendant la route, en gardant l'ordre des dates jusqu'au dernier mouillage au Port de Pomegue ; tout ce qu'il rapporte d'intéressant pour la santé & pour le commerce est pareillement écrit par le Commis. Sur la fin du rapport, l'Intendant lui fait déclarer s'il a des passagers, en quel nombre, & s'il les remettra aux infirmeries, ou s'il les gardera à bord pendant la quarantaine ; ce qui dépend de son choix ou de celui des passagers.

Le Capitaine, après avoir achevé sa déclaration, jette dans le bassin toutes les lettres qu'il a apportées, & aux enveloppes desquelles il a fait des ouvertures par les côtés. Celles qui sont pour la Cour, on les prend avec la pincette pour les jetter dans le fourneau du parfum, où elles sont désinfectées ; & s'il y a des plis qui contiennent des échantillons de drap, on les porte avec les marchandises aux infirmeries, où ils sont ouverts par les équipages mêmes, & purgés pendant la quarantaine.

Lorsque la patente du bâtiment est brute, pour être partie d'une échelle réellement contaminée, ou à cause de la mort ou de la maladie de quelqu'un du bord, le Capitaine, au lieu de venir, comme on l'a dit, faire son rapport au Bureau de la Santé, va le faire dans les infirmeries ; l'Intendant, qui est de semaine, a grand soin de se faire expliquer par le Capitaine tout ce qui a rapport à la maladie contagieuse, qui regne dans l'endroit d'où il est parti ; s'il y a eu des morts ou des malades sur le bâtiment, il se fait raconter dans le plus grand détail les circonstances de leur mort ou de leur maladie, afin qu'à la premiere assemblée on puisse délibérer sur les précautions qu'on devra prendre. Le Chirurgien fait aussi par écrit son rapport, dans lequel il expose tout ce qui peut éclairer le Bureau sur la nature du mal.

Lorsque l'Intendant a reçu la déclaration du Capitaine, il lui ordonne de retourner au mouillage, qui lui a été assigné par le Capitaine de Pomegue, & de faire mettre à l'évent toutes les hardes des équipages, & notamment, celles qui ont appartenu aux morts ou aux malades. Outre la Garde qu'on a déja mis à bord du bâtiment, on en met d'autres dans deux ou trois bateaux, qui se tiennent à une distance convenable, pour empêcher que les gens de l'équipage ne communiquent avec les personnes du dehors. Ces bateaux restent ordinairement jusqu'à ce qu'on puisse juger du véritable état du bâtiment & de l'équipage.

Si le bâtiment dont il s'agit est seulement chargé de denrées, on ne peut guères employer de plus grandes précautions, que celles dont nous venons de parler. Mais si la cargaison est en marchandises susceptibles, le Bureau ordonne qu'il sera tiré une certaine quantité de balles des écoutilles, & qu'elles seront ouvertes par les bouts pour rester en sereines. Les sereines pour les patentes brutes sont réglées à six, quatre & deux jours; & celles des soupçonnées & touchées, à trois, deux & un jour.

Rien n'est plus propre que ces sereines à faire connoître s'il y a du mal contagieux dans la cargaison, à cause de l'épreuve qu'en font les équipages, en remuant & maniant souvent les balles de marchandises : car si elles sont contaminées, il est impossible qu'ils se garantissent de la peste.

Il est défendu, sous peine de la vie, aux Capitaines, Officiers & équipages en *purge*, de débarquer & de faire mettre à terre furtivement & à l'insçu des Intendants, aucunes marchandises, ni pacotilles, ni même des denrées, quoiqu'elles ne soient pas susceptibles d'être pestiférées. Aussi les délivre-t-on ordinairement le dixième jour après l'arrivée, entre les portes des infirmeries, en présence du Capitaine, qui en fait ôter tout ce qu'il y a de suspect dans les emballages.

Si pendant la quarantaine quelqu'un du bord tombe malade, le Capitaine, quelle que soit la maladie, est obligé de le dénoncer à l'Officier, s'il est à Pomegue, ou au Bureau, afin que l'Intendant de semaine, en étant informé sur le champ, le fasse porter aux infirmeries. Le Chirurgien du bâtiment accompagne le malade, fait le rapport des premiers symptômes, & reste auprès de lui pour le soigner, étant aidé par un Matelot qu'on lui envoie du bâtiment.

XLI.
POLICE
DES INFIRMERIES.

Ces trois personnes sont mises dans une des casernes des enclos supérieurs. Le Médecin & le Chirurgien attachés au Bureau s'y rendent séparément, ou tous les deux ensemble, si le cas l'exige. Ils voient le malade à une distance convenable, examinent le rapport qu'a fait le Chirurgien du bâtiment, & après avoir jugé de la nature du mal, ils donnent leur avis, d'après lequel le Bureau prend les précautions qu'il juge nécessaires.

S'il n'y a point de Chirurgien dans le bâtiment, celui qui est attaché au Bureau en fournit un ; ou bien il s'enferme lui-même avec le malade, si on l'ordonne ainsi, & ils ne sortent de l'enclos qu'après l'expiration de la quarantaine, pendant laquelle on leur donne plusieurs fois le parfum.

S'il est reconnu que la maladie n'est pas contagieuse, on ne prend envers le malade & envers les personnes qui sont auprès de lui, que des précautions ordinaires.

Si le malade meurt, on fait l'ouverture du cadavre en présence du Médecin & du Chirurgien, qui donnent leur certificat de l'état actuel auquel on a trouvé les viscères. S'ils indiquent quelque marque de peste, le cadavre est enseveli dans la chaux vive; toutes ses hardes, celles du Chirurgien, & de ceux qui l'ont touché, sont trempées dans l'eau bouillante, & mises à l'évent : la quarantaine du bâtiment recommence, rien ne sort de l'enclos où les marchandises sont déposées ; celles même qui ont achevé leur purge, sont retenues. Les instruments dont le Chirurgien s'est servi passent par le feu ; on brûle tous les appareils ; on double les Gardes ; on donne le parfum violent pendant plusieurs fois dans la caserne ; toutes les personnes qui se trouvent aux infirmeries gardent exactement leur chambre, & ne peuvent plus monter à la barriere. Tout cela est pareillement exécuté à la dernière rigueur, lorsqu'on assure qu'un malade est attaqué de la peste.

S'il revient en santé, après avoir usé de toutes ces précautions, & lorsque les plaies sont entiérement cicatrisées, on lui fait donner, ainsi qu'au Chirurgien & au Matelot qui le servoient, de nouvelles hardes, qu'on apporte de la Ville, & on fait faire à toutes ces personnes la quarantaine de santé, qui est ordinairement de cinquante jours, pendant laquelle on leur donne plusieurs fois le parfum.

S'il ne s'agit que d'une mort, causée par une maladie ordinaire, ces précautions n'ont pas lieu : mais c'est une règle inviolable de faire recommencer la quarantaine au bâtiment, aux marchandises, & aux passagers.

Les Capitaines des bâtiments venant du Levant, chargés de denrées, & qui ont fait leur quarantaine dans les Ports étrangers, doivent en rapporter un certificat en forme, & le présenter en remettant leur patente. L'Intendant qui reçoit le rapport, l'examine & constate les dates de leur arrivée dans ces Ports. S'il trouve que la quarantaine qu'ils y ont faite ne répond pas au nombre de jours portés par le réglement, il retient les bâtiments pour y faire suppléer.

Les Capitaines qui étant partis des Ports non-suspects, tels que sont ceux d'Italie ou d'Espagne, y ont chargé des marchandises qu'on puisse juger être venues du Levant ou des côtes de Barbarie, doivent représenter le certificat qu'on leur a délivré aux mêmes Ports ; & il faut que dans ces certificats il soit dit que ces marchandises ont été soumises aux épreuves prescrites. On retient ordinairement ces Capitaines jusqu'à ce qu'ils représentent le certificat, s'ils ont oublié de l'apporter.

Les infirmeries, dont nous avons déja parlé plusieurs fois, sont font situées au nord de la Ville, à la distance d'environ cent cinquante toises. C'est un grand & vaste emplacement, clos d'une double enceinte de murailles, à six toises l'une de l'autre, & élevées de quatre ; en sorte que l'homme le plus vigoureux & le plus robuste ne peut rien jetter au-delà de cette double enceinte.

Le bureau entretient aux Infirmeries, un Capitaine & un Aumônier ; il y a un Concierge avec son Aide à la grande porte, du côté de la terre ; un Garde à chacune des portes, du côté du Sud & du Nord ; & un Aubergiste, qui est ordinairement chargé de la garde d'une porte.

On a construit, du côté du Nord, un autre édifice attenant aux Infirmeries : il est également ceint de deux murailles, distantes de six toises l'une de l'autre ; & sert à la purge des marchandises à patente, entiérement contaminées. Ce nouveau Lazaret a un quai particulier, & une porte du côté de la mer, par où on introduit les marchandises sans entrer dans l'autre enclos.

Il y a dans ce petit Lazaret deux grandes halles de vingt-deux toises de long sur onze de large. Elles sont ouvertes de chaque côté, par des arcades, qui, de toutes parts, donnent aux vents une entrée libre. Les marchandises de patente brute y sont mises en purge : on déballe totalement les laines, que les Porte-faix ont soin de remuer & de retourner à plusieurs reprises, pendant la quarantaine. Les balles de marchandises fines, comme soies, fil de chèvre, coton filé, &c. y sont rangées après qu'on a décousu les bouts & lâché les cordons, afin que l'air puisse pénétrer dans l'intérieur, & les purger exactement.

Les toileries sont totalement déballées, & les pièces pliées en rouleaux ou autrement sont mises en pyramide, portant

Tome IV. Xxxx

l'une sur l'autre par les bouts, afin d'être mieux exposées à l'évent.

Dix jours avant la fin de la quarantaine, ces marchandises sont de nouveau emballées & recousues cinq jours après. L'Ecrivain du bâtiment & les Porte-faix, qui sont enfermés dans l'enclos, depuis que la première balle y a été remise, reçoivent le parfum, & sont congédiés sur l'ordre de l'Intendant semainier : enfermés dans cet enclos, durant la quarantaine, ils reçoivent les provisions dont ils ont besoin, avec les précautions les plus exactes.

La maison du Capitaine est située dans le grand enclos, en un endroit d'où il peut découvrir tout ce qui se passe dans presque tout l'intérieur des Infirmeries.

Tout au tour de cette maison, on a ménagé trois enclos : dans l'un, on loge les passagers d'un rang distingué : dans l'autre, les voyageurs d'une classe ordinaire : le troisième, sert à faire sécher les hardes des malades, après qu'on les a trempées dans l'eau bouillante.

Les marchandises de patente nette sont mises *en purge* sous deux grandes halles, qui ont quarante toises de long & dix de large : une troisieme halle, qui n'a que trois arcades, est destinée à mettre à couvert, pendant la purge, les chevaux & les autres animaux, qu'on apporte de Barbarie, & les cuirs secs, qu'on nomme *cuirs* en *poil*.

A côté de la grande porte, il y a deux barrieres, distantes l'une de l'autre de deux toises, & couvertes d'un toit. C'est-là que les gens de la Ville viennent parler à leurs parens & à leurs amis, qui sont en quarantaine. Cet endroit est ouvert de deux côtés, afin que le Concierge & son aide puissent voir ce qui se passe dans ces conférences.

Les Intendans, les Officiers, les Employés & les Domestiques peuvent seuls entrer dans les Infirmeries : les autres perfonnes en font abfolument exclues ; & un Intendant même ne pourroit pas y mener fes parens. C'eft une loi inviolable, à laquelle on ne peut déroger, pour quelque raifon que ce foit.

Il y a aux Infirmeries un Capitaine, qui doit être garçon ; s'il étoit marié, fa femme & fes enfans ne pourroient être avec lui : il n'a qu'un valet.

L'importance de cet emploi fait affez juger qu'on ne le confie qu'à un homme d'un âge mûr, d'une grande capacité, & dont la probité & la droiture foient à toute épreuve. Il a feul la police des Infirmeries, en l'abfence des Intendants, & fait exécuter les réglements & les ordres particuliers, qui lui font adreffés par le Bureau.

Il ne donne les clefs des portes aux Concierges & aux Gardiens, qu'après le lever du foleil, & fe les fait remettre avant la nuit, lorfque toutes les portes ont été fermées en fa préfence.

Tous les foirs & dans la nuit, il fait, quand il le juge à propos, une ronde exacte dans tous les enclos & autres lieux de l'enceinte, pour voir fi tout eft dans l'ordre. Il fe fait accompagner par fon valet & par les Portiers, & paffe réguliérement devant les chambres des Paffagers & des Ecrivains, & devant les caferenes des Porte-faix, pour voir s'ils gardent leurs départements fans communication d'une chambre à l'autre, ce qui leur eft expreffément défendu.

Il eft avec l'Intendant femainier, lorfqu'on parfume les Paffagers & leurs hardes, qu'il fait étaler, voyant fi rien de ce qui leur appartient ne demeure enfermé dans des caiffes, malles, &c.

Il fait admettre dans les Infirmeries, les Porte-faix, qui font porteurs d'un ordre de l'Intendant femainier, pour fervir à la purge des marchandifes, leur affigne le pofte qu'ils doivent occuper, & leur fait exactement obferver la police qui les concerne.

XLII.
Du Capitaine des Infirmeries

Il a foin d'empêcher que les marchandifes de diverfes cargaifons foient confondues fous les halles ; marque les féparations qu'elles doivent avoir, & fait ouvrir & ranger avec foin les balles de marchandifes, en forte qu'elles foient purgées exactement fans nuire à leur état & à leur qualité.

Tous les jours d'affemblée, il envoie au Secrétaire archivaire une note de ce qui eft entré jour par jour dans les Infirmeries, comme pacotilles & paffagers ; & lui marque la fin du débarquement de la cargaifon, pour que l'Archivaire en puiffe charger fes états, & noter le commencement de la quarantaine, fes progrès d'une affemblée à l'autre, & la fin pour en faire ordonner l'entrée dans la Ville.

Il ne laiffe fortir des Infirmeries aucune forte de marchandifes ni paffagers, s'il n'en a reçu l'ordre exprès & par écrit de l'Intendant femainier : aucune marchandife ne peut fortir par la porte qui eft du côté de la terre.

Il fait veiller à ce que les bateaux fe tiennent à cent toifes loin du rivage des Infirmeries : cet efpace eft appellé *la réferve*. Si quelque bateau de Pêcheur y entre, il le fait arrêter, & en rend compte au Bureau, qui fait ordinairement brûler le bateau pour l'exemple, & punit le Battelier par quelques jours de prifon. C'eft lui enfin qui fait avertir l'Intendant femainier, lorfque quelqu'un tombe malade aux Infirmeries, & qui fait exécuter les ordres qu'on lui donne en conféquence.

XLIII.
Du Concierge et des Portiers &c.

Le Bureau donne ordinairement la place de Concierge à un homme qui a long-tems navigué, & dont il connoît la vigilance & la probité. Cet homme eft comme tous ceux qui font employés dans les Infirmeries, foumis à la Loi, qui défend, fi l'on eft marié, d'avoir avec foi fa femme & fa famille. Il doit favoir lire & écrire, parce qu'il eft chargé des lettres & des provifions, qu'on apporte de la Ville, pour ceux qui font en quarantaine.

Il tient un regiſtre, dans lequel il inſère le nom des Porte-faix qui entrent dans les Infirmeries ; le jour de leur entrée, la cargaiſon pour laquelle ils ſont deſtinés, & enſuite un inventaire exact des hardes qu'ils ont avec eux, afin qu'à la fin de la quarantaine, il puiſſe vérifier s'ils n'emportent pas plus de hardes qu'ils n'en avoient en entrant.

Il veille à ce que rien ne ſorte par la porte du Continent, ſi ce n'eſt par l'ordre exprès du Capitaine, qui ne fait rien ſans la permiſſion de l'Intendant ſemainier ; & encore ne permet-on de faire ſortir par cette porte que des matières non-ſuſceptibles d'être infectées.

Il doit avoir toujours l'œil ouvert ſur les perſonnes qui viennent parler à la barriere ; & empêcher toute communication entre les Ecrivains & les Porte-faix de patente nette & de différentes chambrées : afin qu'il ne ſoit point obligé d'abandonner la garde des portes, qui eſt uniquement confiée à ſes ſoins, il a ſous ſes ordres un aide, chargé de vâquer aux fonctions qui pourroient l'éloigner de ſon emploi.

Les Portiers, qui gardent les avenues du côté de la mer, obſervent ceux de ces réglements qui peuvent les concerner. C'eſt à eux à porter au Capitaine les ordres qui lui ſont adreſſés par mer ; à prendre le matin chez lui les clefs des portes, dont ils ont la garde, à ne les ouvrir que dans le beſoin, & à les porter le ſoir, après qu'on a ſonné la retraite, ce qui a lieu à l'entrée de la nuit.

Comme il ſeroit dangereux que les marchandiſes, les pacotilles ou les hardes de divers bâtiments fuſſent confondues à leur débarquement ſur le quai, & que les différens équipages communiquaſſent entr'eux ; c'eſt encore aux Portiers à l'empêcher.

Il leur eſt défendu & aux autres domeſtiques de recevoir au-

Du Concierge et des Portiers &c.

cuns préfens des gens qui font en quarantaine, fous peine de punition corporelle, & d'être caffés.

XLIV. DE L'AUBERGISTE.

L'Aubergifte doit avoir chez lui toutes les provifions néceffaires à la vie pour la commodité des Paffagers, des Ecrivains, & des Porte-faix, qui font en quarantaine. Il a un Cuifinier & un Valet, dont il répond.

Il n'y a que lui & fes gens qui puiffent entrer dans fon logement : les Gardes des Paffagers fe préfentent à la barriere, pour demander ce qui leur eft néceffaire : on le leur donne avec précaution, & ils le portent dans les différentes chambres, auxquelles ils font attachés.

Les autres perfonnes *en purge* prennent auffi leurs provifions à cette barriere, avec les mêmes précautions.

XLV. DES PASSAGERS.

Lorfque le Capitaine d'un bâtiment a déclaré le nombre de Paffagers qui veulent faire leur quarantaine à terre, l'Intendant qui l'a interrogé, lui ordonne de les faire conduire inceffamment aux Infirmeries, & y envoie les Gardes néceffaires.

Si un Paffager a fa femme avec lui, on lui donne une chambre féparée de celles qu'occupent ceux qui font venus fur le même bâtiment : ils peuvent cependant manger en commun.

Les Paffagers reçoivent une fumigation en arrivant aux Infirmeries ; ils en reçoivent une feconde quand ils ont fait la moitié de la quarantaine ; & une troifieme avant leur entrée dans la Ville. Voici de quelle manière cela fe pratique. On allume du feu au milieu de la chambre ; on y jette la drogue néceffaire ; & lorfque la fumée commence à devenir épaiffe, on y fait entrer les Paffagers & leurs hardes bien déployées : on ferme la porte, qu'on ouvre cinq ou fix minutes après, & ils vont occuper la chambre qui leur eft affignée par le capitaine ; on fait mettre *en purge* le refte de leurs hardes, & les pacotilles, qu'ils ont apportées dans leurs caiffes.

Si les Paffagers font demandés à la barrière par leurs parents ou leurs amis, ils peuvent y aller, mais ils sont accompagnés de leur garde, qui ne les quitte jamais, pour les empêcher de communiquer avec les Passagers d'une autre chambrée.

Cette permission d'aller à la barrière ne regarde que ceux qui sont venus avec patente absolument nette. Ceux de patente brute ne peuvent sortir de leur chambre que le quinzième jour de leur arrivée. Si quelqu'un du bord tomboit malade, dans cet intervalle, & qu'il mourût, les passagers venus sur le bâtiment, seroient retenus dans leur chambre, pendant toute la quarantaine, qui recommenceroit du jour de la mort, suivant la regle générale. Si les passagers étoient venus sur un bâtiment réellement pestiféré, ils seroient mis & enfermés dans un enclos, & on doubleroit les gardes, sans qu'ils pussent en sortir avant le dernier jour de la quarantaine.

Les Ecrivains des bâtimens chargés de marchandises, sont obligés de se rendre aux Infirmeries, au moment qu'on y débarque les premieres balles, & ils n'en peuvent sortir qu'après que la quarantaine est achevée.

XIVI.
Des Ecrivains des Batimens.

Ils se logent dans les chambres qui leur sont assignées, & il leur est absolument défendu d'y retenir aucune pièce d'étoffe ou de toile, pour leur compte. Tout ce qu'ils ont au-delà de leurs hardes, doit être mis en *purge*.

Ils doivent être retirés dans leurs chambres à neuf heures du soir pendant l'été, & avant la nuit pendant l'hiver.

S'ils sont plusieurs, arrivés sur différens bâtimens, il leur est défendu de communiquer entr'eux, quoiqu'ils soient partis d'une même échelle, & que leur quarantaine ait commencé en même tems: on leur interdit aussi toute communication avec les passagers qui sont venus avec eux; ils ne peuvent non plus, sous peine de la vie, remettre aux Ecrivains, qui ont fini la quarantaine avant eux, aucunes pièces d'étoffe ou autres pacotilles pour en devancer l'entrée dans la Ville.

LIVRE XV.

Lorsque la dernière balle de la cargaison, dont ils ont le soin, a été remise sous les halles, il ne leur est plus permis de descendre au quai. Ils ne peuvent manger ni boire en présence les uns des autres, à quelque distance que ce soit, & quelques précautions qu'ils consentent de prendre.

Si leurs parents ou amis demandent à leur parler à la barrière, ils y vont seuls, & en reviennent les uns après les autres: comme ils ne sont aux Infirmeries que pour prendre soin des marchandises, & en empêcher la confusion, ils doivent les faire ranger de manière qu'elles ne soient point endommagées, ni mêlées &c.

XLVII.
Des Porte-faix.

Les propriétaires des marchandises choisissent eux-mêmes, & font présenter à l'Intendant semainier les Porte-faix, qu'ils veulent employer pendant la quarantaine, afin qu'il donne l'ordre nécessaire pour les faire admettre dans les Infirmeries.

Ils doivent être inscrits dans le livre de leur confrérie, afin que les Prieurs répondent de leur fidélité. On n'admettroit pas des gens inconnus & sans aveu.

En entrant aux Infirmeries, ils remettent leurs hardes, & sont visités à nud par le Concierge, qui examine s'ils ont sur le corps quelques plaies ou marques de maladie secrette, qui pussent donner lieu à des équivoques, dans le cas, où ils se trouveroient atteints de quelque maladie ordinaire, pendant la quarantaine.

Ils vont ensuite se présenter directement au Capitaine, qui leur assigne la caserne qu'ils doivent occuper pendant la quarantaine, & la place dans les halles, où ils doivent porter les marchandises. La quantité & la grosseur des balles déterminent le nombre de Porte-faix qui doivent servir à les transporter & à les purger. Ils sont deux, quatre, six ou huit selon le besoin; & comme leur avidité les porte quelquefois à faire des efforts, qui les épuisent & les rendent malades, le Capitaine des Infirmeries

meries a soin d'examiner le volume & le poids des balles; & s'il juge que les deux & les quatre Porte-faix qu'on a envoyés, ne puissent les remuer & les transporter avec une certaine facilité, il en fait demander un plus grand nombre; il refuse par la même raison, ceux qui ne lui paroissent pas assez robustes, ou qui sont valétudinaires.

Lorsque les bateaux de charge sont arrivés, & que les équipages du bâtiment ont mis les balles sur le quai, les Porte-faix les enlèvent, & les portent dans l'endroit de la halle qui leur a été marqué. Ils suivent exactement pour la purge, les ordres qui leur sont donnés par le Capitaine des Infirmeries, soit en deballant totalement les marchandises, afin de les mettre en *gerbiere* si elles sont venues avec patente brute: soit en les décousant par les côtés & par les bouts à diverses reprises, ou en lâchant les cordons; afin que l'air puisse pénétrer dans l'intérieur des balles, ce qui suffit pour les marchandises de patente nette.

Ils tournent & retournent ces balles plusieurs fois pendant la quarantaine, & notamment les laines & les cotons qu'on a mis en *gerbiere*; ils ont soin d'étendre sur chaque tas les emballages ou sacs qu'ils en ont ôtés, afin que chaque partie des marchandises soit remise à sa place avec sa marque; à quoi l'Ecrivain doit avoir une attention particulière.

Tels sont les réglemens que l'on doit au zèle éclairé des Marseillois. Une Police fondée sur des loix aussi sages doit nous rassurer contre les dangers de la peste; s'il nous falloit de plus sûrs garants du salut public, nous les trouverions dans le patriotisme & le desintéressement avec lesquels les Intendans du Bureau de Santé remplissent les devoirs sacrés de leur ministère.

État des Villes & Lieux de Provence, qui ont été attaqués de la Contagion, des jours auxquels elle a commencé en chaque endroit, du nombre des morts qu'il y a eu, & des jours auxquels elle a cessé.

Noms des Villes et Lieux.	Nombre des Habitans avant la Contagion.	Jours auxquels le mal a commencé.	Jours où il a fini.	Nombr. des morts jusqu'au 31 Aout 1721, que la Contagion a fini.
Marseille	90000	10 Juillet 1720	28 Mai 1721	39134. (A)
Apt	6000	1 Août	2 Février	251.
Vitrolles	800	2	1 Avril	209.
Saint Tulle	850	7	14 Mars	430.
Aix	24000	9	1 Septembre	7534.
Aubagne	7000	15		2114.
Meyrargues	850	15	28 Septembre	384.
Alauch	5000	16		942.
Lançon	1800	22	28 Janvier	816.
Roussillon	1100	25	7 Mars	154.
Les Termes	740	25	14 Avril	223.
Le Puy	900	29	26 Janvier	29.
Saint Canadet	125	29	26 Janvier	32.
Saint Zacharie	1050	30	3 Mars	254.
Gambert	500	4 Septembre	31 Décembre 1720	29.
Cigne	470	10	31 Mai 1721	10.
Cassis	3500	15	1 Février	214.
Rognac	370	18		243.
Pertuis	4000	25	10 Mai	364.
Cabanne ive	1100	25	3 Mars	18.
Corbières	400	25	11 Avril	131.
Bandol	100	25	15 Décembre	32.
Nans	500	27		125.
Berre	2000	28		1071.
Cucuron	3500	1 Octobre		730.
Grans	2000	3	7 Octobre 1720	6.
Pelissanne	2200	6	2 Juin 1721	223.
Villars	300	9	31 Décembre 1720	12.

(A) M. Bertrand dans sa Relation de la Peste de Marseille, fait monter le nombre des morts à quarante mille, & celui des Habitans que la Peste trouva dans le terroir à dix mille. Nous ne faisons ici que copier M. Chicoineau dans son Traité de la Peste.

DE PROVENCE. LIV. XV.

NOMS DES VILLES ET LIEUX.	NOMBRE DES HABITANS AVANT LA CONTAGION.	JOURS AUXQUELS LE MAL A COMMENCÉ.	JOUR OÙ IL A FINI.	NOMBR. DES MORTS JUSQU'AU 31 AOÛT 1721, QUE LA CONTAGION A FINI.
Martigues	6000	12		2150.
Simiane	774	15 Octobre 1720	10 Juillet 1721	264.
Toulon	22000	17		13160. (B)
Le Canet	600	18	31 Mai	158.
Saint Savournin	4000	22	31 Juillet	206.
Saint Remy	3000	1 Novembre		996.
Auriol	3200	1		1595.
Venelles	410	1	15 Janvier	33.
Sallon	4000	4		700.
Ruftel	750	14	15 Février	13.
Vaugine	200	2 Décembre	27 Avril	34.
Arles	12000	17		8110.
Tarafcon	10000	17	1 Août	210.
Mazaugues	440	17	4 Avril	168.
Gemenos	1100	20	6 Avril	54.
Oigon	1700	29	18	105.
Mailleanes	750	7 Janvier 1721		106.
Ollioules	3500	8		1100.
La Valette	1660	20 Février	10 Juillet	1203.
Le Revest	650	1 Juin		465.
Forcalqueiret	147	7	1 Août	85.
La Garde	415	11		230.
Gareoult	1200	13		163.
Sainte Anaftafie	500	14		144.
Le Puget	1060	3 Juillet		88.
Roquevaire	2500	9		46.
Néoules	450	16		143.
Saint Nazaire	1500	24		8.
Frigoulet	60	12 Août		19.
*Gravezon	900	15		8.
Noves	1228	16		98.
TOTAL	247899		TOTAL	87659

(B) M. d'Entrechaux, premier Conful de Toulon, durant la maladie, prétend que par le dénombrement fait avant la Pefte, le nombre des Habitans étoit de 26276, & porte à 13285 celui des morts.

* M. Chicoineau l'appelle *Graifon*, lieu inconnu ; au lieu qu'il y a Gravezon dans la Viguerie de Tarafcon.

SUITE DES HOMMES ILLUSTRES.

FORBIN (Palamède de) mériteroit un article particulier si nous n'avions déja parlé de lui dans l'Histoire, & des services qu'il rendit à la Couronne & à la Provence, en procurant la réunion de cette Province à la France : c'étoit un homme de beaucoup de talens. Louis XI qui connoissoit le crédit qu'il avoit auprès du Comte de Provence, voulut se l'attacher, & n'eut pas de peine à y réussir, parce que les intérêts de la Couronne & de la Provence se trouvoient d'accord avec ceux de Forbin. De-là le zèle avec lequel celui-ci travailla à la grande affaire de la réunion. Aussi Louis XI lui accorda-t-il des récompenses proportionnées au service qu'il en avoit reçu : car sous le titre de Gouverneur de Provence, il en fit un Vice-roi, & Forbin soutint son rang par la dignité de sa conduite. Cependant la jalousie sema sa carrière d'épines ; & sous Charles VIII, il se vit dépouillé de tous ses titres, sur ce même théâtre, où il avoit paru avec tant d'éclat. Rentré dans la vie privée, en butte aux traits malins d'une jalousie insultante, parce qu'elle étoit victorieuse, il n'en conserva pas moins toute la fermeté de son caractère ; il en falloit beaucoup pour se consoler, dans l'espèce d'obscurité où il s'étoit réduit, de l'ingratitude de la Cour, & de la malignité de ses envieux. Il mourut à Aix au mois de Février 1508, & fut enterré dans l'Eglise des Religieux de l'Observance, n'ayant pas même eu les tristes honneurs de l'épitaphe, parce que lorsqu'il mourut il ne lui restoit que son mérite & ses services, & point de crédit.

Arêne (Antoine de Arêna) né à Souliers, Diocèse de Toulon, au commencement du XVIe siécle, s'est rendu fameux par ses vers macaroniques. Il fit ses études à Avignon en 1519, & ne devint pas un grand Jurisconsulte, à juger de son mérite par quelques mauvais ouvrages qu'il publia sur la Jurisprudence. Il fut plus heureux dans la Poésie burlesque, pour laquelle il avoit un talent singulier. De tous ses ouvrages, le plus remarquable est le Poëme qu'il fit sur la guerre de Charles V en Provence. Il prit les armes comme la plupart de ses Compatriotes, & ne brilla point par son courage, s'il faut en juger par ce qu'il nous dit, en parlant de lui-même.

> De tali guerrà non escapare putaban;
> Et mihi de morte granda pavora fuit.
> Pou, pou, bombardæ de tota parte petabant:
> In terram multos homines tombare videbam,
> Testas & brassos atque volare pedes.
> Non espargnabant ullos de morte ferire;
> Quem non blessabant, ille beatus erat.

On se persuade aisément qu'un homme de ce caractère n'étoit pas un Héros. Aussi eut-il peur, & il se recommandoit à Dieu & à tous les Saints.

> Nam Christum Dominum de grando corde pregabam;
> Et sanctam matrem fortiter atque suam.
> Omnes & sanctos & sanctas de paradiso,
> Grandus devotûs atque fidelis eram.

On voit par ces exemples que le mérite des vers macaroniques, qui ont pris naissance en Italie, consiste à mêler ensemble des mots moitié latins, moitié français, moitié provençaux, & d'en faire un assemblage d'un goût assez barbare.

Nous avons du même Auteur d'autres Poésies macaroniques telles que les guerres de Rome, de Naples, d'Avignon; les gentillesses des Etudians, la manière de bien danser; avis aux danseurs; & d'autres sur la Ville de Souliers. Tous ces titres sont ainsi que les Poëmes en style macaronique. D'Arêne mourut en 1544 étant Juge de Saint-Remi.

Quiqueran (Pierre de) fils d'Antoine, Baron de Beaujeu, & d'Anne de Forbin, naquit à Arles en 1526 avec les plus heureufes difpofitions pour les fciences. Il avoit à peine fini fa rhétorique, que le défir de s'inftruire lui fit entreprendre le voyage d'Italie. A fon retour il s'attacha aux Mathématiques, à la Poéfie, à la Botanique, aux Belles-Lettres, & fur-tout à la Poëfie. La réputation qu'il fe fit parmi les Savans lui attira les faveurs de la Cour; & il fut nommé à l'Evêché de Senez en 1646, n'ayant encore que 20 ans. Comme il n'avoit pas l'âge pour exercer les fonctions de fon miniftère, il eut le loifir de fuivre fon goût pour les Lettres & compofa l'Ouvrage intitulé : *de laudibus Provinciæ*, qui fut fuivi d'un Poëme latin fur le paffage d'Annibal dans les Gaules, *de Adventu Annibalis in adverfam ripam Arelatenfis agri*. Ils ont été imprimés l'un & l'autre plufieurs fois & font eftimables par les chofes curieufes qu'ils contiennent ; mais il y règne un ton de déclamation, qui laiffe trop appercevoir la jeuneffe de l'Auteur. Le premier de ces Ouvrages a été traduit en français par Pierre de Ninis de Claret, Archidiacre d'Arles. Quiqueran mourut à Paris le 18 Août 1550, âgé de 24 ans, fans avoir paru dans fon Diocèfe.

Pena (Jean de) né à Mouftiers, Diocèfe de Riez, étoit d'une famille noble établie à Aix. Envoyé à Paris pour y faire fes études, il fut Difciple de Ramus, & fe rendit habile dans les langues grecque & latine, qu'on regardoit avec raifon, comme la bafe de la bonne littérature. Ce qu'il favoit le mieux c'étoit la Philofophie & les Mathématiques qu'il profeffa à Paris au Collége Royal. Il travailla beaucoup fur Euclide, dont il expliqua & traduifit en latin la *Catoptrique*. Il mit à la tête de cette traduction une Préface curieufe. On a auffi de lui une Edition en grec & en latin des *Sphériques de Théodofe*, 1558, *in-quarto*. Cet Auteur mourut le 23 Août de la même année, agé de 30 ans, & fut enterré dans l'Eglife des Carmes.

Le Troubadour Hugues de Penna, qu'on a cru Provençal, étoit natif de Meffac en Agenois, ainfi qu'il eft marqué dans les vies manuscrites des Troubadours. Jean comptoit dans sa famille deux Conseillers de mérite.

Crapone, (Adam de) contemporain de Pena, fut Mathématicien comme lui. Il honora la ville de Sallon sa Patrie par ses talens, & la servit utilement en faisant creuser en 1558 le canal qui porte son nom, & qui a répandu la fertilité dans des terres auparavant stériles. Ce bon Citoyen avoit aussi projetté de joindre les deux mers, & Henri II qui goûtoit son projet, lui donna des Commissaires, qui avoient commencé de l'exécuter: mais il étoit réservé au plus beau siécle de la Monarchie, d'achever un Ouvrage digne de la grandeur des Romains.

Crapone, toujours occupé du bien public, desfécha dans le terroir de Fréjus plusieurs marais, dont les exhalaisons occasionnoient des fièvres dangereuses. Il laissa dans beaucoup d'autres endroits des preuves de son zèle : comme il entendoit très-bien les fortifications, eu égard au tems où il vivoit, le Roi Henri II l'employa dans plusieurs occasions, & l'envoya à Nantes en Bretagne, pour démolir les travaux d'une Citadelle qu'on avoit commencée sur un mauvais terrein. Son mérite, qui depuis long-tems excitoit la jalousie de ses rivaux, lui devint funeste. On prétend qu'il fut empoisonné à Nantes, par les premiers Entrepreneurs de l'ouvrage dont nous venons de parler : il avoit alors 40 ans.

Dupuy ou Delpozzo (Jacques) d'une famille noble & ancienne de Nice, mérite à tous égards d'être compté parmi les Hommes Illustres que cette Ville a produits. Destiné de bonne-heure à l'Etat Ecclésiastique, il fit une étude particulière du droit Canon & du droit Civil. La réputation qu'il s'y acquit ne lui fit rien perdre de la modestie & de l'humilité qui donnent du prix à la science. Ayant été nommé Auditeur de Rote, il travailla sans relâche & avec un applaudissement général à remplir les devoirs de sa Charge. Il étoit Doyen de ce Tribunal,

Suite des Hommes Illustres.
Crapone.
An. 1560.

Dupuy.
An. 1563.

quand il fut nommé à l'Archevêché de Barri, dans le Royaume de Naples, en 1550. Jules III qui voulut récompenser d'une manière encore plus brillante ses longs services, le fit Cardinal du titre de Saint-Simon, & le mit dans le cas de travailler plus efficacement pour les intérêts de la Cour de Rome. Dupuy fut protecteur du Royaume de Pologne, de l'Ordre de Saint-Jean de Jérusalem, & de celui des Carmes. Il se trouva en qualité de Légat au Concile de Trente, où il fit admirer ses lumières & sa piété. Nous avons de lui deux Ouvrages estimés ; un Recueil des décisions de la Rote, & un Traité sur le changement des Monnoies. Il mourut à Rome au mois de Mai 1563. (1)

Nostradamus (Michel) génie singulier dont on a parlé si diversement, naquit dans la petite ville de Saint-Remi. Son grand pere, Pierre Nostradamus, Médecin ordinaire du Roi René, veilla sur son éducation, & lui donna des leçons de Mathématique & d'Astronomie, qui commencèrent à développer dans le jeune élève les dispositions qu'il avoit pour ces sciences. Cependant la Médecine devint l'objet principal de ses occupations, & il l'étudia dans les plus fameuses Universités. Les liaisons d'amitié qu'il eut avec Jules-Scaliger, lui firent entreprendre le voyage d'Agen, où il se maria. La mort de sa femme & de deux enfans qu'il en avoit eus, ayant rompu les liens qui l'attachoient à cette ville, il reprit le cours de ses voyages, pendant lesquels il se fit un nom par le talent qu'il prétendoit avoir de connoître l'avenir. Nous ne prétendons pas l'accuser d'imposture : mais comment lui pardonner d'avoir dit qu'il sentoit une vertu secrette, qui lui faisoit découvrir dans les astres les destinées des

---

(1) Nous ne parlerons pas de Nicolas Renaud, que l'on croit être né à Hieres, & qui se fit dans le dernier siecle un nom par des Poésies que le tems a dévorées. Rien peut-être n'est plus fait, pour degoûter de la gloire d'être Auteur, que ce grand nombre de reputations que le tems a detruites : il n'y a personne qui en ecrivant puisse dire, *je n'aurai pas le même sort.*

peuples :

peuples, les révolutions des Etats; le fort des Rois & des Princes; l'élévation & la chûte des hommes en place ? il s'imaginoit par-là donner plus de poids à ses prophéties, qui n'étoient fondées, pour la plupart, que sur la connoissance qu'il avoit du caractère & des goûts des personnes, dont il tiroit l'horoscope. Il avoit prédit, par exemple, que son *troisième fils porteroit sept pans de corde*, (cinq pieds trois pouces). Ces expressions ambiguës alarmèrent d'abord la famille, qui ne fut rassurée que quand elle vit prendre à cet enfant l'habit de Capucin. Il est bien facile à un pere qui démêle de bonne-heure les inclinations de son fils, & qui même les règle, de prédire sa vocation, dont il est presque toujours l'arbitre.

Quand il s'apperçut en 1555 de la sensation qu'il commençoit à faire dans le monde, il publia sept Centuries, dont le sens ambigu lui laissoit toujours des moyens de justification contre ceux qui l'accuseroient d'erreur. Elles furent bien reçues par les uns, & critiquées par les autres. Le Poëte Jodelle fut du nombre de ses Censeurs, & fit contre lui ce distique fameux.

> Nostra damus, cum Falsa Damus, nam fallere nostrum est;
> Et cum Falsa Damus, nil nisi Nostradamus.

On lui répondit par celui-ci.

> Vera Damus, cum Verba Damus quæ Nostradamus dat:
> Sed cum Nostra damus, nil nisi Nostra damus.

Un homme d'un esprit & d'un mérite médiocres n'auroit pu en imposer long-tems à la Cour & à presque tout le Royaume. Il faut donc que Nostradamus eut une pénétration singulière, qui étant éclairée par l'expérience & la réflexion, lui faisoient découvrir des choses, qui échappoient à des yeux moins clairvoyans.

Nostradamus étoit aussi bon Médecin qu'on pouvoit l'être dans ce tems-là ; il donna des preuves de son habileté, lorsque les villes d'Aix & de Lyon furent affligées de la peste. Il mourut d'hydropisie à Sallon le 24 Juin 1565. Ses parens qui l'avoient laissé seul, parce qu'il les en avoit priés, étant rentrés quelque tems après dans sa chambre, le trouvèrent mort assis sur un banc à côté de son lit, & dans une attitude à faire juger qu'il avoit expiré sans douleur & sans effort. On trouva parmi ses quatrains, celui qui annonçoit sa mort en ces termes:

> De retour d'Ambassade, don du Roi, mis au lieu,
> Plus n'en fera, sera allé à Dieu.
> Proches parens, amis, freres du sang
> Trouvé tout mort près du lit & du banc.

Pour entendre le premier vers, il faut savoir que Nostradamus mourut à Sallon le 2 Juillet 1565, après le voyage qu'il fit à Arles pour voir Charles IX. Il y a toute apparence que ce quatrain fut fait après sa mort.

Outre les fameuses Centuries qui sont au nombre de XII, & auxquelles on a ajouté beaucoup de quatrains apochryphes, il composa plusieurs Traités, 1° *sur les Fardemens, & les Senteurs;* 2° *sur la manière d'entretenir la Santé du corps;* 3° *sur les Confitures;* 4° *une Traduction Françaife de la Paraphrase de Gallien*, &c. Ouvrages ignorés, & qui n'ont de remarquable que le nom de l'Auteur.

Nostradamus avoit épousé à Sallon, en seconde noces, Anne Ponsard, qui lui donna trois fils & trois filles. L'ainé des fils, nommé Céfar, aima les Arts, & s'adonna avec quelques succès à la Peinture. Il se fit sur-tout connoître par plusieurs Ouvrages en vers, & par son Histoire de Provence, qui mérite bien peu d'éloges soit pour le fond soit pour le style. Nous en exceptons la partie qui regarde les troubles, qu'il décrit assez exactement, parce qu'il fut témoin de la plupart des faits, & que les autres n'étant pas anciens il put facilement s'en instruire. Il composa son histoire presqu'entièrement sur les Mémoires de Jean son oncle, Procureur au Parlement, qui ayant déja trouvé dans sa famille des matériaux rassemblés, fit lui-même des recherches, & mourut avant que d'avoir le tems de les rédiger. C'est ce même Jean qui publia à Lyon en 1575, les Vies des plus célèbres Poëtes Provençaux, connus sous le nom de Troubadours, ouvrage plein de fautes, & où l'on remarque aussi peu de critique que de goût. Les trois fils de Michel moururent sans postérité ; & en eux finit une famille, qui, dans l'espace d'un siècle, avoit produit plusieurs hommes de mérite. Nous observerons, en finissant cet article, que César Nostradamus fut nommé par Louis XIII, Gentilhomme ordinaire de la Chambre, en récompense de son Histoire de Provence.

SUITE DES HOMMES ILLUSTRES.

Rotier, (Esprit) né à Aix, avant la fin du XVe siècle, entra dans l'Ordre de Saint Dominique en 1507, & devint habile dans les Langues savantes & dans la Théologie. Il composa plusieurs ouvrages, les uns en Français, les autres en Latin ; quelques-uns auroient échappé à l'oubli, s'il eût écrit dans un siècle où l'on eût mieux connu l'art de la critique, & celui d'employer l'érudition. Ces ouvrages sont presque tous contre les Hérétiques : il y en a un où il prétend prouver qu'il ne faut point traduire l'Ecriture-Sainte en langue vulgaire : ces sortes d'opinions sont contraires à ce que l'Eglise a pratiqué, puisqu'elle a adopté des versions Grecques & Latines, dans le tems où on ne parloit que Grec ou Latin, & où l'Hébreu n'étoit entendu que d'un petit nombre de Savans. On peut lire ce qui regarde cet Auteur dans les Hommes Illustres de l'Ordre de Saint Dominique.

Rotier.

Galaup de Chasteuil, (Louis) nâquit à Aix d'Antoine Galaup, qui s'étoit distingué dans la profession des armes. Il eut pour amis Malherbe & le Président Fauchet : celui-ci lui dédia son Discours des armes & des bâtons des anciens Chevaliers.

Chasteuil.
An. 1598.

L'Histoire fut d'abord l'étude favorite de Chasteuil. Celle de Provence en général, & celle d'Aix sa Patrie, l'occupèrent durant plusieurs années; mais il abandonna celle d'Aix pour des tracasseries, que l'ignorance & la jalousie lui suscitèrent. La Poésie Française remplit ses momens de loisir. Il fit imprimer à Paris en 1597, une Imitation des Pseaumes de la Pénitence, sous le titre *de la Pénitence Royale*, & d'autres Poésies. On trouve à la tête de ce Recueil, des Sonnets & des Pièces de César Nostradamus, de Marc-Antoine de Cadenet, de Joseph de Mazargues, de G. Buisson, de Boniface la Molle, de François de Perrier, du Président de la Ceppede, &c. Ces exemples & cent autres qu'on pourroit citer, prouvent que les Provençaux ont un goût naturel pour la Poésie. Si l'on avoit en Provence les mêmes avantages qu'à Paris, & qu'on y eût autant de moyens de se former dans l'art d'écrire, l'Éloquence & la Poésie y déployeroient peut-être des richesses qui sont propres à l'imagination vive & féconde des habitans.

On peut voir dans le 13e volume de la Bibliothèque Française, de l'Abbé Goujet, la liste des autres ouvrages de Poésie, sortis de la plume de Chasteuil, & dont aucun ne mérite d'être lu.

Ses Recherches & Antiquités de la ville Capitale de Provence, furent imprimées en 1624, dans les Discours sur les Arcs de Triomphe, dressés en la ville d'Aix, à l'arrivée de Louis XIII, par Jean Galaup son fils.

Louis, dont nous parlons dans cet article, fit son testament le 15 Mars 1598, & mourut le 5 Mai suivant, dans la quarante-troisième année de son âge. Il eut de sa femme Françoise de Cadenet, huit enfans, dont deux seulement lui survécurent. Savoir, Jean, Procureur-Général de la Chambre des Comptes, & François Solitaire de Mont-Liban, recommandable par ses vertus.

Jean eut le même goût que son pere pour les Antiquités, l'Histoire, les Langues mortes, la Jurisprudence Civile & Canonique, & pour la Poésie. Il fit des Discours où il y avoit de l'harmonie & quelquefois de la noblesse. Mais en général, il y régnoit, ainsi que dans ses vers, une enflure & une affectation ridicule. Il réussissoit mieux dans les Inscriptions. Il fit les Discours sur les Arcs triomphaux, dressés à Aix pour la réception de Louis XIII, & dont nous avons parlé ci-dessus. Il mourut au mois d'Août 1646, laissant de son mariage avec Isabeau de Puget Saint-Marc, trois fils, qui sont Hubert, François & Pierre.

François prit le parti des armes, au service de Malte, du tems du Grand-Maître Lascaris, qui lui donna la croix d'honneur. Il s'attacha ensuite au Prince de Condé, & devint son Capitaine des Gardes. Mais son Altesse étant sortie du Royaume, il se retira à Toulon, où il arma un vaisseau, avec lequel il courut les mers sous pavillon Maltois. Après six ans de courses & de combats, il fut pris par les Algériens, chez lesquels il demeura deux ans en esclavage, au bout desquels il revint en Provence, & entra au service du Duc de Savoie. Ce Prince, charmé de sa valeur & de son mérite, lui donna une pension de deux mille livres, & le fit ensuite sous-Gouverneur du Prince de Piémont. Chasteuil mourut à Verceil en 1678 : il avoit traduit les Petits-Prophètes, & mis en vers quelques livres de la Thébaïde de Stace & Pétrone : ces ouvrages n'ont pas été imprimés.

Pierre Galaup de Chasteuil, frere des deux précédens, prit aussi le parti des armes, & fit ses premieres campagnes en Candie, sous le Duc de la Feuillade. De retour en France, il gagna, par son mérite, l'amitié de MM. Furetiere, la Fontaine, Boileau, & de Mlle de Scudéri. Il étoit à Paris en 1673, lorsque le Roi prit la ville de Mastrick. Jamais conquête n'excita l'émulation des Poëtes comme celle-là : elle fut célébrée en plusieurs Langues ; & dans les différentes Pièces qui parurent, on distingua une Epigramme Provençale, dont nous parlerons ailleurs. Son Ode sur la prise de Maſtrick, écrite dans la même langue, mérite d'être diſtinguée dans le genre lyrique. Elle eſt rapportée dans le huitième tome des Mémoires du P. Deſmolets, page 314. Le dernier de cette famille, qui mérita ſi bien des Lettres, eſt Pierre de Chaſteuil, mort en 1727. Il fit les Inſcriptions des Arcs de triomphe élevés à Aix lorſque les Ducs de Bourgogne & de Berry y firent leur entrée.

Pontevès.
An. 1582.

Pontevès, (Jean de) Baron de Cotignac, Seigneur de Carces & de Flaſſans, nâquit en 1512, d'Honoré de Pontevès & de Clermonde de Forbin. Ce que nous avons dit de lui dans l'Hiſtoire, nous diſpenſe d'entrer ici dans aucun détail. Il avoit de la valeur, un coup-d'œil juſte, du ſang-froid, beaucoup de prudence, & un talent ſingulier pour manier les eſprits. Il parloit peu : cette qualité eſtimable dans les perſonnes qui occupent de grandes places, étoit précieuſe dans un tems de troubles, où l'on étoit environné d'eſpions, d'ennemis, ou de partiſans défians & ſoupçonneux. On l'appelloit le *Muet* : il fut Conſeiller du Roi en ſon Conſeil privé, Chevalier de ſes Ordres, Capitaine de cinquante hommes d'armes, Grand-Sénéchal, Lieutenant de Roi en Provence & aux mers du Levant. Il mourut au Château de Flaſſans, le 20 Avril 1582, âgé de ſoixante-dix ans. Il étoit oncle d'Hubert de Vins, qui n'aura point d'article particulier, puiſque nous l'avons aſſez fait connoître dans l'Hiſtoire.

Clapiers.
An. 1588.

Clapiers, (François de) nâquit à Aix, l'an 1524. Il entra au Barreau ; & après avoir rempli avec honneur l'Office d'Avocat des Pauvres au Parlement, & de Lieutenant-Particulier au Siége, il fut fait Conſeiller en la Chambre des Comptes. Dans tous ces différens emplois, il ne ſe fit pas moins eſtimer par ſa probité que par ſes lumières. Il fit un Recueil d'Arrêts de la Chambre des Comptes, qui fut imprimé en 1588 & 1616, *in-4°*. Nous lui devons auſſi un Traité ſur la Généalogie des Comtes de Provence. L'obscurité qui régnoit alors dans notre Histoire, & le peu de secours qu'on avoit pour la débrouiller, ne permirent pas à ce Magistrat de nous donner un ouvrage, tel qu'on auroit pu l'attendre de ses talens, s'il eût vécu dans ces derniers tems. Il mourut à Aix le 25 Avril 1588, & fut inhumé dans l'Eglise des Peres Observantins, où l'on voit encore son épitaphe. Le Roi voulant récompenser son mérite & ses services, lui avoit fait expédier le 17 Octobre 1571, un brevet pour le premier Office de Conseiller qui viendroit à vâquer.

SUITE DES HOMMES ILLUSTRES.

Nous ne parlerons pas d'Arnaud de Villeneuve & de son frere, quelque réputation qu'ils aient eu de leurs tems, pour leur esprit & leur amabilité, parce qu'ils n'ont fait que de petits ouvrages en vers, qui ne sont pas venus jusqu'à nous. Ils étoient freres de Suzane, femme de Pompée de Grasse, à qui le Duc de Savoie, quand il vint en Provence, à la fin du XVIe siécle, avoit promis quatre mille écus d'or, pour la dédommager des dégâts que ses troupes avoient faits au Château de Moans. Comme il s'en retournoit dans ses Etats sans la payer, elle alla le trouver, lorsqu'il étoit en marche au milieu de son armée, & le pria de se souvenir de sa parole. Le Duc feignit de ne pas l'entendre. Suzane alors saisit la bride de son cheval, l'arrêta, & dit au Prince : *Ecoutez-moi, s'il vous plaît ; Dieu qui est plus grand que vous, nous écoute, lorsque nous le prions, & nous exauce, quand nos prieres sont justes. Vous connoissez la justice de la mienne : faites-y attention, & considerez combien il importe à un grand Prince comme vous, d'être inviolable dans sa parole.* Le Duc, bien loin d'être offensé de la fermeté généreuse de Suzane, l'admira, & fit compter sur le champ à cette Dame les quatre mille écus d'or, qu'il lui avoit promis.

VILLENEUVE.
An. 1590.

Soliers, (Jules Raymond) né à Pertuis, parcourut la Provence, pour y ramasser tout ce qui pouvoit servir à l'Histoire

SOLIERS.

Suite des Hommes Illustres.

Naturelle & Civile, & composa sur ce sujet un ouvrage, divisé en plusieurs parties. La premiere traite des Antiquités de Marseille; la seconde, de celle d'Arles & des Hommes Illustres que cette Ville a produits; il y est aussi parlé de la Crau, de l'origine de ses cailloux, & des chevaux de la Camargue. La ville d'Aix & les Antiquitités font le sujet de la troisième. On trouve dans les autres les noms des peuples & des villes de la Province, les inscriptions, les eaux minérales, & ce qui regarde les plantes & les animaux. Tout cela suppose dans l'Auteur beaucoup de recherches; mais il manquoit de goût, de lumieres & de critique. Son fils détacha de cet ouvrage, qui est resté manuscrit, les Antiquités de Marseille, dont il publia une traduction Française en 1615, qui ne fait pas regretter le reste.

Rambaud.

Rambaud, (Honoré) Maître d'école à Marseille, où il étoit né de parens honnêtes, fit imprimer à Lyon, chez Jean de Tournes en 1578, un Traité sur l'Orthographe, intitulé: *la Déclaration des abus que l'on commet en écrivant, & le moyen de les éviter, & représenter naïvement, ce que jamais homme n'a fait.* Rambaud prétend qu'il faudroit ôter peu à peu de l'alphabet les lettres superflues, y ajouter celles qui sont nécessaires, afin de ne pas mal écrire par beaucoup de lettres, ce que l'on peut écrire bien avec peu: qu'un des principaux points pour bien corriger l'orthographe est de bien nommer & de bien former les lettres; que la vraie orthographe & la bonne maniere d'écrire consistent à représenter fidellement tout ce que nous prononçons, & rien de plus; à ne pas prononcer une chose & en écrire une autre, comme nous faisons; que la différence d'une lettre à l'autre devroit être grande, afin que les enfans ne prissent pas l'une pour l'autre; que la diversité de sons, de voix & de prononciation requiert diversité de signes, de notes ou de lettres; mais que les lettres ne devroient avoir aucun surnom ni double office comme d'aigu, d'ouvert ou de fermé; qu'il ne faudroit qu'un seul

seul coup de langue pour prononcer chaque lettre, & un seul coup de plume pour la former; une lettre ne devant pas être une syllabe, mais une partie indivisible de la voix. Parmi ces réflexions, il y en a de fort judicieuses qu'on a faites encore après lui, & dont on a profité. Mais il paroîtra singulier qu'un Provençal se donnât de lui-même la mission de réformer l'orthographe française, en la conformant à la prononciation.

Altovitis, (Marseille d') fille de Philippe d'Altovitis, originaire de Florence, & de Renée de Rieux, Baronne de Castellanne, connue sous le nom de la belle de Châteauneuf, nâquit à Marseille en 1550, & fut tenue sur les fonts de baptême par les Consuls, qui lui donnèrent le nom de la Ville. Nous avons dit ailleurs de quelle manière son pere étoit mort, pour avoir provoqué la colère d'Henri d'Angoulême, Grand-Prieur de France, & Gouverneur de Provence. Elle ressentit vivement cette perte, & chercha à se distraire de sa douleur par les charmes de la Poésie : comme elle avoit beaucoup d'esprit naturel, une imagination vive, cette sensibilité qui s'affecte aisément, & qui est l'ame de la Poésie comme de l'Éloquence, elle se fit une réputation, qu'elle dut peut-être en partie à ses charmes ; car on assure qu'elle étoit d'une beauté frappante.

Nous avons d'elle encore une Ode qu'elle composa à la louange de Louis Bellaud de la Bellaudiere, de Grasse, & de Pierre-Paul de Marseille, regardés l'un & l'autre comme les restaurateurs de la Poésie Provençale. Ces deux Poëtes étoient liés d'une étroite amitié. Bellaud étant mort le premier, Paul fit des vers en son honneur ; & ce fut en cette occasion qu'Altovitis composa l'Ode dont nous parlons, & qui, relativement au tems où elle fut faite, annonce une heureuse facilité.

Altovitis fut célébrée à son tour par plusieurs Poëtes. Elle mourut à Marseille, l'an 1606, âgée de cinquante-six ans, &

Suite des Hommes Illustres.

fut inhumée dans l'Eglise des grands Carmes de la même Ville. Jean de Bremond, Marseillois, composa son épitaphe, que Pierre de Saint-Romuald, Feuillant, rapporte de la maniere suivante dans le *Jardin d'Epitaphes choisies.*

> Le jour étoit couché sous l'ombre,
> Quand la Parque d'un esprit sombre
> Couvrant les plus vives clartés
> Qu'amour écrit entre ses flâmes,
> Sépara des parfaites ames,
> L'ame de toutes les Beautés.
> Ce fut des Grâces la quatrième,
> Ce fut des Muses la dixième,
> Marseille, qu'elle nous ravit :
> Mais tout le triomphe & la gloire
> Qui naquit de cette victoire
> De rien ou de peu lui servit ;
> Car l'esprit quittant la nature,
> D'un corps sujet à pourriture
> Ne fléchit à même destin :
> Mais doué d'un astre plus ferme,
> La fit sans l'imiter son terme,
> Paroître au point de son matin.

Du Laurens.
An. 1609.

Du Laurens, (André & Honoré) naquirent à Arles de Louis du Laurens & de Louise de Castellanne, & se firent une grande réputation, chacun dans une carrière différente. André, après avoir étudié la Médecine à Montpellier, sous Louis Duret, devint Professeur dans la même Ville, & ensuite Ier Médecin d'Henri IV. Il demanda à ce Prince, pour son frere Gaspard, Abbé de Sinanque, le premier Evêché vacant. Le Roi le lui promit ; & un jour que du Laurens lui tâtoit le pouls, un Seigneur de la Cour entre, & lui dit : *Sire, je viens d'apprendre que l'Archevêque d'Arles est mort ; j'ai un fils en etat par son mérite de le remplacer, votre Majesté voudroit-elle me faire la grace de penser à lui ?* Du Laurens serra le pouce un peu plus fort, & Henri IV, qui à ce signe se rappella sa promesse : *Vous venez trop tard,* répondit-il au Courtisan, *l'Archevêché est donné.* André étoit fort savant dans son art : il composa en Latin, entr'autres ouvrages, un bon Traité d'Anatomie, qui a été traduit en Français, & mourut à Paris le 6 Août 1609, laissant un fils, qui fut Gentilhomme de la Chambre du Roi. Honoré, son frere, après avoir suivi quelque tems le parti des armes, entra dans le Barreau, & fut fait Procureur-Général au Parlement de Provence. Dévoué au parti de la Ligue, il le soutint par son crédit & son éloquence, & se fit même députer à Rome pour en défendre les intérêts auprès du Pape. Nous ne répéterons point ici ce que nous avons dit de lui dans l'Histoire ; nous remarquerons seulement qu'Henri IV, lorsqu'il le nomma à l'Archevêché d'Embrun, lui dit ces paroles pleines de bonté ; *M. l'Archevêque, soyez-moi autant ami que vous m'avez été ennemi.* Du Laurens se retira dans son Diocèse, qu'il édifia par son exactitude à remplir les devoirs de son état : il ne le gouverna que quatre ans, & mourut le 24 Janvier 1612, à Paris, où il avoit fait l'Oraison funèbre de Marguerite d'Autriche, femme de Philippe III, Roi d'Espagne. Il publia un Traité sur l'*Edit d'Henri III*, pour réunir les Protestants à l'Eglise Catholique, la *Conférence de Surène*, entre les Députés des Etats-Généraux, & ceux du Roi de Navarre, relation peu fidelle, dans laquelle il laisse trop appercevoir ses préjugés ; il fit aussi un Traité sur *la Politique Sacrée* ; & l'on trouve dans les Mémoires du Tems des morceaux de harangue de sa façon, qui sont remplis de force : car il avoit cette imagination fougueuse avec laquelle on a quelquefois de l'éloquence, mais rarement une conduite sage & soutenue.

Crillon, (Louis de Berton de) étoit le plus jeune de sept freres. Il naquit à Murs en Provence, l'an 1541, & fut reçu Chevalier de Malthe au berceau. On lui donna le nom de la Terre de Crillon, que les aînés de sa Maison se font gloire de porter, depuis qu'il l'a rendue si illustre. Cet homme célèbre n'étoit pas un héros, à prendre ce mot dans la signification

Suite des Hommes Illustres.

Crillon.
An. 1615.

qu'on lui donne : il n'avoit peut-être pas, ou du moins il n'a pas été dans le cas de montrer cette étendue de génie, qui combine & dirige les mouvements d'une grande armée vers le même but ; ni cette sage lenteur qui ne précipite rien, & qui fait préparer de loin les occasions de vaincre : son courage tenoit plus de la vivacité de son caractère, que du sang-froid de la réflexion. C'étoit un Chevalier Français, passionné pour la gloire jusqu'à la folie ; affrontant le péril jusqu'à la témérité ; tenant au point d'honneur jusqu'au fanatisme. Personne n'étoit plus intrépide que lui, ni plus propre à un coup de main : au siége de Calais, il parut le premier sur la brèche, courut au Commandant du Fort, lui arracha sa pique, la jetta dans le fossé, & soutint presque seul les efforts des Assiégés, jusqu'à ce qu'il fut joint par ceux qui le suivoient. Nous ne finirions pas si nous voulions rapporter toutes les actions d'éclat qu'il a faites. Henri IV, qui se connoissoit en guerriers, dit un jour en le montrant aux Grands de sa Cour : *Messieurs, voilà le plus grand Capitaine du monde : & je ne sache personne, qui dans la science de la guerre le surpasse.* C'est alors que Crillon, se laissant emporter par son admiration pour ce grand Prince, lui répondit avec une vivacité de jeune homme : *vous en avez menti, Sire, je ne suis que le second ; vous êtes le premier :* singulière façon de parler, qui ne pouvoit s'excuser que dans la bouche de Crillon, parlant à Henri IV. L'admiration & l'attachement que ces deux grands hommes avoient l'un pour l'autre étoient extrêmes : c'est qu'il est rare de trouver deux ames de cette trempe. Y a-t il rien de plus touchant & de plus flatteur en même tems que ces paroles de ce Prince : *Pends-toi, brave Crillon, nous avons combattu à Arques, & tu n'y étois pas. Adieu, brave Crillon ; je vous aime à tort & à travers.* Et lorsqu'il disoit, pour se justifier de ce qu'il n'avoit rien fait pour lui, tandis qu'il combloit de faveurs des sujets rebelles :

j'étois sûr du brave Crillon , & j'avois à gagner tous ceux qui me persécutoient : éloge le plus flatteur qu'un Roi puisse faire d'un sujet : ajoutons qu'il n'y en eut peut-être jamais de mieux mérité. Crillon aimoit le Roi comme il le servoit, par cette impulsion naturelle qui le portoit vers l'honnête & le grand.

Un soldat Huguenot, qui s'étoit caché en embuscade pour le tuer , lui tire un coup d'arquebuse & ne lui fait qu'une blessure légère. Crillon court à lui l'épée à la main ; le traître se jette à ses pieds, & lui demande la vie. *Rends graces à ma religion*, lui répond Crillon, *& rougis de n'en être pas. Je te donne la vie ; & si la parole d'un sujet rebelle à son Roi, & infidelle à sa religion, pouvoit être reçue, je te demanderois la tienne, pour ne jamais combattre pour le service de ton légitime Souverain.*

Ce sacrifice qu'il fit à la Religion, prouve combien il en étoit pénétré. Tout le monde sait qu'entendant faire un jour la description de la flagellation du Sauveur, la rage & la cruauté des soldats qui en étoient les ministres, excitèrent toute la fougue de son courage. Agité d'un transport involontaire, il se lève en sursaut, porte la main sur son épée , & dit ces paroles si connues , & qui ont passé en proverbe : *où étois-tu , brave Crillon ?* Saillie singulière , qui peint mieux son caractère & ses principes, qu'un discours préparé à loisir.

Le courage étoit chez lui une habitude de l'ame, qu'on ne prenoit jamais en défaut. Le jeune Duc de Guise, Charles de Lorraine, Gouverneur de Provence, étant à Marseille, & voulant un jour éprouver notre héros, fit sonner l'allarme de grand matin , & courut à l'instant chez lui, pour lui dire que les ennemis étoient maîtres du Port & de la Ville ; & que voulant prévenir la honte de tomber entre leurs mains, il avoit fait amener deux chevaux à sa porte, afin qu'il prît la fuite avec lui. Crillon étoit encore au lit, il s'éveille au bruit qu'on fait ; & après avoir écouté tranquillement cette nouvelle, il se lève, s'habille, prend les armes, & dit au Gouverneur : *suivez-moi, il seroit honteux de survivre à la perte d'une Place de cette importance ; il faut mourir l'épée à la main.* Guise fait tous ses efforts pour le détourner de ce dessein ; mais voyant que ses instances sont inutiles, & que le Guerrier déja tout habillé, sort de sa chambre pour voler à l'ennemi, il laisse échapper un éclat de rire. Alors Crillon prenant un visage sévère, & serrant fortement le Duc : *Jeune homme*, lui dit-il en jurant, *ne te joue jamais à sonder le cœur d'un homme de bien. Par la mort, si tu m'avois trouvé foible, je te poignarderois.* Après ces mots, il se retira sans lui rien dire de plus.

Il ne craignoit pas davantage qu'on le surprît en fait d'honneur & de probité ; parce qu'il prenoit conseil de son cœur, & que son cœur étoit droit & honnête. Henri III, ayant résolu de faire mourir Henri de Lorraine, Duc de Guise, surnommé le Balafré, pere de celui dont nous venons de parler, communiqua son dessein à Crillon. Sûr de son attachement & de la haine qu'il y avoit entre lui & le Duc, il crut qu'il se prêteroit à le venger d'un rebelle, qui méritoit la mort : *c'est vous*, lui dit le Roi, *que je choisis pour la lui donner. J'y cours, Sire*, repliqua Crillon, *& je réponds que mon épée lui percera le cœur, dussé-je m'enferrer dans la sienne & mourir au même instant que lui.* En disant ces mots, il gagnoit la porte du cabinet du Roi. Ce Prince lui cria : *arrêtez, écoutez-moi ; vous battre avec le Duc de Guise, ce n'est pas ce que je veux. Le titre seul de chef de la Ligue, le rend criminel de lèze-Majesté : eh bien, Sire*, repartit Crillon, *qu'il soit jugé comme digne de mort, & exécuté.* Henri lui représenta le danger qu'il y auroit à faire arrêter l'idole du peuple. *C'est un coup imprévu*, ajouta-t-il, *qui doit lui arracher la vie, & c'est de vous que j'attends....* N'achevez *pas, Sire*, s'écria Crillon, *& permettez-moi d'aller rougir loin de la Cour, d'avoir entendu mon Roi, pour qui je donne-*

rois mille fois ma vie, me demander le sacrifice de cet amour pour la vraie gloire, qui m'a coûté assez de sang pour mériter une estime que je n'ai pu obtenir. C'est assez, dit Henri, je vous connois, & vous pardonne un refus que je ne dois qu'à votre scrupuleuse délicatesse.

Nous nous arrêterons à ce trait, un des plus beaux qu'on trouve dans l'Histoire, & le plus propre à nous donner une idée de l'ame de Crillon. Tout ce qu'on peut lui reprocher, c'est une trop grande délicatesse, un faux point d'honneur qui s'offensoit d'un mot équivoque. De-là ces duels, qui le firent quelquefois regarder comme pointilleux.

Il étoit sujet à jurer & ne pouvoit s'en empêcher, même en se confessant des juremens dont il promettoit de se corriger. Ce défaut étoit général, & tenoit à la liberté & à la franchise des mœurs de son siécle. Crillon mourut à Avignon, le 2 Décembre 1615, âgé de soixante-quinze ans.

Michaëlis, (Sébastien) Religieux de l'Ordre de Saint Dominique, naquit à Saint-Zacharie, diocèse de Marseille, en 1543. Il joignoit à beaucoup de piété la science de la Religion & la connoissance des langues grecque & latine. Il se fit particuliérement connoître par son zèle contre les Hérétiques, & par son amour pour la discipline monastique, qu'il remit en vigueur dans plusieurs Couvents de son Ordre, qui embrassèrent la réforme. Il mourut à Paris le 5 Mai 1618 dans la soixante-quatorzieme année de son âge, après avoir passé sa vie à prêcher l'Evangile & à faire le bien. Il composa plusieurs ouvrages, qui sont presque tous contre les prétendus Réformés, & dont on peut voir la liste dans l'histoire des Hommes illustres de son Ordre. Il en fit un sur la *vraie généalogie de Sainte Anne & de ses trois filles, les trois Maries*, où il est prouvé que les Saintes Maries sont vraies sœurs de Notre-Dame. A Toulouse 1590, & Lyon 1592. Le titre seul peut nous faire juger du mérite d'un ouvrage destiné à établir une opinion fausse, qu'on n'a pas même cru devoir mettre en question (1).

La Ceppede (Jean de) avoit d'abord été Conseiller au Parlement de Provence, avant d'être premier Président de la Chambre des Comptes. Il sut heureusement allier deux choses que les grands Magistrats ne séparent jamais, savoir, l'étude de la Jurisprudence avec le goût des Lettres. Mais il oublia que les Muses ne souffrent pas de partage entre-elles & les affaires contentieuses du Barreau. La Ceppede fit trois volumes de poésies, infiniment estimables quant à l'objet ; car elles ne roulent que sur des sujets de piété ; mais elles ne méritent aucun éloge du côté du style. On ne sait pas si, sous ce rapport, Malherbe n'en fait pas la critique, lors même qu'il semble les louer.

> Muses vous promettez en vain
> Au front de ce grand Ecrivain
> Et du laurier & du lierre :
> Ses ouvrages trop précieux
> Pour les couronnes de la terre,
> L'assurent de celles des cieux.

Quoi qu'il en soit, en lisant les ouvrages de la Ceppede, on sent fort bien qu'il ne méritoit pas *les couronnes de la terre*.

---

(1) Antoine Constantin, né à Senés vers le milieu du XVIe siècle, & Jacques Fontaine, natif d'Aix, étoient deux Médecins de réputation, dont les ouvrages sont devenus inutiles. Fontaine plus habile que l'autre, laissa de savants commentaires sur toutes les parties de la Médecine ; sur les *Aphorismes* d'Hippocrate, une *Médecine pratique*, estimée de son tems, & des conseils relatifs à son art. Ce travail auroit été bien plus utile, s'il avoit été fondé sur des observations sûres, & sur la bonne Physique. Fontaine laissa un fils, qui ayant embrassé la même profession, composa un traité, intitulé : *Medicina antiermetica*, dans lequel il prétendoit combattre les erreurs des Chimistes, erreurs qui ne pouvoient être éclipsées que par les lumières de la Philosophie. Il ajouta à cet ouvrage, *l'Apologie des humeurs*, contre l'opinion de Vanhelmont, un Traité sur les *Fièvres*, & les principales maladies du cerveau, & sur la manière de consulter ; qui n'a pas empêché que le charlatanisme ne s'y soit conservé.

Ces

Ces ouvrages sont une *Imitation des Pseaumes de David*, avec quelques autres poésies sacrées ; des *Théorêmes spirituels sur la vie & la mort de Jesus-Christ*, formant environ deux-cens sonnets : on ne peut rien attendre de passable d'un homme qui choisit ce genre de poésie, le plus difficile en notre langue. Chaque sonnet est accompagné de longues notes, pleines d'érudition, & qui montrent dans l'Auteur une grande connoissance de l'Écriture Sainte, & même des Théologiens scholastiques. La Ceppede étoit né à Marseille, vers le milieu du seizieme siécle, d'une famille noble ; il mourut à Avignon en 1622.

Quelqu'attention que nous ayons de retrancher du nombre des Hommes illustres des Auteurs aujourd'hui inconnus, nous ne pouvons nous dispenser d'en nommer quelques-uns, qui, à la rigueur, ne devroient pas trouver place dans cette Histoire : mais enfin on doit quelques éloges aux efforts d'un homme de lettres, quoiqu'ils n'aient point été heureux, lorsque d'ailleurs il n'a pas démérité de sa patrie par de mauvais ouvrages. Ses productions, quelque mauvaises qu'elles soient, servent à faire connoître le génie de la nation. Il faut en effet aimer beaucoup les lettres, & sur-tout la poésie, pour s'y livrer dans des temps de troubles, comme dans le seizieme siécle, & lorsqu'on ne recevoit aucun encouragement ni du Gouvernement, ni de ceux qui étoient à la tête de la Province. Qu'auroit-on fait dans des temps plus heureux, sous des Princes protecteurs des talens ? Parmi ces Auteurs qui servent à prouver ce que nous disons, on peut citer d'Escalis, natif d'Aix, Auteur de la Lydiade & de six autres petits Poëmes, aujourd'hui inconnus ; & Laugier, Sieur de Porcheres, né à Forcalquier, & reçu de l'Académie Françaife en 1634, pour des Poésies qui lui firent alors quelque réputation, & qu'on ne connoît plus aujourd'hui.

Mérindol, (Antoine) Conseiller Médecin ordinaire de

Suite des Hommes Illustres.

Descalis & Laugier.

Mérindol.
An. 1624.

Suite des Hommes Illustres.

Louis XIII, & premier Profeſſeur en Médecine de l'Univerſité d'Aix, naquit en cette ville en 1570 de parens nobles. Il eſt rare que la vie des Médecins, qui ont de la réputation, offre de ces actions qui méritent d'être rapportées dans l'hiſtoire. Partagés entre l'étude & la pratique de leur art, ils travaillent ſans bruit pour l'avantage de leurs contemporains & l'inſtruction de la poſtérité. Heureux ceux qui rempliſſent ces deux objets intéreſſans ! C'eſt un éloge que Mérindol a mérité : il exerça la médecine avec ſuccès, & l'enſeigna avec beaucoup d'applaudiſſemens à Aix pendant long-temps, & mourut dans cette ville le 26 Décembre 1624, regretté de tous les Savans de ſon ſiécle. On imprima à Aix, après ſa mort, un ouvrage *in-fol.* de ſa compoſition ſous ce titre : *Antonii Merindoli, &c. Ars medica, in duas partes ſecta, in quâ non ſolum explicantur ea quæ ad Medicinam diſcendam ſunt neceſſaria ; ſed multa quæ Theologos & Philoſophos recreare valeant, continentur : acceſſit ſub finem, exercitationum decas unica.*

Richeome.

Richeome, né à Digne en 1535, prit l'habit de Jéſuite, & montra des talens qui le mirent en état de remplir avec diſtinction les premieres places de la Société. Il mourut à Bordeaux, où il s'étoit fait eſtimer par ſon ſavoir & ſa piété. On a de lui deux volumes imprimés à Paris en 1627, qui contiennent des traités de controverſe & des ouvrages aſcétiques. M. de Thou s'étant plaint que les Jéſuites avoient fait condamner ſon Hiſtoire à Rome, le P. Richeome, alors Aſſiſtant du Général, lui répondit le 22 Juin 1610, pour juſtifier la Société de cette inculpation.

D'Urfé. An. 1525.

D'Urfé, (Honoré) Gentilhomme ordinaire de la Chambre du Roi, Capitaine de cinquante hommes d'armes de ſes ordonnances, Comte de Châteauneuf, &c. naquit à Marſeille en 1567 de Jacques d'Urfé, d'une illuſtre maiſon de Forez, originaire de Suabe, & de Renée de Savoie, Marquiſe de

Baugé, fille de Claude de Savoie, Comte de Tende & de Sommerive, Gouverneur & Grand-Sénéchal de Provence. Honoré est un des Auteurs du dix-septième siécle, qui a eu le plus de réputation. Né avec une imagination vive, riche & brillante, il fit des Poésies & des Romans, qui font une preuve de la beauté de son esprit & de la sensibilité de son cœur. Cette sensibilité éclata dans l'âge, où la jeunesse imprudente se laisse trop aisément séduire par les plaisirs de l'amour. D'Urfé voyoit souvent Diane de Chevillac de Chateaumorand, seule héritière d'une maison illustre, & qui étoit douée de toutes les graces du corps. Il ne fut point insensible à tant de charmes, & il parut lui-même en avoir aux yeux de son amante. Leur passion s'accrut, & leur desir le plus ardent étoit d'unir leur destinée par les liens du mariage. Mais ce desir fut contrarié par leurs parens, qui vouloient que Diane épousât le fils aîné de la maison d'Urfé, nommé Anne. Honoré étoit Chevalier de Malte; comme sa présence mettoit obstacle aux desseins de son frère, il fut envoyé à Malte, sans qu'on l'obligeât de faire des vœux. Ce fut pendant son absence que le mariage de Diane avec Anne fut conclu. Cette union forcée ne fit aucun changement dans le cœur de la jeune épouse: ses vœux étoient toujours pour son beau-frère: enfin elle l'épousa plusieurs années après, lorsqu'un divorce l'eut séparée de son premier époux, pour cause d'impuissance.

Ces nœuds si désirés la rendirent heureuse pendant quelques années: mais enfin ce feu si pur, dont Honoré brûloit, comme il le dit lui-même, & qui donna naissance à l'Astrée, s'éteignit, & fit place à la plus grande indifférence. Quel qu'en fut le motif, cette indifférence le rendit malheureux; & pour ne pas être plus long-tems témoin de celle qui en étoit l'objet, il se retira à la Cour de Turin, où il trouva tous les avantages que peuvent donner une naissance illustre & la bienveillance du Prince. Il n'étoit pas tellement attaché à la Cour, qu'il ne voyageât quelquefois dans fes états. Il étoit à Nice, quand il tomba malade, & fe fit tranfporter à Villefranche, où il mourut en 1625, âgé de 58 ans. Il n'y avoit pas long-tems qu'il avoit achevé la quatrième partie de fon Aftrée, la cinquième ayant été faite par Baro, fon Secrétaire. Tout le monde connoît ce fameux Poème, qui a mérité, à bien des égards, la grande réputation dont il a joui. Outre cet ouvrage, d'Urfé compofa encore *la Sirène*, Poëme divifé en trois parties, & tout en ftances de fix vers chacune. Il a pour objet le départ, l'abfence & le retour de *Sirène*, c'eft-à-dire, de l'Auteur lui-même, qui, fous ce nom, peint fes amours avec Diane. Ce Poëme eft fuivi d'un dialogue entre deux amans, de plufieurs ftances amoureufes, de chanfons, &c. On a auffi de lui une Paftorale en vers non-rimés, intitulée *la Sylvanire* : un Poëme intitulé *la Savoifiade*, dont il n'y a qu'une partie d'imprimée : des *Poëfies fpirituelles*, qui ne font louables que par les fentimens qu'elles renferment ; des Épîtres morales publiées par Antoine Favre, premier Préfident au Sénat de Chambéri, à qui d'Urfé les avoit confiées.

L'Ortigue ou d'Ortigue (Annibal) naquit à Apt en Provence, & embraffa la profeffion militaire. Il fut affez heureux pour remplir, par l'étude des belles lettres, les loifirs de fon état : mais il fit la même faute que beaucoup de fes compatriotes ; il compofa des vers français ; c'eft-à-dire, il rima dans une langue qui étoit étrangère en Provence, & dont il ne pouvoit faifir les délicateffes. C'eft la raifon pour laquelle prefque tous les Poëtes Provençaux, qui ont travaillé en français, font reftés au-deffous du médiocre. Les Poéfies de l'Ortigue font en affez grand nombre, & annoncent une facilité que la négligence de l'Auteur rendit dangereufe : auffi ne font-elles plus connues.

Parmi fes Poéfies, il y en a à la louange de Henri IV, de

Louis XIII, à celle de quelques Grands & des Femmes. Il célébra la vertu, la religion, les agrémens de la vie champêtre & les charmes de la folitude. Son difcours fur *l'Education des Princes*, & un autre, intitulé *Difcours Militaire au Roi*, font les deux ouvrages qui lui font le plus d'honneur, à caufe des chofes utiles & cenfées qu'ils contiennent ; quoique communes & quelquefois triviales. On a auffi de lui un grand nombre d'épitaphes. Cet Auteur mourut à Apt, fa patrie, vers l'an 1630. On peut voir la lifte de fes ouvrages dans la Bibliothèque françaife de l'Abbé Goujet, T. XIV, p. 274 & fuiv.

Valleriole, (François de) né à Arles vers le milieu du feizieme fiècle, eft du petit nombre des Médecins qui fe rendirent fameux dans un tems où la Médecine & la Phyfique qui lui fert de bafe, étoient encore au berceau. Appellé en Italie, où la pefte faifoit des grands ravages en 1577, il eut le double avantage de s'en préferver, & de fauver la vie à beaucoup de malades. De retour à Arles, il étoit confulté de toutes parts, & la Ville d'Aix eut recours à fes talens & à fon expérience en 1629, lorfqu'elle fut affligée de la contagion ; mais fon grand âge ne lui permettant pas d'être par-tout où le danger l'appelloit, il fit part au public de ce que l'expérience lui avoit appris fur cette maladie. Bien qu'il ait paru des ouvrages beaucoup meilleurs, on ne laiffe pas de trouver dans celui-ci des chofes utiles, dont les Médecins profitèrent en 1720. Nous avons encore du même Auteur divers Traités de Medecine, des Commentaires fur Galien, & les Antiquités de la ville de Saint-Remy. Il mourut univerfellement regretté vers l'an 1631.

Fabri de Peyrefc (Nicolas Claude) naquit le 1 Décembre 1580, à Belgencier en Provence, où fes parens s'étoient retirés, pour éviter la contagion qui défoloit la ville d'Aix. Il n'y a peut-être perfonne qui ait eu une réputation auffi brillante & auffi étendue, fans avoir jamais rien fait imprimer ; c'eft qu'il

SUITE DES HOMMES ILLUSTRES.

Valleriole.
An. 1631.

Fabri de Peyrefc.
An. 1637.

y a peu de gens qui aient eu autant de connoissances sur les divers genres de science & de littérature. Ajoutons à cela qu'il n'étoit avare ni de son argent ni de ses lumieres, quand il s'agissoit de favoriser les gens de lettres & les savans dans leurs études & leurs recherches. Le fameux Henri de Valois ayant lu dans un ancien Auteur quelque chose sur le port de Smyrne, qu'on ne pouvoit comprendre sans connoître la disposition des lieux, écrivit sa difficulté à Peyresc. Celui-ci fit aussi-tôt partir un Peintre sur un vaisseau de Marseille qui alloit à Smyrne, pour prendre le plan & la vue du port. Mais il eut le regret de voir que le travail du Peintre, quelqu'exact qu'il fût, ne satisfit point M. de Valois, *dont l'esprit*, disoit Peyresc, *n'étoit jamais content de rien*. Cet exemple prouve de quoi étoit capable notre illustre Provençal, quand il s'agissoit de contribuer aux progrès des connoissances.

Le desir d'en acquérir lui fit entreprendre dans sa jeunesse le voyage d'Italie. Il y vit en amateur éclairé les restes de l'Antiquité, les Bibliothèques, les Savans distingués ; ce voyage fait avec toute l'application dont est capable un homme jaloux de s'instruire, le mit en état de voir avec profit tout ce que Paris renfermoit de plus rare en fait de livres & de savans. Le voyage d'Angleterre & celui de Hollande achevèrent de le lier avec ce que l'Europe avoit de plus illustre dans les sciences & dans les lettres. De retour à Aix, sa maison devint, pour ainsi dire, le point de réunion de tous les hommes célèbres, parce que tous lui écrivoient pour le consulter. De là vient que s'il ne fit point d'ouvrage, il n'en parut point de considérable sur lequel on ne lui eût demandé son avis, avant de le faire imprimer. L'Abbé Gautier & Gassendi l'aidoient à répondre sur les matières qui avoient rapport à l'Astronomie, aux Mathématiques & à la Philosophie ; car les devoirs de son état (il avoit été reçu Conseiller au Parlement d'Aix en 1604) &

ſes nombreuſes correſpondances ne lui avoient pas permis de faire une étude profonde de ces ſciences. Ce qu'il ſavoit le mieux, c'étoit l'antiquité, l'hiſtoire & la botanique : la France lui doit un grand nombre de plantes qu'il fit venir d'Afrique & d'Aſie. Il parloit ou entendoit les principales langues de l'Europe, & ſavoit fort bien le grec & le latin. Tant de connoiſſances réunies firent dire à Balzac, qu'il étoit *une relique du ſiècle d'or ; une pièce échappée au naufrage de l'Antiquité.* Gaſſendi, qui a écrit en latin la vie de Peireſc, rapporte que ce ſavant, pour lire les inſcriptions placées en lettres de bronze ſur la façade des anciens édifices romains, ſe ſervoit, lorſque les lettres n'y étoient plus, de la poſition des trous qu'on avoit faits en les fixant avec des clous. Il mourut à Aix d'une maladie qu'il avoit contractée, en ſervant lui-même les malades le 24 Juin 1637, âgé de 56 ans 6 mois & 13 jours, auſſi eſtimé pour ſes talens que pour ſa modeſtie & ſa piété. Il avoit pris l'habit eccléſiaſtique, & le Roi, pour récompenſer ſes talens, lui donna l'Abbaye de Guiſtre en Guienne. On imprima à Rome, *in-fol.* ſous le titre de *Pangloſſia* ou *Regrets du Genre humain,* les Eloges qu'on fit en ſon honneur, en quarante langues différentes. Le P. Deſmolets a fait imprimer de lui, dans le T. X de ſes Mémoires de Littérature, une Diſſertation ſavante ſur un *Trepied* ancien. Nous avons vu auſſi du même ſavant une autre Diſſertation ſur les as, les poids & les meſures des Romains, imprimée en petit format, contenant peut-être 40 pages : nous n'en parlons que de mémoire ; un Magiſtrat qui a hérité de ſon goût pour l'Antiquité & de ſes connoiſſances dans ce genre, a fait mettre dans un des piliers de l'égliſe des Jacobins le médaillon en marbre de cet homme célèbre avec ſon épitaphe.

Grammont, (Scipion de) Sieur de Saint Germain, Secrétaire de la Chambre du Roi, écrivoit ſon nom indifféremment, Grammont, ou Grandmont, en latin de *Grandimonte.* Il naquit

Grammont.
An. 1638.

Suite des Hommes Illustres.

en Provence; mais nous ignorons en quel lieu. L'envie de s'instruire lui fit prendre la résolution d'aller à Paris, où il gagna l'estime de plusieurs savans. Le Cardinal de Richelieu lui fit même l'honneur de le choisir, pour écrire l'histoire des expéditions de la France sur mer. Il ne paroît pas que notre Auteur se soit acquitté de cette commission honorable. Il préféra les voyages à des occupations utiles, & alla parcourir l'Italie, où il fut témoin des honneurs distingués qu'on y rendoit partout au célèbre Peiresc. Il mourut à Venise vers l'an 1638. De tous ces ouvrages, celui dont on paroît avoir fait le plus de cas, est le *denier royal, Traité curieux de l'or & de l'argent, traitant des monnoies & des finances.* Il fit aussi diverses pièces de vers, dont les unes sont dédiées au Cardinal de Richelieu, & les autres à Louis XIII. La plus considérable est un Poëme latin sur la prise de la Rochelle. *Rupella capta ad illustrissimum Armandum de Richelieu.*

Meynier.
An. 1638.

Meynier (Honoré) vint au monde à Pertuis, près d'Aix, vers l'an 1570. Il prit le parti des armes, & se distingua dans les guerres de Religion, & durant la ligue. Après trente six ans de service, il écrivit sur différentes matières, & fit même des vers, comme si la Poésie n'avoit pas besoin d'être cultivée, quand l'esprit n'a point encore perdu ses forces ni par l'âge ni par le défaut d'exercice. Aussi ses pièces n'ont-elles aucun mérite qui les fasse remarquer. Ses ouvrages en prose lui firent un peu plus d'honneur. Celui qu'il donna sur *l'Arithmétique enrichie de ce que les plus doctes Mathematiciens ont inventé de beau & d'utile en la divine science des nombres, &c.* oublié aujourd'hui, fut reçu avec applaudissement. Il parut à Paris, en 1614, *in-*4°. Meynier publia l'année d'après *les Principes & les Progrès de la guerre civile, opposés aux Gouverneurs de Provence, in-*8°. C'est une histoire abrégée & très-partiale des guerres qu'il y eut en Provence depuis la mort de François I, en 1547, jusqu'en jusqu'en 1592. Nous avons encore de lui *les Règles, Sentences & Maximes de l'Art Militaire, & les Remarques du sieur Meynier sur le devoir des simples Soldats & de leurs Supérieurs.* Paris 1617. L'Auteur y traite en homme instruit & sensé des devoirs des gens de guerre depuis le simple Soldat jusqu'au Souverain : mais les changemens arrivés dans la discipline militaire & dans les mœurs, ont rendu la plupart de ses instructions inutiles, les autres sont devenues triviales à cause des progrès des lumières. Meynier publia en 1635 un autre ouvrage intitulé, *les Demandes curieuses & les Réponses libres*. Il roule sur des matières de politique & de guerre, & contient des raisons & des exemples qui n'ont rien de rare, mais qui, au jugement de Bayle, sont pleines de bon sens. Ce critique cite encore du même Auteur un *Avertissement sur la Noblesse Françoise*. Enfin Meynier fit imprimer en 1636 *les nouvelles Inventions de fortifier les Places contre la puissance d'assaillir par traverses, galeries, mines, canons, & autres machines de guerre, présentées au Roi*, &c.

Quoiqu'on ne trouve plus rien à apprendre dans ces ouvrages, parce que depuis le règne de Louis XIII l'art militaire a fait des progrès qui rendent inutiles les traités qui étoient alors fort intéressans, ceux que Meynier a publiés ne sont pas moins une preuve de son mérite & de son zèle pour le bien public. On croit qu'il mourut en 1638.

Monier, (Jean-Louis de) Seigneur de Melan, Chate Audeuil, &c. fils de Manaud de Monier, Conseiller au Parlement, qui avoit été l'ame du parti royaliste, naquit à Aix vers l'an 1576. Il exerça pendant long-tems avec beaucoup de réputation la place d'Avocat-général, & fut reçu Président à Mortier au Parlement en 1617. Il mourut à Aix en 1638, avec la réputation d'un homme distingué par ses lumières & son savoir. On a de lui un Recueil de remontrances, avec des plaidoyers & des harangues, dont on faisoit cas (1).

Arbaud, (François d') Seigneur en partie de Porcheres, naquit à Saint-Maximin plusieurs années avant la fin du seizième siècle. Ses parens qui vouloient lui donner une éducation soignée, l'envoyèrent à Paris, où il se fit connoître de Malherbe par ses talens. Ce Poëte qui l'estimoit, en fit son élève, l'aima jusqu'à la mort, & lui légua par son testament la moitié de sa bibliothèque. D'Arbaud obtint aussi du Cardinal de Richelieu une pension & une place à l'Académie, par le crédit de l'Abbé de Boisrobert avec lequel il étoit lié. Le prix de ces deux graces fut *une Ode* à la louange du Cardinal. Notre Poëte avoit été sous la régence de Marie de Médicis, *Intendant des plaisirs nocturnes*, charge alors assez honorable, & dont il ne resta après lui qu'un nom ridicule. M. de Saint-Evremont qui en parle dans sa Comédie des Académiciens, après avoir fait dire à d'Arbaud,

> Desportes a subi notre commun destin,
> Passerat a vécu, j'ai vu mourir Rapin;

Lui fait ajouter,

> Et vous n'ignorez pas que j'eus sous la régence
> Des nocturnes plaisirs la suprême intendance.

Las de la Cour, & de lutter inutilement contre la fortune,

---

(1) Jean-Baptiste de Valbelle, Chevalier de Malte, recommandable par sa bravoure & par son zèle patriotique; l'Abbé de Garnier-Monfuron, homme aimable, enjoué, qui faisoit de jolis vers de société; Joseph de Gautier, Prieur de la Valette, versé dans les Mathématiques & l'Astronomie, & ami de Peyresc & de Gassendi; Charles Féau, de l'Oratoire, homme d'esprit, qui réussissoit très-bien dans le comique bouffon, ne nous paroissent pas mériter un article particulier. Dans une Histoire générale on doit se restraindre beaucoup plus que dans un ouvrage, uniquement consacré à faire connoître les hommes d'une Province qui se sont fait remarquer dans quelque genre.

d'Arbaud se retira en Bourgogne, & s'y maria avec une demoiselle de la maison de la Chapelle-Senevois.

C'est au sujet de sa retraite en Bourgogne que Saint-Evremont lui met encore ces deux vers dans la bouche.

<blockquote>
J'abandonne la Cour, & vais en chaque lieu
Louer la Reine-Mere & blâmer Richelieu.
</blockquote>

Il se plaignoit non-seulement du Cardinal, mais encore des grands en général, qui l'avoient laissé dans une grande médiocrité de fortune, pour ne rien dire de plus.

D'Arbaud mourut en Bourgogne en 1640. Il avoit publié en 1633 une paraphrase des Pseaumes graduels, avec un petit nombre d'autres pièces sur divers sujets. Ses vers sont infiniment supérieurs à ceux des autres Poëtes Provençaux qui l'avoient précédé, & l'on sent, en lisant, par exemple, son Ode à Louis XIII, que l'Auteur s'étoit formé dans la Capitale, lorsque l'aurore du bon goût commençoit de naître. Il avoit aussi composé un Poëme sur la Magdeleine qui est perdu, & sur lequel Racan fit cette épigramme qu'il envoya à l'Auteur:

<blockquote>
Cette Sainte dont tes veilles
Mettent la gloire en si haut lieu,
Fait voir deux sortes de merveilles,
Les tiennes & celles de Dieu.
Il est vrai que je porte envie
A tes beaux vers comme à sa vie,
Mais quoique je veuille tenter,
Ma foiblesse y fait résistance;
Je ne puis non plus imiter
Tes écrits que sa pénitence.
</blockquote>

L'un étoit sûrement plus facile à Racan que l'autre: car on ne croira pas qu'il ait parlé sérieusement, quand il dit qu'il ne pouvoit imiter les Poésies du Poëte Provençal.

Arbaud, (Jean d') frere du précédent, Gentilhomme ordinaire de la Chambre du Roi, avoit aussi du talent pour la Poésie, mais moins de justesse & de correction. On a de lui des sonnets, & la traduction ou paraphrase de quelques Pseaumes en vers français, dont il s'est fait deux éditions; la première, à Grenoble en 1651, & l'autre plus ample à Marseille, en 1684. On a dû remarquer plusieurs fois, en lisant cette notice, que nos Poëtes des deux derniers siècles aimoient à traiter des sujets de piété & de galanterie, par une suite de cette ancienne chevalerie qui réunissoit l'amour des Dames & la Religion.

Brueys.
An. 1610.

Brueys, (Claude) *Ecuyer d'Aix*, ainsi qu'il le dit lui-même, servit durant les guerres civiles, sur la fin du seizieme siècle, avec quelque réputation de bravoure. Mais, comme il avoit du goût pour la Poésie, il s'y livroit dans des momens de loisir que lui laissoit le tumulte des armes. Il aimoit sur-tout à célébrer les événemens extraordinaires. L'arrivée de Louis XIII à Aix lui donna occasion de faire plusieurs pièces, dont quelques-unes étoient en vers provençaux : comme elles sont devenues fort rares, nous avons cru devoir rapporter une strophe de la suivante, qui est propre à nous donner une idée avantageuse des talens de l'Auteur. Elle est adressée au Roi.

> Grand Rei, digne enfan de Mars,
> Que freseament de tant d'azards
> Venez de cucillir mille palmos,
> Lou ceou vous a predestinat
> Pei rendre las tempestos calmos
> Et tout l'univers estounat.
> La bounta coumo la valour,
> Fan soun ourdina i sejour
> Dintre voueftre cor senso douie.
> Vequi perque seguramen
> Faou que lou mounde vous redoute
> E vous ame pareillamen, &c.

Il y a dans cette strophe & les suivantes, une facilité charmante, & un tour d'esprit tout-à-fait agréable. Le style n'a rien de bas ni d'affecté : il est simple, naturel, soutenu, & prouve que si l'Auteur n'a pas réussi dans la Poésie française, c'est qu'il ne connoissoit pas si bien la langue, & qu'il n'étoit pas maître de l'expression comme dans le Provençal. Ses Poésies sont imprimées en un volume *in-16* de 800 pages, intitulé : *Giardin dey Musos Provencalos divisat en quatre partidos*. Aix, chez David, 1628. Ce recueil contient des comédies, des lettres, des chansons, &c. qui ne se ressentent que trop des mœurs libres de nos pères. Le même Auteur avoit composé plusieurs autres pièces qui n'ont pas vu le jour. Il mourut vers l'an 1640.

Suffren (Jean de) naquit à Sallon le 30 Novembre 1571, de Jean de Suffren & de Mirande de Mark, & prit l'habit de Jésuite à l'âge de 15 ans. Il se destina à la chaire, pour laquelle il avoit des talens ; car dans ses sermons, on trouve moins de citations des Auteurs profanes, & moins de ces discussions théologiques qui ennuient le lecteur. Cependant il s'en faut bien qu'il se préservât du mauvais goût de son siècle, qui ne pouvoit être entiérement détruit que par les efforts successifs de plusieurs hommes de génie. La manière de prêcher du P. de Suffren, toute mauvaise qu'elle étoit encore, plut beaucoup, parce qu'elle étoit moins barbare que celle de ses contemporains.

La Reine Marie de Médicis ayant eu envie de l'entendre, le fixa auprès d'elle en qualité de son Confesseur & de son Prédicateur, & Louis XIII l'honora des mêmes emplois. Le P. de Suffren suivit la Reine à Bruxelles & à Londres, lorsqu'elle sortit du Royaume, lui donnant des conseils, dont cette Princesse avouoit qu'elle avoit retiré de grands avantages. Il mourut de fatigue dans un port de Zélande le 15 Septembre 1641, fort regretté de la Reine, qui fit embaumer son corps dans une caisse de plomb, pour être transporté à Paris, où il fut enterré dans la maison professe des Jésuites. Nous avons du P. de Suffren plusieurs ouvrages de piété entiérement oubliés. Le meilleur est son *Année Chrétienne*, dont on fit une traduc-

SUITE DES HOMMES ILLUSTRES.

Seguiran.
An. 1644.

tion en Italien : on ne connoît pas davantage ſes *Sermons pour tous les Dimanches de l'année*, quoiqu'ils ſoient ſupérieurs au plus grand nombre de ceux qu'on avoit prêchés avant lui (1).

Seguiran, (Gaſpar de) né à Aix en 1568, entra dans la Société dès le 1 Janvier 1584. Ses Supérieurs croyant voir en lui des talens, qu'il rendroit plus utiles dans la carriere des Prédicateurs, l'y firent entrer, & la parcourut pendant 40 ans avec aſſez de ſuccès, pour attirer l'attention de Henri IV, qui l'envoya prêcher à la Rochelle, le regardant comme un homme très-propre à réuſſir dans ce miniſtère. Louis XIII prévenu en ſa faveur, le choiſit pour être ſon Prédicateur & ſon Confeſſeur, place gliſſante où le Père de Seguiran ne put ſe ſoutenir que pendant quatre ans, & c'eſt beaucoup lorſqu'on ne ſe borne pas ſtrictement aux devoirs de ſon miniſtère. Car un Confeſſeur du Roi ne doit l'être qu'au tribunal de la pénitence, & encore dans ce tribunal ne doit-il être que Confeſſeur. Le P. de Seguiran mourut à Paris le 21 Novembre 1644, avec la réputation d'avoir été un des meilleurs Prédicateurs de ſon tems : mais les deux volumes de Sermons que nous avons de lui, prouvent qu'il étoit bien loin de ce degré de mérite, qui aſſigne une place parmi les Orateurs ſacrés.

Yvan.
An. 1653.

Yvan (Antoine) naquit à Rians le 10 Novembre 1576, de parens fort pauvres. L'envie de s'inſtruire dans les lettres lui fit achever ſes études, avec ce ſuccès qu'on a preſque toujours, lorſqu'on eſt animé par le beſoin de les faire ſervir à ſa fortune.

---

(1) Si notre plan nous permettoit de parler des perſonnages recommandables par la ſaintete de leur vie, nous donnerions un article particulier à Marte d'Oraiſon, femme d'Alexandre du Mas de Caſtellane, Fondatrice des Capucines de Marſeille ; & à Gaſpard de Simiane la Coſte, ſi recommandable par ſa charité envers les pauvres & les orphelins : nous aurions fait auſſi une mention honorable du P. Jerôme de Duranti, Religieux Minime, plus recommandable par ſa modeſtie & la ſimplicité de ſes mœurs, que pour avoir été durant quelque-tems Confeſſeur d'Henri III.

Reçu de l'Oratoire, lorsque le Cardinal de Berulle eût jetté les fondemens de cette Congrégation en 1613, il s'adonna à l'inftruction du peuple, fe fit connoître par fes travaux apoftoliques, & fur-tout par les vertus qui attirent la confiance & le refpect. Il fit connoiffance avec la Sœur Marie-Magdeleine de la Sainte-Trinité, & ils travaillèrent enfemble à la fondation de l'Ordre de la Miféricorde, qui n'a ceffé d'édifier l'Eglife par fa régularité. Le P. Yvan mourut à Paris le 8 Octobre 1653, pendant le voyage qu'il fit en cette capitale, pour vifiter la maifon de la Miféricorde, que la Sœur Marie-Magdeleine venoit de fonder. On a de lui des *Lettres* & une *Conduite à la perfection chrétienne*, ouvrages où l'on ne doit s'attendre à trouver que l'expreffion de la piété de l'Auteur.

Gantès, (Annibal) de Marfeille, avoit un talent rare pour la mufique. Il s'y livra tout entier, & donna fucceffivement des leçons de fon art dans les principales villes de Provence. Attiré enfuite à Auxerre pour y être à la tête des enfans-de-chœur & de la mufique de l'églife de Saint Etienne, il fe fit connoître d'une manière plus particulière. Il publia dans cette ville, en 1643, un ouvrage *in-18*, contenant cinquante-neuf lettres, remplies de fentences & de proverbes tirés des Anciens & des Modernes. L'Auteur y donne des avis à fes Confrères pour bien régler leurs mœurs, & bien élever les enfans qui leur font confiés. Il dédia cet ouvrage fingulier, que les curieux recherchent, à M. Pierre de Boc, Evêque d'Auxerre, grand Amateur, & dont la maifon étoit toute compofée de Muficiens. Les autres ouvrages de Gantès font, 1°. un Recueil d'airs dédié au Maréchal de Schomberg. 2°. Une Meffe en mufique, intitulée *Lætamini*, à M. l'Abbé des Roches. 3°. Une Meffe à Mademoifelle de Saint-Geran. Il mourut vers le milieu du dernier fiècle.

Bicaïs (Honoré) étoit contemporain de Gantès, & natif d'Aix, où il profeffa la médecine. Il fervit utilement le public

Suite des Hommes Illustres.

durant la peste qui ravagea la Provence en 1629 & 1649. Les observations qu'il eut occasion de faire sur la nature & les suites de cette dangereuse maladie, le mirent en état de composer un ouvrage intitulé, *des Causes & de la Cure de la Peste*, &c. Il en composa un autre sur les Aphorismes d'Hippocrate : les gens de l'art qui l'ont approuvé dans l'édition qu'on en a faite en 1639, le regardent comme très-utile aux étudians. Il est intitulé *Manuale Medicorum seu promptuarium Hippocratis aphorismorum.*

Gassendi.

Gassendi ou Gassend, (Pierre) naquit le 22 Janvier 1592 à Chantersier, petit village de Provence, à une lieue de Digne. Il montra, dès son enfance, un goût décidé pour l'astronomie, par le plaisir qu'il avoit de contempler pendant la nuit le spectacle ravissant des étoiles. On dit que ses camarades ayant soutenu que la lune marchoit, & non pas les nuages, il les conduisit sous un arbre, & leur fit observer que la lune paroissoit toujours entre les mêmes feuilles, pendant que les nuages se succédoient les uns aux autres. Cette observation ingénieuse, faite par un enfant, annonçoit un génie propre à hâter les progrès des connoissances. Etant entré dans l'état ecclésiastique, il se fit des occupations qui ne remplirent point le vuide de son ame. La théologie scholastique, à laquelle il s'adonna, lui présentoit plus de subtilités frivoles que de vérités : d'ailleurs cette science mettoit des bornes à sa curiosité, & il sentoit le besoin de donner un libre essor à son esprit. Dans cet état, il éprouvoit une sorte d'inquiétude dont il ne pouvoit se défendre, lorsqu'un voyage qu'il fit à Paris, le mit dans la carrière où la nature l'appelloit.

Quelques personnes de mérite, qui eurent occasion de le connoître, lui firent donner une chaire de Mathématiques au Collége Royal. Alors il sentit son ame se déployer, pour ainsi dire, & il apperçut un nouvel ordre de choses plus analogues à son goût. La dispute qu'il eut avec Descartes, dont il attaqua les

méditations

méditations métaphysiques, fut le commencement de sa célébrité. Il eut l'honneur de partager avec son illustre Adversaire le suffrage des plus habiles Philosophes. Il commença de former son nouveau système de Philosophie, de tout ce qu'Epicure & Démocrite ont dit de plus soutenable. Il renouvella les atômes & le vuide, en dépouillant les idées des Anciens, de ce qui ne pouvoit s'accorder avec la raison ou avec l'expérience. Son système n'est sans doute que le Roman de la nature; mais il n'appartenoit qu'à un homme de génie d'en faire un pareil dans un siècle où la physique n'étoit qu'un amas de préjugés. Perrault l'a fort bien dépeint dans le parallèle qu'il a fait de lui & de Descartes.

S'élever au-dessus des opinions reçues, & dévoiler l'ignorance de son siècle & de l'école, c'étoit une hardiesse qu'on ne put lui pardonner. On l'accusa d'irréligion : accusation absurde qui ne servit qu'à montrer la méchanceté de ses ennemis. Personne n'étoit plus docile ni plus soumis que lui à tout ce qui appartient à la foi. Il joignoit à beaucoup de piété une probité & une candeur admirables, & avoit pour ses amis une sensibilité qui lui faisoit partager tous les événemens de leur vie. De-là vient qu'on s'attachoit volontiers à lui; on étoit assuré de lui trouver, avec beaucoup de talens, toutes les ressources de l'amitié. Nous ne parlerons pas de sa modestie; c'est la vertu des grands hommes, & la sienne fut toujours remarquée.

Le P. Bougerel, de l'Oratoire, a donné en 1737 la Vie de Gassendi, vol. *in*-12 ; & le P. Menc, Religieux Dominicain, a fait son éloge, ouvrage qui a remporté le prix au jugement de l'Académie de Marseille, & qui fait bien connoître le mérite du Philosophe.

Guesnai (J. B.) naquit à Aix en 1585, & entra chez les Jésuites en 1601. C'étoit un homme estimable par son zèle pour la Religion, par son amour pour la Patrie, & par son ardeur infatigable pour le travail. Il paſſa la plus grande partie de ſa vie à Marſeille, dont le ſéjour lui plaiſoit infiniment. De-là cette prévention, qui lui fit adopter toutes les fables, dont il pouvoit réſulter quelque gloire pour les Marſeillois. Avec le goût qu'il avoit pour les recherches, il auroit pu faire quelque choſe d'utile, s'il avoit eu plus de lumières & de critique.

Les connoiſſeurs, dit M. l'Abbé Langlet, *font peu de cas des Annales de Gueſnai, qui ſont en effet très-pitoyables. L'Auteur eſt un plagiaire qui copie ſouvent d'autres hiſtoriens, ſans les nommer, ſur tout Antoine Ruffi. Jamais homme n'a avancé des faits avec moins de preuves, ni avec plus de hardieſſe. Les conjectures les plus mal-fondées ſont pour lui des preuves authentiques.*

Gueſnai voulut entrer en lice avec le Docteur Launoi, pour prouver que Magdeleine & Lazare étoient venus en Provence. Le ſujet n'étoit pas heureux, & du côté des talens, il le ſoutenoit avec des armes trop inégales : auſſi eut-il dans cette lutte le ſort qui l'attendoit. Outre les ouvrages qu'il fit ſur cette matière, & *les Annales de Marſeille*, il compoſa encore la Vie de Caſſien, qu'il publia à Lyon en 1652, ſous ce titre : *S. Joannes Caſſianus illuſtratus, ſive Chronologia vitæ Sancti Joannis Caſſiani Abbatis Monaſterii Sancti Victoris ab eodem Maſſiliæ conditi.*

Fabrot (Charles Annibal), un des plus célèbres Juriſconſultes de ſon tems, naquit à Aix en 1580. Son père, natif de Nimes, s'étoit retiré en Provence pendant les guerres civiles, pour éviter la perſécution des Calviniſtes. Fabrot, outre la juriſprudence, qu'il poſſédoit à fonds, ſavoit très bien les belles-lettres, s'étant rendu familiers les Auteurs grecs & latins. Guillaume du Vair, premier Préſident au Parlement de Provence, connoiſſant ſon mérite, lui procura la chaire de Profeſſeur en Droit à l'Univerſité d'Aix, & l'attira enſuite à Paris, quand il fut fait Garde des Sceaux en 1617. Fabrot ne tarda pas de s'y faire connoître, & de mériter l'eſtime des Magiſtrats les plus diſtingués, tels que Matthieu Molé, & Jérôme Bignon. Ces avantages ne purent le retenir dans la Capitale après la mort de ſon protecteur; il alla reprendre à Aix les fonctions de profeſſeur, dont il s'aquitta avec tout le ſuccès qu'on devoit attendre de ſes talens & de ſon zèle. Quelque tems après il fit jouir le Public du premier fruit de ſes travaux, par la publication des *Notes ſur les Inſtitutes de Juſtinien*. Il alla faire imprimer cet ouvrage à Paris en 1637, & le dédia au Chancelier Séguier, qui en ayant apprécié le mérite, & ſachant tout ce qu'on pouvoit attendre des talens de l'Auteur, ſi on lui procuroit le loiſir néceſſaire pour les employer utilement, lui fit donner une penſion de 2000 livres, à la charge de travailler à la traduction des Baſiliques, ou Conſtitutions des Empereurs d'Orient. Cet ouvrage, fruit de dix ans d'application, valut à l'Auteur l'office de Conſeiller au Parlement de Provence. On peut voir dans les Hommes illuſtres du P. Niceron la liſte nombreuſe des autres ouvrages de ce ſavant Juriſconſulte. Ils ſont une preuve de ſa profonde érudition, de ſon goût, & de l'excellence de ſon jugement. Il étoit occupé à donner une édition des œuvres de Cujas, quand il fut attaqué de la maladie dont il mourut à Paris le 16 Janvier 1659, dans la ſoixante-dix-neuvième année de ſon âge.

Daix, (François) étoit de Marſeille, neveu de ce Louis Daix qu'on vit régner deſpotiquement avec Caſaulx dans cette Ville. Il ſe laiſſa entraîner par le goût que ſon ſiècle, & que les Provençaux ſur-tout, avoient pour la Poéſie. Une certaine facilité, beaucoup d'enjouement & d'agrément lui procurèrent des ſuccès paſſagers, qui lui firent negliger ſa profeſſion d'Avocat: une Beauté dont il étoit épris, fut l'objet ordinaire de ſes Poéſies. Ce fut vers elle que ſe portèrent ſes

Daix.
An. 1659.

regards, ses pensées, les mouvemens de son cœur : il en fit le sujet de ses larmes, de ses plaintes, & de ses soupirs. Quant au genre de Poésie, il en embrassa plusieurs : ce sont des odes, des sonnets, des élégies, des chansons, des complaintes, des stances, des sérenades, des satyres. Il y a de plus quelques Poëmes, tels que le *Jugement de Jupiter sur le différend d'amour & de folie*; *les infortunées Amours de Pyrame & de Thysbé* &c. Il est difficile qu'un Amant & sur-tout un Amant Poëte n'ait pas à se plaindre de sa Beauté. François Daix ne fut pas plus heureux que ses semblables, & dans un moment de dépit il fit un *adieu au monde* aussi sincère vraisemblablement, que peuvent l'être les saillies d'imagination dans un Poëte amoureux. Cette pièce a du nombre & de l'harmonie, & annonce beaucoup de facilité. Notre Auteur réussit mieux encore dans les vers latins, sans doute parcequ'ils ne sont pour l'ordinaire qu'un assemblage d'hémistiches, & d'expressions puisées dans les anciens Auteurs.

Quand l'âge eût amené la raison, & avec elle le goût d'occupations plus solides, Daix renonça à la Poésie, & se livra tout entier aux fonctions pénibles du Barreau. La profession d'Avocat qu'il avoit embrassée, occupa tous ses loisirs, & il la remplit avec distinction. Il publia en 1656 in-quarto, les *Statuts municipaux & Coutumes anciennes de la ville de Marseille, divisées en six livres*, &c. c'est un travail qui mérite des éloges à cause de l'érudition de l'Auteur : mais cette érudition seroit bien plus utile si elle étoit employée avec plus de discernement. On voudroit que les notes fussent faites avec plus de justesse, de précision & de clarté; qu'il y en eût sur plusieurs endroits du texte, qui méritoient d'être éclaircis. D'ailleurs comme il y a beaucoup de choses dans notre Jurisprudence qui ont été changées & ajoutées depuis plus d'un siècle, il seroit essentiel qu'on donnât un nouveau commentaire sur ces statuts; celui de François Daix étant défectueux à bien des égards. Cet Auteur mourut à Marseille avant l'année 1660 dans un âge fort avancé.

Hozier (Pierre d') Sieur de la Garde, en Provence, Juge d'Armes de la Noblesse de France, Conseiller d'Epée, Chevalier de l'Ordre du Roi, Gentilhomme de sa Maison, l'un de ses Maîtres-d'Hôtel, & Gentilhomme à la suite de Gaston, Duc d'Orléans, Frère de Louis XIII, naquit à Marseille le 10 Juillet 1592. Tous ces titres dont il fut décoré furent la récompense de son mérite. Il avoit d'abord pris la parti des armes, & servoit dans la compagnie des Chevaux-Légers du Comte de Créqui-Bernieulles. Sachant que ce Seigneur travailloit à ramasser les anciens titres de sa maison, il lui offrit ses services, & fit une généalogie qui lui attira les plus grands éloges. Encouragé par ces premiers succès, il entreprit la recherche généalogique des principales maisons du Royaume, & se rendit si habile dans cette partie, qu'il devint l'arbitre de tous les différends qui s'élevoient en matière de généalogie. Il avoit tous les talens pour exceller dans cette partie; une mémoire prodigieuse, beaucoup de justesse, de précision & de netteté dans l'esprit, & une probité distinguée: il citoit sur le champ, & sans se tromper, les dates des contrats, les noms, les surnoms & les armes de chaque famille qu'il avoit une fois examinés. Frappé de ce prodige d'Ablancour disoit, en parlant d'Hozier, *il faut qu'il ait assisté à tous les mariages, & à tous les baptêmes de l'Univer*. En effet sa science ne se bornoit pas à la connoissance des meilleures familles de France; elle embrassoit encore toutes les maisons distinguées de l'Europe. Il mourut à Paris le 30 Novembre 1660, âgé

---

(1) Son pere Etienne Hozier étoit Capitaine de la ville de Sallon sous Henri III; il n'étoit pas Avocat, comme l'ont prétendu quelques Auteurs.

de 68 ans. On lui attribue dix généalogies imprimées, sans compter les Mémoires qu'il avoit rassemblés sur les principales Familles de France, & qui sont restés manuscrits.

Il publia aussi l'*Histoire de Bretagne jusqu'en* 1488, avec les *Chroniques des Maisons de Vitré & de Laval*, &c. Paris, 1638, *in-fol.*

Fauchier (Laurent) fils d'un Orfévre, naquit à Aix le 4 Février 1631. Il eut cela de commun avec plusieurs Peintres fameux, que son goût pour la peinture se manifesta parmi les jeux de l'enfance, & triompha de tous les obstacles. Les premiers ouvrages qu'il vit, furent ceux de Frinsonius, & il sentit en les voyant, cette impression vive qui annonce le talent, & s'attacha à copier ces modèles avec une ardeur qui méritoit qu'il en eût de plus parfaits. Quelques estampes de Raphaël, de Michel-Ange, & de l'école de Carrache, achevèrent de développer ses dispositions, sans pouvoir lui donner pourtant ce goût qui dépend en partie des leçons d'un bon Maître. Quoi qu'il en soit, avec ces seuls secours, il fit dans son art des progrès surprenans, & peut-être y auroit-il excellé, si la médiocrité de sa fortune ne l'eût obligé de renoncer aux sujets historiques, pour s'adonner au portrait. Un des ouvrages qui fait le plus d'honneur à ses talens, est l'Apothéose de Saint-François, élevé par des Anges. Le ciel qui s'ouvre laisse échapper plusieurs de ces esprits bien heureux, dont l'un vient présenter au Saint une couronne de fleurs. La composition est riche & facile; les attitudes sont naturelles & nobles; les grouppes, les grands plis des draperies, le coloris & le dessin, offrent des choses excellentes aux yeux des connoisseurs. On remarque encore de la grandeur dans l'invention, & de l'effet dans la lumière. M. de Venel, frappé du mérite de ce tableau, voulut avoir son portrait fait par le même Auteur, & l'envoya à son épouse, Mad. de Gaillard-Venel, Sous-Gouvernante des

Enfans de France. Les connoiſſeurs le trouvèrent achevé. Simon Vouet voulut attirer l'Auteur à Paris: mais Fauchier content de ſon ſort, aima mieux reſter à Aix, où il trouvoit à travailler utilement pour ſa fortune.

Il mourut en faiſant le portrait de Madame de Forbin, connue ſous le nom *de la belle du Canet*, & renommée pour ſes graces dans toute la Province. Les ſoins qu'il ſe donna pour perfectionner un ouvrage, auquel il mettoit trop d'intérêt, lui occaſionnèrent une fièvre ardente, qui l'enleva en 1663, dans la trente-deuxieme année de ſon âge. La plupart de ſes ouvrages ſont encore à Aix. Un des plus renommés eſt celui qui repréſente le ſieur Imbert, jouant du luth. Fauchier s'étoit propoſé Wendick pour modèle: ſa manière moins fine dans les contours, & moins tranſparente que celle de ce Peintre, renferme une compoſition auſſi fertile ; beaucoup d'effets, beaucoup de correction dans le deſſin ; de beaux choix dans les attitudes ; de grandes parties dans la compoſition, des draperies à grands plis. Son pinceau étoit dans le goût de celui de Paul-Veroneſe ; ſa couleur imitoit celle de Rubens, & ſa compoſition reſſembloit à celle de Lenfranc.

Raynaud (Théophile), né à Soſpel dans le Comté de Nice, eſt un des Auteurs Jéſuites, qui a le plus écrit ſur des matières différentes. Il entra dans la Société à l'âge de dix-huit ans, & fit de l'étude ſon unique occupation. Il mangeoit peu, fuyoit les longs entretiens, ſur-tout avec les femmes, ne ſe mêloit preſque pas de direction, & ne quittoit ſon cabinet que pour des œuvres de charité. Son unique plaiſir étoit de faire des livres ſur toutes ſortes de ſujets, & ſouvent les plus bizarres étoient ceux qui avoient le plus d'attrait pour lui. Par exemple dans ſon Traité intitulé *Laus brevitatis*, il paſſe en revue les différentes formes de nez, & il n'oublie pas d'examiner comment devoit être fait celui de la Sainte-Vierge. Il trouve,

SUITE DES HOMMES ILLUSTRES.

Raynaud.
An. 1663.

par ſes raiſonnemens, qu'il devoit être long & aquilin, parce ce que ces deux attributs ſont des marques de bonté & de dignité ; d'où il conclut que le nez de J. C. devoit être comme celui de ſa mère.

Un homme, ſi peu délicat dans le choix des queſtions, ne l'étoit gueres dans la manière de les traiter. Il citoit beaucoup, diſcutoit pour l'ordinaire avec diffuſion, & avoit un ſtyle qu'on peut appeller barbare, parce qu'il prenoit ſouvent le ſtyle des mauvais Auteurs qu'il liſoit, ſans compter qu'il ſe rendoit quelquefois inintelligible par la manière bizarre de s'exprimer. C'eſt ainſi qu'il intitula le chapitre qu'il fit ſur la bonté de J. C. *Chriſtus bonus, bona, bonum.* Cependant on remarque que, quand il a voulu écrire d'après ſon propre génie, il a quelquefois rencontré le ſtyle de Tacite.

Le P. Raynaud avoit l'imagination vive, l'eſprit pénétrant, une érudition immenſe, mais peu de goût, de critique & de diſcernement. Peu délicat dans le choix des Auteurs qu'il cite, il compile ſouvent des paſſages avec trop de profuſion, & perd même de vue les ſujets qu'il traite. Quoiqu'il parût doux dans le commerce de la vie, il étoit mordant & ſatyrique dans ſes expreſſions, hardi dans ſes ſentimens. Tout cela n'empêche pas que ce qui eſt ſorti de ſa plume ne ſoit bon à conſulter, quand on veut étudier les matières qu'il a traitées. Il faut auſſi lui rendre cette juſtice, dit M. Dupin, qu'il s'éloigne des principes & des concluſions de la morale relâchée ; qu'il condamne par-tout le vice, & qu'il enſeigne la vertu ſans ſe ſervir de prétextes pour excuſer les crimes. Son traité ſur le chapeau & ſur les autres couvertures de la tête tant ſacrées que profanes, renferme beaucoup de recherches curieuſes : on diſtingue auſſi les deux ſuivants, l'un intitulé *Erothemata de bonis & malis libris,* ou *Queſtions ſur les bons & les mauvais livres,* & l'autre *Symbola Antoniana,* relatif au *feu Saint-Antoine.*

Celui

Celui qu'il a fait fur les fept Antiennes folemnelles, que l'on chante avant la fête de Noël, & qui commencent par O, eſt fort fingulier. Il faut avoir du tems à perdre pour s'occuper laborieuſement d'un travail auſſi inutile. Les œuvres du P. Raynaud furent imprimées à Lyon en 1665, en 20 vol *in-fol.* L'Imprimeur, nommé Boiſſat, en fut ruiné, & mourut à l'Hôpital. L'Auteur finit ſes jours au collége de Lyon, où il expira le 31 Octobre 1663, à l'âge de 79, ans. Il y a eu peu d'hommes qui aient autant travaillé que lui.

En 1666 mourut le P. François Carrière, Religieux Conventuel de Saint-François, Docteur en Théologie Il étoit d'Apt, & fit imprimer pluſieurs ouvrages, fruits d'une érudition & d'un zèle éclairés.; 1°. *Medulla bibliorum exprimens ſummariè quæquilibet teſtamenti liber veteris continet.* Lyon, 1660, *in-fol.* 2°. *Fidei catholicæ digeſtum, ſingula ejus dogmata & ritus Eccleſiæ juxtà SS. Patrum & Conciliorum doctrinam exacte declarans.* Lyon 1637, 2. vol. *in-fol.* 3°. *Paneg. Luſit. in-4°, de menſuris & monetis Hebræorum* ; le même en français, *in-12.* 5°. Un *commentaire littéral* ſur toute l'Ecriture Sainte. *in-fol.* Lyon, 1653, 6°. *Hiſtoire Chronologique des Papes.*

Perrier (Scipion du) fils unique de François du Perrier, & de Catherine d'Etienne, naquit à Aix en 1588. Son pere étoit Gentilhomme de la Chambre, & le même à qui Malherbe adreſſa l'ode intitulée, *Conſolation à M. du Perrier ſur la mort de ſa fille.* Il veilla ſur l'éducation de ſon fils d'une manière particulière, & il porta l'attention juſqu'à ne vouloir louer qu'à des Libraires les boutiques de ſa maiſon, afin que ſon fils s'y arrêtant, prît du goût pour les lettres. Le moyen étoit nouveau & bien équivoque; mais il ne peut être inſpiré à un père que par le déſir ardent qu'il a de cultiver les talens de ſon fils. Le jeune du Perrier en avoit de rares, & ſut les faire

Tome IV. E e e e

SUITE DES HOMMES ILLUSTRES.

Carriere. An. 1666.

Perrier. An. 1667.

briller par les agrémens de la littérature, & par une connoissance profonde de la Jurisprudence. S'étant fait recevoir Avocat au Parlement d'Aix, il se fit bientôt connoître par son éloquence. Peyresc & Gassendi regardoient ses plaidoyers comme des chefs-d'œuvre, & Ménage, dans ses Observations sur Malherbe, en porte le même jugement: mais du tems de Peyresc l'art d'écrire étoit encore dans l'enfance, & l'on n'étoit gueres plus avancé dans l'art aussi difficile d'employer l'érudition à propos. Malgré cela on ne laisse pas de lire avec un certain intérêt le peu de plaidoyers que nous avons de lui : on l'apelloit le Papinien moderne. Peut-être auroit-il justifié ce titre honorable, s'il eût composé un grand nombre d'ouvrages. Il regardoit comme peu digne du public celui qu'il fit sous le titre de *Questions notables*, & dont on a fait plusieurs éditions ; la dernière qui parut à Toulouse, en 1721, deux vol. in-4°, par les soins de son neveu Decormis, est la plus correcte. « Bretonier, dit en parlant de cet ouvrage, du Perrier a
» traité à fonds plusieurs questions de droit les plus difficiles
» & les plus problématiques : c'est un petit in-4° divisé
» en quatre livres. Il n'y a qu'une seule chose à redire en
» lui : il a trop d'esprit, il faut se tenir sur ses gardes, pour se
» défendre de ses subtilités ».

Outre les *Questions notables*, du Perrier publia encore des maximes de droit, avec une table des matières; quelques uns de ses Plaidoyers, les décisions tirées de Dumoulin, sur la Coutume de Paris, le Traité des usures, *de dividuo & individuo*, & un Recueil d'Arrêts rendus de son tems, tirés des Mémoires de Louis de Coriolis, Président à Mortier, & d'Antoine de Thoron, Conseiller. Du Perrier n'étoit pas seulement jurisconsulte, il avoit aussi des talens pour la poésie ; & parmi ses contemporains, il n'y avoit aucun poëte qui n'eût voulu être l'Auteur de l'Ode sur les Plaisirs des champs. Elle est adressée à son beau-frère, l'Abbé Garnier de Monsuron. Nous n'en raporterons que la première stance.

SUITE DES HOMMES ILLUSTRES.

<blockquote>
Monsuron, tandis que l'orage,
Combat notre chere cité,
Et que le destin irrité
Nous arrête dans le village,
Eprouvons-y tout à loisir,
Ce que les champs ont de plaisir;
Et loin de tous soins inutiles
Voyons si le contentement,
Ennemi du séjour des villes,
A les champs pour son élément.
</blockquote>

Du Perrier mourut à Aix dans de grands sentimens de religion, au mois de juillet 1667, âgé de soixante-dix-neuf ans. Il travailloit *gratis* pour les Pauvres & pour les Religieux, & disoit à ce sujet, *les autres consultations sont pour mes héritiers, & celles-ci sont pour moi* : paroles remarquables qui font l'éloge de son cœur & de sa vertu.

D'Authier de Sigaud (Christophe) né à Marseille le 6 Avril 1609. Sa conduite peut être proposée pour modèle aux Ecclésiastiques qui veulent remplir les devoirs de leur état. Il eut la confiance de la plupart des Evêques, & laissa à l'Eglise un monument de son amour pour elle, en fondant la Congrégation des Prêtres du S. Sacrement. Il mourut le 17 Septembre 1667, après avoir publié un ouvrage sur *l'Amour de Dieu*, & un autre contre le *Nepotisme*. Dans celui-ci il s'élève inutilement contre un abus, que le zèle des Ecrivains & les censures de l'Eglise n'ont pu réprimer.

D'Authier.
An. 1667.

Vias (Balthazar de) fils de Jacques, Conseiller, & Maître des Requêtes de la Reine Catherine de Médicis, naquit à Marseille le 19 Septembre 1587, dans le tems que Charles Casaulx travailloit à s'y rendre maître absolu. Il montra au sortir de l'enfance un goût singulier pour la Poésie

Vias.
An. 1667.

latine, & n'avoit pas encore dix-neuf ans, quand il publia le Panégyrique d'Henri le Grand, ouvrage rempli de longueurs, mais dans lequel on trouve cette heureuse facilité qui décèle le Poëte.

On trouve dans ses autres pièces la même facilité, de l'esprit, du goût, & une grande connoissance des anciens Poëtes. On voudroit qu'il eût fait un usage moins fréquent de la fable; cet usage dégénère quelquefois en abus, & répand de l'obscurité dans le style. De Vias fut fait Consul de la Nation Françaife à Alger; mais il n'alla jamais remplir sa place. Il mourut à Marseille en 1667, âgé de quatre-vingt ans, laissant plusieurs ouvrages de Poésie, dont on peut voir la liste dans les Hommes Illustres de Provence par le P. Bougerel, p. 201. Il étoit versé dans l'Astronomie, & avoit assez de connoissance des Médailles & des antiques, pour être regardé comme un Amateur éclairé.

Le Chevalier Paul.
An. 1667.

Le Chevalier Paul, qui fait le sujet de cet article, est du petit nombre de ces hommes qu'un mérite rare porte aux premières places de l'Etat, malgré les obstacles que la bassesse de la naissance oppose à leur élévation. Sa mere étoit Lavandiere; elle le mit au monde dans un bateau, au mois de Décembre 1597, un jour qu'elle alloit de Marseille au Château d'If. Paul de Fortia, Seigneur de Piles, le tint sur les fonts de baptême, & lui donna le nom sous lequel il a été connu.

Cet enfant se sentit à peine en état de soutenir les fatigues de la mer, qu'il se glissa sur un vaisseau, se cacha derriere quelques balles de marchandises, & ne se montra que quand on ne fut plus en état de le mettre à terre. Trois ans lui suffirent pour apprendre la manœuvre & les termes de la marine. Devenu matelot, il servit sur un vaisseau de la Religion, ensuite il s'engagea dans les troupes de Malthe, en qualité de simple soldat, quitta le service de terre ; & s'étant embarqué sur un brigantin armé en course, il donna tant de preuves de courage & d'intelligence, que le Capitaine ayant été tué, il fut mis à sa place par l'équipage. Tel fut le commencement de sa fortune : il n'y avoit point de péril qu'il n'affrontât, lorsque, pour vaincre, il ne falloit que de l'habileté & du courage. Les Turcs apprirent à leurs dépens combien il étoit dangereux de l'attaquer ou de l'attendre. Le Grand-Maître voulant reconnoître les services qu'il avoit rendus à la Religion, le fit Chevalier servant d'Armes, & lui donna le commandement d'un Vaisseau.

C'étoit dans le tems que le Cardinal de Richelieu travailloit à rétablir la Marine. Il voulut attacher à la France un homme qui y avoit reçu le jour. Paul signala son entrée dans cette nouvelle carriere, par les talents qu'il montra au combat de Guttrai en 1638. Les autres actions qu'il fit lui méritèrent un rang parmi les plus célèbres Marins du dernier siècle, & l'élevèrent successivement au grade de Chef-d'Escadre, de Lieutenant-Général, & de Vice-Amiral des Mers du Levant : le Grand-Maître Lascaris le fit Chevalier de Justice en 1651.

Ces honneurs élevèrent son ame, sans lui donner de la vanité. Un jour qu'il passoit sur le quai du Port à Marseille, accompagné des Officiers des Galères, & des principaux Gentilshommes de cette Ville, il apperçut, dans la foule du peuple qui s'assembloit pour le voir, un matelot, son ancien camarade, qui n'osoit se montrer. Le Chevalier Paul s'approcha, & lui dit : « Mon ami, pourquoi me fuyez-vous ? » Croyez-vous que la fortune m'ait fait oublier mes anciens » amis » ? Ensuite, se tournant vers ceux qui le suivoient : » Messieurs, leur dit-il, voilà un camarade de mon enfance : » nous avons été mousses sur le même vaisseau : la fortune » m'a été favorable, elle lui a été contraire ; mais je ne l'en

» estime pas moins ; souffrez que je m'entretienne un moment
» avec lui ». Le prenant alors par la main, il s'informa de l'é-
tat de ses affaires, & lui procura un petit emploi, qui le mit
en état de subsister avec sa famille. Si c'est un amour-propre
raffiné que d'avoir ainsi rappellé la bassesse de son extraction
au milieu d'un cortège brillant, il faut convenir que c'est
l'amour-propre d'une ame bien noble, sur-tout quand on sait
y joindre la bienfaisance & l'amitié. En 1667, ce Militaire
respectable fut cruellement tourmenté par la goutte & par
d'autres infirmités, qui le conduisirent au tombeau le 18 Octobre de la même année. Il laissa son bien aux Pauvres, demandant à être enterré parmi eux (1).

Bouche, (Honoré) naquit à Aix en 1598, & prit le
Bonnet de Docteur en Théologie dans cette Ville, en 1633.
Le désir de s'instruire lui fit entreprendre le voyage de la Capitale & celui d'Italie, où il visita les Savans & les Bibliothèques, pour exécuter le projet qu'il avoit formé d'écrire l'histoire
de son Pays. Il travailla pendant vingt ans à cet ouvrage, &
l'on n'en sera pas surpris, si l'on fait attention aux recherches
immenses qu'exige l'Histoire d'une Province. La chorographie
seule dut lui coûter beaucoup de peines & de travaux ; c'est
la meilleure partie de son Histoire, celle où il règne le plus
de critique.

---

(1) Le P. Philippe de la Trinité, Carme, homme estimable par son zèle pour
la religion, après avoir parcouru une partie de l'Afrique & de l'Asie, a fait
imprimer la Relation de ses Voyages, qui n'apprend que peu de choses. Il
composa aussi une Chronologie générale, depuis le commencement du monde
jusqu'en l'année 1665, in-8°, une somme de Philosophie, & une Histoire en latin
des Hommes Illustres & des Saints de son Ordre. Nous ne parlerons pas de
Pontis, puisque ce n'est pas lui qui a écrit ses Memoires, & qu'il ne se fit
connoître que par son courage intrépide à l'armée, & par ses vertus à Port-
Royal des Champs.

Cependant la plupart des inscriptions qu'il rapporte sont altérées : on voit même qu'il les entendoit très-médiocrement ; aussi n'a-t-il garde d'expliquer ce qu'elles contiennent d'intéressant.

Quant à la partie historique, on peut la diviser, suivant le plan qu'il s'est formé, en quatre époques. La premiere commence à la création, & finit au tems où la Provence passa sous la domination Romaine. La seconde comprend tout ce qui est arrivé dans cette Province sous la premiere & la seconde Race de nos Rois, & sous les Comtes de Barcelone : la troisième embrasse les deux Maisons d'Anjou, & la quatrième finit en 1661.

La premiere époque est presque toute remplie de fables, jusqu'au tems où les Romains s'emparèrent de la Provence. Alors leur Histoire est la seule chose dont notre Auteur s'occupe, & il la défigure par la confusion qu'il y met. Il traite avec aussi peu d'ordre & de critique l'Histoire de France, sous laquelle il fait disparoître le peu de faits qui regardent notre Province ; & quand il en est aux Rois d'Arles & aux Comtes de Barcelone, il s'égare dans un labyrinthe, où il est impossible de le suivre. Pour ce qui regarde les deux Maisons d'Anjou, il est certain qu'il n'en avoit qu'une idée superficielle & fausse. Les Historiens Italiens les plus exacts & les plus accrédités lui étoient inconnus : il négligea même de visiter les archives de la Cour des Comptes, des Communautés, des Evêchés, & des Abbayes. Ce qui s'est passé depuis la réunion de la Provence à la Couronne, jusqu'au commencement du XVIIe siècle, est mieux rédigé, mieux fondu, que tout le reste ; mais il s'en faut bien que tous les faits intéressants soient rapportés. Bouche n'a guères fait que copier Nostradamus dans les guerres du XVIe siècle ; & l'un & l'autre laissent beaucoup de choses à désirer : c'est ce qui fit que Louvet, Docteur en Médecine, publia

SUITE DES HOMMES ILLUSTRES.

l'Hiftoire des Troubles de Provence, depuis 1481 jufqu'en 1598, en deux volumes *in*-12, & enfuite deux volumes d'additions. Ce fupplément, quoiqu'incomplet, étoit néceffaire. Notre Auteur n'a ébauché que très-fuperficiellement, & d'une maniere peu exacte, l'Hiftoire du xviie fiècle, jufqu'en 1661 où il s'arrête.

Nous ne parlerons pas de fon ftyle; il eft moitié Latin, moitié Gaulois, fi diffus, fi embarraffé, que le lecteur fe fent rebuté à chaque inftant. Cependant, il faut rendre juftice à Bouche: il avoit beaucoup étudié l'Hiftoire de France & l'Hiftoire Romaine; il en favoit à peu près tout ce qu'on pouvoit en favoir alors. On fent même par certaines difcuffions, dans lefquelles il entre, qu'il auroit été capable de critique dans un fiècle plus éclairé. La Provence fit imprimer l'Hiftoire à fes dépens, & écrivit en faveur de l'Auteur à Louis XIV, qui lui donna la Prévôté de Chardavon. L'ouvrage intitulé: *la Sainte Eglife de Laurette*, & celui où il prétend prouver l'arrivée de la Magdeleine en Provence, ont eu le fort qu'ils méritoient: ils font oubliés. Cet Auteur mourut à Aix, le 25 Mars 1671, dans la foixante-treizieme année de fon âge, eftimé, comme il méritoit de l'être pour fon travail & fa vertu; car fon ouvrage refpire par-tout l'amour de la religion & les bonnes mœurs.

Columbi.
An. 1679.

Columbi (Jean) Jéfuite, né à Manofque en 1592, fe fit eftimer pour fon exactitude à remplir les devoirs de fon état, & par le défir qu'il eut de rendre fes talents utiles. L'étude de l'Hiftoire & de l'Ecriture-Sainte fit fa principale occupation. Les ouvrages qu'il a publiés fur l'Ecriture, font plus d'honneur à fon zèle qu'à fes talents. Il y a dans fon Hiftoire Chronologique des Evêques de Die, de Valence, de Viviers, de Vaifon & de Sifteron, beaucoup de recherches, & fouvent de la critique; on doit faire le même éloge des autres morceaux

qui

qui ont rapport à l'Histoire de Provence, & qui sont dans ses *Opuscula varia*, imprimés à Lyon, *in-fol.* 1668. Cet Auteur mourut dans cette Ville le 11 Décembre 1679 (1).

Moréri, (Louis) Docteur en Théologie, né à Bargemont en 1643, s'attacha à l'Evêque d'Apt, Gaillard de Longjumeau, en qualité d'Aumônier. Ses études, qu'il ne discontinua pas, le mirent en état de publier en 1673, en un volume *in-fol.* le Dictionnaire qui porte son nom, & qu'il dédia à ce Prélat, en reconnoissance des soins qu'il s'étoit donné pour lui procurer des matériaux. Madame de Gaillard-Venel, sœur de l'Evêque d'Apt, & sous-Gouvernante des Enfans de France, fit placer Moréri auprès de M. de Pomponne, Secrétaire d'État. Il pouvoit espérer de grands avantages de sa place ; mais son application assidue au travail, épuisa ses forces, & le jetta dans une langueur dont il mourut à Paris, le 10 Juillet 1680, âgé seulement de trente-sept ans. Il étoit alors occupé à donner la seconde édition de son ouvrage en deux volumes *in-fol.* Moréri étoit versé dans l'Histoire & la Littérature, connoissoit les livres modernes, qu'il falloit consulter, & n'entendoit pas mal l'Italien & l'Espagnol ; mais il manquoit de goût, d'imagination & de critique. Son style incorrect, ses omissions, ses erreurs demandoient qu'une main habile détruisît l'ancien édifice, & qu'elle en élevât un nouveau, plus élégant, plus régulier, plus vaste, dans lequel on ne fit entrer que des noms illustrés par les talents, par de belles actions, ou par une noblesse ancienne & connue : c'est ce qui a été exécuté, quoiqu'il y ait encore beaucoup à faire. Dans cette refonte, presque tout le travail de

---

(1) Les bornes de cet Ouvrage ne nous permettent pas de donner un article particulier à Paul-Antoine de Quiqueran-Beaujeu, Chevalier de Malte, homme d'un courage intrépide, & qui ayant été pris par les Turcs, sortit du Château des Sept-Tours, bâti sur le Canal de Constantinople, par le moyen d'une corde, qu'un de ses neveux lui procura. Il y avoit onze ans qu'il étoit prisonnier.

Moréri a disparu. C'est un livre nouveau, fait sur l'ancien plan, & qui, n'étant jamais achevé, laisse toujours quelque chose à ajouter & à corriger à ceux qui veulent l'entreprendre.

Gaffarel, (Jacques) Docteur en Théologie & en Droit Canon, naquit à Manosque, Diocèse de Sisteron, en 1601, & alla chercher à Paris des secours qu'une homme de talens ne trouve pas dans la Province. Le Cardinal de Richelieu le fit son Bibliothécaire, & l'envoya en Italie pour lui faire un choix des meilleurs livres imprimés & manuscrits. On ne sait pas si c'est dans ce voyage que Gaffarel prit du goût pour les ouvrages des Rabins ; mais personne n'a pénétré plus avant que lui dans leurs Sciences mystérieuses, & n'a mieux connu les différentes manieres dont les Cabalistes se servent pour expliquer l'Ecriture. Il découvre dans son Traité des Talismans, intitulé : *Curiositates ineditæ de figuris Persarum Talismanicis*, imprimé à Hambourg en 1676, leurs subtilités, pleines de sottises & d'impostures, ce qui n'empêche pas qu'on ne l'ait accusé lui-même d'en avoir été entêté. La Sorbonne le censura, & Gaffarel fut obligé de faire une rétractation. Outre cet ouvrage, il en fit plusieurs autres, qui sont, 1° l'*Histoire du Monde souterrein*, que la mort ne lui permit pas de publier. Il y parle avec plus de préjugés que de philosophie des grottes, mines, voûtes & catacombes, qu'il avoit observées pendant trente ans, en plusieurs parties du monde. 2° *Abdita divinæ Cabalæ mysteria*. 3° *De Musicâ Hebræorum stupenda*. 4° *De Stellis cadentibus opinio nova*. 5° *Disputationes Hebraïcæ Philosophiæ utrum à principio mare falsum fuerit*. 6° Un Traité des bons & des mauvais Génies. 7° Un Catalogue Latin de tous les ouvrages de Cabale, manuscrits, & dont J. Pic de la Mirandole s'est servi. 8° Un Traité singulier pour tâcher de ramener les Protestans à la Religion Catholique, intitulé : *Quæstio pacifica num religionis dissidia, per Philosophorum principia, per antiquos*

Christianorum Orientalium libros rituales, & per propria Hereticorum dogmata conciliari possint : 9° A. R. Elcha Bendavid de fine mundi ex Hebræo Latiné interprete & notatore Jacobo Gaffarello. 10° *In voces derelictas Veteris Testamenti Centuriæ duæ.* 11° Paraphrase Française sur le Pseaume *Super flumina Babylonis.* On trouve dans la plupart de ces ouvrages beaucoup d'érudition, des choses curieuses, d'inutiles & d'absurdes. Ce fut aussi par ses soins qu'on imprima à Paris les notes, faites par *Imperialis,* sur toutes les Œuvres de Galien. Gaffarel étoit habile dans la Langue Hébraïque, & savoit aussi le Grec, le Latin, l'Espagnol & l'Italien. Il mourut à Sigonce, village de Provence, en 1681, âgé de quatre-vingt ans (1).

Cabassut, (Jean) Prêtre de l'Oratoire, un des plus célèbres Canonistes du dernier siècle, naquit à Aix, en 1604. Il se distingua par son humilité, son désintéressement, son amour pour la retraite ; par l'austérité de sa vie, & par ses talents. Il partageoit son tems entre l'étude & la priere, & n'interrompoit ses occupations que pour résoudre les difficultés qu'on venoit lui proposer, sur la Théologie, la Morale & le Droit Canon. La précision & la justesse de ses réponses portoient la lumière dans l'esprit, tandis qu'il gagnoit le cœur par sa modestie. Il mourut à Aix, le 25 Septembre 1685, âgé de quatre-vingt-un ans. On doit à ses veilles deux ouvrages Latins, fort connus : le premier sur la théorie & la pratique du Droit Canon : *Juris Canonici theoria & praxis.* Il a été imprimé plusieurs fois : la meilleure édition est celle qu'en a donnée M. Gibert, *in-fol.* 1738. Le second est la notice de l'Histoire Ecclésiastique, des

---

(1) Madame de Venel, fille de Pierre de Gaillard-Lonjumeau, née à Marseille le 24 Janvier 1620, Sous-Gouvernante des Ducs de Bourgogne, de Berri & d'Anjou, distinguée par ses graces & son esprit, mérite d'être citée avec eloge à cause du zèle avec lequel elle faisoit valoir auprès du Ministre les services ou les talens des personnes de sa Province.

SUITE DES
HOMMES
ILLUSTRES.

Conciles & des Canons, dont la meilleure édition est de 1670. Cet ouvrage, qui est rempli d'érudition, & dont le plan est fort bon, peut servir d'introduction à l'Histoire de l'Eglise. Mais il contient, ainsi que le précédent, plusieurs principes qui tiennent aux préjugés du dernier siècle, & qui sont plus conformes aux maximes & aux usages Ultramontains qu'à notre Jurisprudence. Voilà pourquoi ces deux ouvrages, qu'on a imprimés *in fol.* à Venise, sont encore plus estimés en Italie qu'en France. Nous avons du même Auteur un Traité sur l'Usure, & quelques décisions sur diverses questions, sous le titre de *Horæ subcisivæ* (1).

Marchetti.
An. 1688.

Dans le même tems vivoit François Marchetti, de Marseille, qui, après avoir passé quinze ans dans la Congrégation de l'Oratoire, l'a quitta, pour s'attacher d'une manière plus particulière à J. B. de Gault son Evêque, dont il a écrit la vie. Il publia aussi celle de François de Galaup de Chasteuil, Solitaire du Mont-Liban, estimée & devenue rare : 2° un Discours sur le Commerce des Gentilhommes de Marseille, & sur le titre de *Nobles Marchands*, qu'ils prenoient il y a plus de cent ans : 3° *l'Explication des Usages & des Coutumes des Marseillois, contenant les Coutumes sacrées*. Nous n'avons que le premier volume de cet ouvrage, qui devoit être suivi de plusieurs auttes, & qui laisse beaucoup de choses à désirer, soit pour le fonds, soit par la manière dont il est fait : 4° un Traité sur la

---

(1) Gaspard Augeri, né à Aix, qui a écrit la Vie de quelques Saints Personnages ; le P. Bec, Capucin, natif de Bauduen, Diocèse de Riez, plus recommandable par ses vertus, que par le *Paradis Philosophique & le Paradis Théologique*, dont il est Auteur, ainsi que de la Vie de Marthe d'Oraison, & d'Anne d'Aguillen, qui n'auront point d'article particulier dans cet Ouvrage, où nous sommes obligés de nous restreindre ; non plus que Joseph Templeri, d'Aix, Auteur de quelques Tragédies, d'autres pièces de Poésies, & d'une Grammaire Française, qui lui attirèrent de la part de ses Compatriotes des Eloges que le tems n'a pas confirmés ; parce qu'il ne laisse passer à la postérité, que les Ouvrages, fruits du talent & du goût.

Messe, avec l'explication des Cérémonies en Latin & en Français : 5° une Ode à M. de Meaux ; tous ces ouvrages firent à Marchetti une réputation qui n'est pas venue jusqu'à nous : il mourut en 1688.

Ruffi, (Antoine de) Conseiller en la Sénéchaussée de Marseille sa Patrie, dédommagea un Plaideur, dont il avoit été le Rapporteur, parce qu'il sentit qu'il n'avoit pas mis assez de tems à l'examen de la cause. Ce trait de probité donne bien moins de célébrité qu'un bon ouvrage ; mais il fait beaucoup plus d'honneur. Ruffi mérite encore des éloges, pour avoir trouvé, au milieu des occupations du Barreau, le tems de composer l'Histoire de Marseille, qui, malgré les défauts dont nous avons parlé dans la Préface du premier tome, est un fonds excellent pour quiconque voudra remanier le même sujet ; car son fils, qui en a donné une seconde édition, n'a pas suppléé à toutes les omissions, ni corrigé toutes les erreurs. L'Histoire des Comtes de Provence, est estimée à cause des recherches & des titres qu'elle contient. Cet Auteur est le premier qui ait porté la lumière dans un sujet aussi embrouillé, quoiqu'il soit tombé dans quelques écarts presque inévitables, parce qu'il n'avoit pu se procurer toutes les Chartes nécessaires pour traiter à fonds cette matiere. Le Roi voulant récompenser le mérite d'Antoine de Ruffi, lui donna un brevet de Conseiller d'État en 1654. Cet Auteur fit imprimer la vie de Gaspard de Simiane, connu sous le nom de Chevalier de la Coste, & donna une Histoire des Généraux des Galères, insérée dans l'Histoire Généalogique des Grands Officiers de la Couronne ; il mourut à Marseille le 30 Avril 1689, âgé de quatre-vingt-deux ans. Son fils & lui ont laissé un grand nombre de manuscrits importants, fruit de leur zèle, de leurs talents & de leurs recherches, qui pourroient servir à une nouvelle Histoire de Marseille.

Gaufridi, (Jean-François de) fils de Jacques, Président au Parlement de Provence, naquit à Aix le 13 Juillet 1622. Destiné au Barreau par sa naissance, il s'y distingua par ses talens : mais son goût le portant plus particuliérement à l'étude de l'Histoire, il composa celle de Provence, d'après celles de Bouche & de Nostradamus ; il s'attacha plus particuliérement au premier, qu'il voulut rendre supportable, par le soin qu'il eut de le dégager des longueurs, des inutilités, & des digressions, dont il est surchargé ; il voulut sur-tout lui faire parler un langage moins barbare que n'est celui de cet Auteur. S'il corrigea quelques erreurs, il en ajouta d'autres d'après des mémoires qu'il n'auroit point adoptés, s'il avoit connu les chartes, qui sont les sources les plus pures de l'Histoire. C'est ce que Gaufridi a trop négligé ; il ne cite pas même les Écrivains dans lesquels il a puisé, de maniere qu'on ne peut pas compter sur son témoignage : le ton de déclamation avec lequel il raconte les faits, diminue d'ailleurs la confiance du lecteur : ce n'est que pour le XVIe siécle qu'on peut quelquefois le prendre pour guide. Gaufridi mourut à Aix, le 2 Novembre 1689, étant privé de la vue depuis plusieurs années. Il avoit un fils Abbé, qui publia l'Histoire de Provence en 1694, 2 vol. *in-fol.*

Lombard, (Etienne de) beaucoup plus connu sous le nom de *l'Abbé de Trouillac*, natif de Forcalquier, entra chez les Jésuites, & en sortit pour se retirer à Port-Royal des Champs. Né avec un caractère fort vif, il ne tarda pas de se faire connoître, par la chaleur avec laquelle il prit part aux disputes qui troubloient l'Eglise de France : son zèle lui fit prendre la plume contre le P. Brizacier, Jésuite, & contre Léonard Marandé. Des occupations plus solides remplirent ensuite ses loisirs : il fit des Conférences sur l'Histoire aux Princes de Conti & de la Roche-sur-Yon, lorsque M. de Lancelot étoit chargé de leur éducation. Rendu à lui-même, il se retira dans sa Patrie, où il mourut vers l'an 1689, après avoir mérité l'estime de ses concitoyens par sa conduite & son désintéressement.

Léotardi, (Honoré) reçut le jour à Nice vers l'an 1620,

& se fit un nom distingué parmi les Jurisconsultes de son tems. Le Duc de Savoie, attentif à récompenser le mérite, nomma Léotardi à une charge de Sénateur dans sa Patrie, & eut la satisfaction de lui voir remplir son attente & celle du public. Ce Magistrat, qui partageoit son tems entre les fonctions du Barreau & l'étude du cabinet, composa plusieurs ouvrages sur le Droit. Le premier, qui est estimé, & dont on a donné une nouvelle édition, à Venise, 1762, in-fol. a pour titre: *de Usuris & Contractibus usurariis coercendis*; les autres sont 1° *Disputatio quod jus Justinianeum statuerit*, Turin, in-fol. 1662 : 2° *Tractatus de bono judice*, Traité plein de raison & de bon sens. Ce Magistrat fit aussi des vers où l'honnête homme se montre plus que le Poëte ; il mourut à Nice vers l'an 1690.

Pitton, (Jean Scolastique) né à Aix, se fit recevoir Docteur en Médecine, & abandonna sa profession pour recueillir les monumens historiques de sa Patrie ; il en composa l'Histoire d'Aix, ouvrage mal écrit, dans lequel les faits sont mal détaillés, rapportés sans ordre & sans critique : il y en a même d'intéressants qui sont omis. Les Annales de la Sainte Eglise d'Aix, quoiqu'elles contiennent plus de recherches, ont à peu près les mêmes défauts. Nous ne parlerons pas des *Dissertations historiques* sur le séjour que Saint Maximin & Sainte Magdeleine firent à Aix : l'ouvrage le plus raisonnable sur cette matiere, n'apprend rien au lecteur. Pitton donna aussi un Traité sur les eaux thermales de cette Ville, & quelques autres qui ne sont point lus. Ce qu'il a fait de mieux, ce sont *ses sentimens sur les Historiens de Provence, en quinze Lettres*, quoiqu'il y ait encore à réformer dans les jugemens qu'il porte : il mourut à Aix le 21 Février 1689.

Juanet, (Honoré de Colin du) fils d'Esprit de Colin, Seigneur du Juanet, & de Marguerite de Forbin-Bonneval, naquit à Lambesc le 12 Septembre 1611. Il entra dans l'Oratoire & fit une étude particuliere de la Théologie, dans laquelle il se rendit très-habile, l'ayant étudiée non pas en favant qui charge sa mémoire des idées d'autrui, mais en homme qui les pese & les discute. Les disputes Théologiques, qui agitoient alors la France, déterminèrent son attention vers cet objet, & à l'invitation d'Octave de Bellegarde, Archevêque de Sens, il publia un Précis des sentimens de Saint Augustin, sur la Grace, intitulé : *Sanctus Augustinus per se ipsum docens Catholicos & vincens, Pelagianos*. Cet ouvrage dont on a fait plusieurs éditions, fit beaucoup de bruit. On taxa le P. du Juanet de Jansénisme, & on l'accusa de prêter à Saint Augustin des sentimens qu'il n'avoit pas. Il fut obligé de quitter Saint Magloire, où il étoit alors, & de se retirer à Valbonette en Provence, auprès de son oncle Paul-Albert de Forbin, Grand-Prieur de Saint Gilles, & Lieutenant-Général des Galères. Cependant cet homme, qu'on chassoit de Paris, prêcha avec beaucoup de fruit & d'applaudissement à Aix, à Arles & à Marseille. Sa Congrégation l'ayant nommé Visiteur, le Roi lui défendit d'en faire les fonctions, l'exila à Aix, & ensuite à Notre-Dame de Grace, près de Cotignac, où il mourut le 3 Août 1691, âgé de quatre-vingt ans. Il a laissé dix ouvrages manuscrits, tant sur l'Evangile que sur la discipline de l'Eglise & la Théologie ; il y a un volume de Conférences, faites à Paris, dans l'Eglise de l'Oratoire. Le mérite de ces ouvrages prouve que le P. du Juanet, dans des tems plus tranquilles, auroit pu être beaucoup plus utile à la Religion & à son Corps.

Du Port.
An. 1591.

Port. (Gilles du) Nous parlons de cet Auteur, parce qu'il eut de la réputation, quoiqu'aujourd'hui il soit entièrement oublié. Des Mémoires sur sa vie, nous le représentent comme un homme de beaucoup d'esprit ; mais ses ouvrages, où l'on ne trouve rien que de médiocre, en donnent une idée un peu différente. L'*Histoire* qu'il a composée, *de l'Eglise d'Arles, de ses Evêques & de ses Monastères*, est inférieure à celle de Saxi, dont

dont elle n'est qu'un abrégé. L'*Art de prêcher* ne contient rien qui mérite d'être lu. Ce pieux Ecclésiastique, un des plus vertueux de son diocèse, avoit long-tems prêché avec édification à Arles sa Patrie, où il mourut en 1691 ; il avoit été près de vingt ans de l'Oratoire.

Perrier, (Charles du) naquit à Aix, de Charles du Perrier, Gentilhomme de Charles de Lorraine, Duc de Guise, Gouverneur de Provence. La Poésie Latine eut les premiers hommages de sa Muse : il mérita d'être mis parmi les sept Pléiades Parisiennes. Son talent le lia avec Santeuil ; mais la rivalité refroidit bientôt cette amitié, que la conformité des goûts avoit fait naître. Ces deux hommes, que leur imagination dominoit, étant un jour à dîner chez Ménage leur ami commun, parlèrent de leurs vers avec un enthousiasme de Poëte, & avec assez peu de ménagement l'un pour l'autre. Ils finirent par proposer un sujet à traiter, avec une peine de dix pistoles pour celui qui se laisseroit vaincre. Ménage donna gain de cause à du Perrier, qu'il regardoit avec raison comme un de nos meilleurs Poëtes Latins. « Ses vers, dit Baillet, ont de la noblesse, de la » force, & en même-tems une douceur qui n'a rien de badin. » Ils sont bien travaillés, & plutôt le fruit d'un bon jugement, » que d'une grande fécondité ».

Les vers français de du Perrier n'ont pas le même mérite, à beaucoup près, quoiqu'il ait remporté des prix à l'Académie Française. Cependant il en avoit une très-haute idée, & il auroit voulu faire partager au public son admiration. Il n'y a que des fous qui ne les estiment pas, disoit-il un jour à d'Herbelot ; surquoi ce Savant lui répondit : *stultorum infinitus est numerus* ; *le nombre des fous est infini*.

Du Perrier mourut à Paris en 1692. Ses Poésies n'ont pas été recueillies : on les trouve éparses dans des recueils du dernier siécle. Ce sont des Odes latines, des piéces en vers français, & des traductions de quelques écrits de Santeuil. Ce sont les ouvrages d'un homme d'esprit ; mais les fruits d'un talent médiocre pour la Poésie Française.

Bertet, (Jean) né à Tarascon le 22 Février 1622, se distingua dans la Société des Jésuites où il entra fort jeune, par la variété de ses talents & l'étendue de ses connoissances. Il savoit le Grec, l'Hébreu, le Syriaque & les principales langues de l'Europe. Les Belles-Lettres, la Philosophie, les Mathématiques, la Théologie & la controverse, remplirent utilement ses loisirs ; il composa sur toutes ces matières des ouvrages, qui sont restés la plupart manuscrits, & qui vraisemblablement ne méritoient pas de voir le jour ; car il est impossible de n'être pas superficiel, quand on embrasse tous les genres, quelques talens qu'on ait. Il fit aussi des vers en plusieurs langues : mais la pièce qui lui fit le plus d'honneur, fut l'Epigramme Provençale sur la prise de Maftrick. Pour en sentir la beauté, il faut savoir que le siége dura treize jours, que nos troupes donnèrent un assaut le 29 Juin, jour de Saint Pierre, & que la Place se rendit le lendemain, qui étoit le jour de Saint Paul. La voici telle qu'elle fut imprimée :

San Peyre, eme sa testo razo
Diguet devant Maftric l'autre jour à san Paou
Per combattre deman presto mi toun espaso,
Din dous jours per intrar te prestarai ma claou.

C'est-à-dire, *Saint Pierre, à la tête rase, étant l'autre jour devant Maftrick, avec Saint Paul, lui dit, pour combattre demain, prête-moi ton épée, & dans deux jours pour entrer dans la Place je te prêterai ma clef.*

La variété des goûts & des occupations du P. Bertet tenoit beaucoup à la vivacité de son imagination & à la légéreté de son caractère ; aussi ne mettoit-il pas dans toutes ses démarches, cette réserve que les bienséances de son état exigeoient ; & en 1681, il reçut ordre de ses Supérieurs de sortir de la

Société, quoiqu'il eut fait ses quatre vœux depuis 1659. Il s'attacha au Cardinal de Bouillon, Grand-Aumônier de France, qui lui témoigna constamment de l'intérêt. Le P. Bertet composa sur cette dignité, un Traité historique, dans lequel il en discute l'antiquité, ses prérogatives & ses droits. Il prétend que le Grand-Aumônier est l'Evêque de la Cour, & le premier Officier de la Couronne. Ce Traité est plein de recherches curieuses, & de dissertations critiques, qui éclaircissent les faits. Il est suivi d'un autre sur la Chapelle des Ducs de Bourgogne, fondée à Dijon en 1172, & sur ses principaux privilèges ; sur la Chapelle des Rois d'Espagne, & celle des Rois de Portugal, fondée en 1515 ; il publia aussi des Remarques historiques sur l'Ordre Teutonique, & composa des Tables Astronomiques, & quelques ouvrages, dont on peut voir la liste dans *les Hommes Illustres de Provence, par le P. Bougerel*. Mais le plus singulier de tous, est une Traduction en vers Italiens de l'Opéra d'Armide, sans changer une seule note de Lulli. Cet Auteur mourut à Paris, le 29 Juin 1692, âgé de soixante-dix ans.

D'Ortigue, (Pierre) sieur de Vaumoniere, étoit fils d'Annibal d'Ortigue, dont nous avons déja parlé. Le peu de biens qu'il y avoit dans sa famille, fut cause qu'il quitta de bonneheure la ville d'Apt sa patrie, pour aller à Paris, où il comptoit réparer, par ses ouvrages, les rigueurs de la fortune : il se trompa, car il fit beaucoup de romans, & mourut pauvre. Heureusement pour lui, il étoit d'un caractère à ne pas se laisser abattre par les revers. Il disoit plaisamment, que *l'argent & le cœur ne sont bons que quand on les donne*. Mlle de Scudéri le représente comme un homme d'esprit, aimable & plein de probité : parmi le grand nombre d'ouvrages qu'il a composés, le seul qu'on puisse lire avec quelque profit, est l'*Art de plaire dans la converfation*, *in*-12. Cet Auteur mourut à Paris au mois de Septembre 1693, dans un âge fort avancé.

Puget, (Pierre) Architecte, Sculpteur & Peintre; naquit à Marfeille le dernier Octobre 1622. Sa premiere étude fut celle de la Sculpture, qu'il devina, pour ainfi dire, l'ayant apprife à l'âge de quatorze ans, fous un Conftructeur de galères, qu'il furpaffa dans moins de quatre mois. Le defir de fe former, lui fit entrependre le voyage de Florence, où la munificence des Médicis avoit raffemblé les chefs-d'œuvre de l'antiquité, & plufieurs grands Maîtres qui honoroient alors l'Italie. Mais il y arriva fans lettres de recommandation & fans argent. Sa jeuneffe & la fimplicité de fon habillement, lui fermèrent d'abord tout accès auprès des plus célèbres Artiftes; & ce fut avec une peine infinie, qu'il s'introduifit chez le premier Sculpteur du Grand-Duc, qui, par commifération, lui donna à faire un petit paneau d'ornement de fept à huit pouces de long, fur trois ou quatre de large. Puget fupporta patiemment cette efpèce de mépris, & fon dépit fut bien plus grand, quand il vit travailler à des fcabellons des Elèves qu'il jugea être moins habiles que lui. Il demanda à faire les mêmes ouvrages : le mérite & la rapidité de fon travail furpafsèrent l'attente du Maître & des Elèves ; & leur furprife fe changea en admration, quand ils virent enfuite les modèles qu'il traça, & la manière dont il les exécuta. Alors, fe livrant à cette confiance que donne le fentiment de fes propres forces, il ne fut plus dans l'attelier du Sculpteur un ouvrier timide, & abattu par le befoin & par la crainte ; il prit cette liberté que donnent des talents connus, & devint l'ami de fon Maître, dont il devoit être bientôt le rival.

Peu de tems après, il fut attiré à Rome, par le défir de connoître Pierre de Cortone. Il travailla même quelque tems à la peinture fous les yeux de cet homme célèbre ; & d'après fes ouvrages, il imita fi bien fa manière, que les connoiffeurs fe méprenoient fur les productions de fon pinceau. Après avoir ainfi étudié la Peinture & la Sculpture, fous les plus habiles Maîtres, il revint à Marfeille en 1643, & fut choifi pour la conftruction d'un vaiffeau de Roi. Il inventa ces belles galeries qu'on ne connoiffoit point avant lui, & que les étrangers ont tâché d'imiter.

Obligé de retourner à Rome, vers l'an 1646, par ordre de la Reine, pour deffiner tous les reftes précieux de la Sculpture & de l'Architecture, il découvrit dans ces deux arts des fecrets qui lui avoient d'abord échappé. Quoique dans la Peinture, il n'ait pas égalé les grands Maîtres, les gens de l'art ne laiffent pas d'admirer l'*Annonciation* & la *Vifitation*, deux tableaux qu'on voit au Collége d'Aix, dans la Chapelle de la Congrégation : le *Baptême de Conftantin le Grand, & celui de Clovis*, à la Cathédrale de Marfeille, méritent beaucoup d'éloges : le plus eftimé de tous eft le *Salvator mundi*, qui eft dans la même Chapelle que les deux autres. La Cathédrale de Toulon, les Capucins de la même ville, l'Eglife de la Valette, quelques cabinets à Aix & à Marfeille renferment auffi des productions eftimables de fon pinceau.

Il réuffit mieux dans la Sculpture ; & l'on eft obligé de convenir de la fupériorité de fon talent, quand on connoît le *Saint Sébaftien* & le *Saint Ambroife*, qui font les principaux ornemens de l'Eglife de Carignan à Gênes ; l'*Affomption*, placée au maître-autel de l'Hôpital de cette ville ; les deux *Thermes*, qui foutiennent le balcon de l'Hôtel-de-Ville de Toulon, & qu'on peut comparer à tout ce que les modernes ont fait de plus beau : on n'admire pas moins le *Milon de Crotone*, l'*Andromède*, le bas-relief repréfentant la *pefte de Milan* ; celui où

Alexandre paroît devant Diogène, & quelques autres ouvrages qui font églement honneur à fon cifeau.

On juge de fon talent pour l'Architecture, moins par quelques beaux édifices auxquels il a préfidé, que par les deffins fuperbes qu'il a laiffés, & qui fe trouvent, ainfi que des deffins d'un autre genre, & fes marines dans les cabinets de plufieurs particuliers, tant en Provence qu'à Paris. Puget avoit beaucoup de probité, le caractère franc, l'humeur brufque, & une certaine fierté affez naturelle aux perfonnes qui fentent leurs forces. Auffi laiffoit-il quelquefois un peu trop appercevoir la bonne idée qu'il avoit de lui-même. Cet homme célèbre, épuifé de fatigue & de travail, mourut à Marfeille le 2 Décembre 1694, âgé de foixante-douze ans, laiffant un fils, qui s'adonna à la Peinture, & de qui l'on a quelques portraits, dont on fait cas. Comme un grand Artifte a une influence marquée fur les hommes à qui la nature a départi quelques étincelles du même génie, les travaux de Puget firent éclore en Provence quelques talents, dont peut-être ne fe feroient pas doutés ceux mêmes qui les avoient reçus. Le Sculpteur, dont nous allons parler, eft une preuve de ce que nous difons.

Clérion, (Jacques) natif de Tretz. Il travailla à Paris pour la Cour & pour plufieurs perfonnes de diftinction. Parmi les monumens qui décorent Verfailles, il y en a trois de lui, dont les connoiffeurs font cas : ce font une Vénus, copiée d'après l'antique ; & deux Thermes, dont l'un repréfente Jupiter, & l'autre Junon. Le Bacchus de la falle de Trianon eft forti de fon cifeau ; ainfi que deux buftes qui font dans l'Eglife de Saint Jean d'Aix. Clérion avoit époufé Géneviève Boulogne, qui peignoit les fleurs, les fruits & l'Hiftoire. Ses talents lui méritèrent une place à l'Académie Royale de Peinture : elle mourut à Aix en 1708, & son mari la suivit au tombeau en 1714, âgé de soixante-quatorze ans (1).

Roullet, (Louis) né à Arles en 1645, connut parfaitement le mécanisme du burin régulier sans affectation. Il introduisit les tailles losangées, les losanges adoucies, & les tailles quarrées, suivant le moëlleux des chairs ou le caractère des étoffes par des troisièmes plus fines & plus écartées que les secondes. Il savoit saisir à propos, sacrifier certains partis, pour ménager le repos de l'ouvrage, & ne négligeoit rien de ce qui peut l'assaisonner de graces & de beautés. Nous avons de sa main les *Maries au tombeau*, d'après Annibal Carrache, chef-d'œuvre de gravure pour la vérité d'expression ; l'*Extase de Saint Paul*, d'après le Dominiquin ; & plusieurs morceaux d'après Chirofer & autres grands Peintres. Roullet grava aussi plusieurs portraits, parmi lesquels on distingue celui du célèbre Lulli, peint par Mignard. Il mourut à Paris en 1699.

Thomassin, (Louis de) fils de Joseph, Avocat-Général en la Chambre des Comptes de Provence, & de Jeanne de Latil des Seigneurs d'Entraigues, naquit à Aix le 28 Août 1619, & entra dans l'Oratoire au mois de Septembre 1632, n'étant alors que dans sa quatorzième année. Son application à l'étude, ses talents & sa mémoire prodigieuse le mirent en état de professer avec succès les Belles-Lettres, la Philosophie & la Théologie. Il ramena celle-ci à sa simplicité primitive, en substituant aux subtilités de l'école les preuves tirées de l'Ecriture, des Conciles & des Peres. Par-là il rendit cette science infiniment moins rebutante, & beaucoup plus utile, & fit connoître les véritables sources où l'on devoit la puiser. En ayant fait lui-même l'objet unique de

---

(1) De Dieu, natif d'Arles, & Veirier, né à Tretz, élèves de Puget, dans la Sculpture, firent quelques ouvrages qui annoncent des talens pour cet art : de Faudran, né à Lambesc, se fit de la réputation dans la Peinture : mais ils n'acquirent point assez de celebrité pour meriter un article particulier.

ses études, il devint un des hommes les plus savants dans la science Ecclésiastique, comme on peut en juger par les différents Traités qu'il a publiés. Le plus considérable & le plus important, est celui de l'ancienne & de la nouvelle discipline de l'Eglise, touchant les Bénéfices & les Bénéficiers. Quoique l'Auteur n'avance rien qui ne soit expressément marqué dans les Conciles, dans les Canons, & dans les Décrétales des Papes ; comme ces décisions ont été modifiées, & quelquefois abrogées par les progrès des lumières, il est arrivé qu'aujourd'hui cet ouvrage contient des maximes contraires aux libertés de l'Eglise Gallicane ; voilà pourquoi il y a des choses qu'il faut lire avec circonspection ; mais qui n'empêchent pas que cet ouvrage, de l'aveu de Mᵉ d'Héricourt, ne soit un des meilleurs que nous ayons en ce genre.

Il eut un très-grand succès en France & à Rome ; le Pape Innocent XI en fut si content, qu'il voulut attirer l'Auteur auprès de lui, pour l'élever au Cardinalat. Louis XIV, à qui l'Archevêque de Paris en parla de la part du Cardinal Casanata, Bibliothécaire du Vatican, répondit qu'il ne vouloit pas laisser sortir de son Royaume un sujet de ce mérite. Le P. Thomassin traduisit son ouvrage en Latin, pour le rendre d'un usage plus général. Il publia ensuite le Traité des dogmes Théologiques, qui lui fit beaucoup d'honneur. Ses autres ouvrages sont en très-grand nombre, & tous marqués au coin de l'érudition la plus vaste ; mais en général fort négligés du côté du style. Ses méthodes pour étudier & enseigner chrétiennement les Poëtes, la Philosophie, la Grammaire, les Langues savantes, &c. respirent plus l'érudition & la vertu que le goût. C'est aussi ce qu'on remarque dans ses Traités sur la morale & la discipline. Ce sont des matériaux excellens pour une plume élégante, qui traiteroit les mêmes sujets. Il étoit difficile au P. Thomassin d'éviter ce défaut, vu le grand nombre d'ouvrages qu'il a donnés :

nés : & l'on ne concevroit pas comment il a pu y suffire, si l'on ne savoit ce que peut l'amour du travail, joint à beaucoup de facilité, & à un éloignement absolu du monde.

Le Clergé de France, voulant lui marquer son estime & sa reconnoissance, lui donna une pension de cent pistoles, que ce Pere partagea avec les pauvres. Il étoit sage, modeste, ennemi des disputes : sa timidité étoit si grande, qu'il falloit mettre un rideau devant lui, quand il faisoit des conférences. Sa tête s'épuisa par l'excès du travail ; & sur la fin de ses jours, il oublia qu'il eût écrit. Il mourut à Paris, au Séminaire de Saint Magloire, la nuit de Noël 1695, âgé de soixante-dix-sept ans. Deux Magistrats de ses parens, Louis & Henri-Joseph de Thomassin, Seigneurs de Mafaugues, se sont également distingués au commencement du siécle, par leur amour éclairé pour les Lettres & par leur érudition.

Ferrand, (Louis) né à Toulon le 3 Octobre 1645, fut un des hommes du dernier siécle, qui acquit le plus de connoissances sur l'Ecriture-Sainte, les Peres & les Conciles. Mais malheureusement pour lui, il s'appliqua trop, & vraisemblablement son talent l'y portoit, à s'enrichir des idées d'autrui, sans les soumettre à cette critique judicieuse, qui élague le superflu, rejette le faux, omet l'inutile, n'adopte que le vrai ou le probable, & ne se sert des connoissances que pour répandre un nouveau jour sur la science, ou lui faire faire des progrès, en ajoutant des vues nouvelles à celles des autres savans. Ses *Commentaires sur les Pseaumes & sur les Prophéties de Jacob & de Daniel*, ne sont guères remarquables que par une érudition confuse. Il y a des questions intéressantes sur la Chronologie & l'Histoire dans *ses Reflexions sur la Religion Chrétienne*, deux vol. in-12 ; ouvrage qui fut fort applaudi, & qui lui mérita, de la part du Clergé de France, une pension de huit cent livres. Parmi ses Traités de controverse, on dis-

SUITE DES HOMMES ILLUSTRES.

Ferrand.
An. 1696.

tingue celui de l'*Eglife*, *contre les Hérétiques*, *& principalement contre les Calvinifles*, 2 vol. in-12, qui lui valut, de la part du Clergé, une augmentation de deux cent livres de penfion. On regrette que le raifonnement ne foit pas plus précis, plus ferré, dépouillé de vivacités, & revêtu des graces du ftyle, dans fa *Réponfe à l'Apologie pour la Réformation*, *les Réformés & les Réformateurs*, contre le Miniftre Jurieu, vol. in-12. Ce fut à l'occafion de ces deux derniers ouvrages, qu'Henri de Harlai, Archevêque de Paris, préfenta l'Auteur à Louis XIV, qui lui témoigna combien il étoit charmé d'avoir dans fes États un fujet de fon mérite. L'Archevêque ajouta, Sire, *& de fa probité*. C'étoit, en effet, un homme fort vertueux & d'une fociété intéreffante : auffi eut-il des amis illuftres, & une réputation qu'il ne devoit pas toute entiere à la fcience qu'il avoit acquife dans les Antiquités facrées & prophanes. Outre les ouvrages, dont nous venons de parler, il en fit imprimer quelques autres moins importans, & il en laiffa plufieurs manufcrits, fur les matières canoniques, la difcipline & le dogme. Ce Savant eftimable, mourut à Paris en 1696.

Tende, (Gafpard de) fils d'Henri & d'Honorade Beffon, naquit à Mane le 3 Juin 1618. Annibal fon grand-pere, étoit fils naturel de Claude de Savoie, Comte de Tende, Gouverneur de Provence. Gafpard prit le parti des armes, & montra dans cette profeffion des qualités qui lui méritèrent plufieurs fois des éloges. Etant allé à la Cour de Pologne, il eut l'approbation de la Reine Louife-Marie, qui, ayant connu fon difcernement pour les affaires, le fit Intendant de fa Maifon. Le Roi Cafimir, à qui il eut auffi l'avantage de plaire, lui donn la Charge de Contrôleur-Général, que de Tende remplit à la fatisfaction du Prince. Au milieu du tumulte des armes & de la Cour, il trouva encore le tems de cultiver les Lettres : il donna au public, fous le nom de l'Eftang, le fruit de fes lectures & de fes réflexions, dans un *Traité de la traduction, ou Règles pour apprendre à traduire la Langue Latine en Langue Française, tirées de quelques unes des meilleures traductions du tems,* Paris 1660. Cet ouvrage, fuivant l'Abbé Goujet, eft le meilleur & le plus complet que nous ayons fur cette matière. Mais les bonnes traductions, dont quelques Auteurs ont enrichi la Littérature, depuis la publication de la Bibliothèque Françaife de l'Abbé Goujet, & les excellentes réflexions qu'ils ont données fur ce genre d'écrire ; les progrès que la Langue a faits, & fur-tout l'élégance & la précifion qu'elle a acquifes depuis la mort de de Tende, rendent fon ouvrage d'une utilité bien moins grande, puifqu'il n'y propofe pour modèles, que des traductions, dont on ne loue aujourd'hui que la fidélité, fi on en excepte peut-être Vaugelas. De Tende s'appliqua, pendant le tems qu'il demeura en Pologne, à étudier les mœurs & le caractère de la Nation ; & lorfqu'il en fut parfaitement inftruit, il mit au jour, fous le nom d'Hautteville, une *Relation hiftorique de ce Royaume*, ouvrage curieux, qui a eu plufieurs éditions. Le génie de la Nation y eft fi bien peint que de l'aveu des Polonois, on ne peut le peindre avec des couleurs plus vraies. Cet Auteur mourut à Paris en 1697.

Antelmi, (Jofeph) né à Fréjus le 25 Juillet 1648, fut pourvu d'un Canonicat de la Cathédrale de cette ville, par la démiffion de Pierre Antelmi fon oncle. Il étoit verfé dans les affaires eccléfiaftiques ; & fur cette matiere, on trouvoit auprès de lui les éclairciffemens qu'on n'eût pas trouvés facilement ailleurs. M. de Vertamon, Evêque de Pamiers, l'éprouva d'une maniere bien fatisfaifante ; car ayant attiré Antelmi auprès de lui, pour rétablir, dans fon Diocèfe, la paix que l'affaire de la Régale avoit troublée ; ce pieux Eccléfiaftique fut fi bien ménager les efprits, par fa prudence & fa douceur, que dans peu de tems le calme reparut. Cependant l'étude & fes autres occupations affoiblirent tellement son tempérament délicat, qu'il fut obligé de revenir à Fréjus, où l'air natal & les remèdes ne purent lui rendre la santé : il mourut le 21 Juin 1697, dans la quarante-neuvième année de son âge. Il avoit, dit M. Dupin, beaucoup d'esprit, d'honnêteté, de douceur, & d'érudition. Cette érudition est répandue dans ses ouvrages, & souvent avec peu de goût : il en a fait plusieurs, qui sont : 1° *De initio Ecclesiæ Forojuliensis dissertatio Historica, &c.* à Aix, 1680, in-4°. *De veris operibus SS. Patrum Leonis magni & Prosperi Aquitani, dissertationes criticæ, &c.* Paris, in-4°. 1689. *Nova de symbolo Athanasiano disquisitio,* Paris, 1693, in-8°. *De Ætate S. Martini, Turonensis Episcopi, Epistola,* Paris, 1697, in-8°. *Assertio pro unico Sancto Eucherio, Lugdunensi Episcopo, &c. Opus posthumum,* Paris, 1726; & quelques autres, moins importans : mais dans tous, l'Auteur se livre trop souvent aux conjectures.

Bouquin, (Charles) de l'Ordre de Saint Dominique, né à Tarascon, a été un des plus réguliers, des plus laborieux, & des plus savants Religieux qu'ait eu sa Province, dans le dernier siècle. Mais sa science ne fut pas assez éclairée par la saine critique, ni réglée par le bon goût. Il composa, 1° deux volumes *in-fol.* contre les Calvinistes. 2° Un ouvrage sur l'origine, l'antiquité, l'excellence & l'utilité de l'état Religieux en l'Eglise. 3° Des Instructions chrétiennes & orthodoxes : comme on a sur tous ces sujets des ouvrages excellens, ceux du P. Bouquin sont moins connus aujourd'hui, malgré l'érudition dont ils sont remplis ; il mourut le 14 Février 1699, âgé de soixante-seize ans.

Pagi, (Antoine) Religieux Minime, naquit à Rogne, Diocèse d'Aix, au mois de Mars 1624 ; ses vertus & ses talents le portèrent tout jeune encore, aux premiers emplois de son Ordre ; il fut quatre fois Provincial : &, malgré les occupations de son état, il trouva encore le tems de faire une étude profonde des antiquités profanes & eccléfiaftiques. Les Annales de Baronius attirèrent toute fon attention : ce favant Cardinal, qu'on peut regarder comme le pere de l'Hiftoire Ecclefiaftique, traita cette importante matiere, dans un tems où la chronologie & la critique étoient encore au berceau ; de-là vient qu'il tomba dans des erreurs dont il ne put fe préferver, malgré toute fon érudition. L'ignorance de la chronologie fut la principale fource de fes méprifes : ce fut auffi la fcience que le P. Pagi étudia avec le plus de foin, la regardant avec raifon comme l'œil de l'Hiftoire. De-là jaillit cette lumière, à l'aide de laquelle il rétablit les dates, remit les faits à leur place, nota ceux qui étoient faux, rectifia ceux qui n'étoient qu'altérés ; & compofa un ouvrage infiniment utile, dans lequel on admire toujours l'érudition & la faine critique de l'Auteur ; il eft intitulé : *Criticæ Hiftorico-Chronologicæ in Annales Ecclefiafticos Eminentiffimi Cardinalis Baronii, &c.* Le premier volume parut à Paris, *in-fol.* du vivant de l'Auteur en 1689, & fut réimprimé à Genève, avec les trois fuivants en 1705, par les foins du P. François Pagi, neveu de l'Auteur : on en donna une troifième édition dans la même ville en 1727. L'Abbé de Longuerue avoit contribué à la compofition de cet ouvrage, par fes lumières & fes confeils. L'auteur s'étoit déja fait connoître dans la République des Lettres par une Differtation fur les Confulats des Empereurs, faite au fujet d'une infcription, trouvée à Fréjus, fur une colonne, dans laquelle il eft parlé du troifième Confulat de l'Empereur Aurélien : elle fut imprimée à Lyon en 1682, fous ce titre : *Differtatio Hypatica de Confulibus Cæfareis, &c.* Quoique le fyftême du P. Pagi ne foit pas fans défaut, on ne peut s'empêcher d'admirer fon érudition & fa fagacité. Sa Differtation, fur une période Grecque Romaine de fon invention, ne fit pas fortune parmi les Sa-

SUITE DES HOMMES ILLUSTRES.

Boniface.
An. 1699.

Cottolendi.
An. 1700.

vants. On reçut plus favorablement son Apparat, dans lequel il donne une Chronologie, depuis le commencement du monde, jusqu'à la naissance de Jesus-Christ. Le P. Pagi mourut à Aix le 5 Juin 1699, âgé de soixante-quinze ans.

Boniface, (Hyacinthe) naquit à Forcalquier le 14 Octobre 1612. Il embrassa la profession de son pere, qui étoit Avocat, & se rendit fameux au Barreau par l'étendue de ses connoissances. Le goût qu'il avoit pour le travail lui fit donner au Public en différens tems, cinq volumes in-fol. d'Arrêts du Parlement & de la Cour des Aides de Provence, qu'il divisa suivant l'ordre du Code Justinien. Cet ouvrage estimable par les maximes & les recherches qu'il contient, instruit à fond de la Jurisprudence de ce Parlement, & a mérité dans les autres un accueil qui fait honneur à l'Auteur. Boniface, après avoir reçu du Corps des Magistrats & de celui des Avocats les marques les plus flatteuses de leur estime, mourut à Aix le 28 Juillet 1699 à l'âge de quatre-vingt-sept ans.

Cottolendi, (Charles) d'Aix, ou peut-être d'Avignon, se fit recevoir Avocat; mais il n'exerça pas sa profession, préférant à la gloire du Barreau celle d'homme de lettres. Ses principaux ouvrages sont, 1°. *les Voyages de Pierre Texeira*, traduits de l'Espagnol, 2 vol. in-12. 2°. *La vie de la Duchesse de Montmorency*, Supérieure de la Visitation de Moulins, in-8°. 3°. *Celle de Saint François de Sales*, in-4°. 4°. *Traduction de la vie de Christophe Colomb*. 5°. *Dissertation sur les Œuvres de S. Evremont*. L'Auteur paroît étonné de ce que depuis cinquante ans on admire les ouvrages de S. Evremont, sans que personne se soit apperçu que souvent on n'entend pas ce qu'il dit. « Il y a, dit-il, dans le public, » une tradition de respect pour lui, qui fait que ses moindres » fragmens sont regardés comme des mystères qu'on adore en » silence, sans oser les approfondir ». Il blâme S. Evremont d'avoir abandonné ses Œuvres à l'avidité des Libraires, au point de permettre que des pieces indignes de lui, après avoir couru le monde fans honneur, fe vinffent réfugier dans fes livres, comme dans un afyle refpectable.

On attribue à Cottolendi l'*Arliquiniana* où il n'y a pas un trait de bonne plaifanterie, & le *Livre fans nom*, qui ne vaut pas mieux. Nous pouvons mettre au même rang l'Ouvrage intitulé : *Saint Evremont ou Dialogue des nouveaux Dieux*; Recueil de diverfes piéces & remarques de *Charles de Saint-Denys, Seigneur de Saint-Evremont*. Cottolendi mourut en 1700.

Arvieux, (Laurent d') naquit à Marfeille le 21 Juin 1635. Il accompagna dans le Levant en 1653 un de fes parens qui fut nommé Conful de Seyde. Pendant douze ans qu'il y demeura, il apprit l'Hébreu, le Syriaque, l'Arabe, le Turc & le Perfan, enfuite il étudia l'Hiftoire, les coutumes & les mœurs des peuples qui parlent ces différentes langues. De retour en France, il obtint par la protection de Madame de Venel, des commiffions importantes, foit à Tunis, foit à la Porte, & il s'en acquitta à la fatisfaction de la Cour. Le Roi, content de fes fervices, lui donna une penfion de mille livres, & fucceffivement le Confulat d'Alger & d'Alep. Le tems de repaffer en France étant arrivé, il fe retira à Marfeille, où il mourut le 30 Octobre 1702, âgé de foixante-fept ans, ayant laiffé fur l'Hiftoire moderne & fur les affaires du Levant, plufieurs Mémoires que M. de la Roque rédigea, & qu'il fit imprimer en 1734.

Mafcarron, (Jules) naquit à Marfeille au mois de Mars 1634. Etant entré dans la Congrégation de l'Oratoire, il cultiva fes talens pour l'éloquence avec un fuccès qui le fit bientôt remarquer parmi les Orateurs facrés. Le fameux Tann gui le Févre l'ayant entendu, écrivoit à un de fes amis, *malheur à ceux qui prêcheront ici après lui*; la Capitale & la Cour applaudirent également à fon éloquence. Il prêcha devant le Roi pendant fix ans avec un fuccès foutenu, & à chaque fois avec quelques Sermons nouveaux, car il avoit la plus heureuse facilité. La manière dont il annonçoit les vérités de l'Evangile parut trop sévère à quelques Courtisans qui lui en firent un crime auprès de Louis XIV. Ce Monarque fit cette réponse mémorable : *il a fait son devoir, c'est à nous à faire le nôtre* ; voulant ensuite récompenser le mérite de l'Orateur, il le nomma à l'Evêché de Tulles en 1671, & lui demanda deux Oraisons funèbres, l'une pour Madame Henriette d'Angleterre, & l'autre pour le Duc de Beaufort. Le Maître des Cérémonies fit remarquer à ce Prince que les deux Services étoient à deux jours près l'un de l'autre, & que l'Orateur pourroit bien ne pas avoir le tems de faire ses Oraisons funèbres. *C'est l'Evêque de Tulles*, répondit le Roi, *à coup sûr il s'en tirera*.

Comme le caractère d'un Prince se peint ordinairement dans ses discours, & que rien ne l'honore plus que des réponses obligeantes & faites à propos, nous remarquerons que Mascarron, au dernier Sermon qu'il prêcha devant le Roi, avant d'aller à son Evêché, ayant fait ses adieux, Louis XIV lui dit : *vous nous avez touchés dans les autres Sermons pour Dieu, hier vous nous touchâtes pour Dieu & pour vous*. Trois ans après, c'est-à-dire en 1694, il parut pour la dernière fois à la Cour ; il y reçut les mêmes applaudissemens qu'il avoit reçus dans son début : Louis XIV, le Prince dont on a conservé le plus de réponses heureuses, lui dit, *il n'y a que votre éloquence qui ne vieillit point*. Un Roi est bien digne de voir les talens concourir à sa gloire, quand il sait les encourager de la sorte.

M. Mascarron transféré du Siége de Tulles à celui d'Agen en 1678, mourut dans les travaux apostoliques le 16 Novembre 1703. Ses Sermons n'ont pas été imprimés. On a de lui un Recueil d'Oraisons funèbres. Le fort de cet Ouvrage est une preuve de celui qui attend les Auteurs, dont la réputation est fondée sur ce qu'on appelle le goût, lorsque la langue n'a pas encore acquis

toute

toute fa perfection. Leurs lauriers fe flétriffent à mefure qu'elle fe perfectionne avec le goût. Ce qu'on appelloit beauté ceffe de l'être. Les traits d'efprit, les antithèfes, les jeux de mots, les figures recherchées, les allufions, & tout ce qu'on peut appeller beautés du moment, difparoiffent. Il ne refte que les traits de fentiment & de génie, parce qu'ils portent l'empreinte de la belle nature. Voilà ce qui eft arrivé au Pere Mafcarron.

Plumier, (Charles) Religieux Minime, né à Marfeille en 1646, apprit, en étudiant les Mathématiques, à faire des lunettes, des miroirs ardens & d'autres ouvrages qui demandent une connoiffance particulière de l'Optique. Son extrême application faillit à lui déranger l'efprit. Forcé de fe faire un genre d'étude qui attache fans fatiguer, il s'adonna à la Botanique, fcience qui a l'avantage de procurer au corps un exercice utile, & à l'efprit une variété amufante. Le Pere Plumier alla le cultiver en Provence; il ne pouvoit trouver un plus beau théâtre pour fes recherches. Cette Province participant, par fa pofition de divers climats, réunit par cette raifon les productions du Nord & du milieu de l'Europe & plufieurs de l'Afrique, & même de l'Afie; de manière que le Botanifte trouve raffemblé dans un affez court efpace, le plus grand nombre des fimples qui font répandus dans les quatre parties du Monde. Louis XIV, inftruit de fon mérite, l'envoya en Amérique pour y choifir les plantes les plus utiles qui pourroient fe naturalifer en France. Ses premiers effais ayant réuffi, & la réflexion & l'expérience lui donnant de nouvelles vues, il fit deux autres voyages dans cette partie du monde, & chaque fois il en revint chargé de nouvelles dépouilles. Il s'embarqua pour la quatrième fois, mais la mort le furprit au Port Sainte-Marie, près de Cadix, où il finit fes jours en 1706; à l'âge de foixante ans. On a de lui une *Defcription des Plantes de l'Amerique*, Paris 1693, in-fol. cent huit Planches. *Deux Differtations fur la Cochenille*, dans le Journal des Savants;

Plumier.
An. 1706.

1694, & dans celui de Trévoux 1703. *Nova plantarum Americanarum genera*, Paris 1703, in-4°. *Traité des Fougeres de l'Amérique*, en Français & en Latin, Paris 1705, in-fol. cent foixante-douze Planches. L'*Art de Tourner*, 1749, in-fol. ouvrage curieux & enrichi de figures. Ses manufcrits fur les Oifeaux, les Poiffons & les Plantes, enrichis de deffins, auroient pu former environ douze volumes.

Parrocel. Il y a eu plufieurs Peintres célèbres dans la famille qui porte ce nom ; & l'on diroit que le talent de peindre y étoit héréditaire. Le premier, dont l'Hiftoire fait mention, eft Barthélemi, que fon goût pour la peinture conduifit en Italie. Il eft plus connu par quelques détails que nous avons fur fa vie, que par fes ouvrages : il mourut à Brignole, en 1666.

Le cadet de fes fils, nommé Jofeph, qui n'avoit alors que douze ans, cédant au penchant qu'il avoit pour la peinture, alla trouver en Languedoc fon frere Louis, qui exerçoit cet art avec diftinction, & devint fon difciple. Les progrès rapides qu'il fit dans fon école, le mirent en état d'aller profiter à Paris des leçons des p'us habiles Maîtres. De-là il paffa à Rome, & mérita une place dans l'éco'e du célèbre Bourguignon, qu'il ne quitta que pour aller parcourir les villes d'Italie, où l'on confervoit les chefs-d'œuvre des grands Peintres. Tels font les moyens par lefquels il fe fit un nom célèbre, quand il revint à Paris en 1673 : il fut reçu de l'Académie de Peinture.

Son tableau de réception repréfente une bataille, qui s'étoit donnée au fiége de Maftrick. Il travailla pour un des quatre réfectoires des Invalides, où il repréfenta les conquêtes de Louis XIV, pour le Château de Verfailles, pour le fallon de Marli, &c. On affure qu'il eft original en tout ce qu'il a produit. Dans les tableaux de bataille, qui font en grand nombre, & fort recherchés des connoiffeurs, tout eft en mouvement. Il favoit donner à fes foldats une action propre à exprimer le vrai courage. La vie de Jefus-Chrift, dont il a fait une fuite gravée à l'eau-forte, eft un ouvrage d'un très-grand goût, & qui mérita les plus grands applaudiffements. Parrocel mourut à Paris en 1704, d'une attaque d'apoplexie, laiffant deux fils, Charles & Jean-Jofeph, qui ont foutenu fa réputation.

<small>SUITE DES HOMMES ILLUSTRES.</small>

Raynaud. (Guillaume) né à Barcelonette, fut un des Religieux de l'Ordre de Saint-Dominique, qui fe fit le plus connoître à Paris dans le dernier fiècle, par fon talent pour la chaire, & par la fcience de la Théologie. Il prêcha avec fuccès dans un tems, où l'éloquence facrée commençoit à fe dépouiller de la barbarie qui la défiguroit. Mais on voit par fes *Panégyriques des Saints* imprimés à Paris, qu'il tenoit encore trop du mauvais goût de fes prédéceffeurs. *La Vie de la bien heureufe Marguerite de Savoie*, de l'Ordre de Saint-Dominique; *le Livre du Verbe mis au jour dans la naiffance de Marie Mere de Dieu*, font des ouvrages où l'on ne peut gueres louer que la piété de l'Auteur. *Le Synopfis Bibliorum*, eft le travail d'un homme laborieux & favant dans la partie dont il s'occupe. Quant à la critique que le Pere Raynaud fit du livre d'un Jéfuite, intitulé *de Immunitate Cyriacorum*, quelqu'ingénieufe qu'elle fut trouvée par certaines perfonnes, il faut convenir qu'elle devoit une partie de fon mérite aux circonftances qui la firent naître. Le P. Raynaud mourut à Rome le 21 Avril 1704.

<small>Raynaud. An. 1704.</small>

Gilles naquit à Tarafcon en 1669 de parens pauvres, qui l'envoièrent à Aix pour y être Enfant de chœur, & eut enfuite la Maîtrife de l'Eglife de S. Etienne à Touloufe. Ses motets dont quelques-uns étoient regardés comme des chefs-d'œuvre, le firent mettre parmi les premiers Muficiens de fon tems. Il mourut dans cette Ville le 5 Février 1705, âgé de trente-fix ans. On

<small>Gilles. An. 1705.</small>

exécuta, pour la première fois, à son enterrement sa Messe des morts en symphonie, qui est son plus bel ouvrage: c'est ainsi qu'aux funérailles de Raphaël, mort jeune, on exposa son chef-d'œuvre: cette manière d'honorer les obséques des hommes célèbres, en mettant sous les yeux du public leurs principaux ouvrages, pour lui rapeller les pertes qu'il vient de faire, a quelque chose de bien plus majestueux, que l'usage où étoient les Romains de porter en pareille circonstance les images de leurs aïeux; étalage de vanité qui ne servoit souvent qu'à rabaisser le mort en faisant penser au mérite de ses ancêtres.

Bonne Corse.
An. 1706.

Bonne-Corse, (Balthazar) Marseillois, fut Consul de la Nation Française au grand Caire & à Seyde, en Phénicie. Le goût qu'il avoit pour les Lettres & sur-tout pour la Poésie, servoit à charmer l'ennui inséparable de ses fonctions. Il fit des vers, & sa premiere production fut la *Montre d'amour*, qu'il composa avant son départ de Marseille: cet ouvrage, auquel on reconnoissoit d'ailleurs les talens d'un homme d'esprit, fut envoyé à M. de Scudéri, qui le fit imprimer à Paris. Il eut un succès étonnant; on auroit de la peine à le concevoir, si l'on ne savoit que beaucoup de piéces devoient leur fortune au mauvais goût du tems. Le sévère Boileau, qui fut le premier à fixer le rang des Auteurs dans la République des Lettres, condamna la *Montre d'amour* à la poussière d'où ce petit ouvrage n'est plus sorti.

Bonnecorse piqué de la critique, fit contre l'Aristarque Français un Poëme satyrique intitulé le *Lutrigot*, parodie du Lutrin, où l'on trouve plus de fiel que de goût & de bonne plaisanterie. L'Auteur, homme d'ailleurs honnête, & qui, lors même qu'il avoit à défendre les intérêts de son amour-propre, convenoit de ses torts, tâcha de justifier son procédé en rapellant dans une lettre tous les griefs qu'il avoit contre Boileau. Celui-ci, qui manioit avec tant de facilité l'arme de la fatyre, n'en tira point d'autre vengeance que l'Epigramme fuivante :

SUITE DES HOMMES ILLUSTRES.

> Venez Pradon & Bonnecorfe,
> Grands Ecrivains de même force,
> De vos vers recevoir le prix :
> Venez prendre dans mes écrits
> La place que vos vers demandent :
> Linière & Perrin vous attendent.

Bonnecorfe eut la douleur de voir exécuter la fentence de fon adverfaire, que la poftérité a confirmée. Avec l'efprit, les fentimens d'honneur & de probité qu'il avoit, il auroit pu s'attirer une confidération qui auroit fait le bonheur de fa vie : mais il fe procura des chagrins pour avoir couru après une gloire qu'on achete fort cher, lors même qu'on la mérite. Cet Auteur mourut à Marfeille en 1706.

Laget, (Honoré Vincent) Religieux de l'Ordre de Saint-Dominique, donna une nouvelle édition de la Somme de Saint-Raymond de Pennafort, publiée à Lyon, 1718, in-fol.; il accompagna cet ouvrage de notes qui regardent les points de difcipline eccléfiaftique, dont on s'eft écarté depuis Saint-Raymond, & y ajouta des differtations intéreffantes qui font une preuve de l'érudition & de la critique de l'Auteur.

Laget.

Tournefort, (Jofeph Pitton de) naquit à Aix en Provence le 5 Juin 1656. Deftiné par fes parens à l'état Eccléfiaftique, il étudia la Philofophie fcholaftique & la Théologie : mais la nature qui l'avoit formé pour être un grand Botanifte, lui fit fouvent faire des infidélités à ces deux fciences, auxquelles on vouloit l'enchaîner malgré lui. Il fe déroboit fouvent à fes devoirs pour fe livrer à fon goût; & il couroit les champs, lorfqu'il auroit dû être en claffe. A cet amour de la Botanique fe joignit celui de la Chymie, de l'Anatomie & de la Phyfique; de là fe forma une paffion, qui lui fit rompre tous les liens qu'on lui avoit fait contracter malgré lui. Devenu libre, il ne

Tournefort. An. 1708.

connut presque plus d'autres lieux que les forêts, les rochers & les montagnes : car c'est là que la Nature tient en réserve les trésors des Botanistes. Il alloit souvent les arracher au péril de sa vie. Un jour une méchante cabane, où il couchoit, tomba tout à coup : il fut deux heures enseveli sous les ruines, & y auroit péri, si l'on eût tardé encore quelque tems à l'en retirer.

Ses découvertes firent du bruit parmi les Botanistes : M. Fagon, premier Médecin de la Reine, aimoit les Plantes : ayant connu le mérite de Tournefort, il lui procura la place de Professeur en Botanique au Jardin Royal des plantes. Heureusement pour les progrès de la science, cet emploi n'enchaîna pas le nouveau Professeur. Il ne servoit qu'à lui donner plus d'ardeur pour de nouvelles découvertes. Ce fut dans la vue d'en faire qu'il parcourut l'Espagne, la Hollande & l'Angleterre, & qu'il fit un voyage en Grèce & en Asie ; il en revint chargé de dépouilles d'autant plus précieuses, qu'elles devoient servir à la conservation de l'espèce humaine. Il mourut à Paris le 28 Décembre 1708. Les ouvrages sortis de sa plume sont 1° les *Elémens de Botanique*, ou *Méthode pour connoître les Plantes*, dont il publia une traduction latine en 1700, sous le titre de *Institutiones rei Herbariæ*, en trois vol. in-4°, précédé d'une Introduction à la Botanique. 1° *Histoire des Plantes qui naissent aux environs de Paris, avec leurs usages en Medecine*. Paris, 1698 3° *Corollarium institutionum rei Herbariæ*. Paris 1703. Il avoit publié en 1699 un Catalogue des Plantes du Jardin du Roi sous ce titre : *Schola Botanica, sive Catalogus Plantarum, quas ab aliquot annis in Horto Regio indigitavit vir clarissimus Josephus Pitton de Tournefort, &c. Amstelodami* 1699. 5° La relation de son Voyage, 2 vol. in 4°, imprimé au Louvre. M. de Tournefort légua au Roi son Cabinet de Curiosités pour l'usage des Savants, & ses livres de Botanique à M.

l'Abbé Bignon. Il avoit été reçu de l'Académie des Sciences en 1692.

Piny, (Alexandre) Religieux de l'Ordre de Saint Dominique, plus diftingué encore par l'auftérité de fa vie, que par fes ouvrages, naquit à Barcelonette, & fut un modele des vertus religieufes. Ayant été envoyé à Paris pour travailler au falut des ames par fes lumieres & fes exemples, il partagea fon tems entre l'étude & les exercices de piété, & mourut plein de bonnes œuvres le 28 Juin 1709. Il compofa un cours de Philofophie en cinq volumes *in-*12, dans lequel on peut prendre une idée des diftinctions & des fubtilités fcholaftiques dont on occupoit la jeuneffe dans le dernier fiécle; car le P. Piny, très-favant dans cette partie, & doué d'ailleurs de beaucoup de fagacité, a épuifé la matière. Son *Compendium* de la Somme de Saint Thomas, en quatre vol. in-4°, quelque favant qu'il foit. ne fert qu'à faire fentir la néceffité de lire les œuvres du faint Docteur. Ses autres ouvrages qui font afcétiques, & dont on peut voir la lifte dans le P. Echard, font l'expreffion de fes fentimens de piété.

Augières, (Albert d') de l'Académie d'Arles, naquit dans cette ville le 12 Septembre 1634, & entra chez les Jéfuites. Ses harangues & fes vers latins, qui ont été imprimés plufieurs fois, font d'un homme d'efprit, & l'on fent en les lifant, qu'il étoit fort verfé dans la langue latine, & qu'il avoit fait une étude particulière des Poëtes : il eut avec M. Terrin, dont nous parlerons bientôt, une difpute qui fit du bruit parmi les Savans. On découvrit à Arles une ftatue à demi-nue, & coeffée d'une manière élégante, ornée d'un bracelet & placée au milieu d'un théâtre. M. Terrin, prétendit que c'étoit une Vénus, & il donna fur ce fujet une differtation intitulée : *la Vénus & l'Obelifque d'Arles*, ou Entretiens de Mufée & de Callifthène. Le P. d'Augiéres prit cette ftatue pour une Diane ; & il réfuta M. Terrin dans un petit ouvrage qui avoit pour titre : *Réflexions sur le sentiment de Callisthène* touchant la Diane d'Arles. Les raisons qu'il donnoit firent impression sur un petit nombre de personnes peu versées dans l'antiquité. Car comme le remarque l'Auteur de la Description de Versailles, *un peu moins d'érudition & un peu plus de goût auroit fait connoître qu'il n'y a aucune raison pour en faire une Diane, & qu'il y en a plusieurs qui persuadent que c'est une Vénus.* La plupart de ceux qui prirent part à la dispute étoient de beaux-esprits, qui ne trouvoient dans cette question que des sujets de plaisanterie. L'un d'eux fit à ce sujet l'épigramme que voici :

> Silence Callisthène, & ne dispute plus;
> Tes sentimens sont trop prophanes :
> Dans Arles c'est à tort que tu cherches Vénus,
> On n'y trouve que des Dianes.

Un autre fit un madrigal qui finit par ces trois vers :

> Qui juge d'une femme a de quoi s'occuper;
> La matière est fort ambiguë;
> Il est aisé de s'y tromper.

La dispute cessa, quand la statue fut à Paris : les Antiquaires reconnurent Vénus. Et le P. d'Augières comprit qu'en matière d'Antiquités, comme en fait de goût, il y a un tact beaucoup plus sûr que l'érudition. Ce Pere mourut à Lyon, le 7 Février 1709.

Luc de Saint Jean & Ignace de Saint Antoine, l'un & l'autre natifs de Seyne en Provence, & Religieux de l'Ordre des Trinitaires Déchaussés, se firent une réputation par leurs connoissances théologiques, & par des talens qui les rendirent utiles dans le gouvernement de leur Ordre. Le premier fit imprimer en 1705, *Epitome juris canonici circa electiones faciendas*, in-12. 2°. *Candor Parochorum & Confessariorum.* Nous avons de son confrère, 1°. *le Nécrologe des Religieux de son Ordre*, 2°.

Les

Les Annales du même Ordre, 5 vol. in-fol. dont il n'y a que le premier d'imprimé. L'un & l'autre de ces Ouvrages sont en latin.

SUITE DES HOMMES ILLUSTRES.

Terrin, (Claude) se fit connoître par des Dissertations publiées sur quelques Monumens découverts dans la ville d'Arles sa patrie. Il porta dans l'étude de l'antiquité cet esprit de réflexion qui rend la science utile. On a de lui dix *entretiens sur la Vénus & l'Obélisque d'Arles*. 2°. *Observations sur les proportions des Pyramides & des Obélisques*. 3°. *Dissertations sur deux Médailles Grecques de Mausole & de Iixodarus, Rois de Carie*. 4°. *Explication d'un Cachet antique d'agathe orientale*. 5°. *Explication d'une Médaille Macédoniene*. 6°. *Explication du Dieu Crepitus*. 7°. *Dissertation sur une colonne consacrée par les habitans d'Arles à Constantin le Grand*, & quelques autres Ouvrages dont on peut voir la liste dans les Hommes Illustres de Provence, par le P. Bougerel. M. Terrin, joignoit à l'érudition le goût de la Poésie & même celui de l'Astronomie, qu'il ne cultiva pas sans succès. Il mourut à Arles le 30 Juin 1710.

Terrin. An. 1710.

Cassini, (J. Dominique) fils de Jacques & de Julie Corvesi, naquit à Perinaldo dans le Comté de Nice le 8 Juin 1625, & fit ses études à Gênes : les Belles-Lettres, la Philosophie, la Théologie & la Morale servirent tour à tour de pâture à son esprit, avide de connoître, & encore incertain sur le genre de science auquel la nature l'appelloit. Il n'y eut pas jusqu'à l'Astrologie judiciaire, si cultivée alors par le rang qu'elle tenoit dans l'empire de l'opinion, qui ne lui dérobât des momens précieux : mais il l'abandonna bien vîte, lorsque les premiers ouvrages de Galilée eurent dissipé l'illusion, qui l'attachoit à des chimères. Appellé à Bologne par un de ses amis, il y devint Professeur d'Astronomie à l'âge de vingt-cinq ans, & commença dès-lors à jetter, pour ainsi dire, les fondemens de cette science. Il traça la fameuse Méridienne de l'Eglise de Sainte-Pétrone, à

Cassini. An. 1712.

Bologne, ouvrage admirable par les attentions prefque fuperftitieufes qu'il y apporta, & fur lequel on peut fuivre tous les jours le mouvement du foleil, quand il s'approche ou qu'il s'éloigne du zénith de cette ville. Ce fut d'après les obfervations faites fur cette Méridienne, que M. Caffini donna des Tables du Soleil plus exactes & plus fûres que tout ce qu'on avoit publié jufqu'alors. Il détermina enfuite la parallaxe de cet aftre, & fit enfin connoître la Théorie des Comètes, dans laquelle il devint fi profond, qu'après deux ou trois obfervations, il traçoit fur un Globe terreftre la route qu'elles devoient fuivre. C'eft ce qu'il fit à Rome la nuit du 17 au 18 Décembre 1664, en préfence de la Reine de Suéde ; & à Paris en préfence de Louis XIV, & de toute la Cour au mois de Décembre 1680. En un mot à la faveur des nouvelles routes qu'il fe traça dans les cieux, il n'y a point de corps célefte qu'il n'ait interrogé, pour favoir à quelle loi il obéiffoit; & il y en a plufieurs auxquels il a découvert des fatellites inconnus avant lui.

Le Sénat de Bologne & le Pape employèrent M. Caffini pour contenir les eaux du Pô, dont les inondations fréquentes étoient une fource de ravages dans les campagnes de Bologne & de Ferrare, & un fujet perpétuel de difpute entre ces deux villes. Le frère du Pape Alexandre VII, lui donna enfuite la Surintendance de quelques fortifications. Mais ces occupations ne l'arrachoient que par intervalles à fa fcience favorite : il revenoit à elle dans fes momens de loifir. Enfin Louis XIV, l'y rendit tout entier, lorfqu'il l'eut attaché à la France par fes bienfaits en 1669.

Caffini mourut à Paris le 14 Septembre 1712, âgé de quatre-vingt-fept ans & demi, après s'être rendu cher aux Sciences par fes heureufes découvertes; à la fociété par la douceur & la gaieté de fon caractère & par la fimplicité de fes mœurs, & à la Religion par fa piété. Dans les dernieres années de fa vie, il avoit perdu la vue, ce qui fait dire à Fontenelle que selon l'esprit des Fables, ce grand Homme qui avoit fait tant de découvertes dans les Cieux ressembleroit à Tirésie, qui devint aveugle pour avoir vu quelque secret des Dieux. On peut voir la liste nombreuse de ses Ouvrages dans les Vies des Italiens illustres, par M. Fabroni, tom. IV, pag. 313.

Abeille, (Gaspard) né à Riez en Provence en 1648, alla de bonne heure à Paris, y prit l'habit ecclésiastique, se fit connoître par son talent pour la Poésie, & rechercher par l'enjouement de son esprit. Il fut Secrétaire de M. le Maréchal de Luxembourg, qu'il suivit dans ses campagnes, & eut part aux bonnes graces de M. le Prince de Conti, & de M. le Duc de Vendôme, qui aimoient sa conversation vive & animée : ses bons mots, qui n'auroient été souvent que des choses communes dans la bouche d'un autre, empruntoient de ses grimaces & d'un tour plaisant qu'il savoit leur donner un agrément particulier. Sa figure même servoit beaucoup à les rendre piquans. Il étoit fort laid, & il avoit le talent de donner à son visage la physionomie qui convenoit au bon mot qu'il disoit, au conte qu'il faisoit, à la comédie qu'il jouoit. Ce jeu plaisoit beaucoup plus que les choses mêmes, & le fit rechercher dans le monde, où les Charlatans réussissent ordinairement mieux que les gens de mérite ; parce que les premiers parlent à l'imagination & aux sens, qui gouvernent la multitude, & les autres à la raison, qui est le partage du petit nombre. Au reste l'Abbé Abeille ne manquoit pas de talens : il fit des Odes & des Epîtres qui ne sont pas sans mérite ; il composa aussi plusieurs Tragédies, une Comédie & deux Opéra, ouvrages qui décélent dans l'Auteur la connoissance des règles ; mais non pas le talent poétique, sans lequel les personnages manquent d'ame & de vie, & la pièce d'intérêt. Le stile de l'Auteur est foible, languissant, peu correct & quelquefois rampant. On assure que dans sa Tragédie de Coriolan, la scène étoit ouverte par deux Princesses, dont l'une disoit à l'autre :

Ma sœur, vous souvient-il, du feu Roi notre Pere ?

Et que l'autre Actrice hésitant de répondre, un Plaisant du Parterre reprit à haute voix,

Ma foi, s'il m'en souvient, il ne m'en souvient guère.

Malheureux vers qu'on appliquoit à ses ouvrages deux mois après leur impression, & qu'un autre Plaisant inséra dans l'Epitaphe de cet Abbé, conçue en ces termes :

Ci gît cet Auteur peu fêté,
Qui crut aller tout droit à l'immortalité ;
Mais sa gloire & son corps n'ont qu'une même biere.
Et lorsqu'Abeille on nommera
Dame postérité dira,
Ma foi, s'il m'en souvient, il ne m'en souvient guère.

Cet Abbé mourut à Paris en 1718, étant de l'Académie Françaife. Il avoit un frere nommé Scipion, qui fit aussi des vers ; mais qui se fit particulièrement connoître par une *Histoire des Os*, in-12, fort estimée. Il avoit été Chirurgien-Major du Régiment de Picardie, & publia en 1696, in-12, un Traité relatif à cet emploi, intitulé : *le Parfait Chirurgien d'Armée*. Il mourut en 1697.

Malaval, (François) né à Marseille le 17 Septembre 1627, devint aveugle à l'âge de neuf mois, &, malgré cet accident, il apprit le latin & acquit pour méditer cette habitude qui devient dangereuse, quand on ne donne pas pour objet à l'imagination des principes avoués, ou des vérités connues. Plein des idées du Quiétiste Molinos, il les reproduisit en français avec quelques adoucissemens dans sa *Pratique facile pour élever l'ame à la contemplation*. Cet ouvrage fut censuré à Rome : l'Auteur se rétracta, & se déclara ouvertement contre la doctrine de Molinos. Ses erreurs n'étoient que des surprises que l'imagination avoit faites à fon cœur. Car du refte il mérita par fes lumières & fa piété l'eftime de perfonnes recommandables par leur rang & leur mérite ; le Cardinal Bona, lui obtint une difpenfe pour recevoir la Cléricature, quoiqu'aveugle. Ce pieux Eccléfiaftique mourut à Marfeille le 15 Mai 1719, âgé de quatre-vingt douze ans. On a de lui des Poéfies fpirituelles réimprimées à Amfterdam en 1714, *in*-8°, plus propres à édifier pour le fonds des chofes, qu'à plaire par les charmes de la poéfie. 2°. Des Vies des Saints. 3°. La Vie de F. Philippe Benizzi, Général des Servites. 4°. Un Difcours contre la Superftition populaire des jours heureux & malheureux, & quelques autres ouvrages de piété manufcrits.

Nous finiffons ici la Lifte des Hommes Illuftres de Provence, à la même époque où nous finiffons l'Hiftoire. Nous aurions pu la groffir des noms de François Pagi, du Poëte Brueys, du P. le Brun, de Tourneli, du P. Feuillée, du Comte de Forbin, de Garidel, Médecin Botanifte, du P. Serry, de Privat de Moliéres, de Maffillon & de plufieurs autres; mais c'eût été nous rapprocher de nos jours, & nous nous fommes fait une loi de ne point parler de ce qui touche de trop près à la génération préfente, foit en bien, foit en mal. Il n'arrive que trop fouvent dans ce cas-là, que mille confidérations fecretes viennent, à l'infçu même de l'Auteur, altérer la vérité. Nous l'avons préfentée dans le cours de cet Ouvrage avec la plus grande impartialité; ayant un égal éloignement pour la flatterie & pour la fatyre.

Fin de l'Hiftoire & des Hommes Illuftres.

SUITE DES GOUVERNEURS ET GRANDS-SÉNÉCHAUX.

1481.   Palamèdes de FORBIN, Seigneur de Souliers, Vicomte du Martigues fut Gouverneur de Provence avec tous les pouvoirs de Vice-Roi.

Raimond de GLANDEVÈS, Seigneur de Faucon, gendre de Palamèdes, fut Grand-Sénéchal pendant un an, après lequel tems cette place fut réunie à celle de Gouverneur.

1483.   Aymar de POITIERS, Baron de Saint-Vallier, Vicomte de l'Étoile, Grand-Sénéchal & Gouverneur, pourvu le 20 Mai 1483.

1491.   François de LUXEMBOURG, Vicomte du Martigues, nommé Gouverneur le 27 Septembre 1487.

Aimar de POITIERS, continuant d'exercer la charge de Grand-Sénéchal.

1496.   Philippe Marquis de HOCBERT, Comte de Neufchatel, Seigneur de Rothelin, &c. Maréchal de Bourgogne, réunit le 24 Mai 1493 les deux charges qui ne furent séparées qu'en 1572.

1504.   Louis D'ORLÉANS, Comte de Longueville, de Neufchatel, de Dunois & de Mongomeri, Marquis de Rothelin, lui succéda le 23 Novembre 1504.

1514.   Jean de POITIERS, Vicomte de l'Étoile, Seigneur de Saint-Vallier, & Marquis de Cotron, fut pourvu du Gouvernement le 5 Octobre 1514.

1515.   René, Bâtard de SAVOIE, Comte de Tende, de Villars, & de Beaujeu, Grand-Maître de France, fut fait Gouverneur, Grand-Sénéchal, & Amiral des Mers du Levant le 26 Janvier 1515.

1524.   Claude de SAVOIE, son fils, Comte de Sommerive, reçu en survivance le 18 Octobre 1520, succéda en toutes ses charges à son pere, quand celui-ci eut été tué à la bataille de Pavie en 1524.

1566.   Honoré de SAVOIE, Comte de Tende & de Sommerive, fils du précédent, Chevalier de l'Ordre du Roi, Capitaine de cent hommes d'armes de ses ordonnances, Adjoint au Gouvernement en 1561, eut seul toutes les charges de son pere le 28 Avril 1566, jusqu'à sa mort arrivée en 1573 (1).

1572.   (1) Après la mort d'Honoré de SAVOIE la charge de Grand-Sénéchal fut séparée du Gouvernement, & possédée en 1572 par Jean de PONTEVÈS, Baron de Cotignac, Comte de Carces, Lieutenant de Roi dans le même pays. Ayant été suspendu de ses fonctions

Gaspard de SAULX, Vicomte de Tavanes, Maréchal de France, fait Gouverneur & Grand-Amiral des Mers du Levant le 18 Octobre 1572, mourut avant d'avoir pris possession. 1573.

Albert de GONDI, Comte & puis Duc de Retz, Maréchal de France; lui succéda le 6 Juillet 1573 dans les mêmes dignités. Sa santé l'ayant obligé d'aller prendre les bains de Lucques, Henri, Bâtard de VALOIS, Comte d'Angoulême, commanda en Chef par commission le 25 Mai 1577. 1573.

François de la BAUME, Comte de Suze, fut fait Gouverneur & Amiral des Mers du Levant le premier Juin 1578, ensuite de la démission du Maréchal de Retz; mais les Gentilshommes de Provence n'ayant pas voulu le reconnoître, GEORGE, Cardinal d'Armagnac, gouverna à sa place par Lettres-Patentes du 7 Mars 1579, en attendant l'arrivée d'Albert de GONDI. 1578.

Henri, Bâtard de VALOIS, Comte d'Angoulême, Grand-Prieur de France, Capitaine-Général des Galères, & de cent hommes d'armes d'ordonnance, Gouverneur & Amiral des Mers du Levant, fut pourvu du Gouvernement le 10 Mai de la même année, sur la démission du Comte de Suze. 1579.

Jean Louis de NOGARET, Duc d'Epernon, Pair de France, & Colonel Général de la Cavalerie, pourvu du Gouvernement le 14 Juillet 1586, fut fait en même-tems Amiral des Mers du Levant. 1586.

Bernard de NOGARET, Seigneur de la Valette, frère du Duc, eut le commandement en son absence jusqu'en 1592, qu'il fut tué au siège de Roquebrune. Après sa mort Alphonse D'ORNANO qui fut depuis Maréchal de France, fit pendant quelque tems les fonctions de Gouverneur. 1586.

Jean Louis de NOGARET, Duc d'Epernon, reprit le Gouvernement pendant quelque tems, François D'ORAISON, Marquis d'Oraison, le remplaça jusqu'à ce que ce Comte fût rétabli. 1593.

Gaspard de PONTEVÈS, fils de Jean, Comte de Carces, eut la survivance le 28 Avril 1574, & succéda à son pere en 1582. 1582.

Jean II de PONTEVÈS, Comte de Carces, fils de Gaspard, eut la Charge en 1610. 1610.

François de SIMIANE, Marquis de Gordes, Comte de Carces, fut le dernier Grand-Sénéchal après la mort de son oncle Jean de PONTEVÈS, arrivée en 1655. On divisa la Charge en autant de Sénéchaux qu'il y a de sièges dans le pays, au mois de Mars 1662, Sa Majesté consentant à ne nommer auxdits Offices que sur la présentation du Marquis de Gordes pour la première fois seulement, afin de l'indemniser du prix de la Charge de Grand-Sénéchal. 1655.

en 1593, mais il fut révoqué par lettres du 22 Septembre 1595. Le Roi avoit déja nommé à sa place le 22 Octobre 1594.

1594. Charles de LORRAINE, Duc de Guise & de Chevreuse, Prince de Joinville. Ce Gouverneur qui étoit comme ses prédécesseurs Amiral des Mers du Levant, obtint en 1615 la survivance pour son fils François de LORRAINE, Prince de Joinville, qui mourut un an avant son pere : celui-ci étant disgracié pour les raisons que nous avons dites dans l'Histoire, se retira en Italie en 1631, & finit ses jours à Buonconvento, en Toscane, le 30 Septembre 1639, lorsqu'il revenoit des bains de Saint-Cassien : il avoit avec lui la Duchesse sa femme, sa fille & son fils cadet. La Charge d'Amiral des Mers ayant été supprimée par Edit du mois d'Octobre 1626, lorsque le Cardinal de Richelieu se fut fait nommer Grand-Maître & Surintendant-général du commerce de France, elle fut séparée du Gouvernement dont on avoit déja démembré celle de Grand-Sénéchal en 1572.

1631. Nicolas de L'HOPITAL, Marquis de Vitri, Maréchal de France, fut pourvu le 7 Août 1631, après la retraite du Duc de Guise.

1637. Louis-Emmanuel de VALOIS, Comte d'Alais, puis Duc d'Angoulême, Colonel-général de la Cavalerie légère de France, fut nommé le 29 Octobre 1637, & s'étant brouillé avec le Parlement, ainsi qu'on l'a vu dans l'Histoire, il fut obligé de se retirer à la Cour en 1650, & François Bos-

1650. tain D'URRE, Marquis d'Aiguebonne, fut envoyé pour commander en son absence, avec les mêmes droits & prérogatives que lui le 26 Septembre de la même année ; mais n'ayant pu réunir les esprits,

1653. Louis de VENDOME, Duc de Mercœur & d'Étampes, puis Duc de Vendôme, Pair de France, lui succéda par commission le 8 Avril 1652 ; après la mort du Duc d'Angoulême, il fut fait Gouverneur en Chef le 24 Février 1653 : c'est le même qui mourut Cardinal.

1658. Louis JOSEPH, Duc de Vendôme & de Penthièvre, fils du précédent, fut adjoint à son pere dans le Gouvernement le 24 Avril 1658, & lui succéda au mois d'Août 1669.

1714. Louis HECTOR, Duc de Villars, Pair & Maréchal de France, Vicomte de Melun, Seigneur de Villeneuve, &c. Chevalier des Ordres du Roi, Gouverneur de Fribourg, & Gouverneur-général des Provinces de Metz & Verdun, &c. fut pourvu du Gouvernement-général de Provence le 20 Octobre 1712.

Honoré

Honoré ARMAND, Marquis de Villars, fils du précédent, nommé en survivance le 8 Avril 1714, lui succéda au mois de Juin 1734.   1734.

Camille-Louis de LORRAINE, Prince de Marsan, Sire de Pons, Marquis de Mirabeau, Chevalier des Ordres du Roi, Lieutenant-Général de ses Armées, Gouverneur le 6 Mai 1770.   1770.

Charles-Juste de BEAUVAU, Prince du Saint-Empire, Lieutenant-Général des Armées du Roi, Grand-d'Espagne de la première classe, Chevalier des Ordres du Roi, Capitaine de ses Gardes, &c, fut fait Gouverneur le 26 Avril 1782, & nommé Maréchal de France le 13 Juin 1783.   1782.

LIEUTENANS DE ROI,
Depuis la réunion de la Provence 1481 (1).

Louis de FORBIN, Seigneur du Luc, & ensuite de Souliers, 1483.   1483 *

Antoine de SARRON, Seigneur de Varilles.   1494 *

Simon de ROYE, Seigneur de Roye & d'Edissei, en l'absence du Marquis de Hocbert. Ses provisions sont du 3 Novembre 1496.   1496.

Antoine de LAMET, Seigneur de Lamet, en 1507.   1507 *

Pierre FILLIOLI, Archevêque d'Aix, le 3 Septembre 1508.   1508.

Claude D'URRE, Seigneur du Puyt Saint-Martin en 1512.   1512 *

Antoine de Vintimille LASCARIS, des Comtes de Tende, Evêque de Riez. Sous René de SAVOIE, Comte de Tende, & sous Claude son fils, il y eut divers Lieutenans de Roi, dont voici les noms.   1515.

Jean D'AUSSONVILLIER, Chevalier, Seigneur d'Aureil & de Villars, Maître-d'Hôtel du Roi, au mois de Juin 1515.   1515.

(2) Louis de GRASSE, Seigneur du Mas & de Calian, le 7 Avril 1519.   1519.

---

(1) Les noms de ceux qui sont marqués d'une étoile, sont tirés de l'Histoire d'Honoré BOUCHE, & de l'état de la Provence par l'Abbé Robert, ne se trouvant dans les Registres d'aucune Cour.

(2) Honoré BOUCHE, tom 2. p. 1048, rapporte la commission de Lieutenant de Roi donnée à Louis de GRASSE par René de SAVOIE, datée du dernier Avril 1516. Cette différence & quelques autres, qu'on remarquera dans cette liste, vient de ce que nous ne rapportons que les noms des Commandans, dont la commission a été enregistrée au Parlement ; ceux-là étant proprement les seuls qui fussent avoués par le Gouvernement, les autres n'étant que des Commissaires nommés par le Gouverneur ou le Ministre suivant le besoin.

1519 *	Pierre FILLIOLI, Archevêque d'Aix, en 1519. C'est le même qui avoit été Commandant en 1508.
1519 *	Claude D'URRE eut aussi la commission de Commandant la même année. C'est le même dont nous avons parlé ci-dessus.
1534.	Fouquet FABRI, Conseiller au Parlement, le 20 Octobre 1534.
1536.	Pierre FILLIOLI, dont nous avons déjà parlé deux fois.
1540.	Louis-Adhémar de MONTEIL, Baron, puis Comte de Grignan, Gouverneur de Marseille & Château-d'If, Surintendant des Galères, au mois de Février 1540, fut fait en même-tems Commandant de Provence sous Claude de SAVOIE, Comte de Tende.
1543.	Le Roi de Navarre, beau-frère du Roi, nommé Lieutenant-Général au pays de Guyenne, Poitou, Languedoc & Provence, pour s'opposer aux entreprises de l'Empereur le 11 Janvier 1542.
1544.	Jean de MEYNIER, Baron d'Oppède, premier Président au Parlement, fut Lieutenant de Roi, & Commandant en l'absence du Baron de Grignan le 26 Février 1544.
1548.	Jean de BENAUD, Chevalier, Seigneur de Villeneuve, nommé Commandant par le Comte de Tende le 5 Avril 1548, & confirmé par Henri II le 17 Décembre de la même année.
1557.	Antoine Escalin des AIMARS, Baron de la Garde, & Général des Galères, nommé Commandant le 6 Septembre 1557.
1561.	Honoré de SAVOIE, Comte de Sommerive, le 8 Février 1561, sur la démission du Baron de la Garde : c'est le même qui fut fait Gouverneur en 1561, comme nous l'avons déjà dit.
1563 *	Jacques de BONIFACE, Seigneur de la Molle, en l'absence des Comtes de Tende : mais ses lettres ne furent pas vérifiées au Parlement.
1566.	Jean de PONTEVÈS, Comte de Carces, fils de Jean, fut fait Commandant le 3 Août 1566. Il fut nommé Grand-Sénéchal le 16 Octobre 1572.
1586.	Bernard de NOGARET, sieur de la Valette, fut nommé pour commander le 7 Décembre 1586, en l'absence du Duc d'Épernon, que ses charges retenoient à la Cour. Ses pouvoirs de Commandant furent révoqués le 8 Octobre 1588 : mais il n'en continua pas moins ses fonctions jusqu'en 1592, qu'il fut tué au siège de Roquebrune.
1592.	Gaspard de PONTEVÈS, Comte de Carces, fils de Jean, nommé

Commandant par Charles IX, fut confirmé par le Duc de Mayenne le 26 Juillet 1592, & par Henri IV le 10 Mai 1594.

François de BONNE, Duc de Lesdiguières, puis Maréchal de France & Connétable, eut des lettres de Commandant par commission en 1595; mais elles ne furent pas enregistrées.   1596 *

Gaspard de PONTEVÈS fut encore nommé au mois d'Avril 1610.   1610.

Alexandre Paris de LORRAINE, Chevalier de Guise, eut des lettres pour commander en l'absence du Duc de Guise son frère le 14 Octobre 1613, & mourut à Arles au mois de Septembre 1614.   1613.

Melchior Mitte de CHEVRIÈRES, Marquis de Saint-Chamond, premier Baron du Lyonnois, & Chevalier des Ordres du Roi. Ses lettres ne sont point enregistrées.   1632 *

Jean de PONTEVÈS, Comte de Carces, fils de Gaspard, fut pourvu de la Lieutenance du Roi sur la démission du Marquis de Saint-Chamond le 21 Août 1635, étant déjà Grand-Sénéchal depuis la mort de son père.   1635.

François de SIMIANE, Marquis de Gordes, neveu de Jean de PONTEVÈS, fut pourvu de ses charges le 12 Octobre 1656. Il étoit Chevalier des Ordres du Roi, & Chevalier d'Honneur de la Reine.   1656.

François de MONTIER, Comte de Merinville & de Rieux, Chevalier des Ordres du Roi, le 19 Août 1659.   1659.

Henri de FORBIN-MEYNIER, Baron d'Oppède, premier Président au Parlement, eut pouvoir de commander en Provence, en l'absence du Duc de Vendôme & du Comte de Merinville.   1667.

François de Castellane-Adhemar de Monteil ORNANO, Comte de Grignan, pourvu par lettres le 29 Novembre 1669.   1669.

Jean ROUILLÉ, Comte de Melai, étant Intendant, commanda en qualité de Lieutenant de Roi, en l'absence du Gouverneur & du Comte de Grignan en 1673, jusqu'à la fin de l'année 1678.   1673.

Thomas-Alexandre MORANT, Seigneur de Soulles, & Pierre Cardin le BRET, Seigneur de Flacour, Intendans, commandèrent aussi, lorsque M. de Grignan étoit absent.

Louis de SIMIANE, Chevalier, Marquis dudit lieu, Seigneur de Clavet, la Baume & autres lieux, Gentilhomme de la Chambre de Son Altesse Royale Monseigneur le Duc d'Orléans, Régent du Royaume, &c. le 18 Mars 1716.   1716.

1718. Louis de BRANCAS, des Comtes de Forcalquier, Chevalier, Marquis de Ceirefte & autres lieux, Chevalier de la Toifon d'Or, Commandeur de l'Ordre Royal & Militaire de Saint-Louis, Lieutenant-Général des Armées du Roi, & Confeiller au Confeil du dedans du Royaume, le 3 Juillet 1718.

1718. Jacques de ROUXEL, Comte de Medavi & de Granefi, Chevalier des Ordres du Roi, Gouverneur de la Ville de Dunkerque, Lieutenant-Général, Commandant en Dauphiné, fut nommé Commandant en Provence le 11 Juin 1718.

1719. N. Marquis de BEAUVAU, Lieutenant-Général des Armées du Roi, le 1 Avril 1719.

Gafton-Charles-Pierre de LEVI, Marquis de Mirepoix, Maréchal des Camps & Armées du Roi, Chevalier de fes Ordres, Commandant en Chef le 22 Juillet 1742.

1745. Jean-Baptifte-François de MAILLEBOIS, Maréchal de France, Chevalier des Ordres du Roi, Maître de fa garde-robe, Lieutenant-Général de la Province de Languedoc, Marquis de Maillebois, &c, &c, le 1 Mai 1745.

1753. Louis-Paul de BRANCAS, des Comtes de Forcalquier, Marquis de Brancas & de Ceirefte, Baron du Caftellet, Seigneur de Vitrolles, Monjuftin & Robion, Grand-d'Efpagne de la première claffe, Maréchal des Camps & Armées du Roi, Gouverneur des ville & château de Nantes, &c. le 1 Avril 1753.

1757. Jean-Baptifte de FÉLIX, Chevalier, Seigneur du Muy, la Roquette, Grignan &c, premier Sous-Gouverneur de Monfeigneur le Dauphin, Maître-d'Hôtel de Madame la Dauphine, Commandant par lettres données à Fontainebleau le 25 Octobre 1754, & enregiftrées le 2 Juin 1767.

1768. Jean-Louis ROGER, Marquis de Rochechouart, Lieutenant-Général des Armées du Roi, fut nommé le 25 Mai 1768.

1777. N. Marquis de VOGUÉ, Chevalier des Ordres du Roi, &c.

1782. Henri-Charles de Thiard de BISSI, Comte de Thiard, Lieutenant-Général des Armées du Roi, Gouverneur des ville & château de Breft, & des îles d'Oueffant, premier Écuyer de Son Alteffe Séréniffime Monfeigneur le Duc d'Orléans, le 13 Octobre 1782.

DES GÉNÉRAUX DES GALERES. (1)

Comme la Charge de Général des Galères n'est connue que depuis la réunion de la Provence à la Couronne ; nous commencerons à cette époque la liste des Militaires qui l'ont remplie.

Pregent de BIDOUX, né en Gascogne, Chevalier de l'Ordre de Saint-Jean de Jérusalem, & Grand-Prieur de Saint-Gilles, fut nommé Général des Galères en 1497.

Louis de BIGORES, Seigneur de la Londe, fut fait Lieutenant-Général des Mers du Levant, & Capitaine Général des Galères le 2 Avril 1502.

Bernardin de BAUX, Chevalier de l'Ordre de Saint-Jean de Jérusalem, Commandeur de Saint Vincent de Largnes, succéda à Pregent de BIDOUX en 1518.

Bertrand DORNESAN, Chevalier, Seigneur d'Asterac, Baron de Saint-Blancard, Marquis des Isles d'Or, Amiral des Mers du Levant, & Général des Galères en 1521.

André DORIA, de Gênes, Prince de Melfe, Chevalier de la Toison d'Or, & Chevalier des Ordres du Roi ... 1527.

Antoine de la ROCHEFOUCAUD, Seigneur de Barbesieux, l'un des cent Gentilshommes de la Maison du Roi, Chevalier de son Ordre, & Gentilhomme de sa Chambre ... 1528.

François de BOURBON, Comte d'Enghien ... 1543.

Antoine Escalin des AIMARS, dit le Capitaine Paulin, Baron de la Garde, Chevalier de l'Ordre du Roi, Capitaine de cent hommes d'armes, &c, 1544. On peut voir dans l'Histoire p. 109, ce que nous avons dit de sa naissance & de sa fortune.

Jean STUARD, Duc d'Albanie, étoit Surintendant des Galères en 1552.

Léon STROZZI, Chevalier de l'Ordre de Saint-Jean de Jérusalem, Prieur de Capoue ... 1547.

François de LORRAINE, Chevalier de Malte, Grand-Prieur, & Général des Galères de France ... 1557.

---

(1) Nous suivons dans cette liste l'Histoire Généalogique des Généraux des Galères, donnée par Ruffi dans l'Histoire de Marseille, tom. 2, liv. 14, chap. 2, & insérée dans le tom. 7 de l'Histoire Général. de la Maison de France, par le P. Anselme.

René de LORRAINE, Marquis d'Elbeuf, succéda à son frère en 1565.

Henri D'ANGOULÊME, Grand-Prieur de France ... 1578.

Charles de GONDI, Marquis de Belle-île .. 1579, sous la direction & Intendance du Maréchal de Retz son père, qui eut la commission d'exercer la Charge par lettres datées de l'an 1586.

Philippe-Emmanuel de GONDI, Comte de Joigni, &c, Chevalier des Ordres du Roi, succéda à son frere Charles en 1598.

Pierre de GONDI, Duc de Retz, Pair de France, Comte de Joigni, &c, fut pourvu en 1626 à la place de Philippe EMMANUEL son père.

François de VIGNEROD, II du nom, Marquis du Pont-Courlai, Chevalier des Ordres du Roi, &c, fut pourvu sur la démission du Duc de Retz en 1635.

Armand-Jean de Vignerod du PLESSIS, Duc de Richelieu & de Fronsac, Pair de France, Prince de Mortagne, Chevalier d'Honneur de Madame la Dauphine, &c, &c, en 1643.

FRANÇOIS, Marquis de Crequi, Maréchal de France, Gouverneur de Béthune .. 1661 sur la démission du précédent.

Louis-Victor de ROCHECHOUART, Duc de Vivone-Mortemart, Pair & Maréchal de France, Prince de Tonnai Charante, &c. 1669.

Louis de ROCHECHOUART, Duc de Mortemart, fils du précédent, obtint la survivance en 1677.

Louis-Auguste de BOURBON, légitimé de France, Prince Souverain de Dombes, Duc du Maine & d'Aumale, Comte d'Eu, Pair de France, Grand-Maître & Capitaine Général de l'Artillerie, &c, &c, 1688.

Louis JOSEPH, Duc de Vendôme, de Mercœur, &c, Pair de France, Prince du Martigues, Gouverneur de Provence, &c, &c, fut pourvu sur la démission du Duc du Maine en 1694.

René de FROULAI, III du nom, Comte de Tessé, Maréchal de France, Chevalier des Ordres du Roi, Grand-d'Espagne de la première classe, fut nommé Général des Galères au mois d'Octobre 1712.

Jean PHILIPPE dit le *Chevalier d'Orléans*, Grand-Prieur de France, Abbé d'Hautvilliers, Grand-d'Espagne, prêta serment pour la Charge de Général des Galères le 29 Août 1716. Il étoit fils légitimé de Philippe D'ORLÉANS, Régent du Royaume.

LISTE DES PREMIERS PRÉSIDENTS DU PARLEMENT.

Michel RICCIO, Italien, Avocat du Roi à Naples, Conseiller au Grand Conseil, Conseiller au Parlement de Dijon, Grand-Sénateur à Milan, Président en Provence en 1502, n'est jamais venu à Aix. Mort à Naples au service de Louis XII. — 1502.

Antoine MULET, reçu en Juin 1502, avoit été Vi-Bailli de Viennois, Juge-Mage à Grenoble, & Conseiller au Parlement de la même Ville ; il quitta la Présidence d'Aix en 1507, & mourut Président du Parlement de Grenoble. — 1502.

Accurse MEYNIER, Baron d'Oppède, d'abord Juge-Mage d'Aix, ensuite Ambassadeur à Venise, fut reçu Président du Parlement d'Aix le 15 Juin 1507. Il mourut troisième Président à celui de Toulouse. — 1507.

Gervais de BAUMONT, Sieur de Mondesir, né en Auvergne, Lieutenant-Général au siége de Monferrand, Conseiller au Grand-Conseil, Sénateur à Milan, reçu Président le 30 Janvier 1509, mourut en 1529 âgé de 100 ans. — 1509.

Thomas CUISINIER, du Poitou, reçu le 30 Janvier 1530, avoit été Avocat-Général à Bordeaux. Il fut surnommé le Père de la Justice. Il mourut à Aix le 31 Juin 1532. Le Parlement délibéra de lui faire élever un mausolée aux Observantins d'Aix. — 1530.

Barthélemi CHASSANÉE, chargé d'affaires importantes en Italie, ensuite Avocat du Roi à Autun, puis Conseiller au Parlement de Paris, fut reçu Président au Parlement d'Aix le 3 Octobre 1533, & travailla à la réforme de la Justice en 1535. Nous avons eu occasion de parler plus d'une fois de lui dans l'Histoire. — 1533.

Guillaume GARÇONET, de Poitiers, reçu le 18 Juin 1541, avoit été Conseiller au Sénat de Turin, & Avocat-Général à Aix. Il mourut à Montpellier le 5 Octobre 1543, présidant les Etats de Languedoc. — 1541.

Jean MEYNIER, Baron d'Oppède, reçu Conseiller le 28 Janvier 1544, ensuite premier Président, fut Lieutenant de Roi, en l'absence du Comte de Grignan. C'est lui qui joua un si grand rôle, dans l'affaire de Cabrières, ainsi que nous l'avons dit dans l'Histoire. Il mourut en 1558. — 1544.

1558. Jean-Augustin de FORESTA, reçu le 20 Juillet 1558, d'abord Conseiller, ensuite Président, fut destitué avec le Parlement par les Commissaires du Parlement de Paris, rappellé le 15 Décembre 1564, & mourut en 1588.

1554. Bernard PRÉVOT, sieur de Morsan, Président du Parlement de Paris, envoyé pour présider la Commission qui remplaça le Parlement en 1564, ne conserva cette place que jusqu'en 1566, qu'il se retira.

1590. Artus de PRUNIÈRES, sieur de Saint-André, premier Président par Commission du Parlement-Anti-ligueur, reçu à Sisteron le 25 Juin 1590, assembla les États à Riez en 1592, & se retira en 1593, sans aller à Aix. Il devint premier Président du Parlement de Grenoble.

1599. Guillaume du VAIR, reçu le 5 Juillet 1599 sur la démission de M. de Camus Pontcarré, avoit été Conseiller à Paris, puis Président de la Chambre Souveraine établie à Marseille, fut Garde des Sceaux de France en 1616, Evêque de Lizieux en 1617, & mourut en 1621.

1616. Marc-Antoine D'ESCALIS, reçu le 14 Octobre 1616, avoit été Conseiller & Président. Il mourut en Octobre 1620.

1621. Vincent-Anne de FORBIN-MEYNIER, Baron d'Oppède, reçu le 30 Mars 1621, mourut à Avignon en 1631, au retour d'un voyage fait à Paris.

1632. Hélie L'AINÉ, né en Angoumois, reçu le 17 Février 1632, avoit été Conseiller au Parlement de Paris, Intendant en plusieurs Provinces, & Conseiller d'État & des Finances; il quitta la première Présidence à cause de ses différends avec le Maréchal de Vitri, Gouverneur de Provence, & mourut le 13 Octobre 1656, étant Conseiller d'État.

1636. Guillaume de FIEUBET, Président au Parlement de Toulouse, nommé le 20 Février 1636, ne fut pas reçu.

1636. Joseph de BERNET, reçu le 10 Novembre de la même année, avoit été Avocat-Général au Grand-Conseil, & Président au Parlement de Bordeaux. Il fut exilé à Bourges, en 1642, par l'intrigue du Comte d'Alès, & mourut à Bordeaux premier Président du Parlement.

1644. Jean de MESGRIGNI, de Troyes, reçu le 20 Juillet 1644, avoit été Conseiller au Grand-Conseil, & donna sa démission à cause des troubles du sémestre arrivés en 1648 & 49. Il mourut Doyen des Conseillers d'État.

Henri

Henri de Forbin MEYNIER, Baron d'Oppède dont nous avons souvent parlé dans l'Histoire, fut reçu le ... Et mourut à Lambesc le 13 Novembre 1671, lorsqu'il présidoit les Etats.

Arnoul MARIN, reçu le 9 Juin 1673, avoit été Intendant à Orléans. Il fut rappellé en 1690 à cause de ses contestatious avec le Parlement qui députa contre lui. 1673.

Pierre-Cardin LEBRET, reçu le 8 Octobre 1690, avoit été Conseiller au Grand-Conseil, & Intendant à Limoges, & en Provence. Il mourut le 26 Février 1710. 1690.

Cardin le BRET, fils du précédent, Conseiller en 1694, Intendant en Béarn, puis en Provence sur la démission de son père, fut reçu premier Président le 10 Juin 1710, nommé plusieurs fois Commandant en l'absence du Gouverneur & du Commandant, mourut à Marseille le 14 Octobre 1734. 1710.

Jean-Baptiste des GALLOIS, Seigneur de la Tour, reçu le 24 Mai 1735, avoit été Conseiller au Parlement de Paris, ensuite Maître des Requêtes, Intendant en Poitou & en Bretagne, & le fut en Provence en 1735 lorsqu'il eut la première Présidence. Il est mort en 1747. 1735.

Charles-Jean-Baptiste des GALLOIS de la Tour, fils du précédent, Maître des Requêtes, Intendant sur la démission de son père, reçu premier Président le 4 Mai 1748, fut exilé avec le Parlement le premier Octobre 1771, & rétabli le 12 Janvier 1775. 1748.

MM. LES GRANDS PRÉSIDENS EN LA COUR DES COMPTES, AIDES ET FINANCES DE PROVENCE.

Nicolas de BRANCAS, Evêque de Marseille, nommé Grand-Président le 9 Mai 1460. 1460.

Jean HUET, Evêque de Toulon, reçu le 18 Septembre 1466. 1466.

Palamèdes de FORBIN, Sieur de Souliers, surnommé le Grand, reçu le 8 Août 1470. 1470.

Jean de MATHERON, Sieur de Salignac & de Peinier, reçu le 15 Septembre 1487. Office de Palamèdes de FORBIN. 1487.

Jean de FORBIN, Sieur du Luc, reçu le 29 Mars 1495. Office de Jean de MATHERON. 1495.

Tome IV.   M m m m m

1502. Aimeric de ANDRÉA, reçu Grand-Préfident & Garde des Sceaux le 15 Octobre 1502, unit à cette Charge celle de la Chambre rigoureufe : Office de Louis de FORBIN.

1515. Balthafar de GERENTE, Archevêque d'Embrun, reçu Grand-Préfident & premier Maître Rational le 8 Mars 1515. Office d'Aimeric de ANDRÉA.

MM. LES PREMIERS PRÉSIDENS.

1554. Jean de SADE, Sieur de Mazan, reçu le 20 Décembre 1554. Office de Balthafar de GERENTE, fon oncle.

1601. Jean de ROLANDS, Sieur de Reauville, reçu le 22 Décembre 1601. Office de Jean de SADE, fon aïeul.

1608. Jean de la CEPEDE, Sieur d'Aigalades, reçu le 14 Juillet 1608. Office de Jean de ROLANDS.

1623. Antoine de SÉGUIRAN, Sieur de Bouc, reçu le 28 Novembre 1623. Office de Jean de la CEPEDE.

1625. Henri de SÉGUIRAN, Sieur de Bouc, reçu le 16 Octobre 1625. Office d'Antoine de SÉGUIRAN fon père.

1649. Reynaud de SÉGUIRAN, reçu le 4 Mars 1649. Office d'Henri de SÉGUIRAN fon père.

1679. Antoine de SÉGUIRAN, Abbé de Guitres, reçu le 21 Janvier 1679. Office de Renaud de SÉGUIRAN fon frère.

1708. Henri-Renaud D'ALBERTAS, Sieur de Bouc & de Dauphin, &c. reçu le 13 Février 1708. Office d'Antoine de SÉGUIRAN fon oncle.

1745. Jean-Baptifte D'ALBERTAS, reçu le 11 Mars 1745. Office D'HENRI fon père.

Jean-Baptifte D'ALBERTAS, Marquis d'Albertas, Comte de Ners & Pechaures, Sieur de Gemenos & Saint-Hilaire, actuellement en exercice.

CHEVALIERS DE L'ORDRE DE SAINT MICHEL,
NÉS EN PROVENCE ET REÇUS AVANT LA RÉFORME DE L'ORDRE.

Claude de GRASSE, Comte du Bar, Colonel des Légionnaires en Provence, reçu Chevalier de Saint-Michel, sous François I, étoit déja qualifié tel, le 9 Mars 1536.

Louis-Adhémar de MONTEIL, Comte de Grignan, nommé en 1542 ou 1543.

Renaud de VILLENEUVE, Baron de Vence, admis dans l'Ordre, vers le règne de François I.

Antoine-Escalin des AIMARS, Baron de la Garde, Général des Galères de France, reçu Chevalier en 1556.

Bertrand-Raimbaud de SIMIANE, Baron de Gordes, nommé en 1561.

François d'Agoult de MONTAUBAN, Comte de Sault, nommé en 1561.

Jean de PONTEVÈS, Comte de Carces, nommé en 1562. (1563)

ANTOINE, Baron d'Oraison, nommé en 1562 (1563),

François de la BAUME, Comte de Suze, nommé en 1562. (1563).

Jacques de BONIFACE, Seigneur de la Molle, nommé en 1564.

Gaspard de Castellane Adhemar de MONTEIL, Comte de Grignan, nommé dans les premières années du règne de Charles IX.

Pierre BON, Baron de Mévoillon & de Montauban, nommé dans les premières années du règne de Charles IX.

Pierre de CASTILLON, Seigneur de Beines, reçu en 1560.

Louis de Castellane Adhemar de MONTEIL, Comte de Grignan, reçu en 1568.

Antoine de VILLENEUVE, Baron des Arcs, reçu en 1568.
Claude D'ALLAGONIA, Seigneur de Mérargues, reçu en 1568.
Paul D'ALBERT, Seigneur de Montdragon reçu en 1568.
Antoine de GLANDEVÈS, Comte de Pourrières, reçu en 1568.
Vincent de FORBIN, Seigneur de la Fare, reçu en 1568.
Durand de PONTEVÈS, Seigneur de Flassans, reçu en 1568.

Robert de QUIQUERAN, Baron de Beaujeu, reçu en 1568.
Nicolas ALLAMANNI, premier Maître-d'Hôtel du Roi, reçu en 1568.
Edouard D'ALBERT, Seigneur de Saint-André, reçu en 1568.
Ennemond de BRANCAS, Baron d'Oife, reçu en 1568.
Antoine de GRASSE, Seigneur de Briançon, reçu en 1569.
Honoré de CASTELLANE, Seigneur de Saint-Juers, reçu en 1569.
Pierre de SADE, Seigneur de Goult, reçu en 1569.
Honoré D'ALBERT, Seigneur de Luynes, reçu en 1569.
François D'AGOULT, Seigneur d'Angles, reçu en 1569.
Jean L'ÉVÊQUE, Seigneur de Rougiers, reçu en 1569.
Jean-Louis-Nicolas de BOULLIERS, Seigneur de Cental, reçu fous Charles IX.
Gabriel de VARADIER, Seigneur de Saint-Andiol, reçu fous Charles IX.
Pierre-Ifnard de GLANDEVÈS, Seigneur de Cuers, reçu fous Charles IX.
Jean de RENAUD, Seigneur d'Alein, reçu en 1570.
Jean de CASTELLANE, Seigneur de la Verdiere, reçu en 1570.
Chriftophe de VILLENEUVE, Seigneur de Vauclaufe, reçu en 1570.
Louis de BLACAS, Seigneur d'Aups, reçu en 1570.
Simon de CADENET, reçu en 1570.
François de SIMIANE, Seigneur de la Cofte, reçu fous Charles IX.
Aubert de ROUSSET, Seigneur de Rouffer, reçu fous Charles IX.
Jean de BEAUCAIRE, Seigneur de Puyguilhon, reçu fous Charles IX.
Jean de CASTELLANE, Baron de Laval de Chanant, reçu en 1571.
Gafpard FABRE, Meftre de Camp des bandes Provinciales, reçu en 1571.
Honoré des Martins *dit* de GRILLE, Baron des Beaux, reçu fous Charles IX.
Gabriel de PONTEVÈS, Seigneur de Buoux, reçu en 1572.
Gafpard de GLANDEVÈS, Baron de Faucon, reçu fous Charles IX.
Claude de SIMIANE, Seigneur de la Cofte, reçu fous Charles IX.
Claude de GRASSE, Comte du Bar, reçu en 1573.
Antoine de CORDES, Seigneur d'Aurons, reçu en 1573.
Jean de VILLENEUVE, Baron de Tourrettes, reçu en 1573.
Louis L'EVÊQUE, Seigneur de Rougiers, reçu fous Charles IX.

Claude de VILLENEUVE, Baron de Vence.
Gaspard de SIMIANE, co-Seigneur d'Evenes. } reçus sous
Balthasar de GÉRENTE, Baron de Senas,   } Charles IX.
Arnaud D'AGOULT, Seigneur de Moriez.

Louis d'Isoard de MATERON, Seigneur de Peynier, reçu vers le règne de Charles IX.

François de BONIFACE, Seigneur de la Molle, reçu sous Charles IX.

Louis de SAINT-MARTIN, premier Ecuyer de la Duchesse de Lorraine, reçu sous le règne de Charles IX. Il étoit frère d'Honoré des *MARTINS* dit le Capitaine Grille ci-dessus.

Gaspard de VILLENEUVE, Baron des Arcs, reçu sous Charles IX.

Antoine de Bénaud de LUBIÈRES, Seigneur de Villeneuve, Colonel des Légionnaires de Provence, étoit Chevalier sous Henri III en 1576.

Antoine de BONIFACE, Seigneur de la Molle, sous Henri III en 1576.

Jacques de Boche de VERS, Baron des Baux, sous Henri III en 1576.

Annibal de GLANDEVÈS, Seigneur de Beaudiment, sous Henri III en 1576.

François de ROLLAND, Seigneur de Reauville, reçu en 1578.

François-Louis D'AGOULT, Comte de Sault, étoit Chevalier en 1578.

Nicolas de THOMAS, Seigneur de la Garde, Baron de Sainte-Marguerite, reçu en 1579.

Honoré de CASTILLON, Seigneur du Casteler, l'étoit en 1579.

Jacques de Rémond de MODENE, Comte de Mont-Laur, Baron de Modene, Marquis de Maubec, l'étoit en 1579.

Pierre de CASTELLANE, Seigneur de Saint-Julien, l'étoit en 1579.

Claude de CASTELLANE, Seigneur de Tournon & de Norante, l'étoit en 1580.

Claude-Antoine BON, Baron de Mévoillon, l'étoit en 1580.

Antoine de BARRAS, Seigneur de Mirabeau, l'étoit en 1581.

Léonard de Corti CAZENOVE, Seigneur de Peirolles, reçu en 1582.

ANDRÉ, Marquis d'Ornison, l'étoit en 1585.

Balthasar-Raimbaud de SIMIANE, Baron de Gordes, reçu sous Henri III.

Antoine de GÉRENTE, Baron de Montclar, nommé vers le règne d'Henri III.

FRANÇOIS, Marquis d'Ornison, reçu vers le règne d'Henri III.

Gaspard de BRANCAS, Baron d'Oise, reçu sous Henri III.

Gaspard d'Autric de VINTIMILLE, Seigneur de Beaumettes, Baron de Ramatuelle, reçu vers le règne d'Henri III.

Paul de FORTIA, Seigneur de Pilles, reçu en 1591.

Louis de GERENTE, Baron de Montclar, l'étoit en 1598.

Georges de BRANCAS, Duc de Villars, Pair de France, l'étoit en 1602. Il fut depuis admis dans l'Ordre du Saint-Esprit en 1619.

Gilles de FORTIA, Seigneur de Durbans, l'étoit en 1608.

Jean de BARRAS, Baron de Mirabeau, reçu vers le règne d'Henri IV.

Antoine de BOYER, Seigneur de Bandol, reçu en 1613.

Philippes-Emmanuel D'ALTOVITI, Vicomte de Beaumont, Capitaine de vaisseaux, l'étoit en 1622.

Pierre D'HOZIER, Seigneur de la Garde, Juge d'armes de la Noblesse de France, Conseiller d'État d'Épée, reçu en 1628.

Joseph de DURAND, Seigneur de Beaurecueil, reçu en 1631.

César D'ORAISON, Marquis de Livarot, l'étoit en 1633.

Silvain d'Aymar, dit *L'ÉCUYER*, Gentilhomme ordinaire de la Chambre du Roi, l'étoit en 1635.

Balthasar de GAUTIER, Seigneur d'Aiguines, Baron de Senez, reçu sous Louis XIII.

Palamèdes de FORBIN, Seigneur de Soliers, l'étoit sous Louis XIII.

François de COQUEREL, reçu en 1661.

CHEVALIERS DE S. MICHEL DU COMTAT VENAISSIN.

Thomas D'ASTOAUD, Seigneur de Velleron, Ambassadeur à Rome, créé Chevalier de l'Ordre, sous Charles IX.

Balthasar Rangoni, dit *le Marquis de RANGON*, Lieutenant-Général de la Cavalerie du Pape au Comtat, nommé Chevalier de l'Ordre en 1568; il y possédoit la Seigneurie de Pernes. Il étoit fils du Comte Guy RANGON, Chevalier du même Ordre, sous François Premier.

Fouquet de TOLON, Seigneur de Saint-Salle, reçu en 1568.

Thomas de PANISSE, Seigneur d'Aubignan, reçu en 1568.

Aymar D'ANCÉZUNE, Seigneur de Vinay, reçu en 1568.

Efprit Sagnet, dit D'ASTOAUD, Seigneur de Vauclaufe, reçu en 1568.

Louis d'Urre de CORNILLAN, Seigneur du Puy Saint-Martin, reçu en 1568.

François des GALLIENS, Baron des Iffars, reçu en 1568.

Charles GRILLET, Seigneur de Taillades, reçu en 1568.

Louis de SEITRES, Seigneur de Caumont, reçu en 1569.

François de FOUGASSE, Seigneur de la Barthalaffe, reçu en 1570.

Melchior de GALIENS, Baron des Iffars, reçu en 1570.

Claude de BERTON, Baron de Crillon, reçu en 1570.

Pierre de GÉRARD, Seigneur d'Aubres, reçu en 1570.

Louis de PÉRUSSIS, Seigneur de Caumont, reçu en 1570.

Jean de CAMBIS, Seigneur d'Orfan, reçu en 1571 (1).

Gaucher des ISNARDS, Seigneur de Brantous, Chambellan du Duc d'Alençon, reçu Chevalier de l'Ordre fous Charles IX.

Jean des ISNARDS, Seigneur de l'Ifle, Gouverneur de Crotoy & du Saint-Efprit, de Rue en Picardie, reçu Chevalier de l'Ordre fous Charles IX.

Roftaing d'Urre BERLION, Seigneur d'Ourches, reçu fous Charles IX.

Paul de THÉZAN, Seigneur de Venafque, reçu en 1573.

Barthelemi de BARONCELLI, Seigneur de Savon, reçu fous Charles IX.

Jean de GAY, Commandant au Château d'Exiles, reçu vers le règne de Charles IX.

Charles d'Urre de CORNILLAN, Seigneur de la Baume Cornillane, reçu vers le règne de Charles IX.

François de RIVIERE, Seigneur de Remufat, Gouverneur de Dourlens, reçu en 1574 fous Henri III.

Richard de PERUSSIS, Baron de Lauris, reçu fous Charles IX.

Balthafar de GALIENS, Baron de Vedenes, reçu fous Henri III.

Pompée CATILINA, Gouverneur des armes du Pape à Avignon & dans le Comtat, reçu Chevalier de l'Ordre en 1576.

Pierre de DONI, premier Conful d'Avignon, reçu dans l'Ordre en 1578.

Bertrand de ROQUARD, Gouverneur du Pont Saint-Efprit, reçu Chevalier de l'Ordre en 1578.

---

(1) François de CAMBIS, Vicomte d'Alais fon coufin, établi en Languedoc, avoit été admis auffi dans le même Ordre fous Charles IX.

Cefar MATTHEUCCII, reçu en 1578. } Établis dans le Comtat.
Gérard RANGONI, reçu en 1578.

Pierre D'ANSELME, Meftre-de-Camp d'un Régiment, étoit Chevalier de l'Ordre en 1578.

Aimar de VASSADEL, Seigneur de Vaqueras, Syndic de la Nobleffe du Comtat, étoit Chevalier de l'Ordre en 1578.

Guillaume de PANISSE, Baron de Montfaucon & de Maligeay, l'étoit en 1579.

Gilles de BERTON, Baron de Crillon, l'étoit en 1583.

Thomas de BERTON fon frère, Baron de Crillon, l'étoit en 1587.

Paul-Antoine de PUGET, Seigneur de Sauvin, Gentilhomme ordinaire de la Chambre du Roi, étoit Chevalier de l'Ordre en 1587.

Claude de RIVIÈRE, Seigneur de Sainte-Marie, l'étoit en 1587.
Philibert D'URRE, Seigneur de Paris, l'étoit fous Henri III.

Jofeph de FOUGASSE, Seigneur de la Barthalaffe.
François de SEGUINS, Seigneur des Baumettes.
Louis de Marcel BLAIN, Baron du Poët.   } Admis dans l'Ordre de Saint-Michel, vers le règne d'Henri III.
Pierre de ROUSSET, Seigneur de Saint-Sauveur.
Ferrand de PAGAN.
Clément de la SALLE, Seigneur de la Garde Paréol & de Bedarrides.

Roftaing D'ANCÉZUNE, Seigneur de Caderouffe, reçu en 1590.

François de ROUSSET, Seigneur de Saint-Sauveur, l'étoit en 1593.

Louis D'ANCÉZUNE-CADART, Seigneur de Venejan, l'étoit en 1595.

Louis de CAMBIS, Seigneur d'Orfan, reçu en 1603.

Gafpard de FOUGASSE, Seigneur de Grugières.
François-Gabriel de POL, Seigneur de Saint-Tronquet.   } Admis dans l'Ordre, vers le règne d'Henri IV.
Claude de THEZAN, Seigneur de Venafque.
Henri de Thézan de SAINT-GINIEZ, Baron de Luc.

Jean de ROQUARD, Seigneur de la Garde Paréol, Meftre-de-Camp du Régiment de Normandie, nommé Chevalier de l'Ordre en 1612.

Pierre de TULLES, Seigneur de la Nerte, reçu en 1619.

Pierre de SOUBIRATS, Vice-Recteur du Comtat Venaiffin, reçu Chevalier de l'Ordre en 1623.

Gabriel

Gabriel-Marie de SEGUINS, Seigneur de Vaſlieux, reçu ſous Louis XIII.

Jean-Scipion de POL, Seigneur de Saint-Tronquet, l'étoit ſous Louis XIII.

Georges de GALIENS, Baron de Vedenes, l'étoit ſous Louis XIII.

Blaiſe-François dit *le Comte de PAGAN*, Maréchal de Camp, reçu Chevalier de l'Ordre ſous Louis XIII.

Joſeph-François de FOUGASSE, Seigneur de la Batthalaſſe, l'étoit ſous Louis XIII.

Paul de CAMBIS, Seigneur de Villeron, Baron de Brantes, l'étoit ſous Louis XIII.

Barthelemi de BERTON de CRILLON, reçu vers le règne de Louis XIII.

Charles FERRIOL, Seigneur de Venaſque, reçu en 1647.

Pierre-François de TONDUTI, Baron de Maliac, Conſeiller d'État, reçu Chevalier de l'Ordre en 1666.

Louis-Henri de GUYON, Seigneur de Sauvain, Comte Palatin, Doyen de la Sacrée Rotte du Palais Apoſtolique, & de la Légation d'Avignon, reçu ſous Louis XIV, & avant la réforme de l'Ordre de 1665 (1).

---

(1) Cette liſte nous a été communiquée par M. D'HOZIER, Chambellan de l'Electeur Palatin Duc de Bavière.

TABLE DES MATIERES

contenues dans ce Volume.

A

Adhemar, 226.
Adrets, (le Baron des) son caractère, pag. 167. Cruautés qu'il commet à Pierre-Latte, *ibid.* s'empare de plusieurs autres Places, 168. Bat le Comte de Suze, 173. Ses exploits dans le Comtat, *ibid. & suiv.* est sur le point de se rendre maître de la ville d'Apt, 177.
Agar, (d') 284. 288.
Agout, 4. n. 9. n. 178. 222. 226. n° 263. Agut 453. 572.
Aiguebonne, (le Marquis d') est nommé Commandant, 533. Ses contestations avec le Comte de Carces, 539. Negotiations à ce sujet, *ibid. & suiv.* Est rapellé, 541.
Ailland, 485. n.
Aimar, 187. n. 256. n. 278. 358. n. 371. 514. 585.
Aix, ravagée par la peste n. 25. Se soumet aux Impériaux, 38. & 74. Voit brûler ses archives, 83. Réfléxions sur cet événement, *ibid.* Est encore ravagée par la peste, 129. Le peuple se souleve contre les Protestans, 150. En pend plusieurs, 152. Est désarmé, 154. Voit casser le Conseil & les Consuls, *ibid.* Est outragé par les Huguenots, 159 Les chasse de la ville, 160. Devient plus animé contr'eux, 161. Se soulève contre le Comte de Suse, 220, & contre les soldats corses, 234. Est en proie à toutes les fureurs de la peste, 237. émeute dans cette ville, 288. Les habitans cherchent à se débarrasser du Duc de Savoye, 313. Se précautionnent contre le Duc d'Epernon, 332. Vigoureuse résistance qu'ils lui opposent, 336. Joie qu'ils témoignent à la nouvelle de l'abjuration d'Henri IV, 339. Et de sa réconciliation avec le Saint-Siége, 372. Dêmélés de l'Archevêque avec le Parlement, 418. Frayeur superstitieuse des Religieuses de Sainte Claire, 422. Procédure criminelle contre le Prêtre Gaufredi, 423 & *fui*. Ravages de la peste, 444. Les Cours Souveraines en sortent, 445. Sa résistance quand elle est menacée de perdre la Cour des Comptes, 452. Elle chasse l'Intendant, 453. *Vérité Provençale* au Roi, 456. Le peuple se souléve & ravage la terre de la Barben, 457. Les Consuls arment une partie des habitans pour contenir les mutins, 458. Ils demandent au Duc de Guise sa protection, & députent en Cour, 459. L'avoient au Roi le testament de Charles III, *ibid.* Ont ordre de sortir de la ville, *ibid.* Le premier Consul forme une

faction, 460. Chasse les Chefs de la faction contraire, *ibid.* 460. Est poursuivi & chassé à son tour, 461 & *suiv.* Consternation de la Ville aux aproches du Prince de Conde, 465. Les Cours Souveraines & les autres Tribunaux ont ordre d'en sortir, *ibid.* Les Consuls refusent l'entretien des Troupes, 486. On leur ôte la procure du Pays, 487. La Ville réclame contre, *ibid.* On la leur rend: à quelles conditions, *ibid.* On s'y oppose à l'établissement d'un Présidial, 505. Fermentation dans les esprits, *ibid.* Joie qu'on témoigne au rappel des Magistrats exilés, 509. On court aux armes, *ibid.* Préparatifs d'un combat, *ibid.* Accommodement, 511. On prend de nouveau les armes, 512. On insulte les Consuls, *ibid. & suiv.* Le désordre augmente, 513. Il cesse, 514. Les Consuls sont cassés par le Parlement, *ibid.* La Ville recouvre ses priviléges, le calme & la liberté, 515 & 516. Le Comte d'Alais en sort, *ibid.* Le peuple le joue dans une farce, 517. Reprend les armes & attaque les troupes du Comte d'Alais, 519. Est battu, 520. Sa consternation, *ibid.* Tous les Corps se cotisent pour recommencer la guerre, *ibid.* La Ville est menacée d'un siége, 523. Les habitans se mettent en campagne, 525. Rentrent dans la Ville & se préparent à la défense, 526. Ont ordre de désarmer & de faire des excuses au Comte d'Alais, 527. Ils obéissent, 529. La Ville se divise encore en deux partis qui la troublent, 537 & 538. Est agitée par les divisions de Comte de Carces & du Marquis d'Aiguebonne, 536. Tableaux des maux que lui ont fait les troubles, 548. Réjouissances qu'on fait au sujet de leur cessation, 550. Les Consuls mandés en Cour, 553. Le peuple se soulève contre le premier Président, 572. Assiége le palais, *ibid.* Efforts des Consuls & du Parlement pour appaiser l'émeute, *ibid. & suiv.* Les factieux en deviennent plus ardents, 573. & *suiv.* Ils sont intimidés par les menaces du Duc de Mercœur, 575. Se soumettent, 576. Obtiennent une amnistie; mais il y en a quarante d'exceptés, *ibid.* On envoie des Commissaires pour juger les coupables, 578. Les Procureurs du Pays, quoiqu'ils n'eussent aucune part à la sédition, sont punis, *ibid.* Est ravagée par la peste, 701.

Alais, (Louis de Valois Comte d') est nommé Gouverneur de Provence, à quelle occasion, 488. Toute la Provence s'en réjouit, 489. Ses qualités, 490. Est reçu à Aix avec les plus grandes démonstrations de joie, *ibid.* Fait arrêter le Prince Casimir, 495. Lui écrit, 496. Fait enregistrer par autorité l'Édit concernant la Chambre des Requêtes, 500. Installe les Conseillers du Semestre, 507. Soulève contre lui une partie des habitans par cette démarche, *ibid.* Appaise une émeute, *ibid.* Se donne une escorte nombreuse, 508. Il est insulté, 509. On prend les armes contre lui, *ibid.* Il range ses troupes en bataille, 510. Les habitans de leur côté se disposent à le recevoir, 511. On fait un accommodement, *ibid.* Il prend des précautions pour se mettre hors d'insulte, *ibid.* Le Peuple prend de nouveau les armes, 512. Danger du Comte, 513. Il range sa cavalerie en bataille, *ibid.* Est obligé de congédier ses troupes & de rester prisonnier dans son palais, 514. S'accommode avec le Parlement, 515. Sort de son palais après deux mois de détention, & de la Ville, 516. Veut en faire le siége & y renonce, 517. Est joué dans une farce par le peuple d'Aix, *ibid.* Fait venir des troupes, 518. Les envoie s'emparer de Brignolle, 519. Battent celles du Parlement, *ibid. & suiv.* Est décrédité par les Procureurs du Pays dans une lettre circulaire, 521. Se fait à Marseille un parti qui grossit dans la Province, 522. Informe la Cour de sa conduite & des mouvemens du Parlement; il en est approuvé, 523. Ordonne aux habitans d'Aix de quitter les armes, 524. Reçoit ordre de se raccommoder avec le Parlement, *ibid.* Il y met des conditions qu'on refuse, 525. Ses troupes ravagent la campagne, *ibid.* Font des dégâts en plusieurs lieux, 526. Reçoit de la Cour les articles d'un accommodement auquel il est obligé de souscrire, *ibid. & suiv.* Indispose les Marseillois qui refusent de lui obéir, 530 *& suiv.* Veut les soumettre, 531. Il est mandé en Cour, 532. Est desservi par le Cardinal Mazarin, 533. Obtient une évocation pour les procès de ses partisans, 534. Conserve un parti considérable en Provence, 541 & 542. Il veut y revenir & est arrêté, 516. Il se démet de son Gouvernement, 594.

Alamannon, 323, 324, 329. n. 338. n. 353. 521.

Albert, d') 493, 503, 633.

Albertas, (d' 18. n. 45. 265. n. 285. 399. 485. n. 554. n.

Albis, (d') 302 .n. 358. n. 459.

Allagonia, veut livrer Marseille aux Espagnols par trahison, 420. Est découvert & puni, 421.

Alpheran, 253. n.

Altovitis, 18. n. 254. 255.

Amalric, 9. n. 10. 85. n. 113. n.

Amurat III écrit aux Marseillois, 334.

André, 10. n. 399. 503. 508.

Angervilliers, 628. n. 633.

Angoulême, (le Duc de) Gouverneur de Provence, p. 209. Fait le siége de Menerbe, *ibid.* Se démet de sa Charge, p. 212. Donne une preuve de désintéressement, p. 213. Se retire à Marseille, 214. Appaise les troubles d'Aix, 234. Lève des troupes pour faire tête à de Vins, 247. Se rend à Marseille, 250. Intrigue contre lui, 254. Sa mort, 255.

Anot, privilèges accordés à cette ville, 363. n.

Anselme, 174.

Antelmi, p. 187. n. 246. n. 278. 357. 461. 463. 538. 589. — Antelmi, Prêtre. *Voyez son article.*

Antibes, assiégée & prise par le Duc de Savoie, 326. Est reprise par le Duc d'Epernon, 330.

DES MATIERES.

Apt, assiégée par les Protestants, p. 177. Est sauvée par le Comte de Sommerive, p. 178. Dévotion de la Reine pour Sainte Anne, 591. n.
Arbaud, (d') 10. 503. 514. n. 520. n.
Arcussia, 187. n. 220. 329. 357. n. 412.
Aren, (d') 285. 554. n. 566. 570.
Arlatan, 226.
Arles, attaquée par les Impériaux, pag. 77. Courage de quelques dames à cette occasion, ibid. Divisions qui règnent dans sa garnison, p. 78. & suiv. Célèbre par des fêtes l'arrivée de Charles IX, p. 190. Procédure de l'Official contre les infectes, p. 192. & suiv. Se décide à n'obéir qu'au Roi, 225. Délibération à ce sujet, ibid. Embrasse le parti de la Ligue, & se rend ensuite Neutre, 287. Troubles dans cette Ville, 310. & suiv. Chasse la garnison Piémontoise, 320. Reconnoît Henri IV, 372. Lettre de ce Prince à plusieurs Gentilhommes, 373. S'unit à la Province pour en soutenir les privilèges, 452. Donne des subsides pour la reprise de l'île Sainte-Marguerite, 481. L'Archevêque appaise les troubles d'Aix, 509. La Ville est rétablie dans le droit d'élire ses Consuls, 516. Envoie des secours au Duc de Mercœur, 575. Voit arriver la Cour, 584. Est affligée de la peste, 700. Réflexions sur son climat, 701. n.
Armagnac, le Cardinal (d') travaille à pacifier les troubles de Provence, 216. Est nommé pour commander en l'absence du Gouverneur, 225. A une entrevue avec le Comte de Carces, 227. & suiv. Résultat de cette entrevue, ibid. Reprend la route d'Avignon, 227.
Arnaud, 277. n. 329. n. 330. 338. n. 411. 476. 485. n. 500.
Arquier, 485. n.
Artigues, 570.
Arvieu, 393.
Aube, 311.
Aubagne, prise & pillée par les Marseillois, 282.
Auberi, plaide dans l'affaire de Mérindol, 136.
Audibert, p. 285. 314. n° 415. n° 487. 633.
Augustine, (d') 554. n.
Autrais, (d') 267.
Autric, p. 113. n. 224. n. 263. n. 418. n.
Auzar, 291. n. 300. n.
Avignon, surprise par les Français, pag. 65. Est saisie avec le Comtat par ordre de Louis XIV. Est rendue, 600.
Aymar, (d') 371. 514. n. 585.

B

Ballon (le Conseiller de) 468. 504. n. 589.
Baratte, 305. 572.
Barberousse assiège le château de Nice, 109. Sa retraite, 113.
Barcelonette, la Vallée de) a plusieurs fois changé de domination, 63. n.
Barcillon, 292. n. 300. n.
Barjols; prise de cette ville & massacre des habitans, 291. Les Etats s'y tiennent, 449.
Barras, p. 113. n. 226. 263. n. 360. 526. 607.
Barrême, 503. 508.

Barthelemi, 8. 9. 372. n.
Barvick, (le Duc de) assiège le Château de Nice, 610. Difficultés de l'entreprise, *ibid & suiv.* Les surmonte & l'emporte 612 & 613.
Baschi, pag. 17. n. 113. n. 203. 204. 227. 514.
Baudiment, 233. n.
Baujeu, 226. *Voyez* Quiqueran.
Baume, (de la) 174. 369.
Baume, (la Sainte) noms des Princes & des Princesses qui l'ont visitée, 34. La Cour y arrive 590.
Baumont, 267. n. 284. 415. n. 504. n. 562.
Bausset, p. 178. 248. 308. 389. 392. 399. 405. 407. 413. 414. 463. 554. n. 558. 560. 562. 589.
Beauvau, 17. 478. 480. & à la préface.
Belzunce, Evêque de Marseille, 646. Sa conduite durant la peste, *ibid. & suiv.*
Benaud, p. 224. n.
Bermond, 357. n. 375. 411.
Bernardi, 313.
Berre, (la ville de) est attaquée par les Ligueurs, 306. Prise, 308. Tient pour le Duc de Savoie, 411. Est rendue à la France, 415.
Bionau, 558.
Bigarras, étymologie ce nom, pag. 287. n.
Biord, (Pierre) aspire à se rendre maître d'Arles sa patrie, 311. Est pris & conduit à Aix, 312. Se raccomode avec le Duc de Savoie, 320. Sa fin tragique, 321.
Bischi, Cardinal, reçoit bien les exilés du Parlement d'Aix, 508. Est chargé de réconcilier le Parlement avec le Gouverneur, 515. Conditions qu'il propose, *ibid.*

Blaccas, 9. n. 178. 226. n. 233.
Blonac, travaille inutilement à ménager une paix entre les deux partis, 332.
Boniface, 72. 202. 233. n. 249. 267.
Boniface, (Hyacinte de) *Voyez* son article.
Bonpar, 46. n. 85. n. 187. n.
Borilli, description de son cabinet, 437. 445.
Bouc, la (Tour de) le Président de Coriolis y est enfermé, 471. Le Prince Casimir y est arrêté, 495.
Bouche, Honoré. *Voyez* son article.
Bouquin, (Jeanne de) 384.
Bouquin, *voyez* son article.
Bouchon, 371.
Bouliers, 163. 177. 263. n.
Bouguier, 249. 250.
Bourbon, (le Connétable de) entre en Provence, 35. Arrive devant Marseille dont il fait le siége, 38. Résistance qu'il éprouve, 39. Retourne en Italie, 46. Est tué à l'assaut de Rome, 50.
Bourdon, 237. 333.
Boyer, p. 227. 287. 263. n. 318. 344. 355. 392. 397. 453. 485. 490. 500.
Brancas, p. 178. 215. 226. n. 232. n. 258. 286. 291. 293. 295. 337. 352. 361. n. 485.
Brandis, 29.
Bremond, 257. 360. n.
Bret, (le) 616. 628. 633. 642. 672.
Breteuil, (le Chevalier de) 607.
Brignolles, suit le parti des Rasats, 221. Est prise & pillée par les Ligueurs, 271. On y attente à la vie du Duc d'Epernon, 375, *& suiv.* Les Etats s'y tiennent, 451.

DES MATIERES. 839

Zèle des Consuls, des Magistrats & du peuple pour le maintien des privilèges du pays, *ibid.*
Broglie, 616.
Buisson, 263, n.
Buoux, 85. n. 329. *voyez* Pontevès.

C

CABRE, 397. 531. 560. 564.
Cabrieres, les habitants chassent leur Seigneur, 114. Commettent d'autres actes d'hostilité, *ibid. & suiv.*
Cabriés, 233. n. 485.
Cadenet, (le Vicomte de) 154. 338. n. 357. n.
Callian, 263. n.
Cambis, (de) 174. 608.
Canaux, (Projet de faire des) 438. 597.
Candole, 9. n. 10. n. 45. 399. 557.
Canivets, (le parti des) origine de cette dénomination, 536. troublent la ville d'Aix, 537.
Carail, (le Marquis de) 613.
Caradet, 300. n.
Carces, (Pontevès, Comte de) se déclare pour les Guises, 159. Met dans ses intérêts le Comte de Sommerive, *ibid.* Devient chef du parti Catholique, 206. A une entrevue avec le Maréchal de Retz, 208. chasse les Religionnaires des environs d'Arles, 209. Se retire à Sallon, 212. Se rend à Aix, auprès de la Reine, 231. Son caractère, sa mort, 245.
Carces, (le Comte de) fils du précédent. Lettre qu'il écrit au Parlement, 281. Leve le siége de Sallon, 285. Se brouille avec la Comtesse du Sault, 288. S'oppose à l'entrée du Duc de Savoye en Provence, 289. Refuse de le reconnoître pour chef, 296. Se réconcilie avec ce Prince, 316. Devient le chef des Ligueurs, après le depart du Duc de Savoye, 322. Défend la ville d'Aix contre le Duc d'Epernon, 336 & *suiv.* A une entrevue avec lui, 340. Se joint avec Lesdiguieres contre le Gouverneur, 354. S'empare de Sallon, 367. Y est assiégé, 368. Emporte le Château, 369. Intrigue contre Lesdiguieres, 378. Est chef de la Milice parlementaire, 510. Médiateur entre le Comte d'Alais & le Parlement, 515. Commande les troupes Parlementaires, 519. 522. Est mandé en Cour, 533. Revient sans congé, 539. Reprend ses fonctions, *ibid.* S'oppose, avec ceux de son parti, au Marquis d'Aiguebonne, 539. Est exilé à Avignon, 542. Ramené à Aix, 543.
Carciftes, dénomination d'un parti en Provence, p. 208. Son origine, *ibid.* Rejettent les propositions des Etats, p. 224. Leur motif, *ibid.* sont chassés de plusieurs endroits, p. 227.
Caritat, 167.
Cascaveoux. (les) Pourquoi un parti fut ainsi nommé dans la ville d'Aix? 454. Ils se portent à des excès, 455. Vont ravager la terre de la Barben, 457. On leur oppose une faction contraire, 460. Continuent leurs désordres, 461. Provoquent la vengeance de la Cour, 463. Les plus mutins sont punis, 466.
Casimir, (le Prince) accepte de l'emploi en Espagne, 491. Part pour se rendre à sa destination, 492. Arrive à la Tour de Bouc en Proven-

ce, 494. Est arrêté & conduit prisonnier à Sallon, 496. On fait des tentatives pour lui procurer sa liberté, *ibid. & suiv.* Est transféré à la Citadelle de Sisteron, 497. Horreurs de sa prison, & visite qu'il reçoit, *ibid.* Est mené au Château de Vincennes, 499.

Castellane, (ville de) Un Ministre Protestant & un Cordelier y excitent des troubles par leurs disputes, 144.

Castellane, (maison de) p. 4. n. 9. n. 77. 111. 113. n. 163. 178. 204. 215. 219. 226. n. 231. 233. 256. 258. 263. n. 265. 267. 280. 283. 286. 291. 293. 295 & 96. 300. n. 309. 317. 323. 328. 344. 352. 354. 418. 450. 470. 485. 506. 509. 521. Castellane-Grignan, 616 *& suiv.* Esparron, 633.

Castillon, p. 4. à la note, p. 9. *ibid.* 85. n. 178. 323. 329. n. 348. n.

Castellar, manœuvres de ce Magistrat en faveur de la Ligue, 276 *& suiv.* 289.

Catinat assiège le Château de Nice & l'emporte, 609.

Casaux, son zèle ardent pour la Ligue, 296. Acquiert un pouvoir absolu à Marseille, 297 Propos que lui tient le Duc de Savoie en quittant cette ville, 304. Ecrit à ce Prince, 309. Soustrait Marseille à son autorité, 315. Se fait donner une garde, 318. Demande des secours au Roi d'Espagne, 335. Son origine, 379. Moyens qu'il emploie pour se rendre maître dans Marseille, *ibid. & suiv.* S'associe avec Louis Daix, 381, Vexe les habitants, 384. Est assassiné, 395. *voyez* Daix.

Cental, (le Baron de) attire les Vaudois en Provence, p. 90. Sollicitations de sa veuve en leur faveur, 135 *& suiv.*

Ceppède, (de la) 10. n. 730, *& alibi.*

Chailan, 371. 514. n.

Chaine, (du) 512. 513. 514. n.

Challon, (Philibert de) Prince d'Orange, son animosité contre la France, p. 51. Sa mort, 52.

Challon, (René de) voit ses terres confisquées par le Roi, p. 90.

Chambaud, 295.

Chambre neutre érigée pour juger les procès des Religionaires, 233.

Chanterreine a ordre d'arrêter le Prince Casimir, 494. Ruse qu'il emploie pour le reconnoître, 495. Paroles qu'il lui dit, 496. Résiste à des offres, & empêche qu'on ne l'enlève, 498.

Charles VIII parvient à la Couronne, pag. 4. Fait un accommodement avec le Duc de Lorraine, pag. 5. Part pour la conquête de Naples, p. 17. Fait son entrée dans cette ville, p. 18. Noms des principaux Seigneurs de sa suite, *ibid.* Son retour & sa mort, pag. 20.

Charles IX donne un Edit de pacification, p. 179. Réflexions à ce sujet, p. 180. Mécontente les deux partis, p. 181. Fait un voyage en Provence, p. 188. Réglements qu'il fait à Marseille, p. 189. Réception qu'on lui fait dans les différentes villes de la Province, p. 190. Révoque les Edits donnés en faveur des Protestants, p. 201. Sa mort, 203.

Charles III, Duc de Savoie; sa conduite pendant les guerres de Char-

les-

les-Quint & de François Iᵉʳ, p. 63. marche au secours du Château de Nice, pag. 113.

Charles-Quint entre en Provence, 68. Discours qu'il tient à son armée. 69. Fautes qu'il fait dans cette expédition, 70 & *suiv*. Court risque de perdre la vie, 72. Son entrée dans Aix, 74. Opérations qu'il fait pendant son séjour, *ibid*. & *suiv*. Arrive devant Marseille, dont il est obligé de lever le siége, 77 & *suiv*. Ses pertes dans cette expédition, 83. Ses négociations à Nice, 86.

Chartras, 267. n.

Chassanée, Premier Président du Parlement; sa modération dans l'affaire des Vaudois, p. 93. Singulier discours que lui tient Reinaud d'Alen, p. 94.

Chasteuil, 731.

Chavari, 209. 311.

Chenetilles, 263. n.

Cipieres, 560.

Cipriani, 554. 592.

Clapiers, 415. n. 485. n. 513. 521. 702. 734.

Clavel, 634. n.

Columbi. *Voyez* son article. p. 776.

Combe, (la) 168.

Commissaires pour juger les affaires des Réformés, 153.

Comptes, (la Cour des) est affermie dans ses droits, par l'Edit de 1555, 144. A des démêlés avec le Parlement, 234. Nature de ces démêlés, *ibid*. & *suiv*. Se retire à Brignoles pendant la peste, 237. Députe à Henri IV, 371. Se retire à Toulon, 445. On veut augmenter le nombre des Conseillers, 448. La transférer à Toulon, 452. Est envoyée à Saint-Maximin, 465. Rappellée, 468. Contribue volontairement pour la reprise de l'île Sainte-Marguerite, 481. Sa conduite durant une émeute arrivée à Aix, 575.

Concordat, (le) démêlés qu'il occasionne entre la Cour de Rome & le Parlement, 130 & *suiv*. Comment a-t-il son effet en Provence, *ibid*.

Condé, (le Prince de) est envoyé en Provence, pour arrêter les troubles, 463 & *suiv*. Sa réponse aux Députés du Parlement, 465. Ordonne aux Cours Souveraines de sortir d'Aix, *ibid*. Entre dans la ville avec un appareil de guerre, 466. Fait des reproches aux Consuls & aux plus notables, *ibid*. A une entrevue avec le Duc de Guise, 467. Assemble les Etats, & ramène le calme, *ibid*. & 468. Retourne à Paris, *ibid*. Son entrevue à Aix avec Louis XIV, 585.

Consuls d'Aix, (les) préviennent les troubles dans la ville, 150. S'opposent à l'enregistrement de l'Edit de pacification, 152. Refusent de laisser établir un prêche, 154. Ceux de l'année 1562 sont cassés, *ibid*. Ils ont seuls le droit d'assister en chaperon aux Etats, 412. *Voyez* Aix.

Cordes, (de) 267. n.

Coriolis, 29. 187. n. 220. 222. 224. n. 238. 256. n. 261. 263. 358. n. 361. 371. 445. 459. 460 & *suiv*. 466. Disgrace du Président, 463 & *suiv*. 504. n. 589.

Cormis, (de) 203.

Coste, (la) 167.

Cotrolendi, *voyez* son article. p. 798.

Covet, 399. 502. n. 503. 533. 543. 554. 634. n.

Créqui, (le Duc de) Ambassadeur à Rome, occasionne une rupture entre cette Cour & celle de France, 599.

Crillon, 163. 174.

Croses, 220. 277. n. 337. n. 338. n.

Crussol, (le Comte de) 153. Arrive à Aix, pour faire exécuter l'Edit de pacification, 154. Désarme les habitans, *ibid*. Casse le Conseil & les Consuls, *ibid*. Il se met en campagne contre Pontevès-Flassans, 155. Assiége & prend Barjols, 156.

D

Daix, (Louis) foule aux pieds les ordres du Roi, 371. Ce qu'il étoit, 380. *& suiv*. S'associe à Casaulx pour subjuguer la ville de Marseille, 381. Est menacé d'être assassiné, *ibid*. En est averti, 382. Fait punir les coupables, 383. Injustices & vexations qu'il commet avec Casaulx, *ibid*. Le Duc de Mayenne leur propose de s'accommoder avec le Roi, 384. Ils le refusent, 385. Appesantissent le joug sur les habitans, *ibid*. Se mettent sous la protection de l'Espagne qui leur envoie des secours, 386. *& suiv*. On conspire contr'eux, 388. Est enfermé hors de Marseille, 395. Y rentre & veut en chasser les Royalistes, 396. Il en est chassé; son embarras & sa fuite, 391. *& suiv*. Se sauve sur les galères d'Espagne, 401.

Damian, 178. 226. n. 263. n. 521.

Dariès, ses intrigues, 248. Sa punition, 249.

Dauphins, font des ravages dans le Port de Marseille, 408. Sont exorcisés, 409.

Dedons, 185. 357. n. 411. 504. n. 514. n.

Deydier, 285.

De la Chau, 285.

Demandes, (de) 113. n. 424. *Voyez* Demandols.

Demandols, (de) 267. n. 99. 353. n. Magdeleine de, est séduite par le Prêtre Gaufridi, 224. Commencemens & progrès de sa passion, 425. Elle entre dans un Couvent, *ibid*. Désordres de son imagination, 426. Se croit possédée, *ibid*. Est exorcisée, 427. Et conduite à Aix pour être jugée, *ibid*. Trouble & désordre de son ame durant l'interrogatoire, 427. *& suiv*. Est déclarée innocente, 430.

Digne, la peste y fait des maux infinis, & y occasionne des accidens singuliers, 439.

Dillon, 620.

Doria, (André) quitte la France pour passer au service de l'Empereur, 51. Ravage les côtes de Provence, 70. S'empare de quelques galères Françaises, 110. Jean André Doria, vient au secours de Casaulx, 386. Est forcé de se retirer, 396. Le Prince Doria veut enlever le Prince Casimir, 498.

Draguignan, cruautés qu'on y commet sur le corps d'Antoine Richieud, 146. Se jette dans le parti des Razats, 221. Fournit des subsides pour la reprise de l'île Sainte-Marguerite, 481. Établissement d'un Présidial, 499. Le Parlement

veut conserver cette ville dans sa dépendance, 519. Sédition & punition des coupables, 550. & suiv.
Duchaine, 187. n. 278. n.
Damaine, 608.
Dumas, 462.
Duport, *voyez* son article, p. 784.
Dupré, 389. 405.
Durant-Sartoux, 485. n.
Durand, 60. n.
Duranti, 28. 299. 314. n. 519. 521.

E

ÉDIT en faveur des Protestans, 144. De pacification 151.
Élus, leur établissement contraire aux privilèges du Pays, 449. Éprouve des oppositions & donne naissance à de nouveaux troubles, 450. & suiv. L'Édit est révoqué, 473.
Enghyen, le Duc (d') est sur le point d'être pris, p. 110. Trait de générosité, 111. Assiège inutilement le Château de Nice, ibid. & suiv.
Enquêtes, (Chambre des) établie & supprimée, 143.
Entrevaux, livrée à l'ennemi par le Commandant, 364.
Epernon, (le Duc d') a ordre de quitter la Provence, 369. Refuse d'obéir, ibid. Consent à une trève de deux mois, 370. Reçoit un nouvel ordre de remettre son Gouvernement au Duc de Guise, 372. Est abandonné de la plupart des Villes & des Gentilshommes de son parti, 374. On attente à ses jours, 375. Suite de cet attentat, 376. Ses dernieres tentatives pour raffermir son autorité, 409. Mot barbare au sujet de la mort des deux

Procureurs du pays, ibid. Est abandonné de ses partisans, ibid. Quitte la Provence, 410. Sa mort, ibid.
Epinars, (la journée des) 169.
Ermenjaud, 60. n. 185. 247. 329. n. 411.
Escalis, Baron de Bras, 45. 357. n. 458. 459 & suiv. 485. n. 521.
Espagne, (le Roi d') prend les Duumvirs de Marseille sous sa protection, 386. Leur envoie des secours, ibid. Ses troupes se retirent, 396.
Espagnet, 257. 277. n. 292. n. 459. 461. 465. 514. n.
Espagnols (les) veulent se rendre maîtres de Marseille par trahison, 420. & du Comté de Nice, 433. Envoient une escadre dans la Méditerranée, 477. S'emparent des îles Sainte-Marguerite & de Lerins, & s'y fortifient, ibid. & suiv. Sont assiégés & forcés de se rendre, 483 & suiv.
Esparron, prise de ce village par les Royalistes, 305.
Espinouse, 258. 263. n.
Etats (les) demandent la confirmation des privilèges du pays, p. 2. en quoi ils consistoient, ibid. à la note. Députent à Louis XI, p. 4, à la note. Envoient des Députés au Roi, p. 8. S'opposent à l'érection du Parlement, p. 24. Demandes qu'ils font au Roi, p. 85. Sont impliqués dans l'affaire de Mérindol, 135. S'opposent au rétablissement des Prêches, p. 181. Sollicitent en Cour contre les Protestants, p. 200. Fournissent des troupes au Comte de Tende, p. 201. Demandent le Duc d'Angoulême pour Gouverneur, p.

214. Se déclarent pour le Comte de Carces, *ibid*. Ecrivent au Comte de Suze, 217. Veulent forcer les deux partis à mettre bas les armes, 219. Députent au Comte de Carces 224. Remontrances qu'ils font au Roi sur la misère du Pays, 243. *& suiv*. Délibération qu'ils prennent en faveur du Duc de Savoye, 299. Ecrivent au Duc d'Epernon, 362. Acceptent une trêve de 3 mois, 363. S'assemblent à Marseille, 411. Contestations à ce sujet, 412. S'opposent à l'établissement de nouveaux impôts & offices, 448. & *suiv*. Leur zèle pour les privilèges du Pays, 452. Font des préparatifs pour armer le peuple, 457. S'assemblent à Saint-Victor, 463. A Aix, & députent au Prince de Condé, 464. Obtiennent la révocation de quelques Édits contraires aux privilèges, 472. 478. 500. Suspension des États, 507. *voyez* Province.

Etienne, (d') 278. n. 520. n. 589. 634. n.

F

Fabio, (Cafaux) Maître de N. D. de la Garde, refuse de se rendre, 401. Est trahi & se réfugie à Gênes, *ibid*. & 402.

Fabre, 557.

Fabri, 60. n. 187. n. 277. n. 286. 292. n. 300. n. 301. 304. 358. n. 372.

Faudran, *voyez* son article.

Fauris, (de) 539.

Félix, (de) 399. 485. n. 513. 531. 532. 554. 555. 556. 557. 558. 559. 562. 564. 589.

Ferrand, p. 793.

Ferrier, 185. n.

Filloli, 60. n.

Flassans, devient chef d'émeute, 152. Lève des troupes contre les Religionnaires, taille en pièces une Compagnie de Royalistes, & fait beaucoup de dégâts, 155. Il est condamné par le Parlement, 156. Continue la campagne, & s'enferme dans Barjols : *voyez* Pontevès.

Fleury, Evêque de Fréjus ; sa réponse au Duc de Savoye, 617.

Florentins, (les) s'emparent du Château d'If par trahison, 414.

Flotte, (de) g. p. 277. n. 300. n. 399. 453. 465. A la p. 45, en parlant des Gentilshommes qui se distinguèrent durant le siège de Marseille, *ajoutez*, Antoine de Flotte.

Fonds, (le Président la) impliqué dans l'affaire de Mérindol, 134. &*s*. Est déchargé d'accusation, 139.

Fontanilles, 258.

Forbin, 2. 3. 9. 18. 29. 34. n. 45. 113. n. 119. 163. 178. 215. 224. n. 226. n. 251. n. 256. n. 258. 263. n. 280. 283. 292. n. 300. n. 304. 318. 338. n. 342. 343. 344. 352. n. 361. n. 365. 369. 399. 405. 445. 448. 450. 457. 485. n. 487. 490. 549. 550. 553. 556. 587. 600. 607. 608.

Forcalquier, le château est rasé, 410. Les Consuls déclarés Gouverneurs de la Ville, *ibid*. Établissement & suppression d'un Présidial, 499.

Foresta, 185. 187. 260. 357. n. 476. 514. n. 558. 584. 589.

Fortia, 174. *Voyez* de Pilles.

François Premier, parvient à la Couronne, p. 29. Ménage la Cour de

Rome, p. 30. & *suiv*. Ses succès en Italie, p. 31. Arrive en Provence, p. 32. Trait touchant pendant son séjour à Manosque, p. 31. Parcourt différents endroits de la Province, *ibid*. & *suiv*. Lettre qu'il écrit aux Provençaux, 36. Son désastre devant Pavie, p. 48. Son entrevue & ses négociations avec Clément VII, p. 53. & *suiv*. Réglements qu'il fait en Provence, p. 60. & *suiv*. Se rend à Nice, p. 86. Ses négociations avec Charles-Quint, 87. & *suiv*. Conduite qu'il tient dans l'affaire des Vaudois, p. 95. & *suiv*. Sa mort, 129.

François II, accorde aux Protestans une amnistie & l'exercice de leur religion, 144.

Fresne, (de) envoyé pour pacifier les troubles, traite avec le Duc d'Épernon, 369. Réponse qu'il en reçoit, *ibid*. Ses plaintes au Parlement & aux Procureurs du Pays, 370.

Froid, rigueur (du) 18. 26. 416. 490. 634.

Fumée, 34. n. 153.

Furmeyer, jette des secours dans Sisteron, 170.

G.

Gaefarel, *voyez* son article. 778.
Gaillard, (de) 513. 521.
Gabriellis, 174.
Galère du Grand-Duc, porte Marie de Médicis à Marseille, 416. Sa richesse, *ibid*.
Galères, combat sanglant qu'elles donnent, 486. Généraux (des)
Galice, 329. n. 338. n.
Galliffet, 448. 462. 500. 513. 518. 521. 534. 538. 549. 575. 634. n.
Gantès, (de) 490. 500. 539. 600.

Garde, le Baron (de la) accusé dans l'affaire de Mérindol, 135. & *suiv*.
Garde, le Fort de N. D. (de la) est assiégé & pris par trahison, 401. & 402.
Garnier, 302. n. 358. n. 754. n.
Gaufridi, Prêtre, ses qualités, 423. Séduit une demoiselle, 424. Emploie des moyens infâmes pour la corrompre, *ibid*. & *suiv*. Est jugé & condamné à être brûlé, 427. & *suiv*.
Gaufridi, 448. 504. n.
Gaufridi, J. François, *voyez* son article, p. 781.
Gauthier, 260. 353. n. 461. 476. 500. 504. n. 539. 600. 754. n.
Genas, le Conseiller, favorise les réformés, 150.
Genebrard, son zèle pour la Ligue, 335. Tâche de soulever les esprits contre Henri IV, 341. Est banni par Arrêt du Parlement d'Aix, 349.
Général des galères, origine & droits de cette Charge, 479. Personnes qui l'ont possédée.
Genes, refuse le passage aux troupes Françaises, 481. Procure un embarquement au Prince Casimir, 492. Fait porter des plaintes au Roi contre les Marseillois, 555. En obtient satisfaction, 556. Se brouille avec Louis XIV, 602. Est bombardée, 605. & *suiv*. Lui envoie faire des excuses, 609.
Geoffroi, 185.
Gérente, *voyez* Jarente.
Gerentous, 174.
Giraud, 187. n.
Glandevès, 9. n. 45. 85. n. 113. n. 165. 178. 212. 215. 226. n. 227. n. 329. n. 353. n. 362. n. 384. 399. 521. 553. Niozelles, 557.

558. Sa conduite & son sort, 559. & suiv. 634. n.

Goësbriant, 618. & suiv.

Gombert, 300. n.

Gondi, (Albert de) 205.

Gouvernet, 279. & 80.

Gouverneur, (le) n'a pas le droit de changer le jour & le lieu de l'assemblée des Etats, 411.

Goï, (la) 258. 263. n.

Grace, N. D. (de) la Cour y va: raison de ce voyage, 591.

Grand-Duc de Toscane, (le) envoie des troupes pour garder le château d'If, 413. Elles s'en emparent sur les Français, 414. Et la rend, 415. Sa fille épouse Henri IV, 416.

Grasse, (Maison de), 9. n. 45. 71. 85 n. 113. n. 178. 204 233. n. 258. 263. n. 272. 284 298. 300. n. 328. 735.

Grasse, Ville, se soumet à Charles-Quint, 71. Est assiégée & prise par les Ligueurs, 284. & suiv. Rentre sous l'obeïssance de Henri IV, 377.

Gratian, 446. 554. n.

Graulières, 263. n. 285.

Grignan, (Adhemar Comte de) donne imprudemment dans un piége, 110. Sa douleur & ses craintes à cette occasion. 111 Voyez Castellane. Sa conduite dans l'affaire des Vaudois, 117 & suiv.

Grille, 34. 226.

Grimaldi, 111. 113. n. 178. 364. 613. Annibal de, est distingué à la Cour d'Henri IV, 431. Supporte impatiemment sa dépendance du Duc de Savoie, 432. Sa conduite pour s'en soustraire & sa punition,

ibid. & suiv. 485. n. Le Cardinal (de) sauve le premier Président dans une émeute, 574.

Guerin, Avocat-Général, montre beaucoup d'animosité contre les Hérétiques p. 107. Requiert l'exécution de l'Arrêt contre les habitans de Mérindol, 119. Se déclare contre le Président d'Oppède, 134. Est décrété de prise de corps, 135. & s. Condamné à mort, 139.

Guerin, (de) 411. 463. 538.

Guiraman, 486.

Gueydon, motifs & relation de son assassinat, 505. & suiv. Gueydon le cadet, 558. 560.

Guiran, 9. n. 263. n. 265 n. 287. 292. n. 316. 500.

Guise, (Charles de Lorraine Duc de) nommé Gouverneur de Provence, 372. Vient en Provence, 374. Veut en chasser le Duc d'Epernon, 375. Est pressé par des habitans de Marseille de s'emparer de la Ville, 387. Fait deux tentatives inutiles, 388. Traite avec les conjurés, 389 & 392. Fait avancer des Troupes vers la Ville, 394. Et s'en aproche, ibid. Se rend maître de la Ville, 396. S'attire l'animosité du Cardinal de Richelieu, 448. Sa conduite au sujet de l'établissement des Elus, 449. & suiv. Il convoque les Etats, 451. Dispute contre le Cardinal de Richelieu, les prérogatives de sa charge, 452. Va à Paris & est renvoyé dans son Gouvernement, 457. Se retire à Marseille, 458. Y assemble les Etats, 463. Est accusé d'exciter les troubles, 464. Justifié à cet égard, ibid. Est remplacé par commission par le Prince de Condé, *ibid.* Il le consulte sur le parti qu'il doit prendre, 465. Va le voir à Avignon, 467. Est sur le point d'être enlevé, *ibid.* La Duchesse sa femme tâche envain de le remettre en grace, 469. Il s'enfuit en Italie, 470. La Duchesse sa femme & ses enfans vont le joindre, 476.

H.

Henri II, sa conduite au sujet du Concordat par raport à la Provence, 132. Injonction qu'il fait au Parlement touchant la réception du Président d'Oppède & l'administration de la justice, 141. Donne un Edit en faveur de la Cour des Comptes, 144.

Henri III parvient à la Couronne, 203. Arrive à Avignon, où il se donne en spectacle au peuple, 204. Donne un nouvel Edit de pacification, 207. Réflexions sur cet Edit, *ibid.* Satisfaction qu'il témoigne aux Députés de Marseille, en apprenant la mort de Dariès, 251. Donne un Edit contre les Protestans, 252. Enjoint aux deux partis de mettre bas les armes, 268.

Henri IV abjure le Calvinisme, 339. Précautions qu'il est obligé de prendre, pour destituer le Duc d'Epernon de sa place, 342 & *suiv.* Confirme les privilèges des Provençaux, 358. Envoie un Commissaire en Provence pour appaiser les troubles, 369. Fait prolonger la trêve, 371. Se réconcilie avec le Saint-Siége, 372. Reçoit sous son obéissance plusieurs Villes & Gentilshommes, *ibid.* Ecrit à quelques habitans d'Arles, 373. Traite avec le Duc de Mayenne, 384. Reçoit Marseille sous son obéissance, 398. Témoigne beaucoup de joie en apprenant la reddition de Marseille, 402. Ecrit aux Marseillois, *ibid.* A Libertat, 403. Lui accorde plusieurs graces, 404 & *suiv.* Sa réponse aux Députés de Marseille, 406. Epouse Marie de Médicis, 416. Sa mort, & regrets qu'elle excite en Provence, 422.

Hermite. Histoire de cet imposteur, 240 & *suiv.*

Honorat, (d') 520. n. 573.

Hôpital, (Paul Hurault de l') Surintendant de la Justice en Provence, 418. n. Conteste au Parlement le droit de juger un Prêtre, *ibid.* Excommunie les Juges, *ib.* Est forcé de se rétracter, 419.

Hostagier, (d') 385. 399. 405.

I.

Icard, 178.

If, (Château d') surpris par les Florentins, 414. Est rendu, 415.

Imberti, 9. n.

Impérialis, 178.

Imprimerie. Epoque de son établissement à Marseille, 349. n.

Industrie. Manque souvent d'activité en Provence, faute de moyens, 597. Son peu de progrès dans le dernier siècle, 598.

Inondations, 552.

Inquisition. Rétablie & supprimée 130.

Intendant. Quel fut le premier en Provence, 450. Il est forcé de

sortir de la ville d'Aix, 452 &
suiv. La place est supprimée, &
le Parlement défend d'obéir à celui qui l'occupoit, 516.
Isoard, 300. n. 352. n.
Jarente ou Gérente, 4. n. 9. n. 45.
176. 210. 258. 263. 361. n.
399. 520. n. 554. n. 565. 566.
570.
Joannis, 221. 277. n. 288 454.
458. 460.
Juanet. (du) *Voyez* son article. p. 783.
Justice. Comment étoit administrée,
21 & 22.

L

L'*Aïssado* ou *Bêche*, devient le
sujet d'un calambour & le si-
gnal d'un soulevement contre les
Huguenots, 161.
Lamanon, 178. 314.
Lambesc pris & livré au pillage,
80.
Langeron, 621. 633. 664.
Languedoc, (les Etats du) offrent d'ê-
tre médiateurs entre le Gouverneur
& le Parlement, & sont refusés, 521.
Lascaris, 85. n. 600. 733. n.
Lau, (du) pag. 5.
Laugier, 187. n. 745.
Laurens, 277. n. 287. 300. n. 399.
490. 513. 514. 589. 738. (André
du) *voyez* son article, 738.
Lauzet, 227.
Leotardi, *voyez* son article, 782.
Lerins, (île de) prise par les Es-
pagnols, 477. Préparatifs des Fran-
çois pour la reprendre, 479 &
suiv. Elle se rend, 485.
Lesdiguières, va au secours des Re-
ligionnaires de Provence, 258.
L'emporte une victoire sur de Vins,
259. Lettre qu'il écrit à cette oc-

casion, *ibid*. Sa jonction avec la
Valette, 304. Avantages qu'il a
sur les Ligueurs, *ibid. & suiv*. Re-
prend la route du Dauphiné, 306.
Se rend de nouveau en Provence,
300. Ses succès, 324. Force le Duc
de Savoie de retourner dans ses
Etats, 328. Met sous l'obéissancce
du Roi la Haute-Provence, 374.
A sujet de se plaindre du Gou-
verneur, *ibid*. Soumet plusieurs villes au Roi, 378. Mécontent des
Chefs, il se retire, *ibid*.
Léve, (Antoine de) Général de
Charles-Quint, 82. Conseil qu'il
lui donne au lit de la mort, *ibid*.
L'Évêque, 9. n. 224. n. 247.
267. n.
Lévi, (le Chevalier de) 607. 664.
Leydet, 267. n. 299. 353. n. 357 n.
Libertat, (Pierre) forme une conspiration contre Louis Daix & Casaulx, 388 *& suiv*. Assemble les
Conjurés, 390. Les harangue, *ib*.
Assassine Casaulx, 395. Reçoit les
honneurs d'un Libérateur, 398 &
suiv. Une lettre d'Henri IV, 403.
Des récompenses pour lui & les
siens, 404. Sa mort, 413.
Ligue, (la) ses commencemens à
Paris & en Provence, 245 *& s*. Ses
adhérents tiennent une assemblée
à Aix, 265. Demandes qu'ils font
au Roi, *ibid*. Leur ressentiment à la
mort des Guises, 271. Reçoivent
une lettre des Ligueurs de Paris,
274. Se conforment à leurs intentions, 276. Battent des troupes
envoyées au secours de la Valette,
283. Députent au Duc de Savoie,
286. Leurs divisions, 288. Cruautés qu'ils commettent à Barjols
& au Luc, 291. Leurs succès à
l'arrivée

l'arrivée du Duc de Savoie, 295. Se préviennent contre ce Prince, 320. Proposent une trêve aux Royalistes, 323. Demandent du secours à différentes Puissances, *ibid.* Tentent inutilement de surprendre Marseille, 324. Diversité dans leur façon de penser, 329. Conditions de paix qu'ils proposent aux Royalistes, 331. Conviennent d'une trêve avec eux, 338. Se réunissent pour chasser le Duc d'Epernon de Provence, 345. Remontrances au Roi à ce sujet, 346.

Logement des gens de guerre, sujet de dispute entre la Province & les Commandans, 553.

Lombard, 503. 514. n. 600. n.

Lombard, (Etienne) *voyez* son article, 782.

Lorraine, (René de) demande la Provence, p. 4. Ses raisons, p. 5. A un parti dans cette Province, p. 8. Se voit déchu de ses prétentions, p. 20.

Lorraine, (Henri de) Comte d'Harcourt, commande une escadre, 479. Se brouille avec le Maréchal de Vitry, 480. Se réconcilie avec lui, attaque & reprend l'île Sainte-Marguerite, 483 & *suiv.* Est désigné pour le Gouvernement de Provence, 487.

Louis XI appaise les troubles de Provence, p. 1. Confirme ses priviléges, p. 2. Prend des informations sur le compte de Forbin, *ibid.* & *suiv.* sa mort, p. 4.

Louis XII, érige le Parlement d'Aix, p. 22. Sa conduite pendant les démêlés de ce Tribunal avec la Cour de Rome. 29.

Louis XIII voyage en Provence,

436. Veut renvoyer le Cardinal de Richelieu, 488. Lui rend ses bonnes graces, par les soins du Duc d'Angoulême, *ibid.* & 489. Exile le P. Caussin, son Confesseur, *ibid.*

Louis XIV ordonne aux Marseillois de donner satisfaction au Sénat de Gênes, 556. Apprend leurs divisions, & donne des ordres pour les calmer, 566. Ces ordres ne sont pas respectés, *ibid.* Mande les Consuls & quatre Gentilshommes, *ibid.* Comment il les reçoit, 568 & *suiv.* A de nouveau à se plaindre des Marseillois 579. Arrive A Arles avec toute sa Cour, 584. à Aix, 585. Reçoit en grace le Prince de Condé, *ibid.* Refuse de voir les Députés de Marseille, 586. Voyage dans la Basse-Provence, 590. Va à Notre-Dame de Grace, *ibid.* Anecdote touchant cette Eglise, *ibid.* & *suiv.* La Cour arrive à Marseille, 592. Repartie ingénieuse de Louis XIV, *ibid.* Fait bâtir deux Citadelles, 593. & *suiv.* Prend la route de Baïonne, son mariage, 595. Accorde le Port franc à la ville de Marseille, 598. Fait saisir le Comtat Venaissin, 599. Reçoit des satisfactions du Pape,& le fait rendre,600. Fait bombarder Gênes, & la force à lui faire des excuses, 602. Fait attaquer le Château de Nice, 610. Sa satisfaction sur la conduite des Provençaux durant le siége de Toulon, 632.

Luc, (le) ses habitants sont égorgés par les Ligueurs, 291.

Lurs, pris par les Catholiques, 169.

M

Maillé, 447. n.
Maître, (le) 254. n.
Malherbe. Sa réponse au Duc d'Angoulême, 256. Son mariage, & bon mot à ce sujet, ibid.
Malijaï, 171. 362. n.
Maliverni, 277.
Manosque ravagée par un tremblement de terre, 26. Reçoit François Ier, 32. Trait remarquable, ibid.
Martinengue, (le Comte de) se rend maître de Saint-Maximin, 292.
March, (Antoine de) commande dans la ville d'Aix, 154. Est forcé d'en sortir, 160. 757.
Marseille, affligée par la peste, p. 25. Fêtes qu'elle donne à François Ier & à sa Cour, p. 33 & f. Est assiégée par les Impériaux, p. 38. Résistance vigoureuse de ses habitans, p. 39 & suiv. Gracieuse réception de ses Députés auprès du Roi, p. 46. Arrivée de la Cour de Rome & de la Cour de France dans cette ville, 54. Fêtes & cérémonies à cette occasion, ibid & suiv. Est de nouveau attaquée par les Impériaux, qu'elle force de se retirer, p. 77 & suiv. Refuse de reconnoître Henri IV, 370. Usage qu'on y observoit pour les femmes de mauvaise vie, 389. Casaulx & Louis Daix y commandent en Souverains, 380 & suiv. Voyez Casaulx & Louis Daix. Etablissement d'un Conseil Souverain, 383. Quelques habitans conspirent contre les Duumvirs, 387. Conduite & effets de la conspiration, 388 & suiv. Mouvemens dans la ville, 394 & suiv. Elle reconnoît Henri IV, 398. Avantages que la France retire de sa soumission, ibid. Son importance pour le Royaume, 402. Députe à Henri IV, 405. Discours de ses Députés au Roi; réponse & accueil flatteur, & graces qu'ils en reçoivent, 405. & suiv. Ravage des dauphins dans le Port, 408. Etablissement d'une Cour Souveraine, 411. Tenue des Etats, ibid. Les Consuls veulent y assister en chaperon, 412. La peste la ravage, 416. Arrivée de Marie de Médicis, ibid. La ville est menacée d'être livrée aux Espagnols par trahison, 420. Intrigue criminelle d'un Vicaire des Accoules, 423 & suiv. S'unit à la Province pour en soutenir les priviléges, 452. Se soulève contre le Maréchal de Vitri, 473. Est rétablie dans le droit d'élire ses Consuls, 515. Se déclare pour le Comte d'Alais, 516. Ensuite contre, 517 & 530. On y prend les armes pour maintenir la liberté des Elections, 531. On se met sous la protection du Parlement & de la Province, ibid. On tâche de justifier cette conduite en Cour, ibid. & suiv. La ville s'unit au Parlement & à la Province pour demander un autre Gouverneur, 533. Prend part aux factions de la ville d'Aix, 537. Les Sabreurs d'Aix s'y retirent, 538. Interrompt tout commerce avec les habitans de Toulon, 545. Eprouve de nouveaux troubles au sujet de l'Election consulaire, 553. Mécontente le Sénat de Gênes, & lui envoie faire des excuses,

DES MATIÈRES.

555 & *suiv*. Est divisée en deux factions, 556. 557. On prend les armes, 560. La fureur se calme, 561. Elle recommence, & l'on en vient aux mains, 562. Les Consuls sont assiégés dans la ville, & capitulent, *ibid.* & *p.* 564. On envoie une députation au Duc de Mercœur, qui la reçoit mal, 565. La Ville est bloquée, 566. On obtient une amnistie, *ibid*. On élit de nouveaux Consuls, malgré la défense du Roi, *ibid*. Il leur est défendu de faire leurs fonctions, *ibid*. On envoie des Députés en Cour, *ibid*. Les anciens Consuls sont mandés, & de Piles, pendant leur absence, a l'administration de la Ville, 567. Leur embarras & leur audience du Roi & du Ministre, *ibid.* & *suiv*. Obtiennent une amnistie en faveur de la Ville, 570. Réception qu'on leur fait à Marseille, *ibid*. On y fait semblant d'élire de nouveaux Consuls pour obéir aux ordres du Roi ; & les mêmes sont élus, 571. Joie insultante du peuple en cette occasion, *ibid*. Fait offrir des secours au Duc de Mercœur, 575. Donne un asyle aux séditieux d'Aix, 576. On maltraite dans l'Hôtel-de-Ville l'envoyé du Gouverneur, 580. Les Consuls y ont peu d'autorité, 581 & *suiv*. Envoient au Roi des Députés, qui ne sont point admis à l'audience, 583. Toutes les issues de la ville sont gardées, *ibid*. Les Députés & plusieurs autres personnes, qui vont à Aix, pour voir la Cour & les Ministres, ne sont point admis à l'audience, 586. Anecdote touchant l'Evêque, *ibid*. Consternation dans la ville ; les Consuls sont déposés, 587 Les habitans désarmés, 588. Commission du Parlement pour juger les coupables, 589. Arrivée de la Cour, 590. Son entrée & sa réception, *ibid*. Paroles remarquables d'un Suisse en cette occasion, 592. Construction de deux Citadelles, 593 & *suiv*. Changement dans la Municipalité, 595. Départ de la Cour, *ibid*. Etat du Commerce dans ce tems-là, 598. Edit du Port-franc ; ce que c'est, *ibid*. Commencements & ravages affreux de la peste, 634. *voyez* Marseillois.

Marseillois (les) se soulèvent contre les Calvinistes, p. 178. Etat de leur Commerce, à l'arrivée de Charles IX en Provence, 189. Fêtes qu'ils donnent à ce Prince, 190. Eprouvent tous les ravages de la peste, 238 & *suiv*. Sont sur le point de tomber au pouvoir des Ligueurs, 248. Ils finissent par se déclarer en leur faveur, 263. Procession que ceux-ci y font, 281. S'emparent de la ville d'Aubagne, 282. Complot formé contre la Comtesse de Sault, 296. Réception qu'on y fait au Duc de Savoie, 303. Délibération contre ce Prince, 313. Résistance que lui opposent les habitants, 317. Est sur le point de tomber au pouvoir des Ligueurs, 324.

artelli, 445 452.

Martin (Jacques) 395.

Mascaron. *Voyez* son article, 799.

Masin, 178.

Matal, son zèle pendant la peste, 239.

Mauboufquet, 608.
Maurel, (de) 589.
Mauvans, 156. 158. *Voyez* Richieu.
Mayer, 634. n.
Mazarin, (le Cardinal) ennemi secret du Comte d'Alais, 533. Est cause de son rappel, 534. Est banni du royaume, *ibid.* Il se forme à Aix deux partis ; l'un pour, & l'autre contre lui, 536. Fait mander les Consuls & quatre Gentilshommes, durant les troubles de Marseille, 566. Sa conduite envers eux & envers Niozelles, 567. Fait accorder une amnistie pour les coupables, 570. Obtient du Ministre d'Espagne la promesse que cette Puissance ne donneroit aucun secours aux Marseillois, 579. Leur écrit pour se plaindre d'une insulte faite à l'Envoyé du Gouverneur, 583. Refuse de voir leurs Députés, & les fait garder pour ôtages, *ibid.* Arrive à Aix avec toute la Cour, 585. Refuse de voir les Députés de Marseille, 586. Leçon qu'il donne aux Courtisans, *ibid.* Fait humilier la ville de Marseille, & reconnoît qu'elle est moins coupable qu'il ne l'avoit cru, 587 & *s.*
Mazenod, 538. 570. 589. 592.
Médicis, (Catherine de) est nommée Régente. Son caractère, 203. Arrive en Provence, 230. Nomme le Duc d'Angoulême, Gouverneur, *ibid.* Réception qu'elle fait aux chefs des deux partis, 231. Serment qu'elle leur fait prêter, 232.
Médicis, (Marie de) arrive à Marseille, 417. Personnes de la Cour qui la reçoivent, *ibid.*

Meinier, pag. 60. à la note 267. n. 352. 372. n. 752.
Meinier, Seigneur d'Oppède, sollicite l'Evêque de Cavaillon à ramener les Hérétiques, 108. Est nommé Commandant de l'expédition contre les Vaudois, p. 117. Court risque d'y perdre la vie, 123.
Menc, 462. 526.
Mendes, (de) 113. *voyez* Demandols.
Menerbes, résiste aux Catholiques, 210. Obtient une capitulation honorable, *ibid.*
Mercœur, (Louis de Vendôme, Duc de) nommé Gouverneur par commission, 542. Veut réduire à l'obéissance, les villes qui tenoient pour le Duc d'Angoulême, 543. Traite avec les Réfugiés à Toulon, *ibid. & suiv.* L'accommodement n'a pas lieu, & il menace de les assiéger, 545. Il conclut enfin avec eux, 546. Est fait Gouverneur en titre, 550. Réjouissances à ce sujet, *ibid.* Veut établir son autorité à Marseille, 554 & *suiv.* Et faire entretenir sa galère aux dépens de la ville, 557. Divisions qui en naissent, 558. Sa négligence à les prévenir, 561. Envoie secretement des troupes dans la ville, 562. La fait bloquer, par terre & par mer, 565. Lui rend la liberté, quand les habitants se sont raccommodés, 566. Y va pour faire procéder à l'élection de nouveaux Consuls, 570. Est insulté par le peuple, 571. Apprend que le peuple d'Aix s'est soulevé, 575. Fait des préparatifs pour le réduire, *ibid.* Accorde la paix, & va à Aix, 576. Fait publier une amnistie, *ibid.*

DES MATIÈRES. 853

Demande inutilement aux Consuls de Marseille les coupables qui s'y étoient réfugiés, 579. Fait signifier à Niozelles un ordre de se rendre en Cour, 580 & suiv. Arrive à Marseille avec des gens de guerre, 587. Sévérité de sa conduite, 587. Est nommé Cardinal, 601.

Mérindol. Jugement du Parlement touchant cette affaire, 134.

Mérindol, (Antoine) 745.

Mévoillon, 280. 317.

Meyrargues, 293. 295.

Meyronet, 465. n.

Michaëlis, 187. n.

Milan, (de) 503.

Mistral, 329. n. 352. n.

Monnier, 263. 357. 371. 399. 411. 465. n. 486. 753.

Monjustin pillé, & ses habitans massacrés, 279.

Monnoies, changemens survenus dans leur valeur durant les troubles, 341.

Mons. Cruautés commises dans ce village, 293.

Montaud, 318.

Monteaux, succède à des Adrets, p. 168. Massacre la garnison de Mornas, contre la foi donnée, ibid. Plaisanterie barbare à cette occasion, ibid. De quelle maniere il sauve la vie à un malheureux, p. 169.

Montmeyan, 263. n.

Montmorency, (le Connétable de) accompagne François 1er en Provence, p. 54. Fait entrer du secours dans Marseille, p. 66. Fait disgracier le Cardinal de Tournon & le Comte de Grignan, 134. Reçoit une lettre des Procureurs du Pays, 359. Tient une assemblée où il dicte les articles de paix, 360.

Montmorency, (le Duc de) Amiral de France, 447.

Monstre, dont une femme accouche à Cucuron, 491.

Montolieu, 45. 265. n. 486, 531. 554. 557. 584.

Moreri, voyez son article. p. 777.

Mortemar, (le Duc de) 606. & suiv.

Muy, (le) pris par les Ligueurs, 268. De quelle maniere la dame du lieu évite la mort, ibid.

N

NARBONNE, (Maison de) p. 17.

Nice. Célèbre entrevue dans cette ville, 86. Son affection à la Maison de Savoie, ibid. Son Château résiste aux Français & aux Turcs, 112 & suiv. Le Duc de Savoie y arrive pour punir le Comte de Beuil, 432. Les Espagnols avoient traité avec ce Seigneur pour s'en emparer, 433. La France a les mêmes vues, 434. Tremblement de terre, 552. Le Château pris par M. de Catinat, 609. Rendu au Duc de Savoie, 610. Assiégé & pris par le Duc de Barwick, ibid. & suiv. Est détruit, 614.

Nogaret, Duc de la Valette, Commandant en Provence, en l'absence de son frere, 262. Promesse qu'il exige des Consuls d'Aix, ibid. Se ligue avec Lesdiguieres, 264. S'empare de plusieurs places, 267. Assemble ceux de sa faction, à Pertuis, ibid. Est destitué de sa place, 269. Joie que cette nouvelle cause aux Ligueurs, ibid. & s. Tente de reprendre son autorité, 272.

Ecrit à Pontcarré, *ibid*. Le Roi le confirme dans son Gouvernement, 273. Oppositions qu'il éprouve de la part des Etats & du Parlement, *ibid*. Fait le ravage aux environs d'Aix, 280. Places dont il s'empare, *ibid*. Demande du secours à Montmorency, 283. Fait des propositions au Duc de Savoie, 295. Assemble les Royalistes à Riez, 300. Représentations que ceux-ci font au Roi, 301 & *suiv*. Jette des secours dans la ville de Berre, 316. Sa mort, son éloge, 318 & *s*.

Nogaret, Duc d'Epernon, nommé Gouverneur de Provence, 259. Réception qu'on lui fait, *ibid*. Ses premieres opérations, 260. Abandonne le commandement à son frere, 262. Retourne en Provence, 328. Assemble les Etats à Brignolles, *ibid*. Trait de cruauté à la prise d'Antibes, 330. Traite de la paix avec les Ligueurs, 331. Nouveaux traits de cruauté, à la prise d'Auriol & de Roquevaire, 332 & *suiv*. Fait le dégât aux environs d'Aix, 335. Souleve les Provençaux contre lui par sa dureté & ses exactions, 341. Est abandonné par plusieurs de ses partisans, 344. Ecrit aux différens Corps de la Province, 350. Veut prévenir le Roi contre les Provençaux, 351. Se rend maître de plusieurs Places, *ibid*. Entre dans Aix à la faveur d'une trève, 356. Reprend les armes, 365. Se ligue avec Mayenne, & met plusieurs villes dans son parti, 366 & *suiv*. Va mettre le siége devant Sallon, d'où il est forcé de se retirer, 368.

Nostradamus, 728.

O

Offices. On en crée de nouveaux, & les Etats s'y opposent, 448 & 499.

Olive, 178.

Olivier, 357. 411. 453. 490.

Ollierres Lazarin, (d') 238. 292. n. 399.

Oppède, (le Président d') arrêté, 134. Conduit à Paris, 135. Accusé sur plusieurs chefs, 137. Plaide sa cause, 138. Est déchargé d'accusation, 139. Pourquoi? 140. Reprend ses fonctions avec une sorte d'honneur, 141 & *suiv*.

Oppède, (Forbin, Baron d') Président, 445. Se déclare pour l'Intendant, 452. Est menacé par le peuple, *ibid*. Obligé de sortir d'Aix, 454. Va porter ses plaintes au Roi, 461. S'oppose au Semestre, & devient chef de parti, 510. 521. Aspire à la premiere Présidence, 534. Se réfugie à Toulon, 543. Sa réponse au Duc de Mercœur, *ibid*. Est rétabli dans sa Charge, 547 & *suiv*. Se réconcilie avec ses ennemis, 571. Une partie des habitans se souleve contre lui, & menace de le tuer, 572. Sa conduite, sa constance & sa fermeté durant l'émeute, 572 & *suiv*. Reçoit des éloges du Ministre, 576. Va faire la saisie du Comtat, 600. Est nommé Commandant, 601.

Oraison, (d') 85. 113. 232. 256. 263. 280. 318. 342. 344.

Orange, (la ville d') prise par les Catholiques, 163. Excès qu'on y commet contre les Protestants, *ibid*. & *suiv*. Trait barbare d'un fils envers sa mere, 165. Les Catholiques de cette ville sont punis de leur trahison, 166.

Oratoire. (les Peres de l') Leur conduite à Marseille durant la peste, 661.

Ornano. (Benigna) Sa mort tragique, 181 & suiv. Voyez San Pietro.

Orsan, (d') 174.

Ortigue, (d') 748. 787.

P

PAGI. Voyez son article, 796.

Panisses, 187. n. 291.

Parades, (de) 224. n. 226. 311.

Parlement. Son érection, 21. Noms des Membres dont il fut composé, 22, n. Serment qu'il prête en faveur des villes d'Aix, d'Arles & de Marseille. Démêlés de ce Tribunal avec la Cour de Rome, 27 & suiv. Quitte la ville d'Aix à l'arrivée de Charles-Quint, 74. S'unit contre les Vaudois, 91 & suiv. Députe à Mérindol, 108. Se retire à Pertuis à cause de la peste, 129. Recouvre la haute Police, ibid. Fait supprimer l'Inquisition, 130. Maintient les libertés du Pays contre la Cour de Rome, au sujet du Concordat, ibid. & 131. Impliqué dans l'affaire de Mérindol, 135. Est déchargé d'accusation, 139. A ordre de recevoir le Président d'Oppède, & de se mieux conduire dans l'administration de la Justice, 141. Voit établir & supprimer la Chambre des Enquêtes, 143. Informe au sujet des troubles arrivés à Castellane, 145. Est accusé de concussion par les Protestants, ibid. Veut arrêter à Aix un soulèvement, dont ils sont cause, 149. Décrete de prise de corps un Ministre, ibid. Enregistre l'Edit de pacification, 154. Est consulté par le Gouverneur sur la conduite que celui-ci doit tenir, 155. Condamne par contumace Pontevès-Flassans, qui levoit des troupes contre les Religionnaires, 156. Engage le Gouverneur à congédier les siennes, 158. Fait un arrêté qui mécontente le Roi, 184. Est suspendu de ses fonctions, 187. Sa réintégration, 188. Demande le Duc d'Angoulême pour Gouverneur, 216. Assemble les Etats en l'absence du Gouverneur, 220. Rend un Arrêt contre les Carcistes, 224. Députe à la Reine-mere, 230. Division parmi ses Membres, 233. Ses démêlés avec la Chambre des Comptes, 234. Quelle en étoit la cause, ibid. & suiv. Réglements qu'il fait pendant la peste, 237. Rend un Arrêt contre les séditieux, 251. Divisions de sentimens parmi ses Membres, 276. Les Royalistes se retirent à Pertuis, 278. Sont transférés à Manosque, 283. Demandent le Duc d'Epernon pour Gouverneur, 319. Et Coriolis pour premier Président, 320. not. Accordent du secours au Duc d'Epernon, 332. S'occupent de la réduction des monnoies, 341. Font un arrêté en faveur d'Henri IV. 348. Réponse qu'ils font au Duc d'Epernon, 350. Refusent de signer les articles de paix, dressés par le Duc de Montmorency, 361. Arrêt contre le Duc d'Epernon & ses partisans,

368. Envoie une députation à Henri IV. 371. Reconnoît le Duc de Guise pour Gouverneur, & défend d'obéir au Duc d'Epernon, 375. Fait difficulté d'enregistrer les lettres de Lesdiguieres, 378. Fait le procès à Genebrard, *ibid.* Soutient avoir le droit de juger les Prêtres, 418. Se brouille avec l'Archevêque à ce sujet, *ibid.* Et le force de le reconnoître, 419. *Voyez* l'Hôpital. Instruit le fameux procès du Prêtre Gaufridi, 427. Anecdote singulière arrivée à ce sujet, 430. Quitte la ville d'Aix, au sujet de la peste, 445. Se divise en deux Chambres, *ibid.* Contestations entre les deux Présidents, 453. Elles se réunissent, *ibid.* Donne un Arrêt contre l'Edit des Elus, 455. Le Parlement veut réprimer les troubles d'Aix, 458. Députe en Cour, 459. Est envoyé à Brignolles, 465. Rappellé, 468. Ses contestations avec le Maréchal de Vitri, 473. Obtient satisfaction en Cour, 474. Ses droits & ceux du Gouverneur sont réglés, *ibid.* Enjoint aux Commandants & Consuls des villes, de secourir le Marquis de Saint-Chaumont, contre le Maréchal, 475. Fournit de l'argent pour la reprise de l'île Sainte Marguerite, 481. Donne un arrêt remarquable à ce sujet, 482 & 483. Ecrit au Comte d'Alais, pour le féliciter sur sa nomination, 489 & *suiv.* Lui envoie des Députés à son entrée à Aix, 490. Refuse d'enregistrer des Edits, portant création de nouveaux Offices, 499. Députe en Cour, 500. Enregistre, malgré l'opposition de plusieurs Membres, d'autres Edits qui sont ensuite révoqués, *ibid.* S'oppose à l'établissement d'une Chambre des Requêtes, 502. A celui du Sémestre, 503. Désordres & troubles qui en naissent, 505. Exil de treize Magistrats, 508. Ils s'arrêtent dans le Comtat & prennent, avec leurs collègues d'Aix, des mesures pour se défendre, *ibid.* Leur rappel & joie qu'il excite, 509. Quelques-uns se mettent à la tête des Milices, pour s'opposer au Comte d'Alais, 513. Reprennent le dessus, 514. Le Parlement reprend ses fonctions, casse le Sémestre & les Consuls d'Aix, créés par Lettres-Patentes, *ibid.* A des conférences avec le Comte d'Alais, 515. Obtient la suppression du Sémestre & le rétablissement des privilèges du Pays, *ibid.* Enjoint aux troupes de sortir de la Province, 516. Défend à l'Intendant de faire ses fonctions, & aux Villes de le reconnoître, *ibid.* Fait lever des troupes, *ibid.* Envoie des Commissaires à Draguignan, avec une escorte qui grossit en route, 519. Ils sont battus, *ibid.* Fait une nouvelle levée, 521. Donne des arrêts contre ses ennemis, & ordonne aux habitans, qui avoient quitté la ville, d'y rentrer, 523. Leur défend d'obéir au Comte d'Alais, 525. Reçoit de la Cour les articles d'un accommodement, & les exécute, 526 & *suiv.* Donne un arrêt contre le Cardinal Mazarin, 534. Ecrit au Duc d'Orléans à ce sujet, 535. Et en Cour, contre le Duc

Duc d'Angoulême, 535. Veut empêcher les évocations accordées à ses ennemis, & ne peut y réussir, 536 Plusieurs Evêques & Gentilshommes font des remontrances contre lui, 536. Veut réconcilier le Marquis d'Aiguebonne avec le Comte de Carces, pour prévenir une sédition, 539. Demande avec la Province un successeur au Duc d'Angoulême, 542. Plusieurs Magistrats, mécontents, se réfugient à Toulon, 543. Traitent avec le Duc de Mercœur, & font rétablis dans leurs Charges, 547. Plusieurs de leurs collègues s'y opposent, & pourquoi, 548 & suiv. Le peuple se souleve contre le premier Président, 572. Va au Palais, mais il est intimidé par la présence des Magistrats, ibid. Revient plus furieux, & veut pénétrer dans la Grand'Chambre, 573. Il est repoussé par les Magistrats, ibid. Belle réponse du premier Président, 574. On le conduit avec peine en sûreté à l'Archevêché, ibid. Trente-cinq Conseillers sortent secretement de la ville, 575. Et se retirent auprès du Gouverneur, ibid. Le premier Président, qu'on remet en liberté, va les joindre, 576. Il revient à Aix avec les Magistrats, & assemble les Chambres, qui lui témoignent leur joie & leur satisfaction, sur la maniere dont il s'étoit conduit, ibid. Le Parlement fait le procès aux coupables, 577. Décrete Niozelles de prise de corps. 581. Envoie une Commission à Marseille pour juger les accusés, 589. Se saisit d'Avignon & du Comtat, 600. Perd le commandement de

la Province, 601 & suiv.
Parocel. Voyez son article 802.
Passage, (du) 338. n. 340.
Passis, 254. n.
Paul III, Médiateur entre Charles-Quint & François Ier ; se rend à Nice, 86. Peu de succès de ses négociations, 89.
Paul, de 554. n.
Paul, (le Chevalier) V. son art. 772.
Paulin. (le Capitaine) Sa naissance, son courage, & son avancement, 109. Succès de ses négociations à la Porte Ottomane, ibid.
Pelicot, 187. 220.
Pelletier, 375.
Pena, 187. n.
Pénitents d'Aix. (les) Sont insultés: Comment ils se vengent 160.
Perrier, (du) 329. n. 338. n. 357. 487. Scipion & Charles. Voyez leur article, 785.
Perrier, de 465 500 503. 600.
Pertuis. Assiégé par le Comte de Tende ; résiste aux efforts des Ligueurs, 296. Une Chambre du Parlement s'y retire, 445. Les Trésoriers de France y sont envoyés, 465. La Cour des Comptes & les Procureurs du Pays s'y réfugient, 530.
Pérussis, 28. 169. n. 174. 175. 185. 187. n 238.
Pescaire. (le Marquis de) Bon mot pendant le siége de Marseille, 40. Conseils qu'il donne au Connétable de Bourbon, 42.
Peste, (la) ravage la Provence, 25 & 26. 129. 237 238 261. Marseille, 415. Digne, 439. Aix, 444. 530. Marseille, 445 & suiv. 530 Toulon & Cuers, 601. Marseille, 634 & suiv. Toulon. 696. Bandol, ibid. Arles, 700. Aix,

Tome IV.

701. Réglements contre la peste, 708 & *suiv.*

Peyresc, 749.

Pilles, (Fortia de) 415. 486. 487. 560. 561. 564. 567. 587. 592. 671. 830.

Pin. On y pendoit les Protestants. Mot barbare à ce sujet, 153.

Piolenc, Procureur-Général, 154. 187. n. 220256.n. 277. 583.

Piquet, 701,

Pitton. *Voyez* son article 783.

Plumier. *Voyez* son article.

Poitiers, (Aimar de) 11.

Ponat, (Antoine de) 153. 175.

Pontevès, 8. 85. n. 111. 113. n. 152. 163. 178. 226. n. 250. 256. 263. n. 271. 305. 318. 342. 360. 734.

Pontis. *Voyez* son article.

Porcellet, 113. n. 178. 226. 485. n. 490.

Port, (Gilles du) 784.

Potterie, (de la) Envoyé en Provence, 466. Invective contre le peuple d'Aix dans les Etats, 468.

Poyet, (le Chancelier) Anecdote à son sujet, 59.

Présidiaux. Projet d'en établir trois, 499. Deux sont établis sans résistance, & ensuite supprimés, 500.

Princes. (les) Le Parlement se déclare pour eux, 534. Ils ont à Aix un parti qui cause des troubles, 536.

Protestans (les) obtiennent une amnistie & l'exercice de leur Religion, 144. En deviennent plus hardis à remuer, *ibid.* Commettent des cruautés à Barjols, 157. Troublent à Aix l'ordre public. 159. Font un outrage aux habitans, le jour de Saint-Marc, 160. Sont chassés de la ville, *ibid.* Et de Sisteron, 177. Leur mécontentement au sujet de l'Edit de Charles IX, 181. Réglements qui les concernent, 185. Portent des plaintes à la Cour, 187. Leurs mouvements à la mort du Comte de Tende, 196. Prennent de nouveau les armes, 206. Obtiennent par l'Edit de Nantes, des Eglises en Provence, 422. *Voyez* Vaudois.

Provence. Divisions qui y règnent, 8. Est irrévocablement unie à la France, *ibid.* Etat du Pays au commencement du xvie siècle, 19. Maux dont elle est affligée, 25 & *suiv.* Est infestée par les Pirates, 52. Envahie de nouveau par les Impériaux, 63 & *suiv.* Courage que montrent les habitans en cette occasion, 71 & *suiv.* Inondations qu'elle éprouve, 128. Visitée par Charles IX, 189. Peste & froid rigoureux qu'on y éprouve, 191. Mœurs des Provençaux à cette époque, *ibid.* & *suiv.* Famine qu'on y éprouve, 202. Ravage qu'y fait la peste, 237 & *suiv.* Désordres & misere qui y règnent, 243. *Voyez* Aix, Marseille, &c.

Province, (la) reçoit des plaintes sur sa conduite envers les Gouverneurs, 370. Le Cardinal de Richelieu attaque ses privilèges en créant de nouveaux impôts & de nouveaux Offices, 448, &c. Députe en Cour les Procureurs du Pays, 502. S'oppose à l'établissement du Semestre, 505. Obtient la confirmation de ses privilèges, 515. Demeure unie au Parlement contre le Comte d'Alais, 519. Lettres des Procureurs du Pays, aux Communautés, contre le Comte d'Alais, 521. Elle fait marcher contre lui des troupes qui se dispersent, 525.

Demande un successeur au Comte d'Alais ou Duc d'Angoulême, 542. Négocie avec les réfugiés à Toulon, pour les ramener à l'obéissance du Roi, 544. Fait un accommodement au sujet du logement des gens de guerre, 553. Les Procureurs du Pays sont compromis dans une émeute, 572 & *suiv*. Ils sont déposés, 578. La Province fait ouvrir des routes & des canaux, 597. Son zèle pour le service du Roi, durant le siége de Toulon, 632. *Voyez* Etats.
Puech, (le) Surpris par escalade, 219.
Puget, (de) 9. 46. 175. n 215. 226. n. 277. n. 288. 323. 411. 485. 513. 525. 534. 586.
Puget, (Pierre) 788.
Puymichel, 263. n.

Q

Quiqueran Beaujeu, & Quiqueran Ventabren, 9. n. 77. 163. 172. 226. 233. n. 250. n. 725. 828.

R

Rabasse, 187. n. 292. n. 316. 358. n. 490. 504. n.
Raffelis, 174. 360. 525. 572.
Rascas, 185. 277. n. 352. n. 513. 515.
Raymond-Modene, 175. Pomerol, 435. n. 8 9.
Raymond-d'Eoulx, 113. n. 178. 267. n. 299.
Raymondis, 608.
Razats, ce que c'étoit, 208. Lèvent l'étendard de la révolte, 215. Remportent plusieurs avantages, 227.
Réformés, (les) tiennent une assemblée à Mérindol, 147. Et lèvent des troupes, *ibid*. Tiennent un Prêche à Aix, 150. Occasionnent un soulèvement, *ibid*. On leur donne des Commissaires, 153. Obtiennent des Prêches, 154. *Voyez* Protestants.
Reguise, (le Président de) 503. 513. 514. n. 521. 534. 538. 540. 553.
Religieuses de Sainte-Claire d'Aix, leur superstition sur les malins esprits, 422 & *suiv*.
Religieux, leur conduite durant la peste de Marseille, 660.
Reliques; soulèvement dans la Ville d'Arles à leur sujet, 12.
René d'Anjou, donne des lettres de cléricature à un particulier ; ce que c'est, p. 5. n.
Requêtes, établissement d'une Chambre (des), 502. Souffre des oppositions au Parlement, *ibid*. & *suiv*. Donne lieu au semestre, 503. Est supprimée, *ibid*.
Requiston, 485. n.
Reynaud d'Allen, 77. 94. 233. n. 263. n 283. 296. 521. 828.
Richelieu, (le Cardinal de) Amiral de France, & Surintendant du Commerce, devient ennemi du Duc de Guise, 447. Moyens qu'il prend pour le perdre, 448. Entreprend sur ses droits, 451. Et sur ceux de la Province, 452. Veut transférer à Toulon la Cour des Comptes, *ibid*. N'arrête point les troubles de Provence, dans quelles vues, 459. Fait mettre quelques Députés à la Bastille & renvoie les autres, 463. Soutient le Maréchal de Vitri, 476 Attaque les privilèges de la Province par des impôts, 478. Est fait Général des Galères, 479. n. Menacé d'être disgracié, 488. Est remis

en grace par le Duc d'Angoulême, *ibid. & suiv.*

Richieu, (Antoine & Paul de) leur zèle pour la Religion réformée, 144. Font venir un Ministre de Genève, qui est la première cause des troubles, 144. Sont décrétés par le Parlement, 145. Se pourvoient en cassation, *ibid.* Antoine prend les armes, 146. Est arrêté & mis à mort, *ibid.* Cruautés commises sur son corps, *ibid.* Paul son frère en poursuit la vengeance, 147. Il compose avec le Comte de Tende, 148. Va le joindre devant Pertuis, 162. Amène du secours à Sisteron, p. 172.

Richeome, 746.

Riez, (la ville de) prise sur les Religionnaires, 204. On veut y établir un siège de Judicature, 478.

Riqueti, 178. 263. n. 318. 363. 384. 393. 399. 405. 557. 562. 584. 592.

Rochas, 9. n. 113. n.

Rolland, 60. n. 465. n. 468. 510. 829.

Rome, (Cour de) ne veut pas que la Provence soit comprise dans le Concordat — 131. Ses menaces aux partisans d'Henri IV, 307.

Roque, (Forbin la) 459. 465. 500. 514. n. 537.

Roquefeuil, 267. n.

Rosset, 263. n.

Rotier, 731.

Roux, (de) 85. n. 175. 258.

Ruffi, 554. n. (Antoine de) *Voyez* son article, 781.

S

SABRAN, 9. n. 47. n. 352. Le Comte (de) Ambassadeur à Gênes, 481. Ses avis aux Généraux Français, *ibid.* 485. n. Au Comte d'Alais sur l'arrivée du Prince Casimir, 492. 507. 608. 634. n.

Sabreurs, (le parti des) origine de cette dénomination, 536. Troublent la Ville d'Aix, 537. Ont du dessous; efforts qu'on fait pour relever leur parti, 558. & 541.

Sade, 9. n. 60. n. 85. n. 209. 263. n. 485. n.

Sadolet, (le Cardinal de) sa réponse aux Vaudois, 97. Désarme la colère du Vice-Légat, contr'eux, 107.

Saint-Chaumond, est envoyé pour commander en Provence, 475. Le Maréchal de Vitri veut le faire enlever, *ibid.* Il est soutenu par le Parlement & la Province, *ibid.* Est renvoyé dans ses terres, 477.

Sainte-Cecile, (le Cardinal de) Archevêque d'Aix, conseil qu'il donne aux Magistrats, 505. N'est pas pour le Semestre, 507. Se montre favorable aux exilés, 508.

Sainte-Colombe, 258.

Saint-Jacques, 397.

Saint-Marc, 185. 233. n. 256. 278. 477.

Sainte Marguerite, (île de) prise par les Espagnols, 477. Préparatifs des Français pour la reprendre, 479. *& suiv.* Zèle que témoignent les Corps & les Villes à ce sujet, 481. Siège & attaques diverses, 482. *& suiv.* La garnison capitule, 484.

Saint-Maximin, assiégée & prise par les Ligueurs, 292. Les Trésoriers de France s'y retirent, 530.

Saint-Roman, Archevêque d'Aix, professe publiquement la nouvelle religion, 181.

Saint-Sébastien, émeute remarquable

qu'il y eut ce jour là, 511.
Saint-Tropez assiégé, 409. La Citadelle soutient un siège, & est obligée de se rendre, 547.
Salomon, Conseiller, est assassiné, 153. 300. n.
Sallon, le château est assiégé & pris, 369. Une Chambre du Parlement s'y retire, 445. 530.
Sanpiétro, Capitaine Corse, Sa haine contre les Génois le porte à égorger sa femme & ses enfants, 181 & *suiv.* Comment il justifie son crime, 184.
Saqui, 485. n.
Sault, (la Comtesse de) intrigues de cette Dame en faveur de la Ligue, 262. Son caractère, 286. Ses démêlés avec le Comte de Carces, 288. & *suiv.* Danger qu'elle court à Marseille, 296. Se brouille avec le Duc de Savoie, 312. Fâcheuse position où elle se trouve, 314. Discours qu'elle tient à ses ennemis, 315. Se sauve à Marseille, 316. Ses menaces contre le Comte de Carces, 325. Se raccommode avec lui, 365.
Savoie, (le Duc de) écrit au Roi d'Espagne sur la triste situation d'Henri III, 274. Lettre qu'il écrit au Parlement Ligueur de Provence, 290. Entre dans cette Province, 293. Réception qu'on lui fait à Aix, 294. Règlements qu'il fait pendant son séjour en cette ville, 295. Assemble les États, 297. Demandes qu'il leur fait, 299. Se rend à Marseille, d'où il fait voile pour l'Espagne, 303. Son retour dans cette ville, 306. Trait de franchise à cette occasion, 307. Se brouille avec les chefs des Ligueurs, 309. Cause de cette brouillerie, *ibid.* Sauve la ville d'Arles, 310. Est forcé de lever le siège du Puech, 314. Battu à Vinon, 318. Abandonne la Provence, 322. Cause de sa retraite, *ibid.*
Savoie, (Claude de) Comte de Tende, obtient la haute Police, 129. Son animosité contre le Président d'Oppède, 134. Arrête les entreprises des Réformés, 147 & *suiv.* Lève des troupes pour les réduire, 148. Est accusé de les favoriser, 153. Se met en campagne contre Pontevès-Flassans, 155. Assiège & prend Barjols, 156. Congédie ses troupes, 158. Ses femmes & ses enfans, *ibid.* n. Lève le siège de Pertuis par principe d'humanité, 162. Sa mort, son éloge, 196.
Savoie, (René de) Comte de Cipières, embrasse le parti des Protestants, 199. Sa mort tragique, 200.
Savoie, (le Duc de) arrive à Nice pour s'assurer du Comte de Beuil, 432. Le fait arrêter & punir 433 & *suiv.* Envoie des troupes au secours du Château de Nice, 613. Forme le projet d'envahir la Provence, 614. Y entre, 616. Son entrevue avec l'Évêque de Fréjus, 617. Sa réponse à M. de la Valette, 619. Fait le siège de Toulon, 621 & *suiv.* Fait bombarder la Ville, 627. Lève le siège, 629. Ses fautes dans cette entreprise, *ibid.* Est accusé d'intelligence avec les Français, 631. n.
Sécheresse extrême, 26. 450 & *suiv.*
Seguin, 174. Gaspard, 393. 405.
Séguiran, 9. n. 171. 210. 263. n. 278. 283. 292. 357. n. 411. 427.

454. 462. 485. n. 502. n. 758.
Seignelai, (le Marquis de) commande la flotte qui va bombarder Gênes, 602. Son discours aux Députés du Sénat, 603. Sa conduite dans ce bombardement, 605.
Seignier, 600. n.
Seillans, 263.
Seine, prise par le Duc d'Épernon, 261.
Sel, (le) un impôt qu'on y met révolte le peuple, 472 & *suiv.* Il est réduit, *ibid.*
Semestre, établi au Parlement, 503. Est confirmé, 504. Éprouve des oppositions, *ibid.* & *suiv.* Occasionne des troubles, 507. & *suiv.* Est cassé par Arrêt du Parlement, 514. Supprimé par un Édit, 515. Conserve un parti qui bat les Parlementaires, 518. Fin des troubles qu'il avoit occasionnés, 529.
Sénéchal, son autorité en Provence, 21. & 22. Changements qu'elle éprouve, 24. La Charge est supprimée, 553. n. Liste des Sénéchaux, 814.
Senez, livrée au pillage, 146.
Serres, (de) 302.
Signoret, 323.
Sillon, 263. n.
Simiane, 9. n. 113. n. 192. 224. n. 226. n. 278. n. 815. n. 827.
Sisteron, boulevard des Protestants, est assiégée par les Catholiques, 169. Opérations, pendant le siège, *ibid.* & *suiv.* Tombe au pouvoir des Catholiques, 177. Le Prince Casimir est enfermé dans la Citadelle, 497. Se rend au Duc de Mercœur, 543.
Somati, 60. n. 187. n. 220. 257. 292. n.
Sourdis, Intendant de l'Armée Navale, 480. Reçoit un coup de canne, *ibid.* Fait ôter aux Consuls d'Aix la procure du Pays, 487. La fait rendre; à quelles conditions, *ibid.* Aspire au Gouvernement de Provence, 488.
Spinaili, 251.
Suarez, 175.
Suffren, (de) 278. 329. n. 330. 411. 413. 757.
Sommerive, fils du Comte de Tende, est nommé Gouverneur conjointement avec son père, 158. Se brouille avec lui, 159. Poursuit les Protestants, 161. Se rend maître d'Orange, 163. Va mettre le siège devant Sisteron dont il s'empare, 169. & *suiv.* Succède à son père, 196. Ordres qu'il reçoit de Charles IX, 197. Se refuse au massacre des Protestants, ordonné par le Roi, 202. Réponse qu'il fait à la Molle à cette occasion, *ibid.* Sa mort, 203.
Suze, (le Comte de) fait tête à Montbrun, 172. Prend & livre Vauréas au pillage, 173. Est battu & mis en fuite, *ibid.* Est nommé Gouverneur de Provence, 212. Harangue les États, 218.

T

TAILLADES, 178. 224. 328.
Taille, (la) dissentions à ce sujet entre le Parlement & la Cour des Comptes, 234. De quelle manière elles sont terminées, 236.
Taulane, 285.
Tavanes, 436.
Température de l'hiver, 18. 26.
Tende, (le Comte de) Gouverneur de Provence, est pris à la bataille de Pavie, 48. Sa conduite envers les Hérétiques, 95. & *suiv.*
Tende, (Gaspard de) 794.

DES MATIÈRES. 863

Terrin, 809.
Teſſé, le (Maréchal de) commande les troupes ſur les frontières du Piémont, 614. Soupçonne le Duc de Savoie & ſes alliés d'avoir des projets ſur la Provence, 615. En inſtruit le Miniſtre & donne des ordres en conſéquence, ibid. Sa conduite durant le ſiège de Toulon, 618 & ſuiv.
Thomas, (de) 187. n. 254. n. 485. n. 619. 829.
Thomaſſin, 277. n. 490. 503. 504. n. 574. 600. n. 791.
Thoron, 329. n. 338. n. 371. 427. 431.
Thou, (de) prévenu en faveur des Vaudois, 121.
Toſcane, (le Duc de) s'empare des îles de Marſeille, 307. Ses motifs, ibid.
Toulon, ſédition dans cette Ville, 262. Se déclare pour la Ligue, 263. n. Refuſe de ſe ſoumettre au Duc de Savoie, 297. La Chambre des Comptes s'y retire, 445. Fournit des ſubſides pour la repriſe de l'île Saint Marguerite, 481. Tient le parti du Duc d'Angoulême contre la Cour, 542. Les mécontens s'y réfugient, 543. Traitent avec la Province & le Duc de Mercœur, ibid. & ſuiv. Refuſent un accommodement, 545. Sont déclarés ennemis de Marſeille, ibid. Concluent une trève, 546. Demandent du ſecours au Prince de Conti & au Duc d'Angoulême, ibid. S'accommodent avec le Duc de Mercœur; à quelles conditions, ibid. La Ville eſt ravagée par la peſte, 601. Aſſiégée, 614 & ſuiv.
Tour, (la) 9. n. 178. 258. 263. n. 300. n. 485. n.

Tournefort. 805.
Tourves, dégâts qu'on y fait, 155.
Trans, (le Chateau de) aſſiégé par Stoublon, 227. Courage de la Dame du lieu, ibid.
Tréſoriers de France, (les) ſe retirent à Pertuis, 455. Ont ordre de faire une levée de mulets, 449. De ſe retirer à Pertuis, 465. Sont rappellés, 468. Ont ordre de mettre une impoſition, 487.
Treſſemanes, 501. 521. 537 589.
Tretz, (le Baron de) voyez Foreſta.
Trevens, Mauvans en brule l'Egliſe, 146. Se fortifie dans le village, 148.
Tributiis, 28. 61. n. 119. Eſt décrété de priſe de corps, 135. Déchargé d'accuſation, 139.
Trichaud. 600. n.
Trimond. 504. n.

U

Urfé, (Honoré d') 746.
Urre. (d') Voyez Aiguebonne.

V

Vair, (de) 407. 413 417.
Valavoire, 113. 203. 237. n. 342. 344. 352. 465. n. 485. 540.
Valériole, 746.
Valbelle, 45. 85. n. 399. 446. 485. n. 503. 521. 532 & 533. 539. 554. 558 & 592.
Varadier, 113. n. 224. n. 233. n. 828.
Vaudois, attirés en Provence, 90. Indiſpoſent le Clergé contr'eux, 91. Adoptent les nouvelles héréſies, ibid. Leur propagation, 92. Ont recours à la force, ibid. Leur profeſſion de foi, 98. & ſuiv. Députent à Aix, 107. Implorent la protection du Roi, 115. Sont attaqués dans leurs retraites, 120. Cruautés com-

mises à leur égard, 122. & suiv. voyez Protestans.

Vautrin, réponse ferme qu'il fait à de Vins, 281. Sa mort, ibid.

Vauvré, 610.

Venel, 513. 537. 777. 778. n.

Verrier. Voyez son article.

Vento, 34. n. 45. 277. n. 285. 399. 405. 554 n. 556. 5, 7. 558.

Verdaches, 205. n. 318.

Verdagues, 224. n. voyez Damian.

Vers, 285.

Victor, (procession de Saint) 13. Le fort se rend au Gouverneur, 401.

Vidau, 607.

Vielleville, (la) s'empare d'Avignon, 65. Eloge qu'en fait François, I, ibid. Rassure le Comte de Grignan, III. Envoyé par le Roi en Provence, 184. Ses opérations, 185 & suiv.

Vignerod, (François de) 478 & 480.

Viguier, 393. 395.

Villages, 285. 399 405. 513. 554. n. 555. 558. 559. 583. 589.

Villeneuve, Maison, 9. 48. 113. n. 178. 202. 214. 226. n. 233. n. 263. n. 295. 300 n. 323, 328. 360. 460. 465. n. 466. 477. 485. n. 505. 538 589. 735. 827.

Vins, (Hubert de) ses talents pour la guerre, 205. Arrête les ravages des Protestants, 206. Fait la guerre aux Razats, 217. Refuse de désarmer ses Partisans, 221. Est battu par Baschi Stoublon, 228. Devient Chef des Ligueurs en Provence, 246. Son activité, son ambition, 247. Se rend maître de plusieurs Places, 248 Est obligé de quitter la Provence, 254. Est nommé Généralissime par les Etats, 256. Est forcé de lever le siège de Boulbon, 277. Battu par Lesdiguières, 278 & suiv. Arrive à Aix, 262. Tente inutilement de surprendre Pertuis, 268. Est plus heureux à Brignolles, 276. Force le Parlement à signer la Ligue, 277. Reçoit des secours du Duc de Savoie, 288. Sa mort, son caractère, 284.

Vintimille, Maison, 9. n. 113. 121. n. 178. 226. n. 258. 263. n. 319. 323. 343. 352. 360. 434. Du Luc, 476. 485. n. 501. 535. 570. 583. 608.

Vitalis, 520. n.

Vitry, (le Maréchal de) nommé Gouverneur, 472. Aliène les esprits, ibid. Son caractère, 473. Attaque les priviléges du Pays & les droits du Parlement, 474. Est désapprouvé par la Cour, ibid. A ordre de se rendre en Cour, & n'obéit point, 475. Veut faire enlever le Marquis de Saint-Chaumont qui venoit commander à sa place, ibid. Il se rend en Cour, 476. Revient en Provence, 477. Leve des troupes pour chasser les Espagnols de l'île Sainte Marguerite, 478 & 480. Se brouille avec le Comte d'Harcourt, ibid. Donne un coup de canne à l'Archevêque de Bordeaux, ibid. Est cause que les Milices se débandent, ibid. Se réconcilie avec le Comte d'Harcourt, & contribue à la reprise de l'île 483. Est rapellé & mis à la Bastille, 487.

Fin de la Table des Matières du quatrième & dernier Volume.

APPROBATION.

APPROBATION.

J'AI lu, par ordre de Monseigneur le Garde des Sceaux, *le manuscrit du quatrième Volume de l'Histoire de Provence, par M. l'Abbé PAPON*; & je n'y ai rien trouvé qui m'ait paru devoir en empêcher l'impression, A Paris, le 15 Juin 1786.

AMEILHON.

ERRATA

Du Tome Quatriéme.

Page 7. ligne 4. qu'ils formoient, *lisez* qu'il formoit.
Pag. 12. lig. 9. pour la vénération des Reliques une piété aussi désintéressée, *lis.* pour les reliques une vénération aussi désintéressée.
Pag. 13. lig. 17. de monde, dans cette, *lis.* de monde. Dans cette.
Pag. 21. à la not. lig. 2. des secondes, *lis.* des premières.
Pag. 60. lig. 14. par la possession, *lis.* par une possession.
Pag. 64. lig. 24. auxquelles s'étoient, *lis.* auxquels s'étoient.
Pag. 92. lig. 28. de ces ordonnances, *lis.* de ces ordres.
Pag. 137. lig. 22. de ce qu'il avoit, *lis.* de ce qu'ils avoient.
Pag. 259. lig. 27. rendues, *lis.* rendus.
Pag. 303. lig. 16. son beaufrere, *lis.* son beaupere.
Pag. 355. lig. 12. coûta la mort, *lis.* coûta la vie.
Pag. 505. lig. 10. à la chaîne, *lis.* de la chaîne.
Pag. 521. lig. 2. les Conseillers de, *lis.* le Conseiller de.
Pag. 643. lig. 11. ne rappella pas, *lis.* ne ramena pas.
Pag. 679. lig. 24. pestiférés, *lis.* pestiférées.
Pag. 741. lig. 13. pour le service, *lis.* que pour le service.
Pag. 796. lig. 29. minime, *lis.* mineur conventuel.
Pag. 797. lig. 1. une étude profonde, *lis* approfondie.
Pag. 829. lig. 35. Marquis d'Ornison, *lis.* d'Oraison.

www.ingramcontent.com/pod-product-compliance
Lightning Source LLC
Chambersburg PA
CBHW070856300426
44113CB00008B/857